无极县志

1989—2005

无极县地方志编纂委员会 编

方志出版社
Publishing House of Local Records

图书在版编目（CIP）数据

无极县志．1989—2005 / 无极县地方志编纂委员会编．-- 北京 ：方志出版社，2019.10
ISBN 978-7-5144-3875-8

Ⅰ．①无… Ⅱ．①无… Ⅲ．①无极县－地方志－1989-2005 Ⅳ．①K292.24

中国版本图书馆CIP数据核字（2019）第281755号

无极县志（1989—2005）

编　　者：无极县地方志编纂委员会
责任编辑：程　倩
出 版 者：方志出版社
地址　北京市朝阳区潘家园东里9号（国家方志馆4层）
邮编　100021
网址　http://www.fzph.org
发　　行：方志出版社图书经销中心
电话（010）67110500
经　　销：各地新华书店
印　　刷：山东黄氏印务有限公司
开　　本：889×1194　　1/16
印　　张：56.75
字　　数：1715千字
版　　次：2019年10月第1版　　2019年10月第1次印刷
印　　数：0001～3000册
ISBN 978-7-5144-3875-8　　定价：520.00元

无极县地方志编纂委员会

（2004.2—2006.3）

名誉主任：郭领域

主　　任：张　业

常务副主任：岳苓水

副 主 任：李洪江　雷振梅　郭中敏　张先进

委　　员：张　炜　刘军志　袁顺明　邢永强　陈建收　马德海　靳建刚
岳立章　王计合　刘跃进　戈志军　刘翠山　许建平　李跃清
杨振会　安小法　张兆民　闫立涛　葛志存　董振国　牛建英
靳根锁　张志良

无极县地方志编纂委员会

（2006.4—2008.12）

名誉主任：张平军

主　　任：苑彦刚

常务副主任：袁全民

副 主 任：陈宝京　杨振会　梁励慧　韩京虎　酒玉庆

委　　员：袁顺明　赵拴群　冯金果　陈建收　申立功　王计合　戈志军
刘翠山　许建平　李跃清　赵贵海　安小法　张洪恩　葛志存
董振国　牛建英　刘栓明　靳建刚　靳根锁　张志良

无极县地方志编纂委员会

（2009.1—2011.8）

名誉主任：苑彦刚

主　　任：韩清榕

常务副主任：袁全民

副 主 任：刘全江　靳建刚　梁励慧　韩京虎　李浩军

委　　员：殷电恒　张建军　陈建收　冯金果　申立功　王计合　袁顺明
蒲晓毓　戈志军　刘翠山　信五林　李跃清　刘淑君　安小法
张洪恩　葛志存　董振国　牛建英　靳根锁　张志良

无极县地方志编纂委员会

（2011.9—2013.4）

名誉主任：董晓航

主　　任：韩清榕

常务副主任：陈宝京

副 主 任：刘全江　靳建刚　王　红　韩京虎　徐　朝

委　　员：李军强　殷电恒　张建军　甄立军　申立功　王计合　雷占军
徐成惠　刘翠山　牛英波　李跃清　刘英彬　安小法　王仲华
安同栓　朱锁强　魏建斌　靳根锁　张志良

无极县地方志编纂委员会

（2013.5—2017.8）

名誉主任：韩清榕

主　　任：陈宝京

常务副主任：刘金文

副 主 任：刘全江　靳建刚　王　红　宋磊珍　徐　朝

委　　员：李军强　殷电恒　张建军　甄立军　申立功　王计合　雷占军
徐成惠　刘翠山　李跃清　刘英彬　安小法　肖保录　刘进宁
邢成武　魏建斌　马保伟　靳根锁　张志良

无极县地方志编纂委员会

（2017.9—　　）

名誉主任：吕智临

主　　任：王勇军

常务副主任：赵好战

副 主 任：闫　春　边新立　申立功　王计合　刘俊田　宋磊珍

委　　员：段欣波　刘建双　岳　勇　崔军明　李双斗　韩向东　任立波　王运拴
彭　斌　李占民　殷电恒　徐成惠　刘翠山　赵拴群　李跃清　高　伟
刘英彬　何腾飞　王彦军　朱锁强　蒲晓毓　李　电　沈艳萍　刘月从

《无极县志（1989—2005）》编修人员

主　　编：靳根锁

副 主 编：张志良　李景涛

责任编辑：牛朝辉　王建斌　张　龙　郝　静　曹家悦　任航仪

《无极县志（1989—2005）》评审委员会

主　　任：曹立波

副 主 任：刘建洲

委　　员：贾辉铭　任丽英　孙继胜　杨秀立　李藏柱　王孟新

《无极县志》（1989—2005）终审人员

杨洪进　王广才　徐振田　阴记东　贾辉铭　王　蕾　任丽英　杨胜旗

《无极县志（1989—2005）》提供资料人员

（按姓氏笔画排序）

于双发　马庆分　马立欣　马　军　王分国　王军海　王彦忠　王靖华　王瑞林　牛顺圈　尹玉红
冯俊生　冯美联　田永清　田志钦　田运民　田兰保　白建民　白彦伟　兰欣茹　兰会民　卢改红
司双武　安泽玉　朱同奇　李学红　李争强　李国山　李梅潇　李社军　李民柱　李兆欣　李永祥
李双军　李分良　李平海　李明哲　刘兆谦　刘庆辉　刘茂军　刘晓军　刘景棉　刘小友　刘亚萍
刘军平　刘军社　刘　强　刘造栓　刘国君　刘军素　刘　勇　刘　磊　刘建辉　刘志欣　刘立英
刘春虎　刘志敏　刘伟欣　刘　伟　许　玲　齐彦西　朱彩凤　任建新　邢军良　乔军豹　闫岳强
朱同奇　严庆栓　张玉伟　张新亮　张东亮　张　丽　张会超　张玉芳　张月勇　张晚德　张岱力
张红艳　张英锁　张兵才　张承文　张　波　张国庆　张占生　张建辉　严庆栓　何　义　何占分
杨英聚　杨亚臣　杨亚芳　杨翠肖　杨彩联　杨海龙　周久红　郑立超　岳　勇　岳卫国　陈红霞
郭宅栓　郝永强　赵战国　赵　丽　赵　军　赵志英　郭　彤　高进栓　姚洪亮　袁文选　袁玉宾
袁国宾　袁晓彬　耿亚辉　耿兵海　贾崇惠　贾晓峰　崔景肖　寇根府　梁海霞　绳立成　韩伟涛
彭翠珍　雷海力　甄秀欣　翟军良　翟庆敏　魏建英　魏分强　魏耀民

无极县城全景（张波 摄）

无极夜景（张波 2011 年 4 月摄）

中国共产党无极县第十一次代表大会（张波 摄）

无极县第十六届人民代表大会第一次会议（张波 摄）

政协无极县第十三届委员会第一次会议（张波 摄）

无极县纪念中国共产党成立 90 周年群众歌咏比赛（靳根锁 摄）

无极县各界人士纪念抗日战争胜利 60 周年纪念活动（张承文 摄）

无极县烈士陵园（张承文 摄）

无极路（张波 摄）

产业大道（张波 摄）

定魏线（张波 2011年5月摄）

滹沱河大桥（张波 2010年5月摄）

新农村（周久红 摄）

县城名典小镇（张承文 摄）

农民新居
（冯俊生 摄）

新农村

齐洽村（张波 2009年6月摄）

希望公园（靳根锁 摄）

平安公园（城建局提供）

无极公园（靳根锁 2016 年摄）

迎宾公园（张波 2016 年摄）

民俗公园（靳根锁 摄）

绿荫广场（张波 摄）

水上公园（靳根锁 摄）

无极县制革废水集中处理厂（张波 2008 年 5 月摄）

无极县城市综合污水处理厂（张波 2008 年 5 月摄）

1996 年 8 月 5 日，
抗洪救灾（王军祥 摄）

西罗尚泵闸（张军
2005 年 7 月摄）

磁河新貌（靳根锁 2005 年 7 月摄）

变电站（李科 2006 年 5 月摄）

电网（周久红 2007 年 6 月摄）

神道滩速丰林（靳根锁 2005 年 7 月摄）

滹沱河湿地速生林（王军海 2010年7月摄）

麦收（张波 2014 年 6 月摄）

北虎农业园区
（王健强 摄）

高陵大葱
（靳根锁 摄）

高效农业基地
（靳根锁 摄）

2006 年，外宾学食用菌技术（张军 摄）

食用菌培植（靳根锁 2005 年摄）

食用菌（靳根锁 摄）

王村蔬菜市场（张军 1990年2月摄）

王林葡萄园葡萄（靳根锁 2004年8月摄）

郭庄硬质西红柿（靳根锁 摄）

花园路市场（司双武 摄）

2011年4月，县畜牧专家闫金堂指导东辛庄养牛场养牛技术（李建强 摄）

苌家庄养鸡场（周久红 2005年摄）

东丈养猪场（张承文 2005年3月摄）

皮革园区（张波 2016 年摄）

张段固镇皮革展会（靳根锁 2005 年摄）

瑞典商团考察齐盛皮革公司产品（靳根锁 2005 年 3 月摄）

齐盛工贸园（张承文 摄）

齐盛公司皮衣加工（张承文 2006 年 4 月摄）

迪泰制革厂生产的汽车座椅皮革（靳根锁 2005 年 3 月摄）

军成皮革成品（靳根锁 2016 摄）

涂饰生产（张军 摄）

制革车间
（靳根锁 摄）

制革车间
（靳根锁 摄）

装饰材料基地（张波 摄）

装饰材料车间（张承文 摄）

木门成品（靳根锁 摄）

潘城工业园机械制造（靳根锁 摄）

大陈元大饲料机械有限公司工业产品（靳根锁 2011 年摄）

郝庄车辆制造（靳根锁 摄）

冀中化工总厂（刘伟 摄）

制药车间（周久红 摄）

城北工业园（张波 摄）

化工车间（靳根锁 摄）

潘成工业园（张波 摄）

出口地毯（靳根锁 2004 年 7 月摄）

纺纱厂车间（张承文 2004 年 3 月摄）

无极县幼儿园（靳根锁 2004 年 6 月摄）

无极县第二幼儿园（靳根锁 2015 年 3 月摄）

东丰庄幼儿园（靳根锁 2007 年 5 月摄）

马孤庄小学（靳根锁 2007 年 5 月摄）

角头小学课间操（靳根锁 2006 年 4 月摄）

角头小学（靳根锁 2006 年 4 月摄）

作家二月河到无极（张军 2005年3月摄）

无极二中阅览室（靳根锁 摄）

无极中学旧址（张承文 2005年4月摄）

无极二中校园（张承文 2005年5月摄）

无极实验学校（靳根锁 摄）

无极中学新校址（张承文 摄）

郭庄镇中学（靳根锁 2010年6月摄）

无极县职教中心综合楼（靳根锁 2010年6月摄）

无极县职教中心电脑教室（靳根锁 2010年6月摄）

2010年，角头学校儿童节会演

无极县中学运动会（周久红 2005年4月摄）

城隍庙内闻鸡起舞碑苑（2009年6月摄）

马村战鼓（靳根锁 2004年2月摄）

春节文艺会演（李科 摄）

无极县东中铺第四届民间吹奏艺术节（靳根锁 2004 年 2 月摄）

农家车队进城（张承文 2004 年 2 月摄）

无极县医院（张承文 2004 年 4 月摄）

专家义诊（2005 年 5 月摄）

北苏镇楼下村卫生室（周久红 2006 年 5 月摄）

无极县医院外科楼（周久红 2006 年 5 月摄）

无极县中医院（张承文 1996 年 6 月摄）

无极县妇幼保健院（1990 午 5 月摄）

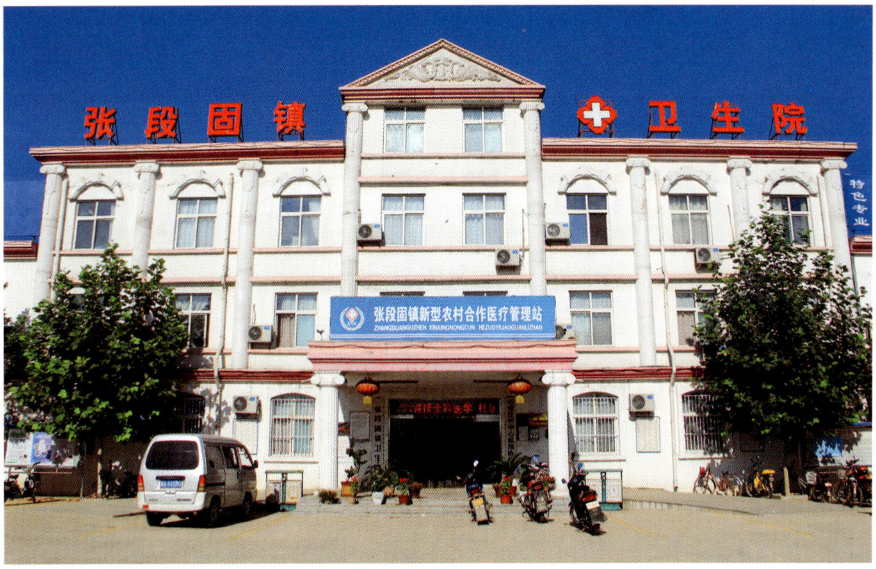

张段固镇卫生院（周久红 2004 年 6 月摄）

元代古建城隍庙大殿（张承文 2004年6月摄）

甄氏墓群（2005年6月摄像）

高头清真寺（张承文 2005 年 5 月摄）

谈下清真寺（靳根锁 2005 年 5 月摄）

郭宝寨雕塑作品《盛世莲花》（1999 年 12 月 20 日摄）

嘉庆十四年（1809）敕封耿金钊之父耿希颜夫妇的圣旨（1989 年 10 月摄）

赵丛敏雕塑作品《姥姥门前唱大戏》

张承文雕塑作品《盖世英雄李狄三》

贾耀民绘画作品《万里豪情万里歌》

张子健绘画作品《溪山图》

卢根锁绘画作品

许孟桐绘画作品

冯建发油画作品《春》

闫振强绘画作品《雁荡山》 2015

杨梅从绘画作品

郭增辉烙画作品

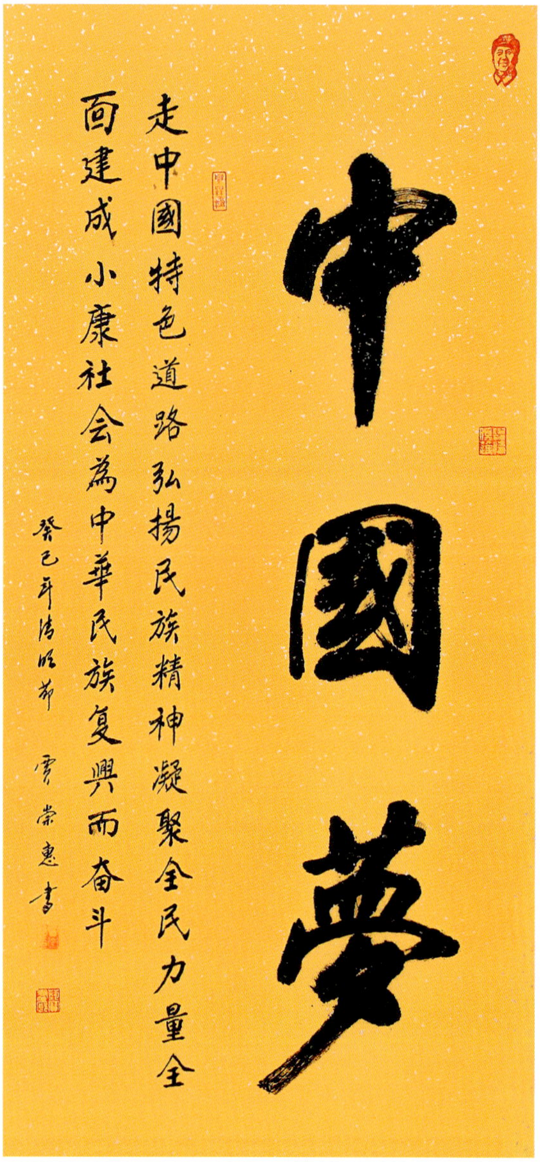

贾崇惠书法作品《中国梦》

李增祥绘画作品

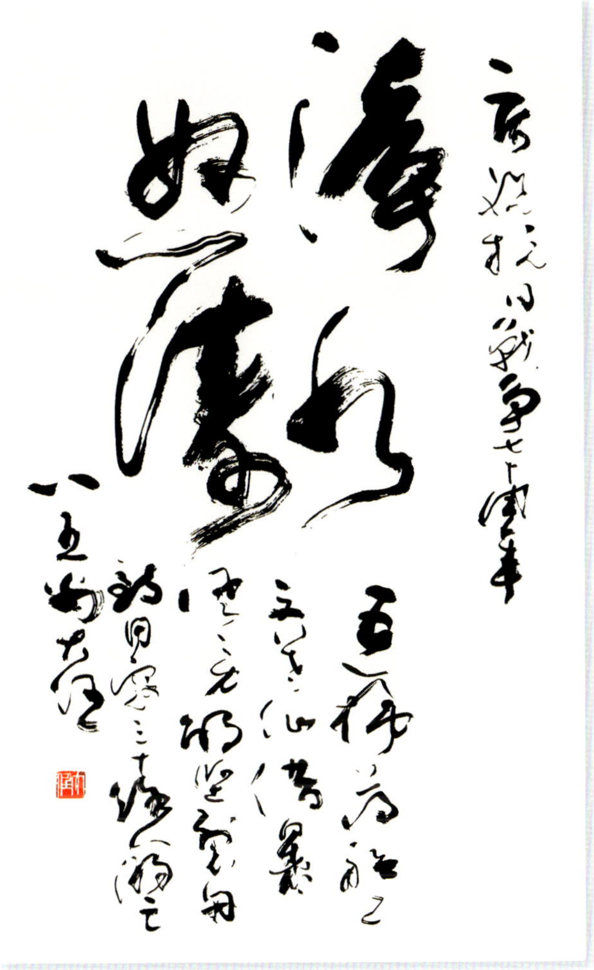

苌大任书法作品

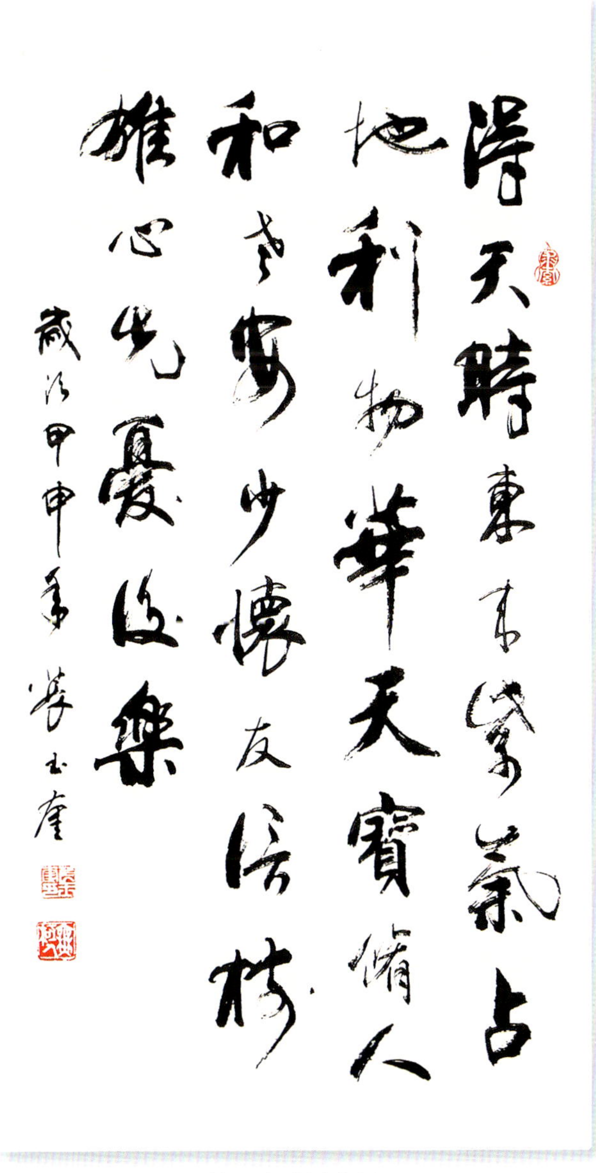

苌玉奎书法作品

王耀生书法作品

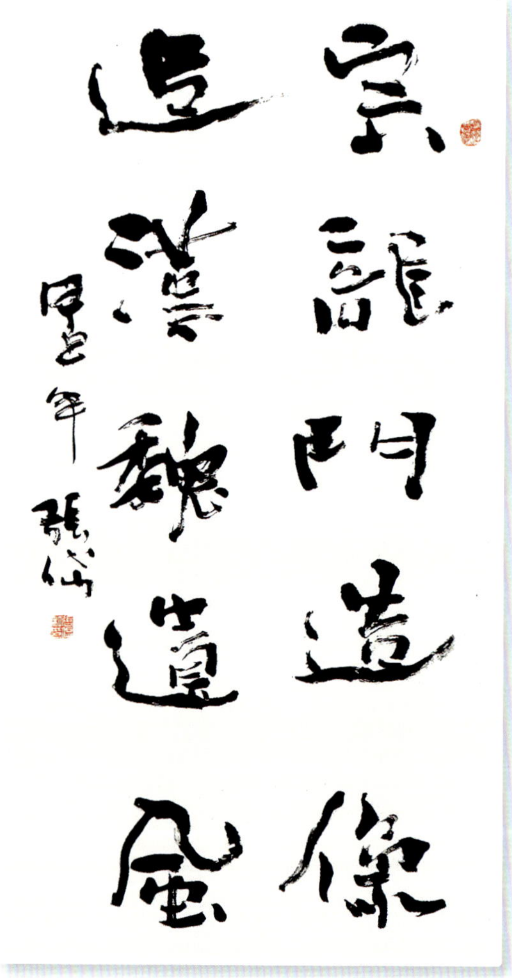

张岱书法作品

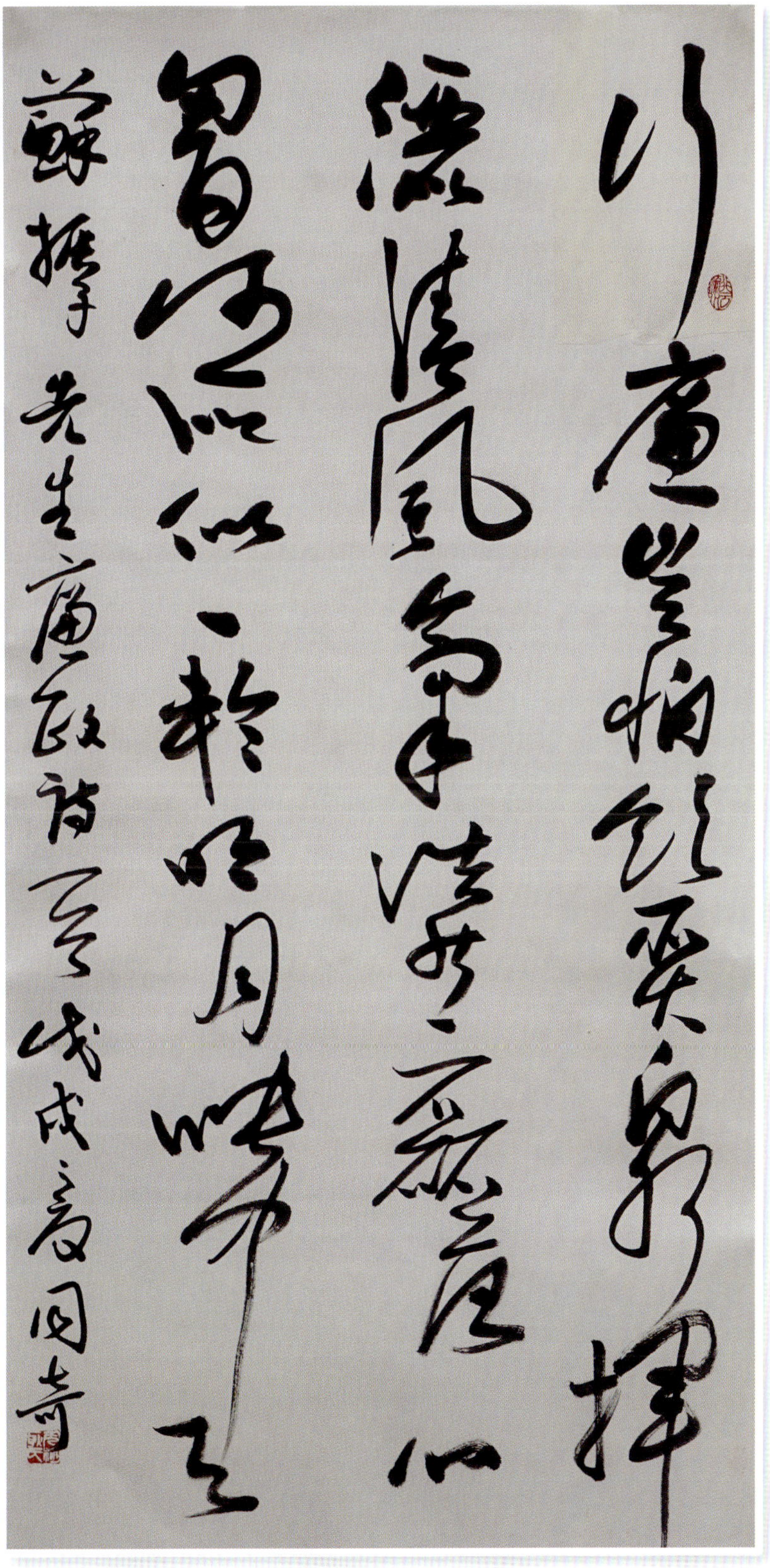

耿同奇廉政诗条幅

白雁南飛天欲霜蕭々風雨又
重陽己知建德非吾土還憶并
州是故鄉蓬鬢轉添今日白菊
花猶似去年黃登高莫上龍山
路極目中原草木荒
明·魯淵 重九
辛卯歲孟夏朔 鍾晨書

张钟晨书法作品

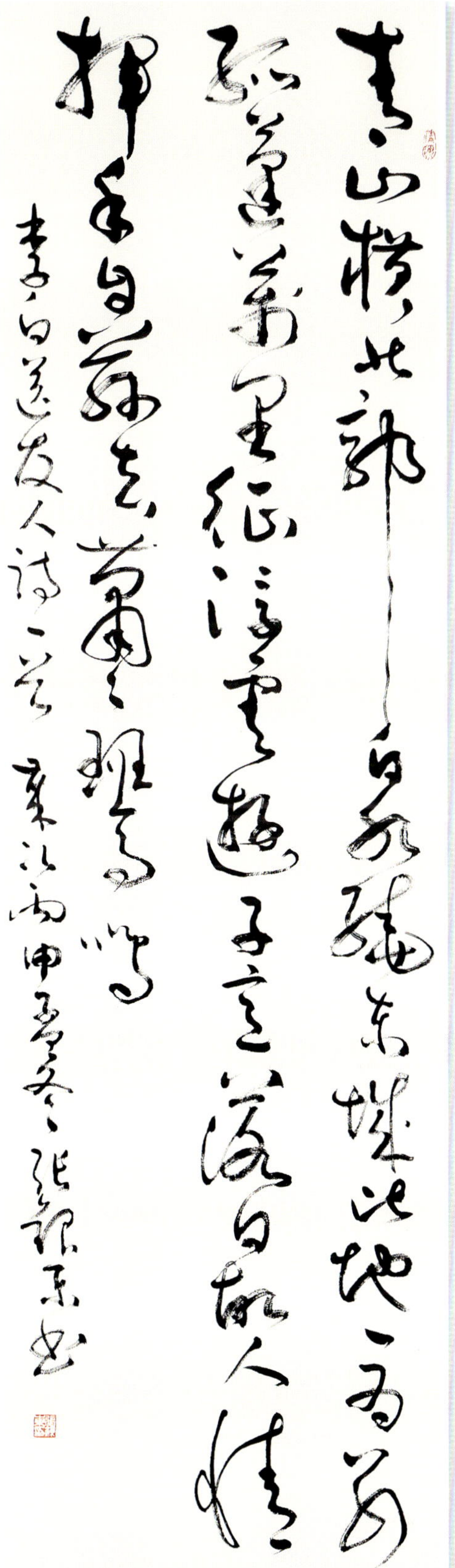

张银东书法作品

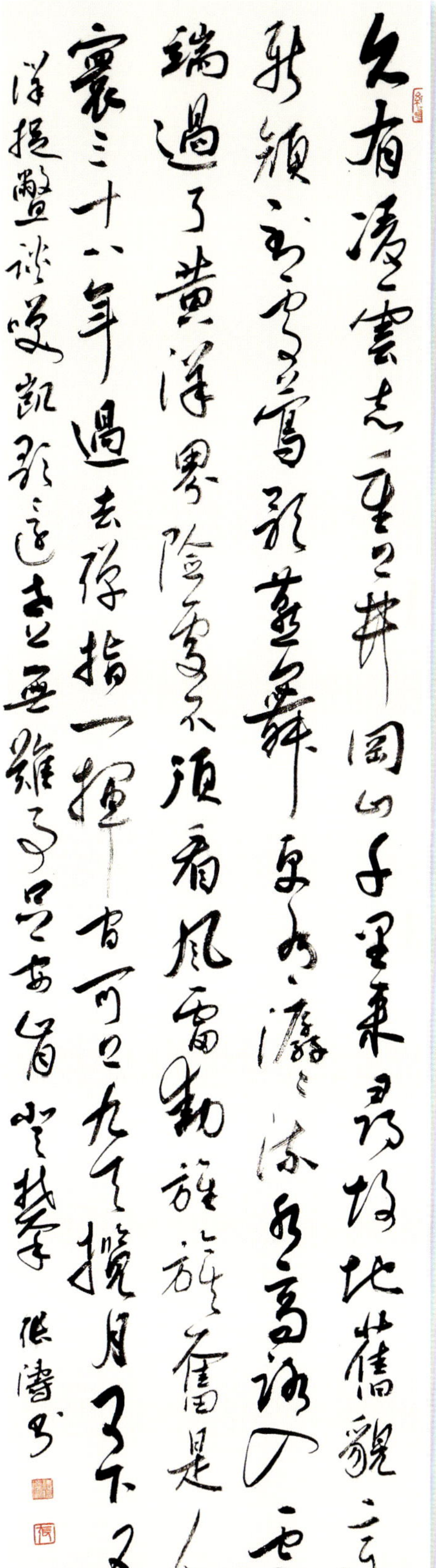

张涛书法作品

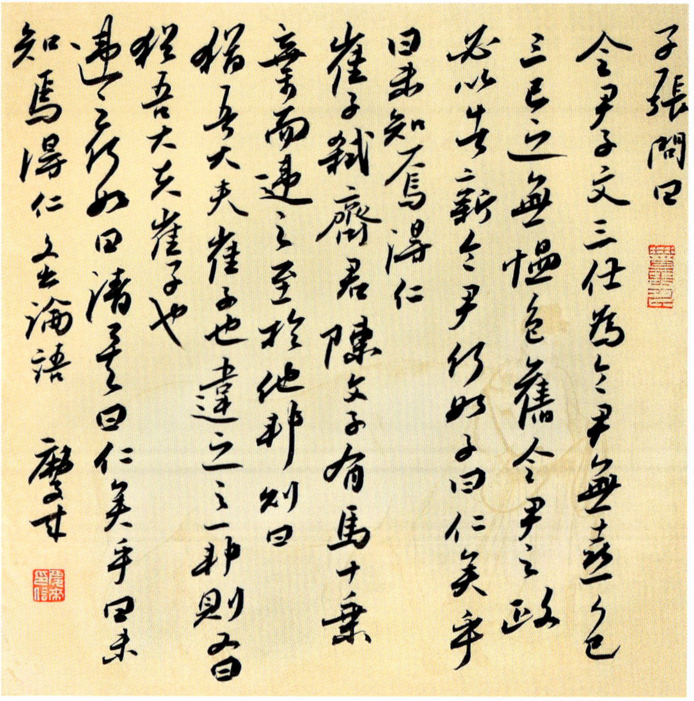

刘庆来书法作品

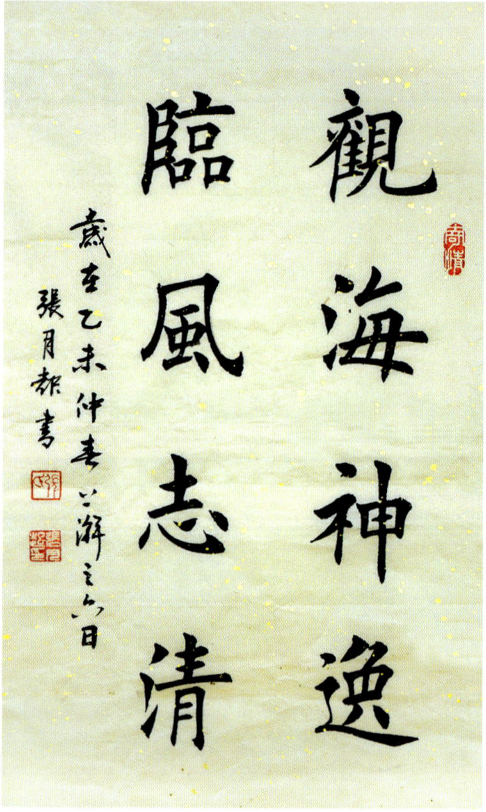

张月起书法作品

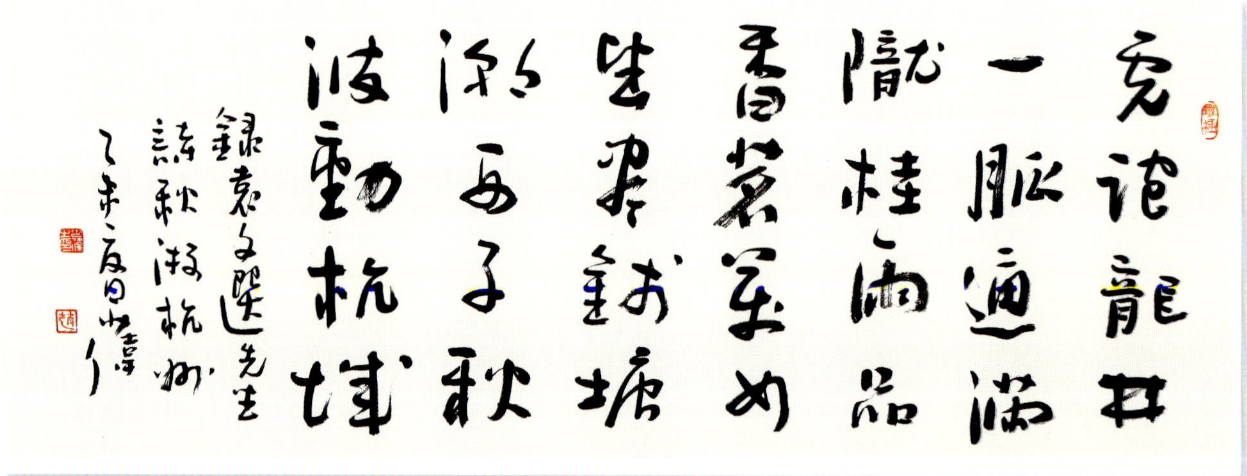

赵少伟书法作品

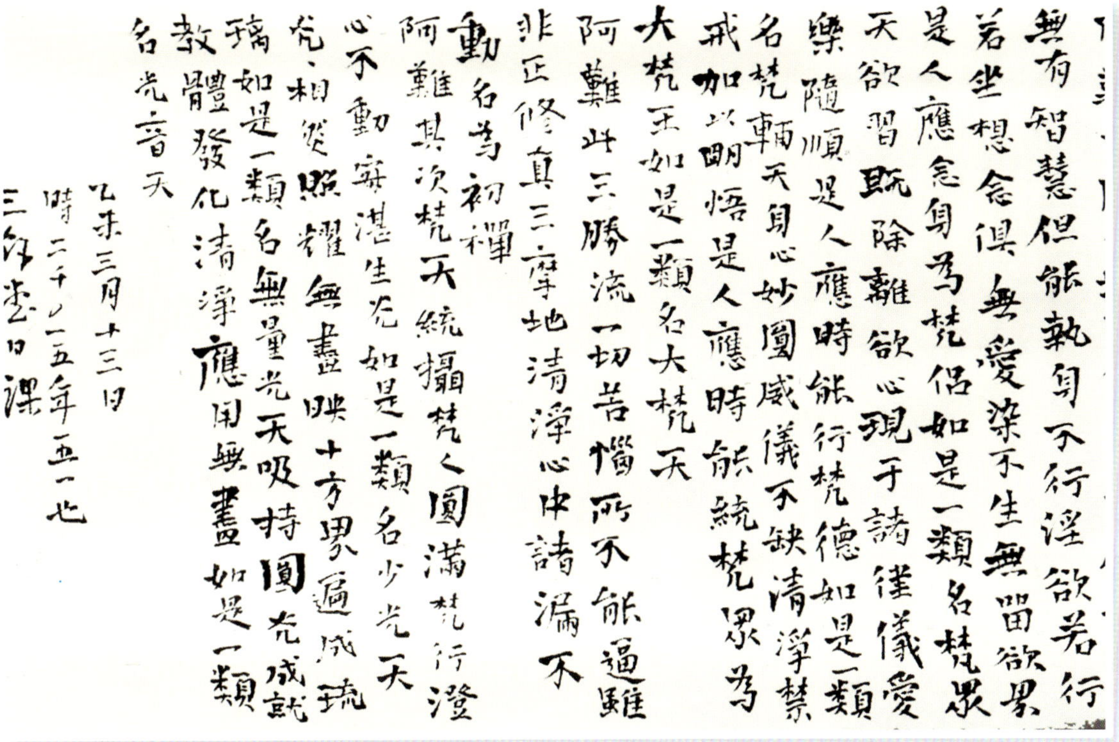

张子言书法作品

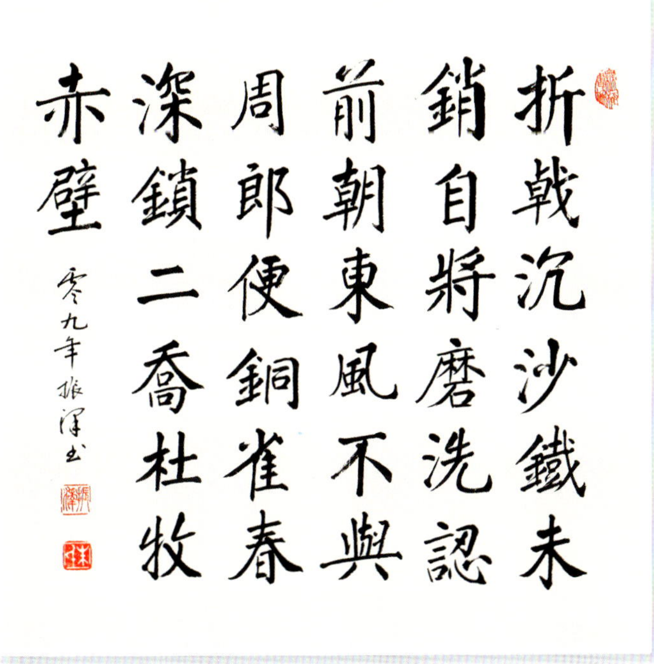

朱振泽书法作品

富贵无极

日新无极

千秋无极

天地无极

刘小平篆刻作品

李荣妲剪纸作品《蝈蝈白菜》

杨素描剪纸

王芬棉剪纸作品《牡丹》

袁振勇剪纸作品《金凤引贵》

赵陟剪纸作品《春意》

牛世民树叶剪纸作品《刘海戏金蟾》

无极县志评审专家、市领导及编纂人员合影

序

《无极县志（1989—2005）》经过几年努力，数易其稿，终于出版了。这是无极县文化建设中的一件大事，可喜可贺！

本志是新中国成立后无极县修编的第二部志书，它承接1993年版《无极县志》，采用述、记、志等多种体例，全面、客观、翔实地记载了1989—2005年全县自然、经济、政治、文化、社会等各个方面所取得的巨大成就和发生的深刻变化，展现了这一时期无极科学发展、跨越发展、和谐发展的靓丽业绩，描绘了无极大地日新月异、沧桑巨变的壮美画卷，是17年来无极人民在改革开放的伟大实践中，众志成城建设美好无极的真实写照和生动缩影。这部志书融思想性、科学性、史料性为一体，为各级党委政府科学决策提供了重要参考，为专家学者研究无极这一时期经济社会发展提供了翔实资料，为各界人士认识无极、了解无极开辟了崭新窗口，是一部资政、存史、教化的重要文献。

修志是一项浩繁的系统工程。几年来，在各级党政领导的支持下，在专家学者认真指导和各方通力协作下，全体编纂人员本着还原历史真貌的原则，以高度的责任感和使命感，广泛搜集资料，反复求证核实，精心设置篇章，付出了大量心血和汗水。值此新志问世之际，谨向所有编纂人员和关心、支持修志工作的各界人士表示诚挚的谢意！

中共无极县委书记　韩清榕

无极县人民政府县长　陈宝京

2014年9月

凡 例

《无极县志》(1989—2005)为续志，与1993年出版的《无极县志》相衔接，是中华人民共和国成立后县政府组织编修的第二部志书。为科学、规范地反映境域内自然与社会的历史和现状，特制定本凡例。

一、本志以马克思列宁主义、毛泽东思想、邓小平理论和“三个代表”重要思想、科学发展观、习近平新时代中国特色社会主义思想为指导，运用辨证唯物主义和历史唯物主义的立场、观点、方法，持存真求实，全面、客观系统地记述无极县从1989—2005年来自然和社会发展变化，旨在资政、存史、教化，为全县新农村建设和建立和谐社会服务。

二、本志以无极2005年行政区划为记述范围。

三、本志记述时限与前志1993年出版《无极县志》之下限1988年衔接，上限为1989年，为保持记事的连续性，对重要记事适当上溯；下限为2005年12月31日。

四、本志按社会状况类，首设概述，次为大事记，此后按照横排门类、类为一志之体例，依次设置政区、自然环境与环境保护、人口、基础设施、信息传媒、体制改革、经济总情、农业、工业、商贸服务、金融保险业、综合经济管理、中国共产党地方组织、综合党务管理、地方人民代表大会、地方人民政府、综合政务管理、地方政治协商会议、群众团体、法治、军事、教育与科技、文化体育、医药卫生、精神文明建设、民情风俗、人物27编。最后为附录、编后记等。篇下视需要设类目、分目、条目若干层次。

五、本志对“前志之误，前志之缺”，采取随文“勘、补”的方式，与所记事物衔接，一般不注明所误所缺内容。

六、本志以志为主，述、记、传、图(含照片)、表、录诸体并用。各种体裁相互融合，从不同侧面反映客观事物的统一性和多样性。图与表随文插入相关部类，部分图照放于志首。

七、本志除引用文字、附录文献资料和个别人物传记外，均用现代汉语体文。概述有叙有议，以叙述为主；大事记以编年体为主；其余为记述文体。力求言简意赅，文字通畅。所使用的标点符号、数字书写和计量单位分别执行国家颁布的《标点符号用法》《出版物上数字用法》和《中华人民共和国法定计量单位》的有关规定。用字依照《中华人民共和国国家通用语言文字法》使用规范文字。即经过简化整理并由国家《简化字总表》形式公布的简化字和未被整理简化的传承字。全书中亩，不统一换算，1公顷=15亩。

八、本志行文用第三人称。人名，直书其姓名，一般不另加称呼，必要时冠以职务。地名，以县政府公布的标准地名为准，涉及古地名时用原名称，括注今标准地名。组织机构、文件、会议等名称使用全称，若名称过长，第一次出现使用全称，后用简称。

九、本志纪年，凡述民国及以前的史实，使用历史纪年，括注公元纪年；中华人民共和国成立之后，统一使用公元纪年。本志出现的“80 年代”“90 年代”等时间表述，均指 20 世纪的有关年代。

十、本志收录人物以原籍为主，外籍人物长期定居辖域内有重要业绩者均入志。坚持“生不立传”的原则，对社会发展有重大建树的人士立传。立传者皆以卒年为序排列。立传人物中，对上志中记述不准确的，这次修改后重新入志；对上志遗落的人物，这次补入；立传人物下限延至搁笔。

坚持“以人为本”的指导思想，对在一些重大事件中起关键作用的在世人物，其人其事采用“以事系人”的方法，散记于有关类目或列入相关名表。

对一些业绩卓著的无极籍在世人物，以简介形式分别记述，只写工作、经历和取得的成就，不作评论，以出生先后为序排列。

十一、本志资料大多由各乡镇、各部门提供。同时各责任编辑以查阅档案、走访座谈、问卷调查的形式，采集部分文字、口碑资料和专题资料，一并入志。

数据资料以县统计部门提供的为准，未进入统计序列的采用主管部门提供的数据或调查数据。本志资料均经核查考证，除重要资料注明出处外，一般不注出处。

目　录

第四编 基础设施

第五编 信息传媒

第六编 体制改革

目录

目录

第九编 工 业

第十编 商贸服务

第十一编 金融、保险业

第十二编　综合经济管理

第十三编　中国共产党地方组织

第十四编　综合党务管理

第十五编　地方人民代表大会

第十六编　地方人民政府

第十七编　综合政务管理

第十八编 地方政治协商会议

第十九编 群众团体

目录

第二十编　法　治

第二十一编　军　事

第二十二编　教育与科技

第二十三编　文化体育

第二十四编　医药卫生

第二十五编　精神文明建设

目录

第二十六编　民情风俗

第二十七编　人　物

附　录

索　引

无极县志

1989—2005

概述

無極縣志

一

无极县为河北省石家庄市辖县级行政区，位于河北省中南部，北纬38°03′～38°18′，东经114°47′～115°08′。属于暖温带半湿润季风型大陆性气候，四季分明，光照充足，春季温和多风，夏季炎热多雨，冬季干燥寒冷，年平均气温12℃。地处太行山东麓山前平原，地势变化平坦，西高东低，海拔最高58米，最低35米，落差23米，坡降梯0.7‰，东西横距28.8公里，南北纵距24.4公里，总面积524平方公里。2005年底，辖11个乡镇，213个行政村，人口48.5万人。1996年建成“小康县”，是国家商品粮基地县、国家优质粮基地县、甲级绿化县、科技进步县、全国首批“秸秆养畜示范县”之一。

县城西依省会石家庄54公里，北去首都北京275公里，东与东北到天津260公里，到天津港320公里、黄骅港300公里，西至京广铁路35公里、石家庄机场30公里，南上石黄高速公路15公里，正港线、定魏线、无繁线3条省道贯穿全境，交于县城，连通全国各地。

全县耕地面积54万亩，成土母质为河流冲积物，土层深厚壤质良好，构成合理。地下水适宜，雨可渗水，旱可灌溉，平畴沃野，粮菜丰茂，盛产小麦、玉米、蔬菜、食用菌等，是河北省主要产粮地区之一，并跻身国家级产粮大县行列。蔬菜是无极的优势产业，种植面积12万亩，设施蔬菜“韭菜—黄瓜”茬口为北方地区种植面积最大的生产基地。王村设施蔬菜基地被确定为“河北省首批九大无公害农产品生产基地”之一。

无极县历史悠久，五帝时为并州地，夏、商、周为冀州地，春秋时隶属鲜虞国，战国属中山，后属赵，秦时归钜鹿郡，西汉初年置毋极县，唐万岁通天二年（697年），毋极县始改名为無极县（“無”字今简化为“无”，沿用至今）。至今建县已2000余年。

无极县毓秀钟灵，文化源远流长。成语故事：“无出其右”源于无极人西汉汉中郡守田叔；“闻鸡起舞”“枕戈待旦”“先吾着鞭”“多难兴邦”源自无极人西晋爱国将领、著名诗人刘琨。无极是东汉至魏晋南北朝时期北方望族甄氏家族的发祥地：三国时，有知书达理、贤淑睿知，被武皇太后夸为“真孝妇”的文昭皇后甄洛，北魏有著作家甄琛，北周有著名数学家甄鸾；唐代有大诗人、大文学家刘禹锡和誓死不从安禄山反唐，后被列入国史的秘书郎加封太子舍人甄济；明代有刚正不阿、勇弹权贪的监察御史张璇；清代有痛歼倭寇、保卫疆土的台湾总兵雷霆和潮洲总兵耿金钊。在中国革命和建设年代，无极人民英勇无畏、壮志凌云、内枭凶顽、外歼强敌，谱写了一曲曲新的英雄赞歌，涌现出无数革命先烈和革命前辈，有为保护革命党人，奋勇刺杀镇压革命、残害革命党人的刽子手清廷鹰犬张怀芝而壮烈献身的17岁辛亥革命英烈薛成化；有大革命时期的英烈高克谦、解学海；有中国人民解放军后勤工作的创始人范树德；有为抗日献身的“钢铁团”赵振亚、无极县委军事委员、晋察冀抗日义勇军第五支队长翟司升；有中国人民解放军第一支进藏部队“进藏先遣英雄连”总指挥，将第一面五星红旗插上藏北高原，为和平解放西藏奠定基础，被原西北军区授予“人民功臣”称号，被中央军委追授为“人民英雄”的李狄三烈士；有在延安时创办八路军制药厂，解决抗日军民极端缺药难题，并改进战地救护方法，首创团、营、连三级药箱制的著名药学家李维祯；有中国工程院两院士：地雷爆破专家李钊和摄影测量与遥感专家刘先林；有热处理专家李铁蕃；有作家张庆田和作家、翻译家魏荒弩；有学者、金石专家杨殿珣，有“盛世莲花”的创造者雕塑家郭宝寨，有为保卫人民生命财产、勇擒通缉要犯而壮烈牺牲的农民刘月民；有1965年以来中央军委授衔的14位将军和仅统计在册的73位大校，还有许许多多英雄模范。一代代勤劳善良的无极人，植根于无极的膏壤沃野，沐浴着优秀文化的甘霖，书写了辉煌的昨天，创造壮美的今天和明天。

二

1989—2005年，无极县进入以改革开放为原动力，以经济建设为中心的社会主义事业发展的新时期。改革开放激发了干部、群众的想象力和创造力，推动无极县从计划经济走向市场经济。改革率先从农村全面展开，1981年全县试行小段包工、联产到户。1983年1月，县委、县政府研究制订《关于包干到户责任制办法（草案）》，到年底全县20个乡镇、207个村，全部实行土地承包责任制。1984年后，根据中央文件精神，在逐步完善承包责任制基础上，建立双向承包制，推行土地使用权合理流转，探索实现土地规模经营、集约经营，构建服务体系和多种经营并存，推进农业结构调整和产业化，扩建农村贸易市场，鼓励农民进入流通领域，农村社会主义市场经济逐步建立。

1978年中国共产党十一届三中全会以来，无极县按照国家不同时期的改革政策，全面推行经营体制改革、产权制度改革、用工制度改革，建立适应市场经济发展的企业新体制。1978年到20世纪90年代初，县属企业经历改革扩大企业自主权、利改税、承包经营三个阶段。1984年，县委、县政府贯彻落实《中共中央关于经济体制改革的决定》，成立经济体制改革办公室，在全县工业企业中推行"五权放开、四个打破"：放开人事权、经营权、工资权、价格权、奖金权，打破国营企业与集体企业、正式职工与临时职工、干部、职工与工资的界限。扩大职业自主权，调动职工的积极性，促进企业的发展。1986年商业局服务公司率先搞门店承包，并逐步扩大到各个工商企业。随着改革的深入发展，承包经营弊端越来越明显。1993年，根据国家政策和市场经济的发展，县委、县政府及时进行调整，成立3个企业产权制度改革领导小组，分别负责工业、流通、乡镇企业的改革，在全县推行产权制度改革，建立现代化企业制度。从国有民营、公有私营到股份制，从明晰产权到建立现代化企业制度，实现企业转制，职工转变身份，资产增值，企业增效、职工增收。到2005年底，累计完成企业产权制度改革139家，累计取消审批项目447个；全县工商企业职工10000余人，转岗4000余人，就业4500余人，离退休300余人，90%以上的职工实现了再就业；完成外贸出口总值3.1亿元，在册三资企业14家。

在全力推行工商企业改革的同时，实施宏观调控、财政、金融、税收、物价、社会保障体制的改革，培育和建设市场体系。1996年1月始，稳妥实施撤乡并镇、精简机构等重大行政体制改革，使行政效能、依法行政水平进一步提升。实施分税制财政新体制，设立乡镇级财政，研究制定一系列加快县域经济发展的政策措施，

改革开放，使社会主义市场经济体制逐步建立，国民经济步入了健康快速发展的轨道。2005年，全县生产总值61.86亿元，是1989年的10.73倍；财政收入实现大幅度增长，全部财政收入完成2.13亿元，是1989年的12.5倍；城乡储蓄余额38.40亿元，是1989年的12.28倍；城镇居民人均可支配收入8339元，农民人均纯收入4476元，是1989年的6.41和7.02倍；社会消费品零售额26.48亿元，是1989年的12.6倍。产业结构更加合理，第二产业比重由1989年的30%上升到54%，第一产业比重由1989年的56%下降到18%。

三

无极县是传统的农业县，农业和农村经济一直占据主导地位。早在春秋战国时期，无极就是极为重要的农耕区。民以粮丰而殷，国以粮足而盛，晋文公得无极称霸于春秋；赵国在无极屯

田戎兵而纵横于战国；东汉光武帝刘秀庇佑于无极而中兴汉室：魏晋时期大兴屯田，农桑更加发达。新中国成立后，无极农业得到快速发展，1958年，张段固大队曾获国务院颁发的“粮棉高产”奖牌；1996年，全县粮食总产突破1亿千克。党的十一届三中全会后，随着农村经济体制改革的深入发展，农村生产力得到全面释放，全县农林牧各业及乡镇企业全面发展，农业结构逐步向高产、高效、优质转化，农业和农村经济主导地位更加明显。17年来，无极县农业按照“结构调优、品种调新、农民调富”的原则围绕“调粮、扩菜、优果、强畜”的总体思路，抓基地、强龙头、创品牌，促进农业结构进一步优化种植业由单一注重产量向产量、品质同步提高转变，“吨粮县”“‘九五’期间首批国家商品粮基地县”“小麦千斤县”“‘十五期间’国家优质粮基地县”等项目的实施，降低了投入成本，提高了粮食产品的产量和品质，农民收入逐年提高；2005年全年粮食种植面积74.8万亩，总产35万吨，优质小麦、粮饲兼用型植面积分别占小麦、玉米播种面积的89%和85%。设施蔬菜生产发展迅速。以王村为中心的设施蔬菜生产基地，被省确定为无公害农产品生产基地；王村蔬菜批发市场先后被确定为“农业部定点市场”“国家级鲜活农产品产地批发市场”“河北省首批农业信息联网市场”，“绿风”商标的注册成为无极县第一个注册的农产品品牌，到2005年底种植面积4.7万亩，产量215220吨，产品销往北京、天津、太原、内蒙古、石家庄等地，年产值超亿元。畜牧业调整优化结构布局，改良、优化畜牧品种，向规模化、集约化发展，肉牛、奶牛、肉羊、蛋鸡等养殖基地规模不断扩大；2005年底建成规模养殖小区17个，肉、蛋、奶总量分别为7.2万吨、5.9万吨、2.4万吨；畜牧业产值14.1亿元，占农业总产值的56.5%，主导地位增强。农田水利基本建设投资累计1400万元。林业加大品种调整力度，扩大生产规模，经济林和生态林共同发展，到2005年，经济林种植面积4.5万亩，生态林种植面积6.4万亩，全县森林覆盖率达15.7%。农业机械发展速度加快，2005年农用机械总动力856433千瓦，大中型拖拉机1125台，小型拖拉机11535台，小麦、玉米等农作物机械化率达98%。认真贯彻落实“一降三补”等一系列减负和补贴政策，2005年，全县农民累计减负2270万元，人均减负50.7元，累计发放直补资金1280万元。

无极县工业经济在不断改革中健康发展，由对农业经济的补充逐步趋于县域经济的主导地位。1989年以来，县委、县政府以市场为导向，以特色培育支柱，以技改扩规壮实力，以园区集聚优势，以项目带动发展，走新型化道路，扩外向度，积极引导和支持乡镇企业和私营经济的发展。先后出台《关于大力发展乡镇企业的决定》《关于发展私营企业的决定》《加快工业园区发展的实施意见》等一系列措施，实施“工业立县，项目兴县”发展战略，以项目建设带动工业发展，形成以皮革、化工、医药三大传统特色支柱产业和机械制造、轻工、木线、建材、针织、饲料六大行业；齐盛、华润、正村、北苏、马孤庄五个工业园区建设初具规模。2005年民营企业发展到435家，完成增加值42.1亿元，占GDP的68%，实缴税金完成1.52亿元，占全县财政收入的71.41%。2005年底有103家国有和集体工商企业完成改制，全县工业实际交纳税金1.52亿元，占全县财政收入的71.4%；年内利用外资额32万美元，外贸出口额15250万元，“三资”企业出口额14091万元；全年投资项目273个，工业总产值由1989年的41672万元，发展到2005年的1072668万元，国有及年销售收入500万元以上工业企业总产值完成619109万元。

1989—2005年，按照“以加快市场建设为突破口，改造提高商贸流通等传统产业、培植金融、保险、信息等新兴产业”的思路，全面加快第三产业发展。皮革、粮食、肉牛、蔬菜、建筑建材、日用百货、饲料等专业市场逐渐兴起，2000

年建成省重点项目——中国齐盛皮革市场，2002年王村蔬菜专业批发市场实现年交易量、交易额超亿元，被农业部和河北省确定为国家级鲜活农产品产地批发市场和全省首批农业信息联网市场。2005年全县共有商品市场64个，年成交额为124604万元，社会消费品零售总额为264820万元，城乡居民储蓄余额383987万元。货物周转量1301万吨/公里，客运周转量9000万人/公里。

1989年以来，无极县全力实施绿化、美化、硬化、亮化工程，1995年通过省级卫生城验收。城市街道由沥青面为主转向水泥路面为主，城区道路总长44.4公里，城区街道绿化面积122万平方米，种植乔灌木44万棵，建占地13亩绿荫广场一座，安装路灯1356盏，排水管点38498米，建成日处理能力为4万吨的污水处理厂1座，城市品位和城市环境不断优化。以北苏镇、张段固镇为代表的小城镇建设加快，张段固镇被河北省政府命名为100个省级重点镇之一，建成生态文明村22个，农村环境卫生状况明显改善。电力事业发展速度加快，实现了村村通电，2005年全县35千伏变电站10座，110千伏变电站2座，县境内主干线路长216.5公里，分支线路长817.3公里，总容量24.10万千伏安，年售电量4.3亿千瓦时。邮政事业发展迅速，到2005年底，农村投递道路14条，县城投递线路6条，总行程900公里，建有2个城市网点，6个农村支局所，形成覆盖全国联通全国的现代化邮政通信网，年业务收入20980736元；通信业发展迅猛，1989年实现电话自动化，2005年全县固定电话装机容量为10.30万户，移动电话用户11.80万户，小灵通1.40万部，电信业务总量5831.06万元，ADSL用户3900个。第三产业年产值由1989年的1.39亿元，发展到2005年的39.37亿元。交通运输事业飞速发展。形成境内省县干道畅通无阻，乡村公路四通八达的交通运输网络，2005年有正港线、定魏线、无繁线三条省道贯穿全境，相交与县城，全长62.144公里；县道4条，乡道27条，村道94条；2005年全县通车里程471公里。

县域经济实力的增强为各项社会事业的发展和人民生活水平的提高奠定了基础。1989年以来，县委、县政府坚持“科教兴县、人才强县”战略，把科学教育放在经济发展的战略地位，不断加大科技投入，壮大科技人才队伍，注重科技成果的转化和利用，科学技术推广体系日益健全，成果丰硕，科技因素在经济增长中的贡献率明显。2000年跨入全国科教工作先进县行列，到2005年，全县科技普及率达49%，有科技人才5390人。教育领域改革逐步深化，教育结构调整日趋合理，幼教、普教、职教统筹协调，快速发展。各级政府不断加大对教育的投入，办学条件改善成果丰硕，1991年被河北省政府评为河北省改善办学条件先进县。在实现“一无两有”“八配套”的基础上，全县向着高标准楼房发展，仪器室、实验室、图书阅览室、文体器材室、语音室等配套设施与时晋级更新，全县235所普通中小学、县职业教育中心、县教师进修学校都有微机教学、多媒体教学。全县信息教学普及率中学（含职教中心）达100%，小学达95%以上。教师队伍学历达标率超过省颁标准；无极中学被命名省示范性中学，无极县职教中心被省命名为重点职教中心。1995年实现“两基”达标县后，又先后通过省政府三次复查验收，一次升级综合评估。教育事业不断提高，高考、中考成绩显著，为高一级学校输送大批合格新生，为无极的经济发展培养了大批初、中级技术人才。卫生事业发展迅速，医疗设备数量增加设备性能先进，人员的技术水平得到提高；疾病控制取得显著成效，霍乱、天花、黑热病等烈性传染病绝迹，流脑、乙脑、疟疾、病毒性肝炎等传染病呈散发状态，发病率逐年下降；取得了抗击非典型肺炎战役的胜利，受到世界卫生组织的高度赞扬和充分肯定。文化体育事业日益繁荣。40多个民间艺术团体常年活动于城乡，满足人们日益增长的文化需求；成功举办“爱立信”中国乒乓球擂台赛、各种民间文体协会相继建立。计划生育整体水平提高，人口自然增长率控制在5.8‰。环境整治取得明显成效。取缔4300家污染严重的“五小企业”；综合污水处理厂建成投入使用，使磁河污染得到根本治理，全县的环境保护工作由专项治理到综合整治，由治标走向标本兼治。社会治安综合治理。17年来，县委、县政府始终把抓社会治安作为重点工作，依法治镇，依法治村，坚持不懈地开展了“严打”和各种专项整治斗争，维护一方平安，促进经济发展；开展矛盾纠纷排查治理，做好人民群众来信来访工作，解决了一些群众反映的热点难点问题，保持了社会稳定。下力量抓领导干部廉洁自律、查处大案要案、纠正部门和行业不正之风等工作，反腐斗争取得阶段性成果。

四

在县委、县政府的带领下，无极县广大干部群众团结一心，艰苦奋斗，发展创新，经过十几年的努力，县域内政治、经济、文化建设都取得骄人的成绩，县财政收入逐年增长，人民的物质、文化生活水平进一步提高，各行各业呈现出良好的发展势头。同时也存在一些不容忽视的问题：经济总量偏小，财政收入偏低，大项目少和落地难并存，经济结构不甚合理，面临着加快发展和调整结构的双重任务；环境容量小，产业层次低，发展质量不够高，国家环保政策日益趋紧，面临着发展经济与保护环境的双重压力；城市规模小，布局不尽合理，基础设施相对滞后，历史欠账较多，承载功能较弱，面临着“补课”和“赶超”的双重重任。同时，民生保障有待于进一步加强，发展环境有待于进一步优化，个别部门和少数干部的思维、意识和效能还跟不上赶超发展、科学发展的形势需要。

无极县志

1989—2005

大事记

無極縣志

1989 年

1 月 13 日，荷兰蔬菜专家卡梅宁一行由北京农业大学、北京农业技术推广站、北京蔬菜研究中心的专家、教授陪同，到无极县考察日光温室蔬菜生产。

3 月，县商业局化工厂建成并投产。

5 月，中国大百科全书出版社出版的《中国大百科全书·军事卷》将“郭庄红旗民兵营”列为专条内容。

7 月，全县夏粮（冬小麦）平均亩产 374 千克，总产 147686 吨。实现单产、总产双超历史水平，单产居河北省第一位。

10 月 6 日，县人大常委会作出关于推行部门法律、法规责任制的决议，将国家和省颁布的 62 项法律法规分解到 57 个执行单位实施。

11 月，郭庄红旗民兵营被国防部授予“全国民兵预备役工作先进单位”称号。

是年，县人民武装部民兵训练基地被解放军总参谋部列为全国民兵通讯专业技术兵训练基地。

是年，县地名办公室为 150 个村建村名碑。

是年，增设的科级单位有民族事务委员会、宗教事务局（两单位均与民政局一个班子，3 个牌子）；副科级单位有编制委员会办公室（劳动人事局代管），残疾人联合会（民政局代管）。

1990 年

1 月 18 日，无极县人武部在全省人武部干部业务比赛考核中，获第一名。

3 月，南流村群众集资 3000 元，将“文化大革命”期间埋藏在地下的 12 件石刻挖出，经省、地文物专家鉴定，确认为南北朝时期文臣武将石像和石虎、石羊。文物恢复原安放位置，并立碑，教育子孙后代保护祖国文化遗产。

5 月 1 日，县政府发文，公布县级文物保护单位有南汪中共无极县委诞生地、南池阳高克谦烈士纪念碑、北苏藁无县革命殉难烈士纪念塔、城隍庙大殿、包公祠旧址与碑刻、高头清真寺等 19 处。

6 月，无极县被国家土地管理局列为县级土地利用总体规划试点。

7 月 18 日，82 名残疾人上街或在岗位劳动服务，将 1200 多元收入捐赠予第十一届亚洲运动会。

7 月 24 日，1986—1988 年由河北省农林科学院粮油研究所与无极县有关部门联合开发研究的“太行山山前平原高产高效农业综合配套技术”课题，通过省科委技术鉴定。

8 月，县磷肥厂自城内迁至城北 5 公里处新址，结束长达 20 年严重污染城区自然环境的局面。

11 月，无极县文学艺术届联合会成立，下设文学、书法、美术摄影、曲艺音乐舞蹈戏剧 4 个协会。

是年，全县肉类产量 28359 吨（其中牛肉产量 4466 吨），占石家庄地区 1/2，占河北省 1/10，名列全省第一。

是年，无极县被河北省人民政府评为“改善办学条件先进县”。

1991 年

2 月，经国务院农业开发领导小组批准，无极县被列为农业综合开发试点县。

3 月，《无极县、乡土地利用总体规划》通过国家土地管理局组织的鉴定验收，确认该成果达到国际先进水平。

4 月 5—10 日，由中国农业工程学会设施园艺环境工程专业委员会和河北省农科院蔬菜研究所共同组织的全国设施园艺环境工程学术年会在无极县召开。19 个省、市、自治区 51 个单位的

118名专家、教授、企业家和设施园艺生产技术人员参加会议。

6月26—29日，河北省农业开发办公室、财政厅在无极县召开农业综合开发现场会，省内13个地（市）、16个试点县的128名代表出席。

8月8日，县委、县政府发文，公布关于引进资金、技术、人才和项目，鼓励引进有功人员，促进全县经济发展的优惠条件和奖励办法。

9月16—19日，河北省畜牧局在无极县召开全省青贮氨化工作现场会，各地（市）有关领导和技术人员150人到会。会议对无极县青贮氨化工作给予充分肯定。

是月，经林业部世界银行贷款项目管理中心批准，无极县被列为利用世界银行贷款营造速生丰产林县。确定无极县营造丰产林3万亩（品种为毛白杨、刺槐），由世界银行提供贷款人民币300万元，年息3%，第八年开始还贷，第十五年还清。

10月，县政府成立咨询组，以充分发挥老干部的智囊作用，使县政府关于经济和社会发展的各项决策进一步科学化。咨询组由29名离退休和退居二线的老干部组成，分工交、财贸、科教、农业、重点项目和城建6个专业小组。

12月14日23时30分左右，城区供销社综合商场发生重大火灾，造成2人死亡，直接经济损失38万余元。事后，6名责任者分别受到法纪、政纪处分。

12月24日，在北京召开振兴无极家乡座谈会，122名在京工作的无极籍老乡应邀到会，畅谈振兴家乡经济的宏图大业。

是年，无极县获"全国农村改水先进县"称号。

是年，全县各界群众踊跃向安徽、江苏、河南等地洪涝灾区捐献款物，共计现金15.3万元，粮票1.6万千克，衣服2061件，鞋4322双。

是年，县增设的科级单位有经济协作办公室、国有资产管理局（在财政局挂牌设办公室）、农业综合开发办公室、普法办公室（与司法局合署办公）、社会治安综合治理办公室（与政法委机关合署办公）；副科级单位有房地产公司（隶属城建局）、人口调查队（隶属统计局）、无极报社（隶属宣传部）。

1992年

1月10日，无极县委机关报《无极报》创刊发行。

1月18日，中共河北省省委常委、纪律检查委员会书记刘善祥到无极县视察工作。

1月31日，国家计生委主任彭佩云在河北省副省长王幼辉，石家庄地委书记王满秋、专员白润章、副专员王立仁，河北省计生委副主任柏玉兰的陪同下到无极视察工作。参观北苏村的计划生育活动室、展览室和计划生育知识教育班，对该村抓好计划生育的措施和具体办法感到满意。

2月14日，省农科院副院长兰巨生，科研处处长霍克斌，果树研究所所长李良翰、副所长宋纪造、副研究员马喜满，粮油作物研究所所长吕德滋、研究员陈能樵，农机化研究所所长张大敏等专家应无极县邀请，在县政府招待所召开了无极县农业综合开发座谈会。

2月21日上午，在县人民礼堂召开"吨粮县"建设誓师大会。目标为全县38.5万亩小麦平均亩产达400千克以上，24.5万亩夏玉米平均亩产达600千克以上，一年实现两熟亩产过吨。

3月2日，县委、县政府在张段固镇召开彻底治理乡镇制革废水污染、扩大制革业生产现场办公会，并制订彻底治理污染的具体方案。

3月10日，中纪委常委陈达之在省委常委、省纪检委书记刘善祥等领导陪同下，到无极视察工作。陈达之等视察了位于里城道乡的农业综合开发区、邱氏鼠药厂、石家庄地区第一制药厂等单位。

是日，河北省第五届民革委员会委员、县

政协原副主席、县三胞眷属联谊会会长连克明逝世。

3月14日，由邸茂兴发明、经机电厂科技人员设计研制的中药负压治疗仪试制成功。这项发明于1991年11月通过省科委鉴定，获得国家专利。

3月30日，中国地方志指导小组副秘书长孔令士由《中国地方志》编辑部、河北省地方志办公室有关人员陪同到无极指导修志工作。

是月，无极县被国务院列为全国十个“平原农区秸秆养牛示范县”之一。

4月2日，河北省委书记邢崇智到无极县，先后视察了东侯乡农业开发区成方连片的速生丰产林、呋喃化工厂、工贸合营造纸厂和邱氏鼠药厂，并对无极县各项工作给予充分肯定。

4月9日，河北省委副书记李炳良到无极县视察社教工作，先后视察了北苏村社教工作和化肥厂、地毯厂、中医院。

4月23日，石家庄地区农村宣传员业务比武现场会在无极县召开，河北省委副书记吕传赞、省委宣传部部长韩立成、石家庄行署专员白润璋等参加会议。

4月27日，无极县召开职工迎“五一”运动会，设女子拔河、男子象棋两个项目。县化肥厂女队获拔河比赛第一名，高建军获得男子象棋比赛个人第一名。

是月，无极县基督教协会、基督教“三自”爱国会成立。

5月8—14日，河北省地区社会教育联合检查团一行10人，对全县6个乡镇、10个社教村进行抽查，抽查结果为一类村9个，二类村1个，10个社教村全部合格。

5月9日，“无极县海外联谊会”成立。

5月30日，3000名少先队员在无极中学操场集会，举行庆“六一”少先队阅队活动。

6月16日，无极县人民政府被河北省人民政府授予“农业综合开发先进单位”称号。

6月22日，无极县新汽车站建成投用，车站位于县城东部，占地20亩，候车室使用面积2040平方米。

7月1日，中国银行无极支行开业，开始对外办理存、贷款和结算业务。

7月6—8日，省蔬菜研究所蔬菜专家穆德山，在县人民礼堂为近千名农民讲解日光温室蔬菜生产技术。

7月15日，万吨苯胺项目奠基仪式在县化肥厂举行。项目总投资5183万元，年生产苯胺10000吨。

7月24日，无极县被石家庄地委、地区行署、军分区授予“拥军优属模范县”荣誉称号。

8月21日，日本浪岗町友好访问团一行21人，在团长田中铁雄的率领下到无极进行友好访问。先后参观了马桥村幼儿园、小学、农户，无极镇中、呋喃化工厂、石家庄第一制药厂、冀中化工总厂、小镇村果园等。

8月31日，石家庄市市长沈志峰到无极视察医药市场、制药厂中药搬迁改建工程和地毯厂、呋喃化工厂等企业。

9月14日，河北省打击生产经销假冒伪劣商品专项斗争现场会暨新闻发布会在无极县召开。副省长郭洪歧亲临大会，省工商局长傅亮公布近期“打假”战果及典型案例。当众销毁20车假冒伪劣产品。

9月17日，受国务院委托，卫生部、国家医药管理局、国家中医药管理局、国家技术监督局、国家工商局、公安部、监察部组成的联合调查团，专程到无极对医药市场进行全面调查。调查团由卫生部药政局副局长粟福民带队。

9月26日，参加“全国农作物秸秆综合利用会议”的350多名代表从石家庄专程到无极，参观秸秆氨化养牛。

9月29日，以托马斯·W·沃尔克为团长的美国土地规划专家一行6人到无极县，就无极县土地利用总体规划的编制及实施情况进行考察。

考察组先后到北苏、里城道进行考察。

10月3日，国家23个部委侨联信息网站有关人员赴无极考察团一行8人，由理事长林振奋带队进行考察。与无极联合，各自发挥自身优势，促进经济发展。

10月8—16日，无极县农业考察团赴日本进行农业考察，主要考察日本苹果、牛肉、设施蔬菜生产及农协组织的社会化服务，与对口市建立友好关系和长期业务联系，为无极经济发展铺路架桥。考察团先后考察了盛产红富士苹果的青森县和盛产优质稻米、高质牛肉著称的岩手县。

10月17—18日，无极县残疾人联合会盲人按摩诊所医生齐春喜在北京参加“全国首届残疾人《中华曲库》歌曲大选赛”，获得三等奖。

10月20日，石家庄地区行署公布对全区13个县市、县办工业“55391”（省政府制定的工业考核办法）工程各项指标完成情况进行的综合评比结果。无极县获第一名。

10月28—30日，在国务院召开第二次全国农区发展畜牧业座谈会上，无极县县长靳海河作秸秆养牛示范县发展情况的典型发言。大会肯定了无极县养牛业发展的经验。

是月，全国政协原副主席杨成武上将应邀为《无极县志》题写书名。

11月17日，无贾线无极段拓宽改建工程全部竣工，通车后将缓解无极南北干线车辆拥挤状况。1991年冬完成路基土方工程，1992年3月10日复工。无贾线无极段全长11.2公里，该次改建拓宽完成9.33公里，改建设计标准为平原二级路，路面宽12米，中间宽7米水泥路面，两侧各宽2.5米沥青表处。总投资434万元。

11月30日，中共无极县委下发《关于开展向张不止同志学习活动的决定》。张不止生前为泗水乡王先村党支部书记，11月1日赴石家庄为新上村办造纸厂购运设备时，因途中发生车祸，以身殉职。

12月28日，无极十一万站二号主变工程完成，并正式送电。二号主变的投入运行，可有效缓解该县用电紧张的状况。

是年，由县土地局从1990—1991年3月编制完成的《无极县县乡土地利用总体规划》，获国家级优秀一等奖和科技进步三等奖。

是年，小麦亩产首次突破400千克。

1993年

1月11日，无极县知识分子座谈会在县委中会议室召开。来自全县各行各业优秀知识分子代表40多名参加了座谈会，为无极县发展出谋划策。

1月30日，城关供销社养牛场饲养的699号改良黑白花奶牛，生产一头重91千克的小牛犊，实属罕见。

2月18日，8日发生在西两河村两死一伤的重大杀人案破获。

3月9—10日，以黑龙江省嘉荫县委书记许百川为团长的嘉荫县代表团对无极县进行考察，并与无极县建立友好县。

3月20日，无极县中小学田径运动会在无极二中操场举行。来自全县的25个代表队，690名运动员参加运动会。

3月28日，在石家庄地区‘1993北京“三引一招”洽谈会上，无极县争取国家计委批复国拨外汇285万美元，引进项目27个，落实资金1.211亿元，引进技术人才27人。

是月，河北省农村中学英语教学整体改革经验总结专家评定会在无极县召开。来自全省从事英语教学研究的17名专家学者对庄里乡中、县实验学校三年来英语教改试验给予充分肯定。

4月10日，石家庄地委任命王志峰为无极县委书记，翟全贞为县委副书记。

4月12日，无极县劳务市场开业。

4月14日，无极县第七届春季老年运动会在无极中学操场举行，全县507名离退休干部参加比赛。

是日，无极县第十届人民代表大会第五次会议在政府招待所召开，大会选出3名代表参加河北省第八届人民代表大会。

4月21日，无极县纪检委、无极县监察局正式合署办公。

4月24—26日，石家庄地区中学师范田径运动会在新乐市召开，无极县在该次运动会上取得团体总分第六名。

4月29日，无极县在电影院举办“五一”文艺晚会。工业、轻工、交通、城建等职工登台献艺，演出24个精彩节目。来自全县各行业的职工1000多人观看演出。

4月30日，无极县公安局举行人民警察授衔仪式，共有136名公安干警授衔。

5月8日，在县招待所举行大会，为全县模范纳税单位暨个体户颁发奖金和奖旗；个体、私营经济先进单位、个人受到表彰。

5月14日，石家庄地区第一制药厂经过改组，成立为河北极光药业股份有限公司。

6月4—5日，由河北省农业厅主持邀请的省内小麦专家张立言、李进生等人对承担的“吨粮田”县建设小麦部分丰收计划项目进行验收鉴定。委员会综合评议认为，无极县小麦生产，领导方法有创新，技术措施针对性强，在同类项目中达国内先进水平。

6月23日，中华全国农民报协会组织15家报社的18名记者赴河北采访团到无极县采访。采访团先后到高头回族乡采访养牛户，到张段固镇采访制革业和大棚蔬菜等。

6月27日，中共无极县第六届委员会召开第一次会议，选举王志峰、王文治、翟全贞、耿震环、李成虎、朱俊计、王顺通、李保忠、苌乱旗、王瑞生、甄申国为第六届县委常委；王志峰为县委书记，王文治、翟全贞、耿震环、李成虎为副书记。

6月27—29日，政协无极县第八届委员会召开第一次会议。大会选举孟凡林为县第八届委员会大会主席，傅金亭、袁改良、刘胜月、石英民、赵奇、李秋莎、邱满囤为副主席。

6月28—30日，无极县第十一届人民代表大会第一次会议在县政府招待所召开。大会选举王志峰为县十一届人大常委会主任，申庆西、陈瑞彩、白合庆、朱九敦、刘元东、张悦为副主任；选举王文治为县人民政府县长，朱俊计、刘双牛、卢长锁、王中联、梁永法、杨振纲、靳玉环为副县长。

7月1日，下午4时，无极石家庄地区第一胶鞋厂厂区北边化工原料库突然起火，下午5时10分火势基本得到控制，但由于库内大部分是化工原料和易燃物品，直到晚上7时多大火才被扑灭。大火烧毁4间机件库、4间化工原料库、3间胶鞋及其他成品库。

7月10日，县自来水公司由建委划归水利局管辖。

7月12日，灭鼠大王邱满囤收到英国剑桥《世界名人录》编委会颁寄的“二十世纪世界名人”奖章。

8月3—5日，在县武术体校创办20周年之际，隆重举行“燕赵武术馆”落成剪彩仪式和河北省“经联杯”少年儿童武术比赛。参加该次比赛的有邯郸市、邢台市、石家庄市一队、石家庄市二队、保定地区、保定市、沧州地区、唐山市、张家口市、华北石油管理局10个代表队、共93名教练员和运动员。无极县代表石家庄市第二代表队参加比赛，获得金牌3枚、银牌5枚、铜牌4枚，并获团体成绩第二名，集体基本功第一名。

8月20日，无极县城花园街排水沟建成并投入使用。

8月21日，日本青森县浪岗町友好访问团一行21人，到无极进行友好访问。其间，访问团先后参观了马桥小学、小镇果园、无极武校等地。

8月31日，石家庄市市长沈志峰到无极视察医药市场和工业企业。先后视察了医药市场、地毯厂、化肥厂、华加胶囊有限公司。

9月9日，在人民礼堂隆重召开庆祝第九个教师节大会。大会对优秀教师、先进学校及尊师重教先进集体和个人进行表彰；大会决定提高民办教师、代课教师工资待遇。

9月12日，台胞曹英哲先生一家3人回到阔别40多年的家乡东侯坊乡南池阳村，看望家人。曹英哲先生系黄埔军校学员，于1947年赴台，退休后定居台北。

9月16—18日，共青团无极县第十一届代表大会召开，153名来自全县各个战线、各个行业，代表着全县12万名团员的代表参加会议。

9月21—27日，无极县在河北省“93对外经济技术合作暨出口商品洽谈会”上，共签约项目11个，总投资1732.4万美元，合同利用外资523.6万美元。

10月22日，召开全县离退休干部联欢庆老人节大会，来自全县500名老同志参加会议。会后全体老干部和县领导一起观看电影《新中国第一大案》。

10月27日，无极县第一家鲁港合资企业——石家庄富豪皮革制品有限公司正式开业。公司总投资92万美元，主要生产真皮礼品包、真皮服装等真皮系列产品。

10月29日，中共石家庄市委书记赵金铎到无极视察工作，先后视察极光药业股份有限公司、呋喃化工厂和建设中的医药公司和县城商业区。

10月30日，省交通厅工会组织石家庄、张家口、邢台、邯郸4市交通局工会25人，到无极县参观公路道班职工工会小家的建设情况，并重点参观被省工会命名为“模范职工小家”的里城道道班。

11月4日，无极县老区建设促进会成立。

11月6日，在招待所召开地方道路建设动员大会，提出利用5年时间全县实现村村通公路。

11月28日至12月5日，全县中学生球类比赛高中组排球比赛举行，有12个男女代表队参加。无极北校夺得女子组第一名，南校夺得男子组第一名。

11月29日至12月5日，全县中学生球类比赛初中组男子排球、女子篮球比赛举行，全县20个乡镇中学组队参加。东侯坊乡中男子队取得排球比赛第一名，东侯坊乡中女子队取得篮球比赛第一名。里城道学区取得初中和小学组男女乒乓球四个组别的冠军。

12月17日，石家庄市教委在无极组织召开全市外语教学观摩大会，全市有400多外语教师参加会议。无极县外语教师现场上课、介绍经验，当场回答与会老师提出的教学疑难问题。

12月23日，无极县首家股份制企业石家庄华龙药业股份有限公司正式成立。其前身是原石家庄地区第一制药厂。

12月24日，无极县在人民礼堂举办纪念毛泽东诞辰100周年大型综合文艺晚会。

是日，程控电话正式投入运行。

12月27日，化肥厂万吨苯氨工程竣工投产。此工程投产，填补了河北省一项空白。

12月30日，无极县第十一届人大常委会第五次会议召开。会议决定任命张锐为无极县人民政府副县长。

1994年

1月11—15日，石家庄市教委副主任、督导室副主任等一行7人代表河北省政府到无极县检查普及六年义务教育情况。深入七个乡镇42所小学进行全面细致的检查，最后经检查团评议认定，无极县普及六年义务教育达标。

1月21日，在河北省地方志工作会议上，无极县被省政府命名为“修志工作先进单位”，并颁发奖旗和荣誉证书。

2月1日，河北省军区司令员韩世谦少将由

石家庄市副市长杨俊强陪同，代表省军区、石家庄军分区、市政府专程到郭庄民兵营看望全体同志，并向郭庄民兵营赠送慰问品。

2月20日，无极县城无极路举行盛大春节文艺表演，来自各乡镇的大鼓队、挎鼓队、军乐队、民间乐队、秧歌舞等文艺团体进城表演，共有2000多人参加演出，观看群众达10万人。

2月28日，石家庄市委、市政府在郭庄召开了“纪念郭庄‘红旗民兵营’授旗三十周年纪念大会”。

是月，北苏村、马桥村、东关村被县委、县政府命名为无极县首批小康村。

3月1日，无极县召开林业工作表彰、动员大会，会上为10个先进乡镇颁发锦旗，为28个先进村、16名先进个人颁发奖状。

3月7日，在县人民礼堂举行庆祝“三八”妇女节文艺联欢会。

3月25日，在县电影院召开中小学百部爱国主义影视片播映现场会。

3月26日，县二轻机械厂与河北植保总站经过半年的的研究、开发的防治棉铃虫的新药辛功乳油通过省级鉴定。

4月8日，无极县个体私营企业协会成立，并召开第一届第一次会议，选举产生了会长、副会长、秘书长和协会常务理事。

是日，无极县召开个体私营经济工作会议，大会表彰了在发展个体私营经济中做出突出成绩的先进乡镇、先进村及先进个人，并给他们颁发锦旗和奖状。

4月22日，无极县工会第十次代表大会隆重召开，由全县16000多名职工选举的143名代表出席大会。选举第十届工会委员会主席、副主席和工会经费审查委员会主任、副主任。

5月4日，由国家、省、市体委、教委联合组成的考查团一行11人到无极县考查中小学武术试点工作，考察团先后到无极中学、城关镇中学、东池阳小学进行现场观摩指导。

5月18日，石家庄市委任命马玉文为无极县委书记，朱存柱、刘东才任无极县委副书记；免去王志峰无极县委书记职务，免去王文志、翟全贞无极县委副书记职务。

5月22日，河北师范大学外语系外籍教师到无极考察英语教改实验。

5月24日，河北省技术监督局、畜牧局有关专家，对无极县技术监督局、畜牧局联合起草的“小麦秸秆氨化饲料标准”“青贮玉米秸秆饲料标准”及“氨化小麦秸秆”“青贮玉米秸秆操作规程”4项标准进行审定，并予以通过。

5月27日，河北华瑞地毯有限公司成立。该公司是美国诺瑞地毯有限公司与无极县地毯厂，以中方企业出让产权的方式合资建立的。其中，美方股份60%，中方股份40%，合资年限为30年。以出让产权方式建立的合资企业在河北省是第二家。

5月30日，国家农业综合开发验收组5位专家到无极检查验收无极县政府承担的国家“八五”计划前三年黄淮海农业综合开发项目。验收组对无极农业综合开发项目非常满意，评价为“三年的实施项目这是最好的一个”。无极县从1990年争取，1991年正式立项被国家批准列为农业综合开发县。

6月3日，中国人民解放军总参谋部动员部、兵种部首长和北京军区司令部动员部首长，由河北省军区领导、石家庄市及军分区领导陪同到无极民兵通信兵训练中心试点检查工作。首长们先后检查了训练中心的多功能电化教室、综合模拟室、电台实验室、野训练厂等设施。

6月4日，无极县专业技术咨询服务团成立。该团是组织县内各行各业专业人才，引聘县外专门人才，为领导决策提供智能服务，为企业进行综合诊断，有针对性地开展技术咨询、技术转让、技术承包、技术培训等系列化服务。

6月9日，省环境保护执法检查团一行10人，在省人大有关领导率领下到无极检查环保执法工作。检查团一行听取无极县汇报后，又到正在进行小制革污染统一治理的试点村西东门乡牛辛庄村进行视察。

6月13日，东中郝庄村民郭某一家被杀。22日，犯罪嫌疑人姜某被抓获归案。

6月26日，无极县生产资料专业市场成立。市场位于南流乡供销社院内，占地1005平方米，建筑面积3700平方米，主要经营化肥、农药、柴油农膜及各种农机具。

7月1日，无极县举行“一先双优”表彰大会。受表彰的先进基层党组织69个，优秀党务工作者47名，优秀共产党员218名。

7月7日，河北华加胶囊有限公司开业。河北华加胶囊有限公司的机制药胶囊项目是无极县药胶厂与加拿大R&J工程公司共同合资兴建的合资项目，项目总投资591万美元。项目填补了河北省机制胶囊的空白。

7月29日，无极县召开小康建设工作会议。会议制定了1994—1997年县小康建设规划。

7月30日，在泗水乡召开全县发展日光温室、大棚、地膜覆盖种植蔬菜的“白色革命”现场会。

是月，新编《无极县志》正式出版。全书总计7编59章224节120万字。设序言、凡例、概述、大事记、地理、经济、政治、军事、文化、社会、人物，后有志补、附录。

8月12日，无极县前北焦变电站改建增容工程完工，两台5000千伏安变压器一次送电成功。为县西部7个乡镇的生产、生活创造良好供电条件，从根本上解决有电送不出、用不上电的被动局面。

8月16日，河北省依法取缔无极医药市场大会在无极县招待所大会议室召开，河北省副省长、省整顿无极医药市场领导小组组长王幼辉等出席大会。

8月18日，以国家环境保护局副局长张坤民为团长的一行人在石家庄市环保局领导的陪同下，到无极县检查环保执法工作。

8月23日，由石家庄市副市长李荣刚和市农委、农业局领导带队的平原9个县县长、农业局长等一行50人，到泗水乡王村检查、观摩大棚温室的建设和生产情况。

9月8日，无极县第十一届人民代表大会第四次会议召开。大会选举申庆西为无极县第十一届人大常委会主任，朱存柱为无极县人民政府县长，翟全贞为无极县第十一届人大常委会副主任。

9月9日，县招待所举行庆祝第十个教师节大会。来自各学区、学校校长和优秀班主任、优秀教师代表共400多人参加会议。大会为先进个人和先进集体颁发了奖状和奖金。

9月12日，河南省财政厅、农业开发办公室等60多人组成的参观团到无极县考察。参观团对无极县开发区粮食作物的长势、高标准的农田林网化布局、基础设施建设、一优双高农业的开发进行参观。

9月16日，无极召开严厉打击制售假劣药品、非法经营药品大会。副省长王幼辉等领导到会。

9月17日，国家农业综合开发办公室及省市农业综合开发办公室负责人到无极视察大陈、东侯等乡镇的农业开发区。

9月18日，无极县召开职工劳动模范表彰大会暨工会工作会议。会议决定授予陶明社等15名人员为县劳动模范称号，并宣读1992—1993年度被石家庄政府授予“劳动模范”的8名人员名单。

10月9日，省政府组织有关人员到无极县检查指导农业综合开发工作，检查组参观了大陈镇、南流乡的农业综合开发工程。

10月18日，无极县举行农村青年小康知识竞赛决赛，七汲镇代表队获得第一名。

是月，工业局、轻工业局、计经委合并为无极县计划经济委员会。

是月，石家庄市召开高中毕业班教学工作表彰会议，授予无极县“高中毕业班教学质量先进单位”，奖锦旗1面，奖金5000元。

11月26—27日，美籍华人甄景棠、刘佩娟伉俪在省、市有关领导的陪同下，到无极寻根问祖。甄景棠先生原居广东台山，后到香港、澳门等地居住。20世纪50年代迁居美国旧金山，从事商业贸易活动。26日，甄景棠瞻仰了坐落在史村的甄氏墓群。27日，在甄氏宗亲们的陪同下，甄景棠瞻仰、祭拜了位于南流村的甄氏祖墓。

11月28日，无极县奖励植棉大户大会在集贸市场召开。种植棉花百亩村2个，各奖励小四轮拖拉机1辆；种植30亩以上的村10个，各奖励三轮车1辆。种棉大户12个，6户奖励彩电1台，6户奖励洗衣机1台。

12月1日，国家黄淮海农业综合开发调研组到无极县就现存低产田和荒滩资源进行调查。

12月2日，石家庄市农村基层党建现场经验交流会在无极县召开。石家庄市委副书记白起林、市委常委市委组织部长李东瑞等出席会议，各县（市）、区委副书记参加会议。

是年，河北省第一个中国—日本红富士示范园项目在七汲镇东流村落户。该示范园占地1000亩，投资近300万元。该项目聘请河北农大园艺系教授、林果专家马宝昆先生担任技术指导。项目于1995年4月建成。

是年，无极县城被石家庄市命名为“市级卫生县城”。

1995年

1月13日，在人民礼堂举办迎新春文艺晚会。在省会学习、工作的无极籍中青年文艺工作者应邀为家乡人民登台献艺。

1月17日，被列为1994年度无极县重点工程的东罗尚35千伏变电站正式投入运行。

1月20日，石家庄市委书记赵金铎到无极视察马桥村小康村建设成果以及华加胶囊有限公司、华龙药业股份有限公司、汽车配件厂工业生产情况。

2月1日，县少儿艺术团成立，并举行开学典礼。艺术团选拔小班学员31人，中班学员20余人。利用课余时间和业余时间学习音乐、艺术等知识。

2月10日，无极县城举行盛大春节花会游行表演，来自20个乡镇和县直单位的30多支队伍，表演了大鼓、挎鼓、腰鼓、狮子舞、大头舞、高跷、旱船、秧歌舞、霸王鞭、二鬼摔跤、吹奏乐等民间传统节目和军乐、铜管乐等节目。

2月22日，河北林业学院林学系林果专业93级60名学生，在系主任王文全及另外两名教师率领下到无极进行一个月的实习活动。

2月25日，无极县第十一届人民代表大会常务委员会第十二次会议在人大会议室召开。会议决定任命杜振琪为无极县人民政府副县长，免去杨振纲无极县人民政府副县长职务。

2月28日，为迎接世界第四次妇女大会暨全民健身计划启动工程，无极县举办千人长跑比赛。

3月11日，无极县四大班子领导到无极镇朱家庄村参加义务植树活动，共植树500多棵。

3月23日，石家庄市长沈志峰到无极视察牛辛庄村皮革工业小区和田间林网建设，就无极农业生产和国有工业企业发展等问题讲了具体意见。

4月11日，“石家庄市专家咨询服务团武术培训中心”挂牌仪式在无极县武术体校举行。

4月18日，无极县第十一届人民代表大会常务委员会第十三次会议召开。会议决定任命岳芩水为无极县人民政府副县长，决定免去靳玉环无极县人民政府副县长职务。

4月21日，召开1994年度先进单位表彰大会，大会对5个乡镇、15个县直部门进行表彰。西东门乡、无极镇、里城道乡、楼下乡、南马乡分别获得30000元、20000元、15000元、5000元的奖金。

4月27日，河北省农业开发1994年框架工程联察团到无极视察。联察团视察了南流乡1.25万亩中低产田改造项目区。省、市农业开发办领导及53名代表对项目区“田成方、树成行、沟相通、地变样”的现状给予好评。

4月29日，无极县职工庆“五一”大型歌舞晚会在人民礼堂举行，来自全县各行业的60余名业余文艺爱好者和学生演出精彩的文艺节目。

5月13—14日，海外甄氏访祖团一行15人到无极，先后瞻仰了坐落在北苏镇史村和南流乡南流村的甄氏墓群，并进行祭祖活动。

5月15—16日，省妇联3名专家到东西侯小学做关于如何搞好家庭教育与学校教育相结合的调查。通过座谈和深入农户就儿童少年的学习、生活、品行及早期教育等问题进行调查。调查组对东西侯小学及东西侯村的家庭教育给予较高评价，并把东西侯村小学作为一个试点，长期保持联系。

5月23日，召开1994年度小康建设命名表彰大会。东中铺等33个村被县委、县政府命名为小康村。

是日，为期6天的1995年省对外经贸洽谈会落下帷幕。无极县在该届洽谈会上共签订合资合同5项，独资合同1项，总投资1308万美元，合同利用外资689.5万美元，签订贸易合同1项。

6月3日，第七届、八届全国人大常委会副委员长、民盟中央主席费孝通到无极视察。上午视察了冀中化工总厂，下午看望了无极镇东中铺村民王京乱、王小江两家农户。

是日，“八五”农业试区验收会在无极召开。来自河北省的10位农业专家，听取了省农科院靳玉环的《无极试区“八五”课题完成情况报告》，观摩了无极县中心试区北苏镇北苏村的“农业新技术服务中心”、2000亩高产高效农业示范样板田，辐射区南流乡大中郎村超吨粮示范方及课题组优质高产果园开发的主要示范点西小镇果园。通过听取汇报和现场观摩，专家组认为任务目标、研究质量水平、示范推广等均达到课题要求。“八五”课题是1992年省科委下达无极试区承担的“太行山前平原高产高效农业结构及系列配套技术研究开发”总课题。

6月6日，无极甄氏文化研究会成立。该研究会是由群众自愿组织的学术团体，为调查研究无极甄氏文化资源，两个文明建设服务。

6月7日，中国工程院院士、轻工业部毛皮制革工业科学研究所高级工程师段镇基教授应邀到无极研究治理皮革污染具体方案。

6月19日，县重点公路工程无新线二期拓宽改建工程无极至东侯段竣工。此段全长6.5公里，按平原二级公路标准测设施工，路面宽12米。

6月30日，无极县召开“七一”表彰大会。37个先进集体和222名优秀党员和67名优秀党务工作者受到表彰。

7月6日，石家庄化工总厂1993年9月投资2000多万元的年产3000吨环氧丙烷项目正式投产。

7月12日，石家庄市计划生育专项治理现场会在无极召开，副市长张承禄、市政协副主席胡俊明出席会议，位于平原县的9个县（市）主管计划生育工作副县长及计生委、纪检、财政等有关单位参加会议。无极计划生育工作取得成绩受到市领导的肯定。

7月13日，全县普降暴雨。下午4时40分至次日凌晨2时，9个多小时内，城区降水达365.7毫米；北里、泗水乡降水均为295毫米，南流乡降水285毫米，里城道乡降水197毫米，郭吕乡降水151毫米，郭庄镇、郝庄乡降水均为128毫米，北苏镇降水126毫米，前北焦乡降水116毫米。过水农田10万亩、沥涝面积5万亩，受灾玉米4万亩、棉花8000亩、杂粮2000亩，日光温室3000个（2000亩）后坡倒塌，直播蔬菜被淹埋。直接经济损失达900万元，间接农业损失1100万元，死亡4人。

7月27日，召开制革污染治理现场会暨牛辛庄示范工程开业仪式。

8月1日，无极县正式开通电话“122”交通事故报警台。

8月15日，河北省机械厅副厅长冯银宝带领省科技处、规划处、汽车处负责人员视察楼下乡林中村的摩托车组装厂的生产情况，对摩托生产组装厂给予较高评价。

8月16日，全国物价教学研究会主任、天津市消费者协会主任、市场营销教研主任、南开大学经济系教授万成林，在县社礼堂为200多名工企负责人讲授《市场营销学》，并针对无极县市场营销提出了个人见解。

8月28日，河北省环境保护执法检查团到无极检查工作。检查团先后听取汇报和视察牛辛庄治污示范工程，对无极的环保工作给予肯定。

8月29日，无极县城区地籍调查成果通过专家鉴定和验收。由河北省土地局主持，聘请国家土地局及河北省专家，对无极县城区地籍调查成果进行了鉴定和验收。

8月31日，在城关镇召开干部职工进村任职现场会。与会人员参观了城关镇里家庄的村貌和皮革工业小区。

9月1日，在县电影院举行纪念抗战胜利50周年老干部演唱会暨歌咏比赛会，来自全县的11个单位进行了比赛。

9月6日，石家庄市计划生育工作现场会在无极召开，18个县（市）的主管副书记或副县长、计生委主任参加会议。

9月8日，无极县召开庆祝教师节暨“普九”攻坚誓师大会。

9月8—9日，省电力局组织专家一行13人对无极县电网调度自动化系统进行实用化验收。验收组对无极1座110千伏变电站、5座35千伏变电站进行实地测试。验收组认为无极县电网调度自动化系统已达部颁标准。

9月11日，无极县国有土地使用权自中华人民共和国成立以来的第一次公开拍卖会在县政府二楼大会议厅举行。拍卖地块总计2.56亩，使用期限为50年，地址为光明街与中昌路的西南角。

9月15—17日，著名女中音歌唱家、中国音乐协会会员郭伟琳女士率河北省青年歌舞剧团到无极县演出。

9月19日，无极县工商联第九届会员代表大会在政府招待所召开。会议选举出主任和副主任。

10月10—11日，河北日报社、河北经济报社、石家庄日报社、石家庄经济报社的摄影记者及河北省摄影家协会、石家庄市摄影协会部分会员一行19人组成新闻摄影记者团，专程到无极采访。记者团先后到东侯坊养鸡场、汽车配件厂农用汽车组装生产线、东流村中日红富士千亩示范园等单位采访，拍摄新闻照片。

10月23—24日，县印刷厂、机电厂、华龙公司召开实行股份制合作搞好企业产权制度改革动员大会，标志着无极县企业产权制度改革正式启动。

10月28—30日，无极县在第五届中国吴桥国际杂技节暨经济技术合作洽谈会上，引进资金1.54亿元，引进优秀人才76人。

11月4日，“河北省消除碘盐缺乏病工作研讨会”在无极召开。无极在“服碘除病”工作中先行一步，取得了较好成绩，大会肯定并推广了无极的经验。

11月5—9日，农业部、农业综合开发办办公室、安徽省、山东省、河南省、河北省等组成的“国家秸秆养牛示范县验收团”对无极秸秆养牛工作进行检查验收。验收团通过听汇报、看现场、问情况、综合评议等形式，认为无极县在秸秆综合利用、牛饲养量、牛肉产量、基础建设、服务功能、经济效益、社会效益等任务指标均达标。

11月24日，全国总工会文艺团到无极冀化总厂演出，表演了戏剧、曲艺、歌曲、舞蹈等精彩节目。

11月28日，省级文明城检查团一行5人对无极县创建省级文明城工作进行全面检查，检查团对无极创建省级文明城工作充分肯定。

12月8日，无极县第十一届人大常委会举行第十八次会议。会议决定任命王瑞生为无极县政府副县长，决定免去朱俊计、梁永法无极县政府副县长职务。

12月15日，总投资500万元的城内二次供水系统建成投入使用。新铺管道3000米，供水系统用微机控制，可保证城区六层楼供水，居省内技术先进行列。

12月20日，牛辛庄制革废水治理示范工程竣工。该工程总投资110万元，由河北轻化工学院进行设计，通过省、市环保局的审查论证。

12月22日，无极县第一家转制改革试点企业开元印刷有限公司举行揭牌仪式。开元印刷有限公司的前身是县印刷厂。

12月25日，无极县裴里村35千伏变电站正式投入运行。该变电站总投资400多万元，新架配套35千伏线路9.6公里，10千伏线路10公里，可解决郝庄、高头、西东门三乡镇用电。

12月27日，中国金融工会无极工作委员会在县人民银行正式成立。

是月，县医院通过省二级甲等医院鉴定检查。

是年，总投资111万元，邮电引进德国西门子程控交换机8640门已投入使用，具备了村村通电话的能力。

是年，县图书馆建设工程竣工。

是年，投资115万元，长970米、宽16米的贸易街建成投入使用。

1996年

1月12—14日，以省教委督学许梦申、尹玉心为团长的验收团，对无极县基本普及九年义务教育、基本扫除青壮年文盲两项工作进行全面检查验收。验收团分成4个小组对全县14个乡（镇）的40多所学校进行检查验收，通过检查验收，认为无极县“双基”工作合格。

1月23日，无极县召开撤乡并镇大会。撤销庄里乡、郭吕乡、楼下乡、泗水乡、西东门乡、南马乡、前北焦乡、东侯乡、甄村乡。合并后全县有6个镇（无极镇、七汲镇、张段固镇、北苏镇、郭庄镇、大陈镇）5个乡（高头回族乡、郝庄乡、里城道乡、东侯坊乡、南流乡），计11个乡（镇）。

1月25日，石家庄市县基农资连锁经营现场会在无极县召开。

2月7日，无极县召开小康县建设誓师大会，县四大班子领导，各乡镇书记、镇长、村支部书记，县直小康工作队负责人参加了会议。

2月29日，1996年春节民间花会行进表演在县城举行。参加该次表演的群众4000余人，观众达数万人。

3月6日，无极县1996年小康村支部书记培训班正式开班，来自全县104个村的支部书记和县直单位小康工作队成员参加为期5天的培训。

3月13日，国家农业综合开发办公室常务副主任韩连贵在省、市开发办和省财政厅有关领导的陪同下到无极视察南流乡农业开发区，对南流开发区的工作给予肯定。

3月21—22日，河北省农村小学英语教学整体改革实验验收总结会在无极举行；并对无极县中学英语教学整体改革实验结果进行验收，评审组专家认为无极县6年来的英语教改实验成就显著。无极县的“农村中学英语教学整体改革实验”是河北省重点科研课题之一，是全省唯一的实验点。该项实验从1990年开始，实验周期为6年，内含初中阶段的两轮实验和高中阶段的一轮实验。

3月22—24日，无极县第十一届人民代表大会第六次会议召开。选举刘东才为无极县人民政府县长。

3月24—30日，在“96’河北省（香港）投资贸易洽谈会”上，无极县签订合作合同5个，项目总投资1679万美元，注册资本1425万美元，合同利用外资658万美元。鉴订合作意向1个，项目总投资250万美元，注册资本200万美元，合同利用外资120万美元。在石家庄市平原县中列第二名。

3月27日，省人大常委会副主任郜永堂、市人大常委会副主任张鹏发视察无极小制革污染治理情况。

3月29日，在集贸市场召开无极县1995年度植棉、售棉表彰大会，27个植棉大户或方田受到奖励。

是月，科学技术委员会更名为无极县科学技术局。

4月3日，在河北省爱卫会第二十次扩大会议上，无极县被正式命名为“省级卫生县城”称号。

4月17日，无极县在县礼堂召开1995年度表彰大会。大会对实现1995年度目标单位实施奖励，表彰1995年度先进个人。

4月26日，无极县举行第十届春季老年人运动会。来自县直及11个乡（镇）的600余名离、退休老干部参加了门球、气枪射击等11项比赛项目。

4月29日，举办经济技术项目信息发布洽谈会，来自北京和石家庄的13所大专院校及信息科研单位在会上发布经济技术项目信息，参加人员与信息发布单位签订合作意向书57个。

5月6日，木刀沟桥加宽工程正式启动。加宽桥紧傍旧桥东侧，全长81米，桥面宽9米，共14根直径1米的桥墩，桥墩高29米，水下深26.1米，桥面用工字梁型桥板架设，两侧设护栏。工程于10月1日完工。

5月9日，县召开个体私营经济暨表彰会。3个乡镇及26个个体私营企业先进个体受到表彰。

5月18—23日，无极县在1996年省对外经贸洽谈会上共签订合同2个，总投资2709.6万美元，合同利用外资1263.8万美元。

5月22—24日，县长率计经局、粮局、县社、商业局、农业局负责人和15个县办工业骨干企业的厂长30余人，赴邯钢就其“模拟市场核算，实行成本否决”的做法进行考察学习。

5月30日，无极县四套班子领导、县直全体干部、企业职工、部分教师和高年级学生2100多人在城东排水区参加义务劳动，对县城排水区进行修造。排水渠自城东扬水站至东罗尚村南汇入磁河，全长1006米，宽4米，平均深1米，共动土方近4000立方米。

6月13日，国家土地管理局地籍局一行4人，在省、市有关领导陪同下，到无极视察土地动态监测和农业用地等工作。

6月27日，县人大召开第二十二次常委会，会议任命彭占良为无极县人民政府副县长。

6月28日，无极县在政府招待所召开“一先双优”表彰大会，对在改革开放和现代化建设及党的建设中做出突出成绩的41个先进基层党组织、202名优秀共产党员、51名优秀党务工作者进行表彰。

7月10日，市政协主席方秉钧、副主席胡俊明等和各民主党派及工商联负责人一行23人到无极视察县办工业。先后视察了呋喃化工厂、隆盛药胶有限公司、轻化工总厂、华瑞地毯有限公司、冀中化工总厂。

7月11—12日，石家庄市中小学生武术比赛在无极县燕赵武术馆举行。比赛分三个年龄组进行，全市97名运动员参加了比赛。无极体校、中山路体校及留村体校代表队分别获得男子团体总分第一、二、三名；无极女子一队、铁一中、无极女子二队分别获得女子团体总分第一、二、三名。

7月18日，省委副书记李炳良到无极视察张段固村务公开栏、黄台小学、王村日光温室、史村针织加工等，并详细调查农业生产、生活收支等情况。

7月19日，召开县办工业经济工作会议，石家庄市副市长陈启明出席会议，并作题为《加快县办工业发展步伐，是发展无极经济的重中之重》的讲话。

7月24日，平山、桥西、行唐、灵寿4个县、区的法院院长到无极观察“一步到庭”的民事案件审判方式。“一步到庭”指在向被告送达应诉通知书和起诉书副本的同时，一并提出举证要求，送达开庭传票。

是月，县政府设立县长公开电话，实行24小时值班，随时受理县域内各种情况。

8月4日，下午4时，滹沱河上游黄壁庄水库提闸放水泄洪。5日，下午2时郝庄堤段全线崩溃，大水向北蔓延。据统计，无极县在该次洪涝灾害中有10个乡（镇）84个村、28万多亩农田被淹，51个村庄进水，6600间房屋倒塌，2250万千克粮食浸泡，死亡1人，失踪2人。损失农作物1.4581亿元，林果1.203亿元，开发工程1073.5万元，水利工程2060万元，农业机械783.2万元，畜牧业3.24037亿元。

8月9日，省民族宗教厅与市民族宗教局一行16人在厅长鞠志强带领下到高头看望受灾回族群众，并带去职工捐款5000元。

8月10日，市民族宗教局与市食品三厂、市回族食品厂11人再次到高头乡，为受灾回族群众送去238箱清真方便面。

8月11日，市委书记赵金铎、副书记彭造岭到无极视察受灾情况，并到西郝庄修复大堤工地慰问参战的广大干部群众和受灾群众。

8月12日，副省长郭洪岐率领省直各部门到无极现场办公，对抗洪救灾、生产自救、防病灭病等方面工作做了重要指示。

是日，全国农业种植业专业顾问组组长魏义章与省农业技术推广部分专家应县委、县政府邀请到无极指导农业生产自救。

是日，滹沱河郝庄堤段缺口全部修复。

8月16日，中共无极县委六届七次全委会扩大会议召开。会议对在该次抗洪救灾中作出突出贡献的10个优秀集体和50名模范个人进行表彰；号召全县人民紧急动员起来以抗洪救灾的顽强拼搏精神，迅速转到经济建设中去。

8月20日，县委、县政府向郝庄、张段固、无极、高头4个受灾严重的乡镇的“三无户”（无房户、无粮户、无自救能力户）和“八种人”（老、弱、病、残、鳏、寡、孤、独）发放赈灾救济款；无粮户每人发放面粉25千克，无房户每户补助500元。全县一次性发放款物39.619万元。

8月21日，石家庄市桥东区防疫站工作人员到无极县张段固镇西两河、东两河、东辛庄等村指导防疫灭病，并为群众发放药品。

9月14日，北京市丰台区长辛店办事处向无极受灾群众捐赠3万件衣物。

9月25日，来自美国、菲律宾及中国香港、广东开平的甄氏谒祖访亲团一行28人，到甄氏墓群进行拜祖活动。

10月2日，河北无极中学45周年校庆大会召开。来自全国各地的1000多名校友参加了庆祝活动。

10月5日，副市长王海洋带领市人大、市环保局有关人员到无极督查小制革企业取缔关停工作，视察张段固镇和郝庄乡对小制革的取缔关停情况。

10月8日，市长沈志峰到无极视察三秋种麦工作。

10月9—10日，省、市小康检查团一行6人在省委农工部副部长王志恩带领下，到无极检查指导小康建设工作。

10月16日，省取缔、关停重污染企业督导检查组一行15人到无极县，督导取缔、关停重污染企业情况。

10月21—24日，在河北省（北京市）经济技术合作洽谈会上，无极县共签订项目90个，引进资金3.4亿元，引进人才78名。

10月22日，县举办离退休老干部欢度“九九”重阳节大会，近千名老干部参加。大会宣布老干部先进单位、老有所为先进个人名单，并颁发证书及奖品。

10月24日，无极县法医门诊正式成立，门诊设在中医院。

10月30日，无极县冀中化工总厂正式改制为河北冀中化工有限责任公司。

10月31日，1996年冬季农业项目发布会召开，县各农口部门在会上发布了20个有利于无极经济、有发展潜力和前途的项目。

是月，无极完成第四次土壤耕层养分调查。调查结果显示，土壤中有机质为14.5克/千克、碱解氮为81克/千克、速效磷为16.2克/千克、速效钾含量为81克/千克；微量元素适宜，有效铁、铜、锰、锌、含量分别为9.5毫克/千克、1.1毫克/千克、13.8毫克/千克、0.79毫克/千克。

11月6日，县召开第一次农业普查工作会议，无极县农业普查前期工作开始。

11月9日，由石家庄市交通局公路处、质量检理站一行18人组成的验收小组对新建木刀沟桥进行验收，将其评为优良工程。木刀沟桥自5月1日开工，10月1日竣工。

11月12日，在县招待所举办1996“无极行”新闻发布会。人民日报社及新华社驻石家庄记者站、河北日报社、河北农民报社、石家庄日报社、市电视台等新闻单位的记者应邀到无极进行采访活动。记者分4组赴红富士基地、高陵大葱基地、南流农业开发区、东侯坊养鸡小区、禽病防治研究中心、华龙药业股份有限公司、职业中学、无极中学等十几个单位进行了采访。

11月13日，石家庄市小康办一行9人和6个县市小康办主任到无极县观摩、检查小康建设。检查组先后到里城道乡东大户、里城道村进行实地察看，观看村容村貌、学校建设，考核小康有关指标。

11月28日，中共无极县委六届八次会议通过无极县1996—2000年社会主义精神文明建设实施纲要。

12月2日，中国农业发展银行无极县支行成立。

12月3日，全县机关干部和郝庄乡干部群众共3万多人参加义务劳动，修复和加固西郝庄至裴里村长6200米的河堤，铲除堤坡杂草5.8万平方米、动土方20万立方米。

12月27日，由县武装部、民政局、妇联共同组织开展的评选“好军嫂”活动揭晓，从全县400余名军嫂中选出了10位“好军嫂”。

12月31日，大陈镇举行1996年度两个文明建设表彰大会。县四大班子领导出席会议，660名先进集体代表、先进个人及干部群众参加会议。新华社河北分社记者，省、市电视台记者，《河北日报》《河北农民报》《石家庄日报》《信息大观报》的记者对大会进行了采访。

是日，西郎35千伏变电站竣工投运。于9月20日组织施工，采用彻底户外式和急电一体化，在原来四遥和无人值守的基础上创立了国内小型35千伏变电站的一个崭新模式。

是月，无极县121天气预报自动答询系统正式开通。

是年，无极县邮电特快专递业务开通。

是年，第七届、八届全国人大常委会副委员长、著名社会学家费孝通为无极中学题写校名“河北无极中学”。

1997年

1月1日，无极县邮电局归石家庄电信局领导。

1月18日，石家庄市第十一届县际摄影艺术联赛展评奖活动在无极县举行。王军祥、孟庆功、郝俊臣的作品荣获一等奖。

1月21日，团中央青农部部长路皓为北苏镇、无极镇、张段固镇“农村青年科技图书站”授牌。

1月30日，无极县国防动员委员会成立。县委书记马玉文担任主任；政府县长刘东才、副县长张德禄，武装部部长王胜国、政委张计柱任副主任。下设3个办公室、1个秘书组。

1月31日，中国人民解放军总政治部（简称总政治部）援建的郝庄乡“青年科技图书站”正式落成。总政治部直属工作部政委梁太林少将、团中央书记处书记巴音朝鲁、共青团河北省委、石家庄市委领导出席议式。总政治部赠送书籍、电视机1台，团中央赠送电视机1台。

2月17日，在无极路举行庆新春花会表演活动，2000多人参加了大鼓、高跷、杂技、舞狮、管乐队等表演，观众近10万人。

2月26日，石家庄市农科院、七汲镇政府在西小镇建立的“农业技术综合服务中心”开业。服务中心主要致力于农业新技术、新品种的实验示范及推广，农业技术的宣传和咨询，农用生产资料及新技术产品、新成果信息的贸易与集散。

2月28日，小康村命名大会召开。1995年、1996年共建成小康村182个，占全县213个村的85%。

是月，无极县皮业工业协会成立。

3月6日，副省长陈立友，农业厅厅长李荣刚、副厅长马占元和省有关农业专家到无极，视察无极的小麦管理为重点的春季生产情况。

3月14—16日，政协无极县第八届委员会第五次会议在政府招待所召开，选举李成虎为主席、刘金生为副主席。

3月15—17日，无极县第十一届人民代表大会第七次会议在政府招待所召开，刘双牛当选为县人大常委会主任。

3月19日，副省长何少存带领省经贸委、轻工厅、环保局、省政府办公厅等省直机关有关部门就皮革业关、停、转及污染治理等问题到无极进行调研。

4月16日，无极县代表团在天津经济技术洽谈会上，共签约经济技术项目10个，引进资金5276万元，引进人才18人，综合排队列全市第五位。

4月17日，中国—欧盟奶类项目评估团到无极县考察奶类发展情况。考察团先后参观了县畜牧兽医服务中心和北苏镇东庄村的奶牛养殖；考察团对无极的情况表示满意。

4月18日，第十一届离退休干部春季运动会在无极中学操场举行。来自城区和乡镇的700余名老干部参加钓鱼、套圈、象棋、跳棋等11个游戏项目比赛。

4月21—24日，省卫生保健评审团对无极1992年以来开展的初级保健工作进行全面验收。无极初级保健工作圆满完成通过验收。

4月27日，无极县西高村生产假冒阿胶事件被中央电视台曝光。28日省、市、县组成专案组紧急查处，到30日，在西高村查抄4个制假窝点、假冒阿胶半成品650千克、原料2250千克。

是月，投资65万元的东罗尚闸改建工程通过省、市有关部门验收。

5月7—11日，省小康建设验收团一行15人在中共河北省委农工部领导刘国庆带领下到无极考察验收小康县建设情况。

5月20日，中宣部出版局、国家新闻出版署、新华书店有关领导在省新闻出版单位有关人员的陪同下到无极就文化科技下乡情况进行调查。

5月26日，零时25分至凌晨1时，一场风雹袭击无极县。风力6级，冰雹持续时间10分钟左右，雹径12—15毫米，总降水量10.1毫米。北部的大陈、里城道、郭庄、七汲等乡镇受灾严重。风雹造成2万亩麦田倒伏、1.7万亩果树受灾，8000余亩西瓜、3000余亩棉花、近万亩春菜不同程度受灾。

5月29日，无极县举办大型庆六一首届学生艺术节，200余名学生参加表演。

6月3日，县举办“广威杯爱国迎港归知识竞赛”，无极中学代表队荣获第一名。

6月23日至7月15日，石家庄市举行首届跆拳道比赛，无极武术学校派43名运动员参加少年组、儿童组14个级别比赛，全部获得金牌。

是月，无极县被国家确定为“九五”首批国家级优质商品粮基地县。

7月17日，无极县召开首届“跨世纪青年拔尖人才”命名表彰大会，马国清等16名优秀青年知识分子和科技人员被授予称号。

7月31日，市委书记赵金铎到无极调研。先后视察齐盛皮革股份有限公司和牛辛庄皮革有限责任公司，并视察东丰庄旧转鼓区复耕还田情况。

8月1日，无极县供电局自行设计、建设的西郎全户外小型化分布监控式35千伏变电站，通过了河北省科学技术委员会组织的技术鉴定，经河北省科学技术情报研究所科技项目查新报告证明为全国首创。

是日，建筑面积1500平方米、拥有40间病房、投资70万元的无极县中医院新病房楼投入使用。

8月28日，石家庄轻化工总厂环氧丙烷二期技改项目正式投产。该项目总投资1300万元，投产后年增加环氧丙烷3000吨，年增加产值3000万元。

9月26日，由无极县粮油公司和日本国创映株式会社联合实验的膨化大豆饲料养猪项目，顺利通过由省粮食局主持召开的科学技术鉴定。专家认为该项目具有较高的推广价值。

10月2日，省委常委、市委书记赵金铎和副市长李清到杨家庄村指导方田建设。赵金铎在杨家庄村抓了总面积800余亩的小麦高产示范“指挥田”。

10月9日，石家庄市副市长孙喜斌到无极考察县办工业企业股份合作制推行工作，并视察了轻化工总厂、隆盛药胶有限公司、齐盛皮革公司。

10月31日，无极县1997年中学生田径运动会在无极二中举行。运动会有31个代表队，466名运动员，100多名裁判员、工作人员参加。

11月1—3日，无极县在河北省第六届吴桥杂技节经济技术合作洽谈会上，共签约经济技术合作项目24个，总投资5.2亿元，合同引进资金2.8亿元，引进各类经济技术人才108人，综合排队列全市第三名。

11月14日，素有万亩大葱基地之称的高陵大葱市场开业。高陵大葱已有200多年的历史，已发展到5000多亩，连同邻近几个村庄种植总面积逾万亩。

12月2日，石家庄市市长沈志峰在市体改委、电力、交通、环保等部门有关人员的陪同下，到无极考察皮革业及与皮革相关的行业。

12月23日，无极县集中供暖工程竣工。此工程历时三个多月。

是年，经过无极县和定州市现场勘查、实地作业，本着“顾全大局，互谅互让”原则，解决争议点17处、740亩，完成两县市全长38.9公里县界的勘定任务。

是年，无极县个人所得税首次突破千万元大关，共征收入库1231万元。

1998年

1月5日，副省长何少存到无极视察治理污染和制革疏导工作，并参观了齐盛皮革股份有限公司的生产车间、污水处理厂、后期涂饰车间。

1月8日，无极县举行第十二届人民代表大会代表选举，参加投票的选民31万人，分为164个选区，共选出人大代表203人。

2月9日，无极县人大常委会举行第三十三次会议。会议接受刘东才辞去无极县人民政府县长职务的请求；任命王瑞生为无极县人民政府代理县长。

2月13—15日，日本青森县浪冈町一行17人到无极进行友好访问。参观了武术体校和西小镇“万亩红富士基地”，并和县有关企业、单位进行合作项目的商谈。

2月14—17日，无极县政协第九届委员会议第一次会议召开。李保忠当选县政协第九届委员会主席，刘胜月、刘金生、张民田、郭中敏当选为副主席。

2月15—18日，无极县第十二届人民代表大会第一次会议召开。大会选举刘双牛为县十二届委员会主任；刘元东、杨栓成、崔彦海、李洪江为副主任。选举王瑞生为无极县人民政府县长，杜振琪、甄申国、李华强、李明霞、杨成岱、刘国明、岳苓水为副县长。

2月20日，省直新闻单位记者一行15人到无极齐盛皮革有限责任公司进行现场采访、录像，就无极关停、取缔小制革企业情况进行采访报道。

是月，无极县农业技术市场成立。

3月7日，建有100余个固定门店、容纳500余个临时摊位的花园街市场正式营业，是集布匹、鞋帽、百货、蔬菜、肉食、副食于一体的综合批发、零售市场。

3月10日，县城南环路建设工程正式开工。该工程西起造纸厂，东至西罗尚村西往北接正饶线，全长7公里，按平原二级路测设，于8月底竣工。

3月17—18日，中国共产党无极县委员会第七次代表大会召开。刘东才在无极县第七届委员会第一次会议上当选为县委书记，王瑞生、胡海江、王顺通当选为副书记。吴时茂在无极县纪律委员会第一次全体会议上当选为县纪检委书记。

3月20日，县直机关全体干部在无极路西段和光明街义务植树。

3月24日，无极县下岗职工再就业劳务洽谈会在劳动服务公司楼前广场进行。该次洽谈会提供共400余个工作岗位，这是河北省第一次下岗职工再就业洽谈会。

4月2日，石家庄市“艰苦奋斗、廉洁勤政先进事迹”报告团一行9人到无极县做巡回报告。

4月8日，中国人民解放军256医院一行22人在副院长齐兵三的率领下到无极郝庄乡开展义诊活动，200多名群众前往就诊。

4月16日，无极县第十二届老干部春季运动会在无极中学操场举行，来自乡镇和县直的600余名老干部参加了跳棋、投篮、钓鱼、赶羊等9个项目比赛。

4月27日，省人事计划工作暨基层人事计划管理经验交流会在无极县召开。会上宣布基层人事计划管理先进单位名单，无极县劳动人事局、石家庄市人事局、衡水市人事局等19个单位获奖。

4月28—29日，河北省第四届青少年运动会女子跆拳道比赛在无极举行。来自全省8个市代表队41名运动员参加比赛，石家庄市代表队获团体总分第一名。

5月4日，无极县举办青年歌手比赛，全县近百名选手参加了比赛。

5月7日，无极县第十二届人大常委会第二次会议审议并通过《无极县城总体规划》和《无极县城市规划建设管理实施办法》。

5月22日，县委、县政府作出表彰1994—1997年度职工劳动模范的决定，25人获得“无极县劳动模范”荣誉称号。

6月3日，县检察院反贪污贿赂工作局成立。

7月10日，在县电影院召开“七一”表彰大会。大会隆重表彰了在改革开放和现代化建设、党的建设中做出突出成绩的37个先进基层党组织、205名优秀共产党员、53名优秀党务工作者和19名功勋、优秀农村党支部书记。

7月23日，无极县举行首次会计委派就职仪式，向公安局、法院、检察院和工商局4个部门分派4名会计。

7月28日，省长叶连松到无极视察农业产业化项目，先后视察了皮革股份公司、角头胶原蛋白厂、华瑞地毯公司和张村秸秆气化站。

8月13日，西关村村民刘月明与歹徒搏斗不幸牺牲。省民政厅追认刘月明为革命烈士，省精神文明建设委员会授予刘月明“见义勇为好公民”称号。

是月，无极县完成第一次农业普查。普查结果显示1996年底，全县从事生产经营的农村住户为101572户；从业人员26.235万人，其中从事非农业的有5.2875万人；全县农村农民科技人员1604人；全县农村拥有农业机械（大中型拖拉机、小型拖拉机、联合收割机、机动脱粒机、农用运输车、农用载重车）总量48075台（辆）；全县农村拥有小学212所，医疗站（所）505个，医院、卫生院17家，医生751人，体育场所58座，文化站81个；农村集贸市场45个，其中综合市场42个，专业市场3个。

是月，赵户营村三村民在砖堆中发现一只爬行动物，经专家鉴定为石龙子，雌性，全身长275毫米，头体长106毫米，尾长169毫米。该次发现填补了河北省石龙子分布的空白。

10月1日，无极县邮电局正式分设为邮政局、电信局。

10月3日，1998—1999年度爱立信中国乒乓球擂台赛在无极燕赵武馆举行，来自无极和外地来宾1600余人观看了比赛。

10月10日，无极县1998年中学生田径运动会在无极二中举行。

10月22日，无极县房地产交易中心举行成立仪式。

10月28日，县医院外科首次为一名患者成功切除了一枚7.5千克的特大肿瘤。

10月29日，无极县资产拍卖有限公司成立。

11月3日，省玉米秸秆堆沤还田现场会在无极召开。

11月4—5日，《河北日报》专栏作家储瑞耕（笔名杨柳青）和记者张迎潮到无极考察采访，先后到马孤庄、齐盛公司等地实地考察，并与县直干部进行座谈。

11月5日，在劳动服务公司召开无极县大中专毕业生就业洽谈会。洽谈会上达成协议的有40余人，当场办理调动手续的2人。

11月17日，无极召开个体私营经济工作会议，来自全县各部门和个体私营企业代表共计400人参加了会议。大会对个体私营经济先进单位、先进私营企业、先进个体私营者进行表彰。

1999年

1月5日，滹沱河无极县地段北大堤深孔灌浆工程、垂直铺塑工程全部完工，北大堤全长17公里。

1月16日，中共无极县委七届二次全委（扩大）会议召开。大会通过《关于贯彻落实党的十五届三中全会精神，进一步加强农业和农村工作的实施意见》《关于延长土地承包期工作实施意见》《无极县现代化农业科技发展1999—2010年规划纲要》和《无极县城乡一体化发展规划纲要》4个文件。

1月20日，省委常委、省军区司令员陈玉田少将、副司令员车成德少将到无极检查民兵工作。

2月26日，无极县邮政局正式开办邮政礼仪汇款业务。

3月1日，省小麦专家组组长李晋生、石家庄市农科院院长郭进考到无极查看小麦生长情况，并针对小麦苗情实际讲了具体管理意见。

3月4日，召开“三八”表彰暨“十佳女杰”事迹报告会，张育民等10人被评为无极县“十佳女杰”。

4月1日，县召开教育工作会议，市委副书

记李宏英参加大会。大会为尊师重教先进单位，教育工作先进乡镇、村和十佳学校颁发锦旗和奖状。

4月6日，无极籍台胞曹英哲先生、胡文秋女士伉俪为家乡南池阳村小学捐款1万美元。

4月20日，石家庄市副市长陈启明视察无极县办工业。

5月5日，无极县第十二届人民代表大会常务委员会第八次会议经审议表决，决定任命郭领域为无极县人民政府副县长、代县长；同意王瑞生辞去无极县人民政府县长职务。

5月8—10日，无极县第十二届人民代表大会第二次会议召开，选举郭领域为无极县人民政府县长。

5月18日，无极县药品监督管理局成立，管理局由卫生局的药政股、药检所与原医药管理局组建而成。

5月20日，第十三届春季老干部运动会在无极中学操场举行，来自乡镇、县直的1300余名老干部参加了10个项目的比赛。

5月21日，北苏镇青年养殖协会成立，为北苏镇从事养殖业的青年组成的社会团体。

5月30日，省委副书记赵金铎、省农业厅厅长李荣刚和石家庄市委副书记李清到无极就小麦生产进行调研。省、市领导先后视察了杨家庄村省、市、县三级粮食示范方、东关村、大中郎村麦田和县良种场引种的小麦新品种，赵金铎对无极小麦生产给予充分肯定。

6月7日，省人大常委会原副主任李永进、石家庄市政协副主席王习文到无极视察农业生产。

6月10日，省人大执法检查团到无极县检查指导环保工作。检查团一行在听取无极县汇报后检查了齐盛皮革公司和隆盛药胶公司的污水处理设施。

6月30日，无极县召开“七一”表彰大会，来自各乡镇、村、县直各部门500余人参加大会。大会对受到省委表彰的基层党组织、优秀共产党员和受到市委、县委表彰的优秀共产党员进行表彰。

7月9日，无极县首次因特网上网演示会在电信局召开，50余人参加会议。

7月12日，无极革命烈士陵园举行奠基仪式，吕正操将军为烈士陵园题词。

7月14日，石家庄市先进司法所现场会在无极召开，10个县市司法部门相关人员参加会议。

是日，无极县“彩色周末”活动进行首场演出。

7月29日，无极县定点屠宰办公室成立，并举行挂牌仪式，并为11个乡镇定点屠宰颁发证牌。

9月4日，无极县残联举行第二次代表大会，选举产生第二届主席团主席、副主席、执行理事长。

9月7—8日，来自国内外的甄氏宗亲到无极参加1999年无极甄氏文化项目交流活动。

9月8日，在县政府招待所召开庆祝教师节暨文教系统思想作风纪律整顿大会，来自教育战线的450名教育工作者参加大会。

是日，在石家庄市第十一届运动会上，无极县派173名运动员参加13个项目比赛，取得男、女4个团体总分第一，青少年组的蒲玉宾、刘士谦分别获自选剑术、拳术金牌。

9月10日，迎国庆50周年系列活动首场演出在无极中学操场举行，来自省评剧团、歌舞剧院、曲艺团著名演员及市优秀歌手为无极群众表演了精彩节目。

9月21日，石黄高速无极连接线拓宽工程开工。该工程北起县城南环路，南至西两河村，全长9.667公里，按平原二级路标准设计修建。

9月27日，庆国庆“中华人民共和国成立50周年”大型艺术表演在无极中学操场举行。来自无极二中、实验学校、无极镇中等7所学校的2200名学生进行了大型团体舞蹈表演。

9月28日，占地10亩、总投资50万元的无极县烈士陵园竣工。

9月29日，高头回族乡党委书记张敏卿作为全国民族工作模范个人到北京参加了中央民族工作会议暨“全国第三次民族团结进步表彰大会”，被国务院授予“全国民族团结进步模范”称号，并应邀于10月1日登上天安门城楼参加中华人民共和国成立50周年国庆观礼。

10月21日，无极县第七次妇女代表大会召开。出席该次大会代表143人，大会选举产生了第七届县妇联常务委员会和执行委员会。

10月23日，国家计委、卫生部、财政部和省计委、财政、卫生等部门组成考察团到无极进行调研。

是月，无极县启动“名师名校长”工程。

是月，在第七届中国吴桥国际杂技艺术节经贸洽谈会上，无极县共签订经济技术合同5个，合同引进资金人民币1750万元，引进技术4项，引进各类经济技术人才26人。

11月1日，在第六次全国人民群众见义勇为与犯罪分子作斗争表彰大会上，刘月明被追授为“全国见义勇为先进分子”荣誉称号。

11月10日，无极县召开个体私营经济工作会议。会议分析无极个体私营经济发展形式和优化外部环境，来自有关县直单位、部分村和民营企业的代表60人参加了会议。

11月13日，省民政厅、市民政局一行到无极县光荣院考察，就内部管理、生活环境、服务设施、院办经济、生活条件等10大项进行测评打分，认为符合甲级医院标准。17日，省民政厅评定无极县光荣院为甲级光荣院。

11月16日，石家庄市委副书记穆培文到无极调研，视察齐盛皮革公司、轻化工总厂和华瑞地毯有限公司。

是日，河北省著名作家、衡水市文联副主席李祝尧先生为无极中学生做了“怎样观察生活、感受生活”“怎样提高想象力、观察力和写作能力”的两场报告。

是月，无极县工贸合营无极造纸厂、石家庄轻化工总厂获省“小巨人”企业称号。

是月，开始于1997年的小学教师7项基本功训练工作结束，2251名小学教师获得合格证书。

12月9日，国家环保总局、监察部检查团一行6人到无极检查工作。检查团视察了齐盛皮革公司和同泰公司的污水处理工程。

12月29日，县城到乡村的“城乡客运”开通，并正式运行，投入40部中巴客车，设4条城乡客运专线。

2000年

1月7日，河北齐盛皮革市场通过专家论证。

1月11日，中央美术学院教授郭宝寨偕夫人赵丛敏副教授到无极，安放他们为无极街心公园创作的大型石雕《闻鸡起舞》和《洛神》。

1月18日，“博林杯”千万农家女百项新技术知识竞赛活动举行，高头乡获第一名。

1月20日，省军区副政委陈敬托少将到无极郭庄红旗民兵营进行慰问，并赠送民兵政治教育器材。

1月21日，经河北省财政厅批准设立的无极中昌会计师事务所有限责任公司开业，是在原无极审计事务所和无极会计事务所撤销改制的基础上组建的。

1月26日，无极县第十二届人民代表大会常务委员会第十四会议召开，会议决定任命岳双群为无极县人民政府副县长。

1月27日，省残联理事长张绳武一行6人到无极慰问残疾人代表。

1月29日，于1999年开工建设的110千伏城西变电站竣工。变电站建成为无极增加40000千伏安的供电容量，解决了城区和县东半部的超负荷供电问题。

2月16日，人民影院举行庆新春文艺晚会，戏曲演员张秋玲、张秋生和相声演员张新华为家乡父老表演节目。

2月21日，无极县新春书画展在实验学校展出。此次展览由老中青少儿作者组成，参展的作品有书法、国画、油画、水粉、素描等，共展出作品140件，其中绘画作品68件，书法作品72件。

2月27日，河北农业大学园艺系副主任申书兴教授和高志奎、武占会副教授一行3人到无极，为来自王村、泗水、小吕、王先等村的500余名菜农讲解拱棚建设和蔬菜种植技术。

3月4日，石黄高速公路无极引线及滹沱河大桥开工建设。工程总投资5700万元，大桥长1300米，无极引线长11公里。

3月28日，无极县书法协会成立，并召开首次会员代表大会。

4月4日，全县3000名青年学生代表到无极县革命烈士陵园，为历次革命斗争和社会主义建设时期英勇献身的2000多名革命烈士扫墓，并举行千人入团仪式。

4月7日，石家庄市人大常委会主任沈志峰到无极调查解木刀沟蔡庄段的污染治理情况。

4月18日，第十四届老干部春季运动会在无极中学操场召开，来自城乡600余名老干部参加比赛。

4月20日，以"税收与未来"为主题的税收宣传月专题文艺晚会在电影院举行，1000余人观看演出。

6月4日，河北省妇联副主席李瑞林等到角头村考察调研。

6月16—17日，在2000年石家庄（上海）经济技术合作洽谈会上，无极县共签订合作项目及购销合同6个，引进资金3000万元，引进技术2项，与上海市达成人才引进意向16人，签约人才引进意向12人。

6月23日，无极县总工会第十一次代表大会召开，大会选举了主席、副主席。

6月27日，在县电影院举行"迎七一"歌咏比赛，来自交通、工行等十几个县直单位参加比赛，公安局获得第一名。

7月20日，"好军嫂、好母亲"表彰大会召开，8名"好军嫂"、9名"好母亲"受到表彰。

7月26日，石家庄市人大常委会副主任何思勇到无极高头回族乡视察少数民族经济发展。

8月1日，石家庄市委副书记、政法委书记、综治办主任穆培文到无极调研。

8月1—3日，省预防青少年犯罪巡回展在无极展出。展览分五个展区，展出500余幅图片。

8月22日，石家庄市委、市政府帮扶民族乡发展现场办公会在无极县召开。

是月，无极县与定州市、深泽县、晋州市、藁城市、新乐市边界勘定工作完成，县界全长134.8公里，埋设16个界桩。

9月7日，中国人民银行行长戴相龙到无极就农村金融工作进行调研。

9月8日，无极县第十二届人大常委会第十八次会议经过表决，决定任命常志卷为无极县人民政府副县长。

9月18日，在无极中学操场举行2000年全民健身宣传周活动启动仪式，来自全县各中、小学的1700多名学生进行了大型广播体操表演。

9月21日，石家庄市依法治理学生辍学工作现场会在无极县召开。来自全市24个县、市区政府的主管领导、教育负责人员参加了会议，大会播放了反映无极县依法控制学生辍学的电视专题片《托起明天的太阳》。

9月25日，石家庄市"三五"普法检查团对无极县普法工作进行检查验收。

9月30日，楼下35千伏变电站投入运行。该变电站总容量1000千伏安，总投资300万元，占地1.5亩。该站建立运行，解决了县西北方向用电困难问题。

10月6日，无极县召开重阳节大会。大会向受表彰2000年度老干部工作先进集体、先进工作者、10名老有所为先进个人颁发奖金。

10月7日，“捷安特杯”首届石家庄市象棋棋王争霸赛举行决赛，无极棋手高建红荣获亚军。

10月28日，无极县秋季小学生田径运动会在无极中学操场举行，全县224名小学生参加了6个项目的比赛。

10月31日，石家庄市委副书记李清到无极就农业结构调整和干部下基层工作情况进行调研。

11月1日，第五次人口普查工作无极县全面展开，有2000名普查员入户进行普查登记。

11月8日，无极县第十二届人大常委会第十九次会议召开。会议经表决任命陈玉汝为无极县人民政府副县长。

11月17日，在西汉小学举行“春蕾计划”救助仪式，18名面临辍学的特困女童受资助。

11月22日，石家庄市人大常委会副主任何思勇一行6人到无极县高头乡就牛、羊的定点屠宰问题开展调研。

12月5日，因病离群、飞到北家庄村石增宣家的一只灰鹤被石家庄动物园接走。

12月7日，价值10万元的非法出版物被县扫黄打非小组销毁，其中盗版光盘3000余张、游戏厅电路板64块、盗版书2800余册。

12月13日，张段固镇齐盛皮革市场开工建设。齐盛皮革市场总占地面积186亩，计划建设投资7000多万元，总建筑面积74750平方米。

12月16日，县医院新病房楼落成启用。

12月28日，无极县在人民影院举行迎新年歌舞晚会。由县直机关的干部，学校及幼儿园教师组成的文艺演出队，演出了精彩的舞蹈、音乐节目。

是月，以市总工会副主席为组长的市委厂务公开检查组一行3人到无极县，检查县直属粮库、呋喃化工厂的厂务公开情况。检查团对无极厂务公开工作给予充分肯定和高度评价。

是年，无极县被评为“国家科技进步县”。

是年，一座集人文思想、书法艺术为一体的“闻鸡起舞”碑苑，在无极县城街心公园内落成。碑苑共收入由无极籍将军、原总参军训和兵种部政委田永清少将提供的“闻鸡起舞”作品227件。

2001年

1月6—8日，无极县第一场雪降水量12.2毫米，积雪厚13厘米，为大到暴雪。

1月15日凌晨，气温为-21.4℃，接近历史记载（1995年1月8日为-23.4℃）之极限最低温度。

1月16日，农业部乡镇企业局产业指导处在省市相关人员的陪同下，到无极对齐盛公司全国乡镇企业示范区、污水处理厂进行视察。

2月4—6日，无极县第十二届人民代表大会第四次会议召开。会议选举刘俊田为无极县人大常委会副主任。

2月8日，首届北方吹奏大赛在无极镇东中铺村举行。来自无极、藁城、晋州、定州等地的民间艺人参加了比赛，藁城市的杨建义获一等奖。

2月9日，县邮政局正式开办鲜花礼仪业务。

3月6日，2001年国家粮库考察组到无极考察扩建国家储备库项目。

3月13日，无极召开“三个代表”重要思想学习教育工作会议。石家庄市委常委、农工委书记张静参加会议，并提出意见。

3月17日，无极县无公害蔬菜产销协会成立，该协会由农业局和七汲镇共同组织成立。

4月7日，“嘉朋”杯中学生田径运动会在无极二中举行。来自全县的31个参赛队伍496名男、女运动员进行了37个项目的比赛，无极中学获得高中组团体总分第一、文苑中学获得初中组团体总分第一。

4月17日，自凌晨开始，无极县对辖区内黑恶势力实施重拳打击。在为期3天的集中行动中，共出动警力530余次，清查重点部位356个，抓获犯罪嫌疑人12名，破获刑事案件6起，摧毁恶势力团伙2个。

4月21日，石家庄市长臧胜业到无极调研，先后视察了北苏镇费家庄奶牛小区、张段固镇齐盛皮革工业园区和王村无公害蔬菜基地。

4月25日，无极召开无公害蔬菜生产宣传活动大会，省农业厅副厅长李大北、石家庄市委副书记李清、副市长马玉文、市政协副主席王中联参加会议。新华社、人民日报、中央电视台等19家中央、省、市级新闻单位的记者到大会采访。

是月，无极县天主教爱国会成立。

5月18日，无极县首家获得全国基层法律服务工作者执业资格的“三明法律服务所”正式挂牌开业。

是月，滹沱河无极段丁坝工程二期建设竣工。

6月1日，县行政效能监察投诉中心成立。

6月7日，石家庄市副市长陈启明到无极就整顿医药经营秩序工作进行现场办公。

6月13日，召开公开销毁假劣药品大会，对130种289件总价值33.36万元的假劣药品进行集中公开销毁，推动全县医药经营有序发展。

6月27日，召开纪念中国共产党成立80周年暨“一优双先”表彰大会。38个基层党组织、63个优秀党务工作者、195名优秀党员受到表彰。

6月28日，“颂歌献给党”无极县庆祝中国共产党成立80周年大型歌咏晚会在县电影院举行。来自老干部局、公安局、环保局、农业局、文教局等单位的干部职工分别演唱《社会主义好》《歌唱祖国》等歌曲。

7月23日，郭领域被石家庄市委任命为无极县委书记。

7月29日，中国共产党无极县代表会议召开。182名党员代表参加会议，差额选举出19人为无极县出席市第七次党代会代表。

8月12—14日，石家庄市“协作杯”青少年武术比赛在无极县燕赵武馆举行，市十七中获得男、女总分第一名。

8月22日，副省长才利民到无极就整顿市场经济秩序情况进行调研。

9月17日，石家庄市宣讲团到无极为副科级以上领导干部深刻讲解了江泽民总书记“七一”讲话精神。

9月20日，无极县饲料工业协会成立。

9月26日，首届家庭宰羊大赛在七汲村举行，4号选手张月珍以4分钟54秒获第一名。

9月28日，河北无极中学举行建校50周年庆祝大会。

是日，石家庄市民兵“双兴”基地建设现场观摩会在无极县民兵训练基地举行。

9月29日，“石家庄市中小学校快乐健身园地”建设现场经验交流会在无极召开。与会人员先后参观了里城道乡中、里城道小学、郭庄镇中、南牛小学、角头小学的“快乐健身园地”。

10月10日，省市人大检查团到无极县就无极打击制售假冒药品重点案件情况的汇报。

10月10—12日，省、市教育督导室组成的复查小组对无极“两基”巩固提高工作进行复查验收，并通过验收。

10月24日，城乡青年“1+1”双学双比促活动启动仪式举行。

10月30日，召开实施财政集中支付工作会议。会议决定自2001年11月1日起，无极县直部门全部财政集中支付。

11月11日，石家庄市长臧胜业、副市长王海洋等一行专程到无极视察，先后视察同泰皮革整饰股份有限公司、齐盛皮革市场、华瑞地毯有限公司和王村设施蔬菜基地。

11月20日，省长钮茂生等一行在市长臧胜业等陪同下到无极，先后视察同泰涂饰公司、齐盛皮革市场、华瑞地毯有限公司和王村设施蔬菜基地，并对无极经济工作提出指导性意见。

11月22日，中昌路东段、贸易街北段道路翻修工程竣工通车。两段路全长1500米，面积1.8万平方米，投资186万元。

12月3日，河北省农业厅组成的省、市农业管理、科技人员共40余人“三下乡”服务团到里城道乡给农民传送实用科技、致富信息。

12月5日，无极县举行第一次法制宣传日活动。全县各单位抽调专人组成医药卫生、法律、科技志愿者服务队进行宣传，共出动宣传车22辆，散发宣传材料12000余份。

12月21日，邮政局停办特快送款业务。

12月27日，县四大班子领导及有关部门到正村、马孤庄、北苏工业小区现场办公，了解小区发展规划、帮助解决存在的问题。

是年，无极县第五次人口普查工作完成。截至2000年11月1日零时，总人口483543人，男性243435人，占总人口的50.3%，女性240108人，占总人口的49.7%，男女性别比为101.39。

是年，无极县被国家计委批准为石家庄市优质小麦生产基地项目科研生产基地县之一。自2001年始，到2003年无极共建设优质小麦生产田20万亩，优质小麦示范田1万亩。项目总投资56万元，全部为固定资产投资。项目完工后，可为农民实现销售收入13634万元，3年净效益800余万元。

是年，在北合庄建立“首都圈地震观测网无极测震台”，并对地震观测站“极12井”进行旧井改造和设备更新，配备1台无人自动地震前兆观测仪器，实现了数字自动传输。

是年，无极县负责的“河北省奶牛适度规模养殖增产技术推广”项目，获全国农牧渔业丰收奖二等奖。

2002年

1月6日，无极县书法协会张段固农民书法分会成立，并建立河北省第一家农民书法协会暨农民书画院。

1月14日，邮政局开办电子汇兑业务。

1月18日，张段固镇举行首届“千年古镇农民书法展览”活动。

1月24日，县举办《公民道德建设实施纲要》知识竞赛。6支代表队参加比赛，县国税局获得第一名。

1月25日，北苏村获“河北省宣传文化示范工程示范村”称号。

1月29日，石家庄副市长郭广生到无极县督导检查烟花爆竹生产经营情况。

是月，无极县被确定为“跨世纪青年农民科技培训工程”实施县。

是月，上旬气温比前30年偏高4.8℃，中旬偏高5.6℃，而1月4日的气温达17.8℃，历史罕见。

2月22日，在县城无极路组织以各乡镇及县直有关部门为单位的春节文艺花会进城表演比赛活动。参加该次活动的人员有2000余人。

是日，石家庄市委副书记李宏英带领市文化、教育等部门有关人员到无极视察春节文化活动，并就加强农村精神文明建设同干部群众进行座谈。

2月26日，无极县东中铺第二届北方吹奏艺术节开幕。石家庄市、安国市、定州市、藁城市、无极县报名参加团体比赛，100余名艺人报名参加个人比赛。

3月4日，召开县经济工作总结表彰大会，大会隆重对基层组织、农村经济、工商企业、科技创新、执法服务等11个方面的40个先进单位和91名先进个人予以表彰。

3月20日，举行无极县青年志愿者授旗仪式，来自全县20余个单位的130余名青年成为青年志愿者，青年志愿者到无极县烈士陵园参加植绿护绿义务劳动。

3月28日，无极县廉政勤政先进事迹报告团举行首场报告，并在全县各乡镇、县直各部门巡回做报告。

4月8日，无极县人大常委会举行第二十七次会议，会议接受郭领域辞去无极县人民政府县长职务的请求，决定任命张业为无极县人民政府副县长、代理县长。

4月9—11日，政协无极县第九届委员会第五次会议召开，选举张进民为政协无极县第九届政协常委会副主席。

4月10—12日，无极县第十二届人民代表大会第五次会议召开，大会选举张业为无极县人民政府县长。

4月12日，婚育新风演唱会在北苏村举行。河北师范大学艺术团县计生局文工团进行表演。

4月25日，海外甄氏访亲谒祖团一行13人到南流村访亲谒祖。

4月26日，无极县私营经济威权法律服务中心成立。

5月13日，河北省电力公司重点项目东侯坊220千伏输变电工程正式开工，该工程占地50亩，投资1亿元，总规模主变三台，容量360兆伏安。工程于2003年1月22日正式投入运营。

5月28日，无极县公安局捣毁了一个称霸皮革市场的恶势力团伙，7名主要犯罪嫌疑人落入法网。

5月30日，无极县河北华加药业有限公司通过ISO9000质量体系认证。

5月31日，无极县乒乓球协会俱乐部成立。

6月3日，县第四医院与石家庄市二院联办医院在郭庄成立。

6月6日，河北省小麦免耕播种技术观摩会在无极召开，来自全省20多个省市的农机局长、专家参加会议，并参观试验情况。

6月21日，省委副书记张毅到无极视察北大堤堤防工程。

6月25日，石家庄市“农税办”督导检查组一行4人对无极农业税征收工作进行督导检查。

7月1日，参加全国武术锦标赛的燕赵武馆运动员张亚楠获得拳术、刀棍两项目金牌。

7月5日，无极县第十二届人大常委会召开第二十九次会议，决定任命王建卯为无极县人民政府副县长。

7月8日，无极县文化体育局举行成立揭牌仪式。

7月21日，石家庄市综合治理工作检查组一行9人对无极综合治理工作进行考核检查，检查组先后对无极镇、张段固镇、大陈镇、东侯坊乡、北苏镇进行检查；22日对城区居委会及社会治安志愿者小组机构组织、岗位职责、工作制度和开展情况进行考察。

7月22日，城镇职工基本医疗保险开始运行。

7月24日，石家庄市委常委、副市长王海洋一行到无极视察滹沱河北大堤防汛工程。

8月2日，无极县企业体制改革工作组正式成立。

8月4日夜11点40分至零点40分，无极县受到八至九级大风侵袭，瞬间风速最高为24米/秒，同时伴有雷雨天气。玉米受灾面积约14万亩，果树受灾面积5万亩，农田林网倒伏折断约800株，直接经济损失1500万元。

8月12日，第一届“精英杯”职工篮球赛在无极中学操场举行，赛事历时12天，13支代表队参加比赛。教育局代表队获得比赛第一名。

8月18日，中国书法家协会理事、河北省书法协会秘书长范硕先生到无极为书法爱好者授课。

8月29日，历时3天的石家庄市青少年武术比赛在无极燕赵武馆闭幕，无极燕赵武馆获得男子团体第一名、女子团体第三名。

9月2日下午3时，马桥、楼下、林中、寺下等村遭受冰雹袭击，冰雹持续20分钟，最大直径有3厘米，大风、暴雨持续1个多小时。马桥村受灾最重，3966亩耕地全部受灾，直接经济损失200万元。

9月9日，举办“无极县第二届‘电信杯’青年歌手大奖赛”，比赛分为民俗和美声。冯伟农、王绍敏分获民俗、美声第一名。

9月18日，由省人大、省政府、省农业厅、省农科院等部门组成的考察团到无极县考察王村无公害蔬菜基地、高陵大葱种植基地。

9月24日，无极县举行“移动杯”乒乓球比赛，来自全县的15支男女团体代表队和无极籍石家庄市代表队及60名男女单打选手共计80人参加了比赛。无极籍石家庄市代表队、县乒乓球协会代表队分获男女团体第一名，邢学科、吴泰然分获男女单打第一名。

9月29日，在无极中学操场举办“喜迎十六大，欢度国庆节‘情系交通’大型晚会”，各界群众5万人观看了晚会演出。国家级相声艺术家李伯祥、杜国芝和国家锯琴协会常务理事、锯琴演奏家赵平等参加演出。

10月9日，无极县书画院成立，核定人员编制2人，为文体局下属事业单位。书画院成立将促进无极书画艺术与外界的交流和产业发展，为县域经济发展和精神文明建设服务。

10月16日，省政协副主席王士昌到无极县考察无公害蔬菜发展情况。

是日，投资7000万元、占地186亩、建有111个门面、两座交易大厅的无极县“河北齐盛皮革市场”举行招商大会，来自社会各界人士、外地客商及皮革业户1万余人参加大会，中央、省、市等10余家新闻单位进行了采访报道。

是日，石家庄市政府环境卫生检查团到无极，检查团抽样检查了电影院广场、街心花园、汽车站、光明小区、县医院、齐洽村、花园路市场等城容城貌及环境卫生工作。

11月1日，北京市公布放心菜基地名单，无极县绿野种植公司榜上有名。

11月2日，无极县美术协会成立。

11月7日，市长臧胜业、副市长马玉文和市经贸委、纪委、农工委等有关单位一行无极县考察县域经济发展。

11月12日，参加石家庄市畜牧工作会议的人员在有关市领导的带领下到无极县七汲镇西汉村观摩考察。

11月19日，无极县举办“国土情”大型文艺演出，歌唱演员李丹阳、二炮文工团副团长刘国建、彭子义等演员参加演出。

11月28日，幸福街、光明街、建设路和电影院广场改造工程竣工。工程共动用土方1.2万立方米，水泥路面浇筑5万平方米，改造便道8200余平方米，硬化广场2000余平方米。

12月26日，无极县召开“小公民”道德建设表彰大会，对获得“小公民”道德建设活动先进单位、十佳小公民、五小行动标兵进行颁奖。

2003年

1月1日，无极县供销社家佳喜日用消费品有限公司超市开始营业，占地面积1100平方米，营业面积1000平方米。

1月8日，农业局科技服务96356“农业快易通”服务热线正式开通。

是日，北京中燃基业投资有限公司承建无极县城区天然气项目正式签约。

1月9日，石家庄市宣传文化示范村——齐洽村举行揭牌仪式。

1月21日，无极县第十二届人民代表大会第六次会议召开。大会选举出21名出席石家庄市十一届人大代表。

1月24日，省委常委、石家庄市委书记吴振华等到无极慰问城镇低保户、老党员、贫困家庭、伤残军人及孤寡老人。

2月12日，无极县举办首届鼓乐艺术节，来自全县农村12支鼓乐队参加了表演。

2月18日，县政府召开第二次常务会议，会议讨论通过《无极县县城道路及城南新区新建道路投资分析》《关于省道正港线、定魏线无极至贾村段需确权的请示》。

2月22日，在石家庄市2003年乒乓球比赛中，无极县女子代表队获团体第一名，男子代表队获男子乙组第三名。

3月1日，“2.26”县供销大楼特大盗窃案侦破。

3月6日，震惊全省的藁城、无极系列杀人案告破，犯罪嫌疑人刘某在吉林省辽源市龙山区福镇街被擒获。

3月13日，无极县青年联合会成立。

3月15日，石家庄市国省干线“五路五桥”开工仪式在无极县举行。

3月18日，无极县召开经济工作表彰大会，大会对56个单位和118名先进个人进行表彰。

4月14日，副市长张殿奎一行到无极对商贸流通情况进行调研。

4月22日，无极县人大第十二届委员会举行第三十三次会议，会议决定任命袁全民为无极县人民政府副县长。

4月23—25日，中国共产党无极县第八次代表大会召开。中共无极县第八届委员会第一次全体会议，选举郭领域、张业、岳双群、袁建国、郝建国、邢军忙、岳苓水、王锡献、侯洪彬、张彩珍（女）、张振江为县委常委；郭领域为书记，张业、岳双群、袁建国、郝建国为副书记。

4月25—26日，政协无极县第十届委员会第一次会议召开，大会选举胡海江为政协无极县第十届委员会主席，刘胜月、郭忠敏、张敏卿、韩京虎为副主席。

4月27—28日，无极县第十三届人民代表大会第一次会议召开，大会选举甄申国为十三届人大常委会主任，崔彦海、李洪江、刘俊田、杨振会为副主任；选举张业为县人民政府县长，岳苓水、袁全民、杨成岱、常志卷、陈玉汝、雷振梅为副县长。

4月28日，去北京探亲的北侯村民经石家庄市三位专家会诊，被确定为非典型肺炎疑似病例。

4月30日，无极县人民政府防非典型肺炎工作指挥部接受社会捐款28万元。

是日，无极县袁流村农民袁六妮向县防非典型肺炎工作指挥部捐款10万元；河北华加药业有限公司承租商丹东市金丸集团捐款5万元；石家庄利达化学品有限公司捐款3万元；石家庄市合和公司捐款10万元。

5月1日，防非典型肺炎工作指挥部决定对北侯村实行封闭隔离，时间为1—10日。同时，对北侯村350余户，逐院逐房进行彻底消毒，消毒面积82000平方米。

5月2日，省委常委、石家庄市委书记吴振华到无极县视察非典防治和经济建设工作。

5月11日，世界卫生组织专家马圭尔、渡边洁等一行4人到无极县检查防治非典型肺炎工作。

5月13日，县防非典型肺炎工作指挥部决定对财政局家属楼和旧平房实施封闭隔离。6月2日，财政局家属楼和旧平房解除封闭隔离。

5月15日，北侯村隔离期间全村818人中未出现新的病例。县决定解除对北侯村封闭隔离。

5月16日，县医院第一批进驻隔离病房的医务人员连续工作19个昼夜的5名医护人员和1名司机撤离隔离病房，又有9名医务人员进驻。

是月，县供销社向被隔离的北侯村捐赠化肥5吨。

6月10日，北侯村三村民经过县医院、市第五医院的住院治疗康复出院。

7月4日，无极县召开抗击非典型肺炎先进集体、先进个人表彰大会。

7月15日，河北省林业局退耕还林工程办公室工作人员到无极，对退耕还林工程进行督导联查。联查组对无极的退耕还林工作给予充分肯定。

7月20日，无极遭受暴风雨突袭，风力达6—7级，暴雨持续20多分钟。东侯坊乡、北苏镇、郭庄镇、张段固镇、无极镇的玉米受灾严重，倒伏面积达90%以上。

7月27日至9月11日，无极县组队参加石家庄市第十二届运动会，共获得金牌10块，银牌12块，铜牌9块；同时获得第4名6人次。代表团共获得团体奖杯12座，荣获大会组委会颁发的“体育道德风尚奖”，35人获得“体育道德风尚奖”。

8月19日，召开安全生产监管人员培训班开班典礼，各乡镇乡镇长及主管负责人、县直单位相关人员和学员100余人参加学习。

8月25日，由国家环保总局、国家安全生产管理局、国家工商管理局、国家计划与发展委员会、司法部、监察部6部委组成的环境治理督导组一行到无极查看治污专项活动。在实地查看后，督导组对无极县的治污工作给予肯定和高度评价。

9月2日，石家庄市学习贯彻“三个代表”重要思想新成效采访团到无极，重点采访了以城市建设带动经济发展方面的工作。

9月5日，石家庄市城市容貌环境综合整治领导小组组织正定、藁城、辛集等18个县市主管副县长、城建局长组成的观摩团一行40余人到无极观摩城建工作。

9月10日，王村蔬菜示范基地、石家庄广威农牧有限公司、石家庄金鹿乳业有限公司荣获“河北省科普示范基地”称号。

9月15日，《无极文学》复刊。

9月16日，省级卫生城复查组到无极就省级卫生城巩固保持情况进行复查验收。

9月28日，高头回族乡举行成立20周年庆祝大会。

10月13日，石家庄市委副书记李遵英到无极县视察。

10月23日，无极县残疾人联合会第三次代表大会召开，全县75名残联代表参加会议。会议投票选举产生县残联第三届主席团委员，推举残联第三届主席团名誉主席、主席、副主席和执行理事会理事长。

是月，县委机关报《无极报》停办。

11月2日，投资1700万元，集购物、餐饮、娱乐于一体的综合性商厦幸福大厦正式开业，

11月4—5日，无极县委、县政府组织全县经济观摩拉练活动，县四套班子领导，各乡镇、县直各部门人员参加，对全县该年内新上项目情况进行观摩。

11月11日，无极二中举行新教学楼落成典礼。市委副书记张振江、省市教育部门领导、县四大班子领导出席。

11月12日，无极县举行防空警报试鸣仪式。

11月27日，国家疾控中心、省疾控中心一行8人到无极县督导非典防控工作，并视察防疫站、县医院。

11月28日，石家庄市扶持民族乡发展现场办公会在无极县召开，无极县在大会上作典型发言。

12月18日，农业部全国鲜活农产品定点市场授牌会在江西南昌举行，无极县王村蔬菜市场被农业部确定为农产品交易定点市场。

2004年

2月1日，石家庄市长臧胜业、副市长马静一行到无极县西大户禽流感防治监测站、张村养鸡场、甄村养鸡场、华加胶囊、华龙药业视察高致病性禽流感防治和经济工作。

是日，县政府召开第一次常务会议，通过《无极县禽流感疫病防治应急预案》和《无极县人民政府办公室关于成立禽流感疫病防治指挥部的通知》。

2月3日，东侯坊乡报罗庄村张江河养鸡场部分鸡只死亡，县立即组织技术人员初步检验后，按照县禽流感防治应急预案的规定进行处理，控制疫情。

2月7日，无极县召开三级干部和养鸡场户业主参加的全县防治高致病性禽流感工作会议。

2月8日，无极县乡医中专学历教育开学典礼召开。

2月28日，郭庄红旗民兵营隆重召开授旗40周年纪念大会。市委、市政府和石家庄警备区向郭庄红旗民兵营赠送锦旗。

3月10日，副省长宋恩华先后到无极县牛辛庄牛场、甄村养鸡场、西罗尚村、王村蔬菜园、七汲粮站等视察。

3月12日，无极籍将军田永清、秦文杰、于庆田和省林业厅长张树仁一起在无极革命烈士陵园植树。

3月18—20日，无极县对郝庄乡非法拆解拼装报废汽车摊点依法取缔。

4月23日，石家庄市委副书记张振江到无极视察宣讲工作，先后到张段固村、齐洽村和马故庄村视察，张振江对宣讲团工作给予充分肯定，并对建设生态文明村工作做了指导。

4月28日，河南孟州市政府考察团一行到无极参观县部分皮革企业。

6月23日，无极县政府召开第七次常务会议，通过《水务局关于老磁河河道治理的意见》《无极县人民政府关于取消县长办公会议的有关事宜》等。

6月24日，副省长郭庚茂和副市长马玉文及水利厅有关领导到无极视察防汛工作。

7月1日，县长张业就安全生产工作接受《中国安全报》记者采访。

7月23日，夜间瞬间风力达12级，造成5万亩玉米倒伏，连根拨起大树120棵、电杆252个。

7月28日至8月7日，无极县第三届“供电杯”职工篮球赛在无极中学操场举行，

7月31日，石家庄神农复合肥公司陈敬锁为老磁河治理工程捐款1万元，为老磁河治理工程第一批捐款。

9月7日，石家庄市纪委书记姜瑞峰到无极县视察。

是日，世行官员对无极县利用世行贷款加强农业灌溉三期项目前期准备工作进行考察。

9月9日，石家庄市“普九”检查组到无极县进行检查。

9月30日，绿荫广场建成完工，对外正式开放。

10月10日，石家庄市委副书记艾文礼到无极视察。

10月11日，国家发改委、审计署对无极县污水处理厂建设情况进行检查。

10月11—13日，省政府“普九”检查团对无极县“普九”工作进行了全面检查验收。检查团经过综合评估，认定无极县“普九”工作合格，第三次复查顺利通过。

10月20日，无极县污水处理厂主体工程开工。

11月5日，香港马克波罗集团总裁汪裕祖先生到无极参观甄氏墓群、野风美术中学、华龙药业。

是日，石家庄市长臧胜业对无极县张段固镇、北苏镇、东侯坊乡的企业及村镇建设进行视察。

11月23—26日，省对无极县创建普及普通话达标县进行检查验收。

11月29日，在石家庄举行“无极县医药企业产权转让交接仪式”和县医药公司归市医药药材公司签字仪式。

12月30日，石家庄市环保目标考核组对无极县环保工作各项目标完成情况进行综合考核，无极县环保工作得到市考核组的一致肯定。

2005年

1月17日，衡水市财政局一行到无极学习交流“联合治税”工作经验。

1月20日，无极县召开以实践“三个代表”重要思想为主要内容的保持共产党员先进性教育活动动员大会。

是月，河北冀中化工有限公司进行破产拍卖，石家庄正元投资有限公司购买，成交价1450万元。

2月24日，无极县第二中学被河北省教育厅评审确认为省级示范性高中。

是月，石家庄化工总厂破产拍卖，成交价2201万元。

3月3日，省机构编制工作检查组一行到无极听取无极县机构编制工作的汇报，省检查组对无极的做法给予充分肯定。

3月7日，无极县举办保持共产党员先进性教育专题党课讲座。

3月8日，无极县污水处理厂进出水管网建设正式启动。

3月18日，省发改委、省水利厅检查验收团对无极县节水灌溉示范项目进行检查验收。

3月31日，无极县在电影院隆重召开全县经济工作总结表彰大会。

4月28日，省委督查室和省环保局组成的督导组对无极县治污进展情况进行检查，督导组一行对无极县磁河污染治理及工程进展情况表示满意。

5月16日，吴桥县政府考察团到无极学习城乡客运管理经验。

5月21—22日，省两项工程督导组一行4人到无极，对危房改造和布局调整专项资金使用情况进行检查。

6月24日，省财政厅副厅长到无极视察财政工作。

是月，河北省财政厅批准，无极县被确立为“利用世行贷款加强灌溉农业三期项目”县。

是月，对粮食直补进行发放，直补金额669万元，涉及213个村，粮食作物47万亩。

8月2日，为纪念抗战胜利60周年，无极县书画院、正定县文化馆联合举办书画摄影联展。展览于8月2日在正定县文化馆，国庆节期间移至无极县展出。

8月15—17日，市专项资金检查督导组到无极县进行检查。

8月18日，副市长王刚率领市财政局、市纪委、市卫生局有关领导到无极检查落实县疾病控制中心资金配套情况。

8月31日，无极县在市政府召开的全市联合治税工作会议上作联合治税工作典型发言。

9月，完成粮食购销企业的清产核资，11家粮食购销企业的资产总额账面值为15500万元，清查值为15647万元，其中所有权益147万元。

10月10日，无极县老年文化体育协会联合会成立。该会辖门球、书画、戏剧、太极拳、舞蹈、象棋协会，会员1000余人。

11月2日，瑞典商务代表团到无极县考察皮革企业。

是日，作家二月河由田永清少将陪同到无极中学作文学创作经验体会报告。

11月10日，市政府在无极县政府招待所召开石家庄市综合治税工作现场经验交流会议。市财政局、国税局、地税局领导和各县（市）财政局、国税局、地税局局长及有关科室负责人参加会议，无极县在会议上作发言。

11月15日，在文化局办公楼前举行盗版音像制品集中销毁活动，10000余张CD、VCD、DVD等盗版光盘和盗版磁带被当众销毁。

12月20日，无极县委召开第八届四次全委（扩大）会议。

无极县志

1989—2005

政 区

无极县属河北省辖县级行政区，历史悠久。春秋时属鲜虞国，战国时属中山国，秦时归钜鹿郡，西汉初年置毋极县。唐万岁通天二年（697年）将“毋极”改名“无极”。1913年置范阳道，辖无极县，1914年范阳道改名保定道，无极县仍属之。1928年废道，无极县直属河北省。1949年8月1日，中国共产党领导的华北人民政府划分政区，新建河北省，无极县属河北省定县专区，至中华人民共和国成立不变。1954年4月撤定县专区，无极县改属石家庄专区。1958年，无极县制撤销，行政区全部归属藁城县。1962年，恢复无极县，原划归藁城县的行政区仍归无极县的行政区。1968年石家庄专区改石家庄地区，无极县仍属之。1993年石家庄地、市合并为石家庄市，无极县仍属之。2005年，全县总面积524平方公里，设6个镇5个乡（含1个回族乡），县政府驻地为无极镇；城区设东城区、西城区、花园路、建设路4个居委会，213个行政村。

無極縣志

第一章　区域与沿革

第一节　区域位置

无极县地处河北省中南部，太行山东麓，滹沱河北岸，北纬38º03′～38º18′，东经114º47′～115º08′。东与深泽县接壤，东南隔滹沱河与晋州相望，西、西南与藁城市搭界，西北与新乐市为邻，北、东北与定州市毗连。县境东西长28.8公里，南北宽24.4公里，总面积524平方公里，周边界长132.9公里。县人民政府驻地无极镇位于县境中部，西距京广铁路正定站35公里，南距石黄高速公路10公里，西南距省会石家庄54公里，东北距首都北京275公里。正港线、定魏线、无繁线3条省道分纵横贯穿全境交汇于县城。

无极县地理位置图

第二节　政区沿革

据县境东部的甄家庄、西部的北侯坊、南部的中郝庄等地出土的陶器、铜器诸文物考证，县境远在商代中、晚期已有先民聚落、劳作与生息。春秋属鲜虞国，战国时属中山国，秦归钜鹿郡。西汉初年置毋极县（治所在今城西12.5公里新城村），三国魏时属中山郡。三国魏太和六年（232年）改中山郡为中山国，毋极仍属之。晋及十六国时毋极县省，县境尽为魏地，属中山国。北朝北魏时，太和十二年（488年）复置毋极县，治所自新城村移至今址，始建县城，属中山郡。北齐时，仍属中山郡。

隋代，开皇元年（581年）中山郡改鲜虞，辖毋极县。

唐武德四年（621年），毋极县隶廉州。贞观元年（627年）废廉州，改隶定州。万岁通天二年（697年）毋极县改名无极县。五代时，属祁州。

北宋初，仍属祁州。景德元年（1004年）改隶定州。政和三年（1113年）属中山府。金代初，无极县隶中山府，后属定州。南宋端平元年（1234年）无极县改隶永安州。元太宗七年废永安州，无极县还属中山府。

明洪武元年（1368年）无极县，洪武四年七月复置，属定州，明洪武七年四月改隶真定府。

清雍正元年（1723年），真定府改名正定府，仍辖无极县。雍正二年六月，无极县改属晋州，雍正十二年三月属正定府。

1913年置范阳道，辖无极县。1914年范阳道改名保定道，无极县仍属之，1928年废道，无极县直属河北省。

抗日战争期间，为民族战争的胜利，中国共产党建立了抗日根据地——晋察冀边区。无极县属晋察冀边区冀中区第二专区。1940年8月，无极县分成两部分，城西和藁城县、正定县各一部分组成藁无县；城东和深泽县一部分组成深极县，到1941年1月1日，晋县北部划入，改称晋深极县，均属冀中区第八专区。1945年10月，属冀中区第七专区。1946年5月，属冀中区第十一专区；1948年9月边区撤销，无极县改属华北行政区冀中区第九专区。

1949年8月，无极县划归河北省定县专区。1954年4月撤定县专区，改属石家庄专区。1958年12月20日，无极、栾城、藁城合并为藁城县。1962年3月恢复无极县，以合并于藁城县的原无极县区域为无极县的行政区域。无极县仍属石家庄专区。1967年11月石家庄专区改石家庄地区，无极县仍属之。1993年石家庄地、市合并为石家庄市，无极县仍属之，至2005年底隶属关系未变。

第三节 区 划

1983年1月进行体制改革，原人民公社改为乡，乡设人民政府；原生产大队改为村，村设村公所（后改称村民委员会）；原生产队改为村民小组。

至1985年3月26日，全县设6个镇，14个乡，辖210个行政村。1989年，全县置有无极镇、七汲镇、张段固镇、北苏镇、郭庄镇、大陈镇、甄村乡、郭吕乡、庄里乡、高头回族乡、郝庄乡、南马乡、楼下乡、前北焦乡、东侯坊乡、里城道乡、泗水乡、南流乡、东侯乡、西东门乡20个乡镇，辖213个行政村，至1995年未变。

1996年1月在机构改革中，进行撤乡并镇和政区划分变更，撤销庄里乡、郭吕乡、西东门乡、甄村乡、南马乡、前北焦乡、楼下乡、东侯乡、泗水乡八乡的区划建制，全县由20个乡镇撤并成无极镇、张段固镇、七汲镇、北苏镇、郭庄镇、大陈镇、高头回族乡、郝庄乡、东侯坊乡、里城道乡、南流乡11个乡镇。

原庄里乡所辖庄里、柳见、东合流、中合流、西合流、营里、佛堂7个行政村并入无极镇，划归无极镇的还有甄村乡的正村、姚村、高家庄、张村4个行政村和张段固镇所辖柴城村。无极镇由原来的13个行政村增加至25个行政村。

原郭吕乡所辖郭吕、东两河、西两河、东辛庄、西辛庄、耿家庄、南汪、苌家庄、东验村、西验村10个行政村并入张段固镇，张段固镇由原来的12个行政村扩大为21个行政村。

原泗水乡所辖泗水、崔村、王先、大汉、小汉、大汉营、小吕、蔡庄、王村9个行政村，整体并入七汲镇，七汲镇由原来的11个行政村增至20个行政村。

原楼下乡所辖楼下、寺下、林中、月旦、东市庄、西市庄、费家庄、新城、彭家庄、马桥村10个行政村整体并入北苏镇。原前北焦乡东庄村、明秩寺2个行政村并入北苏镇。北苏镇由原来的6个行政村增加至18个行政村。

原前北焦乡所辖的前北焦、后北焦、李家庄、杨坊、穆家庄、杨家庄6个行政村并入郭庄镇。郭庄镇由原来的17个行政村扩大成23个行政村。

原东侯乡所辖定魏公路以东的东东侯、西东侯、北家庄、王家庄、石家庄、北侯6个行政村并入大陈镇。大陈镇由原来的7个行政村扩大为13个行政村。

原东侯乡所辖定魏公路以西苏村、里尚、南里尚、东西侯、西西侯、北合庄、南侯7个行政村并入里城道乡。里城道乡由原辖16个行政村扩大为23个行政村。

原西东门乡所辖东东门、西东门、东门营、

黄台、固汪、牛辛庄、东店尚、西店尚、北店尚9个行政村整体并入郝庄乡。郝庄乡由原来的所辖9个行政村扩大为18个行政村。

原南马乡所辖南马、北马、马孤庄、南朱村、北朱村、东东阳、西东阳、北东阳、曹家庄、东丰、东丰庄11个行政村，整体并入东侯坊乡。原甄村乡的甄村、东朱村、东马、西马4个行政村并入东侯坊乡。东侯坊乡由原来的9个行政村扩大成24个行政村。

南流乡和高头回族乡原建置未变。

1995年无极县乡（镇）村情况一览表

表1-1　　单位：个

乡（镇）	村	村数
无极镇	东中铺、西中铺、东关、西关、角头、高村、房家庄、里家庄、安城、东罗尚、西罗尚、户村、朱家庄	13
七汲镇	东七汲、西七汲、甄家庄、东流村、西流村、东小镇、西小镇、杨村、东汉、西汉、西庄	11
张段固镇	张段固、北丰、柴城、市庄、田庄、王吕村、吕吕村、齐洽、东南丰、西南丰、贾家庄、司家庄	12
北苏镇	南苏、北苏、史村、驿头、大名庄、南焦	6
郭庄镇	郭庄、马村、磁河店、甄家营、张家营、姚家营、冯家庄、张家庄、东牛、西牛、北牛、南牛、牛家庄、北汪、崔家庄、户台营、王家营	17
大陈镇	大陈、小陈、高陵、赵户、赵户营、泊头、西郎	7
甄村乡	甄村、东朱村、东马、西马、正村、姚村、高家庄、张村	8
郭吕乡	郭吕、东两河、西两河、东辛庄、西辛庄、耿家庄、南汪、苌家庄、东验村、西验村	10
庄里乡	庄里、柳见、东河流、西河流、中河流、营里、佛堂	7
高头回族乡	高头一、高头二、高头三、西高、南谈下、中谈下、北谈下、刘家庄、马坊、南户虎、北虎、北虎庄、西王家庄、小西门、西朱家庄	15
郝庄乡	东中郝庄、东郝庄、西中郝庄、西郝庄、北郝庄、东陈村、陈村、裴里村、北远	9
南马乡	南马、北马、马孤庄、南朱村、北朱村、东东阳、西东阳、北东阳、曹家庄、东丰、东丰庄	11
楼下乡	楼下、寺下、林中、月日、东市庄、西市庄、费家庄、新城、彭家庄、马桥	10
前北焦乡	前北焦、后北焦、西李家庄、杨坊、穆家庄、杨家庄、东庄、明秩寺	8
东侯坊乡	东侯坊、南侯坊、北侯坊、古庄、西南汪、武家庄、西池阳、南池阳、罗庄	9
里城道乡	里城道、里贵子、祁村、东池阳、周家庄、袁流村、东东丈、西东丈、南东丈、南沙窝、北沙窝、东大户、西大户、马庄、东北牛、赵正寺	16
泗水乡	泗水、崔村、王先、大汉、小汉、大汉营、小吕、蔡庄、王村	9
南流乡	东南流、西南流、江仁、固现、呈现、东宋、西宋、小东郎、彭村、大中郎、大召、南俱佑	12
东侯乡	东东侯、西东侯、东西侯、西西侯、南侯、北侯、苏村、南里尚、里尚、北合庄、北家庄、王家庄、石家庄	13
西东门	东东门、西东门、东门营、黄台、固汪、牛辛庄、东店尚、西店尚、北店尚	9

1996年无极县撤乡并镇后乡（镇）村情况一览表

表1—2　　单位：个

乡（镇）	村	村数
无极镇	东中铺、西中铺、东关、西关、角头、高村、房家庄、里家庄、安城、东罗尚、西罗尚、户村、朱家庄、柴城、庄里、柳见、东河流、西河流、中河流、营里、佛堂、正村、姚村、高家庄、张村	25
七汲镇	东七汲、西七汲、甄家庄、东流村、西流村、东小镇、西小镇、杨村、东汉、西汉、西庄、泗水、崔村、王先、大汉、小汉、大汉营、小吕、蔡庄、王村	20
张段固镇	张段固、北丰、市庄、田庄、王吕村、齐洽、东南丰、西南丰、贾家庄、司家庄、郭吕、东两河、西两河、东辛庄、耿家庄、南汪、苌家庄、东验村、西验村、吕吕村、西辛庄	21
北苏镇	南苏、北苏、史村、驿头、大名庄、南焦、楼下、寺下、林中、月旦、东市庄、西市庄、费家庄、新城、彭家庄、马桥、明秩寺、东庄	18
郭庄镇	郭庄、马村、磁河店、甄家营、张家营、姚家营、冯家庄、张家庄、东牛、西牛、北牛、南牛、牛家庄、北汪、崔家庄、户台营、前北焦、后北焦、李家庄、杨坊、穆家庄、杨家庄、王家营	23
大陈镇	大陈、小陈、高陵、赵户、赵户营、泊头、西郎、北家庄、王家庄、石家庄、北侯、东东侯、西东侯	13
高头回族乡	高头一、高头二、高头三、西高、南谈下、中谈下、北谈下、刘家庄、马坊、南虎、北虎、北虎庄、西王家庄、小西门、西朱家庄	15
郝庄乡	东中郝庄、东郝庄、西中郝庄、西郝庄、北郝庄、东陈村、西陈村、裴里村、东北远、西北远、东东门、西东门、东门营、黄台、固汪、牛辛庄、东店尚、西店尚、北店尚	19
东侯坊乡	东侯坊、南侯坊、北侯坊、古庄、西南汪、武家庄、西池阳、南池阳、罗庄、甄村、东朱村、东马、西马、南马、北马、马孤庄、南朱村、北朱村、东东阳、西东阳、北东阳、曹家庄、东丰、东丰庄	24
里城道乡	里城道、里贵子、祁村、东池阳、周家庄、袁流村、东东丈、西东丈、南东丈、南沙窝、北沙窝、东大户、西大户、马庄、东北牛、赵正寺、苏村、南里尚、里尚、北合庄、西西侯、东西侯、南侯	23
南流乡	东南流、西南流、江仁、固现、呈现、东宋、西宋、小东郎、彭村、大中郎、大召、南俱佑	12

第二章　乡镇概况

无极县有镇建置6个，即无极镇、七汲镇、大陈镇、郭庄镇、北苏镇、张段固镇；乡建置5个，即东侯坊乡、高头回族乡、郝庄乡、南流乡、里城道乡。无极镇为县政府驻地。

第一节　无极镇

皮革喷涂车间

无极镇地处县境中部，为县政府驻地。镇政府驻地东关村，位于县城区东部。境域东接七汲镇，西连东侯坊乡，南邻张段固镇，北濒木刀沟，面积57平方公里。全镇辖区聚落呈椭圆形，木刀沟自西向东从镇域北侧穿越而过，磁河从镇域中部自西向东贯穿。建有东罗尚城区污水处理厂和西合流皮革污水处理厂及西罗尚泵闸。全镇交通便利，地理位置优越，正港线自西向东、定魏线和无繁线自南向北呈十字形穿境而过。

1989—2005年，无极镇加强农业基础设施建设，调整农业结构，因势利导，强化服务，使全镇由传统单一的粮食种植向多元化产业发展，形成柳见大棚蔬菜园区、张村种子基地、东合流花生种植等多个特种种植园区，其中柳见村的大棚无极五彩椒蔬菜科技示范园区，2000—2002年种植面积发展到800亩，主要蔬菜品种有无极五彩椒、黄瓜、茄子、云豆、西红柿。形成柳见、东罗尚、庄里3个蔬菜种植专业村。城区周边各村养殖业大力倡导规模化、小区化发展道路，以猪、鸡、牛为畜牧养殖业，走上规模化的发展道路，全镇蛋鸡存栏135万只，是无极县第二养鸡大镇；500头以上的养猪厂6个，全镇全年生猪出栏40000头以上；奶牛存栏2600头。投资500万元的正诚大型饲料加工企业可保障全镇养殖户的饲料供应。

2005年全镇共有企业213家，百万元以上企业165家，千万元以上企业6家，中外合资企业3家。企业运行质量逐步提高，全年实现营业收入9.5亿元。产品出口创汇稳步发展，泰龙皮业、新成达皮业、新亿鑫皮业3家中外合资企业以及国才曲木厂、五龙体育器材公司共利用外资6.7万美元，外贸出口总值1.36亿元。皮革产品主要出口美国、韩国、俄罗斯等国家及中国香港、台湾地区，每年都保持了稳定的增长速度。全镇共有个体工商业户1400家，从业人员6500人，全年实现营业收入9.3亿元。全县最大的贸易街集贸市场占地面积300亩，逢农历一、六为集日，设点商户1200户，年交易额近6700万元；东关钢材市场占地180亩，商户120余户，是石家庄周边市县最大的钢材集散地，日交易额达60万元；花园路农产品综合交易批发市场是无极县最大的农产品交易市场，固定摊位160余家，年交易额9800万元；角头铝合金建材市场，商户门店60家。城内花园街形成餐饮一条街，仁和街形成了特色小吃一条街。市场的建设带动了各行各业的发展，吸收和安排了大量农村富余劳动力就业，增加了农民收入，活跃了城乡经济。

恒锐真皮座套生产车间

2005年全镇共有初中2所，小学23所，在校学生7262人，教师475人，各学校微机室、实验室、操场等硬件配套设施完善，学生入学率及巩固率均达99.8%。1995年，普及九年义务教育。其中，无极镇中学是镇区内最大学校，学校内各种教学仪器设备齐全，拥有400米跑道操场1个，多媒体教室3个，化学实验室、物理实验室、生物实验室、微机教室、音乐教室、美术教室各2个，图书阅览室2个，有图书40000余册，年底全镇第二次通过省政府普及九年义务教育复查验收。全镇有乡镇级卫生院1家，拥有B超机、心电图、理疗仪、多功能手术床、显微镜、颈颅多普勒等医疗设备。有专业医师6人，专业医护人员12人，床位30张。乡村卫生所25个，从业人员30人。

2005年，全镇辖25个行政村，11703户，45978人，其中男23143人，女22835人。耕地面积47385亩，全部为水浇地。小麦种植面积36001亩，总产量17954吨；玉米种植面积24897亩，总产量12559吨；蔬菜种植面积12102亩，总产量50122吨。全镇工农业总产值171344万元，其中工业产值148246万元，农业产值23098万元。财政收入2050万元，农民人均纯收入4741元。

附：原庄里乡概况

乡政府驻地庄里，位于县城东南3.5公里处。东靠滹沱河与晋州为邻。全乡面积26平方公里，辖庄里、柳见、东河流、西河流、中河流、营里、佛堂7个行政村。1995年，辖区有3687户，总人口13011人，其中农业人口12842人，非农业人口169人；有耕地14059亩；人口密度每平方公里500人。全乡工农业总产值为5901万元，其中农业总产值1873万元，农民人均纯收入1556元。

1996年1月，撤庄里乡，整体并入无极镇。

2005年无极镇所属各村基本情况表

表1—3

村名	总户数（户）	总人口（人）	耕地面积（亩）	粮食总产量（吨）	油料总产量（吨）	农民人均纯收入（元）
东中铺村	851	3463	2555	2599	79	5149
西中铺村	274	1017	561	434	18	4996
东关村	551	1969	1262	975	48	5324
西关村	830	2717	2069	1253	38	5185
角头村	499	2023	1285	1066	29	5355
高村	173	597	832	570	29	4855
房家庄村	254	1070	1139	741	49	4384
里家庄村	492	1910	1903	1206	69	4777
安城村	495	2002	2267	1567	80	4333
东罗尚村	742	3087	3460	2265	58	4361
西罗尚村	490	2009	2176	1456	55	4753
户村	651	2694	3648	2415	85	4445
朱家庄村	560	2105	2392	1614	97	4384
柴城村	499	2152	2785	1914	46	5095
庄里村	465	2027	2373	1707	30	4390
柳见村	282	1140	1974	1414	27	4589
西合流村	614	2391	3100	2277	69	4515
中合流村	435	1783	1662	1025	32	4435
东合流村	763	3039	2811	1957	78	4388
营里村	366	1476	1371	897	23	4441
佛堂村	208	784	758	503	16	4600
郑村	475	1912	2146	1488	50	5427
姚村	172	661	636	369	24	4456

续表 1–3

村名	总户数（户）	总人口（人）	耕地面积（亩）	粮食总产量（吨）	油料总产量（吨）	农民人均纯收入（元）
高家庄村	155	607	555	399	16	4849
张村	407	1343	1657	1279	60	5073

附：　　原甄村乡概况

乡政府驻地甄村，位于县城西 3 公里处。总面积 14 平方公里，辖甄村、东朱村、东马、西马、正村、姚村、高家庄、张村 8 个行政村。1995 年辖区有 3363 户，总人口 11871 人。其中，农业人口 11645 人，非农业人口 226 人。有耕地 14059 亩。人口密度平均每平方公里 849 人。工农业总产值 8096 万元，其中农业总产值 1741 万元，农民人均纯收入 1864 元。

1996 年 1 月，撤甄村乡，所辖正村、姚村、高家庄、张村并入并入无极镇，所辖甄村、东朱村、东马、西马并入东侯坊乡。

第二节　七汲镇

七汲镇位于无极县东部，政府驻地七汲村，位于县城正东 6 公里处。东与深泽县境为邻，南靠滹沱河，与晋州相望，北邻大陈镇，木刀沟从中流经全境。省道正港线横贯镇域，南北与无繁线、正绕线相连，南距石黄高速 15 公里，交通发达、便利。镇域面积 54 平方公里。已形成“设施蔬菜、林果种植、畜牧养殖”三大主导产业，素有“蔬菜之乡”“林果名镇”“美食故里”之美誉，个体私营经济发展迅猛，形成以医药、化工为主的民营企业，已初步形成 3 个工业小区。

七汲烤全羊

七汲镇农业以种植小麦、玉米为主，农业基础条件较好，机械化水平较高。到 1996 年，全镇基本实现农业机械化，在粮田面积有所减少的情况下，粮食总产量不断增加。机械化水平不断提高，2001 年，全乡农业机械总动力 84533 千瓦，其中柴油机发动机动力 71853 千瓦，电动机动力 9150 千瓦，汽油发动机 3535 千瓦。共有三轮车 2000 辆，小型拖拉机 1389 台，大中型拖拉机 117 台，机引播种机 199 台，小麦收割机 106 台。到 2005 年，机械机种机收率达 100%。各村共打深水井 35 眼，全镇新上变压器 15 台，解决了农村用电紧张的问题。

蔬菜是七汲镇在种植结构战略性调整中发展起来的新型主导产业之一。1998 年在当地政府和农业部门支持帮助下，在王村蔬菜基地成立“无极县无公害蔬菜协会”，2002 年通过河北省科协科普示范基地达标验收，协会所管理的无公害蔬菜基地先后被评为“无极县科普示范基地”“石家庄科普示范基地”“河北省科普示范基地”。2005 年底，协会会员由当初的 30 余户发展到以王村为主，辐射四个乡镇，40 个村的 8300 户，示范带动 10000 余农户参加无公害蔬菜。播种面积由当初的 100 亩，发展到 5600 余亩。无公害蔬菜销量 20 万吨，交易额达 1.2 亿元，实现双过亿。基地农户年纯收入 1.5 万元，经济效益显著。

2001 年在国家工商局对产地蔬菜注册了“绿风”商标，取得河北省首批农产品进京绿色通行证。2004年9月，建立绿风蔬菜制品有限公司，生产40余个品种的系列酱菜；从山东潍坊聘请高级技术人员为技术指导，年生产力1500余吨。2005年，获石家庄市“农业科技服务创新奖”。

畜牧养殖是七汲镇的传统优势产业。养殖业以猪、牛、羊、鸡为主，由过去的农户散养逐步发展为规模养殖。到2005年底，全镇有养猪场3个，奶牛厂2个，养鸡厂200余个。共有鸡、鸭、鹅禽类150000只。猪、牛、羊存栏分别为5000头、800头、30000只。羊肉屠宰有百年的历史，现300只以上规模羊场有25个，年屠宰加工能力2.2万只。七汲镇规模肉羊屠宰小区占地36亩，可容纳业户50家。七汲全羊品牌饭店数家，开发的系列风味羊肉誉满县内外，带动了经济的发展。林果业也不断发展，2001年果树面积2300亩，其中苹果1000亩，重阳红桃1000亩，梨树250亩，葡萄50亩。为方便果品储藏、保鲜、销售，共建冷库3座，可储藏果品3000余吨。初步形成了以果品生产为龙头的专业村。2005年苹果总产量达300万千克，总产值420万元。果品远销广州、北京等地。其中，红富士苹果，1999年注册为“甄后牌”，被评为省名牌产品。

2002年顺达糠醛化工有限公司投资100万元扩大生产规模，糠醛生产能力达4000吨。石家庄隆大福生物药业有限公司固定资产345万元，主营活性钙，年产值200万元。石家庄力维兽药厂投资310万元，是河北省唯一一家兽药中间生产厂家，年产量530吨，产值230万元。刺绣加工业以小汉为中心辐射5个村，有电动绣花机1100台，从业人员2000余人。2002年被誉为“十业百点乡镇”。

2004年，全镇规模企业30余家，重点企业16家。2005年，镇新建、扩建100万元以上企业9家，总投资规模2100万元。全镇有企业432家，从业人员3890人，总产值15877万元，总营业收入15560万元，利润总额1211万元，形成“化工、制药、纺织、饲料、五金配件”等为主的区域特色规模经济。

七汲镇的集贸市场有百年的历史。逢农历四、九为传统集日，是该镇较大的商品集散地，人口流量达上万人，年商品成交额500万元，比1989年翻两番。七汲镇建成东汉、杨村、王村、王先、西小镇、小汉、泗水等中小型农贸市场。截至2005年，全镇共有批发零售业40家，住宿及餐饮业15家，理发店40家，维修店20家，超市15家，形成中小市场带全镇的格局。

2005年，全镇共有初中2所，小学15所，在校学生3125人，教师179人，共有134个班级。中小学的微机120台，实验室39家，教学仪器24000件，图书20万册。镇设幼儿园6所，学生400人，幼儿教师30人。全镇小学普及率、入学率、巩固率均为100%。2004年创建由小汉、蔡庄、大汉、大汉营4村合办的1所联合小学。学校占地面积为13000平方米，校舍建筑面积为1762平方米，操场占地面积为5600平方米。建有高标准的微机室、语音室、实验室、仪器室、音美室、图书室、阅览室等，学校绿化面积800平方米。镇区有2所卫生院，20个村卫生所，共有医务人员30人，配有心电图机1台、高压氧仓1台、妇科检查床1张，国产B超机1台。

2005年，全镇辖20个行政村，9971户，40953人，其中男21131人，女20398人。耕地面积3666.7公顷，全部为水浇地。小麦种植面积40900亩，总产量19980吨；玉米种植面积29190亩，总产量14234吨；蔬菜种植面积22873亩，总产量106964吨。全镇工农业总产值103548万元，其中工业产值78387万元，农业产值25161万元。财政收入261万元，农民人均纯收入4422元。

2005 年七汲镇所属各村基本情况统计表

表 1–4

村名	总户数（户）	总人口（人）	耕地面积（亩）	粮食总产量（吨）	油料总产量（吨）	农民人均纯收入（元）
西七汲村	516	2087	2111	1684	61	4421
东七汲村	520	2159	1313	1523	53	4423
甄家庄村	510	2197	2313	1531	60	4426
西流村	343	1435	2342	1550	61	4421
东流村	405	1630	2418	1648	53	4428
西小镇村	589	2573	2598	2361	101	4425
东小镇村	495	2176	3339	2278	69	4426
杨村	631	2954	3306	2431	75	4424
东汉村	989	3951	5200	3386	134	4424
西汉村	1021	4835	6123	3826	165	4426
西庄村	82	360	429	404	12	4423
泗水村	570	2152	3699	2037	124	4421
崔村	263	1095	1873	1355	64	4418
王先村	405	1544	2087	1498	68	4123
王村	617	2611	4203	2129	106	4423
小吕村	443	1655	2497	1746	77	4416
大汉村	271	1062	1965	1119	67	4419
大汉营村	236	964	1596	1146	59	4424
蔡庄村	364	1516	1817	1251	65	4420
小汉村	501	1997	3037	1852	91	4418

附：原泗水乡概况

乡政府驻地泗水，位于县城东北 7.5 公里处。全乡总面积 25 平方公里。辖泗水村、崔村、王先村、大汉村、小汉村、大汉营村、小吕村、蔡庄村、王村 9 个行政村。1995 年辖区有 4124 户，总人口 14368 人，其中农业人口 14047 人，非农业人口 321 人；全乡有耕地 23014 亩；人口密度每平方公里 857 人；全乡工农业总产值 6986 万元，其中农业总产值为 2898 万元，农民人均纯收入 1549 元。

1996 年 1 月，撤泗水乡，整体并入七汲镇。

第三节　张段固镇

张段固镇位于无极县南部，镇政府驻地张段固村，位于县城正南 5 公里处。东、北与无极镇相连，西与郝庄乡接壤，东南与晋州市、藁城市隔滹沱河相望。省道定魏公路纵贯镇域，南 5 公里交于石黄高速，北 5 公里交于正港公路。西九线横穿镇域南部，交通便利。张段固村是一个历史悠久的集贸大村，逢农历五、十为集日，曾为全县最大的粮食交易市场和有名的纺织交易市场，集贸交易辐射无极、藁城、晋州、新乐等县市。镇域面积 51 平方公里。滹沱河和磁河从西向东贯穿全镇。1965 年以后，除有水库泄洪水补充外，其他年份河道干涸断流，大部分河道辟为林果、农田。

张段固镇地势平坦，土地肥沃，气候适宜，是无极县粮棉主要产区之一。1958 年，张段固村曾获国务院“粮棉高产”奖牌一块。1989 年以前以种植小麦、棉花、谷物类为主，20 世纪 90 年代以后，以种植小麦、玉米和油料作物为主。2005 年，全乡耕地 40266 亩，小麦和玉米的播种面积达 7.3 万亩，比 1996 年增加 1200 亩，小麦亩产由 1989 年的 250 千克增加到 505 千克，玉米由 1989 年的 300 千克增加到 550 千克，油料平均亩产 227 千克，总产量 970 吨；全镇奶牛存栏 1500 头，东辛庄、西南丰奶牛养殖小区已形成规模。

皮革业是张段固镇的主导产业，20 世纪 70 年代末，皮革业开始在张段固镇兴起。张段固村的中原皮革厂，是全县第一家皮革厂，当时主要产品有手套、皮鞋等。20 世纪 80 年代初，张段固村形成皮革毛皮交易市场，当地农民从内蒙、甘肃等地购进羊毛皮运到张段固村进行交易。农民以户为单位，购进皮革进行初加工，开始形成以家庭制革小作坊为主的“小规模、大群体”的生产格局，出现一批因制革而致富的万元户。到 90 年代初，制革由以羊皮为主转为以猪皮、牛皮为主，引进转鼓加工生产和片皮加工生产。1993 年，张段固村村民张文显引进第一台片皮机，开始向深加工生产的第一步，但皮革生产仍存在设备简陋、工艺原始、效益低下、污染严重的问题。1996 年 10 月，国务院下达取缔“十五小”的决定后，张段固镇党委、政府坚决执行国务院决定，对皮革业进行彻底改造。1997 年，组建了第一家农民股份制皮革企业（齐盛公司）、第一个民营股份制企业（同泰公司）、第一个集体股份制企业（张段固皮革有限责任公司）。其中，

皮革化料车间

皮革生产车间

齐盛工业园区一角

齐盛公司污水处理厂日处理能力达6000吨。1999年12月，齐盛、同泰皮革公司通过由国家环保总局及省、市环保局组成的检查团的验收。至此，张段固镇的小制革得到完全改造，皮革行业走上新的发展轨道。

2001年，镇党委出台“进一解放思想、转变观念，把皮革产业做强做大”的工作意见，鼓励皮革专业户联合创办规模企业，发展深加工企业，并制定了“建立齐盛工业园区、打造皮革产业发展平台”的具体措施。2001年12月，齐盛皮革市场建立并公开招商，台湾商人率先进入工业园区，建起了第一家台资企业。2002年5月，齐盛皮革市场一期工程基建峻工并投入使用，形成以生产基地为依托，“集皮革制品、化料销售、后期整理、皮毛货栈、皮毛托运为一体”的大市场格局。省、市领导先后到齐盛皮革市场进行视察。2002年10月17日，《河北日报》以《无极制革业有了快速发展的“火车头”》为标题，对齐盛皮革市场的发展情况进行报道。2003年，各大皮革公司开始注重招引人才、更新设备改进工艺，引进不锈钢恒温自动转鼓、自动喷涂机、大型皮革绷板机、熨平机、意大利真空干燥机等一批先进生产设备。各大皮革企业陆续采取订单生产、合同加工，业务量逐月攀升，年产值逐年递增，生产效益日益突显。2005年12月26日，《石家庄日报》以《500专家使传统皮革业脱胎换骨》为题，报道张段固镇党委靠科技发展循环经济的事迹。

2005年底，张段固镇从事皮革加工人员达2.1万人，拥有皮革企业165家，投资亿元以上的企业1家，投资3000万元以上的企业11家，投资1000万元以上的企业20余家。皮革产品由原来的单一的蓝板皮胚发展成为高档成品革。主要产品有黄牛皮、水牛皮、牦牛皮、猪皮、马皮五大类；品种有沙发革、汽车座套革、鞋面革、手套革、服装革等，畅销美、俄、欧盟、日、韩、东南亚等国家和地区，以及中国香港、台湾等地区。皮革业年产值29.5亿元，占全镇工农业生产总值的92%。皮革产业成为当地农民致富的主导行业，成为县域经济的支柱产业。1999年张段固镇财税收入为600万元，2005年财税收入实现3500万元。

张段固镇是有名的文化之乡。清代有令倭寇望风而逃的正二品总兵耿金钊，中华人民共和国成立后有国防科工委高级工程师、上海黄浦江主设计师张金科。1966年前，张段固村有大学生20人。各村普遍建立“农民文化活动室”，每逢节假日，举办各种文化娱乐活动，丰富群众文化生活。2001年成立“张段固镇农民书法协会”，创办“张段固镇农民书画院”。2001年春节前，举行农民春联书法大赛。《河北日报》《当代人》杂志对张段固镇农民书法活动进行专题报道；2002年3月2日，《文艺报》以整版篇幅刊登该次比赛的优秀书法作品。该镇袂家庄村是远近闻名的书法村。该村小学把书法作为小学生的选修课，从小学加以普及。该村书法家袂大任印制《大任书法》专辑，张段固村书法家靳孟黑印制“书法挂历”，对全镇书法普及起到推动作用。2002年，被河北省书法家协会命名为“书法之乡”；2003年，被石家庄市文联命名为“民间文化之乡”。

2005年，镇办初级中学2所，在校学生1137人；村办小学17所，在校学生2755人，中小学教师345人，幼儿教师20人，中学教师本科学历达51.1%，小学教师专科学历达60%；全乡共建多媒体教室10个、微机室110个。镇区有卫生院1所，占地1710平方米，建筑面积2550平方米，床位40张。医护人员30人，其中职业医师4人，助理职业医师10人。设内科、外科、妇科、儿科、放射科、化验科、眼科、口腔科等，配有大型X光机、彩超、全自动生化仪、彩色多谱勒等医疗设备。全镇有19个村级医务室，医护人员70人。

齐洽村党支部书记李白娃获中华全国总工会颁发的“全国五一劳动奖章”，张段固村靳颖霄、李建贞的两个家庭被省政府命名为“教育世家”。2005年无极县命名表彰的10大文明公民中，张段固镇就有3人。

2005年，全镇辖21个行政村，10468户，40349人，其中男20832人，女20085人。耕地面积2711公顷，全部为水浇地。小麦种植面积29385亩，总产量14477吨；玉米种植面积30180亩，总产量14991吨；蔬菜种植面积10038亩，总产量41428吨。全镇工农业总产值186128万元，其中工业产值167068万元，农业产值19060万元。财政收入3511万元，农民人均纯收入4779元。

皮革产品

2005年张段固镇所属各村基本情况表

表1—5

村名	总户数（户）	总人口（人）	耕地面积（亩）	粮食总产量（吨）	油料总产量（吨）	农民人均纯收入（元）
张段固村	1021	4257	3437	2533	45	4931
北丰村	586	2104	2268	1669	32	4799
市庄村	520	2179	2463	1807	35	4719
田庄村	605	2479	2531	1888	35	4780
王吕村	341	1516	1444	1074	18	4749
吕吕村	358	1349	1396	1048	22	4746
齐洽村	651	2661	2820	2073	37	5755
东南丰村	359	1441	1421	1072	22	4780
西南丰村	753	2734	2846	2120	38	4812
贾家庄村	184	726	837	636	16	4582
司家庄村	443	1701	1878	1400	24	5387
西两河村	1113	4167	4900	3876	186	4913
东两河村	357	1345	1526	1137	61	4815
东辛庄村	686	2645	1906	1495	72	4665
西辛庄村	153	565	453	360	35	4775
耿家庄村	125	414	316	249	21	4561
郭吕村	303	954	1237	974	29	4344
南汪村	506	1836	1600	1244	48	4585
苌家庄村	319	1108	1117	884	74	4393

续表 1–5

村名	总户数（户）	总人口（人）	耕地面积（亩）	粮食总产量（吨）	油料总产量（吨）	农民人均纯收入（元）
西验村	615	2181	2336	1811	66	4584
东验村	470	986	1931	1527	54	4574

附：　　原郭吕乡概况

乡政府驻地郭吕，位于县城南7.5公里处。南临滹沱河与晋州、藁城市为界。全乡总面积28平方公里，辖郭吕、东两河、西两河、东辛庄、西辛庄、耿家庄、南汪、苌家庄、东验村、西验村10个行政村。1995年，辖区有4657户，总人口17551人，其中农业人口17311人，非农业人口240人；有耕地17322亩；人口密度平均每平方公里627人；全乡工农业总产值21533万元，其中农业总产值为2437万元，农民人均纯收入1671元。

1996年1月，撤郭吕乡，整体并入张段固镇。

第四节　北苏镇

北苏镇位于无极县城西，镇政府驻地北苏村位于县城正西13.5公里处，西距石家庄45公里，距京深高速及石家庄机场30公里。西与藁城，北与新乐两县交界，东邻东侯坊乡、郭庄镇，南于高头乡、郝庄乡接壤，有无极的“西大门”之称。全镇面积54平方公里。正港公路，果王公路十字交叉贯穿全镇，磁河故道自东向西横穿全境，南有韩家洼、北苏排干渠各1条。

该镇地势平坦，土质以沙壤土、轻沙壤土为主。伴随着社会主义市场经济的不断发展，种植业、养殖业形成一定规模。1999年，在北苏镇彭家庄村成立集新、名、优、特、良种引进，试种，选育，研究为一体的无极县珍稀种苗研究所。试验田占地40余亩。先后与多家科研机构联姻，引进名、优、特新品种2000余种。2003年选育出六彩花生、双绿色谷子，继而选育出一批高产大豆、小麦等种子。至2005年底，该所研究的科研成果有雪莲果、珍稀果树类、脆皮金桔、灯笼果等；药食保健蔬菜类有冬参、人参菜等；特色蔬菜瓜果类有彩色白菜、彩色番茄、老鼠瓜、菜用西瓜等；高效农作物类有六彩花生、珍优837小麦、航天一号小麦、绿米谷、珍优970大豆、特色玉米等；花卉类、香草类等200余个品种。布点试验范围遍布河北、山东、山西、广东、广西、黑龙江、河南、浙江等25个省市，直接经济效益2亿余元。

楼下村享有“养猪专业村”的美名。方圆几百里的养猪户都到楼下村购买仔猪。1983年，楼下村每户养母猪数头，以销售仔猪增加收入。1990年，40户村民建设小型养殖场，引进长白、约克、杜洛克等数个新品种，以销售肥猪为主。1997年，楼下村有10个养牛场，30个养鸡场。到2005年底，养猪场增加到60个，其中有50个从以前的小型养殖场扩建成中型养殖场，平均每个养殖场每年出栏1000头；养鸡场增加到22个，养牛场增加到40个。部分产品开始销往北京、广州、深圳等城市。

1999年，马桥村2个农户开始做实木木线，2001年发展到36家，另有16家生产木制暖气罩，产品主要销往正定恒山市场。2003年，出现1家生产免漆门套线和门档线及大小半圆木线户。2005年，村组建装饰材料工业园区，占地、电力、税收上统一管理，统一协调，园区内建厂63个，占地500亩。品种发展到装饰用的免漆、烤漆、高分子大板，高、中、低档免漆门、烤漆门、高分子门等，销路由过去的正定恒山市场转为面向全国，并走出国门，出口至南非、安哥拉等国。2005年全村人均纯收入5783元，实现工农业总产值1亿元。

史村以针织加工为主导产业，经过20余年的发展，到2005年，形成产供销一条龙的产业链，带动邻近村庄针织业的兴起，使一方百姓致富。2005年除加工户外，史村针织业有织布专业户16个，各类织布机300台，印染厂3个，纺纱厂2个，印花厂10个，固定资产约2500万元，年销售额约1亿元，从业人员超过1300人，产品远销山西、内蒙古、新疆及其他省份。村民年均纯收入6340余元。

2005年，北苏两个工业园区入区企业有64家，固定资产投资总额5292万元，为城镇居民提供1300余个就业岗位。两个小区首期规划占地各100亩，容纳纺织、电料、五金、饲料、制药等环保型企业为主的综合性工业园区。

2005年，全镇有中小学18所，教学班135个，其中中学26个，小学109个；在校生4162人，其中中学生1539人；教职员工323人，其中小学教职员工212人。全镇有乡级卫生室2个，医护人员36人，床位52张，有B超机2台、CT机1台、心电图2台、X光机2台。村卫生所24个，从业人员28人，农民参合率达98%。

2005年，全乡辖18个行政村，全乡有13595户，53568人，其中男27239人，26450人。耕地面积4246公顷，全部为水浇地。小麦种植面积44980亩，总产量21496吨；玉米种植面积39012亩，总产量19306吨；蔬菜种植面积11836亩，总产量58306吨。全镇工农业总产值156322万元，其中工业产值128773万元，农业产值27549万元。财政收入338万元，农民人均纯收入4552元。

精雕细刻

潘成工业园区

2005年北苏镇所属各村基本情况表

表1—6

村名	总户数（户）	总人口（人）	耕地面积（亩）	粮食总产量（吨）	油料总产量（吨）	农民人均纯收入（元）
北苏村	1489	5323	6700	4739	168	5792
南苏村	1024	4879	6308	4439	127	4655
史村	1098	4071	4927	3401	105	6341
驿头村	823	2979	3514	2263	100	5160
大名庄村	527	2178	2649	1869	55	2290
南焦村	539	2047	2586	1804	43	4298

续表 1–6

村名	总户数（户）	总人口（人）	耕地面积（亩）	粮食总产量（吨）	油料总产量（吨）	农民人均纯收入（元）
东庄村	440	1751	1976	1336	80	4776
明秩寺村	771	3072	4116	2710	102	3906
楼下村	904	3730	4392	2946	80	4178
寺下村	712	2609	2647	1706	75	4499
林中村	947	3804	3676	2616	90	3706
月旦村	505	2180	2092	1465	40	5681
西市庄村	172	678	796	571	15	4540
东市庄村	408	1581	2444	1623	56	3545
费家庄村	550	2220	2665	1779	60	4338
新城村	642	2320	3433	2226	75	4812
彭家庄村	1142	4524	4747	3196	100	4553
马桥村	902	3626	3966	2516	90	5783

附：原楼下乡概况

乡政府驻地楼下，位于县城西偏北15公里处。西、北两面与藁城市接壤。全乡总面积27平方公里。辖楼下、寺下、林中、月旦、东市庄、西市庄、费家庄、新城、彭家庄、马桥10个行政村。1995年辖区有6992户，总人口27666人，其中农业人口27358人，非农业人口308人；全乡有耕地30858亩；人口密度每平方公里1024人。全乡工农业总产值12344万元，其中农业总产值为4062万元，农民人均纯收入2537元。

1996年1月，撤楼下乡，整体并入北苏镇。

第五节　郭庄镇

郭庄镇位于县境西北部，镇政府驻地郭庄位于县城西偏北10公里处。东邻东候坊乡，南与高头回族乡相连，西邻 北苏镇，北与新乐市境相接，交通便利。镇域面积43公里。

郭庄村集贸市场历史悠久，逢农历三、八为集日，农历十一月初八为庙会。1989年人口流量3万人次，年商品成交额453万元。2005年临街摊点800个，日均交易额15万元以上。村北建有一个大型木材交易市场，占地120亩，日交易额在50万元以上。

食用菌育苗

1992年该镇姚家营村民从北京引进了木业加工技术，主要以椴杨、泡桐为原材料进行装饰材料——木线生产。由于政府积极引导和实际利润的吸引，木线业迅速发展，由1992年的1户、1998年的300户，发展到2000年高峰时以甄家营、王家营、张家营、姚家营为中心，全镇800余个加工

政区

点。木线由原来的单一的材质、单一花型发展到椴杨、泡桐、樟松、水曲柳、榉木 5 种材质，木线、暖气罩 2 大类 30 余个花色品种。2000 年全镇木线业年消耗木材 1 万余立方米，产值实现 2800 余万元。2001 年，针对木线业镇党委提出“以市场为导向，打特色牌，实现数量型向规模效益型转变”。2003 年，全镇装饰材料业总资产达 2000 余万元，企业由多户分散经营，合并融资形成 83 家，年木材消耗量 15000 立方米，产值 4000 余万元，企业产品发展到 4 大类 70 余个花色品种。杨家庄泽林木业公司和姚家营华强装饰材料厂各投资 200 万元建起一条环保免漆装饰材料生产线。

2005 年，全镇共有环保免漆装饰材料生产企业 11 家，固定资产 2000 余万元，年产值 5000 余万元，年节约木材 2000 立方米。其他有亚美装饰材料有限公司、鑫源纺织有限公司等规模企业。

郭庄镇是传统的农业乡镇，具有丰富的劳动力资源和生产资料资源。1990 年，镇党委、镇政府提出农业发展特色规模经营。该镇东北部西牛、北牛、张家庄、北汪等村沙土地较多，1990 年镇党委政府开始引导村民种植地膜花生、地膜西瓜等经济作物。到 2000 年，以北牛村为中心包括西牛、张家庄、冯家庄、北汪等沿木刀沟各村的地膜西瓜种植面积为 4000 亩。2003 年，地膜西瓜种植面积达 5000 亩。食用菌种植面积达 300 余亩；芦笋种植面积达 240 亩。2004 年，以甄家营、王家营、张家营、姚家营为中心的特色蔬菜种植示范园区面积 1000 亩，主要产品有无极蘑菇、无极芦笋、无极西红柿。无极西红柿肉质比普通西红柿硬，产量高，营养丰富，酸甜可口，便于储存与运输。2005 年，种植范围辐射七汲、大陈、里城道、北苏等乡镇，种植面积达万亩以上。2005 年，该镇平菇产量 3000 吨、香菇 450 吨、鲜笋 450 吨。

改革开放二十多年来，郭庄民兵营各项建设迈上新台阶。1978 年 11 月，北京军区在郭庄村召开民兵政治教育现场会；1983 年 5 月，作为基层民兵连队代表，郭庄民兵营出席中宣部召开的全国文明村（镇）建设座谈会和全军军民共建精神文明座谈会，河北省军区给该营记集体二等功；1989 年，郭庄民兵营被国防部授予“民兵预备役工作先进单位”称号，被省军区授予“党管武装先进单位”称号；2000 年，郭庄民兵营参加军分区组织的军事表演，成绩优异，受到石家庄市委、市政府、军分区的表彰。营长赵腊八带头苦练军事技术的事迹，先后在《解放军报》《中国国防报》和《华北民兵》上登载。赵腊八 1999 年 1 月受到解放军总参谋长傅全有接见，2001 年受到北京军区司令员朱启接见。2002 年 6 月，郭庄民兵营被总参谋部、总政治部授予“基层民兵预备役工作先进单位”称号。2004 年 2 月 28 日，石家庄警备区在郭庄举行庆祝郭庄“红旗民兵营”命名 40 周年活动。

2005 年，全镇有县办中学 1 所，镇办中学 2 所，小学 12 所，在校生 3688 人，中学生 1023 人，教师 285 人。有县医院分院 1 所，镇卫生院 1 所，村卫生所 23 个，从业人员 30 人。

2005 年，全镇辖 23 个行政村，11232 户，41982 人，其中男 21317 人，女 20665 人。耕地面积 3208 公顷，全部为水浇地。小麦种植面积 36520 亩，总产量 17829 吨；玉米种植面积 27103 亩，总产量 12988 吨。全镇工农业总产值 145427 万元，其中农业产值 20450 万元，工业产值 124977 万元。财政收入 183 万元，农民年人均纯收入 4380 元。

2005年郭庄镇所属各村基本情况表

表1–7

村名	总户数（户）	总人口（人）	耕地面积（亩）	粮食总产量（吨）	油料总产量（吨）	农民人均纯收入（元）
郭庄村	1516	3777	4529	2756	113	4392
磁河店村	537	2049	2103	1301	35	4391
甄家营村	159	575	776	508	35	4380
王家营村	276	1176	1231	881	65	4382
张家营村	162	2450	920	525	40	4351
姚家营村	527	2216	2791	1919	119	4365
冯家庄村	628	2594	3474	2352	116	4373
西牛村	577	1938	2342	1875	91	4388
东牛村	293	1242	1322	849	58	4401
北汪村	389	1517	1297	1692	98	4370
北牛村	453	1738	1560	956	81	4380
牛家庄村	152	542	643	220	35	4375
崔家庄村	304	1211	1431	791	34	4382
户台营村	232	811	982	554	49	4231
南牛村	483	2012	1880	1234	74	4369
马村	938	3101	3653	2682	66	4397
前北焦村	798	2687	3952	2843	119	4402
后北焦村	602	1990	2316	1470	62	4409
西李家庄村	257	1061	1203	723	33	4379
穆家庄村	236	865	1062	761	36	4305
杨坊村	616	2369	3072	2092	115	4376
杨家庄村	421	1611	2101	1193	51	4386
张家庄村	676	2450	2488	723	107	4378

附：　　原前北焦乡概况

乡政府驻地前北焦，位于县城西10公里处。全乡总面积20平方公里。辖前北焦、后北焦、西李家庄、杨坊、穆家庄、杨家庄、东庄、明秩寺8个行政村。1995年辖区有4290户，总人口16363人，其中农业人口16056人，非农业人口307人；全乡有耕地19788亩；人口密度每平方公里818人；全乡工农业总产值9381万元，其中农业总产值2582万元，农民人均纯收入1799元。

1996年1月，撤前北焦乡，原辖东庄村、明秩寺村并入北苏镇；辖前北焦、后北焦、西李家庄、杨坊、穆家庄、杨家庄并入郭庄镇。

政区

第六节　大陈镇

位于县境北部，镇政府驻地大陈村位于县城北偏东12公里处。大陈镇北与定州市交界，东接南流乡，西邻里城道乡，南与七汲镇接壤，西南隔木刀沟河与无极镇相邻。王村蔬菜市场距镇驻地3公里，县城北工业园区临无繁线与镇域相接，羊曲线横贯全镇东西，定魏线（无繁线一部）途经辖区，交通便利。面积42平方公里。

镇政府驻地大陈村逢农历五、十集日，街道两边店铺近百家，集日当天商贩摊点近500处，个体工商户863户，从业人员1823人，是无极北部及定州市南部重要的商品集散地。

大陈镇农业基础条件好，是传统的农业大镇，小麦、玉米、谷子、花生、棉花等各种作物均有种植。伴随着市场经济发展，大陈镇的养殖业和大棚蔬菜种植不断发展。1996—2005年，由10万只蛋鸡发展到60万只的规模，生猪养殖由年出栏1万头发展到年出栏4万头。全镇温室蔬菜大棚的数量逐年增加，2001年全镇设施蔬菜面积为450亩，2005年发展到3500亩，主要种植黄瓜、韭菜、芹菜、西红柿等蔬菜，通过王村蔬菜批发市场远销各地。其中，高陵大葱种植历史有200年以上，因口味重、葱白长，清代即为宫廷御用葱，有“贡葱”之称。2005年，种植规模近万亩。1995年，成立高陵大葱交易市场，年交易量近30000吨，交易额达3000万元，产品远销山西、北京等地。

1996年，镇内企业13家，主要是私人兴建的小造纸和明胶厂。2003年后，全镇逐步改善投资环境，不再与污染严重的企业签订占地协议，各类污染严重的企业全部关停，同时与低污染、低能耗、劳动密集型企业展开合作。2003年，镇内有糠醛、糠醇生产企业3家，年可生产糠醛、糠醇等化工产品近万吨；2005年，服装厂和劳保手套厂各1家投入生产，解决了镇内剩余劳动力的问题。

全镇有镇办初中1所，小学9所，在校生3328人，其中初中学生1531人，小学学生1797人，教师274人，初中教师119人。入学率100%，小学、初中无退学现象。教学仪器、电教、体育、音乐等器材均达省政府的规定标准。镇内有县第三人民医院，医疗设备先进，有CT机1台、B超机2台，化验设备齐全，有床位100余张，医护人员50余人，医生医术精湛，是无极县北部及定州市南部人民群众就医的首选医院。村卫生所13个，从业人员20人，基本达到小病不出村，一般疾病不出镇。

2005年，全乡辖13个行政村，7539户，30929人，其中男15599人，女15349人。耕地面积2923公顷，全部为水浇地。小麦种植面积31794亩，总产量15192吨；玉米种植面积18879亩，总产量8891吨；花生种植面积7518亩，总产量1774吨，大葱种植面积9870亩，总产量53998吨。全镇工农业总产值85680万元，其中农业产值24043万元，工业产值61637万元。财政收入185万元，农民年人均纯收入4285元。

高陵大葱

2005 年大陈镇所属各村基本情况表

表 1–8

村名	总户数（户）	总人口（人）	耕地面积（亩）	粮食总产量（吨）	油料总产量（吨）	农民人均纯收入（元）
大陈村	822	3458	4382	2662	207	4559
高陵村	927	3796	5448	2609	198	4290
赵户村	805	3446	4662	2697	189	4280
泊头村	883	3760	4575	2513	194	4290
西郎村	438	1739	2458	1479	94	4280
小陈村	805	3425	4854	2818	203	4280
赵户营村	399	1559	2157	1304	97	4290
东侯村	497	1910	2866	1744	101	4280
北侯村	285	1131	1763	1645	90	4280
北家庄村	168	677	951	550	47	4290
王家庄村	370	1404	2431	1568	94	4289
石家庄村	746	3029	4240	2322	160	4280
西东侯村	390	1595	2582	1645	99	4284

附：原东侯乡概况

乡政府驻地东侯，位于县城北 7.5 公里处。北接定州境。全乡总面积 29 平方公里。辖东侯、西东侯、北家庄、王家庄、石家庄、北侯、苏村、里尚、东西侯、西西侯、北合庄、南侯 12 个行政村。1995 年，辖区有 6367 户，总人口 21419 人，其中农业人口 21101 人，非农业人口 318 人；全乡耕地 31020 亩；人口密度每平方公里 739 人；全乡工农业总产值 7392 万元，其中农业总产值为 4070 万元，农民人均纯收入 1650 元。

1996 年 1 月，撤东侯乡，原所辖东侯、西东侯、北家庄、王家庄、石家庄、北侯并入大陈镇；苏村、里尚、东西侯、西西侯、北合庄、南侯并入里城道乡。

第七节　高头回族乡

高头回族乡位于无极县西南部，乡政府驻地高头村位于县城西南 15 公里处。东连东侯坊乡，西接北苏镇，南与郝庄乡相临，北与郭庄镇为邻。全乡总面积 32 平方公里。乡境内有韩家洼、韩辛庄排干沟自西向东横贯该乡全境。该乡交通便利，果王路纵穿全境南北。

无极牛肉属于该乡回族同胞的主要肉食品之一，同时也是无极肉牛育肥、肉牛生产的发源地。无极牛肉运用传统制作工艺制作而成，依靠当地特有的土壤、水质、气候、人文等因素，采用考究的选料方法和独特的腌、卤、炖、焖制作工艺，所产牛肉色泽红润，肉质鲜嫩，肥而不腻，瘦而不柴，醇香可口，营养丰富，具有扶胃健脾之功效。无极牛肉钙、铁、锌、维生素含量均比一般牛肉高。1989 年全乡共有养牛厂 3 家，养牛 2000 头，牛肉年产量 25 万千克。1991 年后，高头乡以市场为导向，发挥传统优势，大力发展肉牛养殖业，走数量、质量、效益并举的路子，并制定实施促进肉牛养殖业向规模化、规范化发展的一系列措施，拓展奶牛、肉牛养殖，肉牛屠宰等行业，建成金香源清真食品加工、金鹿乳业等一批规模企业，创建谈下牛肉、奶牛养殖小区、高头3村肉牛屠宰小区、高头民族工业园区及马坊、南虎、北虎庄经济优势带。截至2005年，全乡共有肉牛、奶牛养殖小区5个，屠宰小区1个，加工企业2个，辐射以高头、谈下、刘家庄、马坊为龙头的10个养殖村；肉牛养殖18000头，奶牛养殖4100头，羊存栏35000只，肉类总产量8100吨，比1989年的3515吨增长130%，为无极牛肉产业的发展提供了优良的产业基础。禽蛋总产量3400吨，比1989年的380吨增长近8倍。奶类总产量5500吨，比1989年的37吨增长148倍。

乡村工业从无到有不断发展。石家庄市浩锋蓄电池有限公司于1992年建厂，是生产机动车蓄电池和蓄电池配件的综合厂家。1994年，注册“浩锋”商标。“浩锋”牌蓄电池已通过省技术监督局ISO9001国际质量标准体系认证。2003年，被河北省中小企业局命名为“名牌产品”。2005年拥有固定资产600万元，职工270人，技术人员15人，占地13500平方米，其中建筑面积3500平方米，年产量8万块蓄电池，年营业额1000万元，年利税80万元。到2005年底，该乡共有固定资产投资百万元以上工业企业6家，固定资产投资30万元以上的工业企业40多家，固定工商业户300余家。

1989年以来，随着全乡经济的大发展，住宿、餐饮、商贸等摊点发展到100余家，到2005年有综合性集贸市场9个，年交易额3000多万元。

2005年，全乡共有14所小学、1所初级中学、1所普通高中，共有教师183人，在校生1888人。该乡小学入学率及巩固率达100%，初中入学率及巩固率达98%。乡镇卫生院1所，医师2人，专业医护人员17人，床位25张，医疗设备有微波治疗机、生化仪、多普勒、B超机、200毫安X光机等。村卫生室15所，工作人员20人。

2005年，全乡辖15个行政村，其中6个回族村，全乡有8770户，33119人，其中男16870人，女16309人。6个回族村有1700户，回族人口15680人，占全乡总人口的47%。耕地面积2454公顷，全部为水浇地。小麦种植面积26700亩，总产量12407吨；玉米种植面积25080亩，总产量12089吨；蔬菜种植面积8406亩，总产量39443吨。全乡工农业总产值95989万元，其中工业产值75396万元，农业产值20593万元。财政收入235万元，农民年人均纯收入4479元。

2005年高头回族乡所属各村基本情况表

表1—9

村名	总户数（户）	总人口（人）	耕地面积（亩）	粮食总产量（吨）	油料总产量（吨）	农民人均纯收入（元）
高头一村	532	2339	2411	1673	16	4506
高头二村	595	2359	2299	1687	17	4471
高头三村	539	2311	2281	1678	18	4402
西高村	697	2756	3050	1688	19	4554
北谈下村	769	2794	2860	1682	19	4394
中谈下村	447	1860	1598	1682	18	4540
南谈下村	1100	4107	3961	1681	17	4563

续表 1-9

村名	总户数（户）	总人口（人）	耕地面积（亩）	粮食总产量（吨）	油料总产量（吨）	农民人均纯收入（元）
刘家庄村	673	2261	2526	1674	17	4553
马坊村	518	2059	2850	1695	17	4574
南虎村	568	2064	2341	1663	19	4629
北虎村	663	2407	3402	1673	17	4366
北虎庄村	271	859	1060	1690	18	4570
西王家庄	393	1258	1535	1696	18	4353
西朱家庄	337	1116	1460	1683	19	4364
小西门村	668	2629	3171	1658	18	4364

第八节　郝庄乡

位于县境西南部，紧靠滹沱河北岸，乡政府驻地西东门村位于县城西南 16 公里处。西距省会石家庄 35 公里，距石家庄国际机场 45 公里，东与张段固镇接壤，西与高头回族乡连接，北邻东侯坊乡，南与藁城隔滹沱河相望。铁九线穿越全境，直通石德铁路、307 国道，石黄高速公路，形成四通八达的交通网络。面积 55 平方公里。

郝庄乡地势平坦，土质肥沃，以黄壤土和沙壤土为主，地下水丰富。郝庄乡属农业生态型乡镇，传统农业以种植业为主，全乡有耕地面积 48435 亩，主产农作物为小麦、玉米、棉花等。2005 年全乡粮食平均亩产 885 千克，总产 424.8 吨。林果面积 5000 余亩，主要品种有雪梨、鸭梨、黄冠梨、冬枣等，果品年产量 5200 吨。

1996 年，全乡工业有制革、废旧汽车拆解两大行业，实现总产值 3 亿元，利润 2400 万元。1997 年以来，建成一批新的规模企业，门类有皮革加工、日用化工、挂车箱体制造、拔丝、板材加工等，出现了敬友针织、通城砂布、四通化工等大企业。2005 年，加工制造企业发展到 94 家，完成产值 10 亿元，实现利润 8006 万元，其中产值 500 万元以上规模企业 6 家，共完成产值 82000 万元，占总产值的 82%。皮革业作为该乡的支柱产业，以金牛、店尚、福瑞得 3 大皮革加工集团公司为龙头，辐射东部 10 个村，制革户

力钧长恒专用汽车制造公司

力钧长恒车辆制造车间

5126家，2005年实现产值87628万元，销售产值85283万元，上交税金1198万元。该乡的矽钢片加工始于20世纪80年代末，2005年发展到西部5个村，共涉及500余户，以发电机转子购销、拆掉的矽钢片进行再加工为主。

自1996年开始，住宿、餐饮、百货、副食等发展到100余家，到2005年有综合性集贸市场11个，年交易额5000余万元。

2005年，全乡有中学2所，小学15所，在校学生人数7500余人。学校设有微机室、实验室、操场及完备的体育器材等，中小学生入学率及巩固率均达99.8%。乡镇卫生院1所，建筑面积1500平方米，拥有专家医师5人，专业医护人员12人，床位28张，有B超机1台、X光机1台、心电图机1台等医疗设备。村卫生所19个，从业人员30人。

2005年，全乡辖19个行政村，11962户、47678人，其中男24310人、女23368人。耕地面积3229公顷，全部为水浇地。小麦种植面积35000亩，总产量17105吨；玉米种植面积34733亩，总产量16572吨；蔬菜种植面积9330亩，总产量44598吨。全镇工农业总产值202157万元，其中工业产值181468万元，农业产值20689万元。财政收入1606万元，农民年人均纯收入4513元。

2005年郝庄乡所属各村基本情况表

表1—10

村名	总户数（户）	总人口（人）	耕地面积（亩）	粮食总产量（吨）	油料总产量（吨）	农民人均纯收入（元）
西郝庄村	1213	5417	5725	3816	82	4533
西中郝庄	424	1954	2209	1422	37	4493
北郝庄村	122	443	538	347	7	4493
东中郝庄	555	2166	2601	1769	38	4533
东郝庄村	530	2034	2016	2428	52	4513
西陈村	959	3474	2864	2081	45	4790
东陈村	679	2704	2331	1457	31	4493
裴里村	415	1520	1487	1705	23	4493
东北远村	798	3164	6521	2741	59	4523
西北远村	447	1793		1388	30	4503
西东门村	591	2288	2661	1700	36	4353
东东门村	426	1882	1886	1318	28	4461
东门营村	290	978	911	659	14	4769
黄台村	949	3758	4324	3122	67	4358
固汪村	1079	4037	4164	2810	60	4682
牛辛村庄	1324	5161	3309	3469	74	4513
北店尚村	454	1875	1999	1353	29	4578

续表 1–10

村名	总户数（户）	总人口（人）	耕地面积（亩）	粮食总产量（吨）	油料总产量（吨）	农民人均纯收入（元）
东店尚村	349	1420	1435	729	16	4518
西店尚村	358	1610	1714	1006	22	4496

附：　　原西东门乡概况

乡政府驻地西东门，位于县城南偏西10公里处。南靠滹沱河。全乡总面积27平方公里。辖东东门、西东门、东门营、黄台、固汪、牛辛庄、东店尚、西店尚、北店尚9个行政村。1995年，辖区有5580户，总人口22061人，其中农业人口21779人，非农业人口282人；全乡耕地22403亩；人口密度每平方公里817人。全乡工农业总产值40027万元，其中农业总产值为3293万元，农民年人均纯收入2498元。

1996年1月，撤西东门乡，整体并入郝庄乡。

第九节　东侯坊乡

位于县境西部，乡政府驻地东侯坊村位于县城正西5公里处。东邻无极镇，西靠北苏镇，南与张段固镇相连，北与郭庄镇、里城道乡毗邻。正绕公路自西向东贯穿全镇。面积56平方公里。

东侯坊乡地势平坦，土地肥沃，是无极县粮棉主要产地之一。随着农业结构调整逐步深入，农业产业化格局初步形成，南池阳、古庄、西池阳、罗庄等相继建成蔬菜大棚生产基地。2005年全乡大棚数量320个，面积150亩。东马、西马建成花卉种植基地，占地20亩。武家庄，罗庄建起8个食用菌大棚。养殖业蓬勃发展，出现了东侯坊、武家庄、古庄、西南汪、南侯坊等9个养鸡专业村，鸡存栏100万只，成为无极县养鸡最多的乡镇。2005年，全乡鸡存栏130万只；以北马“石家庄祖代种猪繁殖基地”为依托的生猪养殖规模不断增大，到2005年全乡生猪存栏12000头；奶牛存栏1500头。

1996年以后，乡镇企业和民营企业迅速崛起，逐步形成皮革、养殖、化工、建材、地毯、加工6大主导行业。

皮革业　1996年以前，以家庭经营为主的皮革加工有500家。1997年后，皮革业整顿改制，先后建成金马皮革有限公司、东风皮革有限公司、新旭丰皮革有限公司和马孤庄以皮革后期整饰为主的工业区。到2005年，3大公司和工业小区共有1100户从事皮革业加工，加工户比1996年的550户增加一倍。从业人数达16500人，比1996年增加6000人，皮革业税收占东侯坊乡财政收入的60%。

化工业　利达化工食品有限公司和香港远东食品配料石家庄分公司（原名为华宇香料香精有限公司）大型化工食品有限公司，2个公司均占地面积10亩，生产化工食品添加剂，产品远销美国、加拿大等国家。小化工产业逐渐发展壮大，主要生产农业微肥、冲施肥。到2005年，全乡化工厂有160家，年上缴税金320万元。

建材　1989年，全乡建材企业14家，固定资产总投入50万元。1996年，建成砖窑13座，楼板厂5个，建材企业50家，企业总资产达1050万元。2003年，企业增加到52家，比1989年增加13倍，总投资增长36倍，总资产达1800万元。

东侯坊乡是文化之乡。清代出贡生9人，被皇上封赐七品至五品顶戴13人。民国元年（1912年）至民国25年大学生有16人，今有李钊、刘先林2位中国工程院院士和享有国务院津贴的著名材料科学家李铁藩。据统计，“文化大革命”前全乡的大学本科生有50人，2005年全乡有博士后、博士、硕士研究生256人，其中留学生23

人。东侯坊乡重视教育事业，东丰庄村委会每年奖励升入高中的学生 2000—5000 元；南池阳美籍华人曹英伟先生为该村学生设奖学金，每年发放奖学金均在 3 万元以上。

2005 年，全乡有乡办中学 2 所，小学 13 所，在校学生 5037 人，其中初中学生 2243 人；有教师 417 人，其中初中教师 154 人、小学教师 263 人。1995 年，全乡普及九年义务教育，中小学生入学率、巩固率、毕业率均达 99%。全乡共建多媒体教室 7 个、微机室 11 个、图书总册数 32384 册。乡级卫生院 1 所，2000 年达到一级甲等卫生院标准，有床位 60 张，医护人员 20 人，医疗设备有 B 超、心电图机、X 光机等。全乡有 24 个村卫生室，医务人员 30 人。

2005 年，全乡辖 24 个行政村，13137 户，47875 人，其中男 24187 人，女 23668 人。耕地面积 3689 公顷，全部为水浇地。小麦种植面积 40214 亩，总产量 19951 吨；玉米种植面积 36620 亩，总产量 18563 吨；禽蛋年产量 12394 吨。全镇工农业总产值 147542 万元，其中农业产值 28850 万元，工业产值 118692 万元。财政收入 1229 万元，农民年人均纯收入 4516 元。

2005 年东侯坊乡所属各村基本情况表

表 1—11

村名	总户数（户）	总人口（人）	耕地面积（亩）	粮食总产量（吨）	油料总产量（吨）	农民人均纯收入（元）
东侯坊村	970	2946	4488	3469	78	4516
北侯坊村	170	668	606	438	8	4439
南侯坊村	685	2614	3105	2321	65	4398
古庄村	764	2492	3197	2338	63	4376
西南汪村	392	1410	1636	1196	29	4389
武家庄村	682	2200	2637	2059	38	4421
西池阳村	363	1223	1289	941	22	4383
南池阳村	767	2518	3181	2404	55	4392
罗庄村	327	1056	1306	971	23	4434
南马村	805	2618	3120	2297	57	4452
北马村	491	1965	2207	1641	40	4613
马孤庄村	821	3208	3709	2854	68	5313
北朱村	304	1140	973	708	16	4444
南朱村	399	1833	1981	1450	36	4380
北东阳村	390	1670	2041	1478	37	4387
西东阳村	379	1403	1650	1181	29	3965
东东阳村	580	2089	2219	1636	36	4398
曹家庄村	358	1288	1345	999	23	4320
东丰村	407	1674	1710	1150	32	4655

续表 1–11

村名	总户数（户）	总人口（人）	耕地面积（亩）	粮食总产量（吨）	油料总产量（吨）	农民人均纯收入（元）
东丰庄村	1074	4255	4405	3380	57	5464
甄 村	987	3764	3953	3039	73	4490
东朱村	527	2111	2654	1964	50	4449
西马村	267	982	1035	731	20	4397
东马村	203	748	868	636	15	4382

附：　　　　　　原南马乡概况

乡政府驻地南马，位于县城西南6公里处。全乡总面积24平方公里。辖南马、北马、马孤庄、南朱村、北朱村、东东阳、西东阳、北东阳、曹家庄、东丰、东丰庄11个行政村。1995年，辖区有6100户，总人口22571人，其中农业人口22345人，非农业人口226人；全乡总耕地25360亩；人口密度每平方公里940人。全乡工农业总产值19980万元，其中农业总产值为2926万元，农民年人均纯收入1925元。

1996年1月，撤南马乡，整体并入东侯坊乡。

第十节　里城道乡

位于县境西北部，乡政府驻地里城道村位于县城西北12公里处，省道无繁公路横穿全乡。地处新乐、定州和无极3县市交界，是无极县的西北大门。北部与新乐、定州接壤，南与无极镇、郭庄镇隔木刀沟相望，东与大陈镇相邻。省级公路无繁线和定魏线交叉穿越全境，与县城北工业区紧邻，交通便利。全乡总面积44平方公里。

润成国际物流园

乡政府驻地里城道村是一个历史悠久的集贸村，历史古道“神道滩”经过这里。农历逢四、九大集，临街门店有上百家，是全县著名的农副产品交易市场和仔猪交易市场。

里城道乡地处黄淮海农田保护区，地势平坦，以种植玉米、小麦为主，适合大部分农作物种植，是传统的农业大乡。全乡铺设防渗管道32万米，东池阳、北合庄、周家庄2314亩耕地用上了喷灌新技术。其中，东池阳、周家庄的耕地，自1989年以来一直是县“千亩粮种示范基地”。

1995年，东大户村翟彦国引进地膜花生、地膜西瓜种植技术。2005年，地膜花生种植发展到8570亩，地膜西瓜种植发展到3476亩。2001年，东大户村成立全县最大的“东大户村西瓜花生交易市场”，吸引邻近4个地市县种植户交易。年交易西瓜8600吨，花生3200吨。养殖业是里城道乡的另一富民产业，建成里城道、东池阳、东丈、北合庄、大户5个养殖小区，以猪、牛、羊为主的畜牧养殖业已走上规模化发展道路。2005年，全乡从业人员3200人，鸡存栏70万只，猪存栏3万头，牛羊存栏6000头，祁村甲鱼、东池阳肉鸽、袁流村观赏鱼养殖初具规模。

1996年以来，乡党委、政府加大招商引资力度，制订一系列优惠政策，吸引科技含量高、社会效益好的企业落户里城道。1996年，投资4000

万元建成占地200亩呋喃化工有限责任公司，2004年投资80万元进行综合技术改造。技改后糠醛年生产能力达3500吨，糠醇产量达3000吨，成为华北地区呋喃化工生产企业的龙头。石家庄泛恩功能材料有限公司于2001年建成投产，固定资产投资240万元，年产5000吨粉体功能材料，粗粉、细粉、中粉齐全，远销美国、日本、德国等国家。到2005年底，全乡共有企业及个体工商户463家，固定资产50万元以上36家，营业收入17617万元，实现利税231万元。

全乡有乡办初中1所，小学17所，在校学生3368人，初中学生1125人，教师288人，计算机150台，微机室6个，语音室16个，藏书12万册。1995年普及九年义务教育，2005年通过省政府第二次“普九”验收。乡卫生院1所，从医人员18人，其中主治医师2人，医师11人，护士5人，床位20张，配备心电图机、B超机、放射机等现代仪器。村级卫生所19个，从业人员25人。

2005年，全乡辖23个行政村，9753户，40308人，其中男20273人，女20035人。耕地面积51330亩，全部为水浇地。小麦种植面积37106亩，总产量17737吨；玉米种植面积16280亩，总产量7724吨；花生种植面积8152亩，总产量1982吨，西瓜种植面积8025亩，总产量38052吨。全镇工农业总产值84514万元，其中农业产值27668万元，工业产值56846万元。财政收入323万元，农民年人均纯收入4289元。

2005年里城道乡所属各村基本情况表

表1—12

村名	总户数（户）	总人口（人）	耕地面积（亩）	粮食总产量（吨）	油料总产量（吨）	农民人均纯收入（元）
里城道村	993	3836	4004	2745	225	4298
里贵子村	640	2635	3608	2006	36	4290
祁村	586	2404	2466	1681	31	4459
东池阳村	611	2483	3289	1944	40	4288
周家庄村	556	2150	3295	1955	109	4298
袁流村	356	1329	1878	986	94	4288
西东丈村	487	2117	2845	1287	112	4290
东东丈村	370	1616	2177	1124	100	4289
南东丈村	338	1442	2188	1010	102	4287
北沙窝村	145	601	787	325	56	4290
南沙窝村	137	601	401	243	23	4288
东大户村	440	1714	2127	1041	68	4289
西大户村	397	1614	2087	1110	54	4289
马庄村	281	1112	986	502	44	4288
东北牛村	197	858	698	353	10	4289
赵正寺村	414	1717	2316	1408	45	4290
苏村	563	2420	3845	2129	146	4288

续表 1–12

村名	总户数（户）	总人口（人）	耕地面积（亩）	粮食总产量（吨）	油料总产量（吨）	农民人均纯收入（元）
北里尚村	820	3653	4865	2889	209	4291
南里尚村	100	390	410	180	25	4288
西西侯村	526	2327	2906	1257	148	4290
东西侯村	350	1470	1746	937	138	4290
北合庄村	408	1650	2203	1069	155	4290
南侯村	38	166	—	70	12	4288

第十一节　南流乡

位于县境东北部，乡政府驻地南流村位于县城东北 15 公里，处于深泽、定州和无极 3 县（市）交界处，东邻深泽县，南邻七汲镇，西连大陈镇，北接定州市。区域轮廓南北长，东西短，呈三角形。面积 30 平方公里。

乡政府驻地南流村，逢农历三、八日集日，是无极县较早的重要集市之一，辐射定州、深泽、无极三县（市），各地客商云集，集市贸易非常繁荣，有固定商户 50 余家。截至 2005 年，全乡共建成综合性集贸市场 7 个。

南流乡具有酿造枣酒的传统工艺，起源于 20 世纪 70 年代，主要集中在小东郎村，以家庭作坊为主，2005 年酒锅达 40 余个，年产量达 150 余吨，所酿枣酒酒香醇正，枣味浓郁，且适于泡制药酒，远近闻名。

南流乡是传统农业乡，土地肥沃，以沙质土壤为主，主要农作物有小麦、玉米、花生。在确保粮食增产丰收的同时，形成种子繁育、花生加工、冬枣和食用菌种植、畜牧养殖业等特色农业。

南流乡有多年育种经验，拥有良好的种植技术，以石家庄三农种业有限公司为龙头、石家庄市农科院为技术后盾，成为小麦、玉米等新品种的实验基地和优质品种的推广基地，2005 年优质品种面积达 2.6 万亩。

全乡花生种植面积达 1.6 万亩，投资 100 多万元，建成东宋花生市场，成为定州、新乐、深泽、无极等周围各县（市）的花生集散地。在销售旺季，日成交量 50 多吨，交易额 20 多万元。2001 年，在东宋村村北建成河北省生利花生加工厂，工厂占地 50 多亩，固定资产 150 多万元，产品有蒜味、五香、干炒 3 大系列，并注册“石宝”牌商标，产品销往石家庄、保定、天津等地。2005 年，销售收入达 100 多万元。

2003 年，以西南流村为中心引进冬枣种植，到 2005 年达 300 多亩，经过几年的精心管理，亩效益达万元以上。

投资 150 多万元，建成以江仁、大中郎为中心的南流乡食用菌示范园，占地 300 多亩，大棚 150 多个，重点发展鸡腿菇种植，每亩收入 2 万多元。2005 年，建成食用菌销售市场和育种基地。

畜牧养殖业按照“稳鸡、改猪、上牛羊”的思路，在稳定养殖规模的基础上，着力实施瘦肉型猪的改良，扶持龙头企业，推进畜牧业向集约化发展，形成瘦肉型猪 、蛋鸡、肉羊等特色产业，建成东宋仔猪市场、江仁肉羊市场。2005 年，有大牲畜 10900 头，其中牛存栏 8600 头。生猪存栏 22000 头，羊存栏 14500 只。

自1996年以来，乡党委、政府立足该乡实际情况，充分发挥资源优势，制订优惠政策，加大招商引资力度，强化项目建设，全面扶持引导，实现工业项目建设由少到多、由小到大的跨越发展，初步形成化工、医药、纺织、花生加工、枣酒酿制为特色的乡域经济，并建有石家庄捷佳达化工有限公司、无极诚盛化工有限公司、石家庄诚信中药厂、石家庄宏泰纺织有限公司、河北生利花生加工厂等一批重点企业。其中，2002年建成的石家庄市诚信药业有限公司占地40多亩，固定资产200多万元，有工人40多人，主要从事中药加工。2003年，获得市“明星企业”“重合同守信用单位”“产品质量信得过企业”等称号，2005年加工能力达200多吨，100多个品种，产品销往全国各地。2004年，建成的无极县诚盛化工有限公司、石家庄宏秦纺织有限公司，分别投资600万元、200万元，2005年产值分别达800多万元、300多万元。2005年石家庄捷佳达化工有限公司有工人37人，占地30多亩，投资500多万元，主要从事高分子聚合物的生产，当年产值达600多万元。

2005年，全乡有中学1所，在校生1161人，教职工74人；小学6所，在校生1447人，教职工97人，小学入学率、巩固率100%，初中入学率、巩固率分别为98.83%和97.97%。全乡建成多媒体教室9个，微机室7个，语音室3个，有6所学校与教育城域网连接，“校校通”开通率85.7%，全乡中小学均完成农村现代远程教育工程。卫生院1所，有医务人员15人，床位20多张，有B超机、心电图机、理疗仪、多普勒、X光机、多功能手术床、显微镜等医疗设备。2005年，乡卫生院进行翻新重建，建筑面积1000多平方米，共投资60多万元，其中台湾商人谢政达捐款15万元。村卫生室13个，从业人员20人。

2005年，全乡辖12个行政村，66087户，24293人，其中男12409人，女11884人。耕地面积35745亩，全部为水浇地。小麦种植面积25900亩，总产量12351吨；玉米种植面积12776亩，总产量5931吨；花生种植面积13899亩，总产量3545吨，冬枣年产量91吨。全镇工农业总产值71505万元，其中农业产值16501万元，工业产值55004万元。财政收入132万元，农民年人均纯收入4230元。

2005年南流乡所属各村基本情况表

表1–13

村名	总户数（户）	总人口（人）	耕地面积（亩）	粮食总产量（吨）	油料总产量（吨）	农民人均纯收入（元）
东南流村	273	960	1538	845	153	4230
西南流村	343	1274	2092	1164	202	3866
北仁村	718	3175	4658	2607	500	4233
固现村	491	2130	3250	1904	426	4230
东宋村	704	2475	4384	2372	438	4229
西宋村	581	2336	4236	2243	415	4228
小东郎村	430	1633	2732	1313	260	4227
大中郎村	542	2189	3047	1703	282	4230
呈现村	457	1894	1983	1023	188	4232

续表 1–13

村名	总户数（户）	总人口（人）	耕地面积（亩）	粮食总产量（吨）	油料总产量（吨）	农民人均纯收入（元）
彭村	604	2366	2912	1001	161	4221
大召村	353	1488	1838	1403	269	4231
俱佑村	573	2400	2941	1485	251	4231

附：无极县村庄之变迁

据甄家庄、北侯坊等村出土文物考证，无极县境远在商代中、晚期已有人类繁衍生息。西汉初年置县。当时地广人稀，村庄极少。第一次向无极移民的是无极籍人刘琨。据无极县光绪县志载，西晋永嘉三年（309 年）冬十月，刘琨徙楼烦（娄烦县）、马邑（朔州市）、阴馆（山西省西北部）、繁峙、崞（原平市）五县民于邢南。邢邑之南便是无极。这是无极有史料记载以来首次大规模的移民。据民国县志载，唐贞元九年（793 年），成德节度使王武俊袭掠无极等县民众万余口，徙往山东德州和阳信等地，致使人口锐减。宋地理志载，宋开宝二年（969 年）8 月，省邢邑入无极，使无极的人口和村庄显著增多。明朝前无极县有多少村庄？史料没有记载，在东丰、东丰庄一带流传至今的一句解说无极村庄的口头禅“三台、六固、一百单八庄”。三台是“黄台、户台（营）、廉台”。六固是“龙泉固、张段固、固汪、固现、古庄、（音同）马孤庄（音同）”。总计村庄 117 个。因廉台明初归定州，所以时间应在明朝前。元朝末年，因多年兵乱，民非杀即逃，死人无数，已到“春泥归来无栖处，赤地千里少人烟”的境地。元末战争创伤未及医治，明初“靖难之变”接踵而来，县域成为战场，战后“十室九空”。据明朝《畿辅通志》载，明洪武十四年（1381 年），无极县编户 13 里（110 户为一里），计有 1430 户，8500 人。明永乐年后数次移民，使无极人口不断增长。据 1985 年地名普查时统计，从山西移民无极 70 多个村庄。嘉靖年间增长到 2118 户，41563 人。明朝初年无极割沙河南邢邑、廉台等 13 个村归定州，此后，无极村庄无大的变化。1992 年版《无极县志》载，清康熙元年（1662 年）全县有 14 社 133 个村，清乾隆十三年（1748 年）仍为 14 社 133 个村，清光绪十九年（1893 年）为 6 路 184 个村。民国 25 年（1936 年）为 184 村。1992 年，全县辖 210 个行政村、1 个居民委员会。2005 年，全县辖 213 个行政村，4 个居民委员会（东城区、西城区、花园路、建设路居委会）。

一、消失的村庄

1. 西丰村

无极县有北丰村、南丰村（东南丰、西南丰）、东丰村。唯独缺少西丰村。人们不禁要问，历史上有否西丰村？

2000 年，在东丰村西挖出了一通石碑，碑文正面上刻“重建观音堂记”，刻写了重建观音堂的原因和经过。碑文落款是“大明弘治十三年”(1500 年)。碑的背面刻写着邻近村庄捐款人的名单，其中就有西丰村多名王姓和朱姓捐款人的名字。石碑的出土破解了西丰村的历史之谜。西丰村因何消失？毁于何时？据《藁城县志》记载，明弘治十四年，滹沱河泛滥，巨浪洪涛，周流城郭，通衢水深丈余，冲坏民舍不可胜计。据查史料，这是明朝中晚期最大的一次洪灾。滹沱河大水历来与磁河并溢，而西丰村与磁河为邻，村庄被大水冲毁亦在情理之中。

2. 南合庄

清光绪时的县志和民国时的县志均有南合庄村的记载。据 95 岁的石家庄村民曹银双（娘家南合庄村）和 87 岁的北合庄村民孙四妮回忆，小时候南合庄有 20 多户人家，以曹姓为主，因家族矛盾，时常聚众打斗，后发展到雇人入宅绑票，致使人心惶惶，无法正常生活，很多农户相继搬迁到北合庄、北家庄、石家庄、周家庄，有一户搬到了定州邢邑村。到文化大革命前全村仅剩三户，其中一户因生产烟花炮竹失火后迁居他村。其余两户，一户是曹小辫70多岁，孤独1人，一户是60多岁双目失明的老太太。随着两位老人的相继离世，南合庄村便销声匿迹了。

3. 郝吕村

清光绪时的县志和民国时的县志都有郝吕村的记载。从地图上看其座落在王吕村村西、吕吕村村东。1993年《无极县志》载，1936年郝吕村归入王吕村，至今王吕村有很多郝姓村民。

4. 佛堂庄和张家庄

1992年《无极县志》载，清光绪二十一年（1895年）佛堂营、佛堂庄、张家庄三村合一为佛堂营。后改名营里。至今营里民间还流传着“七户营，八户庄，十八户的大佛堂”的说法。佛堂庄和张家庄的消失，实为并村所至。

5. 中东侯村

光绪十九年县志和民国二十五年县志，都有中东侯村的记载，从当时无极县地图上可看到其位置在东东侯与西东侯之间。据1992年县志载，1936年中东侯村归入东东侯。

6. 南赵堠村、北赵堠村

清光绪时的县志和民国时的县志都有南赵堠和北赵堠的记载，民国时期县志已改堠为户，称南赵户、北赵户。据史料记载，1936年两村合一为赵户村。

7. 西朱村

今有南朱村、北朱村、东朱村，唯独缺少西朱村。经与南朱村82岁的老人朱建民等人座谈，历史上确有西朱村。他们说，西朱村在南朱村西边2里许，烧砖窑附近，挖土时曾挖出许多砖瓦，旧井，烧火做饭旧址。但毁于何时，尚无据可考。老人们祖辈传说西朱村让臭虫吃了，什么样的臭虫能吃掉一个村庄？谁也说不清。在科学落后的过去，因瘟疫或其他传染病致使村毁人亡的事例并非个案。如民国县志载，光绪二十八年“大疫，死亡甚众，有全家俱尽者”“道光元年七月八日，瘟疫盛行，比户相染，死者甚重”。东朱村65岁的范云鹏讲，听老人们传说确有西朱村，就在南朱村西边。因与磁河为邻，据说是毁于水患。两种说法都有道理，尚需今后考证。

8. 大吕村

据东罗尚村68岁的老人马小娃介绍，历史上确实有大吕村，老人们一代一代的言传下来。“大吕不大，小吕不小，蝗虫把大吕吃没了。”这是流传在附近几个村的口头禅，也不知流传了几百年。还有传说大吕村坐落在东罗尚北边木刀沟的南河堤下，与小吕村隔河相望，附近有戈家老坟。老人们都记得，那一片地上烂砖破瓦随处可见，拉土时曾挖出灶火台、水井及一些盆盆罐罐等物。从前人们盖房子很多人还到那儿拾烂砖填房跟脚用。老人们还说，大吕村以戈姓为主，因闹蝗虫而搬迁到小吕村定居。

据小吕村60多岁的村民戈分平介绍，大吕村确实有，就在小吕村西南一里多，通往户村的道边上。过去有一片砖瓦岗子，据说是大吕村的遗址，这是老人们一代一代传说下来的故事。两种说法，虽有出入，但都不否认大吕村确实存在的历史事实。

9. 朱村

清康熙时的无极县志和乾隆时的无极县志都有马庄社朱村的记载。光绪无极县志已没有朱村的记载。说明朱村消失在1748—1893年。其消失的原因有待考证。

二、析入、析出的村庄

西两河村　原属藁城县，为藁城县八大镇之一。据藁城县志载，“民国28年后，东部地区东两河、西两河、谈下划归无极县”。

东两河村情况与西两河村相同。

谈下村　1936年前一直归无极县管辖，何时归藁城县无考。跟据藁城县志记载，1939年后归无极。可见归藁城县管辖时间不长。

辛庄村　原属晋县　据晋县志载，“民国34年（1945年）9月3日晋县解放，辛庄划归无极”。

冯家庄　原属新乐县，1956年划归无极县管辖。

西庄 以前属龙泉固村。1956年大水冲毁村庄后，43户居民迁入东汉村西，独立成村。

马圈村 原属无极县，1954年划归藁城县管辖。

龙泉固村 原属无极县，1945年10月取消晋深极县后划归深泽县，1952年划归无极县，1956年大水灾后划归晋县管辖。

小镇村 该村历史上一直属无极县管辖。1945年10月取消晋深极县后，划归深泽县。1950年划归无极县管辖。

1940年8月至1945年10月，原无极县西部133个村庄划归藁无县，东部51个村庄划归深极县，后改为晋深极县。1945年10月取消晋深极县和藁无县，恢复无极县原建制。

三、一村变多村的村庄

丁验村 清乾隆时的县志和光绪时的县志均有丁验村的记载，民国时期县志称其为验村，当时还没有东验村。1942年分为东验村、西验村。

七汲村 1962年分为七汲西大队、七汲东大队。1985年定名为东七汲、西七汲。

流村 1962年分为流村东大队、流村西大队。1985年定名为东流村、西流村。

小镇村 1962年分为小镇东大队、小镇西大队。1985年定名为东小镇村、西小镇村。

东合流 清初从东合流村迁出3户安姓人家到村北定居，取名安家庄，后演变成庄里。

辛庄 1962年分为辛庄一大队、辛庄二大队。1983年定名为东辛庄、西辛庄。1985年又从西辛庄村析出耿家庄为独立村庄。

高头 1985年分为三村，定名为高头一村、高头二村、高头三村

谈下 1962年分为谈下一大队、二大队、三大队。1985年定名为北谈下村、中谈下村、南谈下村。

北虎庄 北虎庄原为北虎村附属小庄，清道光年间北虎庄进士王琦身居高官，后独立成村，命名北虎庄。

郝庄 现在有五个郝庄村。乾隆县志只记有一个郝庄，光绪时的县志和民国时的县志记有东郝庄、西郝庄村。1955年从西郝庄析出中郝庄。1962年分为中郝庄一大队和二大队。1985年改为东中郝庄、西中郝庄。1962年从中郝庄迁出95户，1985年独立成村，据方位定名为北郝庄。

陈村 1962年分为陈村一大队、陈村二大队。1985年定名为东陈村、西陈村。

北远 北远历史上曾称“常丰乡”。20世纪90年代初将北远村一分为二，东部称东北远村；西部称西北远村。

店上 1962年分为店上一大队、店上二大队、店上三大队。1985年定名为东店上，西店上、北店上。

东阳 1962年分为东阳一大队、二大队、三大队，1985年定名为北东阳村、东东阳村、西东阳村。

东马 1962年分为东东马和西东马。1966年定名东马村和西马村。

东丈 1962年分为东丈一大队、东丈二大队、东丈三大队。1985年定名为东东丈、西东丈、南东丈。

大户村 1962年分为大户村一大队、大户村二大队。1985年定名为东大户村、西大户村。

里尚村 1975年由里尚村迁出30户于村南定居，后逐渐增多。1985年独立成村，据方位定名南里尚村。原里尚村名不变。

北牛村 1956年木刀沟发大水，北牛村部分农户被水冲毁，为种地方便，他们搬迁到木刀沟北岸建房，俗称小北牛，成为北牛村的一个生产队。后独立成村，按方位称东北牛村，归里成道乡管辖。

甄家营 原甄家营王姓居民从村中迁出独立成村，以姓氏命名王家营。光绪县志尚无该村记载，民国25年的县志始有该村记载，王家营独立成村当在清末民初。

张家小庄 该县光绪时的县志和民国时的县志均有张家小庄的记载（与张家庄是两个村）。1937年，张家小庄一分为二，各自独立成村。张姓居多者为

张家营；姚姓居多者为姚家营。从此张家小庄消失。

南流 1962年分为南流东大队、南流西大队。1985年定名为东南流村、西南流村。

四、新组建村庄

南侯村 据1992年县志载，1919年从西东侯、西西侯、北合庄迁至部分农户定居于此。民国25年县志未有此村。以后独立成村时称新安庄，后按其方位定名南侯村。

南沙窝村 民国初期，里成道村李姓等人和定州高蓬村曹姓及附近居民迁居于此。因人少村小，一直归属里成道村管辖，1958年独立为行政村。

北沙窝村 民国初期，东丈村严姓、定州息冢王姓等人迁居于此。因人少村小，一直归东丈村管辖。1958年独立为行政村。

民国25年的县志地图中有沙窝村的标识。

无极县民国25年县志有关于张家小庄和沙窝村的标示。

五、更名的村镇

无极镇 1988年11月城关镇更名为无极镇。

郝庄 据1992年县志载，明代郝、张两姓迁居于此，故命名为郝张村，后随字音演变为郝庄。

辛庄村 原属晋州称滹北庄，据晋州志载，“民国23年第五区滹北庄改为辛庄”。

袁流村 康熙无极县志和乾隆无极县志均称其为北流村，光绪县志均称为小流村，1936年改名为袁流村。

店尚村 乾隆时的县志称濮头店，光绪年后改为店尚村。

小镇村 乾隆时的县志称小甄村，光绪时的县志、民国时的县志均称小正村，后改为小镇村。

南汪村 乾隆县志称南凹村，光绪时的县志称南旺村，后改为南汪村。

佛堂村 历史上曾更名为安集村，文化大革命中因有“四旧”之嫌改名为东风村，1982年恢复佛堂村原名。

东东候村 20世纪90年代初更名为东候村。

东西侯村 20世纪90年代初更名为金山村。

西东侯村 20世纪90年代初更名为金谷村。

西西侯村 20世纪90年代初更名为西侯村。

以上四村更名三四年后，又改回原村名。

注：现在村庄名称，以2013年无极县统计局《国民经济统计资料汇编》之村名为准。

无极县志

1989—2005

自然环境与环境保护

无极县地处太行山东麓山前平原，地势西高东低，呈斜坡状，海拔最高58米，最低35米，落差23米，坡降梯1/1500。境内有滹沱河、磁河、木刀沟三条季节性河流，自西向东穿境而过。另有弥勒河、涌泉沟、郭七沟3条古河道迹压县境北部。县境属亚洲季风区东部暖温带半湿润大陆季风气候区，大陆性气候显著。县境四季分明，季节交替间气温变化幅度较大。春季，气温回升快，干燥多风，易出现沙尘天气和霜冻；夏季，炎热多雨，干湿差异显著；秋季昼暖夜凉，秋高气爽，晴朗少云；冬季寒冷寡照，雨雪稀少。年平均气温12.4℃，年日照2570.9小时。土壤划分为褐土、潮土及风沙土3个土类。矿产资源主要是建筑用砂。地下水资源可采储量为12233万立方米，水质甘甜，超过饮用水标准。

無極縣志

第一章　自然环境

第一节　地　质

无极县大地构造属于中朝准地台（Ⅰ）–华北断拗（Ⅱ）–冀中凹陷（Ⅲ）的西南部。自中生代燕山期造山运动开始到新生代喜马拉雅期以来，均以下降为主，形成断陷盆地，长期接受沉积，新生界地层厚覆全境。

一、地层

1. 新生界

第四系（Q）

全新统（Q4）是一套以冲洪积为主，夹扇间湖沼沉积，由灰黄、灰或黄灰色淤泥质亚砂土、亚黏土、夹沙土、夹细砂、粉砂组成，松散而均质的粉粒、泥质结构，一般厚度为 35 ～ 55 米。其底板位于地表以下第一沉积旋回之第一亚旋回的粗粒相底部。根据大量孢粉组合及碳 14 绝对年龄的测定，可划分为歧口组（Q4q）、高湾组 (Q4g) 及杨家寺组 (Q4y)，分别相当于上、中、下全新统。

上更新统 (欧庄组 Q3z) 是一套冲积洪积–冲积–冲积湖积的堆积物，由黄至棕黄色含粉土质较高的亚砂土、亚黏土夹砾石、卵石层组成，与全新统地层基本为连续积构成地表下第一沉积旋回。该组底板埋深为 80 ～ 130 米。

中更新统 (杨柳青组 Q2y) 为一套冲洪积—冲积湖积物。自上而下是棕黄、黄棕至红棕色，由亚砂土、砾石层组成。砂层厚度大，粒度粗而富集。该组自成一个沉积旋回，软体与微体动物化石种属与数量减少。该组底板一般埋深为 180 ～ 270 米。

下更新统 (固安组 Q1g) 为冲积洪积物，间有冰川–冰水堆积物。上段为红棕、棕红或黄绿色；下段为棕红、红褐混有灰绿锈黄色之厚层粘土、亚黏土夹砂层；底部见有明显风化含泥砾或泥砾层。该组底板埋深一般为 320 ～ 400 米。

第三系（N）

第四层下伏地层普遍为第三系，厚度较大，最厚 5000 米。

明化镇组（N3）是一套紫红、棕红色夹灰兰色重粘土或泥岩石夹砂层，见有灰绿、锈黄、浅紫色砂岩或半固结砂层，角闪石消失，绿帘石含量显著减少，为氧化环境下沉积，与第四系地层有明显区别。厚度为 308 ～ 320 米。

明沙中间组（N2）含砾粗砂岩。厚度为 577 ～ 650 米。

沙河街组（N1）：泥岩、砂岩夹二、三层玄武岩。厚度为 576 ～ 630 米。

2. 中生界

白恶系（K）泥岩、砂岩。厚度为 387 米。

侏罗系（J）泥岩含石膏，底部有安山岩。厚度 110 米。

三迭系（T）缺失

3. 古生界

二迭系（P）–中石灰本溪组（U2）缺失。下石灰（U1）–上奥陶（Q3）上升为陆地。中奥陶马家沟组（U2）及下奥陶甲山组（U1）缺失。

上寒武系（G3）白云岩、竹叶状灰岩，底为黄绿色页岩。厚度为 168 米。

中寒武系张夏组（G2）为鲕状灰岩。厚度为 304 米。

下寒武馒头组（G1）为泥岩与紫色页岩互层夹少许鲕状灰岩。厚 53 米。

4. 元古界

震旦系（Z）

头泉组（Z3）为石英砂岩、石英岩。厚 59 米。

迷雾山组（Z2）为白云岩。厚＞180 米。

5. 太古界

钻孔停在震旦系地层中，未揭露。

二、构造

基底构造东西两侧皆为北东向阶梯状正断层，形成地堑式凹陷盆地。第四纪在以往地质背景上，稳定地继承着第三纪以来的构造特点，处于以持续下降为主的新构造运动中，亦伴随短暂的相对上升。

元（氏）无（极）突起北起里城道之东、大陈镇之西，南至东侯坊乡正无路之南部—元氏县城为凹陷中的带状突起部分，新生界沉积厚度只有 1800 米，东西两翼则在 3000 米以上。

张段固镇—七汲镇北部断层为一推断正断层，断层下次向 NNE-SSW，断层倾向 NW，倾角不明。

在木刀沟南北大堤上，发现有数十处北东向及北西向两组裂缝。1988 年 7 月，滹沱河北大堤西汉村出现长 70 米地段塌陷，似于第四纪以来新构造活动有关。

三、火山活动

第一期喷发为早更新世早中期喷发，为深灰色、暗绿色块状及气空状玄武岩、凝灰岩、凝灰角砾岩、火山碎屑岩、火山灰等。厚度 0.1 ～ 10 米不等，埋深为 190 ～ 420 米。

第二期喷发为中更新世早期喷发，为青灰色玻璃质块状玄武岩、凝灰岩及火山灰，夹于砂砾及黏土中，厚度不大，埋深 60 米左右。

四、矿产

县境为平原，缺少矿产，在县境南、中、北部有滹沱河、古磁河、弥勒河、涌泉沟、郭七沟古河道，可发掘建筑砂矿。20 世纪 60 年代，曾在属扇间胡泊中的泗水、甄家庄一带，挖到泥炭。

第二节 地 貌

无极县属太行山山前倾斜平原，处在洪积冲积扇的中上部，地质基础为第四纪洪积物。地势平坦，总趋势为西北高，东南低，地面以 1/1500 坡度自西向东缓缓倾斜，海拔 58 ～ 35 米，境内相对高差 23 米。地形地貌比较简单，“三河三堤”（滹沱河、磁河、木刀沟，木刀沟南、北大堤、滹沱河北大堤）东西贯穿全境。境内是一倾斜平缓的地形，地面开阔平坦，无大的起伏变化，但由于历史上风砂等外力作用，局部地面形成洼地、砂丘、河沟等微形地貌。

县境内平原面积约占 99%。北部约 1/3 主要为砂河（现已划归定州市）泛滥故道，由于该河历史上泛滥带有大量粗砂，形成现在的质地较粗、砂粒较多的漏砂土。原有风砂形成的新月形砂丘、砂堤数十个，遍布里城道、大陈、南流 3 个乡镇，其高度一般为几米至十几米，最大的是里城道乡北合庄村东一处，面积为 0.1 平方公里，相对高度约 20 米。由于土地开发拉砂取土，砂丘、砂堤所剩无几。同时，由于开采砂矿，在县境西北部、北部、东北部形成了数十个大小不等的砂坑，遍布南流、大陈、里城道、郭庄、北苏、七汲 6 个乡镇，其深度一般为几米至十几米，面积为 30 亩～ 100 亩，最大的为江仁村西处，面积约为 100 亩，最深处可达 10 米。县境中部，磁河、木刀沟冲积扇，约占全县 60%，地面开阔，地势平坦，多为轻壤质土。县境南缘河漫滩，由滹沱河冲积而成。滹沱河水含砂量较大，且流经无极县时流速较快，变迁多，形成本县南部以砂质为主的河漫滩。20 世纪 60 年代后，通过治砂治水，平地造田，使砂岗、河沟、古河道得到治理，逐渐形成开阔平坦的现状。

第三节　气　候

无极县地处太行山东麓，河北省中南部，属东部季风区暖温带半湿大陆性季风型气候。太阳辐射的季节性变化显著，地面的高低气压活动频繁，四季气候分明，春季干燥多风，夏季潮湿炎热，秋季温和凉爽，初秋时阴雨稍多，冬季寒冷多北风雨雪稀少。年辐射为126.136千卡/平方厘米，年日照2570.9小时，年平均气温12.4℃，年季降水分布不均，年平均降水量477毫米，全年蒸发量1714.6毫米，是年降水量的近4倍。春季盛行偏南风，夏季东北风占优势，霜冻开始日期10月20日，终日4月7日，无霜期186天。

一、气候特征

春季　3—5月，长约52天，平均气温13.5℃。升温快，昼夜温差大，降水少，风多风大，空气干燥，干燥多风。常有5、6级偏北风或偏南风，4月气温回升较快，降温易出现霜冻，并伴有飞沙，对农作物危害较大。

夏季　6—8月，长约110天，平均气温25.5℃。炎热多雨，受海洋温湿气流影响，6、7、8三个月降水量约占全年降水量的70%。

秋季　9—11月，长约49天，平均气温12.8℃，昼暖夜凉，秋高气爽，受蒙古高压的影响晴朗少云，温度适中，气候宜人，深秋多东北风，有寒潮天气发生。

冬季　12—2月，长约154天，平均气温-2.6℃，寒冷寡照，雨雪稀少。受西伯利亚冷高压的影响，盛行西北风，气候寒冷干燥，天气晴朗少云。

无极县气象站

1989—2005年各月平均气温表

表2-1　单位：℃

月份	1	2	3	4	5	6	7	8	9	10	11	12
平均气温	-4.1	-0.8	6.1	14.3	19.9	25.2	26.6	24.9	20.1	13.5	4.8	-1.8

二、气候要素

1.日照

1989—2005年，县域内年平均日照时数2751小时，平均日照时数7.0小时，日照率59%。全县年日照变化为冬季最少，秋季次之，春季大于秋季，夏季变化复杂，初夏时因降雨少，日照时数较多，盛夏时降雨日增多，日照时数减少。年内各月日照时数为5月最多，12月最少。

大田作物主要生长季节（5—9月）实际日照时数为1160.0小时，每天平均日照7.7小时；小麦主要生长期（3—5月）日照时数720.3小时，每天平均日照时数7.8小时。5月份平均日照时数8.6小时，能满足各种作物对阳光的需求。

2.温度

（1）气温　境内气温年际变化不大。1989—2005年平均气温12.4℃。年均气温最高的1998年为13.7℃，年均气温最低的1991年为12.1℃。1月是无极的最冷月，平均气温-4.1℃。极端最低气温为-21.4℃，出现在2001年1月15日。7月为无极最热月，平均气温26.6℃，极端最高气温41.6℃，出现在2002年7月15日，日最高气温≥35℃的天数年平均12.5天，最多30天。全

年 0℃以上积温 4510℃

月平均气温 2—7 月逐月上升，以 3、4 月间升温最为明显，3 月上升 6.9℃，4 月上升 8.2℃。以 10 月、11 月降温最明显，分别比上月降低 6.6℃和 8.7℃。

日平均气温稳定通过≥0℃、3℃、5℃、10℃、15℃、20℃的各界限温度初日分别为 2 月 28 日、3 月 9 日、3 月 16 日、4 月 5 日、4 月 24 日、5 月 22 日。≥0℃期间积温为 4729.5℃，≥3℃期间积温为 4677.6℃，≥5℃期间积温为 4620.7℃，≥10℃期间积温为 4312.6℃。≥15℃期间积温为 3774.7℃，≥20℃期间积温为 2807.8℃。

（2）地温　境内地温年际变化不大，年平均地面温度 15.2℃。年均最高为 16.1℃，出现在 1998 年；年均地面最低为 -24.1℃，出现在 2001 年。

地面极端最高为 68.1℃，出现在 2002 年 7 月 15 日。地面极端最低为 -24.1℃，出现在 2001 年 1 月 15 日。境内累年平均 5 厘米地温 14.3℃，10 厘米低温 14.2℃，15 厘米地温 14.7℃，20 厘米地温 14.5℃。

1989—2005 年各月平均日照时数表

表 2-2　　单位：小时

月份	1	2	3	4	5	6
日照时数	188.5	178.1	221.7	230.0	280.3	265.8
月份	7	8	9	10	11	12
日照时数	208.3	201.0	223.2	218.3	176.9	178.8

（3）霜期　1989—2005 年年均无霜期为 186 天。无霜期最长的年份是 2002 年为 218 天，无霜期最短的年份是 2005 年为 168 天。初霜期一般在 10 月下旬，最早的是 10 月 5 日（1992 年），最晚出现在 11 月 9 日（1990 年）。终霜一般在 3 月，最早结束于 3 月 12 日（1999 年），最晚结束于 4 月 12 日（2004 年）。

3. 降水

无极县降水主要源于东南季风，每年随季风到来的迟早强弱，呈现年际和季节降水量变化。境内年际降水分配不均，1989—2005 年年均降水量 477 毫米，降水量最大的 1995 年为 959 毫米，降水量最小的 1992 年 274 毫米，最大最小相差 685 毫米。

累年各月降水量最多出现在 7 月，降水量为 138 毫米；最少月为 1 月，降水量为 2.6 毫米。

根据无极县气象局记录，降水量过程最大出现在 1989 年 6 月 22—27 日，降水量 924 毫米。

1989—2005 年无极各季平均降水量统计表

表 2-3　　单位：mm

春季	夏季	秋季	冬季
（3—5 月）	（6—8 月）	（9—11 月）	（12—2 月）
60.7	305.4	77.5	11.9

1989—2005 年无极各月平均降水量统计表

表 2–4　　单位：mm

月份	平均降水量	月份	平均降水量
1	2.6	7	141.7
2	5.7	8	113.0
3	9.7	9	44.8
4	18.2	10	23.3
5	32.8	11	9.4
6	50.6	12	3.6

1989—2005 年无极降水过程、最大降水量及出现时间统计表

表 2–5

年份	降水量 (mm)	出现时间（日 / 月）	降水量 (mm)	出现时间（日 / 月）	降水量（mm）	出现时间（日 / 月）
1989	924	22—27/6	70.7	8—14/9	28.6	11—12/10
1990	72.3	9—12/8	42.5	13—15/9	37.6	10—12/7
1991	58.5	5/8	45.5	4/7	41.5	24—25/7
1992	114.0	9—10/7	34.4	26/8	29.4	14—15/7
1993	108.3	17—18/7	93.2	14—15/7	52.6	12—16/8
1994	73.5	16—17/7	32.4	21—23/7	26.1	12—14/6
1995	91.1	17—19/7	77.3	26—28/8	73.2	11—13/8
1996	48.0	22—25/5	44.8	17/7	42.1	16—18/4
1997	62.3	26/8	53.6	5/7	40.3	22—24/7
1998	129.8	4—7/8	121.6	7—9/9	112.8	7—12/7
1999	50.1	11—16/7	30.7	31/8—1/9	29.1	3—12/7
2000	366.0	12—14/7	89.8	23/7	77.6	3—9/10
2001	249.7	30/7—5/8	137.9	9—12/7	48.8	15—19/6
2002	36.5	12—13/3	29.7	9—12/9	24.4	1—1/4
2003	57.7	21—22/8	45.2	19—22/5	41.1	18—19/7
2004	56.5	23—25/5	51.6	8—9/8	22.7	30/9—1/10
2005	88.9	4—7/7	39.0	4—5/9	32.0	7—10/10

4. 降雪

1989—2005 年平均积雪日数为 14 天。初雪最早出现在 11 月 7 日（1992 年），最晚出现在 1 月 13 日（1995 年）。终雪最早出现在 1 月 18 日（2003 年），最晚出现在 4 月 12 日（2005 年）。平均积雪深度为 60 毫米，最大积雪深度为 130 毫

米，出现在 2001 年。

5. 气压、风

(1) 气压　1989—2005 年年平均气压为 1011.6hPa，月平均气压最大为 1022.8 hPa，出现在 12 月，月平均气压最小为 998.2 hPa，出现在 7 月。

(2) 风　1989—2005 年平均风速 1.9m/s，其中月平均风速最大 2.6m/s，出现在 4 月。无极县夏季多西南风，冬季多西北风，最大风速 26m/s，出现在 2000 年 3 月 27 日，瞬时极大风速 > 40m/s（12 级以上）的大风，出现 1990 年 8 月 11 日。境内多行风向为偏北风，其中多行风最大风速为 14.0m/s（1999 年），风向为西北风。

1989—2005 年无极各月平均风速表

表 2–6　　　　单位：m/s

月份	平均风速	月份	平均风速
1	1.8	7	1.6
2	2.1	8	1.3
3	2.5	9	1.4
4	2.6	10	1.6
5	2.3	11	1.8
6	1.7	12	1.8

1989—2005 年无极风向频率数表

表 2–7

风向	N	NNE	NE	ENE	E	ESE	SE	SSE	S	SSW	SW	WSW	W	WNW	NW	NNW	C
频率	4	6	8	5	5	3	5	6	9	6	5	4	4	5	5	4	21

1989—2005 年无极各年平均风速变化表

表 2–8　　　　单位：m/s

年份	风速	年份	风速
1989	1.7	1998	1.6
1990	1.7	1999	1.5
1991	1.8	2000	1.6
1992	1.8	2001	2.4
1993	1.6	2002	2.7
1994	1.5	2003	3.0
1995	1.6	2004	2.0
1996	1.6	2005	2.5
1997	1.6		

6. 蒸发、湿度

（1）蒸发　1989—2005年年平均蒸发量为1662.2毫米，年蒸发量最大为1951.2毫米，出现在1997年，年蒸发量最小为1333.2毫米，出现在1990年，年蒸发量最大与最小相差618.0毫米。蒸发量最大的月份出现在5、6月，其中月最大蒸发量为340毫米，出现在1999年6月，蒸发量最小的月份出现在1月。

1989—2005年无极各季平均蒸发量表

表 2-9　　单位：mm

春季	夏季	秋季	冬季
（3—5月）	（6—8月）	（9—11月）	（12—2月）
569.8	677.6	316.4	145.1

1989—2005年无极各月平均蒸发量表

表 2-10　　单位：mm

月份	平均蒸发量	月份	平均蒸发量
1	40.7	7	249.4
2	63.3	8	160.4
3	134.0	9	140.1
4	202.8	10	113.7
5	233.0	11	62.6
6	267.8	12	41.1

（2）湿度　1989—2005年年平均相对湿度为66%，其中年平均相对湿度最大为74%（1990年），年平均相对湿度最小为62%（2005年）。境内各月平均相对湿度最大为82%，出现在8月，最小为55%，出现在2月。

第四节　物　候

无极县易旱不易涝，日照和太阳辐射比较充裕，气温高，热量丰富，有利于土壤熟化和肥料分解，适合两年三熟和一年两熟农作物生长；受季风影响，常遇干旱少雨雪，初夏易出现干热风，对小麦成熟不利。

各月份植物物候与农事：

1月，经历大、小寒两个节气，地表封冻，草木凋零。1989—2005年，月平均气温-4.1℃，冻土层厚度变化在3～6厘米之间。下半月降雪多与上半月。在农事上，应加强越冬小麦管理，锄划、镇压，保墒保苗；加强日光温室的韭菜、黄瓜、食用菌等管理和小拱棚西瓜的管理。

2月，经历立春、雨水两个节气。1989—2005年，月均气温在-0.8℃，气温缓慢回升，草木渐次萌动，大气降雪开始向降雨过渡。冬小麦开始返青，日光温室的韭菜、黄瓜、芹菜、菌类等和小拱棚西瓜开始春节节前陆续上市。

3月，经历惊蛰、春分两个节气。1989—2005年，月平均气温6.1℃。气温回升，大地复苏，蚂蚁、蜜蜂始出窝活动。柳树开始萌绿，“七九、八九，沿河看柳”“九九加一九”遍地耕牛走，农民开始春耕，春播大麦，小麦开始追起身肥、浇返青水，大蒜、菜花、春茬黄瓜等蔬菜开始播种。

4月，1989—2005年间，月平均气温14℃，经历清明、谷雨两个节气，天气渐暖，杏、桃花开，杨柳飞絮，但易出现霜冻和风沙天气，小麦开始追拔节肥、浇拔节水，谷雨前后点瓜种豆，小葱、莴苣（莴笋）、茄子、西红柿开始育秧，大蒜、甜椒、西瓜开始露地播种，"枣发芽种棉花"，4月中旬最后一次晚霜过后，播种棉花。

5月，1989—2005年间，月平均气温19.9℃，经历立夏、小满两个节气。大风多，加强麦田管理，防风、防病害，适时浇灌浆水，以防倒伏；加强蔬菜大棚管理，及时揭棚膜，以防高温烧苗。植物物候方面，刺槐、石榴进入盛花期，小麦杨花、灌浆，预告农时，麦垅点播做准备。

6月，1989—2005年，月平均气温25.2℃，经历芒种、夏至两个节气，易出现极端高温天气，应预防干热风，连阴雨，及时抢收小麦，抓紧夏玉米播种，加强棉田、瓜菜的大田管理。到中旬雷暴、冰雹天气增多，应注意防范。

7月，1989—2005年月平均气温26.6℃，进入"三伏天"，是全年气温最高的月份，降雨量急剧上升，气压低，天气闷热，应注意防暑。大田作物注意防大风、暴雨和冰雹，应注意防雷。植物物候以番茄、甜椒为代表，进入盛果期，应抓紧采收。

8月，1989—2005年，月平均气温24.9℃，气温仍然很高，是暴雨较多、降水量最大的月份，应注意防洪、防灾。植物物候，以夏玉米为代表，进入抽穗、扬花期，田间管理应补施精肥；棉花进入蕾铃期，应及时整枝。因经历立秋、处暑两个节气，农谚云"早秋晚菜，晚秋早菜"，应适时种植大白菜和白萝卜。

9月，1989—2005年，月平均气温20.1℃，经历白露、秋分两个节气，雨季已过，天气渐爽，秋季作物灌浆已基本结束，"三秋"大忙季节开始，应抓紧秋收、秋种和日光温室蔬菜大棚的整修准备工作。

10月，西北冷空气开始南侵，气温开始持续下降。1989—2005年月平均气温13.5℃，经历寒露、霜降两个节气，寒气将至、草木黄落，苹果、梨果收获，玉米、花生、豆类作物收割进入尾声，谚语"秋分早，霜降迟，寒露的麦子正当时"，上旬前应完成冬小麦播种；适时做好日光温室蔬菜大棚和食用菌整修种植工作。

11月，1989—2005年月平均气温4.8℃，经历立冬和小雪两个节气，万物敛藏、严寒将至，降雨量减少，并由降雨过渡到降雪。麦田表土日消夜冻，要适时给小麦浇压冻水。苹果、梨、桃、葡萄等果树已落叶，进入清理果园、浇封冻水时期。

12月，经历大雪、冬至两个节气，开始"数九"，进入全年最冷时期。1989—2005年，月平均气温1.8℃，气候寒冷，注意防冻，预告农时，大田作物应轧麦、划麦，修合列缝，保墒保苗；日光温室、蔬菜大棚，应加强管理，及时补光补温。

第五节　水　文

一、地表水

无极县地跨子牙、大清两个水系，以滹沱河北大堤为界，子牙河系有滹沱河；大清河系有木刀沟、老磁河。河流自西向东贯穿，共筑有三道堤防。另外，境内还有自然排水河道老磁河、弥勒河、涌泉沟、郭七沟。

1. 滹沱河

发源于山西省繁峙县泰戏山下孤山村，经藁城入无极，于县境西南而东北，流经郝庄、张段固、无极、七汲4乡镇30个村庄部分地区，流域面积81平方公里，河段长29公里，沙质河床，蜿蜒曲折，宽窄多变，宽处2～3公里，窄处只有500米，按50年一遇标准设计流量3300立方米/秒。建国以来最大流量为1956年的115000

滹沱河一角

库，河道水量得到控制，除丰水年水库放水，平时流经本县水量较少或者干涸。

滹沱河旧时虽有泛滥之虞，也有舟楫之利。据清光绪十九年（1893年）《无极县续志》载，滹沱河北有渡口，其一在县南郝庄，路通藁城；其二在县东南龙泉固，路通晋州、深泽。夏秋以木舟摆渡人畜货物，冬季搭简易草木之桥，船、筏简桥均系民间修造。清末民国初，沿河20多个村庄130余只木船从事水上运输作业，每年农历四月至十月为旺期。船只大部分为排子船，长15米，宽3米，每只船容量8000千克，一船二篙四人。少有槽子船，每只容量2万千克，均系个体合伙经营。船工总计550余人。航线为上至藁城、正定，下至深泽、安平、饶阳、献县、天津。下行装运粮食、棉花、土特产等农副产品，上行均为煤油、食盐、百货等。东汉村沿河岸设有盐场，东合流村开设栈房，为县内水运物资集散地。据统计，每年水运物资400多万千克。抗日战争爆发后水运停止。

民国时期，县境滹沱河沿岸有渡8处，木船19只，均为民间自营，摆渡来往行人、车辆。其中，郝庄1处，船2只；陈村1处，船1只；店尚1处，船2只；牛辛庄1处，船2只；西两河1处，船3只；辛庄1处，船2只；东验村1处，船2只；东合流1处，船2只。此类繁茂景象延至20世纪50年代。

1963年后，郝庄至藁城有简易桥，西两河至藁城冯村有漫水桥。2000年滹沱河特大桥建成，由定魏线直通石黄高速。

立方米/秒。

历史上多次摆动改道，滹沱河《礼记》称恶池，《水经注》称滹沱。“恶池”“滹沱”，都是取水急而凶猛之意。上游在山西黄土高原和太行山中，蜿蜒曲折，坡陡流急，突入平原，泥沙俱下，河床呈扇形喇叭口状扩展，流速减慢，河床增高，历史上多次摆动改道，水患不止。明成化八年（1472年）由正定出晋州紫城口南入宁晋泊；后又自藁城北2里向东流至陈村折向东南，经晋州周头入白牧河；弘治四年（1491年），又移至藁城南16里，并改向东流，经晋州南头往东；清顺治十一年（1654年），又在四公、陈村之间决口，河道改向东北流；清同治七年（1862年），藁城东北隅决口，洪水泛滥成灾，河水改道北移，流经无极县的陈村、店尚、牛辛庄、西两河、辛庄；同治十年（1865年），河水再次决口改道，流经东两河、东验村、佛堂之南入晋州的管治、龙泉固村北，东入深泽。根据《晋县县志》载：中华民国六年六月（1917年6月），河水决口泛滥成灾，改道自无极的辛庄之南，流经晋州的张里村、张家庄、管治，再入无极的龙泉固（今属晋洲）村北，经佛堂村南东入深泽，后基本稳定成今日河道。

1963年水灾后，上游修建了岗南、黄壁庄水

附： **滹沱河无极段考**

滹沱河形成历史年代较早，《礼记》称其为恶

池，《周礼》和《汉志》称为滹池，《史记》和《水经注》称为滹沱。滹本为嘑，呼啸之意；沱即是滂沱，意为水急而凶猛。南宋文天祥曾写诗赞誉道“过了长江与大河，横流数仞绝滹沱”。可以看出古代的滹沱河可以与长江、黄河比美。诗仙李白也有赞美滹沱河的诗句。

滹沱河发源于山西繁峙县，出太行山后在平山和鹿泉入岗南、黄壁庄水库，经灵寿、正定、藁城入无极县，也是与藁城、晋州相连的边界河。往东流经深泽、安平、饶阳在献县与滏阳河汇合称子牙河，在天津入海河注入渤海。自从修建岗南和黄壁庄两个水库后，河水基本断流。沿河四乡25村5万多亩的河滩地上，大多已被开发种植林果或农田。

滹沱河在无极县流域面积81平方公里，河段长27公里，河面宽而浅，河床宽度在200米至4000米左右。设计每秒为3300个流量，最大行洪量11600立方米/秒。

滹沱河在太行山中，蜿蜒曲折，坡陡流急，突入平原，泥沙沉积，流速减慢，河床增高。历史上多次发生洪水泛滥，河道屡有迁徙。在我县其河道迁徙情况可分三个阶段。

第一阶段，在两汉、隋唐、五代、宋朝时期，河道在无极南部和晋州、藁城县界附近摆动。据晋县县志载，“西汉更始二年（公元24年）刘秀在下曲阳（今晋州）冻河头冰渡滹沱河”至今冻河头村名未变，位于晋州东北隅。又载“五代时河流郡北之侯城村”。侯成村位于今滹沱河南岸附近。据唐朝《元和郡县志》载，在唐代，滹沱河在无极县南35里，鼓城县（今晋州鼓城村）北30里。当今在无极县辛庄和晋州张家庄之间及与藁城县界附近。在宋代，据宋朝《太平环宇记》载，滹沱河在“藁城县东二十九里”。亦即在我县与藁城、晋州交界附近流过。

第二阶段，元、明、清初时期，河道由藁城东北隅经无极郝庄、陈村向东南藁城、晋州流去，或南入宁晋泊注入滏阳河；或东入晋州、辛集等地。

据藁城县志载，滹沱河“元代，徙至县城北一里。”郝庄村现存明朝弘治十八年《重修兴善寺记》碑文载，“沿滹沱而寺者无虑数十，兴善寺适当无极南垂水滨之胜境”。“寺本建于元至正间”（1341—1368年）。可以看出，兴善寺在元朝建于滹沱河沿岸。无极郝庄紧挨滹沱河北河堤，与藁城市南河堤相距8里，两河堤内主河道经常摆动 。藁城县志载，“弘治14年（1501），因水泛涨北徙，去邑城八里。”河道北迁八里就到了郝庄村沿上。到现在郝庄村西的道坡上仍有当年大水冲刷的痕迹。郝庄村的老人们传说，过去河从四公、马圈向正东郝庄流去，在郝庄村西转弯向藁城县城东南流去。无极县康熙元年县志和乾隆十三年县志均是这样表述滹沱河“经藁城及本县郝庄陈村之境达晋州束鹿等处”。据正定府志记载，明朝嘉靖年间藁城和晋县地图显示，滹沱河从藁城城北一直往东，经郝庄、陈村、西里村、张村、十里铺流经晋州城南娄底、马宇向东流入束鹿。

第三阶段，徙入古河道。同治七年（1868年）大水肆虐，藁城县城东北隅河堤决口，从此改变向藁城东南流向，而向东北无极县的陈村、店上、牛辛庄、西两河、辛庄、等村流去，晋县县志载“同治七年河大泛，县城南北水宽30余里，遂北徙入古河道”。所谓古河道就是唐、宋以前的河道，亦即现河道附近。

同治十年洪水泛滥，河水再次改道，原流经西两河、辛庄、管治、祁底、北白水、侯城、庞村等村之南东入束鹿小章村而改为流经东年村、东河流、佛堂等村之南；管治、龙泉固村北东入深泽县境。民国六年大水，河道部分向北迁徙，一直到今天河道未有大的变化。

2. 木刀沟

属大清河水系。上游叫磁河，《水经注》记，“高氏之山，滋水出焉”。滋水出山西省灵邱县西南枚回岭，东流由百草口入河北省，经灵寿、行唐两县入新乐县境，在闵镇汇入闵泉水后，改称木刀沟。清乾隆二十二年（1757年）《新乐县志》载，“木刀沟亦称长淋沟，在县南20里，沟旁有人姓木名刀，故名木刀沟（《元和郡县志》），发源于县内闵泉镇”。光绪《无极县志》记载，“沟起新乐县西南40里之闵镇村，其源即闵泉也，会众渠而东下”。

木刀沟从藁城的大王村北、新乐的南苏村以南入无极境内，自西而东流经郭庄、里城道、东侯坊、无极、大陈、七汲、南流7乡（镇）入深泽县境。经深泽至安国市后入沙河，在北郭村三叉口与孟良河汇合后称潴龙河，经蠡县、高阳县在安新县与唐河、府河等9条河流汇合入白洋淀，出淀后称大清河，在天津市汇入海河，转入渤海。

木刀沟在县境内流长25公里，河槽上宽下窄，南北堤距600米，设计最大流量为800立方米/秒，设计标准为20年一遇。流域面积125平方公里。清康熙年间，其水四时不涸，民以艺稻，每遇秋天，遍地花绿可掬。后成为季节性河流，夏秋泄洪，冬春断流。河源高程海拔1890米，入县河床高度仅55米，平均比降为10.03‰。上游河段处于太行山迎风坡的暴雨中心地带，汛期山洪暴发，咆哮湍急，“常有水患，旱则干涸，涨则流溢，东北乡镇颇受其害”，（《无极县续志》）。清同治年间，无极知县寿颐在诗中写道：“……沃雨占晴费运筹，雨多河涨又堪忧；滋川滹水犹其后，为患先防木刀沟……”。20世纪60年代横山岭水库建成后，一般年份河流干涸，仅1988年、1996年汛期来水，成为季节性河流。

3. 磁河

清嘉庆六年（1801年），磁河与木刀沟汇流，改道后原流经新乐、藁城、无极、深泽、安国等县的磁河故道称作老磁河。

老磁河自无极县林中村入境，在七汲村出境入深泽，后汇入木刀沟。河道蜿蜒曲折环流横贯全县，流经北苏、郭庄、东侯坊、张段固、无极、七汲6个乡（镇），长46公里，有9条支流，汇水面积达256平方公里。起初河水断断续续，1964年后，河道常年无水，但遇丰水年或排放沥水或行泄有滹沱河汇入的洪水。平常年份，磁河西自东庄化肥厂东至七汲段，因常年蓄积工业、生活废水，造成部分河段污水四溢，淹没良田。2005年，政府投资1181.45万元，从上游中冀正元化工有限公司到下游深泽县界进行治理，将旧河道填平，顺旧河道重新开挖河道，改善了排水情况。

4. 涌泉沟

位于县北部，西起东丈，东至西宋，全长17公里，汇水面积51平方公里，旧时留石桥3座，现已淤平。有13.8公里被种植，沟道堵塞严重。

5. 弥勒河

位于县北部沙窝一带，西起北沙窝，东至固现村南，全长21.4公里，汇水面积89平方公里，有3个支流，已全部干涸。河段全部耕种，河道阻塞。

6. 郭七沟

西起姚家营，东至七汲，长23公里，汇水面积54.5平方公里，断续有沟。

以上故河、沟（不含滹沱河）均属大清河系，按水利部门河道分级标准，均被列为排水沟，因多年无水，已被耕作，只在丰水年尚有排涝作用。

二、地下水

无极县位于太行山东部山前平原，属于滹沱河、磁河、沙河交叉冲积扇区，由较厚的第四系沉积物覆盖，以结构松散的沙层和泥土为主，地下水为孔隙水，潜水及层间水为主要可利用水源，含水地层主要由沙河、磁河（木刀沟）和滹沱河三大洪积、冲积扇构成，地下水的赋存条件和经流条件较好，水量较丰富，水质全淡，总矿化度为700.8毫克/升，pH值为7.34。在第四系松散沉积物中，广泛分布潜水和承压水。含水层特征为自西向东，含水层数由少变多，厚度由小变大，砂粒由粗变细，矿化度不断增加，在垂直方向上以地层划分为基础，水文地质要素为依据，含水层分为四组。

第一、第二含水组，岩层以粗砂、中砂为主，水力联系较密切，底板埋深150米～180米，水温12～16℃。第三含水组，含水层岩性以卵石及粗砂含砾种砂为主，含水层数为11～14层，总厚度63.5米～90米，底板增深350米～390米，赋水性较强，水温14～20℃。第四含水组，含水层岩性为粗砂含砾石和中细砂，大部分已风化，含水层数为5～8层，总厚度为41.4米～48.5米，底板界线不明，赋水性较差。地下水补给量以大气降水垂直补给为主，多年平均补给量为8011万立方米。其中，降水补给4369万立方米，占总补给量的55%，河道渗漏补给1071万立方米，占13%，侧向补给1371万立方米，占17%，污水渗漏补给954万立方米，占11.9%。地下水开采量多年平均为13000万立方米，地下水资源采大于补，多年平均采补差为–4989立方米，水资源供需矛盾日渐突出。

第六节　土　壤

一、土壤类型

改革开放以来，无极县先后于20世纪80年代、90年代和21世纪初进行了3次土壤普查。根据普查结果，全县耕地土壤划分为褐土、潮土、风砂土3个土类、6个亚类、10个土属、26个土种、381块图斑。

褐土是全县面积最大、最主要的土壤类型，占全县土壤面积的90.5%。包括石灰性褐土、潮褐土、褐土性土3个亚类及壤质冲积物石灰性褐土、壤质冲积物褐土性土、砂质冲积物褐土性土、壤质冲积物潮褐土、砂质冲积物潮褐土5个土属，15个土种。主要分布在木刀沟、老磁河形成的冲积扇上，成土母质为洪积冲积物。

潮土是全县第二个土壤类型，包括潮土和褐潮土2个亚类及砂质冲积物褐潮土、壤质冲积物褐潮土、壤质冲积物潮土、砂质冲积物潮土4个土属，10个土种。主要分布在滹沱河冲积滩上，磁河、木刀沟沿河也有少量分布，成土母质为洪积冲积物。

风砂土是全县第三个土类，包括风砂土1个亚类，半固定风砂土1个土属，1个土种。主要分布在滹沱河近岸处，涉及郝庄、无极、张段固3个乡镇的南部。

二、土壤分布

无极县土壤处于褐土向潮土过渡地带，褐土特征明显，也具有潮土特征。中部潮褐土区有黏化层，颜色鲜亮，假菌丝较明显，但其潮土特征依然存在，分层较明显，层次多，变化大，心土层可见锈纹锈斑。这是因为河流长年干涸、地下水下降成土处于半淋溶状态，使土壤向褐土方向发展的结果，县域西部地势较高，地下水位较低，土壤受淋溶作用较强，通体有石灰性褐土。此外，褐土性在潮褐土区内，为固定沙岗、砂丘或地势明显抬高地，此类土是在特殊环境下形成的，大部分通体为砂质，假菌丝体、锈纹锈斑不明显，潮土在滹沱河地势较低的河滩，风砂土在滹沱河近岸处。

1. **褐土类分布**。褐土是全县主要土类，面积70.2万亩，占总土壤面积的90.5%。主要分布在木刀沟、老磁河形成的冲积扇上。县西南部石灰性褐土区，面积10.3万亩，占土壤面积的13.3%，涉及原北苏镇、高头乡及郝庄乡北部，南马乡西部、楼下、东侯坊乡的南部。地势较高，海拔44米～55米，地下较深为30米左右，土壤形成受淋溶作用较强，层次分明，质地主要为轻壤，土壤发育年代较长，熟化程度较好，肥力较高，适宜粮棉作物生长。县域中部、东北部褐土区，面积59.4万亩，占总土壤面积的76.6%，涉及原城关、七汲、张段固、大陈、东东侯、里城道、郭庄、前北焦等乡镇及甄村乡南部、西东门、郭吕、庄里、东侯坊乡的北部，地势较高，海拔35米～40米，地下水深19米～30米，表层绝大部分为壤质。仅在穿过里城道、东东侯、大陈、泗水的沙河古道上，有一条幅度较窄、面积较小、质地较粗的砂壤——砂质带，土壤形成以半水成半淋溶作用并举，肥力中等，为全县粮棉油等综合发展区。

2. 潮土类分布。潮土为无极县第二个土壤类型，包括褐土、潮土两个亚类，面积5.7万亩，占土壤总面积的7.4%。主要分布在滹沱河冲积滩上，木刀沟、磁河沿河也有少量分布，地势比较低洼、质地多为沙质，地下水较浅，土壤形成以水成作用为主，肥力较低，现主要种植油料、杂粮等作物。

3. 风砂土分布。在沿滹沱河近岸处，涉及原郝庄、西东门、郭吕、庄里四乡的南部，面积较小为1.68万亩，占土壤面积的2.2%，地势高低起伏，土层砂质均匀，植被稀疏，春秋两季随风移动。

无极县土壤类型分布一览表

表 2-11

土类	亚类	面积（万亩）	占总面积 %	分布特点
褐土	石灰性褐土	10.3	13.3	分布在县西部海拔40m以上，涉及原北苏、高头、前北焦、楼下、郭庄、里城道、城关、东侯、大陈、南流、七汲、泗水、南马、甄村、张段固及郝庄、西东门、郭吕、庄里乡北部
	潮褐土	59.4	76.3	
	褐土性土	0.5	0.6	
	合计	70.2	90.5	
潮土	潮土	3.1	4	分布在滹沱河冲积平原上，涉及原郝庄、西东门、郭吕、庄里乡南部及老滋河道附近，面积很小
	褐潮土	2.6	3.4	
	合计	5.7	7.4	
风沙土	风沙土	1.7	2.1	分布在滹沱河漫滩
	合计	77.6	100	

三、土壤质地

无极县土壤土体构型较为理想。全县98%的土壤表层质地为壤质。其中，轻壤质占90%。沙质仅占2%。心土层和底土层都有中壤、重壤土，心土层轻壤和轻壤以上的质地占75%，底土轻壤和轻壤以上的质地占50%，基本属于上松下紧的“蒙金土型”，保水保肥能力较强。适于种植各种作物，各种化肥、农药可正常发挥作用。

四、土壤养分

土壤养分主要包括土壤有机质、土壤三大要素（氮、磷、钾）、中量元素（钙、镁、硫）和微量元素（锌、硼、铜）。无极县处于太行山东麓山前洪冲积平原，土壤深厚，质地良好，农用土壤多为轻壤土。1982年，全国土壤普查分级表明，无极土壤耕层养分含量属国家分级标准的中等。

1. 土壤有机质

据无极县第三次土壤普查化验分析表，全县土壤有机质为18g/kg，比1982年的11.2g/kg增长了6.8g/kg。新增一、二、三级地。其中，一级地0.28万亩，占总耕地面积的0.54%；二级地0.36万亩，占总耕地面积的0.68%；三级地16.92万亩，占总耕地面积的32.04%；四级地略有减少，但五级地由1982年的23.4%，下降到4.18%，六级地由1982年的6.8%，下降到0.32%。

2005 年无极县各乡镇土壤有机质含量统计表

表 2—12

乡镇名称	有机质含量（g/kg）	乡镇名称	有机质含量（g/kg）
无极镇	18.7	郭庄镇	18.0
七汲镇	17.7	东侯坊乡	18.5
张段固镇	19.0	里城道乡	18.8
高头乡	18.3	大陈镇	16.4
北苏镇	18.3	南流乡	16.9
郝庄乡	16.2	平均	18.0

2005 年无极县土壤有机质含量分级面积占所在乡镇耕地比例（%）一览表

表 2—13

乡镇名称	1 级	2 级	3 级	4 级	5 级	6 级
无极镇	0.00	0.60	41.23	55.29	1.92	0.96
七汲镇	0.00	0.75	31.80	62.48	4.97	0.00
张段固镇	0.14	1.24	39.28	56.57	2.63	0.14
高头乡	0.00	1.19	35.95	59.76	3.10	0.00
北苏镇	0.00	0.54	34.54	62.77	2.02	0.13
郝庄乡	0.00	0.42	25.60	58.93	14.06	0.98
郭庄镇	0.20	1.20	28.97	66.13	2.90	0.60
东侯坊乡	0.00	0.63	35.22	59.37	4.78	0.00
里城道乡	0.00	0.56	35.95	60.81	2.69	0.00
大陈镇	0.00	0.20	19.57	75.34	4.89	0.00
南流乡	0.00	0.00	19.78	77.16	3.06	0.00

2. 全氮与速效氮

2005 年，全县土壤全氮含量平均为 1.18g/kg，较 1982 年增长了 0.44g/kg，新增一级地 0.26 万亩，占总耕地面积的 0.49%，二、三级地面积增加到 39.26 万亩，占总耕地面积的 74.35%，四、五、六级地分别由 1982 年的 49.02%、40.91%、10.07% 变为 17.92%、60.08%、1.15%。

1982 年，全县土壤速效氮平均含量 62mg/kg，属缺乏状态，含量在国家标准 4 级以下。2005 年，全县土壤速效氮平均含量为 1072mg/kg，比 1982 年增长 452mg/kg，增加了一、二、三级地，面积分别为 4.67 万亩、11.72 万亩、20.55 万亩，分别占耕地面积的 8.84%、22.9%、38.9%。

2005 年无极县各乡镇土壤全氮含量一览表

表 2–14

乡镇名称	全氮含量（g/kg）	乡镇名称	全氮含量（g/kg）
张段固镇	1.24	郭庄镇	1.19
无极镇	1.23	七汲镇	1.18
里城道乡	1.22	南流乡	1.12
东侯坊乡	1.22	大陈镇	1.08
高头乡	1.22	郝庄乡	1.07
北苏镇	1.21	平均	1.18

2005 年无极县各乡镇土壤速效氮含量一览表

表 2–15

乡镇名称	速效氮含量（mg/kg）	乡镇名称	速效氮含量（mg/kg）
七汲镇	122.0	高头乡	105.6
里城道乡	117.6	北苏镇	103.2
无极镇	107.2	东侯坊乡	103.1
郝庄乡	106.8	郭庄镇	100.5
张段固镇	105.7	南流乡	96.7
大陈镇	105.7	平均	107.0

3. 有效磷

2005 年，全县耕层土壤有效磷平均含量为 27.72mg/kg，比 1982 年的 10.12mg/kg 增长 17.62mg/kg。新增一级地面积 9.35 万亩，占全县耕地面积的 17.71%，二级地面积也由 1982 年的 0.69 万亩增加到 23.26 万亩，新增 42.77%。全县有效磷含量大幅提升，从 1982 年的主要级别 4 级跃居为 2 级。

2005 年无极县各乡镇土壤速效磷含量一览表

表 2–16

乡镇名称	速效氮含量（mg/kg）	乡镇名称	速效氮含量（mg/kg）
七汲镇	38.1	大陈镇	26.4
北苏镇	30.8	南流乡	24.1
里城道乡	29.5	张段固镇	23.4
郭庄镇	29.3	郝庄乡	22.2
东侯坊乡	28.8	无极镇	21.8
高头乡	28.2	平均	27.7

4. 速效钾

2005年，全县耕层土壤速效钾平均含量为98.5mg/kg。1982年土壤普查时，有效钾含量一级地0.25万亩，占总耕地面积的0.48%；二级地4.2万亩，占总耕地面积的7.9%，三级地19.5万亩，占耕地面积的36.7%；四级地27.9万亩，占总耕地面积的52.1%；五、六级地1.2万亩，占总耕地面积的2.22%。2005年，全县土壤速效钾平均含量为98.5mg/kg，一、二级地分别为1.85万亩、2.65万亩，占总耕地面积的3.5%和5.0%；三级地14.64万亩，14.64万亩，占耕地面积的27.7%；四级、五级地32.77万亩，占耕地面积的62.1%；六级地0.83万亩，占耕地面积的1.6%。与1982年比，一级地增加1.6万亩；二级地减少1.55万亩；三级地减少4.86万亩；四、五、六级地增加4.5万亩。

2005年无极县各乡镇土壤速效钾含量一览表

表2-17

乡镇名称	速效钾含量（mg/kg）	乡镇名称	速效钾含量（mg/kg）
七汲镇	121.2	东侯坊乡	95.1
张段固镇	111.3	里城道乡	89.9
高头乡	105.5	郝庄乡	88.6
郭庄镇	102.0	南流乡	85.8
无极镇	99.1	大陈镇	79.8
北苏镇	97.4	平 均	98.5

2005年无极县各乡镇土壤速效钾含量分级面积占所在乡镇耕地比例（%）一览表

表2-18

乡镇名称	1级	2级	3级	4级	5级	6级
无极镇	2.4	6.8	31.8	31.9	23.1	3.6
七汲镇	14.9	7.6	26.4	25.8	24.2	1.0
张段固镇	3.4	8.5	42.5	31.2	14.1	0.3
高头乡	2.6	8.0	36.6	32.6	19.9	0.0
北苏镇	1.3	3.9	29.7	36.5	28.5	0.0
郝庄乡	1.1	2.0	23.0	33.5	37.6	2.8
郭庄镇	4.0	7.4	31.5	23.3	32.6	1.3
东侯坊乡	2.4	4.7	25.0	33.6	32.8	1.5
里城道乡	1.6	2.1	23.1	34.6	36.7	1.9
大陈镇	1.2	2.0	10.2	28.9	54.3	3.0
南流乡	1.3	0.9	21.6	30.8	43.8	1.4

第二编

2005年无极县各乡镇土壤缓效钾含量分级面积占所在乡镇耕地比例（%）一览表

表2—19

乡镇名称	1级	2级	3级	4级	5级
无极镇	4.45	33.41	31.25	26.92	3.97
七汲镇	3.70	30.49	25.93	33.09	6.79
张段固镇	6.43	33.79	27.91	25.99	5.88
高头乡	1.18	37.59	28.84	28.13	4.26
北苏镇	3.62	34.23	31.28	26.44	4.43
郝庄乡	1.13	25.21	27.18	38.17	8.31
郭庄镇	4.51	36.27	31.36	23.95	3.91
东侯坊乡	4.53	39.12	31.45	21.13	3.77
里城道乡	2.35	21.81	35.01	36.02	4.81
大陈镇	1.76	21.96	25.29	40.59	10.39
南流乡	1.61	25.04	33.27	33.45	6.62

5. 中量元素

2005年，全县耕地土壤有效硫平均含量为71.69mg/kg，变化在10.7～130.6mg/kg，含量在50～100mg/kg的占耕地面积的75%，属于二至四级标准地标性。

6. 微量元素

2005年，耕土层土壤有效硼含量平均为0.41mg/kg，属土壤硼缺乏地区；有效锌平均含量为1.63mg/kg，较1982年增长1.30mg/kg，较1995年增长0.84mg/kg；有效锰平均含量为29.3mg/kg，较1982年增长mg/kg，较1995年增长15.6mg/kg；有效铜平均含量为1.43mg/kg，较1982年增长0.48mg/kg，较1995年增长0.34mg/kg；有效铁平均含量为12.55mg/kg，较1982年增长5.35mg/kg，较1995年增长2.75mg/kg。

7. 土壤pH值

全县土壤pH值多为微碱性，耕层pH值平均为8.2，比1982年的7.8略有增加，总体适中，适合各种作物生长。由于化肥用量增加，有机肥较少，造成土壤偏碱、板结。降低土壤pH值，增实有机肥，或种植绿肥，是全县土壤改良的重要措施。

第七节　植　被

无极县域内植被以温带植被区系成份为主，植被类型为人工植被，自然植被很少。无极县为农业大县，农耕历史悠久，原始植被全部为农田替代，现被覆地表的全部为人工栽培的小麦、玉米、棉花、谷子、豆类、花生、薯类、瓜果、蔬菜等农作物。地带性植被为落叶阔叶林。县境内林地主要分布于“两堤一道”，即滹沱河、木刀沟大堤和滹沱河故道，其次是公路两旁和零星的片林。林果地植被有苹果、梨、桃、葡萄、杏、冬枣、柿子、核桃等，农田林网及公路两旁以杨树为主，村庄居民点以法国梧桐、槐树、核桃、香椿、柿子为主。

第二章 自然资源

第一节 土地资源

一、分布

1989 年，全县国土总面积为 524 平方公里。辖 20 个乡镇，各乡镇面积为：无极镇土地面积 27 平方公里；张段固镇土地面积 25 平方公里；七汲镇土地面积 29 平方公里；北苏镇土地面积 22 平方公里；郭庄镇土地面积 28 平方公里；大陈镇土地面积 25 平方公里；甄村乡土地面积 14 平方公里；郭吕乡土地面积 28 平方公里；庄里乡土地面积 26 平方公里；东候坊乡土地面积 22 平方公里；郝庄乡土地面积 28 平方公里；南马乡土地面积 24 平方公里；西东门乡土地面积 27 平方公里；楼下乡土地面积 27 平方公里；前北焦乡土地面积 20 平方公里；高头乡土地面积 32 平方公里；里城道乡土地面积 32 平方公里；四水乡土地面积 25 平方公里；南流乡土地面积 30 平方公里；东侯乡土地面积 29 平方公里。

1996 年 1 月，无极县撤乡并镇为 6 个镇 5 个乡。各乡镇面积为：无极镇土地面积 57 平方公里；张段固镇土地面积 54 平方公里；七汲镇土地面积 51 平方公里；北苏镇土地面积 54 平方公里；郭庄镇土地面积 43 平方公里；大陈镇土地面积 42 平方公里；东候坊乡土地面积 56 平方公里；里城道乡土地面积 44 平方公里；郝庄乡土地面积 55 平方公里；高头乡土地面积 32 平方公里；南流乡土地面积 30 平方公里。到 2005 年底，11 个乡镇的土地面积，未有变更。

二、利用结构

2005 年，全县土地总面积为 754973.1 亩，计为农用地总面积为 582806.5 亩，占全县土地总面积的 77.20%。其中，耕地面积 543804 亩，占全县土地面积的 72.02%；园地面积 8638.6 亩，占全县土地面积的 1.14%；林地面积 6193.9 亩，占全县土地总面积的 0.82%；其他农用地面积 24170.0 亩，占全县土地面积的 3.20%；建设用地面积 133847.7 亩，其中居民占地及工矿用地 126504.4 亩，占全县土地面积的 16.76%；交通用地面积 4493.5 亩，占全县土地面积的 0.60%；水利设施用地面积 2848.4 亩，占全县土地面积的 0.38%；未利用土地面积 12924.4 亩，占全县土地面积的 1.71%。

三、利用变化

1. 动态变化

1989 年，对全县土地利用状况进行了详细测查，计有耕地 535538.2 亩。到 2004 年底土地动态监测显示为 534496.42 亩，16 年减少了 1042 亩。1989 年土地详查时，居民点及工矿企业等建设用地为 97887 亩；到 2004 年底，土地动态监测显示为 109171.2 亩，16 年净增 11284.2 亩；1989 年详查时，交通用地 3252.1 亩，到 2004 年底，土地动态监测增加到 4927.35 亩，净增加 1675.25 亩；水利设施用地面积到 2004 年底始终保持不变为 2417.1 亩。

2. 土地利用特点

土地利用率高。无极县土地利用率达 93.56%，高于河北省山麓平原 88.81% 和全省 87.93% 的平均水平，其中耕地实际利用率达 100%，在河北省是仅有的。农业用地率为 79.83%，高于河北省山麓平原的 72.42% 和全省 75.04% 的平均水平。土地垦殖率为 71.21%，高于全省山麓平原的 62.7% 和全省 34.95% 的平均水平，复种指数达 173%，土地资源利用相当充分。

重视耕地面积的稳定。由于城镇、村庄发展和独立工矿占地面积的增加，耕地面积基本保持稳定，耕地增加的途径有各级政府重视废弃工矿用地、沙坑和土坑的复垦；对未利用土地进行开发，使其效益得以发挥；对大批果园进行整理退园还耕。

重视节约用地。各村镇根据实际编制了城镇、村镇规划。17年来，城镇、村镇经济形势迅猛发展，城镇村建设基本上能严格按照规划要求实施，全县居民点人均用地122.58平方米，在全市是较低的，避免乱拆、乱建、滥用土地的无政府状态，节约大量农田，工矿用地规模也受到一定限制。

附：　　　　无极县土地解析

一、人多地少，耕地后备资源严重不足。全县人均土地面积1.56亩，人均耕地1.11亩，均低于全省人均4.89/1.7亩的平均水平。全县人口基数大、年龄轻、增长快，这种趋势到2020年前得不到缓解，人多地少的矛盾日趋尖锐。全县未利用土地仅37515亩，可供开垦的荒草地7686.75亩，滩涂地9241.05亩，后备资源严重不足，更加剧了人多地少的潜在危机。

二、耕地区中土地利用布局零乱、利用率较低。耕地区域中园地、林地、坑塘用地布局分散、地块零碎。例如在村庄周围常常有大量零散、老化、低效的园地有待进一步更新、整治。特别是一些坑塘布局零乱，有的处于荒废状态，不但不能发挥生产作用，而且会严重影响周边耕地生产效率的发挥。此外，零星的小片荒地、废弃地、坟地等，对耕地生产有很大的影响。田间道路、沟渠及田坎用地较多，占用大量耕地，致使耕地田块不整、规模过小，不能形成规模化布局、产业化生产。随着农村节水灌溉工程及农业机械化的发展，部分沟渠及田间道路已失去作用，需要进行平整。

三、农村居民点用地超标，环境有待改善。无极县部分村庄居民点人均用地200多平方米，超过了国家规定的平原区人均耕地小于1.5亩地区120平方米的用地标准，而且用地布局缺乏规划，土地利用效率和环境质量急待提高。

四、林地覆盖率低，分布集中。全县有园林地14832.5亩，占全县总面积的1.96%，而且大都集中在郝庄乡，由于未利用地中没有较大面积的成片林开发，只能发展四旁树和田间防护林，以防自然灾害的发生。

第二节　水资源

无极县自然水系属子牙、大清河水系。水资源由地表水和地下水组成。在其地表水资源中，自然水资源（地面径流）来源于降水，外来水资源滹沱河、木刀沟，自20世纪50年代上游修建水库后，长年断流，过境水基本没有。地下水资源由降水入渗、沟河渗漏、测向补给、人工回灌等项补给构成。

一、水资源总量

无极县现状条件下，工农业、生活用水全部取自地下水。根据《无极县第二次水资源评价报告》的数据，无极县多年平均水资源总量为4829万立方米，其中淀西清南平原水资源区为4012万立方米，滹滏区间平原水资源区为817万立方米。2000年，全县人均占有量为100立方米；2005年，全县人均占有量为97立方米，为河北省人均水资源311立方米的32.02%。另据1993年国际人口行动提出的《可持续利用水》报告，人均水资源占有量少于1700立方米为用水紧张地区，少于1000立方米为缺水地区，少于500立方米为严重缺水地区。

二、水资源供需情况

无极县现状总用水量14513万立方米，其中浅层地下水13859万立方米，深层地下水654万立方米，工业、农业、生活、生态用及其他用水量分别为860万立方米、11225万立方米、907万立方米、1521万立方米，用水结构为1∶13005∶0.92∶1.90，平均缺水量为6435万立方米，供需比为1∶2.2，缺水率为55%。根据《河北省水中长期供求计划》，缺水率10%为轻微缺水；缺水率10%～30%为缺水；缺水率30%以上为严重缺水。用水缺口靠超采深层地下水解决。全县多年地下水补给量为8011万立方米，地下开采量多年平均为13000万立方米，多年平均采补差为-4989万立方米，造成地下水持续下降。经分析全县地下水动资料，1964年以前，地下水位很浅，一般埋深为0.5～4米，1980—1994年底，15年间地下水累计下降11.92米。1995年和1996年是丰水年，滹沱河行洪过水，两年全县回升淀西清南平原3.08米，滹滏区间平原5.3米。但1997—2000年连续干旱，使回升的水量很快消耗殆尽，并动用了新的水量。到2005年，累计下降淀西清南平原10.6米、滹滏区间平原15.28米，全县平均累计埋深达24.99米。2000年全县供水量14513万立方米，2005年供水量17035万立方米。

1989—2005年无极县地下水平均埋深统计表

表2—20 单位：米

年份	地下水埋深	年份	地下水埋深
1989	14.65	1998	17.42
1990	14.08	1999	18.92
1991	14.99	2000	20.47
1992	16.58	2001	21.15
1993	17.13	2002	22.22
1994	18.9	2003	23.44
1995	17.51	2004	23.83
1996	14.52	2005	24.99
1997	16.33		

1989—2005年无极县地下水总补给逐年统计表

表2—21 单位：万立方米

年份	降水补给	河道渗漏补给	侧向补给	污水渗漏补给	井灌回归	总补给
1989	2679	0	1539	179	880	5277
1990	10754	0	1289	200	562	12805
1991	2544	1454	1568	183	1028	6777
1992	1706	0	1400	218	1225	4549
1993	7080	0	1213	220	955	9468
1994	2351	0	1433	233	1181	5198
1995	11107	2604	1156	271	599	15737
1996	9580	12876	1148	299	615	24518
1997	1697	2072	1734	340	1161	7004

续表 2–21

年份	降水补给	河道渗漏补给	侧向补给	污水渗漏补给	井灌回归	总补给
1998	3842	0	1317	368	870	6397
1999	2167	0	1291	666	959	5083
2000	4369	1071	1371	245	954	8010
2001	4256	1012	1231	236	865	7600
2002	3920	986	1100	225	846	7077
2003	3840	805	1012	215	838	6710
2004	3602	765	1000	202	826	6395
2005	3306	681	986	201	815	5989

三、水质

无极县用水全部取自地下水源。2005 年，分别于 5 月和 9 月对 1000 眼地下水监测井的水进行监测，监测结果表明，各监测点水质均能满足《地下水监测标准》（CB/T14848—1993）中的Ⅲ类标准，没有超标现象，无极地下水质良好。

2000 年，全县工业生产、生活废水排放 853 万吨，其中工业污水 665 万吨，生活污水 188 万吨。经各企业初步治理，污水达标量 350 万吨，达标率 43.8%，其余废水未经任何处理排放入磁河，严重污染地表水，对地下水也有不同程度污染。2005 年，对老磁河进行治理，杜绝污水的漫溢和渗漏。同时，无极县分别在西合流建制革废水集中处理厂，在东罗尚建城市污水综合处理厂，全县工业废水和生活废水全部得到去污处理，污水、污染物排放达标率达 100%（CO1），年降低率为 12%，氨氮年降低率为 10%。

第三节　野生动植物

一、野生动物

县境内野生动物种类不多。1985 年以后，因大搞农田建设，野生兽类失去栖息繁衍环境，某些兽类濒临绝迹。随着近几年植树造林力度逐渐加大，2003 年退耕还林政策实施以来，林木面积逐渐扩大，各种野生鸟类、兽类数量逐渐增加。

兽类主要有刺猬、鼬、蝙蝠、野兔、田鼠等。

禽类主要有雁、燕、布谷鸟、麻雀、猫头鹰、啄木鸟、喜鹊、乌鸦、鸽子、鸠、鹳、野鸡等。20 世纪 80—90 年代除麻雀、燕外，其他鸟类日渐减少。21 世纪初生态环境逐渐恢复，鸟类数量与种类日渐增加。

两栖爬行类主要有青蛙、蟾蜍及少量的蛇（无毒）等。

二、野生植物

2005 年，野生植物主要分布在滹沱河流域和木刀沟故道。主要有小叶杨、臭椿、榆、旱柳、荆条、酸枣棵、马棘条、白蒺藜、苍耳、杜梨、蓟草及禾本科植物。

第三章　自然灾害

无极县受季风环流影响，域内自然灾害主要是旱、涝、风、雹灾等。旱灾类型有春旱、初夏旱，以春旱最为常见，一般大旱15年一遇。由于无极县地下水资源丰富，一般干旱形不成灾害；涝灾一般是20年一遇，以夏涝为主；风灾主要是大风和干热风两种，以3—6月最多，重干热风大致3—4年一遇；雹灾是局部性灾害，时间集中在6—7月。

第一节　风雹灾害

平均风速大于或等于12米/秒，或瞬时风速大于或等于17米/秒，称大风。1990年，无极县出现16次大风天气过程。另外，出现4次飓风天气，其中8月11日19时25分至20时30分，无极县内遭百年未遇暴风雨袭击（大风在19时39分至20时30分，降雨在19时39分至22时），瞬时最大风速达40米/秒以上（12级以上），降水72.1毫米。受灾最严重的有郭庄、北苏、楼下、前北焦、东侯坊、甄村、无极、里城道、东东侯等乡镇。全县有25万亩玉米、5万亩谷子、7.8万亩棉花倒伏；刮倒树木3万棵，2万亩果树折枝率50%；电力设施毁坏70%以上，断杆、断线10公里；房屋倒塌250间，刮倒墙2000米；直接经济损失6700万元。另一次飓风是6月22日夜间，伴有冰雹，使全县6.4万亩棉花全部受灾。

1997年5月26日，零时25分至凌晨1时，一场风雹袭击无极。风力6级，冰雹持续时间10分钟左右，雹径12～15毫米，总降水量10.1毫米。大陈、里城道、郭庄、七汲等乡镇受灾严重。此次风雹造成2万亩麦田倒伏、1.7万亩果树受灾，8000多亩西瓜、3000多亩棉花、近万亩春菜不同程度受灾。

1998年7月18、19日夜间出现雷雨、冰雹天气，风力较大，造成农作物部分受灾，冰雹持续时间4分钟，直径10～15毫米，这两次降水共41.1毫米，造成13.5万亩大秋作物倒伏，2万亩蔬菜作物倒伏或落花落果。

2002年5月13日，13时34分至17时49分，县境内出现雷雨、冰雹天气，冰雹持续时间7分钟，最大直径1.5厘米，平均直径0.6～0.7厘米，密度较大，雷雨时伴有5～6级偏西风。受冰雹影响，张段固镇、里城道乡2个乡镇小麦受灾面积达2000亩，棉花受灾面积500亩，损失18.7万元。里城道乡西瓜受损5000亩，减产30000吨，损失900万元。8月4日，晚11点40分至零点40分，无极县受到八至九级大风侵袭，瞬间风速达24米/秒，同时伴有雷雨天气。据农业、林业部门统计，全县27.5万亩玉米，受灾面积约14万亩；林业受灾面积约5万亩，落果率15%，直接经济损失1500万元；另外，农田林网倒伏折断约800棵。9月2日，下午15时，出现雷雨、大风天气，最大风力8级。北苏镇的马桥、楼下、林中、寺下一带村庄受突如其来的大风、暴雨、冰雹袭击，冰雹持续20分钟，最大直径有3厘米，大风、暴雨持续1个多小时。马桥村受灾最重，3966亩农作物全部受灾，直接经济损失200万元。

2004年7月23日夜，无极县境内出现雷雨、大风天气，瞬间风力达12级。5个乡镇造成灾害，玉米倒伏5万亩，连根拨起大树120棵、刮倒电线杆252根。

第二节　洪涝灾害

1995年7月13日，无极县发生一场高强度暴雨，暴雨中心位于无极县城区，从16时开始降雨，雨势一直高强度持续到20时，4个小时降雨量276毫米，平均强度69毫米/小时。在经过2个小时的缓雨后，雨势于22时再度加强，但强度比前一段明显势力弱，至次日1时，转为零星飘落，至3时完全停止，历时12小时。此场暴雨总量为358.8毫米。此场暴雨强度之大实属罕见，最急时刻发生在17～18时，1小时降雨104.3毫米。此场暴雨涉及到无极、南流、北苏等乡镇，暴雨量大于100毫米，笼罩面积约600平方公里。暴雨对县城造成一定灾害，由于暴雨强度大，地面积水不能及时排泄，使得部分低洼地带房屋进水。

第四章　环境保护

环保工作大会

改革开放以来，无极县经济快速发展，形成了以医药、化工、机械制造、皮革四大支柱产业。这些产业虽然增加了收入，富裕了人民的生活，但也极易造成水、大气和垃圾污染。按照科学发展观的要求，无极县委、县政府积极转变粗放型的经济增长方式，走重环保、重质量、重效益的新型发展道路，自觉加大环境保护和防污染力度，逐步由“先发展，后治理”，转变为生产能力建设改造与环境保护措施同时设计、同时施工、同时运行，使环境污染得到有效控制，县域环境质量显著提高。

第一节　环境质量

一、大气环境质量

1994年无极县环境保护局成立之前，没有监测设施。1995年，无极县环境保护监测站成立，由于设备简陋，不具备监测条件。1996年，对县境内省、市级公路两侧和城区内锅炉进行摸底调查，全县共有锅炉66台，其中工业锅炉36台，采暖锅炉30台，1吨以上的锅炉57台，烟尘黑度大于1级的61台。根据调查结果，制定治理计划，通过锅炉改造，全县工业锅炉烟尘处理率达100%，采暖锅炉处理达90%以上。1999年全县辖区总悬浮颗粒物为0.273mg/m^3，低于《环境空气质量标准》（GB3095—1996）二级标准，县辖区生产锅炉烟尘黑度达标率100%。通过改变燃料结构，提高气化率、油化率，使全年燃煤量减少10%，烟尘排放量减少2000吨，大气质量明显好转。投资4万元购置汽油和柴油汽车测定仪，配备了微机室设备，对全县汽车进行尾气监测，发放汽车尾气证1800张。汽车尾气污染已成为大气污染的主要原因。2001年，县城总悬浮颗粒为0.378mg/m^{3}地，低于《环境空气质量标准》（GB3095—1996）二级标准，县辖区内生产锅炉烟尘黑度达标率100%。重点加强了对辖区内1吨以下立式燃煤锅炉的限期拆除和治理工作，拆除10台，已治理达标33台，取消排污不达标的烟囱120根，改善了环境质量。2002年初，开始空气质量监测，全年共报出空气质量周报54期，空气质量达到二级天数105天，主要污染物为PM10。调查显示，采暖季空气污染重于非采暖季，春季污染重于秋季，夏季污染最轻，冬季污染最重。2003年，区域生态劣化，外来风沙、扬沙、建筑施工、机动车尾气排放等复合型污染特征突出。可吸入颗粒物年均值为0.159mg/m^3，二氧化硫年均值为0.051mg/m^3，二氧化氮年均值为0.039mg/m^3。2004年城区二氧化硫年范围值为0.006～0.059mg/m^3，均值为0.037毫克/立方米，全年四个季度污染排序为一季度＞二季度＞四季度＞三季度；城区可吸入颗粒物年范围值为0.034～0.444毫克/标立方米，均值为0.210毫克/标立方米，全年四个季度污染排序为四季度＞一季度＞二季度＞三季度；城区二氧化氮年范围值为0.001～0.032毫克/标立方米，均值为0.021毫克/标立方米，全年四个季度污染排序为一季度＞三季度＞二季度＞四季度。城区大气环境质量符合《环境空气质量标准》二类区标准。2005年，县城区及定魏线、正饶线公路两侧3000米可视范围内燃煤设施烟尘达标率达95%以上。大气质量二级以上天数在83天以上，主要污染物（COD、氨氮、烟尘、粉尘、二氧化硫）排放总量分别比2004年减少5%以上。

二、水环境质量

1. 地表水

改革开放以来，乡镇企业迅疾崛起，已成为全县经济的支柱，特别是制革业在乡镇企业产值中所占的比重最大，1994年遍及全县12个乡镇82个村，主要集中在4个乡镇18个村。全县共有转鼓4500多个，年产皮革1215万张，年排废水1200万吨，严重污染了环境。

1995年，年排含铬废水约300万吨，排放铬8000吨，COD20556吨，而全县县办企业废水排放总量为400万吨，制革业污染负荷占全县乡镇企业污染负荷的90%以上。

1996年，磁河废水主要来源于县工业废水和生活污水，日平均流量1.88万吨，pH值为8.29，CODcr为224.4mg/L挥发酚1.3mg/L，悬浮物240mg/L，总cr1.6mg/L，氰化物0.7mg/L，其中生产废水为1.2万吨，生活废水0.6万吨。虽然经过近10公里的自然降解，但磁河出境水量仍达1.86万吨/日，pH8.02，CODCR224.4mg/L。

1997年，城区饮用水质达标率100%；重点工业企业废水排放达标率在80%以上。齐盛公司投资200多万元新建综合污水处理厂一座，废铬液综合水生化处理达标排放。经检验COD含量244mg/L，低于国家300mg/L的排放标准；废铬液加碱沉淀回收利用，将污染降低。

1998年，向磁河排放生产废水的企业主要有河北冀中化工责任有限公司、石家庄华龙股份有限公司、隆盛药胶有限公司、华瑞地毯有限公司、无极县棉油厂、石家庄甘露化工厂。根据市环保监测站监测结果，在无极、深泽交界处磁河废水量为28000吨/日，其中COD为330mg/L，Cr6+为0.008mg/L，悬浮物为51mg/L，硫化物为0.06mg/L。工贸合营无极造纸厂日排水量为7000吨，其中COD为2560mg/L，SS为1020mg/L。根据调查，除无极工贸合营造纸厂、隆盛药胶厂及部分小制革外，其他排污企业的废水基本达到国家排放标准。

磁河出境水质COD640.15mg/L，SS158.35mg/L，硫化物0.16mg/L，氰化物6.43mg/L。废水年排放量为1006.68万吨，COD年排放量6430.90吨，SS1594.1吨，硫化物1.612吨，氰化物64.7吨。

1999年，城区饮用水源水质达标率均为100%，县环保设施累计投资达6000余万元，建污水处理厂，日处理废水能力为1.94万吨，向磁河排污的工业企业基本全部达标。经监测磁河水质CODcr从1998年的430mg/L降到184mg/L，木刀沟出境水质 CODcr 小于 450mg/L。

2005 年全县排放污水各种污染物 9 种，其中主要污染物 3 种，化学需氧量排放量 4885.36 吨，与上年相比下降 6.1 吨；总铬排放量 1.7905 吨，与上年相比下降 1.29 吨；石油类排放量 0.23 吨，与上年相比下降 0.59 吨。其他污染物排放量分别是悬浮物 997.097 吨，生化需氧量 180.763 吨，氨氮 30.01 吨，硫化物 0.2 吨，动植物油 0.99 吨，挥发酚 0.08 吨。全县排水量 1651.5 万吨，比上年增加 420.15 万吨。

2. 地下水

1985 年，地下水水质良好，城区饮用水源水质达标率为 100%。面对县内工厂分散，布局不善的实际情况，对排污沟进行整修，从而使污水畅通无阻，减少因溢水对庄稼的危害，减轻对地下水的污染。

2004 年，对城区自来水公司和东汉村两个点位的地下水进行了监测，共获数据 48 个，监测两个点位的 pH 值、高锰酸盐指数、挥发酚、氰化物、六价铬、溶解性总固体、总硬度、氨氮、亚硝酸盐氮、硝酸盐氮和硫酸根分别为 7.21、7.06，1.98、2.1，0.002、0.73，0.017、0.014，0.014、0.015，416、587，98、102，0.09、0.097，0.011、0.009，8.47、9.87，40.7、41.6，监测结果符合《地下水质量标准》三类标准。

2005 年，县域地下水环境质量较好，水体中重金属类指标总铅、总镉、总汞、总砷等未检出，其余指标符合《地下水环境质量标准》(GB/T14848—93) III 类标准。

2005 年无极县地下水质监测结果统计表

表 2–22　　单位：mg/L(pH 除外)

项目	统计量(个)	最大值	最小值	平均值	检出井次	超标井次	检出率(%)	超标率(%)
pH 值	10	7.36	7.00	7.14	10	0	100	0.0
高锰酸盐指数	10	0.90	0.63	0.79	10	0	100	0.0
亚硝酸盐氮	10	0.007	0.003L	0.002	2	0	20	0.0
挥发酚	10	0.001	0.001	0.001	0	0	0	0.0
氰化物	10	0.002	0.002	0.002	0	0	0	0.0
氟化物	10	0.25	0.09	0.15	10	0	100	0.0
六价铬	10	0.030	0.002	0.009	1	0	20	0.0
溶解性总固体	10	596	455	516	10	0	100	0.0
总硬度	10	430	160	355	10	0	100	0.0
硫酸盐	10	140	22.4	94.0	10	0	100	0.0
氨氮	10	0.096	0.016	0.040	6	0	60	0.0
硝酸盐氮	10	7.21	2.2	5.62	10	0	100	0.0

三、声环境质量

噪声污染一直是环保部门监督管理的薄弱环节，1999 年，环保部门开始重视噪声污染治理。噪声扰民主要涉及几个方面：1. **建筑噪声扰民**。由于经济利益的驱使，不按限定的时间进行施工，给周围居民生产、生活带来影响。2. **工业企**

业噪声扰民。这些企业主要涉及金属加工、木材加工业。尤其是木材加工时，电锯噪声扰民问题日益突出，在农村，这个问题更为严重。**3. 社会噪声扰民**。尤以夏季街头卡拉 OK 噪声扰民严重。虽经县政府组织各部门联合执法，仍屡禁不止。**4. 交通噪声扰民**。经监测，无极县城市交通干线噪声平均值 69db，虽然没有人提出投诉，但严重超出国家排放标准。2005 年，四季度的环境噪声功能区噪声监测结果平均值分别为 55.5dB(A)、50.5 dB(A)、60.35 dB(A)、54.6 dB(A)。

四、固体废弃物污染

1995 年，企业废渣排放总量 3.4 万吨。2001 年，工业固体废弃物产生量 4.25 万吨，综合利用量为 4.13 万吨，综合利用率为 97%。生活垃圾 150 万吨，主要是城镇生活垃圾。

农作物秸秆焚烧、农用薄膜、塑料餐盒、包装材料等面源污染。

第二节　环境监测

根据环境空气质量标准分级，无极县执行二类区二级标准。

1994 年无极县环境保护局成立后在县城设立了 2 个监测站：东中铺监测点，为居民区监测站；糠醛厂监测点，为工业区监测点。

1996 年，监测站着手对磁河地面水监测布点工作，将磁河废水 COD 进行定期监测。

1998 年，开展大气、噪声等环境要素的监测。大气环境质量监测共布设 4 个采样点，每季度采样一次，每次采 5 天，测定项目有二氧化硫和氮氧化物。

1998 年，首次对县城的地下水进行普查，共布设 2 个监测点。地下水必测项目有 PH 值、总硬度、氰化物、六价铬等 15 项。采用《地下水环境质量标准》（GB/T14843—93）进行评价。

1999 年，环保监测深入企业 80 多次，布点 4 个，发放汽车尾气证 1800 张，提供监测数据 1500 余份，一般企业要每月监测一次，重点企业不定期地进行监测。

1999 年，对磁河沿岸等 11 个村庄进行监测，个别村庄地下水污染严重，人民群众吃水困难，为此县政府拨款 204760 元为大名庄、庄里、柳见、市庄、郭庄、南朱村、安城、田庄、北丰、吕吕村 10 个村庄的群众打深水井 11 眼。

2002 年初，筹资购置大气 24 小时空气采样器，监测空气质量。大气监测必测项目有二氧化硫、氮氧化物、总悬浮颗粒物、降尘。二氧化硫、氮氧化物采用 24 小时连续采样，每月采样一次；总悬浮颗粒物每月在周二采样，全月共监测 4 天，按《环境空气质量标准》（GB3095—1996）标准进行评价。监测站开始向市环保监测站上报空气质量周报，全年共报出常规监测数据 756 个，污染源监测数据 536 个。

2005 年，全县的地面水监测有 3 处（滹沱河、磁河、木刀沟），同时对 100 多个企业进行监测，地下水开展 12 个项目的监测，大气环境质量开展 4 个项目的监测，噪声、污染源等均开展监测，水质监测项目有 21 个。地面水必测项目有水温、pH 值、悬浮物、总硬度、化学需氧量、高锰酸盐指数、氨氮、氰化物、六价铬等 15 项，流量测定与采样同步进行。地面水在每月各监测一次，全年共监测 11 次，评价标准根据功能区划按《地表水环境质量标准》（GB3838—2002）执行。饮用水共设 2 个测点。必测项目有水温、pH 值、总硬度、氨氮、大肠菌群等。地下水每年采样 2 次，饮用水源地按《生活饮用水卫生标准》（GB/T14843—1993）进行评价。年底，通过省环境监测三级站标准化建设达标验收。完善企业排污口规范化建设，实行定期采样监测制度，对日排废水以上的制药、化工、制革、造纸等重污染企业在年底前安装流量计和 COD 在线监控装置，实现污染源在线监控。

第三节　环境治理

一、污水治理

1997年，齐盛公司投资200多万元新建综合污水处理厂1座。5月5日，河北齐盛皮革股份有限公司率先投入试运行，并于9月20日通过省环保局验收，成为河北省关停、取缔重污染企业后第一家进行技改通过验收的皮革公司。经省环境监测中心监测，废水中COD为244.4 mm/L、SS为55mg/L、S2—为0.01mg/L、总铬为0.406mg/L，全部达到了国家排放标准。金牛、东风2个皮革公司也分别于7月26日、9月3日污水处理综合设施相继运行。皮革污水治理走在了全省皮业转制的前列。

1998年上半年，河北冀中化工有限责任公司累计投资1200多万元进行污染治理，降低了污染物的排放，废水排放量从180万吨/年降到36万吨/年，并于1997年12月全面通过石家庄市环保局验收。为进一步减少排水量，1998年下半年该厂投资140万元再上一套闭路水循环系统，每天可减少排水量2000吨左右。县加大了限期治理力度，对污染严重的棉油厂洗毛车间、甘露化工厂明胶车间下达停产关闭的决定，制药厂、地毯厂通过改进生产工艺也实现了废水的达标排放。工贸合营无极造纸厂积极进行污染治理，先后建造三级斜网过滤设备和白水回收设施，将排水量从504万吨/年降到240万吨/年，COD从3100mg/L降到2560mg/L，SS从3500mg/L降到1020mg/L，色度由150降到110。

皮革污水处理厂

1999年，组织公安、监察、企业、技监等部门成立关停、取缔小制革执法稽查队，共查处违法生产70余起，罚款15.7万元，没收生产工具30多个。当年，环保设施累计投资达6000余万元，建小型污水处理厂19座，日处理废水能力为1.94万吨，向磁河排污的工业企业基本全部达标。经监测磁河水质CODcr从1998年的430mg/L降到184mg/L，木刀沟出境水质CODcr小于450mg/L。

自2003年3月19日开始，对皮革公司进行限期整改。2004年10月20日，城市综合污水处理厂开工建设，该工程设计规模为日处理综合污水4万吨，占地52.5亩，总投资5345万元，其中污水处理厂投资3935万元，配套管网投资

城区污水处理厂一角

皮革污水处理厂一角

污水处理厂

1410万元。该工程采用百乐克处理工艺，设计出水水质为《城镇污染处理厂污染物排放标准》（GB18918—2002），即COD ≤ 100mg/L。

二、大气污染治理

1. 治理燃煤锅炉

1996年，对县境内省、市级公路两侧和城区内锅炉进行了摸底调查，共有锅炉66台，其中工业锅炉36台，采暖锅炉30台，1吨以上的锅炉57台，烟尘黑度大于1级的61台，对不合格的限期改造。全县工业锅炉烟尘处理率达100%采暖锅炉处理达90%以上。

1999年，监督相关单位新上、改造除尘设施15套，县城无极路以南全面普及集中供热，取消烟囱23根，改善城区环境质量，解决烟囱冒黑烟问题；6月1日起杜绝县域内销售车用含铅汽油，全部使用无铅汽油。严把项目审批关，严格执行“环境影响评价”及“三同时”制度，与工商局、土地管理局、电力局、水利局、金融等职能部门配合，充分行使“环保一票否决权”。对新上的12个项目都办理了环评执行率和“三同时”，保证了新建、扩建、改建项目环境影响评价执行率和“三同时”的执行率都达到了100%。

2000年8月3日，根据《无极县人民政府限期治理燃煤污染的通知》（无政办〔2000〕第14号），列入集中供暖的单位，一律不得使用和新建自备燃煤锅炉；其他单位必须对燃煤锅炉安装高效除尘设施。当年拆除1吨以下立式锅炉和饮食炉灶145台。

2001年，重点对辖区内1吨以下立式燃煤锅炉的限期拆除和治理工作，共拆除10台，治理达标33台，取消排污不达标的烟囱120根，新增供热面积15万平方米，良好天数183天。

2002年8月，对正无路、贾无路两侧3000米以内1吨以下手烧燃煤锅炉进行拆除，使烟气浓度降低于250mg/m^{3}以内，林格曼黑度低于1级；对贾无路、正无路、城区内可视范围内的1吨以下立式燃煤锅炉进行拆除；督促热力公司继续发展集中供热，当年新增供热面积5万平方米；城区取暖锅炉烟尘黑度达标率达90%以上，贾无路、正无路两侧可视范围内炉窑烟尘黑度达标率达95%以上。

2003年大气环境质量明显好转。城区内10家规模饮食单位安装油烟净化装置；对城区内的饮食摊点进行规范管理，取缔露天烤摊点；拆除城区内的19台1吨以下立式燃煤锅炉和27个蛋白饮料加工厂点的不达标锅炉，对绷板厂、喷涂厂、移膜厂的40多台锅炉和炉窑进行治理改造。汽车尾气治理全面展开，监测车辆2800辆，发放尾气合格证850张。县空气质量日报监测结果为Ⅱ级天气达126天。

2005年，坚持“标本兼治、疏堵结合”的原则，继续抓好“两路一区”（定魏线、正饶线、城区）形象工程建设以及城区环境综合整治。对城区及定魏线、正饶线公路两侧3000米范围内不达标燃煤设施进行更新、改造或拆除，实现达标排放，杜绝“冒黑烟”现象。全县大气质量二级及以上天数达182天。

2. 治理鸡粪恶臭

2003年，采取疏堵结合、严格审批的措施，查处北苏镇、东侯坊乡一带16家非法鸡粪烘干厂点，搬迁和取缔76家县城区养殖户，规划建设18家利用生物发酵法加工鸡粪的有机肥厂。2005年，进一步规范畜禽粪便加工企业，防治农业面源污染和畜禽养殖污染，杜绝鸡粪烘干、晾晒现象反弹，禁止在县建成区内新建、改建、扩建化工、养殖、屠宰、医药等产生异味气体及耗煤的污染项目。

3. 禁烧秸秆

1999年，作为“环保五大工程”之一，严禁焚烧农作物秸秆，搞好秸秆综合利用。通过实施秸秆切碎还田、青贮、建气化站等多种有效途径，全面禁烧农作物秸秆，全县秸秆综合利用率达到100%。2005年，全县农田的秸秆经过切碎还田、青贮过腹还田、沤制高效菌肥、深埋还田等多种有效途径，综合利用秸秆29万亩，利用率达100%。连续三年被石家庄市委、市政府授予先进单位称号。

三、固体废弃物污染治理

“九五”期间全县工业固体废弃物年产生量6.7万吨，还有农作物秸秆等。工业固体废弃物一半以上为煤炭燃后的炉渣，其次是废矿渣等。这些固体废物多被用于建筑，生活垃圾则被清理后填埋于道路两侧，农作物秸秆近两年来被充分利用，或秸秆还田、或加工成饲料等。

四、噪声污染治理

1999年5月1日，全县进行突击检查，由环保局、公安局联合对县城区11家卡拉OK摊点进行治理整顿，没收音响4台套，噪声扰民问题得到有效遏制。为巩固管理成果，保证中考和高考期间有一个安静的学习和休息环境，中共县委宣传部、教育局、公安局、工商行政管理局、环保局、广播电视局联合发布《关于规范城市内夜市经营的通知》，按照有关法规，做出“街头卡拉OK摊点及其他娱乐活动，音量不得超过60分贝，经营时间夜间不超过十点半；各种车辆必须依照有关规定行驶停靠，严格控制高音喇叭噪声扰民”。通过严格管理，有效杜绝娱乐噪声扰民，消除噪声污染。

五、取缔“十五小”

1996年，为落实《国务院关于环境保护若干问题的决定》，按照省市要求，县加大对小制革、小造纸等“十五小”企业的关停取缔力度，对高头乡朱家庄、张段固镇田庄、无极镇西河流、大陈镇王村4家小造纸厂给予强行取缔。

1998年，组织大规模清理行动4次，依法查处20起非法从事小制革生产业户，没收生产工具60余件，并在张段固、东侯坊等乡镇设立公开举报电话，发动群众检举，对顶风暗地生产者进行从重处罚。2001年共查处“十五小”“新六小”反弹案件21起，收缴罚款8万元。在取缔、关停督导的同时，执法人员深入到乡村，宣讲《国务院关于环境保护若干问题的决定》，在一定程度上遏制小制革的反弹。

第四节 环境保护管理

一、环保目标管理

2002年，县政府与各乡镇政府、县直有关部门签订环境保护目标责任书。2005年，依照《石家庄市环境保护重点工作实施方案》要求，结合实际，狠抓落实，完成各项工作目标。其中，共性目标12项，个性目标10项。

二、环保宣传

1994年，精心筹划、组织“4·22”世界地球日和“6·5”世界环境日的宣传活动，对境内小制革较集中的22个村为宣传重点，出动宣传车25次，散发宣传材料1850份，征订报纸95份，张贴宣传标语2500余条，开设宣传橱窗10个，在人口稠密区写固定标语20余条。

1997年，“6·5”世界环境日，出动宣传广播咨询车4辆，在无极路繁华地段设立环保咨询站3处，散发宣传材料5000份，解答群众提出的问题累计1000人次，张贴各种形式的宣传标语及横幅计180余条，设置大幅公益广告2块。利用县电视台及《无极报》等新闻媒体组织专版、专稿共80余篇，发表电视讲话3次，向省市报刊投稿12篇。

1998年，认真组织以“6·5”世界环境日为主的宣传活动，书写固定标语100条，开展中小学环境教育活动2次，举办2期培训班。结合县实际，采取多种形式把关停、取缔“十五小”作为重点来宣传。创建张段固中心小学、野风学校2所绿色学校和环保局、供电局、地税局3所绿色机关。

2001年6月4日，为迎接“6·5”世界环境日，环保局举办一次别开生面的“2001环保杯知识竞赛”活动，石家庄电视台分别进行报道。同时，组织8大皮革公司和县直有关企业的厂长（经理）参加由市环保局和市人大共同组织的《中华人民共和国大气污染防治法》知识讲座。创建无极中学、育才中学等4所教育基地。

三、排污收费

1994年，市环保局下达县环保局收费指标是28万元，县超额完成28.15万元。1995年，完成排污收费任务44万元，超额完成上级下达任务的32万元。1998年，完成排污收费任务119万元，提前超额完成市、县下达的任务。1999年，完成排污收费任务150万元。2001年，完成排污收费任务168万元。2002年，完成220万元的排污费征收任务。2003年，完成排污费征收任务240万元。2004年，完成排污费征收任务275万元。2005年，完成收费任务310万元。全县105家企业的排污申报登记工作全部完成。

四、管理机构

1982年，县计划委员会设环境保护小组，组成人员2人，历属计划委员会领导。1983年，成立环境保护办公室，并从县计委脱离，挂靠在城建局，办公室设主任，工作人员3人；1994年5月，县政府成立无极县环境保护局，编制5人，原隶属城建局的环境保护办公室予以撤销，共有人员32人，下设办公室、环境管理科、计财科和执法中队。同年12月，经县编委批准成立“无极县环境保护监测站”，为隶属环保局的事业单位，编制6人。1997年，执法中队分为张段固中队、东侯坊中队、郝庄中队和城关中队。1998年，增设环境监理科、法规科、和环境稽查大队。2002年9月，根据无编〔2002〕4号文，成立“无极县环境监察大队”，下设城关、东侯坊、张段固、郝庄、县直、北苏、城区7个（中心）环保所，同时挂“环境监察中队”牌子，共有监察执法人员52人。2005年，内设办公室、环境管理科、计财科、环境监理科、法规科和环境监察大队，工作人员110人。

人口

1989—2005年，随着“实行计划生育，控制人口增长”的基本国策的不断落实，切实控制人口生育，全县人口发展逐步适应社会、经济的发展，人口数量一直趋于平稳增长态势，由1989年的43.6万人增加到2005年的48.5万人。人口的性别结构基本平衡，人口寿命延长；农业人口在全县总人口的比重逐年下降，城镇人口和流动人口逐年增加；文盲、半文盲人口显著下降，高中以上文化人口明显增长。

無極縣志

第一章　人口总量和分布

1989年以来，随着改革开放的不断深入，社会各项事业不断发展完善，人们生活水平和综合素质的不断提高，人们生育观念的转变，无极县人口变化的趋势呈总量增长、出生下降、死亡平稳趋升、自然增长率下降的人口再生产型。

第一节　总量变化

1989年，全县有107323户，人口总数为436213人，其中男221791人，女214422人，农业人口418293人，非农业人口17920人。1990—2005年全县总人口逐年增长，非农业人口占总人口比重逐年上升。1991年全县119685户，人口457477人，其中男232946人，女224531人，农业人口437580人，非农业人口19897人。非农业人口来源于大中专毕业生、转业军人安置、行政和事业单位所用农民工“转非”及转干、民办教师转公、职工干部家属“农转非”。1992年经省政府批准，县决定向全县城镇农业户口人员实行有偿“农转非”，当年非农业人口较上年增加7002人。1996年全县132850户，总人口471904人，其中男性237876人，女性234028人，农业人口440327人，非农业人口31577人。2000年全县134462户，总人口485069人，其中男24380人，女239689人，农业人口447939人，非农业人口37130人。2005年全县有134931户，485057人，其中男246388人，女238669人，农业人口412149人，非农业人口72908人。总人口比1989年增加48844人，增长11.20%，平均年增长0.66%。

1989—2005年无极县人口总量变动情况表

表3–1　　　　单位：人

年份	总人口（人）				定基增长%	环比增长%
	合计	男	女	农业人口		
1989	436213	221791	214422	418293		
1990	450894	228065	222829	431977	3.37	3.37
1991	457477	232946	224531	437580	4.87	1.50
1992	461003	233803	227200	434104	5.68	0.77
1993	463975	236345	227630	436341	6.36	0.64
1994	466004	236065	229939	437554	6.83	0.44
1995	468943	237372	231571	438851	7.50	0.63
1996	471904	237876	234028	440327	8.18	0.63
1997	473126	239060	234066	440313	8.46	0.26
1998	474907	240105	234802	440934	8.87	0.38
1999	477066	241108	235958	441635	9.36	0.45

续表 3–1

年份	总人口（人）				定基增长 %	环比增长 %
	合计	男	女	农业人口		
2000	485069	245380	239689	447939	11.20	1.68
2001	483770	245054	238716	446330	10.90	−0.27
2002	483319	245075	238244	445704	10.80	−0.09
2003	482799	244777	238022	442751	10.68	−0.11
2004	483969	245715	238254	411679	10.94	0.24
2005	485057	246388	238669	412149	11.20	0.22

第二节　人口分布和人口密度

一、人口密度

1989 年，全县人口密度为每平方公里 832.47 人。人口密度最高的乡镇是城关镇，每平方公里 1382.78 人；最低的乡镇是庄里乡，每平方公里 490.62 人。1996 年全县人口密度为每平方公里 900 人，比 1989 年增加 8 个百分点。人口密度最高的乡镇是无极镇，每平方公里 1245.70 人；最低的乡镇是七汲镇，每平方公里 739.37 人。2005 年，全县人口密度为每平方公里 926 人，比 1996 年增加了 3 个百分点。人口密度最高的乡镇是无极镇，每平方公里 1367.44 人；最低的乡镇是大陈镇，每平方公里 751.29 人。全县人口在逐渐向经济繁荣发达、交通便利的城镇集中。

二、人口分布

1989—2005 年，无极县行政区域经过一次变化，1996 年 1 月撤乡并镇，20 个乡镇合并为 11 个乡镇。

1989 年无极县各乡镇人口分布情况表

表 3–2　　单位：人

项目 单位	总人口	其中		
		男	女	农业人口
合计	436213	221791	214422	418293
城关镇	36535	19088	17447	25110
七汲镇	24663	12578	12085	24461
甄村乡	11005	5817	5188	11014
张段固镇	23323	12978	10345	22908
郭吕乡	16366	8200	8166	17044
庄里乡	12756	6333	6423	12644
高头乡	31775	15695	16080	30994
北苏镇	20768	10322	10446	20254
郝庄乡	23662	11846	11816	23142

续表 3–2

单位＼项目	总人口	其中		
		男	女	农业人口
南马乡	21538	10857	10681	31303
西东门乡	20861	10364	10497	20638
郭庄镇	29364	14946	14418	28767
楼下乡	25891	13049	12842	25586
前北焦乡	15476	7791	7685	15318
东侯坊乡	17416	8687	8729	17271
里城道乡	26854	13294	13560	26684
大陈镇	20182	10201	9981	19861
泗水乡	14462	7257	7205	14434
南流乡	23023	11868	11155	22428
东侯乡	20083	10110	9973	19896

2005 年无极县各乡镇人口分布情况表

表 3–3　　单位：人

单位＼项目	总人口	其中		
		男	女	农业人口
合计	485057	246388	238669	412149
无极镇	45998	23143	22855	41248
七汲镇	41529	21131	20398	36328
张段固镇	40917	20832	20085	33286
高头乡	33755	17146	16609	32331
北苏镇	54615	27639	26976	47005
郝庄乡	48302	24622	23680	47051
郭庄镇	42086	21371	20715	36369
东侯坊乡	48734	24616	24118	47464
里城道乡	40729	20473	20256	39882
大陈镇	31554	15905	15649	26892
南流乡	24892	12709	12183	24293
城关派出所	31946	16801	15145	

第二章 人口变动

第一节 自然变动

1989 年，全县出生人口 7080 人，出生率为 16.2‰，死亡人口 2366 人，死亡率为 5.5‰，人口自然增长率为 10.7‰。1989 年人口出生率为 17 年间最高年份。2000 年，全县出生人口 55432 人，出生率为 11.51‰，死亡率为 6.12‰，人口自然增长率为 5.39‰。2005 年全县出生人口 6267 人，出生率 12.9‰，死亡人口 3407 人，死亡率 7‰，人口自然增长率为 5.9‰。

1989—2005 年无极县人口自然变动情况表

表 3–4

年份	年内出生		年内死亡		自然增长率（‰）
	人 数（人）	出生率（‰）	人数（人）	死亡率（‰）	
1989	7080	16.2	2366	5.5	10.7
1990	7034	15.7	2510	5.6	10.1
1991	5700	12.55	2261	5	7.55
1992	5210	11.34	2610	5.6	5.74
1993	5257	11.36	2589	5.59	5.76
1994	4189	8.99	2720	5.84	3.15
1995	4413	9.4	2608	5.6	6.3
1996	3457	7.3	2903	6.2	1.2
1997	3770	8	2831	6	2
1998	4337	9.1	2759	5.8	3.3
1999	3571	7.5	2727	5.7	1.8
2000	7376	15.2	2614	5.4	9.8
2001	7350	15.2	2487	5.1	10.1
2002	5824	12.1	2949	6.1	6
2003	4644	9.7	3093	6.3	3.40
2004	5691	11.8	2941	6.4	5.4
2005	6267	12.9	3407	7	5.9

第三编

第二节　机械变动

机械变动包括迁入和迁出。1989 年迁出人口 3024 人，迁入人口 2945 人。迁出人口迁入人口基本相当，主要表现为域内人口的机械变动。进入 21 世纪 90 年代初期，由于县内制定并实行农业户口转为非农业户口政策，农转非条件放宽，到无极工作生活并购买城镇户口者增多。同时为提高城镇化率和城镇化进程，发展市场经济，相应放宽人事制度，从外地引进一部分人才。1989—2005 年 17 年间，全县合计迁入人口 48563 人，迁出人口 59231 人。人口迁入的来源主要是男女婚嫁、迁入无极县定居者、接受安置大中专毕业生、安置转业军人及家属、调入无极县的国家机关干部、企事业单位职工及家属、外地打工人员到无极定居者；迁出人口的去向，主要有学生升学迁到外地、参军迁出、因婚姻迁出该县、机关、企事业单位职工因工作调离本县、全家随迁、外出打工者在外地定居等。

第三节　流动人口

流动人口包括流出人口和流入人口。1989—1992 年，无极县医药市场的形成吸引全国各地的医药经销人员，流入人口平均每年在万人以上。1992 年后，无极县医药市场根据国家政策停办，外来人口急剧下降。到了 90 年代后期，特别是进入 21 世纪，无极县皮革业的兴起，外来经商、打工的人员增多，流入人口每年都在增加，到 2005 年，流入人口达到万余人。

随着社会经济的发展，全县流出人口占总人口的比重逐渐增高，流动幅度增大，流动频率升高。1990 年第四次全国人口普查时，全县外出人口（出县）以到石家庄打工为主，流动频率较低，外出满一年的人数为 2645 人，是 2000 年第五次全国人口普查时的 1/4，省外流动地以临近省、区为主，如北京、天津、山西、山东、新疆、广州等地。2000 年全县流出人口（出乡镇）为 41231 人，占户籍人数的 8.5%，外出打工者占 80%，以青壮年为主。2005 年，全县共有流动人口 12456 人，流入和流出人口基本持平。

第三章　人口构成

第一节　性别构成

1989 年，全县男性 221791 人，女性 214422 人，性别比（以女性为 100，男性对女性的比例）为 103.4∶100；新生婴儿男性 3364 人，女性 3208 人，性别比为 104.9∶100。1995 年，全县男性为 237372 人，女性为 231571 人，性别比为 102.1∶100。2000 年，全县男性 243435 人，占总人口的 50.34%，女性为 240108 人，占总人口的 49.66%，性别比为 101.38∶100。2005 年，全县男性 246388 人，女性 238669 人，男女比例为 103.2∶100；新生婴儿男性 3102 人，女性 2883 人，性别比为 107.6∶100。

第二节　民族构成

无极县居民以汉族为主，其次为回族。1990 年第四次全国人口普查时有汉族、蒙古族、回族、藏族、维吾尔族、苗族、壮族、布依族、满族、侗族、瑶族、白族、土家族、傣族、黎族、佤族、畲族、拉祜族、傈僳族、水族、纳西族、仫佬族 23 个民族；汉族人口 434435 人，占总人口 97.12%；其他 22 个少数民族人口为 12312 人，占总人口的 2.88%，其中回族 11904 人，占少数民族人口的 96.69%。2000 年第五次全国人口普查时，有汉族、蒙古族、回族、藏族、维吾尔族、苗族、彝族、壮族、布依族、朝鲜族、满族、侗族、瑶族、白族、土家族、哈萨克族、黎族、傈僳族、畲族、拉祜族、水族、纳西族、土族、达斡尔族、仫佬族、普米族、塔吉克族 27 个民族。汉族人口为 470247 人，占总人口的 97.25%；各少数民族人口为 13296 人，占总人口的 2.75%。

第三节　年龄构成

2000 年第五次全国人口普查，全县 0 ~ 14 岁儿童人口为 118060 人，占总人口的 24.42%；60 岁以上的人口为 48259 人，占总人口的 9.98%；65 岁以上的人口为 34147 人，占总人口的 7.06%。与 1990 年第四次全国人口普查相比，0 ~ 14 岁人口的比重下降 6.22 个百分点，65 岁以上人口的比重上升 1.4 个百分点。按照国际规定，65 岁以上老年人口比重超过 7%，60 岁以上老年人口比重超过 10.0%，少年儿童所占比重低于 30.0%，即为老年型社会。无极县人口的年龄构成类型已步入老年型社会。

2000 年全县劳动年龄人口（男、女 15 ~ 64 岁）为 331536 人，占人口的 68.56%，比 1990 年提高 4.65 个百分点，其中男 166711 人，女 164825 人，10 年间总抚养比发生变化，劳动年龄抚养重大任务落在对老年人抚养上，老年抚养比增加 1.73 个百分点。

2000 年和 1990 年无极县劳动年龄抚养比

表 3–5　　单位：%

指标	2000 年	1990 年	增减百分点
总抚养比	45.85	56.53	−10.68
少儿抚养比	35.55	47.96	−12.41
老年抚养比	10.30	8.57	1.73

1990 年和 2000 年无极县各年龄段男女统计表

表 3–6　　单位：人

分年龄段（岁）	第四次全国人口普查			第五次全国人口普查		
	合计	男	女	合计	男	女
0 ~ 4	56889	29290	27599	25391	13599	11792
5 ~ 9	47501	24471	23030	32494	17449	15045
10 ~ 14	32487	16542	15945	59970	30716	29254
15 ~ 19	41177	20745	20432	51625	25985	25640
20 ~ 24	42324	20714	21610	29209	14916	14293

续表 3-6

分年龄段（岁）	第四次全国人口普查			第五次全国人口普查		
	合计	男	女	合计	男	女
25～29	38232	18899	19333	38139	19256	18883
30～34	37165	18916	18249	44369	22025	22344
35～39	34621	17706	16915	39432	19468	19964
40～44	26513	13385	13128	36663	18612	18051
45～49	17846	9036	8810	34411	17425	16986
50～54	15786	8299	7487	26411	13260	13151
55～59	16349	8288	8061	17165	8586	8579
60～64	15406	7660	7746	14112	7178	6934
65～69	10867	5108	5759	13082	6266	6816
70～74	6429	2956	3473	11064	4950	6114
75～79	3969	1714	2255	6310	2548	3762
80～84	2301	907	1394	2564	884	1680
85～89	761	273	488	878	251	627
90～94	108	29	79	218	50	168
95～99	15	4	11	28	6	22
100岁以上	0	0	0	3	0	3

第四节　农业、非农业人口构成

1989年，无极县总人口436213人，其中农业人口418293人，占总人口的95.90%；非农业人口17920人，占总人口的4.1%。随着农村青年上学、参军及大中专毕业生、退伍军人安置以及90年代初期政府对非农业户口政策调整等诸多因素，农业人口所占比例逐年减少，非农业人口逐年增加。2003年，全省实行户籍制度改革，实行户口统计一元化，不再以农业非农业区分人口，而区分农村与城镇人口。

1989—2005年无极县农业（农村）、非农业（城镇）人口情况表

表 3-7

年度	总人口	农业（农村）			非农业（城镇）		
		户数（户）	人口（人）	比例（%）	户数（户）	人口（人）	比例（%）
1989	436213	105005	418293	95.90	2318	17920	4.10
1990	450894	110556	431977	95.80	6535	18917	4.20
1991	457477	111671	437580	95.58	8014	19897	4.42

续表 3-7

年度	总人口	农业（农村）			非农业（城镇）		
		户数（户）	人口（人）	比例（%）	户数（户）	人口（人）	比例（%）
1992	461003	106795	434104	94.42	16854	26899	5.58
1993	463975	107425	436341	94.04	16850	27634	5.96
1994	466004	121150	437554	93.39	13167	28450	6.61
1995	468943	121950	438851	93.58	10898	30092	6.42
1996	471904	121952	440327	93.07	10898	31577	6.93
1997	473126	111952	440313	93.06	13278	32813	6.94
1998	474907	121952	440934	92.85	16209	33973	7.15
1999	477066	113709	441635	92.57	16647	35431	7.43
2000	485069	114542	447939	92.35	19920	37130	7.65
2001	483770	114403	446330	92.26	20352	37440	7.74
2002	483319	114261	445704	92.22	20439	37615	7.78
2003	482799	113338	442751	91.17	21529	40048	8.83
2004	483969	118894	411679	85.06	16140	72290	14.94
2005	485057	118566	412149	84.97	16365	72908	15.03

第四章　人口素质

第一节　身体素质

1989年全县共有残疾人口17448人，占总人口的4.0%。其中，肢体残疾人5625人，占残疾人口的32.24%；视力残疾人1827人，占残疾人口的10.47%；听力残疾人4233人，占残疾人口的24.26%；智力残疾人1357人，占残疾人口的7.78%；精神残疾人1190人，占残疾人口的6.82%；言语残疾人260人，占残疾人口的1.49%，多方面残疾人2956人，占残疾人口16.94%。

2005年全县共有残疾人口15807人，占总人口的3.26%。其中，肢体残疾人11759人，占残疾人口的74.39%；视力残疾人737人，占残疾人口的4.62%；听力残疾人2304人，占残疾人口的14.58%；智力残疾人390人，占残疾人口的2.47%；精神残疾人238人，占残疾人口的1.51%；言语残疾人379人，占残疾人口的2.40%。

第二节　文化素质

1990年，第四次全国人口普查时，6岁及6岁周岁以上人口379417人，其中大学本科253人，大学专科940人，中专3175人，高中21396

人，初中103209人，小学162469人，各种文化程度合计291442人，占总人口的65.24%；15周岁及以上文盲半文盲84667人，占总人口的18.9%。按全县总人口平均每千人拥有大学本科生0.55人，大学专科2.1人，中专生7.1人，高中生48人，初中生231人，小学生366人。

2000年第五次全国人口普查时，6岁及6岁以上人口为446089人，占总人口的92.26%。比1990年提高个6.3个百分点。小学所占6岁及6岁以上人口的比例减少0.8个百分点，文盲、半文盲所占6岁及6岁以上人口的比例减少13.7个百分点，初中以上文化程度的人口比例明显提高，比重为42.3%，比1990年提高15.4个百分点，增加86617人，具有研究生学历的人数不断增加。

1990年、2000年无极县6岁及6岁以上人口文化程度对比表

表3–8

文化程度	2000年		1990年		2000年比1990年增减百分比
	人口（人）	结构比（百分点）	人口（人）	结构比（百分点）	
合计	446089		383995		
研究生	12				
大学本、专科	4183	0.9	1193	0.3	0.6
中专、高中	36440	8.2	24571	6.4	1.8
初中	189826	42.3	103209	26.9	15.4
小学	185019	41.5	162469	42.3	−0.8
文盲、半文盲	36805	8.3	84667	22.0	−13.7

第五章　人口控制

无极县根据国家婚育政策，提倡晚婚晚育，少生优生，一对夫妇只生一个子女，控制人口增长、提高生育质量和人口素质，逐步走上人口与社会、经济、资源、环境相互协调的发展道路。2003年10月1日新的《河北省人口与计划生育条例》正式颁布实施，育龄妇女自主选择适合自身的节育措施，人口控制步入稳定低生育水平时期。1989—2005年全县人口平均出生率12.14‰，人口自然增长率由1989年10.72‰降为2005年的5.74‰，总和生育率为1.66。

第一节　宣传教育

1989—2005年，运用多种形式深入城乡广泛宣传计划生育。1989年，县委、县政府在深入宣传《河北省计划生育条例》的同时，成立“三结合”领导小组，出台相关优惠政策，部门对计划生育户实行“三优”。1998年，开展婚育新风进万家活动，以婚育新风进万家活动为载体，开展社会主义新型生育文化活动。全县建立人口学校213所，生育文化大院132个，村村建起新型生育文化一条街。计生知识、计生小笑话，生殖健康知识等漫画，深受群众欢迎。2000年，开展“进百村访万户”和逐村宣讲活动，宣传中共中央国务院《关于加强人口与计划生育工作稳定低生育水平的决定》和《中华人民共和国人口与计划生育法》，全县举办宣讲会230多场次，213个村的近10万育龄群众接受培训。2001年，邀请市歌舞团对1980年以来响应国家号召，只生一孩的家庭进行慰问演出，2002年邀请河北师范大学大学生艺术团与县文工团联合在北苏镇举办婚育新风演唱会。2004年被市评为婚育新风进万家活动先进县，并通过省级验收。

2005年，在县城内新建500米的计生宣传一条街，建大型公益广告牌5个；全县有83个村修补和更新知识长廊，并组织一支5人小分队，带着电影放映机，放映计划生育、优生优育等计生内容的电影，走遍全县11个乡（镇），放映计生电影4000多场，受教育面达85%以上。

第二节 计生管理

一、生育指标管理

1989—2005年，县每年向各乡（镇）下达人口计划，组织人员对人口出生情况进行检查验收。

1989—2005年全县新婚情况一览表

表3-9

年度	男			女		
	初婚人数	符合晚婚年龄人数	晚婚率%	初婚人数	符合晚婚年龄人数	晚婚率%
1989	2813	411	14.61	2801	632	22.56
1990	3975	793	19.95	3957	1137	28.73
1991	3488	422	12.10	3458	631	18.25
1992	2918	390	13.37	2993	571	19.08
1993	1498	150	10.9	1504	377	25.07
1994	2508	212	8.45	2506	763	30.44
1995	2185	185	8.47	2186	766	35.04
1996	3018	299	9.91	2981	1357	45.52
1997	2869	357	12.44	2829	1203	42.52
1998	2556	355	13.89	2606	1051	40.33
1999	2336	330	14.13	2420	856	35.37
2000	3221	372	11.55	3199	1017	31.79
2001	2728	319	11.69	2694	849	31.51
2002	2746	243	8.85	2728	785	28.78
2003	2666	204	7.65	2644	626	23.68
2004	3812	387	10.15	3800	1020	26.84
2005	3225	376	11. 55	3199	1017	31. 79

二、育龄妇女管理

1. 普查管理

1989 年，无极县对全县育龄妇女进行普查。经过摸索，总结出育龄妇女“季度固定普查日”的先进做法，根据汇总情况发现问题、解决问题。季普查坚持 3、5、8、11 月 4 次固定普查日。

1989—2005 年全县出生情况一览表

表 3–10

年度	出生人数	计划生育率 %	胎次		
			一胎	政策内二胎	多胎
1989	7009	82.86	5134	1747	128
1990	7034	90.43	5654	1323	57
1991	6143	84.05	4670	1416	57
1992	5075	90.42	4082	980	13
1993	5257	72.09	3129	2010	118
1994	3950	95.86	2669	1246	35
1995	4206	96.65	2830	1326	50
1996	3842	94.79	2800	980	62
1997	3707	95.10	2959	688	65
1998	4597	93.87	3378	1148	71
1999	4032	94.69	2834	1141	57
2000	4471	95.48	3022	1382	67
2001	4684	97.42	3102	1544	38
2002	4380	96.53	2874	1467	39
2003	4513	94.28	2959	1514	40
2004	5133	90.03	3413	1652	68
2005	5056	94.79	3321	1687	47

2. 技术服务

无极县计划生育技术服务站自 1982 年成立到 2005 年，经过 20 多年的发展，科室设置齐全，功能完备，技术精湛。

2000 年，无极县制定《无极县计划生育优质服务工和规范》建立宣传教育，避孕节育综合服务为一体的生殖健康服务工作格局，县成立计划生育优质服务领导小组，统一组织，安排协调全县服务工作。乡镇成立生殖健康服务站，村设立生殖健康服务室，加强基层网络建设，提高技术服务水平，开展健康保健服务、妊娠期服务、孕前期服务、孕期服务、产褥期服务、不孕、不育服务、更年期服务等多项服务。2001 年，全市在无极县召开计划生育技术服务现场会。2004 年，县技术服务站投资 400 多万元建起功能齐全的综合服务大楼，更新县技术站医疗设备，包括计划生育流动服务车、多功能产床、血尿分析仪、台式彩色 B 超等，无极县计划生育技术服务站达到省级优质服务技术站标准。乡（镇）开展创建省级优质服务站活动。全县有3个乡镇投资27万元新建技术服务站。到2005年底，除无极镇外，3个乡站全部达到基本服务型标准，7个乡站达到优质服务型标准。通过市级考核验收，被评为市级计划生育优质服务先进县。

2005年启动生殖健康检查免费服务“民心工程”。从卫生部门和县技术站选拔技术精干、作风过硬的卫生技术人员22名，分成11个小组到各乡镇开展工作，把查病工作结合到普查中，深入扎实地开展育龄妇女生殖健康检查免费服务“民心工程”。在这次为已婚育龄妇女生殖健康检查免费服务活动中，全县共投入专项资金36万元，免费为95804名育龄群众提供至少2个基本项目的检查服务，发放优生药品4631人份，服务率达99.5%。

三、流动人口管理

随着改革开放和经济深入发展，人口流动量逐年增加。全县出现一批流动人口，他们异地生活，异地经商，给计生管理带来新问题。为适应市场经济计划生育的要求，加强流动人口的管理，1994年县政府设立流动人口计划生育领导小组，印发《无极县流动人口计划生育管理办法》，落实公安、劳动、计生、工商等部门联合办公制度，凡流动人口不接受计生部门管理或没有办理婚育证明的，公安部门一律不予办理就业证，实行流动人口计划生育“一证管多证”和“流出、流入地双向管理”。当年共办理婚育证明350份。到2005年全县成年流动人口总数为2746人，其中流入人口742人，流出人口为2004人，流出人口持证率达95%，流入人口验证率达96.5%，流动人口计划生育管理实现齐抓共管、综合治理。

第三节　优生优育

一、优生

1989年，无极县发放装有优生知识小册子的育龄妇女知识袋，当年发放育龄妇女知识袋62000多个，优生知识入户率达100%。同时，由于农村育龄妇女摄取营养不良，新婴儿出生缺陷率较高，20世纪90年代达6%，主要疾病有唇裂、腭裂、脑瘫、先心病等。2001年开始，无极县对育龄妇女待孕和现孕夫妇实行优生检测和服用斯利安、叶酸片等优生药物。2001—2004年累计对全县4536名待孕和现孕育龄妇女全部进行优生检测，对4331名育龄妇女发放优生药物。2005年，对1619名新生婴儿进行调查，有17名新生婴儿存在不同程度出生缺陷，婴儿出生缺陷率为1.05%，降到历史最低水平。

二、优育

结合“科技、文化、卫生”三下乡活动，降低出生缺陷率，提高出生人口素质，开展学前儿童的优育、优养、优教活动。发放知识册、播放专题片、举办讲座等形式，把如何培养聪明健康孩子的知识送入千家万户。特别是2000年北苏镇将优育知识上墙，在全镇18个村中书写永久性优育知识板块250余块，印发优生优育知识小册子1200多本，方便群众接受优生优育知识。张段固镇计生协购买《0～6岁优教工程及实施方案》218册，聘请省市专家15人（次），举办优生优育讲座12期。2001年，无极县被授予“全国婚育新风进万家活动先进县”荣誉称号。

第四节　队伍建设

一、乡级队伍建设

20世纪80年代末和90年代初，各乡镇先后成立计生办和计划生育协会，至2005年，随着计划生育管理工作的不断细化，队伍结构不断完善。各乡镇全部设置以乡镇党政副职为人选的专职计生办主任，设置统计员、政法员、宣传员、基层组织管理员、药具管理员、技术服务员、流动人口管理员等。职责分明，分工协作。全县形成拥有145人的乡级计划生育专职队伍。

二、村级队伍建设

2005年，全县213个行政村全部设立村计划生育专职干部，按照每100名育龄妇女配备一名小组长的原则，配齐了村级育龄妇女小组长。全县共有育龄妇女小组长890人，提高一线的防控能力。

第五节　管理机构

1989年，无极县计划生育委员会设有办公室、法规科、规划科、技术科、财务科5个科室，共有干部职工35人。2003年，更名为无极县计划生育局。设有办公室、规划统计科、政策法规科、流动人口管理科、财务科、技术科、县直科7个科室，下设计划生育宣传指导站、计划生育技术服务站、计划生育避孕药具管理站，共有干部职工92人。2005年，再次更名为无极县人口和计划生育局，设办公室、规划统计科、政策法规科、技术科，行政编制16人。下属事业单位有计划生育宣传指导站、计划生育技术服务站、计划生育避孕药具管理站。

无极县志

1989—2005

基础设施

無極縣志

第一章　城乡建设

1989—2005年，无极县围绕建设社会主义文明宜居县城和全面实现富裕新农村的目标，按照高起点规划，高标准建设，高质量管理的原则，大力推进城乡建设，编制完成城乡总体规划，实施旧城改造、新区拓展，城区路灯路网排水管网日益完善，供水、供热、公交、绿化等公用事业迅速发展。扬水站、污水处理厂、垃圾处理厂等治污基础设施的建设使县城环境大为改善。市容市貌、建筑市场、房地产开发等项管理水平明显提高，县城初具宜居平原城市特色。小城镇和村庄建设进入快速发展时期。基础设施、公益设施、商服设施、村民住房、生态文明村等建设逐步完善，实现村村通公路、村村通自来水、村村通电话、公交车覆盖各乡镇，镇容村貌发生可喜变化，涌现出北苏、张段固、马孤庄、齐洽、马桥等一批省、市级文明生态村镇。

无极县县城总体规划（2008—2020年）

第一节　城乡规划

一、县城建设规划

1986年，对县城进行总体规划，编制《无极县城镇总体规划纲要》。1996年，聘请石家庄市规划设计院进行《无极县城总体规划》编制工作。1998年5月，县人大第十二届常委会二次会议通过《无极县城总体规划及城市规划建设管理实施办法》，1999年3月经石家庄市人民政府批准。规划期限1996—2010年，其中近期为1996—2000年，县城性质为县域政治、经济、文化中心，以化工、制药和机械等行业为基础，区域性园林、商贸发达的综合性城镇。县城人口到2000和2010年，分别控制在5.5万和10万人以内，建设用地到2000年控制在6平方公里内，

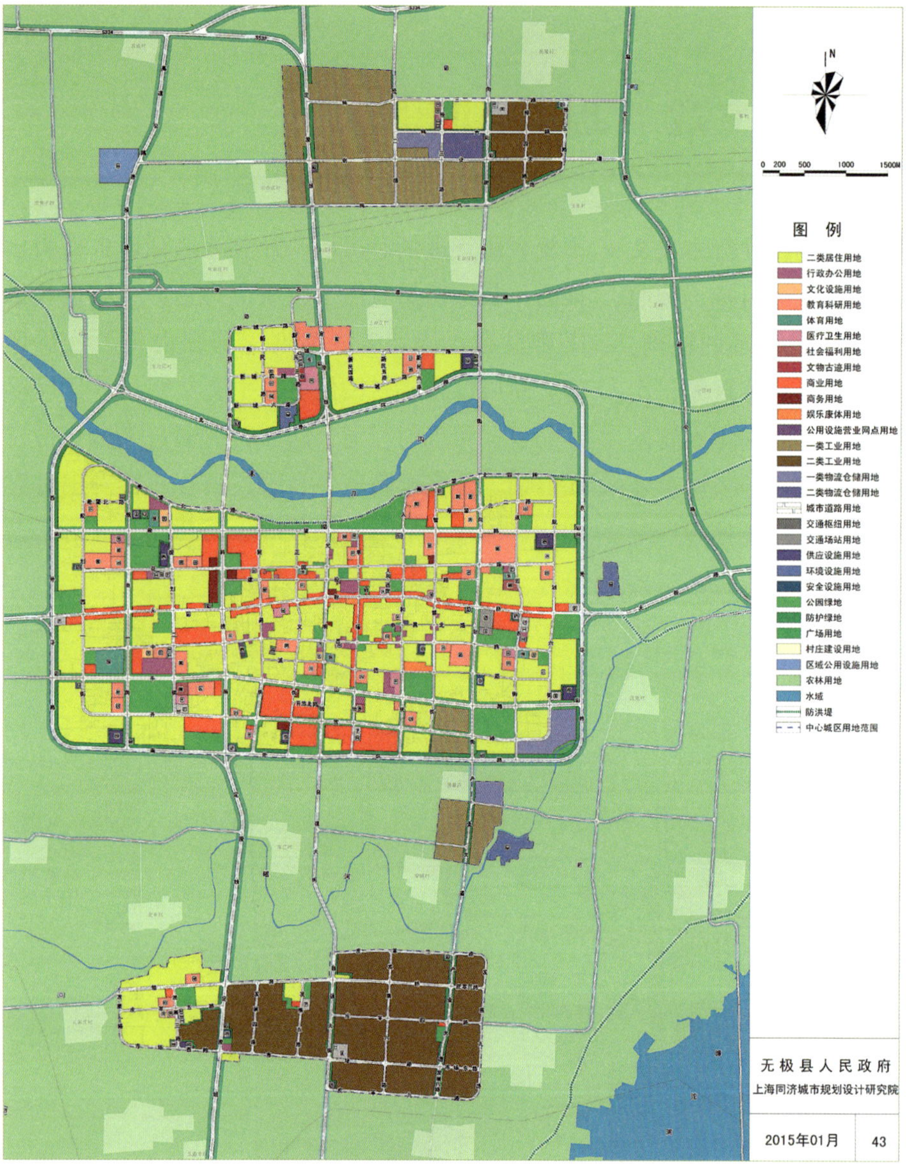

无极县城乡总体规划（2013—2030）

2010年控制在10平方公里内。

二、农村建设规划

1989—1994年，6个建制镇、14个乡200个村完成控制性规划，1/2的乡、1/3的村完成总体规划调整。1996年聘请石家庄市规划设计院对县域乡镇进行总体规划（1996—2010），县域经济区划分为东北部经济分区（大陈镇、里城道乡、七汲镇），南部经济分区（无极镇、张段固镇、郝庄乡），西部经济分区（郭庄镇、北苏镇、高头回族乡、东侯坊乡）；县域人口及城市化水平规划，自然增长率8%，确定2000年和2010年分别为48.5万人和53万人；城市化发展水平，确定2000年、2010年分别为22.7%和37.7%；城镇体系规划，中心城（县城）作为全县政治、经济、文化中心，是全县首位城镇，期末人口规模将达10万人。

三、规划管理

1989年以来，城乡规划颁布后，县坚持依法治建不断完善管理机制，加大执法力度，规范规划执行管理。1990年，制定《无极县城市规划建设管理实施办法》，建立“一书两证”（建设工程选址意见书、建设用地规划许可证、建设工程规划许可证）、监督检查制度、竣工资料报送制度。1991年后，制定《无极县旧城改造实施方案》《关于严格控制在城市规划区内零星建住宅的通知》。1995年，为20个建设单位办理“一书两证”，其中20个建设单位办理用地和建设工程规划许可证，向21个单位发放意见书。查处违章建设案件37起，发放停工通知书37份，补办手续10份。1998年办建设用地手续8项，工程许可手续20项，拆除侵占红线建筑2处，并予以罚款，“一书两证”执行率100%。1999年，共办理建设工程规划许可证20张，查处无证违章建筑3处，发停工通知书3份。2005年，办理选址意见书4份，用地规划许可手续4个，工程规划许可手续13个。截至2005年底，共办理“一书两证”200件，办理临建许可证19张，查处违法工程30多处，拆除违法建筑5000平方米。

第二节 县城管理

一、市政设施

1. 城区街道

1989年前，县城建有无极路、中昌路、光明街3条道路，总长4938米，总面积97313平方米。1989年县城基本建成“七横八纵”街道框架，东西横向街道为希望路、花园路、建设路、无极路、中昌路、成功路、开放路；南北向街道为向阳街、智慧街、人和街、幸福街、光明街、正义街、贸易街、科技街；但存在街道弯曲狭窄、中梗阻和断头现象。1989年后，随着经济和建设需要，1990—1992年为新建路阶段，2001—2003年为改扩建路阶段。1996年对正义街汽配厂段进行改造，拆迁汽配厂厂房、食堂、宿舍1386平方米，打通正义街中段。7月对西关大厦前600多平方米旧平房进行拆除，使之形成小广场景观。1997年7月制定花园路改造方案，分阶段把花园路改造成集贸一条街，北侧建门店、中间绿化带，南侧在新建改建中逐步退出道路红线，建筑空间保留38米。东段拆迁16户，总面积954平方米，西段拆迁35户，总面积2418平方米。1998年西南环道路新改建5.9公里，共投资1000万元，西起外贸造纸厂，东至西罗尚接正饶线；成功路进行改造，拆除砖瓦房2052平方米，简易房214平方米，高低压电杆30根，通讯杆8根，机井6眼，煤厂1处，刨树614棵，涉及外贸造纸厂、张段固镇家属院、高家庄、角头等5个单位。2003年对花园路、正义街、人和街进行综合改造，拆除3座“卡脖子”障碍楼，共计3400平方米，涉及37户居民村民，打通街道。对街路实施新建、翻修、拓宽。至2005年，共新建改建拓建道路（段）47条，总长54215米，总面积634902平方米，铺设便道砖3.19万平方米，道路完好率保持95%以上，基本形成道路平整、出行便利、纵横交织的网络格局，改变了城区道不平、路难行、晴天一身土，雨天一身泥的状况。

城区一角

无极路　交通性主干道，控制红线37米。西起科技街东至智慧街，全长2770米，1987年拓宽动工，1988年竣工。快车道7米，水泥路；慢车道15.6米，沥青路面；绿化带2.4米，总面积69263平方米。1998年3月至6月，拓建贸易街至科技街宽6米的水泥路面，2003年9月对贸易街至智慧街两侧非机动车道重修宽15.6米，面积43212米的沥青路面。沿街单位主要有车站、中行、商贸大厦、医院、电信等，人流物流量大，4～6层建筑较多，市政设施较完善，各届政府作为样板路进行建管。2003年3月，西出市口至东出市口土地使用权及看护由交通局移交建设局。

光明街　交通性次干道，红线25米，南起开放路东至希望路，全长2180米。1987年，建花园路至中昌路长915米宽9米的砼路面和希望路至花园路长427米、宽13米的柏油路面。1990年，建中昌路至成功路长406米、宽13米的柏油路面。2002年“两街一路”改造，翻修拓建希望路至成功路长1930米、宽13米砼路面。2003年4月至2004年8月，铺彩色便道砖45000平方米。2003年城南新区开发，5月至10月建千山路至开放路长445米、宽15米的砼路面。无极路以北商业集中，沿途单位有县社、交通局、生产资料公司、交警大队、工商银行、人民商场、供销大楼等。2005年以后作为严管街。

建设路　交通性次干道，红线20米，西起科技街东至智慧街全长2747米。1991年，建科技街至智慧街，长2289米、宽7米的水泥路。1995年6月至9月，投资14万元，科技街至贸易街长452米、宽7米的砼路面，打通了断头路。2004年5月因道路破损严重，对此段进行重修。县委、县政府所在地，单位有招待所、无极中学、实验学校、城关镇政府、地税局、计生局、畜牧局、商业局等。

中昌路　生活性次干道，红线25米，科技街至智慧街，全长2731米。1986年，建贸易街至光明街长825米、宽10米的砼路面。1990年，建幸福街至智慧街长1015米、宽7米的柏油路面。1991年，建光明街至幸福街长421米、宽9米的砼路面和科技街至贸易街长470米、宽7米的砼路面。2001年6月至11月，翻修幸福街至智慧街，长1016米、宽9米砼路面。2005年2月至6月翻修科技街至幸福街长1720米、宽9米为砼路面。沿途单位有国税局、建设局、公检法司、粮库、环保局、水利局、工商局等。

幸福街　生活性次干道，红线25米，希望路到开放路，全长2278米。1990年，建希望路至建设路长587.4米宽7米水泥路面和建设路至成功路长1260米、宽16米沥青路面。2002年"两街一路"改造，6月至10月翻修拓建花园路至千山路长1531米、宽16米砼路面，新区开发道路硬化。2003年5月至10月，建千山路至开放路长392米、宽15米砼路面。2003年4月至9月，铺设彩色方砖8700平方米，沿途单位有教育局、财政局、建设银行等。

贸易街　生活性次干道，红线30米，希望路至开放路，全长2816米。1990年，建花园路至无极路长474米、宽16米的柏油路面。1995年7月至11月，建无极路至成功路长939米、宽16米的砼路面。1997年3月至6月，建花园路至希望路长460米、宽16米的砼路面，打通断头路。2001年7月至11月，翻修花园路至无极路为砼路面，西临农贸市场，两侧多为商业门市，单位有供电局、技术监督局、农业局等。

正义街　生活性次干道，红线25米，花园路至开放路，全长1857米。1992年，建无极路以南长150米、宽13米的柏油路和中昌路至成功路长406米、宽7米的柏油路，以及花园路至无极路长450米、宽13米的砼路面。1996年3月至6月，修建无极路150米处至中昌路长320米、宽6.5米的砼路面。2003年，正义街道路综合改造，拓建花园路至成功路长1958米、宽13米砼路面。2003年，城南新区开发，5月至10月建千山路至开放路长430米、宽15米的砼路面。沿途单位有粮食局、拖修厂、卫生防疫站等，成功路以南为城南新开发区。

人和街　交通性次干道，红线25米，希望路至中昌路，全长1534米。1992年，建希望路至建设路长740米、宽7米砼路面和建设路至中昌路长794米、宽13米的柏油路面。2003年进行道路改造，3月至10月拓建花园路至中昌路长950米、宽13米砼路面。沿途单位有邮政局、妇幼保健站等。

人和街南延

花园路　生活性次干道，红线38米，贸易街至向阳街，全长2850米。1990年，建贸易街至智慧街长2273米，宽7米的柏油路面。2003年进行道路改造，4月至6月拓修长2227米，宽9米的路面。10月至12月，建智慧街至向阳街长577米、宽9米砼路面，有摩托车、蔬菜肉类、服装鞋类市场，有绿荫广场。沿途单位有农行、县幼儿园、党校、广播电视局等，县城12层住宅楼在此路。

千山路（成功路） 交通性主干道，红线50米。科技街至向阳街，全长3330米，1992年开始建长2753米宽7米的柏油路面。1996年，县政府作为为民办实事之一，拓修贸易街至幸福街，长1212米、宽20米、厚20厘米的砼路面8月开工，11月完工。1998年3月县政府常务会议定，修建南环路，3月至8月，拓修科技街至贸易街、幸福街至西罗尚村西接正绕路段长4680米、宽20米。2002年千山路灯杆厂投资照明设备，改名千山路，贸易街至智慧街南侧定为城南新开发区。2003年3月，该路（K40+800—K46+600）土地使用、公路管辖权由建设局移交交通局。

产业大道

希望路（北环） 交通性主干道，红线38米，科技街至智慧街，全长2765米。1992年建科技街至智慧街，长2764米、宽7米的砼路面。2003年3月至10月，拓建科技街（无极路北）至光明街，长2256米宽17米的砼路面，改善环城路交通环境。沿途单位有无极二中、教师进修学校、文苑中学、新华书店、三和机械厂等。

智慧街 交通性主干道，红线30米，希望路至千山路，全长2007米。1992年，建希望路至花园路长580米、宽7米水泥路面和花园路至成功路长1427米、宽7米的柏油路面。1997年5月至8月，翻修花园路至无极路长420米、宽7米砼路面。中昌路以南和花园路以北建筑物少，沿途单位有县行政审批中心、卫生局、公路站、稽征站、质监站、房管办等。

科技街 交通性主干道，红线50米，希望路至千山路，全长2488米。1992年，建希望路至无极路长1025米、宽7米砼路面和无极路至成功路长1303米、宽7米的柏油路面。1998年，对无极路以南至成功路段进行改拓建。2003年3月至10月，建省道无繁线西环与正港线交叉口至北环段光明街处全长2256米，宽17米，平原二级标准路面。沿街多为汽车修理与配件门市，东侧建设路以北、西侧高家庄以北建筑物较少。

开放路 2003年城南新区开发，5月至11月建贾无路至幸福街长1265米、宽16米砼路面。

南环夜景

2. 城区路灯

1989年，县城只有无极路、中昌路和光明街安装了路灯，共计灯杆128根、灯202盏。1990—1992年，花园路、贸易街、正义街、幸福街、人和街部分路段安装路灯，共361根灯杆、494盏灯。

2002年，完成建设路、幸福街、光明街“两街一路”改造，共安装路灯 185 盏。2003 年，在无极路、花园路、千山路、人和街、正义街、贸易街，共安装路灯 412 盏，铺设线路 18642 米，上变压器 11 台。2004 年，建设路、中昌路、贸易街新安装路灯 171 盏，铺设线路 5984 米。2005 年，科技街、千山路、无极路新安装路灯 154 盏，铺设电缆 4815 米，新增变压器 1 台，新建广告灯光隧道一条。

3. 城区排水

1989 年，县城有排水沟 3 条，其中无极路砖砌沟两侧计 4300 米长，中昌路明沟 1650 米，光明街明沟 1822 米，管沟 300 米，共计 8072 米（两侧）。县城排水主要靠花园路、中昌路、无极路向东经中医院郭七沟自然流向磁河，县城大部分地段靠路面就近流入壕坑沟塘。1990—1994 年，建花园路、建设路、智慧街、人和街、幸福街、贸易街、正义街等 14 条排水沟，总长 17443 米，结构多为砖砌明沟或方沟。

存在问题为排水设施落后，功能差，排水沟清理不及时，砖砌盖板经常人为损坏，明沟淤泥杂物经常堵塞，郭七沟至磁河下游人为改道，弯曲不直，泥土多年沉积，致使排水不畅，每逢大雨，建设路、无极路正义街口、中昌路多处积水，给人民群众的生活及出行带来不便。1995 年，投资 110 万元，党政机关干部职工分段挖沟，动土 20159 立方米，清淤泥 19.7 万立方米，完成长度 3050 米的排水沟任务，初步疏通排水管、沟。

1996—2000 年，共新建改建排水沟 2900 米。其中，改建贸易街至柴城方沟 1980 米，清除淤泥 1000 多立方米，更换沟盖板近 1000 块。

2001—2004 年，结合城市道路综合改造，排水设施建设突飞猛进，共完成新建改建排水管道 8 条，总长度 10532 米，全部为水泥管道。

2005 年，县城排水形成一站一场 3 条排水管沟贯通的体系，分别为贸易街向南入柴城磁河排水体系，中昌路至城东扬水站排水体系，花园路至扬水站排水体系。排水沟总长 38499 米，其中方沟 1323 米，管沟 25266 米。另外，城东下游建设扬水站和污水处理厂，基本解决了县城排水难题。

1995 年县城排水沟统计情况表

表 4–1

街（路）名	水沟名称	两侧沟长（米）	水沟名称	两侧沟长（米）	水沟宽（米）	水沟总长度（米）	建沟时间
无极路	盖板沟	4100	方沟	200	0.9	两侧 4300	1988
花园路	盖板沟	2032	方沟	830	0.4	两侧 2860	1990
建设路	盖板沟	1837	管沟	930	直径 0.7 0.6	一侧 2740	1991
中昌路、幸福街至扬水站	敞沟	—		—	—	1500	1986
	盖板沟	900	方沟	2593	—	两侧 3493	1990
	—	—	方沟	—	直径 800 1000	2242	1995
智慧街	盖板沟	800	方沟	700	—	两侧 1500	1992
人和街	—	—	方沟	1500	—	两侧 1500	1992
幸福街	—	—	方沟	2640	—	两侧 2640	1990

续表 4–1

街（路）名	水沟名称	两侧沟长（米）	水沟名称	两侧沟长（米）	水沟宽（米）	水沟总长度（米）	建沟时间
平安街	盖板沟	120	—	—	—	一侧 120	1992
中昌路至无极路	盖板沟	—	两头是管沟	—	—	两侧 4880	1987
正义街	盖板沟	429	—	—	—	两侧 429	1992
贸易街			包括新修路	1200	—	两侧 4000	1990
中心路至成功路	—	—	—	—	—	—	1995 返修
幼儿园	—			150		150	1990
白云街	—	—	—	460	—	460	1991
备注	盖板沟：砖砌沟上面盖水泥板；方沟：砖砌方沟或上面盖板覆土。						

4. 扬水站

由于县城地势低洼，排水不畅，为解决县城雨水、污水排放，县城排水功能需要完善。1995年，在县城东建扬水站1座，该工程于10月开工，1996年7月完工，总投资122万元，占地2.35亩，建筑面积160平方米，4台5千瓦轴流水泵和1台发电机组和1台变压器及配电线路，扬程8米，排水量8640立方米/小时，扬水站配套工程及站东排水沟共计1006米长，新建涵洞4个，疏通旧涵洞1个。扬水站站前沟长98米，出水口72米。该扬水站的建成，解决了县城污水日常排放和雨水集中排放问题。

5. 污水处理

污水处理厂位于城东西罗尚村北，占地52.5亩，设计规模为日处理城市综合污水4万吨，总投资5328万元，其中污水处理厂投资3918万元，配套管网投资1410万元，采用BOT模式，当年完成项目建议书、科研报告和环评报告。2003年开始筹建，2004年10月开工，2005年被列为省重点建设项目，2006年8月试运行。污水处理采用百乐克工艺，处理后水质达到Ⅱ级排放标准。

二、公用事业

1. 公共交通

1989年，人们出行主要靠自行车或以步代车。1990年后，20～30辆出租车开始在东关、医药市场和红绿灯营运，随着经济和城市发展，出租车行业发展较快。到2002年，达100余辆。2003年3月，经城市建设主管部门同意，成立通达公交快客汽车运输公司，承担城区客运任务，当年11月该公司购置43辆松花江小面包车开始运输营业，小公交车方便、灵活、招手即停，为人们出行提供了方便，结束了县城无公交车的历史。

2. 城区供水

（1）县城供水

1989年，县城实行集中供水和自备井取水。建城区水塔24座，机井65眼，自来水公司有供水井2眼，供水管道4500米，年供水量为40万吨。自来水公司管网覆盖范围内的单位和居民，由自来水公司实行统一供水；自来水公司管网覆盖外的单位和居民则自备井取水。1993年，自来水公司划归水利部门后，公司迁址扩建，供水管网逐年外扩延伸，当年供水井建5眼，年供水量100多万吨；1995年，县建自来水厂1座，占地22.5亩，1996年水源井有8眼，井距100米，单井出水量2000立方米/日，水厂供水能力1.7万吨/日，水质较好，供水普及率达90%，供水能力不断提升，供水范围逐年扩大，到2000年县

县自来水公司

城所有单位和居民全部实现由自来水公司统一供水。2003 年，以股份制形式投资 18 万元，引进加拿大反渗透新技术，新建“特丽洁”纯净水生产线，年生产能力 18 万千克。到 2005 年，自来水公司拥有水厂 1 座，深水井 8 眼，供水管网 3.2 万米，日供水能力 1.5 万立方米，实行 24 小时不间断供水。加上城中村和单位自备井，县城用水普及率 100%，水质合格率 100%。

（2）农村居民用水

农村饮水工程从 20 世纪 80 年代初期开始，由村集体出资建水井水塔，实行管网供水，1994 年以后，随着市场经济的逐步建立，农村开始出现承包供水，法定收费，确保供水工程长期发挥效益。到 2005 年，全县 213 个行政村有 195 个行政村实现集中供水，供水井网 253 眼，受益人口 37 万人。

3. 城区供热

1989 年，县城供热采暖方式为单位自备锅炉和居民小炉灶等形式。1999 年，县城南部中昌路集中供暖工程上马，为股份制公司。8 月开工，11 月 15 日投入运营，主要设备有 10 吨锅炉 1 台，6 吨锅炉 3 台，110 千伏循环泵 11 台，水磨除尘器 4 台，管网长 17232 米，供暖面积达 17 万平方米。2001 年，城建局同西中铺村合作，投资 371.6 万元对原供热管网进行改造，在光明街北段路西新建 1 处供热站，新建锅炉房和办公用房各 1 座，新上 10 吨锅炉 3 台和水磨除尘器、风机水泵等设施。11 月 15 日正式供气，供热面积 10 万平方米。至 2005 年，县城供热面积达 45 万平方米，供热能力 50 吨 / 时，管道铺设 7 万米，供热普及率 48%。

三、公共建筑与住宅小区

1. 公共建筑

1989 年以后，县直办公场所进入快速建设时期，县委、县政府办公楼、土地、财政、供电、检察院、法院、国税、工商、环保、计生、广电、技监、气象、粮食、农业等县直单位办公楼，县医院、中医院、益民医院、疾控中心、无极中学、无极第二中学、县职教中心、县实验学

建设中的县城

第四编

校、教师进修学校、县幼儿园、幸福大厦、无极大厦、电信营业大楼、建行、中行、农行、基金会营业楼、无极师范等公共建筑先后兴建，到2005年共有67幢投入使用，建筑面积共267334平方米，总投资18617万元，办公条件得到改善。

1989—2005年无极县城建筑分类一览表

表 4—2

行业分类	楼房名称	结构	层数	建筑面积 (m²)	投资（万元）	开工时间	竣工时间
机关办公	土地局办公楼	砖混	3	760	23	1993.1	1994.7
	县政府办公楼	砖混	7	9100	653	1995.3	1996.5
	财政局办公楼	砖混	5	2591	139	1996.5	1997.5
	供电局办公楼	框架	5	8516	1260	1998.8	2001.4
	县法院审判楼	砖混	5	3471	243	2004.6	2005.3
	国税局办公楼	砖混	4	1234	117	1999.1	1999.12
	检察院办公楼	框架	6	6102	516	2005.4	2006.11
	环保局办公楼	砖混	4	1489	93	1997.8	1997.12
	计生局办公楼	砖混	4	2711	120	1997.9	1998.3
	广电局办公楼	砖混	5	2261	154	1998.4	1998.1
	物价局办公楼	砖混	3	2955	160	2001.9	2002.7
	社区中心办公楼	砖混	3	718	40	2001.6	2001.11
	技术监督局办公楼	砖混	6	5011	330	1999.11	2000.8
	县气象局办公楼	砖混	4	1014	60.1	1996.1	1997.5
	城建局办公楼	砖混	3	1000	70	1997.7	1998.7
	工商局办公楼	砖混	3	3000	200	1992.4	1993.3
	畜牧局办公楼	砖混	3	1200	40	1997.5	1997.1
金融商贸	建行营业办公楼	砖混	5	4000	100	1991.7	1993.8
	工商银行营业楼	框架	7	3520	98	1992.5	1993.11
	农行营业楼	框架	9	7748	812	1993.8	1996.5
	中国银行营业楼	框架	8	6646	527	1996.12	1997.1
	基金会营业楼	框架	6	6074	619	1997.5	1998.7
	城乡信用社营业楼	砖混	3	1164	880.9	1995.9	1996.5
	农行综合楼	砖混	4	2073	124	1999.4	1999.11
	人民银行营业楼	砖混	3	1700	80	1990.1	1991.1
	无极县幸福大厦	框架	6	10755	408	2003.1	2003.8
	燃料公司综合楼	砖混	5	5400	300	1999.8	2000.8

续表 4-2

行业分类	楼房名称	结构	层数	建筑面积 (m^2)	投资（万元）	开工时间	竣工时间
金融商贸	邮电局营业楼	砖混	4	3500	240	1994.4	1995.5
	农技服务中心楼	砖混	4	2000	113	1998.7	1998.12
	装饰材料城	框架	3	10730	560	2004.4	2004.8
	东关医药大厅	砖混	1	1900	57	1993.8	1993.12
	农行营业厅	砖混	3	1500	60	1990.5	1991.5
	生产公司综合楼	砖混	5	3500	100	1992.7	1993.7
	饲料公司综合楼	砖混	5	5400	300	1999.9	2000.9
	土产公司综合楼	砖混	3	2300	90	1992	1994
文教　卫生	县医院病房楼	框架	9	12143	1585	1998.1	2000.1
	县医院门诊楼	砖混	3	4050	528	2002.5	2003.5
	中医院门诊楼	砖混	3	2530	60	1989.3	1990.9
	益民医院综合楼	框架	7	4037	327	2004.9	2005.7
	妇幼保健站综合楼	砖混	3	1641	50	1994.4	1994.10
	国昌研究所综合楼	砖混	5	5400	270	1998.11	1999.5
	疾控中心实验楼	砖混	4	2350	132	2003.9	2003.12
	县医院综合用房	砖混	2	1878	195	2004.7	2005.4
	无极中学实验楼	砖混	4	6248	276	1995.4	1995.12
	无极中学综合楼	框架	4	4000	360	2001.1	2002.1
	无极中学教学楼	砖混	4	625	25	1999.6	1999.12
	无极二中教学楼	砖混	4	8185	483	2002.9	2003.6
	无极二中实验楼	砖混	4	5790	343	2002.9	2003.6
	无极二中办公楼	砖混	5	3955	234	2002.9	2003.6
	实验学校试验楼	砖混	3	1372	69	2005.7	2005.10
	实验学校综合楼	砖混	3	2000	115	1998.4	1998.10
	二中宿舍楼	砖混	5	7584	510	2004.10	2005.6
	师范学校教学楼	框架	5	10129	608	2004.4	2005.1
	师范学校综合楼	框架	3	3739	282	2002.6	2003.8
	师范师生宿舍楼	砖混	4	3812	180	2002.11	2003.7
	职教中心教学楼	砖混	4	4760	270	2004.5	2004.8
	博林中学教学楼	砖混	4	5000	260	2001.10	2002.10

续表 4-2

行业分类	楼房名称	结构	层数	建筑面积 (m²)	投资（万元）	开工时间	竣工时间
文教　卫生	幼儿园教学楼	砖混	3	2230	140	2002.11	2003.6
	无极县中学宿舍楼	砖混	4	4433	260	2003.11	2004.4
	晨光中学宿舍楼	砖混	4	2362	99	1998.1	1999.5
	无极二中餐厅	砖混	1	2941	141	2003.5	2003.9
	野风学校教学楼	砖混	5	6000	330	2003.8	2004.8
	野风学校宿舍楼	砖混	4	5800	319	2003.8	2004.8
	无极镇中办公楼	砖混	3	880	49	2002.12	2003.6
	职中教学宿舍楼	砖混	4	5384	308	2004.5	2004.8
行政企事业住宅楼	环保局住宅楼	砖混	5	2410	133	1997.2	1997.8
	建行住宅楼	砖混	5	3300	132	1996.4	1997.5
	基金会住宅楼	砖混	6	6999	280	1997.5	1998.7
	人民银行住宅楼	砖混	5	8160	400	2001.7	2002.9
	农业局住宅楼	砖混	4	3860	193	2000.1	2000.9
	无极镇政府住宅楼	砖混	4	4700	235	2000.4	2001.5
	农机公司综合楼	砖混	4	1770	79	2001.4	2001.11
	供电局住宅楼	砖混	5	6278	313	2000.4	2000.12
	工商局住宅楼	砖混	6	7689	400	2002.2	2002.9
	农机中心住宅楼	砖混	6	9400	513	2001.1	2002.7
	工商局住宅楼	砖混	6	4945	296	2001.1	2002.6
	冀鸿粮贸住宅楼	砖混	6	3885	196	2001.9	2002.5
	建行住宅楼两栋	砖混	5	4770	221	2002.9	2003.8
	地税局住宅楼三栋	砖混	5	14179	819	1999.1	2000.6
	国税局住宅楼	砖混	5	2978	64	1999.11	2000.9
	党校住宅楼	砖混	5	4080	270	1999.4	1999.12
	盐业公司住宅楼	砖混	5	2428	118	1999.3	1999.1
	民政局住宅楼	砖混	5	2383	119	1999.6	1999.12
	城关供销社住宅楼	砖混	4	3260	137	1998.11	1999.12
	中医院住宅楼	砖混	4	1904	100	1998.1	1998.12
	水利打井队住宅楼	砖混	5	3834	178	1998.12	1999.1
	化肥厂住宅楼	砖混	5	7513	369.9	2000.1	2001.4

续表 4–2

行业分类	楼房名称	结构	层数	建筑面积 (m^2)	投资（万元）	开工时间	竣工时间
行政企事业住宅楼	运管站住宅楼	砖混	4	2221	85	1995.11	1996.5
	法院住宅楼	砖混	5	5342	240	1996.4	1997.5
	服务公司住宅楼	砖混	5	3701	77	1995.7	1996.5
	技术监督局住宅楼	砖混	4	2011	81	1999.11	2000.8
	保险公司住宅楼	砖混	4	2481	121	1995.9	1996.8
	邮电局住宅楼	砖混	3	2000	160	1994.7	1995.6
	汽车大修厂住宅楼	砖混	5	8685	418	2004.9	2006.5
	计生局住宅楼	砖混	4	5591	286	1997.6	1998.3
	畜产公司住宅楼	砖混	2	3424	140	2001.7	2001.1
	种业总公司住宅楼	砖混	6	5642	296	2002.9	2003.9
	东中铺村住宅楼	砖混	5	11787	561	2002.4	2003.6
	中行住宅楼	砖混	4	4825	205	1994.11	1995.11
	工业局职工住宅楼	砖混	5	10920	360	1992.12	1994.12

生活用房

1989年以后，随着经济建设的发展，县直单位开始建设自管住宅楼。为解决住房困难以及资金困难等问题，百分之六七十的单位采取个人集资、单位补贴，单位负责征地、个人付房款等方式建住宅楼。到2005年，共建38幢，总建筑面积195863平方米总投资9805.9万元。

城管公房

1991年，首次采取县财政拨款和干部集资相结合方式，在花园路北建住宅楼2幢。同年由县财政出资30万元，在幸福街购买土地9.98亩，建3幢住宅楼（7、8、9），建筑面积7780平方米，安排住户144户。1992—1994年征地14亩，建四层住宅楼4幢（12、13、14、15），二层连体独院2幢，总建筑面积11647平方米，住

智慧家园

户147户。1995—1996年，在建设路西段路南建4层住宅楼3幢，二层住宅楼3幢，总建筑面积7572平方米，住户72户。1997年在中昌路南征地2.98亩，建四层住宅楼2幢，建筑面积3328平方米，住户40户。1991—1997年，共建住宅楼19幢，总面积30327平方米，安排住户403户，缓解了干部职工住房困难的状况。

凤凰城

2. 住宅小区

光明小区　位于光明街西侧，原磷肥厂旧址，由县政府办、国资局和城建局联合成立开发指挥部，于1997年开发建设，1999年交付使用。小区占地50.5亩，共分三期工程建设。小区建筑分高层单元式楼、二层连体楼、别墅区房，总建筑面积39240平方米。总投资3022万元，其中小区开发投资2293.7万元，单位自建投资564万元，别墅区个人投资165万元，共容258户1000人居住。区内主要干道呈工字型，设计宽10米，东西贯通光明街和正义街，南北支道6条，宽4.5米。区内水电暖讯、健身器材、园林绿化、存车处等设施配套，并初设物业公司管理，是无极县第一个宜居花园式住宅小区。

昌盛园小区：位于中昌路北，原县机械厂地址，始建于2001年，竣工于2003年，占地30亩，共建5幢5层住宅楼，其中县医院1幢、农行2幢，其他居民2幢，建筑面积33750平方米，住户225户，水电暖信设施配套。

锦绣园小区　位于光明街东侧，南临中昌路，原县棉织厂地址，始建于2002年，竣工于2005年，占地33亩。分两期建设，一期工程4幢，二期4幢，总建筑面积36222平方米，住户232户，水电暖信设施配套。

县信用联社小区　该小区位于花园路南，原县制药厂地址，建5层楼房3幢，共19000平方米，投资1098万元，2004年12月开工，2005年12月竣工；建12层高楼1幢，建筑面积15321平方米，2006年12月开工，2007年7月竣工。

四、园林绿化

1989年，县城街道树木有1000多棵。1989年后，结合生态城建设，广泛开展园林城植树活动，道路植绿、拆墙透绿、见缝插绿、空地造绿，形成以道路绿化为骨架、以广场街旁绿化为点缀、以单位家庭绿化为陪衬的线、点、面相结合的绿化格局。至2005年，共计绿地121.98万平方米，绿地率21.4%，其中公园绿地5500平方米，单位绿地15.84万平方米，户外散植树木21000棵，道路树木4500棵，分车带3348平方米，环城树木38000棵，路旁绿化带4500平方米，居住绿地51.01万平方米，生产绿地47.45万平方米。

1. 公园广场绿化

电影院广场　光明街建设路电影院广场，2002年8月至10月投资15万元改造，共铺彩砖21000块1900平方米，铺草坪砖3200块200平方米，铺大理石196平方米，广场四周栽植金叶女贞1000余棵，设花坛5个，绿化面积240平方米。

街心公园　无极路中段路北，占地4000平方米。1999年建设，总投资137万元，建有长廊24间，八角亭2个，闻鸡起舞碑廊50米，门球场2个，临街仿古建筑3层，院内树木有松树、柏树、冬青等乔灌木5000棵。

绿荫广场　位于花园路与光明街交汇处西北角，占地12亩，2004年4月开工建设，9月竣工开放，设有娱乐区、健身区、幼儿活动区和园林观赏区，装路灯31盏，围栏灯30盏，草坪地灯4盏，音乐喷泉环绕，绿化点线面和乔灌木花草相结合。树木主要有白皮松、油松、大叶女贞、国槐、栾树、合欢、黄杨球、小叶女贞、紫薇、月季、早熟和、石竹等，草坪面积2845平方米，绿篱面积340平方米，实现"三季有花，四季常绿"。

水上公园　位于科技街北段西侧，占地面积19600平方米，水面面积5500平方米，绿地面积13310平方米，为建设局树木花卉繁育基地。据2004年统计，共种植松苗、乔木2300棵，灌木3500棵，观赏花10000余棵。

2. **道路绿化**

无极路　1989年，绿化带植蜀桧484棵，黄杨球502棵，行道树法国梧桐206棵，建有花池40多个。1992年，植垂柳460棵。1993—1996年，新栽补栽石榴125棵、黄杨球243棵、蜀桧180棵。1997—1999年建绿化池66个，种植黄杨球280棵，蜀桧66棵、法国梧桐80棵，中医院门前建200平方米草皮绿地。2002—2004年改造无极路，补栽法国梧桐120棵，光明街至智慧街种植蜀桧2000棵，绿化带内补种黄杨、女贞4.8万棵，补栽刺柏400棵。2005年春季补栽女贞、黄杨球3.6万株，去除行道树，统一种植法国梧桐330棵。

建设路　1992年种植垂柳239棵，龙爪槐38棵。1996年，栽国槐70棵。2002—2004年贸易街至科技街移栽黄杨球、女贞500棵，光明街移植国槐380棵。2005年，光明街至正义街路段移植垂柳110棵。

花园路　1991年种植毛白杨516棵，蜀桧285棵，黄杨球1687棵。1992年建占地10亩的带状公园（儿童乐园），种植雪松、木灌、合欢、国槐、柳树等多种树木。1996—1998年种植绿篱400米，杨树60棵，冬青10000棵。

中昌路　1990—1991年建绿化池20个，植黄杨球50棵，刺柏20棵，毛白杨149棵，木槿48棵。2002年，在幸福街至智慧街段栽国槐355棵。

成功路　1991—1993年植毛白杨862棵，1996—1999年法国梧桐780棵，植草皮100700平方米，2002年植女贞绿化带7000平方米。

希望路　1993年植垂柳128棵，2004栽黑枣树360棵。

光明街　1991—1993年植刺柏184棵，栽丁香117棵，2002年拓宽路面，除去原树，新植青桐129棵，龙爪槐109棵。2005年光明街改造，共植垂柳460棵。

幸福街　1990年植国槐594棵，2002年幸福街改造，在中昌路至成功路段植国槐90棵。

正义街　1991年植国槐160棵，2004年在无极路至成功路植国槐200棵。

人和街　1992—1993年植国槐257棵，垂柳143棵。

科技街　1991—1993年植毛白杨220棵，垂柳370棵，1995年补栽100棵。

智慧街　1991年植毛白杨67棵，1992—1993年植垂柳486棵。

贸易街　1990年植毛白杨426棵，1997年在贸易街北段植毛白杨120棵。

3. **庭院绿化**

1990年，无极县提出县城高标准绿化，单位花园式目标，各单位积极筹措资金搞院内绿化，截至2005年底，县城有30个机关企事业单位庭院进行绿化；其中，省级园林式单位有河北国昌中医药研究所（2002年）、农业局（2003年）、无极第二中学（2005 年）等；市级花园式单位有县政府（2002 年）、建设银行（2002 年）、供电局（2004 年）、环保局（2005 年）、无极中学（2003 年）、极峰种业公司（2005 年）。

五、环境卫生

1. 街道清扫

1989—1994 年，有清扫队、清运队、六村清运队、督查队、城区队 5 队，有环卫工 32 人，管理人员 4 人，负责建设路、无极路、中昌路、光明街、幸福街、人和街、贸易街的街道清扫，清扫面积 26 万平方米。环卫工每天坚持早晨和下午两清扫，早上 5 时至 8 时，下午 3 时至 6 时。到 2000 年，环卫工增至 63 人，日清扫面积 40 万平方米。自 2004 年开始每逢春秋多风季节，在建设路、光明街、中昌路、幸福街每天用洒水车向路面喷水 1～2 次。至 2005 年，清扫人员 73 人，日清 2 次，清扫面积 50 万平方米。

2. 垃圾清运

垃圾场　1994 年以前，县城垃圾主要填埋河沟、濠坑或临近村洼地.1995 年，征用东关村窑坑地 18 亩，投入资金 15 万元，建垃圾场 1 个，可容垃圾 14 万立方米，设计使用 7 年。2002 年投入资金 40 万元在柳见村西千山路东段南侧废窑址建垃圾场 1 个，占地约 80 亩，设计使用年限 7 年。垃圾场设专人管理，铲车推平，表层用好土深覆盖，变废地为耕地。

清　运　1989 年，县城垃圾主要由清洁工用脚蹬三轮车或小拉车就近埋坑填沟。1990 年，县城建垃圾池 16 个，自卸拖拉机 1 台，日清运垃圾 50 立方米。1994—1995 年，垃圾池增加到 30 个，小翻斗车增加 3 辆，日清运量 85 立方米。1997 年主要道路垃圾池日产日清，家属院内垃圾 3 日一清。1998 年西关、东关、西中铺、东中铺、角头和高家庄 6 村的垃圾清运，实行统一管理。2002 年 6 月，实行清运费用包干，在社会公开招标，并与主管部门签定承包协议，使垃圾清运及时彻底。此项清运管理提高效率，降低运费。至 2005 年，日清运垃圾 120 立方米，年清淤垃圾 4.38 万立方米。

3. 环卫设施

公　厕　1989 年县城公厕共 4 座旱厕，其中中昌路城建局西和农机研究所 2 座，光明街磷肥厂处 1 座，农贸市场 1 座。1989 年以后对公厕进行了新建和改建，1995 年在无极路新建 3 座公厕，2000—2001 年，花园路建设 3 座，街心公园 1 座。2004 年，绿荫广场新建 1 座。至 2005 年，县城共有公厕 9 座，多为水冲式厕所。

果皮箱　县城于 1995 年开始批量设置果皮箱，县城建设路、无极路，果皮箱样式分圆筒式、箱式等种类。2005 年随着县城容貌建设的需要，在无极路、建设路、光明街等主要街道开始长期设置，每 50 米 1 个，共设置 120 个。

六、城中村改造和新区开发

1. 城中村改造

1989 年以后，县城内共有西关、东关、西中铺、东中铺、角头、高家庄 6 个村，进行道路、供排水和房屋建设与改造。截至 2005 年，城内 6 村 90% 的街道完成硬化，85% 以上的村民建新房，70% 临街的户建起 2～3 层的楼房，东关村一半以上农户随着东关医药市场的建立盖 2 层以上营业楼。东中铺村在幸福街北段东侧建立东中铺医药市场，多为 2 层楼房，并在中昌路南建 5 层 3 栋楼房，至 2005 年，近一半村民户进驻市场。

2. 新区开发

城北工业园区　1985 年 5 月，县人大常委会第八次会议通过“无极县城镇总体规划纲要”（近期 1985—1990 年、远期 1985—2000 年）。在北合庄村东建工业区，工业区用地控制在 2 平方公里。县糠醛厂、纤维板厂、轻化工总厂、食品加工冷冻厂等相继建设投产，磷肥厂、工贸造纸厂、东方化工厂等企业先后迁入工业区，工业区规模不断扩大。20 世纪 90 年代末和 21 世纪初，工业区部分县办企业和集体企业受市场冲击等原因，先后下马。2003 年以后，将工业区作为新型工业园区进行开发建设，规划占地面积 10 平方公里，建立专门项目管理机构，出台招商引资、做大做强园区的系列优惠政策。

西环开发　2003 年，随着西环道路的建设与无繁线连接，西环（科技街）已逐步得到开发，道路两侧已自发形成修理汽车与配件市场，到 2005 年建门市 100 多间。

南环开发　2002 年，无极县委、县政府提出“向南发展，建设新城”的城市发展方向，县投资 20 万元，聘请省规划设计院编制完成《无极县城南新区控制性详细规划》和《城南新区部分街区的修建性详细规划》。控制规划面积 5 平方公里，整体布局以政府广场为主体，形成 8 个中心（行政中心、商业中心、商贸中心、科研教育中心、3 个绿地中心、1 个产业园区），5 条轴线（商业活动轴线、行政活动轴线、交通商业轴线、2 条居住轴线）。2003 年，完成投资 1000 万元，总长 2525 米的城南新区“三街一路”的新建工程，搭起新区开发的主要框架。同时，县出台一系列吸引农民进城、吸引客商开发的优惠政策，全面启动新区的开发建设。截至 2005 年，已有检察院、卫生局防疫站、民政局敬老院等进入开发区。

北环开发　北环光明街以东主要有无极县第二中学和车辆检测站等，光明街以西有饲料加工企业和少量建筑，需要整体规划与统一开发。

第三节　村镇建设

1989 年以来，随着乡镇经济的发展和乡镇规划编制的逐步完善，小城镇建设步伐不断加快，1996 年撤乡并镇以后，各乡镇在办公场所建设、居民住宅建设的基础上，以乡镇区中心大街拓宽改造、办公设施配套完善、绿化、亮化、美化提档升级、容貌环境综合整治为主要内容的建设。进入 21 世纪后，开展文明生态村创建活动，将小城镇建设推向更高的档次和品味。

一、村镇基础设施建设

1. 村基础设施建设

20 世纪 80 年代初期，全县大部分村庄开始规划新村建设。在旧房拆迁和新房建设中，一度出现不按规划要求迁建，影响街道改造和整体规划的现象。1989 年，按照国家《农村房屋建设的通知》和《村镇建设规划原则》，县城建局为全县 213 个行政村进行总体规划编制，县、乡、村三级因势利导，综合治理，保证农村建设的健康发展。

随着市场经济的逐步确立和小康村的建设，农村经济向专业化、商品化、现代化转变，农村建设向着农业现代化、农村工业化、农村城市化发展。部分村镇拓街、铺路、立集、建市场，多方筹资，完善供电、供水、照明、绿化、教育、医疗保健、文化等基础设施的建设。为配合农村建设，从 1994—1999 年，先后为史村、正村、陈村等 15 个村进行规划编制调整。为齐治、角头、袁流村等 34 个行政村的街道建设进行规划测绘，规划范围和测绘点遍及全县 11 个乡镇。2001 年，以马孤庄村为试点，在全县推进文明生态村建设。到 2005 年，全县 213 个行政村实现村村通公路、村村用上自来水、村村有卫生室，22 个村被省市评为文明生态村。

2. 乡镇基础设施建设

1989 年，随着社会经济的发展和乡镇规划的不断完善，乡镇建设取得新进展。1996 年合乡并镇后，各乡镇依据规划编制，抓紧驻地建设，改造、硬化乡镇道路，完善公共配套设施，绿化、美化、亮化、净化工作、生活环境，小城镇建设步伐加快。1997 年，东侯坊乡将乡政府驻地搬迁到正港路北侧、乡域中心，新建办公楼，依托正港路，开通全乡 24 个行政村的硬面路，促进了乡镇事业的发展。到 2005 年，有 5 个乡镇迁建新驻地，9 个乡镇新建办公楼。全县 11 个乡镇的工商、税务、公安、电力、邮电、农技服务、计生等单位也都相继新建办公楼，改善办公条件。进入21世纪，小城镇建设不断提档升级，向着园区化、特色化发展。张段固借皮革改制、企业转型升级，乡镇经济发展较快的优势，在完成镇政府办公大楼及公安、工商等所站建设后，建设两个皮革工业园区。2001年，投资7500万元，规划建设齐盛皮革商贸城，并从镇政府大门起，在通往县城3公里的定魏线上安装两排路灯，接通无极镇段的路灯，方便县南至石黄高速的交通。北苏镇建成1300米长、30米宽的商业街和500米长、30米宽的布匹市场，2002年投资700万元建成镇东工业小区和镇西针织园区。高头回族乡，以20周年乡庆为契机，整修硬化3000余米长的中心大街，建设文化广场，丰富群众的文化生活，奶牛养殖和肉牛生产、交易得到发展。到2005年，全县共建成了皮革、化工、纺织、机械制造、蔬菜种植批发、拆车、木线生产、养殖等特色区域和园区。改造、硬化街道路长400余条，安装路灯922盏，建变电站14座，配变压器2704台，移动电话41596户，通信基站28座，建农村书屋213个，家庭影院130个，全县11个乡镇卫生院全部配备先进的医疗设备，9个卫生院建了门诊、住院楼。小城镇建设水平逐年提升，促进了农村城市化的发展。

省级生态文明村——杨村

二、农民住房建设

改革开放后，富裕起来的农民将收入的大部分投入住房建设。先拆掉土坯房，改建卧砖到顶的砖木房。进入20世纪90年代，农民建房从砖木结构转变为砖混结构，房顶也由木梁、檩、椽改用楼板或直接用钢筋、水泥、石子混凝浇筑，住房设计讲究科学宜居，结构合理，瓷砖壁画装饰日趋普及。进入21世纪，过去的土坯房几近绝迹，农民建房向城镇化模式发展，居住条件由单纯注重规模面积向功能齐全、美观适用型转变，内部装修讲究简洁、环保、宽敞明亮。

20世纪90年代中后期，部分农户开始进县城购买住房。90年代末期，开始在石家庄购买住房。到2005年，全县90%的农户翻盖新房，部分农户住进了别墅式楼房。经济发达的齐洽、东丰庄、司家庄、牛辛庄、马孤庄等村全部翻盖新房，50%农户建楼房。

三、生态文明村建设

2001年，县在马孤庄村进行生态文明村试点建设。2003年，制定《关于对文明生态示范村进行奖励性补贴的办法》，在全县推行生态文明村建设。2004年，县成立生态文明创建活动领导小组。印发《关于在全县农村广泛开展创建生态文明村活动的意见》和《无极县创建文明生态村活动长效管理办法》等文件，本着“规划先行、试点带动、梯次推进、分类实施”的工作原则，按照“一批抓达标，二批抓过渡，三批抓启动”的工作思路，分期分批扎实有序地开展创建活动。到2005年，全县文明生态村建设总投资达2055万元，建成马孤庄、齐洽等22个示范村，其中马孤庄村被省委、省政府命名为“创建文明生态村先进单位”。

第四节　建筑与房地产业

一、房产制度改革

1988年，县政府制定《关于坚决制止贱价出售公有住房和成立住房制度改革领导小组的通知》，要求所有公有住宅包括房产管理部门直管公房和各单位自管公房一律实行全价出售，立即停止各种补贴出售和有限产权出售公有售房的做法。凡是向职工出售的新建住宅应按住宅本身造价和征地、拆迁补偿费计算；旧房按重造价扣除拆旧费、质量和环境因素等计价。砖混结构的单元式旧房，建筑面积每平方米售价一般不低于120元。1989年，无极县住房制度改革被列为省房改序列。无极县出台《无极县向职工出售公产住宅试用办法》，对出售和购买的对象，标准、优惠条件、要求等作了详细规定。

1996年1月，根据石家庄市政府《关于深化县（市）住房制度改革的意见的通知》，成立县住房委员会，负责全县住房制度改革工作。1996年1月修订了无极县住房制度改革实施方案和配套文件。经县委、县政府联席会议讨论通过并报市人民政府。4月14日，省政府住房制度改革领导小组办公室正式批复，同意无极县住房制度改革实施方案，并要求于1996年6月1日正式出台实施。

1998年8月，根据《石家庄市深化城镇住房制度改革加快住房建设的实施方案及配套文件》的通知精神，无极县申报《无极县深化住房制度改革加快住房建设实施方案》的请示，1999年11月4日，河北省人民政府住房制度改革领导小组办公室正式批复，同意无极深化房改《无极县深化住房制度改革加快住房建设实施方案》。

二、房地产开发公司

无极县房地产开发公司于1991年11月成立，为房地产四级开发公司，可承担建筑面积15万平方米以下的住宅小区的土地、商业建筑的开发建设，隶属城建局，负责全县的房地产开发、交易及房地产的管理工作。1993年根据省市关于城镇建设必须走综合开发建设的路子，统一规划、统一施工、统一出租出售、统一配套的通知精神，更名为“无极县城市建设综合开发公司”。随着改革开放和建设政策的陆续出台，房产确权发证，房产估价等行政事业管理业务相继实施，更名为无极县天园房地产开发公司。

该公司自1991年开始到2005年，共进行幸福小区（幸福街南段路东）、建设路小区（建设路西段路南）、光明小区（光明街中段路西）、昌盛园小区（中昌路路北）、锦绣园小区（光明街中段路东）等成片居民住宅楼的综合开发与建设。

三、房屋产权管理

无极县房屋产权产籍管理实行房屋所有权登记发证制度始于1995年，设无极县房屋产权产籍监理所，当年共完成产权登记28户、私产97户、合资产1户。1996年完成确权发证，全民产23户，面积18.28万平方米；私产46户，面积4万平方米；房产发证364户，面积1.8万平方米。2000年私产证261户，面积5.2万平方米；抵押158起，面积7.3万平方米；过户33户，面积3409平方米；集体产办证6户，面积5045平方米；全民产办证2户，面积819平方米。以后逐步加强产权产籍管理，截至2005年，共完成房屋产权登记6687户，建筑面积103万平方米，其中私产6572户，建筑面积73万平方米，公产115户，建筑面积30万平方米，办理房屋抵押登记505户，建筑面积43.9万平方米，抵押价值19861万元。

四、房地产市场交易管理

1995年县房地产市场管理起步，设无极县房地产交易所，负责房地产的转让、抵押、租赁等登记，当年完成交易7起，租赁23起，抵押27起。1996年完成房地产交易292起，面积2.37万平方米，成交额228万元；房地产抵押与评估17

起，面积3.73万平方米，成交额400万元，以上共计收费13万元。2000年完成交易房4起，面积250平方米，成交额1675元；赠与2起，面积200平方米，成交额2000元；析产2起，面积940平方米，成交额635130元；交易1起，面积6120平方米，成交额428万元；租赁60起，面积1.55万平方米，成交额19.3万元；抵押127起，面积57.8万平方米，成交额4544.6万元。截至2005年，共完成房产交易2511起，建筑面积36.5万平方米，交易额21296.3万元。

五、房地产中介服务

1.无极县房地产中介服务所。设立于1997年10月，负责房地产经纪、房地产价格评估等业务。为适应市场经济发展的需要，2002年4月，无极县房地产中介服务所改制为合伙企业，更名为“无极县冀鸿房地产评估事务所”，业务范围不变。无极县房地产中介服务所从设立到改制，共完成房地产抵押评估、拆迁评估、司法评估500余起。

2.无极县房产测绘所。经营范围为对辖区内房产进行测绘，根据国家法规规定，提供测绘数据和成果。收费标准为住宅用房1.36元/平方米；商业用房2.04元/平方米；多功能综合楼用房2.27元/平方米。自成立到2005年，共完成测绘房1430户，建筑面积26.9万平方米。

六、住房公积金

1996年，无极县干部职工开始实行住房公积金制度。依据《无极县住房制度改革方案》，行政企事业单位的职工按月标准工资额的5%存储，单位按职工月标准工资额的5%计提，到1998年建立住房公积金单位21个，归集公积金206.3万元。截至2005年，全县实缴住房公积金单位123个，缴存公积金人数8300人，累计公积金2796万元。

第五节　城乡建设管理

一、城乡建设管理机构

1981年，城建局成立，设办公室、城建组、农建组、房管组，干部职工22人。1987年，设城建股、农建股、房管股，下设“建筑工程质量监督站，干部职工43人。1989年9月，成立“无极县城管监察中队”，1990年10月，增设财务股、市政处。1991年设房地产开发公司，副科级事业单位。1992年11月，无极县房地产开发公司更名为“无极县城市建设综合开发公司”。1993年成立“无极县招标办公室”。1993年2月无极县工程招标办公室和无极县定额管理站合并为无极县工程招标办公室，1995年5月成立招标管理领导小组，下设办公室。1997年3月成立“无极县建筑市场稽查办公室”为股级事业单位，1997年11月成立“无极县经济适用房发展中心”。2001年3月，成立“无极县建设工程承发包交易中心”，隶属城建局，与招标办公室一套班子两块牌子。

截至2005年12月，建设局设办公室、财务室、招标办、规划科、工程科、城管中队、稽查办、质监站、环卫科、园林科、公用事业科、墙改办、收费科、法制科14个科室机构，下属企业有河北中昌建筑工程有限公司、无极县天园房地产开发公司、无极县市政工程公司。县建设局多次被省市评为文明单位、容貌卫生先进单位、群众绿化先进单位、小城镇管理先进单位，共有干部职工225人。

二、市政设施管理

1989年以后，县不断加大市政基础设施建设，建立健全市政管理机制，提高管理队伍执法素质，市政载体功能不断完善，市政管理逐步制度化、规范化、法制化。1994年，无极县出台《无极县城市容貌和环境卫生管理实施办法》《无极县环境卫生门前三包实施办法》，实行门前三包，建立目标责任管理制。1995年，县城进行2次大清理，共拆除违建棚亭57个、锅灶57个，清理乱贴乱挂广告标语1500块（张），对临街的建筑工地督促实行围场作业20多处，清除垃圾800立方米，新建垃圾池16个，修补花池37个，维修灯座21个，制作路牌、垃圾点牌16块，漆刷道口防护栏240平方米，分道线2200米。

1999年，植树1.3万棵、草坪1.2万平方米、育冬青苗、月季花4500棵。查处擅自破坏市政设施事件28起，乱砍树木和侵占绿地9起。城市容貌有了明显改观，在石家庄市建委组织的容貌大检查中，连续3年被评为先进县，并获得“容貌杯”。

2003年，以开展爱国卫生运动为契机，协调公安、工商等部门联合执法，采取说服教育、行政处罚相结合的方式，拆除幸福街心粪土堆，填平了常年不能清理的粪坑，清理污染县城环境的养殖场、马路工厂15处，清除违章占道摊点130多个，临街门店退路进店，清除大街小巷卫生死角积存垃圾，健全清扫制度。

2005年，实施城容城貌综合治理工程，完成了正义街、建设路、幸福街北头、东罗尚磁河口—扬水站排水沟的疏通清淤，共清掏疏通4748米，清出淤泥1400余立方米，更换城区收水井篦74套，新做73套，更换沟盖板45块，确保排水畅通。对建设路、光明街、无极路、花园路破损路面和便道砖进行挖补修复，完成水泥路面220平方米，沥青路面335平方米，修补更换塌陷便道砖500平方米，路沿砖23米，城市道路排水设施趋于完好。进行重点绿化，引进冬青、剑麻、雪松等10余种树木花卉3000棵，对绿荫广场整修与补充；新栽补栽冬青、金叶女贞等2万棵，对无极路进行绿化带改造，新栽补栽法国梧桐、金丝柳1000余棵，完成无极路、光明街、贸易街南、花园路东、中昌路东段树种更换，形成无极路法梧一条街、光明街金丝柳一条街等。维修路灯150盏，路灯亮灯率达96%。美化了城市景观，提高了城市品位。

三、建设资金管理

1989—2000年，无极城市建设维护资金主要依靠政府投资，实行收支两条线等管理办法，由县财政统管和拨付。主要用于道路维护、绿化、路灯安装、供排水设施建设及维护。2001—2005年，政府加快旧城改造和新区建设步伐，在不断加大财政投入的同时，积极探寻经营城市的新路子，创新发展“投资主体多元化，融资方式多样化，筹措资金多渠道”的新机制。

盘活无形资产，开辟经营城市新思路，把设施冠名权、广告经营权等城市无形资产进行市场化运作。2001年成功路（南环）冠名千山路，千山路灯杆厂完成80多万元的新路灯安装。2002年，无极路和光明街160多个灯杆广告经营权和主要街道口大型固定牌匾广告经营权全部进行有偿转主，将获取的收益用于城市基础设施的再建设、再经营，形成城建发展的良性循环。

放开公益事业经营权，建立“政策引路，社会融资，市场运作，公众参与”的多元化投资体制，减少政府集体供暖投入近800万元，城区垃圾清运公开招标，实行“分片包干经费定额”，每年减少行政开支10多万元。2003年，吸引民间资金100多万元成立通达客运公司，完善城市公共交通设施的建设，在城内开展“招手停”小公交业务。到2005年，社会融资3040多万元用城市建设维护，其中政府投入378万元。

四、燃气管理

1989年，无极县工业与民用燃料主要以煤炭为主，只有小部分居民使用液化石油气。1995年5月，对县城和乡镇液化气设置情况进行普查，县内有液化气站21家，其中储罐厂（站）2家，供气能力16吨/年，总储蓄能力35吨，供户数1131户。1996年，针对普查中存在的没有资质证、不专卖、没有专用库房及消防设施等问题，加强液化气管理。每年由县组织安委、公安消防、工商、技监、城建等相关部门，联合对全县液化气站进行执法检查。2003—2005年，共查封取缔8家，保留11家。

第二章　交通运输

1989年以来，无极县的交通运输业快速发展，正港线、无繁线、定魏线3条省道无极段和县道果王线、铁九线、大赵线、羊曲线进行改建；乡、村道路大规模高标准进行拓建和改造。截至2005年底，全县213个行政村实现村村通公路，县域内公路总里程594.8公里，公路密度每平方公里为1.135公里，形成以贯穿全县东西、南北和西北的3条省道为依托，以县道为骨架，以乡村道路为支撑的四通八达的公路交通网络。

1989年，全县共有机动车4937辆，货运量30.51万吨，货运周转量2766.22万吨公里，其中客车97辆，客运量136万人，客运周转量7257万人公里。2005年，全县客运汽车78辆，出租汽车260辆，城乡公交客车65辆，年客运量达120万人次；货运汽车1020辆，年货运量130万吨，货运周转量1301万吨/公里。机动车维修企业30家，从业人员350人。汽车二级维护专业化作业站1家，汽车综合性能检测站1家。交通局连续11年获省委、省政府命名的“文明单位”和“文明行业”，年年获得“优质服务杯竞赛”第一名，行风建设连年被评为“优秀单位”，民主评议行风成为“免评单位”。

第一节　交通体制改革

一、道路建设体制改革

1.投资体制改革

1978年，无极县公路总里程为183.1公里，其中县道40.7公里，乡镇道路142.4公里。无高等级公路，沥青表处路面有112.3公里，有未铺装路面70.8公里。因为投资体制单一，公路建设发展缓慢。

1979年以来，随着城乡经济改革的步步深入，在公路建设方面国家相继出台贷款修路收费还贷、征收车辆购置费用以公路建设，在农村公路建设投资方面，实施政府补贴、群众集资等一系列政策，突破了公路建设传统单一的养路费投资体制，拓展公路建设资金投资渠道，促进公路建设的发展。1996年通过多种渠道筹措道路建设资金2966万元，修路里程110公里。

2001年，无极县根据《河北省公路建设投资政策改革方案》《关于石家庄市筹措公路建设资金的实施意见》等文件，拓宽公路建设资金来源，促进公路建设的发展。2001—2005年，除市“定额投入”的直接工程费612万元，县筹措工程配套资金100万元，完成县道果王线改建10公里；完成乡、村公路建设项目40个，计83.1公里，除争取上级补助资金405.2万元外，其1312万元的工程配套资金完全由业主乡政府和业主村委会筹措。

2.施工、管理体制改革

随着改革开放政策的不断深入，公路建设项目由交通部门独家经营，逐步改为实施公开招标、投标。1999年对省道正港线南环路、石黄高速无极连接线改建；2000年滹沱河特大桥新建，2003年省道无繁线改建，2004年定魏线改建、县道果王线改建等，都由石家庄市交通部门确定项目建设法定代表人，公开进行招、投标修建。2000—2005年33个乡村公路建设项目共计61.75公里，由县交通部门组织招标修建。

1991年以前，公路建设和公路养护项目建设都由公路站负责完成，1991年3月成立公路工程队，负责全县公路改建和公路大修工程。2001年6月，公路站与公路工程队合并为公路站。2003年1月，交通局进行公路养护体制改革，由原集修、建、管、养与一体的公路站，分离出公路建设施工机构，负责全县公路工程建设，先后中标完成省道无繁线、定魏线和县道果王线、大赵线、西九线、羊曲线新改建施工任务。成立“地方道路管理站”，负责县级公路养护管理，指导督促乡镇搞好乡村道路管理。各乡镇成立“乡村道路管理所”，负责组织落实乡村道路的建设养护管理工作。道路管理体制的改革进一步明确各级公路建设、养护主体的责任，实现公路建、管、养责任由交通部门向社会化转变的改革。

二、道路运输体制改革

1. 运输管理体制改革

1990年，根据交通部规定，对全县992辆运输车辆实行“强制维护、定期检测、视情修理”。1996年10月，B级汽车检测站开始运营，汽车维护技术检测实现自动化。到2005年底，全县共有维修企业23家，其中一类维修企业1家，二类企业3家，三类企业19家，汽车维护检测实现机械化，仪器仪表化。

1989年，无极县道路运输业出现国营、集体、个体一齐上，多层次、多渠道、多种经济成分，多种经营方式并存的新局面，社会运力、运量迅速增加，乘车难、运输难的状况得到明显改善。当年共核发“营运证”822个，机动车维修证26个。2005年，无极县成立“极石客运公司”，对客运线路进行优化，营运线路6条，开辟无极—石黄高速—石家庄线路。城乡客运公司在原有4条线路的基础上，又增加5条，为人民群众出行提供方便。城内公交公司投入43辆松花江面包车，开通县城内公交客运。危货运输全部安装GPS定位系统，车主与管理部门签定安全生产责任状，保证运输安全。

2. 运输经营机制改革

1989年，国营运输企业进行以经营承包为主要内容的改革，企业与管理部门，企业与班组、职工签定经营承包合同。1994年后，简政放权，给企业下放经营自主权、人事管理权，实行厂长、经理负责制。县交通局汽车队，以车辆现值和各种费用作为租金，不改变所有制形式，企业依权管理、个人自主经营，定额上缴，自负盈亏，承包期满，车辆归己；实行工资总额和实现利税挂钩的基础上，将职工工资全部装入档案，根据个人劳动贡献重新进行分配，推行“联产、联利、联责计酬分配办法”；实行企业与职工采用契约形式进行承包，即“包死基数，确保上缴，超收全留，亏收自补”的全员风险抵押承包的分配模式。2005年，按照“产权明晰，自我发展，自主经营，自负盈亏”原则，开始进行内部资产授权经营改革。根据清产核资的结果，核定各单位固定资产和实际占用流动资金数额，将核定后的资产授权各单位进行经营，办理委托手续，按一定的资产的收益率逐月收取资产使用费。实行内部资产授权经营后，明确各单位资产保值、增值的责任，遏制企业的亏损。

3. 交通规费征收改革

公路养路费税费改革。1997年7月，公路养路费采用征收燃油附加费的方法征收。1999年10月，征收燃油税，即“费改税”改革开始。

车辆购置附加费（税）改革。1994年1月，车购费改为由车辆落籍地交通部门向义务缴费人征收。2004年12月，车辆购置税移交国税局征收。

第二节　公　路

一、省道

1. 正港线（编号S302）无极段

境内正港线无极段（原正饶线），西起藁无交界处，经北苏、前北焦、南侯坊、无极县城、东罗尚、七汲、流村、小镇至深泽界。

1987—1988年全线进行拓宽改建，由原三级

正港线扩建升级

路改建为二级路，全长 28.5 公里。1998 年修建南环路，起点正饶线西环交叉口，终点正饶线西罗尚交叉口，全长 5.83 公里，路基宽度 16.5—20 米，路面宽度与路基宽度相同，路面结构为水泥砼面 22 厘米，二灰碎石基层 18 厘米，石灰土底基层 14 厘米，总投资 2100 万元。南环路的修建与通车，避免过城段原以街代路造成的交通堵塞和安全隐患，为车辆快捷、安全、畅通提供便利的交通条件。修建南环路后，原正饶线西环交叉口经县城中心大街段至西罗尚道口路段变为城区道路，移交城建局管理。

2001 年，省交通厅对省道进行规划调整，正饶线改名为正港线，路线编号由 S0312 改为 S302。无极县境内新增的省道定魏线和正港线有相互重复路段，正港线调整后的实际长度为 28.23 公里，其中一级路 5.61 公里，二级路 22.621 公里。

2002 年和 2004 年，分别对该线原路面两侧 2.5 厘米沥青表处油化路肩进行了大修，共计 24.9 公里。大修后，由原沥青表处 2.5 厘米，石灰土基层 20 厘米改建为水泥砼路面厚 22 厘米，水泥稳定土基层 15 厘米，石灰土底基层 15 厘米，共投资 1428.2 万元，由此正港线路面总宽度 11.4 米，路基宽度 12 米（南环路除外）。

2. 无繁线（编号 S203）无极段

无繁线，原为县道新无（新乐—无极）线，起点新无交界苏仙庄村东，经大户村、马庄、赵正寺、里城道、西侯、北合庄、北家庄至无极县城光明街，全长 16.7 公里。

1994—1995 年，对该线无极城北段 6.4 公里，进行拓宽改建，路线改建标准按平原二级路技术标准，路基宽 12.6 米，路面宽 12 米，路面结构为沥青碎石面层 5 厘米，石灰土基层 20 厘米，石灰剂量分别为 10% 和 12%（灰土分两层施工），共计投资 308 万元。

2001 年，经省交通厅规划调整，该线升为省级公路，改名为无繁公路，路线编号 S203。2003 年经省交通厅批准，对境内无繁线进行改建，起点为无极县城西环正港线交叉口，经北合庄，袁流村、里城道、赵正寺、马庄转向西北至新乐无极交界，全长 16.87 公里。改建标准，从起点 K0+000—K7+775 米段路基宽度 17 米，路面宽度 16.4 米，K7+775 米—K16+874 米段路基宽 12 米，路面宽 11.4 米，按平原二级路标准设计，路面结构：K0+000—K3+654 米，K11+103 米—K12+183 米，两段共计 4.734 公里，为水泥砼路面，厚 24 厘米，二灰碎石基层 16 厘米，石灰土底基层 16 厘米。其余段为沥青砼路面，厚 5+3 厘米，二灰碎石基层厚 16 厘米，石灰土底基层厚 16 厘米。该工程于 2003 年 3 月 1 日开工，11 月 30 日竣工，总投资 5726.7 万元。

无繁线

3. 定魏线（编号 S234）无极段

定魏线起点为定州无极交界处（苏村村北），

定魏线滹沱河段

面24厘米，二灰碎石基层15厘米，石灰土底基层15厘米，总投资1418.14万元，由交通局工程队和公路站承建，改建长度9.677公里。2000年石家庄路桥工程公司承建完成该线滹沱河特大桥1座，长1305米，总投资8000万元，从此结束了无极县境内滹沱河无桥的历史。

2001年无贾线由县级公路升为省级公路，路线名称改为定魏线，路线编号为S234。

定魏线组成段——原定无公路，1989年由乡级路升为县级路，路基宽度8.5米，路面宽度7米，技术等级为平原三级路，路面结构沥青表处2.5厘米，灰土基层20厘米，全长4公里。2001年经省交通主管部门规划调整为省道定魏线，路线编号S234。2003年对该线进行拓宽改建，起点定州无极界，终点东西侯村南与无繁线交叉处，由原4公里向南延伸1.213公里，共计5.213公里，该工程由交通局光明路桥工程有限公司承建，监理单位为石市宏业交通监理有限公司。2003年10月1日开工，2004年7月31日竣工，改建标准为平原二级路标准，路基宽度12米，路面宽度11.4米。路面结构为面层为5+3厘米沥青混凝土，基层为16厘米二灰碎石，底基层

经苏村、东西侯，重复无繁线至无极县城，经北环、西环、柴城、市庄、张段固、东南丰、西两河、至滹沱河南岸藁城界，全长25.18公里，其中重复无繁线7.78公里，净长17.04公里，其中一级路1.23公里，二级路15.81公里，建有桥梁1317米/2座，其中滹沱河特大桥1305米/1座，柴城小桥12米/1座，该线是纵贯无极县南北的一条交通大动脉。

定魏线无极段由原无贾线和定无线两段组成。

定魏线组成路段之一无贾线原为乡级公路，1989年升为县级公路。1991—1992年对该线进行拓宽改建，共计9.33公里。该工程改建标准按平原一般公路二级标准设计，设计车速80公里，路幅总宽由8.5米增至12米，中间水泥砼路面7米，两侧各2.3米沥青表处油化路肩和0.2米平铺路缘石。路面结构为水泥路面厚20厘米，石灰土基层22厘米，石灰剂量12%。1991年7月21日开工，1992年11月19日竣工，总投资426.9万元（包括新建柴城小桥1座12万元）。

1999年经省、市交通主管部门批准，无贾线作为石黄高速连接线立项改建，该工程1999年10月开工，2000年8月竣工。路基宽度增至14.6米，路面宽度14米，路面结构为水泥混凝土路

定魏线北段

18 厘米石灰稳定土，总投资 979.6 万元。

二、县道

1989 年境内有县级公路 4 条，即藁无线（藁城至无极）、新无线（新乐至无极）、定无公路（无极至定州界），全长 44.1 公里；无贾线（无极至贾村）11.2 公里。2001 年省交通厅调整 4 条县级路，境内有果王线（藁城小果庄—赵县王西章 编号 X006）、羊曲线（深泽羊村—鹿泉曲寨 编号 X054）、大赵线（无极大陈—赵县 编号 X004）、西九线（深州西蒲疃—藁城九门 编号 X956）4 条县级路，其中果王线由原县道藁无线和原乡道东庄至楼下、楼下至藁城梁家庄段组成，全长 22.09 公里；羊曲线是由原乡级公路东西侯至西宋线部分路段和西部原乡村道路组合而成，全长 27.52 公里；大赵线是由原乡道东罗尚至大陈和村道西汉至晋州界路段组合而成，全长 11.847 公里；西九线是由西段原乡道西郝线和东段晋州界至佛堂，经验村、齐洽、东两河乡村道路组合而成，全长 29.21 公里。4 条县级路共计 90.66 公里，原县道新无线、无贾线、定无线在 2001 年升为省级公路。

2001 年无极县境内 4 条县道规划调整后，逐年对县级公路分期分批进行改建。2002 年对大赵线东罗尚至王村段进行拓宽改建 4.004 公里，路基宽 12 米，路面宽 9 米，投资 320 万元；是年，对果王线东庄—郝庄段 9.8 公里进行大修，由原沥青表处路面改建为水泥砼路面，投资 462 万元。2003—2004 年对果王线北段 10.009 公里进行拓宽改建，改建标准为路基宽 12 米，路面宽 9 米，路面结构为面层 5+3 厘米沥青砼，基层 15 厘米二灰碎石，底基层 15 厘米石灰土，总投资 925.6 万元（利用国债资金 312 万元）。2005 年对西九线定魏线道口—郝庄 12.4 公里和羊曲线小中郎—无繁线西西候村西交叉口 12.32 公里，进行拓宽改建，改建标准为路基宽 12 米，路面宽度 9 米；路面结构为水泥砼路面 22 厘米，二灰碎石 15 厘米，石灰土 15 厘米。两项工程共计投资 1798.4 万元，其中西九线 882.8 万元，羊曲线 915.6 万元。截至 2005 年底，无极县四条县级路路况为果王线二级路 10.01 公里，三级路 12.08 公里；大赵线二级路 4 公里，四级 3.12 公里，等外路 4.72 公里；羊曲线：二级路 13.09 公里，四级路 13.64 公里，等外路 0.79 公里；西九线：二级路 12.17 公里，四级路 13.04 公里，等外路 4 公里。

无贾线建设时间及概况

定魏线组成之一无贾公路，原起自无极西关，经柴城、张段固、东南丰、西两河、过滹沱河至石德铁路贾村车站，全长 17 公里，无极境内 11.2 公里，始建于 1977 年，行政等级时为乡级公路。该路分两个年度施工，1977 年修建无极西关至西两河段 8.9 公里，路面结构为 20 厘米石灰土基层，2.5 厘米沥青表处，路基宽度 8.5 米，路面宽度 7 米。1985 年修通西两河往南滹沱河段修建水泥砼过水路面 0.4 公里，路面厚 20 厘米，路面宽 7 米，路肩边坡均为砌片石护坡，并新建钢筋水泥混凝土涵洞 1 座，跨径 2 米 2 孔，宽度 7.5 米，其余 1.9 公里均为沥青表处理面，路基和路面宽度为 8.5 米和 7 米。1989 年经上级交通主管部门批准，该线由乡级公路升为县级公路。

三、乡道

1989 年，乡镇公路共 25 条，共计 147.9 公里。其中，3 级路 43 公里，四级路 60 公里，等外路 44.9 公里，晴雨通车里程 77.1 公里（有路面铺装）。1994 年乡道因有升级路线和新增路线调整为 27 条，共计 138.9 公里，等级公路为 122.8 公里，其中三级公路 37.1 公里，四级公路 85.7 公里，等外路 16.1 公里，有路面里程 122.8 公里。1998 年乡道 28 条，共计 149.5 公里，其中三级路 43 公里，四级路 102.5 公里，等外路 4 公里。2001 年石家庄市交通部门对路网结构进行了较大调整，部分乡道升为县道，2002 年乡道进行规划和调整，部分村道升为乡道。截至 2005 年底，全县乡道共计 27 条，总里程为 161.02 公里，其中二级路 10 公里，三级路 6.84 公里，四级路 123.3

公里，等外路 20.88 公里，晴雨通车里程 140.14 公里。

四、村道

1989 年全县共有简易村道 101 条，总长 159 公里，均为无路面铺装里程。1990 年，开始对部分村道进行油面硬化。至 1992 年，新改建村道（油面硬化）9 条段，计 9.53 公里。为加快村道油路建设进程（或水泥路），1993 年颁发《无极县人民政府关于五年内实现村村通公路的决定》。1993—1997 年全县新改建村道 99 条，铺装油面（或水泥砼面）105.05 公里，完成工程投资 2625 万元，其中群众投资 1400 多万元。1998 年底，全县村道增至 112 条，总里程 189.2 公里，其中有路面铺装里程达到 121.5 公里，全县 213 个行政村实现村村通公路。208 个行政村修通油路或水泥路。2001 年因路网进行规划调整，部分乡村道路升为县级以上公路，县对乡村两级公路也进行调整和补充，村道调整为 121 条，总里程为 218.85 公里，由于原部分有路面村道的升级，调整补充后的村道无路面里程增多，有路面里程减少。2001—2005 年，县抓住“十五”期间国家加大农村公路建设资金投入的机遇，积极跑办农村公路建设项目，争取上级补贴资金，加快全县村级公路改造和建设，共完成村道建设项目 40 个，共计 83.1 公里，完成工程总投资 1717 万元，争取国家补助资金 405.2 万元。截至 2005 年底，无极县村道总里程为 218.85 公里，其中二级路 5 公里，三级路 2 公里，四级路 74.5 公里，等外路 136.2 公里，有路面铺装里程 89.35 公里，尚有无路面里程 129.5 公里待改建。

第三节　桥梁建设

1989—2005 年通过改建和新建，县域内共有桥梁 11 座，全长 1590.7 米。

一、磁河南侯坊桥

位于南侯坊村南，正港线 34+473 米处，跨越磁河。始建于 1957 年 6 月，为 4 孔，跨径 5.6 米，砖台木面桥。

1969 年和 1970 年地区交通局两次拔款 16278.5 元，对南侯坊桥进行改建，为 4 孔，跨径 6.86 米，高 3.5 米，长 28 米，宽 7 米，钢筋混凝土盖板。

1987 年，经地区交通局批准，再次对该桥进行了拓宽改建，改建后桥长 30.1 米，桥宽 12 米，3 孔，跨径 8 米，桥下净高 3.48 米，无伸缩缝，12 米宽水泥混凝土桥面，结构形式上部钢筋混凝土矩形空心板，下部为重力式墩，4 油毡垫支座，抗震等级 2 ～ 7 级，荷载标准为汽 -20，挂 -100 级。

该桥由无极县交通局测设，地区交通局公路工程公司修建，地区交通局工程处监理，1987 年 10 月开工，12 月竣工通车，总投资 14 万元。

2003 年，经石家庄市交通局批准，对该桥进行维修加固。由于该桥桥面严重露骨，纵向严重裂缝，桥头松裂等病害现象，2003 年 3 月，投资 25 万元，由无极县公路站施工，石家庄市公路工程质量监督站监理，对桥身上部进行桥面铺设钢筋网，浇筑水泥混凝土，吊起板梁，更换支座的维修和加固，设计标准均不变。

二、滹沱河特大桥

该桥位于西两河村南，定魏线 K49+722 米处，跨越滹沱河，建于 2000 年 3 月，全桥长 1305.12 米，宽 12 米，52 孔，跨径 25 米，荷载标准为汽 -20，挂 -100 级，上部结构箱型梁，下部结构为钢筋水泥灌筑桩，抗震等级 6 级，钢板伸缩缝，桥面铺装沥青混凝土，两桥头引道分别由无极公路站和藁城公路站施工，大桥由石家庄市路桥工程有限公司承建。2000 年 3 月 4 日开工，2000 年 11 月 30 日竣工，总投资 8000 万元，由石家庄交通勘察设计院设计，河北省交通监理咨询有限公司监理。该桥是滹沱河上目前最大的一座钢筋混凝土永久性特大桥，结束无极县境内滹沱河畔无桥的历史，为无极及滹沱河北部县

滹沱河特大桥

桩柱。设计荷载标准为汽 -20，挂 -100 级，由石家庄市公路处测设队设计，无极县公路站施工。1996 年 5 月开工，10 月 1 日竣工通车，总投资 130 万元。2003 年，随着无繁公路的改建拓宽，保留东侧桥，拆除西侧旧桥，在西侧另建一座宽 8 米，跨径为 6×13 米的新桥，与原东侧桥形成全宽为 17 米的桥面。新建桥采用与原东侧桥相同的结构形式，上部结构为钢筋混凝土空心板，下部结构

市通往石黄高速公路和 307 国道提供便利的交通条件。

三、磁河柴城桥

位于柴城村东，定魏线 K41+765 米处，跨越滋河。始建于嘉庆六年（公元 1801 年），该桥为一座平板石孔古桥，长 6 米，宽 3 米，高 3 米。1977 年，由公路站施工，技术负责人张桂辰设计，对该桥进行改建成长 6 米、宽 6 米。1991 年无贾路拓宽改建，拆除旧桥，改建为长 12 米、宽 14 米的漫水桥。2000 年无贾路改造升级时，再次对该桥进行改建成长 14 米、宽 14 米、跨径 10 米，荷载标准为汽 -20 级、挂 -100 级，上部结构为板梁，下部结构为重力式墩，总投资 20 万元。

四、木刀沟桥

位于无极县城北无繁线 K2+784 米处木刀沟古河道上。1972 年简易桥进行改建拓宽，改建后为 9 孔，跨径长 8 米，全长 82 米，桥面宽 7.5 米，二铰板拱漫水桥，无人行道，设计荷载标准为汽 -15，拖 -60 级，总投资 10.71 万元，总用工时 16436 个。

1996 年，该桥东侧建一座新桥，称木刀沟新桥，全长 82 米，宽 9 米，13 孔，跨径 6 米，上部结构为 13 米空心板梁，下部结构为 1.2 米直径为单排双柱式墩台，全桥一联，桥面边沿设置牛栏式钢护栏，桥头设置浆砌片石护坡及铅丝笼防护。5 月开工，10 月底完工，改建后，桥面宽度 2×7.65 米 +1.2 米分割带 +2×0.25 护栏，总投资 180 万元。木刀沟大桥的改建，打开了无极北通往京津高速、京珠高速的方便之门。

第四节　道路运输

一、交通运输工具

1989 年载货汽车 800 辆，大、中、小型拖拉机及农用运输车 600 辆，到 2005 年载货汽车 1020 辆，拖拉机及农用运输车 4212 辆，是 1989 年的 6 倍。

1. 机动三轮车

机动三轮在 20 世纪 60 年代末开始应用，当时的机动三轮车为“195”柴油机自造车，装有 12 马力“195”柴油机，载重 1.5 ～ 2 吨，时速 20 ～ 30 公里。80 年代以后，普遍应用的机动三轮车分为农用三轮车和运输用三轮车。

2. 拖拉机

1989 年底，全县有大、中、小型拖拉机 4200 台。2005 年，全县大、中、小型拖拉机 4212 台。拖拉机已由生产、运输兼用，归为主要

从事农业生产为主。

3. 汽车

1978年，无极县林中村村民牛军山个人购买全县第一辆江淮130货车。此后，国营、集体、个体购买汽车日益增多。1989年，营运载货汽车800辆，营运客车97辆，到2005年，营运载货汽车1020辆，营运客车79辆。大客车车型多为丹东、黄海等，中型客运汽车品牌为太湖、东风、向阳、牡丹、楚风等；小型客运汽车品牌为胜利、向阳、星王、桑塔纳、富康、奥迪等；大型货车主要品牌为开封、东风、解放，中型载货车品牌为解放、时代、康铃、骏铃、福田、跃进等；小型载货车品牌有铃木、昌河、福田、北京、长安等。另有专业运输的液罐车、冷藏车、散装水泥车、集装箱车、通信车、邮电车、自卸车、救护车、殡葬车，还有适合农村道路的农用运输车等。

二、客运

1984年，改革开放政策进一步落实，客车运输经营进一步放宽。当年无极县角头村村民朱保国买了第一辆大客车，经营无极—石家庄客运业务，当时票价为0.024元/公里，无极至石家庄票价每人1.3元，同年，个体客车增至9辆。

1987年，无极县个体客车发展到82辆，年客运量121.97万人次，客运周转量7055.36万人公里，形成纵横交错的班车路线、四通八达的旅客运输网络。国营客车由于各种原因，在很大程度上受到制约，停止经营，已逐步被个体客运车所替代。

1989年，个体客车97辆，客运量136万人，客运周转量7257万人公里，线路30条，主要客运线路为无极—天津，无极—藁城—石家庄、无极—正定—石家庄。

1990年客车86辆，客运量163.59万人，客运周转量8436.29万人公里，实现乡村客车村镇通车率达85%。1992年大客车60辆，小客车357辆，客运量178.35万人，客运周转量9962.61万人公里。

1999年营运车172辆，2927个座位，营运线路33条，年完成客运量163万人次，客运周转量7650万人公里。同年，无极县城乡客运公司成立，城乡营运共开辟线路4条，17座东风牌客车40辆，新增设站点68个，日发班次240个，运行里程85公里，人均票价2～3元，年客运量115万人次。

2000—2001年客运车170辆，2490个座位。营运线路35条，其中跨省2条，跨市区3条，年客运量190万人次，客运周转量8500万人公里。2004年，完成线路改制工作，成立石家庄极石客运有限公司，拥有营运客车157辆，线路6条。2005年，长途客运车89辆，座位545个，主要品牌为金龙、少林、骏马、长鹿等。城乡客运线路9条，班车增至72辆，主要品牌，长鹿16、东风20、向阳28和吉利面包18，座位1141个，通车里程200公里，全县人民出行更加便利。

三、出租汽车

20世纪80年代后期，电影院、东关道口、红绿灯、医药市场及贸易街口出现出租车，开始是东风牌汽油机动三轮车，后增加小型面包车。1989年，东池阳村梁喜才以65000元价格，购得一辆菲亚特轿车在西关贸易街口出租。1995年，出租轿车增加到7辆，出租面包车22辆，出租三轮107辆。

1997年，对37辆出租轿车、50辆出租面包车、128辆出租三轮，进行统一登记，建立台账，全部纳入行业管理。2003年，成立无极县路路发出租车公司和吉顺客运出租车服务中心，对出租车市场进行治理。此次治理中查扣各种黑车、无费无证车、套牌车及报废车辆41辆，维护出租车市场秩序。

2005年，城区出租轿车发展到195辆，主要品牌为桑塔纳、富康、夏利等；小面包车75辆，主要为天津、大发、松花江、长安等；机动三轮车80辆。

四、货物运输

1989年，机动车4937辆，包括大中小型拖拉机，年货运量30.51万吨，货运周转量2766.22万吨公里。

1992年，大货车892辆，小货车418辆，挂车451辆，年货运量61.42万吨，货物周转量5839.72万吨公里。1993年，大货车953辆，小货车418辆，挂车468辆，拖拉机556辆，年货运量55.6万吨，货物周转量6387.97万吨公里，同时根据上级要求，对大宗货源单位纳入计划管理，实行合同运输，全县共有12个大宗货源单位纳入计划管理，并全部执行合同运输。截至年底，共签订运输合同31份，合同执行率达98%以上。

1994年，大货车500辆，小货车300辆，挂车100辆，全年货运量67.34万吨，货物周转量7098.8万吨公里。1995年，大货车560辆，小货车351辆，挂车120辆，年货运量71.61万吨，货物周转量7444.4万吨公里。

从1995年开始，加强对危险品运输车辆的管理，到1996年，营运货车811辆，拖拉机2080台，4146个吨位，年货运量72.94万吨，年货物周转量7949.68万吨公里。1997年，营运货车791辆，共有2938个吨位。营运拖拉机及农用运输车1684辆，货运量74.18万吨，货运周转量8130.58万吨公里。1998年，营运货车840辆，农用运输车1780辆，货运量146.4万吨，货物周转量6759.4万吨公里。1999—2000年，营运货车1030辆，2767个吨位，营运拖拉机及农用运输车2039辆，完成货运量74.5万吨，货物周转量7235.9万吨公里。2001年，营运货车1284辆，3604个吨位，拖拉机及农用运输车2554辆，完成货运量84.5万吨，货物周转量8334.8万吨公里。2002年，营运货车932辆，3455吨位，营运拖拉机和农用运输车2106辆。货运量550万吨，货运周转量15000万吨公里。2003年，营运货车1293辆，3820个吨位。2004—2005年，营运货车1020辆，其中危货运输车60辆，全部安装GPS卫星定位系统。

1. 普货运输

普通货物分3个等级。货物运输范围由过去的县内和周边县、市，逐步扩大到全省、外省及至全国各地。

普通货物分等表

表4–3

等级	序号	货类	货物名称
一等货物	1	煤	原煤、块煤、可燃性片岩
	2	砂	沙子
	3	石	片石、渣石、寸石、石屑、粒石、卵石
	4	非金属矿石	各种非金属矿石
	5	土	各种土、垃圾
	6	灰	青灰、粉煤灰
	7	渣	炉渣、炉灰、水渣、各种灰烬、碎砖瓦
	8	空包装容器	篓、坱罐、瓶、箱、筐袋、包、箱皮、盒
二等货物	1	粮食及加工品	各种粮食（稻、麦、各种杂粮、薯类）及其加工品
	2	棉花、麻	皮棉、籽棉、絮棉、旧棉、棉胎、木棉、各种麻类
	3	油料作物	花生、芝麻、油菜籽、蓖麻子及其他油料作物

续表 4–3

等级	序号	货类	货物名称
二等货物	4	烟叶	烘烟、土烟
	5	蔬菜瓜果	鲜蔬菜、鲜菌类、鲜水果、甘蔗、甜菜、瓜类
	6	植物油	各种食用、工业、医药用植物油
	7	植物种、花、叶、茎	树、草、菜、花的种子、干花、各种麻类、牧草、谷草、稻草、芦苇、树苗、树枝、树根木等
	8	禽、畜、蚕、茧	各种活家畜、家禽及大牲畜、蚕茧子、蚕确、蚕茧
	9	肥料农药	化肥、粪肥、土杂肥、农药
	10	糖	各种食用糖（包括饴糖、糖稀）
	11	肉胎及制品	鲜腌酱肉类、油脂及制品
	12	水产品	干鲜咸鱼、虾、蟹贝、海带
	13	酱菜调料	腌菜、酱菜、酱油、醋、酱、花椒、茴香、生姜、芥末、腐乳
	14	土产杂品	土产品、各种杂品
	15	皮毛塑料	生皮张、生熟毛皮、鬃毛绒及其加工品、塑料及其制品
	16	日用百货棉麻制品	各种日用小百货、棉、麻、纺制品、针织品、服装、鞋、帽
	17	药材	普通中药材
	18	纸、纸浆	普通纸及纸制品、各种纸浆
	19	文化体育用品	文具、教学用具、体育用品
	20	印刷品	报刊、图书及其他印刷品
	21	木材	圆木、方木、板材、成材、杂木、棍
	22	橡胶、可塑材料及其制品	生橡胶、人造橡胶、再生胶及其制品、电木制品、其他可塑原料及其制品
	23	水泥及其制品	袋装水泥、水泥制品、预制水泥构件
	24	钢铁、有色金属及其制品	钢材（管、丝、线、绳、板、皮、条）生铁、毛坯、铸铁件、有色金属材料、大小五金制品、配件、小型农机具
	25	矿物性建筑材料	普通砖瓦、钢砖、水泥瓦、乱石、块石、级配石、条石、水磨石、白云石、蜡石、荧石及一般石制品、滑石粉、石灰膏、电石灰土、矾石灰、石膏、石棉、石灰粉、陶木管、石灰石、生石灰
	26	金属矿石	各种金属矿石
	27	焦碳	焦炭、焦炭末、石油焦、沥青焦、木炭
	28	原煤加工品	煤球、煤砖、蜂窝煤（筐）
	29	盐	原盐及加工精盐
	30	泥	泥土、淤泥、煤泥
	31	废品及散碎品	废钢铁、废纸、破碎布、碎玻璃
	32	其它	废靴、鞋、废纸袋

续表 4–3

等级	序号	货类	货物名称
三等货物	1	蜂、鸟	蜜蜂、蜡虫子、活鱼类、鱼苗
	2	观赏用花、木	观赏用常青树木、花草
	3	蛋、乳	蛋、乳及其制品
	4	干菜干果	干菜、干果、子仁及各种果脯
	5	橡胶制品	轮胎、橡胶管、橡胶布及其制品
	6	颜料染料	颜料、染料及助剂与其制品
	7	煤、木化学副产品	化学香精（如制造食品、化妆品等的香精）糖精、樟脑油、松节油、芳香油、木溜油、木蜡、橡蜡（橡油、皮油）、树胶环氧树脂
	8	化妆品	香水、润肤油脂等各种化妆品
	9	木材加工品	毛板、企口板、胶合板、刨花板、装饰板、纤维板、木构件
	10	家具	竹藤、钢木家具
	11	交电器材	电影机、电唱机、录音机、收音机、家用电器、打字机、扩音机、闪光机、放大机、收发报机、复印机、医疗器械、无线电广播设备、无线电话设备、电线、电缆、电灯用器、蓄电池（未装酸液）、各种电子元件、电子或电动儿童玩具
	12	毛丝昵绒化纤、皮革制品	毛、丝、昵、绒、化纤、皮革制的服装、皮、毛、昵、毡鞋、帽
	13	烟酒饮料、调料	各种卷烟、各种瓶罐装的酒、汽水、果汗、食品、罐头、炼乳、植物油精（薄荷油、按液油）茶叶及其制品、味精及其调料品
	14	糖果糕点	糖果、果酱（桶装）、水果粉、密饯、面包、饼干、糕点
	15	淀粉	各种淀粉及其制品
	16	冰及冰制品	天然冰、机制冰、冰淇淋、冰棍
	17	中西药品医疗器具	西药、中药（丸、散、膏、丹成药）及医疗器具
	18	贵重纸张	卷烟纸、玻璃纸、晒图纸、描图纸、绘图纸、图画纸、蜡纸、复写纸、复印纸
	19	文娱用品	乐器、留声机、唱片、幻灯片、其他演出用具及道具
	20	美术工艺品	刺绣、蜡或塑料制品、美术制品、胃角制品、漆器、草编、竹编、藤编等各种美术工艺品
	21	陶瓷、玻璃及其制品	瓷器、陶器、玻璃及其制品
	22	机器及设备	各种机器及设备
	23	车辆	组成的自行车、摩托车、轻骑、小型拖拉机
	24	污染品	炭黑、铅粉、锰粉、乌烟（墨黑、松烟），涂料及其他污染人体的货物、脚、蹄甲、牲骨、死禽兽
	25	粉尘品	散装水泥、石粉、耐火粉
	26	装饰石料	大理石、花岗石、汉白玉
	27	带釉建筑用品	玻璃瓦、琉璃瓦、其他带釉建筑用品、耐火砖、耐酸砖、瓷砖瓦
	28	笨重货物	单位重量在 0.5 ～ 4 吨及以下的货物

2. 危货运输

20世纪80年代，无极县有危货运输企业10多家。1995年，为规范货物运输市场，加强货物运输市场的安全管理，符合运输企业标准的才准许运营危险货物。1998年，全县危货运输车辆128辆，占货物运输车辆总数的15.6%。从事危货运输的驾驶员、押运员、装卸和管理人员256人。2004年经过审验的危货运输车辆为95辆，相关从业人员235人。2005年，全县共有危货运输企业5个，危货运输车辆65辆，危货从业人员233人，运输的主要危货品种为液铵、液氯、石油苯、硫酸、糠醛、燃油等。年货运量215万吨，年危货运周转量为3750万吨公里。

第五节　管理服务

一、公路养护

1989年，公路养护事业有新的发展，其养护工具及设备不断更新改进。2005年底，拥有中重型压路机6台、推土机4台、载重汽车2辆、沥青砼摊铺机1台、沥青洒布车1辆、装载机2辆、混凝土搅拦机2台、切缝机3台、平地机1台、路石清扫车3辆。

1989年，全县县道以上养护里程57.3公里，其中省道28.5公里，县道28.8公里。1990—2000年，全县设东庄道班、前北焦道班、七汲道班、里城道道班共48人，人均养护1.5公里，负责养护路段72.6公里，其中省道28.5公里，县道44.1公里。实施定段、定任务、定质量、定保养方法，从而保障了公路养护质量，连续多年被地区（市）交通系统评为养护先进单位。乡镇道路的养护按片分组由各乡镇出人进行集体养护，由公路站进行统一组织管理，并给以地方路养路工适当的补贴。1996年后，乡级公路养护由各乡镇自己负责养护。2001年省市交通主管部门，对国、省、县、乡路网进行较大的调整和规划，将无贯线、定无线、新无线调整升级为定魏线和无繁线两条省道。省道养护里程增至62.144公里；藁无、新无、定无、无贾线调为果王线、羊曲线、大赵线、西九线，增至99.66公里。乡镇道路增至191.015公里。为适应新形势的发展，公路站成立干线和地方路2个养护中心，干线养护中心下设4个养护作业队，负责3条省干线的养护，地方路养护下设4个作业队，负责4条县级公路的日常养护。2005年8月，成立无极县地方道路管理站，负责县道以上公路养护及乡村公路养护的监督和技术指导。各乡镇也相继成立乡村道路管理所，负责乡村公路养护管理。

二、公路工程监理

1998年开始，对县境内省、县级重点公路建设工程实施专业监理，该年新改建正港线南环路5.8公里，由石家庄市公路工程质量监督站派出专人进行施工监理，监理人员对南环路工程质量、进度和工程资金实施全方位监控，取得良好的工程效益。2001年3月，组建农村公路建设监理小组，配备工程检测设施，严格对乡村公路建设项目进行质量监控、进度监控和费用监控。

2000—2005年实施乡村公路建设监理项目共计33个，61.75公里，其中2000年13项19.15公里，2001年4项7公 里；2005年16项35.6公 里，均为优良工程。

三、路政管理

截至2005年，路政现管辖省干线公路3条，长62.144公里，公路用地1705000平方米，道班5个，交通标志175块，界碑198块，里程碑60块，百米桩555根，红线控制碑118块，公路行道树45769棵，花草灌木3241199株，示警桩387根，特大桥1座，中桥2座，小桥2座，涵洞18道，公路标线28490平方米，排水沟及隔离墙36.1公里。清理路阻路障6841立方米，清理排水沟11000延米，拆路战交通标志牌676块，拆除违章建筑2067处，9017平方米，收回公路补偿费2108012万元。

四、规费征收

1. **运输管理费**。征收标准：按营业收入的0.8% 计征，按吨（座）位定额征收的货车，汽车挂车每月每吨 11 元，拖拉机每月每吨 5 元。客车、大型车（31 座以上）每月每座 1.5 元，中型车（16—30 座）每月每座 1.8 元，小型车（15 座以下）每月每座 2 元，出租车、轿车（含吉普车）每月每吨 9 元，面包车每月每座 8 元。

2. **公路运输客票附加费**。自 1987 年 8 月 1 日起，开征公路运输客票附加费。1996 年，公路运输客票附加费按每天每座位 2.4 元征收，客运经营者按每人公里 0.02 元计入客运票价收取，客运经营者代收的客票附加费不计入营业收入。2005 年，减半征收乡镇运输客运车辆的公路运输管理费、客票附加费，对专门接送小学生的农村客运班车，免征公路运输管理费，客票附加费。

3. **公路汽车货运附加费**。1996 年 1 月 1 日，开始征收。按营运汽车（含挂车）每月每吨 10 元征收。使用管理原则，公路汽车货运附加费，主要用于河北省交通重点建设项目投资，汽车货运服务设施建设及征管工作业务经费，按预算外资金管理规定，由省交通厅纳入省财政厅预算外资金专户管理，按月存储，按计划拨管使用。

4. **公路养路费**。1991 年 10 月 15 日，按照"以路养路，专款专用"的原则，开始征收。客车月 210 元 / 吨，货车月 190 元 / 吨。

1993 年，治理公路"三乱"，坚持标本兼治、综合治理、惩防并举、注重预防的原则，加强行政执法队伍建设，严格按照"八不准、三注意"要求，文明执法规范执法，坚持持证上岗，严禁临时人员和不具备行政执法资格人员从事行政执法行为。到 2005 年，没有发生公路"三乱"案件，连年被省、市交通部门和县纪检监察部门评为"文明执法单位"和"行风建设优秀单位"。

1989—2005 年无极县交通规费征收统计表

表 4–4　　单位：万元

年度＼项目	运管费	客附费	货附费
1989	238409.93	187971.62	—
1990	238073.47	186273.89	—
1991	258188.97	222701.06	—
1992	252652.54	252766.80	—
1993	403637.25	442732.60	—
1994	517335.15	482635.60	—
1995	553674.55	429552.40	—
1996	704469.90	1348857.70	170820.00
1997	708466.56	1522106.40	285821.15
1998	646429.63	1385802.00	367761.34
1999	665050.25	1589008.20	307092.25
2000	655783.64	1472132.90	286816.50
2001	739286.88	1563495.00	314362.60
2002	674651.40	1507160.00	318092.85

续表 4-4

年度＼项目	运管费	客附费	货附费
2003	720365.38	939210.00	351980.89
2004	640101.34	954891.00	386362.13
2005	574410.60	883618.29	409216.14

1989—2005 年无极县客货运输情况统计表

表 4-5

年度＼项目	客运量（万人次）	周转量（万人公里）	货运量（万吨）	周转量（万吨公里）
1989	140	4172	41.8	1050
1990	163.6	8436.3	49.5	5500
1991	175.93	9554	49.48	4974.7
1992	178.3	9962	67.8	5922
1993	185.5	10243.2	71.8	6374
1994	187	10539.2	74.2	7963.7
1995	179	8929	74.8	7738.5
1996	169	8642	72.9	7949.7
1997	181	4060.96	79.6	8757.9
1998	198.9	9173.4	75.3	8357.2
1999	163	7650	82.8	7236
2000	183	7950	84	1253.9
2001	121	4840	131.6	1242.8
2002	204.9	7260	147.4	1500
2003	86.8	1088.7	244.8	1276.6
2004	110	1268.0	220.5	2695.0
2005	120	9000	130	1301

1989—2005 年无极县交通运输车辆统计表

表 4-6　　单位：辆

年度＼车种	拖拉机（农用车）	三轮车	客车	货车
1989	3669	410	97	752
1990	3611	650	106	783
1991	2851	1200	125	790

续表 4–6

年度＼车种	拖拉机（农用车）	三轮车	客车	货车
1992	2683	3150	125	780
1993	2692	5200	122	810
1994	2654	5870	118	810
1995	2858	6000	110	820
1996	2900	6990	115	836
1997	3102	10100	137	892
1998	3100	11200	113	818
1999	2986	15400	172	885
2000	3100	18950	172	1030
2001	2900	21700	171	1262
2002	3210	25500	160	932
2003	3232	28500	170	913
2004	4112	31900	163	1030
2005	4212	35200	105	908

五、公路绿化

1989 年，全县公路宜林里程 129.5 公里，已绿化里程 127.9 公里，公路有树总计 6.03 万棵。1990 年，全县公路里程增至 136.2 公里，宜林公路 134.4 公里。其中省道正饶线 28.5 公里，已全部绿化，路树保存 1.36 万棵，县道宜林公路 42.3 公里，已全绿化，共计 2.22 万棵。乡级公路宜林里程 63.6 公里，已绿化里程 61.6 公里，共计植树 3.17 万棵。

1998 年，全县公路里程为 211.7 公里，可绿化里程 160.7 公里，已绿化里程 144.4 公里，公路存树总计 6.89 万棵。

进入 21 世纪后，随着新升级道路的拓宽改建，公路绿化更新进入鼎盛时期。2002 年以来，无极县每年都有较大的公路绿化任务，而在路树更新绿化中，省市交通部门对绿化高质量严要求，并强调“美化”效果。高标准完成省道定魏线 9.3 公里的绿化任务，共植金丝柳 1350 棵，毛白杨 1650 棵，花草及灌木 44541 棵。2003 年完成省道正港线、南环路 5.8 公里的绿化任务，公路两侧共建标准花地 100 个 /2737 平方米，简易花池 133 个 /1084 平方米，栽植月季、金叶女贞、冬青花卉共计 38180 棵，毛白杨 3240 棵，桧柏 1130 棵。2004 年完成省道无繁线 16.074 公里的绿化任务，共植毛白杨、金丝柳 20700 棵，紫金槐、火炬等灌木型苗木 12000 棵。2005 年完成定魏线北段绿化任务 5.2 公里，栽植毛白杨 4035 棵，火炬 754 棵，紫金槐 85971 棵。

截至 2005 年底，全县省、县、乡公路总里程 313.82 公里，绿化里程 165.18 公里。其中省道 62.14 公里，绿化 62.14 公里；县道 90.66 公里，绿化 43.44 公里；乡道 161.02 公里，绿化 77.3 公里；村道 218.55 公里，绿化 93.11 公里。

第六节 管理机构

1989年，交通局设办公室、路政股、纪检股、财务股、运输股，下属单位有公路管理站、养路费稽征站、运输管理站、汽车队，搬运站5个企事业单位，共有干部职工250人。2005年，交通局设办公室、政工科、法制科、公路企业科、交通战备办公室，下属单位有公路站、运管站、稽征站、地道站、工程公司、汽车队6个企事业单位。全系统干部职工209人。

第三章 水 利

无极县位于太行山东部山前平原，滹沱河、沙河冲积扇区，属暖湿大陆季风气候，降水量时空分布不均，极易发生旱涝灾害，由于地表水补给甚微，地下水位不断下降。为消除水害，兴水之利，无极县依据《国家水利产业政策》和水法律法规，把“水”纳入全县国民经济和社会发展的主导战略，加强水利工程设施建设，加大执法力度，建立有条不紊的水事活动秩序，使全县水利事业不断发展壮大。

第一节 农田水利基本建设

1989—2005年，无极县农田基本水利建设，坚持可持续发展观，努力实施节水工程，加大投资力度，进行深井改造，修建防渗管道，推广先进的灌溉技术为改善农业生产条件，促进农民增产增收。

一、井灌工程

1. 机井

1989年，全县农用机井9793眼，机井深度60米左右，每眼机井负荷灌溉面积60亩。进入20世纪90年代后，由于地下水位逐年下降，有不少机井已不能适应灌溉要求，全县实施机井更新改造工程，到1997年，全县机井10051眼，机井深度达80米左右，井均负荷灌溉面积50亩。1998年，全县实施机井水泵更新工程，原有的浅水井和潜水泵，全部更新为深水井，机井深85米，2001年更新后配套机井10305眼，井深90米。到2005年，全县累计投资5300余万元，新上512眼，更新8500眼，全县10305眼水井全部实现更新配套，机井深100米，灌溉面积52.79万亩。

1989—2005年无极县配套机井情况统计表

表4–7

年份	农业灌溉机井数（眼）	配套机井（眼）
1989	9793	9793
1990	9856	9856
1991	9900	9900
1992	9997	9997
1993	10009	10009

续表 4-7

年份	农业灌溉机井数（眼）	配套机井（眼）
1994	10051	10051
1995	10051	10051
1996	10051	10051
1997	10051	10051
1998	10051	10051
1999	10051	10051
2000	10051	10051
2001	10305	10305
2002	10305	10305
2003	10305	10305
2004	10305	10305
2005	10305	10305

2. 防渗管道

1989 年，全县埋设农田防渗管道 3.1 万米，控制灌溉面积 0.62 万亩。1994 年，全县埋设农田防渗管道 28.64 万米，控制灌溉面积 5.71 万亩；2000 年全县埋设防渗管道 45.63 万米，控制灌溉面积 9.88 万亩。到 2005 年，全县埋设农田防渗管道 101.94 万米，控制灌溉面积 16.99 万亩。

1989—2005 年无极县农田防渗管道埋设统计表

表 4-8

年份	农田防渗管道（万米）	控制灌溉面积（万亩）
1989	3.1	0.62
1990	10.3	2.06
1991	15.14	3.21
1992	18.63	3.92
1993	22.35	4.47
1994	28.64	5.71
1995	32.15	7.2
1996	41.03	9.02
1997	43.13	9.37
1998	43.13	9.37

基础设施

续表 4-8

年份	农田防渗管道（万米）	控制灌溉面积（万亩）
1999	44.56	9.58
2000	45.63	9.88
2001	49.63	10.42
2002	54.1	11.97
2003	95.12	15.92
2004	97.95	16.38
2005	101.94	16.99

第二节　防汛抗旱

1989—2005年，无极县深入贯彻落实《中华人民共和国防洪法》，坚持预防为主，未雨绸缪。每年汛期前，安排部署防汛抗旱工作，成立防汛抗旱指挥部及办公室，建立和完善县、乡、村各级政府和相关部门行政首长负责制，制定相关的防控措施。每年汛期（6月1日—9月5日），防汛抗旱指挥部及办公室，负责汛前检查，重点部位防控预案的制定，通信联络，防汛物资的筹措和调度，检查落实防汛值班，雨情测报，落实责任追究。实行昼夜值班，形成完整有序的防汛抗旱指挥系统。

1996年8月3—5日，连降暴雨，重防控地区郝庄乡降雨量232.5毫米，形成沥涝。5日上午接省防汛指挥部通知，滹沱河巨量泄洪为每秒5300立方米，远超过3300立方米/秒的设计流量。其上游藁城市的四公村、高庄村堤段洪水满溢，内外侵蚀，至下午郝庄堤段决口，造成了严重的洪涝灾害。洪灾涉及全县10个乡镇，115个行政村，4.97万户，20.24万人。其中，重灾区郝庄、张段固、东侯坊、无极、七汲5个乡镇，64个行政村进水，水深处过1.8米，浅处20厘米，重灾3.5万户，13.8万人，有400户，13000人财产受损。群众伤117人，死亡13人，全县过水面积24.3万亩，成灾24.3万亩，直接经济损失10.4亿元。

无极县防汛抗旱指挥部

灾情发生后，无极县立即调动民兵、组织党员干部和群众组成抢险队，奔赴灾区，抢救受灾群众，堵住决口，安置受灾群众，调拨粮食、食品和物资，解决受灾群众衣、食、住处，并组织群众开展生产自救，号召全社会捐援灾区，把洪涝灾害造成的损失降到最低。

1997年，对滹沱河进行险工整治，复修12条丁坝、新建

2条丁坝，修复河堤3公里。1998—2002年，投资2000万元，对滹沱河北大堤进行修复整治和保险加固（工程规模包括险工混凝土护坡3公里，垂直防渗3公里，裂缝处理3公里，灌浆7公里，路面硬化7公里，堤坡复土4公里）。2003年，投资22万元，对东罗尚闸进行维修，2004年投资1181.45万元，对老磁河进行综合治理。到2005年，全县用于防汛抗旱累计投资3500余万元，生态环境得到改善。

第三节　水政管理

1989—2005年，以推行计划用水、节约用水、遏制水危机、维持可持续用水为目标，不断规范和加强水政管理。

一、水资源费征管

1989—1998年，根据《中华人民共和国水法》《河北省水资源费管理条例》《河北省县城及以下地区征收水资源费暂行规定》的有关精神，在全县范围内征收水资源费。水资源费实行以量计征。征收标准为开发利用地下水供工副业生产的，每立方米征收水资源费0.06～0.07元；引用地表水（指河水、洼淀、水库）供工业生产的，每立方米征收水资源费0.04～0.06元；机关、团体、部队、工矿企业、学校和国营（有）农场从事农、林、牧、渔业生产的用水，其中地表水每立方米征收水资源费0.01～0.02元；地下水每立方米征收0.03～0.06元；其他用水，可视水资源情况由当地水利部门制定征收标准；开发利用地热水、矿泉水用于旅游和开发经营等用途的，每立方米征收水资源费0.1～0.2元；矿井疏干水用于农田灌溉或回源地下水的，不征收水资源费，不进行利用或无利用价值的矿井疏干水，每立方米征收水资源费0.01～0.02元。水资源费主要用于水资源管理、科研、节约用水综合性措施和重点节水补助以及节水奖励等。

1999—2005年，水资源费征收标准调整为在县城及以下地区开发利用地下水从事生产经营的，水资源费由0.06～0.07元/立方米，调整至0.3元/立方米，在城市和县城规划区外的乡镇企业取用地下水的，水资源费暂按0.2/立方米征收；直接从河流、洼淀、水库提取地表水的，水资源费的征收标准由0.04～0.06元/立方米，调整至0.2元/立方米，县城集中取水用于机关、团体、学校（不含校办工厂）、科研、部队（不含军办工厂）、市政园林水资源费征收标准暂定0.10元/立方米。

二、水政执法

1988年颁发《无极县水资源管理暂行规定》，全县开发利用保护水资源和防治水害工作纳入法制轨道。1995年，成立由20人水政监察员组成的县水政监察大队，负责全县的水政执法工作。2005年8月，成立水务治安室，进一步加强水利执法力度，强化水政水资源管理，有效地维护了全县的水事活动秩序。

滹沱河湿地

1989—2005 年无极县水事违法案件查处情况统计表

表 4—9

年份	水事违法案件（起）	挽回经济损失（元）
1989	3	15000
1990	5	25000
1991	5	15000
1992	7	30000
1993	8	32000
1994	6	26000
1995	5	24000
1996	8	30000
1997	9	32000
1998	8	35000
1999	10	45000
2000	10	44000
2001	8	40000
2002	20	100000
2003	13	110000
2004	22	105000
2005	25	150000

三、水法规宣传

从 1993 年开始，无极县每年在利用“世界水日”和“中国水周”期间，开展形式多样的水法规宣传活动。至 2005 年，全县举办电视专题讲座 13 期，出动宣传车辆 30 余辆次，印发宣传材料 13 余万份，挂、贴宣传标语 2000 余条，并在县、乡镇设立水法咨询站 60 余个。同时，从县水政主管部门抽调专职宣传人员 50 余人次，深入乡村评案说法，把水法规传遍全县的每个角落。受宣传教育群众达 50 万人次。

第四节　管理机构

1989 年，水利局内设办公室、水利股、工程股，下设企事业单位 7 个，水利服务公司、打井队、城关水利站、高头水利站、南马水利站、大陈水利站、郭庄水利站；1991 年增设财务股。2002 年，机构改革改名为无极县水务局。到 2005 年 12 月，内设办公室、水政科、农水科、河道科，行政编制 12 人。下设防汛抗旱指挥部办公室、水资源管理办公室、河道工程管理办公室、水政监察大队设在水务局。

附：　　老磁河治理

老磁河是海河流域大清河系的一条支流，是历史上一条重要的行洪、排涝河道。老磁河从县域西北林中村入境，流经北苏、郭庄、东侯坊、张段固、无极、七汲 6 个乡镇，31 个村庄，东到七汲镇的东小镇村出境流入深泽县。县域内河道全长46公里，排水面积276平方公里，原设计河道排水流量五年一遇为14立方米/秒，十年一遇为29.87立方米/秒。

自1976年县化肥厂废水排放以来，便由单纯排涝变成了排涝、排废水两大任务的河道。由于常年淤积，河床抬高，阻水严重，每遇汛期，造成河水漫溢，两岸沥涝成灾，淹毁良田，污染环境，给沿岸群众生产、生活造成了不同程度的危害。治理磁河，已成两岸群众盼望已久的心愿，也是历届党委、政府谋划解决的大事。

一、谋划

2002年，县长张业亲自沿河步行摸底调研，并组织常务副县长、主管县长及有关部门多次深入沿河乡镇、村，进行实地考察，咨询专家，多方论证，积极谋划磁河全线改造的思路。2003年6月3日，责成水务局制定了《老磁河治理实施方案》；10月15日，先在北苏排干650米长的大名庄段，进行了试点改造，2004年4月30日试点竣工。该河段经过治理，不仅保证了河水顺利排放，而且拓宽平整了村中街道，整治复垦受灾荒地50亩，为全线治理磁河提供了理论和实践的依据。2004年6月23日，县政府出台《磁河河道治理的意见》，6月24日，县委常委会批准磁河治理项目建设。7月12日，县人大常委会审议通过《关于对老磁河进行全线治理的报告》。

二、测量设计

2004年7月，《可行性研究报告》编制完成，8月15日石家庄市发改委予以批复。7月26日，在石家庄市设计院6名工程技术人员指导下，水务局一名副局长带队，21名测量人员顶烈日，冒酷暑，踏泥泞，钻玉米地，艰苦奋战一个月，完成全线测量工作。11月《初步设计》与《技术设计》方案经权威专家进行全面论证和修订后，石家庄水利局以市水计〔2004〕36号、市水计〔2004〕42号文件批复。

三、工程项目

老磁河治理实施了挖新河、填旧河、小弯取直、河中设槽，子槽防渗的总体施工方案。治理段全长34.78公里，分三部分。第一部分：磁河支沟北苏排干，自冀中化工有限公司至南朱村磁河入口，段长6公里，按3年一遇排涝标准设计，断面形式为梯形，采用混凝土护堤，浆砌石护坡。第二部分：磁河主体段，自南朱村至东罗尚闸，段长20.77公里，新挖河道按5年一遇标准设计，明渠复式断面，排泄沥涝主断面为边坡1:1.5梯形断面，河底为浆砌挡土直墙，混凝土护堤的防渗矩形排污子槽。第三部分：闸下游段，长8.54公里，排放经污水处理厂处理过的水，不需要做防渗处理。

全线新建跨河桥34座，其中新建等级公路桥4座，农用小桥30座。为防雨水冲刷桥台，使沿岸村内及过道水顺利入河，对桥梁做了混凝土排水处理，为喇叭口状，每桥4个，共计92个。并在南马村西，田庄村东，设置了排水保护设施，对张段固皮革厂沉淀池和田庄鸡舍做了混凝土护坡。

四、工程效益

2005年3月底，老磁河治理工程正式动工。施工期间，牢固树立“百年大计，质量第一”的战略思想，始终坚持施工计划高标准，施工质量高标准，以群众监督作为衡量工程质量标准，严把进料关，砌筑关、养护关，保质量，抓安全，到2006年6月15日竣工。总投资1183.3302万元，其中财政拨款947.55万元，沿河乡村、党政机关、企事业单位及个人捐款235.78万元。挖土方57.74万立方米，挡土墙回填5.54万立方米，渠堤回填130.09万立方米，浆砌石3.36万立方米，砼护堤0.36万立方米。工程实现经济、社会、环境效益显著。一是保证了河道在五年一遇设计标准下的安全排涝，避免了由沥涝造成的淹地和减产；二是减少了污水对地下水的污染和环境恶化，有益于人们身体健康和良性生态环境的发展。同时，经过污水处理，老磁河水质大大改观，对下游地区人民生命财产安全提供了可靠保证。三是本次治理挖新填旧，新河道与旧河道置换，减少永久性占地，不增加新占地，而且复耕因受灾荒地2000余亩。

第四章　电　力

1989—2005年，无极县电力发展迅速，一、二期农网建设与改造后，在全县建立起了强大的电网。电网覆盖全县，实现了村村户户通电。2005年售电量4.3亿千瓦时，拥有110kV变电站两座：无极站、城西站，主变4台，容量123000kVA；35kV变电站10座：东侯站、罗尚站、裴里村站、西郎站、张段固站、楼下站、里城道站、东丰庄站、光明站、工业站，主变19台，容量118000kVA。用户站2座：化肥厂站、造纸厂站、容量12500kVA；现有配变2704台，容量239550kVA；110kVA输电线路5条/41.3公里；35kV输电线路14条/115公里；10kV配电线路81条/1055公里；无极补偿容量24.6兆乏。全县范围内自上而下形成了一个完善、系统的电力管理网络，从高压到低压均实现专业化管理，为全县经济建设的高速发展提供了可靠保障，支援工农业的发展。

第一节　电力设施

一、线路建设

1989年，全县10kV线路总长度为596.011公里，1990年10kV线路总长度为596.163公里，1991年10kV线路总长度为608.872公里，1992年10kV线路总长度为601.151公里，1993年10kV线路总长度为605.236公里，1994年10kV线路总长度为611.458公里，1995年10kV线路总长度为619.314公里，1996年10kV线路总长度为623.862公里，1997年10kV线路总长度为627公里，1998年10kV线路总长度为658.48公里，1999年10kV线路总长度为671.361公里，2000年10kV线路总长度为674.563公里，2001年10kV线路总长度为782.901公里，2002年10kV线路总长度为911.221公里，2003年10kV线路总长度为954.131公里，2004年10kV线路总长度为1055.21公里，2005年10kV线路总长

无极县供电局

度为1080.53公里。

二、变电站及配电建设

1989年前，全县变电站均为常规老式变电站，信号继电器中没有电动复归。1994年，实施四遥变电站改造，将原继电器改为DXM-ZA型断电器，安装远动装置，实现调度四遥功能。1995年安装了数字程控交换机，使其与无线、载波联网；一座110kV站、3座35kV变电站进行无人值班试运行；9月通过电力部组织的调度自动化实用化验收；12月20日上述4座变电站实现变电站无人值班。1996年12月29日，自行设计并建成的西郎35kV变电站投运，其设备全部户外式，采用分布式RTU，彻底实现机电一体化，开创无人值班新模式。1998年1月22日建成投运的城西110kV无人值班变电站，为110kV无人值班变电站也开创新的模式。1996—2000年9月，分别投运裴里村、西郎、张段固、里城道、楼下等五座35kV无人值班变电站和城西110kV无人值班变电站，无人值班变电站座数增加至9座。

第二节　电网改造

1998年后，无极县在全国大力实施电力建设“两改一同价”的大背景下，相继开始农村电网建设与改造一期工程、二期工程、“一二期回头看工程”和城市电网建设与改造等。到2005年，实现一乡一所一站的供电布局，建立起以东侯坊220kV变电站为枢纽，无极、城西110kV站为骨干，35kV变电站基本遍布各乡镇的强大电网体系。

一、农网改造

2000年12月，完成农网一期改造工程，其中包括：110kV无极站和城西站增容工程：新建无城110kV联络线15.6公里；新建张段固、楼下、里城道三座35kV变电站及35kV线路13.9公里；新建10kV线路62.66公里；改造10kV线路230公里；农村低压电网改造213个村；通讯工程和MIS系统建设工程；乡站微机应用及无功补偿。工程总投资为6390万元。2003年8月，完成了农网二期改造工程，其中包括：10kV线路新建与改造264公里，更换及新上配变307台，新建0.4kV线路21公里，集状电表箱10000个，新架光缆61公里。工程总投资2168.77万元。

2004年完成新上配变136台、10kV新架与改造线路183公里、新建及改造低压线路110多公里、表箱10000多个等。

二、城网改造

1. **城网改造工程。**2004年7月至2005年10月，投资4369万元，建光明站输变电工程主变1台，容量10MVA，线路5.43公里，建工业站输变电工程主变1台，容量10MVA，线路0.5公里，罗尚站增容改造工程主变2台，容量10MVA，线路改造了2.8公里，建高头站输变电工程主变1台，容量8MVA，线路6公里，建改造线路81.865公里，新增配变53台，容量13.355kVA，改造配变49台，容量11.16MVA；低压改造14000户。

电网改造解决了电力设备陈旧、老化严重、线路迂回卡脖、农村电力发展滞后等一系列的问题，缩短供电半径，减少因设备老化导致的停电事故发生。

2. **高压工程。**2004年9月，光明和城北工业站自土建到农电处开工，从开工验收用了80天时间，分别如期投运。采用KLD—9000综自保护系统、箱变结构、干式结构一次性设备电抗器、钢式开关架构等许多新技术，使变电站较以往性能先进、可靠性高、抗污染性好、日常维护和调试更方便等优点。

第三节　电力供应

1989—2005年，农村用电结构发生较大变化，居民生活用电增长最快，其次是农业灌溉，三是乡镇工业、农副业产品加工。

一、农业灌溉

1989年266户，用电960万千瓦时。2002年874户，用电5050万千瓦时，比1989年户数翻了3.3倍、用电量翻了5.3倍。1991—1995年平均每年增长200万千瓦时左右，1995—2005年每年递增560万千瓦时，是农业排灌增长较快时期。

农业用电从1991—2002年户数基本无增加，但用电增加了近5倍，农副业产品加工十年多来只翻了一番。

二、乡镇工业用电

由最初的403户发展到2002年的672户，用电由2180万千瓦时，增加到4196万千瓦时，增长最快的是1997—2000年，每年增长800万千瓦时—1000万千瓦时，当时主要是皮革行业发展较快，"五小"企业有所发展，致使用电量增长较多。2002年与2000年比较，非普工业负增长了近600万千瓦时，原因是国家治理"五小"企业环境污染砍掉小炼钢，以及家庭作坊式的皮革转鼓，加上过去的部分乡镇小企业纷纷倒闭，造成乡镇工业用电负增长。

三、村镇居民生活用电

1991年用电2127万千瓦时，人均用电3.5千瓦时/年/人。随着人民生活水平提高，电风扇、电视机、电冰箱、空调等家用电器的普及，至2002年居民生活用电增加到7781万千瓦时，增加3.7倍，人均用电达到162.1千瓦时/人/年。

1989—2005年无极县用电情况一览表

表4—10

年份	城市用电	农业用电	工业用电	城乡居民用电	合计
	售电量（万千瓦时）	售电量（万千瓦时）	售电量（万千瓦时）	售电量（万千瓦时）	售电量（万千瓦时）
1989	188	1476	5688	1450	8802
1990	200	1587	5782	1498	9067
1991	208	2170	6258	1709	10345
1992	221	1890	7580	2606	12297
1993	222	1664	8260	3572	13718
1994	254	2086	9916	3582	15838
1995	300	2091	10668	3620	16679
1996	320	2792	11356	3855	18323
1997	332	3033	12275	4945	20585
1998	325	3021	13388	5453	22187
1999	293	3617	14951	6551	25412
2000	537	3198	16377	7826	27938
2001	679	3541	17344	9520	31084
2002	579	5798	18735	8451	33563
2003	578	3884	20163	7855	32480
2004	701	4674	22182	7862	35419
2005	814	7027	24131	11064	43036

第四节　用电管理

一、日常维护

1999年前，农村低压电网由各村委会负责维护。1999年12月以后，全县农村电网的日常维护管理由县级供电公司各供电所负责，对所辖的低压线路和电气设备定期巡视、维护检修，对各种突发事故按照预案进行抢修，促进和保证用电管理水平的提高。

二、应急抢修

2000年，供电公司不断规范农电工管理，建立健全农电工教育培训、物质激励、动态管理和监督制约机制，及时帮助解决客户提出的要求和困难。“95598”电力服务热线24小时受理供电故障报修，抢修人员到达现场时间一般不超过：城区范围30分钟，农村地区90分钟。日常维护及应急抢修，由各供电营业所负责进行日常巡视，对发现的缺陷及时进行处理。

三、高峰调节

进入20世纪90年代后，县域经济快速发展，加之全国性缺电的大背景，无极县电力供应短缺问题一直存在。1998年县全网最高负荷达55MW，日最高负荷超过市下达的最高用电指标为26.8MW，电力缺额50%多。在春秋农灌季节，电力供需矛盾更加突出，拉闸限电现象更为严重。4、5月是农业春季灌溉旺期，农业用电增加、集中，在这种情况下，采取农忙保农的调荷措施，尽可能地确保农业用电。夏季制冷负荷增加。随着用电负荷结构的变化，电网供电实施农闲保工、三班生产避高峰的调荷措施，保证工业、制冷的用电。做到农忙保农、农闲保工，针对用电负荷结构，为保证居民生活用电，做到三班生产避高峰、两班生产避灯峰等调荷措施。

2004年是电力紧缺的一年。在限电高峰期间每天8:00以前，严格按照县政府批准的限电拉路次序，安排当日的限电拉路次序杜绝人情电、关系电。2005年，无极县最高负荷已达10.58万kW以上，而上级调度分配无极县的最高指标很低负荷紧张时拉路限电一度达5万kW左右，供需矛盾十分突出。针对夏季用电负荷紧张情况，采取“三压一保”、错峰避峰等措施，安装峰谷表，每月错峰避峰电量达120万千瓦时，错峰避峰6000kW；同时继续施行农忙保农、农闲保工、三班生产避高峰、两班生产避灯峰等调荷措施。在用电高峰期，按照“先错峰、后避峰、再限电、最后拉路”和“定企业、定设备、定容量、定时间”的用电原则，缓解了全县用电高峰时段的负荷。

第五节　安全管理

一、安全护电管理

1989—2005年，在不同季节，对所辖区的线路设备进行隐患排查与处理。发现一处，处理一处，同时对线路保护区内的树障、违章施工、违章建房进行清理。每年的汛期，对木刀沟、滹沱河沿线的10kV线路、35kV线路、110kV线路、220kV线路、500kV线路的杆塔及河内配变变压器，一基不漏、一台不漏地进行安全检查，确保电网安全渡汛。

二、安全技术管理

1995年前，电力调度、停送电依靠电话和无线电台等通信方式通知，进行刀闸开关操作。1995年后，对各个变电站全面进行调度自动化升级改造，全部实现无人值班和四遥功能（遥控、遥信、遥测、遥调），变电站的各种开关状态、表计数据、线路负荷大小、电压高低、事故报警都能在极短的时间内反映到调度中心，便于对电网方式进行调控及事故处理，提高电网安全管理水平。

附：　　变电站建设

1. 35kV东侯站

位于城北东侯村东，1990年11月建成投运，新上5000kVA主变2台，10kV出线10回。随着用电量增加，该站经常超负荷，故于2001年11月新增5000kVA主变1台。现为3台主变。容量15000kVA，10kV出线10回，主干线路23.025公里，分支线路71.83公里，配变245台，总容量28300kVA。负责里尚、苏村、北侯、西西侯、东西侯、高陵、大陈、赵户、赵户营、王先、王村、小吕、石家庄、北合庄等村的供电。

2. 35kV罗尚站

位于县城东头，于1995年1月投运，新上5000kVA主变2台，10kV出线6回，由于负荷增加，2004年主变增容，将2台5000kVA主变更换为2台10000kVA。主干线路15.829公里，分支线路83.619公里，配变271台，总容量24655kVA。负责柳见、庄里、西河流、中河流、东河流、佛堂、佛堂营、西罗尚、东罗尚、朱家庄、户村、七汲、西汉、东汉、杨村、流村、小镇、东关等村的供电。

3. 35kV裴里村站

位于裴里村北，于1995年12月投运，新上5000kVA主变1台，3150kVA主变1台，10kV出线7回，由于负荷增加于2001年2月将3150kVA主变更换为8000kVA。主干线路13.892公里，分支线路112.049公里，配变287台，总容量24135kVA。负责西东门、牛辛庄、店一、店二、店三、东门营、裴里村、东陈村、西陈村、北远、东郝庄、西郝庄、北郝庄、东中郝庄、西中郝庄、小西门、崔家庄、西高、谈下、刘家庄等村的供电。

4. 35kV西郎站

位于西郎村，于1997年12月投运，新上5000kVA主变2台，10kV出线6回。干线路15.696公里，分支线路85.971公里，配变228台，总容量16265kVA。负责泗水、大汉、大汉营、蔡庄、小汉、江仁、南流、小陈、固现、西宋、东宋、小中郎、大中郎、西郎、呈现、彭村、大召、南俱佑、泊头、崔村等村的供电。

5. 110kV城西站

位于县城西，于1998年2月投运。农网改造一期：31500kVA主变一台，35kV出线2回，10kV出线8回；农网改造二期：2000年1月增容20000kVA主变一台。主干线路29.227公里，分支线路121.852公里，配变346台，总容量24880kVA。负责费家庄、新城、明秩寺、东庄、北苏、南苏、驿头、东市庄、西市庄、史村、南焦、大名庄、杨坊、杨家庄、西东阳、南虎、马村、南牛、前北焦、后北焦、李家庄、穆家庄、北虎、北虎庄、王家庄、高头、马坊、崔家庄、朱家庄等村的供电。

6. 35kV里城道站

位于里城道村北，于2000年8月投运，新上5000kVA主变2台，10kV出线6回。主干线路16.53公里，分支线路64.761公里，配变145台，总容量10480kVA。负责里贵子、袁流村、里城道、小北汪、赵正寺、东北牛、马庄、东丈、北沙、南沙、大户、张家庄等村的供电。

7. 35kV张段固站

位于齐洽村东，于1999年4月投运，5000kVA主变2台，10kV出线7回。主干线路13.407公里，分支线路52.689公里，配变215台，总容量19005kVA。负责吕吕村、王吕村、田庄、张段固、西南丰、东南丰、贾家庄、西河流、东河流、齐恰、辛庄、东辛庄、郭吕、南汪、西年村、东年村、张家庄等村的供电。

8. 35kV楼下站

位于马桥村东南，于2000年9月投运，5000kVA主变2台，10kV出线6回。主干线路10.708公里，分支线路71.561公里，配变204台，总容量13740kVA。负责马桥、林中、寺下、月旦、楼下、彭家庄、张家营、甄家营、王家营、姚家营、冯家庄、张家庄、西牛、东牛、北牛、磁河店、郭庄等村的供电。

9. 35kV东丰庄站

位于东丰庄村南，于2004年1月投运，5000kVA主变2台，10kV出线6回。主干线路13.616公里，分支线路21.451公里，配变77台，总容量7265kVA。负责东丰庄、黄台、固汪、东东门、司家庄等村的供电。

10. 35kV 光明站

位于南池阳村南，于2004年10月投运，10000kVA主变1台，10kV出线4回。主干线路7.4122公里，分支线路32.7768公里，配变91台，总容量6015kVA。负责南池阳、西池阳、东后坊、南后坊、北后坊、古庄、武家庄、西南汪、东朱村、罗庄等村的供电。

11. 35kV 工业站

位于周家庄村南，于2004年11月投运，10000kVA主变1台，10kV出线5回。主干线路7.932公里，分支线路18.633公里，配变61台，总容量5855 kVA。负责王家庄、周家庄、北家庄、东池阳、祁村等村的供电。

12. 110kV 无极站

位于柴城村北，于1992年扩建二期工程，增31500kVA主变1台，35kV出线2回，10kV出线8回。由于负荷增加，于2000年1月将1#主变由原20000kVA更换为40000kVA。主干线路49.268公里，分支线路80.087公里，配变534台，总容量58955kVA。负责北朱村、马孤庄、甄村、姚村、张村、高家庄、南朱村、东池阳、北东阳、西马、东马、南马、东丰、曹家庄、正村、北丰、柴城、市庄、里家庄、安城、房家庄、高村、角头、东中铺、西中铺、西关等村的供电。

第六节　管理机构

1989年电力局内设办公室、调度室、农电股、计生股、财务计划股、营管管理股，下设前北焦35千伏、无极镇110千伏、东侯35千伏3个变电站和高头、城关、东侯、工业4个电站，有职工110人。1993年设办公室、调度室、生技股、用电股、财务股，下设实业总公司，1994年设乡电管总站，1996年无极县电力局更名为无极县供电局。2003年8月，增设客户服务中心、物资公司。2004年2月，增设城区供电所。2005年供电局内设办公室、调度室、生技科、用电科、财务科、农电科、安监科、客户服务中心、物资公司，下属单位有凯达电力建设中心，下辖14个供电所，农电工669人。

信息传媒

1989—2005年，随着改革开放和社会经济的发展，无极县信息产业也不断地革新与发展。1989年新建邮政大楼，更新设备，1994年又在东关扩建邮电分局。1997年邮电、电信、移动实施独立运营后，电信业在国家“优先发展”战略的推动下，程控电话、无线寻呼、移动电话、光纤通信等先进通信设备和手段迅速普及与发展。随着宽带业务的发展，党政机关、企业、学校等通信应运而生，网络管理、网络交易、网络教学及社会网吧、家庭上网的涌现，将无极的通信业推上了快速发展的信息化时代。继广播、电视的普及，有线电视、数字电视也步入全县。至2005年，无极县的信息业日新月异，飞速发展，为全县两个文明建设做出了贡献。

無極縣志

第一章　邮　政

第一节　邮路投递

一、邮路

省内邮路是由石家庄市邮政局自办邮路延伸到无极县，无极的进、出邮件由石家庄邮政办理。

无极县邮政局

1989年上级局干线邮路为石家庄—正定—韩家洼—无极—深泽自办汽车邮路，单程76公里。

1998年10月5日，河北省干线局开通石家庄—无极—深泽—辛集—晋州—藁城—石家庄汽车邮路。

2005年上级干线邮路：石家庄—正定—无极—深泽—石家庄汽车邮路。

2003年11月前未设自办邮路。支局、所出口小件邮件、各类报表及进口报纸邮袋由乡邮员捎带，随着邮政业务不断发展，支局、所业务量逐渐加大，乡邮员捎带邮件不能满足生产需要。2003年11月5日，开设县局通往各支局、所汽车邮路，逐日班。

一频：县局—无极路邮政所—前北焦支局—高头支局—前北焦支局—无极路邮政所—县局，邮路总长32公里。

二频：县局—大陈支局—郭庄支局—北苏邮政所—县局，邮路总长59公里。

三频：县局—高头支局—前北焦支局—无极路邮政所—县局，邮路总长32公里。

2004年6月邮路作出调整，

一频：县局—无极路邮政所—高头支局—前北焦支局—定远信用社—无极路邮政所—县局

二频：县局—大陈支局—郭庄支局—北苏邮政所—前北焦支局—高头支局—无极路邮政所

三频：县局—高头支局—前北焦支局—无极路邮政所—县局

二、投递

1989年全县设14条农村投递线，2条县城投递线，均为自行车投递线。1998年全县设有农村投递路线14条，行程645公里；县城投递线路4条，行程65公里。2005年全县设农村投递路线12条；县城投递线路8条，行程120公里。全部为摩托车投递线路。

1. 农村部分

1线：小吕、王村、泗水、泗水工业区、泗水电信分局、七汲乡中、泗水高中、崔村、小陈、泊头、西郎、大中郎、南俱佑、彭村、大召、呈现、东宋、西宋、小东郎、固现、南流乡中、东南流、乡政府、西南流、江仁，19个自然村，1个乡政府，1所高中，2所乡中，共计65公里。

2线：王家庄、石家庄、王先、高陵、大陈乡中、大陈工业区、赵户、东侯、东侯中学、东侯粮站、西东侯、北侯、苏村、北里尚、南里尚、西侯、西侯电信分局、东西侯、南侯、北合庄、城北工业区（11个投递点）、北家庄，16个自然村，1 所职中，2 所乡中，1 所民办中学，共计 55 公里。

3 线：东池阳、东池阳中学、祁村、里贵子、里城道、乡政府、里城道中学、赵正寺、东北牛、马庄、西大户、农二场、南沙窝、北沙窝、西东丈、东东丈、南东丈、袁流村、周家庄，16 个自然村，1 个乡政府，1 所乡中，共计里程 53 公里。

4 线：张村、南池阳、西池阳、武家庄、西南汪、北汪、户台营、牛家庄、崔家庄、东牛、北牛、西牛、张家庄、冯家庄、姚家营、张家营、王家营、郭庄乡中、甄家营、马桥、磁河店、马村、公安局刑警四中队、卫生院、东侯坊乡政府、神工公司、利达公司、博林中学，21 个自然村，1 个乡政府，1 所乡中，1 所民办中学，共计里程 58 公里。

5 线：罗庄、东侯坊、东侯坊中学、北侯坊、古庄、南牛、彭家庄、楼下、楼下中学、信用社、粮站、寺下、林中、月旦、西市庄、东市庄、费家庄、新城、杨坊、后北焦，16 个自然村，2 所乡中，共计里程 59 公里。

6 线：东朱村、北朱村、南侯坊、粮站、前北焦、信用社、公安局刑警三中队、前北焦支局、前北焦电信分局、穆家庄、李家庄、杨家庄、史村、东庄、明秩寺、冀中化工总厂、驿头、大名庄、前北焦中学，12 个自然村，1 所乡中，1 个支局，共计里程 46 公里。

7 线：甄村、马孤庄、南朱村、北虎、北虎庄、南焦、南苏、刘家庄、谈下一、谈下二、谈下三、西高、马坊、南虎、西东阳、北东阳、东东阳，17 个自然村，共计里程 55 公里。

8 线：曹家庄、王家庄（高头乡）、朱家庄（高头乡）、小西门、东北远、西北远、北郝庄、乡政府、西郝庄、西中郝庄、东中郝庄、东郝庄、西陈村、东陈村、裴里村、北店尚、西店尚，17 个自然村，1 个乡政府，1 所中学，共计里程 62 公里。

9 线：姚村、正村、东马、西马、北马、南马、南马中学、粮站、信用社、东丰、东丰庄、皮革公司、黄台、东门营、西东门、西东门乡中、公安局刑警二中队、粮站、信用社、牛辛庄、皮革公司、东东门、固汪，14 个自然村，2 所乡中，共计里程 48 公里。

10 线：柴城、北丰、司家庄、张段固、张段固中学、镇政府、张段固电信分局、西南丰、贾家庄、东南丰、同泰皮革公司、西两河、东两河、吕吕村、市庄，11 个自然村，1 个镇政府，1 所乡中，共计里程 40 公里。

11 线：庄里、庄里中学、粮站、信用社、佛堂、佛堂营、东河流、中河流、西河流、东验村、苌家庄、西验村、南汪、郭吕、郭吕中学、信用社、粮站、东辛庄、西辛庄、耿家庄、齐洽、王吕村、田庄、安城、里家庄、房家庄、高村、柳见，22 个自然村，1 所乡中，共计里程 54 公里。

12 线：朱家庄、户村、西罗尚、东罗尚、镇政府、西七汲、东七汲、西汉、西庄、东汉、七汲一中、杨村、西流村、东流村、东小镇、西小镇、蔡庄、小汉、大汉营、大汉、甄家庄、消杀灭公司，19 个自然村，1 个镇政府，1 所乡中，共计里程 49 公里。

2. 城区

1 线：人和街邮政局南段路东；中昌路以南、平安街以东；智慧街以东、无极路以南。

2 线：幸福街路南到贸易街口，幸福街到西中铺学校，光明街到光明小区，正义街汽车配件厂，白云街到血站楼。

3 线：人和街中段到花园路，建设路到政府北院，光明北街路东到北环。

4 线：无极路贸易街口到南环，无极路贸易街口路南到西环，西环到中昌路。

5 线：人和街与无极路口路北往西到西环，正义街无极路交叉口到建设路路北往西。

6 线：人和街南段到无极路路南到幸福街路东到中昌路，幸福北街中段到建设路到正义街口，光明街北段路西到无极路口。

7线：人和街到花园路路东，花园路到希望路，幸福北街路北到希望路东头，希望路到无极路，无极路与人和街口往东到城东加油站。

8线：中昌路平安街到南头，平安街路北到贸易街口，南环平安街到贸易街口。

第二节　邮政业务

一、函件

函件按业务种类分信函、明信片、印刷品和盲人读物4种；按寄递范围分为本埠、外埠函件，国内、国际函件。各种函件收寄的规格、大小、长短、重量以及资费多少均由国家统一规定。随着网络和其他通信方式的普及，邮政函件业务日益萎缩，私人信件业务量相对稳定，邮政函件业务以商业信函和无名址广告信函为主。

1989—2005年无极县函件业务量、收入一览表

表5–1

年份	业务量（万件）	业务收入（万元）	年份	业务量（万件）	业务收入（万元）
1989	65.42	4.73	1998	99.06	11.56
1990	40.28	4.63	1999	77.27	15.18
1991	50.20	7.05	2000	57.59	35.25
1992	51.35	9.37	2001	91.85	37.38
1993	54.90	3.97	2002	75.28	38.24
1994	77.40	14.52	2003	95.41	36.24
1995	95.95	34.34	2004	26.72	10.15
1996	104.81	27.57	2005	34.34	13.04
1997	101.77	19.76			

二、包裹

包裹业务包括包裹、直递包裹。除国家法律规定寄递的物品以外，凡适于寄递的物品，均可按包件寄递。1990年7月31日，取消快递小包业务。1992年7月1日后，取消普通包裹，所有包件均按保价包裹收寄。1996年12月1日，取消原商品包裹、纸制品包裹业务。2001年8月1日，开办快递包裹业务。包裹业务种类分普通包裹业务和快递包裹业务两种，包裹是否保价交寄由用户自由选择，保价费按用户申报的包裹内件实际价值的1%收取，另收挂号费调整为每件3元。

1989—2005年无极县包裹业务量、收入一览表

表5–2

年度	业务量（万件）	业务收入（万元）	年度	业务量（万件）	业务收入（万元）
1989	2.33	13.68	1998	3.09	61.25
1990	2.49	29.14	1999	3.63	46.03

续表 5–2

年度	业务量（万件）	业务收入（万元）	年度	业务量（万件）	业务收入（万元）
1991	2.75	45.03	2000	2.36	50.72
1992	2.56	45.05	2001	1.50	43.44
1993	3.54	17.99	2002	2.14	77.28
1994	2.16	38.18	2003	4.56	107.66
1995	0.67	75.09	2004	1.29	30.46
1996	2.05	101.78	2005	1.03	24.32
1997	1.85	96.68			

三、汇兑

汇兑种类分为国内汇兑和国际汇兑。国内汇兑按照传递方式经历了普通汇兑和电子汇兑 2 种形式。1991 年每笔汇款限额 5000 元，超过 5000 元分笔办理，1996 年 6 月 1 日邮电部邮政总局调整为最高限额为 10000 元，1999 年 8 月 1 日国家邮政局调为汇款最高限额为 50000 元，超过 50000 元，分笔办理。汇兑资费，自 1990 年 7 月 31 日起，每笔汇款最低汇费由 0.1 元调整为 0.30 元，汇款 30 元以上，按汇款额的 1% 收取。1996 年 12 月 1 日调整为每笔汇款最低收取 1 元，快件汇款快件费每笔 2 元。1997 年 5 月开办特快汇款业务，每笔另加 10 元特快服务费。1999 年 3 月 1 日起调整为 2 元，同时规定每笔汇款最高汇费不超过 50 元，至 2005 年未变。

1989—2005 年无极县汇兑业务量、收入一览表

表 5–3

年度	业务量（万件）	业务收入（万元）	年度	业务量（万件）	业务收入（万元）
1989	1.15	2.54	1998	1.30	11.04
1990	0.99	4.84	1999	1.36	10.66
1991	1.77	5.84	2000	1.65	15.52
1992	1.16	6.27	2001	1.52	16.14
1993	1.15	4.92	2002	1.34	12.52
1994	1.18	8.07	2003	1.19	10.16
1995	1.21	8.98	2004	2.51	21.43
1996	1.31	9.67	2005	0.65	5.55
1997	1.30	10.24			

四、报刊发行

1989 年，报刊发行业务以党报党刊为主，私人订阅量较少。1991 年 1 月，邮电部修订邮发报刊发行费率（按流转额计算），订阅报刊 25%，零售报纸 30%，杂志 26%。是年，报刊亭报废，小批量报刊零售业务由集邮柜台办理。1994 年 8

月，报刊发行实现微机化管理。1995年9月，成立报刊发行投递公司。1998年，为方便用户，缩短用户办理业务时间，在全区第一个安装使用报刊分发微机化管理系统，加快了报刊分发投送速度，窗口实现微机办理业务。

2000年10月，报刊发行内部作业处理与石家庄市邮政局联网。2001年，报刊投递体制改革，实行公司化运行，不断改进报刊订阅方式，除在窗口订阅外，还推行投递员上门收订、电话预约收订、单位收发室订阅、农村信报站订阅、礼仪订阅、集订分送等。

1989—2005年无极县报刊发行业务量、收入一览表

表5-4

年度	报纸（万份）		杂志（万份）		流转额（万元）
	期发份数	累计份数	期发份数	累计份数	
1989	1.66	349.38	0.76	10.83	48.82
1990	1.54	358.62	0.67	9.23	53.51
1991	1.26	235.73	0.72	10.38	43.57
1992	1.25	253.48	1.00	13.14	51.45
1993	2.05	330.49	1.16	12.76	65.26
1994	0.99	184.22	0.84		79.46
1995	1.03	193.83	0.74	8.68	84.44
1996	1.16	205.54	0.69	7.25	106.73
1997	1.27	212.25	0.59	8.08	133.47
1998	0.94	269.89	0.55	9.96	158.80
1999	1.67	502.16	0.45	16.35	150.35
2000	2.39	518.85	0.37	7.07	165.83
2001	1.10	246.14	0.31	4.99	180.40
2002	1.51	344.22	0.43	2.53	206.27
2003	1.55	352.91	0.52	4.58	206.24
2005	1.57	310.14	0.56	6.85	316.99

五、集邮

1989年开办集邮业务以来，集邮用户逐年上升，当年出售邮票1766枚，实现业务收入1765.96元。1992年出售集邮邮票58134枚，业务收入3.77万元。1997年，重点开发各种香港回归的集邮品，并做好预订销售的工作；销售邮票68271枚，业务收7.77万元，预定用户200个。1998年，新邮预订比上年增加150套。2003年底，无极县集邮协会共有会员248人。其中，男145人，女103人；学生7人，职工168人，农民15人，干部10人，自由职业48人；大专以上文化程度11人，销售纪特邮票29655枚，业务收入11.54万元。2005年新邮预订440套。

六、特快专递

按邮件内件性质分为是信函类、文件资料类、物品类3类。

1996年，始办国际国内特快专递业务，是年办理业务892件，收入1.32万元。1998年特快专递业务收入74.11万元。1999年6月21日，开办居民身份证特快专递业务，到年底收寄6135件。2000年，特快专递业务收入76.22万元。2001年11月1日，增办特快送款业务，12月8日开办省内11个地级城市间特快专递晨递业务。2003年，开办人行会计凭证特快专递业务，当年特快专递收入达122.9万元，是1996年业务收入的93.1倍。2004年6月18日，开办特快专递次晨达业务（环渤海区域15个城市间）。

七、邮政礼仪

无极邮政礼仪主要办理鲜花、蛋糕业务。主要形式有集团预订、个人预订和临时传输，提供专人专车定时礼仪投递服务和节假日礼仪投递服务。

2001年2月9日，始办鲜花蛋糕业务。2001—2002年，预订用户113个，实现收入1.7万元。异地用户144个，业务收入2.16万元。异地礼仪业务13笔，业务收入532元。2005年，在巩固老用户的基础上，积极开发2个集团用户，预订用户296个。

八、机要通信

机要文件分绝密、机密、秘密3种。按规定县级不收寄绝密、不传递和收寄私人信件。办理县级以上党政机关和部分局级单位通信。

投递线路：1997年投递道段西至人民武装部、南至检察院、公安局、法院，北至县委、政府、师范等单位。2004年投递道段为邮局—公安局—检察院—法院—工商银行—武装部—中行—人行—信用联社—师范—县委、政府—县人大、政协—农行—农发行—邮局。

1989—2005年无极县机要通信业务量、业务收入一览表

表5–5

年度	业务量（件）	业务收入（元）	年度	业务量（件）	业务收入（元）
1989	294	100.91	1998	179	261.00
1990	243	195.38	1999	92	370.00
1991	210	218.93	2000	97	480.00
1992	132	147.30	2001	96	380.00
1993	193	74.35	2002	59	—
1994	310	272.85	2003	50	258.00
1995	360	330.11	2004	55	270.00
1996	332	326.60	2005	52	260.00
1997	392	1413.50			

第三节 管理机构

一、县局

1988年3月29日，在无极路与牛市街交叉口路以东路北动土兴建新邮电综合楼，1989年6月10日交付使用。县邮电局内设办公室、财务室、生产办公室、总务室，干部职工93人。

1994年，无极县邮电局在县城东关人和街南段路东新建邮电分局，1997年5月交付使用。

1998年10月1日，无极县邮电局分设邮政、电信2局，无极县邮政局隶属石家庄市邮政局领导，有职工44人。设经营服务部、综合办公室，下设发投公司、邮政营业、储蓄营业、分拣封发、投递班、押运班，共有职工44人。2005年，设综合办公室、经营服务部（下设储汇保险部、督察部、物流部、速递部、函件集邮部、代办电信部）、发投公司、无极路综合营业班、人和街邮政营业班、人和街储蓄营业班、分拣封发班、后勤司机班、押运班，共有职工40人。

二、农村分支机构

1989—1998年邮电合营，该局下设农村邮电分支机构6处，生产用房761平方米，（内含电信用房454.5平方米），平均服务半经1公里，服务人口2万余人。1998年10月邮电分营后，无极县邮政局下设农村分支机构5处，平均服务半径2公里，服务人口4万余。分别为大陈邮政支局、前北焦邮政支局（支局房屋为租赁）、高头邮政支局、郭庄邮政支局、北苏邮政所。2005年7月1日，设立张段固邮政支局（支局房屋为租赁）。

第二章 电 信

1989年6月以前，电话设备均为磁石制（称为摇把子），于同年6月24日开通纵横制交换机1000门，1990年11月，开通无线电话(450兆)；1991年3月纵横制交换机增容至2000门；1994年3月开通BP机；1995年4月开通西门子EWSD程控交换机8640门（长途180线），3个支局均安装512门程控设备。至1996年，全局增容15680门，前北焦和泗水安装2000门程控交换机，开通光缆通信，传输、交换实现数字化，无极县的通信发展进入全新时期，也是最快时期。

第一节 有线电话

一、市话

1989年开通纵横制交换设备1000门，实现县市话自动化，并入全国长途自动网，市话装机409部。1991年纵横制交换机增容至2000门，用户533户，实现农、市话联网。1992年5月，开通了JDK16长途自动对端设备，并入国际自动网，市话增容HJ921型自动交换机1000门。1995年设备再次更新，开通西门子EWSD程控交换设备8640门。至1997年底，交换机容量为15680门，市话装机7936部，全部是长权用户。实现农、市话联网，交换设备程控化、传输数字化。电话号码于1995年12月17日零时由6位升为7位。电话计费全部实现微机自动计费和脱机处理，取消人工册报和开据处理。2005年5月1日零时电话号码由7位升为8位。

二、农话

农村电话在县境内，以县城所在地为中心（除市话用户外）联通县乡和农村用户的电话，用户通过农村电话网可以和本县境内的其他用户通话，也可以通过县电信局和县境外的用户通长途电话。1990年以后，农村电话建设投入加大，出现良好发展势头。1992年增设里城道交换点，开通959局，该乡16个村通电话，用户50个。1995年实现农村电话程控化，新增8个交换点，交换机容量15640门，净增11400门，172个村装有电话，占总自然村的83.1%。同年，全县实现农、市、长话联网，农村电话用户全部进入国内、国际直拨电话网。

三、长途电话

1990年11月10日，开通XC-8无线电拨号设备。1991年3月28日，增容纵横制交换设备

1000门。1992年5月17日，开通JDK16长途自动对端设备，进入国内国际直拨电话网，同年开通至石家庄低12路载波设备，增加长途电路12条。1995年4月7日，开通西门子程控交换机8640门。1996年12月，增设县至石家庄光缆电路，全县通信实现交换程控化。传输数字化，全部用户进入国内国际直拨电话网，不再经长途台接转。

1991—2005年无极县电话杆线、机线设备一览表

表5-6

年度	杆路长度		电缆长度		交换机	地下电缆	电话机
	杆路（公里）	明线路（公里）	皮长（公里）	芯长（对公里）	自动（门）	总线长	部
1991	7		6.3		2000	8.3	904
1992	13		15.7		4000	5.7	1770
1993	13		15.7		4000	12.9	2176
1994	16		94.3		4000		3555
1995			24		8640		5606
1996			34		15680		6535
1997			39		15680		7936
1998							21923
1999							24425
2000							39543
2001							62151
2002							77796
2003							89597
2004							78953
2005							79670

第二节　无线电话

一、无线寻呼

无极县于1993年7月开办无线寻呼业务。无线寻呼发射基站在邮电大楼三楼长机室，127寻呼台设在邮电大楼话务室，覆盖半径50公里。当年无线寻呼用户145户，至1997年底发展到1607户。随着科技的发展，移动电话逐渐普及，寻呼业务量越来越少，到2005年8月拆除无线寻呼设备。

二、移动电话

1999年分营之初，通过开展移动电话促销活动，业务发展快速增长，发展客户1217户，收回移动电话欠费19万元。2000年共完成业务收入120万元，放号10772户，发展百户村3个，千户镇2个，净增放号达万户县。2001年放号8411部，完成年计划的65%，业务收入226.3万元，完成年计划的87%。2002年全年放号3844户，业务收入248万元，完成年计划的89.5%，网上

客户数达 19919 户。2003 年全年放号 12300 户，业务收入完成 309 万元。截至 2005 年底，客户数达 41596 户。

1999 年分营之初，无极营业部仅有 1 个移动通信营业厅、7 个基站，2000 年移动基站增加至 12 个，发展代理商 15 家。2001 年底，共有移动通信数字基站 17 个，信道 1376 个，基本实现了全县信号覆盖。2002 年新发展农村专营店 17 家，新增自办营业厅 1 个，新建基站 3 个，载频总数 155 个，信道 1240 个，传输工程顺利割接，为业务发展提供了坚实的网络基础。截至 2005 年有代理商专营店 34 个，合作厅 21 个，基站数 28 座，营业厅数 3 个。

三、小灵通

小灵通作为固定电话的补充介于固定电话与移动电话之间，2003 年开始办理小灵通业务，发展较快，当年发展 7782 部；2004 年安装小灵通基站 159 个，用户 16504 部，2005 年发展到 14689 部，有 UT 斯达康 CSC 设备 14 套。

第三节　宽　带

随着县域经济的发展，人民生活水平的提高，县内计算机数量逐年增加，2002 年交换机容量为 30629 门。同年开办电话增值业务，到达数为 69291 户，宽带业务当年为 289 户。2003 年交换机容量为 46651 门，用户到达数为 85219 户，宽带到达 1324 户。2005 年交换机容量为 79670 门，到达数为 79670 户，宽带到达 6144 户。

第四节　管理机构

一、移动通信公司无极分公司

1999 年 7 月，无极移动通信业务从无极县电信局分离，9 月 1 日河北移动通信公司无极营业部正式挂牌成立，下设办公室、财务室 2 个职能科室和综合班、营业班 2 个生产班组，共有在职员工 19 人，离退休人员 3 人。

2000 年设置办公室、财务室、服务质量检查中心、综合科、业务发展科、营业班 6 个职能部门，2001 年 8 月 28 日无极营业部更名为河北移动通信有限责任公司无极分公司，设经理 1 人，下设办公室、财务室、业务科、维护科、营业班。2002 年公司招聘 5 名在册聘用工，男 2 人，女 3 人，公司员工 23 人。

截至 2005 年底，无极分公司共有在职正式员工 17 人，聘用工 17 人，中专以上文化程度 32 人，占员工总数的 94.1%，员工平均年龄 30 岁。

二、中国网通（集团）有限公司无极分公司

1990 年设局办公室、财务股、后勤股（总务、供应）电信股、邮政股。生产机构设话务班、报务班、电力班、长机班、市机班、营业班、发行班、邮政储蓄班、分拣封发班，郭庄支局、高头支局、大陈支局、北苏所，共有职工 118 人。

1998 年 10 月分营后，无极县电信局设 1 部 1 室管理体制，即综合办公室（包括财务、劳资、后勤、供应）；市场经营部（包括通信业务、通信建设、通信线路、通信设施）。生产机构设有营业班、机线班、电力班、高头分局、泗水分局、前北焦分局、北苏所、郭庄所、七汲所、郭吕所、南马所、西东门所、南流所、楼下所、张段固所，共有职工 97 人。

2004 年电信局改为通信公司无极县分公司，下设营销服务部、维护部、综合部 3 个部，共有职工 68 人。

2005 年 12 月 16 日，管理体制进一步改革，根据市分公司石网综合〔2005〕461 号文要求，该县撤销综合部、营销服务部、维护部，3 部门的原有职能由各业务主管及相关人员负责，员工 65 人。

第三章 报刊

无极报社成立于1992年1月，为科局级事业单位，隶属县委宣传部领导，其中社长、副社长各1人，编辑记者6人。最初租用幸福街临近建设路路东一栋小楼，1993年迁至幸福街中段路东小楼；1996年冬迁至中昌路与平安街交叉路口西南角小楼办公；2003年迁至平安街南头路西报社印刷厂办公。

1992年1月《无极报》正式出版发行。《无极报》为无极县委机关报，职能是宣传党的路线、方针和政策；围绕县委、县政府的中心工作和重大决策进行宣传报道；宣传各行各业在三个文明建设中涌现出的典型人物事件；发挥新闻舆论监督作用，对社会上存在的一些不良现象进行公开曝光，弘扬正气，批评邪恶。

《无极报》初期为周报，1994年拓为周二报，2001年拓为周三报。报为4开4版，第一版为要闻，刊登县内重要事件和新闻照片；第二、三版内主要反映各个方面工作和经济建设；第四版为文教版，以刊登文化、艺术、教育等方面内容为主。1992—2003年10月，共出刊《无极报》1177期，发表新闻消息、报道、特写等各类文章30000多篇，约2200万字，发表新闻照片8000多张；读者订户最多时达8500多家，覆盖全县乡镇、农村、机关、企业、学校以及个人订户，为无极县经济发展、精神文明建设、政治文明建设等作出重要贡献，曾多次获“石家庄市新闻报道先进单位”称号。

《无极报》紧密配合中心工作，以报道经济建设为中心，传播先进技术、文化和新观念。编辑记者经常深入基层调查研究，促进主导行业和农村经济发展。1994年，围绕前北焦村孙建杰夫妇解救两名被拐卖儿童的事迹，报社记者进行连续报道，在社会引起较大反响；长篇通讯《春天里发生在无极的故事》被《河北日报》转载，并评为新闻二等奖。1995年春，在北方养鸡业面临全面衰退的形势下，报社积极发现挖掘东侯坊村养鸡大户养殖经验，并加以宣传，推广他们的养殖经验，促进全县养鸡业的稳定发展。同时，对木线加工业、温室蔬菜、养牛、养兔等行业的发展都起到促进作用。

1996年，国家取缔“十五小”，无极县皮革行业要生存，必须进行整治和转型升级。报社记者深入基层，采访皮革行业大户和有关专家，并加大宣传力度，并协助县政府创建皮革工业协会及齐盛农民股份制公司，推动全县皮革转制，为皮革业的壮大奠定了基础。同年，滹沱河北大堤郝庄段决口，报社记者深入抗洪救灾第一线，进行不间断的现场报道，撰写新闻通讯和特写，拍摄纪时照片，被市委宣传部授予“抗洪救灾先进宣传单位”称号。2003年，全面详实报道全县人民团结一心，众志成城抗击“非典”的事迹。

2003年10月《无极报》停办。

第四章　社会信息化建设

第一节　基础设施

1989 年 6 月新建邮电综合大楼投入使用，当年开通 1000 门纵横交换机。1990 年，开通 XC–8 无线电拨设备。1991 年纵横交换机增容制 2000 门。1992 年开通 JDK16 长途自动对端设备。1995 年，开通西门子 EWSD 程控交换机 8640 门，完成各干线、各支局电源更新。1997 年邮、电分家，邮局到县城东关新建邮电大楼办公。2000 年全县建基站 12 个，2001 年基站 17 个、信道 1376 个，2002 年新建基站 3 个、载频总数 155 个、信道 1240 个。2005 年，移动通信基站增加到 28 个。

第二节　网络及网站建设

进入 21 世纪，信息化产业迅猛发展，并被广泛推广应用。无极县门户网站、农业服务“快易通”网络工程、教育信息网、企业网站等，如雨后春笋相继诞生。与此同时，县政府成立信息中心与专门机构——无极县信息中心，服务于全县信息化网络及网站的建设。信息化建设在农业、企业、财政、科技、教育等行业的普及和应用，推动全县经济、社会的快速发展和进步。

无极县公文传输系统

一、无极县门户网站

无极县门户网站即无极县政府网 (www.wuji.gov.cn)，建于 2003 年，投资 90 余万元，配有网络软、硬件设施，中心机房由内网、外网、邮件 3 台服务器及附属网络设备组成。网络线覆盖县委、人大、政府、政协四套班子及科技、科协、林业、物价、统计、审计、人事、信访等 20 多个单位，实现各单位宽带接入，联网用户 200 多户。

无极县政府网全面贯彻落实国家、省市电子政务建设的方针政策，以政府业务为主线，首页设置无极要闻、视频新闻、信息公开、公示公告、部门动态五大版块，开设无极概况、网上办事、便民服务、咨询投诉、公众评论等 33 个栏目，信息条数上万，涵盖无极县各方面的信息。到 2005 年网站访问总量达 15 万人次，为建设阳光政府、诚信政府、服务政府提供了一个有效平台，成为公众了解无极，政府服务于民的重要窗口。

二、机关单位网站

2001—2005 年，全县共建成行政、企事业网站 40 个。机关单位网站的建设，直接服务于全县经济建设，加强推介宣传、方便服务群众，推动办事效率，提升机关单位形象。

1. 无极县行政审批服务中心网

为全面贯彻落实和深化行政审批制度改革，建立廉政、勤政、效能政府，提高行政效率。2005 年建成县行政审批服务中心网，网站集信息发布与咨询、管理与协调、投诉与监督为一体，开设中心动态、办事指南、政策法规、在线投诉、在线咨询等栏目，方便群众办理有关事项。

2. 无极县农业信息网

2002年，无极县农业信息网建成并投入使用，建有农业服务“快易通”网点35个，促进了技术、物资、信息“三结合”。有专家定时“坐诊”。以农技服务中心《农技网》为平台，通过语音，实现农业专家与群众直接交流。2003年开通农业服务“96356”热线电话，建立56个农业科技进村服务站，解答疑难问题884次。至2005年，发送惠农政策、实用技术等各类信息1100多条，热线电话接受农民咨询10万多人次，为农民解答问题9000多个。

3. 无极县教育信息网

2001年，教育信息网建成投入使用，并接入市教育信息网。以教育信息网为平台，实现视频会议、网络化办公和考试。2003年，全县中小学利用 卫星接收设备，接入河北省远程教育网。2004年，建立全县教育资源库，实现资源共享。2005年，城内高中和11所乡镇中学已接入全市教育城域网。

三、企业网站

随着信息化发展步伐加快、企业互联网蓬勃发展、营销手段逐渐增强，网络营销成为企业开拓市场的重要营销手段。借助互联网的强大优势，与客户建立方便的联络方式进行业务洽谈，大幅减少人员出差的时间和费用，简化通信、传真、邮寄，降低经营成本。广大企业看到网站在宣传、推介、办事等多方面带来的强大优势，也都相继建立起自己的网站。

1. 河北千山钢业有限公司网

河北千山钢业有限公司网开设供应信息、企业介绍、企业资质、产品展示等版块，突出以客户为中心，发布企业概况、供应信息、产品介绍等相关信息820余条。通过网上宣传，扩大企业的销售网络，产品销往全国各地。

2. 石家庄广威农牧有限公司网

石家庄广威农牧有限公司网开设走进广威、新闻中心、产品展示、下属企业、客服中心、招贤纳士6个版块。对企业产品进行推介、宣传，展示企业形象。发布企业概况、供应信息、人才招聘等相关信息1000余条。通过网上宣传，扩大企业销售渠道，销售覆盖省内石家庄、保定、廊坊、衡水、邢台、邯郸、沧州，还销往北京、天津、山西、山东、四川、云南、广东等省市。

四、其他网站

随着全县服务业快速发展，信息化手段广泛应用，各类服务性网站和个人网站应运而生，主要有无极城市在线、无极大众信息网等。重点发布企业招聘、法律服务、人才求职、美食娱乐、房产供求、婚庆摄影、书法字画、网上宣传等信息，为人民群众生产生活提供便利。

2005年无极县网站统计表

表5—7

网站名	网址	主办单位
无极政府网	http：//www.wuji.gov.cn	无极县人民政府
无极公安网	http：//www.sjzwjga.gov.cn	无极县公安局
无极文化网	http：//www.hebwjwhw.ccoo.cn	无极县文广新局
无极县供销合作网	http：//www.wjcoop.cn	无极县供销社
无极县农业信息网	http：//www.sjzwj.heagri.gov.cn	无极县农业局
无极国土资源网	http：//www.hbwjgt.gov.cn	无极县国土局

续表 5—7

网站名	网址	主办单位
无极县环境保护网	http：//www.wjhb.gov.cn	无极县环保局
无极金农网	http：//wuji.agri.com.cn	—
无极在线	http：//www.wujiok.com	—
无极县大众信息网	http：//www.wjren.cn	—
河北千山钢业有限公司网	http：//www.china-qianshan.com	河北千山钢业有限公司
石家庄广威农牧有限公司网	http：//www.gwnm.com	石家庄广威农牧有限公司
无极皮革网	http：//www.wujileather.com	—
石家庄新亿鑫皮革有限公司网	http：//www.yixinleather.com	石家庄新亿鑫皮革有限公司

第五章　广播电视

第一节　广　播

1984 年 7 月，无极人民广播电台建成，采用 50 瓦的发射机和配置高 76 米的蝙蝠翼天线，覆盖半径不足 20 公里。1991 年新增置 300 瓦发射机一部，并将原 50 瓦发射机改装为 100 瓦发射机做备份，使广播覆盖半径达 30 公里，1989—1997 年共投资近 50 多万元发展全县有线、无线广播，广播听众达 200 余万人。1997 年新建 2260 平方米的广播电视综合服务楼。

一、有线广播

1990 年，投资 25 万元，采取恢复一批、巩固一批的原则分三个阶段对全县城乡有线广播线路进行了修缮，在县城新开的五条大街和部分企业内部架设了新广播线路，到 1993 年底全县广播村通率达 100%，全县广播专线总长 425 杆公里，广播喇叭 5600 只，喇叭入户率为 63%。

二、无线广播

在提高服务空间的同时利用地方台站的区域优势，1991 年在原有栏目不变的同时增添《城乡一刻钟》专题，每日播音时间由原来的 6 小时 5 分钟改为 6 小时 15 分钟，该节目的播出受到群众的好评。

1989—1993 年，共收到各类广播稿件万余篇，播出稿件约 9000 余篇，其中《谈谈如何对待和处理邻里纠纷》《庭院我们可利用的空间和资源》《无极一千多名农村干部掀起学科技用科技高潮》《多一份服务少生一个娃》《道是无情却有情》等 20 多篇广播通讯稿获省、市优秀新闻奖。

第二节　电　视

一、无线电视

无极电视台始建于 1984 年，电视自办节目自 1990 年 6 月始走向正规。《无极新闻》制作固定为每周一、三、五，每期时长为 10 分钟。第一期无极新闻内容是《农贸市场落成典礼》。1994 年，增添《连心时刻》，开始有偿点歌节目。1996 年 7 月更换无极新闻节目的片头和片头音乐，同年开办《小康风采》《鱼水情》《计划生育》《严打第一线》《农业科技》等栏目。1997 年先后开辟

《今日视野》《科技电波进农家》栏目。1998年6月，省广播电视厅对无极广播电视台重新登记批复，台名为“无极县广播电视台”，许可证编号为044030860，台标编号为7B044030860，登记后的电视台开通了一套电视节目，电视节目用无线方式传输。1998年，开办《无极新闻》重播和中午连心时刻及广告段。2000年4月广告点歌、《无极新闻》首次实行四分之三带播出，2001年11月《艺苑擂台》文艺节目正式开播。2001年12月投资50万元新建110米广播电视综合发射天线铁塔，配置10千瓦彩色电视发射机，覆盖半径达58公里。2002年7月以报道无极文化信息、展现艺人风采、弘扬民间艺术、愉悦百姓生活为主要内容开辟了《综艺在线》栏目，每月制作播出2期，2003年7月对自办栏目字幕、片头、片尾及内容大胆地进行改版、包装，将《致富桥》栏目改版为《农民之友》，《农村卫生》栏目改为《卫生与健康》。《农民之友》栏目分为《政策咨询》《农业快报》《农技服务》《致富经》四个版快，提高无极电视台的外在形象。2004年，先后投资12万元多元配置两部非线形编辑机、硬盘播出设备、3kW发射机，编播设备全部实现数字化和硬盘播出；同年，对自办栏目进行重新改版；《农民之友》栏目分《政策咨询》《农业快报》《农技服务》《致富经》4个版块；增设《看世界》栏目；《无极新闻》栏目推出《时政快讯》《社会零距离》《信息岗》3个版块。2005年，为丰富群众视野，投资10万元购置硬盘播出等设备，开设无极二套综合娱乐节目，投资5万元更换馈管电线等，发射半径扩大20公里，接收信号明显提高。信号覆盖半径为30公里，收视人口达200万人。截至2005年电视台有数字摄像机10台、非线性编辑机5部，总固定资产达1100万元。自办节目也由原来单一的《无极新闻》发展为《今日视野》《农民之友》《综艺在线》4个主流栏目，在提高服务空间的同时还利用地方台站的区域优势，开设《综艺频道》和《互动点播频道》，进一步延展服务领域。

1989—2005年，共制作播出《无极新闻》2600期、《今日视野》420期、《农民之友》336期、《卫生与健康》240期。每年播出自办栏目的时长达5600分钟（不包括文艺与广告）。设置为7频道的电视节目，覆盖半径达58公里；电视收视群众达200余万人。

1990—2005年获省级奖励8个、市级奖励22个、县级奖励24个，配合县委、县政府制作播出大型专题32部。采写的《无极县将3.15投诉台搬到了农村大集上》《小驴车拉出栋梁材》《无极县民工服务队、抗击非典慰民心》《无极警方返还被盗车》等近千条新闻为中央、省、市媒体播发，2003年7月采写的《李军才和他的棉花画》在香港凤凰卫视上播出后，李军才应邀赴北京参加全国民间工艺艺术交流展，参展作品被抢购一空。选送的《书香方星架金桥》《拆庙要拆心底的庙》《赞扬来自世界的卫生组织》等20余篇广播和电视新闻获省、市级好新闻一等奖。

二、有线电视

1994年8月成立“无极有线电视台”。与北京科技公司合作，采用450MHE邻频传输技术，在县城主要街道架设有线电视传输网络（东至县交通局运管站、北至无极二中、南至无极角头、西至农贸市场）支干线总长84公里均采用同轴电缆架空铺设，安置干线放大器150个，供电器25个，用户放大器280个，过电二分配器400个。开通16套电视节目，即中央电视台1、2、4；河北电视台1、2套；石家庄电视台1、2套；山东台、浙江台、云南台、贵州台、教育2台、新疆台、四川台、无极有线台、无极无线台。

1996年7月筹集资金6.3万元，从中央网络传输中心买回3、5、6、8四个加密频道电视节目；8月12日4个加密频道在全县正式开通。到1997年12月底县城有线电视用户达到3700多户，主干线升级改造为550MHE邻频传输。

2001年，投资110多万元与四川成都华泰公司签订协议，在全省范围内率先采用了前端加扰末端解扰可寻址微机控制收费管理系统，实现有线电视管理自动化，有线电视管理得到规范。为满足不同受众的欣赏水平，2002 年 4 月开通湖南台、中央电视台十一套电视节目。2003 年，接收设备由模拟数字接收机改换为数字接收机，并投资 180 万元对城区有线网络进行改造升级，光纤铺设东至无极华龙药业公司、西至无极张村、南至无极新城开发区、北至无极二中。共设置 21 个光接点，21 台光接收机，4 台光发射机，总铺设光纤 13.5 公里，整体工程于 10 月 1 日正式完工，并被市评定为优质工程。同时投资 60 多万元对有线机房进行改造搬迁，添置了能容纳 30 多个频道的电视监控墙。

2004 年 2 月，投资 6 万元开通新闻综合频道，石家庄二套电视节目。实现有线电视的光纤数字化传输，有线电视信号质量大大提高。2005 年又相继开通河北农民频道和石家庄四套。截至 2005 年 12 月底，全县城区有线电视用户达到 6000 多户，入户率 50% 以上。共接收、播放电视节目 32 套，即中央电视台 1、2、3、4、5、6、7、8、10、11、12 及新闻综合频道；石家庄电视台 1、2、3、4 频道；河北电视台 1、2 频道；陕西、浙江、河南、湖南、辽宁、北京 1、四川、山东、福建东南、广东等卫视频道；无极一套、无极二套、点播热线、河北农民频道。

三、农村有线电视

1997 年 3 月，在东池阳村召开全县铺建农村有线电视网络大会。同年 6 月与全国电子产品展销中心签订合同，利用该公司资金投资 150 多万元通过 MMDS 微波传输信号开始发展农村有线电视。截至 1997 年 12 月底，农村微波信号已覆盖全县 11 个乡镇，22 个村开通有线电视信号。1999 年底由于全国电子产品展销中心“MMDS”微波发射机损坏，传送信号质量达不到设计要求，至 2001 年无极农村有线电视网络发展进入瘫痪状态。2002 年，组织专门力量，分情况对全县农村有线网络情况进行检查验收，明确新的村网负责人，签订管户协议，建立管户档案，开始以小片网发展农村有线电视。2004 年根据省、市按发展光纤“簇内村通”工程规划要求，11 月光纤村村通建设工程拉开序幕；到 2005 年底全县 213 个自然村已有 166 个村安装上有线电视，占总户数的 78%；有线电视入户数达 6000 户，全县农村入网比例为 5%。

第三节　稽　查

依据国家颁布的《有线电视管理暂行办法》《卫星电视广播地面接收设施管理规定》，结合公安、工商等部门对全县有线电视的违规违纪情况进行查处，截至 2005 年共查处违法安装卫星天线收看境外电视节目 240 家，强行拆除 55 家，自行拆除 143 家，封存违规播放境外节目的接收机 21 台；查处非法设立销售违禁有线网络门市 3 个；查处非法安装、偷接有线电视 126 户。

第四节　管理机构

1989 年，广播电视局设办公室、机务技术科、新闻科、制作科、广播器材部、彩扩中心，干部职工 37 人。1994 年增添广告科和有线科，取消彩扩中心；1997 年增设专题科和农村有线科，取消广播器材部。2003 年，增设稽查科、文艺科、财务科，农村有线科归并城区有线科。2005 年，设办公室、机务技术科、新闻科、制作科、广告科、专题科、稽查科、文艺科、财务科、城区有线科，全局有干部职工 101 人。

体制改革

1978年以后，无极县进入以改革开放为时代特色的社会主义事业发展时期。县委、县政府贯彻落实中央、省、市关于改革的一系列方针政策和决策部署，不断解放思想，适时调整工作思路，坚持把改革体制、调整结构作为经济增长的着力点，积极推进经济体制改革，全县农村、城镇经济体制改革有序进行。

1983年，在农村全面推进家庭联产承包责任制，1984年，根据中央文件规定，将承包期延长至15年。1986年，针对人地矛盾比较突出的问题，对农村承包土地进行调整，2000年第一轮土地承包结束，采取平稳过渡的方法，顺延至第二轮承包，并与农户签订30年承包合同，在农村建立起稳定的土地承包责任制。

在搞好农村经济体制改革的同时，1983年10月至12月，遵照党中央提出的领导干部队伍“革命化、年轻化、知识化、专业化”的精神，县委书记栗战书提出大力推行改革，抓机关、干部建设。，对县委、县人大、县政府、县政协、县纪委的领导班子、全县50个县直单位的班子进行了调整。各级班子成员平均年龄降为44.1岁，高中以上文化水平占50.79%。全县各级领导班子和干部队伍精神振奋、团结、进去，开创了工作的新局面。1984年，栗战书在无极县人民礼堂主持召开全县干部大会，贯彻落实《中共中央关于经济体制改革的决定》，改变干部群众商品经济意识淡薄的思想意识，并带领全县干部到温州等地参观，大力推进无极县的经济体制改革。他还深入专业户调查、为专业户落实贷款，改变干部、群众的思想观念，推动全县经济发展。同时，全面推进县属工商企业改革，从放权让利到承包经营责任制，从国有民营、公有私营到股份制，从明晰产权到逐步建立现代化企业制度。全县企业改革经历了四个阶段：第一阶段，1985—1992年，主要是以承包经营责任制为重点，改革不涉及企业产权；第二阶段，1993—1997年，启动产权制度改革，但只动产权不动人，主要形式是股份制改造；第三阶段，1998—2002年，特点是又卖资产又管人。通过企业整体出售或破产，职工得到妥善安置；第四阶段，2003—2005年，特点已不仅卖资产管人，而且在资产出售时，考虑企业的长远利益，做到国有集体资本退出，企业转制，职工转变身份，实现资产增值，企业增效，职工增收。

在全力推进企业改革的同时，宏观调控体制、财政、金融、税收、物价及乡镇企业等都实施一系列改革，取得了显著成绩，积累了一定的经验。

無極縣志

第一章　农村经济体制改革

第一节　土地使用制度改革

1981年，县委、县政府贯彻中共中央《关于进一步加强和完善农业生产责任制的几个问题》，在全县试行小段包工、联产到户、家庭联产承包等形式的生产责任制，并按一定比例给农民发放自留地。

1983年1月，县委、县政府召开农业工作会议，贯彻中共中央《关于当前农村经济政策的若干问题》，研究制定《关于包干到户责任制办法（草案）》，规定生产队土地可以按人或按人劳比例分包到户，允许农民少包、不包或多包，推行土地承包责任制。县委书记栗战书利用半年时间跑遍全县20个公社207个行政村，深入调查研究，选拔一批有文化、懂经济的年轻干部，充实基层班子。同年7、8月间，在全县范围内进行分包调整，按人口分包，基本做到了一户一块，便于农民的耕种与管理。牲畜和中小型农具作价归户喂养和使用。到1983年底，全县20个乡镇、207个村，全部实行了联产承包责任制。1984年，根据中央1号文件规定，将土地承包期延至15年，并向农民发放土地长期使用证书。1985年3月26日，适应农村经济体制改革，经石家庄地区批示，将七汲、张段固、郭庄、大陈北苏乡改称为镇，行政辖区不变。无极县各行各业蓬勃发展，推动全县经济发展，由原来的后进县跃升全地区的前三名。1989年，在全县农村推行“两田制”，将全县农村耕地按人口划分为口粮田和责任田，基本解决了农村人口增减与定购、“提留”等诸多难题，进一步完善了土地承包责任制。1992年，在稳定和完善联产承包责任制的基础上，实行土地双向承包制度，将过去签发的农民承包土地合同重新改签为“土地双向承包合同”，用法律的形式把土地承包工作纳入依法管理的轨道。1993年，在商品经济发达的村逐步完善土地使用权的流转机制，积极稳妥地发展适度规模经营。1995年，推广东庄、马桥、新城、西验村等土地使用权合理流转模式，探索实现土地规模经营和集体经营的新途径，省领导给予肯定和批示，省委农工部印发全省予以推广。1998年，全县农村第一轮土地承包陆续到期，县委、县政府制定《关于延长土地承包期工作的实施意见》，按照大稳定、小调整、尊重大多数农民意愿的原则，因地制宜、严格审批、按政策将第一轮承包期间的土地进行顺延。到2000年，全县213个行政村陆续完成土地延包工作，并全部签订30年土地承包合同，发放了土地承包经营权证书。

第二节　农村税费改革

推进农村税费改革，减轻农民负担，依法规范农村税费制度，促进农业农村发展和社会进步，是中央为解决好“三农”问题而采取的一项重大举措，是继农村实行家庭联产承包经营之后的又一项重大改革。

2002年4月23日，县委、县政府落实中央、省市农村税费改革部署，成立县农村税费改革领导小组，设立县农村税费改革办公室，制定《无极县农村税费改革试点方案》，于30日召开县、乡、村三级干部参加的农村税费改革会议，在全县启动了农村税费改革工作。

这次税费改革的主要内容是“三取消、两调整、一改革”。三取消是取消乡统筹费，农村教育集资以及专门面向农民征收的行政事业性收费和政府性基金、集资；取消屠宰税；取消统一规定的劳动积累工和义务工。两调整是调整农业税税率，将农业税附加并入新的农业税；按照农业税和农业特产税不重复交叉征收的原则，调整农业特产税政策。一改革是改革农村提留征收使用办法。按照上级农村税费改革实施方案，县税费改革领导小组组织财政局、农工委、农业局、统计局人员组成联合调查组，进行调查摸底核实。按照明显减轻农民负担的要求，根据核实的计税土地面积、常年产量和省政府统一规定的计税价格，合理确定新的农税税率，将农业附加税并入新的农业税，调整农业特产税政策，农业税和农业特产税不重复交叉征收，改革现行的村提留征收使用办法，农村集体公益事业发展需要的资金和劳务，通过“一事一议”合理安排。农村税费改革后，农民除向国家交纳农业税及其附加、农业特产税及其附加，及其承担的“一事一议”的筹资筹劳，不再承担任何面向农村的行政性收费。全县取消了乡统筹、农村特产税、屠宰税、其他收入和村提留。农民负担确定为农民税及附加，并确定农业税税率最高不超过 7%，农业税附加最高不超过 2%。农业税计征土地面积，以农民二轮承包面积为依据。经核定全县计征土地面积 42.9 万亩，常产 774 千克 / 亩，农业税任务为 2650 万元，农业税附加 530 万元，合计 3180 万元，人均负担 71.1 元，比改革前 105.4 元，减少 34.3 元，减幅为 32.5%。

2003 年，为进一步规范和加强农业税征收管理，确保农民减负反弹，6 月 20 日经县第十三届人民代表大会第二次常务会议审议通过《无极县农业税收征收管理办法》，对农业税征收范围、税率、减免征收程序、法律责任等做出明确规定。同时，为严格落实“两减免三补贴”等一系列减负和补贴政策，全面推行涉农税收、价格和收费“公示制度”、义务教育公办中小学“一费制”、农村订阅报刊费用“限额制”和“涉农负担案件责任追究制”4 项制度。全年累计减税 1535.4 万元，发放直补金 696 万元。

2004 年，为进一步减轻农民负担，增加收入，根据《中共中央国务院关于促进农民增加收入若干政策的意见》，农业税平均税率降低 3 个百分点，全县农业税由 2650 万元降到 1514 万元，调减 1136 万元，农民人均负担由改革前的 105.4 元，减少 64.5 元。该年农业税征收入库 4328 万元，退库后实施征收正税 1289 万元，附加 265 万元，农民负担比改革前减轻 67.2%。

2005 年，农业税率在上年减少 3 个百分点的基础上再降 2 个百分点。全县农业税收入 757.08 万元，附加收入 154.4 万元，合计 908.48 万元，农民人均负担 20.32 元，比改革前的 20014 年减少 85.08 元，下降了 80.72%。从 2003—2005 年，全县累计向农民发放直补金 2088 万元。

第三节　农村金融体制改革

1996 年，按照《国务院关于农村金融体制改革的决定》，农村信用社与农业银行脱离行政隶属关系，建立和完善以合作金融为基础、商业性金融、政策性金融分工协作的农村金融体系，信用联社逐步走上市场化经济轨道，农村信用社在信用联社的管理下，开展农村金融业务活动。1996 年 11 月 1 日，无极县信用联社正式与农业银行脱离隶属关系，成立无极县信用联合社，下辖 20 个农村信用社，4 个信用分社，全社有干部职工 260 人。各项存款余额达 6.21 亿元；各项贷款余额 3.75 亿元。至年底，各项存款余额达 6.9 亿元，各项贷款余额 4.1 亿元。

2004 年 9 月河北省深化农村信用社改革工作正式启动。无极县按照上级部署要求，制定《无极县农村信用合作社改革实施方案》，对全县信用社增资扩股任务分配、目标措施进行具体安排，在原有股权范围的基础上，扩大入股范围，调整股权结构，提高入股额度，广泛吸纳辖域农民个体工商户和其他经济组织入股。年底，股金总额达1794万元，比2002年增加336万元，达到票据发行条件，完成不良贷款和历年亏损挂账置换工作。

2005年，按照国务院《关于深化农村信用社改革试点方案》，无极县对信用社进行全面改革。改革的主要内容一是以法人为单位改革信用社的产权制度，明晰产权关系，完善法人治理结构，确立不同的产权形式。二是改革信用社管理体制，2005年无极县信用社由河北省农村信用社管理。三是改革产权制度，选择由两级法人的产权管理模式。四是政策扶持，选择人民银行专项票据支持政策。改革后信用社入股人员增加13087人，募得股金18487万元，联社资率充足率大于2%。信用社改革的另一项任务是清收不良贷款，组织人员，分企业清贷、农村清贷两条线，全年清收不良贷款14015万元。经过全体干部职工共同努力，已达到中央银行专项票据支持门槛，取得了19979万元中央银行票据。

第二章　工业体制改革

1984年10月《中共中央关于经济体制改革的决定》发布后，无极县委、县政府认真学习、落实，成立经济体制改革办公室，本着“积极稳妥，由点到面，不断深化”的原则，在全县工业企业中积极推进经营体制、产权制度、用工制度等一系列改革，将企业推向市场，逐步成为市场经济体制中独立的竞争实体和法人实体。调动企业、职工的积极性，增强企业的发展活力，实现责、权、利紧密结合，资本结构得到合理调整，实现投资主体多元化，国有资产的优化组合。

第一节　管理体制改革

1978年中共十一届三中全会后，无极县办工业企业逐步恢复党委领导下的厂长负责的管理体制。1983年，积极推行工业企业体制改革，实行经营承包责任制，引进技术管理人才，充任机械厂、拖修厂、地毯厂领导职务。1984年10月，《中共中央关于经济体制改革的决定》发布后，无极县委、县政府领导认真学习和落实，成立经济体制改革办公室，本着由点到面，不断深化改革。县委、县政府在工业企业中实行“五放开”（放开人事权、经营权、工资权、价格权、奖金权）、“四个打破”（打破国营与集体企业、正式工与临时工、干部与职工和工资级别界限）。1985年，进一步加大改革力度，将人事管理权、资金筹集权、生产经营权、产品价格权、销售权，全部下放到企业，废除了由政府统揽的局面。主管部门进行监督、协调、指导服务。调动企业、职工的积极性，促进企业的发展。1986年，在工业企业中全面推行厂长（经理）任期目标责任制，增强和突出厂长（经理）在企业管理和企业经营中的主导地位。1986年，工业企业全面实行厂长任期目标责任制，实行“一厂一策”的管理办法，对厂长、经理制定经济指标，按照“节能降耗、降低成本、减员增效”目标要求，确保产值、税收、利润各项指标的完成。1987年，在工业企业中实行目标责任奖惩办法。从节能降耗、降低成本、减员增效，确保增产值、增税收、增利润等方面制定具体指标，对完成指标的人员，除津贴奖金和效益工资照发外，还要实行立功建业奖。到年底，各项指标完成情况良好，单位晋级面达3%，浮动升级面达5%。1989年，制定

《关于重申和完善几项改革政策的意见》，坚持推行厂长（经理）负责制。在企业中推行四级目标管理法。按企业经济、社会效益、企业发展、职工福利4项指标，进行考核，实施奖惩。1990年，实行厂长、书记一人兼任的领导体制，企业副职由厂长任命，并报上级备案。政府针对该县工业底子薄、基础差的实际情况，采取措施抓投入，到1993年6月，完成工业项目61个，累计投入资金16869万元。中共十四大后，按照社会主义市场经济的要求，提出超常发展的工作方针，加快两转换（政府转换职能，企业转变经营机制），突出三抓（抓投入、抓销售、抓管理），进一步简政放权，将生产经营权、产品劳务定价权、产品销售权、物资采购权、进出口经营权、企业留用资金支配权、企业资产处置权、用工权、人事管理权、工资奖金分配权、投资决策权、内部机构设置权、拒绝摊派权等14项权力下放到企业。1994年，按照《全民所有制企业转换经营机制条例》，对县属工业企业的经营模式进行改革，实行所有权、经营权的分离。在领导体制上，对企业的书记、厂长实行分级管理，对成绩突出的书记、厂长，在政治待遇、生活待遇上给予特殊照顾。对骨干企业进行内部改造和产品结构调整，对重点骨干企业和新上重点项目，实行政策、人才、资金“三优先”政策，积极扶持困难企业摆脱困境，使一批重点项目及企业的投建与发展速度加快，效益得到提高。

第二节　经营机制改革

1978年，中共十一届三中全会以后，工业企业主要以开展社会主义劳动竞赛来调动干部职工的生产积极性。机械厂、拖修厂、机电厂等企业，也曾试行计日工资和奖励的办法。

1979年以来，各企业逐步将产品产量、质量、成本、利润等主要经济指标，由大化小，层层分解到车间、班组和个人，采取车间、班组、个人层层包，层层负责制的办法实行分层决策、三级管理，岗位责任制和经济利益挂钩，在企业内部建立和推行不同形式的生产经营责任制。

1981年，开始推行百分考核，评分计奖。部分企业实行计件工资。1983年，改革经营管理方式，在部分企业中试行厂级领导集体承包经营责任制。1984年10月，《中共中央关于经济体制改革的决定》发布后，工业改革速度加快，按照所有权和经营权分离的原则，部分企业车间、班组开始试行承包经营为主的多种形式的责任制。

1985年，县政府成立经济体制改革办公室，负责全县经济体制改革工作。全县工业企业普遍推行承包经营。由县经济体制改革办公室组织牵头，对县属18家工业企业全部签订承包经营合同。企业内部对中层干部实行公开招标、选能任贤、竞争上岗。1987年，全县16家集体工业企业全部实现承包经营。至此，全县完成第一轮承包。承包经营的原则是“包死基数，确保上缴，超收有奖，欠收自补”并对利润承包办法作出具体规定。实行厂长（经理）抵押承包，使承包者担一定经济风险，解决包盈不负亏的问题。1988年，实行平等竞争，向社会公开招标承包者，并在合理确定利税递增基数，超收分成前提下，划小核算单位，将责、权、利落实到车间、班组、分解到人。实行厂长效益工资、工人计件工资、技术员招聘工资和科研成果奖、业务人员包干提成工资、后勤人员联营联利浮动工资。1989年，推行四级目标管理法，按企业经济、社会效益、企业发展、职工福利4项指标，进行考核，确保承包合同的有效性，调动经营者的积极性，保证企业的长足发展。1990年，进入第二轮承包。按照激励和制衡相统一的原则，以厂长负责制为基点，以健全企业激励约束机制、增强企业发展活力和后劲为目标，通过规范承包形式、完善承包内容、科学测定承包基数、实行滚动承包，强化风险机制，深化内部分配等一系列改革。承包时间规范为三年，逐年递增的上交财政指标一定三年不变。

1991—1992年转换企业经营机制，在药胶厂试点，让承包者自己投入资金、自主进货、自定资金投向、自定销售价格，使企业逐步成为自主经营、自负盈亏、自我发展、自我约束的法人实体和市场竞争的主体。1991年，邱氏鼠药厂、化工厂实现利润突破百万元，药胶厂与香港万联公司签订机制胶囊项目合同，投资2778万元，成为全县经济新的增长点。1992年下半年，开展多种形式的企业经营机制转换试点工作，在胶鞋厂进行股份制改造；推行“一厂两制”“一厂多制”“厂内办特区”的经营机制，20个企业对内部相对独立的车间、科室推行独立核算和自主经营。1993年，进入第三轮承包。实行国有民营配套改革。个人或职工合伙出资承包，形成自主经营、自主分配、自负盈亏的经营格局。同年10月，石家庄富豪皮革制品有限公司，推行企业承包经营责任制，利用民间个体资金的经营模式，使企业扩大经营再创发展。年底全县工业企业全部实现承包经营责任制、租赁制。以合同的形式，确立企业与国家的责权利关系，使企业获得一定自主权，改变以往国有企业只能由国家负盈亏的局面，对企业发展起到了推动作用。

第三节　产权制度改革

1993年5月，河北省石家庄地区第一制药厂对企业进行股份制改造。吸收企业在册职工494人入股，股金192万元，公司总股本330万元，公司更名为石家庄华龙药业股份有限公司。股份制改造开始触及到产权这个问题。强化企业自负盈亏、自我约束机制，扩大企业资金实力，促进企业各生产要素的合理流动，加强企业职工的事业心和责任感，企业效益迈上新台阶。完成工业总产值3724万元，营销3342万元，实现利税719万元，创造历史最好纪录。10月，石家庄市政府召开企业产权制度改革会议，19日无极县召开全县企业产权制度改革工作大会，调整领导小组，县体改办公室、国资局独立，并成立国有资产经营公司。1994年，以中共十四届三中全会《中共中央关于建立社会主义市场经济体制若干问题的决定》为指针，以明晰产权关系为重点，全面推行股份制、股份合作制、国有民营、公有民营等一系列改革，逐步建立与社会主义市场经济相适应的现代化企业制度。以调整产品产业结构为重点，以新产品开发为突破口，大力推进技术进步，进一步增加投入，增强后劲；以增强现有企业活力为重点，以苦练内功、提高素质为突破口，强化管理、提高企业经济效益的思路，确立工业企业改革与发展的指导思想。坚持一手抓改革（改革原有企业），一手抓发展（兴办新企业）。从而使70%以上的亏损企业实现扭亏为盈，一些原来停产半停产企业开始出现新的转机。一批有规模、有市场、有前途的新办企业相继建成投产，为全县工业生产状况好转打下基础。1995年，县四大班子带领相关人员赴山东诸城学习改革经验，开始推行产权制度改革。具体有股份制、产权出售、售股结合、兼并重组、拍卖、破产、关闭7种形式。

一、股份制　依照《中华人民共和国公司法》实行资产内部购买，组建职工参股的股份制企业。1995年12月，无极县印刷厂改制为无极县开元印刷有限公司，公司注册资金50万元，成为全县第一家挂牌公司。年底无极县机电厂改制为极宏机电有限公司。1996年3月，按照中央“抓大放小”的方针，适时做出“放开搞活，择优扶强”的决策，并下发《关于推进两个根本性转变，深化工企改革的意见》，实施“一厂一策，分厂施治，宜包则包、宜租则租、宜售则售、宜并则并。通过持股会的形式，完成县属最大的河北正元化工的股份制改造，组建了河北冀中化工有限公司。改革后，职工入股1040万元，占公司股份的22%，县国有资产公司股份占78%，公司负债率由91%，下降到70%。新的企业体制调动了干部职工的积极性，经过调整产业结构、开发新产品、改造生产技术，激发了公司活力。当年，在产品价格大幅下降的形势下，利税增长24.5%，公司由国家中型企业跨入了大型企业行列。1997年底，县办工业已经完成各种形式的股份制改造27家。

二、产权出售 将企业产权公开、公平出售。一种形式是由购买者吸收投资组建股份制企业，另一种形式是直接转为个人独资企业。1998年企业改制实现三项突破：一是突破过去售股转制只有出售净资产，购买人必须承担原有企业债务，为企业整体出售。汽车大修厂评估资产187.5万元，负债114.4万元，净资产73.1万元，通过拍卖成交价格205万元，这是县办企业第一家实现整体出售。二是在资产购买者的选择上突破了内部职工的界限。河北华加药业有限公司是1992年由无极县工业公司、加拿大R J工程公司、香港正大集团三方合资兴建的企业，在2002年12月抵贷返租交给县农行经营后，2004年11月，公司再次进行改制，将工业公司在华加公司的中方股份转让给无极金丸机械贸易有限公司。三是企业突破清一色租赁的格局，完成破产5家，职工出资组建股份制、股份合作制3家，合并8家。1999年，坚持引进优胜劣汰竞争机制，因企业制宜，分类指导，坚定的走鼓励兼并，规范破产、下岗分流，减负增效和实施再就业工程的路子，对县重点办企业，实施与国内外大中型企业或企业集团进行兼并或联合，组建跨地区、跨行业、跨所有制的大型企业集团，对小型企业，改组、出售等形式，放开搞活。

三、售、股结合 对整体改制有困难的企业，采取分块改制。企业分块后，有的可改制为有限责任公司，或出售。1996年，为适应建立现代企业制度的需要，促进企业转换机制，由无极县国资局以工业企业的净资产折为国家股和企业职工持股会出现金，两个股东共同出资，改制组建有限责任公司制企业河北冀中化工有限责任公司，公司总股本4810万元，其中国家股3796万元，占总股本的78%，职工股1014万元，占总股本的22%。2000年，以中共十五届四中全会《中共中央关于国有企业改革和发展若干重大问题的决定》为指针，按照放弃股权、减持股权、合资合作、出售资产等多种形式，促进国有资本退出，采取吸纳职工和其他社会法人参股和收购的原则，加快推进国有企业的改革和发展步伐。以调整国有经济和改组国有企业为突破口，大力发展医药、化工、机械、轻工等重点企业。2003年7月，企业实施民营企业改制，于2004年4月27日把原河北冀中化工有限责任公司在农行抵押的资产出售给河北正元投资有限公司，在原公司基础上组建成立“石家庄中冀正元化工有限公司”，真正由国营企业转换为民营企业。

四、兼并重组 对产品有优势、经济效益好或发展潜力大的企业，通过招商引资，吸引国内外各类企业参股、控股或收购兼并，盘活存量资产。1988年由省外贸投资，在城北工业区新厂，厂名为“工贸合营无极造纸厂”。1995年县政府决定，工贸合营无极造纸厂收购外贸造纸厂有效资产，并安排大部分原外贸造纸厂职工。1999年，根据县工业企业现状，坚持引进优胜劣汰竞争机制，坚定走鼓励兼并、下岗分流、减负增效和实施再就业工程的路子，对县属重点工业企业，积极寻找国内外大中型企业或企业集团进行兼并或联合，组件跨行业、跨所有制的大型企业集团，借助大型优势企业进行转变、发展；对小型企业采取改组、联合、兼并、合资、合作等形式，放开搞活。是年底，完成兼并重组的企业15家。

五、拍卖 对部分小型企业，实行整体拍卖或出售的办法。2004年，开元印刷有限公司土地由县国土资源局收回，连同机器设备及地上建筑物整体拍卖，拍卖金额782万元。

六、破产、关闭 对长期亏损、扭亏无望、资不抵债的企业，依法实施破产或关闭。2002

年，按照省、市三年内完成国企改革部署要求，召开企业改革调度会，全面启动工企改革。12月，河北华加药业公司以抵贷返租的形式把企业交给农行，完成华加药业公司的二次改制。2003年，县委调整并充实县属企业改革领导小组，成立全县改革、改制指挥部，实施“抵贷返租”“捆绑破产”的改制模式。对全县44家县属企业进行改革，国有企业改制面达83.7%。2004年改制面达90%，消除呆账、坏账2.96亿元；同时完成破产、关闭经贸系统的石家庄轻化工总厂、无极县开元印刷公司等企业。2005年制定《关于进一步加快县属企业产权制度改革的实施意见（试行）》，按照一企一策，合力推进，规范运行，加快步伐的整体改革思路，不断加快县办工业、企业改制步伐。对石家庄市冀中化工厂等9个规模较大的县属工业企业实施改制，一批潜在的资源和存量资产得到盘活和优化，使企业焕发了生机，大大增加县域经济实力。到年底，全县累计完成企业产权制度改革139家，其中国有或国有控参股企业103家；集体企业36家正在进行改革企业133家，其中国有或国有控参股的112家，集体企业21家；还有未进入改革程序企业32家，其中国有或国有控参股的企业4家，原二轻集体企业参股企业3家，县社企业25家。

第四节　企业内部配套改革

1985年，在全县工业企业普遍推行承包经营的基础上，县对厂级领导实施年终综合考核。根据企业的经济效益、社会效益、企业发展、对国家贡献大小，分别实行浮动工资、立业建功奖或职级奖惩。在企业内部，本着打破“大锅饭”、多劳多得的原则，逐步缩小固定工资，扩大浮动工资。企业对车间、班组，实行工资总额和利润包干，超额分成或超收归己；原材料费用消耗包干，节约成本，超支扣罚，对职工，实行计件工资和超额计件工资。对购销人员，实行提成工资和滞销产品费用包干。部分工资和奖金与岗位责任挂钩，劳动成果和物质利益挂钩。

1987年，强化责、权、利结合，不断健全和完善自我激励机制和利益制约机制，充分调动经营者和生产者的积极性，对企业内部的换算制度、分配制度、干部制度、用工制度、风险机制等进行一系列配套改革。

一、合算制度改革

从打破“大锅饭”入手，根据企业的具体情况，改革企业的合算制度，实行车间、班组合算。变过去的一级合算为两级、三级合算。

二、分配制度改革

本着按劳分配、多劳多得的原则，改革过去的分配制度，实行以劳绩为主的结构工资和浮动工资。打破原工资标准，厂长实行效益工资和超常发展的奖励办法；工人实行技能工资、计件工资、包干工资等多种分配形式；干部、职工的原工资，只作为工作调动时的档案工资。此外，还设立特种岗位、技术工龄、繁劳等4种补贴，使结构工资形成劳绩工资和4种补贴五部分。

三、干部制度改革

消除新旧体制矛盾，建立以厂长为核心，上下一致、充满创新活力的企业管理机制。参照国家有关劳动人事制度改革的规定，选能任贤，适应社会主义市场经济发展，实行逐级聘任，合同化管理等为主要内容，对企业干部制度进行了改革。一是实行书记厂长一人兼任。二是下放企业干部任免权和管理权限。将企业副职、车间科室正职的任免权全部交给厂长。同时，车间、科室副职和其他干部的选聘权交给车间、科室主任。通过层层下放权限，让经营者能够根据自己的意愿选聘干部。缩小管理跨度、增强整个企业干部的向心力和凝聚力，树立起经营者在企业的绝对权威，保证政令统一和畅通。三是引入竞争机制。采用竞聘方式，选用各级干部。可以在企业内部招标选聘，也可以向社会招聘。竞争招聘，使一批优秀人才脱颖而出，走上企业领导岗位，也使一些工作平庸的厂级干部和中层干部落聘。当时，已实行竞聘招聘的13个企业中，落聘的厂级干部9名，中层干部28名。四是打破干部同工人的身份界限，扩大人才招聘的范围。参加竞聘的人员，既可以是国家干部，也可以是普通工人；既可以是固定工，也可以是合同工、副业工甚或是临时工。此次招聘有5名普通工人被竞聘为厂级干部，有40名普通工人竞聘为中层干部。其中有12人是农村户口的合同工与副业工。有35名干部落聘为普通工人。

四、用工制度改革

1985年，县属工业企业工人不足2000人，工人结构分固定工、合同工和副业工。工人来源主要由劳动人事部门统一分配或招聘。1987年，随着工业企业的深入发展，政府实施简政放权，通过"五权放开""四个打破"，扩大企业自主权，企业以合同制的形式，直接向社会招聘职工，工人数量不断增加，人员结构也发生了变化，除固定工、合同工、副业工、临时工外，又有商品粮合同工、农业粮合同工。1990年，改革的目标是"砸三铁"(铁饭碗、铁工资、铁交椅)，进行用工制度、劳动制度和岗位技能工资改革。并在造纸厂搞了试点。然而并没有真正推行下去，所以后来的固定工依然存在。同年，磷肥厂吸收河北华联化工有限公司投资150万元，新上万吨氨肥生产线，并将部分车间租赁给华联公司，解决了部分职工的就业问题。1992年，推行厂长聘任制、工人竞争上岗任务包干管理机制，取消原工资标准，厂长实行效益工资和超常效益、超常发展的奖励办法；工人实行技能工资、计件工资、包干工资等多种分配形式。并根据企业效益、发展的实际，实行精简效能、竞争上岗、精简人员、充实第一线，或组织第三产业，实现了干部能上能下，工人能进能出，工资能升能降，提高了干部、职工的积极性，实现了"严管理、高标准、高收入、高效率、高效益"一严四高企业新格局。1993年，开始落实企业劳动用工权，并在企业中试行平等协商、签订集体合同制度。企业根据生产经营需要，从城镇人口中，可以自主决定招工的时间、条件、方式和数量，劳动部门不再下达指令性职工人数计划和招工计划。企业招用农民工，必须经市劳动部们同意，报河北省劳动厅批准。1995年1月，全面实施全员劳动合同制度。企业根据国家劳动法规和劳动政策，结合企业实际，制定实施全员劳动合同制的实施细则和劳动合同文本，经县劳动行政部门审查同意后，通过职代会讨论通过。企业和职工在平等自愿、协商一致的基础上，签订劳动合同，确定劳动关系，明确双方的权利和义务。企业内部打破原有的各种人员的身份界限，统称企业职工。企业的管理人员和技术人员不再使用"国家干部"的称谓，不再套用国家机关行政级别。原有干部及今后统配人员的干部身份，只做档案保留。1996年五金厂破产以后，多个企业随之破产改制，部分工人面临下岗、离退及再就业。2004年，县财政拿出600万元，解决外贸系统和冀中化工厂改制后的职工安置问题。到2005年底，下岗人数达6000多人，再就业人员4500多人，大部分下岗职工实现再就业。

五、风险机制改革

转化经营者风险压力为全体干部职工的压力，强化职工在企业的主人翁地位。借鉴股份制经营的优点，普遍实行资产抵押群体担保制，每个干部职工根据自己对企业承担的经济责任的大小，分别向企业缴纳不同限额的担保金，作为风险金，对企业的生产和经营进行抵押担保。企业出现亏损或完不成上交任务时，按风险金的比例抵补；企业盈利后，拿出超基数部分的15%，按风险金的比例作为酬金进行分配。

无极县国有工业企业改制情况表

表 6–1

企业名称	企业性质	改制形式	改制时间	完成时间	备注
石家庄轻化工总厂	国有	破产	2004.10	—	
河北呋喃化工厂	国有	破产	2003.10	—	
工贸合营无极造纸厂	国有	破产	2002.12	—	
冀中化工公司	国有	破产	2004.8	2005.4	
极宏机电公司	国有	破产	2005.8	—	
华龙药业公司	国有	破产	2005.7	—	
开元印刷公司	国有	破产	2004.10	—	
华加胶囊公司	国有控股	抵贷返租	2002.12	—	
华润化工有限公司	国有	破产	2005.8	—	

第五节　成效与存在的问题

一、成效

1. 形式多样，实现民营化经营，且企业职工进行妥善安置，实现民营为主的多种所有制成份共存的社会主义市场经济新体制。

2. 资源配置得到优化，企业核心竞争力提升。改制企业按照《中华人民共和国公司法》完善法人治理结构，对企业的经营管理模式进行一系列的改革，对责任指标进行量化分解，合理梳配，层层落实，责任指标与职工的经济利益挂钩，完善经济责任目标管理。创建灵活高效的用人机制。同时，健全财务管理体系和建立严格的生产过程管理体系，增强企业的经营管理和日常决策。

3. 机制转换，企业发展后劲足。企业通过改制，明晰产权，转换机制，明确权责，实现科学管理，建立职工干部的激励约束机制，给一批优越项目、优势产业实现招商引资奠定良好的基础。吸引不少县内外客商来考察投资、兴办企业。印度斯特灵公司购买了县天城明胶有限公司，使企业存量资产得以盘活，企业发展后劲明显增强。河北正元投资公司收购石家庄市冀中化工厂，成立石家庄市中冀正元化工有限公司，该公司开工复产以来，产量指标达到建厂以来的最好水平，主导产品合成氨产量现平均日产 175 吨左右，比改制前日均增产 55 吨。

二、存在的问题

1. 企业改革后职工再就业渠道窄。由于县采取的改革形式主要是破产，在当时国家的政策形势下，无论是哪种形式上的改制都必须要彻底解除国有职工身份，由第二产业改制释放的富余人员只有少数被企业吸纳重新上岗，解除身份后自谋职业的部分职工再就业难度较大，需要加快县域经济发展，拓宽下岗职工就业渠道，逐步消化二产富余人员。

2. 债务和人员负担沉重。由于历史原因，许多国有企业背上沉重的债务和人员包袱，设备老化、工艺落后、技术陈旧，贷款额巨大，企业生产周转资金严重依赖银行，贷款本息难以支付，债台越筑越高，已到“山穷水尽”的地步。更严重的是有些企业资产少，经过清产核资后，有帐无钱，无法对企业现有的职工进行妥善安置。

3. 改革企业终结改制程序难。由于受到经营体制的影响，已进入改革程序的企业大部分是长期亏损、资不抵债的企业，同时部分企业出售额较大，资产变现难度大，改制程序无法终结，企业职工不能一次性安置。

4. 改革企业遗留问题处理难。企业多年积存的遗留问题在改革中显现出来，并成为影响改革进程的第一个难题。企业职工得不到妥善安置，职工利益得不到维护，就会引发一系列的社会问题。

5. 企业改制成本不断提高。资产处置缓慢造成改革期间过长，职工安置费用逐年提高，使改革成本不断增大，债务包袱和逐年增加的改革成本给县域经济发展造成沉重负担。

第三章　流通体制改革

第一节　商业体制改革

一、管理体制改革

1986年商业局服务公司开始实行门店承包，至年底商业系统所有门店、班组全部实行承包经营责任制。1989年，国有商业处于流通领域的主导地位逐渐减退，在流通领域起组织市场调节、平抑市场物价的作用逐渐减弱。1992年，随着改革的不断深入，商业系统对一些经营不善，负债较重的商贸企业实行租赁承包、股份制改造、破产重组、招商引资等形式的体制改革。1993年以后，实行职工全员劳动合同制、工资与效率挂钩、买断工龄、自主创业、国有民营等各种措施并举的用工和工资制度，促进商贸经济发展。

1. 岗位责任制

（1）完善企业、班组承包责任制合同。1989—1992年，每年调整一次，推行四级目标和制定“六定、六统、一综合”的管理方法，为企业班组内部实行优化组合，创造和提供便利条件。

（2）1991年，实行效益工资，联销联利计酬；立足流通开发实业，调整结构，切块救活。1992年4月，关停扭亏无望的纺织品公司、北苏批发站，成立医药公司，北苏精细化工厂，9月成立丽华服装厂，与服装自选商场形成前店后厂一体化格局。

1993—1995年，实行企业法人代表，企业副职中层干部聘任制。企业内部实行岗位竞争，择优上岗。

1997年，商业局对全系统资产进行测算评估；对“民营”后国有资产管理出现的问题，加强管理，国有资产实行法人代表负责制。

2. 实行租赁承包以“国有民营”为特征的体制改革

1993—2000年，企业经营体制改革逐步深入，管理模式和管理手段发生质的变化。

（1）1996—1999年，企业内部引入个体经营机制，职工个人筹资参股承包经营。企业逐步形成以自主经营，自负盈亏，吸收民营资本为主要经营形式的法人实体。

（2）2000年，增加出租承包门店、柜台、库房、车间的数量与质量，资产出租率达98.6%。商业系统相继成立租赁承包监证小组。规定所有租赁合同每年一签，租赁费一次性缴清，每份租赁合同必须经鉴证小组批准并加盖鉴证公章方可生效，整个租赁承包经营实现公开、公平化、租赁合同规范化、管理法制化、服务系列化的“国有民营”租赁承包经营模式。

二、经营机制改革

无极县商贸流通经营企业主要有无极县服务公司、无极县百货公司、无极县食品公司、无极县贸易公司、无极县国贸公司、无极糖酒公司、无极县化工原料公司等20多家商贸企业。在改革和市场经济的潮流中，有的经过改制重获新生，有的因经营不善，包袱沉重，最终破产。

1.承包经营责任制改革

1989—1991年，企业逐步实行承包责任制及相关承包合同管理，各流通企业制定与承包相配套的四级目标管理法。按企业经济、社会效益、企业发展、职工福利，划分出企业的初级、中级、过渡、高级目标，保证承包合同的有效性，维护承包合同的严肃性，调动经营者的积极性。对企业经营管理起到过积极作用，得到了省、市的充分肯定。

1992—1993年，商业系统开始进一步转换商业企业经营机制，实行法人代表聘任制，职工个人承包经营。1994年，156个门店柜台车间，一律实行以职工或社会自然人租赁经营形式，形成“国有民营”，为主体的经营格局。1994年门店及柜台租赁率60%，1996年70%，1998年82%，2000年95%，2005年97%，增加就业人数280人，到2005年国有商业企业全部退出经营市场。

2.股份制改革

大众商城在原化工原料公司门店基础上进行体制改革，资产重组，吸纳民间资金300万元，扩建1700平方米营业大厅。有门店13间，二层办公楼32间；2004年5月正式投入运行。以经营销售电视机、电冰箱、洗衣机等大小家电、五金电料为主。销售品种达100多种，年营业额1500万元，上缴税金25万元，安排就业人员120人。

三、产权制度改革

2001年5月，商业系统对所属24个企业的资产，进行清理、测算，制定破产改制预案。2002年2月，商业系统的24个企业分为四组，制定以食品加工厂、国贸公司、服务公司、化工实验厂为主体的4个捆绑式企业先后实行改制。

1.自2002年2月起，将无极县食品加工厂、无极县糖烟酒总公司、无极县百货公司、无极县石油购销公司(后改为环城加油站)、无极综合福利化工厂、北苏批发站、无极县综合购销公司、无极县纺织品公司、无极县商业局物资综合贸易公司9家企业，统一合并为无极县食品加工厂。

2.自2003年10月16日起，无极县服务公司、无极县第二造纸厂、无极县棉绒加工厂、无极县工业品公司4家企业统一合并为无极县服务公司；无极县国贸公司、无极县贸易公司、无极县医药化工原料公司、无极县第一糖酒公司、商业局驻正定转运站，无极县化工厂、大陈批发站7家企业统一合并为无极县国贸公司；无极县化工实验厂、石家庄市消杀灭服务中心、无极县商业局贸易中心，统一合并为无极县化工实验厂。

合并后的4家企业同时于2004年11月29日由无极县人民法院立案，进入破产程序，施行体制改革。

3.职工的安置

2004年，商业系统未改制企业中，在册人员1110人，在职职工915人，其中干部48人，固定工305人。商合制工人304人，农民合同制工人258人，退休人员145人，遗属38人，其他人员12人。

2005年，全系统参保人数897人，交保率达98%，交保金额1600万元。离退休人员的两费按时足额发放。企业在册职工发放补偿金之后，签订解除劳动关系协议书。在解除原国有企业职工身份后的职工，退休人员及员工遗属，在缴纳相关费用后，移交社保局，实行社会化管理。

四、其他已破产终结企业

1.无极县五金交电化工公司 创建于1979年，为国营小型预算内企业，位于县城建设路81号。有在册职工60人，其中固定工35人，合同制25人，退休职工10人。主要经营五金、交电、化工。1990年以后，受市场经济的冲击，公司管理不善，导致严重亏损。公司资产总额110.7万元，负债总额1049万元，资产负债率948%。严重资不抵债。

1996年12月该厂向无极县人民法院书面提出破产申请。1997年4月6日破产终结。

2. **无极县糖酒公司** 创建于1987年，位于无极县无极路东段路南，占地4.5亩，建筑面积9000平方米，共有门店18间，职工84人。属小型全民企业。隶属于商业局。该企业以经营糖酒、食品为主。1990年后，受市场的冲击和影响，公司资产总额32万元，负债总额553.7万元。资产负债率1730%，严重资不抵债，公司经营陷入绝境，于1996年12月10日宣告该企业破产，1997年4月1 0日破产终结。

3. **无极县食品总公司** 始建于1954年，属全民所有制企业。占地20亩，位于贸易街南段。以经营屠宰，肉食，禽蛋，果品，冷藏等业务为主。在册职工154人，其中干部5人，固定工262人，合同制工人56人，退休职工17人，遗属14人。1989年以来，受市场变化的冲击和企业机制的影响其总资产419.8万元，负债总额2105．8万元，资产负债率达501.5%，使企业经营陷入困境。1997年被迫停止经营。2000年9月25日向县法院提出破产申请。2002年11月26日破产终结。

无极县商业系统企业改制情况表

表6–2

企业名称	企业性质	改制形式	改制时间	完成时间	备注
化工实验厂	国有	破产	2004.11		
消杀灭中心	国有	破产	2004.11		
贸易中心	国有	破产	2004.11		
国贸公司	国有	破产	2004.11		
贸易公司	国有	破产	2001.11		
医药化工原料公司	国有	破产	2004.11		
第一糖酒公司	国有	破产	2004.11		
驻正定转运站	国有	破产	2004.11		
无极县化工厂	国有	破产	2004.11		
大陈综合批发站	国有	破产	2004.11		
无极县服务公司	国有	破产	2004.11		
第二造纸厂	国有	破产	2004.11		
棉绒加工厂	国有	破产	2004.11		
工业品公司	国有	破产	2004.11		
无极县食品加工厂	国有	破产	2004.11		
百货公司	国有	破产	2004.11		
食油购销公司	国有	破产	2004.11		
综合福利加工厂	国有	破产	2004.11		
北苏批发站	国有	破产	2004.11		
综合购销公司	国有	破产	2004.11		

续表 6–2

企业名称	企业性质	改制形式	改制时间	完成时间	备注
纺织品公司	国有	破产	2004.11		
物资综合贸易公司	国有	破产	2004.11		
糖业烟酒总公司	国有	破产	2004.11		

第二节　供销体制改革

1985 年，全县供销系统实行经营承包责任制，本着“国家拿大头、企业拿中头、个人拿小头”三兼顾的原则，对企业领导干部实行利润计划奖励；对职工实行保利计酬、利润定额、超剩分成、百分计酬承包经营责任制。

1987 年 7 月，实行责任目标责任奖惩办法，试行完成主要经济指标，除津贴奖金和效益工资照发外，还实行立功建业奖。凡立功者，县政府发荣誉证书和奖金。记特等功的支部书记、经理、厂长、基层社理事会主任、分社主任及主管全面工作的副职发奖金 600 元、其他成员 500 元、主管会计 400 元、并晋升一级工资，单位晋级面 7%，浮动一年升级面 40%；立一等功的上述人员比立特等功的奖金各少 100 元；立二等功的上述人员比立一等功的奖金各少 100 元；立三等功的上述人员比立二等功的奖金各少 100 元。年底，各项经济指标完成良好，特等功晋级面达到 3%，浮动升级面达到 5%；一等功单位晋级面达到 5%，浮动升级面达到 6%；二等功、三等功分别达到 5%、7%，浮动升级面达到 4%、10%。1989 年经营目标责任制奖惩办法进一步完善，全年销售总额完成 3880 万元，1990 年完成 4030 万元。1991 年后，实行租赁经营、承包经营的职工自己开始投入资金、自主进货、自定资金投向、自定销售价格。1994 年，推行“国有民营”，全系统的门店、柜台、车间、库房实行以职工合伙或个人出资承包，形成自主经营、自主用工、自主分配、自负盈亏的经营格局。

1995 年 2 月，国务院发布《关于深化供销合作社综合改革的决定》，明确提出要把供销合作社办成农民合作经营组织。无极县供销社工作开始向农村综合性服务组织的目标转变。1996 年，供销系统为促进为农服务，重新制定目标考核办法，考核 12 项指标分别是商品购进总值、销售总值、利润、税金、处理经济包袱、资本保值率、结算资金下降率、存货周转速度、经费上缴及列支、退休人员工资发放及列支、职工收入水平、安全生产经营。办法为全面完成各项指标的企业，正副职可执行县社制定的岗位技能工资，并按年终实现利润和处理经济包袱总额的 10% 作为完成任务奖，并分别制定不同完成层次的奖励措施，作为激励广大干部职工充分发挥自己的主观能动性和创造性。

年效益和贡献与年薪表

表 6–3

年效益和贡献档次	年薪（元）
30000 元以下	8000
30000 至 50000（含）	10000
50000 至 80000（含）	15000

续表 6–3

年效益和贡献档次	年薪（元）
80000 至 150000（含）	20000
150000 至 250000（含）	25000
250000 至 500000（含）	30000
500000 元以上	40000
800000	50000

1997 年，受市场经济冲击，棉花、农资等物资专营市场放开、城乡多元化竞争激烈，供销合作社发展遇到困难，人才流失，业务萎缩，经济效益滑坡，一些供销企业陷入困境。为走出低谷，供销系统实行人事、分配、劳动三项制度改革社属企业全面推行岗位技能工资和全员劳动合同制。1998 年，将目标责任管理考核办法进一步完善。主要考核企业法人代表，并对各企业代表实行聘任制，聘期一年，主要指标有购进总值、销售总值、利润、税金、上交经费、上交退休养老保险金、资本保值、结算资金下降、职工收入水平的提高、综合治理十项指标。对各企业法人代表实行年薪制，按年效益和贡献计划设档（利润、税金、经费、统筹养老金四项之和）。

1999 年县制定《深化供销合作社改革的实施方案》。基本框架为“一社、两线、三制”（一社是全系统各企业隶属供销合作社联合社；两线是实行社有资产经营和业务经营两线运行；三制是对政策性经营企业实行责任制，对一般性企业实行规范公司制，对社有资产实行有偿使用制）。基本形式“股份制”“股份合作制”“分立重组”“兼并”“嫁接改造”“组建企业集团”“承包租赁”“拍卖”“解散”“破产”。改革目的为甩包袱、减员、转机制、促发展，最大限度地消灭亏损源，提高全员对企业资产运营的关切度，确保供销社权益不受损失，确保社有资产保值增值，确保供销社系统的完整性。2002 年供销批发站进入破产程序。2003 年供销系统的七汲、张段固、庄里、高头、南马、东侯坊、前北焦、楼下、泗水、东侯 10 个基层社实施破产程序。到 2005 年，实施破产终结的还有经贸公司、农产品公司、五交化公司、城区供销社、棉麻公司工贸商场、药贸公司、棉油二厂、宏达公司 8 家供销企业。甩掉银行债务 5876 万元，其他债务 1091 万元。

无极县供销系统企业改制情况表

表 6–4

企业名称	企业性质	改制形式	改制时间	完成时间	备注
第三棉油加工厂	集体	破产	2011.1		
棉麻工贸商场	集体	破产	2000.10		
宏达购销公司	集体	破产	1997		
第二棉油加工厂	集体	破产	2001.10		
经贸公司	集体	破产	2000.10		
医药药材购销公司	集体	破产	1997		

续表 6-4

企业名称	企业性质	改制形式	改制时间	完成时间	备注
综合批发站	集体	破产	2002.8		
郭庄供销社	集体	破产	2005.5		
七汲供销社	集体	破产	2005.5		
张段固供销社	集体	破产	2005.5		
南马供销社	集体	破产	2005.5		
楼下供销社	集体	破产	2005.5		
泗水供销社	集体	破产	2005.5		
庄里供销社	集体	破产	2005.5		
高头供销社	集体	破产	2005.5		
东侯坊供销社	集体	破产	2005.5		
前北焦供销社	集体	破产	2005.5		
东侯供销社	集体	破产	2005.5		

第三节　粮食流通体制改革

一、粮食购销体制改革

中共十一届三中全会后，开始改变高度集中的计划经济体制，在粮食问题上坚持立足国内、自力更生、发展生产、厉行节约的方针，坚持统购统销的粮食购销体制和“统一领导，分级管理”的粮食管理体制。从1979年开始，大幅度提高粮食统购价格和超购加价幅度，调减粮食征购基数，开展粮食议购议销，恢复粮食集市贸易，逐步放宽农村政策，不断调动农民生产粮食的积极性，为粮食流通体制改革作物质上和思想上的充足准备。

随着农民种粮积极性的提高，粮食生产能力得到跨越式提高。从1990年开始，部分地区出现农民“卖粮难”、粮食部门储粮难、产区和销区之间调销不畅的现象，鉴于平价粮收购计划的指令性，国家将粮食合同定购改为国家定购，不再与农户签订合同，只下达粮食定购任务通知书和售粮证。国家开始建立专项粮食储备制度，国家在和农民签订定购的同时，向粮食企业下达收购国家专项储备任务，一并完成。1991年取消粮食定购“三挂钩”政策。1993年实行“稳购放销”，保留粮食定购数量，粮食销售除军供、水库移民、灾民供应仍实行统销价，以其他粮食供应全部放开，价格随行就市，取消国家食油收购计划和食油定量供应政策，取消食油指令性调拨计划。1993年下半年，粮食品种结构不能满足消费需求，粮价上升较快，市场供应一度比较紧张，全国出现粮食涨价风波。国务院决定在全国城市粮店实行统一挂牌限价销售，平抑粮价。县粮食部门立即行动，合理安排调拨计划，加班加点组织生产，挂牌限价销售，很快平抑了市场价格。1994年，国务院印发《粮食风险基金实施意见》；组建以经营农产品收购资金为主的农业政策性金融机构——中国农业发展银行；国务院发出《关于深化粮食购销体制改革的通知》，决定提高粮食定购价格，要求切实做好粮食收购工作，确保国家掌握必要的粮源。1995年，国务院又进一步强调坚持和完善“米袋子”省长负责制，同时实行粮食部门政策性业务和经营性业务“两条线运行”的改革。1996年，国家粮食产量首次突破5000亿千克大关，粮食供给形势明显好转，但粮食系统销售下降，导致经营性亏损猛增，粮食财务挂账日趋增多，出现粮食市场价低于定购价的趋势。1997年，为切实保证农民增产增收、保护农民生产积极性，国务院决定，在粮食丰收情况下，按保护价敞开收购农民余粮，加强粮食市场管理，严格执行国家粮食销售价格政策。1998年中央1号文件进一步明确了“四分开一完善”(即政企分开、中央与地方责任分开、储备与经营分开、新老粮食财务挂账分开和完善粮食价格机制)的改革原则。5月10日国务院发出《关于进一步深化粮食流通体制改革的决定》，明确规定粮食流通体制改革要遵循“四分开一完善”政策。同年国务院办公厅发出进一步做好粮食购销和价格管理工作的补充通知，强调粮食流通体制改革工作重点是坚决贯彻“三项政策，一项改革”即保护价敞开收购、顺价销售、收购资金封闭运行三项政策，加快国有粮食企业自身改革，提高市场竞争力。6月至8月，国务院先后颁布《粮食收购条例》《粮食购销违法行为处罚办法》，规定除国有粮食企业外，其他企业和个人不允许直接收购农民的粮食。1999年，针对国家粮食已由长期短缺变成总量大体平衡、丰年有余。粮食生产结构性矛盾日益突出，优质品种相对不足，一些粮食品种销售不畅，库存大量积压，而农民仍在继续大量生产；按保护价收购的范围偏大，影响粮食生产结构调整和效益提高；粮食超储补贴办法不尽合理，导致一些国有粮食企业不积极销售、坐拿超储补贴，财政补贴负担过重的状况，国务院决定进一步完善粮食流通体制改革政策措施，适当调整粮食保护价收购范围，降低粮食收购价格水平，完善粮食超储补贴办法，促进顺价销售。2000年，除国有粮食购销企业积极敞开收购农民余粮政策外，经省级粮食局和工商局批准的大型农业生产龙头企业、粮食加工、饲料、医药等用粮企业，在该省范围内自购自用粮。2001年7月国务院下发《关于进一步深化粮食流通体制改革的意见》，要求主销区加快粮食购销市场化改革，放开粮食收购，粮食价格由市场供求形成。粮食主产区继续发展粮食生产，继续实行“三项政策、一项改革”，进一步确定“放开销区、保护产区、省长负责、加强调控”的改革思路，实行对农民直接价外加价。自2001年10月1日秋粮上市起，玉米退出保护价范围。自2004年夏粮上市起小麦退出保护价范围。为全面放开粮食购销市场积累了经验，创造了条件。2004年5月，国务院出台《关于进一步深化粮食流通体制改革的意见》(即粮食流通体制改革的总体方案)，决定在总结经验、完善政策的基础上，按照有利于粮食生产、有利于种粮农民增收、有利于粮食市场稳定、有利于国家粮食安全的原则，全面放开粮食收购市场。粮食经营者凭“粮食收购许可证”经营，依法规范粮食经营者和市场监管者的行为，维护正常的流通秩序。标志着粮食流通体制完全进入社会主义市场经济的轨道。2005年无极县被河北省人民政府授予“粮食购销企业改革”先进单位称号。

二、价格改革

粮食价格，在改革开放以前，一直处于较低的水平，不能真正的反映生产成本。改革开放以后，国家和省根据不断发展的粮食生产和流通形势，多次调整粮食购销价格，由低价收购到收购价与市场价相吻合，由低价销售到放开销价，由购销价格倒挂到购销同价，再到顺价销售，遵循价值规律，体现市场经济的要求。

1989年，国家在多次调整购销价格，实行交粮奖励政策的同时，继续实行合同定购与供应平价化肥、柴油和发放预购定金“三挂钩”政策。定购价为小麦0.135元/千克，玉米0.091元/千克，大豆0.225元/千克。1991年，实现油脂购销同价。1992年实现粮食购销同价，改变长期以来粮油购销价格倒挂的局面。这一时期，对城镇居民口粮，军供粮油凭证、凭票供应，价格执行国家统销价，其他用粮逐步放开了价格。1993年12月，全国出现粮价大涨，粮食局根据上级指示，积极组织货源，挂牌销售，限价限量供应，很快便平抑了物价。1994年，国家将粮食定购价格提高为小麦0.27元/千克，玉米0.205元/千克。1996年，国家大幅提高粮食定购价格，提高到小麦0.38元/千克，玉米0.315元/千克，大豆0.503元/千克，达到历史最高水平，国家定购价高于市场价，出现新的购销价格倒挂。为保护农民的种粮积极性，巩固农业发展，1997年，国家定购价保持上年水平，并开始实行按保护价敞开收购农民余粮，无极的小麦保护价为小麦0.345元/千克，玉米0.28元/千克。1998年下调定购价和保护价，小麦定购价为0.365元/千克，保护价为0.32元/千克，玉米定购价为0.305元/千克，保护价0.27元/千克。同时粮食开始实行顺价销售，小麦为0.375元/千克、玉米为0.305元/千克。1999年粮食收购价再次下调，定购价和保护价执行同价，小麦0.31元/千克，玉米0.23元/千克。2000年，粮食保护价调整为小麦0.285元/千克，玉米0.245元/千克。2001年和上年持平。2002年玉米退出保护价收购范围，小麦收购保护价下调为0.275元/千克。2003年收购保护价与2002年相同为0.275元/千克。2004年小麦退出保护价收购范围。至此，小麦、玉米全部退出国家定价范围，实行市场价格。

三、产权制度改革

改革开放前，国家粮食企业按行政区划设置，粮食流通随行政机构布局，人为切断粮食产销区之间的横向联系和粮食按经济区域的合理流动，粮食企业附属于行政机构，没有生产经营自主权。粮食购销企业、城镇粮油供应企业以及粮油加工企业，有国家计划设置、投资，其他所有制的粮食企业几乎不存在，粮食企业在国家政策扶持下，实行高度集中的计划经济。改革开放后，特别是1983年实行家庭联产承包制以后，粮食企业也取得一定的发展，先后成立粮油议购议销公司，食品加工厂，精粉加工厂，饲料公司等一批企业，为活跃粮油市场，调剂城市余缺，改善农民生活条件作出一定的贡献。到1989年，全县共有按乡镇设置的国有粮食购销企业19家，粮油食品加工企业3家，粮油经营企业4家，饲料企业1家，机械加工1家，运输企业1家。

随着粮食流通体制改革的不断深入，粮食企业逐步走向市场，多元化的粮食市场逐步形成，民营加工业，饲料业异军突起，城镇个体粮店发展迅速。粮食企业原有的政策优势逐步退出，加上企业内部多年积累的一些问题，粮食企业面临人员多，机构臃肿，人浮于事，业务量小，资金紧张，包袱沉重等困难，粮食购销企业在国家定购政策的支持下，还能勉强维持，其他粮食企业大部分处于停产半停产状态，为使企业尽快摆脱困境，1993年5月20日县在粮食部门成立“内部银行（粮油公司）”，统揽粮食系统内部结算业务，对银行统贷统还，利用购销企业的贷款优势，支持粮油加工企业、商贸流通企业搞活经营。1993年进行人员分流，分流人员成立2家粮食贸易公司，同时，改革机关后勤管理模式，成立机关服务公司（粮油开发公司）。1994年6月对无极县饲料公司和食品厂进行公司化改造，建立法人治理结构，允许其经营政策性的国家定购粮。1996年4月，由食品厂、饲料公司、良佳公司（精粉厂）成立粮工集团。1998年11月，成立“无极县冀鸿粮业贸易中心”“无极县粮油贸易中心”，全面进行粮食企业主附分离，将20个粮食购销企业经营的附营业务的债权债务全部分离出来，交由上述两个公司管理；对城镇粮油贸易企业实行租赁经营。1998年粮食部门开始清理临时工、农民合同制，下达减员分流指标，解除劳动关系357人。1999年，粮工集团停产，在政府牵头下，粮工集团所属面粉二厂进行拍卖，拍卖所得的86万元解决了拖欠职工工资及生活费、安置费等以及企业拖欠的部分欠农代储小麦、面粉等，56名干部职工全部解除劳动关系。2003年12月，依照《中华人民共和国破产法》的有关规定及国家有关政策法规，对14家粮食商贸流通企业进行破产清理，涉及干部职工423人。2004年6月，根据国务院《关于进一步深化粮食流通体制改革的意见》和河北省《关于进一步推进粮食流通体制改革的意见》及国家、省有关部门的配套政策，无极县政府出台《关于国有粮食企业改革的实施意见》，彻底解决企业“三老”问题（老人，老粮，老账），对老人实行解除劳动关系，老粮按政策销售的全部归银行，对老账经审计后由县粮食局集中管理。2004年10月将20个粮食购销企业整合成11个企业，全面推进国家粮食购销产权制度改革，2005年9月出台《无极县国有粮食购销企业产权制度改革实施方案》，在保障粮食安全，稳定粮食市场的情况下，实行经营权与所有权分离，向市场经济发展。全县11家粮食购销企业在册的503人国有职工身份全部置换，解除劳动合同关系，领取安置费或补偿金，补缴养老金、失业金、医保金等社会保险金。其中，对职工年龄较大的145人实行内部退养制度，并一次性兑现了生活费、社会保障金。伤残、遗属人员安置率达100%。经省政府批准，2005年10月成立无极县粮丰国有资产管理公司，受粮食局委托管理粮食购销企业的资产，原国有粮食购销企业有4家转为国有控股公司，拍卖1家，其余为有限责任公司。至2005年底，国有粮食购销企业全部实现自主经营、自负盈亏、自我约束、自我发展的法人实体和市场竞争主体。

无极县粮食系统企业改制情况表

表6—5

企业名称	企业性质	改制形式	改制时间	完成时间	备注
粮油供应公司	国有	破产	2004.1		
粮食局汽车队	国有	破产	2004.1		
粮油总公司	国有	破产	2004.1		
良佳有限公司	国有	破产	2004.1		
粮油饲料公司	国有	破产	2004.1		
定远食品厂	国有	破产	2004.1		
粮食局粮食加工厂	国有	破产	2004.1		
粮食局驻藁城转运站	国有	破产	2004.1		
粮油议购议销公司	国有	破产	2004.1		
粮油开发公司	国有	破产	2004.1		
粮油贸易中心	国有	破产	2004.1		
无极县粮油公司	国有	破产	2004.1		
粮食局购销公司	国有	破产	2004.1		
粮油贸易公司	国有	破产	2004.1		
冀鸿粮业贸易公司	国有	破产	2004.1		

四、管理体制改革

改革开放前，粮食系统实行政企合一，国有国营，统收统支的体制。随着改革开放的不断深入，社会主义市场经济的逐步形成，原有的粮食管理体制已不能适应不断深化的经济体制改革。1985年起，粮食购销实行平价、议价双轨制，粮食加工企业相继下放。1989年，粮食局对企业进行工资改革，对企业领导人员实行效益工资。1992年开始实行“稳购放销”。自1993年起，粮食财政体制由省财政全部下放到县财政，粮食系统人财物全部纳入地方政府，同年10月，实行国有民营改革方案，对所属企业实行承包。1994年底，进一步明确粮权归属。国家专项储备，甲字粮粮权归中央，国家定购粮权归省市，市场收购和其他议购粮权归县，各库站只有收购权、保管权，没有销售权。1998年，国务院《关于进一步深化粮食流通体制改革的决定》明确提出粮食流通体制实行“四分开一完善”政策，即政企公开，中央与地方职责分开，储备与经营分开，新老财务挂账分开和完善价格形成机制。2004年5月，国务院《粮食流通管理条例》颁布实施。2005年，粮食企业完全走向市场。

五、粮食市场（粮食流通）

1979年以后，以粮油集贸市场迅速恢复为核心，农村粮油购销市场逐步放开。1985年，实行合同定购，国家向农民签订购销合同，合同以外的粮食可自由买卖。1990年，将合同定购改为国家定购，不再与农民签订合同，而是下达定购通知书，发给农民售粮证，农民凭证售粮。1992年，实行稳购放销政策，保留国家定购，放开粮食销售。1993年下半年，由于粮食播种面积的减少和产量的下降，市场粮价大幅上涨。为加强市场宏观调控，保持粮油供需平衡，实行计划调拨，下达调拨令，统一销售价格；同时对粮食批发市场进行清理整顿。1995年，粮食部门政策性业务和经营性业务实行“两条线运行”政策，从银行为粮食企业将政策性贷款和经营性贷款分开，全县初步建立起统一领导，明确职责，分别核算，稳定市场，搞活经营的两条线运行制度。1998年，规定除国有粮食购销企业外，其他任何单位和个人不得直接从农民手中收购粮食。1999年，逐步放宽各类企业进入市场收购粮食的条件，收购粮食必须经省粮食局、工商局审核、批准，持省粮食局、工商局颁布的收购许可证，并在县粮食局、工商局备案后，可到农村收购粮食。2001年8月，国务院确定进一步放开粮油市场思路，玉米退出保护价收购范围。同时，为进一步拓宽粮食购销渠道，切实保护农民利益，将颁发收购许可证的权限放宽至所在地粮食行政主管部门。2004年，小麦退出保护价收购范围，全面放开价格，放开市场，放开经营。2005年5月，粮食市场全面放开。

第四章　宏观调控体制改革

第一节　计划体制改革

改革开放以后，为适应对内搞活经济，对外实行改革开放的需要，根据国务院关于“大的方面管住管好，小的方面放开放活”和“简政放权”的精神，无极县加快计划体制改革的步伐。

计划体制上，改变单一的指令性计划体制为指令性、指导性计划和市场调节相结合的复合性计划体制，缩小指令性计划范围，扩大指导性计划和市场调节的范围。

农业方面，粮食、棉花等主要农产品的播种

面积和产量取消指令性计划，改为指导性计划或市场调节；工业方面，改指令性计划生产产品为根据市场需求来组织产品生产，企业根据市场需求自行安排生产；物资供应方面，国家统配物资的品种逐年减少，计划分配部门所生产的比重逐步降低；工业品指令性调拨品种逐年减少；固定资产投资体制，除个别国家重点项目外，全部由国家拨款改为贷款。这些改革标志着集中统一的计划产品经济模式向商品经济体制模式转化，企业自主权进一步加大，逐步地由计划生产型向生产经营型转化。

第二节　财政体制改革

1989年，执行“自收自支、自求平衡”的财政体制。上级分配县财政收入总任务1543.9万元，实际完成1704.8万元，比上年增长14.6%。1990—1993年，继续执行“自收自支、自求平衡”的财政体制，上级分配县财政总收入分别是1789.7万元、2009.3万元和2141.9万元。实际分别完成1809.3万元、2175.6万元和2435万元。中共十四大确立了建立社会主义市场经济体制的总体目标，包干体制正越来越不适应改革和发展的需要。1993年，按照中共中央和国务院经济体制改革的总体要求，将财政体制和税收体制一起纳入了经济体制改革的总体方案。1994年1月，根据《国务院关于实行分税制财政管理体制的决定》，开始施行“分税制”预算管理体制改革。1.在划分事权的基础上，划分财政支出范围。2.按税种划分收入，明确各级收入范围，将维护国家利益、实施宏观调控所必须的税种划为中央税；将同经济发展直接相关的主要税种划为中央与地方共享税；并充实地方税种，增加地方收入。地方税主要包括营业税、地方企业所得税、个人所得税、城镇土地使用税、固定资产投资方向调节税、城市维护建设税、房产税、车船使用税、印花税、屠宰税、土地增值税等；中央与地方共享收入包括增值税、资源税和证券交易税。3.1994年8月县税务局分设为国家税务局和地方税务局，国家税务局负责征收中央级固定收入和中央地方共享收入，地方税务局负责征收地方固定收入。4.实行中央对地方的税收返还。以1993年为基期年，按分税后地方净上划中央的收入额作为中央对地方的税收返还基数全额返还地方。从1994年开始，税收返还与消费税和增值税（75%）的增长挂钩，每年递增返还，递增率按各地区纳入中央金库的“两税”增长率的1∶03系数确定。实行分税制财政管理体制是社会主义市场经济管理体制的客观要求，是依法治税和科学理财的根本保证。由于种种原因，县的增值税、消费税征收不到位。当年，市核定“两税”基数为1127万元，在全市倒数第三。“两税”占工商税收的比重为47%，在全市最低。是年，市对各县实行“新体制运行，旧体制结算”办法。1995年，是真正施行分税制财政体制改革运行的第一年，按新体制规定，全县上解比上年多262万元，两税返还比上年少108万元。1996年，根据市政府关于实行分税制财政管理体制决定精神，按着统一政策、分级管理、财政与事权相统一的原则，县对乡镇施行“划定收支、核定基数、上解比例递增、补贴比例递减、一定两年”的分税制管理体制改革。县级收入共8项，乡级收入共5项。1998年，县对乡镇施行“合理界定基数、上解（补贴）递增包干、超收全留、增支不补、三年不变”的财政体制。在执行该种财政体制过程中，按着“一要吃饭，二要建设”的总体方针，科学合理的安排财政收支盘子，达到量入为出、自求平衡的目的。乡镇财政预算执行情况基本良好。从1998年起，粮食企业亏损补助改革为在地方收入中退库，不再进行结算补助。1999年，以大力组织财政收入，优化支出结构为中心，在主体税源效益不好，增支减收因素增多的情况下，实现收支平衡。当年11月起，恢复征收储蓄存款利息个人所得税，全部为中央收入。从

2000年1月1日，取消固定资产投资方向调节税。2002年，中央对地方调整分税制财政体制。这次改革包括1.确定增值税分享范围与比例。2.确定营业税的分享范围与比例。3.确定企业所得税的分享范围与比例。4.确定个人所得税的分享范围与比例。5.确定税收返还额。在这次财政体制改革中，全县征收企业所得税1730万元，在全市各县中排名第一位。省、市财政确定无极县两个所得税基数总额为4136万元，居全市17个县（市）中绝对数的第4位。因此，为增加全县财力起到关键性作用。从2003年起，为鼓励地方财政增加收入，省财政出台一系列激励政策，其中超收增长率返还是最重要的一项，其主要内容是以各地2002年实际完成的增值税、营业税、企业所得税和个人所得税为基数，2003—2005年增长率分别为9%、8%、7%，对收入增长部分进行返还。从2004年1月1日起，调整出口退税政策，将原中央财政全额负担调整为分级负担，即中央负担75%，省负担10%，市县负担15%，无极县基数返还为41万元。6.确定了中央对地方财政的转移支付政策。财政转移支付是财力和资金在各级政府之间的无偿转移，实质上是一种补助，是财政体制的组成部分。到2005年底，上级财政对无极县的转移支付主要包括三项：调整工资转移支付补助、农村税费改革转移支付和农业税减负补助、一般性转移支付补助。

第三节　税务体制改革

一、国税

1983年6月，实行第一步“利改税”，1985年，实行第二步“利改税”体制。1989年，工商税制全面改革。1994年1月，对流转税制、所得税制及土地增值税、资源税、集贸市场税、牲畜交易税、城市维护建设税、奖金税、燃油特别税等各个税种进行改革，实行中央与地方分税制；8月1日，无极县税务局分设为无极县国家税务局和无极县地方税务局。无极县国家税务局负责征收增值税、消费税、中央企业缴纳的所得税、非银行金融企业缴纳的所得税、车辆购置税、外商投资企业和外国企业所得税。增值税为中央和地方共享税，增值税以1993年实际征收数为基数，以后每年基数部分留县，超基数部分中央与地方分成。无极县地方税务局负责征收营业税等税种，地方税征收的税款入地方金库，为县财政可用资金。

二、地税

1982年起对在中国境内开办的外商独资企业和中外合作生产企业中的外商，征收所得税。1983年4月，对国营企业实行第一步利改税。1993年底，国家开征的工商税种种类分为5大种类和32个税种。1994年的税制改革，国家形成科学、合理的税制体系。国家现行税类和税种分为7类26个税种，分别由三个部门管理。

无极县经过1983年第一次利税改革，1984年第二步利税改革和全面税制改革后，到1989年，除关税、农业税、耕地占用税和契税外，国家工商税税改共有33个税种，实际开征的计有14个税种。1992年10月，中共十四大提出进一步加快改革步伐，建立社会主义市场体制的宏伟战略目标。1994年1月起，对中华人民共和国成立40多年来逐步建立起来的税制全面性、结构性改革，对流转税制、所得税制及资源税、土地增值税、城市建设税、集贸市场税、牲畜交易税、燃油转制税、奖金税等各个税种进行改革。且实行中央与地方分税制，根据事权与财权相结合的原则，1994年，税种统一分为中央税、地方税、中央与地方共享税，建立起中央的地方两套税收管理体制，并分设中央与地方两套税收机构分别征管；在核定地方收支数额的基础上，实行中央财政对地方财政的税收返还和转移支付制度等。实现了在中央政府与地方政府之间税种、税权、税管的划分，实行财政“分灶吃饭”。改革后初步形成税种21个，其中工商税共有16种，即增值税、消费税、营业税、企业所得税、外商投资企业和外国企业所得税、个人所得税、资源税、土地增值税、城市维护建设税、固定资产投资方向调节税、房产税、车船使用税、土地使用税、印花税、农业特产税、耕地占用税和契税。又将国家税收收入分为中央政府固定收入、地方政府固定收入和中央政府共享收入。中央政府固定收入包括国内消费税、关税、海关代征增值税、消费税。地方政府固定收入包括城镇土地使用税、耕地占用税、固定资产投资方向调节税、土地增值税、房产税、城市房地产税、车船使用税、车船使用牌照税、契税、屠宰税、筵席税、农业税、牧业税及地方附加等。中央政府与地方政府共享收入包括国内增值税、营业税、企业所得税（从2002年起，企业所得税改为共享税）、个人所得税、外商投资企业和外国企业所得税、资源税、城市维护建设税、印花税。

1994年8月，成立无极县地方税务局，主要负责营业税、企业所得税、个人所得税、土地增值税、城市维护建设税、固定资产投资方向调节税、土地使用税、房产税、屠宰税、车船使用税、资源税、印花税、筵席税、税款滞纳金、罚款收入、教育费附加等18种税费的征管工作。1995年开征义务教育费，1996年开征乡镇企业管理费，1997年开征文化事业建设费，2003年开征养老保险费和失业保险费。

第四节　金融体制改革

一、监管体制改革

1994年，人民银行分支机构作为总行的派出机构，工作重心开始向加强金融监管进行转移。随着1998年中国证监会、中国保监会的相继成立，辖内证券机构和保险机构分别由各自的派出机构进行统一监督管理。1999年，省分行被撤销，河北省各级人民银行分支机构接受中国人民银行天津分行领导。2004年1月8日，中国银行业监督管理委员会河北监管局无极办事处正式挂牌，人民银行无极县支行不再承担对辖内金融机构的监管职能，至此无极县金融业形成了分业监管模式。

二、转换经营机制改革

1994年4月，中国农业发展银行无极县支行成立并与中国农业银行无极县支行分设，行使政策性银行职能，主要经营粮、棉油专项资金贷款。1996年8月，根据国务院《关于农村金融体制改革的决定》，作为国有四大专业银行的中国工商银行无极县支行、中国农业银行无极县支行、中国银行无极县支行、中国建设银行无极县支行改称为国有商业银行。农村信用社脱离与中国农业银行无极县支行的行政隶属关系后，组建无极县农村信用联社，按照“社员入股，民主管理和为社员服务”的宗旨，实行“自愿平等、利益共享、风险共担”的原则，加强对信用社的经营管理，使信用社稳步健康发展壮大。2004年9月至2004年，中国建设银行无极县支行、中国银行无极县支行通过转制成为中国建设银行股份制有限公司无极县支行，中国银行股份有限公司无极县支行，实现股权多元化。

三、金融调控体制改革

1. 货币政策改革

1989—2005年，货币政策改革分为“适度从紧”货币政策和“稳健”的货币政策两个阶段。1993年6月开始实行“适度从紧”的货币政策。人行无极县支行严格贯彻执行此项货币政策，重点抓好系列金融宏观调控措施的落实。1994年起，逐步缩小信贷规模控制范围，对金融机构推行资产负债比例管理；1993年下半年到1996年底，先后4次上调、2次下调金融机构存贷款利率，适时地调节货币供应量及其结构；下大力加强金融监管，规范金融机构行为。1996年底实现经济的“软着陆”，达到了预期目的。1997年下半年，受亚洲金融危机的影响，加之国内因素的双重作用，导致全国经济投资需求和消费需求严重不足，出现了通货紧缩的趋势，中国人民银行及时推出“稳健”的货币政策，重点抓下列政策措施的落实：下调利率，从1996年起，9次下调金融机构存、贷款利率；实行存款准备金制度改革，强化商业银行统一法人制度；1998年1月，取消对国有商业银行的贷款限额控制，实行资产负债比例管理，扩大商业银行经营自主权；鼓励商业银行开办住房、汽车等消费信贷业务。

2. 法定存款准备金制度改革

1984年，法定存款准备金制度开始成为中国人民银行的货币政策工具。当年，对不同存款规定了不同的准备金率，平均高达30%；1985年，统一调低为10%（建设银行）除外；1987年、1988年又两次调至13%。1998年3月，将法定准备金账户与备付金账户合并，实行按统一法人、按旬考核，金融机构在中国人民银行各级分支机构的存款成为超额准备金，主要用于清算。并在1998、1999年分两次将存款准备金率下调到6%。2003年9月21日，存款准备金率由6%调高至7%。2004年4月25日，农发行、国有独资商业银行开始执行7.5%的存款准备金率，部分金融机构执行8%的存款准备金率，农村信用社和城市信用社仍执行6%的存款准备金率。

3. 信贷管理体制改革

1986年开始实行“统一计划、划分资金、实存实贷、相互融通”的信贷管理体制，为中央银行宏观调控由直接控制为主向间接调控为主转变准备了一定条件。从1994年开始逐步实行“总量控制、比例管理、分类指导、市场融通”的信贷管理体制，从控制目标和手段等方面都体现从直接控制为主转向间接调控为主的特点。1998年实行新的“计划指导、自求平衡，比例管理，间接调控”的信贷管理体制，实现了货币信贷总量管理由直接规模控制向运用多种货币政策工具间接调控的转变，金融机构有充分的贷款自主权。人行无极县支行认真结合县辖实际积极贯彻执行上述信贷管理政策，实现了由资金分配和规模控制到资产负债比例管理的变革，工作重心由资金管理和具体业务监督转移到了风险监管。

第五章　社会保障体制改革

第一节　养老保险制度改革

一、企业职工养老保险

1986年，企业新招录人员实行劳动合同制度管理，参加企业职工养老保险；劳动合同制工人养老保险费用实行单位与个人缴费相结合；离退休人员的养老金由社会保险所统一支付。1993年，国有企业干部职工纳入养老保险范围，国有企业固定身份的职工与合同制人员养老保险政策并轨。参保职工达到法定退休年龄，都能享受养老保险待遇，由社会保险经办机构直接发放。1996年，实行社会统筹与个人账户相结合的养老保险制度。1997年，企业基本养老保险制度进一步完善，参保范围扩大到城镇各类企业和职工及城镇个体劳动者、城镇范围的私营企业职工和个体劳动者。1997年，企业离退休人员人均养老金385元。随着养老金不断调整，到2005年底，全县企业基本养老保险参保人数达5943人，人均养老金670元。

二、机关事业单位养老保险

1997年1月，机关事业单位养老保险开始实行。凡纳入人事部门工资基金管理的机关事业单位的全体人员均参保。按照“以支定筹、留有部分积累”的原则，国家、单位和个人共同负担缴纳养老保险费。参保人员达到国家法定退休条件办理退休手续后，由社会保险经办机构按月发放退休费。当年，参保单位4家，参保职工42人，领取养老金人员1人，月退休费705元。2000年，机关事业单位养老保险征缴对象扩大到自收自支、差额拨款、财政开支的合同制人员，离退休人员养老金实行社会化发放。2003年，机关事业单位聘用人员可参加机关事业单位养老保险。2005年底，机关事业单位养老保险参保单位31家，参保职工1247人，养老保险基金积累640万元；离退休人员127人，年发放养老金145.5万元，年人均养老金1.146万元。

三、农村社会养老保险

1992年建立农村社会养老保险，由民政部门管理，乡镇在民政所办公，村设代办员。参保对象是非城镇户口、不由国家供应商品粮的农村人口。农村社会养老保险基金筹集坚持以个人缴纳为主，集体补助为辅，国家给予一定政策扶持。农民可以采取灵活的缴费方式，可按月、季、年缴纳，也可以补交、预交。当年参保5个乡镇，30个农村，1985名农民。1997年，全面推行农村社会养老保险规范化管理工作，参保农民3120人。1999年，农村养老保险管理职能移交县劳动部门。7月，根据上级政策，农村养老保险停止接受新业务，开始进行整顿，规范业务管理。2004年11月，农村养老保险整顿规范工作通过省级验收，达到合格标准。2005年底，全县11个乡镇、213个行政村参加农村社会养老保险农民4638人，积累基金137万元。6人领取养老金，年支付养老金3834元。

第二节　医疗保险制度改革

1989年，机关事业单位工作人员和离退休人员实行公费医疗制度，企业职工实行劳保医疗制度。

1997年4月，制定《无极县企业医疗保险暂行办法》，开展城镇职工医疗保险制度改革，建立社会统筹和个人账户相结合的医疗保险制度。1999年，制定《无极县医疗改革领导小组关于进一步加强公费医疗管理的暂行规定》。规定机关事业在职及退休人员执行“门诊”和“一般病住院”包干制，节余留用，超支自付。2002年7月，制定《无极县城镇职工基本医疗保险实施办法》，统一机关企事业单位医疗保险制度。在基本医疗保险的基础上启动了大额医疗保险。每人每年缴纳医疗保险费48元，每个年度内最高报销额为12万元；职工患病需住院治疗时，凭“医保证”，到定点医疗机构办理住院手续，并按医保机构规定缴纳押金；职工出院时，定点医疗机构应让患者或亲属核实住院医疗费用明细账单后签字，并按规定报销。2003年7月，县出台《关于企业职工、城镇自由职业者参加基本医疗保险的实施意见》，对全县企业职工和城镇自由职业者参加基本医疗保险政策进行完善、调整和规范，规定凡县行政区域内的各类企业及其职工和城镇自由职业者都应参加基本医疗保险。离休和因工致残人员仍按原单位原渠道管理。自由职业者由本人或业主提出申请，经体检符合参保条件可参保。至2005年底，参保职工14027人。

第三节　工伤保险制度改革

2004年6月，印发《无极县工伤保险社会统筹实施方案》，正式实施工伤保险。凡无极县行政区域内各类企业、有雇工的个体工商户均应参加工伤保险，用人单位以该单位全部职工当月工资总额为基数按月缴纳工伤保险费，用人单位职工不缴纳费用。职工发生事故伤害后，用人单位及其职工应按规定程序和时限提出工伤认定申请，经上一级劳动部门认定后职工享受相应工伤保险待遇。工伤保险基金可支付的工伤保险待遇包括工伤医疗费、一级至四级工伤人员伤残津贴、一次性伤残补助金、生活护理费、丧葬补助金、供养亲属抚恤金、一次性工亡补助金、辅助器具费、职业康复费等。2005年底，参保单位70家，参保职工5580人，征缴工伤保险费35.8万元。24人享受工伤保险待遇，支付金额17.2万元。

第四节　失业保险制度改革

1987年，成立待业职工管理所，启动国营企业待业保险工作，征收比率为国营企业职工标准工资的1%。1993年，基金征缴比率调整为企业全部职工工资总额的0.6%～%，最多不超过企业职工工资总额的1%。职工失业后，按月领取待业保险待遇。1—12个月，发放本人月标准工资的60%～75%，13—14个月发放本人月标准工资的75%。

1998年12月，国务院颁布《失业保险条例》，将待业保险更名为失业保险。征收范围扩大到城镇集体企业、外商投资企业、城镇私营企业及其他城镇事业单位。农民合同制工人不缴纳失业保险费。征收失业保险费率为用人单位缴纳工资总额的2%，职工为个人缴纳本人工资的1%。职工失业后，按月领取失业保险金，标准为当地最低工资的80%，最长不超过24个月。

1999年，无极县首次对改制企业登记失业职工。主要用人单位有：粮食局下属企业157人，农行7人，交通局汽车队12人。失业职工按月领取失业救济金和医疗补助。2005年底，全县有179个用人单位11476名职工参加失业保险，发放失业保险金153万元，保障失业人员的基本生活；对482名失业职工进行了再就业培训，帮助他们重新走上就业岗位。

第六章　社会事业体制改革

第一节　教育体制改革

一、教育管理体制改革

1989年，全县教育实行校长负责制，教师岗位责任制。县内各级学校领导干部实行分级管理，县教育局负责任命管理学区总校长、普教校长、职教校长、乡镇中学校长、实验学校正副校长、幼儿园正副园长、教师进修学校正副校长。无极中学校长由县委组织部任命，副校长由教育局任命；职教中心校长由县长兼任，常务副校长由县委组织部任命，其他副校长由教育局任命。全县设20个学区，学区班子由总校长、普教校长、职教校长、乡镇中学校长组成，由教育局任命管理。农村小学校长的任命和管理则由学区负责。教育教学工作的管理、中小学校长的管理培训，教师管理与培训工作等由教育局负责。1993年，在完善校长负责制、教师岗位责任制的基础上，实行以突出教学为中心的目标管理，分别从学校管理、德育工作、教学与质量，教师队伍管理、改善办学条件五个方面，制定具体目标要求和考核办法，考核结果作为校长任命、教师职称评聘和晋级的依据。1994年，通过考评，对5个学区班子进行调整；任命3名乡中校长，免去13名小学校长，并建立骨干教师档案，有效调动干部、教师的积极性。1996年，随着乡镇合并机构改革，教育局对学区和学区领导班子进行调整，学区由20个精简为11个，20所乡镇中学仍维持原建制，学区总校长、普教校长、职教校长由原来的60人，减少为30人。1997年，无极中学副校长、中层领导班子成员实行公开竞聘上岗。1999年，在无极中学、实验学校、甄村中学三所不同类型的学校实行定编、定岗、定责、定员，校长负责制、教职工聘任制、岗位负责制、津贴分配制的试点。

到2005年，20名乡镇中学校长，仍为学区班子成员。全县教师干部实行全员聘任制，到年底全县4515名教职工，全部签订了聘任合同。

二、办学体制改革

1978年，中共十一届三中全会以前，无极县贯彻执行上级“上初中不出大队，上高中不出公社，就近入学”的指示，全县公办中学班级下延，无极中学改为无极县专业学校，郭庄中学、高头中学、泗水中学改为乡镇高中。大队既设小学，又设初中（又称戴帽初中）。是时，全县共有社办高中21所，队办初中92所，小学206所，学制为高中2年，初中2年，小学5年（2–2–5制）。中共十一届三中全会以后，无极县改革办学体制，取消“戴帽初中”，压缩社办高中，无极中学、郭庄中学、高头中学、泗水中学恢复原建制，无极中学为省重点完全中学，其余三所为普通高中。1982—1983年，无极县按河北省委、省政府部署，开始试点农村中小学由乡村筹资兴办。1983—1984年，全县取消“戴帽”初中和社办高中，改为乡镇办初中，村办小学。学制为高中3年，初中3年，小学6年（3–3–6制）。是时，全县有高中4所，乡镇初中20所，小学210所。

1985年《中共中央关于教育体制改革的决定》颁布后，无极县实施分级办学，分级管理。县4所高中、郭庄农业中学、教师进修学校、县直幼儿园由县筹资兴建，乡镇初中由乡镇筹资兴建，小学由村筹资兴建。即县办县管、乡镇办乡镇管、村办村管，谁办学谁管理，谁办学谁受益。分级办学，分级管理，调动各级办学的积极性，形成全民办教育，多渠道筹措教育资金，大力改善办学条件的新格局，缓解了教育欠账多，而国拨经费又不足的矛盾，有效地促进了教育的发展。到1990年，全县20所乡镇初中有10所新建教学楼，3所迁建新校舍；210所小学51所新建教学楼，其余也不同程度的翻新校舍。2000年后，随着教育改革的深入和国民经济发展，无极县贯彻落实国家关于农村义务教育实行“在国务院领导下，由地方政府负责，分级管理，以县为主”。办学体制一直延续到2005年。

三、教育结构调整

1983年，无极县调整教育结构，压缩高中，整顿初中，发展职业技术教育，将郭庄普通高中改为无极县农业中学。1984年打破传统教育的封闭模式，实行普通教育、职业技术教育、成人教育三教统筹发展，推行农科教相结合，走教育为经济建设服务的新路子。调动全县各部门各行业先后兴办工商学校、卫生学校、农业广播技校、甄村艺术学校，为无极经济发展培养大批专业技术人才。1986年，继续扩大职业技术教育的招生比例，将郭庄农业中学迁建到县城北5公里处原无极农二场，建立无极县农业技术综合中学，校园占地100亩，周围是千亩果园可作为实习基地，内设“无极县农业技术中学”和“无极县农民中等专业学校”（经省批学校）。1991年，按照国务院《关于大力发展职业技术教育事业的决定》和《河北省人民政府关于发展中等职业技术教育事业的通知》，无极县将农业技术中学、农民中专，扩建为“无极县综合职业技术教育中心”（后为无极县职业技术教育中心），投资210多万元，新建5200平方米综合教学楼，购置教学、实验等配套设施，内设农业、林果、畜牧、医药、化工、财会、保安等十几个专业。在初中教育中，通过开设劳动课、劳动技术课，逐步渗透职业技术教育内容；实施“燎原”计划，改革以扫盲为主的成人教育，学文化、学技术相结合，提高劳动者的素质，培养当地所需人才，促进农村社会经济发展。2002年，职教中心在办好职业教育的基础上，招收普通高中班，实行双学籍管理，为职教中心的发展，拓宽生源。2003年职教中心根据县域经济发展、人才市场需求和高考对口招生的形势，更新办学思路，调整专业设置，与用人单位、高等院校联合办学，走保入学、包就业的办学路子，到2005年，除对口升学之外，其余98%以上之中毕业生都能解决就业门路。

四、中小学布局改革

1989年，全县有高中5所，初中21所，小学210所。1990年后，全县中小学生源逐年增加，学校规模和班级轨制不断扩大，教育投入、校舍和教学设施建设也相应达标配套。1994年，无极中学北校，改为无极第二中学。到1995年，全县有高中5所，初中22所，小学213所。1996年合乡并镇后，每乡镇保持两所初中，每个行政村保持1所小学。

2000年后，由于农村人口出生率下降；农村人口向城市流动；中小学生外域择校，农村中小学生源减少，再加有偿招生等不良竞争现象，致使一些薄弱中学招生困难，小学年级班容量锐减。2001年，出台《无极县人民政府关于进一步调整中小学布局的实施总则》，按照“统筹规划，分步实施、相对集中、扩大规模、确保入学、提高效益”的原则，开始实施小学布局进行调整，撤并规模小的小学，实施联合办学。2002年，全县小学撤并32所，完成交叉办学5所。2003年撤并18所，交叉办学5所。到2005年底，全县小学由1989年的210所调整为173所，在校生37861人。全县投资968万元，改建校舍，配置教学设施，先后新建东丈、彭村、里尚、新城、辛庄、高陵、苌家庄等8所联合小学；年底，郭庄高中、泗水高中和高头回民高中，也因为生源减少，招生困难，先后撤销停办。全县到2005年，有无极中学、无极县职业技术教育中心、无极第二中学3所，乡镇中学20所，小学173所。

小学实施几个村联合办学，扩大办学规模，打破了村小、生源少，班容量小的格局，但是，由于新建联合小学校址设在村外几个村之间，学生小，路途远，上、下学还得由家长接送，增加了家长的负担，也带来不安全因素。同时，一个村没有了学校，等于断了村里文脉，给文化传承造成了负面影响。

五、全面推进素质教育

20世纪90年代初，无极县由应试教育向素质教育转轨。1990—1993年推广实验学校、庄里乡中、无极中学实施素质教育的经验。这3所学校1990年开始，承担了人民教育出版社初、高中英语新教材实施前的实验工作。从改革教学方法入手，将素质教育渗透于英语教学的全过程。改革课堂教学以教为主体、学生为客体、老师唱主角、学生是观众的被动教学方法为学生是主体、老师为主导，把时间还给学生，引导学生主动学习，积极参与教学活动；将课堂教学与课外活动相结合；将传授知识与培养能力相结合，与开展多种形式的文艺活动相结合。鼓励学生自编、自演英语文艺节目，提高学生的听、读、写和运用的能力，带动了全校的素质教育。1992年，人民教育出版社主编带领中外专家深入到学校进行考察，给予很高评价，并将其经验在全国推广。

1993年，实施以“全面贯彻党的教育方针，全面提高教育质量，培养学生德、智、体全面发展”为宗旨，严格执行国家教委颁布的中小学教学计划，统筹安排各种教学和各种活动，开全学科，开足课时，积极实施素质教育。小学，在搞好语文、数学学科教学的同时，加强思想品德、科学常识、音乐、体育、美术学科的教学；中学，在开全学科的同时，加强物理、化学、生物实验教学，培养学生能力，提高学生的综合素质。1994年，将法制教育列入教学日程，在初中、小学高年级增设“法制常识课”，向学生进行“两法一条例”(《中华人民共和国宪法》《中华人民共和国刑法》《中华人民共和国治安管理处罚条例》)的教育，聘请司法人员结合案例讲解交通安全知识，并在学校开展模拟法庭、文艺汇演，宣传学习法律知识，增强中小学生的法制观念。

1996年，教育局把实施素质教育列入对中小学教学工作督导的重要内容，作为年终考评、实施奖励的重要依据。1998年出台《关于在全县中小学推进素质教育的意见》，按照分类规划，分步实施的原则，从小学起始，初中全面推进，高中稳步探索，在小学、初中普遍开设了活动课。采取“四控四禁止”措施：控制课外作业，注重当堂消化和当堂反馈，禁止布置机械重复和大量抄写的作业；控制作业量和作业难度，注意作业的针对性和实效性；禁止乱订、乱购、乱用练习题和课外资料；控制考试次数，注意优化质量评价，禁止频繁考试和测试；控制学生在校时间，禁止节假日乱办班，给学生集体补课或上新课，给学生充分的自由支配时间。对学生在校时间和作业量作出具体规定，减轻学生的课外负担，乱办班和集体补课现象得到了遏制。2000年，在小学教学改革中，推行“自主学习，自主发展”的教学实验，开展小发明、小创作系列活动，提高学生的综合素质，培养学生的创新能力。2003年，坚持“以活动促教学，以活动促成长”育人理念，强力推进素质教育，开展丰富多采的校园活动，加强校园文化建设，根据学生年级、年龄特点，开展“每周一诗”“每日一篇习字”“精彩片段朗读”“重大节日纪念”“主题班会”“手抄报”等活动，发挥学生特长，培养学生动手、动脑能力，促进学生全面发展。2004年开展素质教育示范校建设活动，到2005年全县建成市教育局命名的素质示范学校4所。

第二节　文化体制改革

县文化艺术事业历来就较为发达。随着经济的繁盛，县文化艺术事业迅猛发展。1989年后，文化事业经费投入逐年提高，文化艺术人才辈出，文化设施进一步完善，全县“三馆一站”建设完备，县内文化活动发展很快，城镇、农村自发建起多支文化队伍，人民群众文化生活丰富、活跃。

一、内部机制改革

2005年，根据省市文化事业改革的有关精神，县文化事业单位内部机制进行改革。对文化馆、图书馆、文物保护管理所、书画院等公益性文化事业单位，保持政府投入渠道；对有社会经营性质的电影院、新华书店、县剧团等单位，推向市场，由原来的事业单位改制成经营性事业单位。

二、文化、艺术体制改革

电影发行放映改革：1989—1997年，为电影发行放映事业鼎盛时期。县电影公司有干部职工27人，拥有占地2790平方米、可容纳1028人的电影院一座。公司属自收自支事业单位，全年发行放映拷贝数300余个，放映电影年平均8000余场次，发行放映收入可观，职工工资有保障。1998年后，全国电影市场出现滑坡，县电影发行放映事业受到冲击。县电影公司开始进行事改企的文化体制改革，将公司由集中变分散，组成多个电影放映队，实行分乡包片责任制，多种经营，仍能维持电影发行放映不衰的势头。1999年底，县电影发行放映工作获得国家广电总局颁发的“全国电影发行放映工作先进集体”称号。2005年被河北省文化厅授予“全省电影发行放映先进单位”称号。

第三节　医疗体制改革

一、县级医疗单位体制改革

1. 扩大自主权，县级医院实行院长负责制和多种形式责任制。

1989—2005年，县级医院实行院长负责制，实行民主推选院长，组织考核，主管部门任命。院长是医院的法人代表，拥有业务、行政和经济管理的决策指挥权。

2. 1989—2005年县级医院积极推进两级承包经营责任制。医院对科室实行经济技术质量承包，规定收入定额，超定额部分30%归科室用于职工奖励，70%归医院，完不成包干定额的扣奖金。改革人事制度，实行全员聘任制。改革分配制度，实施绩效超额工资制。医院制定出经济指标，体现向一线倾斜，效率优先、质量控制、奖勤罚懒、按劳计酬、优劳优得的分配原则。

二、乡镇卫生院体制改革

1989年，全县20个乡镇共有卫生院23所，其中县分院3所（大陈分院、郭庄分院、高头分院），乡镇卫生院20所。3所分院人、财、物归卫生局管理，20所乡镇卫生院人、财、物归乡镇政府管理，卫生局负责业务指导。1996年1月合乡并镇后，11个乡镇政府所在地卫生院更名为第一卫生院，撤销原甄村乡卫生院，其他8所非乡镇政府所在地卫生院更名为第二卫生院，主要负责原辖区的预防保健工作。卫生院“三权下放”，实行双线管理，人、财、物归当地乡镇政府领导，县卫生局负责业务指导。1998年撤销非乡镇政府所在地8所卫生院，全县有中心卫生院3所，乡镇卫生院8所。2003年12月，各乡镇卫生院在现有规格不变的情况下，隶属关系都上划到县卫生局；各卫生院编制及岗位设置由卫生局报县编委办公室另行审核；所需人员由卫生局配合人事部门在具有卫生类执业资格证书人员中招聘，实行聘任制并参加社会保险；各卫生院医护人员工资由县财政根据其运行情况给予定额补贴，并列入财政预算。2004年卫生局先后完成郭庄中心卫生院、无极镇卫生院、里城道卫生院院长公开招聘。2005年按照《无极县乡镇卫生院防保岗位（人员）招聘方案》，坚持“公开、公平、公正、竞争、择优”的原则，招聘防保人员36名。卫生院长、防保人员每月每人500元，参加社会保险。乡镇卫生院的管理体制基本理顺，各项工作的正常开展得到保证。

三、公费医疗制度改革

1. 公费医疗

1989年，无极县在职、退休享受公费医疗的干部、职工实行“单位包干，统一使用，严格审批，节约留用，超支不补”的办法，单位包干医疗经费由县财政按月随经费发放，对重大病症住院的药费经审核后，酌情予以解决。1997年，开展城镇职工医疗保险制度改革，建立社会统筹和个人账户相结合的医疗保险制度。1999年，机关事业在职及退休人员执行“门诊”和“一般病住院”包干制，节余留用，超支自付。2002年7月，县制定《无极县城镇职工基本医疗保险实施办法》，无极县医疗保险改革全面启动，县人事劳动和社会保障局为全县基本医疗保险的行政管理部门，并专门成立医疗保险经办机构，负责全县基本医疗保险基金的筹集、管理和支付。

无极县离退休干部、老红军、在乡二等乙级革命伤残军人的公费医疗待遇不变。1994年，对离休干部公费医疗管理办法和治病就医做了补充。2000年。对离休干部公费医疗管理，在仍坚持“实报实销”的原则下，实行“核定基数，定额管理，节约归己，超基数实报实销，年终总算账”的管理办法。

2. 农村合作医疗

农村合作医疗是在农村推行的一种医疗制度，实行家庭联产承包责任制后，农村合作医疗制度随之解体。乡村医生保本经营，农民看病医药费全部自负，导致不少农村家庭因病致贫，因病返贫。随着国家在农村实行新型农村合作医疗制度，2005年开始在全县进行摸底调查和宣传发动工作。

第四节　司法体制改革

一、检察工作改革

1. 实行民事行政检察

1989年设立民事行政检察科，重点对人民法院已经发生法律效力的民事（经济）、行政审判、裁定等确有错误的案件进行审查，依法提请上级检察院抗诉。

2. 实行主诉检察官责任制

1999年，县检察院实行主诉检察官责任制。主诉检察官向检察长负责，对法律负责；在起诉部门负责人的领导下，主持办案小组承办各类案件的审查起诉、出庭支持公诉、抗诉工作以及相关的法律监督事项，对案件事实、证据、适用法律意见负完全责任。

二、审判工作改革

1. 审判职能改革

2002年，设立案庭和审判监督庭。其中，立案庭负责民一庭、民二庭的立案审查和其他业务庭的立案管理工作，审判监督庭专职负责适用审判监督程序审理的案件，初步实现了立案与审判监督工作的专门化。2003年，立案庭开始全面负责全院民商事案件的立案审查和其他案件的立案管理工作。

2. 民商事审判方式改革

1989年，无极县人民法院改变法院包揽调查取证的证据方式，在民事诉讼中强调当事人举证责任的审判改革。1996年，针对民事案件数量迅速增加的实际，加速推进了以当事人举证责任、强调证人出庭作证的审判方式改革；同年，开始扭转办案模式，将办案过程推向审判庭，严格按照程序法定的开庭程序和模式运作；同时，改革原有“纠问式”的审判方式向“诉辩式”方式转变，使法官角色的主导、查问向“引导”“主持”和“裁判”转变，法官在庭审中的主要工作转变为主持庭审和指导举证、说理和人证、裁判。

3. 审判管理改革

1992年开始，法院逐步推行“立审分立、审执分立、审监分立”制度，为全面推行审判流程管理制度奠定了基础。1996年开始，裁判权下放的过程经历了由主管院长审批案件—主管院长与庭长分别审判案件—庭长审批案件—合议庭和独任审判员依审判职责签发裁判文书的发展过程。到2005年，基本实现了审判长和独任审判员依审判职责签发判决文书；并在审判长选任制度全面推行的基础上，做到除合议庭依法提交审判委员会讨论决定的重大、疑难案件外，其他案件一律由合议庭审理并做出判决，院、庭长不得个人改变合议庭的决定。

三、司法行政改革

1. 律师工作改革

1989年，律师事务所推行主任责任制，下放业务权、财政权、人事权，实施自收自支的管理办法，调动律师办案的积极性，拓宽服务领域。1995年6月无极县律师事务所更名为天龙律师事务所。2000年，无极县对律师事务所改制，制定合伙协议和合伙章程，明确律师事务所的独立法人地位及合伙人的权利义务，使律师事务所及合伙律师的产权关系进一步明晰，内部管理进一步规范。

2. 司法所管理体制改革

2005年前，乡镇司法所的管理模式是以乡镇管理为主，司法所人、财、物在乡镇，县司法局负责业务指导。由于管理体制不顺，造成司法所不能正常开展业务工作。2005年，县委、县政府对乡镇司法所管理体制进行改革，改革后的司法所为乡镇和县司法局共同管理，以司法局为主，将信访、矛盾纠纷排查业务划归司法所，整合了职能。在乡镇司法所设立矛盾纠纷调解厅，实行厅式调解；县司法局设立重大矛盾纠纷调解指导中心，协调、督导、调处全县范围内的重大疑难纠纷。全县司法所都配备了专职工作人员。

四、公安工作改革

1. 刑事侦察改革

1989年，刑事侦察工作由公安局刑侦队和派出所共同负责。刑侦队负责侦破重大案件，派出所负责侦破一般刑事案件；刑侦队给派出所提供刑侦技术和业务指导。1997年进行刑侦体制改革。成立刑事侦察大队，负责全县范围内的刑事侦察工作，形成侦察、预审合一的工作机制；派出所的主要任务是做好防范和管理，组织群众维护辖区的治安秩序。

2. 户籍管理改革

1989 年，无极县农业人口继续由乡镇管理，派出所只负责管理非农业户口。1996 年，派出所接管乡、镇政府的农业户口管理工作。从 2003 年 10 月开始，取消农业户口，在全县打破城乡分割的农业、非农业二元户口管理结构和非农业户口性质划分，取消“农专非”计划指标管理和“农转非”户口审批，以居民实际住地和所从事的职业为基础，将人口划分为城镇人口和农村人口，并统一登记为居民常住户口。

第七章　政治体制改革

第一节　机构改革

一、第一次机构改革

1996 年 1 月，根据中共中央《关于党政机构改革方案》和《关于党政机构改革方案的实施意见》以及石家庄市委、市政府党政机构改革和实施国家公务员制度的安排部署，全县进行县乡机构改革，县委、县政府先后印发《关于县级党政机构设置的通知》《关于事业单位清理混岗、压缩工勤人员的通知》，出台县直机关人员分流的措施，对改革的步骤、措施和改革后的机构设置及职能、人员编制做出详细的规定。实行男满 52 周岁、30 年工龄，女满 48 周岁、30 年工龄（即“5230”“4830”）的党政机关及直属事业单位的在编人员，实行内部离岗政策，离岗后浮动一级工资。未满“5230”和“4830”自动申请离岗的，离岗后奖励一级以上工资。改革后，县委、政府工作部门由原来的 45 个减少到 30 个，精简机构 15 个，减少科局级领导干部 69 人，设县委直属事业单位 3 个，6 个行政单位；县政府直属事业单位 7 个，24 个行政单位。精简分流超龄人员、机关内事业开支及自收自支人员、混岗人员、富余工勤人员 702 名，分流比例为 55.7%，圆满地完成了控编成员工作。改革后，县委工作部门设县委办公室、组织部、宣传部、统一战线工作部、政法委、农村工作部；政府工作部门设 25 个：办公室、信访局、计划与经济局（挂招商合作局牌子）、监察局（与纪律检查委员会合署办公，不占机构数）、城乡建设局、民政局（挂民族宗教事务局牌子）、审计局、统计局、科学技术局、环境保护局、卫生局（爱卫办设在卫生局）、粮食局、计划生育局、文化教育局（挂体育局牌子）、农业局、交通局、乡镇企业局、工商行政管理局（保留物价局名称）、技术监督局、公安局、司法局（与政法委合署办公）、土地管理局、财政局（挂国有资产管理局牌子）、劳动人事局、商贸局；政府直属事业机构 8 个：广播电视局（台）、水利工作站（局）、林业工作站（局）、农机工作站（局）、畜牧工作站（局）、医药管理站（局）、农业开发办公室、经济协作办公室。

此次机构改革核定党政群行政编制 580 人，比原有 708 人精简 128 人，精简比例为 18%。全县政法编制仍按原核定的 362 人执行。同时，核定全县工作部门的领导总职数为 108 人。

乡镇机构改革按照省市要求，实行合乡并镇，根据人口、面积、交通和现行体制、区别划分、经济发展状况等因素，坚持“扩大规模与优势互补相统一、平稳过度、精干高效和方便群众办事”的原则，把原有无极镇、七汲镇、张段固镇、北苏镇、郭庄镇、大陈镇、高头乡、郝庄乡、东候坊乡、里城道乡、南流乡、庄里乡、甄村乡、郭吕乡、泗水乡、西东门乡、南马乡、楼下乡、前北焦乡、东东侯乡20个乡镇归并为无极镇、七汲镇、张段固镇、北苏镇、郭庄镇、大陈镇、高头乡、郝庄乡、东候坊乡、里城道乡、南流乡11个乡镇，乡镇政府减少9个。同时对乡镇下设工作机构也进行了精简合并，将各乡镇原有民政、财政、司法、文化、统计、农机、计生等（站、办）全部撤销，统一设置7个党政工作机构、6个事业机构。党政工作机构设办公室、组织委员办公室、综合治理办公室、财经办公室、社会事务办公室、计划生育办公室、乡镇企业办公室。事业机构设农业综合技术服务站、文化广播工作站、计划生育工作站、财政所、司法所、土地管理所。重新明确了各机构的职责，领导职务原则上由乡镇党委和政府分管领导责任，实行交叉任职，一人多职，一职多能。全县共精减乡镇干部37人，清理混岗人员18人。同时全县农村干部实行定编定补。

二、第二次机构改革

2002年，根据市委、市政府《关于县（市）、区、乡（镇、街道办事处）机构改革的指导意见》，无极县制定《无极县县直机关人员定岗实施办法》，以《党政领导干部选拔任用工作暂行条例》《国家公务员暂行条例》为依据，出台县直机关人员分流的措施，对改革的步骤、措施和改革后的机构设置及职能、人员编制做出了详细的规定。在编离岗人员政策由原来的男“52 30”女“48 30”，改为男满52周岁、女满48周岁。按照省市“规范、稳定、就位”的要求，进行机构改革。改革后，县委工作部门设7个：办公室、组织部、宣传部、农村工作委员会（原名“农村工作部”）、统一战线工作部、政法委员会（社会治安综合治理办公室与其合署办公）、县直属机关工作委员会；县委管理的议事协调机构2个；机构编制委员会办公室（挂“事业单位登记管理局”牌子，挂靠人事劳动和社会保障局）。县政府设25个工作部门：办公室、发展计划局、经济贸易局（安全生产管理局挂靠经济贸易局）等、监察局（与纪律检查委员会合署办公，不占机构数）、建设局、水务局、民政局、民族宗教事务局、审计局、统计局、科学技术局、环境保护局、卫生局、粮食局、计划生育局、文化体育局、教育局、农业局、交通局、物价局、公安局、司法局、国土资源局、财政局、人事劳动和社会保障局；政府直属事业机构4个：广播电视局（台）、档案局（馆）、林业局、畜牧水产局。政府机构变化情况是撤销计划经济局，组建发展计划局和经济贸易局。在发展计划局挂招商合作局牌子；在财政局挂国有资产管理委员会办公室牌子；水利局更名为水务局，由直属事业机构改为政府工作部门；在卫生局挂爱国卫生运动委员会办公室牌子；撤销文化体育局，组建教育局、文化体育局；劳动人事局更名为人事劳动和社会保障局；土地管理局更名为国土资源局；设立民族宗教事务局，列政府工作部门；撤销乡镇企业局、商贸局，其行政职能由经济贸易局承担。

此次机构改革，核减工商局和技术监督局（上划市垂直管理）编制后，全县党政群行政编制由原来586人精减为474人，政法机关专项编制由原来的266人精减为243人，乡镇人员编制由原来的510人精减为425人。乡镇设党委、政府综合办事机构5个：党政办公室、财经办公室、社会事务办公室、计划生育办公室（计划生育协会）、综合治理办公室。无极镇、张段固镇、北苏镇增设城镇建设办公室。事业机构6个：财政所、土地所、民政所、农业综合服务中心、计划生育服务中心、文化广播服务中心。

第二节　干部人事制度改革

一、干部选拔任用制度

1991年开始，对单位领导的任用，采取竞争上岗的办法。1999年，按照公开、公平、公正的原则，公开选拔了6名正科级领导干部。2001年，通过民主推荐、组织考察、党委研究，调整充实后备干部271人。2003年4月，按照“公开、平等、竞争、择优”的原则，经过笔试、面视、考核，选拔30名优秀应届本科以上毕业生到教育系统工作。制定《全委会表决乡局级党政正职拟任人选和推荐人选的实施办法》和《乡局级党政正职拟任人选和推荐人选征求全委会成员意见的实施办法》，先后对4批10余名乡局级党政正职拟任职人选征求了全委会成员意见。2004年，在11个乡镇工会主席配备上，首次实行“干部差额考察制”，进一步扩大了识人视野，拓宽选人渠道。对乡局级后备干部队伍进行了调整补充，共确定正职后备干部81人，副职后备干部192人，保持了一支素质优良、数量充足、门类齐全、结构合理的乡局级后备干部。

二、实行公务员制度

1989年，全县干部实行计划管理，录用统分统配。1991年制定《公务员行为规范教育实施细则》，对全县1244名机关干部进行公务员行为规范的培训，并发放证书。1997年，制定《无极县国家公务员制度实施方案》《无极县参照机关人员过渡工作实施办法》和《无极县乡镇中共机关参照国家公务员暂行条例管理实施办法》，对县直机关和乡镇推行国家公务员制度和参照公务员制度，涉及政府办、劳动人事局、民政局、统计局、审计局、科技局、土地局、文教局、财政局、卫生局、计生局、环保局、农业局、经贸局、城建局、粮食局、交通局、企业局、信访局、技术监督局20个行政机关和11个乡镇。凡行政机关依法履行公职、纳入国家行政编制、由国家财政负担工资福利的工作人员，在机构改革核定的编制和职位数额内，按照过渡考核、选配人员、确定职位和级别等程序，向国家公务员过渡。到2005年，先后有308人过渡为国家公务员。不符合过渡条件的工作人员进行了机关人员分流。

三、实行聘任制

1999年以前，每年市里下达专业技术职务岗位年度聘任指标。1999年后，实行专业技术职务聘任改革，按照结构比例和岗位职数进行聘任，并实行评聘分开政策。事业单位按县人事职称部门核准的结构比例聘任。2003年，自收自支和实行企业化管理的事业单位自主设置、聘任专业技术职务岗位。2005年底，全县事业单位在职专业技术人员达5295人，聘任比例达91%。

四、职称评定改革

1989年职称评定工作移交劳动人事局管理，实行结构比例和总量控制相结合的办法，进行事业单位专业技术职务管理。1991年，职称晋升采取评审、考试两种方式进行，各专业陆续加试外语考试，作为专业技术职称评审条件之一。1996年、1997年进行卫生技术中级资格专业水平电脑考试试点。1998年始，卫生中级职称、高级经济师正式进行电脑测试工作，作为专业技术职称评审条件之一。1999年，根据石家庄市有关专业技术管理规定，进行职称评审制度改革。县设立初级评委会，每年组织一次初级专业技术职称评审，并将评审结果报上级人事职称部门备案；对中级、高级职称，县只负责评审材料的组织和初审工作，分别报请市、省人事职称部门审批。1999年，专业技术资格考试分为专业技术考试和执业资格考试。无极县相继组织了卫生微机测评、外语考试、经济师、执业药师等考试。2000年，职称考试进行新的改革。中小学教师及其他专业开始加试职称计算机考试。至2005年底，除农业技术及其他够条件免试人员外，其余专业技术人员均要参加职称计算机考试。考试成绩作为职称评审的必备条件之一。组织职称计算机考试达3600人次。全县在职专业技术人员5796人，其中正高级职称2人（均为事业单位人员），副高级职称169人（事业单位160人，企业9人），中级职称1625人（事业单位1536人，企业89人），初级职称3465人（事业单位3062人，企业403人）。

无极县志

1989—2005

经济总情

1989年以后，无极县委、县政府坚持以经济建设为中心，以改革开放为动力，不断创新发展思路，深入贯彻落实党的各项方针政策，经济发展基础不断加强，发展环境进一步优化，从高投入、高排放、高消耗为主要特征的粗放型经济增长方式向重质量、重效益、重环保的集约型经济增长方式转变，呈现出经济规模不断扩大、效益显著提高、结构日趋合理，发展更加稳定，后劲更加充足的特征。无极县经济保持了健康、快速可持续发展，经济总量持续增长，投资和消费协调拉动，各种经济成分竞相发展，小康建设成效显著，人民生活水平日趋提高。

無極縣志

1989—2005 年无极县经济发展指标统计表（一）

表 7–1

年度	国内生产总值（GDP）					占总值比例（%）		
	现价总值（万元）	增长 %	第一产业	第二产业	第三产业	一产	二产	三产
1989	57669	11	32025	17346	8298	56	30	14
1990	62594	9.6	34069	19356	9196	54	31	15
1991	71086	9.7	36584	23704	10798	51	33	15
1992	82288	12.7	38709	30778	12801	47	37	16
1993	114075	34.8	44137	48290	20648	39	42	18
1994	156870	18.5	66145	64035	26690	42	41	17
1995	194574	14.5	71683	78005	44886	37	40	23
1996	244702	17.9	75000	104884	64818	31	43	26
1997	283636	13.5	81500	119130	83006	29	42	29
1998	311544	14.7	83097	131668	96779	27	42	31
1999	327516	8.1	84271	140156	103089	26	43	31
2000	337381	2.7	84689	148404	104288	25	44	31
2001	361630	8	87901	161881	111848	24	45	31
2002	388447	7.9	89197	179380	119870	23	46	31
2003	443743	10.1	98129	214976	130638	22	48	29
2004	535859	14.3	105314	278083	152462	20	52	28
2005	618563	13	109895	336658	172010	18	54	28

注：GDP 增长 % 是按统计资料不变比较的。

1989—2005 年无极县经济发展指标统计表（二）

表 7–2

年度	财政收入（万元）	比上年增长（%）	社会消费品零售总额（万元）	比上年增长（%）	农民人均纯收入（元）	比上年增长（%）	城镇居民可支配收入（元）	比上年增长（%）	城乡居民储蓄余额（万元）	比上年增长（%）	粮食总产量（吨）
1989	1705	—	21024	—	763	—	—	—	31265	—	298000
1990	1817	6.6	20709	−1.5	746	−2.2	—	—	33020	5.6	253625
1991	2176	19.8	21097	1.9	777	4.2	—	—	44737	35.5	282832
1992	2435	11.9	26478	25.5	810	4.2	—	—	55892	24.9	326393
1993	2405	−1.2	34219	29.2	968	19.5	—	—	68983	23.4	335621

经济总情

续表 7-2

年度	财政收入（万元）	比上年增长（%）	社会消费品零售总额（万元）	比上年增长（%）	农民人均纯收入（元）	比上年增长（%）	城镇居民可支配收入（元）	比上年增长（%）	城乡居民储蓄余额（万元）	比上年增长（%）	粮食总产量（吨）
1994	3756	56.2	34273	0.2	1126	16.3	—	—	93398	35.4	328220
1995	5051	34.5	45879	33.9	1863	65.5	3758	—	122669	31.3	342080
1996	7001	38.6	63723	38.9	2672	43.4	4446	18.3	179097	46.0	329705
1997	8211	17.3	83306	30.7	3045	14.0	4567	2.7	218800	22.2	358392
1998	10014	22.0	104090	24.9	3070	0.8	4771	4.5	221033	1.0	358026
1999	10016	0.0	121821	17.0	3240	5.5	4960	4.0	243197	10.0	378403
2000	10500	4.8	138956	14.1	3310	2.2	5251	5.9	266499	9.6	361849
2001	10700	1.9	156793	12.8	3429	3.6	5326	1.4	288318	8.2	360829
2002	13703	28.1	176392	12.5	3497	2.0	5786	8.6	331136	14.9	332600
2003	15303	11.7	200987	13.9	3619	3.5	6026	4.1	337044	1.8	347781
2004	21318	39.3	247214	23.0	4107	13.5	7055	17.1	365607	8.5	349128
2005	21306	−0.1	264820	7.1	4476	9.0	8339	18.2	383987	5.0	349439

第一章　经济总量与发展

第一节　经济总量

1989—2005年，无极县国民经济保持快速、健康持续发展，经济总量逐年增长，经济结构不断优化，投资与消费协调拉动，第三产业发展迅速，经济效益显著，人民生活水平日益提高。

从各年度主要经济指标看，无极县的经济总量：1989年全县完成的地区生产总值（GDP）57669万元（当年现价），比“六五”计划末的1985年增长78.1%，年递增15.5%。第一产业32025万元，第二产业17346万元，第三产业8298万元，产业比例为56∶30∶14。全县财政收入完成1705万元，比1985年1050.8万元增长62.3%，社会消费品零售总额完成21024万元，比1985年13075万元增长60.8%，农民人均纯收入763元，比1985年的499元增加264元，增长52.9%。城乡居民储蓄余额完成31265万元，比1985年的18076万元增加13189万元，增长73%。

到2005年，全县地区生产总值完成61856万元（现价），比1989年增了10.7倍，其中第一产业109895万元，第二产业336658万元，第三产业172010万元，产业比例为18∶54∶28。17年间第一产业比重下降了38个百分点，第二产业比重提高了24个百分点，第三产业比重提高了14个百分点，产业结构得到不断优化。

财政收入2005年完成21306万元，比1989

年增长11.5倍，社会消费品零售总额完成264820万元，比1989年增长11.6倍，农民人均纯收入4476元，比1989年增长4.9倍，城镇居民可支配收入2005年8339元，比1995年（有统计资料以来）增长1.2倍，城乡居民储蓄余额383987万元，比1989年增长11.3倍。粮食总产量1989年29.8万吨，到2005年达34.9万吨，比1989年增长17.1%。

尽管各年度经济发展存在很大的不平衡，但反映经济总量的持续发展还是非常明显的。地区生产总值增长最高的年份是1993年，比1992年增长34.8%。增长最低的年份是2000年，比1999年增长2.7%。社会消费品零售总额增幅最高的1996年比1995年增长38.9%，最低的1990年比1989年降低1.5%。农民人均纯收入增长绝对值最高的是1996年，比1995年增加809元，增长43.4%。1995年比1994年增加737元，增长65.5%。城乡居民储蓄余额1996年比1995年增加5.6亿元，增幅46%，全县人均粮食产出量到2005年达到720千克，比1989年的683千克增加37千克。

第二节　经济运行

“七五”期间（1986—1990年），国民经济发展迅速，克服市场疲软等诸多不利因素的影响，全县经济持续、稳定协调发展，人民生活水平不断提高。1990年工农业总产值（不变价）完成45970万元，年均增9.1%。其中，农业总产值完成24000万元，年均增2.6%，工业总产值完成21970万元，年均增22%。地区生产总值完成62594万元（现价），其中第一产业34069万元，第二产业19356万元，第三产业9196万元，产业比例为54∶31∶15，比1985年的产业比例（总值23064万元，其中一产14212万元，二产6127万元，三产2725万元）为62∶26∶12。产业结构有了较好的改观。

“八五”期间（1991—1995年），国民经济持续快速增长，综合实力显著增强。1995年全县地区生产总值（现价）完成19.5亿元，年均增18.8%，财政收入1995年完成5051万元，比1990年增1.8倍，年均增长22.3%，农民人均收入1863元，比1990年人均增加1117元，年均增20.1%，城乡居民储蓄余额为122669万元，年均增30%，社会消费零售总额为45879万元，年均增17.2%。

“九五”期间（1996—2000年），经济实力显著增强，国民经济持续增长，1996年实现了“小康县”。2000年，全县国内生产总值35.86亿元，年均增11.2%。乡镇企业增加值和上缴税金分别为11亿元和6137万元，年均增19.7%和24.8%。财政收入1.05亿元，年均增15.8%。全县社会消费零售总额为13.4亿元，是1995年的2.9倍。农民人均年纯收入为3300元，城乡居民人均可支配收入为5120元。

“十五”期间（2000—2005年），全县人民紧紧围绕“加快发展、富民强县”目标，坚持发展第一要务，县域经济快速发展，各项社会事业取得新的成就。2005年，全县地区生产总值61.9亿元，是2000年的1.84倍，年均增12.9%，人均GDP12763元，比2000年增加5749元。财政收入完成2.13亿元，年均增15.2%。财政收入占GDP的比重由2000年的3.11%提高到2005年的3.44%。固定资产投资2005年国有及其他完成98173万元，年均增29.9%。城镇居民可支配收入8339元，年平均增长9.7%。农民人均纯收入4476元，平均增长6.2%。

第二章　经济结构

第一节　产业结构

1989年以来，无极县一、二、三产业的结构发生明显的变化，由一产占主导地位转变为二产主导的局面。1989年无极县一、二、三产的结构为56∶30∶14，一产占据主导地位。1993年，三产结构为39∶42∶18，第一产业下降，第二产业增加，第二产业首次超过了一产，产业结构明显优化，经济快速增长，出现了连续多年的高速发展。2000年，第三产业比重达31%，当年的三次产业结构为25∶44∶31。2005年，一产降到了18%，三产业结构为18∶54∶28.

17年来，三产业结构1989年的一、二、三格局，1993年变为二、一、三格局，1997年发展为二、三、一格局。在今后的相当一段时间内，二产特别是工业仍然是全县国民经济的支柱和主导产业。

第二节　产业内部结构

一、第一产业结构

1989年以前，农业一直以种植业和畜牧业为主，1989年种植业占农业总产值的60%，牧业占22%，副业占18%。随着人民生活水平的提高，加上市场畜产品价格增幅远高于粮食，在商品经济观念和比较效益的驱使下，种植业增幅趋缓，畜牧业、林业、渔业比重上升。1998年，畜牧业比重首次超过种植业，2005年，畜牧业比重超过种植业11.4个百分点。畜牧业由过去猪牛鸡等散养户养，发展到规模养殖、成片养殖；畜禽品种逐步优化；蛋鸡、奶牛形成大规模科学饲养、产业化养殖，丰富了人民群众的肉蛋奶需要，提高了人民的生活质量。

种植业在保证粮食作物种植的基础上，发展蔬菜种植。粮食作物保持平稳的种植面积，科学施肥，科学防虫、除虫，改善农业生态环境，提高单位面积产量，由1989年的亩产385千克，1999年达到492千克。10年间，亩产提高了107千克。虽然受气候灾害的影响平均亩产不断出现反复，但仍然保持了持续健康地发展和提高。蔬菜瓜类种植面积由1989年的6.5万亩，2000年突破10万亩，为10.4万亩，2005年为13.6万亩；产量由1989年的19.8万吨，2000年为36万吨，平均递增5.6%。到2005年为63万吨，17年间平均递增7%。种植业的发展保证了人民的基本用粮、工业用粮和国家储备，丰富了人们的菜篮子。

二、第二产业结构

无极县第二产业以工业为主，建筑业占比重较小，所以二产结构主要是工业结构。

1989年以来，贯彻“改革、开放、搞活”的政策，实行经济责任制，扩大企业自主权，全县工业飞速发展，经济实力不断增强。先后建成冀中化工、工贸造纸、华加药业及华龙制药等企业，工业生产飞速发展，全县已初步形成具有一定规模和基础的工业经济运行体系。2003年规模以上工业企业49家，其中拥有大中型工业企业4家。特别是工业产品由单一化步入多元化，形成化工、机械、医药、轻工、皮革、木线、针织、饲料八大行业，产品品种200多种，20多种产品远销国际市场。开发了大量新产品，填补了无极县工业生产上的空白，并建立了多层次、多渠道的产销结构，工业生产呈现良好运行态势。

1989年乡及乡以上工业企业总产值（不变价）按经济类型分国有经济占41%，集体经济占59%。按轻重工业分轻工业60.4%，重工业占39.6%。1990年国有经济占50.4%，增加近十个百分点，集体经济占49.6%。轻重工业比例轻工业占56.6%，重工业占43.4%。

1998年以后，乡及乡以上工业改称国有及年销售收入500万元以上工业（简称规模以上工业），1998年，这部分企业共40个，产品销售收入101559万元，其中国有的15个，销售收入21223万元，占企业个数37.5%，占销售收入20.9%。属集体所有的企业18个，占企业个数的45%，销售收入43345万元，占销售收入的42.7%。三资企业一个，其他经济成分6个，这七家企业占企业总个数的17.5%，七家企业销售收入36991万元，占销售收入的36.4%。这充分看出，改革开放的深入，市场经济的运行，多种经济成分向更优化的方向发展。到2003年，规模以上企业个数49个，其中国有6个，占12.2%，集体9个，占18.4%，三资企业2个，其他经济成分32个，34个企业占69.4%。五年中，国有、集体、其他经济（含三资企业）企业个数的比例由37.5∶45∶17.5变为12.2∶18.4∶69.4。销售收入由20.9∶42.7∶36.4变为5.9∶24.5∶69.6，充分显示了在县域工业经济运行中集体经济和其他经济的生机和活力。

三、第三产业结构

第三产业除农业、工业、建筑业以外的各行业都为第三产业，其门类多、范围广，在48个行业种类中，无极县第三产业以交通运输、信息产业、零售贸易餐饮业为主要门类。17年来，随着县域经济的发展，全县公路、交通运输事业飞速发展，形成了境内省县干道畅通无阻，乡村公路四通八达的交通运输网络。1989年初，已建成沥青路、水泥路16条，全长143.95公里，其中省道1条，水泥混凝土路面境内达27.89公里；县道2条，长29.05公里；乡道13条，长89.01公里；连村道路113条，长252.25公里。全县20个乡（镇）均已通公路。经过十几年的发展，特别是小康建设的推进，道路建设在质和量的方面均达到历史最好水平。到2005年底，省级公路62.144公里，县级公路90.815公里，乡级公路161.015公里，村级公路218.85公里。同时，全县交通运输车辆由1989年的780辆增至2005年的1394辆。1999年底新增设了1、2、3、4路40辆联通城乡公交车。2003年底，县城内增设了“招手停”公交车，大大方便了城乡居民的出行。

信息产业发展迅速。1988年建筑面积3160平方米的邮电大楼落成后，引进先进的通讯技术，甩掉“摇把子”，实现程控交换、光缆传输的历史飞跃，程控交换机容量98000门。随着经济发展及社会进步，电信不断增容，2003年实现装机容量97384门，移动用户达75000个。邮政通讯自动化水平迅速提高，部分业务实现了与国际接轨，新增和发展了长途直拨、无线寻呼、移动电话、数据通信、礼仪电话、邮政储蓄、特快专递等业务内容。邮政电信技术水平增强，传输全部实现数字化、交换全部程控化，电话号码升位，移动通信实现了与全国联网和漫游，适应了社会各层次用户的需求。

随着改革开放及市场经济的运行，无极县贸易经济也得到繁荣和飞跃。商品零售额由1989年的21024万元增加到2005年的264820万元，年均增长16.6%。以国有经济占主导地位的经济类型，向集体和个体倾斜。到2005年，个体经济零售额达到了227589万元，在整个商品零售额中的份额达86%，个体经济占主要比重。

金融保险业发展迅速。1978年以后，金融业进入改革振兴阶段，恢复和相继建立中国工商银行、中国农业银行、中国人民建设银行、中国银行、中国人民银行和中国人民保险及信用合作联社分支机构。各机构分工协作，其业务、网点和队伍不断壮大，日益显示出金融业在国民经济中的重要地位和作用。到2005年，无极县金融机构

7家，存款额434532万元，贷款额174697万元。金融业有效地带动全县经济和各项事业的发展。

第三章 经济效益与质量

1989—2005年，无极经济逐步由劳动密集型转向资产密集型，资本投入逐步加大，劳动生产率明显提高。经济效益与质量除全县主要经济指标可体现全县经济效益外，从农民和城镇居民的生活水平和质量更可以看到经济发展和社会进步体现出来的经济效益和质量。

第一节 经济效益

一、农民生活消费

在党和政府的领导下，农民的生活明显改善，特别是改革开放以来，随着国民经济的快速发展，全县农民的收入和消费水平都有了很大的提高。农民在衣、食、住、行方面都得到很大的改善。这个时期是新中国成立以来全县农民得到实惠最多，生活水平提高最快的时期。

以农业为主多业并举，农民收入成倍增长。改革开放以后农村的经济结构得到调整，经营体制发生重大变化，农民的商品意识不断增强，农民收入迅速增加。到2005年，全县农民人均纯收入4476元，比1989年增加3713元，增长了4.9倍。其增长速度之快幅度之大，都是前所未有的。农民收入的构成比重发生质的变化。在农民人均纯收入中，工资性收入的出现成为农民收入中的一大亮点，所占比重达38.6%，在纯收入中占有举足轻重的地位。农民人均家庭经营收入所占比重达89.5%。在家庭经营收入中，改变以农业为主的局面，非农产业得到迅速发展，农业收入比重下降到27.4%，非农业收入比重提高到72.6%。

生活消费由低水平向多层次、高水平发展。随着农民收入的大幅度增加，消费水平也相应提高。2005年，农民人均生活消费总额达2296元。在生活消费额大幅度增长的同时，消费结构发生明显的变化。吃和穿的比重分别为42.2%和8.5%，居住和其他消费比重上升到49.3%。吃、穿、住、行都向高档次发展，农民的生活水平越来越高。家庭居住条件得到充分改善，2005年，人均修建住房支出额为598元，人均住房面积37.57平方米，与城镇居民相比，农村人均住房面积要高出30.8%。钢筋混凝土结构房屋，占所有住房的65%，房子越盖越大，质量越盖越好，城市现代化的生活方式正在进入农村千家万户。高档耐用消费品进入普通百姓家。2005年农民平均每百户拥有彩色电视机99台、影碟机5台、摩托车52辆、电冰箱44台、固定电话71部、移动电话61部、空调机12台、家用汽车1辆、摄像机6台、微波炉4台。

二、城镇居民消费

据城镇50户抽样调查资料显示，无极县城镇居民收入增长迅速，2005年人均可支配收入为8339元，比1996年增长87.6%。城镇居民收入的增长为居民生活质量的提高奠定坚实的物质基础，也促进城镇居民家庭生活观念及生活方式的改变，居民消费水平也随之大幅度提高且结构更趋合理。2005年居民消费支出人均4475.15元，比1996年人均增加654.65元，增长17.1%。从消费结构看，城镇居民的恩格尔系数2005年为30.6%，比1996年下降6个百分点，说明居民消费质量明显提高，而衣着、家庭用品类等占消费支出的比重也都有不同程度的增加。

1. 食品消费

1996年以前，城镇居民食品消费的主要特征是追求数量上的满足，主食品所占比重较大，随着1996年无极县小康县的顺利实现，食品消费由“温饱型”进入“小康型”，随着居民消费质量的提高，高蛋白、高营养、高碳水化合物及低脂肪的“三高一低”的饮食结构已成为城镇居民饮食生活的一大准则，新鲜的蔬菜水果、小杂粮、豆制品、奶制品及各类蛋品、水产品等消费比重逐年增加，而主食品消费比重则相对减少。据调查，1996年无极县居民家庭用于副食品及瓜果等其他食品消费支出占食品总支出的比重为64.5%，2005年增加到70.5%，主食品的消费比重由1996年35.5%减少到2005年的14.5%。

2. 衣着消费

1996年以前，城镇居民穿着花色品种比较单一，衣着消费较长时期主要是解决穿暖的问题，衣着消费以低档次商品为主，由于居民生活的不断改善，衣着支出有了较快的增加，彻底改变了“新三年，旧三年、缝缝补补又三年”的传统观念，灰、蓝、绿色的干部服、列宁装、中山装单调的装束已不复存在，一衣多季和一衣多场地的情况已成为历史。多色调、多款式、多类型的服饰被人们所接受，服装市场变得越来越绚丽多彩。

3. 主要耐用品

过去，由于居民收入低，而且商品短缺，大多数居民无力购买耐用生活消费品。随着居民收入的日益增加，除改善衣、食、住、行条件以外，购置生活耐用消费品数量也越来越多。耐用品的增长，不但表现在量的增加上，还表现在消费档次的提高。20世纪90年代初电话、空调、摩托车、录像机进入居民家庭，部分高收入家庭已把目标描向了住房、电脑、小轿车等消费新大件。1996年底，职工家庭主要消费品每百户拥有彩电53台，电冰箱38台、洗衣机49台、自行车108台。到2005年底，每百户拥有彩电130台，电冰箱82台，洗衣机102台，电脑42台，家用汽车4辆，助力车6辆，空调器78台，微波炉14台，饮水机36台，健身器10套，吸尘器6台，固定电话102部，移动电话114部。

第二节　生产力水平

无极县区域面积524平方公里，2005年底总人口485057人，人口密度926人/平方公里。总耕地面积529545亩，人均耕地1.09亩，全县人均粮食产出量2005年达到720千克，比1989年的683千克增加了37千克。

2000年的人口普查，全县总人口中，接受大学（指大专以上）教育的4184人，占总人口的0.87%；接受高中教育的35893人，占总人口的7.42%；接受初中教育的187187人，占总人口的38.71%；接受小学教育的193732人，占总人口的40.07%。同1990年第四次全国人口普查相比，每10万人中拥有各种受教育程度的人数有如下变化：具有大学文化程度的由267人上升为865人，提高2.2倍；具有高中文化程度的由5500人上升为7423人，提高35%；具有初中文化程度的由23102人上升为38712人，提高24%；具有小学文化程度的由36367人上升为40065人，提高10%。

“科学技术是第一生产力”。1990年全县各类专业技术人员3543人，其中高级职称60人，中级职称752人，初级职称2731人。到2000年全县各类专业技术人员4375人，比1990年增加832人，提高23.5%。其中，高级职称75人，增加15人，提高25%；中级职称3500人，增加2748人，提高2.8倍；初级职称800人。到2005年，全县各类专业技术人员5395人，比2000年增加1020人，提高23.3%。其中，高级职称95人，增加20人，提高26.7%，中级职称4000人，增加500人，提高14.3%；初级职称1300人，增加500人，提高62.5%。

随着农业机械化水平的不断提高和发展，改

善了农业生产条件，提高了抗御自然灾害的能力，促进了农业增产增收。2005年，全县农业机械总动力达到85.6万千瓦，农业机械原值3.98亿元，净值2.78亿元；农机用户52218户，农用拖拉机拥有量12660台，配套农具4543部，大中型拖拉机与农机具的配套比1∶1.85；小麦联合收割机达到836台，小麦生产机械化程度达100%，全县38.5万亩小麦收获时间5天。玉米生产机械化程度达53%。农用运输车辆保有量26163辆。秸秆还田、秸秆切碎青储、精少量播种、旋耕、化肥深施、秸秆切抛打捆、保护性耕作、玉米联合收获和畜牧养殖等新型机械设备也以较快的速度发展。随着农村电力建设的加快，电动机取代柴油机，农用排灌动力机械全部实现电机化。1996年小麦联合收割机开始普及，1999年推广玉米秸秆还田技术，秸秆综合利用达100%。2000年推广了小麦免耕覆盖播种机。农用机械已成为农业生产和农村经济发展的重要物质和技术基础，2005年全部实现机械耕整作业、小麦全部实现自动机械收割脱粒。到2005年，交通运输公路里程533公里，电力高压线路1240公里，低压线路2960公里，变电站110kV及以上2座，35kV站11座，配电电压器总容量283620kVA，对工农业生产和群众生活用电提供可靠保证。

2005年底，全县拥有规模以上工业企业58家，固定资产净值4.43亿元，500万元以下非国有工业企业3430家，固定资产原值3.15亿元，民营企业12766家，个体户4464家，这些企业及个体户促进了经济的快速发展。

全县有金融机构9个。其中，银行7家，保险业2家，保证了存贷资金使用的方便快捷。

第四章　固定资产投资

随着经济建设和社会发展，无极县农业、林业、畜牧、水利、工业、乡镇企业、交通、邮电、电力、城建、商业等行业的投资建设不断加大，投资效益日益提高。

从国有经济及其他经济投资情况看，投资结构：

“七五”计划期（1986—1990年），国有及其他经济累计总投资7216万元，累计项目74个，其中基本建设投资1549万元，占21.5%，更新改造投资5143万元，占71.3%，城镇集体投资524万元，占7.2%。

“八五”计划期（1991—1995年），国有及其他总投资47255万元，比“七五”增长5.5倍，累计项目201个，比“七五”增长2倍，其中基本建设投资12537万元，比“七五”增长7倍，更新改造投资30202万元，比“七五”增长4.9倍，城镇集体投资4516万元，比“七五”增长7.6倍。三项投资的结构比例为26.5∶63.9∶9.6，比“七五”期的21.5∶71.3∶7.2比例，基本建设和城镇集体投资加快了步伐。

“九五”计划期（1996—2000年），国有及其他投资达到100110万元，比“八五”期增长1.1倍，投资项目相对有所减少，项目质量进一步提高，科技含量高、经济效益好、基础设施项目少是这一时期的投资重点。投资结构比例为26.2∶72.6∶1.2。

“十五”计划期（2001—2005年），国有及其他投资总额达到266743万元，比“九五”期增长1.66倍，年均增加3.33亿元。累计项目257个，比“九五”期增长37.4%。

道路建设。由20世纪50—60年代的土路，发展成为水泥路、油面路，尤其是经过第一轮小康建设，实现了村间的路面硬化。省道正港线、无繁线、定魏线贯穿全县，乡道“四通八达”，村道畅通无阻，全县用于道路建设的投资累计19072万元，通车里程达到了596公里。

社会公益事业建设投入效益明显。以人民商场、供销大楼、幸福大厦等为代表的商业性购物网点遍布县城。光明小区、锦绣园小区、昌盛园小区的建立，进一步美化了县城，方便了人民生活；中行、农行、工行、无极大厦、政府办公楼等一批行政设施提高了机关形象，无极中学、二中、职教中心及一大批乡镇中心学校的改建和县医院门诊楼的建设，使全县教育卫生事业上了一个新台阶。

随着经济的快速发展，电力工业的发展与用电需求之间的矛盾日益突出，工业用电量与日俱增，全县先后共建成投产35kV变电站8座，110kV变电站1座，220kV变电站1座，供电设备、用电设备得到极大改善。

城市综合污水处理厂投资5435万元，华润公司对位酯项目7000万元，冀中化工厂浓硝酸改造4914万元和投资4820万元的合成氨综合节能改造等一大批项目的陆续建成。随着县域经济实力的不断增强，经济积累逐年雄厚，在注重生产发展的同时，投资领域不断拓宽，农业建设、城镇建设以及商业楼、办公楼、住宅楼的兴建，直接拉动基本建设投资的快速增长。与此同时，投资方向也从第一、二产业向第三产业倾斜，第三产业成为投资热点，丰富人民的物质文化需求，取得了较好的社会效益。

1989—2005年无极县固定资产投资情况表

表7–3　　　　单位：万元

年度	全社会投资	1.国有及其他					2.农村集体	3.私人建房
		合 计	项目个数	基本建设	更新改造	城镇集体		
1989	785	785	9	97	688			
1990	2829	2829	28	369	2192	268		
1991	2741	2741	40	680	1785	276		
1992	7797	7797	43	2660	3615	1522		
1993	11594	11594	31	4631	5875	1088		
1994	11751	11751	38	2722	8194	835		
1995	13372	13372	49	1844	10733	795		
1996	14356	14356	45	2133	11803	420		
1997	42345	16353	38	2799	13309	245	25992	
1998	37960	18569	33	5152	13227	190	19391	
1999	51878	24247	38	6220	17845	182	24438	3193
2000	61803	26585	33	9958	16485	142	32477	2741
2001	59056	28710	46	10170	18100	440	28256	2090
2002	61847	31148	48	10618	19810	720	28571	2128
2003	86778	43578	37	17058	26520	0	40200	3000

续表 7–3

年度	全社会投资	1. 国有及其他					2. 农村集体	3. 私人建房
		合 计	项目个数	基本建设	更新改造	城镇集体		
2004	140504	65134	40	32174	32960	—	42150	33220
2005	175112	98173	86	49063	49110	—	43000	33939

为进一步强化项目意识，加快推进项目建设进度，加强重点项目的服务和管理，保证重点项目工程质量，提高投资效益，促进全县国民经济持续、快速、健康发展，根据无极县项目建设工作实际，成立了重点项目领导小组，县长任组长，分管副书记、副县长任副组长，县直有关单位主要负责人为成员。领导全县重点项目的组织、决策、协调及管理工作。县重点项目原则上每年初确定一次，由有关部门向县重点项目小组提出申报，县重点项目小组汇总审查综合平衡后，报县委、县政府审定。对列入县重点项目的审批或核准、备案等实行全程服务，县重点项目小组每月统计重点项目进度情况并报政府主管领导，以督促、监督、协助重点项目的建设。

第五章　招　商

第一节　招商引资

为优化招商引资环境，吸引更多的企业来无极投资，相继出台一系列招商引资政策措施。1996 年无极县招商局成立以后，着手招商政策的起草工作。在已有的相关政策的基础上，借鉴外地招商引资优惠政策，结合无极县实际情况，县起草《无极县人民政府关于引进资金的奖励规定》和《无极县人民政府鼓励投资政策》的规定。招商引资新政策措施的出台，为外来客商提供了政策保障，从而加快了招商引资项目的落实，进一步提升了无极投资环境竞争力。

一、政策措施

对生产性外商投资企业，经营期在 10 年以上的，从开始获利年度起，第一年和第二年免征企业所得税，第三年至第五年减半征收企业所得税，第一年至第五年免征地方所得税，第六年至第十年减半征收地方所得税，从开始生产、经营的年度起，五年内免征房产税和车船使用牌照税；对非生产性外商投资企业，经营期在十年以上的，从开始获利年度起，第一年和第二年免征地方所得税，第三年至第五年减半征收地方所得税。从开始经营的年度起，两年内免征房产税和车船使用牌照税。

外商投资兴办的产品出口型企业，依照税法规定免征、减半征收所得税期间，同时免征地方所得税、房产税、车船使用牌照税；在免征、减征企业所得税期满后，凡当年出口产品产值达到企业产品产值 70% 及其以上的，由对外经济贸易主管部门认定，可以依照税法规定的税率，减半征收企业所得税；由税务部门批准免征地方所得税、房产税和车船使用牌照税。

外商投资兴办的先进技术型企业，依照税法规定免征、减征企业所得税期满后仍被认定为先进技术型企业的，可以依照税法规定的税率延长

3年减半征收企业所得税。依照税法规定免征、减半征收企业所得税期间，免征地方所得税、房产税和车船使用牌照税；满税期满后，仍被认定为先进技术型企业的年度，由企业申请，经税务部门批准，免征地方所得税、房产税和车船使用牌照税。

从事农业、林业、牧业的外商投资企业，经营期在10年以上的，在免税、减税期满后，经企业申请税务部门批准，在以后的经营期内可以按应纳税额减征15%～30%的企业所得税。

外商投资企业的外国投资者或者境外投资者，将从企业取得的利润经外汇管理部门认定后，再直接投资于该企业、增加注册资本或者开办其他外商投资企业，经营期不少于5年的，可以退还在投资部分已缴纳的企业所得税税款的40%。将从企业分得的利润在投资开办、扩建产品出口型企业或先进技术型企业的，可以退还在投资部分已缴纳的企业所得税税款。

外国投资者从外商投资企业所取得的利润，免征所得税。

外商投资企业生产的产品直接出口或者销售给出口企业出口的，按《中华人民共和国增值税暂行条例》的规定办理退税。

外商投资企业固定资产的折旧，由于特殊原因，经批准可以加速折旧，年折旧率为20%～30%。

台湾、香港、澳门同胞，海外侨胞及其亲友提供的外汇兴办的企业，或者以其亲友代理人身份兴办的企业，凡投资额和比例符合法律规定的，经对外贸易主管部门批准，可以按照外商投资企业对待。

允许外商承包和租赁国有、集体、私营企业；允许外商购买国有、集体、私营企业的股权。支柱产业项目需由中方控股。凡符合法定投资条件的，经对外经济贸易主管部门批准，可以按照外商投资企业对待。

外商投资企业的工程建设，可以为县重点项目予以保证，优先提供所需的水、电、工具和通讯设施，优先提供各种建设物资。外商投资企业在生产和流通中所需流动资金，银行给予优先安排，劳动人事部门积极协助外商投资企业招用各种工人和管理人员。

外商投资企业需占用土地，县政府从价格上给予优惠，在选址、征地手续的办理上给予优先安排。对外商投资企业减半征收耕地占用税留县部分、质量监督费和选址规划费，依法取得土地使用权的土地可以转让、出租、抵押。

凡外商投资所需办的有关手续，县采取一站式服务，统一由县招商合作局办理，需本县审批或上报的文件和材料一律不超过三天办清。

外商投资企业为县的重点保护企业，任何单位和个人不得乱收费，乱摊派，若有此类情况，外商投资企业有权拒收，并向县政府有关部门投诉。

1997年无极县人民政府关于引进资金的奖励规定：

对单位和个人引进国内外无偿资金者，按引进额的10%一次性提奖，无偿资金在50万元（含）以上者，并可照顾安排一名符合条件的亲属进入行政事业单位工作；引进无息周转金者，按月平均余额的5‰提奖；对新争取到上级专项拨款的视情况给予15‰以下一次性奖励。

对非金融单位和个人引进资金，试用期在半年（含）以上一年以下，与国家贷款利率持平或低于正常利率的，按引进额的10‰以下一次性提奖；高于国家正常利率的，视情况按引进额的8‰以下一次性提奖。试用期在一年（含）以上，与国家贷款利率持平或低于正常利率的，按引进额的13‰以下一次性提奖；高于国家正常利率的，视情况按引进额的10‰以下一次性提奖。

对金融单位按比上年新增贷款余额实施奖励。贷款期限在半年（含）以上一年以下的，按新增贷款余额的4‰一次性提奖；贷款期限在一年（含）以上的，按新增贷款余额的8‰一次性提奖。

对单位和个人引进国外贷款，期限在三年（含）以上五年以下的，按引进额的15‰一次性提奖；期限在五年（含）以上的，按引进额的20‰一次性提奖。

对单位和个人引进国内有偿资金2000万元、国外有偿资金100万美元、国内外无偿资金50万元（外币按折合人民币计算）者，除按规定提取奖励外，还要授予“振兴无极经济先进单位（个人）”荣誉称号。

2003年无极县出台《无极县人民政府鼓励投资政策》。外商在无极县投资兴办的企业，从企业获利年度起，第一年至第三年对该企业当年上缴所得税留县部分全部返还（嫁改、兼并、参股、收购、重组现有企业的，按新增所得税计算）。

国有资产入股举办内外商投资企业或向内外商出售国有资产（不含国有划拨土地），成交价不低于评估值80%，经国有资产管理部门批准；低于80%的，报县政府批准。

向内外商出售国有企业的，出售企业的资金收入，由购买者申请，经政府批准可在资产抵押后以低于同期银行贷款利率借给企业使用三年。

内外商投资企业由于特殊原因，需要对固定资产加速折旧的，由企业提出申请，经有关部门批准，加速折旧。

内外商投资企业，以出让方式取得土地使用权的，视企业情况，经政府批准。可返还企业土地出让金。对投资亿元以上、占地500亩以下的企业，政府无偿提供土地使用权。

对引荐项目、资金和人才的中介人员由受益单位给予奖励。（1）凡为无极县引进项目，经有关部门考察认可，项目建成后，按固定资产投资的2‰～3‰给予一次性奖励。（2）单位或个人引进的无偿支援资金，按1‰～5‰提奖（不含专项拨款）；无息周转资金按月平均余额的4‰提奖；引进或拆入有息资金月利率在正常以下的，按月平均余额的1‰～2‰提奖；月利率在正常以上的按月平均余额的0.5‰～1‰提奖。（3）凡引进一位人才，所帮项目投产见效后，按年新增利润的1‰～2‰给予一次性奖励。

县政府所有职能部门，对投资者实行全方位、全天候、全程一站式服务，实行服务承诺制和限时工作制，并依法保护投资者的权益。

1993—2005年无极县招商引资活动情况一览表

表7–4

年度	引进资金（万美元）	引进项目（个）	协作项目（个）	引进人才（人）
1993	27			
1994	141			
1995	153.4			
1996	227.4			
1997	230.4			
1998	200			
1999	453.1			
2000	68			
2001	289.8			
2002	326	22	21	112

续表 7–4

年度	引进资金（万美元）	引进项目（个）	协作项目（个）	引进人才（人）
2003	363	25	23	112
2004	158	26	23	230
2005	32	25	23	210

二、资金引进

改革开放以来，无极县通过营造引资氛围，创造宽松投资环境，改革企业机制，加快引进资金步伐，为地方经济的发展注入了活力。无极为扩大对外开放，促进地方经济发展，把招商引资列入重要议事日程，为招商引资创造良好的社会氛围。“八五”（1990—1995 年）期间，全县累计引进外资 321.4 万美元。“九五”（1996—2000 年）期间，全县累计引进外资 1138.4 万美元。“十五”（2001—2005 年）期间，全县实际利用外资 1163.8 万美元。到“十五”末期，在册三资企业 14 家。

第二节　招商与协作

一、招商形式

改革开放以来，无极县采用多形式的招商方式，努力适应国际国内经济发展的新形势。制定实施招商引资的异地落户、利益共享机制，使招商引资既能符合产业布局规划，又能充分调动大家的积极性，形成招商引资与优化产业结构布局双向推动的良好机制。创新引资方式，积极采用直接投资、出让股权、转让特许经营权、BOT、TOT 等多种形式引资，推行产业链招商，积极发展代理招商、中介招商、委托招商等有效招商方式。主要招商方式有民间招商、网络招商、亲情招商、以商招商、参加各种形式的经贸洽谈会。无极县参加的招商活动主要有香港河北国际经贸洽谈会、河北省 5 · 18 经贸洽谈会、厦门 9 · 8 国际投洽会、石家庄国际吴桥杂技艺术节、石家庄–天津经济协作洽谈会和 11 · 1 石家庄投洽会暨健康节。2005 年，无极县代表团共 25 人，由常务副县长岳苓水任团长参加了 5 · 18 华侨华人—石市经济合作洽谈会，会上签约一万吨至十万吨污水处理项目、特殊油脂工厂项目、木塑复合材料项目等 8 个项目。

瑞典商务团参观齐盛公司皮革业

二、招商服务

1989 年以来，无极的招商工作取得飞速发展。进入 20 世纪 90 年代，无极县积极实施“工业立县、项目兴县”和“开放带动”发展战略，经济加速发展，基础设施投资环境日趋完善，为外商创造了良好的投资环境。1993 年，县制定以兴建“三资企业”为突破口，推进全方位开放战略，合资企业实现从无到有。1994年通过内引外联，外向型经济有了初步发展。1996年和1997年，先后出台《关于引进资金的优惠政策》和《鼓励外商投资的奖励办法》，积极引进资金，扩大外贸出口，提高内、外开放水平，至1997年底利用外资876万元，建成投产“三资”企业12家。2000年积极参加各种经贸洽谈会和展销会，组织多层次、多形式的招商引资活动，不断扩展合作领域与渠道。2002年外贸出口总值1.8亿元。2003年出台《关于鼓励外商投资的若干规定》，实施一系列关于外商投资、合资兼并等优惠政策与措施，进行项目策划和包装，以真诚的态度和优质服务，吸引客商扎根无极，投资兴业。2004年落实《中华人民共和国行政许可法》，简化办事手续，以“低门槛跨进、好环境留人、高效率服务”为理念，推行“一站式”办公、“一条龙”服务的全过程服务体系，改善招商引资的软硬环境，形成“洼地”效应，营造“招商、安商、亲商、富商”的良好氛围。对行政和非行政审批项目进行认真审核，取消447个审批项目，对154个保留项目的收费进行严格监督。2005年，创新招商理念，坚持以亲情招商、以乡情招商、以友情招商，形成招商引资的“连锁效应”和“群体效应”。开展“三进三访”（进机关、访纪律，进企业、访收费，进市场、访“三乱”）活动，加大发展环境整治力度，优化发展环境，到年底，吸引外资556万美元，吸引县外资金30亿元。

三、招商成果

“八五”期间（1990—1995年）无极县重点项目建设成效显著，投资环境得到优化。在对外开放方面，创汇农业和三资企业实现零的突破，县乡工业开工三资企业7家，累计实际利用外资321.4万美元。

“九五”期间（1996—2000年）无极县积极抓好利用外资工作。努力克服亚洲金融危机的严重影响，取得了较好的成绩。“九五”期间利用外资完成1178.9万美元，是“八五”期间的3.7倍。利用外资的领域涉及到医院、化工、地毯、皮革和建材。

“十五”期间（2001—2005年）全县实际利用外资1163.8万美元，与“九五”期间基本持平。到十五期末，在册三资企业有14家，涉及皮革、地毯、明胶、化工、食品等行业。

第三节　招商管理

1996年以前，无极县的招商引资工作由对外经济办公室负责。1996年1月，无极县招商合作局（1996.1—1998.3）成立，挂靠计划与经济局，由计划与经济局管理。招商合作局是县主管招商引资、经济协作的职能部门，其主要职能是负责全县对外开放工作，管理资金、技术、人才引进，组织对外招商工作；负责外资项目的申报工作。2002年5月，机构改革，经协办工作职能并入招商局，由发展计划局管理。

与天津科技大学合作创建皮革绿色技术与助剂研发

第六章 小康建设

第一节 总体规划

按照省、市要求，无极县被列为省规划二批小康县份之一。1994年7月，无极县根据省《农村小康建设规划纲要》要求，县委、县政府制定《无极县1994—1997年小康建设规划》。

一、现状

无极县认真贯彻党的富民政策，把小康建设做为一项系统工程来抓，经过上下共同努力，为小康建设创造有利条件。一是粮食生产稳定增长。1993年全县农村工农业总产值19.4亿元，比上年增长43.7%，其中农业总产值5.7亿元，，比上年增长5.9%，乡镇企业总产值13.7亿元，比上年增长48.7%；农民人均纯收入868元。在全县213个行政村中，人均纯收入800元以上的有173个，其中1000元以上15个，1200元以上4个，分别占总数的8%、7%、2%。无极镇东关村、北苏镇北苏村、楼下乡马桥村基本达到小康标准。

二、小康县建设规划

根据县的实际情况，无极县小康建设总的思路是以中共十四届三中全会精神为指针，以改革开放为动力，以大幅度提高农民收入为核心，以市场为导向，以发展“一优双高”农业和乡镇企业为重点，坚持两个文明建设一齐抓，分类指导，分层实施，梯次推进、总体考核、全面发展，到1997年全县农村实现小康标准。

鉴于各乡镇基础条件存在差异，小康建设坚持因地制宜、分类指导、分层次实施、总体考核、整体推进的原则。具体实施分三步走：

第一步，1994—1995年，为快速起步、点上突破阶段。工作重点是以市场经济为导向，在调整产业结构、培育和完善市场机制上下功夫，各乡镇本着“因地制宜，选准优势、夯实基础、快速发展”的原则，确定出各乡镇村的主导产业，选准致富突破口，夯实农民致富的基础。1994年底，全县农民人均纯收入950元，东中铺、西郝庄等31个村达到小康水平。1995年底，全县人均纯收入达到1050元以上，北苏、张段固、西东门、楼下4个乡镇及74个村实现小康。

第二步，1996年，为加速发展突飞猛进阶段。此阶段农业突出抓好“六项工程”建设，把工作重点放在提高经济效益、增加农民收入上；乡镇企业在现有十大行业的基础上，重点抓好皮革、拆车、摩托车配件、地毯、蛋白饲料等行业，提高水平、上规模、增效益，使之成为全县农村经济振兴的支柱产业。第三产业以完善服务体系、健全服务设施为重点，培育和建设各类农副产品和工业品市场，年底，全县农民人均纯收入1150元，七汲、甄村、高头、东侯坊、无极、郝庄、前北焦、大陈、东侯9个乡镇及55个村实现小康。

第三步，1997年，为巩固提高全面落实阶段。此阶段进一步保持农村经济的高速发展，集中精力打好郭吕、庄里、南马、郭庄、里城道、泗水、南流7个乡镇及51个村的攻坚战，全县人均生活水平达1200元以上，20个乡镇全部实现小康乡镇。同时，实现小康县的目标。

第二节 措 施

1994年，县委确立“分类指导、分层实施、梯次推进、总体考核、全面发展”的小康建设总体思路，把无极县小康建设分三步走，制定每个阶段的工作重点和小康建设目标及主要措施。

一、稳定和完善党在农村的各项基本政策，进一步调动农民奔小康的积极性

全面落实党在农村的各项政策，长期稳定以家庭联产承包责任制和统分结合的双层经营体制为主要的各项农村经济政策，保持政策的连续性，调动农民的积极性。稳定土地承包关系，建立健全土地使用权的流动机制，允许土地使用权的依法有偿转让，积极稳妥地推进土地适度规模经营，使土地向种田能手集中，进一步完善林果承包责任制，适当延长林果承包期。继续抓好减轻农民负担政策的落实，中央、省、市明令废除和取消的涉及负担项目要不折不扣地贯彻执行，坚决把农民负担控制在上年人均纯收入的5%之内。大力发展完善村级合作经济组织，通过发展壮大集体经济实力，增强服务手段，拓宽服务领域，进一步健全社会化服务体系。以市场为导向，大力发展贸工农一体化、产供销一条龙的经济模式，通过公司或企业的系列化服务，逐步形成各种专业性商品市场，推动农业在家庭经营的基础上向商品化、专业化和现代化转变。

二、认准优势，大力发展“一优双高”农业和乡镇企业

从实际出发，因地制宜调整农业结构，发展高效经济作物，以开展专业村建设为突破口，宜农则农、宜林则林、宜牧则牧、宜工则工、宜商则商，选准各自的奔小康之路，适应市场需求，更新品种，提高质量，加速农业的产业化、区域化、规模化布局，使农业走向种养加、产供销、农工商、农科教一体化的路子；乡镇企业坚持四个轮子一齐转，适合谁干谁就干的原则，各打各的优势仗，各走各的致富路，放开搞活，不拘模式，分类指导，全面发展。

三、加强和完善农村社会化服务体系

大力发展完善村级合作经济组织，壮大集体经济实力，增强服务手段，拓宽服务领域，强化服务功能，解决农民一家一户“办不了、办不好”的难题。围绕发展“一优双高”农业，建立健全信息、农技、农机、水利、畜牧、林果、物资和销售等八大服务体系，为农民提供产前、产中、产后系列化全方位服务。

四、加大投入，增加农业发展后劲

坚持国家、集体、个人多渠道投入原则，多方筹措资金。试行对农业项目进行股份合作开发，有条件的地方逐步建立健全以工补农制度，增加对农业的多向投入。增加各级财政对农业的投入，政府用于支农资金的增长幅度高于财政收入增长幅度两个百分点。用于农业的基金及上级下达的项目资金做到专款专用。建立健全劳动积累工制度，鼓励农民对农业投入，加强农田基本建设，在搞好现有河道堤坝管护同时，重点解决4000眼浅水井的更新改造工作和防渗节水工程，到1997年完成节水工程10万平方米。搞好水利设施的更新和农机具的配套工作。到1997年，农机动力由1993年的亩均0.75马力提高到亩均0.85马力。

第三节　达标验收

根据省小康村统一标准和全县农村经济状况及社会发展条件，按照“循序渐进、逐步提高、分类指导，全面发展”的原则，将全县农村小康建设过程和20个乡镇划分为五个档次，规定每个档次的指标体系，各村对照档次认档定位，报乡镇党委核准，由县小康办备案，要求各村一般每年晋升一个档次，达到一档村（小康村）标准报小康办验收，并按档次提出了对各乡镇每年度小康村晋档升级的要求和相关的奖惩制度。

1994—1996年，全县建成小康村182个，占全县213个村的85%。1995年建成小康乡镇1个，1996年有10个乡镇达到小康乡镇标准。三年来，用于基础设施的投资总计1.5亿元，修通村路189条，长296公里，投资5866万元，新建扩建学校113所，投资2260万元，新建扩建大队办公场所153处，其中新建办公楼54座，投资1109万元，电力投资2500万元，新建扩建改建变电站4座，经济建设进入快车道。1996年，全县实现国民生产总值24.5亿元，工农业总产值完成50.5亿元，第一、二、三产业增加值分别完成7.5亿元、10.5亿元和6.5亿元，完成财政收入7000.5万元，全县城乡储蓄余额达17.9亿元，各项贷款余额11.5亿元，全社会固定资产投资完成3.49亿元，社会消费品零售总额达6.34亿元，城镇居民人均生活费收入4446.09元，农民人均纯收入2672元，小康县建设取得明显进展。

1997年5月7—11日，省小康验收团一行15人，在省委农工部部长刘国庆的带领下，对无极县小康县建设进行验收。验收分综合组和统计监测组。验收组对抽签确定代表验收的3个乡镇、7个村和60多个农户分别进行了综合考核和统计检测考核。经过验收考核，验收组对无极县小康建设工作给予了充分肯定，无极县真正做到了以小康建设统揽工作全局，做到了以经济建设为中心，做到了物质文明和精神文明两手抓、两手都要硬。

1997年，在巩固提高小康县成果基础上，对未实现小康的村进行规划编制，年底如期通过验收。

1998年，小康建设由初级的、不全面的小康水准向建设宽裕型小康迈进。1999年制定了《中共无极县委、无极县人民政府关于建设宽裕型小康县的规划纲要》，规划编制到2005年。按照规划，每年都组织专门力量进村、进乡进行考核，将考核结果通报全县，对达到宽裕小康村进行命名，对张段固、东侯坊、城关3个典型乡镇和齐洽、东丰庄、马孤庄、北苏、马桥、东大户、西汉等10个典型村进行了表彰。到2005年底，80%的乡镇、90%的村达到宽裕型小康标准，此后，又转入新农村建设。

第七章 特色村

第一节 农业特色村

王村

王村位于七汲镇北部3公里处，人口2659人，720户，总耕地面积4200亩。1978年，村委会响应县委、县政府“农业种植结构调整”的号召，大力扶持村民进行种植业结构调整，村两委制定无偿供应大棚顶所用的木料、提供技术服务和优先贷款等一些优惠政策。村民席元生第一个响应，建起了第一个蔬菜大棚，大棚占地面积0.4亩，当年收入3000多元。1979年，席元生的两个兄弟各自建了一个大棚，收入比种小麦、玉米等作物效益高几倍。村民纷纷加入到大棚蔬菜种植的行列。到1980年，全村大棚蔬菜种植面积达到10余亩。随着种植面积的不断扩大和蔬菜产量的增加，蔬菜交易难逐渐突出，村两委班子为解决菜农卖菜难的问题，1985年由村投资，建起

科技进蔬菜大棚

一个小型蔬菜批发市场，成立“绿蔬蔬菜协会”，有效解决了菜农卖菜难的问题。为向规模化种植发展，1993 年，村统一调整了土地，把原来的零碎地块，调整成了能建大棚的大地块。通过地块调整，村民由原来一户只能建一个棚，变成一户能建多个大棚，推动了大棚蔬菜发展。同时带动了周围 50 多个村庄的村民进行大棚蔬菜种植，形成了以王村为中心的设施蔬菜基地。1998 年，王村与七汲镇政府共同投资扩建了蔬菜交易市场，新建的交易市场占地 100 亩，日成交量达 60 吨。1999 年，王村设施蔬菜生产基地被确定为“河北省首批九大无公害农产品生产基地”。绿蔬蔬菜协会经常聘请省、市知名农业专家来王村为菜农传播和讲解管理经验和新技术。在专家的帮助和指导下，种植品种由原来的韭菜、黄瓜，增加到西红柿、生菜、五色彩椒、芹菜等种植。截至 2005 年底，全村共有大棚 1800 个，占地面积 2000 多亩，每个大棚年收入 2 万元左右，村民年平均收入 4423 元。

高陵村

高陵村位于大陈镇政府西南 2 公里处，全村 956 户 3759 人，耕地 5648 亩，是大陈镇大葱种植重点村，涉及全村 70% 以上的农户。

高陵冬葱种植起步较早，种植历史有百年以上，因大葱口味重、葱白长，清代即为宫廷御用葱，有“贡葱”之称。

20 世纪 90 年代后，高陵冬葱种植面积逐年增加。1995 年成立高陵大葱交易市场，大葱种植面积达 3500 亩，年交易量近 30000 吨，交易额达 3000 万元。

2001 年，大陈镇调整农业产业结构，建立了高陵大葱生产基地，以高陵村为中心，辐射周边东东侯、石家庄、北家庄、大陈等村，大葱种植面积稳定在 8000 亩以上，产品远销山西、北京等地。2005 年，村人均纯收入 4290 元。

东大户村

东大户村地处无极县西北部，与新乐、定州接壤，是无极县的西北大门，全村共有农户 510 户，人口 1720 人。

东大户村有耕地 2100 多亩，沙滩地 500 多亩，西瓜、花生种植是传统优势项目。1995 年，村支部书记翟彦国引进地膜花生，地膜西瓜种植技术。地膜花生种植从 1995 年的 400 亩发展到 2005 年的 850 亩，地膜西瓜种植从 1995 年的 380 亩，发展到 2005 年的 800 亩。2001 年成立全县最大的“东大户村西瓜花生交易市场”，吸引邻近 4 个地市县种植户交易，年交易西瓜 8600 吨，花生 3200 吨，成为邻近 4 县市最大的西瓜、花生集散地。近年由于西瓜价格下降，利润空间变小，大户村转变种植结构和模式，逐步扩大大葱、草莓等其他经济作物的种植面积，全村大葱种植达 400 亩，草莓 500 亩，药用山药 300 亩，茄子、萝卜、大白菜等种植也有明显增加。同时，大力发展养殖业，规划养殖小区一个，鸡存栏 20 万只，猪存栏 3000 头，羊牛存栏 2000 只；兴办木器加工厂、铸造厂、地膜厂等企业 11 家，总资产达 1000 多万元，年利润达 200 多万元。东大户村农民人均纯收入已由 1996 年的 2000 元达 5200 元以上。

到 2005 年，村投资 31.5 万元硬化田间道路 3 条，3000 米；投资 30 万元修通村公路 1 条、南北街 2 条共计 7500 平方米；投资 6.6 万元铺设 6 条主要街道路沿砖 11000 块；投资 5.9 万元铺设便道砖 2950 平方米；投资 1.7 万元整修了花池；投资 3 万元建设了村民中心，整修了戏楼，硬化美化了村大队文化大院；投资 1 万元购买了健身器材，建成健身路径 1 条。全村卫生管理制度已建立健全，有卫生管理人员和专职清扫队伍，2 台运垃圾车，有垃圾填埋场，全村村民已全部用上自来水，已完成 80% 以上农户改厕任务。已完成四纵二横总长 3500 米的村内主要街道硬化，全村 16 条总长 7000 米，面积 21000 平方米的小巷也已全部硬化，主要街道路灯已安装。村主要街道都有排水能力，路旁无粪土堆放、无柴草堆积、无垃圾乱倒、无牲畜院外栓养、无家禽散养现象。村内有规范的卫生室，村民疾病预防，妇幼保健，常见疾病治疗有保障。

七汲村

七汲村位于无极县东部，距县城15里，南靠滋河，北邻木刀沟，正饶公路穿街而过。据史书记载，隋唐时期，由于河流的灌溉，当地土地肥沃，水草丰茂，成为一个天然牧场。养羊、宰羊、卖羊肉就成了七汲人谋求生活的一部分。时至今日，七汲人们仍然相传“一袋烟”的故事，说的是七汲宰羊高手，宰一只羊，只需要抽一袋烟的功夫。

过去，羊以散养为主，交易多靠马路市场，数量少，规模小，品种单一。改革开放后，七汲镇因势利导，鼓励农民以大规模养殖小尾寒羊为主，积极发展肉羊养殖、屠宰、贩销、加工等羊肉美食传统优势，聘请专业技术人员，对群众进行饲草配置、防疫灭病、品种改良等饲养技术培训，协调资金、养殖、屠宰场地，解决养殖户遇到的困难问题，促进七汲肉羊养殖、屠宰、销售美食加工向产业化发展。2003年，村里建立了肉羊养殖、屠宰专业园区，形成了集养殖—防疫检测—屠宰—加工—冷藏—美食一条龙的综合网络。七汲羊肉严格按科学技术规程生产，并申办了“七汲羊肉”商标，创造了自己的品牌，从而使七汲羊肉走出了无极。部分农民到陕西、内蒙古等地设点办店，组织收购幼羊，运回当地育肥、屠宰后再销往各地。到2005年，七汲村有60%以上农户，从事肉羊养殖生产业，从业人员1200余人，年交易量7万余只，交易金额3000万元，专业户人均年纯收入7180元。

肉羊养殖与屠宰业催生了七汲餐饮业的大发展，到2005年，“七汲全羊宴”和“七汲烤全羊”，不仅占领了无极饮食业的市场，不少农户到石家庄、保定等地开设“七汲全羊馆”，大大增加了七汲羊肉的销量，拉长了养羊产业链条，增加了养羊业的附加值，使农民年增收940万元。

七汲全羊美食烹制方法独特，用肉新鲜，羊头、羊排、羊腿、羊蹄、五脏六腑俱全，配以多种药材，研制开发了独具特色的“除腥去膻”工序，肉质纯正，营养丰富，味道鲜美可口，已成为四方宾客闻名而来的美味佳肴。2009年，“无极全羊宴制作技艺”被列入了河北省第三批非物质文化遗产名录。

第二节　皮革业特色村

齐洽村

齐洽村位于无极县城南6公里处，南距石黄高速12公里，距省会石家庄不足50公里，定魏线公路贯穿南北，交通四通八达，具有迅捷便利的交通条件。齐洽村现有耕地2421亩，人口2798人，农户720户，特色主导产业为皮革加工业。

1983年，当时全村只有三、五户小作坊加工皮革，1985年开始用转鼓加工，1989年全村转鼓普及，拥有转鼓加工户350多个，皮革加工收入达700多万元，成为该村一大经济支柱产业。随着皮革业的发展，环境污染问题日益突出。1996年全县明令关停取缔“十五小”，小制革在关停取缔之列。村党支部、村委会为实现皮革加工业持续发展，果断关停小制革。同时，筹建河北齐盛皮革股份有限公司，公司是以齐洽村制革户为投资主体联合组建而成为当时河北省农村皮革业第一家股份合作制企业，也是省环保验收批准正式生产的第一家污染治理达标企业。该公司于1997年9月20日投入生产，主要生产猪皮、牛皮、驴马皮、羊皮、服装革、沙发革、汽车座套革、箱包革、腰带革、手套革等系列产品，年产量达到450万张，产值达5亿多元，利税5千多万元。为使皮革业健康持续发展，公司近几年投资1500万元，购置治污设备，强化污染治理，严格检测，确保排放达标。为提高皮革产品质量和经济效益，占领市场，公司聘请全国有名技术人员对生产流程、工艺和生产用料进行改进，从而使皮革产品质量得到提高，占领了国内外市场，并远销美国、俄罗斯、欧洲、韩国，皮革产品供不应求。到2010年底公司年产值3.2亿元，创利税3200万元。同时，公司从鞣制、削匀、烘干、片层、涂饰到治污，销售分工分业，互利互惠，专业化生产经营，提高生产效益。整个运营呈现出投入、占用、消耗低，而产出、质量、效益高的集体化生产态势。吸引了山东、辽宁、石家庄、保定等省市及周围村的客商前往入股。

1996年，张段固镇以河北省齐盛皮革股份有限公司为中心规划建立了无极齐盛工业园区，成为全国最大的皮革初加工生产基地，2000年被农业部批准为国家级工业示范区。

到2010年齐洽村创办皮革业公司25个，其中投资千万元以上的公司8个，投资500万元以上的公司17个。皮革业的快速发展带动了全村餐饮、运输、劳务等行业的发展，解决全村近千名劳动力的工作问题。2010年村集体收入达800万元，农民人均纯收入达7500元。村民的生活质量得到快速提升，个人新建居民住宅楼300栋，购置电脑400台，手机2000部，私驾轿车100辆。

2000年，村党支部、村委会请专家为本村制定了现代化的建设方案，总规划面积72万平方米，共划分为五个区。一区为工业区，规划占地31.3万平方米；二区为商贸区，规划占地12.4万平方米；三区为居民区，规划占地13万平方米；四区为教育区，规划占地2万平方米；五区为休闲区。几年来，村投资600万元改善村交通状况，村内20多条街道已全部硬化；投资300多万元，建标准化小学一所。积极推进新民居建设，到2010年底，已建成6栋新民居住宅楼，入住70多户。

第三节　针织业特色村

史村

北苏镇史村位于无极县西部，是无极县踞省会石家庄最近的村子之一。全村有1045户，4060人。该村北邻正无路，直通藁城市区的公路穿村而过，地理位置优越。改革开放以后，便有村民去南三条进货赶集卖秋裤等针织品。1983年，村民高玉山和赵甲妮、赵双才3人合伙办起村里第一个针织品加工厂，加工秋裤内裤，代销给南三条搞批发的商贩。由于利润大，不久便带动了一批小型加工户，至1988年，加工户发展到90多户，机器设备200多台，村里一半劳动力从事针织行业。但是由于竞争激烈，利润减少，加上质量低劣和冒用正规厂家商标等问题，一部分加工户产品滞销，出现亏损，促使一些加工户由让人代销转向自销，在南三条租赁摊位。利用距市区近的优势，每天早出晚归批发，使史村的针织加工业不仅闻名全县，在南三条市场，也牢牢地站稳一席之地，产品远销北方十几个省区。

针织加工让史村的针织户开阔了眼界，积累了经验。1988年，高玉山、赵甲妮、赵双才、赵军山合伙投资十万元办起第一个织布厂。不到三年时间，出现了20个织布专业户，织布机由最初的6台发展到150多台，实现了有单一的机型向多机型多品种发展。1991年，4人和正定县的一个个体企业户联合，办起了第一个印染厂，实现了针织加工业的产销一条龙。但是由于建厂时未充分考虑排水等问题，选址不当，该厂投产不到三年就关闭了。

1994年，赵臭榜兄弟俩和晋县的一个个体企业主联合，投资50万元，占地4.5亩，在村北建起规模较大的印染厂。随后，2个印染厂应运而生。商户在竞争中生存，又在竞争中合作和发展，逐渐形成各自的特色，使印染品种越来越多，质量逐年提高。2002年，赵臭榜、赵山子等人投资550万元，建成规模10000锭的纺纱厂。2005年又投资上百万新建一个纺纱厂。

史村针织业经过近20年市场经济的磨砺，针织户出现了由小向大，由分散到集中，由家庭作坊式经营向工厂（公司）化转变的势头，产品品种多样化，专用设备齐全，拥有五鼠、川甲等20个具有自主知识产权的注册商标。全村有针织户110个，从业人员1900人，各类织布机300台，印染厂3个，纺纱厂2个，印花厂10个，固定资产约2500万元；形成了年产1500吨以上的加工能力，年销售额约1亿元，产品远销山西、内蒙古、新疆等地。

农业

无极是传统的农业县。1989 年后，农业和农村经济得到了长足发展，农业生产条件明显改善、农业综合生产能力显著提高。1991 年被列为利用世界银行贷款营造速生丰产林施工县。1992 年被列入全国十个平原县秸秆养牛示范县之一。农业综合开发被省政府授予“农业综合开发先进单位”称号。1993 年，实现了“吨粮县”。1995 年“平原农区秸秆养牛示范县”项目通过国家验收。1997 年被农业部列为“九五”期间首批国家商品粮基地县；速生丰产林达到 3.4 万亩，实现“甲级绿化县”。1999 年，王村设施蔬菜生产基地被确定为“河北省首批九大无公害农产品生产基地”之一，全县蔬菜产量 31.79 万吨。30.6 万亩玉米秸秆全部有效利用，被省、市评为秸秆综合利用先进县；被农业部确定为“瘦肉型猪生产基地县”，“中国—欧盟”奶牛业发展及商务合作项目落户无极，带动了全县奶牛业发展。果品总产量 4.5 万吨，“甄后”牌苹果被评为省名优产品。2000 年，被农业部列为“十五期间”国家优质粮基地县。

2005 年，全县农业总产值 25.4 亿元，粮食总产 35 万吨，畜牧业产值 14.4 亿元，占农业总产值的 56.5%，全县肉、蛋、奶总量分别达到了 7.2 万吨、5.9 万吨、2.4 万吨。

认真落实“一降三补”减负和补贴的支农惠农政策，截至 2005 年，累计减负 2270 万元，人均减负 50.7 元，累计发放直补资金 1280 万元，人均受益 93.9 元。

無極縣志

第一章　综合开发

第一节　农业区划

农业生产具有一定的地域性。按照农业的客观规律，在农业资源普查的基础上，1985年无极县编制《土地利用总体规划》，因地制宜，分类规划，将全县土地利用划分为三个类型区域。

一、北部沙壤粮、油、林、牧区

位于县北部，南临木刀沟，北与定州、新乐接壤。境内有弥勒河、涌泉沟自西向东穿过。包括里城道、大陈、七汲、南流乡镇的全部或一部分，共56个村。1989年，总面积219887亩，占全县总面积的25%，耕地面积154030亩，占全县耕地面积的28.9%；农业人口101554人，人均耕地1.52亩。2005年耕地153694亩，占全县总耕地面积29%；农业人口111771人，人均耕地1.38亩。

区内夏末秋初常发生雹灾，形成自新乐市入境，经里城道、东侯、高陵、小陈、泗水、南流东入深泽县的一条冰雹线。局部有沙丘缓岗起伏，土地宽敞，光、热、水资源比较丰富，大部分耕地以沙质土壤为主，肥力较低，适宜粮、油、林、牧并举发展。

二、中部轻壤粮、棉、菜高产区

位于县中部，西依藁城，东临深泽，北以木刀沟为界，南以固沙培肥综合开发利用区接壤，为无极县粮、油、瓜、菜的集中高产区。包括无极、七汲、张段固、高头、北苏、郝庄、东侯坊、郭庄8个乡镇的全部或一部分，共127个村。1989年，耕地面积339440亩，占全县耕地面积的63.83%；农业人口275550人，人均占有耕地1.23亩。2005年耕地334447亩，占全县总耕地面积63.15%；农业人口299180人，人均耕地1.12亩。

区内自然和生产条件较好，大部分为沙黏适中的轻壤土，土层深厚，保水保肥能力强，光热资源比较丰富，土壤类型虽有局部差异，但全区大部分耕地都适合农作物高产栽培。适宜种植粮食、蔬菜。

三、南部固沙培肥综合开发利用区

位于县南部，北以本县轻壤粮棉菜高产区为界，南临滹沱河，与藁城、晋州相望，自西向东呈带状，分布在滹沱河沿岸。包括郝庄乡的西郝庄、西中郝庄、东中郝庄、东郝庄、西陈村、东陈村、裴里村、北店尚、东店尚、西店尚、牛辛庄、东门；张段固镇的西两河、东两河；无极镇的营里、佛堂；七汲镇的西庄。共17个村。1989年，耕地面积38630亩，占全县耕地面积的7.3%；农业人口36040人，人均占有耕地1.07亩。2005年，耕地面积42400亩，占全县总耕地面积8.0%；农业人口43682人，人均耕地0.97亩。

区内土壤瘠薄，多沙少土，属于滹沱河、滏阳河区间，均系河流脱水而成的河滩地，近岸处土质较好，远岸处多沙，易受风沙侵袭。土壤肥力低，水利条件较好，适宜林、粮、油和豆科作物的间作套种，实行倒茬轮作。

第二节　开发工程

农业综合开发是改善农业生产条件和生态环境，加强农业基础设施建设，推进农业产业化经营和科技进步，提高农业综合效益的一项重要举措。无极的农业开发工作从1991年起正式实施。

1991—2005 年共承担了五期农业综合开发项目，总投资 5746.5 万元，农业综合开发土地 15.42 万亩。

一、开发工程项目

1990 年 8 月，无极县农业综合开发领导小组成立，编制无极县农业综合开发《中低产田改造》《宜农滩地开发》《种草养畜》项目建议书。1991 年经国家批准，无极县被正式列为海河流域平原农业综合开发区。

1991—1993 年，承担农业综合开发土地治理项目。项目区位于里城道、东侯、大陈三个乡镇，建设规模 5 万亩。开荒地规模 1 万亩，位于庄里乡。项目总投资 876.7 万元。项目区内沙地资源丰富，土壤瘠薄，肥力为下等水平。到 1993 年项目区修建防渗管道 259 公里，新上喷灌设备 16 套，挖排水沟渠 6 公里，建排水涵管 11 处，新修、翻修道路 261.7 公里。项目实施中大搞农田水利基本建设和植树造林、防风固沙、节水灌溉、培肥地力、推广先进的农业科学技术等工程，使项目区的面貌有了彻底改变，在持续几年干旱的气候条件下，粮食产量实现了持续稳定增长。

1994—1996 年承担海河平原农业综合开发项目，项目区位于南流、七汲、大陈三个乡镇，项目规模 4 万亩，开荒项目 1.9 万亩。项目总投资 2058.8 万元。中低产田项目区位于北部“神道滩”，土壤质地为通体沙质，有机质含量低，农田灌溉基础条件差。位于滹沱河沿岸的宜农荒地开发区荒沙遍野、光秃秃一片。通过实施农业开发，建立和完善了农田水利设施，中低产田项目区全部实现了井、泵、机、房、防渗管道五配套，水、土、田、林、路综合治理，制约农业发展的不利因素得到有效控制，使项目区生态环境和生产条件得到了根本性的转变。

1997—1999 年承担海河平原农业综合开发项目。项目区位于七汲镇、大陈镇，总投资 852 万元。完成中低产田改造 2.6 万亩，铺设防渗管道 57 公里，营造防护林 9.4 万株，新修、翻修道路 71.9 公里。项目区的生态环境和生产条件得到根本性的转变，通过工程的、生态的、技术的措施使中低产田区粮、棉、油产量突破了多年来的徘徊局面，一举跨入高产序列。1998 年扩建水解胶原蛋白饲料项目，完成投资 316 万元，建成年产 800 吨胶原蛋白车间和年产 700 吨的花卉专用肥车间，总建筑面积 1200 平方米。本项目新增产值 490 万元，新增利税 126 万元。

2000—2002 年承担农业综合开发项目。项目区位于里城道乡、郭庄镇，开发总面积 3.5 万亩，总投资 931 万元，其中中央财政资金 341 万元，省配套资金 132 万元，市配套资金 94 万元，县配套资金 103 万元，群众自筹 261 万元。共完成建设井房、井台 230 座，维修机井 140 眼，铺设防渗管道 153.6 公里，新上喷灌 38 套，新修、翻修道路 90.5 公里，营造防护林 14.4 万株。项目的实施进一步完善项目区农田水利设施，提高农业机械化程度，通过科技推广项目，提高农业增产的科技含量，促进农业结构调整和优质高效农业的发展。

2003—2005 年承担农业综合开发土地治理项目。项目区位于北苏镇，开发总面积 2.42 万亩，项目总投资 1028 万元，完成维修配套井 131 眼，铺设地下防渗管道 146.7 公里，新修、翻修道路 100.1 公里，营造农田防护林 0.13 万亩等。技术推广 9 项，推广面积 2.42 万亩。2004 年科技推广项目重点推广了“藁优 9415”小麦胞衣技术、小麦病虫害防治技术、节水灌溉技术等适用技术，完成投资 34 万元。

农业综合开发改善了农业生产基本条件和生态环境，提高了抵御自然灾害的能力，科技推广项目的实施，推进了农业科技进步，在作物的高产栽培、防病治虫、发展高效农业等方面起到了重要作用。

2005 年，申请利用世行贷款加强灌溉农业（三期）项目成功。该项目涉及北苏、七汲两个镇，22个自然村，为期5年，计划引进外资2956.2万元。

二、管理机构

无极县农业开发工作最初由土地局地政股负责。1990年8月成立无极县农业综合开发领导小组，政府常务副县长任组长。小组人员分别从土地局、农业局、林业局、水利局、畜牧局、农机局临时抽调，负责农业开发项目的立项、申报等工作。1991年11月，成立无极县农业开发办公室，为正科级事业单位，定编5人，负责农业综合开发项目的考察、实施、督导、验收等工作。1996年1月5日，开发办股室进行调整，保留原来的综合股和项目股，增加了工程股、科技股、物资股，人员增至15人。2002年7月，内设综合科、项目科、财经科、工程科，年底在册总人数为21人。2004年8月，内部科室调整，撤销项目科，增设土地项目科、产业化项目科、工程科。至2005年底开发办内设综合科、土地项目科、产业化项目科、工程科，在册总人数为24人。

第三节 产业调整

1989年，全县农作物总播种面积为92.5万亩，其中粮食作物播种面积77.5万亩，经济作物播种面积8.5万亩，其他作物播种面积6.5万亩。粮食作物以小麦、玉米、为主，经济作物以

饲草外运

太阳能大棚西瓜基地

花生、棉花为主。种植业总产值13951万元，占农业总产值的60%；全县年产干鲜果1.5万吨，林业总产值153万元，占农业总产值的0.6%；年底大牲畜5.38万头，生猪存栏23.2万头，牧业总产值5200万元；副业产值4105万元。20世纪90年代以前，农业产业结构种植单一，农、林、牧、副、渔各业比例失调。1990年后，县委、县政府从无极县实际出发，按照市场经济发展规律和市场机制要求，立足农村，推进农业生产结构及种植业内部结构调整。本着大稳定小调整的原则，在不放松粮食生产的基础上，以畜牧业为突破口，调整农业生产结构，主攻单产，提高产品质量，优先发展鲜奶、鲜菜、鲜肉、鲜蛋等鲜活产品，降低成本，提高农业产业化水平。到1998年，结构调整效果明显，种植业产值增长了25203万元，而所占比重降至45%，牧业产值所占的比重上升到46%。到2005年，农、林、牧业内部生产结构更加完善，38.5万亩优质小麦等粮食生产、12.8万亩蔬菜生产、生猪存栏31.62万头、肉牛存栏11.33万头、奶牛存栏1.15万头、蛋鸡存栏1258.66万只、肉羊存栏21.16万只、5.47万亩果树和30万平方米食用菌等新型产业兴起，基地建设初具规模，农村已由种植业为主向农林牧渔全面发展转化，由经营农业为主向综合经营转化，由生产初级产品向综合利用、多层次加工增值转化。2005年，全县农业总产值达到253662万元，其中种植业产值107510万元，畜

牧业产值 143333 万元，林业总产值 188 万元，渔业总产值 331 万元，农林牧渔服务业总产值 2300 万元。农民人均纯收入 4476 元。

1989—2005 年无极县农业内部产业结构比重表

表 8–1

单位：万元、%

年度	农业总产值	种植业	比重	林业	比重	牧业	比重	渔业	比重	副业（服务业）	比重
1989	23410	13951	60	153		5200	22	1		4105	18
1990	24000	11588	48	97		5539	23	2		6776	28
1991	47414	25498	54	362		15487	33	14		6053	13
1992	54037	29887	55	326		16357	30	15		7452	14
1993	56301	30086	53	400		17646	31	19		8150	14
1994	61823	31817	51	413		25414	41	29		4150	7
1995	68009	31972	47	470		29519	43	31		6017	9
1996	75094	35095	47	445		33509	45	45		6000	8
1997	81671	38794	48	401		36183	44	75		6298	8
1998	86790	39154	45	421		40209	46	78		6928	8
1999	91107	40535	44	301		42720	47	83		7468	8
2000	97144	42056	43	165		46699	48	84		8140	8
2001	101011	45588	45	133		49288	49	70		5932	6
2003	109496	49812	45	125		57668	53	156		1735	2
2004	246375	102109	41	207		141401	57	402		2256	1
2005	253662	107510	42	188		143333	57	331		2300	1

说明：表中比重数多为约数，比重不足 1% 的忽略不计

第二章　农业机械

1989—2005 年全县农业机械快速发展，农业机械化水平显著提高，实现由初级阶段向中级阶段的历史性跨越，农机结构不断优化，服务领域逐步拓展。发展机制根本转变，形成以政府投入为引导，集体、合作组织和农民个人投入为主体的多元化格局；资金投向、结构调整由以计划为主转向以市场调节和农业结构调整导向为主。农机服务由县乡范围的田间作业服务转变为面向省内外市场跨区综合作业服务，基层农机服务逐步走向市场化、专业化、产业化。管理机制由主要靠行政干预转向规范管理、政策引导和市场调控相结合，减少管理职能，强化服务意识。

2005 年底全县农业机械总动力达 85.6 万千瓦，农业机械原值 3.98 亿元，净值 2.78 亿元；农

机用户52218户，农用拖拉机拥有量12660台，配套农具4543部，大中型拖拉机与农机具的配套比1∶1.85；小麦联合收割机达到836台，小麦生产机械化程度达100%；玉米生产机械化程度达53%；农用运输车辆保有量26163辆。秸秆还田、秸秆切碎青储、精量播种、旋耕、化肥深施、秸秆切抛打捆、保护性耕作、玉米联合收获和畜牧养殖等新型机械设备也以较快的速度发展。农业机械已成为农业生产和农村经济发展的重要物质和技术基础。

第一节　农机种类

1989年全县主要为运输机械、耕种机械、排灌机械及少量的植保机械，其中大中型拖拉机150台，小型拖拉机4082台。随着农村经济体制改革的深入发展，农机经营方式的变革和农民收入的增加，新型农机具的不断推广，农业机械呈现出集约化、标准化、规模化、产业化的发展趋势，农机种类不断增多。

运输机械。拖拉机向大中型方向发展，2005年全县有大中型拖拉机1125台，其中轮式1099台，总动力达49171千瓦；小型拖拉机11535台，小四轮拖拉机11338台，总动力达127449千瓦。

随着农村电力建设的加快，电动机取代柴油机，农用排灌动力机械全部实现电机化。

耕作和种植机械。播种机逐渐取代传统播种方式，粮食作物逐步实行机种机播。2000年推广小麦免耕覆盖播种机，2005年播种机2169台。其中精量半精量播种机1350台，免耕播种机819台，小麦全部实现机械播种。20世纪90年代中期旋耕犁、机引犁等农机具得到快速发展，至2005年全县全部实现机械耕整作业。

收获机械。1989—1995年半人工半机械小麦脱粒机普遍使用。1996年小麦联合收割机开始普及，2005年小麦全部实现自动机械收割脱粒。20世纪90年代初期，玉米以人工收割半人工、半机械脱粒为主。1997年玉米联合收割机开始推广。在秸秆综合利用方面，1999年玉米秸秆还田机在全县推开，秸秆综合利用率达100%。2005年底全县有小麦联合收割机836台，玉米联合收割机11台，秸秆粉碎还田机996台。收获机具种类不断增加，包括小麦联合收割机、玉米收割机、玉米青饲料收获机、秸秆粉碎还田机、秸秆切抛机、打捆机、铡草机等。

农副产品加工机械。部分农户出资购买各种加工机械，办起个体加工厂，传统的石碾石磨逐步被淘汰。

农业机械的增加在提高农业生产效率、减轻农民劳动强度和农田基本建设、防灾抗灾等方面发挥了重要作用，促进了农村经济的迅速发展。

第二节　农机技术推广与供应

一、农机技术推广

农机技术推广工作本着因地制宜的原则坚持机械化、半机械化、手工工具并举，人畜机电并用，重点推广适合县情的农机具。农机新机具、新技术的推广在一定程度上提高了农业生产的机械化水平，改善了农民生产条件。

20世纪80年代初期，农村缺少农机具。80年代以后，在增补机具替换旧式农具的同时大量推广效率高、轻便省力、耕作质量好的各种新式农机具。围绕“科技兴农”战略，以节约成本、降低消耗、保证质量、提高效率、增加收益、保护环境为目标，做好农业机械的技术推广工作。发展使用了小麦联合收割机械、玉米联合收获机械、灌溉机械、烘干机械、设施农业机械、秸秆粉碎还田机械、农副产品加工机械等。推广普及联合收获、化肥深施、精量播种、节水灌溉、旱作农业和精密施肥等农机新技术。

小麦从种到收实现了从半机械化到机械化的转变。一是发展小麦联合收获技术。20世纪80年代，小麦收获主要使用小麦割晒机割倒，运到打麦场，再用小麦脱粒机脱粒，麦收时间将近20天。1989年首次补贴购买了小麦联合收割机。1996年小麦联合收割机保有量245台，1997年493台，1998年560台，1999年677台（其中自走式445台，牵引式232台）。全县38.5万亩小麦全部实现联合收获，麦收时间缩短到7天。至2005年底全县小麦联合收割机保有量836台，麦收时间减少到5天。二是拓宽小麦秸秆综合利用途径。为保护农业生态环境，从根本上杜绝焚烧小麦秸秆现象，2004年对全县小麦联合收割机实施了安装切抛机工程。2005年，全县小麦联合收割机安装切抛机达到100%，提高了秸秆利用率。三是推广小麦机械精量播种技术。1991年开始推行小麦精量播种机，1997年大量引进小麦精量播种机，在东侯坊乡甄村、北朱村搞了小麦精量播种示范方。2005年全县38.5万亩小麦全部实现精量播种。

机械化保护性耕作新技术、新机具的推广。机械化保护性耕作技术是农业耕作史上的一次变革。通过对农田实行免耕、少耕，用作物秸秆、残茬覆盖地表，用化学药物控制杂草生长和病虫害，减少土壤风蚀、水蚀，提高土壤肥力和抗旱能力。2000年无极县开始实施机械化保护性耕作项目，在张段固镇西辛庄村创建了一个占地20亩的机械化保护性耕作示范园，对耕地播种、旋耕播种、粉碎免耕播种、摘穗免耕播种四种模式进行了对比试验，并对小麦播种情况及小麦不同生长期的土壤养分、地湿、群体动态和天气状况等进行严格、详细的测试记录，取得第一手资料。经过科学管理、精心运做实验取得了初步成果。试验检测表明：实施机械化保护性耕作技术可提高土壤对水的利用率10%～20%，每亩降低作业成本25元，增产23千克。

2001年继续承办省机械化保护性耕作项目，补贴资金7.6万元，补贴机具5台，在西辛庄村推广机械化保护性耕作试验、示范面积达197亩，受益农户98户。2004年利用农业机械购置补贴这一惠农政策，补贴购置17台小麦免耕播种机。小麦免耕播种机保有量由2000年的5台发展到2005年的31台，小麦免耕播种辐射到全县11个乡镇，播种面积达5600亩。通过实验，证明机械化保护性耕作技术具有一定的经济效益、社会效益和生态效益。（1）经济效益。机械化保护性耕作比传统耕作平均亩增产15%～20%，减少耕作费用25元～30元/亩，提高土壤的蓄水能力，减少径流，增加有效水分，提高抗旱保墒能力，两茬农作物一般可少浇两次水，每亩年可节省水电成本50元～60元，每亩可节本增效120元～140元。（2）社会效益和生态效益。机械化保护性耕作比传统翻耕田可减少径流损失60%～70%，减少蒸发，提高水分利用率17%，充分利用天然水，节省了灌溉水，保护和节省了水资源；抑制土壤风蚀、水蚀，减少土壤流失，保护土地资源；增加土壤有机质，改善土壤团粒结构，培肥地力，减少化肥造成的土壤退化和环境污染；保护性耕作秸秆及残茬覆盖地表，可减低风速，根茬固土、秸秆挡土有效地减少土壤微粒的移动和飞扬，抑制和减少"沙尘暴"灾害；有效利用秸秆，减少资源浪费，减少空气污染和保护生态环境。

玉米联合收获和秸秆综合利用技术的推广。一、推广以玉米秸秆机械还田为主的秸秆综合利用技术。1990年秋在西候村召开全县玉米秸秆还田机演示会，1997年第一年补贴购买玉米收割机在东西侯村、西罗尚村搞了玉米联合收割试点，并召开玉米收割机作业及秸秆还田现场会。1999年在全县大力禁烧秸秆、县级资金的支持下，玉米秸秆还田机得到迅速推广，当年推广还田机551台，秸秆机械还田占全县玉米秸秆综合利用的85%。二、结合秸秆禁烧和农机购置补贴政策，把玉米联合收获、秸秆还田机械和配套的大型拖拉机列为补贴重点，推动了玉米收获、还田机械的销售。到2005年推广玉米联合收获机11台，还田机996台，完成玉米机收14940亩，秸秆还田面积 181650 亩，秸秆综合利用达 100%。三、玉米机械免耕直播技术推广。2005 年贴茬播种机保有量 802 台，全县 27.5 万亩玉米全部贴茬播种。

二、农机供应

2004 年，无极县首批承担国家农业机械购置补贴项目，当年落实国家农业机械购置项目补贴机具共计 61 台件，补贴资金 50 万元。省级农业机械购置补贴项目补贴机具 27 台，补贴资金 10 万元；市级农业机械购置补贴项目补贴机具 23 台，补贴资金 23.3 万元。2005 年落实部级农业机械购置补贴项目，补贴机具共计 81 台，补贴资金 50 万元；市级农业机械购置补贴补贴机具 36 台，补贴资金 23.4 万元。2004 年、2005 年两年补贴金额达 156.7 万元，补贴机具 228 台件，包括运输机械、收获机械、播种机械等。

示范区小麦不同耕作形式的成本核算及效益对比表

表 8–2

项目 / 耕作形式	农机费投入（元 / 亩）						其它（元 / 亩）					亩总投入（元）	亩投入对比（元）	亩产量（kg）	亩产量对比（kg）	亩产值（元）	亩纯收益（元）
	粉碎 2 遍	旋耕 2 遍	深耕	播种	收割小麦	合计	水电费	植保费	肥料	种子	合计						
深耕播种	25	0	20	10	30	85	36	5	80	30	151	236	0	350	0	350	114
旋耕播种	25	20	0	10	30	85	36	5	80	30	151	236	0	360	0	360	124
粉碎免耕播种	25	0	0	20	30	75	36	5	80	30	151	226	−10	360	10	360	134
摘穗免耕播种	0	0	0	30	30	60	36	5	80	30	151	211	−25	373	23	373	162

说明：旋耕播种、粉碎免耕播种、摘穗免耕播种比对照于深耕播种（每千克小麦按 1.00 元计算）

第三节　跨区作业

跨区作业包括夏、秋两季，夏季跨区作业有引进作业和外出作业两项；秋季跨区作业以外出作业为主。无极县从 1997 年开始组织小麦联合收割机跨区作业，1997 年根据《河北省人民政府办公厅关于做好小麦联合收割机跨区机收工作的通知》（办字〔1997〕39 号文），4 月农机局先后奔赴河南、山东、山西、衡水、廊坊等地，对跨区地域进行实地考察，筛选出作业地块大、作业收入高、作业秩序好，与当地小麦成熟期差距大的作业站点供各机手选择。5 月 20 日组织 40 台小麦联合收割机到河南鲁山跨区作业，6 月 6 日返回；同年引进河南新乡、鲁山、祁县 173 台小麦收割机到无极县作业。1998 年分两队外出鲁山 74 台、延津 108 台，引进鲁山 54 台；1999 年外出 118 台，引进河南鲁山、辉县、新乡共计 104 台；2000 年外出和引进达到高峰，外出 199 台，引进 124 台。随着农机服务的社会化、市场化，农机户开始自已结队外出作业。到 2005 年共组织小麦联合收割机外出作业 901 台次，引进外地小麦联合收割机 768 台次，保证了全县小麦抢收快打，颗粒归仓。同时也增加了农机手的收入。2003—2005 年组织秋季跨区作业三次，共组织秸秆还田机 200 台外出作业，帮助农机户创收 200 多万元。

农机局同时与农业局、卫生局配合，开展防传染病、植物病虫害传播和操作技术培训。凡进入无极的外地收割机具和返回本县的收割机具，一律先期进行检疫消毒处理，确保农业生产安全，严防草、虫、病害传入。为支持农机跨区机收工作，公安交通部门开辟跨区作业农机车辆绿色通道，负责维护好道路交通及治安秩序。为确保安全生产每年对农机手分批、分期进行培训，

小麦收割

托农机监理站负责，换发公安样式牌照和行驶证。1995年根据河北省第八届人民代表大会公布的《河北省农业机械管理条例》《河北省农业机械安全监督管理条例》，农用运输车辆由县农机监理站负责管理、监测。1997年，根据公安部、农业部〔1995〕49号文件和省、市有关文件精神，全县从4月开始换发"九二"拖拉机号牌和行驶证，样式为河北A·XXXX，凡使用九二式号牌的拖拉机必须统一使用固封装置。农机执法工作从1994年开始，1999年根据省、市文件精神，经县政府同意，农机监理站成立"农机执法小分队"，深入到乡村道路、田间地头对牌证、农业机械开展田检、路查，治理整顿无牌黑车和无证驾驶，纠正违章，排除事故隐患。根据省农业厅和省农机安全监理总站有关文件，从2000年1月1日开始，新上户的联合收割机及新增联合收割机驾驶员一律启用行业标准新规定的号牌、行驶证证件、驾驶证证件，号牌样式为冀NJ01·XXXXX。2002年农机监理站获省农业厅颁发的农机系统"文明单位"奖牌。2004年5月1日正式执行的新《中华人民共和国道路交通安全法》规定三轮农用、四轮农用车移交公安交警管理。

印发明白纸1000多份，同时搞好农机具的检修、维修，零配件供应、食宿等多方位服务工作。

在小麦联合收割机跨区机收工作中成绩突出，2000年、2003年、2004年被石家庄市农业机械管理局评为"小麦机收跨区作业"先进单位；2004年被河北省农业机械管理局评为"跨区作业"先进单位。

第四节　农机监理

农机监理负责农机安全生产；拖拉机、大中型收获机械、农用运输机械、农田基本建设机械的登记及驾驶证等业务并对其实施监督、检查、指导、规范；组织实施拖拉机、大中型收获机械、农用运输机械、农田基本建设机械的安全技术检验、驾驶员及操作员复训；履行实施行政许可的监督、检查职责；依法加强乡村道路、田间地头和经营场所的农机检查，严肃查处各种违法、违章行为和案件。1993年落实国务院〔1986〕94号文件，实施上道路行驶拖拉机"委托"管理。根据省政府冀政〔1992〕115号和河北省公安厅、农业厅〔1993〕冀公（交）38号文件精神，全县农用拖拉机及驾驶员管理由公安部门委

第五节　管理机构

1989年，农业机械管理局（简称农机局）设办公室、农机管理股、油料股、财务股、农机学校，1993年有干部职工25人。1996年1月划归县政府直属事业单位。2002年机构改革，设办公室、农机管理科、执法科、科教科，干部职工13人。下属单位有农机监理站、培训学校、农机推广站、农机维修站、农机购销中心、农机公司。

2005年，设办公室、农机管理科、执法科、科教科，下属单位有农机监理站、培训学校、农机推广站、农机维修站、农机购销中心、农机公司、腾飞农牧公司。

第三章　种植业

1989年后，无极县种植业历经“八五”计划、“九五”计划和“十五”计划，发展步伐显著加快，走出了长期自给自足传统封闭的经济圈，使长期困扰全县的农产品短缺、农村经济发展缓慢等社会经济问题得到基本解决。1995年试种优质专用小麦品种高优503，1999年正式提出发展优质专用小麦，到2005年优专品种面积达到30万亩，小麦品质显著提高。2004年底以日光温室为主的设施蔬菜面积集中联片达到4.1万亩，成为北方地区面积最大的温室韭菜—黄瓜生产基地。建成了万亩西瓜、30万平方米食用菌、2万亩大葱、7万亩花生等特色生产基地。全面推广了以蔬菜为重点的标准化生产技术，重点推广各类作物的综合配套技术和一体化生产技术，秸秆还田、配方施肥、化学除草、一喷综防等技术得到普及。农村电视、电话的普及，促进农业信息服务网络建设的发展。同时，依托项目引进各级支农资金1500余万元，先后建成国家商品粮基地县、优质粮基地县、农村户用沼气示范县、省食用菌生产重点县、省优专小麦保优节本示范区等，为无极县种植业不断注入新的活力和后劲，促进全县农业的发展。

第一节　粮食作物

1989年，无极县夏粮种植面积39.5万亩，夏粮总产147686吨，其中小麦平均亩产374千克。秋季种植37.9万亩，粮食总产150314吨，其中玉米种植26.33万亩，总产122088吨，平均亩产464千克。2005年，无极县夏粮种植38.5万亩，总产186727吨，小麦平均亩产485千克；秋季种植36.28万亩，总产162712吨，其中玉米种植29.50万亩，总产143970吨，亩产488千克。

丰收晚唱

1989—2005 年无极县粮食作物产量统计表

表 8–3　　　　单位：万亩、千克／亩、万吨

年度	种植面积总计	一、夏收粮食			其中：小麦			二、秋收粮食			其中											
											玉米			谷子			大豆			薯类		
		种植面积	单产	总产	种植面积	单产	总产	种植面积	单产	总产	种植面积	单产	总产	种植面积	单产	总产	种植面积	单产	总产	种植面积	单产	总产
1989	77.41	39.5	374	14.77	39.5	374	14.77	37.91	387	15.03	26.33	464	12.21	5.51	217	1.20	1.1	151	0.17	4.27	317	1.35
1990	75.94	38.5	382	14.71	38.50	382	14.71	37.44	285	10.66	24.5	332	8.14	5.61	157	0.88	1.12	116	0.13	4.52	288	1.30
1991	75.34	38.5	310	11.94	38.5	310	11.94	36.84	444	16.35	24.54	538	13.20	5.47	194	1.06	1.25	138	0.17	4.30	394	1.70
1992	77.4	38.5	409	15.75	38.5	409	15.75	38.9	434	16.89	24.54	528	12.97	6.47	121	1.37	1.25	145	0.18	5.36	397	2.13
1993	78.65	38.5	407	15.67	38.5	407	15.67	40.15	446	17.89	24.3	595	14.64	6.48	233	1.43	1.42	166	0.24	6.42	209	1.34
1994	76.18	38.5	401	15.44	38.5	401	15.44	37.68	461	17.38	24.51	585	14.33	4.65	195	0.91	1.65	200	0.33	5.68	275	1.56
1995	76.91	38.5	425	16.36	38.5	425	16.36	38.41	465	17.85	24.51	579	14.20	4.65	226	1.05	2.10	234	0.49	5.96	304	1.81
1996	76.91	38.5	431	16.59	38.5	431	16.59	38.41	426	16.38	24.51	517	12.66	4.65	230	1.07	2.10	240	0.50	5.96	310	1.85
1997	76.91	38.5	462	17.79	38.5	462	17.79	38.41	470	18.05	24.51	586	14.36	4.65	229	1.06	2.10	239	0.50	5.96	307	1.83
1998	76.91	38.5	460	17.71	38.5	460	17.71	38.41	471	18.09	30.60	531	16.24	1.56	204	0.32	2.10	215	0.45	2.96	285	0.84
1999	76.91	38.5	501	19.29	38.5	501	19.29	38.41	483	18.55	30.60	536	16.40	1.56	237	0.37	2.10	250	0.53	2.96	331	0.98
2000	73.81	38.5	501	19.29	38.5	501	19.29	35.31	479	16.90	27.50	536	14.74	1.56	237	0.37	2.10	250	0.53	2.96	331	0.98
2001	73.67	38.5	499	19.19	38.5	499	19.19	35.17	480	16.89	27.48	539	14.82	1.55	238	0.37	2.09	252	0.53	2.94	331	0.97
2002	72.87	38.5	472	18.17	38.5	472	18.17	34.37	439	15.09	27.50	480	13.20	1.56	201	0.31	2.10	216	0.45	2.96	362	1.07
2003	72.78	38.5	490	18.87	38.5	490	18.87	34.28	464	15.91	27.50	510	14.03	1.56	201	0.31	2.10	216	0.45	2.96	362	1.07
2004	74.78	38.5	490	18.87	38.5	490	18.87	36.28	442	16.05	29.5	480	14.16	1.56	201	0.31	2.10	216	0.45	2.96	362	1.07
2005	74.78	38.5	485	18.67	38.5	485	18.67	36.28	449	16.27	29.5	488	14.40	1.56	201	0.31	2.1	220	0.46	2.96	369	1.09

第二节　经济作物

无极县经济作物以花生、棉花为主。1989年，棉花种植面积为54440亩，亩产43千克，总产2343吨。受市场影响，种植面积逐渐减少，到2001年，棉花种植面积降到4800亩，亩产50千克，总产240吨。2005年种植面积4890亩，亩产45千克，总产219吨。

1989年全县花生种植面积为30219亩，以后逐年增加，到2005年种植面积68955亩。

1989—2005 年无极县经济作物产量统计表

表 8-4 单位：亩、千克／亩、吨

年度	种植面积	一、其中棉花			二、油料					
					花生			蓖麻		
		种植面积	单产	总产	种植面积	单产	总产	种植面积	单产	总产
1989	85481	54440	43	2323	30219	192	5803			
1990	102630	72100	19	1353	29818	192	5717			
1991	110355	80000	31	2500	29923	177	5296			
1992	89800	59400	12	731	30000	173	5171			
1993	62406	26130	17	147	35976	183	6601			
1994	88418	52118	25	1290	36200	191	6893			
1995	79700	36300	35	1271	43400	195	8463			
1996	74400	31000	13	403						
1997	57341	13941	48	669	43400	205	8897			
1998	56831	10576	48	508	46255	205	9482			
1999	56255	10000	48	481	46255	210	9714			
2000	72555	5000	48	240	67255	215	14460			
2001	74055	4800	50	240	67455	288	19430	1500	340	510
2002	73755	4800	43	206	67455	220	14840	1500	340	510
2003	73755	4800	44	211	67455	237	26000	1500	340	510
2004	73845	7890	44	215	68955	232	16002			
2005	73845	4890	45	219	68955	234	16163			

第三节　蔬菜瓜类

1989 年，全县种植蔬菜 59032 亩，亩产 3362 千克；2005 年全县种植蔬菜 128460 亩，亩产 4906 千克。瓜类种植，1989 年全县 5074 亩，亩产 2726 千克，到 1994 年最低仅 900 亩。2005 年全县种植面积 8025 亩，亩产 4742 千克。

高陵大葱销往外地

1989—2005 年无极县瓜菜作物产量表

表 8–5　　　　单位：亩、千克／亩、吨

年度	种植面积	其中：蔬菜			瓜类		
		种植面积	单产	总产	种植面积	单产	总产
1989	65349	59032	3362	198442	5074	2726	13830
1990	55215	53070	3208	17034	902	1074	977
1991	50603	48565	3205	155651	1007	1291	1300
1992	50600	48600	5000	243000	1000	2000	2000
1993	71089	63515	3744	237830	1226	3224	3953
1994	64710	63810	3501	223417	900	4736	4262
1995	66000	64755	3501	226707	1245	4735	5896
1996	71169	69910	4000	279640	1250	4717	5896
1997	88288	86978	3621	314921	1250	4711	5889
1998	88738	87488	3600	314921	1250	4710	5888
1999	89314	88064	3609	317861	1250	4710	5888
2000	104314	100036	3604	360486	4278	4735	20258
2001	124313	120035	3846	461667	4278	4735	20258
2002	132213	120935	4431	535810	11278	4742	53485
2003	132213	121020	4431	589391	11280	4742	53485
2004	139245	127965	4837	618916	11280	4742	53485
2005	136485	128460	4906	630188	8025	4742	38052

第四节　科学种田

1989 年后，无极县农业植物保护取得很大进展，对农业病虫草害实现全程综防，通过加强预测预报、选用抗病品种、播前处理、土壤处理、一喷综防以及采用物理、化学和生物等多种办法，把农业病虫危害降到了最低限度。

一、农作物主要病虫害及防治

1. 主要病虫害

小麦主要病虫害有蝼蛄、蛴螬、金针虫、麦蚜、吸浆虫、麦蜘蛛、全蚀病、白粉病、赤霉病。

玉米主要病虫害有蝼蛄、蛴螬、金针虫、粘虫、耕葵粉蚧、玉米虫、红蜘蛛、粗缩病。

花生主要病虫害有蝼蛄、蛴螬、金针虫、花生蚜、根腐病、叶斑病。

黄瓜主要病虫害有霜霉病、细菌性角斑病、炭疽病、灰霉病、白粉蚀、蚜虫。

韭菜主要病虫害有灰霉病、疫病、韭蛆

大葱主要病虫害：紫斑病、软腐病、灰霉病、疫病、潜叶蝇、蓟马、甜菜夜蛾、棉铃虫等。

2. 病害防治

在搞好选种、土壤处理及物理方法防治的基础上，重点是通过化学防治。

小麦：地下病虫害防治以拌种、毒饵诱杀或土壤处理为主，轻发生地块以拌种为主，蝼蛄危害较重地块以毒饵诱杀为主，金针虫重发生地块以土壤处理效果较佳，但成本较高。麦蚜防治以改变其生态条件为基础，强调适期用药，尽量减少杀伤天敌，充分发挥天然食物链控制作用，以叶片喷雾为主。小麦吸浆虫防治重点抓两个时期，蛹期毒土防治和成虫期喷雾防治。麦蜘蛛防治多采用浇地和药剂喷雾防治，在轻发生时，一般采用浇地即可，在重发生时，浇地和喷雾相结合，使用药剂为哒螨灵。小麦全蚀病防治采用药剂拌种和土壤处理，使用药剂为多菌灵、粉锈宁。小麦纹枯病防治以预防和拌种为主，使用药剂为多菌灵。小麦白粉病防治通过药剂喷雾进行防治，使用药剂为粉锈宁。小麦赤霉病防治以预防为主，如小麦扬花期多阴雨天气，应及时进行药剂预防。使用粘着力和内吸作用药物，如多菌灵等。麦田除草用巨星等防治阔叶杂草，用膘马、世玛等防治禾本科杂草，用快灭灵防治猪秧秧等恶性杂草。

玉米：地下害虫防治，粘虫防治在三叶龄前用药，以药剂喷雾为主，药剂选有机磷药剂。耕葵粉蚧防治采用灌根方法，药剂选用残效期长的药剂，因害虫体表有一层较厚的蜡质层，因此药量一定要大，确保防治效果。多用甲基 1605。玉米螟防治以灌心为有效方法，药剂用 DM 粉、四胺磷。红蜘蛛防治采用浇地和药剂喷雾，使用哒螨灵。粗缩病防治一是调整播期，错过灰飞虱活动盛期。二是治虫防病，由于此类病害为病毒传染所致，防治时一定要在传染前用药。药剂用有机磷药剂。杂草防治以化学锄草为主，由于近几年小麦联合收割，麦茬过高，对喷洒除草剂使草不能着药的现象十分严重，因此用水量、用药量必须要加大，药剂用乙阿合剂。

花生：地下害虫防治主要是拌种，成虫诱杀及灌根防治等手段，利用成虫趋味性等诱杀成虫，减少产卵量，使用高效低毒残效期长农药。花生蚜虫防治以喷雾防治为主，药剂用吡虫啉。根腐病防治采用灌根除治。药剂拌种用适乐时。花生叶斑病发病初期及时喷药防治，基本上可控制此病的危害，药剂用甲基托布津。杂草防治用克阔乐除治阔叶杂草，用盖草能除治禾本科杂草。

黄瓜：黄瓜病虫害防治方法主要有选育抗病品种，加强田间管理，创造不利于病虫害发生的环境条件；高温闷棚；物理防治（利用蚜虫和温室的粉虱的趋黄性，在黄色板上涂机油或农药进行诱杀，保护地内用尼龙网密封通风口，防治外界的粉虱蚜虫侵入）；药剂浸种（多菌灵、杜邦克露、克抗灵）；药剂重蒸（百菌清、速克灵、农用链霉素、多菌灵）；药剂喷雾（普力克、杀毒矾、克抗灵）。

韭菜：病虫害防治方法主要有选用抗病品种；加强田间管理，预防低温高湿，不施用没有腐熟的有机肥；实行两年以上菜田轮作；种子消毒；药剂喷雾；药剂灌根，拌种用瑞毒霉。重蒸用速克灵烟剂。喷雾用速克灵、甲霜灵、杀毒矾。灌根用韭宝净、东斯苯、辛硫磷。

大葱：病虫防治方法有：施足基肥；实行 2 年以上轮作；选用无病种子；适时收获，清除病残体；喷雾（药剂）乙磷铝、杀毒矾、普力克、菊醋类药。

3. 病虫害发生主要年份

农作物病虫害通过不断改进生产技术和防止措施，对一些病虫害防止取得了一定成效，控制了不少危害，但是仍有不少病虫害经常发生，主要发生情况：

小麦白粉病：1990、1991 年大发生，1999、2001、2003 年重发生，大发生减产 30% ~ 50%，全县减产 2000 ~ 3000 吨。重发生减产 1500 ~ 2000 吨。

麦蚜：1991、1992 年大发生。此后多年呈重度发生，一般减产 20% ~ 30 %，大发生时减产 50%。

棉令虫：1992 年特大发生，1993 、1994 年大发生，减产 50%。

小麦吸浆虫：1994、1995 年大发生，发生田减产 30 %，个别严重地块减产一半以上。

小麦腥黑穗病：1994 年大发生，减产 30%。1995、1996 年播种时发动 40 余名技术人员带农药技术逐村宣传，1997 年基本无此病发生。

谷田粘虫：1989 年大发生，一般减产 50%，个别地块绝收。

小麦赤霉病：2003 年重发生，全县减产 587 吨。

4. 新发生病虫

小麦全蚀病：1997 年始发 17 亩，2004 年 4.6 万亩，2005 年下降为 3.9 万亩。

美洲斑潜蝇：1995 年始发，没有出现大的蔓延。

小麦纹枯病：1997 年始发。

玉米耕葵粉蚧：1997 年始发。

小麦田恶性杂草：竹节麦 1997 年始发，野燕麦、猪秧秧、麦家公 2000 年始发。

二、品种推广

1989 年后，无极县农作物品种不断更新，粮食作物由单纯追求产量转向追求产量、品质共同提高，品种结构更趋合理，小麦向专用化转，玉米向兼用化转，到 2005 年小麦品种实现了 5 次更新换代，玉米品种实现了 6 次更新换代。

1. 小麦

优质小麦生产基地

麦田管理

1989—1992 年以中早熟品种冀麦 26（5201）为当家品种，品种来源于河北省农作物研究所，1989 年全县“冀麦 26”23 万亩，占总面积的 59%，1991 年发展到 31 万亩，占总面积的 80%。搭配品种有冀麦 24（农大 1122，河北农业大学培育）、观 77（河北省农作物研究培育）和 5418（河北省农作物研究培育）。此后开始由石家庄市农科所培育的石麦 5144、711-1 和 5418 逐渐取代冀麦 26，同时引进了山东品种鲁麦 14。1993—1995 年全县小麦以石麦 5144、观 77”为当家品种，搭配（示范种植推广）冀麦 38（6021）和冀麦 37（5108），这两个品种的来源是河北省农作物研究所培育，并有部分冀麦 26 和鲁麦 14 种植。1996 年中晚熟品种冀麦 3 和中早熟品种冀麦 37 成为无极县小麦当家品种，其中“冀麦 38”种植 11.7 万亩，占总面积的 30%“冀麦 37”种植 10 万亩，占总面积的 26%。搭配品种有石新 162、163、鲁麦 14、5093 等，1998 年冀麦 38 和冀麦 37 两个品种在全县达到了 28.6 万亩。其间示范推广优质专用小麦，先后引进“冀审石 4185”、8901、济南 17、高优 503、邯优 3475 和邯优 6172 等多个品种，2000 年重点推广了“冀审石 4185”（石家庄市农科院培育）。2003 年以前全县小麦品种主要有：冀麦 38、冀麦 37 和以“冀审石 4185”为主的优专小麦，时年实施省良种补贴项目重点推广“9409”和“石新 733”（来源于石家庄小麦新品种新技术研究所）。2005

小麦丰收

年“石新733”成为县小麦当家品种，播种面积20 .1万亩，占总面积的52%。搭配石麦12（来源于石家庄市农科院）、良星99（来源于德州市良星种子研究所）和衡7228（来源于河北省旱作物研究所）。

2. 玉米

1989—1991年全县夏玉米以烟单14（来源于烟草农科所），丹玉13（来源于辽宁丹东农科所）和掖单2（来源于沫源农科所）为主，1989年三个品种面积分别为7.1万亩，占27%，13万亩，占49%，6万亩，占23%。示范推广了唐抗1号，掖单12等。1992—1996年掖单系列品种面积成为主导品种，1992年面积15万亩，占61%。丹玉13、烟单14面积减少，太合一（来源于河北农大）示范推广。1995年掖单系列品种21万亩，占86%。1997年以冀丰58（来源于河北省作物所）面积为最大，面积达8万亩，占33%。掖单系列玉米品种开始迅速减少。同时示范推广了鲁原单14。1998—2000年以“鲁原单14”面积最大，1998年达7.5万亩，占31%。1999年18.5万亩，占60%。2000年开始示范推广农大108、鲁单50等品种。2001年郑单958进入示范推广阶段。2002年郑单958成为全县当家品种，面积10 .4万亩，占38%。2003年，12.5万亩，占45%，2004年24 .9万亩，占90%）。2005年仍以“郑单958”为主，同时开始示范推广蠡玉16和俊单20。

3. 其他作物

大豆

大豆种植面积一直不大，品种以冀豆系列为主，1998年前后以冀豆7号、冀豆8号为当家品种。2002—2005年以冀豆10号和冀豆12号为当家品种。

夏谷

1989年全县夏谷播种面积2万亩，以豫谷1号和日本谷为当家品种。1993年后，吨谷一号金谷米成为无极县夏谷当家品种。

棉花

1989年全县以中棉12号和冀棉2号为当家品种。1993年后棉花面积减少仍以中棉12为当家品种，夏播棉以疗棉9、中375为当家品种。1990—1995年以懒汉棉为主。1996年至今以抗虫棉33B、99B为当家品种，搭配321、审66等。

花生

1993年春花生以海花1号、鲁花9号为当家品种，夏花生以天府3为当家品种。至今仍以天府3为主。

甘薯

甘薯品种更换少，以徐薯18、北京553、一窝红、河北872为当家品种。

三、品种繁育

1989年后，先后在大中郎、东池阳、北候、泊头、寺下等村和原种场建立了小麦良种繁育基地，每年生产小麦良种300万千克左右。随着种子企业改制的形势和对种子知识产权的不断重视，2003年对县种业总公司进行改制，组建河北极峰农业开发有限公司。公司位于无极县城北3公里，是在原无极县种业总公司基础上改制组建的股份公司。公司成立之初就提出把科研作为发展的动力，倡导集科研、生产、经营、管理于一体，熔新品种选育、引进、试验、示范、推广、加工、检验、贮备、销售于一炉，积极寻求与农业大专院校、科研院所合作，培育具有自主知识产权的新品种，自筹资金300多万元，完成了4600平方米的种子加工车间、库房和1500平方米的办公楼建设；高标准建成800亩种子繁育、试验基地，先后承担河北省夏玉米生产试验，美国先锋、孟山都和山东登海等公司品种对比试验，承揽登海集团在河北的全部种子分装业务；公司培育的具有自主知识产权的“极玉2号”“极玉6号”“极玉10号”三个玉米品种新组合，2005年通过河北省品种委员会初审；2004年投资100余万元买断了河北省农科院“衡7228”和“观35”两个小麦新品种的繁育和推广权。公司年生产和经销优质玉米种子4000吨，优质小麦种子3500吨，成为石家庄市范围内同类企业中的佼佼者。

第五节　种植产业基地建设

1989—2005年，无极县农业按照“结构调优、品种调新、农民调富”的原则，围绕“调粮、扩菜、优果、强畜”的总体思路，抓基地、强龙头、创品牌，农业结构进一步优化。种植业由单一注重产量向产量、品质同步提高转变，蔬菜、西瓜、食用菌、花生、大葱、药材等经济作物种植面积逐年增大，形成了产业基地。

无极县农作物传统种植包括粮食、棉花、油料、蔬菜，近年来食用菌、瓜类和中药材等开始发展。1989年以来种植面积总体呈现为粮食面积基本稳定，棉花面积减少，油料作物花生面积增加，蔬菜、西瓜、食用菌等经济作物逐步发展。小麦播种面积一直稳定在38.5万亩，占农作物总播种面积的42%左右，秋粮面积从2000年开始由38.4万亩调整为35.3万亩，到2005年恢复到36.3万亩。其中，玉米从1998年由24.5万亩增加到30.6万亩，2000年又调整到27.5万亩，2004年调整到29.5万亩。棉花1984年达12.44万亩后开始逐年减少，到1997年只有1.4万亩，近几年面积稳定在5000亩左右，腾出的耕地主要用于两部分，一部分发展蔬菜，一部分发展花生。蔬菜播种面积从5万亩发展到12万多亩，花生从4万亩发展到6.9万亩。

苹果

粮食生产得到长足发展。1987—1992年，全县粮食生产处于徘徊局面，总产在26万吨左右，1992年提出建设粮食“吨粮县”的口号，在1993年实施了粮食生产的“433”工程，建立了政、技、物、资四大领导组织体系、实行领导抓点、部门支农三个责任制、开展乡间、村间、方田间三个层次的高产竞赛，并于当年建成了“吨粮田”县（小麦、玉米两季亩产1000千克），主要粮食作物产量取得较大突破，全县小麦平均亩产407千克，玉米平均亩产608千克；此后，又提出了建设小麦亩产千斤的目标，于1999年建成了小麦千斤县，全县小麦平均亩产达到501千克，当年粮食总产达到历史最高的37.8万吨，此后一直保持较高的产量水平，小麦亩产稳定在480～500千克，秋粮亩产稳定在450～470千克，全年粮食总产稳定在35万吨左右，标志着无极县粮食生产已经迈上了稳产高产的新台阶。2004年全县粮食总产达到35.5万吨，比1988年的26.7万吨增加8.8万吨，提高了33%。同时结构调整取得显著成效，通过在90年代前期组织实施“双千工程”，经济作物也得到快速发展，除蔬菜外，建成花生、大葱、西瓜和食用菌生产基地。

花生基地：南北两滩一带群众素有种植花生的传统习惯，在1984年以后，随着棉花面积逐年减少，花生成为自产食用植物油的主要原料，种植面积1985年突破2万亩，达到2.6万亩，1986年突破3万亩，达到3.4万亩。经过两年面积迅速扩大，花生进入10年的平稳发展阶段，到1995年面积突破4万亩，达4.3万亩。2000年县提出“东菜、西养、南革、北油”发展战略。在面积最大的东宋村建起花生交易市场，激发群众发展花生生产的积极性，当年花生面积突破6万亩，达6.7万亩，形成东起南流乡、西至里城道乡的花生生产基地。2001年全县花生平均亩产达到288千克，总产1.94万吨，单产、总产均创历史最高纪录。此后面积基本稳定在6.7～6.9万亩，年总产花生1.6万吨左右。

大葱基地：大陈镇高陵村一带有种植大葱的习惯。高陵大葱棵大味浓、香辣浓郁，适宜烹饪食用，在省内及山西等地享有盛誉。1995年后，开始形成规模，2000年提出把大葱生产作为无极农业新的优势，确立抓面积、上规模，抓品种、上水平，抓包装、上档次，抓加工、上效益，抓宣传、树品牌的发展思路。通过搞好统一规划，提纯复壮、病虫综防和加工包装，大葱生产得到迅速发展。2000年以大陈镇为中心，辐射南流乡、里城道乡和无极镇，种植面积达到2.6万亩，年产大葱8万吨，总收入4800万元。此后面积基本稳定在2万亩左右。

西瓜基地：20世纪80年代中期，里城道乡东大户村一带利用毗邻西瓜大市新乐的优势，开始引导农民发展西瓜生产。1990年以前，当地的西瓜生产以露地栽培为主，1992年开始推广地膜加小拱棚双膜覆盖技术，亩纯收入在1000元左右。耕作制度基本上是一年一收，西瓜拉秧后，耕地白白闲置2个多月。为充分利用耕地资源，提高经济效益，1996年引进了日本理想大根萝卜，进行上下茬搭配种植，亩产干萝卜条300千克，亩增收千余元。随后又开发出西瓜—棉花、西瓜—春玉米、西瓜—花生等高效间套模式，一般西瓜平均亩纯收入1500元，间套作物亩纯收入500元，两茬总收入2000元左右。基地中心区域的东大户村1714口人，全村除2127亩统耕地外，还有2000余亩沙滩地，利用这些沙地全村小拱棚西瓜种植面积2000多亩，占总耕地面积的50%，年总收入400万元，人均西瓜收入突破2000元，带动周围的10多个村子，形成面积万余亩的西瓜生产基地。

无极蘑菇基地：无极县从20世纪70年代开始引种平菇，但只是零散种植，规模很小。2000年为适应禁烧秸秆的形势，提出利用秸秆转化生产食用菌，县政府出台《关于大力发展食用菌生产的意见》，要求各级把它作为农业和农村工作的重点来抓，并建成了大汉营村、南环路、楼下村和谈下村四个食用菌示范区，培植了一批无极蘑菇生产大户，随后几年，无极蘑菇生产经过区域重组，形成了比较稳定的种植基地，以南流乡江仁村为中心的鸡腿菇基地，栽培面积5万平方米，以郭庄镇甄家营村为中心的平菇生产基地，面积20多万平方米。

第六节　管理机构

1989年，农业局设办公室、生产股、农经股，1990年后增设财会股，1992年增设政工股，1996年改股为科。1997年3月县编委批准农业局定编行政人员16人，2002年调整为15人，设5个科室，办公室、种植业管理科、科技教育科、政策法规科和农村经济科。2003年根据市编办〔2003〕45号《关于调整石家庄市新能源办公室隶属关系的通知》精神，为理顺无极县能源开发利用管理职能，将新能源办公室由县科技局整体移交给农业局，为股级事业单位。2005年底农业局系统在职人员151人，其中行政干部12人，全额事业干部45人，全额事业工人1人，自收自支事业干部26人，自收自支工人67人。下属单位有农业技术推广中心（分设技术站、经作站、土肥站、植保站）、种子公司、原种场、农一场和农二场、农广校。

第四章　林果业

1989年后，随着农林经济体制改革的深入及市场经济体制的建立，产业结构调整逐步加快，无极林果业发展迅速。本着“政府得绿、林农得利”的方针，通过拍卖道路绿化权、成立护林队、变官包造林为官补民营造林、推行林地私有等项改革，杜绝了“无头林”和“无主林”，解决了投资、造林、效益不清的问题；以“谁造林”“谁管理”“谁所有”“谁受益”有效措施，保证树木保存率和成活率。果品生产由重数量轻质量的粗放式管理，向“精品化”和“品牌化”方向转变。2005年，全县森林覆盖率达到5.5%，有林地面积达到10.9万亩。

第一节　造林育林

一、造林

1989年全县有林地面积8万亩。1991—1995年，利用世界银行贷款项目营造速生丰产林，共栽植速生毛白杨4.5万亩，涉及郭庄、大陈、泗水、楼下、里城道、七汲、郭吕、东侯坊、东侯、南流10个乡镇，42个村庄。由于该项目采用的是林粮间作的造林模式，随着林木的生长，林粮争地矛盾日益突出，农民为了短期利益毁林严重，到1998年，大部分林木被毁。2003年颁布的《退耕还林条例》规定：退耕造林一亩地每年补贴现金20元、小麦150市斤、玉米50市斤，连续补贴8年，同时免收3年农业税，无偿为造林户提供苗木。优惠政策的出台，激发农民植树的积极性。当年全县实施退耕还林及匹配工程造林1万亩，其中退耕地造林0.5万亩，匹配荒地造林0.5万亩，主要分布在滹沱河沿岸及木刀沟两侧，涉及张段固镇、郝庄乡、无极镇等部分乡镇，栽植的树种多为107、108、2001等速生杨品种。2004年实施退耕还林匹配工程1万亩，主要分布在滹沱河沿岸及木刀沟两侧，涉及张段固镇、郝庄乡、无极镇等部分乡镇，栽植的树种为107、108、2001、84k等速生杨品种。2005年实施退耕还林匹配1万亩，主要分布在滹沱河沿岸及木刀沟两侧，涉及张段固镇、郝庄乡、无极镇等部分乡镇，栽植的树种为107、108、2001、84k等速生杨品种。三年工程造林3万亩总计200万株。

植树造林

滹沱河北岸及木刀沟两侧的乡镇造林面积达到2.5万亩，其中郝庄乡造林面积高达1.2万亩，张段固镇造林达0.7万亩，在滹沱河北岸形成了一条长近20公里，宽近500米的连绵绿色屏障，木刀沟南北河堤也绿化近70%，形成两条贯穿东西的绿色林带。

1989—2005年，每年的3月和11月县四套班子领导都参加义务植树活动，以推动无极绿化造林工作的开展。1994年3月组织近万人在北苏镇新城村开展植树活动，共植树3500棵，品种为107、108、2001速生杨。2004年3月12日，县四大班子领导、林业局全体技术人员及青年志愿者300多人，在郝庄乡牛辛庄村召开滩涂绿化造林现场会，当天植树2000株。同年11月12日，县妇联、共青团、林业局组织全县青年志愿者400人，在木道沟南堤开展义务植树活动，当天植树3000株。

梨园之春

二、育苗

1. 县办苗圃场

无极县苗圃位于大陈镇，总面积100亩。1989年场房12间，职工7人。2002年配合县退耕还林工程，育苗品种主要为速生杨。2005年随苗木品种结构调整，品种逐步多样化，品种有法桐、毛黄栌、国槐、银杏、火炬等。

2. 集体和个人育苗

1989年底，种苗业作为农民增收致富的一项产业在无极逐步发展。少数育苗大户逐步发展成苗木公司。截至2002年底，全县大的苗木公司10个，育苗面积4000余亩，品种大多为速生杨类的107、108、4抗毛白杨；观赏类品种的大叶黄杨、紫叶小檗。由于经验不足、市场信息不准，速生杨苗木品种供大于求，市场价为0.3元～0.5元，大大挫伤了农民自发育苗的积极性。2005年底，育苗面积缩小为2300亩。

3. 花卉培植

全县花卉培植均以个体为主，花卉面积200亩，大棚20个，花卉市场3个，花店8个，主要有月季、绿宝石、芍药等50余个品种。

第二节 果 品

一、品种与分布

无极果树主要品种有苹果、梨和桃，还有少量的冬枣、葡萄等品种。苹果和桃种植集中在七汲镇，梨树种植集中在郝庄、张段固两个乡镇；南流乡种植主要品种为冬枣。

二、面积、产量

1989年全县果园面积1.68万亩，果品年产量1.5万吨。其中，苹果1万亩，桃树、梨树0.66万亩，葡萄等其它果品在各乡镇零散分布。1995年全县果园面积达5.26万亩。苹果主栽品种为红富士，主要分布在七汲镇、南流乡、北苏镇、东候坊乡4个乡镇；梨树主要品种为鸭梨、雪梨，主要分布在郝庄乡、张段固镇、无极镇3个乡镇；1997年开始陆续引进黄冠梨、丰水梨等新品种，利用在成年老树上换头高接的方式进行更新。桃树主要品种为重阳红、京玉等，主要分布在七汲镇，自1997年开始引进天王桃、美硕桃，2002年面积达到4000亩。由于受市场价格下降的影响，果树种植面积逐年减少，到2005年全县果园面积5.74万亩，果品总产量5.5万吨。其中，苹果种植面积2.5万亩，梨树种植面积2.2万亩，桃树种植面积3000亩。2000年无极开始种植冬枣，2005年发展到500亩，主要种植区域在南流乡。

1989—2005 年无极县林木果品面积产量统计表

表 8–6　　单位：亩、万株、万吨

年度＼项目	果园面积	果品产量	当年四旁植树	当年造林面积	当年育苗面积
1989	1.68	1.50	90	2000	300
1990	1.68	1.00	70	2000	300
1991	1.68	1.50	70	5200	300
1992	2.10	1.55	70	14400	500
1993		1.55	35	13500	690
1994		2.00	10	12600	495
1995	5.26	2.33	10	11400	675
1996	5.76	3.50	10	6000	1000
1997	5.76	4.00	20	3750	720
1998	5.76	4.50	20		675
1999	5.76	4.50	20		675
2000	5.76	4.50	20		300
2001	5.76	4.59	10		1000
2002	5.76	4.59	5	1000	4000
2003	5.58	5.51	30	10000	300
2004	5.51	5.50	10	12000	
2005	5.74	5.50	5	11500	2300

第三节　管　理

一、机构

1989 年，林业局内设办公室、林业站、果树站、植保站、林果服务站，下设苗圃场。1990 年在郭吕、楼下、南流、东侯、七汲建立乡级林业工作站，每站 3～5 名技术员。2002 年根据《河北省实施〈中华人民共和国种子法〉办法》要求，无极县林业局建立了林木种苗管理站，挂靠林业站，实行一套人马两个牌子，由林业站具体负责林木种苗执法工作。2003 年 9 月在林木种苗管理站加挂"无极县林木种苗质量监督检验站"和"无极县林木种苗信息中心"牌子，一套人马三个牌子。2005 年有干部职工 41 人，其中高级工程师 1 人，工程师 5 人，农艺师 6 人，助理工程师 11 人，内设办公室、果树站、植保站、林政站、林业站、林木种苗管理站（无极县林木种苗质量监督检验站、无极县林木种苗信息中心）。下属单位苗圃场。

二、林业保护与管理

1. 科学技术推广

1989—2005 年推广苹果套袋、摘叶转果、铺反光膜、梨树高接换头及无公害果品生产等新技术。

1994 年 9 月，县林业局委派 4 名技术人员到日本青森县浪岗町研修果树管理技术，为期一年。1995 年回国后，与河北农业大学乔进春教授等人合作，将套袋、摘叶转果、铺反光膜等先进技术进行了推广。在此技术指导下，“甄后”牌红富士苹果于1999年、2000年、2001年分别获“河北省名优农产品”及“石家庄市十佳果品品牌”的称号，并在河北廊坊北方农交会上获得“名优农产品”称号。自1997年以后，推广梨树高接换头技术，利用此技术对传统梨树品种进行更新，具有恢复产量快、周期短、投入少的特点，吸引了众多果农应用此项技术，加快无极梨树品种的更新步伐。2001年为适应市场消费潮流，部分果园提出生产无公害果品的设想，2002年石家庄“绿航”生态科技中心利用“公司+农户”方式与果农签约，进行无公害果品生产。2003年开始组织进行无公害果品生产基地环境评测和申报工作。到2005年，已组织申报无公害果品产地3000亩，并颁发无公害产地证书。

2. 病虫害防治

预测预报

1994年，建立西小镇、大陈、牛辛庄、郭庄四个监测点，针对农田林网（主要树种是毛白杨）和苹果、梨等果树病虫害的预测预报。预测的重点为杨干透翅蛾、苹果绵蚜、梨小食心虫、苹小食心虫等发生普遍危害较为严重的虫种。监测虫种会随着年份的不同而改变。预测主要采用性诱剂、黑光灯等预测技术，每年发布虫情预报5～7期，以指导果农林农进行防治。2003年随着退耕还林等造林项目的实施，森林面积逐渐增加，滹沱河沿岸的村庄栽植了大面积的杨树，且多以107、108等速生杨品种为主。从而，杨树病虫害的监测成为预测预报工作中的重点。2003—2004年在张段固、郝庄、城关、七汲4个乡镇新增5个监测点，对杨扇舟蛾、杨小舟蛾、杨树天牛等危害严重的杨树病虫害进行监测，形成覆盖全县的森林病虫害监测网络。截至2005年共建成了9个病虫害监测点，形成覆盖全县的森林病虫害监测网络，并建立测报实验室、检疫检验室、病虫标本室，配备恒温恒湿箱、高压灭菌锅、解剖镜、微机、数码相机等现代化设备。90%的监测点配备了黑光灯、诱捕器等先进设备，全部监测点都配备了专职监测员，每年森防站根据病虫害的发生时期以及监测结果定期发布防治信息。

病虫防治

境内发生的森林病虫害主要有杨树溃疡病、毛白杨皱叶病、杨柳烂皮病、泡桐丛枝病、枣疯病、苹果和梨腐烂病、轮纹病、梨黑星病等，虫害主要有蚧、木虱、蝉、蚜虫、叶螨等刺吸式虫害和刺蛾、毛虫、叶甲、毒蛾、白蛾等食叶虫害以及天牛、吉丁虫等蛀干虫害。各种病虫害在不同的年份均有所发生，严重地影响树木生长和果品质量。2001年县公路两边栽植的柳树上发生光肩星天牛虫害，使得树木枯枝缺头、千疮百孔，严重影响了树木生长以及环境的美观。对此，技术人员采用了人工捕杀和化学防治及树干涂白等方法进行防治，该虫害的蔓延得到遏制。

20世纪90年代，病虫害的发生较为猖獗，主要以有机磷类、菊酯类农药进行病虫害防治，防治效果虽然很好，但果品的农药残留较高，对环境的影响也很大。进入21世纪以来，随着生态环境保护意识的加强，森林病虫害防治进入综合防治阶段，生物防治、无公害防治力度逐渐加大。苹果、桃、梨等果树无公害病虫害防治技术得到有效推广，无公害防治面积达85%以上，采用灭幼脲等生物制剂农药防治杨树食叶害虫，释放天敌防治杨树天牛等生物防治技术得到普遍推广。截至2005年，全县森林病虫害监测面积已达90%以上，防治面积已达85%，其中生物防治和无公害化防治达到90%，每年挽回经济损失25万元以上。

3. 植物检疫

植物检疫分为产地检疫、调运检疫和复检三项工作。产地检疫主要是对苗木、种子、果品、木材或其他林产品的原产地的检疫，从源头上杜绝检疫对象的发生及传播。调运检疫主要是对调运过程中（主要是跨省运输）的苗木、种子或果品、木材等林产品进行检疫，合格后签发调运检疫证。复检是对运输过程中的过境苗木或果品等林产品进行复检，审核检疫证，如违法，则进行处理。1994年林业部发布《植物检疫条例实施细则（林业部分）》，河北省也相继制定《河北省植物检疫实施办法》，使检疫工作进入了规范化阶段。2003年国家森防总站、河北省森防站逐级对检疫员进行培训，植物检疫实施微机网络化，实行计算机网上开证。2004年建立了植物检疫检验室、检疫试种苗圃以及林木种苗及木材熏蒸除害设施，具备实施各项检疫的条件。每年采取多种方式对果品、木材、苗木、花卉等植物产品进行检疫，每年检疫木材（含板材）600～850立方米，果品150吨～270吨，苗木、花卉4万～6万株。

4. 林业执法

2002年12月10日，处理了林中村委会超限额采伐果树案件，对该村委会做出了罚款并责成其按期完成更新。2004年4月18日，在七汲派出所的协助下，处理新乐市邯邰董某非法运输木材案。2005年4月19日处理南流乡张某乱砍滥伐村集体梨园案。

附：　将军林

将军林位于无极县城北4公里处烈士陵园内，由兵种部原政委田永清、解放军军械学院政委于庆田、北京军区联勤部副部长秦文杰、贾二军等十几位将军策划发起创建的。2004年3月12日植树节这天，春光明媚，惠风和畅。四位将军在河北省林业厅的支持下，亲临无极县烈士陵园，在革命烈士纪念碑东侧，挥锹、浇水，植下数十棵青松翠柏。自建园起县四大领导班子、青年志愿者和县林业局工作人员利用每年的植树节开展植树活动。该园占地面积达20余亩，共栽植树木2000余棵，主要以松树、侧柏为主。对全县人民进行爱国主义教育、增强绿化环境意识和植树热情起到了一个典型带头的作用。

黄台古槐

在郝庄乡黄台村东。据考，系明洪武年间（1368—1398年）栽植。永乐十八年（1420年）重修黄台永宁寺时已“树大根深”，长势喜人。有关专家断定，树值成年时曾遭雷击，将树身劈为两半，自上而下越分越远，各自延伸，现今几成90度角态势。地表处裂116厘米，人可骑自行车从中而过。内壁沟隙纵横，表皮斑裂匀称，依次由下而上铺陈，

无极籍将军与省林业厅领导、县委、县人大、县政府、县政协领导在将军林前合影

第八编

弹敲树身即发清脆、宏亮声响。树高10米左右，树冠覆盖面积约80平方米。90年代后期对此树进行了维修保护，修建了保护栏。

小吕古槐

位于七汲镇小吕村西小学院内。据传已栽植500年以上，树高11米左右，树身直径1米左右，树冠覆盖面积约40平方米。

第五章　养殖业

1989—2005年，无极县在农业生产结构调整中，将畜牧养殖业作为农民增收致富和富民强县的主导产业，提出“大力发展节粮型畜牧业”的经济发展战略和“稳鸡、改猪、上牛羊”的发展思路。在注重经济效益、增加科技含量的基础上，着力继承传统养殖，大力发展特色养殖，使无极县畜牧养殖规模化、产业化快速发展，瘦肉型猪、肉牛、奶牛、蛋鸡、肉羊等已成为富民强县的支柱产业。1992年无极县被列为全国首批十个“秸秆养畜示范县”之一，1992年9月、1994年4月无极县分别出席在河北省三河和北京召开的全国农区发展畜牧业座谈会，并在大会发言介绍经验。1999年8月被农业部列为全国“瘦肉型猪生产基地县”“无规定动物疫病区”扩建项目县。2001年，无极县奶牛适度规模养殖增产技术推广项目获得农业部颁发的农牧渔业丰收奖一等奖。2002年再次被列为全国“秸秆养畜示范县”续建项目县。到2005年底，全县肉牛存栏11.33万头，奶牛存栏1.15万头，生猪存栏31.62万头，蛋鸡存栏1258.66万只，肉羊存栏21.16万只。与1989年相比，分别增加4.7倍、1.64倍、0.36倍、7.39倍、4.6倍；2005年肉类总产量72306吨，蛋类总产量59180吨，分别比1989年增加1.6倍、7.6倍。奶类从1989年没有奶产量，到2005年奶产量发展到24100吨。1989年畜牧业产值占农业总产值22.2%，到2005年畜牧业产值占农业总产值达到56.5%。

优种繁育

纵观无极县畜牧业发展史，1989—2005年，畜牧养殖业呈现出四大变化：

一、养殖形式变化。完成由一家一户的零散饲养向规模化、集约化养殖转变，到2005年，由养殖专业户发展起来的规模养殖场达到8000多个，零散养殖几近消失。二、养殖类型变化。突破大牲畜（牛、马、驴、骡）役用的限制，实现向肉用的转变，役畜完成了历史使命，“耕畜”已成为历史名词。三、养殖质量变化。完成由地方传统品种为当家品种向优质优种的转变，到2005年，全县畜禽优种率达到95%以上。四、养殖业地位的变化。实现了农业经济的补充向农业经济的主导产业的转变。养殖业已成为农民增收致富的主要途径。1999年畜牧业产值达到42720万元，首度超过种植业产值。此后畜牧业产值一路攀升。到2005年底，全县畜牧业产值达到了143333万元（现价），占农业总产值的56.5%，成为农村经济的半壁江山。

1989—2005年无极县主要畜禽存栏情况一览表

表8—7

年份	大牲畜	其中牛	猪	鸡（万只）	羊	兔
1989	53819	20000	231900	150.25	38000	166360
1990	60543	25409	240164	153.5	50000	—
1991	65550	29500	245000	161.0	58700	185000
1992	75000	40000	246000	160.0	60000	271500
1993	86300	55000	256000	176.4	87000	390000
1994	123200	93000	261000	226.0	106000	—
1995	120700	95000	262000	621.7	128000	—
1996	127400	99000	263000	850.0	137000	337000
1997	131700	103400	268000	861.0	145000	351000
1998	132800	105100	270000	866.0	148000	368000
1999	133000	105500	275000	946.0	150000	369000
2000	133000	105800	279000	973.0	152000	372000
2001	133000	106000	282000	1040.0	174000	373000
2002	139100	111000	288000	1099.0	184000	374000
2003	146000	117500	299000	1180.0	193000	377000
2004	149800	121200	307000	1210.25	199800	382500
2005	153600	124800	316200	1258.66	211600	383000

1989—2005年无极县主要畜产品产量、畜牧业产值及在农业总产值中的比重表

表8—8 单位：吨、万元

项目 年份	肉	蛋	奶	畜牧业产值	占农业总产值的比重（%）
1989	28100	6901	—	5200	22.2
1990	28359	6240	94	5539	31.67
1991	30030	7300	326	15487	32.66
1992	32913	6800	583	16357	30.27
1993	40049	10000	800	17646	31.34
1994	58420	20681	2812	25414	41.1
1995	49194	28296	3380	29519	43.4
1996	51736	33667	3901	33509	44.62
1997	55302	37884	4250	36183	44.3

第八编

续表 8–8

项目 年份	肉	蛋	奶	畜牧业产值	占农业总产值的比重（%）
1998	57138	39778	5089	40209	46.32
1999	58487	43000	5900	42700	46.89
2000	59929	45225	7020	46699	48.07
2001	62228	47741	9480	49288	48.8
2002	64073	50200	11500	51305	49.29
2003	67702	53000	16700	57668	52.67
2004	70875	56000	26160	141401	57.39
2005	72306	59180	24100	143333	56.5

说明：牧业产值 1989 年为不变价，1990—2003 年为 1990 年不变价，2004 年以后按现价计算

第一节　畜禽养殖

一、牛养殖

养牛业是无极县传统的养殖业之一。1989 年后，县出台《大力发展节粮型畜牧业的十项优惠政策》等一系列文件，扶持畜牧业发展。养牛业迅速发展成为无极县畜牧养殖业的一项主导产业。耕牛逐步淡出农业生产后，成为肉牛养殖业的基础，肉牛养殖业率先走在全省同行业的前列。无极县奶牛养殖业起步于 20 世纪 90 年代后期，发展于 21 世纪初期，一出现就以“养殖园区”这种崭新的姿态成为畜牧养殖业的一大亮点。

1. 肉牛

无极县境内的肉牛品种主要有冀南黄牛、太行牛、草原红、蒙古牛。1989 年以后，陆续引进的品种有秦川牛、西门塔尔改良牛、鲁西黄及夏洛来等。

无极县的肉牛养殖源于高头回族乡。这个乡的高头、谈下两村的回族群众素有养“占牛”（肉牛的俗称）的习俗。这一习俗起初只是家庭副业，“耕牛”淡出农业生产后，亦成为肉牛养殖业发展的基础。1989 年后在县委、县政府“大力发展节粮型畜牧业”战略思想的指导下，肉牛养殖迅速发展起来。一些农户从外地购进架子牛，舍饲育肥，走出了一条“购牛—育肥—屠宰—加工—销售”的异地育肥路子。高头回族乡的 6 个回民村，几乎家家搞异地育肥，存栏少则几头，多则十几头。一头牛从购进到出栏大约 3 个月，可增殖 300 ～ 500 元。异地育肥的可观效益，刺激周围乡村的养牛业发展，进而向全县辐射。1989 年高头村白老四、柴城村杨保安在原养牛场的基础上改建、扩建成肉牛育肥场，逐步增加存栏量，存栏高峰期达 150 头以上，除宰杀供应本地市场外，每月通过外贸渠道销往港、澳地区优质活牛 20 头。饲草饲料基本上是玉米秸秆、谷草、麦秸及棉皮、棉饼、麦麸、玉米面等。1991 年出现了东罗尚、西罗尚、齐洽、市庄等村的户办养牛场，每场存栏 40 ～ 100 头。当年全县出栏肉牛 42500 头，出栏率 170%。

1992 年，无极县被国家列为首批全国十个“秸秆养牛示范县”之一，项目设计总投资 200 万元（不含群众自筹），县建起畜牧兽医服务中心楼一座，建筑面积 1200 平方米。出现了赵正寺、小汉等村的联办牛场，存栏达 100 ～ 300 头。

1994年全县肉牛养殖业达到高峰，肉牛养殖专业户达1000多户，形成“小规模、大群体”养牛格局，年底存栏90000头，出栏138000头。1995年10月顺利通过国家验收。

肉牛养殖业的发展，刺激高头肉牛交易市场日渐兴盛，集日上市量1000头以上，高峰期2000头以上。上市牛多数来自山东、山西、河南及本省张家口、衡水、沧州等地。车运人赶、牛群滚滚，其场面十分壮观。为搞肉牛异地育肥提供了充足的牛源，新增产值4510万元，养牛户新增纯收入1240万元，户均570元，养牛业综合收入2亿元以上。2005年底，全县肉牛存栏113300头，出栏肉牛186400头，全年牛肉产量25599吨，与1989年相比，分别增长4.7倍、4.5倍、5.1倍。

2. 奶牛

奶牛品种有荷斯坦，俗称黑白花。

无极县奶牛养殖起步较晚，1989年以前仅有零星饲养。1989年全县仅有奶牛7头。1990—1996年，奶牛养殖数量有所增加，但因奶销路不畅时养时停。1997年在县畜牧部门的帮助下，东庄村民赵保宏建起了全县第一个收奶站，带动了周边乡村奶牛养殖，仅半年时间就有37个村的130户养起了奶牛。1998年12月15日“中国—欧盟”奶业发展及商务合作项目正式启动，无极县作为全省十个项目县之一，获得物资及资金的援助，奶牛养殖业迎来了突飞猛进的发展时期，专业户增加，奶牛数量增加，规模扩大。1998年奶牛专业户370个，存栏4400头；1999年奶牛专业户430户，存栏4500头。2000年起奶牛养殖开始由庭院分散饲养向规模化、集约化转变。2000年，在县畜牧局的帮助下，广威公司投资近百万元在费家庄村东建起机械化挤奶大厅，并购置机械挤奶、贮存、运输设备，建造宅院式牛舍20栋。是无极县出现的第一个奶牛小区。当年入区养奶牛户18户，奶牛存栏300多头。该小区实行“统一设计，统一标准，统一供料，统一防疫，统一挤奶，分户喂养的‘五统一分’”管理模式。该年建成的还有刘家庄奶牛小区。此举吸引县内外众多干部群众前来参观。

2000年后，无极县奶牛养殖园区陆续涌现，且标准越来越高，规模越来越大。2001年建成西关、东朱村、林中杨广军奶牛小区。2003年建成高头爱国、东丰永欣、东辛庄恒旺、谈下一村、东丰庄东风5个奶牛小区。东风奶牛小区为东丰庄村集体投资500万元，占地150亩，建有64个养牛单元，挤奶大厅装备直列式自动挤奶设备。水、电、路、讯四通，饲料加工、配种、兽医服务设施完备，是全县规模最大的奶牛养殖基地，可容纳奶牛1500头，日产鲜奶达5吨以上。东辛庄恒旺奶牛小区采取股份制投资，统一建设，场地绿化、道路硬化、环境美化，有偿吸纳奶农入区养牛，当年入区养牛户14户，其中张家口、东北外地养牛2户；小区奶牛存栏达500多头。2004年建成的东汉东森、磁河店、新城、西南丰、谈下三村、东丰庄富源6个奶牛小区。到2005年底，全县已建成奶牛小区16个，奶牛存栏11500头，奶产量24100吨。

1989—2005年肉牛、奶牛存栏、出栏、牛肉、奶产量一览表

表8–9　　　　单位：万头、吨

项目/年份	肉牛			奶牛	
	存栏	出栏	牛肉产量	存栏	奶产量
1989	2000	34040	4256	7	
1990	25409	35725	4466	90	94
1991	29500	42500	5312	105	326

续表 8–9

年份＼项目	肉牛			奶牛	
	存栏	出栏	牛肉产量	存栏	奶产量
1992	39700	65000	8125	280	583
1993	54700	98000	13480	400	800
1994	89400	138000	27600	3600	2812
1995	95000	140000	17502	3600	3380
1996	94800	150000	18750	4200	3901
1997	103400	165400	20675	4300	4250
1998	105100	166000	21580	4400	5089
1999	105500	167000	21710	4500	5900
2000	105800	168500	21905	5000	7020
2001	106000	171000	22230	6100	9480
2002	111000	173000	22970	6500	11500
2003	117500	169900	24150	9100	16700
2004	121200	181000	25449	10800	26160
2005	113300	186400	25599	11500	24100

附：无极县东风奶牛养殖园区

无极县东风奶牛养殖园区位于东侯坊乡东丰庄村西，2003 年 8 月由村集体投资 500 余万元建成。该养殖园区占地 150 亩，建有 64 个养殖单元，可容纳奶牛 1500 头。机械化挤奶厅建筑面积 750 平方米，配有国内先进水平的管道式挤奶设备。青贮窖容积 10000 余立方米，可青贮利用 4000 亩玉米秸秆。饲料加工厂、兽医室、配种室等配套服务设施完善。到 2005 年，奶牛存栏 800 余头，日产鲜奶 5 吨，是无极县规模最大的奶牛养殖基地。

该园区采取“村建户养”的经营模式，村集体建成牛舍、挤奶厅、青贮窖等基础设施，派专人负责鲜奶收购，村民自主购牛入区饲养。园区建设坚持科学规划，合理布局，不仅对场区进行亮化、道路硬化，而且实现三季有花，四季长绿，营造出适宜奶牛生长的良好环境。

2005 年无极县奶牛养殖小区情况一览表

表 8–10　　单位：亩、头、户、套、吨／天

小区名称	地址	建设时间	建设类型	2005 年底			挤奶设备	日产奶量
				面积	户数	存栏		
费家庄奶牛小区	费家庄	2000 年	分户	45	29	400	大型提桶式	3.5
刘家庄奶牛小区	刘家庄	2000 年	个体	30	6	220	大型提桶式	3.0
林中奶牛小区	林中	2001 年	个体	50	6	270	大型提桶式	3.7

续表 8–10

小区名称	地址	建设时间	建设类型	2005 年底			挤奶设备	日产奶量
				面积	户数	存栏		
西关奶牛小区	西关	2001 年	分户	30	12	150	小型提桶式	1.2
东朱村奶牛小区	东朱村	2001 年	股份	50	27	380	大型提桶式	4.0
磁河店奶牛小区	磁河店	2004 年	股份	50	12	320	大型提桶式	3.0
东森奶牛养殖有限公司	东汉	2004 年	股份	50	7	310	直列式	3.0
永欣奶牛小区	东丰	2003 年	个体	45	20	400	鱼骨式自动计量	3.0
新城奶牛小区	新城	2004 年	个体	30	34	260	大型提桶式	2.9
高头奶牛小区	高头三村	2003 年	个体	42	13	340	鱼骨式自动计量	3.0
东辛庄恒旺奶牛小区	东辛庄	2003	股份	50	14	650	鱼骨式自动计量	4.5
西南丰奶牛小区	西南丰	2004 年	股份	40	13	320	直列式	3.5
谈一奶牛小区	北谈下	2003 年	分户	20	5	150	大型提桶	1.5
东风养牛小区	东丰庄	2003 年	集体	150	40	860	直列式	5
谈三奶牛小区	南谈下	2004 年	分户	50	16	350	大型提桶式	3.0
富源奶牛小区	东丰庄	2004 年	个体	40	16	360	大型提桶式	2.5

二、肉羊养殖

肉羊养殖分山羊、绵羊两大类。山羊主要品种有河北山羊（俗称驹子羊），2000 年后陆续引进南江黄羊、马头羊及波尔山羊。绵羊主要有河北细毛羊、小尾寒羊。2000 年后小尾寒羊发展较快，成为羊家族的主力。

1989 年前后，无极县肉羊养殖主要集中在郝庄、西东门、庄里、泗水、七汲等滹沱河、木道沟沿岸乡村，其他乡村也有少量养殖。山羊、绵羊都有，品种较杂，放牧与圈养结合，夏秋放牧于道旁村边、冬春则于圈中，饲喂一些秸秆或青干草。秸秆饲料资源的开发，为舍饲养羊提供了条件。1996 年大名庄、驿头等村 6 户养羊专业户开始搞起青贮玉米秸养殖肉羊，效果不错。1999 年以后养羊专业户、专业村陆续出现，养羊数量大量增加。马桥农民赵占红，1999 年引进小尾寒羊母羊 80 余只，开展自繁自养，羊场占地 5 亩，羊舍建筑面积 1000 多平方米，2000 年获纯收入 6 万余元。2000 年西七汲刘庆虎从四川引进南江黄羊 36 只，东中铺综合养殖场引进马头羊 130 只。小尾寒羊适应性强，繁殖率高，生长快，很受群众欢迎。肉羊每只获利 180 余元，养种母羊，每只年可产仔两窝，4 ～ 9 羔，按成 5 羔计算，年可获利 900 余元。2001 年上半年，里城道、东侯坊、西七汲、东庄、北苏等村先后从山东梁山、郓城等地引进小尾寒羊 1000 多只。东门营村民刘晓斌一次引进小尾寒羊母羊 200 余只，建起县内第一家种羊场。

肉羊数量增加，规模扩大，肉羊养殖小区应运而生。2002 年七汲、东辛庄、西汉养羊小区相继建成，入区养羊户 30 余户，存栏达 200 余只。2003 年柳见、郝庄等村千只羊场相继建成。经过发展，建成以滹沱河沿岸村庄为主体的肉羊养殖产业带。到 2005 年底，全县养羊存栏 211600 只，出栏肉羊 171500 只，年产羊肉 2096 吨。

1989—2005年无极县肉羊存栏、出栏及羊肉产量一览表

表8–11 单位：万只、吨

项目 年份	存栏			出栏	羊肉产量
	合计	山羊	绵羊		
1989	3.8	2.1	1.7	2.8934	361
1990	5.0	1.8	3.2	3.016	361
1991	5.87	1.72	4.15	3.48	437
1992	6.0	1.7	4.3	4.1	512
1993	8.7	2.66	6.04	6.01	752
1994	10.6	2.96	7.64	8.6	1119
1995	12.8	3.3	9.5	9.77	1270
1996	13.7	3.5	10.2	10.6	1272
1997	14.53	4.0	10.53	11.3	1356
1998	14.8	4.1	10.7	11.9	1428
1999	15.0	4.1	10.9	12.1	1452
2000	15.2	4.1	11.1	12.3	1476
2001	17.4	4.3	13.1	14.3	1716
2002	18.4	4.3	14.1	15.1	1810
2003	19.3	4.3	15.0	15.29	1970
2004	19.98	4.41	15.57	16.15	1975
2005	21.16	4.55	16.61	17.15	2096

附：　　七汲镇养羊产业化简介

七汲镇位于县城东5公里。肉羊养殖及屠宰加工历史较长。自2001年始，重点发展小尾寒羊，改分散养殖为小区养殖，全面推广圈舍饲养，快速育肥，种植牧草养羊等新技术，到2004年底，出现种草养羊示范户70多户，肉羊养殖小区3个，羊存栏18000只，种植紫花苜蓿500余亩，肉羊屠宰专业户80多个，年屠宰肉羊40000余只。羊肉除本县销售外还远销京、津、石、保及太原、东北等大中城市。屠宰业又带动了以羊肉为主的餐饮业，仅在无极县城及石家庄开设的全羊馆就达20多家。横穿七汲大街的正饶公路，南北对峙，餐馆鳞次栉比招来四方食客，烤羊腿、烤羊排及烤全羊已成为七汲创造的名菜，享誉全县，名扬省城。

三、兔养殖

1989年，全县存栏16638只，出栏12958只，主要品种为北京大耳、虎皮黄、青紫兰、安哥拉兔。散养于农户之中，无规模养殖。2000年，东宋村民李黑妮一次引进獭兔200余只，建起种兔养殖场，存栏最多时达到4000余只。该场建立后，獭兔这一经济价值高的新品种开始推广。2001年，东流村一农民建起肉兔养殖场，常年存栏2000余只。2005年底，全县家兔存栏38.3万只，出栏47.12万只，存栏百只以上的户有500余户。

四、家禽养殖

家禽包括鸡（蛋鸡、肉鸡）、鸭、鹅。鸭、鹅仅有零散养在农户家中，尚未形成产业。肉鸡 1995 年在月旦、东丈等村曾有养殖，当年出栏 18 万只。此后只有孵化场鉴别出的公雏鸡低价出售给饲养户做为肉鸡饲养，一个月出栏上市出售，称为童子鸡。肉鸭养殖曾于 1998—2000 年在高头、谈下、刘家庄、东中铺等村有养殖，效益较低，发展缓慢。蛋鸡养殖经历了农户散养的古老式阶段到围网养殖的粗放型阶段，到规模化养殖现代化阶段，如今已发展成农村经济的一大产业。

1. 蛋鸡养殖

蛋鸡养殖历史悠久。以前蛋鸡散养于农户之中，每户饲养 10 只左右，建有一平方米大小的鸡窝。白天放出，晚上回窝，自刨食为主，辅以籽实饲料补饲。这种古老式的养殖方式随着养殖数量的增加而逐渐被围网式饲养方式所替代。围网养殖采用塑料网将庭院围成一个 10 ～ 20 平方米的场地，放养 100 只左右。发展养鸡是农民在改革开放后找到的一条重要增收门路。围网养殖经历了短暂的发展时期即被现代化的层叠式养殖所取代。

1989 年后，上述古老式和围网式养殖方式逐渐消失。土种鸡因其效益低逐渐被淘汰。蛋鸡品种绝大部分由引进的优良品种所替代。主要品种有来杭系列、星杂系列、海兰系列、尼克系列、京白系列等。

20 世纪 90 年代无极县蛋鸡养殖进入空前发展时期，在专业户增长的同时，养殖规模不断膨胀，几千只乃至万只鸡场户不断出现。养殖形式由分散向区域化发展。1996 年，全县养鸡存栏达到 850 万只，专业户 7000 多户。养鸡场大多数迁至村外。存栏在 30 万只以上的村就有东侯坊、赵户、寺下、西关、张村等。鸡舍多为廊式（南北向或东西向）建筑，每平方米鸡舍可养到 30 ～ 40 只鸡，鸡笼三重式、四重式置放，提高了单位面积效益。鸡舍保持通风透光，冬暖夏凉，自动清粪，自动饮水，自由采食，干净卫生，单笼可养 16 只。

蛋鸡养殖的发展带动了孵化业。20 世纪 90 年代陆续建起了广威、曙光等 6 个种鸡养殖场、孵化场，年生产优质种雏鸡 1000 多万只，基本能够满足养殖业的需要。土法（火炕）孵化消失。

2005 年全县养鸡专业户有 4093 户，存栏 1258.66 万只，年蛋产量 59180 吨。其中，万只以上 93 户；2000 只以上户 3130 户；存栏 500 只以上的 870 户，蛋产品 80% 以上外销湖南、湖北、广东、广西、江西等南方省市。2005 年一年禽蛋外销 45800 吨，其中销往湖南 4200 吨、湖北 6600 吨、广东 9100 吨、广西 8900 吨，其它省市 17000 吨。

1989—2005 年无极县蛋鸡养殖情况一览表

表 8–12　　单位：万只、吨

年份 / 项目	存栏	蛋产量	出栏	禽肉产量
1989	150.2	6901	46.5	728
1990	153.5	6240	71.0	480
1991	161.0	7300	88.7	891
1992	160.0	6800	90.0	900
1993	176.4	10000	110.6	1106
1994	226.0	20681	226.0	2260

续表 8–12

项目 \ 年份	存栏	蛋产量	出栏	禽肉产量
1995	621.7	28296	287.3	3086
1996	850.0	33667	450.0	4710
1997	861.0	37884	467.0	4880
1998	866.0	39778	492.0	4920
1999	946.0	43000	525.0	5250
2000	973.0	45225	560.0	5600
2001	1040.0	47741	596.0	5900
2002	1099.0	50200	630.0	6350
2003	1180.0	53000	680.0	6830
2004	1210.25	56000	720.0	7035
2005	1258.66	59180	742.0	7452

2. 肉鸭养殖

肉鸭养殖一度兴盛。1998 年高头白同拴建起肉鸭养殖场，存栏达 5 万只，品种为樱桃谷鸭。并建有屠宰加工车间、孵化车间。在他的带动下，辐射高头、谈下、刘家庄、西高、东中铺等村几十户，年出栏肉鸭近百万只。2001 年后因比较效益较低，陆续停养。2005 年无规模养殖。

附：　　　　无极县西关郝国杜养鸡场

鸡场位于无极镇西关村西。该鸡场于 2004 年 9 月由县城内搬迁至此，鸡场面积 20 亩，建有高标准鸡舍 16 栋，建筑面积 3580 平方米，可饲养蛋鸡 8 万只，现存栏蛋鸡 5.6 万只。

鸡场基础设施建设标准较高，场区布局合理。大门有车辆消毒池、人员消毒室、高压喷枪等消毒设备；有兽医室及常规防治设备；有污水排放、粪便堆放及无害化处理设施；有统一的管理和服务设施。每栋鸡舍建筑面积 224 平方米，4 层笼式饲养可容纳蛋鸡 5000 只。鸡舍全部采用负压纵向通风、自动清粪、夏季水帘降温等先进的生产设施。鸡场设计实现了“四分开”，即生产区与生活区分开，生产区与粪便处理区分开，健康鸡与病鸡分开，育雏、育成鸡与产蛋鸡分开，全进全出的科学饲养方式。

五、生猪养殖

猪的地方品种主要有定县猪、深县猪（五花头、黄瓜嘴）。1989 年后大量引进的品种：杜洛克、长白、大约克、大白、皮特兰，同时迪卡配套系、PIC 配套系、斯格配套系也陆续落户无极县。

生猪养殖历来是无极县畜牧业的大宗，商品率高。1989 年前后，无极县养猪多以户养为主，自养自食。一般农户院内都有猪圈，养猪积肥并举。开春购进猪仔，岁末宰杀供春节食用。余则赶年集出售换零花钱。也有少数农户一年养几茬肥猪赚钱发家。品种较杂，以泔水糠麸喂养为主，辅以精料。养猪业发达的楼下乡，年均户养二头以上，且 80% 的户养母猪，猪仔遍销全县及周边邻县。1992 年以后，政府引导，市场经济推动，分散户养开始向规模化发展。改坑圈为棚圈，夏能消暑，冬能保温，配合饲料进入养猪户使用。到 1999 年仅楼下、林中、月旦、寺下、东市庄、西市庄、费家庄、马桥等 8 村生猪存栏 26000 头，户均 4.85 头。2000 年高标准、专业化养猪场兴起，猪舍建设主要是单侧或双侧走廊式，采用床上生仔，平面育肥，自动喂食，自动饮水，配制全价饲料，快速育肥等先进技术。随着人民食肉习惯的改善，原以肥见长的脂用型生猪被淘汰，杜洛克、长白、大白及汉普夏品种为主的“三元杂交”猪、迪卡配套系、斯格配套系、PIC 配套系等系列瘦肉型猪种先后在全县养殖。到 2002 年 5 月，存栏 100 头以上的猪场达 1000 多个。到 2005 年底，全县生猪存栏达到 31.62 万头，全年出栏生猪 49.8 万头。以活体形式外销京、津及其他省市的生猪达 150000 头。

1989—2005 年无极县生猪养殖产业化情况表

表 8—13

项目 年份	存栏	出栏	年出栏 50 头内的猪场	年出栏 50—100 头猪场	年出栏 100—500 头猪场	年出栏 500—3000 头猪场	年出栏 3000 头以上猪场
1989	231900	294200	—	—	—	—	—
1990	241064	299900	—	—	—	—	—
1991	245000	300000	—	—	—	—	—
1992	246000	307100	—	—	—	—	—
1993	256000	317900	—	—	—	—	—
1994	261000	352000	—	—	—	—	—
1995	262000	355000	—	—	—	—	—
1996	263000	357000	—	—	—	—	—
1997	268000	376000	—	—	—	—	—
1998	270000	388000	—	—	—	—	—
1999	275000	400000	—	—	—	—	—
2000	279000	412000	—	—	—	—	—
2001	282000	431000	640	30	8	—	—
2002	288000	444000	1000	650	34	10	—
2003	299000	469000	1200	594	40	12	1
2004	307000	483900	1200	810	330	93	1
2005	316200	498400	1660	830	350	95	1

第二节 水产养殖

水生动物主要有鱼、虾、蟹、鳖等，以鱼鳖居多。鱼有鲤鱼、草鱼、鲢鱼、鲶鱼以及具有较高观赏价值的金鱼、锦鲤鱼。鳖主要品种为中华鳖。

无极县人工养殖水生动物始于 1970 年。起初，一些村庄利用村内天然池塘放养鱼种，产量低、收入微。因水资源匮乏且市场波动较大，效益不稳定致使水产养殖起起落落、发展缓慢。1989 年全县天然池塘四百余个，总面积 1100 亩，池塘养殖水面仅 43 亩，年产鲜鱼 7000 ～ 8000 千克。1991 年东中铺村整修村南池塘 9 亩，打专用机井一眼，养鲶鱼和锦鲤鱼，年产值数万元。1992年里家庄、西汉、杨村、西小镇等村修整池塘、增设注、排水设备，鲶鱼、鲤鱼、草鱼混养，提高了效益。1996年，西关村李娃子承租村废旧窑坑建起了水产养殖基地，当年建池塘一个，引进种鳖90只。1999年袁流村兴建金鱼、锦鲤鱼养殖场，总面积达16亩。2004年，西关水产养殖基地扩大为12亩，池塘面积10亩，建有7个大池棚，其中两个占地3亩的加温暖棚，5个塑料薄膜池棚，存栏种鳖750只，商品鳖13000只。2004年孵化生产稚鳖28000只，出售商品鳖10000只，创利61万元，纯利33.7万元。2005年底，全县水产养殖水面面积达到375亩，水产品产量450吨，渔业产值402万元。中华鳖养殖户19户，水面118亩，年生产销售64万尾；养金鱼户16户，水面50亩，年生产销售52万尾；养鲶鱼82亩，年产量148吨。鲤、草、鲢鱼年产200余吨。水蛭、林蛙、河蟹也有养殖，但数量较少。

中华鳖经济效益高，多销往京、津、沪、鲁水产品批发市场，名优金鱼、锦鲤鱼除本地少量销售外，多销往京、沪、晋、石等鱼虫市场。

第三节　特色养殖

无极县畜禽种类繁多，除肉牛、奶牛、猪、鸡、羊五大支柱产业外，还有马、骡、驴、兔、犬、鹌鹑、鹿、肉鸽、貂、兰狐、蜂、蝎、牛蛙、海里鼠、蜗牛等。马、骡、驴由于淡出农业生产呈现逐年下降趋势，其他物种的养殖，因受市场供求关系的影响，经济效益不稳而时有起伏。

肉鸽　规模养殖始于1999年。里家庄村李彦军建起肉鸽养殖场，存栏达4000余只，品种为澳洲王。该场“实行放种后回收成鸽”体制，辐射周边村庄70余户。2000年，古庄村刘建设建肉鸽场，存栏1000只左右。肉鸽养殖因效益低，未得到发展，2003年里家庄鸽场倒闭。2005年底，仅存部分分散养殖户。

鹿　人工养殖始于1989年。东中铺村集体办场，存栏70余头，品种为马鹿、梅花鹿。2000年西汉村三户农民集资办鹿场，存栏60多头，皆因饲养技术不过关，造成亏损，分别于2003年停养。

兰狐　为犬齿科动物，外形似狗，四肢较短，尾长而蓬松，狐皮因其毛长、绒厚、光润、保暖性良好，有很好的制裘性能。1995年无极县就有养殖，1996—1997年养殖最多，存栏3000多只。因气候条件所限，产仔率、成活率低，发展缓慢。2005年全县存栏2000只，主要分布在马桥、楼下、林中、月旦、南流等村。

鹌鹑　无极养殖较早，1989年后有所发展。2005年养殖最多，年底存栏70余万只，年产蛋340吨，主要分布在楼下、马桥、寺下、前北焦、东池阳、东朱村、西南丰等40多个村。

蝎子　1995年下岗女工李双平、刘国立、杨军联、兰彩平共同创建巾帼养蝎场，筹资12万元，引进种蝎2.8万条，翌年盈利18万元。1999年养殖户发展到6户，存栏10.85万条。2002年因价格急剧下滑造成亏损，相继停养。

蜗牛　1999年养殖户14户，存栏12.1万只，因销路不畅，相继停养，2005年消失。

貂　1980年里贵子村民王友德从东北引进种貂20只，到1984年，该村及周边的里城道村、东丈村、大户村、周家庄村等以种貂养殖发展到四十多户，存栏达2000余只。1989年后，林中、寺下、市庄均有养殖。2005年底，存栏1200余只。

犬　无极县居民历有养犬习俗，或用于护院，或观赏玩耍，其起始年代无从查考，全部散养于户中。1998年，个人投资在西关村建起名犬养殖场，存栏40余只，主要品种为大丹、麦丁等，因亏损，2002年停养。2005年底，全县犬数为25660只，其中用以护院的大型犬23309只，主要品种为当地土种狗、黑熊、黑贝、狼青、藏獒及杂交后代，以观赏为主的小型犬2108只，主要品种有京哈、蝴蝶、狮子等，其它类243只。

海狸鼠　1999年有2户养殖，2001年达到高峰，存栏达到万余只，涉及10个乡镇70多个村的300余户。因其产品没有市场，群众蒙受巨大经济损失，当年5月，政府下令全部扑杀。

蜂　1989年养蜂户有北合庄、西关、佛堂三户，因技术难以掌握及蜜源缺乏，一直没有发展。2005年仅存西关、佛堂两户，存栏180箱。

第四节　养殖产业化基地建设

从1989—2005年近20年的发展，无极县畜牧养殖业已形成龙头带基地、基地联农户的产业化生产新格局。2005年从事畜牧养殖及与之相关的饲料、屠宰、运销、加工等行业达4万余人。

一、龙头企业

1989—2005年间的畜牧养殖行业，是零星散养与规模化养殖共存的时期，同时，也经历着此消彼长的发展过程，一些较大规模的养殖企业、饲料企业在畜牧养殖业发展中的龙头带动作用逐步显现，其中最为著名的有广威农牧发展有限公司、金光饲料有限公司、曙光农牧发展有限公司等。

二、生产基地

2005年全县已具有相当规模的畜牧养殖基地有以北苏、郭庄、里城道、大陈、南流、七汲等乡镇为主的瘦肉型猪基地；以高头、谈下、刘家庄、马坊等村为主的肉牛养殖基地；以东辛庄等16个奶牛小区为主的奶牛养殖基地；以七汲、西汉及滹沱河、木道沟沿岸村庄为主的肉羊养殖基地；以东侯坊、城关、郝庄等乡镇为主并遍布全县的蛋鸡养殖基地。各类养殖专业村60余个。

三、市场

全县形成高头肉牛、南流肉羊肉兔、大陈生猪四大畜禽交易市场和皮张市场，年交易肉牛10.5万头，生猪31万头，羊1.8万只，兔8万只，交易皮张180万张，年总交易额9亿元。

四、加工

2005年底，全县有畜禽产品加工企业11个，职工3000余人。其中屠宰加工厂点2个，年屠宰加工猪肉2000吨，牛肉1200吨；奶类加工厂1个，年加工鲜奶2800吨，生产饮料2880吨；较大规模皮革加工厂8个，年加工皮张500万张。

五、销售

近千人的销售队伍活跃在城乡之间，从事畜禽及其产品的外销。2005年外销活猪15万头，活禽420万只，禽蛋45600吨，活兔20万只，活羊5000只。

第五节　防病治病

危害较大的畜禽传染病主要有猪瘟、猪丹毒、猪肺疫、猪囊虫病、链球菌病、细小病毒病、仔猪副伤寒、大肠杆菌病、猪流感，鸡新城疫、禽霍乱、鸡球虫病、禽流感、法氏囊、鸡白痢、支气管炎、喉气管炎，兔球虫病，牛流感、牛乙型脑炎、牛养布氏杆菌病、口蹄疫、狂犬病等。其中以猪囊虫病、猪瘟、猪丹毒、猪肺疫、鸡新城疫、口蹄疫、链球菌病、禽流感危害最甚，且危及人身健康。

1989年后，继续坚持“预防为主、防治结合”的方针，经常开展大规模的防疫注射活动，对危害较大的传染病进行强制免疫注射。1994年以后改为常年免疫注射活动，群防群治，使注射密度和免疫密度常年保持在95%和90%以上。1995年，高头一养牛专业户从山东购进架子牛育肥，几天后发现一头牛蹄腐烂、流血、口流涎，有水泡，经诊断确诊为口蹄疫，随即对同群5头牛进行扑杀深埋处理。此后，该病在无极县未有发生。为控制疫病发生和蔓延，1996年后每年都对牛、羊、猪进行强制注射免疫，做好预防工作。

1999年无极县被农业部列为“无规定动物疫病区”扩建项目县。建立动物疫情监测中心，提高对畜禽疫病的防治能力。为保护畜牧业健康发展，全县三级防疫网络不断加强。县设立畜牧兽医工作站、动物卫生监督检查所和兽医站，村设防疫员。2003年对乡站进行整顿，重点组建8个动物检疫分站，村设防检协助员。2001年7月27日，郭庄、东牛、西西侯、西东侯4个村的养鸡户因接种被污染的鸡痘疫苗导致发生严重疫情，4900只鸡一日之内死亡4300只。疫情发生后，县政府采取扑杀、封锁、消毒、紧急免疫注射等果断措施，未造成疫情扩散。据监测和调查统计，到2004年底，猪瘟、猪水泡病、布氏杆菌病、牲畜口蹄疫、鸡新城疫、禽流感、马立克、减蛋综合症、马传贫、马鼻疽、猪囊虫、猪繁殖与呼吸障碍综合症、伪狂犬病、牛结核，已经达到控制和净化程度。猪的死亡率为0.8%，禽的死亡率为0.1%，大牲畜死亡率为0.085%，低于国家规定的5%、13%、1%。猪瘟、鸡瘟连年实现省级达标。

2004年，国内12个省、市、区发生禽流感疫情，口蹄疫也有蔓延之势。无极县成立以县长为指挥长的重大动物疫情防治指挥部，加强对传染病防治工作的领导，制定并启动重大动物疫情控制扑灭应急预案。由于防范严密，到2005年底未发生重大疫情。

附：专记

高致病性禽流感防治

高致病性禽流感是由A型流感病毒中的H5或H7强毒感染禽类引起的急性高度接触性传染病。以传播迅速、死亡率高为特征。无极县是养鸡大县，占畜牧业产值的50%以上。该病一旦流行将对养鸡业造成毁灭性打击，严重影响经济发展和社会稳定，并威胁人身健康。1999年农业部将该病列为一级传染病。

病禽是本病的主要传染源，以空气、飞沫传播为主。本病潜伏期正常为3～5天，急性病例体温迅速升达41.50C以上，拒食，病鸡很快陷于昏睡状态，冠髯常有淡色的皮肤坏死区，鼻有黏液性分泌物，头颈常出现水肿，腿部皮下水肿，出血，变色。常于症状出现数小时死亡。H5和H7禽流感引起的高致病性疫病死亡率较高，达100%。2001年7月27日，无极县郭庄村养鸡户尤进年、东牛村李顺年、西西侯村李振田、西东侯村段占平4户所养4900只鸡，在一天内死亡4300只。经调查，上述4户均为接种贵州省汉威国际生物科技（新西兰）有限公司生产的批号为2001.06的鸡痘苗所致。后经中国农科院实验诊断，确定为“7·27”禽病，原因是鸡痘苗被污染。

7月27日晚9时接报后，县政府立即组织有关部门，采取有力措施，全面展开控制扑灭工作。翌日县长发出封锁令，将郭庄、北苏、东侯坊、里城道、大陈、南流6个乡镇划为疫区实施封锁，禁止一切畜禽及其产品调出调入。设立9个消毒检查站，对进出车辆实施严格消毒。对4个鸡场全部鸡只进行扑杀深埋。对疫点所在村主要街道、养鸡场及疫区内养鸡场用生石灰和消毒液彻底消毒。共投入生石灰21000袋（50千克／袋）、火碱6吨及其它消毒液10吨，消毒鸡场4200户，屠宰点50个，禽类交易市场19个，消毒面积达到256.9万平方米．紧急免疫接种20万只。疫情发生后，农业部畜牧局于康震副局长、河北省钮茂生省长曾亲临现场视察，作出指示。

经21天的紧张工作，使疫情得到控制，未引起流行。8月18日对疫区解除了封锁。

2004年初春，越南、韩国等我国周边国家高致病性禽流感流行，国内12个省市区也发生高致病性禽流感疫情，并有人感染致死的报道，对无极县造成严重威胁，情势十分危急。

对此，县委、县政府十分重视，从1月17日开始，全县防治禽流感进入临战状态。先后召开专题会、调度会、政府常务会、三级干部大会等十几次不同层次的会议，全面安排部署防治禽流感工作。2

农业

月1日，成立县防治禽流感领导小组和指挥部，组长和指挥长分别由县委书记和县长出任。指挥部成员有县委办、政府办、组织部、宣传部、纪检委、畜牧局、财政局、公安局、工商局、卫生局、交通局、民政局、商业局等部门参加，并从上述部门抽调40余人组成办公室，实行集体办公。当日即制定《禽流感疫情防治应急预案》和《突发人间禽流感疫情应急预案》。在西部和北部出县口设立两个疫情监督检查站，对出入无极的畜禽及畜禽产品运输车辆逐一进行检疫和消毒。公安、卫生、工商、动物检疫四个部门组成联合检查组，对全县集贸市场进行拉网式排查，取缔禽类现场屠宰，严格监控肉鸡加工场点。打击加工出售病死鸡行为。从1月18日到2月15日，畜牧部门组织技术人员先后四次对全县养鸡场户进行排查，强制免疫注射2000万只次，防疫密度达100%。印发《禽流感防治知识》10万余份，城乡张贴禽流感防治《通告》16000张。养鸡户每天两次对鸡只、鸡舍、用具、庭院、车辆、饲养人员及周边环境进行消毒。县财政局紧急拨付13万元用于防疫物资储备，并设立100万元应急准备金。11个乡镇筹备应急准备金330万元。先后投放疫苗13300箱，消毒液8.4吨，生石灰1700吨。县组成11个防治禽流感督导组派往各乡镇。

各乡镇按照县防疫禽流感指挥部的部署，实行乡干部包村、村干部包户，协助专业技术人员开展工作。全县还建立健全了县、乡、村、户四级疫情监测报告网络和防疫监督机构系统、畜牧兽医行政系统、政府报告系统三线监控体系，形成“四级网”“三条线”的疫情报告机制，把全县所有禽类养殖、运输、购销、免疫等纳入监控范围。由于防范严密，无极县到2005年底没有发生禽流感疫情。

第六节　饲料管理

无极县饲草饲料种类繁多。随着养殖业的发展，越来越多的饲草饲料资源被开发利用。

一、饲草

县内年产农作物秸秆3.2亿千克，其中玉米秸、小麦秸、谷草、花生蔓等是家畜的主要饲草来源。以前用于家畜饲草的作物秸秆均是干饲。1989年后，推广玉米秸秆青贮、小麦秸秆氨化技术，秸秆处理利用率逐年提高，1989年青贮玉米秸1000万千克，氨化麦秸3100万千克。1994—2005年，每年青贮玉米秸秆9600万千克，氨化麦秸3100万千克。

牧草种植　1993年赵正寺李大群在牛场附近利用闲散地种植紫花苜蓿5亩，饲喂牛羊效果好。此后，在七汲、里城道、东门营等村均有种植。2005年全县种植牧草500余亩，主要品种为紫花苜蓿，其他有少量“70黑麦”“俄罗斯菜”“串叶松香草”等。主要分布在西汉、七汲、里城道、东门营等村。

二、饲料

1. 配合饲料

1989年，饲料成分单一，经济效益不高。随着人们对产量、质量和效益要求不断提高，配合饲料应用逐渐扩大。1992年，年产配合饲料80吨。2000年，年产30吨的饲料厂有广威、金光、正诚、曙光等。2005年，全县生产配合饲料9个品系30多个品种，总产量234400吨，生产各种料精、预混料、添加剂144吨。饲料原料及添加剂销售门市部50多个，年销售3000多吨。

2. 蛋白饲料

1992年开始，林中、寺下、前北焦、李家庄、穆家庄、南虎、北虎、北虎庄、南侯坊、马孤庄等村涌现出动物蛋白饲料厂300余家，规模大小不等，多以动物羽毛、蹄角、杂骨、毛渣、制革下脚料等为原料，生产动物蛋白粉，年生产30000吨以上。

三、饲料管理

1993年县成立饲料工业办公室，对饲料行业实行正规化管理。1996年首批取得准产证、准销证的企业及门市部15家。2001年起实行饲料生产许可证制度，配合饲料有省政府发证，预混料和添加剂由农业部发证，饲料行业管理逐步走向规范化。2002 年成立饲料行业协会，协助政府对饲料行业进行管理。

第七节　畜牧技术推广

1989 年以来，县畜牧科技人员致力于科学养殖技术的推广和普及，取得显著效果。通过科技三下乡活动、科技赶集、接受群众咨询、试点、实验、示范、印发技术材料、举办各种类型培训班等活动。推广新技术。

1989—1995 年，主要推广杂交技术，以利用杂交优势提高瘦肉率。随着人们生活水平的不断提高，杂交猪尚不能满足市场需要，从 1996 年起，开始推广三元杂交技术。到 2005 年底，三元杂交及其他瘦肉型猪的覆盖率占到 90% 以上。三元杂交技术的推广，使瘦肉率大大提高。三元杂交胴体瘦肉率达到 60% 以上，比原来脂用型猪瘦肉率 40% 提高 20 个百分点。

一、快速育肥技术。1989 年以后，群众改变了过去“糠麸泔水”的传统方法，配合饲料逐步入户使用，快速育肥技术逐步推广。根据猪的不同生长阶段，配合不同饲料进行饲喂，特别是育肥阶段即仔猪 30 千克后开始，加大精料供给量，能吃多少喂多少，计量不限量，多采用干喂法，自由采食，自动饮水。百日出栏，体重达到 90 ～ 100 千克，日增重达 0.7 ～ 1.2 千克，料肉比 2.8 ∶ 3.1 ∶ 1。该技术在规模猪场普遍采用。

二、肉牛快速育肥技术。1989 年以后，无极县肉牛养殖大幅度增长。为了提高养殖效益，从 1992 年起推广肉牛快速育肥技术。根据肉牛不同生长阶段，合理搭配粗、精饲料比例，使之体现最大的经济效益。育肥阶段多采用 18 月龄以上的架子牛，这时已经过了吊架子阶段，个体长成，不须去势。开始减少粗料给量，增加精料（以饼粕、玉米、豆类、麸皮为主）的供给量。经过 1—3 月的育肥即可出栏，这一阶段每头牛一日可增重 3 千克左右。1995—2005 年间全县养牛专业户和规模牛场多采用这一技术。

三、奶牛适度规模养殖增产技术。奶牛养殖业起始阶段，无极县多以农户为单位，资金、资源、技术及管理水平都受到限制。因此无极县 2000 年起推广以户养 10 ～ 20 头成年奶牛的适度规模发展奶牛小区，以达到增产增效的目的。该项目 2001 年获得农业部颁发的国家农牧渔业丰收奖二等奖。

四、全面实行“人工授精”，推进品种改良。实行大家畜人工授精技术开始于 20 世纪 60 年代，1989 年后，由于大牧畜淡出农耕，数量减少而逐步冷淡。“人工授精”技术重点推广牛的冷冻精液配种和黄牛改良，对猪、羊、鸡的人工授精进行技术指导，操作由改良站点和饲养场完成。2005 年有标准改良站点 6 个，技术人员 8 人。实施人工授精的畜种有马、驴、牛、猪、羊、鸡。

牛改，1989 年后全部实行“冷冻精液”人工授精技术。冻精从省种牛站购买，置液态氮罐保存。2005 年参加改良的母牛 41300 头，其中肉牛 10600 头，奶牛 6200 头，兼用 24500 头，冷配 25000 头，准胎 22000 头。

五、试行人工胚胎移植取得成果。2003 年 2 月 24 日，县畜牧局与北京向中生物技术有限公司合作在户村田增茂牛场进行首次体外冷冻胚胎移植，所用胚胎全部来自美国年产奶量 8000 千克以上的高产奶牛。此次完成胚胎移植 13 头。是年 11 月 11 日，一头纯种美国荷斯坦奶牛在该场由一头夏洛来母牛顺利产下，成为无极县，也是石家庄市第一例冷冻胚胎移植繁育成功的个体，当年实施胚胎移植 123 例。

六、青贮、氨化技术推广。青贮玉米秸秆、氨化麦秸是牛羊的主要粗饲料。1989 年以后，继续推广秸秆青贮、氨化技术，其数量逐年增加。1993 年，青贮玉米秸 8.12 万吨，氨化麦秸 4.85 万吨，秸秆处理利用率达 26.53%。1994 年，县畜牧局与中科院畜牧研究所合作经反复实验，制定了秸秆青贮、氨化技术操作规程，5 月通过省、市专家组审定，列为河北省地方标准，并由河北省技术监督局于 1994 年发布实施。此后，以此标准指导秸秆青贮、氨化，质量大大提高。2005 年全县有青贮窖 1800 个，容积 19 万立方米，拥有秸秆切碎机 1200 台（套），全年青贮玉米秸秆 9.6 万吨，氨化麦秸 3.1 万吨。青贮、氨化秸秆技术的推广，为养牛、养羊提供了充足的饲料，改变了过去干饲的习俗。该项技术 1995 年获得省厅级科技进步二等奖。

第八节　管理机构

1989 年畜牧局内设办公室、畜牧兽医站、兽医院、家畜改良站、牧工商公司。1990 年增设动物检疫站。1991 年，牧工商公司改为畜牧生产服务部。1992 年局内增设生产股、乡站管理股、会计股、药政股、饲料工业办公室。1996 年机构改革，畜牧局改为政府直属事业单位。2002 年机构改革，畜牧局改为畜牧水产局，编制 83 人。内设办公室、综合科、药政科、饲料工业办公室、畜禽疫病防治科、水产科、财务科，下设畜牧兽医工作站、家禽改良站、动物检疫站、兽医院、牧工商服务中心。2005 年底，畜牧局实有在职人员 90 人，高级畜牧师 4 人，畜牧师、兽医师 16 人，助理畜牧兽医师 22 人，技术员 4 人。机构设置没变化。

工 业

1989年，无极县工业企业共有6216家，完成工业总产值122687万元，形成了化工、医药、机械、建材、纺织、造纸、食品加工、皮革等工业门类结构。主要产品有合成氨、碳氨、磷肥、糠醛、中西药、汽车配件、脱粒机、发电机、播种机、钢窗、地毯、服装、机制纸、皮革、服装等。1993年，无极县公有制工业企业推行股份制、股份合作制、兼并重组、破产出售、拍卖转让等形式的产权制度改革，县属全民所有制工业企业绝大部分国有资本退出，县乡集体工业企业全部转让，现代企业管理制度建立，个体私营工业企业、股份制工业企业、“三资”工业企业成为全县工业经济运行的主体。2001年后，实施“工业立县、项目兴县”发展战略，建立工业园区，培养特色产业，促进项目建设，向集约化发展。2003年，建成齐盛、正村、北苏、马孤庄、华润五个工业园区，形成了皮革、化工、医药三大支柱产业。到2005年，个体私营工业企业、股份制工业企业、股份制合作工业企业、“三资”工业企业435家，工业园区工业企业194家，规模以上企业58家，年销售500万元以上工业企业74家。发展项目1018个，销售收入59.2亿元，增加值19亿元，利税5.7亿元。

無極縣志

第一章　所有制结构

1989年，无极县全民所有制工业企业18家，县办集体所有制工业企业16家，乡镇村集体所有制工业企业292家，合营工业企业800家，个体私营工业企业8109家。1993年后，县委、县政府制定一系列县办工业企业、乡镇工业企业产权制度改革政策和发展私营企业政策，公有制工业企业相继进行了产权制度改革，实施转制、破产关闭。个体私营工业企业、股份制工业企业、三资工业企业应运而生，蓬勃发展，成为无极县工业经济运行的主宰。2005年，全县工业企业形成了多种体制并存，以私营工业企业为主体的工业结构格局。全县58家规模以上工业企业、74家年销售收入500万元以上工业企业中，全民所有制企业2家（河北省石家庄市工贸合营无极县造纸厂、河北省无极县饲料机械厂）、集体所有制工业企业1家（无极县棉油厂）。民营工业企业129家，其中有限责任公司26家、“三资”工业企业16家、个体私营工业企业87家。

县工业经济联合会、经济团体联合会成立大会

第一节　公有制企业

一、全民所有制企业

1989年，无极县全民所有制工业企业18家，职工29180人，完成工业总产值6301万元，利税1103万元。主要企业有无极县水泥厂、胶鞋厂、磷肥厂、石家庄地区第一零部件厂、机械厂、汽车大修厂、河北省呋喃化工厂、工贸合营无极造纸厂。主要产品有合成氨、碳氨、实物磷肥、标肥、糠醛、实物硫酸、磁粉、汽车配件、播种机、脱粒机、发电机、棉织品、机制纸、中成药、水泥、面粉、副食品等。1991—1994年，县加大工业投入，累计投资1686万元，新建工业项目61个。1994年，县办工业企业经营模式进行改革，实行所有制与经营权分离，全面落实生产权、经营决策权、投资决策、产品定价销售、人事劳动、工资奖金等14项企业经营自主权，强化企业自负盈亏责任，建立企业自我约束机制；在部分企业进行了股份制试点，工业企业发展步伐加快，新上工业华加药业公司和石家庄隆盛药胶有限公司，先后建成投产，当时国有企业发展到11家。1996年，县下发《关于推进两个根本性转变，深化工业企业改革的意见》，坚持一厂一策，分厂施治，宜售则售，宜并则并原则，对资不抵债和严重亏损的大修厂、胶鞋厂、磷肥厂、呋喃化工厂、工贸合营造纸厂5

工业

家企业实施依法破产，汽车配件厂将机械厂兼并。河北冀中化工有限责任公司、华加药业、隆盛药胶、华龙药业股份有限公司等企业产权整体出售。到1997年，县办全民所有制工业企业完成破产20家。到2005年底仅剩下水泥厂，后改制为祥龙塑料有限公司和汽车配件厂2家企业。

二、集体所有制企业

1989年，无极县县办集体所有制工业企业16家，完成工业总产值3723.2万元，利税372.4万元。主要工业企业有服装厂、五金厂、电子设备厂、机电厂、印刷厂、包装厂、纤维板厂、地毯厂、二轻公司、棉油厂、棉油二厂、棉油三厂、复合肥厂、罐头厂、粮食食品厂、副食加工厂16家。主要产品有钢窗、脱粒机、发电机、通车、童车、锅炉、合页、地毯、服装、纤维板、皮面、精粉、标粉、棉籽油等。1992年，全县开展招商引资，大办工业，10月服装厂与港商合资兴办了石家庄富豪皮革制品有限公司，乡村办集体所有制工业企业325家，完成工业总产值21657万元。1994年，县办集体所有制工业企业以纤维板厂为基础，建立了生产环氧丙烷的河北轻化工总厂，县属集体企业发展到10家。1996年以后，大部分企业亏损负债，先由五金厂、印刷厂、机电厂、轻化工总厂陆续破产，其它大部分企业也处于停产或半停产及待破产状态。仅有地毯厂改制为河北华瑞地毯有限公司。乡村办集体工业企业全部转制。

第二节 非公有制企业

1989—2005年，历届县委、县政府制定一系列发展、扶持、保护个体私营企业的政策，不断为个体私营企业创造发展的良好环境。自1993年始，对县办工业企业、乡镇村集体企业进行股份制改造、产权制度改革，到1997年，全县县办工业企业、集体工业企业89%完成了股份制改造，100%的乡镇村集体企业转为股份制和个体私营工业企业。此后，个体私营工业企业、股份制工业企业、三资企业迅速发展，逐年增加。非公有制工业企业份额不断扩大。2005年，非公有制工业企业435家，完成增加值42.1亿元，占GDP的68%；实缴税金1.52亿元，占全县财政收入的71.4%，年销售500万元以上工业企业完成增加值619109万元。

一、私营工业企业

1989年，全县个体私营工业企业4563家，从业人员15602人。完成工业总产值22996万元，占全县工业总产值18.1%。1994年，县委、县政府制定《关于发展个体私营企业的决定》，放宽政策，放宽从业人员、放宽营业范围和经营方式，并实施特殊保护政策，到1997年，个体私营经济的发展一直保持每年10%左右的速度增长。上缴税额占全县财政收入的60%以上，县委、县政府坚持“三办”（主动办、立即办、办就办好）和“三先三后”（先繁荣、后规范，先发展、后提高，先放开、后管理）的原则，年销售500万元以上工业企业完成生产总值177557万元，完成工业总产增加值63608万元，完成利税14979万元。2001年，县委、县政府做出《关于落实市加快发展个体私营经济50条政策的若干规定》，加大对个体私营企业的扶持保护力度，年销售500万元以上工业企业完成工业总产值240948万元，完成利税19279.7万元，完成增加值77908.5万

装饰门业车间

第九编

皮革公司车间

元。2002年7月，县委、县政府制定《关于发展工业园区和工贸小区的暂行规定》，实施服务引导，推进集约化经营，打造发展平台。2002年底，先后建成了齐盛、正村、北苏、马孤庄、华润精细化工五个工业园区，入园企业126家。全县新上投资100万元以上企业34家，500万元以上企业16家，1000万元以上企业6家。上缴税金4666万元，占全县财政收入的34%。2003年，推进"工业立县、项目强县"战略，制定了《关于扶持民营经济发展的意见》《关于鼓励中小企业发展的优惠政策》《关于加快工业园区建设的暂行规定》，抓特色、培支柱；抓技改、扩规壮实力；藉园区、聚优势；以项目带动发展。形成皮革、化工、医药三大支柱产业。全年销售500万元以上工业企业完成增加值10.6亿元，利税3亿元，投资2.5亿元，新上重点项目14个，投资300万元以上"小巨人"型皮革后期整饰企业30多家。2004年规模以上工业企业完成增加值15.5亿元、利税4.4亿元。2005年，新上项目588个，总投资34.4亿元，年均增长34.8%。其中，1000万元以上项目35个，亿元项目3个；5个园区入驻企业193家，全县完成生产总值61.9亿元，规模以上工业增加值完成19.4亿元、利税5.7亿元。

二、"三资"企业

1993年，推行对外开放战略，发展外向型经济，无极县第一家"三资"企业——富豪皮革制品有限公司成立。1994年以来，采用多种形式的招商，在不断完善水、电、交通、通信等基础设施的基础上，积极为外商企业提供便捷的服务，进一步优化"三资"企业的外部环境，强化服务，调整鼓励外商投资的优惠政策。到1995年，全县共有"三资"企业7家，累计利用外资321.4万美元。1996年、1997年，县委、县政府制定《关于引进外资的优惠政策》《关于鼓励外商投资的奖励办法》，到1998年利用外资876万美元，建成"三资"企业12家。引进合作项目600多项，资金6000多万元。2003年，县委、县政府制定《关于鼓励外商投资的若干规定》，改革审批制度，累计取消审批项目447项。2004年，实行《行政许可办法》，简化办事手续，优化发展环境。累计引进外资1178.4万美元。到2005年底，全县登记在册的三资企业有河北华加药业有限公司、河北华瑞地毯厂、石家庄金炬皮革有限公司、石家庄新亿鑫皮革有限公司、石家庄吉尔斯地毯有限公司、石家庄中冀正元化工公司等14家。

房车产品

第二章　生产门类及产品

第一节　化学工业

石家庄中冀正元化工有限公司，以生产农用化肥和精细化工产品为主，年合成氨生产能力10

石家庄中冀正元化工基地

万吨，碳铵10万吨，苯胺1万吨，环乙胺4000吨，硝铵钠2500吨，亚硝酸钠3500吨，浓硝酸1万吨，乙醛酸2000吨，液体二氧化碳6000吨，甲醇2万吨。河北呋喃化工厂，主要生产有糠醛、糠醇、醋酸钠，年产糠醛4000吨，糠醇5000吨，醋酸钠1500吨。河北汇川化工有限公司，生产环氧丙烷，年生产能力为20000吨。河北华润化工有限公司年生产硫酸4万吨、氯磺酸1万吨、硫酸钾1万吨、复合肥1万吨、胃药原料吐氏酸、J酸等，2002年1月改名为河北华润精细化工园区。石家庄甘露化工厂，以生产农药为主，产品包括30%仲敌乳油、20%水灭乳油、新功乳油等。

第二节　医药工业

河北省石家庄地区第一制药厂，1993年更名为石家庄市华龙药业股份有限公司，为中西药兼产的综合性制药企业，产品有胶囊剂、颗粒、冲剂、糖浆、丸剂、片剂、酊剂等80多个品种，年生产胶囊剂2500万粒、口服液500万支、丸剂7000万丸、酊剂1000万支、颗粒冲剂7000万袋、片剂32亿片。2003年9月改制，出售给河北永丰药业有限公司。华加药业有限公司是生产医用胶囊的医药企业，年生产能力达24亿粒。石家庄隆盛药胶有限公司，是生产药用明胶的企业，年生产主产品明胶1000吨，副产品磷酸钙2500吨，骨油250吨；2005年转制出售给印度斯特灵明胶有限公司，成立独资公司——盖乐亭明胶有限责任公司。

第三节　机械制造业

1989年后，机械制造业企业有机械厂、汽车配件厂、汽车大修厂，生产、修配农业机械、汽车配件、水泵、农用汽车等。极宏机电厂主要生产5TF-45型小麦脱粒机，8kW～10kW三相交流发电机，120型旋耕机等。1995年，年产小麦脱粒机1.6万台，旋耕机400台，产值达到3000万元。1999年转产并与石家庄天同集团合资合

饲料机械产品

作，成立石家庄天同神农机械有限公司，主要产品为160型稻麦联合收割机，牧草种子收获机两类农业机械。

第四节　纺织工业

1989年，纺织印刷工业有针织厂、服装厂、地毯厂、印刷厂、皮件厂等。主要生产针织服装、胶鞋类、皮衣、箱包类等。地毯厂1994年7月与美国诺瑞公司合资成立河北华瑞地毯有限公司，生产品种有拉绞地毯、抽绞地毯、马蹄扣地毯、手绣地毯、胶背地毯、绳条地毯、平针地毯、经纬编织双面地毯、卡扎克地毯、同谱混色地毯、浮绒地毯。

纺织车间

第五节　农副产品加工业

一、粮食加工业

改革开放前，县粮局直属库建立面粉厂，加工成品粮，供应非农业人口食用。机械设备2台，工人10人。20世纪70年代后，随着城镇人口的增加和粮食生产能力的提高，面粉厂又增加设备10台，工人20人，采用先进的风力提粉工艺，日生产面粉10吨。在农村，每个生产大队都设有粮食加工点，俗称“小钢磨”，为村民加工小麦面粉、玉米糁及其它谷物。

改革开放后，粮食加工业发展迅速，县粮食局面粉厂更新设备，干部职工增加到40人，初步具备现代化流水作业生产工艺，日生产面粉20吨。此外，新建南马乡面粉厂、里贵子村面粉厂，崔栓贵等人在东中铺村南，中昌路东头建立无极兴华面粉厂，除生产标粉外，还生产特一粉、特二粉，日生产面粉2万余吨。但因受当时经济体制的影响，面粉厂开工时间不长，就被粮食局收购，更名为无极县粮食局加工厂。内设小麦磨粉机6台，清洗、提升等设备10台，干部职工46人，年产面粉2万吨。1989年，全县有面粉加工厂11个，实现产值1500万元。1995年，县成立无极县粮佳公司，对原面粉厂和粮食加工厂进行改造，年生产面粉21.5万吨，从业人员60人，当年实现利润100万元。随着粮食市场全面放开和取消城镇居民定量供应政策的全面落实，个体粮食加工业进一步崛起，国有和集体粮食加工企业竞争力下降，1996年，里贵子村面粉厂停产，2003年12月，无极县粮佳公司宣告破产。到2005年，全县40家粮食加工业全部为个体民营企业，年加工面粉28万吨，从业人员560人。

二、食用植物油加工业

1989年，无极县有棉油一厂、二厂、三厂三家食用植物油加工企业，从业人员327人，主要加工生产棉籽油、花生油、卫生油。年加工生产食用植物油542吨，实现产值918万元。20世纪90年代以后，县域北花生生产区小型花生榨油厂发展迅速，1995年全县生产食用植物油1698吨，实现产值1372万元。

2000年以后，投资500万元以上民营企业振雄油脂有限公司和泰和棉油厂建立，主要生产花生油、卫生油。到2005年，全县500万元以上规模食用植物油加工企业3个，小型花生榨油厂35个，香油坊21个，年生产花生油、卫生油7860吨，香油110吨，总产值10497万元，从业人员508人。

三、饲料加工

以动物蛋白饲料和混合饲料为主。

动物蛋白饲料产生于1990年，多数集中在高头回族乡的南虎村、北虎村、北虎庄和前北焦乡的李家庄、前北焦等村，产品销往周边省市，2000年，因国家政策调整全部停产。

混合饲料原料多用玉米、麸皮、豆粕、棉粕、鱼粉等及其它添加剂配方混合而成，以鸡饲料为主，产品除供应当地外，还远销全国各省市。2005年有规模的饲料厂9个，年产饲料234400吨，从业人员近1300人。

广威饲料加工厂

第六节　重点企业选介

1989年以后，无极县工业企业加大技改力度，调整产品结构，严加生产、质量、销售、财务管理。企业规模不断扩大，产品质量逐步提升，产品销售渠道不断拓展。2005年，全县平均销售500万元以上的企业32家。1991年、1992年连续两年无极县机电厂生产的双剑牌BT11型钢锯架、无极县化肥厂生产的虎跃牌碳酸氢铵，被化工部评为优质产品；无极县制药厂生产的青龙牌利咽解毒冲剂、青龙牌阿胶、青龙牌复方丹参片、青龙牌藿香正气水；无极县汽车配件厂生产的河无牌EG-15前后制动毂、河无牌GA-140前后制动毂；无极县建筑五金厂生产的金鹰牌钢窗；无极县工贸造纸厂生产的白有光纸，均被评为河北省优质产品。无极县地毯厂产品畅销西欧、北美等国际市场。该厂1992—1994年研制的卡扎克地毯、同谱混色地毯等4个新品种，荣获部、省级科技进步奖、新产品奖6项。1993年，河北冀中化工总厂万吨苯胺工程投产，填补河北省的一项空白。

一、河北冀中化工总厂（有限责任公司）

河北冀中化工总厂（有限责任公司）位于东庄村正无公路南。原为无极县化肥厂，县属全民所有制企业。1975年筹建，投资150万元，1976年建成投产。建厂初期，生产氨水、合成氨。1989年，厂区占地81992平方米，建筑面积18830平方米。职工676人，年生产合成氨21438吨、碳铵83814吨，年销售收入2173.3万元，完成总产值1416.5万元、利税385.1万元。1991年，有职工769人，完成工业总产值2605万元、利税246

正元化工打造学习型企业

万元。所产虎跃牌碳酸氢铵被评为工业部优质产品。1993年1月，更名河北冀中化工总厂，有职工926人，年产合成氨26131.4吨、碳铵84865.5吨，完成工业总产值4656万元，利税500.5万元。年底，万吨苯胺工程竣工投产，填补了河北省一项空白。1996年，更名为冀中化工有限责任公司。职工1400人，主要生产硝酸钠、碳酸氢铵、苯胺、环已胺、液体二氧化碳、浓硝酸，年销售收入11318.1万元，完成工业总产值12006万元，利税1500.1万元。2000年，有职工1350人，完成工业总产值14022万元、利税570万元。2003年，有职工1150人，完成工业总产值16061万元，利税674万元。2004年，有职工805人，完成工业总产值23549万元，利税982.9万元。2005年4月7日，改制为石家庄中冀正元化工有限公司。

二、河北华润化工有限公司

河北华润化工有限公司，位于县城北工业园区定魏路东。原为河北省无极县磷肥厂，县属全民所有制企业。始建于1968年，是县建立最早的化肥厂，主要产品有磷肥、硫酸。

1989年，有职工312人，年产实物磷肥2664吨、标肥3651吨、实物酸9375吨。完成工业总产值300.1万元、利税43.2万元。1991年有职工260人，完成工业总产值649.4万元、利税22.5万元。1993年，有职工379人，年产实物磷肥5657.9吨、复肥5562.5吨，完成工业总产值1108.3万元，利税96.4万元。1997年，更名为河北华润化工有限公司，完成工业总产值1500万元，利税117万元。2000年，有职工84人，销售收入56557万元，完成工业总产值6402万元，利税4090万元。2002年，以松散形式建立了河北华润化工园区。主要生产硫酸、磷肥、复肥、氯磺酸、硫酸钾、吐氏酸、丁酸。2003年，有职工260人，完成工业总产值4644万元。2005年8月申请破产。

三、河北呋喃化工厂

河北呋喃化工厂，位于县城北工业园区定魏路西。始为制糠厂，建于1978年。1983年转产糠醛，改为糠醛厂。县属全民所有制企业。

1989年，厂区占地85990平方米，建筑面积9954平方米。有职工211人，年产糠醛308.2吨，完成工业总产值663万元，利税4.3万元。1991年，更名为河北呋喃化工厂。有职工265人，生产糠醛1176.4吨，完成工业总产值561万元，利税128.5万元。1993年，有职工314人，完成工业总产值1880万元，利税194.7万元。1996年，有职工443人，车间扩建，年产糠醛6000吨，完成工业总产值4700万元，利税194.7万元。2000年，有职工550人，完成工业总产值7033万元，利税390万元。2001年，有职工345人，完成工业总产值7023万元，利税1500万元。2003年10月改制。

四、石家庄华龙药业股份有限公司

石家庄华龙药业股份有限公司，原为石家庄地区第一制药厂，位于城东工业区，始建于1969年。1989年全厂有职工273人，厂区占地10200平方米，主要生产中西药、阿胶。完成工业总产值440万元，利税123.4万元。1992年，有职工473人，完成工业总产值2340万元。利咽解毒冲剂、青龙牌复方丹参片、青龙牌阿胶、青龙牌藿香正气1991年、1992年连续两年获河北省优质产品。1993年，职工持股投资，进行股份制改造为华龙药业股份有限公司。当年完成工业总产值4252.1万元，利税787.9万元。1997年，完成工业总产值8501万元，利税371.8万元。2001年，有职工507人，完成工业总产值10532万元，利税291.3万元。2003年9月24日，完成改制后，公司资产出售给河北永丰药业有限责任公司。

五、河北华加药业有限公司

河北华加药业有限公司成立于1992年9月，是与加拿大R&J工程公司、香港正大集团有限公司三方合资组建的中外合资企业，公司投资总额665.91万美元，注册资本484.91万美元，引进加拿大4条具有国际先进水平的机制胶囊生产线，年产胶囊24亿粒，是河北省94重点项目之一，被誉为华北地区最大的胶囊生产企业。

厂区位于城东工业区。1994年建成投产，产品供不应求。1995年，有职工165人，完成工业总产值1400万元，利税115万元。1996年，有职工170人，完成工业总产值1750万元，利税126.5万元。1998年，有职工160人，完成工业总产值2840万元，利税290万元。2001年，有职工150人，完成工业总产值5500万元，利税150万元。但随着市场竞争越来越激烈，由于该公司受体制制约和管理手段的落后，企业生产经营状况逐步下滑，到2002年底企业进行改制时只有两条生产线能运转，生产线利用率仅为25%。企业由原来的知名品牌、免检产品单位，下降为不合格产品单位，信誉一再下降。2002年11月，经清产核资公司实际负债率达127%。12月份进行改制。

六、石家庄极宏机电有限公司

石家庄极宏机电有限公司，始建于1972年。原名无极县机电修造厂。位于无极路东头路南。1989年，厂区占地12638平方米，建筑面积4325平方米。有职工238人，年产小麦脱粒机3237台。完成工业总产值440万元，利税63.4万元。1993年，有职工423人，完成工业总产值1215万元，利税172.1万元。1996年1月，更名为石家庄极宏机电有限公司。有职工365人，年生产脱粒机20368台，完成工业总产值2804万元，利税284.1万元。1999年，有职工400人，以设备投资235万元，与石家庄天同集团、市建设投资集团组成石家庄天同神农机械有限公司。当年，完成工业总产值7613万元，利税233.3万元。2005年8月1日，因联合收割机占领市场，该公司生产的F-450型小麦脱粒机没有市场，故而以极宏机电公司名义申请破产。

七、汽车配件厂

汽车配件厂，始建于1956年，县属全民所有制企业。1989年，厂区占地53280平方米，建

机械制造车间

汽车配件产品

筑面积16019平方米。有职工513人，主要生产GA-10壳毂、4TMA壳毂等汽车配件。完成工业总产值530.4万元，利税50万元。1992年，职工570人，完成工业总产值1001.4万元，税收30.7万元，利润96.6万元。1995年，有职工530人，年销售收入1409.8万元，完成工业总产值2131万元，税收58.1万元，利润141.9万元。1998年，有职工480人，完成工业总产值2458万元，利税77万元。1998年以后，由于市场疲软，产品工艺落后，到2001年，企业已处于停产状态。

八、河北华瑞地毯有限公司

河北华瑞地毯有限公司，始建于1974年，原名无极县地毯厂，县属全民所有制企业。厂区位于县城西正无路路南。

改革开放以后，坚持艰苦兴业、创新发展。设计创新图案60余幅，畅销西欧、北美等国际市场。中国手工地毯历史2000余年，即今产品结构发展到11个新品种，有传统拉绒地毯、抽纹地毯、马蹄扣地毯、平针地毯、手绣地毯、绳条地毯、胶背地毯、经纬编织双面地毯、卡扎克地毯、同谱混色地毯、浮绒地毯。其中，后4个均为无极县地毯厂研制而成的创新品种。并通过了省级新产品鉴定；曾获部、省级科技进步奖、新产品奖6项。

1989年，厂区占地657401平方米，建筑面积62041平方米。有职工370人，年总产值605万元，利税88.9万元。1992年，有职工178人，完成总产值702万元，利税178.5万元。生产的卡扎克地毯，获中华人民共和国轻工业部“轻工业部科技进步奖”三等奖第一名。被河北省经济贸易委员会授予一等奖。1994年7月，该厂与美国诺瑞NOURY地毯公司合资，更名为河北华瑞地毯有限公司，有职工226人。完成工业总产值1710万元，利税419.3万元。1996年，厂内工人216人，年产地毯达130000平方米，完成工业总产值3181万元，上交税金291万元，利润60万元。在厂外50多个村庄设立了加工点，厂外从业

华瑞地毯产品

人员达2600余人，成为初、高中毕业女生从业的首选。所研制的新产品同谱混色地毯获中华人民共和国轻工业部“中国轻工业部科技进步奖”二等奖第一名。1997年，公司有职工168人，完成工业总产值3802万元，利税319万元。2001年，有职工216人，完成工业总产值5000万元，利税306万元。2005年，有职工264人，完成工业总产值7110万元，利税300万元。厂外农村加工点涉及30个村庄1900多人，社会效益500多万元。

九、工贸合营无极造纸厂

工贸合营无极造纸厂，始建于1975年，原无极县造纸厂，县属全民所有制企业。

1989年6月与中国包装进出口总公司河北分公司合资经营，更名工贸合营无极造纸厂，主要产品有白有光纸、单面书写纸等。1991年，有职工368人，完成工业总产值162.5万元，利税91万元。1991年、1992年所产白有光纸，获河北省优质产品。1993年，有职工607人，完成工业总产值1900万元，利税306.1万元。1998年，有职工650人，完成工业总产值6543万元，利税330万元。2001年，完成工业总产值7279万元，利税278.9万元。2003年，有职工566人，完成工

业总产值7686万元，利税203.6万元。2005年，有职工380人，完成工业总产值12000万元，利税527万元。

十、石家庄祥龙塑料制品有限公司

石家庄祥龙塑料制品有限公司，原无极县水泥厂。始建于1971年，县属全民所有制企业。1989年，厂区占地21889平方米，建筑面积3750平方米。有职工127人，年产水泥5627吨，完成工业总产值65万元，利税8.2万元。1993年，有职工127人，完成工业总产值382.9万元，利税24.9万元。1995年12月与香港合资，建立河北祥龙塑料制品有限公司，职工262人，生产PVC双壁波纹管，主要用于高速公路、通讯光缆护跨，以及农田灌溉，设计能力年产2000吨。1998年，有职工62人，完成工业总产值678万元，利税21.2万元。2003年，有职工32人，完成工业总产值996万元，利税26.1万元。2005年，有职工30人，完成工业总产值1103万元，利税25万元。

十一、无极县棉油厂

无极县棉油厂始建于1951年，县属全民所有制企业。位于中昌路中段路北。主要加工生产皮面、棉油、短绒。1989年，厂区占地59532平方米，建筑面积13107平方米。有职工150人，完成工业总产值581.8万元，利税55.9万元。1992年，有职工226人，完成工业总产值702.7万元，利税36万元。1996年，完成工业总产值1044万元，利税36万元。2000年，有职工230人，完成工业总产值6643万元，利税89万元。2003年，有职工180人，生产食用植物油10972吨，完成工业总产值7439万元，利税230万元。2005年，有职工185人，生产食用植物油11359吨，完成工业总产值7327万元，利税38.5万元。

第三章　工业管理

第一节　管理机构

1988年10月27日，无极县计划经济委员会成立，内设办公室、综合计划科、基建物资科、经济技术科、公交财贸科。1993年6月，内部机构8个。食品办、外经办、经协办、投入产出办、三电办挂靠计经委。行政编制21人，事业编制5人。1994年9月，无极县计划经济委员会改名为无极县计划与经济局，内设机构为办公室、计划基建科、财审科、科技科、生产科、外经科、政工科、纪检监察科；1996年10月，内设机构办公室、生产科、科技科、计划基建科、财审科、外经科、政工科、纪检监察科；2002年5月，改名为无极县发展计划局，内设机构办公室、计划科，编制7人。至2005年无变化。

第二节　生产管理

1989年以来，为提高企业管理水平，先后成立了生产管理调度组和安全生产组，下企业组织检查督导，根据企业性质施实“因企制宜、因厂施策”的管理办法，制订和建立了一套严格的生产管理制度。经常组织开展“抓管理，降消耗，增效益”活动。通过召开经验交流会、调度会和奖优罚劣等各种激励机制，充分调动企业的积极性。注重生产现场管理，在节能降耗上下力气。1994年掀起学习邯钢经验，抓企业管理、降低生产成本，在全县工业系统开展“学邯钢·减消耗·降成本”的活动。成立学邯钢领导小组，全

皮革生产车间

界，解放思想。1991年5月，开展学习"吉化经验、吉化精神"，争作"先进工作者"和"小发明、小创造、小革新、小建议、小设计"等活动，建立科技进步奖励基金。1992年引进各类技术人才上百人。同时，机电厂、二轻机械厂、纤维板厂与大专院校挂钩，增加产品科技含量和产品竞争力，提高了利润。到2005年共上五小项目2546个，增加经济效益960万元，实现技术革新306个，创经济效益516万元。

体成员分组承包企业，指导企业提高生产管理水平，加强现场管理。各企业制订生产节能降耗指标，并层层分解，从厂办、车间、科室到班组、工段直至每个工序都签定成本目标责任书，确保每个岗位都有节能降耗的目标任务和要求，对低值易耗品进行严格管理，从点滴抓起，从而达到节能增效的目的。在抓成本管理的同时，对现场管理也同样制定具体标准，要求企业厂容厂貌要达到一平(场地平整)、二净(门窗玻璃净.墙壁地面净)、三见(沟见底轴见光设备见本色)、四无(无垃圾无杂草无废料无闲散设备)。工具、原材料及产成品要按规定摆放整齐有序，工厂环境做到洁、净、美、亮，创造一流的舒适的工作环境，争创文明职工、文明车间、文明班组、文明企业活动，建立花园式工厂。工业系统企业每年都绿化环境，栽种花草树木200多种，面积200多亩。全系统企业全部达标，提高工厂的形象和职工的凝聚力。

第三节　科技管理

1989—1990年，组织企业人员21次赴全国各地考察、筛选项目、学习技术，组织参加新科技、新项目、新产品的发布会、展销会，开阔眼

地毯厂先后于1992年、1994年自行研制出的卡扎克地毯、同谱混色地毯和编织地毯，先后通过省级新产品鉴定，并相继获得石家庄地区科技进步一等奖、轻工业部科技进步三等奖和二等奖、河北省轻工优秀工业设计一等奖、河北省优秀产品一等奖、河北省第七届技术交易会银奖。当年，单项产品产量达9881平方米，创产值198.8万元，利润30余万元。1994年同谱混色地毯获河北省轻工业厅科技进步一等奖、河北省优秀产品二等奖、河北省科技进步三等奖、轻工部科技进步二等奖，并填补国内空白，成为国际市场上的俏销产品；编织地毯经轻工业部批准荣获中国工艺美术品百花奖优秀创作设计二等奖。二轻机械厂与河北轻化工学院合作联合开发的皮革加脂剂，通过省级新产品鉴定，填补省皮革化工产品一项空白，为无极以后皮革业的发展和产品质量的提高创造条件。

1989—2005年共开发新产品33个，其中国家级新产品2个：牧草种子收获机、30%仲敌乳油；省级新产品23个：捋穗式稻麦联合收割机、双壁波文管、环氧丙烷、苯氨、环己氨、药用明胶、20%水灭乳油、辛功乳油、胶囊、流酸钾、氨磺酸、试剂酸、j酸、吐氏酸、医药中

工业

间体、高级香料、三聚磷酸钠、甲醇、聚合级丙稀酸、对氨基丙磺酸、对氨基丙磺酸钠、对位脂591。上新项目34个，到2005年总投资58274万元，其中固定资产投资31895万元，使企业生产能力进一步提高。中冀化工公司的合成胺年产量达10000吨、苯胺13000吨、环己胺4000吨、甲醇20000吨、硝盐8000吨。呋喃化工公司的糠醇年产量达到10000吨。华加药业公司的胶囊达年生产能力24亿粒，汇川公司的环氧丙烷年产量达20000吨，和合公司的年产量达到硫酸15000吨、硫酸甲、绿磺酸40000吨、盐酸20000吨。这些项目已成为无极县经济新的增长点。

第四节　安全生产

无极县营造良好的安全生产环境，落实企业安全生产主体责任和政府安全生产监督责任，全面排查治理事故隐患，杜绝特别重大、较大事故，减少一般事故，确保安全生产无事故，县委、县政府对安全生产实行一票否决权，对发生重大特大安全事故，造成重大损失和影响的单位，严肃追究有关领导及个人的责任。工业系统每月召开一次安全生产工作会议，对企业厂长、经理签订安全生产目标管理责任书。各企业都设立了安全生产管理机构，配备专（兼）职安全管理人员，制订了安全应急救急预案，成立安全应急救援队伍，并经常组织应急演练。各车间有安全员，各班组长为本班组的兼职安全员，确保安全生产不留死角。主管部门经常对企业进行抽查、联查、互查等多种形式的安全大检查，及时发现排除安全隐患。对重大危险源和重大安全隐患实行登记建档，采取有效措施实施监控和整改。建立健全安全生产管理制度，企业内层层签订安全生产目标管理责任书，制订安全生产目标责任制并实施考核，完善企业内部安全管理机制，建立健全安全生产管理台账，广泛开展安全生产法律法规知识的学习和宣传教育活动。

第四章　乡镇企业

改革开放以后，无极县乡镇企业异军突起，发展迅速，逐渐成为县域经济重要组成部分。1989年，全县乡镇企业17068个，其中乡镇集体企业143个，村办集体企业417个，联办企业1424个，户办企业15084个，从业人员52927人，实现总产值34548万元，利润4367万，上缴税金547万元。1992年，随着市场经济的逐步建立和完善，乡镇企业经过调整改造，明确了“新兴行业上规模，规模企业抓发展，主导行业树龙头、龙头企业抓提高”的发展思路。1993年制定《关于大力发展乡镇企业的奖惩办法》，以抓投入、上项目为重点，积极鼓励全县乡镇兴办企业。1994年后在乡镇企业中推进股份制和租赁承包制，并制定发展乡镇企业“九五”计划。1996年制定《关于乡镇企业升档晋级上台阶考核办法》，在全县开展乡镇企业升级和分类上台阶活动。全县乡镇形成了张段固、牛辛庄、林中、楼下、磁河店、大陈6个乡镇企业工业小区，培植起配套的制革、地毯、拆车、建筑建材、摩托配件等五大优势产业和一批专业示范村。郭庄镇的姚家营、甄家营，北苏镇的马桥等村镇的新兴行业木线加工成新的经济增长点，推进乡镇企业上水平、上档次、上规模。到1996年，全县乡镇企业达到13209个，其中乡镇办165个、村办335个、联合体2721个、个体9988个，实现总产值42757万元，利润4591万元，上缴税金4952.6

饲料机械制造车间

万元。1994、1995、1996年连续三年在市乡镇企业综合考核中列第二档第一名。1998年，按照“依托优势扩规模，加强管理上水平，突出特色创名牌，开拓市场增效益”的发展思路，推进企业“四改一提高”(改革、改组、改造、改善管理，提高经济效益)，扩大企业和产品知名度，提高市场占有率，加速构筑各具特色的区域经济格局，培育有地方特色的主导产业。进入21世纪，县委、县政府制定“工业立县，项目强县”战略方针和发展规划，出台《关于支持民营经济发展的意见》和《关于鼓励中小企业发展的优惠政策》等文件，乡镇企业不断加大投入，推进技术创新，提高产品档次和质量，创造名牌产品，市场竞争力明显增强，乡镇企业实现了跨越式发展。到2005年，全县形成皮革、化工、医药、纺织、机械制造、装饰建材主导产业、十大皮革园区和五个工贸小区。

第一节　乡镇企业改革

1978年中共十一届三中全会后，乡镇企业以乡镇和村办为主。企业负责人均是由乡镇村任命，经营收入为集体所有，经营者和工人与企业间的债、权、利脱节，影响了企业的发展。1983年，实行联产承包责任制，乡镇办集体企业发展萎靡，联合体和个体企业发展势头强劲。1984年中央把发展乡镇企业纳入国民经济发展计划，号召农民发展多种经营，发家致富，促使个体私营经济如雨后春笋一般地纷纷涌现，全县出现了个体企业大发展的良好局面。1986年以后，乡镇企业开始推行承包经营，借鉴农村联产承包责任制的经营方式，实行“包死基数，利润定额，超额分成，亏损自补”的办法，全县200多个集体企业签定承包合同。

1988年，中共十三届二中全会提出治理经济秩序，国家信贷紧缩，物资控制，乡镇企业遇到了资金、能源、原材料短缺、市场疲软等困难，乡镇企业发展相对减缓下降。1989年，个体私营企业在市场竞争中求生存求发展，改革个体企业普遍规模较小、产品单一、技术落后、管理松散经营体制，实行合股经营、联户经营体制，由粗放经营向集约经营转变。

1991年县委、县政府制定《关于继续扶持、稳定健康发展乡镇企业的若干规定》《关于鼓励外商投资的暂行规定》《关于企业技术进步和开发新产品的奖惩办法》等规定，从物资、贷款、税收、财政等方面给予优惠，进一步激发乡镇企业的活力。初步形成一批较大企业，乡镇企业总数减少一成，乡办、村办、联办企业增加，户办企业大幅减少。

1992年县委、县政府提出乡镇企业乡办、村办、联户办、个体户办多轮驱动，多轮运转，实现超常规发展，建设“两线(正深线、贾无线)”和“六区(北苏、城关、城北、林中、大

皮革产品展示

皮革产品

陈、张段固）”经济，全年完成生产总值 9.2 亿元，实现利润 9420 万元，上缴税金 1216 万元。1994 年，对乡镇集体企业进行了股份制改造，425 家乡镇村集体企业有 70% 实行了公有民营。1996 年利用国家取缔“十五小”的契机，“抓大放小”引导皮革加工户组建股份制企业，完成了皮革业的转制。年底，全县建成 8 家皮革公司。

2000 年皮革业市场建设和皮革深加工项目发展步伐快。占地 186 亩，总投资 7000 多万元的齐盛皮革市场被列为省重点项目并正式开工建设。投资 1000 多万元，年产 30 万皮件，产值达 1.2 亿元的永盛皮革制品有限公司已经竣工投产，使皮革业摆脱耗能高、污染重、附加值低的局面。木线行业发展迅猛，发展到 9 个专业村，1874 个摊点，年产值 1.5 亿元；地毯加工增加花色品种，以工艺型为主，出口美国、匈牙利等国家，全年创汇 60 多万美元。

2001 年全县乡镇企业增加值和上交税金分别达到 13 亿元和 7383 万元，以皮革加工、木线加工、纺织、地毯、轻化工等行业为主导的区域特色经济格局进一步发展壮大，投资百万元以上的规模企业达到 48 家，建成市级工业小区 7 个。皮革产业被列为河北省十大龙型经济组织之一，齐盛工业小区被农业部命名为“全国乡镇企业示范区”，以天同齐盛皮革股份有限公司为龙头的十大皮革公司固定资产达 2.5 亿元，年加工成革 2.2 亿平方尺，实现产值 16 亿元，全国市场占有率达 4.9%。全县个体工商户发展到 1.8 万户，私营企业 230 多家，税金占财政收入的 45% 以上。

2005 年全县乡镇企业呈现快速发展的良好态势，固定资产投入继续保持强势增长，乡镇企业社会贡献率不断增强，到年底共有企业 6170 家，从业人员 71075 人，安排农村剩余劳动力 68194 人，劳动报酬 41322 万元。涌现出新恒昌、天昆皮业、千山钢业等一批新的规模企业，全县乡镇企业年销售收入 500 万元以上规模企业达到 52 个，销售收入达到 23.8 亿元，同比增长 28.4%，占全县民营经济的 46%；实现利税 22576 万元，占全县民营经济的 48.2%。

县内乡镇企业在所有制结构上，一般行业由乡村两级集体企业为主导、逐步变化为个体私营企业为主力。乡村集体企业因为经营不善，或机制不顺，基本退出，个体私营企业日益壮大发展，独占鳌头。在产业结构方面：第一产业主要有饲料生产、畜牧养殖、面粉加工等；从数量和规模上讲，全县养鸡户达到近千家，从数千只到数万只不等，分布于全县各个村庄；其次是养牛、养猪以及特色养殖。第二产业在全县乡镇企业中占有主要地位。皮革加工、装饰材料、化工原料、纺织服装、建筑建材、机械制造等样样俱全。尤其是皮革行业，遍布张段固等 4 个乡镇 86 个村庄，在全县占有举足轻重的地位。第三产业商业零售、交通运输等，形成以无极镇为中心的个体联体商业网络。特点是门类众多，网点发达，服务快捷，但缺少龙头企业。在产权结构上，100 万元以上企业，股份制公司占绝大多数，独资企业主要集中在中小企业。

第二节　生产门类

一、皮革

无极县制革业历史悠久。20 世纪 80 年代初形成家庭作坊式的生产群体，涉及 5 个乡镇 86 个自然村，进入 90 年代初期，进行第一次改造，实

皮革喷涂

现生产区与生活区的分离。1996年通过改制、改造，组建10家皮革公司，产品有各类服装革、沙发革、鞋面革、手套革、包带革等，主导产品牛皮沙发革、牦牛皮服装革已达到亚洲同类先进水平，汽车座套革、鞋面革已达到国内先进水平。产品销往全国各地及美国、俄罗斯、韩国、台湾等国家和地区，全国市场占有率4.9%，是全国最大的成品革加工基地之一。8家皮革公司被评为石家庄明星企业，5家通过农业部TQC基础管理达标认证。其中，齐盛皮革股份有限公司被命名为河北省农业产业化“龙型经济”“十强龙头企业”和石家庄市“百强企业”，齐盛工贸小区2000年被农业部授予国家级工贸示范小区。

2005年皮革业从业人员达1.3万人，成为县域第一支柱产业，生产总值和利润分别达到28亿元和2.7亿元，税收占全县财政收入1/3。

二、建筑、建材、装饰材料

建筑、建材业　1989—2005年，由于城乡建设的步伐加快，县内30人以上的建筑队、建筑公司有105家，固定资产4000万元，从业人员5万人。除该县建筑市场外，还到北京、天津、太原和石家庄等大城市承包工程建设。建筑材料主要有水泥、空心砖、水磨石砖、水泥管和水泥楼板等。

装饰材料业是20世纪90年代后期新兴行业，发展较快。木线生产主要集中在姚家营周围的10多个村庄。产品从原来单一的材质、单一花型发展到椴杨、泡桐、樟松、水曲柳、榉木五种材质，木线、暖气罩两大类30多个花色品种。

三、针织

2005年，全县有印染厂3个、纺纱厂3个、印花厂10个，还有多个织布专业户，固定资产约2500万元，年加工能力1500吨，年销售额1亿元。从业人员1300人。产品包括绒衣、秋衣、秋裤、睡衣、汗衫、文化衫、童装等。销往石家庄、山西、内蒙古、新疆以及北方其他省份。

四、地毯

地毯加工多为编织地毯，主要出口欧洲和美国。采用公司加家户的分散加工模式。由公司绘制图案，配给各色毛线，加工完成后，经验收合格入库。县内地毯加工行业分布63个村，有700户，年产地毯13万平方米。有影响的厂家古庄村康达地毯厂、华宇地毯有限公司、郭庄地毯厂、瑞鑫地毯厂。

福瑞得皮业

第三节　工业小区

1989—2005年，随着经济形势的不断发展，联合体、个体企业由于分散经营，给管理和环境治理都带来巨大压力，限制了企业发展。同时在信息技术交流、生产协作、市场营销等方面存在诸多不便，水电路等基础设施建设不到位，资源浪费严重。为此，县委、县政府研究制定了建设工业小区的发展思路，制定了《工业小区建设标准》，协调国土、环保、电力、交通、通讯、银行等部门全力支持工业小区建设。1997年先后组建齐盛、金牛、店尚、东风、新旭丰、金马、华星、福瑞得、张段固、同泰10大皮革工业小区，实现了传统小作坊向规模化经营的转变，全县皮革行业走上健康发展的轨道。

工业小区的形成，促使县域经济有较快的发展，其工业产值占全县乡镇企业工业产值的47%，小区内第三产业产值占工业小区总产值的36%。2000年，全县乡镇企业完成固定资产投资1.66亿元，建成固定资产50万元以上的企业15家，固定资产投资500万元以上企业3家，固定资产超千万元企业1家。年营业收入超亿元的企业4家，超1000万元的7家。乡镇企业用于技改资金占全县乡镇企业总投入的40%以上。同时，

皮革生产车间

引进科技人才、先进技术和设备，增加产品科技含量，开发名牌产品。红鱼粉沫涂料、龙华牌动物蛋白粉、广威牌饲料、农仙牌液肥先后成为市级名牌产品。

第四节　管理机构

1989年，乡镇企业局内设机构为办公室、征管股、生产技术股、财计股、矿管所、建筑管理处，行政编制15人。后股改科，科室合并，到2005年，乡镇企业局内设机构为办公室、企业管理科、生产计划科、执法科4个科室，行政编制15人。各乡镇工业公司是乡镇负责企业管理的机构，属于行政性公司，设经理1人，享受副科级干部待遇。

飞天标识

商贸服务

1989—2005年，随着市场经济的建立与发展，无极县流通体制改革不断深入，计划分配、统购统销、定量供给的计划经济模式被打破，大部分物资和商品实现市场调节，放开经营。商业、供销经营体制由国营、集体单一经营模式发展为以民营为主体的多种经营模式；粮油经营也走向市场，取消定量供应和价格限制，实现放开购销、市场议价。物资、外贸、烟草等管理机构退出政府序列；商业、供销等管理机构不断转换职能，商业企业逐步发展成为“自主经营、自负盈亏、自我约束、自我发展”的国有民营经营机制，供销系统企业实行库存商品足额抵押承包、全员风险抵押承包和利润定额承包形式的社有民营。对少数事关国计民生和人民生命财产安全的商品由政府职能部门实行专营。餐饮、洗浴、照相等服务行业，如雨后春笋，从县城、集镇，延伸到了普通乡村，婚庆公司、家政服务公司等新生行业不断增加，全县市场繁荣、购销兴旺，人民生活质量日益提高。全县社会消费品零售额1989年2.1亿元，2005年增长到26.48亿元，增长11.6倍。

無極縣志

第一章　所有制结构

无极县商业企业所有制分为公有制企业、非公有制企业。1989年，全县公有制商业企业96家，私营商业流通企业57家，个体有证商户2082户。1994年公有制企业全面推行“国有民营”，1996年公有制企业开始推行产权制度改革，公有制商业企业逐年减少，个体私营商业逐步成为商业流通领域的主体。1999年，县制定了《深化供销合作社改革的实施方案》，实施甩包袱、转机制、促发展、保增值，到2005年，全县公有制商业企业17家，私营企业661家，个体有证商户4464户，供销系统企业25家。

第一节　公有制商业

公有制商业企业有商业系统、粮食系统、外贸、医药药材公司。1989年，全县公有制商业企从业人员4402人，商品购进总值17099万元，销售总值17344万元，社会消费品零售总额21024万元，外贸商品收购总值1392.6万元。1992年，全县商业系统企业转换经营机制，使企业逐步成为自主经营、自负盈亏、自我发展、自我约束的法人实体和市场竞争主体。实行企业法人代表聘任制；打破干部职工界限，企业内部实行择优竞争上岗、引入个体经营机制，职工个人筹资参股承包经营。同时，为保证商品销路，减少商品积压，县对经销人员推行“五包一定”费用包干政策，通过加强销售，激活内部资金，加强商品流通。1993年，进行国有民营配套改革，门店柜组实行租赁承包。加油站、车间、仓库实行责、权、利相统一。1994年，全面推行“国有民营”，全系统所有门店、柜台、车间、库组，实行以职工合伙或个人出资承包，形成自主经营、自主用工、自主分配、自负盈亏的经营格局；对包袱沉重运转困难的糖酒公司、北苏批发站实行切块搞活。同时全系统实行全员劳动合同制。

粮食系统继1993年人财物全部归入地方政府后，1994年对企业实行国有民营、承包责任制。1995年，全县公有制商业企业社会商品购进总额28724.8万元。1996年4月，粮食系统的饲料公司、良佳公司，成立粮工集团，同年，县着手对商业企业进行产权制度改革，先后将商业系统企业五金交电、化工公司、糖酒公司、食品总公司实施破产。1999年，粮工集团停产，面粉二厂进入破产拍卖。2001年商业系统24家企业，以食品加工、国贸公司、服务公司、化工实验厂为主体，进行捆绑式改制。2002年，商业系统食

幸福大厦

品加工厂、百货公司、无极石油购销公司共10家企业统一合并为无极县食品加工厂。2003年，14家粮食商贸流通企业进行破产清理。2004年，医药公司完成出售，粮食21家购销企业重组成11家企业，完成了外贸系统职工安置工作。2005年，公有制粮食购销企业全部实现了自主经营，公有制商业企业全部退出了市场。

一、网点建设

1989年，商业系统企业有人民商场、地产品公司、化工原料公司、百货公司、五金公司、糖酒公司、饮食服务公司、食品总公司、北苏批发站、大陈批发站、正定转运站、地产品加油站、食品加工厂等24个国有企业，设有大型批发部2个、零售门市部26个，服务类门市6个，工业企业4个，共有干部职工1270人。1990年，成立医药二分公司、石油购销公司、贸易公司、糖酒分公司。1993年1月，投资160万元建成医药药材公司大楼及医药招待所，建筑面积3000平方米；2月成立无极县商业总公司，10月成立商业局商贸公司。1994年3月，成立无极县糖业烟酒总公司；1995年，医药公司、医药一分公司从商业局析出，划归医药管理局。百货公司原是全县唯一一家集大百货、小百货、纺织品、文化用品、鞋帽为一身的国有批发为主，零售为辅的三级批发企业，公司占地12亩，有仓库6座2300平方米，营业室15间1500平方米，下辖华夏、人民商场、大、小百货、纺织品、文化用品等4个批发部。经营品种近千种，辐射全县，外延新乐、定洲、深泽、晋洲等邻近乡镇。1992年，转为企业职工内部承包经营。1994年后，因亏损停业，职工下岗自谋职业，2004年申请破产。人民商场占地5.05亩，3层营业大楼，营业面积5000平方米，有职工126人，1989年从百货公司析出，1992年改为国贸公司，1997年实行责任承包制，2002年实行个人租赁经营，2005年进入破产程序。

二、商业经营

1989年，国营商业经营的主要品种有百货、纺织品、服装鞋帽、金银首饰、缝纫机、手表、自行车、电视机、收录机、洗衣机、电冰箱、五金电料、烟酒、糖茶、肉食、餐饮饭店、旅馆住宿、洗染、理发、照相等，全系统年销售额993万元。1990年后，商品流通市场和商品价格放开，私营商业迅速发展，批发零售企业购销渠道发生变化，个体私营商户开始从厂家或批发市场进货，国有垄断局面被打破，业务经营受到严重冲击，1992年销售额846万元，1993年434万元，1994年473万元。针对市场变化，各企业不断进行体制改革，调整经营思想和战略。百货公司、纺织公司、糖酒公司、化工原料公司及各地批发站，开始直接与厂家建立购销网络，实行总经销、总代理，销售商品以优取胜。1995年后，个体私营商业占领购销市场，国有商业经营资金短缺，市场竞争力差，销售利润低，亏损严重，销售逐年下降，尽管进行了一系列改革，但仍不适应市场经济的发展变化，批发零售企业承包租赁经营已无法再继续经营，公司停止经营。1997年实行破产资产拍卖，土地建成居民楼，1999年食品糖酒业实行以民营资本为主的租赁经营，到2005年，国有商业逐步退出市场。

三、商业工业企业

1. **河北邱氏鼠药厂** 全民所有制企业。筹建于1989年10月，1990年7月投产，位于城东工业区，占地37亩，有干部职工70人，建筑面积6000平方米。创建初期，企业经营活跃，经济效益直线上升。1991年实现利润突破百万元，受到县政府表扬。1993年因官司纠纷败诉停产。1995年8月经与石家庄市爱卫办协商，该厂重新恢复经营，更名为石家庄市消杀灭服务中心，2002年停业。厂区厂房实行租赁，吸收民间资金600万元，改制为民营骨胶厂，年上缴税金20万元。

2. **石家庄地区药胶厂** 全民所有制企业，创建于1988年，1989年7月投产运营，以生产食用、药用明胶为主。1993年8月地市合并，更名为石家庄市药胶厂，后归工业局管辖。1997年1月宣布破产。资产并入无极县甘露化工厂。

3. 河北华加胶囊有限公司 全民所有制企业，1991年药胶厂与香港万联有限公司签订机制胶囊合资项目合同，投资2778万元。1992年11月动工建设，1994年7月竣工并投入生产，位于城东工业区智慧街，占地20亩，建筑面积6000平方米，主要以生产药用胶囊。2003年因体制改革归入工贸局管辖。

4. 无极县化工厂 全民所有制企业，创建于1989年，位于城北工业区，占地150亩，以生产磷肥、化工产品为主。1991年实现利润突破百万元，曾受到县政府表彰。后改产学生物理盒，造成企业亏损，负债严重。1995年停产，职工下岗。2003年商业局在化工厂建立城北工业园区，大胆引进社会资金5000万元，实行资产重组。以化工产品、塑料制品、炼铁铸造、化学肥料等项目为主15个，固定资产1000万元，实现产值2500万元，2005年上缴税金180万元，为无极县域经济的可持续发展打下了良好的基础。

5. 无极县化工实验厂 全民所有制企业。创建于1993年，位于无极县城东工业区，与鼠药厂相毗邻，占地12亩，建筑面积3600平方米，生产车间10间，2层办公楼一座，以生产磷肥为主。2000年实行企业改革，将现有厂房及办公室设施进行租赁承包，改为民营，建立鑫牛明胶厂，以生产食用明胶为主，每年上缴税金15万元。

四、管理机构

1989年，商业局设秘书科、政工科、财计科、审计科、商管科，业务科、工业科、纪检组。1993年3月增设监察保卫科，政工科和秘书科合并，称人秘科，审计科业务并入财计科，改革后的局内部机构5个，行政编制20人。1996年10月，工业科与商管科合并，保留工业科，设办公室、政工科、财计科、监察保卫科、法制科6个科室。2000年增设企业管理科。2002年，取消工业科，业务并入企业管理科，取消监察保卫科，业务并入法制保卫科，设办公室、财计科、政工科共5个科室，编制20人。到2005年底未变。

第二节 非公有制商业

1989年，无极县个体私营商业主要行业有饮食、修理、洗浴、美发、运输、家具生产及购销、纺织、五金交电、百货批发等。主要交易商品有食品、餐炊具、瓜果、棉花、布匹、衣帽鞋袜、农具、农副食品、肉制品等。1990年后，全县个体私营商业进入全面、快速发展的时期。在商业流通体制改革中，鼓励有实力的个体私营企业承包、购买国营和集体的商业单位，鼓励小型

中国皮革产业电子商务基地

国有商业实行公有私营。1991年销售额2430万元，比上年增加828万元。1993年后无极县公有制企业启动产权制度改革，为个体私营企业创造发展机遇。当年个体私营商业销售额达到4678万元。1994年1月，县委坚持发展第三产业“先搞活后管理、先发展后规范”的原则，动员引导农民进入流通领域。4月作出《关于发展个体私营企业的决定》，进一步放宽政策，放宽从业人员，放宽营业范围和经营方式，对个体工商户和私营企业实行特殊的保护政策。1996年，全县个体商业发展到8177户，从业人员22495人，年销售额50994万元。2000年后，国营和集体商业在商贸流通体制改革中纷纷破产和转制，个体私营商户发展到8735户，从业人员24106人，社会消费品零售额138956万元。

2005年，个体私营商业4464户，从业人员9276人，商品零售额264820万元。涌现出了幸福大厦、红雨连锁超市、金园超市、供销大楼连锁超市、兴元、国红、顺达批发等百万元以上的龙头商业，繁荣和发展了无极商贸企业。

2000—2005年无极县个体工商户及私营企业统计表

表10-1　　单位：个、人

项目 / 年度	个体工商户		私营企业					
	户数	从业人员	有限公司	合伙企业	个人独资企业	其他	合计	从业人员
2000	8735	24106	107	184	386		677	
2001	9744	28153	111	79	41		231	2662
2002	10820	30587	157	141	37		335	4546
2003	1318	31596	249	234	37		520	6200
2004	3968	12070	320	248	22		590	4720
2005	4464	9276	396	242	23		661	6610

第二章　供销商业

1989—2005年，供销系统不断深化改革，坚持以农为本，服务“三农”的宗旨，实施“一站三网”工程，构建服务网络，发展连锁配送等现代流通体制，搞好物资供应，平抑物价，维护农民利益，支持发展农村经济，使供销系统各企业在市场经济中赢得了发展机遇。

1989—2005年无极县供销社商品购销统计表

表10-2　　单位：万元

年度	购进	销售	利润	税金	工业总产值	增加值
1989	11329	12176	32	135	4094	2087
1990	11895	12784	34	141	4299	2191
1991	12490	13424	35	149	4514	2301

续表 10–2

年度	购进	销售	利润	税金	工业总产值	增加值
1992	13115	14095	37	156	4739	2416
1993	13770	14800	39	164	4976	2536
1994	14459	15540	41	172	5225	2663
1995	15182	16317	43	181	5486	2796
1996	15941	17133	45	189	5761	2936
1997	16738	17990	48	199	6049	3083
1998	17595	18889	50	209	6351	3237
1999	19258	20117	55	219	6500	3399
2000	20338	21823	55	225	8225	3569
2001	20653	22792	101	235	9506	3747
2002	21346	23340	240	231	10475	3935
2003	26273	27110	307	207	12667	4131
2004	27266	28014	227	192	13191	4338
2005	28629	29415	238	201	13851	4555

第一节　网点建设

1989年，供销系统有下属企业32个，均属集体企业，其中直属企业11个：生产公司、副食品公司、土产公司、棉麻公司、五交化、批发站、供销大楼、贸易货栈、工业品公司、棉油厂、棉油二厂。下属基层社21个：城关、张段固、七汲、郭吕、甄村、庄里、北苏、西东门、郝庄、南马、高头、郭庄、东侯坊、前北焦、楼下、里城道、大陈、东侯、泗水、南流、城关二社。下设门市部30个、棉站20个、批发站1个、农副产品收购站20个、饭店21个、代销点16个。担负着全县农村工业、生产资料、副食品、日用品供应和农副产品及乡镇企业产品的收购。

1989年，投资800万元，建成年生产15000纱锭能力的棉纺厂和年生产2～3亿对的电解电容引线生产线。1990年，投资8万元，征地4

西东门农村社区

亩，建设生产资料门市部300平方米，建露天仓库1000平方米。1991年，投资50万元，将生产资料公司门市部改建为营业楼，营业面积2400平方米。

1997年，供销系统有经营网点51个，营业面积69000平方米，仓库面积82000平方米，冷库容量1000吨。其中，县直属企业30个，基层网点21个。

2005年，供销系统所属企业29个，其中县属企业19个：农业生产资料公司、盐业专营公司、棉麻公司、土产公司、畜产公司、柳编公司、农资中心、果品公司、贸易公司、供销大楼、郝庄购销中心、棉油厂、肉联厂、副食厂、纺织股份公司、激光公司、购销中心、烟花公司、丰益公司；基层供销社10个：城关镇、甄村、郭吕、北苏、西东门、郭庄、里城道、大陈、南流。全系统经营网点926个，其中城区内经营网点30个，农村经营网点896个，大中型商场有2个（供销大楼、工业品经营商场），超市2个，农资经营门市部店187个，总营业面积7480平方米，仓库面积6800平方米。村级农资综合服务站160个。

第二节　生产资料经营

供销系统主要经营农业生产资料、非农物资资料、生活资料、农副产品等物资。1989年销售总额12176万元，实现利润32万元，完成税金135万元；1990年销售总额12784万元，实现利润34万元，完成税金141万元；1993年销售总额14800万元，实现利润39万元，完成税金164万元；1996年销售总额17133万元，实现利润45万元，完成税金189万元；2000年销售总额21823万元，实现利润55万元，完成税金225万元；2005年销售总额29415万元，实现利润238万元，完成税金201万元。

一、非农生产资料

20世纪90年代前，非农物资大部分由物资部门负责供应。全县供应回收网点主要有金属材料公司、机电公司、轻化工公司、建筑材料公司、生产资料公司、煤炭公司、贸易中心等。主要经营钢材、煤炭、生铁、木材、柴油、汽油、水泥、玻璃等。1989年，供应钢材5637吨，煤炭64153吨，柴油224吨，汽油435吨，木材1500立方米，玻璃6336平方米，生铁2192吨；1990年，供应钢材5569吨，煤炭71147吨，柴油180吨，汽油451吨，水泥6307吨，木材986立方米，玻璃5552平方米，生铁2407吨；1991年，供应钢材6434吨，煤炭77808吨，柴油169吨，汽油792吨，水泥5070吨，木材779立方米，玻璃5085平方米，生铁189吨；1992年，供应钢材6715吨，煤炭99778吨，柴油132吨，汽油881吨，水泥4006吨，木材1315立方米，玻璃5267平方米，生铁3570吨；1993年后，经营非农生产资料的个体私营企业逐步发展起来，除钢材、木材等小部分非农生产资料由国家分配定价外，大部分非农生产资料实行市场调节，自由采购，自行定价；1995年销售钢材5138吨，煤炭11663吨，生铁3687吨，水泥21562吨，木材884立方米，玻璃1565平方米；1996年机构改革，物资部门撤销，职工下岗，自谋职业。2005年，全县形成稳定销量的非农生产资料主要有钢材、水泥、木材、汽油、柴油、汽车、液化气等。

二、农业生产资料

农业生产资料是供销社传统的经营项目，主要经营品种有化肥、农药、农膜等。

1. 化肥

1989年，国家对化肥实行专营。由县生产资料公司调拨和计划外采购相结合，基层供销社设销售点，实施配送。主要品种有碳铵、硝酸、磷肥、钾肥、氨水等。全年销售80786吨。1991年，全县销售化肥97488吨。1992年，由农资公司批发供货，农业三站（农技推广站、土肥站、植保站）经销。1995年，允许三站经营，化肥经销队伍逐渐扩大。1996年，供销系统经销化肥23673吨。随着农业科技发展，化肥品种和质量也有很大发展和变化。由尿素、硝铵、碳酸二铵，发展为复合肥、混合肥、植物专用肥等优质化肥。1998年，国家放开化肥市场，化肥经销由生产公司独家经营变为生产公司为主，农业三站和化肥厂家为辅，经营方式逐步向多渠道、多网点、系列化、规模化和区域总代理、总经销方向发展。2005年供销系统经销化肥47000吨。

2. 农药

1989年，根据国务院〔1989〕87号文件精神，对农药实行专营。省物价局、供销社〔1989〕冀供销物字第十号文，下达禾大壮等三种进口农药价格。当年销售农药189吨。1991年，县生产资料公司购进农药143吨，通过各地基层社巡回出售。1992年为方便农民，支援生产，县组织服务班组巡回送货到户，使用户购买不出村，全年销售农药155吨。1995年经营农药的班组实行统一进货、统一经营、统一核算、统一管理，不准大包干、不准实行社有民营、不准承包给个人的决定。全年销售农药315吨。1995年后，农药市场放开，除供销社作为主营渠道外，农业部门和生产厂家也同时经营。2005年全县销售农药580吨。

3. 农用塑料膜

1989年，全县570亩土地覆盖了农用地膜。随着农业结构调整步伐的加快，农用地膜销量逐年增大，质量好、宽幅、耐拉、通风好的棚膜成为热销。1993年，全县销售农膜187吨，1996年销售387吨，2000年全县销售农膜450吨。随着全县设施蔬菜大棚、食用菌大棚、西瓜大棚种植面积不断增加，农用薄膜销量逐年增长，特别是全无滴、防雾、保温性能好的塑料薄膜越来越受欢迎。到2005年，全县共销售各种塑料薄膜470吨。

第三节　生活资料经营

1989年，供销系统经营日用工业品的企业有供销大楼、五交化公司、批发站、工业品公司及下属21个基层供销社，经营品类有日用品百货、五金电料、家用电器、食盐、布匹、服装、鞋帽、文化用品等，所有企业均由集体经营，县供销合作社统一管理，按指令性计划调拨和定价，全年销售总额3880万元。

1993年，随着计划经济向市场经济的转变，个体私营经济的发展，个体商业经营比重加大，日用消费品市场全部放开，由经营企业和班组承包人自行进行商品采购，自行议价销售。为了增加销售，提高效益，供销系统经营日用工业用品的企业纷纷与生产厂家签订合同，采取“总经销、总代理”方式开展经营活动，商品品种日益丰富，不断向高档化、系列化发展。2005年，日用品销售总额119432万元。

第四节　管理机构

1989年，县供销合作社内设秘书科、人事科、计财科、业务科、工业科、基层科、纪检科、副业科、保卫科，1993年3月改革机构，设办公室、财计科、综合治理科，新设通达贸易公司、工业总公司、联合购销总公司、购销总公司，机关职工46人。下属21个基层供销社，17个分公司，6个商办工厂。1995年3月人事科与办公室合并；1999年1月成立养老保险办公室。2005年供销社内设办公室、人事监察部、财务资产部、经济发展部、体制改革办公室、经济研究室、社有资产管理中心。

第三章　粮油经营

1989年来，无极县认真贯彻落实中央的决策部署，以市场化为取向的粮食流通体制改革在探索中不断前进，从缩小粮食计划管理范围、扩大市场调节比重，到全面放开粮食购销市场，充分发挥市场机制在粮食资源配置中的基础性作用。粮食购销政策的不断调整，最大程度的调动农民的生产积极性，农业生产结构得到进一步调整和优化，提高粮食产量和质量，缓解供求关系。

第一节　粮油购销

一、购销网点

1989年，无极县粮食局下设19个基层粮库（站）和10个县直公司，分别是直属粮库、七汲、泗水、南流、大陈、东侯、里城道、郭庄、楼下、北苏、郝庄、西东门、小西门、前北焦、南侯坊、南马、庄里、郭吕、张段固粮站以及油脂公司、粮油供应公司、议购议销公司、藁城转运站、汽车队、饲料公司、饲料机械厂、精粉加工厂、食品公司、面粉二厂。2005年，颁发粮食收购许可证的粮油购销企业27个，饲料加工粮食转化企业5个，个体粮油销售店遍布城乡。

二、粮食收购

1985年，根据国家《关于进一步活跃农村经济的十项政策》，取消实行30多年的粮食统购，实行合同定购。定购品种有小麦、玉米、大豆、油脂。1988年，市对县实行粮食购销和财务包干“一定三年”的办法。1989年，下达各乡镇定购任务4458.75万千克，其中小麦2998万千克、大豆12.5万千克、玉米1448.25万千克、油脂任务60万千克，同时实行“三挂钩”政策，每百市斤粮食奖励平价化肥6千克，平价柴油3千克。1992年，取消油脂定购任务改为指导性收购，继续实行“三挂钩”政策，除完成国家下达的粮食定购任务，议价销售量达到0.75亿千克。1997年，国家出台按保护价收购农民余粮政策，实行严格的户交户结政策，保护农民种粮积极性，粮食购销达到历史新高。2001年，取消玉米保护价收购，2002年小麦收购量达到1亿千克、玉米收购量达到0.75亿千克，全县库存量达到1.25亿千克，创历史纪录。2004年，取消小麦保护价政策，放开价格，放开市场，放开经营，粮食购销全面市场化。2005年，粮食企业全面进行改革，除保留4家国有控股企业外，全部实行民营，粮食购销统计由统计粮食部门转化为全社会用粮企业全面统计。

三、油脂购销

1985年起实行合同定购。1989年，县油脂定购销任务60万千克，一直到1992年取销油脂定购任务。1993年起，实行指导性收购计划，只下达收购计划，当年收购计划54.5万千克。1990年起，开始建立粮油储备制度。1994年，油脂公司建起2个储油罐，存放国家储备卫生油20万千克。2003年，国家建立储备粮油垂直管理系统，粮食部门不再购销油脂，由社会自由购销，油脂购销全面市场化。

四、粮油供应

1989年，开始实行平价与议价共存。工业用粮，改为议价供应或由企业到市场上购买；食品、餐饮业、服务业采取核定用粮计划，分户管理，分户供应，凭粮票结算的办法。城镇居民仍采取按人定量，分户计算，凭城镇居民粮油供应证定量供应。机关、团体、学校、企业城镇人口等，按起火人数和定量标准，发给集体粮食供应证，凭证供应粮油。口粮供应标准按工种、年龄大小等分别定量，供应品种精细粮品种搭配，食用油按月定量供应。随着粮食生产的提高，逐步提高细粮供应比例，对大米等短缺品种，实行节日调配。由于粮油购销价格存在倒挂，城镇居民享受国家更多的优惠政策。1993年，县粮油统销价格放开，取消城镇居民粮油定量供应，粮票停止流通，保留粮证，保留粮油关系。2002年5月1日，非农业人口粮食供应手续被取消，职工群众转移户口不再转移粮油供应关系。

五、粮油销售

改革开放初期，从南方大米产区购入大米在本县销售，将本县玉米销售给南方发达省份。1989年开始，不再局限于议价公司一个企业开展议价经营，各企业都可以购进大米、杂粮等。1991—1992年，连续2年开展玉米出口业务，同时，粮食调出省外，支援缺粮省份。1996年后，粮食企业主要经营品种为小麦、玉米，其它品种逐步交由各种性质的个体经营者经营。2005年，全县粮食购销企业开展顺价销售库存老保护价粮，至年底，原国家保护价粮全部销售完。

第二节　粮油储备

无极县粮食企业点多分散，大部分粮食企业是在计划经济体制下，按照乡镇分布建立起来的，主要粮食仓储设施大部分建于20世纪70年代，为房式结构，储粮设施简陋。1989年，县粮食企业充分挖掘潜力，加大资金投放力度，做好仓房维修工作，使仓房完好率排在全省前列。1994年，在县城内建设了2个存储20万千克的储油大罐，改善了油脂储存条件。1998年，县积极争取省财政支持，在直属粮库院内建起2座，容量7000吨的现代化仓库。2002年，在银行的大力支持下，郭庄粮站扩建2300吨的仓容。2005年底，全县有效仓容量达8.5万吨，简易罩棚1.2万平方米，容量2万余吨。有效的缓解全县仓容量不足的问题，为无极县农业增产、农业增效作出应有的贡献。

第三节　粮油企业

无极县粮食企业，是在国家计划经济体制下，按照职责，依粮油的收购、销售、调拨、储存、加工等设立的。1989年，粮食系统有粮油贸易企业3个、粮食加工企业2个、饲料加工企业1个、食品加工企业1个、运输企业1个、机械制造企业1个和城镇粮油供应企业1个，总数达29个，形成遍布城乡的粮油购、销、调、存、加工的企业网络。1993—1997年，新成立4个粮油贸易企业和1个方便面生产企业。1998年，成立2个粮油贸易企业，管理从粮食购销企业分离出来的债权债务。2003年12月，14个粮油贸易及加工运输企业实行破产清理。2004年10月，将20个购销企业整合为11个。2005年9月，对11个粮油购销企业实行改制，成立无极县粮丰国有资产管理公司，为管理改制后购销企业的国有资产。

第四节　管理机构

1989年，粮食局设办公室、财务股、审计股、政工股、业务股、保管股、纪检监察股、工业股、多种经营办公室9个股室，干部职工75人。1993年机构改革，内设机构调整为办公室、财计股、政工股、储运股、纪检监察股、经济开发股6个股室，人数47人。1996年，国家实行公务员制度，粮食局列入公务员序列。2005年，粮食局设人秘纪检科、储运科、财审科3个科室，机关行政编制11人，其中行政编制10人，工勤编制1人，事业编制开支2人。

第四章 药品经营

第一节 经营

20世纪80年代末期，省市有关部门对医药市场依法进行了整顿，对有经营条件的28户发了证照，73户基本符合条件的发营业执照副本。1993年9月，对医药行业进一步整顿，经省市有关部门核准，全县有证药品经营企业18家。1994年8月，省政府派工作组到无极指导工作，8月16日召开大会，关闭18家医药经营单位，依法取缔了医药市场。

1995年4月起，有3个医药经营企业相继获得“两证一照”，并按“四统一”“五不准”严格管理和经营。到1999年年销售收入达63亿多元，经销品种3000多个，经营医药职工700多人。

2000年后，国家、省、市纠风工作将医药行业作为重点，原医药经营体制不适应新形势的矛盾日益突出，根据新形势和任务，无极县两次对医药企业停业整顿，并采取多项措施进行整改。打击非法经营，共查处非法药品463件，价值38万元；通过到外地参观，试行“四统一”的经营方式，投资50万元改造大厅，实行洽谈室经营；引导转产转业，组织从业人员采取走出去、请进来、举办学习班、项目发布会等形式，促进了一些职工转产了养殖、加工等项目，减轻了医药压力。这一阶段虽然在转变经营体制方面进行了积极探索，但仍没有从根本上处理好打非和转制的关系，2001年3月，3个公司同时被吊销“药品经营许可证”。

2004年11月，无极县医药药材公司顺利转制，更名为河北共盛医药有限公司，至此原医药药材公司由国有企业转为股份制企业。

第二节 药品监督

一、药品法规宣传

20世纪80—90年代，《中华人民共和国药品管理法》《药品管理法实施条例》《医疗器械监督管理条理》《精神药品、麻醉药品管理条例》等法规相继颁布实施，市（县）医药药材公司、医药管理局、食品药品监督管理局利用墙体广告、报社、电视台等新闻媒体进行广泛宣传，先后组织涉药人员开展法规知识竞赛，同时每年利用“3·15”消费者权益保护日、“12·4”普法宣传日及乡村集市庙会等场所进行宣传。2001年，县组织药品生产经营企业和各医疗单位所有接触药品人员进行药品法规培训，全年共举办培训班8期，培训人员1200人次。组织药品从业人员进行健康检查，体检率达到了100%。2002—2005年。举办真假药品实物辨别及假劣药品彩图展60多场次，组织培训涉药人员40多场次。

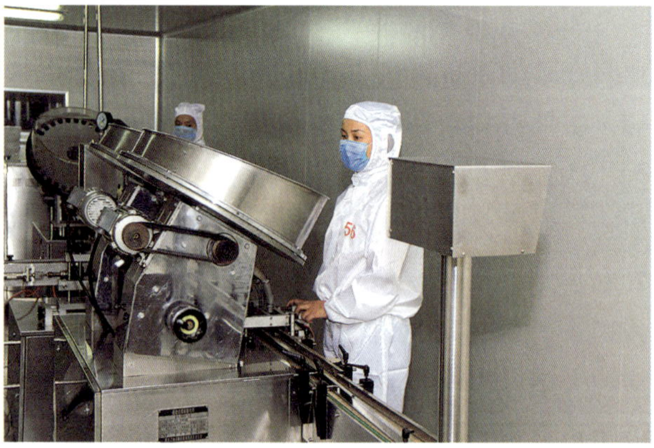

制 药

二、药械监管

1998年之后，加大对药品市场的监管，成立由县政府办公室、工商局、卫生局、药监局、检察院等部门参加的药品经营管理办公室，1999年成立医药派出所。有关部门联合行动，加大对整顿药品经营秩序的整治力度和对制假售假、非法经营的打击力度。2000年，开展4次大规模行动，对不法的“搬墩”人员公开亮相，移交司法机关处理3起7人，查处假劣药品17起，烧毁假劣药品260多件（盒）。2001年以来，组织工商、技监、公安、卫生等单位多次开展过期药品、一次性医疗器械等专项检查。2003年4月，面对突如其来的“非典”疫情，对全县解热镇咳类药品进行封存，配合全县发热病人的筛选和排查工作。查获假胸腺肽货值3万多元，罚款12万多元。协调医疗器械生产企业及药品生产企业捐献工作服、手套，价值1万多元，捐献药品板兰根冲剂价值4万多元。

到2005年，累计查处违法案件258起，查获假劣药品、医疗器械2000多个品种，销毁假劣和过期失效药品价值700多万元，清理无证经营户36起，捣毁售假窝点2个。

第三节　管理机构

1989年，无极县医药药材公司属石家庄地区医药药材分公司领导。1990年9月，根据石编〔1990〕6号文件精神，挂“医药管理局”牌子。1992年10月，下放无极县管理。1993年4月，任命局长（经理），有干部职工124人。1994年11月，医药管理局与医药药材公司分离，局内设办公室、财务科、医药管理科。1998年3月，局内设办公室、财务科、经管科，编制12人，下辖医药药材公司、医药药材一分公司、医药商场、华龙药业股份有限公司，全系统有干部职工946人。1999年5月，成立药品监督管理局与医药管理局，两块牌子一班人员，同年9月，卫生局药政科、药检所成建制划归药品监督局，11月撤销经管科，成立监督科、药械稽查大队。2003年1月，实行垂直管理，内设办公室、财务科、监督科、稽查大队，编制16人，到2005年未变。

第五章　专卖专营

第一节　生猪屠宰

1989年，生猪饲养和屠宰都是以分散养户为主，由于生猪市场放开，购销价格的提高，激发了农民养猪的积极性，1996年以后，全县涌现出了百头以上专业养殖户多家。生猪生产与销售基本上达到了自给自足、部分外销的局面，但在屠宰方面存在着极不规范的现象，私屠滥宰、注水肉、病猪肉、母猪肉时有发生。1996年4月，建立畜禽定点屠宰管理办公室。2003年利用民间资金260万元，在县城城南创建了股份制生猪屠宰厂，投资100万元引进了大型自动化生猪屠宰生产线。2005年在北苏镇月旦村吸纳民间投资280万元，建设定点屠宰厂1座，占地20余亩，所有生猪屠宰都就近集中到这里进行生产，日屠宰生猪1500头。

第二节　酒　类

2000年，随着市场经济发展的需要，依据《河北省酒类专卖管理规定》《河北省市场监督管理条例》《河北省酒类专卖执法规则》《酒类专卖管理机关查处违法违章案件主要程序规定》《中华人民共和国行政处罚法》等法律法规文件，成立无极县酒类监督管理局。

无极县部分年份酒类商品销售量统计表

表 10–3　　　　单位：吨

品名＼年度	1989	1993	1997	2001	2005
白酒	600	880	1200	2500	3500
啤酒	1200	1760	2800	3680	4500

第三节　盐　业

1989 年，食盐为计划、分配、调剂、批发、零售，全部归供销社统一管理。全年销售食盐 1167 吨。随着养殖业和制革业的发展，畜牧用盐和工业用盐逐年增加，私盐市场活跃，食盐专营不利，1990 年仅售食盐 1200 吨。为加强盐业管理，1991 年 11 月 11 日，将副食品公司改为副食品盐业公司，实行碘盐专营。1993 年 10 月 20 日，成立“无极县盐政管理所”。1994 年，取缔私盐市场取得成效，全年查处私盐案件 18 起。1996 年，完成 310 吨碘盐供应任务。1998 年 6 月 17 日，根据上级精神，盐业和副食品公司分开，成立盐业专营公司，加强对食盐销售的管理。随着市场经济发展，盐业专营日趋突出，经营也已配送为主。2000 年 12 月 18 日，盐业专营公司成立碘盐和工业盐配送中心，下设碘盐配送点 160 个，工业盐配送点 12 个，基本缓解了人民的生活和制革业的需要。2004 年 7 月 9 日，盐业专营公司又对现有销售网络进行了深化改革，实行了盐业终端网络工程，由原来的一点代批形式规范为一村一点，全县网络开花，形成了盐业专营公司—终端零售网点—消费用户的网络服务模式。

第四节　烟花爆竹

1992 年前，烟花爆竹经营有公安、县社联合管理。1992 年，根据石家庄地区劳动局、公安处、工商行政管理局、地区供销社文件精神，无极县安全委员会、无极县工商管理局、无极县公安局、无极县供销合作社发布《关于烟花爆竹实行专口经营管理的联合通知》。1995 年，无极县安全委员会、无极县工商管理局、无极县公安局、无极县供销合作社发布《关于加强烟花爆竹经营管理的通知》，加大市场管理的力度，杜绝无证经营烟花爆竹行为。1996 年，取缔城区内和农村集贸市场的鞭炮市场，统一由土产公司批发，各基社零售的烟花爆竹专营。1998 年 6 月 8 日，组建烟花爆竹有限责任公司，负责全县烟花爆竹采购、批发、供应、销售业务，其管理权归县社，经营权归公司，有偿使用原土产公司的部分房屋、仓库及城北炮库。并结合公安局成立烟花爆竹稽查大队，打击非法经营和非法生产，严禁伪劣品流入。2000 年 12 月 18 日，组建烟花爆竹配送中心，负责对全县 100 多个专营门店配送供货，确保烟花爆竹的安全经营。2005 年，根据相关文件要求和指示，成立无极县烟花爆竹管理办公室。在全县范围内设立固定烟花爆竹销售点 230 个，实现销售额 511 万元。

第五节　烟　草

1986 年 11 月，无极县烟草公司由商业局下属糖烟酒公司分出。1988 年 8 月，无极县烟草专卖局正式成立，1990 年县烟草局划归省公司领导后，烟草实行计划调拨，统一进货渠道。1991 年，《中华人民共和国烟草专卖法》颁布后，无极县统一制订烟草防伪标识，人员佩带执法标志，加强专营管理力度；同时成立稽查队，分片、分线进行打假、治假，烟草市场得到净化。1997年，县烟草专卖设立1个配送中心，7个配送服务网点，并投资10多万元完善管理服务方式，配送服务网点基本覆盖全县11个乡镇、213个行政村，初步形成新的卷烟经营格局。2003年，县烟草系统推行“电话二级访销、一级配送”的新销售体制和“电话订货、网上配货、电子结算”的现代化物流网络运行模式，从而使烟草经营更加快捷、高效，专营市场得到巩固加强。2003年，销售61297箱。2005年，销售66915箱。

第六章　对外贸易

第一节　商品出口

1989年，受国际经济环境的影响，无极县外贸出口出现萎缩，草柳编大宗出口商品受阻，粮油、畜产品出口也受到限制。1990年，外贸系统由国际市场经营转向国内市场经营，由流通领域经营向企业生产转向。1989—1990年，无极县出口产品主要为皮革、马毛、丝网、活牛等。出口途径采取转口贸易，绕开经济制裁封锁，理顺出口渠道。两年共创外汇580万美元。1991年，外贸企业实行自主经营，自负盈亏，自我约束，自我发展。1992年，与省外贸财务体制脱钩。1993年，无极县外贸业务萧条，资金紧张，包袱沉重，到年底，全县外贸系统挂帐资金高达1562万元，负债总额2983万元，资金负债高达105%。1994年，人事、财务与石家庄市外贸局脱钩。从此外贸企业一改多年的计划经济管理体制，正式走向市场。1989—1994年全县共出口创汇2280万元。

一、草柳编织出口创汇。1989年，全县加工草柳编遍布千家万户，年加工沙发、汽车坐垫、篮、草绳、工艺筐等50多万件、套。通过天津口岸出口到日本、韩国及东南亚国家，年创外汇100多万美元。1991年因受外界环境的影响，此项业务中断。

二、以活牛为依托，加大畜产品出口渠道。1989年无极县活牛、家兔饲养形成市场。活牛饲养主要分布在高头回族自治乡，年出栏活牛10多万头，出口家兔15万只，仅此两项，年创汇50多万美元。

三、1989—2005年，技术含量低的丝铁网打入国际市场。丝网主要分布在南流乡一带，年加工能力10万多米，出口创汇年均在10万美元左右。

四、1990年，县皮革业蓬勃发展，主要通过转口贸易的方式及自营出口，加大皮革制品的出口力度，形成无极县对外贸易的半壁江山。同时加快中外合资和独资企业发展，增加出口交货值，提高出口创汇能力。1995年，无极县民营中外合资企业52个，独资企业17个，主营产品为皮革制品、地毯、浴巾、丝网等。2005年出口创汇达2000万美元。

第二节　外贸企业

1989年10月，外贸公司收购县造纸厂，更名为无极县外贸造纸厂。1989年，外贸公司收购私营企业金属线材厂。1990年，创建无极县外贸保健用品厂，以“夫妻和谐灵”为主导产品，开展内贸业务。到1991年，该厂实现利税200多万元。

1992年，外贸公司由原来的3科扩充为3厂4个子公司，公司分别为综合贸易公司、工业品出口公司、蓄产品出口公司、边境贸易公司；下设外贸加油站。1993 年，外贸公司更名为无极县对外贸易经济总公司。1994 年 8 月，外贸公司对所属企业、公司实行经营改革，由原来的外贸公司统筹，改变为自主经营自负盈亏。1994 年，外贸系统有干部职工 456 人。1995 年，外贸流通企业、工业企业开始歇业，到 1997 年外贸系统处于停业状态。为解决干部职工的工资、集资、养老保险等问题，开始酝酿改制破产。到 2005 年，全部破产工作进入实施阶段。

1989—2005 年对外贸易经济效益统计表

表 10–4

项目 / 年度	出口创汇值（万美元）	年递增（%）	项目 / 年度	出口创汇值（万美元）	年递增（%）
1989	280		1998	1000	25
1990	300	7.1	1999	1200	20
1991	350	16.7	2000	1350	12.5
1992	400	14.3	2001	1400	3.7
1993	450	12.5	2002	1500	1
1994	500	11	2003	1700	1.3
1995	600	20	2004	1800	5.8
1996	750	25	2005	2000	11
1997	800	6.7			

第七章　生活服务业

改革开放，促进无极县社会经济的快速发展。物资交易、人员流动、人民生活消费水平的提高，人民经营理念不断转变，推动生活服务业的蓬勃发展。1989 年全县生活服务业 638 家，其中全民所有制 8 家，集体所有制 15 家，个体私营 615 家，从业人员 4000 余人。1990 年后，国有、集体所有制生活服务业的规模、数量及经营理念和方式，已不能适应日益增长的社会消费需求，逐渐淡出了市场，个体私营生活服务业规模逐年扩大。2005 年，个体私营资本在生活服务业领域的比重占 99% 以上，全县生活服务业从业人员达 2 万余人。

第一节　餐饮住宿

一、餐饮业

1989 年，全县有餐饮网点 486 家，从业人员 1621 人，主要集中在县城和各大集镇、生活繁华的地方，方便了消费者的就餐需要。其中，天府、筵宾园、彦刚饭店、老朱酒家及各集镇的个体私营饭店已成为餐饮业的主流，国有、集体餐饮点仅剩下县招待所、五谷丰酒楼、中昌饭庄、

无极饹络

地下饭店等。

1990年，在无极路与光明街交叉口东南角，建设三层大楼，新开清馥斋饭店，由河北特级烹调师、地区职工技术状元范月良主厨，曾创造出“香酥羊腿”“雪里藏羊”“八鱼闹海”“团员筵席”“狮子滚绣球”等大菜。1991年后，餐饮业饭店、酒楼、特色餐馆、地摊小吃等高、中、低档次齐全，主副食品、烹炒调制、整炖炸涮日趋丰富多样，质量不断提高。其中，永合斋的名菜“熘鸡脑”，色香味具佳，为全省首家独创。无极溜鸡脑是无极独有的特色菜肴，使用鸡蛋黄和香油制成，色泽鲜艳、香醇可口、老少咸宜。1995年，全县个体私营餐饮网点有1006家，从业人员5368人。2000年后，县城有名的饭店有红星、老朱饭店、北京烤鸭、泰都等，七汲“烤全羊”“全羊宴”远近闻名，全省首创。快餐部、地摊小吃等，遍布大街小巷，主要经营烧饼、油条、面条、豆腐脑、豆浆、饹饹、炒饼、烙饼和凉拌小菜等，服务周到，就餐快捷，满足了城镇居民生活需要。经营者主要为进城农民、城镇居民和下岗职工。2005年，全县餐饮网点2000余家，从业人员11244人。

附：

1. 无极荞面饹饹

无极饹饹是无极县的特色食品。它是用饹饹床子压出来的，圆条型的细长面，入口爽滑，而且具有香油味，很合消费者的口味。

据清代《无极县志》记载，明末饥荒时，许多关中人逃难来到无极，也带来了陕西荞面饹饹的制作方法，从此，无极荞面饹饹在不断吸取外来经验的基础上，形成了独具特色的制作方法和口味，荞面饹饹的品种也有了新的发展。据有经验的饹饹师傅讲，做饹饹选料很考究，主要用新鲜荞麦现磨现做。20世纪60年代三年困难时期，人们便用榆树皮面、山药面，制成了别具风味的山药面饹饹，至今仍然在民间广泛流传。

无极饹饹不仅是来百姓日常食品，在婚配嫁娶、祈年过节的大典中，无极饹饹亦被列入传统食谱，并赋予美好的象征意义。在无极县城北里城道，大陈等几个乡镇举行婚礼时（俗称“安棚”），午餐一定要吃饹饹，称谓“安棚饹饹起轿糕”，认为“安棚吃饹饹，白头能偕老”。农历二月二，也要吃荞面饹饹，俗谓“龙行旧道，人吃饹饹；龙行旧道五谷丰，人吃饹饹运行通。”尤其是每年除夕，家家户户必吃荞面饹饹，以象征“年经岁末，全家和（饹）乐（饹）”。

进入21世纪，无极饹饹制作技艺被列入河北省非物质文化遗产名录。无极人在传统手工制作荞麦饹饹技艺的基础上，成功解决了荞麦面筋差不易加工的难题，不断开发出新品种，采用了机械化生产，并将荞面饹饹烘干，装入精美的包装上市，畅销全国各地。

2. 无极手擀面

无极手擀面是无极人餐桌上备受青睐、经常食用的食品。手擀面又分打卤面、麻酱面和汤面。面条是由小麦面粉加适量盐水和成面团，用擀面杖手工擀制而成。

打卤面又分肉卤面和素卤面。肉卤面的汤卤一般以猪肉为原料，素卤面主要以蔬菜做原料。麻酱面，主要是芝麻酱和黄瓜丝儿调拌而成。具有无极地方特色，不仅家庭、饭店经常食用和经营，而且也是红白喜事的宴席上的主要食品，俗称扫席的饺子，安席的面。他与山西刀削面、河北的捞面、河南的烩面、四川的担担面相媲美。现在，许多外来人到无极后不进饭店，而是必须美美的吃上一碗无极面条。

3. 无极吊炉烧饼

无极吊炉烧饼，也叫油酥烧饼。一般制作烧饼的工具是烧饼在上面，火在下面烤，而吊炉则是烧饼在下面，火在上面，先用火将炉烤热，然后利用扛杆将火炉吊起放入烧饼，上烧下烘而成，其外观呈圆形。因其制作精良、用料考究、外酥里嫩，香酥可口，外型美观，吃时用刀从边缘挑开，放入拆骨肉或驴肉或焖子，即成烧饼裹肉，深受群众的喜爱，粉丝颇多。

4. 无极太子参

无极太子参，是改革开放以后，由当地人引种过来，才蓬勃发展起来，为名贵的中药药材，无极太子参基地土地肥沃，适宜太子参生长，亩产高达200千克，每千克售价在60～80元。除了一家一户种植外，还涌现了一大批包地规模种植户，种植面积达2万亩左右，主要分布在南流、大陈、七汲、高头等乡镇，形成当地特色种植产业。

二、住宿业

1989年，全县个体旅馆业网点20家，从业人员56人。国有住宿业主要以县招待所为主。随着县域经济发展和人们消费水平的提高，个体私营旅馆逐年增多。2005年，全县个体旅馆26家，从业人员310人。县招待所已改为个体承包经营，设有标准间、高间、歌厅，装备有空调、暖气、彩电、淋浴等设施。

第二节　洗浴美容保健

一、理发美容业

1989年，全县理发网点76家，从业人员95人。随着城乡居民生活水平的不断提高，理发业得到快速发展。除从事理发和烫发外，还增加了美容服务。进入21世纪后，美容美发档次不断提高，服务项目不断增加，理发、干洗、染烫、盘头、新娘化妆、纹眉、修眉、纹眼线、面部皮肤保养等。焗油、染发由过去的黑色发展到紫、黄等多种颜色，服务对象多是年轻女性，一次消费80元左右。2005年，全县美容美发网点有186家，从业人员613人。

二、洗浴业

1989年，全县洗浴业以澡堂为主，大部设在县城、内部设施比较简便，有单人间、双人间、大浴池。1990年后，洗浴业开始向高水平发展。1995年出现了桑拿浴等新兴洗浴业，经贸发达的集镇和工业园区也有洗浴桑拿网点。2005年，全县洗浴网点56个，从业人员278人；不仅有桑拿，还增加了冷、热浴池、汗蒸房等。

第三节　其他行业

一、摄影业

1989年，全县有摄影馆棚67家。其中，四季青二楼有国营艺术照相馆1家，从业人员10人。主要经营黑白、彩色照相两种，拍摄、冲洗、扩印、代顾客冲洗和扩印。20世纪90年代后期，新增婚纱摄影、艺术写真，大部分为彩色拍照。1995年，国营艺术照相馆退出市场，全部为个体私营企业。2000年以后，引进数码摄影技术和彩色打印、激光打印相纸技术。2005年，数码摄影技术在全县普及，传统胶卷摄影基本淡出摄影业。全县有摄影照相网点27家，从业人员百余人。

二、维修业

1989年，全县修理网点216家，从业人员365人。其中有汽车修理厂2家，其余主要开展小型家用电器、自行车、摩托车、钟表等修理服务项目。20世纪90年代以后，无极社会经济快速发展，人民生活消费水平日益提高，轿车进入家庭，带动汽车美容保洁项目的开展。1996年，全县有修理网点221家，从业人员316人，其中，汽车修理厂和汽车美容保洁6家。2000年以后，电动自行车兴起，空调、电脑进入家庭，电冰箱、彩电、电风扇、洗衣机、电吹风等家用电器基本普及，促进了维修服务业的大发展。2005年，全县维修网点89家，从业人员366人。

三、家政服务

2000年后，家政服务业兴起，从事该事业多是农民，也有少数城镇居民和下岗职工。最早的是里家庄的魏建忠家政服务公司。2005年，家政服务14家，从业人员86人，（其中婚庆公司1家）。主要承揽家庭保洁、搬家、疏通管道、清洗油烟机等服务项目。

第八章　市场建设

改革开放后，为繁荣物资交流，发展商品经济，县委县政府不断加大市场建设力度，新建、扩建、整容城乡商品交易市场，促进县城经济发展。1983—1985年，新建县城集贸市场、张段固皮毛市场、高陵大葱市场、南苏粮食市场、郝庄报废车船解体汽车拖斗加工市场、柴城大棚菜市场、东验村、小镇、东阳等集贸市场。扩建、改善丁北苏、大陈、郭庄、里城道等集贸市场。1989年，全县商品交易市场22个，市场成交额21024万元。1992年，全县市场发展到31个，市场成交额45464万元。1993年，实施建市场、活流通工程，按照"倾社会之力，聚民间之财、兴商业之城"的思路，坚持国家、集体、个人一起上的方针，通过拓宽、开通完善公路和城镇街道，增加沿街建筑，为广大农民进入流通领域创造条件。全县投资608万元，新建市场4个，关闭了医药市场、拆除了南苏粮食市场。投资47万元，将小百货市场搬进县城集贸市场。根据国家工商局《商品交易市场登记管理暂行办法》，各类市场进行统一登记管理。县城集贸市场被评为省级文明市场，郭庄、北苏集贸市场被评为地市级文明市场。1994年，县制定《无极县1994—1997年小康建设流通领域小组目标一览表》和《无极县1994—1997年小康建设流通领域领导小组市场建设任务分解表》，明确市场建设本着谁建设，谁受益的原则，资金筹措以财政拨1/3，主办单位自筹1/3，银行贷款1/3方式进行。1997年，全县商品交易市场23个，年成交额101076万元。2000年12月15日，无极县工商局成立市场建设服务中心，实行机构、职责、人员"四分离"，将市场产权、债权、债务及经营服务人员全部移交当地政府。2001年8月7日，将西关家具市场移交西关村委会。2002年10月，县城集贸市场牲畜交易市场由高家庄村搬迁到南环以南姚村地界，由姚村村委会登记为牲畜交易市场。11月，摩托车行业搬迁到花园路西段。2003年，钢材市场改扩建工程完工投入使用。2005年，全县共有商品交易市场64个，年成交额124604万元。

第一节　专业市场

1989年，全县有专业市场7个，分别为高陵大葱市场、大陈旧机动车和陈村农机市场、柴城大棚蔬菜、林果、张段固皮毛、南苏粮食、东陈村农机市场。1992年，投资3200万元，新建西南丰皮革市场、东宋生产资料市场、城内夜市、医药市场、将废铁行市场搬迁到东关智慧街形成钢材市场，其中拆车市场、医药市场被地区工商局列为十大市场建设之列。为加强市场管理，支持医药、粮食、拆车、皮革四大行业的发展，无极县政府下发无政〔1992〕69号文件《关于严厉打击制售假冒伪劣药品违法行为的通知》。

1993年，投资608万元，新建城南蔬菜市场，高头蛋白饲料市场、角头皮毛市场一期工程，医药市场关闭，南苏集贸市场拆除。1994年，投资145万元，建东侯坊村禽蛋市场、南流生产资料市场、东西侯花生市场等8个市场。1996年，新建无极县粮食局粮食批发市场、东西侯仔猪市场、王村蔬菜市场。1997年，新建县房地产市场。1998年3月7日，县城幸福街市场正式搬迁至花园路市场，小镇村委会注册果品批发市场、新建东宋花生市场。2004年，瓜果蔬菜、调料、瓷器、花卉、农资、农机、土产、塑料、水暖管件、五金等店外店市场搬迁到花园路西段。2001年4月，取缔郝庄、陈村拆车行业。根据市场管理办法精神，县城集贸市场、花园路市场、钢材市场，充实机构、人员，职责、财务与工商行政管理机关分离，分离人员38人，资产372万元，债务41万元。2002年，摩托车市场搬迁至花园路西段。2003年钢材市场改扩建工程投入使用。2005年全县有各类专业市场27个，年成交金额92660万元。

一、医药市场

1992年5月开始医药市场建设，位于县城无极路东段。总占地302亩，市场建设总投资近2998万元，建筑面积17万平方米，营业面积4.5万平方米，容纳668个摊位。其中东关部分占地182亩，建筑面积123781平方米，营业面积47330平方米。1993年3月，市场进驻医药药品经营单位207个，从业人员1.3万余人，上市药品1600多种，日成交额120万元，年营业额3.5亿元左右，年上交利税490万元，占县地方税收的1/3。市场内设有铁路托运（公铁联运）站17个，与全国30个省（市）自治区的800多家药厂建有业务联系，药品销往除台湾以外的全国各地医疗及经销单位，已基本形成全国药品集散地。由于有悖于国家法律政策，于1994年8月关闭。

二、拆车市场

1984年无极县报废车船解体市场在郝庄建立，收购郝庄一带的废旧钢铁。1991年春，郝庄工商所在西郝庄村南租赁140亩地，集中西郝庄200多户拖斗加工和电汽焊加工户，形成市场。1992年被地区商业局列为十大建设市场之一。1993年发展到总占地面积160余亩，固定摊位300余个，从业人员2000多人，年成交额达5200多万元，税费收入34万元；市场年存车3000余辆，解体2000多辆，品种包括各种废旧进口车和国产车以及报废轮船、汽车，年加工拖斗4500余个，出售各种有用零部件千万余件，辐射北至黑龙江、南到广东、西至新疆、甘肃、东至浙江、山东等地，达十余个省市和地区。1994年1月4日，根据《商品市场登记管理办法》由市工商局审核颁发《市场登记证》，名称为无极县废旧车船解体市场。1997年9月10日，根据石家庄市人民政府办公厅政办〔1996〕40号文件、河北省工商行政管理局〔1997〕第140号通知和全国老旧汽车更新领导小组办公室、国内贸易部联合发布的汽更办字〔1995〕016号文件，报废汽车的回收部门是各级物资再生利用公司，其他任何单位和个人均不得购买报废汽车，各地一律不得开

车辆制造车间

办报废汽车拆解交易市场的精神，无极县报废车船解体市场的市场登记证注销。1997年10月16日，由无极县物资局在西郝庄、西陈村组建无极县报废汽车回收一分处、二分处，属国有经济。依据石家庄市政府市政〔1998〕102号文件精神，于1998年7月17日，依法吊销了原无极县报废车船解体市场执照。1999年成立物资局废旧汽车专营公司，对报废汽车收购、拆解经营户实行统一管理。2000年3月7日至4月20日，无极县政府组织政府、政协、工商、公安、郝庄乡、物资局等部门组成无极县郝庄拆车行业打假领导小组，对无极县废旧车辆解体行业进行专项清理整顿，郝庄村划出130亩闲散地，把分布于滹沱河内的业户搬迁到指定规划区域，到2001年3月，发展到149户，其中拆车115户，电汽焊25户，废铁回收9户。由于“拼装车”和不具备经营资质的不合法经营的出现，2003年4月13日至16日，无极县政府根据有关精神，建立了清理拆车行领导小组，发布《无极县人民政府关于依法取缔拆车行业的公告》，全县取缔报废车辆280辆，物资700吨，拆除临建房屋1400平方米。之后，经请示市工商局，制定《无极县工商行政管理局关于拆车行业清理取缔后的管理规定》。2004年3月17至21日，县政府组织公安、工商等部门取缔郝庄7家非法收购报废汽车“五大总成”反弹户。

三、花园路市场

花园路市场始建于1996年8月，整体规划西起贸易街，东至智慧街，全长2250米，宽18米，占地40500平方米。一期工程西起老干部门球场、东至民政局家属楼东侧，全长520.3米。1997年被列为县政府十件大事之一。按着谁投资谁受益的原则，分别由城建局、制药厂和东中铺村三家共建商业门店145间，总投资680万元，建筑面积5800平方米，浇筑硬化路面4903米，宽18米，面积8825平方米。1998年3月7日正式启用花园路市场一期工程。从花园路民政局家属楼到城建局三号楼段，路段总长4743米，宽18米，总面积8527.4平方米，由工商局负责招商，安排摊位，取缔县城幸福街市场，全部摊点搬迁到花园路市场。1998年7月由市场服务中心注册花园路市场。1999年，完成花园路一期棚顶工程（长420米，5500平方米）并投入使用。2000年4月搬迁县城集贸市场瓜果蔬菜、调料、瓷器、鲜花行市，农资、农机、土产、塑料管理、水暖管件、五金等店外店行市搬迁到花园路西段，因与县城集贸市场形成分离状态，后恢复原状。2001年12月，投资50万元，完成2866平方米的建筑（棚顶）。2001年底，市场共有摊位650个，其中服装、布匹、百货等摊位390个，副食、蔬菜等农副产品类摊位260个，光明街以东市场门店利用率达95%；市场日均人流量5000人次，年成交额5400万元，年收市场管理费、个体工商业户管理费10万余元，年上缴税金20万元，从业人员1300余人。2002年县城光明街拓宽，于11月安排光明街摩托车经营户到花园路西段，成立摩托车商城。2000年、2001年、2002年被市工商局评为市级文明市场，2003年被省会文明办、市工商局评为诚信市场。2005年成交额6000万元。

四、钢材市场

1990年，废铁行市从县城集贸市场分离到东关村里。1992年发展到固定摊位29家，临时摊位32家。1992年底，在智慧街两侧开辟了一块15亩的场地作为全天候交易的钢材市场。1993年发展到固定摊位43家，集市临时摊位仍在村里。经营品种由废旧钢铁扩大到各种型号的新旧钢铁、线材、管材和板材，上市品种100多个。2003年4月，东关村对钢材市场进行改扩建，由智慧街迁到中昌路东段北侧，占地5600平方米，建筑面积1400平方米，摊位38个，户均营业面积240平方米。2000年成交额4400万元，2001年成交钢材3万吨，成交额5000万元。1998—2002年连续被评为市级文明市场，2003年被省文明办、市工商局命名为诚信市场。

五、建材市场

1991年，西关村委会牵头建立占地4500平方米建材市场，经营品种为水泥、白灰、石子，规范了经营摊点。上市摊位56个，其中石灰40个，石子5个，小水泥11个，从业人员115人，日均上市石灰2001吨、石子20立方米、小水泥30吨，日均销售石灰50吨、石子10立方米、小水泥10吨，日均销售额4900元。辐射深泽、定县、藁城、正定、新乐等附近十几个县市。2005年，市场分为两部分，水泥、白灰摊点主要集中在贸易街，有摊位16个，营业面积650平方米，无极路北水泥摊点7个，经营面积210平方米。石子经营摊点主要集中在科技街，占地面积2500平方米。建材市场年成交额350万元。

六、蔬菜市场

20世纪90年代初，无极县柴城、北丰村一带兴起大棚蔬菜种植，1993年，大棚菜种植面积达4700亩、露天蔬菜种植面积2万亩。1993年5月，《无极县人民政府关于蔬菜批发交易市场开业的通告》，农业局在南环蔬菜开发中心（原农科所）院内建起蔬菜批发交易市场。投资32万元，占地面积5000平方米，建筑面积1050平方米，硬化场地3950平方米，建交易棚室270平方米，仓库300平方米，其他建筑480平方米，拥有台秤10台，管理服务人员11人，可同时容纳50辆车进场交易，年交易额199.6万元。1996年已有场无市，1998年办理注销登记。王村蔬菜批发市场始建于1996年，初占地4亩，1998年开始对市场进行规划建设，1999年扩建后占地20亩，投资20万元建交易大棚2个，棚长42米、宽20米，固定门店19家（95间）。投资152万元，建筑面积5700平方米，全部为二层楼建筑。2000年，市场年交易蔬菜2700万千克，成交额4300万元。市场辐射保定、石家庄、天津、北京等地。市场内有农资经营12家，饮食3家，五金2家，蔬菜深加工1家。依市场建有蔬菜大棚2000多个，产值2000多万元，涉及王村、王先、泗水、小镇、柳见等村，比1999年增加了160个大棚，1900亩地，从业人员3000余人。2001年达到占地40亩，建筑面积6000平方米，市场建设投资300多万元，其中交易大棚2个，投资20万元，面积840平方米，能容纳摊位500个，交易疏菜以黄爪、韭菜为主，兼有西红柿、洋白菜、西葫芦、芹菜、双孢菇、金针菇、草菇、平菇等十几个品种，年交易额1400多万元，市场辐射保定、石家庄、天津、北京等地，市场种植面积1.1万亩，产值上亿元。其中，设施蔬菜种植面积8000亩，涉及13个自然村，从业户数4000户，从业人员1万多人。成立了绿野种植有限责任公司，注册了“绿丰21”无公害蔬菜商标。王村蔬菜生产区域被河北省确认为首批无公害蔬菜生产基地。2000年、2001年、2002年连年被评为市级文明市场，2003年被评为省文明办、市工商局评为诚信市场。

七、花生市场

1994年3月，由东西侯村农民李宝贵等18人自筹资金10万元，贷款50万元，租赁场地10亩建起股份制金山花生专业市场，1994年10月正式开业。开业当天参市商户36家，成交花生4.25万千克，成交额13.5万元。1996年东西侯花生市场改建成仔猪市场。东宋花生市场1998年10月建立，占地30亩，建设投资8万元。2000年经纪人发展到6人，年交易花生150万千克，成交额390万元。市场辐射定州、新乐、晋州、博野、赵县、藁城等地。依托花生市场，花生种植面积达2万亩以上，涉及东宋、大中郎、江仁、固现、彭村、大召、俱佑及定州、深泽与无极交界周围的村镇，仅东宋村花生种植面积3500亩。花生品种以田府3号为主，特点是果小仁满，出油率高。依托花生市场建有五香花生加工厂1个，油坊3个。

八、县城集贸市场

县城集贸市场坐落在县城西侧，北靠正无

公路、南接中昌路，1984年3月开建，1985年11月落成投入使用。县以入股承包形式租赁西关、西中铺两个村的场地共188.3亩（其中西关村135.3亩，西中铺村52.9亩），投资325万元建起了当时全县唯一的场院式综合集贸市场，解决了以街代市的状况。市场场地面积12.5万平方米，从业人员9937人，人流量达几万人次。市场内设百货商店、饭店、货栈，交流物资丰沛，内驻工商管理部门，市场管理规范，除沿用县城每月“一·六”日为集市贸易外，平时门市照常营业。市场交易辐射深泽、藁城、晋州、辛集等十几个县市。1989年度成交额2500万元。到1991年，市场建筑面积33280平方米。其中，室内营业面积274平方米，棚台营业面积16731平方米，另外还有露天柜台1300平方米。市场内共有摊位5417个，其中固定门市104个，国营摊位6个，占0.1%；集体摊位22个，占0.4 %；个体摊位5389个，占99.5%；市场内设有布匹、服装、百货、五金、肉食、饮食、粮食、干鲜果品、小杂货小食品批发、蔬菜、仔猪、车马挽具、花鸟草鱼、化妆品、红货、铁货、旧自行车等30多个行市，固定门店经营有日用百货、烟酒、付食、化妆品、五金交电、照像、理发、浴室、旅馆、饭店等20多个行业，还有土产杂品商店、冷饮厂、罐头厂、馒头房、饲料厂、信用社、保健所等。1992年7月县买下西关村135.3亩土地的使用权，1996年终止西中铺村52.9亩土地的入股承包合同。1997年投资10.8万元开始整修市场内三条街道，1998年垫高市场地面、建柜台、水泥浇筑市场内西大街共投资23.8万元。2001年11月，根据管理办分离政策把产权移交市场服务中心。2002年10月，牲畜行市由高家庄迁到县城外环西南姚村，成立牲畜交易市场。1999年市场年成交额超过4700万元。

1990、1993年被评为省级文明市场，1994—2002年连续被评为市级文明市场，2003、2004、2005年连续三年被省文明办、市工商局评为诚信市场。

第二节　集贸市场

1989年全县有大型综合集贸市场23个，分别是县城、七汲、郭庄、大陈、张段固、东门、南流、高头、北苏、东汉、合流、小镇、东验村、西两河、东丈、东侯坊、南侯坊、祁村、谈下、郝庄、陈村、店尚、东阳。多数集中在乡镇驻地和人口多的村镇。随着市场经济的建立及各项经营政策逐步放宽，无极县把发展集贸市场建设作为繁荣市场、发展经济主要措施，各乡镇自发建设集贸市场的意识日趋提高。1992年建立西南丰、北远、北虎、东侯坊4个集贸市场。1993年新建大户村集贸市场。1996年新建西高、马孤庄集贸市场。1997年新建南马、正村、史村、彭村4个集贸市场。2005年共有65个集贸市场，年成交额124604万元。

2005年无极县大型专业市场统计表

表10–5

名称	位置	建成时间	占地面积（平方米）	主要营业
医药	县城东中铺、东关、无极路东段	1993年5月	41330	中、西药，医药器械
拆车	郝庄、西陈村	1991年春	106720	废旧车辆拆、解
纺织品	幸福街花园路东段	1996年8月	5800	布匹、衣装、鞋帽等纺织品
钢材市场	智慧街西侧、中昌路中段	1990年	5600	新旧钢材、线材、管材、板材

续表 10–5

名称	位置	建成时间	占地面积（平方米）	主要营业
建材市场	西关村无极路北	1991 年	4500	—
蔬菜市场	王村、王先等	1996 年	8000000	黄瓜韭菜芹菜西红柿菌类
花生市场	东西侯、东宋	1994、1998 年	40000	花生

2005 年无极县农村集贸市场一览表

表 10–6

集日	集市所在地
一、六	县城、西郝庄、彭村、北虎、小陈、西高、林中
二、七	高头、西东侯、东汉、赵户、泗水、呈现、南马、高头、固汪、西南丰、东验村、彭家庄、前北焦
三、八	郭庄、南流、西两河、东西侯、小镇、王先、马坊、马孤庄、东阳、西东门、刘家庄、正村、史村
四、九	谈下、东汉、东合流、南侯坊、里城道、泊头、七汲、王村、东宋、南俱佑、南虎、店尚、北远、东丰庄、齐洽、郭吕、楼下、武家庄
五、十	北苏、张段固、大陈、东丈、杨村、甄村、小汉、北马、陈村、东中郝庄、小西门、牛辛庄、马桥、东侯坊

说明：集日“一、六”为每月初一、初六、十一、十六、二十一、二十六，其他同

金融、保险业

1989年，无极县有银行4家，分别是中国人民银行无极县支行、中国工商银行无极县支行、中国农业银行无极县支行、中国建设银行无极县支行，中国人民保险公司无极县支公司1家。随着改革开放的深入和经济社会的全面发展与进步，金融业在建立健全机构、经营范围及业务量等方面都得到长足发展。逐步建立起在人民银行宏观调控和指导下，以国有商业银行为主体，政策性银行和商业银行相分离，多种金融机构、多种融资渠道并存、协调发展的金融体系。2005年，全县金融机构增致8家，中国人民保险公司无极县支公司下辖3个子公司。17年间，金融机构各项存款、保险业务逐渐增长，保险业险种增多，服务领域不断扩大，营业网点遍布全县城乡，为促进当地经济更好更快发展发挥了重要作用。

無極縣志

第一章 银行

第一节 机构

一、中国人民银行无极县支行

1989年，人民银行无极县支行设人秘股、会计国库股、综合计划股、出纳发行股、金融管理股。2005年，内设办公室、金融管理科、国库会计科、调查统计科、货币金银科、保卫科、工会，工作人员34人。

中国人民银行无极县支行

二、中国建设银行股份有限公司无极县支行

1989年，建设银行股份有限公司无极县支行设办公室、营业室、信贷科、储蓄科、保卫科、房地产信贷部、信用卡部。2005年，设办公室、信贷科、储蓄科、营业室，工作人员23人。

三、中国农业银行无极县支行

1989年，农业银行无极县支行设计划科、会计科、农业信贷科、企业信贷科、县信用联社、保卫科、存款科、信托部。2005年，设综合办公室、财会监管部、业务管理部、资产保全部和支行营业室，辖城关、北苏2个营业所和集贸市场分理处，工作人员74人。

中国农业银行无极县支行

四、中国工商银行股份有限公司无极支行

1989年，工商银行股份有限公司无极支行设人秘科、信贷股、计划科、会计科、储蓄科、保卫科。2005年，设管理保障部、客户经理部、个人金融业务部、核算业务部和支行营业所、第一储蓄所。干部职工75人。

中国工商银行股份有限公司无极支行

五、中国农业发展银行无极支行

1996年，农业发展银行无极支行从农业银行无极支行分设建立。1997年1月脱离与农业银行无极支行隶属关系，设办公室、计划信贷部和财

务会计部。2005 年，设办公室、会计出纳部、计划信贷部。干部职工 23 人。

六、中国银行股份有限公司无极支行

中国银行股份有限公司无极支行于 1992 年 4 月成立，内设办公室、会计科、出纳科、信贷科、存汇科、营业部。2005 年有干部职工 59 人。

第二节　存款业务

1989 年底，全县银行系统各项存款余额 17187 万元；2005 年底，全县银行系统各项存款余额为 434532 万元。

一、企业存款

1989 年底，全县银行系统企业存款余额为 1508 万元，占当年全县全部存款余额的 8.77%；2005 年底，全县银行系统企业存款余额为 33971 万元，占当年全县全部存款余额的 7.82%。2005 年，全县银行系统企业存款余额比 1989 年全县企业存款余额增长 21.53 倍。

二、财政性存款

1989 年底，全县财政性存款余额为 27 万元，占当年全县全部存款余额的 0.16%；2005 年底，全县财政性存款余额为 3037 万元，占全县全部存款余额的 0.70 %。2005 年全县财政性存款余额比 1989 年全县财政性存款余额增长 111.48 倍。

三、农业存款

1989 年，全县农业存款余额为 100 万元，占当年全县全部存款余额的 0.58 %。2005 年，全县农业存款余额为 1230 万元，占当年全县全部存款余额的 0.28%。2005 年，农业存款余额比 1989 年增长 11.3 倍。

四、储蓄存款

1989 年全县储蓄存款余额为 14624 万元，占当年全县全部存款余额的 85.09 %。2005 年全县储蓄存款余额为 383987 万元，占当年全县全部存款余额的 88.37%。2005 年全县储蓄存款余额是 1989 年全县储蓄存款余额的 83.04 倍。

1989—2005 年无极县各金融机构各项存款余额表

表 11–1　　单位：万元

年度	各项存款余额	居民储蓄存款	年度	各项存款余额	居民储蓄存款
1989	17187	14624	1998	235926	216210
1990	21386	18879	1999	265044	243197
1991	29350	26810	2000	288630	266499
1992	39241	35369	2001	311540	288318
1993	50831	48983	2002	339969	311136
1994	57301	51657	2003	382618	337044
1995	128666	114594	2004	403541	365607
1996	152215	144436	2005	434532	383987
1997	187613	175845			

第三节　贷款业务

1989 年全县各项贷款余额为 19766 万元，2005 年全县各项贷款余额为 174697 万元。

一、工业贷款

1989 年全县工业贷款余额为 3763 万元，占当年全县贷款余额的 19.04%；2005 年全县工业贷款余额为 13076 万元，占当年全县贷款余额的 7.48 %。

二、商业贷款

1989 年全县商业贷款余额 13434 万元，占当年全县贷款余额的 67.97%；2005 年全县商业贷款余额为 32113 万元，占当年全县贷款余额的 18.38%。

三、农业贷款

1989 年全县农业贷款余额为 1054 万元，占当年全县各项贷款余额的 5.33%；2005 年全县农业贷款余额为 81063 万元，占当年全县贷款余额的 46.40%。

四、乡镇企业贷款、个体私营企业贷款

1989 年乡镇企业贷款余额为 480 万元，占当年全县各项贷款余额的 2.43%；2005 年乡镇企业贷款余额为 26459 万元，占当年全县全部贷款余额的 15.15%。

1989 年个体私营贷款余额为 45 万元，占当年全县各项贷款余额的 0.23 %；2005 年个体私营贷款余额为 8154 万元，占当年全县全部贷款余额的 4.67%。

1989—2005 年无极县各金融机构各项贷款余额统计表

表 11–2　　单位：万元

年度	各项贷款余额	年度	各项贷款余额
1989	19766	1998	163644
1990	23754	1999	162667
1991	27799	2000	163742
1992	36564	2001	175680
1993	44937	2002	191869
1994	41316	2003	192567
1995	99469	2004	193203
1996	120763	2005	174697
1997	144588		

第四节　结算业务

一、结算种类

1989 年 1 月 1 日至 3 月 31 日，金融系统银行结算方式主要有托收承付、汇兑、付款季托书、支票、省内限额支票、国内信用证、托收无承付、特种汇票结算 8 种；4 月 1 日，各金融机构开始执行中国人民银行制定的《银行结算办法》，结算种类有银行汇票、商业汇票、银行本票、支票、汇兑、季托收款 6 类。同时废止国内信用证、付款委托书、托收无承付、托收承付、保付支票和省内限额支票等。同城结算方式中使用较多的是支票和委托收款，银行本票未使用；异地结算方式中使用最多是汇兑、银行汇票和委托收款。

1996 年 1 月 1 日，无极县各金融机构执行中国人民银行颁发的《中国人民银行票据法》，开展了银行承兑汇票、贴现、转贴现、再贴现业务。1997 年 12 月 1 日，无极县各金融机构执行中国人民银行颁发的《支付结算办法》，恢复托收承付结算方式，增加信用卡结算。

二、结算管理

1. 银行账户管理

1989 年 1 月至 1994 年 9 月，各金融机构统一执行 1977 年中国人民银行颁发的《银行账户管理办法》，1994年10月中国人民银行颁布实施修订后的《银行账户管理办法》，规定存款账户分为基本存款账户，一般存款账户、临时存款账户和专用存款账户。2003年9月1日银行账户管理执行《中国人民银行颁布的《人民币银行结算账户管理办法》，增设了个人银行结算账户，扩大了银行结算账户的存款人范围。2005年人民币银行结算账户管理系统上线运行，加强了银行结算账户的管理工作。

2. 柜面监督管理

1989年1月至2005年，中国人民银行无极县支行通过向社会公布结算举报电话等形式加强支付结算管理，加大对存款准备金的监测力度，督促金融机构按时足额缴存一般存款和财政性存款准备金。

第五节　货币流通

1989年，在经济持续增长、通货膨胀的情况下，货币投放12619万元。1990年，随着国家“适度从紧货币政策”的出台，连续上调存款利率和下调贷款利率，货币投放量为4274万元，较1989年大幅下降。1991年因物价逐步稳定，人们消费心理趋向平衡，储蓄存款增长较快，货币投放继续大幅下降，仅投放347万元。1992—2000年，随着现金管理力度的加大，储蓄存款的不断增加，货币流通呈现回笼态势，除1994、1995年两年累计投放53814万元以外，其余7年共回笼资金130275万元。2001—2005年，共计投放货币101517万元。原因是无极县皮革市场活跃，现金交易量大；另外，县棉油厂大量收购棉籽，现金支出较大。

1989—2005年无极县货币投放回笼情况一览表

表11-3　　单位：万元

年度	投放额	回笼额	年度	投放额	回笼额
1989	12619		1998		28197
1990	4274		1999		53879
1991	347		2000		29484
1992		6552	2001	22776	
1993		4387	2002	39784	
1994	33027		2003	9951	
1995	20787		2004	8342	
1996		511	2005	20664	
1997		7265			

第六节　金融监管

1989—2005年，根据国家的金融方针政策、法规，中国人民银行无极县支行全面履行对全县金融机构及其经营活动的领导、管理、协调、监督、稽核工作。

一、机构监管

1989年开始，人民银行无极县支行，行使对全县各专业银行和非银行机构所设置的县以下各类金融机构进行审批和管理的职能。对经审查符合设置条件的颁发经营金融业务许代办可证；对新设立的金融机构，按照“巩固提高，区别情况，坚持条件，适当发展”的原则，进行审批。设立新的金融机构要求必须配备一定数量的熟识金融业务的人员，具有适应业务发展所需要的营业场所，并按照“先规划，后申报；先批准，后筹建；先领证，后开业”的程序办理报批手续。

二、计划管理

1989年，全面落实“控制总量、调整结构、保证重点、压缩一般、适时调节”的金融方针，调整无极县信贷结构，压一般，保重点，督促专业银行放款中，坚持“十不贷”政策和贷款“三查”制度。1990—1997年，经常组织金融系统开展信贷资金大检查。1993年，管理重点转移到各专业银行的贷款规模上，实行“按季监控、按月考核”，使专业银行的各项贷款严格控制在上级行下达的限额之内。1998年实行“计划指导、自求平衡，比例管理，间接调控”的信贷管理体制后，资产负债比例管理成为主要管理手段，计划管理结束。

三、人民币管理

1. 人民币发行

1989—2005年7月，中国人民银行无极县支行作为中央银行的分支机构，担负着全县货币发行、调拨和流通管理任务。具体负责保管人民币发行基金，办理人民币发行基金出入库和办理辖内金融机构现金存取款业务。2005年8月，中国人民银行无极县支行根据上级行指示精神，保持零库存，不再办理货币发行业务。人民币发行职能集中到人民银行石家庄中心支行，全县各金融机构对外支付的人民币在本系统内自主调拨解决。

2. 人民币保护

发行库在保持零库存以前，各金融机构营业网点在办理现金收付和整点票币业务中，及时将残、污、损伤的人民币挑剔出来，对持币者的残损人民币随时予以兑换，及时将各金融机构上交人民银行的损伤券按规定进行统一销毁。保持零库存后，人民币的保护工作重点变为督促检查各金融机构营业网点落实有关现金出纳制度，提高流通人民币的整洁度为主；每年定期开展爱护人民币宣传，提高社会公众的爱护人民币的意识为辅，同时严厉查处和打击损害人民币行为，全力维护人民币信誉，确保了辖内人民币的正常流通。

3. 反假人民币

人民银行无极县支行独立行使中央银行职能以来，每年开展1～2次反假宣传周活动，采取现场咨询、张贴标语、发放宣传资料、播放录像等多种方式，普及反假人民币常识，提高全社会的反假意识；加强对辖区反假货币一线人员进行培训，实行反假货币人员持证上岗；加强与公安等部门的联系与协作，严厉打击各种制、贩假币和使用假币等犯罪行为。

四、金融稽核

根据有关金融管理规定和人民银行总行颁发的《金融稽核检查处罚规定》作为查处的依据。采取单位自查和专职稽核相结合的办法，自查自纠从宽，坚持错误从严。做到检查事实清楚；查到的问题有根有据，证据确凿；把握政策界限，分清问题的性质；根据问题的性质，按照政策、法规进行处理。1989—2005年对全县金融机构的现金、利率、信贷、贷款证、存款实名制、结算、统计、账户以及各种专项检查稽核等进行了现场检查稽核，取得较好的效果。

五、金融监察

全县金融系统监察室建立于1989年8月隶属于人行无极县支行。监察室的主要职责和任务是检查全县金融系统贯彻实施国家政策和法律、法规，执行国家金融的政策、法规、制度的情况。对监察对象执行国家政策、法律、法规和遵守政纪的情况实行监督，查处监察对象违反政策、法规、制度的案件，按干部管理权限审议、办理处分事项。

第二章　保　险

第一节　财产保险

一、保险体制改革

1989—1996年6月，公司名称为中国人民保险公司无极支公司。1996年7月，中国人民保险公司根据国务院决定，更名为中国人民保险（集团）公司，实行分业经营，下设中保财产保险有限公司、中保人寿保险有限公司、中保再保险有限公司三个子公司，公司改名为中保财产保险有限公司无极支公司，属国有金融企业机构。1999年1月，更名为中国人民保险公司无极支公司。1999年，由市分公司统一安装电脑终端进行出单。2001年，实现市县两级联网，每笔保单均由市公司承保中心进行核保，提高了承保质量。2000年，根据上级公司文件要求，减员增效，公司进行人事制度改革，允许部分职工买断工龄，辞职离开公司。2003年7月，公司进行重组改制，在海外上市，公司更名为中国人民财产保险股份有限公司无极支公司。

二、保险种类

1989—1996年，公司开办险种为车险、企财险、家财险、责任险、国内货运险、简易人身险、养老金险、人身意外险、种植业保险等九大类险种。至2005年，由于1996年下半年财产险和寿险分业经营，开办险种剔除了简易人身险、养老金险、人身意外险业务，增加了农村他人破坏险、养殖业保险、工程保险和进出口业务保险等，保险种类共计10大类险种。

三、保险收费

1989年，财产保险费年征收为204万元。随着生活水平的提高和保险知识的普及，广大群众对保险有了新认识，投保的人数、金额逐年增加。到2005年，财产保险费征收年达890万元。

1989—2005年无极县财产保险收入一览表

表11—4　　单位：万元

年度	1989	1990	1991	1992	1993	1994	1995	1996	1997
保险收入	204	267	331	433	385	603	739	486	531
年度	1998	1999	2000	2001	2002	2003	2004	2005	
保险收入	600	690	715	730	775	606	786	890	

四、保险赔偿

公司认真落实各项理赔管理制度、规范实务流程，将各项关键指标分解落实，加强对指标的日常监控，确保理赔快捷服务。为保证客户利益，公司根据理赔金额大小及手续是否齐全的情况，分别作出不同期限的理赔时效保证。如1000元以下赔款额度的单方事故，手续齐全的，保证在24小时内赔付等。1991年，无极县发生严重的雹灾，全县棉田受损严重，公司赔付230万元。2000年企业财险因县内某企业发生一次较大的火灾事故，赔付239.9万元。

五、管理机构

中国人民财产保险股份有限公司无极支公司的前身属中国人民银行无极支行管理。1982年

4月，成立中国人民银行无极支行保险代理处，1984年7月成立公司，从银行分离出来，名称为中国人民保险公司无极支公司，直属石家庄市中心支公司领导。1989年1月，机构名称为中国人民保险公司无极支公司，设办公室、财险科、车险科、人险科 、财务科共5个科室，共有员工19人。1996年7月，公司更名为中保财产有限公司无极支公司；1999年1月，公司更名为中国人民保险公司无极支公司；2003年7月，公司更名为中国人民财产保险股份有限公司无极支公司，内设综合部、个险部、团险部、业务部、营业部（营业一、二、三、四部），工作人员40人。

第二节 人寿保险

中共十一届三中全会以来，特别是改革开放以来，无极县的保险事业得到了长足发展。1996年以前，无极保险市场上只有中国人民保险公司独家经营，随着改革的不断深入和保险事业的发展，到2005年底，已有民生人寿、平安人寿、新华保险、太平洋保险、安信、都邦等8家保险公司。

1996年以后，保险业务得到了快速发展，特别是人寿保险与财产保险分业经营后，得到跨越式发展。2005年底，仅人寿保险保费就从1996年分业经营时的160万元增加到2005年6414万元，保费总量增长近40倍。年平均赔付案件达2700起，年赔（给）付金额450万元。

一、保险体制改革

1980年，保险机构设在中国人民银行无极支行，为银行的一个科室；4月，中国人民保险公司无极支公司成立。1996年8月22日，中保人寿保险有限公司无极支公司成立，中保寿险支公司分业经营后，引进借鉴国外寿险营销模式，推行保险代理人机制，创建了无极寿险第一支营销团队，1997年营销人员35人，营销保费634万元。1998年，中保人寿县城建立了营销中心，设立3个营销部，1999年，在全县的11个乡镇设立了10个营销服务部。到2005年，经过10年的发展，人员由1996年的2人发展到2005年的256人，保费收入由1996年的169万元发展到2005年的6414万元，营业网点遍布城乡，在全县11个乡镇建立农村营销服务部。

二、保险的种类

1. 保险形式的种类：公营保险与民营保险、盈利保险与非盈利保险、原保险、再保险、重复保险、共同保险、定额保险与损失保险、自愿保险与法定保险、社会保险与商业保险、普通保险与政策保险、财产保险与人身保险。

2. 保险业务的种类：财产保险、人身保险、责任保险、信用保险4部分。

1989—1996年，人身险保费共收取750万元，共为全县51个单位和5985人次办理人身保险保障。1996年财寿险分业经营后，中国人寿无极支公司截至2005年底，共收取保险费26671万元，累计为全县办理了20万人次的保险保障，共处理保险赔案11074起，支付赔款1196万元。

1989—2005年无极县人寿保险业务发展一览表

表11-5

项目 数量 年份	保费收入（万元）	赔案件数	赔付金额（万元）
1996	160	833	25
1997	408	412	25

续表 11—5

项目 数量 年份	保费收入（万元）	赔案件数	赔付金额（万元）
1998	604	1215	52
1999	959	1207	44
2000	1832	1530	286
2001	2080	912	113
2002	3570	1020	133
2003	4797	1206	145
2004	5847	1396	163
2005	6414	1343	210

三、管理机构

中国人民保险公司无极支公司 1989 年共设内部科室 4 个：办公室、人险科、财险科、车险科，在郭庄、大陈、高头 3 个乡镇建立保险代办处。

1996 年 10 月，财、寿险分业经营，成立中保财险无极支公司和中保寿险无极支公司。

2005 年，设有综合管理部、个险销售部、团险销售部、银行代理部、客户服务部，工作人员 25 人。

第三章　农村信用联社

第一节　业　务

一、存款

1989 年无极县农村信用合作联社（县联社）存款额 4305 万元。随着信用社管理体制的不断改革，信用联社的自主经营权进一步扩大，多存可多贷，存款逐年大幅度增长。1996 年，县联社大力组织存款，将存款任务层层分解，落实到人、到岗，内外一起抓，任务与职工的个人利益挂钩，采取月考核，季兑现。同时，推行以贷引存、以贷促存、存贷挂钩办法。到 1998 年，各项存款余额 86514.88 万元，其中储蓄存款余额 86363 万元。1998 年来，县联社把抓存款增效益作为工作重点，全体干部职工把组织存款作为首要任务，及时捕捉存款信息，实行服务禁语，文明用语，持证上岗，接受客户监督，延长营业时间，上门服务，以零换整，以残换好等服务项目。同时，利用各种宣传媒体，大力宣传储蓄政策，树立信用社、站形象，存款逐年增加。到 2000 年，各项存款余额 145338.09 万元，其中储蓄存款余额 144736 万元。2005 年，采取“多措并举抓存款，壮大资金实力谋发展”的经营战略。树立“在竞争中求生存、在竞争中求发展”的经营理念，抢占金融市场份额，存款余额达到 181569.3 万元，其中储蓄存款余额达到 179547 万元。

二、贷款

中共十一届三中全会以后，农村经济快速

发展。县联社按照党和政府“决不放松粮食生产，积极开展多种经营”的方针支持专业户、重点户开展多种经营，发展商品生产，活跃农村经济。由于农村政策的放宽，县联社重点支持蔬菜种植、养殖、皮革等行业。1989 年，贷款 2678 万元。1993 年，县联社严格按照国家宏观调控方针，坚持“把握政策，重点倾斜，克服困难，扶持企业”的十六字方针，采取重点扶持有发展前景的行业，甩掉落后工艺行业，当年发放贷款 10541 万元。1995 年，根据上级指示精神，贷款形式由信用贷款转向抵押保证形式，实行存单和有价证券抵押，增加对“两高一优”农业和“菜篮子”工程的资金投入。1996 年，无极县信用联社与农行脱钩以后，强化贷款管理，信贷资金在优先满足农业需求的基础上，重点支持非公有制企业发展。1997 年，各项贷款达到 20868 万元。2003 年，县联社又推出了小额农户贷款、助学贷款等业务，帮助农户发展经济。2005 年，县信用联社坚持服务农村、农业、农民的宗旨，为“三农”服务的市场定位，加大信贷支农力度，年底各项贷款余额 114704.36 万元。

1996—2005 年无极县农村信用联社发展情况一览表

表 11–6　　单位：个、人、万元

年份	基层信用社	职工数	各项存款余额	各项贷款余额	利润	信用分社
1996	20	260	61877.6	40826.5	−3597.16	4
1997	20	265	73259.94	46019.84	−1849.71	4
1998	20	265	86514.88	54008.31	−3506.55	4
1999	20	267	93723.39	55345.23	−4118.16	4
2000	20	259	145338.09	76308.38	−2551.26	4
2001	20	348	158254.47	91166.31	−1830	4
2002	20	345	169270.75	104759.57	289.2	4
2003	20	343	181013.61	113860.62	13.52	4
2004	20	342	187907.6	120752.42	127.87	4
2005	20	337	181569.3	114704.36	200.53	4

第二节　管理机构

1989 年，无极县信用联社隶属中国农业银行无极支行，称信用合作科，是农业银行领导和管理农村信用社的机构，时辖 20 个信用社。1996 年，农村金融体制改革，农村信用社与农业银行分离经营，内设综合办公室、业务经营管理科、财务管理科、稽核监察科、保卫科和营业部 6 个科室，下辖 20 个农村信用社，4 个信用分社。2003 年，无极县信用联社内设综合办公室、业务经营管理科、财务管理科、稽核科、监察室、风险资产管理科、保卫科和营业部 8 个科室，下辖 20 个农村信用社，4 个信用分社，有干部职工 343 人。到 2005 年底，机构未变，干部职工 337 人。

无极县志

1989—2005

综合经济管理

1989—2005年，无极县坚持可持续发展的科学发展观，深化经济管理体制改革，发展经济，培植税源，建立适应市场经济发展的新型财税体制，并对计划、统计、工商、物价、技术监督、审计等经济部门管理方式，从过去的行政命令转变为运用经济、法律、行政综合方式进行管理，管理方式由行政型转变为服务型，为无极县的经济发展保驾护航。

無極縣志

第一章 计 划

第一节 计划编制

一、长期计划

1985年，国家实行“计划经济为主，市场经济为辅”的方针，在编制1985—2000年无极县长期计划时，国民经济计划主要指标为社会总产值、工农业总产值、农业总产值、国民收入、粮食总产量、固定资产投资、社会商品零售额、外贸收购总值和财政收入等。1991年，开始缩减指导性计划的管理范围，突出计划对市场的导向性，放开对一般经济活动的直接计划管理，下放投资权，促进市场的发育成长。1995年，在编制1995—2010年无极县远景计划时，国民经济指标主要为国内生产总值（第一产业增加值、第二产业增加值、第三产业增加值）、农业主要产品产量、工业经济效益（利润、税金、产品销售率）、固定资产投资、财政收入、实际利用外资、外贸出口总值、社会消费品零售额、农民人均收入和城镇居民人均收入等。规划规定了期内重大的项目建设、生产力布局、产业结构、人才培养、重大技术规格、国民经济主要比例关系和指标等。

二、中短期计划

1989—2005年，无极县分别制定了“七五”计划、“八五”计划、“九五”计划、“十五”计划及与之相配套的年度计划。计划内容主要包括全县经济增长速度、各项经济指标、固定资产投资规模、重点项目、居民平均生活水平、人口自然增长率和实现计划的重大措施等。

三、专项计划

1989—2005年，无极县制定了多个专项计划。基础设施方面有电力、交通、城建、通讯、供水、供暖、绿化规划；工业方面有乡镇企业发展规划、三资企业发展规划、龙头企业发展规划；农业方面有农业产业化发展规划、农业综合开发计划、小康规划、农业、水利、农机、畜牧、林业发展规划、吨粮县生产基地规划、无公害蔬菜生产基地规划、优质专用小麦基地规划；社会事业方面有人口与计划生育发展规划、妇女儿童发展规划、环境保护发展规划、社会治安综合治理发展规划。

专项计划的实施，取得了明显的效果。电力，1989年全县售电量8802万千瓦时，2000年有35千伏无人值班变电站9座和110千伏无人值班变电站1座，2000年全县213个行政村的农村低压电网改造完成，2004年城网改造完成，城乡交通得到极大改善。1989年城乡道路总长44.1公里。2005年，县域内公路总里程为594.8公里，全县实现了村村通公路，并开通县城至乡、村线路8条。通信事业发展迅速。1989年全县电话用户较少，到2005年全县固定电话和移动电话13.60万部，宽带用户6144户。专项计划的实施，极大地改善了人民的生活居住条件。到2005年，居民集中供热面积达到45万平方米，供热能力50吨/日，管道铺设7万米，供热普及率48%，自来水管网3.2万米，日供水能力1.7万吨/日。城区绿地面积121.98万平方米，绿地率21.4%。

第二节 计划制定与执行

1978年中共十一届三中全会以后，无极县国民经济出现了快速发展的大好局面，经济实力不断增强，工业经济突飞猛进，农林牧渔全面发展，交通、运输、贸易经济、金融服务等日益繁荣。

一、第七个五年计划制定与执行情况（1986.1—1990.12）

“七五”计划的指导思想以全国“七五”计划为指导，坚定不移地把改革开放放在首位，全面推进经济、科技、教育体制改革，使生产关系更加适应生产力发展的要求，为建立充满生机和活力的社会主义经济体制奠定基础。坚持宏观控制，微观搞活的原则，把全部经济工作纳入以提高经济效益为中心的轨道，在不放松粮食生产的同时，紧紧抓住林牧和乡镇企业两个关键，因地制宜的调整产业结构，为振兴农村经济增加后劲；大力发展横向经济联合，积极引进人才、技术、设备等。加快工业生产步伐，千方百计地提高企业素质，提高产品质量。增加企业活力，努力搞活流通，增加财政收入，做好社会化服务，促进全县经济持续、稳定、协调的发展，在抓好社会主义物质文明建设的同时，大力加强社会主义的精神文明建设。

“七五”计划时期的工作重点：

1. 继续抓紧粮食生产，建立商品生产基地。

2. 优先发展食品饲料工业，大力增加消费品生产。

3. 大力发展畜牧和林果生产。

4. 大力发展乡镇企业。

奋斗目标：“七五”期间，全县工农业总产值增长61.6%，平均每年增长10.1%，其中工业总产值增长14.1%，农业总产值增长6.3%，人均生活水平达到750元，平均每年增长8.3%，财政收入增长52.4%，平均每年增长8%。

实施情况：“七五”后2年国民经济发展迅速，全县广大干部群众团结奋斗、扎实工作，积极克服市场疲软等诸多不利因素的影响，经济工作取得了一定成绩，其他各项事业进一步发展。全县经济持续、稳定协调发展，人民生活水平不断提高。全县工农业总产值（不变价）完成45970万元，比1985年增长54.3%，平均递增9.1%，其中农业总产值完成24000万元，比1989年增长2.5%，比1985年增长13.8%，平均增长2.6%。工业总产值完成21970万元，比1989年增长18%，比1985年增长170%，平均递增22%。财政收入完成1817万元，比1989年增长6.6%，比1985年1050.8万元增长72.9%，平均递增11.6%。农民人均生活水平达到746元，比1989年降低16元，比1985年净增247元，每年平均增长49.4元。到1990年，地区生产总值完成62594万元（现价），其中第一产业34069万元，第二产业19356万元，第三产业9196万元，产业比例为54∶31∶15，比1985年的产业比例（总值23064万元，其中一产14212万元，二产6127万元，三产2725万元）为62∶26∶12。产业结构有了较好的改观。

从实施情况看，农业粮食总产1990年比1989年虽然有所减少，但1990年比1985年仍增产8414吨，保持了每年3.4%的增长速度。城乡居民储蓄余额1990年达到3.3亿元，比1985年增加近1.5亿元，平均每年递增12.9%。

二、第八个五年计划制定与执行情况（1991.1—1995.12）

“八五”期间无极县以建立社会主义市场经济体制为目标的改革逐步深化，对外开放力度不断加大，对经济发展注入了新的生机和活力，制定并实施“科教兴县”战略，坚持经济发展与社会进步统筹考虑的方针，科技、教育、文化、卫生等各项事业全面发展，国民经济持续快速增长，综合实力显著增强。

“七五”计划期末到“八五”计划的前期，无极县以旧城改造为突破点的县城基础设施建设加快，县城道路逐步形成“八纵七横”，城区面貌得以彻底改观，为县城的经济发展、社会进步、小康县建设奠定了基础。5年中全社会固定资产投资累计达到8.21亿元，其中工业投资千万元以上的重点项目10个，完成投资2.8亿元，全县经济总量增长进入了发展的快车道。

到1995年全县地区生产总值（现价）完成19.5亿元，比1990年增长187%，年均增长18.8%，其中一产增加值7.2亿元，年均递增4.5%，二产增加值7.8亿元，第一次超过一产增加值，年均增长31.6%，三产增加值完成4.5亿元，年均增长26.5%，三产比重第一次超过20%，达到23%。一、二、三产业比重达到37∶40∶23，比1990年的54∶21∶15的产业结构得到进一步优化。财政收入1995年完成5051万元，比1990年增1.8倍，平均增长22.3%，农民人均收入完成1863元，比1990年人均增加1117元，平均增长20.1%，城乡居民储蓄余额达到122669万元，比1990年增加2.7倍，平均增长30%，社会消费零售总额达到45879万元，比1990年增加1.2倍，年均增长17.2%。

三、第九个五年计划执行情况（1996.1—2000.12）

“九五”期间全县人民紧紧围绕经济建设这个中心，以建设经济强县为奋斗目标，不断深化改革，扩大开放，积极实施“科教兴县”“开放带动”“可持续发展”和“城乡一体化”四大战略，采取一系列促进发展的重大措施，使无极县综合实力和人民生活水平再上新台阶，为实现第三步战略目标和21世纪初的持续发展奠定了基础。这五年中，经受了“1996.8”特大洪涝灾害的严峻考验，妥善处理了改革和发展中的各种矛盾，抢抓机遇，开拓进取，团结奋斗，到2000年，一、二、三产业比例达到25∶44∶31。这五年中，第三产业增速较快，比重比1995年提高16个百分点，连续四年超过第一产业比重。经过全县人民的共同努力，于1996年实现了小康县。财政收入完成10500万元，比1995年增长1倍，农民人均收入达到3910元，城镇居民可支配收入达到5251元，这两项比1995年平均每年增加近300元；城乡居民储蓄余额达到266499万元，比1995年增长1.2倍。

“九五”期间，在严重自然灾害频发的情况下，粮食生产连年获得丰收。1997年被列为“全国商品粮基地县”，设施蔬菜发展到2.6万亩，王村蔬菜基地被命名为全省九大无公害农产品基地之一。畜牧业由分散饲养逐步向规模化、集约化发展，建成了刘家庄和费家庄奶牛等一批养殖基地或养殖小区。

乡镇企业特别是个体私营经济超常发展。2000年，全县乡镇企业增加值和上缴税金分别达到11亿元和6137万元，平均增长分别是19.7%和24.8%。以皮革、拆车、木线、针织、蛋白饲料为主导行业的区域特色经济格局初步形成。

市场体系建设取得重大进展，全县各类市场65个，王村蔬菜、东宋花生、东侯坊禽蛋等专业市场逐步完善和扩大，新建了全天候封闭式的花园路贸易一条街。被列为省重点项目的投资7242万元的中国齐盛皮革市场开工建设。

固定资产投资大幅度增长，基础设施建设步伐加快，五年累计投资达到20亿元，是“八五”期间的3.2倍，其中电力建设总投入达到一亿元，是“八五”以前总和的两倍。新建11万伏变电站一座，3.5万伏变电站四座，对全县低压电网进行了改造，供电不足、线路老化的状况得到了明显改善。新建、改建了县乡公路，实现了村村通公路，小城镇建设步伐加快，推进了城乡一体化进程。

四、第十个五年计划执行情况（2001.1—2005.12）

指导思想：深入贯彻中共十五届五中全会和省、市委全会以及县委七届六次全委扩大会议精神，以发展为主题，坚持以结构调整为主线，以改革和科技创新为动力，以提高人民生活水平为根本出发点，继续实施“工业兴县、项目强县”“开放带动”“可持续发展”和“城乡一体化发展”四大主题战略，加快发展非公有制经济，突出发展特色经济，推进城乡一体化进程，深化改革、扩大开放，加强环境保护和生态建设，努力实现经济大发展，提高人民生活水平和质量。

奋斗目标：地区生产总值年均增长10%左右，2005年达到60亿元。财政收入年均增长13.8%，2005年达到2亿元，全社会固定资产投资年均增长5%，2005年达到8.8亿元；外贸出口总值2005年达到2.6亿元，年均增长10%；实际利用外资2005年达到400万美元，年均增长42.5%。城镇居民人均可支配收入年均增长5%左右，2005年达到6535元，农民人均纯收入年均增长5%左右，2005年达到4211元；人口自然增长率控制在年均7‰以内。

实施情况：全县人民在县委、县政府的领导下，紧紧围绕“加快发展、富民强县”目标，坚持发展第一要务，与时俱进，开拓进取，县域经济快速发展，各项社会事业取得了新的成就，较好地完成了“十五”计划确定的各项目标和战略任务。2005年，全县地区生产总值达到61.9亿元，是2000年的1.84倍，年均增长12.9%，人均GDP12763元，比2000年增加5749元。其中，第一产业增加值完成11亿元，年均增长5.4%，第二产业增加值完成33.7亿元，年均增长17.9%，第三产业增加值完成17.2亿元，年均增长10.6%。财政收入完成2.13亿元，比2000年翻一番，年均增长15.2%。财政收入占GDP的比重由2000年的3.11%提高到2005年的3.44%。固定资产投资2005年国有及其他完成98173万元，年平均增长29.9%。城镇居民可支配收入8339元，年平均增长9.7%。农民人均纯收入4476元，平均增长6.2%。

第三节　项目与投资

1989年，无极县共完成固定资产投资941万元。1990年，根据国家计委和河北省计委《关于管理体制改革的暂行规定》，无极县实行建设项目法人责任制，政府部门在产业政策、行业规划、土地管理、城市建设、环境保护等方面行使否决权和建议修改权。

1991年，县计划部门的审批权限为3000万元。到1995年，完成固定资产投资4.73亿元，累计项目201个。1996—2000年全社会固定资产投资10.01亿元，是“八五”期间的1.1倍。2001—2005年全社会固定资产投资26.67亿元，亿元项目3个，千万元以上项目71个。

第四节　管理机构

1988年10月27日，无极县计划经济委员会成立，设办公室、综合计划科、基建物资科、经济技术科、工交财贸科。1994年9月，计划经济委员会、工业局与轻工业局合并为计划经济委员会。1996年1月，计划经济委员会更名为计划与经济局，挂招商局牌子。设办公室、生产科、科技科、计划基建科、财审科、外经科、政工科、纪检监察科。2002年5月，计划与经济局撤销，成立无极县发展计划局，设办公室、计划科，编制7人，到2005年底无变化。

第二章　财　政

1989—2005年，无极县坚持可持续发展，深化财政体制改革，建立科学、有效与市场经济想适应的新型财政运行机制，广植财源，开源节流，依法治理，科学理财，促进了财政事业的快速、健康发展，县财政收入连年大幅度增长。1989年财政收入为1704.8万元，1994年增加到3756.1万元，1999年增加到10016万元，2003年增加到15303万元，至2005年增加到21306万元，是改革前1977年的39倍。17年来，全县财政收入累计144597.6万元。其中，工商税收108498万元，占财政收入的75%，农业税收16085.5万元，占财政收入的11%，其他收入20014.4万元，占财政收入的14%。上解上级资金13868万元；财政支出累计166665.9万元，1989年支出1922万元，到2005年支出为26477万元，是1989年的14倍，是改革前1977年的72倍。人均年工资由1989年1830元增长到2005年的13200元。财政保障能力不断增强，支持经济事业发展力度不断加大，1989—2005年间，财政累计筹措资金近2亿元用于全县经济事业发展。

第一节 财政收入

1989—2005年，财政总收入为144597.6万元。其中，工商税收、农业税收、其他收入各占财政总收入的75%、11%、14%。

1989—2005年财政收入情况一览表

表12-1　　单位：万元

项目 数字 年度	财政总收入	收入			
		工商税收	农业税收	其他收入	上解上级
1989	1704.8	1333.9	278.3	92.6	54.1
1990	1817.5	1457.3	240.4	119.8	85.5
1991	2175.6	1686.6	281.2	207.8	82.5
1992	2435	1920	365	150	125
1993	2405	2238	297	—130	129
1994	3756.1	3176	562.3	17.8	149
1995	5051.4	4243.2	529	279.2	411
1996	7000.5	4551.7	713.2	1735.6	707
1997	8210.7	5727.2	821.4	1662.1	894
1998	10012.6	7042.7	854.3	2115.6	1138
1999	10016	7244.5	740.9	2030.6	1155
2000	10500	7664.3	733.3	2102.7	1431
2001	10700.2	8263.3	1099.2	1337.7	1570
2002	13703.2	10142.7	2348	1212.5	1051
2003	15303	11229.6	2578	1495.4	1194
2004	18500	13533	2227	2740	1820
2005	21306	17044	1417	2845	1872
合计	144597.6	108498	16085.5	20014.4	13868.1

第二节　财政支出

财政支出有经济建设支出、文教科卫事业费、行政管理费、抚恤事业费等。根据“财政收支平衡，略有节余”的总体方针，本着“勤俭理财、科学安排、统筹兼顾、保证重点”的原则，合理使用资金，不断优化支出结构，既保证人民物质和文化生活的需求，又支持工农业生产。到2005年全县财政支出26477万元，是1978年的财政支出的40倍，是1987年的财政支出的17.5倍，是1989年财政支出的14倍。

1989—2005年无极县财政支出情况一览表

表12－2　　单位：万元

项目/数字/年度	财政支出总计	支出									
		经济建设	农业生产	文教科学卫生	其他部门	抚恤和社会福利救济	行政管理	公检法司	城市维护	专项支出	其他
1989	1922.5	86.1	83.2	826.6	40.5	140	369	120	29	16.3	211.8
1990	2215.6	14.6	158.3	990.2	103.9	162	379	125	32.1	33.7	216.8
1991	2363.8	2	192.3	1074.6	62.3	262	455	107	49.2	35.7	123.7
1992	2681	41	250	1248	68	171	535	113	37	50	168
1993	3341	100	284	1503	66	216	709	162	66	53	182
1994	4495	—	217	2254	97	240	1043	293	130	100	121
1995	5738	46	381	2447	101	312	1287	318	97	139	610
1996	7446	255	486	2945	588	438	1150	300	132	126	1026
1997	8117	243	400	3039	1106	398	970	313	113	—	1535
1998	10146	491	393	4062	1026	413	1442	349	136	166	1668
1999	10722	370	521	4014	428	656	1800	550	185	183	2015
2000	11956	175	713	4966	213	816	1902	639	167	215	2150
2001	13973	249	823	6592	570	872	2176	930	173	220	1368
2002	15044	218	684	6776	408	1758	2874	1113	409	253	551
2003	18710	878	1023	7475	489	1990	3295	1434	590	325	1211
2004	21318	422	1029	8150	676	3384	4373	1570	394	377	943
2005	26477	1377	1409	10078	650	3326	4340	1887	378	559	2473
合计	166665.9	4967.7	9046.8	68440.4	6692.7	15554	29099	10323	3117.3	2851.7	16573.3

第三节　财政管理

一、综合财政预算管理

1989年，执行“自收自支，自求平衡”的财政管理体制，按地区下达收入任务平衡预算缺口较大，在支出安排上，首先保工资及其他个人支出；二是公用经费；三是工资、物价改革增加部分；最后是农业、教育、科技等。

1990年，加强税收征管，压缩事业支出，全年共压缩事业费支出、煤炭补贴及部分公用经费等200.2万元，做到了收支平衡，略有结余，净结余3.4万元。

1994年，实行“新体制运作、双体制结算”的原则，安排收入任务3737万元，安排支出3091万元。为确保预算管理上，采取压缩支出保工资、公用经费自负；狠抓财政收入入库，对完不成任务或隐瞒收入的实行扣款由单位经费抵顶等措施。在乡镇财政管理上，继续清理四税足额入库。到年底财政收入完成（大口径）3756万元，财政支出4495万元，保证了收支平衡。

1995年，全县实行“综合财政预算”管理。预算外资金单位实行收支两条线管理，收入直接上缴财政在各银行开设的过渡账户。支出由单位填报计划，财政按计划审核拨付，对超计划开支，财政不予拨款；对事业收入和创收纳入单位预算，由财政部门具体核定收入基数，抵顶财政经费数额，超收不减补，欠收不增补。确定了“核定收支，超收分成，短收少支”的原则。在支出安排上先保部门自收自支人员的工资，后保公用经费支出，将单位的支出划分为个人支出、公用经费和专项支出三部分。对专项支出及专款上交部分，按照专款专用的原则，根据实际情况进行核定。

1996年，根据省、市财政工作会议精神，年初预算财政收入安排6500万元，安排支出6500万元。鉴于部分乡镇遭受水灾，对地税任务由3876万元，调整到3299万元。县出台《关于深入开展预算外资金管理执法监察活动的意见》，加强县直单位预算外资金的收支监督，实现收支两条线，彻底清理“小金库”；开展“农村税收大清查”和“专项清理企业欠税，巩固完善县、乡分税制财政管理体制实施”，核定任务，超收全留、短收自补，严格奖惩。到年底，财政收入完成7000.5万元，财政支出7446万元，保证了公职人员工资发放和重点支出资金的需求，维护全县政治安定和社会稳定。

1999年，本着“实事求是，积极稳妥、稳中有升，收支平衡”的原则，编制年度预算草案，对部门和单位所需资金，按照个人部分、公用部分和专项经费进行综合安排，严格管理，保证公教人员的工资发放和国家机关的正常运转。

2000年，实行财政综合预算。打破预算外、预算内两块资金分别编制预算的做法，将预算内、外资金综合考虑；推行“工资发放银元化”改革；按照“公开、公平、公正和规范、廉洁、节约、效能”的原则，实行公开招标为主要形式的政府采购；对乡镇预算内、外资金实行统一帐户、统一资金使用和调度、统一使用财政部门印制或监制的票据、统一核算收支、统一财务档案管理、统一公开账目，压缩支出，节省财政开支，避免截留、挪用、坐收坐支和私设小金库，增强财政的调控能力，保障各项资金的发放，实现财政预算的收支平衡。

2002年，围绕抓收入、抓改革、保工资、保稳定、促发展，充分发挥财政宏观调控，推动县域经济和社会的发展，财政收入预算运行良好，年初财政收入安排12650万元，全年可用财力16906万元，一般预算支出15044万元，专项上解1051万元，拨付国债转贷金67万元，结转下年支出744万元。

2003年，围绕“改革征管方式、促进财政增收，多方筹措资金，保证重点支出；深化财政改革，规范财政秩序”的方针，年终全县财政征收完成15303万元，占年初预算的103.4%，同比增收1600万元，增长11.7%，全年可用财力19908万元，一般预算支出18710万元，专项上解1194万元，年终滚存结余4万元，被石家庄市评为先进县。

2004年，预算工作围绕“创新征管机制，确保财政增收；调整支出结构，保证重点支出；推进财政改革，提高工作效益；积极筹措资金，支持经济发展”，牢固树立科学理财观，预算工作进一步完善，到2005年，连续两年被石家庄市评为先进县。

二、社会保障管理

随着改革的深化，社会保障又被赋予确保企业离退休人员基本养老金发放、确保国有企业下岗职工基本生活保障以及国有企业下岗职工基本生活保障、失业保险和城镇居民最低生活保障等工作。

2002年，除正常发放离退休工资外，筹集276万元补发历年来原企业拖欠工资。2005年全县启动农村最低生活保障，当年发放低保金34万元。完善城镇职工基本医疗保险，参加保险人数由2002年之初的10773人增加到2005年底的14000人。启动工伤保险，实行市级统筹，累计发放保险金20万元，解决外贸系统126名职工的养老金、失业金等遗留问题，财政代企业出资，解除职工的后顾之忧。

2002—2005年，社会保障资金共计支出17998万元。

三、企业财务管理

参与国有企业改革，防止国有资产流失。对165户国有企业的资产、负债及债权债务逐户进行测算汇总。1989—2005年共向上级争取资金7860万元，支持了企业的生产和发展。17年来实现利润5900多万元，上交税金46100多万元。

1992年，无极县引进世界银行“卫V”项目贷款，主要用于结核病控制，无极县与石家庄市一起实施“卫V”项目，县配套资金近11万元，全面推行现代结核病控制策略，取得显著成效，治愈率达到历史最好水平；1992—2001年登记和治疗活动性肺结核病人1493例。2002年，启动二期世行贷款项目，此项目无极县配套资金近21万元，治愈病人224人，占登记人数的98%。

四、农业财务和农发基金管理

1. 农业财务管理

1986年，无极县被河北省列为“七五”国家粮食基地县，该项目建设期为1986—1989年。三年共投放发展粮食生产专项资金370万元。该项目的建设，加快了良种繁育推广过程，粮食产量和品质有了较大幅度的提高。1997年，无极县被国家定为商品粮基地县，项目建设期限为1997—1999年。总投资312.85万元，其中县配套122万元。进行了农业技术推广体系建设，新建农技综合服务楼及信息网络建设；良种繁育体系建设；农机服务建设，购置玉米收获、还田机械。

国家商品粮基地县建设项目的实施，对无极县农业和农村经济发展起到了推动作用，产生良好的效果。农业综合生产能力增强；农业机械化程度加快；科技在农业增产中的贡献份额显著增加；推动农业信息工作的现代化进程。

1992年，无极县被列为国家级秸秆养牛示范县。该项目总投资200万元，县配套60万元。建设内容包括推广秸秆青贮氨化技术，建改良站及肉牛生产技术服务部，建设养牛综合服务楼，购置车辆。秸秆养牛示范县建设，带来经济效益、社会效益和生态效益，创出一条牛多、肉多、肥多、粮多、钱多、农牧互促的良性循环路子。1998年国债转贷项目——滹沱河北大堤整修工程被批准立项，总投资1070万元，县财政配套60万元，建设期限为1998—2001年。经过除险整治的滹沱河北大堤防洪标准由50年一遇提高到100年一遇。

2. 农发资金管理

农业综合开发资金的筹集、投放以及使用情况的监督与检查，在县政府的领导下，由县财政局农财科、农开办和乡（镇）财政所主管。

1991年无极县被河北省列为黄淮海流域农业综合开发县。到2005年底，各级共投资5771.4万元，其中市以上投资2830.8万元，改造中低产田17.52万亩，开垦宜农荒地2.9万亩，改善无极县农业生产条件。

五、财政集中支付

1998年7月，财政局对公安局、法院、检察院、工商局进行会计委派。2000年10月，将城建局、土地局、环保局、民政局、教育局、卫生局、计生局7个部门纳入会计委派范围。2001年6月，成立“无极县财政集中支付中心”，将城建局、国土局、环保局、民政局、教育局、卫生局、计生局、公安局、检察院、法院10个部门纳入集中支付范围。

2001年12月，将54个一级单位，29个二级单位共83个部门账户全部取消，统一纳入财政集中支付中心账户。2003年8月，将社会保险、机关事业、医疗保险三个账户纳入财政集中支付中心账户。截至2005年底全县共计92个单位纳入财政集中支付，其中一级单位56个，二级单位36个。

六、债券

1. 国债回购

1994—1995年无极县办理国债回购业务4300万元。含北京中经信投资公司的2100万元，武汉国际信托投资公司500万元，武汉市振财证券部1700万元。其中，北京中经信、武汉国际信托投资公司分别按合同规定结清。唯有武汉振财证券部因违规操作造成资金缺乏，到期债务不能偿还，经过7年讨要，到2002年4月，本金利息全部收回。

无极县1989—1998年国债发行情况一览表

表12–3 **单位：万元**

发行 年份	类别	发行日期	计息日期	推销对象		发行利率%		偿还年限	面额（元）
				单位购买	个人购买	单位	个人		
1989	保值公债	7.1	9.1		170		14.14	3	20、50、100
1990	国库卷	6.1	7.1		172		14.00	3	5、10、20、50、100
1991	国库卷	4.1	7.1		175		10.00	3	5、10、20、50、100
1992	国库卷	4.1	4.1		60		10.50	5	50、100、500
1992	国库卷	6.1	7.1		260		9.50	3	50、100、500、1000
1993	国库卷	3.1	3.1		447		13.96	3	100、500、1000
1993	国库卷	2.1	3.1		150		15.86	5	100、500、1000
1994	国库卷	3.1	4.1		850		13.00	2	
1995	国库卷	3.1	3.1	500	320		14.00	3	
1996	国库卷	3.1	3.1		432		14.50	3	100、1000、5000
1997	国库卷	1.23	1.23		350			2	现金82.65元到期付给100
1997	凭证式国库卷	3.1	3.1		40		8.64	2	
1997	凭证式国库卷	3.1	3.1		120		9.18	3	
1997	凭证式国库卷	3.1	3.1		40		10.17	5	
1997	国库卷	3.1	3.1		400		9.18	3	100、1000、5000
1998	凭证式国库卷	4.8			203		7.11	3	
1998	凭证式国库卷	4.8			90		7.86	5	

2. 证券信息服务

1999 年 9 月 28 日，无极县证券信息服务中心成立。配置微机 30 台，转换器、服务器等设施，投资 23 万元。同石家庄证券公司相连，沪深股市信息同步显示在微机上，股民随时可以了解股市动态，掌握机会利用微机及时进行买卖交割。

七、会计管理

2005 年底，全县取得会计从业资格证书人员 1150 人。经评审和考试有 217 人取得会计专业技术资格。其中，高级会计师 1 人，中级会计师 62 人，初级会计师 154 人。

八、控制社会集团购买力

1993 年 5 月，国家对现行的 29 种专项控制商品调整为小汽车、大轿车、摩托车、录像设备、空气调节器、各种高级音响设备及单价在 500 元以上的照像机和放大机（包括各种镜头）、无线寻呼机和无线移动电话等 8 种进行购买控制。1993 年 8 月，清理违控小汽车 18 辆，违纪金额 81 万元，罚款 25 万元。1995 年，查出违控车 14 辆，违纪资金 79 万元，罚款 22 万元。1996 年 7 月，控购工作实行目标责任制。9 月查出违控车 9 辆，违纪金额 67 万元，罚款 16 万元。2000 年，控制社会集团购买力不再下达指标，办理控制社会集团购买力手续停止收费。2001 年 9 月，仅对小汽车和移动电话两项专控商品审批。11 月，仅保留小汽车一项专控商品审批。2002 年 6 月，控购移交政府采购中心负责管理。2004 年，购买车辆，需经县、市纪律检查委员会审批车辆购买标准，然后到市财政局审核车辆编制，方可购买。

九、政府采购

2000 年 3 月，成立了“无极县政府采购中心”，规定在全县行政事业单位实行政府集中采购制度。

2000—2005 年，先后对车辆保险、汽车加油、维修；道路、房屋建筑；电器设备等项目实行了公开招标。办理政府采购项目共 536 个，采购总金额 13249 万元，节约资金 1635 万元，资金节约率 11%。

十、预算外资金管理

1. 管理

1988 年，预算外资金实行“专户储存”“收支两条线”，交款单位要在银行分设“收入”和“支出”两个账户。当年 2 月，县政府下发《关于进一步加强和完善预算外资金管理办法的通知》。1993 年 12 月 22 日，河北省第八届人大五次会议通过由河北省财政厅起草的《河北省预算外资金管理条例》，从此，预算外资金的管理纳入法制化轨道

1994 年无极县人民政府下发《无极县人民政府关于对预算外资金实行统一管理的实施办法》，明确预算外资金收入的范围、收支原则，核定收支、全额上缴、定额集中、逐月考核、短收少支、自求平衡、超收留用。

1996 年 11 月 17 日，无极县印发《关于清理规范单位开设预算外资金银行账户的通知》，对 64 个单位的预算外资金进行了规范。

2000 年 1 月 1 日，实行了“单位开票，银行收款，财政统管”的“票款分离”制度。该年度纳入收缴分离的 45 个部门和单位的 75 个收罚项目，收费、罚没收入达 2613 万元。

2003 年，对行政事业性收费和政府性基金实行年度稽查，并对行政事业性收费和政府性基金的收取标准、范围、票据的使用、资金的管理等问题作了详细的说明。12 月，实现财政收费过渡户和代收银行主要网点的联网及“非税收入”核算微机化。

2. 预算外资金的检查

1989 年 8 月，进行预算外资金检查。通过自查、联查，查处应交财政资金 77.4 万元。1991 年又对重点单位的预算外资金进行了清理，查处乱收费 17.6 万元。

1995 年按照县政府统一部署，随着“三大

查”的安排，对预算外资金也进行了检查，查处违纪资金 172.5 万元。

2001 年 5 月，对教育系统收费进行检查，共查处教育系统违纪收费 54 万元。

2003 年，进行“收支两条线”检查，计检查 114 户，查出违纪资金 241 万元，收缴入库 73.5 万元。2004 年，检查 97 个单位，其中涉及 76 个单位违纪资金 320 万元，罚没入库 30 万元。

2005 年，加大对收罚资金的检查力度，坚持日常检查和专项检查相结合，建立严格的会计核算、情况分析、报表统计、档案资料、日常监督等制度。统一查收费项目，看是否按规定标准收费；查票据，看是否按规定使用；查收缴，看收取的行政事业性收费和罚没收入是否按专用票据“票款分离”规定执行；查支出，看财政拨款是否按规定使用。对全县 51 个单位的财务收支进行了检查，共查出违纪资金 500 万元，收缴入库 17.4 万元。

十一、政府债务

1. 国家造林项目。1992 年贷款 325 万元人民币，2.7 万美元的物资，该项目建设期为 1992—1996 年，贷款期限为 13 年 。截至 2005 年底，累计偿还本金 140.3 万元，扣还利息 76.5 万元，债务本金余额为 184.7 万元。

2. 粮食亏损挂账。截至 1998 年 3 月底，粮食流通企业新增亏损挂账 5124 万元，其中政策性亏损挂账 2835 万元，经营性亏损挂账 2289 万元，按规定政策性亏损挂账依据有关政策分级负担，经营性挂账属企业自动行为造成的经营亏损或财产损失，应由企业税后利润负担。

3. 国债转贷建设项目。1998 年，利用国债转贷资金修建滹沱河北大堤，项目总投资 1070 万元，其中国债转贷 550 万元，还款期限为 10 年，年利率为 0.5%。截至 2005 年底，累计偿还本息 208.5 万元，其中偿还本金 63 万元，利息 145.5 万元。

4. 解决地方金融危机借款。1998 年 7 月底，无极县出现农村合作基金会挤提风波，为维护社会稳定，及时兑付个人存款。向上级银行贷款，第一次于 1999 年 9 月 20 日，借款 9000 万元；第二次于 2000 年 11 月 30 日借款 8000 万元。到 2005 年底，累计偿还基金会借款本息 5780.3 万元。其中，本金 3534 万元，利息 2246.3 万元。

附：　　　　无极县农村合作基金会

为了缓解农村资金供需矛盾，促进农村商品经济的发展，经县委、县政府研究决定，同意组建“无极县农村合作基金会”，筹建工作由财政局负责。经过前期筹备工作，“无极县农村合作基金会”于 1992 年 6 月 1 日正式挂牌营业。其性质为地方非金融机构；经营方针为实行独立核算，自负盈亏，照章纳税；经营任务为吸收农民集资入股，开展信托存贷、委托存款、拆借、融通资金和投资等业务活动。除此之外，代财政局管理预算内外资金（各行政事业单位在基金会开户，办理收支业务）。农村合作基金会的隶属关系：行政上挂靠财政局，业务上，接受中国人民银行无极县支行的领导和监督。

根据河北省委、省政府《关于进一步发展和办好农村合作基金会的报告》以及省政府 1992 年 12 月 11 日召开的第八次全体会议确定的“大力增加和创办地方融资机构的决定”。在办好“无极县农村合作基金会”的同时，逐渐向农村推广试点，1992 年 12 月 30 日首先在七汲镇成立了“无极县农村合作基金会第二分会”，到 1994 年底，基金会代办站共有机构网点 317 个。其中，县联会 1 个，乡镇分会 14 个，农村基金站 291 个，城内农村合作基金站 11 个。共有干部职工 421 人，其中县联会和城内基金站 78 人，乡分会 52 人，农村基金站 291 人。共吸收股金 13140 万元。其中，国有集体企业活期股金 46 万元；行政事业单位活期股金 752 万元；县分会及各代办站股金 10721 万元；个体会员股金 1440 万元；其他股金 181 万元。借出股金 5672 万元，购买财政部国库券 6099.3 万元。滚存盈利 520.6 万元。

根据上级有关部门的指示精神，经县委、县政府研究决定，1994年12月25日，农村合作基金会由财政局移交给县委农村工作部。到1995年3月，移交工作全部结束。

1998年，农村合作基金会发生金融风波，储户纷纷退股兑现，为确保政治安定社会稳定，促进县域经济的发展，县委、县政府采取紧急措施，动员在职干部职工出资入股，帮助农村合作基金会渡过难关，局级干部每人1000元，股级干部每人500元，一般干部每人300元，缓解了资金的供需矛盾。

为进一步确保社会稳定，1999年9月由县财政局向市财政局借款9000万元偿还储户本金，年利率2.25%。从2000年9月开始，分5年还清。2004年，经上级批准后改为10年还清。2000年11月30日，第二次向市财政局借款8000万元，年利率为2.25%，分10年还清。到2005年底，已累计偿还基金会借款本金3524万元，利息2246.3万元。

第四节　国有资产管理

无极县国有资产管理体制改革起步于1989年。随着改革开放不断深入，个体经济、私营经济、合资经济迅速发展，多种经济成分并存的格局已经形成。国有经济受到个体企业、私营企业、合资企业等其他经济成份的冲击，国有资产流失问题逐渐显现出来。对国有资产的管理，防止国有资产流失，受到各级政府的重视。

国有资产主要来源于四个渠道：国家依法取得和认定的资产，主要是依法没收的官僚资本和敌伪财产；接受的资本主义工商业；国有资本投入及其积累形成的资产；以负债方式形成的资产。2005年底，全县国有资产存量达到24837万元，其中行政事业单位23497万元，国有工商企业1340万元。

1991—2005年无极县国有资产存量情况表

表12–4　　单位：万元

年度	资产问题	行政事业单位	国有企业
1991	19964	6512	13452
1992	20439	6744	13695
1993	21655	7654	14001
1994	22896	8754	14140
1995	26130	10143	15987
1996	27976	11205	16771
1997	31119	13254	17865
1998	29118	14328	14790
1999	25006	18424	6582
2000	21511	18590	2921
2001	21127	18601	2526
2002	23873	21972	1901
2003	25049	23236	1812

续表 12-4

年度	资产问题	行政事业单位	国有企业
2004	25137	23275	1862
2005	24837	23497	1340

一、行政事业单位国有资产管理

行政事业单位的国有资产包括固定资产、流动资产、无形资产、长期投资和其他资产。1991年，无极县开展行政事业单位国有资产清查及建帐立制工作，制定《无极县行政事业单位国有资产清查实施办法》。1995年12月县政府召开的"无极县强化财经纪律工作会议"，对全县行政事业单位的固定资产进行全面清查，共清查（含二级单位）82户，清查增值72万元。1996年在全县行政事业单位开展"公物还家"活动，并对全县82户行政事业单位资产进行产权登记，颁发国有资产产权登记证。同年1月，无极县原有21个乡镇合并为11个乡镇，在撤乡并镇工作中，对撤乡并镇资产进行清理划转。

2003年，依据中华人民共和国国务院令第91号《国有资产评估管理办法》，石家庄市人民政府令第96号《石家庄市国有资产处置管理办法》和无极县人民政府〔1996〕27号《无极县人民政府关于加强国有资产管理的规定》，对全县所属行政事业单位1998年以来国有资产处置情况进行全面摸底调查，有资产处置行为的共13家，其中3家未经批准擅自处置国有土地11.8亩，房建物1260平方米，涉及金额62万元，对清查出的问题依法进行了处理，并补办各种手续。

二、企业国有资产管理

1991年无极县企业国有资产存量13452万元。1993年8月，根据国家国有资产管理局《企业国有资产所有权界定暂行规定》，无极县组织开展国有企业所有权界定活动，初步解决产权不明，界限不清的问题，之后，对74家国有企业进行产权登记，国有资产总额为14001万元。按照统一部署，自1994年4月开始，对全县国有企业进行一次大规模的清产核资，这次清产核资历时一年，清查核实75家国有工商企业，重估增值共3097万元，增值率45.6%。1996年6月19日至10月31日，对城镇集体企业进行一次清产核资，完成户数清理，资产清查、何时何地重估、产权界定、资金核实、建章立制等阶段的工作任务。参加这次清产核资的有供销合作社、二轻工业总公司、农村信用社、城市信用社共68家，资产总额36497.2万元。

1997年，对全县企业国有资产处置情况进行检查，有国有资产处置行为的11家，其中不按规定报批的3家，涉及土地14.05亩，房建物1086.6平方米。县委、县政府以搞活县属国有企业、提高经济效益为中心，因地制宜，一厂一策对全县国有企业进行改制。改制的形式为兼并、联营、抵货返租、股份合作、破产重组等。1998年完成了无极县聚醚化工厂、无极县汽车大修厂、石家庄市永泰门窗有限公司的破产工作，无极县聚醚化工厂被呋喃化工厂整体接收；汽车大修厂以250万元、石家庄市永泰门窗有限公司以150万元出售。2000年完成了无极县棉织厂、无极县机械厂和无极县粮油机械公司的破产工作，无极县棉织厂、无极县机械厂的土地由政府收回，无极县粮油机械公司以70.5万元的价格出售。2002年6月，无极县食品总公司破产并以310万元的价格出售。2004年无极县冀中化肥有限公司、无极县呋喃化工厂和无极县医药药材公司破产改制，无极县冀中化肥有限公司以7000万元的价格被河北正元投资有限公司收购，无极县医药药材公司以1500万元出售。2005年轻化工总厂、粮油直属库和华龙药业公司改制，轻化工总厂以 2201 万元拍卖，粮油直属库以 198.8 万元拍卖。华龙药业公司以 2431.2 万元转让给永丰药业公司。

1991—2005 年无极县企业改制情况表

表 12–5　　　　单位：万元

项目＼企业名称	改制前账面值		评估值		出售价值	买受人	交易时间	改制形式
	资产	负债	资产	负债				
无极县聚醚化工厂	600.8	569.1	369.5	655.2	整体接收	呋喃化工厂	1998	破产
无极县汽车大修厂	87.4	84.1	198.7	97.7	205	个人	1998.7	破产
石家庄永泰门窗有限公司	1323.3	1543.2	827.9	1406.9	150	个人	1998	破产
无极县棉织厂						政府收回国土	2000	破产
河北冀中化肥有限公司	17800	14088	12300	133277	7000	河北正元	2004.12	破产
无极县机械厂	1610.8	1524	991.4	2062.3		政府收回国土	2000	破产
无极县食品总公司	330	330	315.7		310	圣雪地产公司	2002.6	破产
无极县粮油机械公司	220.1	198.6	209.5	272.7	70.5	个人	2000.4	破产
河北呋喃化工厂	6691.4	6702.7	3987.5	6702.7	1500	个人	2004.11	破产
医药药材公司	1744.2	1675	1953.1	2165	零资产收购	石市医药	2005.5	转让
轻化工总厂	6140.2	8128	2000.6	8376	2201	个人	2005.1	拍卖
华龙药业			5275.1	5275	2031.2	永丰药业	2005.5	转让
粮油直属库	56.8		215.8		198.8	角头、四公		拍卖

三、资产评估管理

根据 1991 年国务院颁布的《国有资产评估管理办法》(国务院 91 号令)，国有资产占有单位发生如下情形的应当进行评估：资产拍卖、转让；企业兼并、出售、联营、股份制经营；中外合资、合作；企业清算其他(如抵押、担保、租赁等)。资产评估范围为：流动资产、固定资产、无形资产及其他资产，国有资产的评估程序为申请立项—资产清查—评定估算—验证确认，其中申请立项、验证确认由同级国有资产管理部门审批，2002 年按照财政部《关于改革国有资产评估项目核准管理办法》及《国有资产评估项目备案管理办法》的规定，改立项审批为评估项目核准，改评估验证确认为评估结果备案，国有资产管理部门只对评估资格等进行确认，明确了资产评估管理工作中国有资产管理部门的职责。

1995—2005 年无极县资产评估情况表

表 12–6

项目＼年度	评估项目（个）	评估资产总额（万元）	项目＼年度	评估项目（个）	评估资产总额（万元）
1995	13	1206	2001	4	1012
1996	19	2011	2002	2	621

续表 12–6

年度 项目	评估项目（个）	评估资产总额（万元）	年度 项目	评估项目（个）	评估资产总额（万元）
1997	18	1302	2003	5	1211
1998	11	2759.8	2004	3	22095.4
1999	18	1756	2005	3	4710
2000	21	1970.5			

四、管理机构

1991 年 10 月 11 日成立无极县国有资产管理局，组建在财政局，并挂“国有资产管理局”牌子，内设办公室，编制 3 人，列事业编制。1994 年 9 月，属县政府职能部门，挂靠在财政局，列为正科级行政机构，定行政编制 10 人，下设办公室、工业企业股、流通企业股、行政事业股。到 2005 年未变。

第五节　管理机构

1989 年，财政局设人秘股、预算股、事业股、企业股、农财股、农税乡财股、综合股、会计资金管理股、监察股、控购办公室。乡镇设有 20 个财政所。

1996 年 1 月，无极县进行机构改革，撤乡并镇，财政所由原来 20 个撤并为 11 个。5 月 1 日，建立了 11 个乡镇金库。12 月，财政局内部机构改革，设办公室、预算股、农财股、综合股、企业股、农税股和“三大查”办公室、控购办公室。

2005 年底，全局设办公室、预算科、综合科、企业科、农财科、会计事务科、综合治税办公室、社会保障科、资金管理科、政府采购中心、财政集中支付中心、财政稽查局和农业税收征收管理局、国有资产管理局。全局共有干部职工 117 人。其中公务员 24 人，事业干部 63 人，工人 30 人。

第三章　税　务

税收是财政收入的重要组成部分。除农业四税由财政部门征收外，工商税收由税务部门征收。1994 年，实行分税制，无极县税务局分为国家税务、地方税务两部分。

第一节　分税前税务

一、税种

1989 年，继续推行第二步“利改税”及工商税制的全面改革，到 1990 年除关税、农业税、耕地占用税和契税外，国家工商税共有 33 个税种。征收计有 14 种：产品税、增值税、营业税、城建税、所得税、屠宰税、牲畜交易税、奖金税、建筑税、房产税、车船使用税、印花税、个人收入调节税和土地使用税。

1991 年 4 月，废止了建筑税。1992 年，停征奖金税，改征企业事业单位工资调节税。

二、税率

1. **增值税**　1989 年，遵照财政部规定，对原征收产品税的日用机械、日用电器、电子产品和

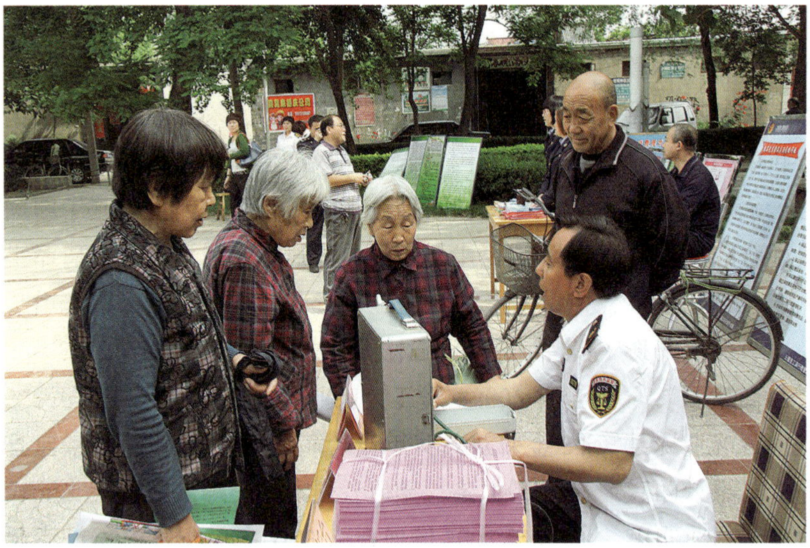

税法宣传

搪瓷产品、保温瓶改征增值税。1990年，在有色金属、纺织、轻工、建材、医药等行业进行增值税"价税分流购进扣税法"试点。

2. **营业税** 1989年，执行的是1984年国务院颁发的《中华人民共和国营业税条例（草案）》，营业税分为八大类，税率最高的是铁路运输和管道运输，为15%；商业、零售、其他饮食业等税率为3%。1993年5月1日，国务院将商品、零售、饮食业等营业税由3%提高到5%。

3. **所得税** 个人所得税起征点为800元，实行7级累进税率。个人收入调节税自1987年起开征。按月综合收入超过地区计税基数的，就其超基数的3倍以上的部分，按照累进税率征收，最低税率20%，最高税率为60%。国营、集体企业所得税率10%～55%。私营企业所得税税率为35%。城乡个体工商户的所得税，按年收入1000～30000元，分为10级，按7%～60%的税率累进征收。1992年10月1日，按定期定额征收。

1989年，外国企业所得税采取5级超额累进办法征收，税率20%～40%，中外合资经营企业所得税税率为35%。1991年7月1日，税率定为30%；中外合资经营企业所得税停征。

1989—1993年无极县税收收入情况表

表12-7　　单位：万元

税种＼年度	1989	1990	1991	1992	1993
合计	1349.4	1502.1	1705.8	1930.6	2276.3
产品税	74.9	114.8	169.2	198.7	382.2
增值税	240.8	190.7	247.4	340.1	368.2
营业税	507.9	668.2	729.5	767.7	891.4
城建税	28.3	27.1	34.2	36.9	53.3
所得税	373.1	261	285.4	316.2	307
奖金税	3.6	6.1	11.9	3.7	
建筑税	31.9	97.8	56.2	2	
房产税	14.4	29	37.8	48.1	57.4
车船税	15.2	16.9	16.5	17.4	15.6
印花税	14.8	17.2	14.6	10.9	7.2

续表 12-7

税种 \ 年度	1989	1990	1991	1992	1993
个人收入调节税	11.5	19.9	39.1	69.7	54.6
土地使用税	19.4	34.2	28.9	35.2	31.3
其他税		19.2	35.1	84	108.1
滞纳金	13.6				
注：农村零散税收	492.4	618.5	821.1	922.6	979.7
注：能源基金	82.2	83.7	90.5	107.6	41.3
注：调节基金	62.9	70.3	57.2	80.6	68.3

三、税收检查

1989 年，以私营企业和个体工商业户为检查对象及重点，进行税收检查，查补税款 73.10 万元。

1990 年，对医药行业、行政事业单位以及县直企业、农村企业和个体重点户进行检查，共检查 211 户，发现问题的 108 户，查补偷漏税款 48.44 万元，两金 23.28 万元，发票违章罚款 0.28 万元。

1991 年 11 月到 1992 年 1 月，进行农村税收大清理，共清理农村零散税收 282.2 万元。

四、管理机构

1989 年，无极县税务局设办公室、人监股、税政股、征管股、税征股、计会股、税务检察室、无极县税务局稽查队，下设 20 个乡税务所，全系统干部职工 140 人。1990 年 3 月无极县税务系统实行垂直管理，落实征管查责任制，撤销以乡建所，改按经济区域设立税务所，同时组建无极县税务局税务稽查队以及稽查分队，全县设 7 个基层税务所，一个分局，一个稽查队，同时设立 5 个税务稽查分队，内设 7 个股室，全系统干部职工 147 人。

1993 年无极县税务局税务稽查队更名为无极县税务稽查队。设办公室、人监股、税政股、征管股、税征股、计会股、税务检察室、无极县税务稽查队，全系统干部职工 173 人。

第二节　国家税务

一、税种税率

1994 年，无极县国家税务局开征的税种有，增值税、营业税、消费税、企业所得税、个人所得税、外商投资和外国企业所得税。

地税联合宣传

增值税税率为基本税率 17%、低税率 13%、出口货物税率为零，商业小规模纳税人征收率由 6% 调整为 4%。

消费税征收范围和税目税率：烟甲类卷烟（包括各种进口卷烟）45%；乙类卷烟 40%；雪茄烟 40%；烟丝 30%。酒及酒精粮食白酒 25%；薯类酒 15%；黄酒（吨）240 元；啤酒（吨）220 元；其他酒 10%；酒精 5%。化妆品（包括成套）30%；护肤护发品 17%；贵重首饰及珠宝玉石 10%；鞭炮烟火 15%；汽油（升）0.2 元；柴油（升）0.1 元；汽车轮胎 10%；摩托车 10%；小轿车（汽缸容量在 2200 毫升和以上的）8%；小轿车（汽缸容量在 1000 ～ 2200 毫升含 1000 毫升）5%；小轿车（汽缸容量在 1000 毫升以下）3%；越野车（四轮驱动汽缸容量在 2400 毫升以上的含 2400 毫升）5%；越野车（汽缸容量在 2400 毫升以下的）3%；小客车（面包车汽缸容量在 2000 毫升以上的含 2000 毫升 22 座以下）5%；小客车（汽缸容量在 2000 毫升以下的）3%。

企业所得税税率为 33%。

外商投资企业和外国企业所得税，规定了两档比率税率，30% 和 20% 的比率税率。

二、纳税申报、登记

1. 纳税申报。自 1996 年 1 月起，无极县增值税一般纳税人、小规模纳税人和个体户开始报送计算机打印的增值税申报表，增值税一般纳税人在申报的同时报送软盘。1998 年 12 月，增加《企业所得税申报表》《损益表》《资产负债表》三表。2004 年，一般纳税人分批纳入网上申报管理。2005 年，全县 206 户一般纳税人全部实现网上交税。

2. 税务登记。1989 年，对全县国营、集体企业和个体工商业户开展重新登记、换证。为便于管理，新的“税务登记证”上注明发证税务机关的代码。1993 年，税务登记证件实行一年一验证、三年一换证制度。1994 年，凡缴纳增值税、消费税的纳税户，其原来的税务登记证一律由国税局管理。2003 年，全县国税纳税户共 2846 户，其中增值税一般纳税人 287 户。2005 年，全县国纳税户共 1745 户，其中增值税一般纳税人 206 户。

三、发票管理

1997 年，全国统一使用具有防伪措施的发票。

1998 年，将 1997 年应税销售额在 100 万元以下的 8 个商业一般纳税人划转为小规模纳税人。

2003 年，在工业、手机、家电、家具销售行业使用干式复写纸发票。9 月，对皮革行业一般纳税人购进毛皮实行查验抵扣制度。2005 年 1 月启用新版发票。其种类有税务机关代开统一发票、货物销售发票、加工修理修配发票、收购发票、机动车销售统一发票、废旧物资销售发票、河北省出口商品发票、发票换票证。全县每年都进行以领用存情况为内容的多次联查，以监督其发票的使用。

四、出口退税管理

出口货物退税税种为增值税、消费税。

1994 年 1 月 1 日，执行《出口货物退（免）税管理办法》。2002 年 1 月 1 日，生产企业出口自产货物，增值税一律实行免、抵、退税管理办法。2004 年，国税系统全县出口退税 344.92 万元。2005 年，出口退税 984.22 万元。

五、税收

1994 年，无极县增值税收入为 1352.79 万元；消费税收入 5.65 万元；营业税收入 92.59 万元；个人所得税收入 462.67 万元；企业所得税收入 19.24 万元，未开征涉外所得税，全年税收为 1932.94 万元。1996 年，个人所得税停征。1997 年，消费税停征。1999 年开征涉外所得税，2000 年个人所得税恢复征收，时为 609.26 万元。2005 年无极县国税收入为 10042.58 万元。

1994—2005 年无极县国税完成情况统计表

表 12–8 单位：万元

年度	合计	增值税	消费税	营业税	个人所得税	企业所得税	涉外所得税
1994	1932.94	1352.79	5.65	92.59	462.67	19.24	
1995	2780.17	1569.08	1.10	236.77	956.79	16.43	
1996	1852.84	1849.22	0.38			3.24	
1997	2192.43	2184.08	0.26	8.09			
1998	2761.46	2716.33	3.26	41.87		23.66	
1999	3065.24	2958.14	0.02	79.50		9.65	17.93
2000	4256.31	3147.10	0.31	460.54	609.26	35.03	4.07
2001	4648.67	3467.40	0.1	76.15	1055.26	30.01	19.75
2002	5068.19	3780.13	0.09	15.83	1171.62	92.33	8.19
2003	5858.63	4558	0.09	1.64	1035.81	252.33	10.76
2004	7356.92	5876.43			1107.06	363.53	9.9
2005	10042.58	8147.91	0.35		1163.13	727.53	3.66

六、税务稽查

1995 年，查补税款 433.80 万元。1998 年 3 月，根据石家庄市国税局的统一部署，协查“9818 案件”（邢台地区南宫市虚开增值税专用发票案），涉及无极企业 8 个、23 份增值税专用发票，共查补税款 157483.38 元。11 月，查处无极县取得藁城市部分公司虚开增值税专用发票案，涉及 7 户企业 15 份发票，查补税款 61473.06 元。

2001 年，对皮革行业增值税一般纳税人进行了检查，共检查 4 户，共补税 14.5 万元。

2002 年，对加油站增值税、企业所得税及享受增值税优惠政策企业、进出口及涉外企业等进行专项检查，查补税款 4.09 万元，滞纳金 1.4 万元，罚款 0.12 万元。

第三节　地方税务

一、地方税收

1994 年 8 月后，无极县地方税务局负责征收地方政府固定收入，包括城镇土地使用税、耕地占用税、固定资产投资方向调节税，土地增值税、房产税、城市房地产税、车船使用牌照税、契税、屠宰税、筵席税、农业税、牧业税及地方附加等。中央政府与地方政府共享收入包括国内增值税、营业税、企业所得税（从 2002 年起，企业所得税改为共享税）、个人所得税，外商投资企业和外国企业所得税，资源税、城市维护建设税、印花税。

二、地方税种税率

1994 年国税、地税分设之后，地税部门征收的主要税种：

1. 营业税

征税范围：交通运输业、建筑业、金融保险业、邮电通信业、文化体育业、娱乐业、服务业，以及转让无形资产、销售不动产。

税率：交通运输业、建筑业、邮电通信业、文化体育业税率为 3%；金融保险业、服务业、转让无形资产、销售不动产税率为 5%，娱乐业

无极县地税局开展社会科学普及活动

税率为20%。

1997年1月1日起国务院将金融、保险业营业税税率由5%调高到8%，2003年1月1日，调高部分停征。

纳税期限：每月十日前申报缴纳，银行、财务公司、信托投资公司、信用社每季度十日前申报缴纳。

2. 企业所得税

税率：基本税率为33%。另设两档照顾性税率：纳税人年应纳税所得额在3万元（含）以下的，减按18%税率；纳税人年应纳税所得额在3万元以上10万元（含）以下的，减按27%税率。

纳税期限：季后十五日内预缴，年终四个月内汇算清缴。

3. 个人所得税

税率：(1)工资、薪金所得：适用5%～45%九级超额累进税率；(2)个体工商户的生产经营所得和对企事业单位的承包经营、承租经营所得：适用5%～35%五级超额累进税率；(3)稿酬所得，劳务报酬所得，特许权使用费所得，利息、股息、红利所得，财产转让所得，财产租赁所得，偶然所得和其他所得，适用20%的比例税率。

纳税期限：按月申报，次月七日内缴纳。

4. 城市建设维护税

凡缴纳增值税、消费税、营业税的单位和个人，都是城市建设维护税的纳税义务人，均应缴纳城市建设维护税。“三资”企业暂不征收。

税率：纳税人所在地在市区的，税率为7%；纳税人所在地在县城、镇的，税率为5%；纳税人所在地不在市区、县城或镇的，税率为1%。

纳税期限：每月十日前申报缴纳，银行、财务公司、信托投资公司、信用社每季度十日前申报缴纳。

5. 房产税

在城市、县城、建制镇和工矿区范围内的房产，均应当按照《中华人民共和国房产税暂行条例》及《河北省房产税实施办法》缴纳房产税。“三资”企业适用城市房地产税。

税率：从价计征的，依据房产原值一次减除30%后的余值为计税依据，税率为1.2%%；出租的房产，以租金收入为计税依据，其税率为12%。

纳税期限：按年征收，每半年缴纳一次。上半年三月份征收，下半年九月份征收，每次征期为一个月。

1995—2005年无极县地方税收统计表

表12–9

单位：万元

税种 年度	营业税	个人所得税	城市建设维护税	车船使用税	房产税	土地使用税	屠宰税	印花税	固定投资方向调节税	企业所得税	合计
1995	586.53	143.62	65.47	14.15	54.77	3.29	2.83	2.52	62.21	844.46	1779.85
1996	792.70	688.50	172.10	37.20	64.70	20	13.70	6.5	28.10	1195.80	3019.3

续表 12–9

税种 年度	营业税	个人所得税	城市建设维护税	车船使用税	房产税	土地使用税	屠宰税	印花税	固定投资方向调节税	企业所得税	合计
1997	783.90	1231.50	129.20	73.60	85.50	41.70	14.10	6.6	50.10	1397.10	3813.3
1998	984.96	1310.15	191.43	77.01	119.27	49.31	15.05	9.67	274.51	1500.03	4531.39
1999	924.92	936.04	165.40	68.11	157.60	25.21	8.38	6.83	93.92	2133.85	4520.26
2000	1028.70	1429.21	158.88	62.74	155.60	9.93	7.76	10.18	15.15	1687.32	4565.47
2001	902.55	2226.51	129.51	36.34	187.19	15.45	2.27	18.65	2.0	2066.17	5586.64
2002	745.10	2234.08	189.49	36.21	128.30	49.61		6.25		1781.07	5170.11
2003	960.82	2318.11	193.92	36.44	144.36	43.59		12.33		1705.17	5414.74
2004	1356.34	2318.98	591.32	80.82	261.10	125.08		37.93		161.80	4933.37
2005	2470.42	2204.99	659.43	74.28	366.67	87.27		112.84		922.60	6898.5

说明：实行定额税率，每平方米年税额标准为：市、建制镇0．9元，农村暂不征收

6. 城镇土地使用税

在城市、县城、建制镇、工矿区范围内使用土地的单位和个人，为城镇土地使用税纳税义务人，应当依照《中华人民共和国城镇土地使用税暂行条列》及《河北省城镇土地使用税实施办法》的规定缴纳城镇土地使用税。

纳税期限：按年计算，于上半年三月和下半年九月份两次缴纳。

7. 车船使用税

在中华人民共和国境内拥有并且使用车船的单位和个人，为车船使用税的纳税义务人。都应当依照《中华人民共和国车船使用税暂行条例》及《河北省车船使用税实施办法》的规定缴纳车船使用税。（“三资”企业适用车船使用牌照税）

税率：按年征，依照《河北省车辆和船舶税额表》执行。

纳税期限：按年征收，属于企业单位的车船，分两次缴纳，上半年三月征收，下半年九月缴纳；属于个人的车船，应于三月一次缴纳全年税款。

8. 印花税

凡在中华人民共和国境内设立、领受列举应税凭证的单位和个人都是印花税的纳税义务人。都应按照《中华人民共和国印花税暂行条例》及《实施细则》的规定缴纳印花税。

税率：按比例税率征税的5‰，财产租赁合同、仓储保管及财产保险合同为1‰，加工承揽合同、建设工程勘察设计合同、货物运输合同、产权转移书据及记载资金的账簿为5‰，购销合同、建筑安装工程承包合同、技术合同为3‰，借款合同为0.5‰；按定额税率征税的是权利、许可证照、其他帐簿每件贴花5元。

纳税期限：按月申报，次月十日前缴纳。

9. 资源税

开采资源税条例规定的矿产品或者生产盐的单位和个人，为资源税的纳税义务人，均应当依照《中华人民共和国资源税暂行条例》及《实施细则》的规定缴纳资源税。

税目：原油、天然气、煤炭、其他非金属矿原矿、黑色金属矿原矿、有色金属矿原矿、固体盐和液体盐等。

税率：资源税实行从量定额征收。

纳税期限：按月申报，次月十日前缴纳。

10. 土地增值税

转让国有土地使用权、地上的建筑物及其附

着物，并取得收入的单位和个人，为土地增值税的纳税义务人，应当依照《中华人民共和国土地增值税暂行条例》及其《实施细则》缴纳土地增值税。

税率：适用 30% ～ 60% 四级超率累进税率。

纳税期限：纳税人应当自转让房地产合同签订之日起七日内缴纳。

11. 教育费附加

单位和个人以实际缴纳的增值税、消费税、营业税的税额为计征依据，附加率为 3%。

12. 地方教育附加

对缴纳增值税、消费税、营业税的单位和个人，按增值税、消费税、营业税税额的 1% 征收。

13. 社会保险费

社会保险费从 2002 年 3 月起改由地税部门负责征收。社会保险费具体包括基本养老保险费、基本医疗保险费、失业保险费、工伤保险费和生育保险费等五个险种。地税局主要负责养老保险费和失业保险费的征缴，各缴费对象每月缴纳的社会保险费数据，由社保经办机构核定，地税部门依据核定的数据进行征收。

14. 其他基金费

包括副食品价格调节基金、义务教育费、文化事业建设费以及残疾人保障金等。

工作人员为商户提供纳税说明

三、地方税制

1. 营业税。1984 年开征。现行营业税，以国务院 1993 年 12 月 13 日发布的《中华人民共和国营业税暂行条例》和财政部 1993 年 12 月 25 日颁布的《中华人民共和国营业税暂行条例实施细则》为基本法则，从 1994 年 1 月 1 日起实施。营业税的课税范围限定为提供应税劳务和转让无形资产以及销售不动产，而且适用于内、外资企业，建立了统一、规范的营业税制。营业税税目包括交通运输业、转让无形资产、销售不动产等九项。最高税率为 20%，最低为 3%。

2. 个人所得税。1980 年开征。1993 年，全国人大常委会对个人所得税课税制度做了重大修订，从 1994 年 1 月 1 日起施行。个人所得税法中规定对包括工资、薪金所得、个体工商户的生产经营所得、对企业单位的承包经营承租经营所得、劳务报酬所得、稿酬所得、特许权使用费所得、股息、红利所得依法征收个人所得税。工资、薪金所得适用超额累进税率，税率为 5% 至 45%，个体工商户的生产、经营所得和对企业事业的承包经营、承租经营所得，适用 5% 至 35% 的超额累进税率。稿酬所得，适用比例税率，税率为 20%，并按照应纳税额减征 30%。劳务报酬所得税率为 20%。特许权使用费所得、股息、红利所得、财产租赁所得、财产转让所得、偶然所得和其他所得，适用比例税率 20%。

3. 土地增值税。国务院在 1993 年 12 月 13 日公布《中华人民共和国土地增值税暂行条例》，财政部于 1995 年 1 月 27 日公布了该条例《实施细则》，土地增值税自 1994 年 1 月 1 日起开征。土地增值税实行 30% ～ 60% 的四级超率累进税率。

4. 城市建设维护税。1985 年开征，实行地区差别税率，分别为7%、5%、1%。市区的税率为7%；县内的县城、建制镇的税率为5%；县内其他乡村地区税率为1%。

5. **车船使用税**。从1986年10月1日起重新征收该税，到2005年底，正常设限没有大的改变。

6. **房产税**。1986年开征。在城市、县城、建制镇和工矿区，按照房屋的计税余值或出租房屋的租金收入征收。

7. **屠宰税**。1950年开征。1995年1月1日起执行《河北省屠宰税征收办法》，征收范围为猪、牛、羊、马、驴、骡6种。

8. **资源税**。国家从1984年10月1日起对开采矿产品的单位和个人开征了资源税。当时只对原油、天然气、煤炭3种产品征收。1992年1月起开征对铁矿石征税。1994年资源税改革，自1月1日施行《中华人民共和国资源税暂行条例》，就原油、天然气、煤炭、有色金属、矿原矿、黑色金属矿原矿、非金属矿原矿和盐8种矿产品征收资源税。1984年开征，1994年进行调整。

9. **城镇土地使用税**。为合理利用城镇土地，调节土地级差收入，提高土地使用效益，1988年9月27日国务院颁布《中华人民共和国城镇土地使用税暂行条例》，在城市、县城、建制镇范围内适用土地的单位和个人，为城镇土地使用税的纳税义务人，应当按照规定缴纳土地使用税。

10. **企业所得税**（包括地方国有、集体、私营企业）。1994年1月开征，是由国营企业所得税、国营企业调节税、集体企业所得税、私营企业所得税改革后合并而成，开征范围包括国营企业、集体企业、私营企业、联营企业、股份制企业、有生产经营所得和其他所得的组织。企业所得税税率实行从低从简设计，采取比例税率，税率为33%。另外年应纳税所得额在3万元至10万元（含）的按照27%税率征收，年应纳税所得额在3万元（含）以下的，按照18%的税率征收。

11. **印花税**。1988年开征，该税种采用比例和定额两种税率。其税率分别为1‰、5‰、3‰、0.5‰，定额税额每件为5元。印花税的特点是实行“三自缴纳的办法”，征收面广，不退税，不抵用。

12. **筵席税**。按照1994年税制改革总体要求，把筵席税管理权限下放给地方。从1994—2005年底，尚未征收该税。

13. **地方税的的滞补罚收入**。该税种包括滞纳金（即从滞纳日起按日加收应纳税款的2‰）罚款和罚金收入。

14. **教育费附加**（按增值税、营业税、消费税附征）。1986年开征，附加在产品税、增值税、营业税三税中，附加率为1%，1990年调整为2%，1994年1月调整为3%，同时将计税依据调整为实际缴纳的增值税、消费税、营业税三税税额。1996年6月开始，教育费附加由地税征收。

15. **固定资产投资方向调节税**。该税是在原建筑税基础上修改变化过来的。原建筑税是在1983年9月20日由国务院发布开征的。1991年4月国务院发布《中华人民共和国固定资产投资方向调节税暂行条例》，自1991年1月起实行。原建筑税随之被该税种取代。固定资产投资方向调节税实行差别税率。固定资产投资项目按其单位工程分别确定适用税率，税率分别是0%、5%、10%、15%和30%五个档次。1999年8月17日，根据财税字〔1997〕28号文件，其固定资产投资应税项目在1999年7月1日至12月31日期间实际完成的投资额，按照条例规定税率减半征收固定资产投资方向调节税。2000年，根据财政部、国家税务总局、国家发展计划发展委员会（财税字）〔1999〕299号文《关于暂行征收固定资产投资方向调节税的通知》要求，自2000年1月1日起新发生的投资额，暂停征收固定资产投资投资方向调节税。

1995年开征义务教育费，1996年开征乡镇企业管理费，1997年开征文化事业建设费，2003

年开征养老保险费和失业保险费。

1997 年 1 月 1 日起国务院将金融、保险业营业税税率由 5% 调高到 8%，2003 年 1 月 1 日调高部分停征。

1999 年 11 月 1 日，开征对储蓄存款利息收入课税的个人所得税。

2000 年开始，国家为鼓励投资，暂停征收固定资产投资方向调节税。在农村税费改革后，从 2000 年 6 月 1 日开始，又停征屠宰税；另外，证券交易税、遗产和赠与税尚未出台，筵席税尚未开征。

2001 年 1 月 1 日，开始征收费改税的车辆购置税。税收征管模式逐渐规范化，实行税收管理员制度，以专业化的征管查机构取代全职能税务所。大力实施征管改革，“以申报纳税和优化服务为基础，以计算机网络为依托，集中征收、重点稽查、强化管理”的新时期税收征管模式基本形成。

截至 2005 年，由地税部门负责征收的税种，主要分为五大类，18 个税种。一流转税：包括增值税、消费税和营业税 3 个税种；二资源税：包括资源税和土地使用税 2 个税种；三收益税类：包括企业所得税、外商投资企业和外国企业所得税、个人所得税、土地增值税 4 个是税种；四特定目的税类：由固定资产投资方向调节税、城市建设维护税、筵席税 3 个税种组成；第五类是财产行为税类，由房产税、车船使用税、印花税、证券交易税、遗产和赠与税、屠宰税 6 个税种组成。其中，地税部门涉及到除增值税、消费税和外商投资企业和外国企业所得税以外的 15 个税种的征收管理工作。根据省政府要求，地税部门还负责基本养老保险、失业保险费等社会事业保险费，以及各级政府开征的残疾人保障金等一些基金的征集工作，并全面加强欠税监控，认真落实欠税公告制度，大力清缴欠税，最大限度地压缩欠税规模。

四、组织收入

1994 年，完成税收收入 799.5 万元，占年计划的 101.2%。1996 年，国地税征管范围重新调整、地税收入任务增幅较高、国有企业经济效益下滑的困难，当年完成税收收入 3044.9 万元，占年计划的 114.9% 比 1995 年翻了一番多，为“九五”计划开了个好头。2000 年，完成税收任务 4600 万元，是 1994 年的 5.75 倍。2003 年，面对非典疫情、2000 多经营业户停歇业政策性减收因素增多的严峻收入形势，全年完成税收收入 5414.7 万元，是 1995 年的 3 倍，确保税费收入的稳步增长。 2004 年完成税收任务 6389.6 万元，2005 年达到 7100 万元。与无极县地税局成立之初相比，同比增收 6300 万元，增长 787%。

五、税务登记和纳税服务

1. 税务登记

1994—2005 年，对税务登记证件实行定期验证、换证制度。对已发的税务登记证件一年一验证，三年一换证。

纳税登记

1994—2005年无极县地方税务纳税户数登记表

表 12-10　　单位：户

年度	纳税户数	国省	集体	个体	私营	有限制	外税	其他
1994	1587	105	216	1260	6	0		
1995	1604	227	86	1283	6	2		
1996	2390	110	102	2143	6	12		17
1997	2411	98	57	2245		11		
1998	3307	98	110	3060		38	1	
1999	3314	85	78	3102		42	7	
2000	3576	70	69	3365	13	45	14	
2001	3601	70	69	3330	23	67	14	28
2002	3789	65	64	3484	41	91	16	28
2003	3903	61	60	3572	49	103	23	35
2004	4201	53	60	3718	67	237	31	35
2005	4344	50	58	3747	113	296	33	47

2. 纳税申报

纳税申报方式有上门申报、邮寄申报、电传申报、现场申报。上门申报：纳税人、扣缴义务人、代征人应当在纳税申报期限内到主管国家税务机关办理纳税申报、代扣代缴、代收代缴税款或委托代征税款报告。邮寄申报：纳税人到主管国家税务机关办理纳税申报有困难的，经主管国家税务机关批准，也可以采取邮寄申报，以邮出地的邮戳日期为实际申报日期。电传申报：实行自核自缴，且有电传条件的纳税人，经主管国家税务机关批准，可以采取电传申报。现场申报：对临时取得应税收入以及在市场内从事经营的纳税个人，经主管国家税务机关批准，可以在经营现场口头向主管国家税务机关（人员）申报。

3. 纳税服务

推行首问制、过错追究制；简化办证、办税等程序；开通12366纳税服务热线；深入贯彻《中华人民共和国行政许可证》，取消21项行政审批事项；举办下岗职工再就业税收优惠政策讲座。开展再就业税法援助活动。纳税人可以直接到税务机关办理纳税申报，也可以按照规定采取邮寄申报、数据电文申报或其他方式办理。2001年，地税系统实现全省联网，各地市、区县统一铺设网线，构建广域网，同时使纳税人的申报方式扩展到网上申报。2004年，实现了个人所得税的电子数据（软盘）申报以及通过与工商银行协作的代征方式，方便了纳税人。

六、地税稽查

税务稽查分为日常稽查、专项稽查、专案稽查。

1984年开始城市经济体制改革和全国工商税制改革以来，税收作用不断增强，税收参与国民收入分配力度不断加大，偷税与反偷税的斗争也日益突出，偷税、骗取出口退税等税收违法行为不断发生，有的相当严重，造成国家税收大量流失。无极县积极实施征、管、查“三分离”模式，并于1993年建立了专门查处偷漏税等税收违法案件的队伍。

1994—2005 年无极县地税局稽查情况表

表 12–11

单位：万元

年度 \ 项目	稽查重点	次数	入库资金
1994	皮革业、建筑业	100	55
1995	个体重点税源户	100	80
1996	信用社、皮革公司	150	85
1997	金融行业	160	100
1998	建筑业	150	110
1999	皮革公司	150	100
2000	个体重点税源	170	120
2001	建筑业、皮革货栈	170	120
2002	批发零售、服务业	180	150
2003	个体业户及皮革行业	246	201
2004	皮革业及重点税源大户	221	120
2005	建筑安装业、皮革制品业	140	210

七、发票管理

1994 年，加大发票管理力度，制定普通发票管理办法，重新核定发票印刷厂家，严格发票领、销、存等制度，使发票管理纳入了正轨。

1997 年，对旧版发票进行清理收缴，共收缴旧版发票 2057 本，并委托运管站对交通运输业代征代收税款。定期对发票使用单位进行检查，共查处违章户 49 户，罚款 2370 元，并责令其限期改正。

2004 年，石家庄市地税局在对全市发票管理情况进行调查时，发现发票种类繁多，这既增加税务机关的印制成本，也不方便纳税人使用。同时，由于发票防伪功能不强，致使一些不法分子制作、贩卖、使用假发票，扰乱市场经济和税收秩序，致使税款严重流失。无极县成立发票打假工作小组，保障 24 小时接受发票打假案件的举报。

八、代征收费

2002 年 3 月 1 日，根据《河北省社会保险费征缴暂行办法》，社会保险费由地税部门征收。该年征收社保税 509.9 万元。到 2005 年全县社保费累计征收 2810.9 万元。

第四节　管理机构

一、国税局管理机构

1994 年 8 月，无极县国家税务局成立，内设行政股室 6 个，直属机构 1 个，基层 9 个派出机构，全系统共有干部职工 111 人。2005 年内设行政科室 7 个，直属机构 1 个，事业单位一个，派出机构 7 个，无极县国家税务局与无极县公安局合建单位一个。行政科室：办公室、人事教育科、监察室、计划财务科、税收政策管理科、征收管理科、办税服务厅。直属机构：稽查局。事业单位：信息中心。派出机构：第一税务分局、第二税务分局、第三税务分局、第四税务分局、第五税务分局、第一税务所、第二税务所。合建机构：税务治安办公室。全系统干部职工 86 人。

二、地税局管理机构

1994 年 8 月，无极县地方税务局设办公室、人教科、税政科、征管科、计会科、税检室。下属单位有县直分局、城关税务所、张段固税务所、七汲税务所、高头税务所、北苏税务所、大陈税务所、郭庄税务所和稽查分局。干部职工 67 人。1996 年，撤销高头、郭庄所，划归北苏税务所；撤销七汲所，划归大陈所；1996 年 11 月，设办公室、政工科、税管科、计会科及税检室，基层征收单位有中心征收分局、稽查分局、中心个体管理税务所、北苏税务所、大陈税务所、张段固税务所。2005 年，无极县地方税务局设办公室、政工科、税政管理科、征管法规科、征收计会科、税警室；下属单位有地方税务稽查分局、城区税务所、北苏税务所、大陈税务所、张段固税务所、七汲税务所。干部职工 79 人。

第四章　统　计

第一节　统计调查

一、农村住户抽样调查

1991 年，通过抽中户的日记账，对农户全年总收入、各项费用、人均纯收入、消费支出、耐用品拥有量等进行统计。

二、城镇住户调查

1996 年通过日记账，对城镇住户的家庭总收入、可支配收入、总支出、耐用品拥有量、住户情况等进行统计。

1991—2005 年无极县农村、城镇抽样调查数据表

表 12—12　　单位：元

项目/年度	农村住户调查				城镇住户抽样调查	
	人均全年总收入	人均全年总支出	人均纯收入	人均消费支出	人均可支配收入	人均消费支出
1991	1026	906	777	597		
1992	1133	862	810	527		
1993	1355	1010	968	639		
1994	2217	2152	1126	1000		
1995	3022	2518	1863	1330		
1996	3766.98	2727.25	2672.01	1576.49	4698	3823.44
1997	4028.71	2533.90	3044.71	1584.52	4833.96	3493.68
1998	4112.79	2463.18	3169.67	1595.54	4987.80	3690.24
1999	4211.13	2498.86	3240.33	1596.63	5111.88	3587.76
2000	4294	2515	3310	1611	5251.20	3680.76
2001	4425	2669	3429	1627	5325.96	3654.12

续表 12–12

年度 \ 项目	农村住户调查				城镇住户抽样调查	
	人均全年总收入	人均全年总支出	人均纯收入	人均消费支出	人均可支配收入	人均消费支出
2002	4500	2686	3497	1637	5785.56	4041.12
2003	4692	2819	3619	1782	6026.16	4366.56
2004	5326	3615	4107	2239	7054.88	4237.50
2005	5893	3861	4476	2296	8338.68	4475.15

第二节　大型普查

一、人口普查

1989 年，全县人口为 436213 人。1990 年实施第四次全国人口普查，普查的标准时点为 1990 年 7 月 1 日零时，普查结果为全县总人口 446747 人，其中男性 224941 人，女性 221806 人；汉族人口 434435 人，人口出生率 8.37‰，死亡率 2.9‰，自然增长率 5.47‰。

2000 年第五次全国人口普查。普查的标准时点为 2000 年 11 月 1 日零时，普查采用普查员入户登记的方法进行，普查过程分为普查准备、普查登记、数据处理三个阶段。普查结果为全县总人口 483543 人，其中男性 243435 人，女性 240108 人；汉族人口 470247 人，人口出生率 11.51‰，死亡率 6.12‰，自然增长率 5.39‰。

二、农业普查

1997 年，进行了第一次全国农业普查。普查表 6 种，分别为《农村住户调查表》《非农村住户类农业生产经营单位调查表》《行政村调查表》《乡镇调查表》《非农乡镇企业基本情况卡片》《农业用地卡片》，调查时点指标是 1996 年 12 月 31 日，时期指标是 1996 年 1 月 1 日至 12 月 31 日。普查结果为 1996 年底，全县从事生产经营的农村住户为 10.1573 万户，非农村住户类农业生产经营单位 3 个，国有 3 个；农村非农乡镇企业总数为 298 个，其中乡镇办企业 45 个，村办企业 34 个，乡镇企业从业人数为 6574 人；全县农村从业人员 262350 人，其中从事农业的有 209475 人，从事非农业的有 52875 人；全县农村农民科技人员达 1604 人，其中种植业科技人员 1361 人、畜牧业科技人员 164 人、林业科技人员 77 人、渔业科技人员 2 人；全县农民专业人员 2545 人，其中农机员 1652 人、水管员 296 人、电管员 597 人；全县农村拥有主要农业机械（大中型拖拉机、小型拖拉机、联合收割机、机动脱粒机、农用运输车、农用载重车）总量 48075 台（辆）；全县普查范围内经工商管理部门批准，由乡镇直接进行管理具有固定的场所和管理机构的集贸市场 45 个，其中综合市场 42 个、专业市场 3 个。

三、工业普查

1995 年，第三次全国工业普查开始，普查时点是 1995 年 12 月 31 日，普查范围是全县境内的全部乡及乡以上工业企业、国有单位和符合企业四条标准的村办工业、私营工业、城乡合作经营及个体工业企业。普查内容为工业企业基本情况、财务情况，劳动情况及库存情况，主要工业产品生产产品生产能力、产品质量等。普查结果为企业单位数 16728 个，总产值 81542 万元，年底固定资产原值 32709 万元，年底人数 86890 人。

四、第三产业普查

1993 年 7 月，按国务院通知，全县实施第一次第三产业普查。9 月，县政府下发了专门文件。9 月 30 日，召开全县乡镇三产普查培训会议。普查的范围是全县 1991 年和 1992 年度从事第三产业的所有单位。2003年8月，按照国家、省、市要求，全县开始第三产业清查，开始登记标准时间为2003年8月31日24时，时期资料为2002年度和2003年1—8月。普查结果，第三产业单位数：基本单位1173个，个体户11598个，集贸市场摊位12830个；从业人员：基本单位17567人，个体户20105人，集贸市场22711人。

五、基本单位普查

1996年，进行了全国第一次基本单位普查。普查的标准时点为1996年12月31日，普查的对象是所有法人单位及法人单位附属的产业活动单位。普查内容有单位基本标识、经济类型、主要属性、所属行业、从业人员、企业规模、营业状态等。

2001年，进行了全国第二次基本单位普查。普查的标准时点为2001年12月31日，基本单位普查涉及到国有、集体、私营、股份制、三资、个体等各种类型的单位和企业，范围大、单位多，覆盖全县11个乡镇、213个行政村。行业共分99个大类、999个中类、9990个小类。普查的内容为单位的基本标识、经济类型、主要属性、所属行业、从业人员、企业规模、营业状态等。普查结果为法人单位及其产业活动单位1540个，法人单位1345个，个体产业活动单位8827个。

六、经济普查

1990—1999年，第一轮普查结束后，国家对普查项目进行了调整。基本单位普查、工业普查、第三产业普查合并为经济普查。

经济普查是作为首次集工业、贸易、建筑、服务业、基本单位为一体的大型综合性普查，是我国统计史上的一次创举，它涉及领域广、调查范围全、技术要求高、工作任务重，通过经济普查，主要掌握二、三产业的发展规模、结构、效益信息，为各级领导研究制定长远规划和进行宏观决策提供依据。普查的标准时点是2005年1月1日零时，普查的对象是全县境内的第二产业和第三产业法人单位、产业活动单位和个体户。普查的范围涉及国民经济的19个行业门类的875个行业小类。普查结果为全县法人单位1485个，产业活动单位182个，个体户11405个。

第三节　管理机构

1989年，统计局设工业组、农业组、社会组、农村社会经济调查队和办公室，有职工9人，21个乡镇建立统计站。2002年，局内设“两科两队一室一中心”，分别为工业科、综合科、城调队、农调队、办公室、普查中心，至2005年底机构设置未变。有工作人员36人。

第五章　工商行政管理

1995年工商部门列入公务员序列，推行市场办管脱钩、实行市场巡查制。1998年工商行政管理实行省以下垂直管理，基层工商部门实行“小局大所”的改革模式，推进12315消费者申诉举报网络建设。2001年，实现管办彻底脱钩，全面实施市场巡查制、企业经济户口管理制、企业属地监管制，建立首办责任制，实施企业信用分类监管和商品准入制度。

1989—2005年，工商局连续多年被石家庄市委、市政府评为文明单位，连续多年被县委、县政府评为行风优秀单位、实绩突出单位。2000年以来，大力推进基层工商所监管模式改革和建设，2004年拍摄反映无极县工商系统基层工商所监管模式改革的电视专题片《红盾之光》。

第一节　企业登记

1988年，企业登记开始从营业登记转向法人登记。1992年，将经济类型划分为国有经济、集体经济、私营经济、个体经济、联营经济、股份制经济、外商投资经济、港澳台投资经济及其他经济。企业登记逐渐规范。1993年，允许党政机关办实体，国有、集体企业户数较多，全县共登记企业16233家，其中国有企业41家，集体企业455家。

1994年，对党政机关办实体进行清理，国营、集体、联营企业数量有所下降，到年底全县共登记有限公司7户。

1995年开始，企业改制力度加大，国有、集体企业总数逐年减少，有限公司数量逐年增加。2000年，国营、集体企业数量逐渐减少。

2005年，全县注册登记的各类工商企业798家，个体工商户4386户。按经济性质和企业类型分，国有集体企业182家；私营企业600家，包括有限公司353家；合伙企业224家，个人独资企业23家；外商投资企业16家，注册资本金内资50580万元，外资523万美元；个体工商户4386户，其中商业流通类2447户，生产加工类786户，从事农产品购销加工类26户，其他类1127户。

第二节　经济合同管理

一、经济合同鉴证与监督

1989—2005年，共检查企业654户（次），检查各类经济合同462份，签约履行率95%，鉴证各类合同400份，总金额120万元。

2003年，根据国家工商总局取消合同鉴证的政策，不再办理合同鉴证。

2005年，全县工商系统共查处利用合同进行违法行为的案件7件，涉及违法金额1.5万元；办理企业抵押物登记67份，抵押物价值2670万元，被担保的主债权金额1600万元；

二、“守合同、重信用”单位评选

1993—2002年，120家工商企业被评为市级“重合同、守信用”单位，8户建筑企业被评为省级“重合同、守信用”单位。

2003年，国家工商总局改“重合同、守信用”企业评选为“守合同、重信用”企业评选。全县共有23家企业分别被评为省、市“守合同、重信用”企业。

第三节　商标广告管理

一、商标管理

1989—2005年，工商局以保护知名商品、维护商标注册专用权为目标开展工作。

1991年后，随着改革开放的进一步深入，各工商业户对商标注册意识的不断加强，注册商标品种、类型、范围蓬勃发展。1999年后，随着国家对驰名商标评定工作的不断发展，各省市对著名商标、知名商标的评定工作也相继加大步伐，“青龙”牌商标和“广威”牌商标荣获石家庄知名商标。

1991—2005年底，全县共有注册商标215件，仅1991年就有注册商标62件，注册商标品种达到40余种。在加强对《中华人民共和国商标法》宣传力度的同时，不断强化商标监督管理。对注册商标每户一档，每两年年检一次；查处制售假冒商标案件320起，查处各类药品商标30余种，假冒啤酒商标4种，假冒高级香烟商标18种，冒牌酒商标15种，冒牌饮料商标30种。

二、广告管理

无极县广告经营单位1989年4家。到2005年，全县共15家广告经营、发布单位，从业人员共计96人，年经营额98万元。1989—2005年，共登记墙体、条幅等户外广告20000多条。

1991年以后，对户外广告进行集中清理，对医疗广告、药品广告、房地产广告进行重点专项整治，全县共查处广告违法案件380起；对广告经营业户实行动态管理，一季一报表，半年一整治，一年一清理；对户外广告、医疗广告等实行登记备案制度，确保全县广告业健康有序发展。定期清理县城和各集镇广告牌匾。到2005年底，电视播放、报刊杂志刊播广告4000余件，县城和主要集镇设广告牌500余块。

第四节　市场管理

一、集市管理

1989年，集市管理以管理交易秩序为主。按商品划行归市，安排摊位。要求商户明码标价、亮证经营，充分发挥个体劳动者协会“自我教育、自我服务、自我管理”的作用。开展“活动红旗”“文明示范摊位”“文明示范店”等一系列评选活动。

1993年，在全县各集贸市场设置了公平称、公平尺、消费者投诉站。

1998年，根据《粮食收购条例》，加大粮食市场监管力度，累计查处非法收购粮食案件300多起。

县城集贸市场1994—2002年连续被评为市级文明市场，2003—2005年被省文明办、市工商局评为诚信市场。

二、改革市场监管模式

1989—1999年，在履行市场管理职能方面，通常采用“驻场式”的被动式管理模式。2000年，在反不正当竞争、消费者权益保护、商标广告管理和打击非法传销方面的职能日益强化，从管理具体的有形市场和小商小贩，转移到监管统一大市场；在整个监管领域内全面实行市场巡查制，推行市场预警制，发现和查处各类违法案件323起，发放“市场巡查警示通知书”2100多份，纠正企业、经营户各类轻微违章、违法行为1120多起。2004年，在部分重点行业推行商品备案制、索证索票制、商品市场退出制。2005年，在农资、食品行业全面推行，实施规范化管理。

三、管理费征收

1989—2005年，依据《城乡个体工商户管理暂行条例》第十三条；《城乡个体工商户管理暂行条例实施细则》第二十二条第一款收取工商管理费

收费（罚没）依据：《国家物价局、财政部关于发布工商行政管理系统行政事业性收费项目和标准的通知》（价费字〔1992〕第414号）；《国家发展计划委员会、财政部关于第二批降低收费标准的通知》（计价格〔1999〕1717号）

收费标准：从事购销活动的，按营业额的0.4%～0.8%收取；从事劳务活动的，按收入总额的0.8%～1.2%收取

第五节　监督检查

一、打击假冒伪劣商品

1989年，开展了打击走私汽车、卷烟活动。走私卷烟主要来源山东、广东、福建、海南等省；走私汽车主要有日产“丰田”“尼桑”和韩国产“现代”“大宇”等品牌。

1991年，开展酒类专项打假工作，查处23起制售假酒案件。1994年，查处无极销售假冒红塔山香烟案件，没收假冒红塔山香烟25箱。1996年，开展农资打假集中整治。对化肥、农药、种子和柴油等农业生产资料实行监控。1999年，以查处制售假劣酒、烟、药品、饮料等为主。随着无极县医药市场的成立，规范医药经营秩序，打击制售假冒伪劣药品已成为工作的重中之重；当年查处非法经营药品案件2000余起，其中查获制售假劣药品案件达200余起，震慑不法分子，规范无极县的医药经营秩序。

2000年，重点是以整顿和规范市场经济秩序促进县域经济发展为中心，以打假打私、反不正当竞争和办大案要案为专项整治重点，强化执法

力度和广度。

2003 年，在抗击“非典”疫情中，开展打击哄抬物价非法生产销售口罩、消毒液等违法行为。此次共查获各类违章违法案件 1200 起，查获伪劣玉米种子 20 吨，伪劣化工原料 30 吨，伪劣饮品 15000 瓶，查扣假冒方便面 500 件，消毒液 1.25 吨零 258 瓶，口罩 2080 个，假冒白酒 300 件，假冒商标标识 5 万张等物资物品。

2004 年，对食品市场进行专项整治。制定食品安全应急预案，建立食品安全监管网络体系。对含苏丹红食品、赤潮水产品、劣质奶粉、注水肉、硫磺熏制粉条、血豆腐等进行专项治理。

2005 年，开展以“查食品、保健康”为主题的食品安全专项整治；以“查农资、保增收”为主题的“红盾护农”；以“查商标、保名牌”为主题的保护注册商标专用权；以“查欺诈、保公平”为主题的“打虚假、树诚信”为主要内容的“四查四保”集中执法行动。查处各类经济违法违章案件 420 起。

二、维护消费者合法权益

1989 年，县消协维护消费者权益工作，受理投诉 12 件，为消费者挽回经济损失 0.2 万元。

1993 年，全国人大常委会通过了《中华人民共和国消费者权益保护法》，县消协和工商局组织学习，宣传《《中华人民共和国消费者权益保护法》，出动宣传车 1 辆，散发宣传单 400 多份。当年，受理消费者投诉 48 次，挽回消费者经济损失 0.9 万元。

1996 年，全面贯彻落实中国消协公布的《受理消费者投诉规定》和国家四部委联合发布的三包（包修、包退、包换）规定。当年受理消费者投诉 99 件次，挽回消费者经济损失 1.9 万元。

1997 年 3 月 15 日，12315 受理消费者申诉举报，调解消费者权益纠纷，查处侵害消费者权益案件和制售假冒伪劣商品等经济违法行为，监督管理市场和行政执法的重要手段。

2002 年，在大型市场、商场、主要商业街、各乡镇开展“科学消费”主题年活动，当年受理消费者投诉 180 次，挽回消费者经济损失 3.5 万元。

2003 年，在全县设立“12315”联络员，建立消费维权网络。2005 年成立“12315”消费者申诉举报投诉中心，开展“健康维权”主题年活动。

第六节　个体私营经济管理

1989 年，县办理执照程序为四级审批，即个人申请，工商所专管人员受理初审，所长签署工商所意见，个体股审核。

1992 年后，本着“先放开，后引导，先发展，后规范”的原则，对个体经济先引导其发展生产经营，再逐步纳入登记管理。

1993 年，鼓励个体、私营经济发展，登记注册私营企业 12998 家，从业人员 35844 人；个体工商户 512 户，从业人员 860 多人。

1995 年，《公司登记管理条例》出台，私营企业出现新的组织形式——有限责任公司。个体私营经济作为市场经济的重要组成部分，继续坚持鼓励、引导的方针，促进其健康发展。

1998 年，企业注册号码由原来的 8 位数增加到国家规定的 13 位数，对所有企业进行换证，并将全部数据录入到微机。对个体工商户进行换证并使用新的登记号。

2001 年，《中华人民共和国个人独资企业法》和《个人独资企业管理办法》实施。开始登记新的私营企业组织形式——个人独资企业。

2002 年，《中华人民共和国合伙企业法》和《合伙企业登记管理办法》开始实施。对全市的各类企业进行换照，重新确立合法的经营资格，并开始登记合伙企业。

2003 年，对未按照《中华人民共和国个人独资企业法》和《中华人民共和国合伙企业法》登记的私营企业重新进行登记。3 月至 5 月，受

“非典”疫情影响，餐饮洗浴等全部关闭停业。

2005年，出台《无极县工商局关于鼓励和支持引导个体私营等非公有制经济发展的若干意见》，为个体、私营经济创造公平竞争的政策环境。对下岗职工从事个体经营的，“先备案，试经营，后办照，免管理费”，大批下岗职工在个体私营企业就业或从事个体私营经营。

2000—2005年无极县个体工商户及私营企业统计表

表12-13

项目 年度	个体工商户		私营企业					
	户数	从业人员	有限公司	合伙企业	个人独资企业	其他	合计	从业人员
2000	8735	24106	107	184	386		659	
2001	9744	28153	111	79	41		231	2662
2002	10820	30587	157	141	37		335	4546
2003	1318	31596	249	234	37		520	6200
2004	3968	12070	320	248	22		590	4720
2005	4464	9276	396	242	23		661	6610

第七节　管理机构

1989年，工商局设办公室、企业股、合同股、市场股、个体股、经检股、人教股、财务股、经济查检大队；下设城关、市场、大陈、南流、郭庄、北苏、张段固、高头、七汲、郝庄、里成道11个工商所；行政编制21人。1996年1月，机构改革，物价局归入工商行政管理局，保留物价管理局牌子，职能不变，1996年10月，物价管理局与工商行政管理局分设。1996年10月内设办公室、财务科、人教科、法纪科、个体科、注册登记科、市场科、公平交易科，下设城关、市场、大陈、南流、郭庄、北苏、张段固、高头、七汲、郝庄、里成道、西东门12个工商所。1999年7月，工商行政管理系统实行省垂直管理体制，行政编制166人，事业编制27人。2003年，工商局设办公室、人事教育科、监察室、财务装备科、法制科、注册管理科、经济检查科、市场规范管理科。直属事业机构有个体劳动者协会、私营企业协会、消费者协会、维修行业管理办公室。派出机构有城关工商所、贸易街工商所、张段固工商所、郝庄工商所、高头工商所、北苏工商所、郭庄工商所、东候坊工商所、里城道工商所、大陈工商所、七汲工商所、机动车辆市场管理所。行政编制135人。2004年2月，撤销七汲工商所、城关工商所、大陈工商所、张段固工商所，成立城区分局、大陈分局、张段固分局。2004年12月，撤销郝庄工商所、里城道工商所。2005年，工商局设办公室、人事教育科、监察室、财务装备科、法制科、注册管理科、经济检查科、市场规范管理科；派出机构有城区分局、张段固分局、高头分局、北苏分局、郭庄分局、大陈分局、东候坊分局，直属事业机构有个体劳动者协会、私营企业协会、消费者协会、维修行业管理办公室。机关行政编制26人、事业编制135人。

第六章　物价管理

20 世纪 80 年代前，实行计划经济体制，商品由国家统一制定价格，统一进行管理。80 年代后，随着商品经济的不断发展，在“统一领导、分级管理”原则的指导下，有计划地下放物价管理权限，扩大了商品流通。90 年代后，计划经济体制开始向社会主义市场经济体制转变，国家对商品价格的管理发生相应的变化。

第一节　价格调节

1989 年以前，计划经济管理，物价比较稳定。1995 年后，无极的市场价格经历数次涨落波动，对县境内的农村电价、中小学收费、城乡医疗、水利、粮食、农资等收费混乱现象进行治理整顿，使上述价费行为全部回落到国家限价水平，保护群众合法权益，为县经济发展扫除了障碍。2003 年“非典”期间，和“防非”有关的药品，及日常用品大幅上涨，严重影响群众生活和经济稳定。县在最短的时间内将“防非”物品的价费行为控制在国家限价标准范围之内，并对全县国营药房、个体私人诊所、县医院、中医院、益民医院、乡镇卫生院进行突击检查，对不执行限价，随意提高药品价格的行为给予了坚决打击；依法对 11 个单位和个人进行了处罚，稳定了市场价格。

第二节　价格管理

一、工业品价格

1989 年，放开茅台、全兴大曲、五粮液、郎酒、泸州特曲、古井贡酒、洋河大曲、剑南春、汾酒等 13 种名酒价格，定价权交给经营者。除此以外的白酒提价 20%，啤酒提价 0.3 元 / 瓶。

1990 年 10 月，降低聚乙烯薄膜价格，每吨下调 1000 元。上调食醋、酱油价格为 0.3 元 / 千克。

1991 年 7 月，放开搪瓷制品价格，放开服装价格。

1992 年 10 月，放开 156 种工业品价格（如彩电、抽水机、香皂、毛线等），同时对卷烟价格放归烟草公司制定，但必要时实行最高限价和最低保护价。实行农村综合电价；工副业 0.23 元 / 千瓦时，照明 0.25 元 / 千瓦时，灌溉 0.16 元 / 千瓦时。

1994 年 10 月，印发关于无极县化肥价格改革办法，规定县生产的碳铵出厂价 350 元 / 吨，磷肥出厂价 285 元 / 吨，企业可上下浮动 15%，外采化肥销售价按照加费用 3% 微利作价，实行政府指导价。

1995 年 5 月，工业盐价格由政府定价改为政府指导价。

2000 年 11 月，改革对药品的定价方式。由原来制定药品出厂价、批发价、零售价，改为只制定零售价。政府定价以外的药品实行市场调节价。

2003 年 4 月，取消医疗服务价格政府定价，非盈利医疗机构实行政府指导价，对盈利性医疗机构价格实行市场调节价。4 月为抗击非典，对与防治非典相关的 22 种药械物品实行紧急干预措施，实行最高限价。

2005 年，除石油价格、部分药品价格及垄断性、资源性、稀缺性商品价格外（如水、电、暖、气等），绝大部分商品价格都实行了政府指导价和市场调节价。

二、农副产品价格

1989 年起，提高玉米、高粱、谷子等杂粮的统购价和比例价，同时提高了油料收购价格。

1992 年 6 月，取消议价粮油及相关产品的最高限价，放开糕点价格。

1993 年上半年，放开定购及统销的小杂粮、油脂、油料及副产品、冬储大白菜、黄红麻、棉絮等 10 种农副产品价格。

1995 年 6 月，为鼓励农民积极交售定购粮，对定购小麦实行价外补贴。

1997 年，全国粮食供求关系出现了阶段性、结构性的供大于求的局面，粮食库存十分充裕。为防止粮价下跌，保护农民利益，在新粮上市时开始实行定购价与保护价并存。

1998 年 6 月，棉花供应价格放开，实行市场调节价。

2001 年 10 月，玉米、稻谷退出保护价收购范围，随着保护价的取消，逐渐向市场价格机制转轨。

2004—2005 年，取消粮食收购保护价，实行粮食直补农民，粮食收购价格全面放开。

三、听证会制度

1999 年 10 月 20 日，开始实施价格听证会制度。听证会代表由县委、县政府、县人大、县政协、消费者、经营者、价格主管部门等各界代表 20 余人组成。至 2005 年底，举行城市居民供水价格听证会 2 次，供热价格听证会 3 次，参加人员共计 120 人次。

采暖价格：1995—1997 年（政府定价）每平方米 8.00 元，其他每平方米 14.00 元；1998—2001 年（听证价格）每平方米 12.00 元，其他每平方米 16.00 元；2002 年（听证价格）每平方米 14.00 元，其他每平方米 17.00 元；2004—2005 年（听证价格）每平方米 15.00 元，其他每平方米 24.00 元。

无极县部分年份自来水价格统计表

表 12–14 单位：元／吨

项目	1990 年	1994 年	1996 年	1999 年	2001 年	2003 年	2005 年
居民生活用水	0.15	0.35	0.50	0.57	0.90	1.15	1.20
党政机关事业单位	0.20	0.50	0.67	0.85	1.23	1.85	1.85
工商业用水	0.25	0.60	0.90	1.23	1.56	2.12	2.16
饮食业用水		0.65	0.95	1.42	1.74	2.56	2.66
建筑业用水	0.30	1.00	1.34	2.10	2.85	2.96	3.00
特殊行业用水				5.00	7.87	12.15	12.50

第三节　收费管理

1989 年，非商品性收费项目管理权下放到县级价格主管部门。服务、修理、文化娱乐行业依据自身实际情况自行制定收费标准，报县物价局备案后执行。

1993—1994 年，分三批取消收费项目：1993 年 11 月 5 日，第一批取消涉及 8 个部门共 75 项收费项目。同年 12 月 28 日，第二批共取消 18 个部门的 68 项收费项目。1994 年 7 月 4 日，第三批取消共 49 项收费项目。

1997 年 4 月，根据河北省制定减轻企业负担的暂行规定，开始实行《进企业收费批准通知书》制度，凡需进企业收费的单位必须凭借《进企业收费批准通知书》方可进入企业收费。

1998 年 1 月 15 日，河北省财政厅、物价局转发财政部、国家计委取消的第一批行政事业性收费项目，分别涉及工商、建设、外贸、交通、外交、公安、税务、保密等8个部门，共计29项。

1998年10月30日，河北省财政厅、物价局转发财政部、国家计委取消的第二批行政事业性收费项目共计20项，分别涉及文化、公安、建设、旅游、广播电视、林业、口岸7个部门。

2000年3月1日，河北省财政厅、物价局转发财政部、国家计委《关于公布取消第三批行政事业收费项目的通知》的通知。此次取消了机动车尾气检测费等20项收费，涉及交通、环保、劳动和社会保障等8个部门。3月10日，河北省财政厅、物价局关于公布取消部分基金（资金、附加）项目的通知。取消粉煤灰综合利用专项资金、新购车辆交通建设附加费等4项基金（资金、附加）项目。6月27日，河北省财政厅、物价局关于公布取消部分交通和车辆收费项目的通知。明令取消了异动费、机动车改型、技改审验费、残疾人专用小机动车收费、驾驶员培训管理费、车辆安全管理费等12项收费项目。

2005年，取消行政事业性收费17项，涉及土地、水利、工商、公安、计生、教育、统计、民政、农业、卫生等部门，减少收费400万元。降低收费标准7项，涉及旅游、教育、工商、劳动、水利、卫生等部门，减少收费60万元。

第四节　监督检查

1996年10月，与工商部门分开，对103个行政、事业单位，74个涉费、涉价单位、203个工商户进行了检查，查出乱收费单位15个，违纪资金635.1万元；违价单位14个，违纪资金137万元；共上缴国库772.1万元。国有、集体商业、企业网点的明码标价达100%，个体、工商户达到85%以上。对7个乡镇电管所和127个行政村的电价执行情况进行了检查，规范全县电价；农资检查重点放在化肥价格上，有效地制止了乱收费、乱涨价的违纪行为。1997年，对全县行政事业性单位收费和个体经营性收费单位的收费项目进行逐个清理规范，取消收费项目12项，调整收费标准157项。同时，对涉价、涉费的行政、事业单位、个体工商户及11个乡镇进行全面检查，查处价格违法单位11个，违法案件72起，违纪资金102万元；查出乱收费单位7个，违纪资金371.5万元；查处违纪非法所得4140万元，经济制裁金额411.2万元，退还群众112万元，上缴财政299.2万元。1998年，对全县行政、事业单位和个体工商户、乡镇的七所八站进行检查，检查面40%，查出价格违法案件64起，违纪资金426.15万元，经济制裁金额215.29万元，退还群众5万元，上缴财政210.29万元。1999年，对卫生、交通、粮食、教育及电价、药价进行检查。在收粮日对各个粮站进行跟踪检查，保证农民按收购价，按标准等级现款售粮。还对涉价、涉费的单位、个体工商户、乡镇的七所八站进行检查，查出各类违法案件82起，查处违纪非法所得984.07万元，退还用户金额251.53万元，没收违法所得金额402.94万元，罚款8.65万元，经济制裁金额884.07万元，上缴财政411.95万元。2000年，对成品油公司及其附属加油站、社会办各类加油站的成品油价格执行情况进行检查，制止成品油擅自涨价、价格混乱局面。对电力价格、药品经营的医疗卫生单位和零售商品进行全面检查，制止了“三乱”行为。全年受理价格投诉案件13起，查办价格举报信5件，来访10件，电话11件，查处违法所得67万元，罚款4万元，全部上缴财政。2001年，对工商、计量、乡镇、电力、中小学等涉价、涉费部门和单位及工商个体户进行价格监督检查。全年共查处违法案件95起，查处价格违法所得金额938.64万元，退还用户0.02万元；没收价格违法所得金额450万元，罚款38.24万元，经济制裁总金额388.6万元，上缴财政金额388.24万元。2002年，受理、查处举报案件27起，共查处价格违法案件97件，查处价格违法所得金额845万元，经济制裁总金额521.28万元，上缴财政金额521.28万元。2003年，在全县范围内开展了防治“非典”药品和相关商品等专项检查。查处“防非”药品价格违法案件74起，经济制裁34起，罚款1.914万元；立案查处价格违法案件80件，查处价格违法所得金额109.6万元，经济制裁总金额37.98万元；受理并查处价格举报案件41起。2004年，共查处价格违法所得191.6万元，查处案件109件，经济制裁28.78万元；受理并办结价格举报案件12起。2005年，加强市场物价的日常检查，查处价格欺诈、低价倾销等不正当行为；发挥12358价格举报电话作用，受理价格举报，及时查处办结。全年查处价格违法所得207.5万元，查处案件68件，经济制裁42.4万元，退还用户21.9万元，罚款21万元，全部上缴财政。

第五节 认证与拍卖

1990年8月，设置价格股。1992年，鉴证32起，鉴证金额28万元。1999年，对原基金会清欠资产鉴证352起，鉴证金额达1.03亿元。对基金会清欠物品百余种进行公开拍卖，成交金额达107万元。2002年9月，成立价格认证中心，获国家发展计划委员会核发的价格鉴证机构资质证，开始车损鉴定业务。2003年7月，受理无极县公安局7辆桑塔纳轿车鉴证业务，出具价值32万元的鉴证报告。2004年，承办价格认证鉴定业务512起，鉴证价值631万元。2005年，承办价格认证鉴定业务408起，鉴证总额582万元。

第六节 管理机构

1981年前，物价工作属县计划委员会管理，下设物价组，1983年11月，物价从计委分开设立物价委员会，1983年11月至1984年1月，物价委员会与县工商局合并称工商物价管理局。1984年11月，物价委员会正式从工商物价管理局分开单设并更名为物价局。

1989年5月，物价局设办公室、价格股、信息股，物价监督员5名。1991年3月，成立基层物价检查所。1996年与工商局合并后，设办公室、检查所、基层所、收费科、价格科。1996年10月与工商分开后，设办公室、价格科、收费科、检查所。1998年3月，机构改革后，局内部机构调整为办公室、收费科、价格科、检查所，检查所下设城区中队、基层一中队、基层二中队。2002年机构改革后，内部机构设置为办公室、收费科、价格科、价格认证中心，检查所下设基层所及城区所。到2005年底，机构设置未变，干部职工60人。

第七章 质量技术监督

1989—2005年，无极县质量技术监督工作从体制、机构、职责、权限诸多方面都发生变化。工作重心由侧重计量器具检定、修理，逐步向产品和商品质量监督、标准化管理、特种设备安全监察等领域拓展。随着《中华人民共和国计量法》《中华人民共和国标准化法》《中华人民共和国产品质量法》《特种设备安全监察条例》等法律法规相继颁布实施，质量技术监督职能发展为行政执法、综合管理和安全监察。依据国家法律、法规，围绕政府工作中心和人民群众生活、生产开展执法工作。针对无极县商品产销市场实际，采取打击与教育结合、严格执法与规范管理并重的方针，严厉打击假冒伪劣产（商）品，净化市场环境，维护合法经营，保证消费者和人民群众利益；开展各类计量器具检测和维修、商品定量包装检测、质量监督检验、计（质）量认证、企业生产许可证申报和发放，帮助企业建立质量管理体系、为企业制（修）定企业标准、组织标准化服务、帮助企业实施“双采”等工作，确保产品质量，促进了工商业健康发展；依据《特种设备安全监察条例》，积极贯彻锅炉安全操作规程，对违反特种设备设计、生产、销售、安装、调试、维修、使用等环节的违法行为进行查处，培训司炉工、压力容器操作工，持证上岗，照章作业，维护了正常生产秩序和社会稳定。

第一节　质量监督

一、产品、商品质量监督

1989年以来，县质检部门根据国务院《工业产品生产许可证试行条例》和河北省人民政府《食品生产许可证管理办法》等法律法规，对生产加工涉及人身健康安全的产品实行生产许可证管理，严格产品申报关，积极帮助具备生产资格的企业加强基础建设，建立实验室，配齐检验设备，培训技术人员，申报办理材料。先后使华通电缆电线有限责任公司、石家庄东联南开香料有限公司和石家庄宏鹏面粉厂等32家企业获得生产许可证。

1998年，北远日用品化学有限公司、石家庄浩锋蓄电池有限公司、石家庄宏基洗涤有限公司率先开展了ISO90002质量体系认证，严格按照ISO90002条例逐项落实，培训内审人员。1999年有9家企业实现了质量体系认证。

1994年，对石家庄中冀正元化工有限公司、石家庄轻化工有限公司等13家企业通过计量定级、复审和计量定级验收。1999年，帮助交通局汽车检测线计量认证，强化内部管理，建立健全内部管理办法，完善检测体系，2000年交通局汽车检测线通过计量认证。2003年，石家庄华通电线电缆有限责任公司、红星电线电缆有限责任公司、石家庄鑫盛有限责任公司，经专家评审，3家有限责任公司取得了3C认证。

2004年，对老5类（小麦粉、大米、酱油、食醋、食用植物油），新10类（肉制品、乳制品、饮料、调味品、方便面、饼干、罐头、冷冻饮品、速冻米面食品、膨化食品）和13类食品（酱腌菜、茶叶、黄酒、啤酒、葡萄糖及果基、炒货、可可制品、焙炒咖啡、淀粉及制品、水产制品、蛋制品、蜜饯、糖果制品）进行规范整治，打击非法使用添加剂和添加物质、掺杂使假等违法行为，提高产品质量，食品通过质量安全加贴QS标志进入市场。

2005年，全县已有158家企业完成计量合格确认，使计量贯彻于生产经营各个环节，从整体上提高企业计量基础工作和计量管理水平。

二、产品、商品质量检测

1990年1月，无极县产品质量监督检验所成立，通过首次计量认证。1992年，对全县四类15种产（商）品691个批次的样品进行了监督检验，合格510个批次，样品合格率为73%。1993年，在上年的基础上增加批次30个，样品合格率为73.8%。

1994—1996年，实施农资售前报验制度，对33个农技站和县生产公司、种子公司、化肥厂、农药厂等农资产品42个样品进行监督检验，合格40个，合格率分别为92%、92.5%、和93%，其中1995年通过了计量认证和质量认可复审。

1998年，除正常开展产品质量监督检验以外，皮革化工材料列入检验范围，共检验皮革化工材料230个批次，遏制了42吨不合格皮革化工原材料进入皮革加工市场。1999年开展皮革、化工、农业、农资4类15种产（商）品790个批次样品进行了监督检验。样品合格率730个，合格率为90%。

2000年，无极县通过质检机构的计量认证和质量认可。2001年对4类15种产（商）品820个批次样品进行监督检验，合格760批次，样品合格率为92.6%。2002年对4类20种产（商）品900个批次样品进行监督检验，样品合格850批次，合格率为94.4%。

2004年，坚持三级审批制度，做到不偏、不卡、不要、不搞人情数、伪造数、失准数，对四类21种产（商）品1000个批次样品进行监督检验，合格920个批次，样品合格率为92%。

2005年，开展微生物检验项目，全年对食品、建材、化工、轻工等4类563个企业的1210批次样品进行检验，样品合格1120个，样品合格率率为92.5%。

三、特殊设备检查

2001年，锅炉、压力容器、电梯、防爆电器等特种设备安全监察管理职能及其行政、检验机构从劳动部门划转到质量技术监督部门。全年处理8起非法组装吊车案，查封10余家无证制造小锅炉单位，对3家路边焊制小锅炉的个体户依法进行取缔，查处55台正在销售、43台正在使用的无制造许可证的小锅炉，对城区内3吨至5吨不等的7个无制造许可证、无出厂合格证的液化气储罐予以查处。2002年，全县74台锅炉、132台压力容器、10辆场内机电车辆、3台起重机纳入规范管理，94名司炉工进行了培训，邀请省特种设备安全监察所对全县32台锅炉进行质量监督检验。2003年拆除土锅炉260台，取缔无证液化气充装点3个，培训司炉工140人次。

2005年，拆除土锅炉40台，监察检验锅炉50台、压力容器20台、检验化学储罐18个、电梯3台、吊车3台，培训司炉工252名、容器压力操作工192名，全部持证上岗。全县的252台锅炉、192台压力容器、200个压力管道全部造册登记，实行动态管理，保证特种设备安全生产。

第二节　标准化

1989年，全面贯彻国家标准、行业标准、地方标准、企业标准，查处违反标准违法行为，指导企业采用国际标准和国外先进标准，为企业新产品修订转换企业标准8个，新增产值120万元。1991年，图像、皮革鞣剂等10个产品制定了企业标准，实现效益248万元。1992年，起草制定小麦、玉米秸秆青贮氨化技术4项标准；1994年这4项标准经省市专家审定后，以河北省地方标准发布实施。1995年，该4项标准被评为省厅级科技进步二等奖，同年，秸秆养牛示范县顺利通过验收，全县增加效益3000多万元。1996年，农用机械、化工、食品、冷饮等企业制定标准26个。1997年，造纸、化工、农用机械等制定企业标准30个。1998年，为6家饲料企业起草企业标准。1999年，无极县被列为第二批消灭无标生产县，全县563个企业350个产品中，执行国家标准190个、行业标准130个、企业标准30个，自检产品287个，委托省市检验63个，标准覆盖率由1998年整改前51%提高到了100%，产品抽查合格率由1998年76%上升到89.3%，被评为省查处无标生产先进单位，消灭无标生产通过验收。2001年，针织、化工、医药企业制定企业标准30个，标准备案登记301个。2002年，制定食品、化工、木线企业标准32个，实现效益82万元。2003年，食品、化工、农药、机械行业制定企业标准40个，增加效益105万元。2004年，木线、面粉、农业、机械行业制定标准45个，标准备案25个。

2005年，深入企业9家和有关证明单位5家洽谈有关事项，采集有效数据1100多个，整理说明性文字800多页，收集有效证据材料9个。华通线缆有限公司和伟士达工贸有限公司取得采用国际标准和国外先进标准证书。同时为企业制修订标准40个。

自1989—2005年，投资7万余元，购置和搜集各类标准2万余份，帮助企业建立标准180多个，标准备案130个。

第三节 计量管理

1989年，在全县范围内开展计量检定、检测。对皮革面积机、电动机的经济运行状况测试、秤（台秤、案秤、地秤）、心电图、血压计（表）、天平、砝码、单项电度表、压力表、长度进行检测，全年检定、维修计量器具8760台（件）。1992年，对集贸市场使用的计量器具进行周期检定，检定计量器具9540台（件），其中强检6830台（件），周期检定率达96%，合格率为82%。1994年，围绕农用配件、柴油汽油、化肥、农药、种子等农资产品实施计量跟踪监督，全年检定、维修计量器具9840台（件），其中强检计量器具7420台（件），周期检定率为97%合格率为83%。1996年全年检定车速里程表、燃油加油机、三相电度表、地秤、台秤、量筒、量杯等计量器具10260台件，合格率为89%，依法没收贸易用杆秤1318支，木杆秤淘汰率98%，并顺利通过市、省局验收。1998年，开展以商品计量为重点的市场监督检查，围绕食品、农资、啤酒、小麦粉、液化气站与群众生产、生活密切相关的产（商）品实施计量跟踪监督，全年检定、维修计量器具10360台（件），合格率为90%。1999年，对全县90家企业107个定量包装产（商）品进行监督抽查，抽查合格率为89%。2001年，对医疗器具进行专项检定，检定医疗单位15家，其中心电图仪、X光机、B超、CT等医疗器械78台（件），合格率为92%，暂停不合格医疗器械4台。2003年对贸易结算用的衡器、配镜仪器、电度表、加油机、压力表、医用器具、啤酒量杯等计量器具进行检定，检定维修计量器具13500台（件），合格率为93%。该年度计量技术机构通过计量认证。2005年，进行直尺、天平、砝码、电子秤、压力表（计）、车速里程表、加油机、电能表、心电图仪、互感器等检定，年内共检定计量器具14500台（件），其中强检计量器具8960台（件），周期检定率达到96%，合格率为99%。全县220家企业强检项目实施强制检定。

第四节 行政执法

1990年，成立执法监督所，行政执法以《河北省经销伪劣商品处罚暂行规定》《国家工业产品质量责任条例》和《中华人民共和国标准化法》为依据，开展执法监督监察。

1992年，查获假冒劣质输液器1500套、劣质玉米种子50吨、劣质鱼粉3吨、劣质低压电器500件、劣质柴油5吨、假冒皮夹克150件、无生产许可证脱粒机30台，为消费者挽回经济损失120万元。

1993年，全年查获一次性输液器、假酒、假药等各种违法案件300余起，为消费者挽回经济损失80余万元。

1994年，查办假磷肥、劣质柴油、劣质白酒、农药、化妆品、注水肉等15种20类产（商）品，货物标值100万元，端掉黑窝点5个，挽回经济损失50余万元。

1996年，对医疗器械、食品、冷饮行业进行检查，查处注水肉、方便面、饮料等劣质产（商）品350余起，捣毁了生产劣质农资黑窝点2家，挽回经济损失34万余元。

1997年，整顿农资市场，对农药、种子、化肥32个产品实行售前报验，样品合格率为90%。查处假冒伪劣机油816桶，假冒磷肥63吨，捣毁5台捣鬼秤；查处假五粮液、古井贡酒345箱。

1998年，开展了净市场、打伪劣执法监督活动，查获假红塔山香烟、中华香烟、石林香烟1600条，假石家庄大曲酒300余件，假冒豪爵、金田摩托车10辆，假冒东北大米50吨、注水肉

2000千克，假冒化妆品12种73瓶。捣毁王家营村制假饮料窝点、捣毁楼下村“金鸡”鞋油制假窝点、捣毁大中郎村“奇强”洗衣粉制假窝点。

1999年，开展了查农资、保春耕、促发展，打假执法活动，查获假“二铵”案件8起、假冒“999”牌饲料7.5吨。

2000年，查获郝庄一带非法组装汽车37辆。2001年，查处劣质地条钢2起，21吨；查获剑南春假酒10件，假机油案5起，假有机肥2起，制售假冒皮革化工原料案8起，假阿胶案1起，查处非法检定电表案3起，没收非法校验台6台，查获城内眼镜店使用超周期眼光仪等计量案件9起，挽回经济损失81万元。

2003年，开展查建材、保建设、打假治劣执法工作，全年查获地条钢案件2起，查获地条钢20吨、查获黑心棉衣裤1000余件。

2004年，查处劣质钢材15吨，超周期检定计量器具案件14起，无标生产案件3起，4起违反强制性产品认证案件。

2005年，查获劣质地条钢5吨、汽油加油机作弊案件9起、假冒商品条码案件3起、查获假香油252千克、捣毁农资制假窝点9个，移交司法机关10起。到2005年底，累计查处质量案件4300余起，受理群众投诉案件260余起，没收假冒伪劣产（商）品标值296万余元，为消费者、企业挽回经济损失1060万元。

第五节　管　理

一、组织机构代码管理

1992年，无极县实施组织机构代码制度，当年办理组织机构代码证书305本。1993年10月，实施县级组织机构代码微机处理。

1998年11月，对组织机构代码微机软件进行升级。2000年9月，依托互联网实施组织机构代码网络办公。

2005年10月，开展数据清理整改工作，并升级软件，采用加密隧道传输，提高数据传输的稳定性、安全性。截至年底，共办理机构代码1793个。

二、管理机构

1979年12月15日，无极县标准计量所成立，属科委，计量工作仅限于制作木杆秤和修理台（案）秤。1984年，经县编委批准无极县标准计量所改为无极县标准计量管理所。1988年8月，成立无极县标准计量局，同年12月，按职能和工作性质，内设质量监督所、计量测试所。1989年3月增设办公室。1994年5月12日，无极县标准计量局更名为无极县技术监督局，设办公室、质监股、计量股、标准股、信息股、监督所、集贸市场监督所、计量测试所、质量监督检验所。2001年3月，实行垂直部门与地方政府双重领导，无极县技术监督局更名为无极县质量技术监督局。2005年，设办公室、综合股、标准计量股、质量监督股、特种设备安全监察股、质量监督检验所，全局有干部职工89人。

第八章　审　计

1989年，无极县审计工作，在本级政府和上级审计机关的领导下开展审计工作。1995年，《中华人民共和国审计法》颁布，标志着审计工作走向法制化轨道。到2005年，共完成审计项目

912个，审计各种违规违纪资金354000万元，纠正损失浪费金额231万元，上交财政880万元，归还原渠道资金568万元，调账处理3245万元，为国家增收节支201万元。完成提交的审计报告、信息352篇，其中被批示142篇，建议、纠正不当规定1194条。

第一节 审计类别

一、财政预决算审计

1989年，开始对乡镇财政预决算进行审计。1995年，开始实行财政“同级审”。由过去的“上审下”转变为“同级审”与“上审下”相结合。共审计财税和预算拨款等83个单位的预算执行情况，审计查出预算分配管理不够规范、挤占挪用专项资金平衡预算、收入征管工作不十分完善、罚没收费收入部分未纳入预算管理、已支付未列预算支出而挂预算暂付款形成财政包袱等问题。同级财政审计，摸清家底，县政府全面掌握财政真实情况、客观地了解财政管理和预算执行情况，强化政府调控手段，利于人大审批财政决算，加强财政经济活动的监督，提高财政管理和审计监督的透明度。

1998年以来，重点对乡镇财政决算进行审计。把财政财务收支的真实性、合法性、效益性作为审计重点，对乡镇财务预算外资金管理松弛、固定资产管理混乱、暂存、暂付等过渡科目管理不规范，各所站执罚执收款项不如实反映，不全额上交，票据使用不合规，以及损失浪费金额普遍存在等问题，提出纠正和改进审计建议213条，规范全县乡镇财政管理。

二、行政事业审计

1998—2005年，共审计行政事业单位652个审计项目，审计违规资金26782万元，上交财政623万元，归还原渠道资金232万元。

三、专项资金审计

1989年，对中央、地方投资370万元粮食基本建设进行了专项资金跟踪审计，粮食基地款的发放和使用做到专款专用。1993年，对世行贷款造林项目进行审计，审计资金总额168万元。1994—2005年，每年对民政社保专项资金、农业专项资金等进行审计，保证资金严格按照批复专项要求，专款专用，提高资金使用效率。将审计结果及时上报上级监督、资金管理部门。

四、经营贸易审计

1989年，无极县贯彻落实中央关于“治理经济环境，整顿经济秩序，全面深化改革”的方针和全国审计工作精神，完成化肥厂和汽车配件厂2个利税大户定期审计，定期审计食品公司、棉麻公司、商业局医药购销公司、北苏供销社4单位。查处坐支现金、挪用挤占资金共计200多万元；虚增利润十万余元；查出为个体户贷款担保，造成资金22.2万元被扣。

1990年，对化肥厂、棉麻公司、棉油厂进行审计。查出有乱摊成本，截留利润65万元；假报虚盈，少转费用，以亏报盈金额134.2万元，滥发奖金实物6.2万元。

1994年，对供销社、外贸系统亏损挂账审计，共审计56个单位，审计面100%。

1998年，完成国有企业审计9个，查出违纪资金1648万元，为企业提合理化建议42条，被企业采纳38条。

2002—2005年，帮助企业改制转型30多个，进行清产核资，盘活资产。

五、金融审计

1989—2005年，先后对人行、建行、农行、20个信用社、保险公司等15个金融部门进行审计，查出漏缴税金213万元、多提坏账准备金3500多万元、及预期贷款超标准和催收贷款超标准的问题，提出建议53条，被审单位采用42条，降低了金融风险。

六、投资审计

对1991—1993年的“基建热”的情况进行了审计，除对自筹基建项目的审批坚持“先存后批，先批后建，存足半年”，严格把关外，组织人员进行跟踪审计。1991 年共审计项目和单位 7 个，审计资金总额 470 万元，查出违纪资金 120 万元，纠正单位“无审批手续，乱拉资金，乱占耕地，批少建多，批后资金不落实”的问题，控制超前搞基建的状况。1993 年对 10 个基建项目单位，6 种建设项目（厂房、库房、办公楼、宿舍楼、基础设施、专项设施建设），总投资 285.33 万元进行审计，提出严把资金关和加强资金管理的审计建议。

七、经济责任审计

1995 年前，没有进行过经济责任审计。1995 年，对 4 个企业领导进行离任审计，查处违规违纪资金 197.6 万元。1997 年 3 月，县委、县政府下发无发〔1997〕11 号文件《关于对科级领导干部实行审计制度的决定》，明确规定对国家行政机关及乡镇党政一把手经济责任审计，并确定审计内容、审计程序、审计评价、审计处理和审计纪律。县直各党政机关、事业单位党政正职、乡镇、街道办事处党政正职均纳入经济责任审计工作范围。2004 年，县委组织部、纪检委、监察局、人事劳动和社会保障局、审计局联合印发《无极县经济责任审计联席会议制度》及《无极县经济责任审计联席会议办公室规则》；2005 年印发《关于进一步加强经济责任审计工作的意见》。

1995—2005 年底，共计对 55 个党政一把手和 10 个企业厂长经理进行审计，审计相对应的经济责任人 78 人，其中乡镇 46 人，县直 32 人。查出违规资金 7536.5 万元，管理不规范资金 1326 万元。组织部门运用审计成果晋升审计干部 14 人，平调 32 人，提交的审计报告全部得到落实。

八、内部审计

1991 年，逐步完善内审机构，对全县机构进行了调查摸底，应设 39 户，实设 9 户，针对这一薄弱环节，县印发《加强内审工作，促进企业生产经营管理》文件，到年底共有 31 个单位设立内审机构。

第二节　审计处理

1989—2005 年，完成审计项目 912 个，审计各种违规违纪资金 354000 万元，纠正损失浪费金额 231 万元，上交财政 880 万元，归还原渠道资金 568 万元，调账处理 3245 万元，为国家增收节支 201 万元。共计完成提交的审计报告、信息 352 篇，其中被批示 142 篇，建议纠正、不当规定 1194 条。

1989—2005 年无极县审计情况一览表

表 12–15

指标 年度	审计单位数（个）	审计资金总额（万元）	查处违纪金额（万元）	增加财政收入（万元）
1989	23	6348.9	147.72	1.5
1990	10	31309.3	100	25.28
1991	16	621.3	93.2	1.08
1992	19	7239.5	110.2	31.2
1993	69	12083	340	11
1994	149	24500	347	17
1995	99	32533	1682	16
1996	92	12680	731	21

续表 12-15

指标 年度	审计单位数（个）	审计资金总额（万元）	查处违纪金额（万元）	增加财政收入（万元）
1997	98	32600	5396	20
1998	105	51400	5014	24
1999	145	4500	7250	49.8
2000	70	53100	7558	50
2001	57	35670	4456	74
2002	43	55740	6372	20
2003	42	60030	8013	23
2004	18	43553	3196	34
2005	36	48656	1989	10

第三节　管理机构

1989 年，无极县审计局设公交商贸科、行政事业科和办公室，干部职工 10 人。2005 年，机构设行政事业科、工交商贸科、经济责任科、办公室及无极县基建财务审计中心，有干部职工 32 人。

第九章　国土资源管理

第一节　土地制度改革

一、土地管理体制改革

1978 年以前，土地的行政管理归民政部和财政部。1979 年 1 月，建委接管征地，民政部门不再管理征地。1983 年 3 月，农牧渔业部管理全国土地的调查、规划、立法、登记、统计工作，并对征用土地工作的利用情况进行监督检查；10 月，城乡建设环境保护部门负责城镇范围内的建设征用土地的管理工作；农业部门负责建设部门管理范围以外的建设征用土地的管理工作。1984 年 1 月起，审批征用手续分别按分工归口报批。从此，形成土地城乡分管的体制。

土地城乡分管，政出多门，出现不少漏洞，造成部分土地流失和浪费。1987 年，无极县土地局挂牌成立，结束了多头分散管理的历史，建立了土地统管体制。

二、建设用地审批权限改革

1987 年 1 月 1 日，《中华人民共和国土地管理法》实施后，《国家建设征用土地条例》即行废止。《河北省土地管理条例》规定，“征用土地 3 亩以下，其他土地 10 亩以下的，由县政府批准，并报上级备案；征用耕地 10 亩以下，其他土地 20 亩以下的，由地区行署批准，报省土地局备案；超过上述限额的，报省政府批准”。

1990 年，审批权限对经国家批准的经济开发区，中外合资企业和外资企业征用，划拨耕地

20亩以下，其他土地50亩以下的由地市人民政府批准。县域各类开发区应运而生，占用土地的势头很猛，影响和制约了农业和国民经济的健康发展。为严格土地审批权限、遏止滥用土地的行为，1992年出台《加强耕地保护制止乱占滥用耕地的紧急通知》《无极县出租国有土地划拨使用权征收抵交土地出让金暂行办法》等系列文件，进行整顿、清查、专项治理、加强和规范土地管理；严格落实国家、省、市规定的土地征出让、转让国有土地使用权限的审批法规。1993年，县政府认真落实省政府《关于严格审批和认真清理各类开发区的通知》，对于不具备建设条件的项目、资金不落实或过多占用耕地、占而不用的、经批准6个月内不开发建设的依法收回退耕于民，并对县域土地审批情况进行清理、检查。对于越权批地、化整为零、先占后批等违法行为进行纠正。1994年以后，县委、县政府多次召开国有土地使用权改革会议，先后出台《无极县土地统征管理办法》《无极县人民政府关于清理国有土地资产流失的通知》《关于高度垄断土地一级市场规范土地市场秩序的决定》等一系列文件，强调土地使用权限的统管原则。使国有土地使用权出让、转让的审批权限逐步法制化。

三、城镇国有土地制度改革

改革开放以前，无极县城镇国有土地使用制度长期实行国有土地的行政划拨，无偿无限期使用，禁止土地使用者转让。1990年7月15日，根据国家相关政策，国有土地使用权实施出让或转让。

1993年，出台《关于土地征用、出让国有土地的暂行办法》，由县土地管理部门代表县政府统一征用域内耕地3亩以下，其他耕地10亩以下的土地，按审批权限审批办理征地手续。对审批机关、学校、企事业单位的建设用地补偿标准作了规定，土地补偿费为耕地被征用前3年平均产值的3～5倍，安置补偿费为耕地被征用前3年平均产值的2～3倍。

1998年1月1日，《中华人民共和国土地管理法》（1998年修正）颁布，无极县对建设用地管理制度进行改革，严格按土地总体规划，限制农用土地转为建设用地，控制建设用地总量，对耕地实行特殊保护；并对土地补偿和安置补偿费标准进行调整。征用耕地的补偿费为该耕地被征用前三年平均值的6～10倍，征用耕地以外的其他土地补偿费标准为该地所在乡镇耕地前3年平均产值的5～8倍。征用未利用耕地补偿费，为该地所在乡镇耕地前三年平均产值的3～5倍。征用耕地的安置补助费，为该地被征用前平均产值的4～6倍。征用耕地以外，其他农用地和建设用地的安置补助费，为该土地所在乡镇耕地前3年平均年产值的4～6倍。2001年，县出台《无极县出租国有划拨土地使用权征收抵押金、土地使用金暂行办法》《无极县关于清理国有土地资金流失的通知》，2002年出台《无极县关于加强国有划拨土地使用权管理的紧急通知》等，对土地的征用进行改革和完善。2003年县出台《关于成立无极县经营性土地使用权招标、拍卖、挂牌出让执法监察领导承担的通知》。2004年出台《关于深化改革、严格土地管理的决定》，清理整顿土地管理秩序，规范土地市场。

第二节　土地利用总体规划

1990年2月开始编制，历经一年零一个月，于1991年3月完成。此规划共涉及八个专题，为规划提供依据的有土地利用动态监测和土地利用现状分析、土地适宜性评价、土地生产潜力与土地人口承载量、人口与各费用地需求预测、土地利用战略分析；为保障规划实施的有土地利用分区规划、基本农田保护区规划、土地利用开发规划。

1997—1998年，无极县土地利用总体规划进行编修。编修的规划期为1997—2010年。根据国民经济发展需要和土地利用特点，对在保持耕地面积相对稳定，满足农业建设用地的需求，不断提高土地利用的生态、经济和社会效益的土地利用战略方针，对阶段内土地利用目标、土地利用结构、土地利用分区，进行了科学、合理的调整和确立。规划还依据人口增长、流动态势和土地开发，保护的形势，重新对远期目标进行了展望。

编修后的土地利用目标，到2010年增量为178.1公顷，减少量控制在95.4公顷，增减量相抵，耕地净增量82.7公顷，总量为35924.6公顷，人均耕地1.1亩。2010年耕地总量动态平衡有余，其中开发整理耕地858.5公顷，耕地减少量控制在286.3公顷，增减相抵，耕地净增不低于570公顷。总量36414.1公顷，人均耕地1.03亩。

园地，2000年面积净减136.1公顷，达2413.2公顷，2010年净减464.4公顷，达2084.9公顷。

林地，预计增加2710亩，规划期内计划利用沟、路、堤旁栽植行树，提高林木覆盖面积。

居民点及工矿用地，2010年控制在7230公顷的市控指标内，为7117.6公顷。

交通用地，到2010年交通用地净增加11.5公顷，为1364.5公顷。

水利设施用地，到2010年净减1.2公顷，为194.4公顷。

展望2020年，人口增长以城镇化为主，城镇发展用地与农村居民点压缩用地基本持平，建设用地总量不会增加，耕地仍稳定在3.58万公顷。

土地利用结构调整，到2010年耕地面积由35841.9公顷调整到36414.1公顷，耕地净增加572.2公顷，其中补充耕地858.5公顷，包括开荒地284.2公顷，开发滩涂307.7公顷，退园还耕266.6公顷。耕地面积占全县总面积的比重由71.2%，增加到72.3%。

到2010年，园地面积将由2549.3公顷调整到2084.9公顷，净减少464.4公顷。其中，各类非农业建设占用园地197.8公顷，退园还耕266.6公顷，园地面积占全县土地总面积的比重由5.1%减少为4.1%。

林地面积保持在562.1公顷，占土地总面积的比重仍为1.1%。但通过构建耕地保护林及“四旁”植树，林木覆盖率将有提高，县域生态环境有所改善。

到2010年，建设用地将由6546.1公顷调整为7117.6公顷，占全县土地总面积的比重由12.9%增至14.1%。

到2010年，交通用地将由1363公顷调整为1374.5公顷，净增用地11.5公顷，占全县土地总面积的比重将由2.7%增至2.8%。

到2010年，未利用土地将由1960.3公顷调整为1327.9公顷，净减少632.4公顷，占全县总面积的比重将由3.9%减少为2.6%。

第三节　地籍地政管理

一、土地登记发证

1989年11月，根据国务院《土地登记规则》，对全县农村宅基地和使用国有土地的单位进行清理登记和确权发证。通过清理登记，确权发放农村宅基地使用证115382本，并建立农村宅基地三级档案。为使用国有土地的单位确权发证，建立土地使用台账。通过清理登记，澄清农村宅基地和国有土地的底数，完成土地变更调查，完善土地登记制度，实现地籍管理从粗放型向集约型转变。

1997年—1998年，对全县城镇居民点占地进行登记清理。经过自动审报、重点清查，为311宗占地进行登记和确权发证。

1989 年无极县乡镇行政区域土地面积统计表

表 12—16　　单位：亩

乡镇名称	行政面积	乡镇名称	行政面积
城关镇	40500	郭庄镇	42000
七汲镇	43500	楼下乡	40500
甄村乡	21000	前北焦乡	30000
张段固镇	37500	东侯坊乡	33000
郭吕乡	42000	里城道乡	48000
庄里乡	39000	大陈镇	37500
高头乡	48000	泗水乡	37500
北苏镇	33000	南流乡	45000
郝庄乡	42000	东侯乡	43500
南马乡	36000	县直	9000
西东门乡	40500	合计	786000

2005 年无极县乡镇行政区域土地面积统计表

表 12—17　　单位：亩

乡镇名称	行政面积	乡镇名称	行政面积
无极镇	85500	郭庄镇	64500
七汲镇	81000	东侯坊乡	84000
张段固镇	76500	里城道乡	66000
高头乡	48000	大陈镇	63000
北苏镇	81000	南流乡	45000
郝庄乡	82500	县直	9000
合计	786000		

2001 年，对全县集体土地权属进行调查核实和确权发证，并实施了动态管理。调查核实乡镇村土地 432 宗，其中农民集体土地 122 宗，乡镇农民集体土地 105 宗，国有土地 205 宗。编制分幅地籍图 31 幅，宗地图 680 分。

二、土地利用现状更新调查

2002 年 10 月，从省测绘局聘请 27 名专业技术人员，制定《无极县土地利用现状更新调查建库实施方案》，通过摸底分析、“行政界线权属调查”“行政边界调查”“权属界线的调绘和确定”“土地利用现状调查”和建立数据库，到 2004 年 3 月准确地量出 11 个乡镇、213 个行政村和 3 个国有农场、林牧场及党政机关、国有、集体企事业单位的行政面积，划定行政权属界线，签订协议书 213 份，涉及单位 370 个，加盖 1766 枚公章，完成权属界线图 213 幅；查清了县、乡、村各行政范围和集体土地权属内的土地总面积、土地利用类型、分布状况及各种地类占地面积，绘制11个乡镇1∶10000土地利用现状图、土地边界接合图、撰写各乡镇土地利用现状调查说明书和无极县土地现状调查报告。全县共调绘了1∶10000的影像平面图35幅，填写外业调绘手簿413本，调绘出图斑3171块。零星地类712个，居民地以外的独立工矿堪丈352个。通过调查，全县土地总面积为754973.1亩，即503.3154平方公里。按全国技术规程规定的一级分类和二级分类的地类划分标准。全县共划分一级地类7个，二级地类20个，并于2004年3月通过了河北省国土资源厅的检查验收。

第四节　基本农田保护

一、基本农田保护区规划

基本农田保护是土地利用总体规划的重要组成部分，也是总体规划的深入和具体实施，是保护耕地资源，增加农业生产后劲，强化土地管理的一项重要措施。1991年，依据无极县土地利用总体规划，编制《无极县基本农田保护区规划方案》，制定保护区单元的划分，确定保护面积的指标，平衡保护区面积指标的分配。保护区规划到2010年，全县基本农田保护870块，4374118亩，占全县耕地面积的98.84%，其中一级农田保护面积304812.4亩，占耕地面积的69.96%，二级农田保护面积12754.6亩，占耕地面积的29.15%。2000年以后，随全县土地总体规划的编修，基本农田保护、保护规划基本保持相对稳定，随着1996年乡镇区划的变更，部分基本农田权属划归新辖乡镇的保护区权属之内。

二、基本农田保护措施

1.1991年，设立基本农田保护区后，便制定相应的《无极县基本农田保护管理办法》，规定基本农田保护区，一般视为建设用地的禁区，不得随意征用。如国家建设确需征用，除从严报批、依法收取征用费（税）外，还需要加收土地补偿费（用于荒地开发和中低产田改造）。一般征用粮、棉、油料作物的一级保护区和蔬菜保护区的土地，要加收相当于征地费的60%的土地补偿；征用粮、棉、油料作物的二级保护区的土地，要加收相当于征地费40%的土地补偿费，同时，被征地的村要增设相应的保护地块，做到占一亩补一亩，占补平衡。

对于在基本农田内随意进行非农业建设（如营建住宅、开办乡镇企业）的集体和个人，要责令其限期恢复原貌外，每平方米要处以2～4元的罚款，并写出书面检查。对国家机关、企事业单位的公职人员还要给予必要的行政处分。

2.要维护保护区内耕地的稳定性。农田保护区的利用方式不得随意改变，不得毁田造林种果；不准挖沙取土；不准挖塘养鱼；不准撂荒闲置。对随意改变保护区利用方式的集体或个人，除责令恢复地貌以外，每平方米处2～3元的罚款，对蓄意破坏者，要绳之以法。

3.加强地力建设、建立地力补偿制度。引导农民对土地的投入，合理施肥，使保护区的耕地质量水平不断提高，同时还要建立地力监测制度，定期进行土壤分析、化验；对不积极投入，使地力下降的，要给予经济处罚，过期不达标的，要收回土地使用权。1996年，随着乡镇区划的变更，保护的管辖制度改变，县政府进一步修订保护区措施，实行四级责任制。县政府与乡镇政府、乡镇政府与村庄、村委会与承包户层层签订责任状，明确一把手为责任人，及其责任权利；同时设立50个高标准的保护牌，标示保护区范围内容，建立法规，明确保护区责任人，让群众监督；定期或不定期的进行检查，发现问题，及时纠正、处理，表彰先进，处罚后进。

第五节　农村宅基地

1987年前，农村宅基地的发放使用，贯彻落实省、地规定，坚持利用闲散地、荒地、旧宅基地；不准占用耕地，不准在承包责任田和自留地盖房的原则。由于宅基地涉及千家万户，管理十分困难，曾一度出现私自发放、批小占大、建新不拆旧的个别现象。1987年，《中华人民共和国土地法》颁布后，县将土地保护区列入重要议事日程，不断强化农村宅基地的管理。

一、清理、登记、发证

1987年，出台《无极县人民政府关于认真清理农村宅基地的通知》和《无极县人民政府关于农村宅基地清理发证工作若干规定》，建立县、乡、村三级专门领导机构，组织清理人员，深入全县20个乡镇210个行政村，逐户进行勘测，丈量和登记，为权属明确、界限清楚、无争议的113821户给予确权发证。在此基础上，建立了三级档案。

二、建章立制，依法管理

进入20世纪90年代以后，宅基地划入土地规划，结合土地利用规划，基本农田保护规划和宅基地管理规划，实行农村宅基地现状图、农村宅基地规划图、农村宅基地十年早知道一览表的“两图一表”制度；个人申请、村民代表讨论、村委会研究、乡镇政府审核，县政府按法定程序审批张榜公布的制度；严格执行“一户一宅”，面积不超过三分的法律规定；对原有住宅出卖、出租或赠予他人的不予申请宅基地，严禁国家工作人员申请宅基地等制度。1997年在乡镇行政区划变更后，又组织人员，对农村宅基地进行摸底清理，摸清了全县宅基地总数，空闲地块，建新不拆旧的户数及面积。

三、“空心村”治理

随着人民生活水平的不断提高、部分农民进城以及计划生育人口下降等原因，农村出现大量的闲散住宅，既影响村镇规划，又闲置浪费土地。针对存在的问题，县开展专项治理“空心村”活动，制定严格的奖惩办法，抽调人员，组成30多个工作组，进驻重点村，采取“分类指导、典型引路”“党员干部带头”的办法，先后在高头、张村等村召开现场会。经过一年的努力，到2001年，全县动用铲车366台次，清除建新不拆旧宅基地2001块、清理闲散宅基地3892处、房屋12879间，开通街道304条，清理树木16709棵、拆墙11347米，圈坑1907个，清理腾出土地1214.6亩，明晰了产权，化解矛盾，促进农村宅基地的规范化管理，并在省市治理“空心村”工作会议上介绍经验。

第六节　土地征用

一、国家建设用地。

1993—1997年，征用划拨耕地3亩以下，其他土地10亩以下的由县政府批准；征用划拨耕地10亩以下，其他土地20亩以下，由石家庄市政府批准。用地单位需按照土地管理法提交用地申请，国土管理局负责组织有关单位签订征地协议，并填报建设申请书；用地单位持有关批准文件、资料、申请书、征地协议、平面图，按批准权限逐级报批。

1999年以后，征用土地的批准权限上收，基本农田、基本农田以外的耕地超过35公顷的，其他土地超过70公顷的由国务院批准；征用前款规定以外的其他土地，由省人民政府批准，并规定征用农用地的首先办理农转用审批，同时还规定了征用土地安置补助费用的最低标准和最高限额。到2005年，全县共征用土地709.7亩，其中耕地693.7亩，其他土地16亩，其中用于企业203.54亩，机关学校3.26亩，住宅14.74亩。从而确保全县占用土地的需要，促进全县各项事业的发展。1998年，依法征用张段固镇齐洽村耕地186亩，创建齐盛皮革股份有限公司，该公司投资3800万元，年产值4亿元，年利税4000万元，安置工人3000人，成为省五百强企业之一。

二、乡镇企业建设用地

1993年以来，根据省、市相关规定，无极县出台相应的管理办法，明确规定乡镇村兴办企业的，应首先利用现有设施和非耕地及闲置的场地，严格控制占用耕地。确需占用集体所有土地的，须提出书面申请，经村委会同意，签订土地使用合同或协议，报乡镇政府审查，报县国土部门批准，严格控制砖瓦窑占地。确需占用的应符合恢复土地耕种条件的要求，严格控制取土范围和深度，用土后及时复耕。不准以任何理由批占耕地建住宅、建路旁点；对未经批准，擅自占用或以村委会集体研究决定占用耕地，发放宅基地的行为进行严肃查处。

第七节 土地开发复垦与土地监察

一、土地开发复垦

1987年，针对本县土地利用率高，可供开发的后备资源少的特点，研究制定《无极县土地开发整理规划》和实施措施，有计划开发复垦。1995年，完成荒地开发9550亩，中产田改造50000亩，低产田改造30000亩。2001年共立项33个，其中开发项目17个，土地整理6个，土地复垦10个。完成开发1359.6亩，完成市指标807.7亩。2002年完成1304.4亩，完成市指标1301.5亩，2003年完成1094.2亩，完成市指标457亩。2005年完成1179.95亩，完成市指标700.5亩。

二、土地监察

1987年，土地执法检查由乡镇土地所配合实施。1998年，全县建立城管土地中心所、东侯坊中心所、大陈中心所、张段固中心所4个土地中心所。

2001年，规定3亩以内的土地违法案件由土地中心所处理，3亩以上的由土地执法监察局处理，钉子户、重点户、大案、要案由土地治安室协助各中心所和土地执法监察局处理。到2005年，共处理各种土地违法案件3980宗，其中乡镇企业违法占地187宗，涉及占地面积487.3亩，个体违法占地2183宗，占地1974.4亩，养殖户占地831宗，占地1300余亩，农村宅基地779宗，占地233.7亩，自动拆除的1372宗，强行拆除的137宗，恢复地貌的1321亩。对于符合占地条件的补办，占地手续的931宗。立案916宗，法案的900宗，结案率96%移交法院执行的14宗。受到党政纪处分的4人，受到刑事处理的2人，拆除非法建筑312间。

第八节 土地市场

一、土地市场整顿

1993年，针对私下交易，变相买卖土地的问题，进行清理整顿。全县共查处擅自出租国有土地使用权的8宗，擅自转让国有土地使用权的12宗，私下交易土地的14宗，对私下违法交易土地的单位和个人，做出了补交、应交出让金的决定，责令补办了相关手续。

1998年，成立土地交易市场，对国有土地实行统一规划、统一征用、统一出让、统一价格、统一管理。

2001年11月22日，出台《无极县土地统征管理办法》，对征地的对象、范围、条件以及方法和各项补偿标准做出了明确规定；12月印发《关于清理国有土地资产流失的通知》，对国有土地流失情况进行清理整顿，规范土地市场秩序。

根据法律、法规结合无极县的实际情况，优化土地资源配量，防止国有资产流失，成立无极县土地储备中心。负责全县统一征用集体土地储备管理；负责收回、收购国有土地的储备管理；负责储备土地前期开发与整理；负责土地的储备，供应及出让方案的制定等。截至2005年，共出让土地339宗，土地面积1006.389亩，出让金7759.652万元。

二、土地使用权转让、抵押

1991年，农村宅基地首先实行有偿使用。1996年，成立房地产交易市场，并规定国有划拨土地用于经营性的土地凡符合条件的，一律实行招标、拍卖或挂牌形式出让，严禁协议出让。

2002年，鉴于大量划拨土地非法入市，有的单位以种种理由搞隐形交易，随意减免地价、挤占国有土地收益，使国家造成巨大经济损失。根据相关规定，县下发《关于加强国有划拨土地使用权的紧急通知》，对于单位和个人侵占、买卖非法转让、出租、抵押、划拨土地使用权，非法经营房地产或改变原有用途的等非法行为，进行责任追究。共清理出国有土地50块（150亩），收缴出让金870余万元。截至2005年，共办理土地转让429宗，面积308亩，转让金额3604.5元，抵押313宗，面积2362亩，抵押金额为24745万元。盘活存量土地26宗，面积186亩，资产总值1324万元；收购、回收土地11宗，面积132亩；参与企业改制8宗，土地面积113亩。出让土地使用权129宗，面积42.321公顷，出让金额6486.13万元。

1998—2005无极县国有土地使用权交易情况表

表12—18

科目	年度	1998	1999	2000	2001	2002	2003	2004	2005
出让	宗数	19	24	25	14	26	8	5	8
	面积（亩）	6.68	13.10	22.10	60.82	11.32	55.63	81.27	380.04
	金额(万元)	141.6872	258.7198	316.1034	1439.8531	165.66725	730	1718	1715.6386
	政府收入								
转让	宗数					92	51	26	20
	面积（亩）					57.90	37.35	69.90	43.32
	金额(万元)					983.3445	676.09	363.66	581.6
	政府收入								
拍卖	宗数		6		1	1	2	1	1
	面积（亩）		3.49		0.26	2.05	9.85	1.65	0.63
	金额(万元)		126		8.5	41	102	55	202.376
	政府收入								
抵押	宗数	23	13	33	34	63	67	18	11
	面积（亩）	293.25	25.05	85.05	52.5	414.60	441	9.96	174.60
	金额(万元)	2165.85	480.2	1368.912	2130	3132.786	4979.84	278.35	1745.81
	政府收入								

第九节　矿产资源管理与土地测绘

一、矿产资源管理

1989年，全县矿产资源属乡镇企业局管理。主要负责砂矿开采和粘土制砖的管理。机构改革后，将其并入国土资源管理局职能之内。原班人员和职能并入后，成立了矿产科。2002年，非法采沙出现回潮，乱挖滥采、偷运、偷卖沙源现象严重，沙业秩序比较混乱。为整顿沙业管理秩序，掌握全县砂矿资源开采情况，县制定《关于治理整顿砂矿资源管理秩序的通知》，按照《中华人民共和国矿产资源法》和《河北省矿产资源管理办法》的有关规定，取缔和处罚无证采砂，取缔公路两侧砂石经销点，打击盗窃砂矿者。经过调查、摸底，全县涉矿企业29家，其中开采黏土制砖企业27家，生产黏土砖3.24亿块；开采建筑用砂4家，年开采用砂8.66万立方米。全县矿产资源和涉矿企业的管理面达100%，收费面达100%。到2005年底，共查处涉矿违法案件58件，立案38件，处理结案37件，调解20件，调查来信来访24起，处理违章操作2起，对6家存有安全隐患的砖厂进行督导整改。

二、测绘管理

2002年，基础测绘工作管理划归国土资源部门，由国土局地政科负责，对全县辖区各等级测量标志点进行检查和核定、落实测量标志的保护人员。对有测量资质的单位进行填表等级和审查。建立三级测绘网络。

2004年，编制《无极县基础测绘规划》；聘请技术人员，对县域的重点区域的导线网进行布设，完成重点区域和全县1∶50000比例行政图和县城平面图的绘制，建立地形图数据库。

第十节　管理机构

1987年，无极县土地管理局挂牌办公，定编8人，设办公室，征拨股、农建股、监察股。各乡镇设土地管理员。

1995年，设办公室，征拨股、农建股、地政股、评估所、监察股，增设一乡一所，乡镇土地管理所属乡镇政府编制序列。1996年，设4个中心所（属于土地局管理序列）。

2002年，更名为无极县国土资源局，设办公室、地籍地政科、政策法规监察科、矿产资源管理科、五个中心土地管理所。行政编制12人。

2004年12月，划归双重管理机构。2005年，设办公室、地籍地政科、政策法规监察科、矿产资源管理科、耕地保护科，共有职工141人下设地产交易市场、土地评估所、五个中心土地管理所。行政编制12人。

第十章　安全生产管理

第一节　专项整治

一、危险化学品专项整治

建立重大危险源单位安全管理月报制度和季度检查制度，危化企业均编制事故应急救援预案。企业自查、企业间互查、专班重点督查相结合的方式，对全县危险化学品企业下达安全检查通知，要求企业自查不留死角，互查不留情面。督促危化企业进行安全生产许可证和危险化学品经营许可证的延期换证。新、改、扩建项目必须通过三同时审查。

二、烟花爆竹安全监管

按照《中华人民共和国安全生产法》《烟花爆竹安全管理条例》《烟花爆竹经营许可实施办法》的规定，县安监部门通过安全许可等行政手段，对烟花爆竹从业单位的安全工作进行全面监管。配合有关职能部门进行交通运输、火灾隐患、消防安全、建筑现场和特种设备的整治。1.严格布点。规范城区及乡镇各烟花爆竹经营点，全县200家经营点重新进行规划布局。2.打击非法生产经营。县安监、公安会同相关部门、乡镇，开展联合执法。对烟花爆竹批发、零售、经营的产品，进行检查和抽检，对不符合国家行业标准的产品及私购滥进的不合格产品全部予以收缴。在日常监管工作中，严格查处无证非法经营行为，严禁无安全生产许可证的生产企业生产烟花爆竹制品和伪劣产品进入无极县境内销售。3. 开展培训。对烟花爆竹批发企业主要负责人、安全生产管理人员、仓库保管员、搬运人员及零售点负责人，均进行培训，经考核合格后上岗。改善经营条件。对经规划新增的烟花爆竹仓库，严格依照《烟花爆竹工作设计安全规范》规定，按标准建设。

第二节　综合监督

一、落实责任

县每季度召开安全生产会议例会，重大节假日、重要时期随时召开安全生产工作会议，对安全生产工作进行安排部署，并层层签订安全生产责任状，落实安全生产责任制。每年初，与各乡镇、部门签订年度安全生产责任书，制定《无极县安全生产责任目标考核办法》；年底，由县政府组织考核组，对各乡镇和签订责任书的部门的安全生产责任制的落实情况进行综合考评。

二、监督检查

采取全面检查与重点抽查、经常检查与突出检查相结合的办法，进行监督检查。2002—2005 年，每年元旦、春节、全国两会、五一、十一、汛期等时期，均组织开展安全生产生产大检查活动。

三、安全标准化

按照有省、市要求，推行企业安全标准化工作。采取“先试行，再推开”的方式方法，积极稳妥的开展安全标准化工作。同时县安监局积极探索，认真总结推广先进经验，对出现的问题，及时进行处理，促进创建活动正常开展。

四、安全培训

2002—2005 年，举办特种作业人员培训班 7 期，培训特种作业员 500 余人；举办企业主要负责人和安全管理人员培训班 6 期，培训企业主要负责人和安全管理人员 200 余人；举办企业职工安全技能、安全知识培训班 5 期，参加培训的企业职工 800 余人。

五、宣传教育

2002 年，县委宣传部、县安监局、县总工会、共青团县委、县广电局联合下发《无极县关于开展 2002 年“安全生产月”活动的通知》，在全县开展以“安全责任重于泰山”为主题的第一个全国安全生产月活动。截至 2005 年，已组织开展 4 次安全生产月活动，累计悬挂安全宣传条幅 240 条，发放宣传单 2.5 万余份，摆放展牌 100 余块，接待群众咨询 3 万人次。

第三节　管理机构

2002 年 5 月，无极县安全生产监督管理局成立，挂靠经贸局，设安全科，挂无极县安全生产委员会办公室牌子。2005 年 12 月，与经贸局分开，单设安全生产监督管理局。设办公室、安全生产科，干部职工 20 人。

中国共产党地方组织

1989—2005年，中共无极县先后召开第五届、第六届、第七届、第八届委员会。历届委员会全面贯彻落实中共十三大、十四大、十五大、十六大精神，坚持党的路线、方针、政策，围绕“富民强县，加快发展”和全面建设小康的总体目标，以马列主义、毛泽东思想、邓小平理论、“三个代表”重要思想和科学发展观为指导，坚持以人为本，结合县情和发展实际，适时谋划和提出不同阶段的发展目标和思路，做出相应的重大决策。解放思想，求真务实，与时俱进，开拓创新，推动了社会经济快速发展、党的组织建设、党的执政能力建设、基层政治民主建设、党的廉政建设，宣传教育，政治文明建设，精神文明建设和民主法制建设，不断取得新成就，各项社会事业全面进步，全县综合实力不断加强，人民生活水平不断提高，民生保障明显改善。到2005年，全年生产总值完成61.9亿元。新增建设项目588个，总投资34.4亿元，年均增长34.8%，其中千万元以上项目35个，亿万元以上项目3个，推动县域经济快速发展。

無極縣志

第一章　党员和党的重要会议

第一节　党　员

1989 年全县共有党员 19354 名。1989 年以后，围绕经济建设中心，把发展党员的重点放在生产一线的工人、农民、教师身上，严格按规定程序和标准做好党员发展工作。到 1992 年全县党员有 20083 名。1993 年，根据党章和上级有关规定，结合无极县实际，制定《无极县 1993—1995 年发展党员工作规划》，实施主攻难点（解决多年不发展党员的农村支部）、保证重点（发展一线）、夯实基础（加强入党积极分了队伍建设）的工作思路，实行登记、警报、考评制度，解决多年不发展党员的农村支部 24 个，在生产一线农民中发展党员 175 名，吸收入党积极分子 3000 余名，这一做法受到石家庄市领导的肯定。

1995—1996 年，县总结“八五”期间党员发展的经验和教训，制定《无极县发展党员五年规划（1996—2000 年）》。重点在乡镇企业、个体私营企业和优秀青年学生中发展党员。在入党积极分子队伍建设上，实施入党积极分子建设工程。1997 年实行入党积极分子集中培训制度，保证新党员的高素质。1998 年，县委重视从新的社会阶层中吸收优秀分子入党，入党积极分子队伍建设的渠道不断拓宽，基础更为广泛。先后建立和实行公示制、预审预批制、基层党委委员列席支部发展党员大会和县委组织员列席党委审批新党员制度，保证新党员质量。五年中，全县共发展党员 1483 名，其中女党员 330 名，占 22.2%；35 岁以下青年党员 988 名，占 66.7%；高中及以上文化程度 1138 名，占 76.7%，全县党员队伍结构得到改善。2001 年制定《无极县发展党员五年规划（2001—2005）年》，明确“十五”期间全县发展党员工作具体目标，实施“双育双优”工程（把农村党员培育成致富带头人，优化其自身发展能力；把农村致富能手培育成党员，优化党员队伍构成）、培养工程，继续深入实施发展党员系统工程。2005 年全县发展党员 366 名，其中女党员 54 名，占发展党员总数的 14.8%；35 岁以下 226 名，占 61.8%；高中以上学历 284 名，占 77.6%。

1989—2005 年无极县中共党员基本情况统计表（1）

表 13–1　　　　单位：人

项目＼年度	总数	性别		民族		年龄结构						文化程度					
		男	女	汉	少数民族	25 岁以下	26–35 岁	36–45 岁	46–55 岁	56–60 岁	60 岁以上	大专以上	中专	高中	初中	小学	文盲
1989	19354	17144	2210	19063	291	592	3770	5826	4976		4190	502	1079	2718	5399	5927	3729
1990	19616	17374	2242	19321	295	607	3728	6023	5085		4173	609	1136	2917	5723	5881	3350
1991	19900	17599	2301	19597	303	650	3896	6098	5138		4118	680	1231	3133	5819	5800	3237
1992	20083	17804	2279	19782	301	725	3978	6141	5200		4039	710	1332	3308	5892	5718	3123
1993	20275	18000	2275	20006	269	821	4080	6219	3517	1675	3963	756	1401	3502	5978	5707	2931
1994	20332	17942	2390	20063	269	911	4155	6117	3632	1703	3814	815	1490	3612	6037	5598	2780

续表 13–1

年度/项目	总数	性别		民族		年龄结构						文化程度					
		男	女	汉	少数民族	25岁以下	26–35岁	36–45岁	46–55岁	56–60岁	60岁以上	大专以上	中专	高中	初中	小学	文盲
1995	20517	18067	2450	20247	270	958	4301	6106	3799	1797	3556	881	1585	3787	6141	5579	2544
1996	20425	18048	2377	20114	311	729	3608	5916	4490	2085	3597	1325	1796	4044	5992	5229	2039
1997	20466	18209	2257	20153	313	830	3505	5955	4609	2065	3502	1328	1840	4014	6214	5116	1954
1998	20358	17963	2395	20057	301	442	2594	5181	5719	1653	4769	1458	1647	3602	6921	5253	1477
1999	20538	18102	2436	20230	308	456	2419	5015	6035	1687	4926	1588	1725	3732	6922	5147	1424
2000	20733	18273	2460	20438	295	505	2316	4621	6364	1761	5166	1677	1802	3870	6886	5109	1389
2001	20765	18301	2464	20480	285	511	2430	4635	6365	1768	5056	1744	1831	3931	6946	4982	1331
2002	20847	18349	2498	20610	287	557	2475	4671	6365	1748	5031	1832	1859	3988	7003	4885	1280
2003	21007	18470	2537	20712	290	569	2493	4739	6570	1634	5002	1902	1899	4082	7015	4880	1229
2004	21243	18669	2574	20951	292	503	2130	3956	5672	2828	6154	2062	1932	4205	7066	4791	1187
2005	21502	18879	2623	21206	296	528	2211	4075	5743	3110	5835	2200	1980	4415	7102	4684	1121

1989—2005 年无极县中共党员基本情况统计表（2）

表 13–2　　单位：人

年度/项目	行业分布											
	农林牧鱼水利业	工业	建筑业	交通运输邮电通讯业	商业公共饮食物资供销和仓储业	房地产管理公用事业居民服务和咨询业	卫生体育社会福利业	教育文化艺术广播电视业	科学研究技术服务业	金融保险业	国家机关政党机关社会团体	其他
1989	13709		50	135	951	48		1191	4	183	1579	28
1990	13698		48	149	1213	135		1249	7	278	1487	348
1991	13695		51	146	1282	137		1281	4	298	1633	340
1992	13641		52	159	1329	159		1350	4	325	1670	324
1993	13676	1095	52	239	1362	51	278	1134	5	331	1689	363
1994	13516	1100	57	248	1413	66	325	1129	10	345	1735	388
1995	13390	913	60	259	1442	116	384	1079	5	413	2083	373
1996	12950	1046	53	193	1488	69	311	1173	60	293	2327	462
1997	12968	1002	51	197	1510	70	325	1388	60	309	2158	428
1998	13557	1064	60	111	988	59	173	1189	49	110	2880	118
1999	13505	1078	61	109	994	59	175	1256	52	124	3017	108
2000	13500	1074	62	116	994	62	176	1293	52	127	3162	115
2001	13398	1057	85	103	814	62	180	1328	42	30	3476	190

续表 13–2

项目＼年度	行业分布											
	农林牧鱼水利业	工业	建筑业	交通运输邮电通讯业	商业公共饮食物资供销和仓储业	房地产管理公用事业居民服务和咨询业	卫生体育社会福利业	教育文化艺术广播电视业	科学研究技术服务业	金融保险业	国家机关政党机关社会团体	其他
2002	13318	1072	87	96	816	78	182	1353	42	25	3576	192
2003	13373	1079	88	97	819	80	184	1365	40	20	3666	196
2004	13203	1083	90	91	785	82	167	1386	40	20	4103	193
2005	13283	757	95	94	792	85	181	1396	44	21	4153	601

第二节　党的重要会议

一、党的代表大会

1. 中共无极县第五次代表大会

1989年12月17日至19日，中共无极县第五次代表大会在县社礼堂召开，出席大会代表204人，代表全县19354名党员。其中，各级领导干部代表127人，占代表总数的62%；各类专业技术人员代表38人，占19%；解放军、武警代表1人，占0.5%；离退休干部代表2人，占1%；妇女代表38人，占19%；少数民族代表4人，占2%；45岁以下的代表104人，占51%。大会主要议程和内容是一、听取和审议中共无极县委员会工作报告；二、听取和审议中共无极县纪律检查委员会工作报告；三、讨论通过关于加强党的建设的决议；四、选举中共无极县第五届委员会；五、选举中共无极县纪律检查委员会。

经过代表认真审议，通过县委工作报告、纪委工作报告，以及相应的决议。按照大会通过的《选举办法》，经过全体代表充分酝酿讨论、预选和正式选举，产生中共无极县第五届委员会委员30人，候补委员5人；纪律检查委员会委员13名。县委委员平均年龄45岁，大专以上文化的15人，占43%；专业技术人员1人，妇女1人。

2. 中共无极县第六次代表大会

1993年6月26日至27日，中共无极县第六次代表大会在政府招待所召开，出席大会代表200人，代表全县19900名党员。其中，各级领导干部120人，占代表总数的60%，比上次代表大会减少2%；各类专业技术人员、各条战线的先进人物代表80人，占40%，比上次代表大会增加0.1%；少数民族代表4人，占2%，比上次代表大会增加0.04%；妇女代表25人，占12.5%，比上次代表大会减少了6.5%；武警党员代表1人，占0.5%，比上次代表大会增加0.1%，充分体现了代表的广泛性和先进性。代表中45岁以下100人，占50%，比上次代表大会减少了1%。大会列席人员61人，特邀代表7人。大会的主要议程和内容是一、听取和审议中共无极县委员会工作报告；二、听取和审议中共无极县纪律检查委员会工作报告；三、选举中共无极县第六届委员会；四、选举中共无极县纪律检查委员会。

大会采取无记名投票方式，先进行差额预选，而后进行正式选举的方法，选举产生中共无极县第六届委员会委员31人，候补委员5人；中共无极县纪律检查委员会委员20人，连任委员6人。

大会总结了过去三年的工作，提出今后五年全县改革开放和经济建设的主要任务。大会号召，全县各级党组织，全体党员和人民群众要振作精神，团结一致，以党的十四大精神为指针，围绕建立和完善社会主义市场经济体制，抢抓机遇，加大改革力度，扩大开放力度，进一步强化农业基础地位，调整优化工业结构，加速发展第三产业，加强和改善党的领导，确保全县两个文明建设登上新台阶。

3. 中共无极县第七次代表大会

1998年3月17日至18日，中共无极县第七次代表大会在县政府招待所召开，出席大会代表246人。其中，各级领导干部代表148人，占60%，与上届持平；各类专业技术人员、各条战线的先进人物代表96人，占39%，比上届减少1% 解放军、武警代表2人，占1%，比上届增加0.5%；少数民族代表4人，占2%，与上届持平；妇女代表29人，占12%，比上届减少0.5%；45岁以下的代表123人，占50%。大专以上文化程度的代表有102人，占45.1%，比上届增加15%。大会的主要议程和内容：一、听取和审查中国共产党无极县第六届委员会的工作报告；二、听取和审查中国共产党无极县纪律检查委员会的工作报告；三、选举产生中国共产党无极县第七届委员会；四、选举产生中国共产党无极县纪律检查委员会。

大会根据《党章》规定，经到会代表充分酝酿讨论，采取无记名投票方式，先进行差额预选，而后进行正式选举的方法，选举产生中共无极县第七届委员会委员31人，候补委员5人，纪律检查委员会委员15人。

大会回顾总结过去五年的工作，提出今后五年工作的指导思想是高举邓小平理论伟大旗帜，全面落实党的十五大精神；以经济建设为中心，以宽裕小康建设统揽全局，围绕改革和发展两大课题，坚持“三个有利于”的标准，切实加强精神文明建设、党的建设和民主法制建设，坚持“两手抓，两手都要硬”，加速城乡一体化建设进程，促进国民经济持续、快速、健康发展和社会全面进步。今后五年的奋斗目标是全县国内生产总值达到52亿元，年均增长12.9%。其中，第一产业增加值完成11.4亿元，年均增长7.1%；第二产业增加值完成18.9亿元，年均增长18.9%；财政收入达到1.7亿元，年均增长15.7%；销售收入500万元以上的工业企业增加值、实现利税、劳动生产率分别以年均15%的速度递增；社会消费品零售总额达到16亿元，年均增长13.9%；城镇居民人均可支配收入和农民人均纯收入分别达到6000元和5000元，分别增加1166元和1955元。建成3个宽裕型小康乡镇，93个宽裕型小康村。党的建设切实加强，精神文明建设和农村民主政治建设健康发展，促进社会各项事业全面进步。

4. 中共无极县第八次代表大会

2003年4月23日至25日，中共无极县第八次代表大会在县政府招待所召开，出席大会代表246人。大会的主要议程和内容：一、听取和审查中国共产党无极县第七届委员会的工作报告；二、听取和审查中国共产党无极县纪律检查委员会的工作报告；三、选举产生中国共产党无极县第八届委员会；四、选举产生中国共产党无极县纪律检查委员会。

经过代表认真审议，通过县委工作报告、纪委工作报告，以及相应的决议。按照大会通过的《选举办法》，经过全体代表充分酝酿讨论，采取无记名投票方式，先进行差额预选，而后进行正式选举的方法，选举产生了中共无极县第八届委员会委员34人，候补委员6人；纪律检查委员会委员20人。

二、县委常委会议

1989—2005年，中共无极县委共召开了408次常委会。研究贯彻执行党和国家的路线、方针、政策及省市党委、政府的指示；研究加强党的组织建设、执政能力建设、廉政勤政建设、民主法治建设、思想工作作风建设；制定深化改革开放、促进经济发展、实施富民强县、建设小康社会的战略方针和全县重大问题的决策。管好政治路线、政治方向、政治原则，解决在改革发展、前进中的大政方针问题。各位常委、县委各部门，各有关单位需要提请县委常委会议定的事项，由县委办公室主任汇总交书记议定。凡常委会研究的议题都要由负责准备的部门写出有情况、有分析、有措施的汇报材料，经分管常委审定后打印上报。常委会的召集由书记提出，临时召集常委会，要求召开的常委或部门申请提出，经县委办公室主任转呈书记同意后召开。常委会议定的事项须整理撰写成常委会会议纪要。

1989年6月21日，县委常委会针对一些农村党支部存在少阵地、制度不健全、活动不经常等问题，研究决定，在全县农村普遍开展党支部达标升格活动。举办支部书记教导队、先进支部书记事迹报告会，解决班子成员理想宗旨观念淡薄、事业心差的问题；进行分类指导，促进转化升格，对一类班子搞巩固提高；对二类班子，在搞好稳定的同时，促进升格；对三类班子进行整顿调整。到1992年底，全县87%的农村党支部建立了高标准的“两室”（党支部办公室和党员活动室），一类班子93个，二类班子107个，三类班子9个。

1989年8月6日，县委制定《关于加强廉政制度建设的意见》，指出要保持党政机关的廉洁，必须实行“两公开一监督”（公开办事制度、公开办事结果，便于群众监督）制度，要求各级党委、政府和各部门，必须把“两公开一监督”制度作为大事来抓，列入重要议事日程。

1990年12月6日，县委、县政府制定《关于加强农村基层组织建设若干问题的暂行规定》，提出建立健全乡镇县直单位的党组织。规定县直单位在乡镇派出机构和下属单位，党员3人以上的单位建立党支部或党员小组，党员不足2人的，根据业务相近的原则，归口建立联合支部，分口设立党小组。各乡镇建立乡镇党支部，归属乡镇党委领导。

1992年3月，县委制定《关于认真学习贯彻邓小平同志重要谈话的几点意见》，研究召开正科级以上干部和全县干部大会，传达邓小平南方谈话精神。

1994年3月21日，县委研究提出全县农村经济发展思路，实施“六项工程”（吨粮工程、双千工程、白色工程、林果工程、畜牧养殖工程、农业综合开发工程），发展五大行业（皮革、拆车、摩托车配件、蛋白饲料加工和地毯加工），建好六大市场（生产资料市场、粮食批发市场、仔猪市场、肉牛、禽蛋、果品蔬菜批发专业市场），形成一乡一业、一村一品，多种形式的经济发展格局。

1995年8月，为落实中共无极县六届三次全委会通过的《中共无极县委关于加强民主集中制建设的决定》，制定《无极县党内民主生活会实施细则》。

1997年10月7日，县委政府研究提出《关于“落实四项权力、健全八项制度”加强村务民主管理新体制建设的意见》，以解决农村诸多矛盾问题，改善和密切党群关系，加强农村基层组织建设，促进农村稳定和各项事业的发展。

1998年1月21日，研究制定《关于加强县委班子建设的决定》和《无极县委工作规则》，推进县委工作科学化、规范化。2月5日，制定了《无极县领导干部抓落实的五项制度》，在全县树立“求实、务实、落实”的工作作风。

1999年1月16日，研究制定《关于贯彻落实党的十五届三中全会精神，进一步加强农业和农村工作的实施意见》，确定农业和农村经济工作的奋斗目标和发展思路。

2001年5月29日，县委印发《关于在全县国有大中型企业领导班子及成员中开展“三个代表”重要思想学习教育活动的意见》。

2002年7月2日，县委、县政府研究决定对全县经济工作进行重点调度和安排部署：在蔬菜种植上，以王村无公害生产为主攻方向；畜牧业按照“稳鸡改猪、上牛羊，根据市场抓特养”的思路，以建小区扶龙头为重点，实施“二四一”发展战略，突出奶牛、肉羊规模养殖两个重点，实施畜禽改良、奶牛产业化、肉羊引育、水产培育四大工程，实现一大目标。到年底，全县设施蔬菜总面积达3.5万亩，肉牛存栏达4万头，奶牛存栏达8000头，肉羊存栏达8万只，鸡存栏达1100万只。

2003年4月25日，面对“非典”疫情，研究部署全县人民抗击“非典”，制定印发《关于在同非典型肺炎疫情斗争中充分发挥各级党组织战斗堡垒作用和党员先锋模范作用的通知》，为夺取抗击“非典”斗争的全面胜利，提供坚强的组织保证。

2004年1月3日，制定出台《鼓励外商投资的若干规定》《发展工业园区的暂行规定》等优惠政策，对行政和非行政审批项目进行审核，取消447个审批项目，对154个保留市批项目的收费情况进行严格监督，以优化全县发展环境。

2005年1月6日，县委、县政府研究决定实施“四五一”工程。牢牢抓住项目建设、民营经济两项重点工作，做大做强主导产业，保持县域经济持续快速发展。

三、县委全委会议

1989—2005年，中共无极县委员会共召开28次全委会、8次全委扩大会。以无记名投票方式差额选举出五、六、七、八届县委常委委员会；等额选举出县委书记和县委副书记；县委书记作委托报告，在总结前届工作的基础上，结合县情和改革发展实际，适时谋划和提出不同阶段的发展目标、任务和要求，动员全党为为无极的经济社会发展贡献聪明才智。

1989年12月19日，召开中共无极县第五届委员会第一次全体会议。会议讨论通过《中共无极县委关于加强各级领导班子思想作风建设的若干规定》，会议以无记名投票的方式差额选举产生了常务委员会委员10人。

1991年2月，召开中共无极县第五届委员会第二次全委会议。会议通过《中共无极县委关于国民经济和社会发展第八个五年计划和十年规划的建议》。确定第八个五年计划和十年规划的战略目标和任务。提出以调整结构为重点，以提高经济效益为中心，以内涵为主，扩大再生产，大力发展县办工业和乡镇工业，积极开拓外向型经济，确保农业再上新台阶，促进国民经济持续、稳定、协调发展，人民物质文化生活得到显著改善。“八五”期末基本达到小康水平。全县国民经济总产值1995年和2000年分别达到125800万元和227800万元，平均增长速度分别为12.5%和12.6%。

1993年6月27日，召开中共无极县第六届委员会第一次全体会议。会议以无记名投票方式差额选举产生常务委员会委员11人。

1994年1月26日至27日，中共无极县第六届委员会召开第二次全委（扩大）会议。出席会议的县委委员30人，候补委员5人，县纪律检查委员会委员和县人大、县政府、县政协、各乡镇、县直各部门的党政主要领导列席会议。会议学习贯彻中共中央十四届三中全会、省委四届七次全会和市委工作会议精神，总结1993年工作，安排部署1994年工作。县长作回顾1993年经济工作、安排部署1994年经济工作。县委书记对全年工作做全面部署。

1995年1月7日，中共无极县第六届委员会召开第三次（扩大）会议。出席会议的县委委员、候补委员共33人，县纪律检查委员会和县人大、县政府、县政协、各乡镇、县直各部门的党政主要领导列席了会议。会议传达贯彻落实中共中央四届四中全会、省委四届八次全会和市委工作会议精神，审议并通过了县委《关于加强农村基层党组织建设的意见》，研究部署无极县党建工作和经济工作。县委书记就全县党建工作做分析和总结，对以后工作提出具体要求。

1995年5月5日，中共无极县第六届委员会召开了第四次全委会议。出席会议的县委委员30人，候补委员5人。会议审议通过无极县出席市第六次党代会的代表候选人预备名单。1995年7

月19日，中共无极县第六届委员会召开第五次全委（扩大）会议。出席会议的县委委员29人，候补委员5人，县纪律检查委员会和县人大、县政府、县政协、各乡镇、县直各部门的党政主要领导192人列席会议。会议认真总结1995年上半年的工作，全面安排下半年的工作任务，动员全县广大干部群众统一思想，振奋精神，确保各项工作任务落到实处。县委书记做《认清形势，振奋精神，理清思路，加快发展，努力夺取全县两个文明建设的新胜利》的报告。

1996年2月28日，中共无极县第六届委员会召开第六次全委（扩大）会议。出席会议的县委委员29人，候补委员4人，县纪律检查委员会和县人大、县政府、县政协、各乡镇、县直各部门的党政主要领导187人列席会议。会议主要总结了1995年的工作，安排部署1996年工作任务，研究制定“九五”国民经济和社会发展计划，动员全县广大干部群众齐心协力，推进改革开放，加快经济发展，保持社会稳定，实现小康目标，为实现“九五”计划奠定坚实基础。县委书记做《认清形势，振奋精神，自加压力，负重奋进，努力夺取今年两个文明建设的新胜利》的报告。

1996年8月16日，中共无极县第六届委员会召开第七次全委（扩大）会议。出席会议的县委委员27人，候补委员3人，县纪律检查委员会和县人大、县政府、县政协、各乡镇、县直各部门的党政主要领导179人列席了会议。会议隆重表彰在抗洪抢险救灾中作出突出贡献的先进集体和个人，进一步安排1996年后几个月的工作。县长作《坚定信心，苦干实干，确保全年各项工作指标圆满实现》的报告。县委书记就提高干部素质和领导水平的问题做《努力提高干部素质和领导水平，确保全年目标的全面完成》的报告。

1996年11月28日，中共无极县第六届委员会召开第八次全委（扩大）会议。出席会议的县委委员28人，候补委员5人。会议学习贯彻中共中央十四届六中全会和省、市会议精神，审议通过《无极县1996—2000年社会主义精神文明建设实施纲要》。县委书记作进一步动员全县广大干部群众，推进精神文明建设的报告。

1997年1月28日，中共无极县第六届委员会召开了第九次全委（扩大）会议。出席会议的县委委员27人，候补委员5人，县纪律检查委员会和县人大、县政府、县政协、各乡镇、县直各部门的党政主要领导175人列席会议。会议主要总结1996年的工作，安排部署了1997年的工作任务，县委书记作《团结求实，奋力拼搏，勇于争先，再创辉煌，努力实现两个文明建设的新跨越》的报告，县长作《再接再厉，开拓奋进，扎扎实实做好今年的经济工作》的报告。

1997年7月26日，中共无极县第六届委员会召开第十次全委（扩大）会议。出席会议的县委委员27人，候补委员3人，县纪律检查委员会和县人大、县政府、县政协、各乡镇、县直各部门的党政主要领导169人列席会议。会议主要总结了1997年上半年的工作，安排部署了1997年下半年的工作。县委书记作了报告，对下半年工作提出了要求，县长作《坚定信心，再接再厉，为圆满实现全年的经济工作目标而奋斗》的工作报告。

1998年2月7日，中共无极县第六届委员会召开第十一次全委（扩大）会议。出席会议的县委委员28人，候补委员4人，县纪律检查委员会和县人大、县政府、县政协、各乡镇、县直各部门的党政主要领导185人列席会议。会议传达贯彻全省经济工作会议精神和市委六届六次全委（扩大）会议精神，总结分析1997年工作，研究部署1998年工作任务。县长对1997年全县经济工作全面总结，对1998年的经济工作任务进行全面部署，作《再接再厉，团结奋进，努力开创无极县改革开放和经济建设的新局面》的工作报告。县委书记对1997年全县各项工作做回顾和总结，对做好1998工作提出具体要求。

1998年3月18日，召开中共无极县第七届第一次全委会议。会议以无记名投票方式差额选举产生常务委员会委员 11 人。

1999 年 1 月 16 日，中共无极县第七届委员会召开了第二次全委（扩大）会议。主要任务是贯彻落实党的十五届三中全会和省市委全委（扩大）会议精神，在 1998 年各项工作取得较大成就的基础上，全力做好 1999 年各项工作，以深入开展“讲学习、讲政治、讲正气、抓落实”党性党风教育活动为重点，加强思想作风建设，努力提高做好新时期工作的能力和水平。县委书记作重要讲话。全会审议通过《关于贯彻党的十五届三中全会精神，进一步加强农业和农村工作的实施意见》《关于延长土地承包期工作的实施意见》《无极县城乡一体化发展规划纲要》。

1999 年 8 月 18 日，中共无极县第七届委员会召开第三次全委（扩大）会议。县委书记作《坚定信心，抓住机遇，埋头苦干，努力保持国民经济持续快速健康发展》的工作报告。会议对上半年全县的工作形势进行了分析、研究，对下半年工作进行了安排部署。会议提出，坚持增加投入与调整优化经济结构相结合；提高城乡居民收入与促进消费相结合；扩大内需与扩大开放相结合，重点突破综合治理，确保经济持续快速发展，全面完成全年全县经济和社会发展的各项目标。

2000 年 1 月 18 日，中共无极县第七届委员会召开第四次全委（扩大）会议。回顾总结 1999 年全县工作，提出 2000 年工作的指导思想和总体要求；正确分析和把握当前形势，把各级干部的思想统一到中央和省市经济工作会议精神上来；突出重点，深化改革，增强全县经济发展活力；解放思想，狠抓落实，切实加强和改善党对经济工作的指导。

2000 年 7 月 22 日，中共无极县第七届委员会召开了第五次全委（扩大）会议。要求全县党员干部群众统一认识，加强领导，振奋精神，形成抓好干部队伍思想作风建设的合力，以“三克四实四树立”（克服主观主义、形式主义、官僚主义；鼓实劲、想实招、干实事、求实效；树立学习之风、树立艰苦奋斗之风、树立创新之风、树立调查研究之风）为重点，加强思想作风建设，营造勇于创业的浓厚氛围，加快全县各项事业的快速发展。

2001 年 1 月 3 日，中共无极县第七届委员会召开了第六次全委（扩大）会议。县委书记做重要讲话，回顾总结“九五”工作，确定全县“十五”期间发展的指导思想、奋斗目标和主要任务。全会审议并一致通过《无极县国民经济和社会发展第十五个五年计划纲领》。

2001 年 7 月 24 日，中共无极县第七届委员会召开了第七次全委会议。讨论并通过无极县出席石家庄市党代会代表候选人预备人选名单。

2001 年 7 月 29 日，中共无极县第七届委员会召开第八次全委会议。讨论通过因人事变动和市委安排重新调整无极县出席石家庄市第七次党代会代表候选人名单。

2002 年 1 月 23 日，中共无极县第七届委员会召开第九次全委（扩大）会议。主要任务是贯彻落实中共中央十五届六中全会和市委七届三次全会精神，通过《中共无极县委关于加强和改进党的作风建设的意见》报告，要求党员干部充分认识加强和改进党的作风建设的重要性和紧迫性，把思想统一到党的十五届六中全会精神上来，认真践行“三个代表”重要思想，加强党与人民群众的血肉联系，发挥领导干部的带头作用，确保党的作风建设要求落到实处。

2003 年 1 月 10 日，中共无极县第七届委员会召开第十次全委（扩大）会议。主要任务是贯彻落实党的十六大精神，坚持发展是第一要务，推动全县经济工作再上新台阶。会议通过《中共无极县委员会关于深入贯彻十六大精神，加快经济和身会全面发展的决定》工作报告，以深入开展精神文明建设为重点，为发展提供强大精神动力，切实加强党的建设，为发展提供坚强的组织保证。

2003 年 4 月 25 日，中共无极县第八届委员会召开第一次全委会议。会议以无记名投票方式差额选举产生常务委员会委员 11 人。

2003 年 12 月 5 日，中共无极县第八届委员会召开第二次全委（扩大）会议。县委书记作题为《牢牢抓住发展第一要务不放松，全面开创全县经济和社会各项事业新局面》的工作报告。会议在总结 2003 年工作的基础上，提出 2004 年工作的指导思想、奋斗目标和要求。

2005 年 1 月 7 日，中共无极县第八届委员会召开第三次全委（扩大）会议。县委书记作题为《深入贯彻十六届四中全会精神，切实加强党的执政能力建设》的工作报告。会议组织讨论通过《中共无极县委关于学习贯彻党的十六届四中全会（决定）和市委七届八次全会精神的意见》，安排部署 2005 年的工作。提出 2005 年是全县各项工作的“发展年”“创新年”，明确 2005 年各项经济工作的目标和任务要求。

2005 年 12 月 20 日，中共无极县第八届委员会召开第四次全委（扩大）会议。县委书记作题为《落实科学发展观，全面构建和谐无极》的工作报告。明确 2006 年全县经济和身会发展的指导思想、奋斗目标和重点工作。讨论通过《中共无极县委关于制定国民经济和社会发展的“十一五”规划的建设》报告。

第二章　组织机构

第一节　县委领导和办事机构

一、中共无极县第五届委员会

中共无极县第五届委员会于 1989 年 12 月 19 日由中共无极县第五次代表大会选举产生，由 30 名委员、5 名候补委员组成。1989 年 12 月 19 日，中共无极县第五届委员会第一次全体会议，以无记名投票方式差额选举常务委员会委员 10 人，等额选举书记 1 人，副书记 3 人。从 1989 年 12 月到本届期满，县委常委进行了多次调整，免去书记 1 人，副书记 3 人，常委 5 人，增补书记 1 人，副书记 5 人，常委 8 人。

中共无极县第五届委员会委员任职情况表

表 13–3

姓名	任委员时间	姓名	任委员时间
于彦德	1989 年 12 月至 1993 年 6 月	底同考	1989 年 12 月至 1993 年 6 月
马国胜	1989 年 12 月至 1991 年 8 月	郑培和	1989 年 12 月至 1990 年 12 月
马占生	1989 年 12 月至 1993 年 6 月	孟凡林	1989 年 12 月至 1993 年 6 月
戈保拴	1989 年 12 月至 1993 年 6 月	赵满斗	1989 年 12 月至 1993 年 6 月
石英民	1989 年 12 月至 1993 年 6 月	侯振铎	1989 年 12 月至 1993 年 6 月
东文凯	1989 年 12 月至 1991 年 11 月	耿震环	1989 年 12 月至 1993 年 6 月
卢长锁	1989 年 12 月至 1993 年 6 月	贾崇惠	1989 年 12 月至 1993 年 6 月

续表 13-3

姓名	任委员时间	姓名	任委员时间
申庆西	1989 年 12 月至 1993 年 6 月	梁计德	1989 年 12 月至 1993 年 6 月
兰纯芝	1989 年 12 月至 1993 年 6 月	靳海河	1989 年 12 月至 1993 年 4 月
朱九敦	1989 年 12 月至 1993 年 6 月	甄申国（女）	1989 年 12 月至 1993 年 6 月
朱志英	1989 年 12 月至 1993 年 6 月	甄银忠	1989 年 12 月至 1993 年 6 月
刘　日	1989 年 12 月至 1993 年 4 月	翟全贞	1989 年 12 月至 1993 年 6 月
刘元东	1989 年 12 月至 1993 年 6 月	席广志	1990 年 7 月至 1992 年 9 月
刘双牛	1989 年 12 月至 1993 年 6 月	朱俊计	1991 年 8 月至 1993 年 6 月
孙志忠	1989 年 12 月至 1993 年 6 月	王文治	1991 年 8 月至 1993 年 6 月
苌乱旗	1989 年 12 月至 1993 年 6 月	李成虎	1991 年 12 月至 1993 年 6 月
李保忠	1989 年 12 月至 1993 年 6 月	王志峰	1993 年 4 月至 1993 年 6 月
张绍伟	1989 年 12 月至 1993 年 6 月	王顺通	1993 年 6 月至 1993 年 6 月
王瑞生	1993 年 6 月至 1993 年 6 月		

中共无极县第五届委员会常委、书记、副书记任职情况表

表 13-4

职务	姓名	任职时间
常委、书记	刘　日	1989 年 12 月至 1993 年 4 月
	王志峰	1993 年 4 月至 1993 年 6 月
常委、副书记	马国胜	1989 年 12 月至 1991 年 8 月
	郑培和	1989 年 12 月至 1990 年 12 月
	靳海河	1989 年 12 月至 1993 年 4 月
	孟凡林	1991 年 2 月至 1993 年 6 月
	王文志	1991 年 8 月至 1993 年 6 月
	翟全贞	1989 年 12 月至 1993 年 6 月
	耿震环	1989 年 12 月至 1993 年 6 月
	李成虎	1993 年 6 月至 1993 年 6 月
常委	东文凯	1989 年 12 月至 1991 年 11 月
	席广志	1990 年 7 月至 1992 年 9 月
	朱俊计	1991 年 8 月至 1993 年 6 月
	王文治	1991 年 8 月至 1993 年 6 月

续表 13-4

职务	姓名	任职时间
常委	李成虎	1991 年 12 月至 1993 年 6 月
	王志峰	1993 年 4 月至 1993 年 6 月
	甄申国（女）	1989 年 12 月至 1993 年 6 月
	王顺通	1993 年 6 月至 1993 年 6 月
	王瑞生	1993 年 6 月至 1993 年 6 月

二、中共无极县第六届委员会

中共无极县第六届委员会于 1993 年 6 月 27 日由中共无极县第六次代表大会选举产生，由 31 名委员、5 名候补委员组成。1993 年 6 月 27 日，中共无极县第六届委员会第一次全体会议，以无记名投票方式差额选举常务委员会委员 11 人，等额选举书记 1 人，副书记 4 人。从 1993 年 6 月到本届期满，县委常委进行了多次调整，先后有 12 名常委调出，其中书记 2 人，副书记 7 人。之后及时进行了增补，有 2 名常委调整了工作职务。到 1998 年 3 月，中共无极县第六届委员会有委员 27 人，候补委员 5 人，常务委员 11 人，书记 1 人，副书记 3 人。

中共无极县第六届委员会委员任职情况表

表 13-5

姓名	任委员时间	姓名	任委员时间
马占生	1993 年 6 月至 1998 年 3 月	张兆民	1993 年 6 月至 1998 年 3 月
王文志	1993 年 6 月至 1994 年 6 月	岳双群	1993 年 6 月至 1998 年 3 月
王志峰	1993 年 6 月至 1994 年 6 月	孟凡林	1993 年 6 月至 1998 年 3 月
王建卯	1993 年 6 月至 1998 年 3 月	信志国	1993 年 6 月至 1998 年 3 月
王顺通	1993 年 6 月至 1998 年 3 月	耿震环	1993 年 6 月至 1996 年 6 月
王瑞生	1993 年 6 月至 1998 年 3 月	徐振奎	1993 年 6 月至 1998 年 3 月
石英民	1993 年 6 月至 1998 年 3 月	彭占良	1993 年 6 月至 1998 年 2 月
卢长锁	1993 年 6 月至 1998 年 2 月	甄申国（女）	1993 年 6 月至 1998 年 1 月
申庆西	1993 年 6 月至 1998 年 3 月	甄银忠	1993 年 6 月至 1998 年 3 月
兰纯芝	1993 年 6 月至 1998 年 3 月	裴聚群	1993 年 6 月至 1998 年 3 月
乔兵海	1993 年 6 月至 1998 年 3 月	翟全贞	1993 年 6 月至 1994 年 9 月
朱俊计	1993 年 6 月至 1995 年 11 月	马玉文	1994 年 6 月至 1998 年 1 月
刘双牛	1993 年 6 月至 1998 年 3 月	朱存柱	1994 年 6 月至 1996 年 1 月
孙云亭（女）	1993 年 6 月至 1998 年 3 月	刘东才	1998 年 1 月至 1998 年 3 月
孙志忠	1993 年 6 月至 1998 年 3 月	胡海江	1996 年 6 月至 1998 年 3 月

续表 13–5

姓名	任委员时间	姓名	任委员时间
杨成岱	1993 年 6 月至 1998 年 3 月	闫炳华	1996 年 6 月至 1998 年 3 月
杨栓成	1993 年 6 月至 1998 年 3 月	张计柱	1996 年 7 月至 1998 年 3 月
苌乱旗	1993 年 6 月至 1996 年 7 月	吴时茂	1998 年 1 月至 1998 年 3 月
李成虎	1993 年 6 月至 1998 年 1 月	杜振琪	1998 年 1 月至 1998 年 3 月
李保忠	1993 年 6 月至 1998 年 1 月	袁全民	1998 年 1 月至 1998 年 3 月

中共无极县第六届委员会常委、书记、副书记任职情况表

表 13–6

职务	姓名	任职时间
常委、书记	王志峰	1993 年 6 月至 1994 年 6 月
	马玉文	1994 年 6 月至 1998 年 1 月
	刘东才	1998 年 1 月至 1998 年 3 月
常委、副书记	王文治	1993 年 6 月至 1994 年 6 月
	翟全贞	1993 年 6 月至 1994 年 9 月
	耿震环	1993 年 6 月至 1996 年 6 月
	李成虎	1993 年 6 月至 1998 年 1 月
	朱存柱	1994 年 6 月至 1996 年 1 月
	刘东才	1994 年 6 月至 1998 年 1 月
	胡海江	1996 年 6 月至 1998 年 3 月
	刘双牛	1996 年 6 月至 1998 年 1 月
	王瑞生	1998 年 1 月至 1998 年 3 月
	王顺通	1998 年 1 月至 1998 年 3 月
常委	朱俊计	1993 年 6 月至 1995 年 11 月
	李保忠	1993 年 6 月至 1998 年 1 月
	苌乱旗	1993 年 6 月至 1996 年 7 月
	甄申国（女）	1993 年 6 月至 1998 年 1 月
	闫炳华	1996 年 6 月至 1998 年 3 月
	岳双群	1996 年 6 月至 1998 年 3 月
	张计柱	1996 年 7 月至 1998 年 3 月
	吴时茂	1998 年 1 月至 1998 年 3 月
	杜振琪	1998 年 1 月至 1998 年 3 月
	袁全民	1998 年 1 月至 1998 年 3 月
	王建卯	1998 年 1 月至 1998 年 3 月

三、中共无极县第七届委员会

中共无极县第七届委员会于1998年3月18日由中共无极县第七次代表大会选举产生，由31名委员、5名候补委员组成。1998年3月18日，中共无极县第七届委员会第一次全体会议，以无记名投票方式差额选举常务委员会委员11人，等额选举书记1人，副书记3人。在中共无极县第七届委员会工作期间，中共石家庄市委曾调整5次县委班子，充实和加强领导力量。2003年4月，有委员27人，候补委员4人，常务委员11人，书记1人，副书记4人。

中共无极县第七届委员会委员任职情况表

表13–7

姓名	任委员时间	姓名	任委员时间
马登坡	1998年3月至2003年4月	张兆民	1998年3月至2003年4月
王双起	1998年3月至2003年4月	张彦发	1998年3月至2003年4月
王建卯	1998年3月至2003年1月	岳双群	1998年3月至2003年4月
王顺通	1998年3月至1999年3月	胡海江	1998年3月至2003年4月
王锁柱	1998年3月至1999年7月	赵福增	1998年3月至2003年4月
王瑞生	1998年3月至1999年4月	侯贵君（女）	1998年3月至2003年4月
司敏科	1998年3月至2003年4月	袁全民	1998年3月至2003年4月
刘双牛	1998年3月至2003年4月	袁建国	1998年3月至2003年4月
刘东才	1998年3月至2001年7月	钱海军	1998年3月至2003年4月
闫炳华	1998年3月至2000年1月	韩京虎	1998年3月至2003年4月
孙宏志	1998年3月至2003年4月	甄中国（女）	1998年3月至2003年4月
杜振琪	1998年3月至2003年4月	雷占军	1998年3月至2003年4月
杨振会	1998年3月至2003年4月	裴聚群	1998年3月至2000年9月
李华强	1998年3月至2003年4月	张　业	1999年3月至2003年4月
李保忠	1998年3月至2003年4月	郭领域	1999年4月至2003年4月
吴时茂	1998年3月至2001年8月	刘凤庭	1999年12月至2001年8月
张计柱	1998年3月至2001年1月	侯洪彬	2001年1月至2003年4月
张占军	1998年3月至2003年4月	邢军忙	2001年1月至2003年4月

中共无极县第七届委员会常委、书记、副书记任职情况表

表13–8

职务	姓名	任职时间
常委、书记	刘东才	1998年3月至2001年7月
	郭领域	2001年7月至2003年4月

续表 13—8

职务	姓名	任职时间
常委、副书记	王瑞生	1998 年 3 月至 1999 年 4 月
	胡海江	1998 年 3 月至 2003 年 4 月
	王顺通	1998 年 3 月至 1999 年 3 月
	张　业	1999 年 3 月至 2003 年 4 月
	郭领域	1999 年 4 月至 2001 年 7 月
	刘凤庭	1999 年 12 月至 2001 年 8 月
	李华强	2000 年 1 月至 2003 年 4 月
	岳双群	2002 年 6 月至 2003 年 4 月
常委	闫炳华	1998 年 3 月至 2000 年 1 月
	岳双群	1998 年 3 月至 2000 年 1 月
	张计柱	1998 年 3 月至 2001 年 1 月
	杜振琪	1998 年 3 月至 2003 年 4 月
	吴时茂	1998 年 3 月至 2001 年 8 月
	袁全民	1998 年 3 月至 2003 年 4 月
	王建卯	1998 年 3 月至 2002 年 6 月
	袁建国	2000 年 1 月至 2003 年 4 月
	侯洪彬	2001 年 1 月至 2003 年 4 月
	邢军忙	2001 年 1 月至 2003 年 4 月

四、中共无极县第八届委员会

中共无极县第八届委员会于 2003 年 4 月 25 日由中共无极县第八次代表大会选举产生，由 34 名委员、6 名候补委员组成。2003 年 4 月 25 日，中共无极县第八届委员会第一次全体会议，以无记名投票方式差额选举常务委员会委员 11 人，等额选举书记 1 人，副书记 4 人。

中共无极县第八届委员会委员任职情况表

表 13—9

姓名	任委员时间	姓名	任委员时间
马德海	2003 年 4 月至 2006 年 6 月	郝建国	2003 年 4 月至 2006 年 3 月
王锡献	2003 年 4 月至 2006 年 6 月	赵贵海	2003 年 4 月至 2006 年 6 月
冯金果	2003 年 4 月至 2006 年 6 月	修建林	2003 年 4 月至 2006 年 6 月
邢军忙	2003 年 4 月至 2006 年 4 月	信武林	2003 年 4 月至 2006 年 6 月

续表 13–9

姓名	任委员时间	姓名	任委员时间
刘　献	2003 年 4 月至 2006 年 6 月	侯洪彬	2003 年 4 月至 2006 年 8 月
刘全江	2003 年 4 月至 2006 年 6 月	袁全民	2003 年 4 月至 2006 年 6 月
杨中海	2003 年 4 月至 2006 年 6 月	袁建国	2003 年 4 月至 2006 年 6 月
杨成岱	2003 年 4 月至 2006 年 6 月	郭领域	2003 年 4 月至 2006 年 3 月
杨胜旗	2003 年 4 月至 2006 年 6 月	常志卷	2003 年 4 月至 2006 年 6 月
李力军	2003 年 4 月至 2006 年 6 月	彭　斌	2003 年 4 月至 2006 年 6 月
李军强	2003 年 4 月至 2006 年 6 月	靳建刚	2003 年 4 月至 2006 年 6 月
李路群	2003 年 4 月至 2006 年 6 月	甄申国（女）	2003 年 4 月至 2006 年 6 月
张　业	2003 年 4 月至 2005 年 12 月	雷振梅（女）	2003 年 4 月至 2006 年 6 月
张占军	2003 年 4 月至 2006 年 6 月	徐习军	2004 年 8 月至 2006 年 5 月
张合乡	2003 年 4 月至 2006 年 6 月	苑彦刚	2005 年 12 月至 2006 年 6 月
张振江	2003 年 4 月至 2006 年 6 月	张平军	2006 年 3 月至 2006 年 6 月
张彩珍（女）	2003 年 4 月至 2006 年 6 月	韩清榕（女）	2006 年 3 月至 2006 年 6 月
陈国桥	2003 年 4 月至 2006 年 6 月	酒玉庆	2006 年 4 月至 2006 年 6 月
岳双群	2003 年 4 月至 2006 年 6 月	刘金文	2006 年 5 月至 2006 年 6 月
岳苓水	2003 年 4 月至 2006 年 5 月	陈宝京	2006 年 5 月至 2006 年 6 月
胡海江	2003 年 4 月至 2006 年 6 月		

中共无极县第八届委员会常委、书记、副书记任职情况表

表 13–10

职务	姓名	任职时间
常委、书记	郭领域	2003 年 4 月至 2006 年 3 月
	张平军	2006 年 3 月至 2006 年 6 月
常委、副书记	张　业	2003 年 4 月至 2005 年 12 月
	岳双群	2003 年 4 月至 2006 年 6 月
	袁建国	2003 年 4 月至 2006 年 6 月
	郝建国	2003 年 4 月至 2006 年 6 月
	苑彦刚	2005 年 12 月至 2006 年 6 月
	韩清榕（女）	2006 年 3 月至 2006 年 6 月
常委	邢军忙	2003 年 4 月至 2006 年 4 月
	岳苓水	2003 年 4 月至 2006 年 5 月

续表 13—10

职务	姓名	任职时间
常委	王锡献	2003 年 4 月至 2006 年 6 月
	侯洪彬	2003 年 4 月至 2004 年 8 月
	张彩珍（女）	2003 年 4 月至 2006 年 6 月
	张振江	2003 年 4 月至 2006 年 6 月
	徐习军	2004 年 8 月至 2006 年 6 月
	酒玉庆	2006 年 4 月至 2006 年 6 月
	袁全民	2006 年 5 月至 2006 年 6 月
	刘金文	2006 年 5 月至 2006 年 6 月
	陈宝京	2006 年 5 月至 2006 年 6 月

五、工作机构

1. 县委常设机构

1989 年，县委常设工作机构有 9 个，包括办公室（机要局、督查室、研究室）、组织部（组员办由组织部代管）、宣传部、统战部、政法委、农工部、老干部局、直属机关党委、文明办。1990 年 12 月，农经部改称农工部，1991 年增设台湾工作办，由统战部代管，增设综合治理委员会办公室与政法委员会机关合署办公，1994 年 12 月设立无极县责任目标考察考核办公室，挂靠组织部，1995 年 5 月更名为无极县干部考核办公室。1996 年 1 月机构改革，县委常设工作机构实行了含、并、挂（靠）、归（口），下设办公室（机要局、研究室、督查室为正科级单位，由办公室代管；党史研究室并入办公室；增设保密局，为正科级，设在办公室）、组织部（保留“老干部”局、“县直机关党委”牌子，为正科级；县委组织员办公室为正科级，设在组织部；干部考核委员会办公室挂靠组织部）、宣传部（精神文明工作由宣传部负责，国教办由宣传部挂其牌子）、统一战线工作部（对台工作由统战部负责）、农村工作部、县委政法委员会负责社会治安综合治理工作（与司法局合署办公）。1997 年 11 月成立小康建设办公室，挂靠县委农工部。1998 年 4 月，增设信息中心，挂靠县委办。2002 年机构改革，中共无极县委农村工作部更名为中共无极县委农村工作委员会，撤销小康办；中共无极县县直机关党委更名为中共无极县委县直机关工委，为县委常设工作部门；无极县机构编制委员会办公室由政府序列改为县委序列，为议事协调机构的办事机构；信访局由政府部门改由县委办负责，为部门管理机构；老干部局改为部门管理机构；其他挂靠代管机构全部改为内设机构。2005 年 12 月，县委工作部门有县委办（机要局、研究室、信息中心、督察室、党史办、保密局）、组织部（考核办、组员办）、宣传部（文明办、国教办）、统战部、政法委（综治办与其合署办公）、农工委、县直机关工委。议事协调机构的办事机构有无极县机构编制委员会办公室等。部门管理机构有无极县信访局、无极县老干部局。

2. 县委直属事业机构

1989 年，县委直属事业单位有党史办、县委党校。1989 年 12 月，党史办改称党史研究室。1992 年 1 月成立无极报社。1996 年 1 月机构改革时，党史研究室并入县委办公室。无极县档案局

（馆）由政府序列划为县委直属事业单位，1997年1月，又列为县政府直属事业单位。2002年机构改革，无极报社改为其他部门，2003年11月，《无极报》停办。2005年，县委直属事业单位只有中共无极县委党校。

第二节　纪委领导和办事机构

一、领导机构

1. 中共无极县第四届纪律检查委员会

中共无极县第四届纪律检查委员会于1986年1月选举产生。1989年12月，有书记1人，副书记2人，常务委员6人，委员12人。

中共无极县第四届纪律检查委员会委员任职情况表

表13–11

姓名	任委员时间	姓名	任委员时间
马占生	1987年11月至1989年12月	李卫东	1987年11月至1989年12月
石锁成	1987年11月至1989年12月	杨清月	1987年11月至1989年12月
卢同乐	1987年11月至1989年12月	陈瑞彩	1987年11月至1989年12月
田运民	1987年11月至1989年12月	赵胜然（女）	1987年11月至1989年12月
朱根来	1987年11月至1989年12月	靳榜栓	1987年11月至1989年12月
乔兵海	1987年11月至1989年12月	李保忠	1988年1月至1989年12月

中共无极县第四届纪律检查委员会常委、书记、副书记任职情况表

表13–12

职务	姓名	任职时间
常委、书记	陈瑞彩	1987年11月至1989年12月
常委、副书记	扬清月	1987年11月至1989年12月
	李保忠	1988年1月至1989年12月
常委	田运民	1989年11月至1989年12月
	李卫东	1987年11月至1988年1月
	赵胜然（女）	1987年11月至1989年12月
	石锁成	1988年1月至1989年12月

2. 中共无极县第五届纪律检查委员会

中共无极县第五届纪律检查委员会是在1989年12月召开的无极县第五次代表大会上选举产生的，有13名委员组成。中共无极县第五届纪律检查委员会第一次全体会议采取无记名投票方式，差额选举产生常务委员7人，等额选举书记1人，副书记2人。此后，任命书记1人，副书记1人，常务委员4人，免去书记1人，常委2人。

中共无极县第五届纪律检查委员会委员任职情况表

表 13—13

姓名	任委员时间	姓名	任委员时间
东文凯	1989 年 12 月至 1991 年 12 月	司书成	1989 年 12 月至 1993 年 6 月
张增科	1989 年 12 月至 1993 年 6 月	朱根来	1989 年 12 月至 1993 年 6 月
逯云章	1989 年 12 月至 1993 年 6 月	乔兵海	1989 年 12 月至 1993 年 6 月
赵胜然（女）	1989 年 12 月至 1993 年 6 月	陈清杰	1989 年 12 月至 1993 年 6 月
郝济山	1989 年 12 月至 1993 年 6 月	李成虎	1991 年 12 月至 1993 年 6 月
石锁成	1989 年 12 月至 1993 年 6 月	赵忠芬	1993 年 4 月至 1993 年 6 月
高保民	1989 年 12 月至 1993 年 6 月	李卫东	1993 年 4 月至 1993 年 6 月
马宗裕	1989 年 12 月至 1993 年 6 月	曹占林	1993 年 4 月至 1993 年 6 月
卢同乐	1989 年 12 月至 1993 年 6 月		

中共无极县第五届纪律检查委员会常委、书记、副书记任职情况表

表 13—14

职 务	姓名	任职时间
常委、书记	东文凯	1989 年 12 月至 1991 年 12 月
	李成虎	1991 年 12 月至 1993 年 6 月
常委、副书记	张增科	1989 年 12 月至 1993 年 6 月
	逯云章	1989 年 12 月至 1993 年 6 月
	赵忠芬	1993 年 4 月至 1993 年 6 月
常委	赵胜然（女）	1989 年 12 月至 1993 年 6 月
	郝济山	1989 年 12 月至 1993 年 6 月
	石锁成	1989 年 12 月至 1990 年 8 月
	高保民	1989 年 12 月至 1993 年 6 月
	李卫东	1993 年 4 月至 1993 年 6 月
	曹占林	1993 年 4 月至 1993 年 6 月

3. 中共无极县第六届纪律检查委员会

中共无极县第六届纪律检查委员会是在 1993 年 6 月由中共无极县第六次代表大会选举产生，由 20 名委员组成。中共无极县第六届纪律检查委员会第一次全体会议采取无记名投票方式，差额选举产生常务委员 10 人，等额选举书记 1 人，副书记 3 人。

中共无极县第六届纪律检查委员会委员任职情况表

表 13—15

姓名	任委员时间	姓名	任委员时间
万宗塘	1993 年 6 月至 1996 年 1 月	张增科	1993 年 6 月至 1994 年 12 月
王顺通	1993 年 6 月至 1998 年 3 月	郝济山	1993 年 6 月至 1998 年 3 月
王跃成	1993 年 6 月至 1996 年 1 月	赵忠芬	1993 年 6 月至 1996 年 1 月
司书成	1993 年 6 月至 1996 年 1 月	赵胜然（女）	1993 年 6 月至 1998 年 3 月
乔兵海	1993 年 6 月至 1998 年 3 月	段俊明	1993 年 6 月至 1998 年 3 月
朱文生	1993 年 6 月至 1996 年 1 月	曹占林	1993 年 6 月至 1998 年 3 月
刘庆昌	1993 年 6 月至 1996 年 1 月	逯云章	1993 年 6 月至 1998 年 3 月
杨增海	1993 年 6 月至 1996 年 1 月	裴聚群	1993 年 6 月至 1998 年 3 月
李卫东	1993 年 6 月至 1994 年 12 月	董占国	1994 年 12 月至 1998 年 3 月
李双印	1993 年 6 月至 1996 年 1 月	李占勇	1996 年 11 月至 1998 年 3 月
张占军	1993 年 6 月至 1995 年 12 月	刘建双	1996 年 11 月至 1998 年 3 月
张同义	1993 年 6 月至 1998 年 3 月		

中共无极县第六届纪律检查委员会常委、书记、副书记任职情况表

表 13—16

职务	姓名	任职时间
常委、书记	王顺通	1993 年 6 月至 1998 年 3 月
常委、副书记	张增科	1993 年 6 月至 1994 年 12 月
	赵忠芬	1993 年 6 月至 1996 年 1 月
	赵胜然（女）	1993 年 6 月至 1998 年 3 月
	董占国	1994 年 12 月至 1998 年 3 月
	郝济山	1996 年 1 月至 1998 年 3 月
常委	李卫东	1993 年 6 月至 1994 年 12 月
	曹占林	1993 年 6 月至 1993 年 6 月
	郝济山	1993 年 6 月至 1998 年 3 月
	万宗塘	1993 年 6 月至 1996 年 1 月
	王跃成	1993 年 6 月至 1996 年 1 月
	朱文生	1993 年 6 月至 1996 年 1 月

4. 中共无极县第七届纪律检查委员会

中共无极县第七届纪律检查委员会于 1998 年 3 月中共无极县第七次代表大会选举产生，由 15 名委员组成。中共无极县第七届纪律检查委员

会第一次全体会议采取无记名投票方式，差额选举产生常务委员 7 人，等额选举书记 1 人，副书记 2 人。

中共无极县第七届纪律检查委员会委员任职情况表

表 13–17

姓名	任委员时间	姓名	任委员时间
王文秀	1998 年 3 月至 2002 年 6 月	赵同建	1998 年 3 月至 2003 年 4 月
李占勇	1998 年 3 月至 2003 年 4 月	秦荣黛（女）	1998 年 3 月至 2002 年 5 月
刘计辰	1998 年 3 月至 2002 年 5 月	钱海军	1998 年 3 月至 2003 年 4 月
刘建双	1998 年 3 月至 1998 年 4 月	曹占林	1998 年 3 月至 1999 年 5 月
陈彦锁	1998 年 3 月至 2002 年 5 月	董占国	1998 年 3 月至 2002 年 5 月
吴时茂	1998 年 3 月至 2001 年 8 月	蒲福群	1998 年 3 月至 2003 年 4 月
张立民	1998 年 3 月至 2002 年 5 月	裴聚群	1998 年 3 月至 2000 年 9 月
赵胜然（女）	1998 年 3 月至 2002 年 5 月	董振国	2002 年 5 月至 2003 年 4 月

中共无极县第七届纪律检查委员会常委、书记、副书记任职情况表

表 13–18

职务	姓名	任职时间
常委、书记	吴时茂	1998 年 3 月至 2001 年 8 月
	郝建国	2001 年 9 月至 2003 年 4 月
常委、副书记	董占国	1998 年 3 月至 2002 年 5 月
	赵胜然（女）	1998 年 3 月至 2002 年 5 月
	董振国	2002 年 5 月至 2003 年 4 月
	李双斗	2002 年 6 月至 2003 年 4 月
常委	曹占林	1998 年 3 月至 1999 年 5 月
	李占勇	1998 年 3 月至 2003 年 4 月
	王文秀	1998 年 3 月至 2002 年 6 月
	刘建双	1998 年 3 月至 1998 年 4 月
	秦荣黛（女）	1999 年 5 月至 2002 年 5 月
	卢伟青	2002 年 6 月至 2003 年 4 月
	谷明海	2002 年 6 月至 2003 年 4 月
	王士强	2002 年 6 月至 2003 年 4 月

5. 中共无极县第八届纪律检查委员会

中共无极县第八届纪律检查委员会于 2003 年 4 月中共无极县第八次代表大会选举产生，由 20 名纪委委员组成。中共无极县第八届纪律检查委员会第一次全体会议采取无记名投票方式，差额选举产生常务委员 7 人，等额选举书记 1 人，副书记 2 人。到 2005 年 12 月底，有书记 1 人，副书记 2 人，常务委员 7 人。

中共无极县第八届纪律检查委员会委员任职情况表

姓名	任委员时间	姓名	任委员时间
王士强	2003 年 4 月至 2006 年 6 月	谷明海	2003 年 4 月至 2006 年 6 月
王计合	2003 年 4 月至 2006 年 6 月	周春良	2003 年 4 月至 2006 年 6 月
卢伟青	2003 年 4 月至 2006 年 6 月	郝建国	2003 年 4 月至 2006 年 3 月
申立功	2003 年 4 月至 2006 年 6 月	赵军才	2003 年 4 月至 2006 年 6 月
仝晓军	2003 年 4 月至 2006 年 6 月	赵振英	2003 年 4 月至 2006 年 6 月
兰英斌	2003 年 4 月至 2006 年 6 月	耿建勋	2003 年 4 月至 2006 年 6 月
刘京科	2003 年 4 月至 2006 年 6 月	梁锁山	2003 年 4 月至 2006 年 6 月
许书保	2003 年 4 月至 2006 年 6 月	董振国	2003 年 4 月至 2006 年 6 月
李双斗	2003 年 4 月至 2006 年 6 月	蒲晓毓	2003 年 4 月至 2006 年 6 月
李占勇	2003 年 4 月至 2006 年 6 月	甄立军	2003 年 4 月至 2006 年 6 月

中共无极县第八届纪律检查委员会常委、书记、副书记任职情况表

表 13—20

职务	姓名	任职时间
常委、书记	郝建国	2003 年 4 月至 2005 年 12 月
常委、副书记	董振国	2003 年 4 月至 2005 年 12 月
	李双斗	2003 年 4 月至 2005 年 12 月
常委	李占勇	2003 年 4 月至 2005 年 12 月
	卢伟青	2003 年 4 月至 2005 年 12 月
	谷明海	2003 年 4 月至 2005 年 12 月
	王士强	2003 年 4 月至 2005 年 12 月
	王天雨	2003 年 4 月至 2006 年 6 月
	马志伟	2006 年 5 月至 2006 年 6 月

二、工作机构

1989 年，按照省纪委要求，将来信来访室改为控告申诉室。1993 年 4 月，按照中共中央、国务院部署，县纪委、县监察局、县党风廉政建设办公室合署办公；撤销干部教育室、纪律检查室，成立第一纪检监察室、第二纪检监察室、执法监督室、党风廉政建设室、宣传教育研究室。1996 年 1 月机构改革，撤销党风廉政建设室、宣传教育研究室，改廉政建设室；案件执法监督室改为执法监察室。1999 年 5 月，按照市纪委部署，成立县纪委下访工作队。2001 年，成立干部室。2002 年 9 月机构改革，审理室更名为案件审理室，执法监察室更名为行政执法监察室，廉政建设室更名为廉洁自律办公室，10 月，成立下访工作队和行政效能监察投诉中心。2005 年，纪委内设办公室（信访室）、干部室、案件审理室、

行政执法监察室、廉洁自律办公室、纪检监察室（一室、二室），并负责管理县纪委下访工作队、县行政效能监察投诉中心、县政府纠正行业不正之风办公室 3 个机构。

第三节　基层组织和部门党组

一、基层组织

1. 县政权组织党委

1988 年 4 月，根据上级规定，县直党委领导县直单位党的工作，县人民武装部党委继续保留，县社党委改为党总支。1993 年 8 月，设立无极县公安局党委。1994 年 9 月，设立无极县计划与经济委员会党委。1996 年 1 月机构改革，计划与经济委员会党组改为计划经济局党委。1998 年 3 月，无极县政权组织中党委有计划经济局党委和公安局党委。1999 年 7 月，增设无极县文教局委员会。2002 年机构改革，撤销文教局党委，成立教育局党委；撤销计划与经济局党委，成立经贸局党委。2003 年 4 月，县政权组织中党委有教育局党委、经贸局党委和公安局党委。2005 年底，县政权组织党委有县经济贸易局党委、县教育局党委、县公安局党委。

2. 乡镇党委

1989 年，县委所属 20 个乡镇党委。1996 年 1 月，根据省、市有关指示精神，无极县进行并乡扩镇后，县委所属 11 个乡镇党委。2005 年底，县委所属 6 个镇党委、5 个乡党委，即无极镇党委、七汲镇党委、张段固镇党委、北苏镇党委、郭庄镇党委、大陈镇党委、郝庄乡党委、东侯坊乡党委、里城道乡党委、高头回族乡党委、南流乡党委。

二、党组

1. 县政权组织党组

1988 年 4 月，上级规定，除保留县人民代表大会常务委员会党组、人民政府党组、政协无极县委员会党组、人民法院党组、人民检察院党组外，其他党组一律撤销。1993 年 6 月，县政权组织中共有党组 11 个。1994 年 8 月，撤销县税务局党组，成立无极县国家税务局党组、无极县地方税务局党组。1996 年 3 月，中国人民建设银行无极支行党组改为中国建设银行无极县支行党组；10 月中国人民保险公司无极县支公司党组改为中保财产保险有限公司无极县支公司党组；1998 年 3 月，无极县政权组织中共有党组 12 个。1999 年 7 月，县政府工作部门、群团组织普遍设立了党组。增设无极县科技局党组、民政局党组、司法局党组、交通局党组、农业局党组、卫生局党组、计划生育局党组、审计局党组、统计局党组、环境保护局党组、粮食局党组、物价局党组、信访局党组、档案局党组、林业局党组、广播电视局党组、经协办党组、物资局党组、供销社党组、工商局党组、医药管理局党组、农机局党组、乡镇企业局党组、农业开发办党组、商业局党组。2002 年机构改革，城建局党组更名为建设局党组；人事局党组更名为人事社保局党组；土地局党组更名为国土资源局党组；水利局党组更名为水务局党组；畜牧局党组更名为畜牧水产局党组；撤销经协办党组、信访局党组；成立发展计划局党组、文化体育局党组、民族宗教局党组。2003 年 4 月，县政权组织中有党组 38 个。其中，县人大常委会党组、县政府党组、县法院党组、县检察院党组各 1 个；县政府工作部门中有党组 19 个；政府直属事业单位中有党组 4 个，企业管理部门中有党组 3 个；双重管理机构中有党组 5 个；其他部门中有党组 3 个。2003 年 8 月增设机关事务管理局党组；2004 年 6 月，增设药品监督管理局党组；2004 年 12 月，增设安全生产监督管理局党组。

2005 年底，有党组 41 个。其中，县人大常委会党组、县政府党组、县法院党组、县检察院党组各 1 个；县政府工作机构党组有县发展计划局党组、县科学技术局党组、县民政局党组、县司法局党组、县人事劳动和社会保障局党组、县建设局党组、县交通局党组、县农业局党组、县文化体育局党组、县卫生局党组、县计划生育局党组、县审计局党组、县环境保护局党组、县统计局党组、县粮食局党组、县物价局党组、县水务局党组、县安全生产监督管理局党组；直属事业单位党组有县档案局党组、县林业局党组、县广播电视局党组、县畜牧水产局党组；政府企业管理部门党组有县物资局党组、县供销社党组、县商业局党组；双重管理机构党组有县国家税务局党组、县地方税务局党组、县工商行政管理局党组、县质量技术监督局党组、县烟草专卖局党组、县食品药品监督管理局党组、国土资源局党组；其他部门党组有农业机械管理局党组、县乡镇企业局党组、县农业综合开发办公室党组、县机关事务管理局党组。

2. 县政协、群众团体党组

1989—2005年，中共中国人民政治协商会议无极县委员会党组无变化。

1999年7月前，县群团组织无党组。1999年7月，设立6个群众团体组织党组，分别为县总工会党组、共青团无极县委党组、县妇女联合会党组、县科协党组、县工商业联合会党组和县残疾人联合会党组。到2005年底，没有变化。

1989—2005年无极县基层党组织情况统计表

表13—21 单位：个

年度 \ 项目		合计	农林牧渔水利业	工业	建筑业	交通运输邮电通讯业	商业公共饮食业物资供销仓储业	房地产管理公用事业居民服务咨询服务业	体育卫生社会福利业	教育文化艺术和广播电视业	科学研究和综合技术服务业	金融保险业	国家机关政党和社会团体	其他
1989	党委	22											21	1
	总支	22	2	4	1	1			1	2			6	5
	支部	542	219	63	4	7			11	36			89	113
1990	党委	22											21	1
	总支	22	2	4	1	1				3			4	7
	支部	552	220	52	4	8			10	37			87	134
1991	党委	22											21	1
	总支	42	2	4	1	1			1	3			24	6
	支部	559	220	49	4	8			10	38			94	136
1992	党委	23							1				21	1
	总支	42	2	4	1	1			1	3			24	6
	支部	559	224	49	4	8			14	34			94	132
1993	党委	23							1				22	
	总支	45	4	5	1	2	6	1	2	3			21	
	支部	583	224	55	4	11	112	4	20	39	1	14	80	19

续表 13-21

年度	项目	合计	农林牧鱼水利业	工业	建筑业	交通运输邮电通讯业	商业公共饮食业物资供销仓储业	房地产管理公用事业居民服务咨询服务业	体育卫生社会福利业	教育文化艺术和广播电视业	科学研究和综合技术服务业	金融保险业	国家机关政党和社会团体	其他
1994	党委	24		1									23	
	总支	45	4	3	1	2	7	1	2	4			21	
	支部	619	255	54	4	11	112	4	23	41	1	13	78	23
1995	党委	24		1									23	
	总支	44	5	2	1	2	7	1	2	3			21	
	支部	599	233	49	4	12	114	6	21	44	1	15	81	19
1996	党委	14		1									13	
	总支	34	4	3	1	1	5	1	2	2			15	
	支部	537	228	49	5	7	92	6	18	34	2	12	73	13
1997	党委	15		2									13	
	总支	34	5	2		1	8	1	2	2			16	
	支部	542	229	46	2	7	92	4	22	31	2	14	81	12
1998	党委	15		1									14	
	总支	23	3	3			2			1			14	
	支部	539	227	56	4	3	73	5	12	32	2	12	105	8
1999	党委	15		1									14	
	总支	30	3	3			3		1	1			19	
	支部	547	228	56	4	3	73	5	12	32	2	12	112	8
2000	党委	15		1									14	
	总支	29	3	3			3			1			19	
	支部	547	229	56	4	3	72	5	12	31	2	13	113	8
2001	党委	12		1									11	
	总支	28	3	2			3			1			19	
	支部	538	223	60	5	3	68	5	12	36	5	1	111	9
2002	党委	12		1									11	
	总支	28	3	2			3		1				19	
	支部	527	223	60	5	5	66	6	9	31	5	1	109	7
2003	党委	12		1									11	
	总支	21	3	2			3		1	1			19	
	支部	534	223	63	5	5	66	6	9	31	5	1	109	11

续表 13–21

年度	项目	合计	农林牧鱼水利业	工业	建筑业	交通运输邮电通讯业	商业公共饮食业物资供销仓储业	房地产管理公用事业居民服务咨询服务业	体育卫生社会福利业	教育文化艺术和广播电视业	科学研究和综合技术服务业	金融保险业	国家机关政党和社会团体	其他
2004	党委	12		1									11	
	总支	21	3	2			3		1	1			19	
	支部	535	223	64	5	5	66	6	9	31	5	1	109	11
2005	党委	12		1									11	
	总支	21	3	2			3		1	1			19	
	支部	536	223	65	5	5	66	6	9	31	5	1	109	11

第三章　领导机制

第一节　集体领导

中共无极县历届委员会始终坚持党的民主集中制原则，实行县委常委集体领导与常委分工负责的领导机制和工作方法。1989 年，县委出台《关于县委常委会工作方法的若干具体规定》的文件，提出在常委集体领导下，各常委要按照分工负责的原则，各司其职，各负其责，做好工作。

1991 年，县委制定《关于加强自身建设的决定》，提出要加强学习，提高党性，坚持原则，凡是重大问题都要经过讨论决定，党委的每个成员，包括“班长”在内，都是平等关系，讨论问题要少数服从多数，决定做出后，每个领导成员都要顾全大局，分工负责，坚决贯彻执行，绝不允许各行其事，不得在言论和行动上，违背决议。严格执行“个人服从组织，少数服从多数，下级服从上级，全党服从中央”的原则。

1995 年 5 月 5 日，中共无极县委六届三次全委（扩大）会议上通过《中国共产党无极县委员会工作条例》，提出坚持集中制领导和个人分工负责相结合的制度。县委常委会在县委会闭会时间，行使县委职权，向委员会负责并报告工作。凡属涉及全县全局性的问题，干部的使用、推荐、调动、任免和奖惩，由县委常委会集体研究讨论决定；重大问题由县委常委会讨论议定方案后，提出全委会审定。县委书记在县委员会、常委会中处于核心位置，在集体领导中负主要责任。县委常委是县委领导的重要成员，对县委决策形成和执行负有重要责任。

1996 年，县委颁发《关于选派干部加强农村基层建设的意见》《无极县农村干部重大事项决策规则（试行）》《关于建立县级领导干部农村基层组织工作联系点制度的通知》《关于进一步整顿转化农村后进党支部的意见》《关于开展创建农村党建先进乡镇党委活动的通知》，建立无极县委基层组织建设协调会议，形成县、乡、村“三力合一”抓农村基层党组织建设的格局。

1997 年 6 月，县委颁发《关于加强和改进企业党的建设的若干规定》，按照“国有企业要充分发挥企业党组织的政治核心作用，坚决和完善厂长负责制，全心全意依靠工人阶级”的方针，制定企业党建工作方针，理顺和完善企业党的领导机制。

1998年《中共无极县委常委会议事规则（试行）》中要求，县委常委会议决定的事项，县委常委要按照集体领导与个人负责相结合的原则，带头贯彻执行。

2001年，县委实行观摩拉练制度，组织县四套班子领导、乡镇党委书记、乡镇长和县直部门“一把手”，对当年新上项目进行观摩。通过对比观摩，增加压力、找差距、增动力、加强县委抓经济工作的力度。在此基础上，制定《县委常委分包项目责任制》，加大对“工业立县，项目兴县”的领导力度。

2003年，县委成立人才工作领导小组，明确了常委负责，组织人事部门具体落实，相关部门配合，社会力量广泛参与的人才工作新格局。

2004年，县委以建设经济型、服务型、引导型领导集体为主要目标，实施“四五一”工程（四个主导产业：皮革、医药、化工、畜牧；五大工业发展园区：齐盛、北苏、华润、正村、马孤庄工业发展园区；一个基地：以王村蔬菜为中心的蔬菜种植基地），作为改进工作作风，提高执政能力的主阵地，使常委班子的思想作风、工作作风得到改进，驾驭经济、解决问题的能力逐步加强。

第二节　民主决策

1989年，县委制定《关于县委常委会工作方法的若干规定》，支持人大依法行使职权，发挥政协参政议政、民主监督的作用，调动工、青、妇、武参政议政的积极性，发挥智囊团和人员的作用。在常委会做出重大决策之前，都要组织有关部门进行调研、论证、提出方案。通过各种形式，实现决策的民主化、科学和制度化。

1990年，县委、县政府批转县委、县政府两办公室《关于增强县委、县政府党务、政务活动透明度的意见》，充分发挥老干部和各界人士参政议政作用，通过座谈会、民主协商会，肯谈会，多种形式，介绍县委、县政府重要工作，发展战略、目标和思路，听取意见和建议，以提高决策能力和决策水平。

1994年，县委、县政府针对无极县经济发展的具体情况，从工业、农林牧业、文教卫生中吸收高级工程师、农艺师、科技精英，组成专家咨询团，在制订发展战略、作出发展规划、决策前，广泛征求专家咨询团的意见，发挥专家咨询团智能优势和专业特长，提高决策水平，保证决策的实效性、科学性。

1994年12月中共无极县委提请六届三次会议通过《中共无极县委关于加强民主集中制建设的决定》，保证党委、政府决策的民主性、科学性，克服决策中的“一言堂”“家长制”。制定民主决策的实施细则，要求决策之前，做好调查研究，重大方案或议题，在提交常委会研究之前，要经过咨询、评估与论证。重大事项的决策和重要人事推荐，要征求人大、政协、人民团体及民主人士的意见，坚持民主、集体决策。

1996年7月，县委制定《关于实行政务“六公开一监督”的意见》，制定实施细则。1997年5月，开展人民代表议政日活动，实施民主监督、民主管理、民主决策，密切了党群关系，保证决策的正确无误。

1999年，县委完善《县委中心组学习的若干规定》，坚持每周一党政联席学习会，系统学习邓小平理论、“三个代表”重要思想，党的方针政策法规，提高县委、县政府决策水平和驾驭全局、处理复杂矛盾问题的能力。

2003年，县委制定出台《关于进一步加强和改进党委中心理论组理论学习的意见》，完善党委中心组学习制度，进一步提高县委、县政府领导的理论水平、政治水平、领导水平、执政能力和决策水平。

2005年，建立健全《常委会议事决策规则》《重要情况通报和重大事情征求意见的制度》，提高决策的科学化、民主化水平。

第三节　民主生活会制度

1989年，县委、县政府《关于改进领导作风的决定》提出，开好生活会，开展批评与自我批评，县委、县政府领导每半年召开一次生活会。积极开展批评与自我批评，虚心听取别人的意见。坚持党性，坚持真理，敢于批评。对问题有不同看法可以互相争论，开诚不公地提到桌面上交换意见，统一认识，消除分歧。意见不一致时，允许保留个人意见，但不得背后议论或搞小动作。

1994年12月，《中共无极县关于加强民主集中制建设的决定》，针对一些领导干部存在的"一言堂""家长制"等问题，从提高民主集中制自觉性，摆正民主集中制关系，完善民主集中制制度，加强党性修养，遵循民主集中制原则五个方面，进一步建立健全民主生活制度。

1995年8月，制定《无极县党内民主生活会实施细则》，对党内民主生活会的主持和时间、内容和形式、方法和步骤、监督和责任、考核和验收，作了具体规定和要求，保证党内民主政治的健康发展。

1997年2月，县委班子以贯彻落实江泽民关于"讲学习、讲政治、讲正气"的指示精神，在民主生活中，深入开展"三讲"（讲学习、讲政治、讲正气）、"三学"（学理论、学党章、学孔繁森）、"三查"（查世界观、人生观、价值观）、"三克服"（克服个人主义、享乐主义、拜金主义）活动。

2000年3月，根据中央、省、市统一部署，在县级领导班子、领导干部中开展以"讲学习、讲政治、讲正气"为主要内容的党性党风教育活动，县委班子率先召开以克服主观主义、形式主义、官僚主义，树立艰苦奋斗之风、务实创新之风、调查研究之风为内容的高标准生活会。

2005年，县委制定《关于进一步加强党组织建设的意见》，规定加强党组织的监督，每年召开两次县委常委民主生活会，认真开展批评和自我批评。

第四节　调查研究制

1989年，县委在《关于县委常委会工作方法的若干规定》中提出要深入调查研究，各常委每年至少有3个月的时间下基层进行调查研究。

1995年，县委、县政府印发《关于改进领导作风的决定》，提出要坚持求实务实、大兴调查研究之风，规定县委政府领导每年要4个月的时间下乡、下厂进行调查研究，每人每年结合自己分管工作，写出一篇有分量的调查文章，提出一项改革措施。

1997年，《县委关于加强自身建设的决定》中，规定要坚持实事求是，密切联系群众，每个常委要保证每年3—4个月的时间深入基层调查研究，每人每年要写出1—2份有指导意义的调查报告。

2002年，县委印发《关于在党政领导干部中开展调查活动的意见》，提出领导干部要带头大兴调查研究之风，要建立领导联系点制度、走访座谈制度、接受群众来访制度，听取群众呼声，及时了解群众愿望和要求，要掌握真实情况、认真解决群众关心的问题，特别是热点难点问题，多为群众办事实、办好事，密切党群关系。

第五节　目标责任制

1989年，县委按照"四化"方针和德才兼备的标准，选拔领导干部、加强各级领导班子建设的要求，对领导班子和干部实行年终考评。根据民主评议和组织部门考核结果，实行升降、奖惩。

1991年，县委、县政府推行岗位目标责任制和奖惩制。年终对乡镇、县直部门领导班子和班子成员进行考核，实行奖惩。考核分领导班子集体和个人，奖项分先进乡镇奖、先进单位奖、先进工作者、记功、模范党员奖。

1994年，县委根据中共十四届四中全会关于“完善领导干部考核制度，并与升降奖惩相衔接”的要求，成立责任目标考核领导小组和办公室。考核办公室挂靠组织部，办公室主任由组织部一名副部长兼任，负责全县干部考核工作有关政策的拟定和考核目标的制定、分解、监控、考核以及奖惩的具体实施工作。考核时间，每年年终进行。考核办法分个人述职、民主测评、组织考核。

1995年7月，考察领导小组和办公室更名为“无极县干部考核委员会”和“无极县干部考核委员会办公室”。下发《关于对县直党政机关实行责任目标管理办法（试行）的实施细则》《关于实行乡（镇）责任目标考核、奖惩的办法》。每年由县委制定全县经济建设、社会发展和精神文明建设、党的建设总体目标方案，以及工作中出现的一些事关全局的重要事项，及时分解到各乡镇和县直各部门，落实班子每一个成员，作为领导班子和领导干部的考核内容，对乡局级领导班子和领导干部实行考核。由县干部考核委员会办公室具体负责实施，每年进行一次，认定其年度工作成绩。干部实绩考核结果分实绩突出、实绩比较突出、实绩一般、实绩比较差四个档次。对乡局级领导班子及成员完成责任目标情况和德、能、勤、绩做出综合评价，作为选拔调整干部的重要依据。同时，适时反馈考核结果，对一些班子和成员存在的问题帮助其分析原因、制定落实改进措施，对考核中发现的带有普遍性的薄弱环节，及时安排干部培训班学习或轮岗锻炼。

1996年，按照“三分三合”（职责上分、思想上合；工作上分、目标上合；制度上分、关系上合）的原则，推出政、企双重目标责任制，使企业党组织通过积极参与企业重大决策，围绕中心开展工作，把思想政治工作贯穿到生产经营和转制的全过程，为企业保驾护航，增强了企业党组织的凝聚力、战斗力。

1997年3月，根据石家庄市委部署，下发了《关于对全县国有企业领导班子普遍考核的安排意见》，实施对企业领导班子的目标责任管理，利用4个月的时间，对全县62家国有企业的领导班子进行考核和加强。全县80%以上的企业党建工作达到了“四个好”的标准。

2002年9月，县委组织县考核委员会和考核委员会办公室，围绕“工业立县、项目强县”发展战略，做好考核服务工作，随同县委、县政府经济考察团先后赴浙江、江苏及辛集市进行考察学习。县考核办公室借鉴先进县市经验，配合落实无极县委、县政府《关于扶持民营经济发展的意见》《关于鼓励外商投资的若干规定》《关于加快工业园区建设的暂行规定》《关于鼓励中小企业发展的优惠政策》系列发展经济的政策措施，按照“指标体系科学，激励导向明确，方法程序规范，操作简便实用”的原则，进一步确立考核工作为无极社会经济发展的指导思想，突出引进资金、引进技术、大上项目的导向和氛围。重新编制了《无极县乡镇县直部门局级领导班子和领导干部考核奖惩办法》，在指标体系设置上突出发展经济，招商引资，突出县直部门服务经济、服务基层的职能作用。目标责任制设立县直部门共性考核目标，主要考核“党的建设、廉政建设、精神文明建设、机关建设、社会治安综合治理”5个项目，每个项目列出考核内容和考核指标。对于经济和经济管理部门、执法和执法监督部门、党群部门、垂直部门各单位，分别列出“职能业务指标、便民利事和经济建设项目考核指标”。对乡镇局级领导班子，采取平时考核和年度考核相结合的方式。平时考核包括建立考核台帐、定期通报制度、专项考核制度、巡视督导制度、重大事项报告制度、公开公示制度；年终考核，按照县委统一部署，由县考核委员会具体组织实施，内容包括述职测评、个别座谈、民意调查。对乡局级领导干部的考核采取平时考查与年终考核相结合的方式，包括个人述职、民意测评，考核组评分等项内容。对于受到上级奖励或通报表彰的，或因出现重大事故造成重大损失和重大影响的，相应增减分数。

2005 年，县委制定《关于开展基层组织建设年实施基础工程的考核办法》，针对全县实施的“转化工程”“惠民工程”“示范工程”“素质工程”“培养工程”为主要内容的“基础工程”制定了对全县 11 个乡镇党委、政府领导班子、领导干部和县直相关部门的领导班子进行考核。涌现出了齐洽、东丰庄、马孤庄、马桥等一批不同类型的先进典型，培养大批优秀人才入党，培养农村后备干部 840 人，农村书记、主任 120 人，“五个好”农村党组织 160 个。

第四章　发展战略

一、小康县建设发展战略

无极县是省规划二批小康县之一。1994 年 1 月，县委六届二次全委（扩大）会议提出以小康总揽农村工作全局，深化农村改革，全面振兴农村经济；以发展“两高一优”大农业为目标，在确保粮食高产、稳产的前提下，引导农民根据市场要求，积极调整农业种植结构，增加农民收入，向小康村的目标迈进；3 月成立了无极县小康建设指挥部，明确县委副书记为总指挥，四大班子主管农业农村领导为副总指挥，农工部等 28 个单位一把手为成员。7 月，研究制定《无极县 1994—1997 年小康建设规划》，确立“分类指导、分层实施、梯次推进、总体考核、全面发展”的小康建设总体思路，确保实现小康县目标。对照县、乡、村小康标准，对全县乡镇、村进行调查摸底，提出小康建设“三步走”的规划方略，1994 年第一批规划 33 个村，1995 年规划 5 个乡镇 74 个村，分别占总数的 25% 和 34.7%，1996 年规划 6 个乡镇、99 个村。

1995 年 5 月，召开 1994 年度小康建设命名表彰大会，33 个村被命名为小康村；7 月 19 日，县委书记在六届五次全会上的《认清形势、振奋精神、理清思路、加快发展、努力夺取全县两个文明建设的新胜利》工作报告中，提出按照“重在建设、重在村级、重在难点弱项”的思路，加快农村小康村建设。

1996 年 2 月，县委书记在县委六届六次全委扩大会议上提出“坚持建设和提高并重，全面实现小康县建设目标”。8 月 16 日，县委书记在县委六届七次全委扩大会议上作了题为《努力提高干部素质和领导水平，确保全年工作目标的全面完成》工作报告中，提出正确认识形势，坚定建成小康县的信心。

1997 年 5 月 7—11 日，无极县顺利通过省小康验收团的考核验收，比省市规划提前了。受到石家庄市委、市政府表彰。

二、富民强县发展战略

1998 年 2 月，县委书记在县委六届十一次全委（扩大）会议上作了题为《认清形势，统一思想，抓住机遇，开拓进取，全面推进我县各项工作》的报告。

1998 年 3 月，县委书记代表县委在中国共产党无极县第七次代表大会上作题为《全面贯彻落实党的十五大精神，把我县经济建设和各项事业全面推向二十一世纪》的报告，确定以经济建设为中心，以宽裕小康建设总揽全局，围绕改革和发展两大课题，坚持“三个有利于”的标准；切实加强精神文明建设、党的建设和民主法制建设，坚持“两手抓，两手都要硬”，加速城乡一体化建设进程，促进国民经济持续、快速、健康发展和社会全面进步。

1999 年 1 月，县委七届二次全委（扩大）会议制定《关于贯彻党的十五届三中全会精神，进一步加强农业和农村工作的实施意见》《关于延长土地承包期工作的实施意见》《无极县现代化农业科技发展 1999—2010 年规划纲要》《无极县城乡一体化发展规划纲要》四个重要文件。提出全县农村经济发展思路，实施“五大工程”(沃土工程、节水示范工程、菜篮子工程、种子工程、名牌工“五大基地”(王村蔬菜、东宋花生、东侯坊禽蛋、高陵大葱、南流、里城道创汇农业生产基础），发展四大行业（皮革、蔬菜、畜牧、木线），形成“数乡一业”“多村一品”的专业经济发展格局。2000 年，县制定《关于搞好农业结构调整的意见》，构筑“四区两带”区域经济框架，(四区：城东设施蔬菜区、城北瓜菜种植区、城西畜牧养殖区、城南皮革加工营销区。两带：滹沱河沿岸的林果带、神道滩沿线的花生生产带），建设四大农业示范园区（农业高科技示范园、优质果品园、花卉精品园、药材种植园），发展七大专业市场（王村蔬菜、东侯坊禽蛋、东宋花生、小镇果品、高头肉牛、楼下仔猪、齐治皮毛），推进形成独具特色的产业经营格局，进一步加快农业产业化进程。

三、“工业立县、项目兴县”发展战略

2001 年 10 月，县委书记在全县工业经济工作会议上做《正视困难、开拓进取、抓好项目、富民强县》的报告，要求全县统一思想，振奋精神，把全县上下的精力集中到抓经济、上项目、促发展上来，树立工业立县思想，唱响发展工业经济主旋律，加快二次创业步伐，实现富民强县。

2002 年 4 月，在无极县第十二届人民代表大会第五次会议上提出“一年打基础，二年求发展，三年见成效，五年大跨越”的发展战略。

2003 年 1 月 10 日，中共无极县七届十次全委（扩大）会议上提出继续按照“工业立县、项目兴县”的指导思想，将项目建设作为拉动经济增长的重要力量；坚定不移地扶持个体私营经济发展。

2003 年 4 月，县委书记在中国共产党无极县第八次代表大会作题为《深入贯彻十六精神、为全面建设小康社会而努力奋斗》的报告，大会主题是高举邓小平理论伟大旗帜，深入贯彻落实十六大精神，认真实践“三个代表”重要思想，团结和带领全县广大干部群众，紧紧围绕“工业立县、项目兴县”战略，与时俱进，励精图治，开拓创新，奋力争先，加快经济和社会各项事业发展步伐，全面建设小康社会。

2003 年，县委制定出台《关于扶持民营经济发展的意见》《关于鼓励中小企业发展的优惠政策》和《关于加快工业园区建设的暂行规定》等系列政策措施，扎实推进“工业立县，项目兴县”发展战略，全县民营经济得到较快发展。

无极县志

1989—2005

综合党务管理

1989—2005年，中共无极县委各部门，坚持党的领导，贯彻、执行党的方针、政策和路线，廉洁自律、廉勤从政、惩腐倡廉，加强廉政建设、党风党纪建设，清理乱收费、减轻农民负担，优化经济和社会发展环境。加强党的基层组织建设和党员队伍的建设；改革完善干部选拔、录用和管理制度；加强以农村党支部为核心的农村党建工作。使农村党支部正真成为带领农民翻番致富奔小康的坚强领导核心。宣传党在各个阶段的路线、方针和政策；加强党员干部的理论培训和学习，强化共产党员的先进性教育；建立农村宣传员队伍建设，加强农村文化阵地建设，围绕党的中心工作做好宣传工作；加强思想政治建设深入开展爱国主义教育。加强农村民主政治建设，建立、健全村民选举、民主决策、民主管理、民主监督制度，坚持“立党为公，执政为民”；深化农村经济体制改革等，保证党的各项方针、政策在农村的贯彻落实。严厉打击刑事犯罪，扫黄除恶，加强社会治安综合治理。做好信访工作，建立信访网络，实施县级领导接访日，部门联访办法，实施信访苗头排查，将矛盾化解在基层，维护社会稳定，保证人民安居乐业。落实老干部政策，做好老干部工作，发挥老协委和老关工委的重大作用。发挥党的统一战线优势，服务无极经济建设。

無極縣志

第一章 纪律检查

1989—2005年，按照《建立健全惩治和预防腐败体系工作规划》的要求，先后开展“廉政建设、案件查处、执法监察、反腐倡廉教育、纠正不正之风”等一系列工作，优化经济发展环境、净化社会风气、维护基层稳定，促进全县经济的发展。

第一节 党风廉政制度建设

一、党风廉政教育

1. 队伍建设

1990年，制定《基层纪检工作条例》，对纪检干部进行了业务培训，向县委、政府提合理化建议35条。1991年，按照石家庄地区纪委的要求，乡镇纪委由3人组成，其中2名专职干部、1名兼职干部，对乡镇纪委人员组成情况进行考察。1992年，举办基层纪检干部培训班，选派23名纪检干部进入各级专业培训班学习进修。制订《纪检工作考核办法》等制度。

1993-1994年，通过举办基层纪检监察干部培训班、以干代训等形式，组织广大纪检干部学习党的路线、方针、政策和市场经济知识，提高贯彻党的基本路线的自觉性，增强工作的事业心和责任感。

1995年，不断完善学习制度，每周五下午为集中学习，每月25号组织乡镇纪检干部学习。举办培训班，全年培训干部230人。1996年，根据中纪委、省市纪委安排部署，举办培训班60期，培训理论骨干1300人。并开展争做“五种人”和“三学、三查、三克服、一坚持”活动，显示纪检干部良好的学习风气。1998年，继续加大学习培训力度，与省纪委联系跟班培训1人，开办通讯员写作培训2期，业务知识培训6期，累计参训人员320人，为做好纪检监察工作打下良好的基础。2000年，深入开展“三讲”教育和“回头看”活动，提拔副主任以上干部9人，进一步调动全体干部的积极性。并举办2期业务知识培训班，培训企业和执法部门干部118人。2001年，以思想建设为先导，以制度建设为保障加强自身建设。按照县委的统一安排，开展学习“三个代表”和“学讲话、转作风、树形象、创佳绩”学习教育活动，举办纪检监察知识培训班。2002年，出台《无极县纪检监察干部道德行为基本准则》和开展自觉实践“两个务必”和“讲办结、强素质、作贡献”活动，促进整体工作的开展。2003年，在全县纪检监察系统中推行《对乡镇纪委监察室实行百分考核与办案奖挂钩的实施办法》和《对县直纪检组实行百分考核与办案奖挂钩的实施办法》的两个考核办法，从制度层面加强对纪检监察干部的监督。2004年，在县委建立严格目标责任制的基础上，制定《纪检干部工作守则》，实行干部竞争上岗制度。并通过电视台、电子显示屏宣传“十条禁令”，接受群众监督。2005年，开展保持共产党员先进性教育、在职自学、“交流谈话”活动，提高纪检监察干部的整体能力；实行《提醒通知书》《督查整改通知书》《黄牌警告通知书》“三书”制度，推动党风廉政建设和反腐败工作的深入开展。

2. 党风党纪教育

1990年，针对新形势下部分党员纪律观念淡薄问题，利用典型案件对党员干部进行党性教育，适时开展了三次“党风活动日”，发布案件19个，涉及21人。1991年，按照地委统一安排，结合无极实际，在全县开展了思想作风教育和纪律整顿活动，237人向群众公开做了检查，569人在领导班子民主生活会上进行反思。1993年，建立廉政教育谈话制度。对新任职科局级领导干部进行廉政教育谈话；组织3000名党员干部观看《权与钱》《沉钟》等警示教育片。1994年，开展百名廉洁奉献先进干部评选、"廉洁奉献先进事迹报告"巡回演讲和"电化教育月"活动，组织播放录象片9部71场次，对27名同志开展回访教育。1995年，有24个执法执纪部门参与，建起反腐倡廉一条街，开展正面典型示范和反面典型警示教育，树立正面典型31人，通报反面典型5人。1996年，在全县范围内开展了党纪政纪条规教育，举办"万名党员齐参考"活动，11000名党员参加党纪政纪条规考试。2000年，组织600多名党员干部观看全市反腐败成果展览和反腐败巨片《生死抉择》，利用胡长清、成克杰案件进行警示教育；组织530多名副科级以上领导干部参加《党政纪律条规》基本知识考试。2002年，全县评出6名先进典型，组织勤政廉政先进事迹报告团，巡回报告10场，举办专题报告会6场，《中国纪检监察报》报道了无极县的做法。2003年，用李真典型案件进行警示教育，组织专场录象5场，使15个执纪部门的领导及身边人员受到教育。并举办科级干部、农村新任干部、青年干部培训班3期。2005年，举办以"弘扬廉政文化，促进经济发展"为主旋律的廉政文化作品展。收集书法、绘画、漫画等作品100余幅。

二、领导干部廉洁自律

1. 廉政检查

1989年，按照省、地提出的清理内容，对干部职工在城镇建房、利用公款吃喝、清理逾期贷款和借支挪用、拖欠公款等问题进行了清理。查处干部在城镇建私房125间、收回逾期贷款1323.6万元、收回各种外欠公款845.9万元。1990年，对重要农用生产资料发放中存在的问题进行清理，清理出挪用平价柴油79.65吨；并对20个执法执纪部门、基层"七所八站"进行清理。1993年，按照中央提出的领导干部廉洁自律"五项规定"和省委廉洁自律"十不准"的要求，组织30名副县级以上干部、450名副科级以上干部进行自查自纠，共申报和揭摆问题600条。1994年，制定重大事项报告制度、离任经济责任审计制度等7项制度，副科级以上领导干部先后申报和自查以权谋私、收受礼品等5个方面的问题200多条，清理个人私借公款2万元。

1996—1997年，重点清理领导干部违反规定建房、住房问题，涉及496人，收缴各种罚款、税款、公助金等费用67.8万元，建立住房档案；把狠刹公款吃喝歪风作为反腐败的重点来抓，全县党政机关招待费比上年同期下降了32%，节约资金180万元。

1998年，对全县156家饭店进行了明查暗访，查处43人，通报处理33人，立案查处11人，招待费同比节支28万元。建立健全435名副科级以上领导干部的廉政档案。2000年，落实中央八条规定，狠刹奢侈浪费歪风。对招待费、会议费、电话费开支情况进行专项检查，涉及违规金额4.09万元。完善全县500名副科级以上领导干部廉政档案。2001年，查处挥霍浪费公款案件6件，给予党政纪处分7人；清理党政机关事业单位的违规小汽车，清纠处理42辆违规车辆，收缴罚款4.8万元。2002年，通过严把"核实关、封存关、处理关"清理"车轮"腐败，对144辆违规小汽车进行处理。严肃查处干部"走读"问题，对12名缺岗干部进行批评教育。认真落实党风廉政建设责任制，树立6名先进典型，起到很好的教育的作用。2003年，制定下发《狠刹公款吃喝挥霍浪费歪风的三十条禁令》，对27家饭店进行了明查暗访，查处5人。严格党风廉政建设责任制的落实，全县498名副科级以上干部实行述廉、考廉、评廉制度，立案17件，处分18人。2004年，以查处典型案件为着眼点，组织专人对1294.5万元专项资金进行了检查，处分2人；对"私车公养"检查，对已核实登记79辆私车全部建立台账。2005年推行“涉嫌违纪廉政质询办法”，对经济、人事、项目等方面进行重点监督。查办责任追究案件7起，责任追究7人。

2. 治理公款安装电话、电脑

1998年，清纠处理有问题的住宅电话和移动电话117部，清退和收缴资金9.7万元，撤销公费开支的两话213部，退还带走原单位的手机7部，查处违反规定用公款购买手机的案件2起，对党政机关干部使用的两话实行电子化管理。2000年，出台《清理领导干部公费配备住宅电脑及支付上网费用实施意见》，32名县处级干部和536名乡科级干部进行登记申报，共申报17台电脑，未发现违反规定的行为。

3. 清理小汽车

1989年，对党政机关、事业单位违规车辆进行清理，处理违规小汽车57辆。1994年，清理非生产性小汽车35辆。1996年，对126辆进行复查，健全购车、用车制度。2001年，清理行政、事业单位违规购置、公车私照、套牌小汽车。全县92个乡局级共申报小汽车213辆，其中存在违规问题的49辆，收缴罚款4.8万元。2002年，县出台《行政事业单位违规车辆纠正处理意见》，对144部存在问题的小汽车进行处理。2005年，对4部超标准车辆和1部以下属部门名义购买的车辆进行处理。

4. 治理收受礼金和有价证券

2001年开始，对领导干部收受礼金、有价证券的清理力度加大，通过个人申报、群众举报、专项检查等形式，到2005年，共清理领导干部收受礼金43000元。

三、廉政制度建设

1989—2005年，共制定各项廉政制度71项，主要制度22项。

1990—2005年无极县廉政建设主要制度一览表

表14–1

年份	制度名称
1990	《关于明确当前经济工作中几个政策界限的意见》《关于加强基层纪检工作的意见》
1992	《关于落实十四大精神的几点意见》《纪检工作考核办法》
1993	《收费许可制度》《廉政教育谈话制度》
1994	《关于县级领导干部廉洁自律的若干规定》《关于严禁用公款人吃人喝的规定》
1995	《关于减轻农民负担保护农民利益的规定》
1996	《领导干部廉洁自律工作安排意见》《关于党员干部违纪问题限期向纪检机关报告制度的规定》
1997	《党政机关和国有企业事业单位领导干部廉洁自律工作实施意见》
1998	《无极县关于公费电话管理暂行规定》《关于严格规范学校收费行为的实施意见》
2000	《无极县政府采购暂行办法》
2001	《严禁领导干部非法经营药品的规定》
2002	《行政事业单位违规车辆处理意见》《严肃税收改革纪律的规定》
2003	《无极县农村干部廉政工作守则》《减轻农村负担实施意见》
2004	《纪检干部工作守则》
2005	贯彻《实施纲要》意见

第二节　案件查处

1989—2005 年，共立案 930 件，结案 930 件，大要案 230 件。其中，经济类 257 件，追究责任类 52 件，给予党政纪处分 837 人，为国家挽回经济损失 1235.28 万元。

1989—2005 年无极县违法违纪案件统计表

表 14–2

年份＼项目	立案（件）	大要案（件）	立案涉及人数（人）	案件性质		结案（件）	挽回经济损失（万元）
				经济类	责任追究类		
1989	24		37			24	10.58
1990	102		45		1	102	10.35
1991	95		69	1	1	95	5.53
1992	63	2	40			63	5.5
1993	56	2	82			56	10
1994	65	15	36			65	110
1996	65	13	103	53		65	
1998	64	29	39	41		60	143
2000	60	30	66	36		60	185.4
2001	70	36	80	37	11	70	553.9
2002	70	27	68	40	10	70	71.02
2003	76	26	67	44		76	130
2004	64	28	79	32	11	64	125.07
2005	49	22	50		7	49	119.12

1989–2005 年无极县党纪政纪处分人员统计表

表 14–3

年度＼项目	处分人员				党纪处分						政纪处分				
	合计	副科级	一般干部	其他	小计	警告	严重警告	撤销党内职务	留党查看	开除党籍	小计	警告	记过	记大过	撤职
1989	37	9	20	8	15	4	2		7	2	7	3			4
1990	45	12	33								21	7	8	4	2
1991	69	8	15	46					1		5	2		2	1
1992	40	2	2	2					1		4	1			3
1996	103				83	14	15	1	2		20	8	6	2	2
1998	39	13	10	16	32	6	8	1	8	9	6		1	2	3

续表 14–3

项目 年度	处分人员				党纪处分						政纪处分				
	合计	副科级	一般干部	其他	小计	警告	严重警告	撤销党内职务	留党查看	开除党籍	小计	警告	记过	记大过	撤职
1999	31	11	9	11	22	8	6	1	5	2	9		2	1	2
2000	66	53	12	18	31	10	8	3	2	8	14		3	1	
2001	80	6	3	71	67	10	20	6	7	2	13	2	5	1	3
2002	68	9	24	20	44	14	15	1	7	7	6	3		1	2
2003	67	9	5	7		17	19	1	4	1	11	3	3	1	1
2004	79	9	5	37	41	17	19		1	4	11	3	5	3	
2005	50	11	9	33	40	19	13	2	2	4	5	2		3	

第三节　治理和纠正不正之风

一、行风评议

1996年开始进行民主测评。1996年出台《无极县96年度评议行业作风的意见》，对18个部门、93个基层所站进行评议，共收到意见和建议256条。

2003年，聘任11名行风监督员，通过走百家企业访民意、专项投诉听民声、明察暗访解民怨、纠建并举促纠风，收到实实在在的效果。2005年，通过发放测评问卷、组织行风评议专场等形式，着重解决民主评议“重结果、轻过程，重年终、轻平时”的问题，提高人民群众的满意度。

二、专项治理

1993年，开始治理以“乱摊派、乱收费、乱罚款”为重点的“三乱”治理，利用报纸、电台、电视台等宣传废止应取消的“三乱”项目。对乱收费、乱罚款、乱摊派进行专项清理，共清理废止各种“三乱”项目134项，清理“三乱”问题资金1300万元，辞退违纪合同工3人，撤销检查点3个，建立健全收费许可制度。1995年，从社会各界聘请10名治理公路“三乱”监督员，加强内外监督，公路“三乱”得到遏止。1997年，县出台《治理公路“三乱”实施意见》，对交通、交警、税务、烟草、盐政、糖酒、计经等十几个部门实行“一票否决”。1998年，开展治理向农民乱收费、乱罚款、乱摊派问题。查处涉农负担的案件6起，追究责任4人；查处中小学擅自提高收费标准，违规收费10.3万元，减轻中小学负担28.3万元，向学生退款3万余元；在清理预算外资金工作中，共查出24个单位在6个方面存在的违纪问题，纠正违纪资金70万元；公安、交通、工商、计量在县城4个主要交通路口设立了4个自觉接受群众监督的“公开承诺牌”，对3人非法上路拦截车辆乱收费进行处理。2003年，成立公路“三乱”监督检查小组，对重点路段实行24小时监控，查出28辆超限超载车辆，查处收费不规范案件3起，给予5人党政纪处分。2005年，查处教育乱收费，清退学生书费12482.84元，试卷费3503元，毕业证费1620元；减轻农民负担157万元。制定《治理公路“三乱”实施方案》，与16个职能部门建立了责任状，启动“零点行动”治理“两超”，保障交通无阻。当年，“三乱”投诉实现零投诉。

三、纠正行业不正之风

1989年，抽调60人组成8个小组对36个单位6287名职称评聘人员进行清理，共清理出有问题的487人次，有21人主动撤销职称。1990年，对卫生系统医疗单位的各项收费、交通监理、计划生育罚款管理、土地管理费的征收和使用进行了重点检查，立案17件，结案11起，处分7人。

1991年，以电力、公安、交通、土管、工商、税务6部门为重点进行专项治理，清理整顿雇佣人员，解雇17人。1994年，加大对党政机关以权经商、仗权创收问题、公费出国旅游、党员干部拖欠公款的治理，取消不合理收费项目134个，清理有问题资金1300万元，清理干部职工拖欠公款294万元。

1995年，查处农村财务违纪资金4.8万元；无证经营医药7起。1996年，清理预算外资金和中小学乱收费，26个单位有违纪问题，涉及金额294万元。1997年，推行政务公开制度，全县70多个单位、213个村建立公开栏、举报箱。对22所乡中、70所小学教育乱收费进行检查，清退款项123万元。

1998年，开展治理向农民乱收费、乱罚款、乱摊派问题。查处涉农负担的案件6起，追究责任4人；查处中小学擅自提高收费标准，违规收费10.3万元，减轻中小学负担28.3万元，向学生退款3万余元；在清理预算外资金工作中，共查出24个单位在6个方面存在的违纪问题，纠正违纪资金70万元。

2000年，查出医疗单位药品虚高定价5005元，违纪资金11.2万元。2001年，继续对医药购销不正之风、教育乱收费进行专项治理，立案查处涉药党员干部和公职人员案件9起，给予党政纪处分10人。2002年，加大对医药领域的专项治理，查处非法经营药品案件21起，没收药品267件，总价值19.4万元。2003年，在治理教育乱收费方面，清退各类违规收费83.6万元。在纠正医药购销不正之风方面，查处非法经营药品案件308起，罚没收入64万元，移交公安机关案件2起。2004年，严格落实药品招标采购制度，查处涉药案件22件，案值23万元。

2005年，查办医药行业各类违规、违纪案件29起，罚款20余万元；清理销毁假劣过期药品价值112万元，保证群众用药安全。

第四节 依法监督

一、执法监察

1993年，开始开展专项执法监察工作，对家用柴油供应情况、夏粮征购打白条问题进行检查，对46个单位的预算外资金收支情况进行清理，发现违纪资金12万元。1994年，开展棉花生产全程跟踪监察、粮食收购工作进行监督检查和农村电费整顿，使220万元的专项资金全部用于棉花生产、4200万元粮食收购资金如期到位和退还用户电费1.2万元。

1995年，查出违反计划生育的干部职工702人。1996年，重点检查预算外资金收支额较大的执法执纪部门和容易出漏洞的部门38个，查处违纪金额294万元。1997年，清理57个有预算外资金行政事业单位的409.5万元，取消不合理账户8个，收缴罚款18.9万元。1998年，查出24个单位违纪资金197万元，纠正违纪资金70万元，上缴县财政资金34.2万元，立案3起。

2000年集中对国债资金管理使用情况、社会保障资金管理使用情况、独生子女父母资金发放情况进行监督检查，查出45个单位有违规违纪问题涉及违纪金额306万元立项13个。2001年，集中检查社会保障资金管理使用情况、建筑市场、粮食收购价格、党员干部违反计划生育情况，立项12个，查处各类违规违纪资金906万元，立案查处案件6起，涉及责任人员14人。2002年，在产权交易、建筑招标、政府采购推行“阳光工程”，节约财政资金251万元。开展收支两条线执法监察，纠正违规问题200条。2003年，开展抗击非典、环境卫生整治、“收支两条线”及环境污染专项监察，查处违纪资金695万元。2004年，监督检查土地有形市场、食品药品安全监管、征用农民集体土地补偿费、安全生产，立案19件，挽回经济损失11万元。

2005年，开展专项资金检查工作，对2名责任人进行处分。监督政府采购1885万元。对11个建筑工程全部进行公开招标，并实现廉政双签。

二、效能监察

1993年，开始专项效能监察。对标准计量、物价、环保等部门进行检查，对乱收费、乱罚款、违反财经纪律等5方面问题进行纠正。

1997年，对环境保护进行专项监察，关停5家造纸企业，拆除4304个转鼓。

2001年，成立无极县行政效能监察投诉中心，受理群众投诉信14件，来访11人。围绕经济发展年，深入开展“为经济建设、为企业发展、为人民服务”的“三项服务”，对工作中不认真履行职责的33名工作人员进行查处，通报2人。2002年，县委、县政府印发《无极县行政机关工作人员行政过错责任追究办法》和《无极县关于对国家公务员行政交通投诉处理办法》，立案调查9起行政效能投诉案，给予党政纪处分12人。2003年，围绕转变作风、提高效率、优化经济和社会发展环境等内容，开展专项效能监察，通报批评4人，诫勉谈话17次，纪律处分9人。2004年，《中华人民共和国行政许可法》颁布后，对许可范围、许可程序、许可时限等10项问题开展了专项监察共削减行政审批事项96项，使审批事项削减65.6%。对12种不作为行为、“十条禁令”禁止行为进行明查暗访，查处8起违规行为、对2名乡镇干部中午饮酒扰民案件立案调查。

2005年，开展以“提速、提质”为目标的“双提三效”活动，对5人的不作为行为进行处理。开展“进机关访纪律、进市场访三乱、进企业访收费”的“三进三访”活动。对各部门及窗口单位工作纪律、工作作风进行检查，对6个单位14人的不作为、乱作为进行处理。

第五节　受理群众举报

1989年，建立举报中心，设立举报箱300多个，受理群众举报224件次。1990年，设立党风监督员，受理群众举报219件次。1991年，受理群众举报146件次，减少34%。1992年，接待群众来信来访181件次。1993年，通过设立举报箱、公布举报电话、建立信访小组、实行县纪委领导接待日制度等，发挥社会群众的监督作用，全年接待群众来信来访140件次，其中来信116件，来访24人，结案119户。1994年，群众参与意识增强，信访举报大幅度上升，共受理群众来信来访170件次。1998年，受理群众来信来访222件次，比去年增加74件，接待群众集体访13起，200余人。2000年，健全信访苗头排查制度，全年共受理群众来信来访193件次，其中来信131件，来访40件次，举报电话22个。2001年，共受理群众来信来访284件次，其中来信172件，来访84次，举报电话28个，接待处理群众集体访10批次，计120余人次。2002年，每月组织执法执纪部门、社会服务部门和经济管理部门，在县电影院广场、县城中心大街举行“阳光投诉”活动，全年开展阳光投诉23期，发放宣传单2万份，接待群众1.5万人，接待咨询投诉421件次，当场答复解决问题280件；实行信访联络站制度，接待群众来信来访182件次。2003年，组织“大型投诉”“延伸投诉”“专项投诉”活动33期，接受群众咨询2万人。全年受理群众信访219件次，接待处理集体访10批次150余人。2004年，开展电力同网同价、粮食直补发放、生活用水价格调查等9项专项“阳光投诉”，接受咨询投诉403件，挽回经济损失11万元。全年受理群众来信来访157件次，接待处理集体访12批次，计260余人次。2005年，全年共受理群众来信来访91件次，其中来信67件，来访18次，举报电话6个，接待处理集体访13批次；开展“阳光投诉”91期，接受咨询10000余人次。

第六节　下访工作

1998年，成立下访工作队，旨在变群众上访为下访。该年度巡回下访260次，走访群众560人次，解决群众反映的问题9个。2000年，巡回下访310次，覆盖全县11个乡镇210个行政村，走访群众820人次，解决群众反映的问题11个，为群众办实事53件，挽回经济损失8万元。2001年，巡回下访88次，下访110个行政村，走访群众1160人次，为群众办实事、办好事106件，宣传政策解答问题120余次，查处案件14件，共处分党员干部14人，为集体挽回经济损失3.95万元。2002年，巡访83期次，走遍11个乡镇139个村，为群众办实事、办好事、解难事108件次。2003年，巡回走访11个乡镇、77个村、11个企事业单位，为群众办实事、好事37件，发现案件线索13条，查办案件9件。2005年，巡回走访乡镇29次，走访企业16家、行政村63个，受理群众来信来访157件次，接待处理集体访112批次；260余人，核实案件线索57条。

第二章　组织工作

第一节　干部队伍

1989年，全县共有国家干部4775名，其中男性3243名，女性1531名；汉族4751名，少数民族24名。有大专以上文化程度的1059名，中专文化水平的2107名，高中文化程度的746名，初中以下文化程度的863名。党员994名，群众1188名。35岁以下3236名，36岁至55岁3236名，51岁至60岁778名，60岁以上16名。党群部门261名，政权部门668名，政治线162名，工交线324名，农林水牧线192名，财贸线394名，文卫教体线2763名，统战部门5名，其它6名。

1993年，全县共有国家干部5490名，其中男性3989名，女性1501名；汉族5370名，少数民族120名。30岁以下1929名，31岁至50岁2991名，50岁以上570名。党员3032名，团员915名，群众1543名。大专以上文化程度的1440名，中专文化程度的2581名，高中文化程度的907名，初中以下文化程度的542名。行政机关1699名，事业单位3489名，企业单位302名。

1996年，全县共有国家干部6525名，其中男性4189名，女性2336名；汉族5370名，少数民族127名。30岁以下2218名，30岁至50岁3284名，50岁以上1033名。党员2851名，团员853名，群众2821名。大专以上文化程度的2176名，中专文化程度的3409名，高中文化程度的654名，初中以下文化程度的286名。行政机关1789名，事业单位4332名，企业单位408名。

1999年，全县共有国家干部7306名，其中男性4181名，女性3125名；汉族7156名，少数民族150名。35岁以下3554名，36岁至55岁2915名，56岁以上452名。党员2424名，群众4882名。大专以上文化程度的2654名，中专文化程度的3926名，高中文化程度的526名，初中以下文化程度的200名。行政机关1280名，事业单位5429名，企业单位597名。

2002年，全县共有国家干部7849名，其中男性4420名，女性3429名；汉族7684名，少数民族165名。35岁以下3838名，36岁至55岁3955名，56岁以上56名。党员1967名，群众

5882名。大专以上文化程度的2717名，中专文化程度的4765名，高中文化程度的312名，初中以下文化程度的55名。行政机关854名，事业单位6410名，企业单位585名。

2005年，全县共有国家干部9224名，其中男性4906名，女性4318名；汉族9003名，少数民族221名。35岁以下2918名，36岁至55岁4548名，56岁以上1758名。党员2921名，群众6303名。大专以上文化程度的4886名，中专文化程度的3059名，高中文化程度的770名，初中以下文化程度的609名。行政机关2183名，事业单位6505名，企业单位536名。

1989—1997年无极县干部基本情况统计表

表14-4 单位：人

年度 项目	总数	性别		民族		年龄结构				政治情况			文化程度				行业分布情况		
		男	女	汉	少数民族	30岁以下	31—40岁	41—50岁	51岁以上	党员	团员	群众	大专以上	中专	高中	初中以下	行政机关	事业单位	企业单位
1989	4775	3243	1531	4751	24	1341	1400	1240	794	994	1188		1059	2107	746	863	1096	3349	330
1990	5012	3538	1474	4977	35	1498	1529	1316	669	933	1289		1176	2315	731	790	1199	3506	307
1991	5148	3639	1509	5114	34	1631	1533	1318	666	1036	1266		1247	2412	924	565	1220	3595	333
1992	5296	3782	1514	5261	35	1772	1546	1312	666	1149	1281		1316	2504	928	548	1270	3701	325
1993	5490	3989	1501	5370	120	1929	1711	1280	570	3032	915	1543	1440	2581	907	542	1699	3489	302
1994	5697	4068	1629	5566	131	2026	1742	1298	631	3041	1001	1655	1658	2691	947	401	1709	3521	467
1995	5942	4158	1784	5806	136	2174	1811	126	731	3050	939	1983	1922	2713	927	335	1790	3781	371
1996	6525	4189	2336	6398	127	2218	1565	1719	1033	2851	853	2821	2176	3409	654	286	1789	4332	408
1997	7224	4380	2844	7086	138	2693	1728	1738	1065	2816	1168	3240	2368	3958	589	309	1788	4932	504

1998—2005年无极县干部基本情况统计表

表14-5 单位：人

年度 项目	总数	性别		民族		年龄结构				政治情况		文化程度				行业分布情况		
		男	女	汉	少数民族	35岁以下	36—45岁	46—55岁	56岁以上	党员	群众	大专以上	中专	高中	初中以下	行政机关	事业单位	企业单位
1998	7022	4118	2904	6880	142	3655	1631	1284	452	2493	4529	2272	3924	550	276	1328	5008	686
1999	7306	4181	3125	7156	150	3554	2042	1409	301	2424	1882	2654	3926	526	200	1280	5429	597
2000	8134	4740	3394	7977	157	4388	2040	1618	88	2219	5915	2875	4614	523	122	1132	6417	585
2001	8131	4712	3419	7969	162	3766	2307	1911	147	2324	5789	2635	4926	472	98	1134	6413	584
2002	7849	4420	3429	7684	165	3838	2318	1637	56	1967	5882	2717	4765	312	55	854	6410	585
2003	8486	4179	4307	8398	88	2865	2741	1512	1368	2322	6164	4319	2980	850	337	1573	6469	444
2004	8769	4440	4329	8668	101	2921	2832	1605	1411	2901	5868	4512	2971	710	576	1800	6482	487
2005	9224	4906	4318	9003	221	2918	2842	1706	1758	2921	6303	4886	3059	770	609	2183	6505	536

第二节　干部管理

1989年以来，历届无极县委在干部管理工作中，积极实践和探索，建立健全多项配套制度，干部队伍素质逐步提高，领导班子的战斗力，凝聚力不断增强。

一、选配调整

1989年，按照干部“四化”（革命化、年轻化、知识化、专业化）的方针和德才兼备的标准，为全县20多个乡局级领导班子选拔配备优秀中青年干部，担任领导职务。

1990年，为提高乡局级领导班子的战斗力，积极推进干部管理制度改革，扩大群众对领导干部的选择权，坚持民主推荐、民主测验、组织部门考察相结合的方法，选拔领导干部，县、乡镇领导班子换届，采取差额选举，候选人经过反复酝酿，民主协商、广泛征求意见确定，增加用人制度的透明度。一批素质好、年富力强的中青年干部进入领导班子，以中青年干部为主体的梯形结构、文化结构、专业结构更加趋于合理。1991年6月，制定《关于干部人事工作纪律的若干规定》《关于选调干部、录用干部实行考试制度的暂行规定》《关于乡局级领导干部实行任职试用制度的规定》《关于乡局级后备干部队伍建设的规定》等一系列干部队伍的规定。到1992年，全县副科级以上领导干部427人，35岁以下的77人，占18%；36岁至40岁的108人，占25.2%；41岁至45岁的91人，占21.3%。具有大专以上文化的167人，占39%；中专文化的132人，占20.9%；初中文化的73人，占17%。具有专业技术职称的59人，占13.8%。

1993年，针对一些领导班子结构不合理、专业不配套、工作不出色、成员间不团结等问题，分别采取智能互补、易地回避、培养锻炼等方法，对44个局级班子和3名领导干部进行了调整。1994年，出台《关于选拔任免干部的若干规定》，通过考察，调整60多个乡局领导班子。

1995年，落实中共中央《党政领导干部选拔任用工作暂行条例》（简称“条例”）和河北省委《乡镇、街道党政领导干部选拔任用工作暂行办法》（简称“办法”），按照《条例》《办法》规定的程序和条件，绘制“选拔任用干部工作程序图”，出台《关于乡局级领导班子和领导干部诫勉制度的决定》，对56个乡局级领导班子进行调整；把政治素质好、熟悉经济工作、富有开拓精神、群众公认的干部充实到乡局级领导干部中选为一把手。对工作实绩差、群众不认可的干部进行调整或诫勉。

1996年，机构改革，党政群机构由原来的67个减少到46个，其中20个乡镇撤并成11个；在人员分流工作上，县委经调查研究，制定了一些基本政策，针对领导干部提出“截至1995年底凡达到男55周岁、女50周岁或工龄满30年的人员安排提前离岗；凡达到男52周岁、女48周岁的，鼓励提前离岗，领导干部一般不再安排领导职务”的离岗政策，这次机构改革共有90名乡局级领导干部离岗。

1997年，调整充实乡局级领导班子30个，调整交流乡局干部69人次，干部的年龄结构、文化结构、素质搭配进一步改善。1999年，坚持公开、公平、公正的原则，公开选拔6名正局级领导干部，各级干部争先创优意识提高。2001年，通过民主推荐、组织考察、党委研究，调整充实后备干部271人，建立一支素质优良、数量充足、门类齐全、结构合理的乡局级后备干部队伍。

2002年机构改革，县委工作机构设8个，设议事协调机构的办事机构2个，部门管理机构2个，县政府工作部门设为24个，设直属事业机构4个。共有35名乡局级领导干部提前离岗，119名提前离职。同年7月，中共中央颁布《党政领导干部选拔任用工作条例》后，建立并完善“干部考察预告制度”“干部任前公示制度”“试用期制度”“干部任前谈话制度”“干部回访制度”“联系会议制度”，切实保证干部选拔任用工作的质量。2004年4月，集中出台6个法规性文件，无极县认真贯彻《条例》，严格按《条例》办事，依照《条例》建立“民主推荐、组织考察、征求意见、酝酿沟通、任免决定、任前公示、试用一年”的干部任用制度，对干部任用程序进行规范，防止用人上的不正之风，避免和减少用人上的失误，提高干部选拔任用工作质量。当年调整乡局级干部30余人次。

2005年，制定《全委会表决乡局级党政正职拟选人选和推荐人选的实施办法》《乡局级党政正职拟任人选和推荐人选征求全委会成员意见的实施办法》，先后对4批共10名乡局级党政正职拟用人选征求全委会成员意见。

二、干部培训

1989年举办3期乡局级党员干部培训班，对全县320名乡局级领导干部进行轮训。1992年3月县作出《关于认真学习贯彻邓小平同志重要谈话的几点意见》，在全县干部职工中组织开展了学习邓小平南方谈话答题活动，提高广大干部的认识，推动全县的改革开放。1993年6月，下发《关于组织乡局级干部学习社会主义市场经济理论的通知》，根据省地干部教育领导小组安排，组织全县副局级以上领导干部系统学习《社会主义市场经济知识讲座》，开办7期村干部、优秀中青年干部、厂长经理专业培训班。1994年，以学习《邓小平文选》第三卷和《关于建立社会主义市场经济体制若干问题》为重点，在县委党校分三批举办乡局级党政一把手读书班。1995年，选送21名县级领导干部、91名乡局级领导干部、3名县级后备干部参加了上级组织的各种培训班和赴外地考察班。1996年，举办领导干部政治理论、农村干部民本思想教育、法制教育等各类专题培训班2期，组织4名县级干部、30名乡局级干部和40名农村党支部书记参加市级以上培训。同年，举办经济管理专业函授大专班和中央党校函授本科班，329人参加大专班学习、56人参加本科班学习。1997年，采取在职自学、集中学习、挂职锻炼、函授等形式，对各类干部开展教育培训，有121名干部考入省委党校、96名考入中央党校参加学历培训。1998年，下发《关于加强邓小平理论学习的通知》《关于党政机关干部在职学习的通知》，列出必读书目。同年，130人考入省委党校经济管理大专函授，54名干部考入中央党校本科学习。2000年，在县民兵训练基地对新任农村支部书记集中进行任职资格培训，213个行政村的党支部书记全部取得任职资格。2001年，根据中央、省、市“十五”培训规划，制定《无极县2001—2005年干部教育培训工作规划》，干部教育培训工作进入制度化、规范化。中国加入世贸组织后，及时组织全县党政机关干部、事业单位干部、企业（含县办、民营企业）管理人员、各类专业技术人员进行WTO知识轮训。2002年，开展“三个代表”重要思想和党性党风党纪教育、思想道德教育，先后举办乡科级干部班、中青年干部班、科技干部班、企业领导干部及经营干部班共14期，增强各级领导干部运用世贸组织规则参与国际、国内经济活动竞争的适应能力和应变能力。2003年，组织21名县级领导干部、5名乡局级领导干部参加市委组织部举办的各类培训班；对全县副科级以上领导干部、农村两委干部和企业厂长、经理等800多人进行“三个代表”重要思想普训。到2005年，全县干部教育培训工作逐渐走向了经常化、正规化和制度化的道路，并形成了适应不同岗位、不同层次需要的干部教育培训新格局，全县广大干部队伍的整体素质得到提升。

三、干部考核考察

1989年以后，认真审理管辖范围内干部反映的党籍、党龄、参加工作时间及其它历史遗留问题，在严格审核干部人事档案、查阅历史资料的基础上，报市委组织部审批，解决了部分党员干部的党龄认定、工龄接续问题。在干部监督工作上，认真贯彻《党政领导干部选拔任用工作暂行条例》和《党政领导干部选拔任用工作条例》，坚持实践观点和群众观点，扩大干部任用的参与面，提高透明度。加强干部选拔任用监督，规范干部选拔任用工作，有效遏制用人上的不正之风。实行《乡局级领导干部谈话制度》《乡局级领导班子及领导干部戒勉制度》等。下发《无极县关于对乡局级领导班子和领导干部实行离任审计的通知》，通过经济责任审计，增强了领导干部的勤政意识，促进经济发展，加大监督力度，促进廉洁自律，核实人民群众关心的问题，澄清领导干部的经济责任，惩处经济犯罪，消除经济腐败现象，促进社会稳定。2003年，制定实施干部监督员制度，从离退休老干部、人大代表、政协委员、党政部门、群众团体中聘请15名各界代表为干部监督员。健全群众举报制度，设立举报电话，对举报案件特别是问题严重、影响较大、属真名实姓、线索具体，以及省、市委组织部批转的案件，认真调查处理。组织部、纪检委、人事局、公安局、法院、检察院、审计局、信访等8个单位建立干部监督工作建立联系会议制度，定期召开联系会议，及时通报有关情况，每次确定干部考察对象前，组织部都以文字形式征求联系单位意见，由各联系单位逐人进行审查、逐人出具意见。

第三节　基层组织建设

一、机关党建

1989年以来，机关党建工作以经济建设为中心，加强党组织领导班子建设，结合领导班子换届、机构改革适时调整党组织结构和设置，保证每一个基层党组织健全。切实做好党员发展、教育、管理，把德材兼备、政绩突出的优秀中青年干部选入领导班子，使党组织的凝聚力和战斗力不断加强。调整整顿机关、企业、厂矿（个体）党组织65个，为机关、单位、工厂、企业选拔中青年干部285人。2001年，在县直机关开展“好党员、好组长、好委员、好支书”创建活动。2005年，开展党建工作先进单位评选活动，评出好党员、好组长、好委员、好支书共789人，先进单位298个，增强党员干部的使命感和历史责任感。

不断加强党的队伍建设，做好机关团体、工厂企业、事业单位的发展党员工作。在发展党员工作中，始终坚持新时期发展党员的“十六字”（坚持标准、保证质量、改善结构、慎重发展）方针，严把入党质量关。17年共培养入党积极分子3043名，发展党员1192人。始终把学理论，强素质作为县直党建工作的首要任务和基础工作。在全体党员中深入开展学理论、学党章、学习邓小平建设中国特色社会主义理论、学习“三个代表”重要思想、胡锦涛“七一”讲话等活动。推广先进经验，县直各级党组织利用党校办培训班、上党课、搞研讨等多种形式，对党员进行党性、党纲教育。协同纪委抓好县直单位各部门的政务公开。根据县委安排，各单位建立行政一把手为组长的政务公开领导机构，制定公开项目，规范公开程序，公布投诉电话，制定公开专栏和意见箱，规定公开时间，建立公开档案，群众关心的热点、难点问题得到解决，密切干群关系。

以“十三大”文件精神为指针，在县直机关单位开展“文明单位”“文明家庭”和“文明个人”活动。1996年开展“双学双争”（学理论、学党章、争当科技能手，争当致富标兵）、“学习孔繁森、岗位做贡献、为七一添光彩”和“为贫困失学儿童献爱心、交纳特殊党费”活动。2000年，贯彻江泽民总书记关于“讲学习、讲政治、讲正气”的重要指示，深入开展学习理论活动。2001年开始，在全县深入开展选育“党员致富带头人”活动。对命名的“党员致富带头人”，在全县大张旗鼓地进行表彰，对他们的先进事迹通过新闻媒体进行广泛宣传。

二、农村党建

1989 年以后，县委针对一些农村党支部存在缺少阵地、制度不坚持、活动不经常等问题，在全县开展党支部达标升格活动，解决班子成员理想宗旨观念淡薄、事业心差等问题；对一类班子搞好巩固提高，对二类班子搞好稳定，促进升格，对三类班子进行整顿调整，进一步加强以党支部为核心的村级组织建设，使党支部真正成为带领农民翻番致富奔小康的坚强领导核心。至 1992 年底，全县有 87% 的农村党支部建立高标准的“两室（党支部办公室和党员活动室）。”一类班子 93 个，二类班子 107 个，三类班子 9 个。

1993 年，针对少数村党组织软弱涣散、缺乏凝聚力和战斗力、直接影响农村经济发展和社会稳定的状况，结合第三期农村社教和乡镇社教，从县直单位和部分乡镇抽调 100 余名干部组成特别工作组，进驻 19 个“老大难”村实施重点治理，一批难村、乱村党支部班子摆脱了三类班子状态。1994 年，实施《关于在全县农村党支部中开展争先创优活动的意见》，将全县 213 个农村党支部班子进行排位定级，制定和完善整顿后进村党支部规划，按照“一类班子抓巩固、二类班子抓提高、三类班子促转化”的思路，在全县农村党支部中开展创先争优、转化升级活动。1995 年，“围绕小康抓党建、抓好党建促小康”思路，以实施“五个好”为重点，整体推进农村基层组织建设。按照市委要求，确定“加强领导力量，集中优势兵力，抓重点、攻难点，综合施治，为促稳定、奔小康提供有力组织保证”的工作方针，先后印发《关于落实中共中央提出的农村基层组织建设“五个好”目标的通知》《关于选派干部加强农村基层组织建设的意见》《关于建立县级领导干部农村基层组织工作联系点制度的通知》《无极县农村干部重大事项决策规则试行》《关于进一步整顿转化农村后进党支部的意见》《关于开展创建农村党建先进乡镇党委活动的通知》。1995 年 3 月，建立中共无极县委基层组织建设协调会议，形成县乡村“三力合一”抓农村基层党组织建设的格局，较好地完成基层组织建设预定目标。年底，7 个瘫痪班子全部得到治理，56 个后进支部和合格偏下支部有 33 个实现转化。1996 年，1996 年进一步完善加强基层党组织规范化管理相关制度，推动农村基层党组织建设向规范化方向发展，33 个后进和合格偏下党支部班子全部实现转化，56 个中间状态农村党支部升入先进行列。1997 年，出台《关于在全县农村党支部班子建设实施“一把手”工程的（试行）意见》，设置了基层组织建设协调会议专职办公室，实行农村基层组织建设协调会议成员单位分包乡村后进党支部整顿工作责任制；年底，有 3 个乡镇和 53 个农村党支部达到优秀标准，8 个乡镇实现“六个好“，70% 以上农村支部达到“五个好”标准，完成中共中央提出的农村党支部三年整顿和建设任务。1998 年，制定出台《无极县 1998—2000 年乡、村“亮星工程”实施规划》及《关于乡村书记“素质工程”的实施意见》，提出重点抓好岗位素质培训、任职资格培训、多种形式学历教育、在职学习和实践锻炼。1999 年，在西七汲村进行党支部公推直选试点，这一做法得到省、市委组织部的肯定和推广。1999 年底到 2000 年初，全县 213 个农村党支部，普遍进行换届选举，换届后，农村干部人数由 2014 人，下降到 1796 人，减少 10.8 %，平均年龄由 49.8 岁降到 47.9 岁，高中以上文化程度的 538 人，占农村干部人数的 30%。2000 年，对新任农村支部书记集中进行任职资格培训，213 个村党支部书记全部取得任职资格。同年，县委选派 30 名脱产干部和大中专毕业生到村任职。2001 年和 2002 年，在全县推行“一制三化”（党支部领导下的村民自制运行机制，党支部工作规范化，村民自治法制化，民主监督程序化），制定民主决策、民主理财、村务公开、村委会向党支部请示汇报工作、民主评议村干部、“两委”联席会等制度，解决换届后出现的党支部和村委会两张皮现象。2003

年，面对“非典”疫情，制定印发《关于在同非典型肺炎疫情斗争中充分发挥各级党组织战斗堡垒作用和党员先锋模范作用的通知》，全县基层党组织带领广大党员、群众抗击“非典”。2004年，制定《关于开展基层组织建设年实施基础工程的意见》，集中三年，在全县实施以“转化工程”“惠民工程”“示范工程”“素质工程”“培养工程”为主要内容的“基础工程”。每年倒排5%的后进村，进行专项治理；各乡村党组织每年办理3～5件群众关心的实事；推出东丰庄、齐洽、马孤庄、马桥等一批不同类型的先进典型；培养和发展大批优秀人才入党，农村后备干部840名，农村书记、主任大专以上学历（含大专在读）的121名，占44%，全县“五个好”农村党组织160个，占75%。结合全县农村工作实际，制定《无极县农村“两委”一制三化规范管理办法》，对农村“两委”各项工作制度进行完善，农村工作得到进一步规范。2005年，在深入实施“基础工程”的基础上，制定《关于进一步加强基层组织建设的若干意见》，进一步明确新时期党的基层组织建设工作思路。针对部分村无党组织阵地或党组织阵地破旧现象，制定印发《关于进一步加强农村党组织阵地建设的通知》，先后建成东丰庄、王吕、吕吕、裴里等一批农村党组织阵地建设示范点，全县213个农村党组织阵地整体面貌得到改观。

三、企业党建

1993年，对全县企业党组织和股份制企业党组织状况进行全面调查，提出进一步加强企业党组织建设的意见，开展企业党组织达标活动。1995年按照“三分三合”（职责上分，思想上合；工作上分，目标上合；制度上分，关系上合）的原则，推行企业党政双重目标责任制，使企业党组织参与企业的重大决策。1996年6月，根据中共十四届四中全会决定精神和《中国共产党党章》《中华人民共和国公司法》有关规定，颁发了《关于加强和改进企业党的建设的若干规定》，理顺和完善了企业党的领导制度。1997年3月，下发《关于对全县国有企业领导班子普遍考核的安排意见》，利用4个月时间对全县62家国有企业领导班子进行考核和整顿，全县80%以上的企业党建达到了“四个好”水平。2001年以来，印发《关于进一步做好在全县非公有制企业组建党组织工作的意见》《关于建立“两新”组织党建联系点的通知》等文件，不断加大新经济组织和新社会组织组建党组织力度，促进“两新”组织又好又快发展。2002年，针对亏、停、关、破四种企业党建，建立常委联系点制度。到2005年，全县共组建“两新”组织党组织31个。培树中冀正元化工有限公司、千山钢业工程有限公司、广威农牧有限公司等一批经济强、党建强的“双强”型非公企业扩大党的工作的覆盖面。

第四节　知识分子工作

为进一步加强对知识分子工作的管理，1996年、1998年、2001年、2002年先后4次对县知识分子工作领导小组成员进行了充实调整。2003年10月成立县委人才工作领导小组，与县知识分子工作领导小组一套人马两块牌子。石家庄市人才工作会议后，2004年11月对县委人才工作领导小组成员进行了调整，进一步加强对人才工作的领导，领导小组组长改由县委书记兼任。

一、县管拔尖人才选拔和管理

1989年，贯彻落实中共中央和邓小平同志关于组织部门要管理一批优秀拔尖人才的指示精神，坚持实施县委《关于选拔和管理拔尖人才的试行意见》，在全县选拔两个文明建设中有突出贡献的专业技术人才。1991年4月，制定《县管专业技术拔尖人才管理工作条例》，按照单位推荐、个人自荐、组织考察审核、综合评审小组评审、县委常委会研究批准的程序，每年进行一次选拔，使选拔管理工作开始走上制度化‘规范化，到1993年6月，县管拔尖人才14名。1995

年对《县管专业技术拔尖人才管理工作条例》进行修订，将管理期限改为三年。同年，制定《无极县跨世纪青年拔尖人才选拔管理办法》。1996年有16名同志被命名为首批县管跨世纪青年拔尖人才。其中，陈玉茹、杨增军被命名市管跨世纪青年拔尖人才。1998年全县县管拔尖人才17名。为充分体现选拔工作的“民主公开、平等竞争”的原则，2001年3月制定《关于实行县管专业技术拔尖人才考察预告制》，增强县管专业技术拔尖人才选拔工作的公开性和透明度。2002年9月制定《无极县县管专业技术拔尖人才年度考评试行办法》，加强对专业技术人才的考核管理和使用力度。为实现“科教兴县”及“富民强县”的战略目标，科学开发和合理利用农村乡土人才资源，推动全县经济发展和社会全面进步。2004年6月制定《无极县乡土拔尖人才选拔暂行管理办法》，建立五项激励机制，加大对乡土人才的培养选拔和管理力度。县管拔尖人才的选拔和管理，注重实绩，注重对无极发展的贡献，到2005年底，全县累计选拔县管拔尖人才12批，共计116人，石家庄市管拔尖人才5人。

二、组织开展科技服务

1993年，在全县知识分子中组织了社会主义市场经济与知识分子作用的大讨论。1994年，成立专家咨询服务团，组织技术人员建立了8个“科技奔小康试点村”。县专家咨询服务团拥有专家分会14个，会员129人，其中正高2人、副高16人、中级职称49人。专家团始终坚持“服务社会、服务基层、服务农村”的原则，积极组织化工、机械、种植、林果、畜牧、卫生、法律等各专业分会奔赴企业和乡村一线广泛开展形式多样的咨询服务活动，通过现场指导、示范课、义诊、培训班、项目论证、提合理化建议、电视讲座等形式，发挥专家服务作用。

1998年，从县外聘请技术人员挂任乡村科技副职，当年从市有关单位聘请8名科技副乡镇长、24名科技副村主任。2001年6月至2003年底，立足“科技兴县”战略的实施，在科技副乡镇长中开展引进、推广一项新技术、扶持发展好一个乡镇企业、培养一批急需的实用人才、培育一批科技示范户、抓好一个科技示范基地的“五个一”活动。仅2003年，全县共引进、推广新技术100多项，建立各类科技服务实体11个，举办各类培训班68期，培训人员近2万人次，新增工业项目45个，新建养殖小区5个，奶牛、肉牛、肉羊存栏分别为9100头、4.8万头、18万只，新增设施蔬菜5000亩，总面积13万亩。2002年开展“我为无极发展献一策”金点子评选活动，征集各类“金点子”50多条，促进全县政治、经济、文化的发展。2003年5月23日中央政治局人才工作会议召开后，在专业技术拔尖人才中开展“一带三”活动，56名培养对象成为本部门的技术骨干、10人成为全县某行业公认的学术带头人。2004年在全县科技副乡镇长、农村科技副村主任中开展了“科技兴乡（镇）、村”竞赛活动，全县乡村共新上项目46个、总投资3500多万元，推广实用技术37项，为乡村经济的快速发展注入新的生机和活力。全市人才工作会议召开以后，大力宣传优秀人才的典型事迹。通过各项活动的开展，有力地激发广大知识分子的工作积极性，在无极的改革开放和经济建设中发挥不可替代的作用。到2005年，多次被市委组织部评为“知识分子及人才工作先进单位”“专家咨询服务工作先进单位”，受到市委、市政府表彰，被市委、市政府评为“石家庄市人才工作先进单位”。

第五节　党员教育

1989年，组织全县党员学习十三届四中全会、五中全会文件，在县委党校轮训3期320名乡、局级党员干部。12月在县委第五次代表大会上，做出《关于加强党员建设的决议》，组织全体党员干部，广泛开展坚持四项基本原则，反对资产阶级自由化教育，党的基本知识、基本理论教育、国情教育、党的纪律教育和反腐防便教育。1992 年 3 月，县委做出《关于认真学习贯彻邓小平同志重要谈话的几点意见》，组织全县党员干部开展《学习邓小平重要谈话答题活动》。1994 年 2 月下发《关于开展思想作风教育和组织纪律整顿的安排意见》，从 2 月中旬开始，分期分批对全县党员干部进行一次思想作风教育和组织纪律整顿。1995 年 11 月，组织全体党员干部开展了向孔繁森学习的活动。1996 年举办乡局级党员干部、农村党员干部民本思想教育、法制教育等专题培训班五期。1997 年，采取自学、集中学习、挂职锻炼、函授等形式，开展各类党员干部培训活动，分别举办四期理论学习培训班。2001 年开展选育"党员致富带头人"活动。大张旗鼓地表彰和宣传被命名的"党员致富带头人"的模范事迹。

2005 年 2 月，制定出台《关于在全县开展"三个代表"重要思想为主要内容的保持共产党员先进性教育活动的意见》，在全县分三批开展了从实践"三个代表"重要思想为主要内容的保持共产党员先进性教育活动，全县党员干部受到深刻的理想信念洗礼和党风党性教育，党员干部的先锋模范作用得到更好地发挥。在保持共产党员先进性教育活动期间，县级领导班子成员紧急围绕"增强领导发展、推进民主政治建设、繁荣和发展先进文化、构建'平安无极'、解决群众生产生活问题"五种能力建设，结合自己分管的工作，进行了大讨论。并带头转变工作作风，深入企业、乡镇、学校、农村等基层单位，现场办公，解决实际问题，在全县党员干部中形成了重学习、重实践、重基层、兴实风、求实效的良好作风。

第六节　管理机构

1989 年 3 月，组织部设秘书组、组织组、干部组、知工干训组、干审组。行政编制 18 人。1991 年 11 月，知工干训组分为知工组和干训组，1992 年 7 月增设电教组。1994 年 12 月，设无极县责任目标考察考核办公室，挂靠组织部，1995 年 5 月更名为无极县干部考核委员会办公室。1996 年机构改革，设办公室、研究室、干部科、组织科、知工干训科、干审科。行政编制 26 人。1996 年 10 月增设综合科、考核科，编制 6 人。2001 年 6 月增设电教科、参照科。2002 年机构改革，综合科和考核科合并为考核科，为组织部内设机构。县委组织员办公室设在组织部。2003 年 4 月，研究室并入办公室，干审科、参照科并入干部科，组织科分为党员管理科和基层组织科，电教科并入党员管理科。2005 年，设办公室、干部科、党员管理科、基层组织科、知工干训科、考核科，行政编制 24 人。

第三章　宣传教育

第一节　理论教育

1989 年，组织县直股级以上、乡镇副科以上干部 1000 多人次，学习中共十三届四、五中全会文件和江泽民的国庆讲话，印发学习资料 3000 册。1992 年，组织全体党员和干部职工认真学习了邓小平南巡讲话，为解放干群思想、促进全县改革开放奠定思想和理论基础。1996 年，全县党员开展"学理论、学党章"（双学）活动，农村、企事业参加“双学”活动的党员人数占应学人数的80%以上，党政机关占90%以上，党员领导干部占100%。党组织和党员队伍及实际工作中存在的突出问题基本得到解决。1997年，在县委党校举办五期理论骨干培训班，聘请市委党校、市社科联的专家教授对十五大精神进行了辅导；组织20余人参加十五大精神宣讲团，深入到全县各个乡镇、学校、企业宣讲十五大精神。1998年，设立县、乡、村三级理论学习联系制度。1999年，组织全县科级领导干部学习邓小平理论考试，共有451人参加，受到省委宣传部领导表扬；《无极县理论学习抓得实》文章分别在省市委宣传部刊物发表，被省委宣传部评为理论教育先进单位。2000年，组织全县党员干部认真学习江泽民“三个代表”重要思想，开展学习“三个代表”重要思想征文活动，共收到征文150多篇。2001年，组织全县500名科级干部理论考试活动。2002年，组织全县干部党员学习江泽民“七·一”讲话、《中共中央关于加强和改进党的作风建设的决定》和《江泽民同志在中央党校省部级干部进修班毕业典礼上的讲话》，出台《中共无极县委关于进一步加强和改进党委中心组理论学习的意见》。2003年，组织全县党员干部认真学习十六大精神；组织理论下乡小分队，深入乡镇、学校、园区进行宣讲十六大精神。2004年，全县开展“树立科学发展观、促经济上台阶”理论研讨活动，收到调研文章100多篇，为无极县经济发展提供了理论保证和智力支持。2005年，在认真学习《中共中央关于加强党的执政能力建设的决定》的基础上，出台《中共无极县委宣传部关于认真学习贯彻党的十六届四中全会精神的安排意见》，对全县党员干部的学习进行全面布署和安排。

第二节　社会宣传

1989年以后，以群众喜闻乐见、丰富多采的教育活动为有效载体进行宣传。2003年抗击非典时期，充分发挥基层农村宣传员队伍的作用，利用广播喇叭、板报、科技橱窗宣传阵地，对广大干部群众进行防控知识的宣传，使广大群众认识到非典可防、可控、可治、不可怕；教育群众、凝聚人心、鼓舞士气。在报社、电视台开辟了专栏、专题，培养树立一批先进典型，其中甄占龙、袁景棉的先进事迹被收入市委宣传部编写的《抗击非典英雄谱》一书；充分发挥文艺作品“轻骑兵”的作用，以“弘扬民族精神，讴歌抗非英雄”为主题的第十届彩色周末活动，共举办各具特色的专场文艺演出20场次，颂扬全县人民在非典疫魔面前“众志成城、万众一心”的精神风貌。5月24日，由县文艺工作者和医院护士参加的文艺汇演，演出吸引观众800余人，群众反响强烈。6月1日至7日，“众志成城、万众一心、抗击非典”书画摄影展，展出抗“非典”期间创作的作品300余幅，展现全县干部群众无私无畏抗击非典的风采。中银大厦杯“迎国庆歌咏比赛”也以讴歌抗非英雄为主题，把彩色周末活动推向高潮。

“彩色周末”文化活动经过十余年的发展，极大地丰富人民群众的业余文化生活，无极县从2000—2004年连续五届获市委、市政府“彩色周末文化活动先进县”荣誉称号。

2004年全县进一步健全农村基层宣传员队伍，在213个村选聘240余名宣传员，并登记造册，邀请省委党校教授，对农村宣传员进行以“全面建设小康社会”为主题的宣传培训。

文化阵地建设，抓住省委宣传部和市委宣传部在农村开展“宣传文化示范工程”筹建宣传文化示范村的机遇，成功跑办北苏村、南池阳村为省级宣传文化示范村，齐治村、马孤庄村、王村为市级宣传文化示范村，全县文化阵地建设由此得以加强，进而推动全县宣传文化示范工程的开展。

思想政治建设。2001年县以“思想政治工作先进村”创建为载体，积极开展农村思想政治工作的经验和做法，获石家庄市思想政治工作创新奖，河北省思想政治工作“亮点工程”提名奖。在思想政治工作中，本着以人为本的思路，认真细致地做好政工职称评定工作，以职评为载体通过培训提高政工人员素质，壮大了政工队伍。

2003年冬至2004年春，省委决定全省农村开展的“讲科学，讲文明，全面建设小康社会”“两讲一建”教育活动，由于组织周密，精心安排，这项活动在县取得显著成效。在这项活动中，2名同志获省级先进个人，8名同志和宣传部、黄台村等5个集体受市委表彰并分获先进个人和先进集体称号。

第三节　文化“三下乡”工作

无极县文化、科技、卫生“三下乡”活动，面向农村，服务农民。抽调宣传、文体、司法、卫生、科技、林业、农业、畜牧等12家单位的业务骨干组成“三下乡”工作队，利用板报、图书、电影、农民自编自演节目等群众喜闻乐见的形式，进行直观形象、生动亲切的教育，受到广大农民群众的欢迎。

2003年“三下乡”以抗击非典为中心，在无极镇、张段固村成功举办了两次集中下乡活动。卫生医疗分队分散下乡，发放“防非知识明白卡”10万余份，《防治非典实用指南》《防治非典实用手册》及宣传画共计4500册（张），《众志成城 战胜非典》光盘130张，教育群众用科学知识抗击非典，消除群众的恐慌心理，树立科学的防控意识。

2004年，结合禽流感防治、动物检疫法，组织卫生、畜牧、司法等部门，开展送法下乡进村入户为主的“三下乡”活动，印发宣传资料4500余份。

2005年，全县“三下乡”干部已达400余人，建成2个“三下乡”示范乡，8个示范村，培训农村文体“爱好型”农民1100余人，科技致富能手800余人，受教育群众20万余人。

第四节　新闻报道

1989—2005年，在《人民日报》《光明日报》《河北日报》《石家庄日报》等报刊采用无极通讯报道和文章3000余篇，其中《人民日报》11篇、《光明日报》10余篇、《河北日报》300余篇、《石家庄日报》2700余篇。1994年，张承文撰写的《三月里发生在无极的故事》获河北日报总编二等奖。1996年，赵栓群撰写的《干群共建鱼水工程》得到当时省委主要领导的批示，在全省推广学习。1997年，张建军撰写的《无极县村支书上函大》获河北省新闻二等奖。2002年，齐燕西撰写的《无极县王村姑娘蔬菜大棚作嫁妆》获市报好新闻二等奖，并被新华社发了通稿。2004年，范旭、兰英占撰写的《八千爱心创生命奇迹》在《光明日报》、新华网、《石家庄日报》多家媒体长篇刊发。

第五节　管理机构

1989—1993年，宣传部设办公室、宣传组、党教组、理教组、通迅组，行政编制15人。1996年1月机构改革时，县委宣传部挂“国防教育办公室”牌子；无极县精神文明委员会办公室工作由宣传部负责。1996年月10月，设办公室、党教科、理教科、宣传科、新闻科。1998年3月，内设办公室、党教科、理教科、宣传科、新闻科，行政编制12人。2002年机构改革后，内设办公室、新闻宣传科、党教理教科，编制11人。截至2005年，设办公室、新闻宣传科、党教理教科，编制11人。

第四章 政法工作

第一节 政法队伍建设

1989年以来，政法各部门按照“严格执法，热情服务”的标准，“建一流的队伍，创一流的工作”，内强素质，外树形象，开展“讲学习、讲政治、讲大局”教育和“争创人民满意”政法干警(单位)活动，全县政法干警348人。1995—1998年，根据国家精神和省市有关文件规定，制定《无极县政法委关于加强政法队伍建设的意见》《无极县政法系统素质强警工程实施意见》，规范政法干警的行为；政法系统实行淘汰激励机制，有8名干警被淘汰，其中辞退6人，调离2人。2000年，开展倡导学习之风，整治昏庸之风；倡导俭朴之风，整治奢华之风；倡导廉洁之风，整治贪欲之风；倡导创新之风，整治享乐之风；倡导务实之风，整治浮飘之风；倡导团结之风，整治涣散之风的六倡导、六整治活动。2002年，开展转变作风年活动，12名优秀干警被评为政法工作“标兵”。2004年，开展“学习任长霞先进事迹活动”和“帮困助残”活动，全县政法干警共确定帮扶对象357名，其中残疾人家庭129户；捐款捐物折合人民币8万余元，帮助贫困家庭、残疾人就业60余人，提供有价值致富信息80条；为特困家庭送去1400元，80千克食用油，为2户残疾人家庭送去农用化肥200千克。县检察院和公安局被中共石家庄市委、石家庄市政府评为“帮困助残”先进单位。2005年，下发《关于进一步加强政法干部管理工作的实施意见》《关于在全市政法系统开展“争创学习型单位、争做知识型干警”活动实施意见》。政法系统积极开展“专业技能大比武”“争创学习型单位、争做知识型干警”；到年底全县政法队伍有420人，其中本科学历有99人，专科学历205人，中专学历116人。

第二节 社会治安综合治理

1989年5月，成立社会治安综合治理领导小组和办事机构。1992年5月，改称无极县社会治安综合治理委员会，各乡镇成立综治委和综治办，乡镇党委配备1名专抓政法和综合治理工作的副书记，具体负责本乡镇的社会治安综合治理工作。1996年4月，印发《关于加强基层基础工作建设的实施意见》，完善乡镇社会治安综合治理委员会办公室，各乡镇配备了2～3名专职人员负责综治工作。1998年，开展创安全乡镇、安全村、安全单位、安全小区活动。全年创建模范乡镇2个，安全乡镇3个，安全村70个，安全单位13个，安全小区16个。2003年，县财政投资700多万元新建、扩建、改建基层政法单位办公用房，得到中共石家庄市委、石家庄市政府的肯定。8月29日，全市政法基层基础建设暨正规化建设管理现场会在无极召开。年底，全县11个乡镇综治办、基层法庭规范化建设、11个乡镇派出所已规范达标。2005年，合理调整警力，将110出警队与巡防队合并，人员100人，配备10辆摩托车、2辆出警车，实行动态防控，24小时巡逻不间断，做到有警接警，无警巡防。

2001年10月，组建无极县保安服务公司。到2005年底保安服务公司保安人员344人，服务机关、企业、学校、商场、超市等68个单位，其中直接派驻42家，保安员170人，委托管理23家，保安员174人。同时，全县各乡镇、村成立社会治安志愿者组织，志愿者总数按照每村不低于总人口 2% 的要求，全县有 9500 人，其中城区四个居委会成立 231 名社区治安志愿者巡防队，并全部登记造册，实行档案管理，为全县农村的安全、稳定作出了贡献。

第三节　严打整治

1990 年，针对无极县刑事犯罪活动的特点和突出治安问题，将打击的重点指向直接危害国家、集体和人民生命财产安全的严重刑事犯罪、暴力犯罪、团伙犯罪和涉恶犯罪上。1998 年，开展“严打”斗争，全年破获各类刑事案件 142 起，其中大案 54 起，抓获犯罪嫌疑人 150 人，判处犯罪分子 72 人，其中 10 年以上 19 人，10 年以下 53 人，社会治安秩序进一步稳定。1999 年，连续开展“扫除恶霸”“九月会战”“追逃斗争”等一系列集中统一行动。破获各类刑事案件 396 件，大案要案 136 件，治安案件 282 件，处理 808 人（治安 641 人，刑事 167 人）抓获各类犯罪嫌疑人 167 人，打掉团伙 15 个，涉案人员 55 人。由于组织工作出色，被市委、市政府命名为“严打整治战役”先进单位。2001 年，在“严打整治斗争”中，破获皮革市场涉黑案件 11 起，摧毁犯罪团伙 2 个，拘捕犯罪嫌疑人 12 人，稳定了皮革市场的治安秩序。2003 年 9 月，在全县开展以“严打现行，破案攻坚，重点整治，强化防范确保稳定”为主要内容的严打整治百日会战。2005 年，相继开展了“打黑除恶”“命案攻坚第一战役”“打击盗抢机动车”、整治城南皮革市场、打击吸贩毒犯罪等专项“严打”行动。运用多种侦察手段和措施，严厉打击各类刑事犯罪，全县治安发案 147 起与去年同期 894 起相比，下降 72%；刑事发案 385 起于去年同期 417 起相比下降 7.7%；共破获各类刑事案件 349 起，抓获各类犯罪嫌疑人 129 人，摧毁犯罪团伙 17 个，涉及成员 78 人，从中破案 113 起，缴获赃款赃物共计折款 410 万元，命案侦破率达到了 75% 以上；省、市挂账督办案件侦破率达 100%；重特大案件得到有效遏制。

第四节　维护稳定

1995 年 3 月，成立无极县维护稳定工作领导小组，5 月，下发《关于加强维护稳定工作的意见》，严格执行维护稳定领导责任制等几项工作措施。1999 年，政法系统开展了“走千家访万民”活动。政法干警利用春节、五一和国庆节前后组织走访小组 27 个、346 人，走访 11 个乡镇、213 个行政村，6 个县直机关，162 个企事业单位，走访群众 32509 户，121036 人次；排查矛盾纠纷 6 类 527 起，发现治安隐患 135 起；避免大规模群体事件 6 起；开展法律援助 36 件。为群众办实事，办好事 85 件，收到群众表扬信 139 封，锦旗 11 面，镜匾 10 块。2002 年 5 月，制定了关于中共十六大期间维护稳定和安全保卫工作实施方案，突出整治重点，细化工作目标，实施综合治理，及时消除和化解各类矛盾隐患，为十六大的顺利召开营造和谐稳定的社会环境。到 2005 年，组织开展 4 次群体性事件排查调处活动，排查化解群体性事件苗头 2 件，未发生进京赴省集体访。

第五节　执法监督

1989 年以来，对群众反映政法部门执法过程中存在的重要问题、有争议或有重大影响的典型案件实施个案监督，针对政法部门工作中突出的执法问题，组织开展专项检查和专项治理，对重大、疑难案件进行协调，认真做好涉法涉诉信访工作。2004 年，在政法系统开展“执法大检查”活动，对领导批示交办的案件，有重大影响、事关社会政治稳定、群众反映强烈的案件，法律法规政策没有明确规定、需要慎重处理的疑难案件，在案件的定性方面存在较大争议及承办部门报请协调的案件等均纳入执法监督案件范围，当年，成功办结省、市涉法上访案件8起。2005年，将政法监督工作重点放在如何为全县经济建设服务、为广大群众服务上，在全县扎实开展规范执法行为，促进执法公正专项整改活动，共受理各类涉法信访案件32件，均妥善解决。

第六节　管理机构

1988年8月至1990年6月，县委政法委改为政法领导小组，1990年6月，恢复无极县政法委，行政编制4人。1993年6月政法委与综合治理委员会合署办公，下设办公室，政法办和综治办总编制7人。1998年，内设办公室，编制5人。2002年7月，内设办公室、政工科，编制5人，与县综治办合署办公；2003年9月，撤销政工科，设立政治处，为副科级机构。2005年12月，县委政法委内设办公室、政治处，行政编制5人。县综治办与政法委机关合署办公。

第五章　农村工作

第一节　农村民主建设

1998年，根据省市提出的“系统、规范、配套地推进基层民主政治建设”的意见，无极县按照省市委要求，建立由主管副书记为组长的基层民主政治建设领导小组和办事机构，加强对农村民主政治建设的组织领导和综合协调，并配套出台《无极县农村基层民主政治建设纲要》和《无极县村级民主管理条例》。无极县农村基层民主政治建设进入由点到面、由单项突破到整体推进的新阶段。1999年，全县213个行政村全部修建完善高标准的公开栏，并配以广播、发放明白纸等形式，扩大接受群众监督的渠道。10月22日全市组织有关部门对大陈镇村务公开工作进行了现场观摩。

2002年，农村财务实行重点公开，全县11个乡镇213个行政村做到按季逐笔逐项公开财务内容，公开率达到100%，其中有30个村做到按月公开。同时，在群众参与程度上，针对以往村务公开中存在的群众看到的只是结果，而对村务的决策全过程缺少解和监督的问题，116个行政村决策事项提前向村民公开，公开后及时听取群众的意见两个方面延伸。是年6月，下发《无极县村务公开栏目填写说明》《无极县村务公开考核检查验收办法》，对村务公开内容进一步规范，全县11个乡镇普遍实行了村务公开季检查制度，每年四次对各乡镇组织全面检查，全县村务公开规范满意率达到95%以上。2002年12月，全市23个县市区主管领导到张村、郑村进行观摩村务公开情况。各村在抓好村务公开这个切入点的基础上，普遍建立村党支部工作、村委会工作、村民会议、村民代表会议、民主监督、农村财务管理、村委会公章使用保管、宅基地审批八项制度，实行村民直选的村已达到99%，村民代表会和民主理财组织、村务监督组织在村务工作中能履行决策、监督职能的村达80%，村民的民主选举、民主决策、民主管理、民主监督四项民主权力逐步得到落实。

第二节　土地承包合同管理

1983年1月2日，根据中央发出《当前农村经济政策的若干问题》的精神，无极县将全县20

个公社改为20个乡，207个生产大队改为207个行政村，2117个生产队改为若干个村民小组。年底，全县20个乡、207个行政村10.7万户、38.5万亩耕地实行联产承包责任制，土地承包到户，实行分户独立经营，自负盈亏，土地承包关系基本稳定，但由于家庭人口变化，全县有174个行政村在第一轮土地承包期间调整土地。

1993年11月，中共中央、国务院发出《关于当前农业和农村经济发展的若干政策措施》规定：在15年承包期满后再延长30年。为全面贯彻中央十五届三中全会精神，加快新一轮农村土地承包延期工作进度，进一步稳定完善农村土地承包关系，县制订《关于延长土地承包期工作的实施意见》，规定已进行新一轮土地承包工作，承包期不足30年的，一律延长30年，对人口、土地变化很大，人地矛盾特别突出的可按大多数农户的要求，进行适当调整后，再签订新一轮承包合同，此后延长承包期30年。

当时，第二轮土地延包有以下几种：

一、顺延承包：在第一轮承包期间调整过土地的直接将承包期延长30年，涉及174个行政村，农户9.15万户，耕地42.47万亩，在第一轮土地承包期间未调整过土地，但2/3以上村民同意直接延长期至30年，涉及8个行政村，农户0.43万户，耕地1.98万亩。

二、调后延包：在第一轮土地承包期间未调整过土地的，经过适当调整后，再延长承包期30年，涉及31个行政村，农户1.82万户，耕地面积8.45万亩。

2002年，随着农业结构调整，农村二、三产业的发展和农村劳动力的转移，农村土地流转呈加速态势。为规范无极的土地流转工作，制订《做好农村土地经营权流转工作实施意见》，对土地流转采取的形式，坚持的原则，遵循的程序及流转合同的填写、管理做出明确的界定。到2005年，全县土地流转面积达26338亩，总转出户数7397户，总转入户数5286户，其中转包面积11300亩，转让面积2728亩，互换面积8790亩，租赁面积3520亩。

第三节　管理机构

1989年，农村工作部，设办公室、农村组、调研组。1991年4月，增设基层组，同时将农村组改为合作经济组。1997年11月，小康建设办公室挂靠农工部。2002年机构改革，设办公室、农经科，编制7人。2005年12月，设办公室、农经科，行政编制7人。无极县农村合作基金会挂靠县委农工委。

第六章　统战工作

第一节　统战宣传

1989年中共中央《关于坚持和完善中国共产党领导的多党合作和政治协商制度的意见》(中央14号文)颁布后，结合全国统战工作会议精神，编写多种宣讲材料，利用《无极报》、电视台、印刷宣传单等途径进行广泛宣传，利用港澳台同胞回乡探亲日渐增多机会，发挥三胞眷属联谊会、海外联谊会等联络渠道作用，通过发放宣传材料和介绍，宣传改革开放政策和省市县的新面貌。1992年，组织涉台知识竞赛，获“涉台知识竞赛优秀组织奖”。1995年，利用三胞眷属联谊会、海外联谊会等联络渠道作用，参加河北省“5·18”经贸洽谈会、厦门贸易洽谈会，向海外介绍县情，提升无极在海外的知名度。2003年，组织社会各界人士参加统战知识竞赛，获市统战知识竞赛优秀组织奖。2004年，组织60多名社会各界人士召开纪念中央14号文件颁布周年座谈会；深入教民群众聚集村，广泛开展“讲科学，讲文明，全面建设小康社会”的“两讲一建”宣传活动。2005年，印发材料5000余份，与宣传部门共同组织国务院《宗教事务条例》宣讲活动。

1989—2005年，在省、市、县等各级报刊和有关部门发表信息稿件300余篇。

第二节　民主党派和无党派

1989—2005年无极县没有民主党派支部，有民盟成员1人。政治安排党外人士共计202人，其中省人大代表2人，市人大代表5人，县人大代表64人；市政协委员4人，县政协委员127人。全县共安排实职党外干部13人，县处级党外领导干部3人，科级党外领导干部10人。全县党外知识分子5044人，其中高级技术职称的54人，主要分布在教育、卫生、经济等各个领域。

认真贯彻落实中央、省市文件精神，不断加强党外代表人士的选拔、培训、举荐力度。2003年，县委下发《于认真开展各级党员领导干部与党外人士交友活动的通知》(无字〔2003〕3号)，全县60多名党员领导干部与近百名党外人士建立联系。其中，24名县级党员领导班干部与48名党外人士交上朋友。2004年，在统战系统开展“树统战干部形象，建党外人士之家”活动，统战系统党员干部与45名党外人士建立密切联系。2002—2005年，推荐202名党外人士得到政治安排。实职安排10名优秀党外人才在政府部门任领导职务，共选拔党外后备干部32人，建立健全档案。建立党外干部任内走访制度，建立县级党员领导干部与党外人士交友长效工作机制，加强与党外人士的合作共事。

1989—2005年无极县历届政协党外人士政治安排情况表

表14—6

时间	届别	党外副主席	政协委员数	党外人士	党外党委
1990年	政协七届委员会	5	115	70	15
1993年	政协八届委员会	3	181	107	17
1998年	政协九届委员会	1	181	109	17
2002年	政协十届委员会	1	210	127	28

第三节　海外联谊及与港澳台联谊

1990年7月，无极县三胞眷属联谊会召开第二次会议。8月，无极县归国华侨联络组成立，由归侨陈启美任组长，归侨祁九明、侨眷李小学任副组长。1991年设立“无极县对台工作办公室”。1992年5月，无极县省外联谊会成立，共有理事46人，设会长1人，名誉顾问2人，顾问2人。1996年机构改革中，“对台工作办公室”取消，对台及侨务工作由统战部负责。

1992—2005年，无极县先后成立无极县第一家中外合资企业河北华加药业有限公司、中美合资企业河北华瑞地毯有限公司、冀港合资企业河北祥龙塑料制品有限公司、中日合资企业石家庄东发皮革公司、中俄合资企业新亿鑫皮革制品有限公司、中英合资企业新恒昌皮革有限公司、冀港合资石家庄新成达皮革有限公司、中韩合资石家庄新东亮皮鞋有限公司、中美合资吉尔斯地毯有限公司、中加合资泰龙皮业有限公司、冀港合资石家庄中冀正元化工有限公司三资企业。

1992年接待美国、菲律宾、新加坡等国家及港澳地区的“甄姓访亲谒祖团”。1994年11月，接待了到无极恳亲的美籍华人甄景堂伉俪。2004年7月，接待巴西华侨詹慧华为首的经贸考察团；10月，美籍华人曹秉钧先生之子曹英伟先生专程回到老家无极县南池阳村，遵其父曹秉钧先生的遗愿，出资设立“曹秉钧奖学金”，支持家乡教育事业。同时，在海外统战工作中，坚持“走出去，请进来”，发挥优势，广交朋友，有的放矢，广泛联系，逐步建立一个由海外人士、统战部门和众多工商企业组成的联谊网络，密切了与海外“四有”人的联系。

到2005年底，无极县有海外华侨5户，归国华侨1户，港胞1户，共211人。外资企业13家。

第四节　对台工作

1989年3月，无极县对台接待工作领导小组成立，成员由统战、宣传、广电、报社等12个单位组成。1991年设立“无极县对台工作办公室”，“对台办”与县政府的“台湾事务办公室”是一个机构，两块牌子，副科级单位，编制3人，隶属县委领导统战部代管，同时兼侨联工作。1996年机构改革中，统战部设一个内部科室，“对台办”取消，对台工作由统战部负责。

1989年以后，通过举办台胞、台商座谈会等形式，不断拓宽宣传渠道。通过厦门对台经贸洽谈会，分发对台宣传音像制品、宣传材料和邀请信，全面系统介绍了无极对外开放的大好形势和投资的良好环境。

1999年5月，台商陈福田投资22万美元，建立了无极县第一家台资企业——石家庄金炬皮革有限公司，2002年1月，台商黄三义建立台资企业石家庄顺发皮革有限公司。2003年7月，台湾永昶企业有限公司在无极成立石家庄新环宇皮革有限公司，台商江清枝注册石家庄泰成皮革有限公司（2005年撤资）。2004年11月，台商与港商合作建立石家庄中冀正元化工有限公司。

与台属和回乡探亲较频繁的台胞建立密切联系，及时掌握回乡台胞情况，叙乡情、友情、亲情，宣传党和国家的台对方针政策。1989年以来，先后接待原籍东庄村台胞朱鲁青，东关村去台人员苗永昌，南池阳村去台人员郝玉琨、郝玉林兄弟，马村去台人员邢庆，大名庄去台人员田治成，南池阳去台人员曹英哲（原台军少将）、曹炳均，西东侯去台人员段国贞（天主教神甫），西西侯去台人员李兆先等300余人次，并与朱鲁青、曹英哲等台胞建立密切联系。

到2005年底，全县台胞28户，多为台胞二、三代，有台资企业2家，与台合资企业1家。

第五节　管理机构

1989年统战部有干部5人，设1个科室；1991年设立“无极县对台工作办公室”，编制3人，隶属县委领导统战部代管；1996年机构改革统战部人员编制4人设1个内部科室。2002年机构改革，县委对统战部编制进行重新配置，统战部定编为干部编制4人，内设办公室，至2005年未变。

第七章　信访工作

第一节　信访接待与案件办理

一、接待

1989—1990年，县信访形势的平稳期，每年信访接待量平均97件。随着改革开放不断深化，各种新情况、新问题、新矛盾不断出现，信访工作不断改进，实行单位联合接待办法，协调组织职能部门直接面对群众，使群众有问题可以面对面提出来，当场答复，及时有效地把大量矛盾化解在基层。

1991年始，信访量呈逐年上升趋势，至1995年上升到689件。其中反映土地纠纷及庄基问题占32.5%；反映村经济问题占22.2%。1996—2000年共991件，反映土地纠纷及宅基问题占35.1%；反映基层干部腐败违法占13.2%，涉法涉诉案件15.2%；经济纠纷占7.6%。2001—2005年共1239件。反映土地问题及宅基地问题占28.5%；反映基层干部违法问题占18.7%，反映职工“两费一金”问题占13.8%，涉法涉诉问题占15.3%。

1989—1996年，信访部门对重大信访事项呈报县领导，由县领导做出批示处理。为加强信访工作力量，县信访工作按上级指示精神于1996年实行县级领导接待日制度，每周四（后改为周三）由县委、县政府主要领导轮流到信访局面对面接待上访群众。设专门接待室，由信访部门人员陪同（有时召集涉案单位）接待，受理信访人反映问题后，由信访部门转交有权办理单位调查处理。一般为两个月办理期限，办理结果回馈信访局。1996年以来，领导办理信访案件890件。

2000年开始，实行县级领导包案制度和领导亲自接待集体接访制度。2003年开展由县委、县政府全体领导共同参加的接访活动，集中精力解决全县重大、复杂群众上访案件。截至2005年底，县级领导共接待上方群众2530批次，落实领导包案415件，通过领导接待，大部分信访案件得到化解。

二、案件办理

1989年以来，信访办公室接待大量群众来访。随着社会形势的变化，信访量的增加，信访力量亟待加强。依据《中华人民共和国信访条例》和上级部门的精神，县信访建立办信接访制、案件查处制、催办督办制、信访案件分级负责、属地管理、谁主管谁负责制。为更好地发挥基层信访工作的积极性和主动性，增强信访工作人员的责任心，还建立信访案件复查复核制，具体由办案科主管业务。2001年建立信访案件责任追究制，先后对3个乡镇，6名信访工作人员进行通报批评等纪律处分。

自办案件、办理上级要结果案件和县级领导批示案件，化解大量矛盾，每年自办案件在20件，办理上级要结果案件35件左右，办理县级领导批示案件90件左右。2005年新修订的《中华人民共和国信访条例》实施后，信访部门强化转办、交办、督办职能，信访部门每年向有权承办的部门转办、交办信访案件350件。其中，包括办理上级要结案60件。

第二节　信访网络建设

1991年，无极县建立信访苗头排查制、信访热点集中排查制和信息反馈制，健全基层信息员队伍。每月定期不定期对全县信访苗头进行排查，并在全国重大节日和重大政治活动中进行集中排查信访苗头。对排查出的信访苗头落实领导包案，落实稳控责任人、稳控措施等。确保信访苗头化解在基层，稳定在县内，不发生越级上访。截至2005年底，共排查出信访苗头5210个，未发生过漏排漏报现象，为信访案件的及时化解提供可靠的信息。

2003年，对来信、来访登记开始通过网络向上级报送。2004年，连接省、市、县三级的“信访综合业务管理系统”开始试运行。信访苗头、结案报告等信访数据均可通过网络报送，到2005年底实现网络化办公。

第三节　依法治访

1989年以来，群众越级上访事件时有发生，为控制越级上访特别是越级集体访，将群众信访活动纳入法治化轨道，1996年县将《中华人民共和国信访条例》《河北省信访条例》《河北省逐级信访制度》及《中共石家庄纪委、市监察局关于严禁共产党员、国家机关工作人员参与群众集体上访的暂行规定》等信访法规编印成6000余册宣传材料发放至各乡镇、县直各部门及厂矿企业，并组织乡镇、村在主要街道、公路两侧书写标语，广泛宣传。

2005年新的《中华人民共和国信访条例》实行后，通过电视、印发明白纸、撰写知识读本等多种形式的宣传活动，切实加强对广大群众的教育，引导群众既充分行使民主权利，又自觉履行应尽的义务，使群众知法、懂法、守法。按照省市有关规范办理信访事项程序的文件，印发《无极县接待来访工作及办理事项程序》，使各行政机关在办理信访事项过程中有章可循，还下发关于规范县级领导分包重点信访案件办案程序的有关文件，保证各类信访事项按时办结。按照新的要求，信访完善工作程序，印制《信访事项交办告知书》《信访事项不再受理告知书》《信访事项不予受理告知书》《人民群众来信登记表》《群众来信转送单》《群众来信清单》等规范性文书、表格，制作三个工作流程图，并公布上墙。

为维护社会稳定，规范信访秩序，2005年依法对扰乱社会治安、非正常信访的6人进行训诫、治安拘留等处置。

第四节　管理机构

1989年，属县委、县政府双重领导，设办公室、接待科、办案科三个科室。1991年信访办公室改制为无极县信访局，为正科级单位，下设办公室、信访接待科、办案科，人员编制为7人，到2005年未变。各乡镇、县直各单位都设置了信访办公室，接待群众上访。

第八章　政策研究和党史（组织史）编写

第一节　政策研究

1990年成立县委研究室。1993年6月，研究室为正科级机构，由县委办公室代管，下设调研组。1996年1月机构改革，仍由县委办公室代管，下设调研组。1998年3月，研究室为正科级机构挂靠县委办公室，下设调研科。2002年机构改革，研究室设在县委办，仍为正科级，下设调研科。

1989—2005年，研究室围绕县委中心工作和社会热点、难点问题积极开展调研，当好参谋助手，撰写了大量的调研报告，为领导决策提供科学依据。1995 年撰写的《四步棋走得全盘活——关于无极县磷肥厂扭亏增盈的调查》在《河北经济日报》刊登，撰写的文章被《人民网信息内参》《共产党员》《河北省情研究》《河北公报》《决策》等省市报刊采用。多次被评为石家庄市调研工作先进单位、2002 年被评为“河北省调研工作先进集体”。

第二节　党史（组织史）编写

一、党史编写

1981 年 12 月，设党史资料征集编审办公室。1989 年 12 月，党史资料征集编审办公室改称党史研究室。1996 年 1 月机构改革，党史研究室并入县委办公室。1998 年 3 月，党史办公室设在县委办公室，为正科级机构，下设党史科。

1990 年征集资料 50 份、约 45 万字；编写《铁军司令马本斋率部开辟无极》《智截敌军粮》《无极县的土地改革运动》《无极县乡村短期师范的“赤化”斗争》《堡垒斗争》《无极县的“三反”运动》《略述中共无极县委在解放战争中的领导作用》7 份专题资料和刘毅之、赵振亚、张达风、甄翼飞传略，以及其他 4 份史料，共计 15 份、7.7 万字；编写《中共无极党史资料》第一辑计 11 万字；编印《神圣的使命、光辉的历程、雄辩的史证》和《没有共产党就没有新中国》《只有社会主义才能救中国和发展中国》9 万字的党史宣讲材料；组织进行两次烈士事迹展览，共宣传群众 40 万人次。

1991 年印发信函 500 余件，征集资料 40 份，照片 75 张，约计 25.7 万字；整编专题 11 个，约 8 万字；出版刊物 3 期、约 60 万字。其中编审印发了《简述抗日战争时期的“堡垒村”与“堡垒户”》《无极县的“三反”运动始末》《解放战争时期无极县扩军归队工作概况》《解放战争时期无极县支前工作简况》《无极县对资本主义工商业的社会主义改造》；征集编写《无极县的镇压反革命运动》《无极县的抗美援朝运动》《无极县的农业合作化运动》、研究编写《核心栋梁、砥柱希望》《浅谈搞好革命团结的要素》《浅论中国共产党创立的历史必然性》。编写出版《中国共产党无极县党史资料》第二、三辑和《高克谦》纪念集。

1992 年征集资料 185 份，约计 29.37 万字，图片 194 张，其中主要是地级以上的人物资料中华人民共和国成立前的文献和回忆资料，以及中华人民共和国成立后的大事记、组织史料。编写《无极县粗线条四清概况》《无极县大跃进概况》《李斌传略》，1987 年 10 月至 1991 年 12 月军事组织史料和《中共无极精英史略》《中共无极县历史大事记》（1966 年 6 月至 1975 年 12 月）共计 29.5 万字。

1993 年，发函 350 余件，征集资料 165 份，38 万字，图片 54 张，编写《中国共产党无极历史大事记》和“十一届三中全会以来县大事记”，计 10 余万字；中共无极简史 3 万字；中共无极县组织史（续）30 万字；中共无极名人史略 49 人 9 万字；“企业改革的尖兵”等史料 52 万字。配合完成“抗日战争初期无极县抗日政权建立情况概述”“抗战时期无极的学校教育概况”“抗日战争时期无极县的伪政权伪组织简况”等协作任务。

1994 年编写《无极县各级人民政权的建立》《建国初期无极县的廉政建设》《第一个五年计划时期无极县的重点工程建设》《无极县的整风运动与反右斗争》《大跃进时期无极县的失误与教训》《无极县在国民经济全面调整时期的概况》《石家庄市农村变革资料丛书》等史料征编。

2002 年编写出版《中国共产党无极县历史大事记 1923.6—1978.12》。

二、组织史编写

《中国共产党河北省无极县组织史资料》第二卷（1987.11—1993.6），该书时限为 1987 年 11 月至 1993 年 6 月中共无极县委第六次代表大会召开，内容包括中共无极县组织史资料、无极县政权系统组织史资料、无极县地方军事系统组织史资料、无极县统一战线系统组织史资料、无极县群众团体系统组织史资料、无极县部分工厂学校组织史资料、无极县组织史文献资料，共七部分，47 万字。

《中国共产党河北省无极县组织史资料》第三卷（1993.6—1998.3），共分主编《中共河北省无极县组织史资料》，另设附编一《河北省无极县政权系统组织史资料》、附编二《河北省无极县地方军事系统组织史资料》、附编三《河北省无极县统一战线系统组织史资料》、附编四《河北省无极县群众团体系统组织史资料》、附编五《河北省无极县部分企事业单位组织史资料》、附编 6《河北省无极县村级组织史资料》。该书上限从 1993 年 6 月中共无极县第六次代表大会召开起，下限为 1998 年 3 月中共无极县第七次代表大会召开止，全书共计 38.45 万字。

《中国共产党河北省无极县组织史资料》第四卷（1998.3—2003.4），共分主编《中共河北省无极县组织史资料》，另设附编一《河北省无极县政权系统组织史资料》、附编二《河北省无极县地方军事系统组织史资料》、附编三《河北省无极县统一战线系统组织史资料》、附编四《河北省无极县群众团体系统组织史资料》、附编五《河北省无极县部分企事业单位组织史资料》、附编六《河北省无极县村级组织史资料》。本书上限从 1998 年 3 月中共无极县第七次代表大会召开起，下限为 2003 年 4 月中共无极县第八次代表大会召开，全书共计 25 万字。

第九章　党校工作

第一节　党员干部培训

1989 年 1 月至 1992 年 9 月，以建设有中国特色社会主义理论、经济体制改革、国际国内形势、“一个中心，两个基本点”知识（即以经济建设为中心，坚持四项基本原则，坚持改革开放）为内容，举办各类主题班 7 期，培训各级党员干部 1200 人次。1992 年 10 月至 1997 年 8 月，紧密围绕邓小平南方谈话、市场经济理论、党的建设和无极县干部队伍思想实际，面向党员、乡科级干部、村书记、村主任举办各类主题班、轮训班和短期集中培训班 25 期，培训学员 2300 人次。1999 年 7 月，以提高党员干部的自动化办公水平，党校与组织部、人事局合作举办 4 期计算机应用能力培训班，200 人参加学习。到 2002 年 10 月，以邓小平理论、三个文明建设、江泽民“七一”讲话为主，共举办各类主题班 30 期，参加人员达 7000 人次。

中共十五大确立邓小平理论为党的基本思想，党校成立宣讲团，联系县情、乡情和党员干部工作实际，以送课下乡的方式开展为期一个月的宣讲活动，切实增强全县乡村干部用邓小平理论指导实际工作的能力；同时，帮助乡镇建立 17 所基层党校，在乡（镇）村党员干部培训工作中发挥了重要作用。

2002—2005 年，以“三个代表”重要思想、“两个务必”、建设新农村、共产党员先进性教育、党的执政能力建设为主，共举办各类主题班 32 期，培训学员 11350 人次。参训人员除全县各级干部、党员外还有入党积极分子、县管拔尖人才、先进群众代表。2003 年初县委党校创办“流动党校”，与宣传部联合成立“讲师团”，深入机关、农村、企业等单位辅导中共十六大精神，从理论上解决基层发展的部分问题，为无极县全面建设小康社会奠定理论基础。2004年，党校采取“流动课堂”形式（即教师深入一线流动讲课），对全县县直部门及乡镇、村的党员干部进行执政能力建设、党员先进性教育、建设社会主义新农村等方面的知识培训，这些活动得到上级部门的认可，省市领导小组工作简报、《河北日报》《石家庄日报》、河北省委党校校报分别对此作法进行刊发报道。

1989—2005年无极县党校主题培训班一览表

表14—7

时间	期数	参加人数	学习人员	学习内容
1989.1—1992.9	7	1200	全县乡科级机关干部及后备干部	建设有中国特色社会主义专题培训、国际与国内形式分析
1992.10—1997.8	25	2300	乡科级机关干部、村书记、主任	市场经济理论、邓小平理论、国际国内形势
1997.9—2002.10	30	7000	全县各级干部、党员、先进群众	三个文明专题学习、“三个代表”重要思想培训、国际、国内形势
2002.11—2005.12	32	11350	全县各级干部、党员、入党积极分子、县管拔尖人才、先进群众代表	“三个代表”重要思想培训、“两个务必”内容详解、建设新农村专题培训

第二节　干部学历教育

为适应时代需求，无极县委党校增设学历教育。1989年经省教委批准，与石家庄地委党校联合举办了第三期脱产党政干部中专专修班，学制一年半，专业为行政管理，招收学员55人。1990年招收第四期中专专修班学员63人。1996年，党校开始设立省委党校函授辅导站和市委党校函授辅导站，专业设置为经济管理，当年招收384名学员。1998年设立中央党校函授辅导站，新招学员242人；2000年增设法律专业，新招学员142人。截至2005年底，县委党校举办6届本科班、8届专科班，共14届学历班，毕业学员1223名。县委党校在函授学历教育办学过程中，从严治学，管理规范，赢得良好的社会声誉。

第三节　教学科研

1989年以来，党校教师一直坚持科学研究与教学相结合，联系县情实际讲好每一节课。1991年张殿奎主编撰写《中国传统伦理思想纵横》一书，于当年11月由红旗出版社出版。至2001年，党校教师共撰写论文及调研报告45篇，其中被省市级刊物采用20篇。在此基础上，2002年县委党校实行“建一流队伍，创一流业绩”制度，进一步完善教师职责。实行课前试讲、择优讲课的机制，提高教师的讲课水平；实行教师确定自己的调研方向，定期上交调查报告制度，增强教师调研能力。截至2005年底，党校教师共撰写自学笔记200万字，撰写热点难点问题专题研究报告60篇，先后编印《十六大报告培训资料会汇编》3期，在中央党校《党政论坛》上发表《党政“一把手”队伍建设的现状及对策》，在国家级刊物上发表《如何在农村构建和谐社会》《论如何实现共同富裕》《论“三个代表”理论基础》等调研文章38篇；在省、市级理论刊物和理论研讨会上发表论文50多篇。

第四节　管理机构

无极县委党校始建于1949年。1958年11月，藁城、无极、栾城三县合并为藁城县，党校随县委一起搬往藁城县城。1962年1月，三县分离，各县建制，党校迁回无极县城，位于城隍庙处。1967年2月县委成立文化革命领导小组，党校停办。1971年5月党校恢复重建，办公地点在县委机关南院。1975年迁至县委机关东院。1976年10月党校整体搬迁至城北办公。1978年迁回县城花园路，占地13亩。1971年，党校设办公室、教研室2个科室。2002年，增设培训科、学员科、总务科3个科室。截至2005年底，设办公室、教研室、培训科、学员科、总务科，教职工22人，建有952平方米的教室，图书资料近万册，是干部教育培训的良好基地。

第十章　老干部工作

1983年成立老干部局以来，按照县委和上级业务部门的指示精神，指导全县各有关部门全面贯彻执行中央和省、市关于老干部工作的方针、政策和上级有关规定，结合当地实际制定做好老干部工作的具体措施；检查、督促有关部门落实老干部的政治、生活待遇，搞好对老干部的管理服务；宣传老干部的历史功绩；表彰老干部做出的新贡献；协助有关部门做好离休干部医疗保健；组织领导老干部在政治、经济领域里发挥作用，为县委和领导决策提供服务。

第一节　老干部基本概况

1983年，全县享受离休待遇的老干部601人，其中第二次国内革命战争时期参加革命工作的3人；抗日战争时期参加革命工作的332人；解放战争时期参加革命工作的266人；享受地级待遇的16人，享受县级待遇的431人，其他干部154人；就地安置的老干部546人，易地安置的老干部55人。居住城内的老干部208人，居住农村的老干部393人。1989年享受离休待遇的老干部444人，其中第二次国内革命战争时期参加工作的1人，抗日战争时期参加工作的272人，解放战争时期参加工作的171人。1994年，退休干部也纳入老干部管理范围，全县离休干部460人，退休干部400人。1996年6月，全县享受离休待遇的601名老干部全部办理了离休手续。到2005年底，全县离休干部去世377人，健在离休干部224人，其中享受地级待遇的8人，享受副县级待遇的167人。退休干部1529人，其中居住城内的834人，居住农村的695人。

第二节　老干部待遇

1983年以来老干部局按照党中央、国务院关于“离休老干部基本政治待遇不变，生活待遇略为从优”的原则予以落实。

一、政治待遇

1. 建立了阅文和集中学习制度

1992年，按照上级“关于离休干部按照同级在职干部阅读文件”的规定，根据老干部分布情况，全县划分12个学习活动区点，实施定期定点集中学习制度，每月4至16日由老干部活动中心服务员负责，分别到老干部活动区点，为老干部传达、阅读上级及县级机关有关文件。1996年机构改革，由于人员编制不足而自行取消这一制度。

2. 订阅报刊

1983年以来，无极县规定享受县级以上政治待遇的离休干部每人每年订阅《人民日报》或《河北日报》《老人世界》各1份；科级及以下离休干部每人每年订阅《河北日报》或《石家庄日报》《老人世界》各1份。1994年，按规定调整了订阅标准，享受地级待遇的，每人每年订阅《河北日报》或《石家庄日报》《老人世界》各1份；县级及以下离休干部每人每年订阅《石家庄日报》或《燕赵晚报》《老人世界》各1份。同年，离（退）休老干部实施统管，按规定退休干部订阅标准为：县级以上退休干部每人每年订阅《燕赵都市报》或《燕赵晚报》《老人世界》各1份，是年，共有6名县级退休干部全部落实；科级及以下退休干部每人每年订阅《老人世界》1份，其他刊物自选（合计报销费不得超越85元）；共有394名退休干部全部落实，到2005年离（退）休老干部报刊订阅标准未变。

3. 政治报告制度

1992年以来，有计划组织安排老干部听政治、经济形势报告，并参加有关的会议。每年县召开的党代会、人代会、政协会，都邀请老干部代表列席会议；每年春季、秋季"重阳节"，都要召开老干部运动会；每年的春节前县委领导都召集一次老干部代表座谈会，向老干部通报全县工作情况，征求老同志意见和建议，开展节日慰问活动。

二、生活待遇

1. 落实"两费"

1983年按照中央颁布的公用经费和特需经费标准，离休干部公用经费每人每年400元；特需经费每人每年150元。1994年，公用经费标准进行调整：地级和享受地级待遇的离休干部每人每年500元，县级及以下离休干部每人每年400元；退休干部公用经费：地级退休干部每人每年400元，县级退休干部每人每年300元，科级及以下退休干部每人每年200元。1997年，规定地级和享受地级待遇的离休干部每人每年1100元（含交通费），县级及以下离休干部每人每年700元（含交通费）；特需经费：离休干部每人每年150元；退休干部每人每年50元。1998年1月起，离休干部的特需经费每人每年由150元提高到300元；退休干部特需经费未变，到2005年，离（退）休老干部"两费"标准没有变动。

2. 护理费

1984年，为生活不能自理的离休干部发放护理费每人每月50元，当年共为21名离休干部办理了护理费；1985年发放护理费29人，到1988年享受护理费46人。1989年9月，按照石家庄地区行署财政局、中共石家庄地委老干部局关于《部分离休干部发放护理费问题的通知》精神，凡年满70周岁以上，1942年底以前参加革命工作的地级和享受地级待遇的离休干部发放护理费，每人每月50元。当年发放护理费86人。1992年10月起，扩大部分离休干部护理费发放范围，即离休干部中，除过去按有关规定享受护理费待遇外，凡抗日战争时期参加革命工作，年满70周岁，每人每月护理费51元，当年享受护理费208人。1994年起，离休干部的护理费待遇统一提高到每人每月53.50元，享受护理费219人；并给生活不能自理，饮食起居需要人扶助的退休干部每人每月53.50元的护理费，当年为全县15名退休干部发放了护理费。1997年1月，按政策规定，对抗日战争及其以前参加革命工作，生活长期不能自理，护理费每人每月由原来的53.50元提高到100元；离休干部除按原规定范围执行每人每月53.50元护理费标准外，抗日战争时期参加革命工作，年满70周岁的离休干部每人每月由53.50元提高到100元；年满80周岁的离休干部每人每月由53.50元提高到100元，当年享受护理费的人数达373人。2003年，对抗日战争时期及以前参加革命工作生活长期不能自理，护理费标准调整为每人每月150元；解放战争时间参加革命工作年满70周岁的厅（局）级离休干部每人每月100元；解放战争时期参加革命工作年满70周岁的离休干部每人每月53.50元，当年共为261名离休干部发放护理费。到2005年全县224名离休干部护理费标准未变。

3. 交通费

1983 年，享受地级待遇的离休干部每人每月 15 元，县级和享受县级待遇的离休干部每人每月 10 元，科级及以下离休干部每人每月 6 元。1992 年 10 月起，享受地级待遇的离休干部每人每月 15 元提高到 40 元；县级和享受县级待遇的离休干部每人每月 10 元提高到 24 元；科级及以下离休干部每人每月 6 元提高到 16 元。1994 年，地级退休干部每人每月 30 元；县级退休干部每人每月 20 元；科级及以下退休干部每人每月 15 元。到 2005 年，离休干部 224 人，退休干部 1529 人的交通费标准未变。

4. 医疗保健

1983 年以来，老干部的医疗保健实行定点医疗，药费实报实销。1984 年县为老干部配备小轿车两部，随着老干部人数逐年增多，1991 年在县医院设立老干部病房，配备专职医务人员，设床位 19 张。为方便老干部看病，参观疗养用车，1996 年，县委调拨给老干部局“奥迪”“大宇”轿车各 1 部。2000 年，县财政为老干部局拨款 8 万元购买了 1 辆 19 座新面包车。2001 年 4 月，县将基金会“依维克”车一部调拨给老干部使用。为及时了解居住农村老干部健康状况，规定老干部活动中心医务人员每月抽出 3 天下乡为老干部巡诊一次。每年春、秋两季组织老干部分批到秦皇岛、北戴河、避暑山庄、西柏坡等地参观疗养一次，使老干部开阔视野、丰富生活、健康长寿、安度晚年。到 2005 年，去各地参观疗养的老干部达 1600 人次。

5. 离休干部安置

1983 年以来，无极县委、县政府规定离休干部就地安置，享受同级在职干部住房标准，并优先安排。1983—1996 年，解决了 393 名离休干部回农村安家的建房补助费 102.18 万元；1983—1991 年按政策规定，解决了 55 名离休干部易地安置问题，并接收易地安置无极县的离休干部 57 人。

6. 企业离休干部养老金

1994 年受市场经济的冲击，县城内企业滑坡、倒闭、企业内 156 名离休干部中，有 139 人养老金、医药费不能兑现，到 1996 年共拖欠 200 多万元。1996 年 9 月，经县委研究，将 1942 年底以前参加工作的 33 名企业离休干部养老金转县财政列支，1997 年 10 月无发〔1997〕50 号文件《中共无极县委关于进一步解决企业老干部两费的意见》，实行“减一补一”政策，即转财政开支的 33 名离休干部中，自然减员 1 人，再从企业离休干部中增补 1 人。1999 年 6 月，将“减一补一”的政策扩大到凡财政开支的离休干部中自然减员 1 人，按参加工作先后从企业离休干部中增补 1 人。到 2002 年 4 月，139 名企业离休干部全部转入财政开支，纳入医疗保险，并筹款 60 万元，解决所拖欠养老金、医疗费。到 2004 年 10 月，企业 159 名离休干部的养老金、医疗费全部纳入县财政开支渠道。政治待遇和生活待遇全部落实、所欠 200 多万养老金、医疗费全部还清兑现。

第三节　老干部活动

一、老干部活动中心

1983 年老干部活动中心临时占用座落在建设西路煤建公司一处约 100 平方米的平房。1986 年县投资 11.5 万元，在建设西路原平房旧址，拆旧建新，兴建了老干部活动中心，二层楼房，占地 672.24 平方米。建筑面积约 300 平方米，设有健身房、阅览室、娱乐室、会议室，12 月交付使用。1992 年，在活动中心设立医务室。居住农村的老干部也分别在 11 个乡镇政府，利用空闲房改建成健身，娱乐、学习为一体的老干部活动室 11 处。2000 年县委决定，老干部原活动中心归县民政局，老干部活动中心搬迁到无极路街心花园，占地 4000 平方米，三层楼房、建筑面积 1200 平方米，老干部活动使用 2～3 楼层，约 800 平方米。内设医务室、娱乐室、图书室、会议室、健身房、台球房、象棋房，2003年建立电脑信息网络室。每周一至五上午8：30时至中午12时、下午14时至18时开放。每天来活动中心参加各项娱乐活动的老干部达百余人。

二、文艺演出队

“夕阳红”文艺演出队成立于1992年，队员30多名。演出节目丰富多彩，有戏剧、歌舞、歌咏、舞蹈、相声、快板器乐等，可演唱60多出大小剧目，成为无极县文化建设战线上不可缺少的一支力量。演出队联系实际自编自演健康向上的节目，利用重大节日，深入学校，街道进行巡廻演出，受到广大群众和各级领导的赞誉。1995年在石家庄市举办的庆祝抗战胜利50周年汇演中，表演的《送军粮》《八个大嫂劳军》节目，荣获优秀奖，并奖石英钟一块。1996年在河北省、石家庄市老干部系统举办的文艺会演中。无极县老干部表演队表演的“健身操舞”获省优秀奖。2001年老干部夕阳红文艺队改名为晚霞文艺演出队，队员发展到120人，平均年龄65岁，年龄最大的86岁，每周一至周六全天集中排练。在建党80周年石家庄市老干部系统举办的文艺会演中，表演的《八个大嫂劳军》获市级演出优秀文艺奖，同年重阳节县组织的文艺会演中，“晚霞文艺队”50人歌咏赛获“特等奖”。2002年市体育局、老年体协举办全区老干部系统文艺会演，“晚霞文艺队”表演的《拍手操》荣获市级优胜奖，2004年获市级《健身展示》优秀奖，同年，县宣传部举办庆祝中华人民共和国成立55周年文艺会演，“晚霞文艺队”歌咏组获“网通杯”赛一等奖，2005年在纪念抗战胜利60周年石家庄市“民族魂”群众文化系列活动中，演出的男声合唱《大刀进行曲》《反腐倡廉以法治国》获三等奖。据统计，到2005年老干部文艺队共演出300余场次，受到全县广大群众和各级领导的赞誉，为县经济发展和安定团结大好局面作出了贡献。

三、门球队

老干部门球队组建于1986年4月，队员30多名，在原生猪市场一角建起一个简易门球场，由于环境差，活动不便。1988年初，门球场临时搬迁到党校院内。1989年，在县委、政府关怀和支持下，集资5000元，在花园路原百货库门口以东修建标准较高的门球场3个，设备齐全。1996年按县城管规划要求，门球场搬迁到花园路西头党校门口以东50米处，2000年随着老干部活动中心搬迁，门球场一并迁入无极路街心花园老干部活动中心院内，设门球场2个，为满足老干部活动需要，2002年在正义街南头新增建门球场2个。到2005年高标准门球场4个，队员达90余人。

老干部门球队多次参加省、市组织的地区赛。1986年石家庄地区组织的全区各县门球赛中，获全区第六名，1987年获全区赛第四名，并颁发奖状；1988年54所成立50周年举办的门球赛中，获“抗大杯”赛一等奖；1994年省交通厅组织的邀请赛取得第一名；1996年省组织的“建管杯”赛获第三名；1998年获石家庄市赛第一名。到2005年无极老干部门球队在省、市组织的各类门球比赛中，一直保持优异成绩，被省、市门球协会和老干部局授予“门球活动先进队”称号。

四、老午大学

老年大学成立于1988年5月，先后开设：医疗保健班、绘画班、书法班、种养业班和电脑学习班。每年分两个学期，每期两个班，每班40余人。聘请医生专家、教师和具有一定专业技术的老干部担任兼职教师。为普及新知识，丰富老干部文化生活，陶冶情操，为县文化建设作出了贡献，被省、市评为老年大学先进单位。学员的作品荣获市、省、国家级奖励。1994年河北省在北戴河召开的老年大学经验交流会上，无极县作典型发言，受到各县市的赞誉，被省评为老年大学先进单位。到2005年，老年大学累计培训学员达600余人次。

第四节　老干部工作

一、老促会

1992 年成立“无极县革命老区经济建设促进委员会（简称老促会）”，下设农业组、宣教祖、工贸组、城建组 4 个组，共 42 名成员组成。

老促会组织领导德高望重、政治责任心强的老干部发挥作用。安排他们在本单位当顾问或从事调研、咨询工作；扶持新干部，搞好传、帮、带；从事调查处理重大案件；接待处理来信来访，为稳定无极县政治、经济发展和安定团结发挥余热。1994 年县委聘请 10 名老干部为行风督查员，聘请 10 名老干部为交通监察员。1995 年部分老干部发出“每年栽好五棵树、留待子孙来乘凉”的号召，全县老干部积极响应。到 2005 年，老干部民事调解 1200 多件、法律咨询 80000 余人次、解决经济纠纷 20 多起，写调查报告 12 篇，为各级领导班子提建议 80 多条，植树 2 万多棵，为县经济发展创造了良好条件。

二、关心下一代工作委员会（关工委）

1992 年成立“关心下一代工作委员会”，设名誉主任 1 名，主任 1 名，副主任 7 名，委员 24 名。组织领导老干部搞好关心下一代教育工作，向青少年宣传革命斗争史；进行爱国主义和革命传统教育；进行社会主义和集体主义教育；进行道德品质教育等。1993 年“关工委”根据当前学校、农村青年状况，发动全县老干部深入到 11 个学区和 212 个行政村，采取问卷、走访等形式进行调查、摸底，发现一些不容忽视的问题，发现在青少年中，特别是一些回乡中学生，使用管理失控，教育断档，“养、用”欠缺，年纪轻轻，不愿读书，不求上进，只讲享受，不讲创造和奉献，有的思想空虚，目无法纪，参与赌博等活动。面对这些情况，组织 11 个老干部巡回报告团，共 230 余名德高望重的老干部，每周到全县各学区讲课一次，并利用重大节日，纪念日到农村向青少年宣讲革命斗争史，进行爱国主义和革命传统、社会主义和集体主义、道德品质等教育。大陈镇张全礼等几位老干部主动召集附近几个村有些后进青年谈心，讲革命传统，带领他们到城北烈士园参观学习，讲战争史，使他们走上了正路，成为村里致富带头人；西东门乡苏勤功等几位老干部利用自家的空闲房开办校外辅导站、图书室、受到学校和家长的欢迎，青年张焕锁深受启发，利用自身优势，办起林果服务站，既开方，又卖药，吸收了十里八乡的果农，为发展当地林业经济起到了积极作用，多次被评为市、县青年模范、科技星火带头人。县直离休干部梁中慎走村串户面对面教育青少年，并利用自身林果方面的特长，手把手地为青年，特别是回乡中学生讲解技术，培训 400 余人，带起 600 个专业户。刘志录，仝成义等几位老干部，根据青年特点寓教于乐，并结合青年理论修养，进行党的基础理论教育，让青年在实践中进行自我教育，在“社教”中组成报告团，召集各地青年作巡回报告，进行社会主义思想教育，举行报告会 16 场，受教育 2000 人次；王清秀等几位老干部对附近村青少年进行爱国主义、革命传统、法制和道德品质等为教育，他们利用自家空闲房自费办起图书室，为青少年读书学习提供阵地。无极县关心下一代工作被省、市树为先进典型。1994 年 9 月，代表石家庄市参加河北省在北戴河召开的“农村关心下一代工作经验交流会”，介绍了《我们是怎样对农村回乡中学生管理使用的》的经验，受到全省各地区、单位与会同志们的好评。到 2005 年，无极县从事关心下一代教育工作的老干部有 230 余名，作报告 980 多场次，受教青少年达 26 万多人次，帮助挽救失足青年 46 人。为维护社会稳定与促进社会发展全面提高青少年的素质作出了重要贡献。

1983—2005年无极县离退休干部统计表

表14-8　　　　单位：人

年度\项目	离休	退休	合计	年度\项目	离休	退休	合计
1983	300		300	1995	452	469	921
1984	326		326	1996	434	497	931
1985	332		332	1997	409	568	977
1986	333		333	1998	373	588	961
1987	412		412	1999	357	777	1134
1988	433		433	2000	338	840	1178
1989	444		444	2001	309	954	1263
1990	465		465	2002	285	1114	1399
1991	489		489	2003	261	1280	1541
1992	495		495	2004	241	1383	1624
1993	481		481	2005	224	1529	1753
1994	460	400	860				

第五节　老干部管理

1983年以来，老干部管理实施“老干部局统一指导，所在单位具体负责和老干部自我管理、自我服务、自我教育”的工作原则，建立“老干部自管委员会”和老干部协助员管理网络。全县设城区协助员8名，乡镇协助员26名，分34个小组。1994年，离（退）休老干部实施统管。2003年完成了对261名离休干部管理的信息化、网路化管理。到2005年全县退休干部1529名，其中：居住城内的退休干部834名，居住农村的退休干部695名。全县离（退）休老干部分20个片、34名老干部协助员；完善老干部党员生活制度，建立健全老干部党支部，设立县委老干部局党总支，按片建立20个老干部党支部、34个党小组。党支部书记分别由各乡镇负责党群线的副书记兼任，副支部书记由各片一名德高望重的党员老干部担任。

第六节　管理机构

1983年老干部局成立，编制8人。1996年机构改革，老干部局挂靠组织部（保留“老干部局”牌子），为正科级机构，内设办公室，行政编制3人，事业编制6人。2005年，内设办公室，下属老干部活动中心。行政编制4人，事业编制6人。

第十一章　其他党务工作

第一节　督　查

1990年4月，县委设督查室。1993年6月，为正科级，由县委办公室代管，下设督查组。1996年1月机构改革，仍由县委办公室代管，下设督查科。1998年3月，督查室为正科级机构，挂靠县委办公室，下设督查科。2002年机构改革，督查室设在县委办，仍为正科级。1999—2005年，连续进入市优胜、省先进集体县行列。2001年，共开展专项督查15次，办理各类查办件26件，其中大查办5件，小查办21件，全部按时办结，办结率100%，共编发《督查专报》24期，反映无极县经济建设、农村工作、群众工作、稳定信访等方面的14篇文章被省、市委《办公厅通报》《督查通报》和《河北经济日报》《石家庄日报》内参采用。2002年共开展督查17次，办理各类领导批示件31件，办结率100%。撰写《督查通报》21期，编写文章46篇，被省、市等内刊采用17篇。2003年共开展决策督查活动16次，开展督查调研8次，编写《督查专报》22期、《督查通报》26期。2004年组织大型督查活动29次，办理领导批示件13件，办结率100%。撰写文章46篇，编写《督查通报》24期。2005年开展大型督查活动27次，协助领导解决督办案件35件，特别是市挂账的6个历史遗留的疑难信访案件中，有5个得到了根本解决。办理各类领导批办事项31件，办结率100%，有效地发挥党委决策的参谋部、推动工作落实的左右手作用。

第二节　信　息

1990年4月，县委设信息组。1998年3月，信息组改为信息中心，为正科级机构，挂靠县委办公室。2002年机构改革，信息中心设在县委办，仍为正科级，下设信息科，负责信息调研工作。1999—2005年，编写信息6200多条，其中被市以上采用的1390多条。

第三节　保密和机要工作

1996年1月机构改革，县委设立保密局，挂靠县委办公室。负责全县保密工作，建立基层工作体系，制定一系列保密规章制度，规范全县定密工作范围，开展经常性的保密宣传和保密检查工作。1997年，配备无线移动通信信号监测仪，不定期开展无线移动通信通信检测，积极探索计算机信息系统保密管理有效途径，开展经常性网上检索。2001年，开展《金盾卫士》软件安装，重点单位都安装次软件。2003年，全县党政机关企事业单位网络管理登统备案工作组织开展对重点单位及网吧的计算机网络使用保密管理情况进行了专项检查，同时与重点单位、重点部门签订《计算机信息系统保密责任书》。1996—2005年，全县未发生失密、泄密案件。

机要工作主要翻译、传输、办理县委、县政府及其所属各部门的密码电报及内部明传电报，承办县委、县政府交予的有关信息加密任务。1996年，县委机要局与各乡镇开通有线传真通信。2003年，实现明、密机房分开，除值班室、阅报室、办公室、接待室、会议室外，落实“三铁一器”。确保密码设备安全，机要机房安装单独的避雷针系统，购置发电机、不间断电源、灭火器、机柜，并安装视频监控系统。到2005年，对通讯设备进行更换，提高技术装备实力。通讯系统严格执行一主一备要求，通信用计算机做到一主多备。

1989—2005年，严格按照译传办管理规定和规范化要求，及时准确办理好每份电报，没有发生一件压误电报事故，无漏办现象，做到了“零停留、全畅通”。

1987年11月，设机要室。1992年，根据上级工作的要求，机要室改为机要局。1993年6月，机要局由县委办公室代管，下设机要组。1996年1月机构改革，县委办公室挂机要局牌子，正局级规格，下设机要科。1998年3月，机要局为正科级机构，挂靠县委办公室，下设机要科。2002年机构改革，机要局设在县委办，仍为正科级，下设机要科。

无极县志

1989—2005

地方人民代表大会

1989—2005年无极县共选举产生县第十、十一、十二、十三届人民代表大会和常务委员会，共召开人民代表大会19次，收到代表议案、建议、批评和意见400条，十届、十一届、十二届人大常委会分别任免干部164 、266、219人次。组织人大代表对“一府两院”工作进行执法检查、视察、调研159次，以促进经济社会发展，维护群众合法权益，为坚持和完善人民代表大会制度，推进无极县民主法治建设发挥重要作用。

無極縣志

第一章　人大代表

第一节　代表的产生与构成

一、人大代表的选举

县人大代表的选举，是在县委的领导下，建立县、乡镇两级选举委员会及办事机构。县人大常委会及人大代表选举委员会按照《中华人民共和国全国人民代表大会和地方各级人民代表大会选举法》的要求具体组织实施，制定选举工作实施方案，本着普遍性、平等性、公开性等原则，采取差额直接选举的方法，按人口与代表比例原则确定和分配的代表名额，通过科学合理地划分选区、选民登记、提名推荐和协商确定代表候选人等工作程序，依法组织选民进行直接投票选举，产生历界人大代表。

二、人大代表构成

县人大代表具有广泛的代表性，各方面的代表占一定的比例。人大代表分布在全县工业、农业、文教卫生、金融商贸、机关团体等领域，其中党员代表一般占60%以上，妇女一般占20%以上，少数民族、民主人士、知识分子等占有一定比例，历届县人大代表逐步实现年轻化、知识化。第十届县人大代表大专以上文化程度的43人，占17.9%，初中以下文化程度的176人占73.3%第十三届县人大代表大专以上文化程度的96人，占47.6%，初中以下文化程度的9人，占4.4%，第十三届人大代表大会按全县人口数，分配代表名额为214人。每届任期为五年，为防期间人员变动，实选代表203人。其中农民代表89人，占44.3%党政干部代表85人占41.8%，党员139人，占68.7%，妇女42人，占20.7%。

第二节　代表工作

一、代表监督与视察

县人大代表选举产生后，县人大常委会以及各代表团、组，围绕县委、县政府重点工作、群众关注的热点问题，以集中视察、专题视察、个人持证视察、联系选民等形式组织人大代表开展视察和执法检查活动。对“一府两院”及其职能部门开展工作监督和法律监督。1992年人大常委会组织人大代表评议人大任命的局长，评选出不信任的局长10人，出示黄牌警告的5人。1998年县十二届人大常委会制定《无极县人大常委会人事任免与监督暂行办法》，完善《县人大常委联系代表、人大代表联系选民制度》，代表监督工作逐步规范化、制度化。历届县人大常委会年终都对县人大任命的政府系统各行政部门负责人进行一次述职评议，并依据评议情况，划分为成绩比较突出、成绩突出、成绩一般三个层次。历届人大常委会每年选择几个重点进行评议，2003年对县法院各庭长以上人员进行述职评议，均收到很好效果，充分调动人大任命的“一府两院”工作人员的积极性，在全县引起较大震动。在闭会期间，代表活动逐步活跃，以各代表团为单位，认真组织逢单月25日的“代表议政日 ”活动，以及“国徽在心，责任在身”活动、“人大常委及代表联系选民”活动等，组织代表学习视察、参政议政。

二、代表建议与议案

县第十届至第十三届人代会期间共提议案情件，建议、批评和意见共计400余条。其中，第十届提出议案件，建议、批评和意见100余条。

涉及到环境保护、社会治安、文教卫生、公路交通及工业、农业等各个方面。县人大常委会针对历届每年人代会所提议案及建议，都进行督办并适时听取一次县政府及各部门办理情况的报告，保证所提议案及建议，均予以答复、解释和解决。1993 年制定《关于办理县人大代表建议、批评和意见的规定》。

无极县第十届至十三届人大代表基本情况表

表 15–1

项目	届别	十	十一	十二	十三
总计（人）		240	238	203	203
性别	男	184	180	164	151
	女	56	58	39	42
民族	汉	231	229	197	198
	少数民族	9	9	6	5
政治面目	党员	158	162	137	139
	民主党派	1			64
	群众	81	76	66	16
	民主人士				
年龄结构	25 岁以下	39			
	26 ～ 35 岁				
	36 ～ 45 岁	180	182	176	177
	46 ～ 60 岁	21			18
	61 岁以上				
文化程度	大专以上	43	48	88	96
	中专、高中	21	31	89	98
	初中	138	126	21	9
	小学	38	35	9	
	文盲				
行业分布	工业	6	6	8	9
	农业	155	158	101	89
	交通运输	43	40	29	9
	财贸				1
	科技				4
	文教卫生				12
	金融				1
	机关团体	36	34	66	85

第十五编

1994年十一届三次人代会、1995年十一届五次人代会多名代表提出了疏通磁河河道，解决污水淹地问题的议案。县政府高度重视这项工作，采取多种措施，对磁河进行治理。2004年7月，县政府将《关于老磁河治理项目的建议报告》提交县人大常委会审议。县人大常委会在调查研究、认真审议的基础上，批准该报告，并作出相应决议。县政府经过多方筹措资金，投资2000多万元，对老磁河进行彻底改造。

1992年，县、乡、地、市合并后同时换届。1995年在县第十一届五次人代会上作出《关于充分发挥代表作用搞好民主理财的决议》，各乡村建立村民代表会及民主理财小组，村民代表会真正成自我教育、自我管理、自我服务的群众自治组织。1995年，根据市人大统一安排，组织代表对工商行政管理局进行评议。1998年提出《关于充分发挥代表作用，推进农村基层民主政治建设的意见》，2000年制定《关于实施个案监督的暂行办法》，明确个案监督的原则、范围和程序，并通过信访、视察等途径，对群众反映强烈的一些案件进行阅卷调查，取得较好效果。

第二章　完善人民代表大会制度

1989年，县人大加强制度建设，先后从工作监督、法律监督、人事任免、代表联系4个方面制定和完善一系列制度，使人大工作走上规范化轨道。

第一节　完善工作监督制度

自1989年始，无极县人大常委会对政法部门进行评议。1995年开始，组织人大代表对工商行政管理工作进行评议。为完善预算审查监督制度，除在每年召开的人民代表大会上听取和审议上年度国民经济和社会发展计划执行情况及财政预算执行情况两个报告外，县人大常委会还听取政府半年预算执行情况的报告。为进一步加强预算审查监督，人大常委会制定《关于对县本级预算审查监督的暂行办法》，对预算编制、执行、调整，财政决算审查监督以及责任追究作出明确规定，要求在预算编制开始，县政府财政部门要向县人大通报预算编制的有关情况，规定具体时间向人大提交下一年政府预算草案；在预算执行中，县人大常委会城乡经济工作委员会随时跟踪了预算执行情况；并明确规定：县政府认为在预算执行中需要进行预算调整的，应当编制调整方案，列明原因、项目、数额及有关说明，提请县人大常委会审查批准，使预算监督工作更具可操作性。2004年，无极县人大常委会制定《关于县人民政府、县人民法院、县人民检察院向县人大常委会通报重要工作和重大事项的规定》及《关于加强对垂直管理部门监督的若干规定》，使人大及其常委会对垂直部门的监督纳入制度化。

第二节　完善法律监督制度

为解决有法不依、执法不严的问题，1989年，县人大常委会对实施法律、法规实行部门责任制，并在实践部门执法责任的基础上，1995年在全县司法机关和行政执法部门推行错案和行政执法过错追究的“两错”责任追究制度；同时，全县执法部门健全了领导组织，明确执法权限和执法制度，建立内部监督制约机制。为完善对人民法院、人民检察院和公安、司法机关的法律监督，县人大常委会在“两错”追究责任的基础上，于2003年，制定《无极县人大常委会实施个案监督暂行办法》和大案、要案报告制度，进一步完善县人大常委会对司法机关及其执法人员涉嫌违法办理的错案和执法办案中的过错进行监督工作。

第三节　完善人事任免制度

为健全人事任免制度，1999年制定《无极县人大常委会人事任免和监督办法》，使评议和人事任免工作走向规范化轨道。1998—2002年共依法任免国家机关工作人员219人。同时，县人大常委会还对任命干部实行法律知识考试、任命时无记名投票表决、任命人员任职表态发言、任后述职评议等。2003—2005年，先后对法院庭长以上法官、政府系统公安、土地、农业、交通、环保等14名行政局局长进行重点评议，指出被评议对象应该重点解决的问题，并提出相应建议。

第四节　完善人大代表工作制度

代表工作是人大常委会工作的基础和依托，为充分发挥代表作用，确保民情及时上报，提高代表参政议政的积极性，1990年6月十届人大常委会二次会议，通过《关于同代表联系的办法》《关于县代表持证视察的办法》，使代表依法行使职权具体化。1998—2005年，县人大常委会组织“代表议政日”“代表联系选民”等活动。在各乡镇代表小组中建立完善逢单月25日“代表议政日”活动制度，制定《无极县国家机关联系县人大代表的办法》、人大常委会组成人员同代表的联系制度、《在全县开展代表联系选民，发挥乡镇人大主席团作用的实施意见》，加强县级国家机关同人大代表的联系，代表同选民之间的联系，为代表执行职务创造了较好的条件。

第五节　完善村民委员会选举制度

无极县村民委员会换届选举已经历六届，分别于1988年、1991年、1994年、1997年、2000年、2003年举行村民委员会换届选举，换届选举方法有所不同。

1. 改革候选人选举办法

分别于1988年、1991年、1994年、1997年举行的四届村民委员会候选人提名时操作较为简单，由村民小组民主推荐，也可由上届村民委员会、党组织提名或村民自荐。分别于2000年、2003年举行的两届村民委员会换届候选人提名，根据1998年重新修订的《中华人民共和国村民委员会组织法》要求，村民委员会候选人由本村选民直接提名。直接提名方式有两种：一是召开村民会议进行；二是召开村民小组会议进行投票；不能用组织提名代替村民提名，保证村民的直接提名权。

2. 改革选举方法

1988年、1991年、1994年、1997年举行的四届村委会换届选举中，在人口较多、居住分散的村，经多数村民同意也可以召开村民代表会议进行。2000年、2003年举行的两届村委会换届选举，一般召开选举大会，集中投票；人口较多或者居住分散的，设中心投票站，由选民在规定的时间内到指定的投票站投票。

第三章 人民代表大会会议

1989—2005 年，无极县人民代表大会经历四届，共召开 19 次人民代表大会会议，其中十届人大召开 4 次，十一届召开 6 次，十二届召开 6 次，十三届召开 3 次。每次会议都在中共县委和大会临时党委的领导下，在大会主席团主持下进行。

无极县第十届至十三届人大会议情况一览表

表 15–2

届次		时间	应到代表	实到代表	内容	备注
第十届	一次	1990.3.27—29	240	223	1、听取和审议“一府两院”六项报告，并作出相应决议。2、大会进行选举，选举结果是县人大常委会主任刘日。副主任于彦德、申庆西、胡克信、赵满斗、陈植森、陈瑞彩、梁记德。县长马国胜。法院院长王瑞生。检察院检察长王顺通	
	二次	1991.3.12—15	238	208	听取和审议“一府两院”六项报告，并作出相应决议	一次会议后调走 2 人
	三次	1991.10.14—16	237	175	会议补选县人大常委会主任孟凡林。选举县政府县长靳海河	二次会议后调走 1 人
	四次	1992.3.17—19	237	170	听取和审议“一府两院”六项报告，并作出了相应决议	
第十一届	一次	1993.6.27—30	238	234	1、听取和审议“一府两院”六项报告，并作出相应决议.2、选举县人大常委会组成人员和“一府两院”领导人员。选举结果是县人大常委会主任王志锋，副主任申庆西、白合庆、朱九敦、刘元东、张悦、陈瑞彩。县长王文治，副县长王中联、卢长锁、朱俊计、刘双牛、杨振纲、梁永法、靳玉环。法院院长张占军，检察院检察长逯云章	
	二次	1993.8.23	238	218	会议选举无极县出席市九届人大代表 29 名	
	三次	1994.3.21—24	238	198	听取和审议“一府两院”六项报告，并作出了相应决议	
	四次	1994.9.8	238	194	会议补选无极县十一届人大常委会主任申庆西、副主任翟全贞，朱存柱为无极县人民政府县长	
	五次	1995.3.7—9	237	213	1 听取和审议“一府两院”六项报告，并作出相应决议。2、通过关于“充分发挥村民代表会作用，搞好民主理财”的决议。3、表彰了十一届人民代表大会 1994 年度模范县人大代表	四次会议后死亡 1 人
	六次	1996.3.22—24	246	226	1、听取和审议“一府两院”六项报告，并作出相应决议。2、听取和审议无极县国民经济和社会发展“九五”计划和 2010 年远景目标纲要的报告，审查和批准无极县国民经济和社会发展“九五”计划和 2010 年远景目标草案。3、补选了无极县人民政府县长刘东才。4、表彰了模范县人大代表	五次会议后死亡 1 人、调离 2 人
	七次	1997.3.15—17			1、听取和审议“一府两院”六项报告，并作出相应决议。2、会议补选刘双牛为无极县人大常委会主任，赵福增为无极县人民法院院长、钱海军为无极县人民检察院检察长	六次会后调离 3 人

续表 15-2

届次		时间	应到代表	实到代表	内容	备注
第十二届	一次	1998.2.15—18	203	198	1、听取和审议“一府两院”六项报告，并作出相应决议。2、会议进行了选举，选举结果是县人大常委会主任刘双牛，副主任杨栓成、刘元东、崔彦海、李红江。县长王瑞生，副县长刘国明、杜振琪、杨成岱、李华强、李明霞、岳领水、甄申国。法院院长赵福增，检察院检察长钱海军	
	二次	1999.5.8—10	211	197	1、听取和审议“一府两院”六项报告，并作出相应决议。2、会议补选郭领域为无极县政府县长	一次后调出2人、补选10人
	三次	2000.3.20—22	212	202	听取和审议“一府两院”六项报告，并作出相应决议	二次会后调离2人、补选3人
	四次	2001.2.4—6	212	203	听取和审议“一府两院”六项报告，并作出相应决议	三次会后调离2人、去世1人、补选3人
	五次	2002.2.21—23	214	198	听取和审议“一府两院”六项报告，并作出相应决议	补选2人
	六次	2003.1.21—22	212	188	选举无极县出席石家庄市第十一届人民代表大会代表	五次会议后调离2人
第十三届	一次	2003.4.26—29	203	191	人大常委会主任、副主任、委员；选举了无极县人民政府县长、副县长；选举了无极县人民法院院长；选举了无极县人民检察院检察院检察长。主任甄申国，副主任崔彦海、李红江、刘俊田、杨振会。政府县长张业。副县长岳苓水、袁全民、杨成岱、常志卷、陈玉茹、雷振梅。法院院长刘献。检察院检察长张合乡	
	二次	2004.3	203	188	听取和审议“一府两院”六项报告，并作出相应决议	
	三次	2005.1.26—28	204	198	听取和审议“一府两院”六项报告，并作出相应决议	二次会议后补选1人

第四章　人大常委会

第一节　机构设置

县人大常委会由该届人大第一次会议选举产生，自1989—2005年以来，县人大常委会机构设置未发生变化。县人大常委会设办公室、政治法律科、财政经济科和教科文卫科、代表联系科，有工作人员15人。

第二节　常委会会议

1990年3月，选举产生县第十届人大常委会，届内召开常委会会议21次，听取和审议县人民政府和县人民法院、人民检察院及政府有关部门工作报告36项，就全县重大事项作出决议和决定22项，任免行政机关、审判机关和检察机关工作人员164人次。

1993年6月，选举产生县第十一届人大常委会，届内召开常委会会议33次，听取和审议县人民政府和县人民法院、人民检察院及政府有关部门工作报告41次，就全县重大事项作出决议和决定41项，任免行政机关、审判机关和检察机关工作人员266人次。其间受理代表来信146件，接待来访1500余人次。

1998年3月，选举产生县第十二届人大常委会，届内召开常委会会议33次，听取和审议县人民政府和县人民法院、人民检察院及政府有关部门工作报告78项，就全县重大事项作出决议和决定45项，任免行政机关、审判机关和检察机关工作人员219人次。

2003年4月，选举产生县第十三届人大常委会，至2005年12月，共召开常委会会议19次，听取和审议县人民政府和县人民法院、人民检察院及政府有关部门工作报告50项，就全县重大事项作出决议和决定30项，任免行政机关、审判机关和检察机关工作人员55人次。

第十至十三届人大常委会主任、副主任任职情况一览表

表15–3

届别	职务	姓名	出生年月	文化程度	任职时间	籍贯	备注
县第十届人民代表大会(1990.3—1993.6)	主任	刘　日	1948	中师	1990.3—1991.10	河北行唐	
	主任	孟凡林	1937.1	大学	1991.6—1993.6	湖南澧县	补选
	副主任	于彦德	1935	初中	1990.3—1991.10	周家庄	
	副主任	申庆西	1938.5	中师	1990.3—1993.6	河北束鹿	
	副主任	胡克信	1939	大学	1990.3—1993.6	河北霸县	
	副主任	赵满斗	1933.7	大学	1990.3—1993.6	北苏村	
	副主任	陈植森	1930.9	高中	1990.3—1993.6	广东新会	
	副主任	陈瑞彩	1941.8	初中	1990.3—1993.6	大名庄	
	副主任	梁记德	1933.12	大学	1990.3—1993.6	高陵村	
县第十一届人民代表大会(1993.6—1998.2)	主任	王志峰	1942.4	大学	1993.6—1994.9	河北宁晋	
	主任	申庆西	1938.5	中师	1994.9—1997.3	河北辛集	补选
	主任	刘双牛	1946.10	中专	1997.3—1998.2	呈现村	补选
	副主任	白合庆	1947.11	中专	1993.6—1994.5	无极	
	副主任	翟全贞	1947	高中	1994.9—1997.3	西大户村	
	副主任	朱九敦	1938.4	大专	1993.6—1998.2	河北武邑	
	副主任	刘远东	1945.11	大学	1993.6—1998.2	新城村	
	副主任	张　悦	1933.10	中专	1993.6—1998.2	天津蓟县	
	副主任	陈瑞彩	1941.8	初中	1993.6—1998.2	大名庄村	
县第十二届人民代表大会(1998.2—2003.4)	主任	刘双牛	1946.10	中专	1998.2—2003.4	呈现村	
	副主任	杨栓成	1947.3	中专	1998.2—2003.4	东合流村	
	副主任	刘元东	1945.11	大学	1998.2—2003.4	新城村	

续表 15-3

届别	职务	姓名	出生年月	文化程度	任职时间	籍贯	备注
县第十二届人民代表大会（1998.2—2003.4）	副主任	崔彦海	1948.6	大专	1998.2—2003.4	马庄村	
	副主任	李红江	1949.12	大专	1998.2—2003.4	东侯坊村	
	副主任	刘俊田	1964.12	大专	2001.2—2003.4	西郎村	补选
县第十三届人民代表大会（2003.4—）	主 任	甄申国	1949.12	大专	2003.4—2005.12	固现村	
	副主任	崔彦海	1948.6	大专	2003.4—2005.12	马庄村	
	副主任	李红江	1949.12	大专	2003.4—2005.12	东侯坊村	
	副主任	刘俊田	1964.12	大学	2003.4—2005.12	西郎村	
	副主任	杨振会	1957.10	大专	2003.4—2005.12	东朱村	

说明：人大代表、人大常委代表，从1993年县第十一届人民代表大会起，任期由3年改为5年

第五章　主要工作

第一节　依法行使决定权

县第十届人民代表大会以来，人民代表大会紧紧围绕事关全县大局和群众普遍关心的“热点、难点”问题，突出重点，注重实效，讨论决定全县有关政治、经济、文化、教育等方面的重大事项，依法作出《关于充分发挥村民代表会作用，搞好民主理财的决议》《关于进一步实施和深化全县执法责任制的意见》，制定《关于实施个案监督的暂行办法》《无极县国家机关联系县人大代表的办法》《县人大常委会对选举和任命人员述职评议办法》等。2004年7月及时审议县政府提出的《关于老磁河河道治理的项目建议》，并作出决定，认为这是一件合民心、顺民意，功在当代，利在千秋的大事，河道的全线治理不仅可以解决磁河排污排涝、污染地下水和淹地问题，还可以减少占地、扩大粮食生产、促进农民增收，保持经济可持续发展，并且为确保工程顺利施工，提出千方百计筹措资金、协调处理好施工过程中临时占地和旧河道填平后土地使用权归属问题、严把施工标准、确保施工质量等建议。

第二节　依法行使任免权

1989年以来，县人大常委会坚持党管干部和依法任免相统一的原则，通过听取汇报、调查、执法稽查、任期目标责任管理、人大代表评议监督等方法，在县政府、县检察院和法院（简称“一府两院”）负责人提名基础上严格按照法律程序，对“一府两院”国家机关工作人员做出任免。1990年3月至1993年6月，任免国家干部164人；1993年6月至1998年2月，任免国家干部266人；1998年2月至2003年4月，任免国家干部219人。2000年前后，县人大常委会修订《人事任免和监督办法》，被任命人员在任命之前都要经过任前考试，改革表决形式，举行颁发任命书仪式，保证人大任免工作的严肃性。

第三节　依法行使监督权

围绕全县改革、稳定、发展的大局，加大工作监督力度，促进各项工作的顺利开展。一是紧紧围绕全县改革、发展、稳定的大局搞好工作监督；二是围绕群众普遍关心的“热点”“难点”问题搞好监督；三是紧紧围绕县政府办实事情况搞好监督。四是紧紧围绕人大任命人员履行职责情况搞好监督。

围绕社会稳定和依法治县，认真搞好法律监督，促进各项法律法规的贯彻实施。一是搞好各项执法检查。十届人民代表大会后，各届人民代表大会组织多次对各项法律法规的执法检查，每次检查都成立执法检查领导小组，制定实施方案，召开动员会，深入到相关单位实地调查，都收到了较好效果；二是认真搞好农村法律法规的宣传；三是认真抓好信访工作和个案监督。

第四节　组织指导换届选举

为选出一支高素质的人大常委会和人大代表队伍，每次换届之前，县人大常委会都及早准备，周密安排，认真组织，广泛宣传发动，充分发扬民主，严格依法办事，紧紧依靠党的领导，保证每届换届选举工作的顺利进行。

1990年4月，指导各乡镇换届选举产生乡镇人大主席团，取代原人大代表联络组。乡镇人大主席团设常务主席1人。

1993年6月至1998年3月，无极县第十一届人民代表大会任期内进行两次换届选举。1993年6月28日，依法选举产生第十一届人大常委会主任、副主任委员，人民政府县长、副县长，法院院长、检察院检察长。1998年2月15日，依法选举县人大常委会、县人民政府、法院、检察院的领导及石家庄市十届人大代表。

1998年3月至2003年4月，无极县第十二届人民代表大会任期内，组织指导乡镇人大进行两次换届选举。在县委领导下，人大常委会及时进行部署，深入到各乡镇进行指导，保证两次换届选举工作的顺利进行。常委会还制定《关于充分发挥村民代表会议作用，推进农村基层民主政治建设的意见》，对村民代表会、民主理财等工作进行视察指导，提出深化完善的意见和建议，推动农村基层民主政治建设，维护社会的稳定，促进农村经济的发展。

第五节　视察、执法检查和调研工作

1989—2005年，共形成经验性调研文章、调查报告180余篇。

第十届人大常委会（1990.3—1993.6）共开展代表视察调查和执法检查活动25次，分别对农业生产、义务教育、土地管理、城市建设等工作进行了视察，对13项法律法规在无极县贯彻落实情况进行执法检查。1990年，县人大常委会利用两个多月的时间，开展《中华人民共和国义务教育法》实施情况大检查，常委会组织部分委员、代表会同教育局，深入到各机关、乡镇、学校和群众中间，对全县义务教育工作进行深入调研。针对检查中发现的群众对义务教育法了解少，知道少、重智育，轻德育、教育经费投入少等问题提出针对性建议，会后，县政府及相关职能部门积极行动整改，义务教育法逐渐深入人心，多所学校危房得到改造，投入明显加大，有效促进义务教育法在无极县的贯彻落实。

第十一届人大常委会（1993.6—1998.2）共开展视察、执法检查42次，分别对公安、农业生产、化工、林业等工作进行视察，对《中华人民共和国治安管理处罚条例》等12部法律、法规的贯彻落实进行执法检查。1994年12月，常委会对公安工作进行视察，针对社会治安环境差、大要案件时有发生、公安队伍素质有待于进一步提高等问题，提出强化公安基层工作，发挥治保会作用，提高刑事案件侦破率、进一步整顿公安队伍等建议，会后，公安部门进行积极整改。

十二届人大常委会（1998.2—2003.4）共开展视察、调研活动66次，其间分别对城建、环保、医疗卫生、教育、社会治安、农村理财、三五普法、防汛抗旱等多项工作进行视察，对《中华人民共和国义务教育法》等30项法律法规的贯彻落实进行执法检查。1998年5月，常委会对城建工作进行了视察并听取《无极县城总体规划》和《关于无极县城市规划建设管理实施办法》的报告，一致通过关于《关于无极县城市规划建设管理实施办法》的决议，解决了无极县多年来城建管理无章可循的问题。

十三届人大常委会（2003.4—2005.12）共开展视察、执法检查活动26次，分别对道路交通、电力、教育、民政、水利等部门工作进行了视察，对《中华人民共和国警察法》等14项法律、法规进行执法检查。2005年6月，常委会对无极县经济发展环境进行调研，深入到工商、税务、电力、技术监督、企业主中间进行调查，针对存在的个别部门乱收费、吃拿卡要、服务意识差等问题提出相关建议，会后相关经济服务部门根据常委会意见积极改进工作，无极县经济发展环境进一步优化，为无极经济腾飞起到较好促进作用。

第六章　乡镇人大

随着人民代表大会制度的逐步完善，乡镇人大工作逐步加强。逐步推行乡镇人大主席上站制度和县人大常委会主任联系乡镇人大工作制度，坚持乡镇人大主席列席县人大常委会会议。1997年无极镇和郝庄乡抓好代表工作的作法在全市人大工作经验交流会上介绍经验，受到市人大的肯定。乡镇人大坚持经常性地组织县乡人大代表活动，并对乡镇“七所八站”进行评议。各乡镇设人大主席团，一般设主席1人，副主席1人。

附：　　人大代表风采录

刘改棉，女，任无极县人民医院副院长，历任十二、十三、十四届人大常委会委员。多年来，努力做好本职工作，致力推行送医下乡、护理改革等工作，为无极县医疗卫生事业的发展作出了积极贡献。1998年首批带队到地段医院下乡，解决边缘百姓的缺医少药问题，受到市局好评；2000年进行护理改革，推行整体护理，转变医护人员的服务观念，提高了服务质量。2003年4月非典爆发以来，她临危不惧，用高度的事业心和责任感积极投入到非典病人的救治工作中，为疫情的平稳度过作出了贡献。她连续多年被授予嘉奖、巾帼建功先进个人、优秀人大代表，石家庄市“三八”红旗手、抗击非典先进个人等奖励。

李平海，男，中共党员，任东侯坊村党支部副书记。连续当选无极县第十一、十二、十三届人大代表，连续当选无极县第十一、十二、十三届人大常委会委员。多年来，他积极学习《中华人民共和国宪法》《中华人民共和国全国人民代表大会和地方各级人民代表大会代表法》《地方组织法》等法律法规，积极履行一名人大代表的职责，广泛听取群众呼声，急群众之急，解百姓之难，提出有价值的议案、建议50余条，有效促进了“一府两院”的工作，赢得了广大人民群众的信任与拥护，连续多年被授予县级模范党员、模范人大代表、省级先进个人等称号。

翟彦国，男，中共党员，任东大户村党支部书记，连续当选十一、十二、十三届县人大代表，十几年来，他以发展高效农业为中心任务，增加农民收入，解决村民行路难、吃水难、用电难等问题。他多方筹资，投资198万元硬化村内街道、田间道路16340米，48000平方米；投资20万余建立健全村民活动中心，4万余元安装体育健身器材，40万元安装自来水，修整学校，更换路灯，一举改变脏、乱、差现象，使村容村貌焕然一新。

无极县志

1989—2005

地方人民政府

1989—2005年，无极县历经5届人民政府。经过两次机构改革，县政府工作部门设置更加合理，职能更加明确。历届县政府实施发展县域经济、改善投资环境、提高人民群众生活质量的重点建设项目和利民工程。乡镇人民政府在落实县政府重要决策和工作部署、制定并实施无极县的经济社会发展规划方面发挥着重要作用。

無極縣志

第一章　政府机构

第一节　领导机构

1987年7月，无极县第九届人民代表大会第一次会议选举产生1名县长、4名副县长。1990年3月无极县第十届人民代表大会第一次会议选举产生1名县长、7名副县长。1993年6月无极县第十一届人民代表大会第一次会议选举产生1名县长、7名副县长。1998年2月无极县第十二届人民代表大会第一次会议选举产生1名县长、7名副县长。2003年4月无极县第十三届人民代表大会第一次会议选举产生1名县长、6名副县长。

1989—2005年无极县人民政府历任县长情况表

表16—1

届次	姓名	籍贯	文化程度	任职时间	备注
第九届	马国胜	河北省赵县		1987.7—1990.3	
第十届	马国胜	河北省赵县		1990.3—1991.9	
	靳海河	河北省武邑县		1991.9—1991.10	代理
	靳海河	河北省武邑县		1991.10—1993.4	
	王文治	河北省藁城市		1993.4—1993.6	代理
第十一届	王文治	河北省藁城市		1993.6—1994.5	
	朱存柱	河北唐山		1994.5—1996.1	
	刘东才	河北省赵县		1996.3—1998.2	
第十二届	王瑞生	河北省晋州市		1998.3—1999.4	
	郭领域	河北省藁城市	大专	1999.4—1999.5	代理
	郭领域	河北省藁城市	大专	1999.5—2002.4	
	张　业	河北省辛集市	大专	2002.4—2002.10	代理
	张　业	河北省辛集市	大专	2002.10—2003.4	
第十三届	张　业	河北省辛集市	大专	2003.4—2005.12	
	苑彦刚	河北省晋州市	研究生	2005.12—2005.12	代理

1989—2005年无极县人民政府历任副县长情况表

表16—2

届次	姓名	籍贯	文化程度	任职时间	备注
第九届	孟凡林	湖南澧县	大学	1987.11—1990.3	

续表 16–2

届次	姓名	籍贯	文化程度	任职时间	备注
第九届	东文凯	河北鹿泉		1987.11—1990.3	
	于彦德	河北无极县	中师	1987.11—1990.3	
	申庆席	河北省辛集市		1987.11—1990.3	
	靳玉环	河北省蓟县		1988.6—1990.3	
第十届	孟凡林	湖南澧县	大学	1990.3—1990.12	
	朱俊计	河北省栾城县		1990.3—1993.6	
	白合庆	河北省无极县	中专	1990.3—1993.6	回族
	刘双牛	河北省无极县	中专	1990.3—1993.6	
	甄申国	河北省无极县	大专	1990.3—1993.6	（女）
	靳玉环	河北省蓟县		1990.3—1993.6	
	卢长锁	河北省无极县		1990.7—1993.6	
	王中联	河北省无极县		1991.2—1993.6	（女）
	刘元东	河北省无极县	大学	1991.12—1993.6	
	梁永法	河北省新乐市		1992.12—1993.6	
第十一届	刘双牛	河北省无极县	中专	1993.6—1996.6	
	卢长锁	河北省无极县		1993.6—1998.2	
	朱俊计	河北省栾城县		1993.6—1995.12	
	杨振刚	河北省石家庄市		1993.6—1995.2	
	梁永法	河北省新乐市		1993.6—1995.12	
	靳玉环	河北省蓟县		1993.6—1995.4	
	王中联	河北省无极县	大学	1993.6—1998.2	（女）
	张　锐	山西孝义	中专	1993.12—1996.1	（女）
	张德禄	河北省新乐市		1994.5—1998.2	
	杜振琪	河北省鹿泉市		1995.2—1998.2	
	岳苓水	河北省廊坊市	研究生	1995.4—1998.2	挂职
	王瑞生	河北省晋州市		1995.12—1998.2	
	彭占良	河北省无极县		1996.6—1998.2	
第十二届	杜振琪	河北省鹿泉市		1998.2—2003.4	
	甄申国	河北省无极县	大专	1998.2—2003.4	（女）
	李华强	河北省正定县		1998.2—2000.1	

续表 16–2

届次	姓名	籍贯	文化程度	任职时间	备注
第十二届	李明霞	河北省平山县		1998.2—2002.7	
	杨成岱	河北省无极县		1998.2—2003.4	
	刘国明	保定易县		1998.2—2003.4	
	岳苓水	河北省廊坊市	研究生	1998.2—2003.4	
	岳双群	河北省无极县	大专	2000.1—2002.7	
	常志卷	河北省冀州市	研究生	2000.9—2003.4	
	陈玉汝	河北省无极县	大专	2000.11—2003.4	
	王建卯	河北省无极县		2002.7—2003.4	
第十三届	岳苓水	河北省廊坊市	研究生	2003.4—2005.12	
	袁全民	河北省无极县	大专	2003.4—2005.12	
	杨成岱	河北省无极县	大学	2003.4—2005.12	
	常志卷	河北省冀州市	研究生	2003.4—2005.12	
	陈玉汝	河北省无极县	大专	2003.4—2005.12	
	雷振梅	河北省灵寿县	大学	2003.4—2005.12	（女）
	苑彦刚	河北省晋州市	研究生	2005.12—2005.12	

第二节　工作机构

一、政府工作部门

1989年，无极县人民政府常设工作机构有32个：办公室、计划委员会、经济技术协作办公室、统计局、科学技术委员会、建设委员会、财政局、劳动人事局、公安局、司法局、民政局（民委、宗教局）、监察局、审计局、物价管理局、工商行政管理局、标准计量局、土地管理局、交通局、商业局、乡镇企业局、农业局、林业局、畜牧局、农业机械管理局、水利局、文化局、教育局、卫生局、计划生育委员会、爱国卫生运动委员会办公室、信访局、体育运动委员会。直属企业事业单位10个：工业局、轻工业局、粮食局、对外经济贸易局、医药药材公司、物资局、供销合作联合社、广播电视局、档案局、地方志办公室。双重领导部门11个：税务局、烟草专卖局、电力局、邮政局、河北省石油产品销售总公司无极县公司、中国人民银行无极县支行、中国工商银行无极县支行、中国农业银行无极县支行、中国人民建设银行无极县支行、中国人民保险公司无极县支公司、无极县气象局。

1996年，机构改革，政府工作部门设置25个，直属事业机构8个，企业管理部门5个，双重领导部门17个。2002年机构改革，政府工作部门设置24个，直属事业机构4个，企业管理部门4个，双重领导部门8个，其他部门4个，归线单位3个。

2005年，政府工作部门设置25个：无极县政府办公室（地方志工作由政府办负责，督查室、体改办、经济研究室、信息中心、人防办、法制办、行政审批中心）、发展计划局（挂招商合作局牌子）、经济贸易局、安全生产监督管理局、教育局、科学技术局、民族宗教事务局、公安局、监察局（与纪检委合署办公）、民政局、司法局、财政局（国资局、农税局）、人事劳动和社会保障局、建设局、交通局、农业局、水务局、文化体育局、卫生局（挂爱国卫生运动委员会办公室牌子）、计划生育局、审计局、环境保护局、统计局、物价局、粮食局。

直属事业机构4个：档案局、林业局、广播电视局、机关事务管理局。

双重领导机构12个：国家税务局、地方税务局、工商行政管理局、质量技术监督局、供电局、邮政局、中国网通（集团）有限公司无极县分公司、气象局、中国石油化工股份有限公司河北省石家庄石油分公司无极经营部、烟草专卖局、药品监督管理局、国土资源局。

企业管理机构3个：供销合作社联合社、对外经济贸易局、物资局。

其他机构4个：农业机械管理局、乡镇企业局、农业综合开发办公室、商业局、畜牧水产局。

二、乡镇机构

1989年，无极县人民政府辖无极、大陈、七汲、郭庄、张段固、北苏6个镇政府，西东门、郭吕、高头、南马、庄里、甄村、泗水、东侯、里城道、前北焦、郝庄、东侯坊、南流、楼下14个乡政府。1996年机构改革后，无极县人民政府辖无极镇、大陈镇、七汲镇、郭庄镇、张段固镇、北苏镇、东侯坊乡、里城道乡、高头回族乡、南流乡、郝庄乡。到2005年底未变化。

第二章　政务会议及日常工作

第一节　会议制度

县政府实行全体会议、常务会议和县长办公会等会议制度。

一、全体会议

县政府全体会议一般每年召开1–2次。由县长、副县长、政府序列内的各局（办）局长（主任）组成，由县长或县长委托常务副县长召集和主持。根据需要，可请县政府办公室副主任、县政府有关部门及单位主要负责人和乡镇长列席；根据需要可邀请县委、县人大常委会、县政协、县人民武装部、县法院、县检察院领导和县委有关部委以及有关群众团体负责人列席。会议主要议题由县长确定，或受县长委托常务副县长确定。会议主要任务是：传达贯彻中央、省、市和县委的重要指示、决定；及县人民代表大会及其常务委员会的决议；决定和部署县政府的重要工作；通过县人大、县政协会议情况和全县经济、社会发展形势及重要工作；讨论其他需要县政府全体会议讨论的事项。

1989—2005年，县政府召开了32次全体会议。

二、常务会议

县政府常务会议一般每月召开一次。必要时由县长决定可随时召开。会议由县长、副县长、县政府办公室主任组成，由县长或者县长委托常务副县长召集和主持。县政府党组成员、县长助理参加会议，根据需要邀请县委、县人大常委会、县政协、县人民武装部负责人列席，与会议议题有关的县政府办公室副主任、县政府各部门和乡镇政府主要负责人列席。会议的主要任务是传达贯彻中共中央、国务院、省市党委、政府有关文件、重要会议精神和县委重大决策，研究制定贯彻意见和工作部署；讨论和决定全县全局性重大改革措施，对生产力布局和经济社会发展有重大影响的建设项目及其重大资金使用事项；讨论决定县政府工作中的重大事项；讨论通过向省市政府和县委报告和提请审议的议案；讨论通过向人民代表大会及其常委会的工作报告和提请审议的议案；讨论通过县政府制定和发布的重要文件；讨论通过县政府各部门和各乡镇向县政府请示的重要事项。

第五届政府（1989.1—1993.6）召开政府常务会议27次。主要议题有研究讨论贯彻落实党的十三届三中全会和七届人大二次会议提出的各项任务，采取措施解决好人民普遍关心的问题。研究通过关于《夺取一九八九年农业丰收的决议》；研究通过《无极县城区规划建设暂行管理规划》《无极县城区绿化管理暂行规定》《无极县城区公用设施管理暂行规定》；研究讨论加快县办工业改革，制定《关于重申和完善几项改革政策的意见》，推行厂长负责制；研究讨论实施工商企业第二轮承包，实行厂长书记一人兼，企业副职由厂长任免报上级备案的领导体制；研究制定加快政府转变职能、企业转变经营机制，使企业走向市场，实现速度、效益、后劲、水平四统一的意见；在县办工商企业中，进行劳动、人事、分配三项制度改革；研究讨论在流通企业中推行“六放开、三推行、两参与”，实行“国有民营”，使企业改革进一步发展的意见；研究通过《关于进一步发展乡镇企业的规定》；研究讨论科技兴农，设科技副乡镇长，建立科技领导网络，完善农村技术实验、示范、推广、培训、服务五个体系，抓好农业服务工作的意见；研究讨论“智慧兴县”战略，通过《关于民办教师老有所养，病有所医，同工同酬的决定》；研究通过《关于实行向人民群众汇报制度的决定》，县、乡镇、县直部门建立政务公开栏，实行“两公开一监督”制度。

第六届政府（1993.6—1998.3），县政府召开35次常务会议。主要议题有研究落实省《农村小康建设规划纲要》，通过《无极县1994—1997小康建设规划》；研究讨论重新分配《植棉任务和奖惩办法》问题；听取县环保局关于小型污染企业关停、并、转情况的汇报，落实国务院取缔“十五小”的决定，对污染严重的小制革进行彻底改造、改制。按照统一规划、统一管理、统一工艺、统一辅料供应，统一治污的要求，组建皮革公司，实行股份制或股份合作制经营；研究落实《关于发展个体和私营企业的决定》，放宽政策、放宽从业人员、放宽经营范围的经营方式，对个体工商户和私营企业实行特殊保护政策；研究通过《无极县国民经济和社会发展“九五”计划和2010年长远规划》（草案）；研究通过《关于进一步放开放活县属企业的意见》；讨论通过《关于拨款150万元扩建无极县实验学校教学办公楼的决定》；研究讨论落实省政府103号令《关于颁布河北省河道工程修建维护管理费征收规定实施办法的通知》，按上级规定范围和标准征收河道工程修建维护管理费，搞好河道的维护和修理。

第七届政府（1998.3-2003.4）召开40次常务会议。主要议题为讨论通过光明小区建设、街心公园建设；改造农村低电压电网、建设35kV变电站，完成110kV变电站增容，建5个光缆环路工程；讨论通过《无极县（1989-2001）教育改革与发展规划》；讨论通过《无极县科技发展“九五”计划和2010年规划纲要》；研究决定修建南环路有关事宜，成立南环路修建领导小组，常务副县长任组长，主管县长任副组长；讨论通过《无极县人民政府关于贾无路沿线开发建设的若干规定》；讨论通过《无极县公安局关于整顿皮革市场秩序的建议》，成立市场管理委员会，组建皮革市场公安局分局，成立皮革市场保安公司；研究制定《无极县人民政府关于开展土地储备工作的决定》《无极县国有土地储备管理暂行办法》；研究决定《无极县人民政府关于成立优质小麦生产基地建设领导小组的通知》；研究制定《无极县人民政府关于加快发展乡镇企业工贸小区的暂行规定》；讨论通过《关于石家庄市华龙药业公司改制的申请》；讨论通过《关于河北冀中化工有限公司环已胺车间与台湾三福化工股份公司合资的请示》；讨论通过《关于华润化工有限公司建设精细化工园区的请示》；研究制定《关于光明街、幸福街综合改造工程方案》。

第八届政府（2003.4—2005.12）召开50次常务会议。其中，2003年4月23日至6月30日，召开20次常务会议，研究成立抗击非典指挥部，抽调公安、医护人员17人，配备救护车2辆，消杀车1辆，组建防非典疫情应救护队，部署防控、消杀、堵截，抗击非典工作。研究决定“加快农业调整步伐，把蔬菜、畜牧业作为农民调整的主功方向，促进农业增效、农民增收”的意见；讨论落实县委关于“工业立县、项目兴县”战略，加快特色经济发展，提高乡镇企业、个体经营经济运行质量，制定《无极县人民政府关于河北齐盛（无极）皮革市场招商引资优惠政策的暂行规定》，成立以县长为组长、主管县长为副组长的皮革市场筹建小组；讨论通过《对幸福街、光明街进行翻新改造方案》，县政府拨启动资金100万元；讨论落实“项目兴县”战略，研究制定《项目考核办法》，研究决定以畜牧、蔬菜业为重点，调优农业结构，确立畜牧业为农业第一主导产业；对城东四乡镇执行“引导不强迫”的原则，继续扩大设施蔬菜种植面积，提高蔬菜品质和品牌认识度，实现省级蔬菜强县目标；加快重点工业项目建设，打造工业经济新优势。讨论通过了华润化工公司丁酸、吐氏酸、二奈酚项目、平衡4万吨硫酸钾、氯磺酸项目、华龙药业公司4MP改造项目，冀中化工公司甲醇酸项目、工贸造纸厂纸机技改等重点项目的建设按计划完工，达产达效的意见；讨论通过加快中小企业发展、激活民营经济活动，制定优惠政策，创造宽松环境，确保企业顺势发展的意见；决定财政拨款200万元，100万元用于养殖业结构调优贴息，100万元用于重点项目建设贴息；讨论通过《老磁河治理工程启动方案》和《污水处理厂工程进展情况的报告》；听取发展计划局《关于全县项目建设情况的汇报》，研究决定实行县长分包大项目责任制。每位副县长均得谋划、跑办一个5000万元以上的项目，充分调动乡镇、县直部门跑办项目的积极性。坚持顶天立地大项目与铺天盖地小项目齐上，生产性、建设性、公益性项目并举，努力扩大投资总量的决定。牢固树立发展意识和忧患意识，始终保持清醒头脑，只争朝夕的精神状态，始终保持一种精神向上的张力，克服“小富即安”“小进即满”思想，解放思想，全力以赴上项目，营造“招商、亲商、富商”的浓厚氛围，提升县域经济整体实力；讨论通过《关于鼓励外商投资的若干规定》和《关于发展工业园区和工贸小区的暂行规定》。

三、县长办公会议

县长办公会议根据工作需要，由县长或主管副县长召集并主持。与议题有关的政府办公室主任或副主任、县政府部门、乡镇政府及有关单位负责人参加。会议主要任务是研究处理县政府日常工作中的重要问题；协调解决一些涉及面较广、难度较大、部门之间协调会商解决不了的问题；其他需要由县长办公会议研究解决的问题。

1989—1992年召开35次县长办公会议，主要议题有研究成立县农广校领导小组，加强对农业广播电视学校无极分校的领导；研究印发《关于对政府职能部门股级干部重新任免的安排意见》；关于实行《工资基金管理手册制度》。

1993年6月至1998年3月，召开36次县长办公会议。主要议题有研究解决亏、困企业职工和离退休干部职工生活困难问题。议定了救助的对象、标准和办法；议定救助资金100万元。其中商业系统20万元、供销系统30万元，工业系统15万元、物资系统11万元、外贸系统15万元、粮食系统9万元；研究协调解决无新线拓宽改建二期工程建设的具体问题；研究解决牛辛庄村小制革污染治理“示范工程”施工问题；研究协调翻修贸易街有关事宜及京石高速公路107国道因维修改道问题；研究解决修建南环路占用絮棉厂土地事宜问题；听取教育局关于无极中学综合教学楼建设情况的汇报；研究解决11万伏变电站进行增容和大陈镇西郎村附近新建一座3.5万伏变电站的集资问题；研究解决农村有线电视的有关问题；研究解决花园路市场配套建设及综合管理问题；研究解决花园路市场棚台建设有关事宜；研究加快县城内路面硬化及修补工作，议定出台《无极县城市规划建设管理实施办法》，加大城市管理力度。

1998—2003年，召开29次县长办公会议。主要议题有研究解决东侯坊禽蛋市场、王村蔬菜市场、东宋花生市场建设规划、市场规模、建设质量和项目加工问题；研究在县供销合作社部分直属企业和基层社旧址兴办专业市场；研究郝庄拆车市场搬迁问题，议定县成立市场搬迁指挥部，保证汛期前将市场迁出滹沱河行洪区；研究协调新建大名庄段排水沟有关事宜；研究解决郝庄乡拖欠教师工资问题；研究解决光明街、幸福街西路拆迁进展和确保西路修建质量具体措施等事宜；研究解决无极县220kV变电站220kV、110kV、35kV配套线路施工占地问题；研究大赵线王村至东罗尚段工程拆迁及工程建设有关问题；研究议定国有土地资产专项清理的有关事宜；研究解决郑村工业区电力供应问题，议定郑村工业区向供电局交纳6万元施工费，供电局、城关镇、郑村相互配合，加快施工，尽快解决小工业区用电问题。

2003—2004年，召开35次县长办公会议。主要议题有研究解决外贸系统资产有关问题；研究北苏工业区电力供应问题，议定北苏工业区电力线路勘测3—5日完成。北苏镇、北苏村负责协调占地、水泥杆坑施工、青苗费的补偿；关于进一步落实设置联合防“非典”检查站的有关事项，县成立领导小组，落实责任，设立明显标志，加强防护手段和措施，预防非典传播；传达省市动物疫病防治紧急电话会议精神，研究安排部署全县动物疫病防治工作。议定主管县长与各乡镇长签订目标责任状，成立专门组织，健全动物疫病防治网络，搞好疫病普查，把控关键，确保免役密度，建立快速反应机制，每乡镇派2名技术人员搞好技术指导；对进一步加强城区非典防治工作进行研讨部署；议定进一步完善城区管控体系，强化对城区返乡、外来人员的管理，完善个体工商业户的监控网络，加强对个体门诊部的检查管理；讨论研究有关高考准备工作，议定全县三个考点分别由一名县级领导分包，县保密局长坐镇保密局，加强考点消毒工作管理；研究部署“三夏”期间的麦收和非典防治工作。议定鉴于今年三夏正值防治“非典”关键时期，为阻断“非典”传播渠道，防止疫情侵入，外来收割机不在到县帮助收割，要充分整合县内收割机具，统一调度、科学安排，抢收抢打，确保颗粒归仓，并做好“三夏”期间非典防治工作，加大外来、返乡人员监控管理力度。建立“三夏”帮扶队，帮助外出人员和隔离人员家庭搞好夏收夏种工作；研究安排部署中考工作，按照省市关于防止非典疫情蔓延和做好今年中考工作的要求，周密安排，严格管理，严明纪律，责任到人，教育、公安、卫生、交通各部门各负其责，密切配合，确保中考顺利进行；安排部署全县安全生产工作，学习《国务院关于特大安全事故行政责任追究的规定》，议定：安全生产局、技术监督局及各乡镇把小锅炉、土锅炉、烟花爆竹、液化气站、倒卖瓶装液化气的小站点、中小学危房作为重点，全面进行排查，对不符合安全生产标准的坚决取缔或拆除；研究部署城区有线电视网络升级改造问题。

2004年6月23日无极县人民政府第七次常务会议讨论通过无极县人民政府取消县长办公会议有关事宜。会议指出，县长办公会议是历史形成的、法律规定以外的一种决策会议，不具备法律上的决策等功能。由于与会县长达不到大多数，议题也具有一定的随意性，因此作出的决策难免出现随意性、盲目性，不利于工作推动。会议认为，取消县长办公会，有助于强化政府常务会议作用，是严格依法行政、推进民主科学决策的具体体现。

会议议定，责成政府办公室起草文件，取消县长办公会议形式和县长办公会议纪要文种。

第二节　县长负责制

县政府由县长、副县长及政府组成部门的主任、局长组成。历届政府实行县长负责制和分工负责制相结合的领导方法。县长主持政府全面工作，负责主持召集和主持政府全体会议、常务会议和县长办公会议。县政府工作中的重大事项，须经县政府全体会议或县政府常务会议讨论决定。副县长按照分工处理分管工作。常务副县长协助县长抓全面工作，并分管财政、人事等方面的工作，其他几位副县长分管农业、工业、交通、邮电、城建、商贸、电力、水利、社会治安、计划生育、文教卫生、科技、信息、金融、物价管理等。县政府组成部门依照法律、法规和县政府工作规划行使部门职权，做好部门工作，强化工作责任，服从上级政令，全面贯彻县政府各项工作部署。

第三节　目标责任制

每届政府组成之初，制定任期内总体目标计划，经县政府全体成员会议通过，然后将年计划分解到各职能部门和乡镇政府，将目标任务内容层层分解量化、任务到岗、责任到人。凡进入目标管理的部门和单位，年初自上而下逐单位、逐级进行布置传达，年终逐级考核总结奖惩。

第四节　调查研究

县政府除利用会议、制发公文等形式布置、检查、总结、指导全县工作外，始终把调查研究和联系群众做为实施决策的重要手段。通过调查、视察、值班接待等形式了解情况。县长、副县长除分工负责外，还包片、蹲点。县领导除开会学习，大部分时间深入分管的部门和分包的乡镇，点面结合调查研究，取得第一手材料，指导全面工作。

第五节　行政监督

历届人民政府遵照《中华人民共和国地方各级人民代表大会和地方各级人民政府组织法》的要求，推进依法行政，建设务实、高效、廉洁、透明的责任政府，县政府的重要工作，及时向县委请示、汇报，依照宪法和法律规定自觉接受人民代表大会及其常委会的监督，定期向人民代表大会及其常委会报告工作，办理人民代表的建议、批评和意见。重大问题的决策，及时向县人大常委会通报，听取意见；重视和支持人民政协参政议政，发挥政治协商、民主监督作用，办理人民政协的建议和提案，及时向政协委员会通报县政府工作情况，听取意见和建议，接受其民主监督；拓宽与人民群众的联系渠道。通过政务公开、县长公开电话等形式通报县域经济社会发展中的重要情况以及人民群众普遍关注的重大问题，及时了解民情民意，上情下达，下情上达，彼此沟通，相互了解；发挥新闻媒体、舆论监督作用，将政府重要工作的进展情况及人民群众关心的热点、难点问题，向社会通报、公布，接受人民群众监督，取得人民群众的支持；及时受理群众申诉，阅办群众来信来访，及时查处群众反映的问题，对群众提出的合理化建议和要求，及时研究落实，体现人民政府为人民服务的宗旨；

政府职能部门公开办事制度，通过政务公开栏，向人民群众公布职责权限，办事程序、服务规则、奖惩制度，设立监督、举报电话，接受人民群众监督，除弊兴利，取信于民。

第六节　建立政务公开制度

自1996年1月始，在全县推行了政务公开，5月，制定《关于在全县农村实行村务“八公开一监督”（计划生育、宅基地发放、电费电价、征购提留、财务收支、工资目标及奖惩、承包租赁、婚姻状况等公开，群众监督）的决定》，并建立和规范村务公开的相应监督机制。到7月底，全县213个行政村全部按要求实施“八公开一监督”。1997年3月，县分别出台《关于实行乡镇政务公开的意见》和《关于在全县党政机关实行政务“六公开一监督”的意见》，制定具体实施细则，在全县11个乡镇和县直党政机关全部实行政务公开。到1997年底，县直党政机关、各乡镇和驻乡镇的所站也全部推开政务公开。2000年11月，为推进政务公开的进一步深入，拓宽全县政务公开渠道，县制定《关于在司法、行政部门实行“领导接待日”制度的通知》，在劳动人事局、公安局、国税局、法院、电信局、技术监督局、物价局等15个司法、行政部门落实实行“领导接待日”制度。2003年，积极运用现代化科技手段推行政务公开。开通县长公开电话；建设无极县政府门户网站，开设政务公开栏；建立了政务公开电子显示屏，集中向社会公开政府的重大决策及进展；县政府政务公开栏，重点公开政府主要职能和每年预办事实项目为主体的政务公开网络。到2005年，全县213个行政村政务公开率达到100%；厂务公开重点实行了“三统一”（统一时间、统一内容、统一程序）为内容的公开，全县57家国有、集体企业全部实行厂务公开制；全县各类中小学普遍推行了以收费项目、财务收支、招生录取等为主要内容的校务公开公示制度，规范学校管理行为；各乡镇、县直各部门全部推行政务、财务等“四公开”，并延伸到各基层所站。政务公开使基层民主政治建设进一步深化和完善，党群干群关系更加密切，群众参政议政意识进一步提高。

第三章　施政辑要

1989—2005年，无极县历届政府在中央和上级政府的领导下认真贯彻执行党的路线、方针、政策，并结合当地实际，坚持以经济建设为中心，积极培育新的经济增长点，加强农业结构调整，发展特色农业，实施农业产业化，加速乡镇企业、个体、私营经济的发展，扩大招商引资，建设立县项目，不断壮大全县经济实力，加大改革开放力度，强化农业基础地位，林田路综合治理，实现农业的全面发展，以经济效益为中心，坚持发展与提高并举，效益与速度并重，下大力搞好县办工业，振兴乡镇企业，加快对外开放的步伐，努力推动社会主义事业发展，教育、科技、文化等领域发生巨大变化，为全县经济工作的全面发展打下坚实的基础。

1987—1990年，第九届人民政府突出以经济建设为中心，深入进行经济体制改革，完善企业内部责任制；积极调整产业结构，重点发展乡镇企业和个体企业，发展畜牧业，稳定粮食生产，大上经济作物，增强农村经济的活力。

1990—1993年，第十届人民政府以调整结构、提高经济效益为重点，加快改革开放步伐，坚持“科技兴县”的战略，加速工商企业和乡镇集体企业的发展，强化农业基础，进一步搞活流通。

1993—1998 年，第十一届人民政府紧紧围绕建设经济强县和农村奔小康的总体目标，实施“科教兴县”和“两环开放带动”两大主体战略，加快传统农业向市场农业转化和产业、产品结构的调整优化、技术改造步伐，积极培育新的经济增长点，促进国民经济持续、快速、健康发展和社会全面进步。

1998—2003 年，第十二届人民政府围绕建立社会主义市场经济体制和保持县域经济持续快速健康发展两大课题，以“发展经济建强县”为主题，大力实施“科教兴县”“开放带动”“可持续发展”和“城乡一体化发展”四大主体战略，构筑“东菜（设施蔬菜）、西养（养殖）、南革（皮革）、北油（花生）”的农村特色经济格局，把结构调整作为着力点，抢抓机遇，不断扩大对内对外开放水平。

2003—2005 年，第十三届人民政府以科学发展观统领经济社会发展全局。坚持以人为本，牢固树立科学发展观，紧紧围绕抓住机遇、加快发展主题，按照“一特三化”的总体思路，牢牢抓住项目建设不放松，深化经济体制改革，推进皮革、化工、制药、畜牧、蔬菜等主导产业结构优化升级，全面提升县域经济总体实力和竞争力，实现经济更好发展。

第一节　大力加强小康社会建设

一、推广“一优双高”农业，加快推进农村经济发展

1993 年，无极县农业生产在确保粮食高产、稳产的同时，着力发展“一优双高”农业，全县日光温室发展到 6000 亩，“双千田”发展到 4 万亩，肉牛饲养量按统计达 15 万头，养鸡 76.4 万只，禽蛋总产量 1 万吨，速生丰产林达到 2.75 万亩，新植果树 2 万亩。粮食生产在战胜风雹等自然灾害的情况下获得好的收成，全年粮食总产达 34 万吨，实现了“吨粮县”。

1994 年，通过实施吨粮、双千、设施蔬菜、畜牧养殖、林果、农业开发六大工程，大力发展“两高一优”农业，粮食总产达 32.8 万吨，小麦夏玉米一体化种植平均亩产达 1002 千克；“双千田”面积达到 15 万亩，亩增效益 121 元；日光温室新发展 1700 亩；林果完成田间林网植树 20 万株，速生林 1.26 万亩，果品产量达到 2 万亩，“中日友好千亩红富士示范园”已经立项；全县鸡存栏 650 万只；完成中改 1.7 万亩，开荒 3500 亩。有 31 个村达到了小康水平，全县农民人均纯收入达到 1126 元。1995 年，全年粮食总产达 34.2 万吨，人均生产粮食 730 千克；油料总产达到 8463 吨，果品产量达到 2.33 万吨，肉类总产达到 5 万吨。“平原农区秸秆养牛示范县”项目通过国家验收；“中日友好千亩红富士示范园”项目在七汲镇建成；“万亩大葱”基地、“万头猪场”项目一期工程投入使用。1995 年底，全县农民人均生活消费 1863 元，全县 107 个村基本实现小康指标。

1996 年，继续大力发展“一优双高”农业，实行“基地加市场”科技兴农战略，提高效益，使传统农业向市场农业转变。建成以王村为中心的日光温室生产基地和以里城道为中心的小拱棚西瓜生产基地和高陵大葱种植基地，及肉牛、瘦肉型猪、禽蛋批发市场的建立和发展，带动全县养殖业的发展。棚室面积 2 万亩，大葱种植规模 2 万亩。改造中低产田 2 万亩，开垦荒地 1.4 万亩；猪、鸡、牛存栏分别 26.3 万头、850 万只、9.9 万头，肉蛋奶总产量 9.3 万吨。农业生产在遭受严重洪涝灾害的情况下，获得好收成，全年粮食总产量 32.9 万吨。农民人均纯收入 2627 元。

二、深化企业改革，加快工业经济发展步伐

1996 年，县政府按照建立社会主义市场经济体制的要求，不断加大改革开放，把提高经济效益放在重要位置，以改革统揽全局，实行“一厂

一策”因企制宜，采取关、停、并、转的形式，以股份制改造，产权出售，兼并重组，破产关闭，拍卖为主要形式的改革，对大型企业，实行参股经营，并鼓励社会及职工入股，集资，也可与优势企业，大财团等联合经营。按照“抓大放小”的战略性调整方针，改革范围从县办工业企业扩展到流通企业和乡镇企业。县办工业完成多种形式的产权制度改革20家，其中股份制9家，股份合作制3家，破产7家，兼并1家。在推进产权制度改革的同时，积极推进政企分开，深化以全员劳动合同制为主要内容的企业内部制度改革和企业住房制度改革，扩大养老保险、失业保险、医疗保险覆盖面；扩大企业的自主权，将人事管理权，资金的筹集及使用权，生产经营权，以及产品的价格，销售权等全部下放到企业，废除由政府统揽的局面，主管部门进行监督，协调，指导服务，提高了企业管理人员及职工的积极性。

无极县以建立现代化企业制度为目标，优化企业结构。县办工业按照市场经济规律，不断调整优化工业经济结构，以市场定产品，以科技促质量，以体制促活力，通过内引外联，改造改制，形成化工、医药、机械、轻工等主导产业，涌现出一批国内有影响的企业和产品：呋喃系列产品生产规模名列全国同行业榜首；编织地毯生产能力在长江以北地区最大，苯胺生产规模省内第一、全国第五，白有光纸生产规模全省第一；环氧丙烷在全国国产设备、国产技术中规模最大、质量最好；明胶生产规模为国内三大企业之一。乡镇企业以集约化、现代化为发展目标，围绕发展区域化专业生产、提高集约化水平和经济效益，组织实施“133”战略，实现一村一品、一乡一业。组建河北省第一家农村股份制企业—齐盛皮革股份有限公司，并以此模式，相继组建“金牛”“东风”“同泰”等7家制革股份有限公司，实现经济效益、环境效益和社会效益同步发展，形成县域特色经济的强大支柱，受到省、市领导的充分肯定。全县已形成皮革、木线、蛋白饲料、地毯、摩托车配件、丝网、针织等主导行业，建成齐洽、牛辛庄、东丰庄3个市级工业小区。全县“三增长、一提高”完成情况名列全市第二，乡及乡以上工业增加值完成4.77亿元、实现利税1.066亿元、全民技改投资完成1.18亿元，乡镇企业完成固定资产投资2亿元，实现总产值43.5亿元，利税4.7亿元。

依靠科技进步，提高县办工业整体素质和效益。根据县办工业实际情况，按照“择优扶强，抓大放小”的原则，围绕化工、医药、轻工等优势产业，抓住集中化工总厂、呋喃化工厂、工贸造纸厂等重点企业和利税大户，在资金、政策上予以重点倾斜，重点扶持和保护。选准高产加值产品的生产企业进行技术改造，加快传统产业改造，以小的投入获得较大的效益。机电厂万台发电机生产线、配件厂精密铸造、造纸厂扩大生产能力、PVC异型材料等投资千万元以上技改完成，带动全县工业技术改造上档次、上水平。

三、以培育市场体系为重点，大力发展第三产业

1993年，以不断调整第一、第二产业发展、优化三产内部结构为基础，在加快发展商品物资流通企业、交通邮电通讯业、金融保险业的同时，突出重点行业和新兴行业的市场化、社会化和产业化。加快国有商业改革发展。逐步建立国有商业企业自主经营、自负盈亏、自我约束和自我发展模式，实现产权多元化，经营集团化，组建糖业烟酒总公司、北苏综合批发站、无极县贸易公司、五交化商场、食品加工厂、地产品加油站，批发企业实行国有民营路子；商业局改为商业总公司。到1996年，发展直属企业24家，改制10家，依法破产企业2家。按照“合理布局、突出重点、综合发展”的原则，依托区域优势，大力培育农副产品专业市场，发展工业消费品和生产资料批发市场，完成小镇果品批发市场、城区蔬菜批发市场、北苏粮食市场、东侯花生市场、东侯坊禽蛋市场、高头肉牛市场、楼下仔猪市场、南流生产资料市场。是年，各类市场登记注册52个，成交额10多亿元，粮食、供销、物资三个系统跨入省或市先进行列。积极发展交通、运输、邮电、金融、保险业和信息、咨询、房地产、居民服务等行业。通过多渠道融通资金，增加对第三产业的投入。外贸商品出口收购值达到10583万元，实际利用外资227.4万美元。

四、社会事业发展加快

认真贯彻落实《中华人民共和国教育法》，大力发展九年义务教育，鼓励发展职业教育，规范发展民办教育，教育事业进一步发展。1995年经省政府检查验收，全县实现普及九年义务教育达标县，省政府颁发了达标铜牌和奖金。1996年，全县小学212所，学龄儿童入学率达到100%；初级中学21个，15～17岁适龄生入学率达99.9%。高级中学5所，高中在校生4075人。职教中心1所，在校生1190人。高中阶段入学率52%；发展医疗卫生事业，推进医疗卫生改革，采取多种形式加强了村级卫生保健网络建设，全县医疗卫生机构64个，床位568张；进一步强化人口危机意识和人均观念，严格控制人口增长，全面落实“三为主”，积极推广“三结合”，促进人口与社会、资源与环境协调发展。文化、广播电视、体育、宗教等各项社会事业均取得较快发展。

第二节　富民强县

1998年以来，无极县加快推进农业产业化，不断提高特色农业的种植规模，产业化水平和对农业经济增长、农民增收的贡献率。抓基地、强龙头、创品牌、促联结，促进农业增效、农民增收。按照“东菜西养，南革北油”的结构调整总体规划和“四区两带”区域经济框架，重点发展蔬菜种植和规模养殖。建成一批有一定规模的示范园区和示范基地，全县农业开始呈现出粮食向优质走、蔬菜向特色走、畜牧业向园区走、产品向大中城市走的良好态势。2005年，形成以王村为中心，种植区域拓展到5个乡镇，总面积达到4.1万亩设施蔬菜基地，王村蔬菜基地被命名为全省九大无公害农产品生产基地之一，并开通了进京绿色通道。地膜花生、西瓜、大葱、花卉、药材、食用菌等特色种植发展良好，花生种植面积68955亩，食用菌年生产3000吨，大葱种植面积16125亩。畜牧业按照“建小区，扶龙头，稳鸡，改猪”的思路，大力发展肉牛和肉羊两大养殖，经营模式由散养式、粗放式转向园区式、集约化。县财政专门拿出100万元用于发展畜牧业贴息，建成刘家庄和费家庄等5个奶牛养殖小区、10个三元杂交猪示范场和2个肉羊养殖场，全县规模养殖小区43个，畜牧业规模化、标准化、产业化水平提高，畜牧业产值占农林牧渔业总产值比重达到56.5%，肉牛存栏11万头，奶牛存栏1.3万头，猪存栏31万头，肉、蛋、奶总产量分别为7.2万吨、5.9万吨和2.4万吨。优质专用小麦、玉米面积分别达到10万亩、13万亩。大力推进农业产业化经营，着力扶持于主导产业相关的专业市场和中介组织，积极培育农产品加工龙头企业，拉长产业链条，逐步形成产、加、销一条龙，贸、工、农一体化的产业化发展格局，提高农业的综合效益。形成王村蔬菜市场、广威农牧公司、金光饲料公司等12家农业产业化龙头企业。蔬菜业依托蔬菜产销协会和王村蔬菜批发市场，种植规模和产品销售不断扩大，“绿风”牌蔬菜通过国家级无公害产品认证，王村蔬菜市场被农业部确定为“国家级鲜活农产品产地批发市场”，被省政府确定为“全省首批农业信息联网市场”。大力培育和发展各类专业合作经济组织，不断提高农民生产活动的组织化程度和自我管理、自我服务能力。组建各种专业协会10个，会员达1万多人，带动1万多农户参与了农业产业化经营；发展个体贩运、市场营销等经纪人3000多人，销售网络遍及全国多个省市自治区。

1995年，县办工业由1990年的37个增至47个，年产值10万元以上的产品达140多种、170多个规格型号，初步形成以化工、医药、轻工、机电、食品、建材等为主体的生产体系。乡镇企业形成了皮革、地毯、拆车、蛋白饲料、摩托车配件等五大行业，楼下、磁河店、张段固、牛辛庄、大陈等工业小区初具规模。第三产业取得较快发展。全县各类市场以发展到49个，比1990年增加27个，市场成交额8.1亿元。以扩规提质增效为重点，加快重点产业升级换代步伐，2000年，县办工业化工、医药、机械、轻工等主导行业得到发展壮大，水稻联合收割机、食品级CO2、胶囊扩能、环氧丙烷扩能重点技改项目竣工投产，华龙药业公司GMP改造的完成，使企业竞争能力和发展后劲进一步增强。五年累计完成技改投资7.57亿元。2000年，个体私营经济超长发展，全县乡镇企业增加值和上缴税金分别达到11亿元和6137万元，以皮革、拆车、木线、针织、蛋白饲料等为主导行业的区域特色经济格局初步形成，皮革先后组建8家投资均在2000万元以上的股份有限公司或有限责任公司，建成齐盛、同泰等市以上工业小区7个，其中齐盛工业小区相继被命名为“省级工贸小区”和“全国乡镇企业示范区”。皮革、化工、医药等特色产业依靠大投入不断推进技术创新，使工业经济实力更强、市场竞争优势更加明显。大大增强了化工医药产业的后发优势，皮革企业群体规模不断扩大，以后期整饰为主的“小巨人”企业达到30多家，产品档次不断升级。个体私营经济长足发展，全县个体工商户发展到8900家，私营企业发展到201家。多措并举招商引资，千方百计上项目，培育新的经济增长点，坚持主动出击，以情感挖项目。进一步加强与中央和省市部门、国内外大企业、大集团、大专院校、科研单位的联系。抓住大中城市特别是石家庄产业转移的机遇，主动出击，引进一批外迁企业。采取综合措施，着力营造优美协调的生态环境、统一透明的政策环境、银企互信的金融环境、厚爱一层的外部环境和人心思干、奋发有为的思想政治环境，重点加强项目区建设，成立项目集中审批中心，推行项目建设全程服务。建立招商引资奖励制度，对引进项目和资金的，无论谁，一律按引进资金的多少、引来项目的效益，按比例以奖励。切实调动全员跑项目、争资金的积极性，初步形成招商引资的热潮。为打造承接项目的平台，规划设计城北工业区，制定《城北工业区招商引资若干规定》。

城市建设跨出较大步伐，经济的承载功能显著提升。把城镇建设作为拉动经济发展、凝聚民心、鼓舞士气的最有效手段，2002年，投资3000多万元实施了县城建设史上开工规模最大、设计标准最高的旧城幸福街、光明街、建设路“两街一路”综合改造和新区“三街一路”（正义街、光明街、幸福街南延和开放路）新建工程，旧城主要街道全部翻修一遍，搬迁城内养鸡场。县城主要街道全部进行绿化美化亮化，建成公众活动场所——绿荫广场。建设一批事关人民生活和城市品位的城建工程，拉动各类民间资金3亿多元投入到城市基础建设当中，由民间投资建设了幸福大厦、逸凡商厦等一批精品工程，城市品味和城市环境不断优化，城市形象和对内对外吸引力得到明显提升，对经济拉动作用明显增强，县城服务业水平明显提高。

各项事业全面进步。科教兴县战略全面推进，科技创新能力进一步增强，全县科技贡献率达到49%。全县办学条件特别是农村中小学办学条件进一步改善，整体教学水平显著提高。义务教育连续两次通过“普九”验收。不断加强计划生育工作，保持低生育水平。文化事业繁荣活跃，全县有40多个民间艺术团体常年活跃在城乡，“彩色周末”活动成效显著，体育、卫生、广播电视等其它社会事业都取得新的进步。精神文明建设和民主法制建设健康发展，政治安定、社会稳定局面进一步巩固。深入贯彻实施《公民道德建设实施纲要》，广泛开展形式多样的群众性精神文明创建活动。自觉接受县人大工作监督、法律监督和县政协的民主监督，较好地发挥县政协、民主党派的参政、议政作用。2001年以来，县政府办理人大代表建议和政协提案370件，按时结办率100%。圆满完成“三五”普法，顺利启动“四五”普法。加强社会治安的严打整治斗争，依法严厉打击各种刑事犯罪和经济犯罪，加强矛盾纠纷排查和信访工作。

第三节　项目强县

农业整体效益全面提升。按照“结构调优、品种调新、农民调富”的原则，围绕“调粮、扩菜、优果、强畜”的总体思路，科学引导群众发展优质高效农业，在稳定粮食生产面积和确保粮食安全的基础上，重点发展蔬菜和畜牧两大主导产业。蔬菜业依托蔬菜产销协会和王村蔬菜批发市场，大力发展设施蔬菜生产，种植规模不断扩大。2005年，设施蔬菜种植面积达到4.7万亩，注册的“绿风”牌蔬菜通过国家级无公害产品认证，王村蔬菜市场被农业部和河北省确定为国家级鲜活农产品产地批发市场和河北省首批农业信息联网市场。畜牧业按照“建小区，扶龙头，稳鸡，改猪”的思路，大力发展肉牛和肉羊两大养殖，经营模式由散养式、粗放式转向园区式、集约化。2005年，全县农林牧渔业总产值25.4亿元，肉、蛋、奶产量分别为7.2万吨、5.9万吨、2.4万吨，畜牧业产值占农林牧渔业总产值比重达56.5%，全年粮食总产35万吨，优质小麦种植面积30.4万亩，粮饲兼用型玉米25万亩，农田水利基本建设投资累计1400万元。认真贯彻落实“一降三补”等一系列减负和补贴政策，2005年，全县农民累计减负2270万元，人均减负50.7元，累计发放直补资金1280万元。

工业经济实力进一步增强。实施“工业立县、项目兴县”发展战略，以特色培育支柱，以技改扩规壮实力，以园区集聚优势，以项目带发展，走新型工业化道路，重点发展民营企业。2001年，完成乙醛酸、环氧丙烷扩能、糖醇技改、硫酸钾和氯磺酸、纸机生产线技改及轻化工总厂污水处理6个重点项目。2002年以华润精细化工园区为代表的工业项目和投资1.2亿元的220kV变电站为有史以来投资最大的项目，为无极的经济发展奠定了基础。2003年全县销售500万元以上工业企业完成增加值10.6亿元，实现利税3.0亿元，全县乡镇企业完成增加值18.1亿元，实现税金9350万元，规模以上企业发展到52家；在统项目263个，总投资10.3亿元，其中投资500万元以上项目54个，千万元以上项目24个，形成了皮革、化工、医药三大传统特色支柱产业。投资2.5亿元，新上14个重点化工项目，化龙药业公司GMP改造完成，大大增强了化工、医药产业的后发优势。无繁线扩建、昌盛园二期工程、幸福大厦、绿荫广场、污水处理厂、县城电网改造、华润对位脂、冀中化工厂浓硝酸改造和合成胺、装饰材料市场等一批项目完成，极大的丰富了无极人民的物质文化生活需要。作为工业经济主要支撑的民营经济在县域经济中的比重达到48.6%。到2005年，规模以上工业增加值、利税分别实现19.4亿元和5.7亿元。民营工业实现增加值占规模以上工业增加值的79.5%；皮革产业规模不断扩大，涌现出一大批投资额度大，技术含量和外向度高的皮革加工企业，形成了以精深加工企业为龙头、以皮毛购销和原皮加工为龙身的产业关联度高、结构功能完善的龙型经济格局。皮革业产值和利税分别为28亿元和27亿元，成为全省十大龙型经济组织之一。县出台《加快工业园区发展的实施意见》等一系列文件，引导项目向园区集中，推动园区向专业化、特色化方向发展。2005年，民营企业发展到435家，完成增加值42.1亿元，占GDP的68%；实缴税金完成1.52亿元，占全县财政收入比重71.4%。齐盛、华润、正村、马孤庄、北苏5个工业园区建设初具规模，入区企业达到194家。

企业改革扎实推进，对外开放不断扩大。按照“工业企业一企一策，商贸流通企业捆绑式改革”的整体思路，推进国有企业改革。2003年，对44家县属企业进行改革，国有企业改制面达83.7%。2004年，改制面达90%，消除呆账2.96亿元。制定实施《关于进一步加快县属企业产权制度改革的实施意见（试行）》，县财政拿出600万元，用于企业改革遗留问题解决。2005年，有103家国有和集体工商企业完成改制。成功对冀中化工公司等几个规模较大的企业实施改制，使企业迅速焕发生机与活力。行政审批制度改革进一步深入，累计取消审批项目447项，全县实际利用外资1169万美元。2005年，完成外贸出口总值3.1亿元，在册“三资”企业14家。

无极县志

1989—2005

综合政务管理

1989—2005 年，经过劳动就业制度和干部人事制度一系列改革，劳动用工及人事制度由计划经济时期的统分统配，转变为市场经济体制下的全员劳动合同制，招工、录干实行公开招聘，人员编制、工资套改、职称评聘逐步规范化、法制化。竞争上岗；“企业自主用人、个人自主择业、市场调整供求、社会提供服务”的就业方针，保证了下岗职工的再就业和职工的转岗；大中专毕业生指令性分配，改为实行“双向选择”自主择业、公开招考，完全实现就业市场化；民政工作履行“上为中央分忧，下为百姓解愁”原则，努力探索新时期民政工作的新路子和新方法，解决新形势下民政工作面临的新矛盾和新问题，推动了无极县民政事业的发展。优抚工作与时俱进，制度建设不断完善，军队离退休干部“政治”“生活”两个待遇得到有效落实，复员退伍军人得到妥善安置，无极县多次被省、市评为“拥军优属模范县”；县、乡镇敬老院基础设施和服务管理水平全面提升，2001 年县敬老院被省民政厅授予“省甲级敬老院县”称号。城乡居民最低生活保障制度全面落实，并逐步纳入规范化、制度化、法制化管理轨道。

無極縣志

第一章　人事管理

第一节　大中专毕业生分配

1989年，大中专毕业生实行国家计划分配制度，回县大中专毕业生大多在照顾专业对口的前提下，根据各单位的人员编制情况，分配到缺编单位。师范类毕业生由教育部门负责分配到缺编所需学校。非师范类毕业生多数分配到县内机关、企事业单位。1999年，中专生不再分配，大专及以上学历实行“双向选择”的自主性择业和指令性计划分配相结合的办法。县大中专毕业分配主管部门开展就业指导工作，大中专毕业生人事档案保管一年。一年内就业的，人事部门办理有关手续；一年内未就业的由县人才交流服务中心负责托管其个人档案及人事代理。1999年按照择优录用原则，20名大专以上学历非师范类毕业生安置到教育战线就业，充实全县师资力量。2001—2003年，教育系统通过公开招聘方式，先后安置92名师范类大专以上学历毕业生；9名非师范类大中专毕业生与无极县华龙药业股份有限公司达成就业意向。到2005年，共接收大中专毕业生3179人，本科91人，专科900人，中专2088人。

第二节　军转安置

2001年1月，国家颁布《军队转业干部安置暂行办法》，军队转业干部改变了单一计划安置办法，实行计划分配与自主择业相结合的安置方式。根据妥善安置、合理使用、人尽其才、各得其所的原则，采取指令性安置方法，鼓励转业干部到乡镇基层或企事业单位工作。到2005年，全县共接收军转干部148人，其中党政机关安置139人，事业单位2人，企业7人。

第三节　干部考核与培训

一、考核

1989年，全县的干部考核工作实行岗位目标责任制管理。1995年，机关事业单位开始实行年度考核工作制度，每年对机关事业单位工作人员、工勤人员结合平时考核和民主评议情况进行一次年终考核和奖惩。国家公务员的考核按照《国家公务员考核暂行规定》，在年终总结和工作述职的基础上结合群众意见和领导评价进行，分为优秀、称职、基本称职和不称职四个等次。事业单位工作人员和工勤人员按照《河北省事业单位工作人员考核实施办法》，在德、能、勤、绩、廉全面考核基础上，重点考核其履行专业技术职务情况，对职员主要考核其管理水平和工作实绩，分为优秀、合格、基本合格、不合格四个等次。优秀比例控制在各单位参加考核总人数的10%以内。

同时，在年度考核的基础上，实施奖惩办法，受奖人员必须从年度考核确定为优秀人员中产生，分嘉奖、记三等功、记二等功三个等次。嘉奖、记三等功由县政府审批，记二等功由县政府初审、市人事局审核、由市政府审批。

1995—2005 年无极县政府系统考核结果情况统计表

表 17–1　　单位：人

年度＼项目	考核总人数	优秀	称职
1995	6230	623	5607
1996	6300	630	5670
1997	6730	673	6057
1998	7420	742	6678
1999	7510	751	6759
2000	7390	739	6651
2001	7400	740	6660
2002	7170	717	6453
2003	7280	728	6552
2004	7520	752	6768
2005	7180	718	6462

二、培训

根据上级人事培训教育工作安排，2000 年，对全县党政机关干部进行法律知识普及培训。2002 年，对全县 140 名国家公务员进行英语等级培训考核。2003 年，组织机关工作人员开展依法行政培训。2004 年，对全县 400 名国家公务员进行《中华人民共和国行政许可法》培训。2005 年，对全县 300 名国家公务员进行《中华人民共和国公务员法》培训考试工作。

第四节　干部工资福利

1993 年以来，根据上级有关规定，除正常工资调整外，分别于 1993 年 10 月、1997 年 10 月、1999 年 7 月、2001 年 1 月 和 10 月、2003 年 7 月先后进行 6 次工资改革，逐步建立与机关事业单位特点和与市场经济相适应的工资制度。

1993—2004 年无极县干部调资情况统计表

表 17–2

项目＼年度	调整人数（人）			增资额（元）			人均增资额（元 / 人）			备注
	机关	事业	离退休	机关	事业	离退休	机关	事业	离退休	
1993.10	2809	3905	712	188203	363165	106088	67	93	149	工资改革
1995.10	2957	5689	742	47312	147914	16324	16	26	22	晋职务工资
1997.7	3099	7297	792	61980	153237	16632	20	21	21	调工资标准
1997.10	3078	7214	797	49248	180350	18331	16	25	23	正常晋升
1999.7	7089	3179	990	886125	460955	108900	125	145	110	调工资标准
1999.10	7037	3014	972	112592	90420	21384	16	30	22	晋职务工资
2001.1	3484	6588	1270	421564	737856	142240	121	112	112	调工资标准
2001.10	3474	6591	1301	291816	527280	113187	84	80	87	调工资标准
2003.1	2978			154856			52			晋级别工资

续表 17-2

年度 项目	调整人数（人）			增资额（元）			人均增资额（元 / 人）			备注
	机关	事业	离退休	机关	事业	离退休	机关	事业	离退休	
2003.7	3083	6163	1890	154150	326639	96390	50	53	51	调工资标准
2004.1	3125	6063	2250	71875	278898		23	46		晋职务工资

第五节　专业技术人员管理

1989年，专业技术人员属县科委管理。1994年1月，根据市编办关于将专业技术人员综合管理、职称改革工作移交人事部门的精神，专业技术人员综合管理和职称改革工作划归县劳动人事部门负责。全县各类专业技术人员6998人，其中高级职称102人，中级职称1100人，初级职称5796人。2005年底，全县在职专业技术人员5796人，其中正高级职称2人（均为事业单位人员），副高级职称169人（事业单位160人，企业9人），中级职称1625人（事业单位1536人，企业89人），初级职称3465人（事业单位3062人，企业403人）。已聘任5261人，未聘任535人。

第六节　人才交流

1996年，成立无极县人才交流中心（无极县人才市场），为用人单位和各类专业技术人员、管理人员、大中专毕业生、社会闲散科技人员以及辞职、辞退人员提供职业介绍、人事代理、人才交流与培训等服务。每年开展一至两次人才交流活动。到2005年，共举办人才交流活动16场次，实现人才交流千余人次。还不定期组织用人单位参加省内外组织的引进人才、引进智力、引进技术等活动，引进各类人才300余人；实现集体人事代理4家，代理人数41人。保存大中专毕业生人事档案1260份，保存辞职、辞退人员及县内招聘人员人事档案49份，有210人实现了流动，培养各类毕业生1200多人。

第七节　编制管理

县机构编制委员会负责全县机构改革和机构编制管理的日常领导工作；县机构编制委员会办公室（以下简称编制部门）负责全县机构编制的具体管理工作。按照省市设置模式和惯例，编委会主任由政府县长兼任，副主任一般由县委主管干部的常务副书记、政府常务副县长、县委组织部长兼任；编委成员一般由县委组织部常务副部长、县人事局长、县委办公室主任、县政府办公室主任、县财政局局长、县编委办公室主任兼任。县编委办公室主任由县委任命。1996年前编委办公室规格为副科级，1996年后升格为正科级。

全县各级机构改革方案，由县编制部门提出方案，报县编委审核，提请县委常委会议研究决定后，报请市委、市政府批准。机关及事业科级机构的设立、撤销、合并、更名，由县编制部门提出方案，经县编委审核，提请县委常委会议决定后，报市编制委员会批准。工作部门及科级事业机构内设机构的设立、撤销、合并、更名，由县编委审批。全县行政、事业编制总额的分配，工作部门及科级事业机构领导职数的核定，由县编制部门提出方案，经县编委审核，报县委常委会研究决定。县人大、政协、法院、检察院机关机构改革方案，党委工作部门、人民团体、民主党派、工商联机关“三定”方案，党委直属事业单位机构编制方案，由县编制部门提出方案，经县编委审核，报县委审批。县人民政府工作部门“三定”方案，政府直属事业机构编制方案，由县编制部门提出方案，经县编委审核，报县人民政府审批。机关及事业科级单位内设机构的撤销、合并、更名及领导职数的核定，老干部服务机构的设立，老干部服务人员编制的核定，机关工勤人员编制的核定，由县编制部门批准。

第八节　管理机构

1989 年，无极县劳动人事局设办公室、干部股、劳动计划调配股、工资福利股、劳动安全保护股、劳动争议仲裁股、培训股、编制委员会办公室。定编 25 人。下设劳动服务公司、社会保险事业管理所、劳动技术学校 3 个事业单位。2005 年，设办公室、综合计划科、工资福利科、专业技术人员管理科、劳动关系与监察和仲裁科、录用调配科、社会保障科、职业技能培训科。行政编制 25 人。下设劳动保障监察大队、人才交流与开发中心、劳动技工学校、社会保险局、就业服务局。

第二章　劳动和社会保障管理

第一节　职业技术鉴定

1995 年，机关事业单位工人进行工人技术等级考试考核。当年全县机关事业单位技术工人 757 人取得高级工、中级工、初级工技术等级合格证书，其中高级工 251 人、中级工 321 人、初级工 185 人。2005 年底，全县机关事业单位技术工人中，技师 85 人、高级工 271 人、中级工 379 人、初级工 125 人。

工人调配严格按照调配政策集体研究。1989—2005 年调配工人 2435 人次，其中调出 544 人，调入 836 人，县内调剂 1055 人次。

第二节　工资管理

1985 年改革开放初期，企业工资是由政府统一制定工资标准和津贴补贴标准，全县企业人均月工资约 85 元，企业职工的工资调整根据国家政策统一安排，随着企业改革的深入和企业内部分配的完善，企业工资相继提出经济效益和工资总额挂钩及工资总额包干正常增资办法。到 1994 年企业工资月水平均 235 元，无极县企业工资在 1999 年相应进行提高后，调整的月人均工资 539 元，随着企业改制企业工资执行到 2005 年未变。

第三节　劳动就业与再就业

1989 年，实行“三结合”就业方针，在政府统筹规划和指导下，实行劳动部门介绍就业、自愿组织起来就业和自谋职业相结合。当年国营集体企业职工 10918 人。1992 年，实行新的劳动就业制度改革，实行“国家宏观调控，城乡协调发展，企业自主用人，个人自主择业，市场调整供求，社会提供服务”的就业方针，鼓励劳动者靠自己努力实现就业。1998 年，就业方针进一步调整，劳动者自主择业，市场调节就业，政府促进就业。

一、国有企业下岗职工基本生活保障和再就业

随着县办国有集体企业相继改革，相当数量职工的下岗，为解决这部分人员再就业问题，1997 年实施再就业工程。建立丰隆实业、建筑五金厂、粮工集团 3 个再就业服务中心。进入再就业服务中心的下岗职工必须是 1984 年以前参加工作，而且身体健康的原固定工。1984 年实行劳动合同之后参加工作的职工，可按有关规定，依法解除其与企业的劳动关系，进行失业登记，享受失业保险待遇，共有2618人与再就业服务中心签订基本生活保障和再就业协议。通过“中心”的管理和服务，下岗职工再就业率达到90％以上。进入再就业服务中心的下岗职工每人每月领取基本生活费标准1998年10月前为170元，11月后为200元，1999年9月后提高到220元。

2001年4月撤销企业再就业服务中心，成立无极县再就业工程领导小组办公室。建立再就业资金，从1997年7月1日起征收，用于增加就业岗位，开展转业转岗训练，帮助困难企业启动生产。鼓励自谋职业，开展职业介绍，建立再就业中心，帮助下岗失业职工尽快实现再就业。出台社保补贴、创业补贴、免费培训、免费职业介绍等优惠政策。到2005年底，对“40、50”人员实施就业援助，开发公益性岗位，安置下岗失业人员63人。

二、农村劳动力就业

积极为农村外出务工人员开展档案、培训、维权等服务，组织劳务输出工作，鼓励、引导农村劳动力转移就业。为做好农村劳务输出工作，对农村剩余劳动力资源进行了调查摸底，并分门别类建立劳动力资源储备库。213个行政村都聘请了劳务信息员，定期不定期发布招工信息；在北京、广州、天津、大连等经济发达地区设立劳务输出办事处，建立6处劳务输出基地，积极发展订单劳务。根据企业用工需求，有组织、有计划地进行岗前集中培训，提高输出人员的专业技能。累计组织劳务输出近3万多人次，2005年人均月工资在1200元。

三、劳动力市场管理与就业服务

1992年成立劳动力市场，开展就业培训，组织招工，收集发布招工信息，为劳动者保存档案，提供劳动事务代理。1999年，成立社会保险就业局，承担全县就业管理与服务工作职能。2003年6月，成立就业服务局，负责劳动力管理、职业上岗前培训、下岗失业职工职业技能培训、下岗失业职工优惠政策的落实、企业富余职工转岗培训及其他短期培训等。

第四节　劳动保障监察

1994年，设立劳动监察中队，2002年劳动监察中队更名为劳动监察大队。2004年，根据群众举报，对前北焦编织袋厂拖欠4名四川籍民工工资案进行立案调查。该厂负责人无视法律，拒绝执行整改通知，还打伤随行记者。县公安局依法介入，为民工讨回了全部工资，并对该厂进行罚处。截至2005年底，劳动监察部门通过日常巡查和专项检查相结合、劳动年审与接受举报相结合的方式，检查用工单位2367家次，督促用工单位和劳动者签订劳动合同18635人次，查处童工26人次，帮助劳动者讨要和督促发放工资865万元。

第五节　劳动争议仲裁

20世纪80年代，随着劳动用工制度改革和经济体制改革的逐步深化，劳资关系发生新的变化，双方的矛盾日益增多，劳动者和用工单位维护自身合法权益的要求逐渐增强，为保证劳动关系稳定，促进经济发展，1987年成立无极县劳动争议仲裁委员会。1993年，根据形势需要，进一步明确劳动争议仲裁委员会职责，处理县内的劳动争议案件，领导和监督仲裁委员会办事机构和仲裁庭工作，聘任专职和兼职仲裁员并对其进行管理。1995年，对仲裁委员会进行调整。劳动争议仲裁委员会由劳动部门代表、工会代表、用人单位方面代表组成。劳动争议仲裁委员会主任由劳动部门代表担任，劳动部门设立专门的劳动仲裁科，作为仲裁委员会办事机构，负责办理仲裁委员会的日常事务。截至2005年，全县共调解、仲裁劳动争议案件200起。

第三章 民政管理

第一节 拥军优属

一、拥军

1989—2005年，每逢八一、春节等重大节日，县组织相关部门对驻地武警中队、消防中队官兵、光荣院荣退军人、烈军属、干休所军队离退休、荣退军人进行慰问，帮助官兵解决实际困难，加强沟通、增进友谊。每年的八一建军节举办军民联欢会，全面构造和谐、融洽的军民军政关系。全县各乡镇均成立拥军优属领导小组，帮助军烈属解决生产、生活等方面的困难。县医院定期组织医务人员为驻地官兵、光荣院、重点优抚对象免费检查身体。

1999年，县筹资10万元建立拥军优属保障基金。

2002年，石家庄市政府组成慰问团，赴西藏慰问驻藏义务兵。无极县向20名无极籍驻藏士兵表示慰问，送去小型录音机等物品，并将每位士兵的家庭照片及录音送到他们手中，鼓励他们安心服役，保卫边疆，为无极人民争光。

2005年，全县成立拥军优属组织3100个，全县为优抚对象、驻地官兵解决生产、生活、训练等多方面困难5000余件。连续13年被石家庄市委、市政府授予“拥军优属模范县”。

二、优待抚恤

1. 优待

1989年，优待标准每年每户560元。

1995年，全县义务兵家属优待标准从以前的每户每年560元提高到1860元。

1999年县政府下发《关于给予赴西藏义务兵家属特别优待的通知》，规定进藏义务兵家属每年在原有优待金额的基础上增加50%。

2002—2003年，按照中央文件精神，无极县从费改税直到完全取消农业税，义务兵家属优待完全实现由乡财政负担。

到2005年，向家庭困难军属发放临时救助23万元。另外，151名荣立三等功以上的义务兵家属兑现现金奖励8050元。

2. 抚恤

1989年以来，无极县根据国家政策，对革命残疾军人、烈士家属、病故军人家属、因公牺牲家属进行抚恤优待。当年，对烈士家属、因公牺牲家属、病故军人家属定期抚恤金标准进行调整，调整后的标准为革命烈士家属、因公牺牲家属居住农村的每人每月不低于35～40元，居住小城镇的每人每月不低于45～50元；病故军人家属居住农村的每人每月不低于30～35元，居住小城镇的每人每月不低于40～45元。到1990年，烈士家属、因公牺牲家属居住农村的每人每月调整为90～100元，病故军人家属为90～100元，小城镇的调整为105～110和100～105元。2003年，完成对优抚对象和优抚事业单位普查工作，出台《无极县人民政府关于建立优抚对象抚恤补助标准自然增长机制的意见》，各项优抚政策得到进一步落实，优抚对象的生活得到有效改善。到2005年底，全县“三属”人数为506人，其中烈士遗属434人，因公牺牲军人遗属26人，病故军人遗属46人。执行标准为烈属每月220元、病故军人家属为每月295元、因公牺牲军人家属210元、孤老烈属每人每月增加209元。

3. 优抚对象定补

1989年以来，根据上级有关规定，对在乡复员军人和在乡带病还乡退伍军人实施定补的优抚政策。1999年7月，中央财政拨专款，提高定补标准，抗战期间在乡复员军人每人每月125元，解放战争期间在乡复员军人每月120元，中华人民共和国成立后在乡复员军人增加20%，带病还乡的退伍军人每月提高到50元，精神病人每月提高到60元。定补标准为抗战时期入伍的老复员军人每人每月229元，解放战争入伍的老复员军人每人每月175元，中华人民共和国成立时期入伍的每人每月127元。为生活困难的优抚对象解决临时救济7800人次，救济款18.2万元。

第二节　复员退伍人员安置

一、退伍安置

1989年以来，农村籍退役士兵仍然推行“从那来回那去”的原则，城镇退役士兵及转业士官安置依然实行指令性分配，按照国务院《退伍义务兵安置条例》，对原农业户口的退伍士兵，在部队服役期间荣立二等功（含二等功）的给予安排工作，当年依据有关政策，安置对越防御作战有功退伍义务兵24人，其中二等功21人、一等功3人。由于受条件因素限制，城镇退伍义务兵、转业志愿兵除少数由省统一安置在金融、电力、通信、保险等系统外，绝大多数退伍军人安置到县属企业。1998年，受市场因素影响，企业方大多不愿接收，县协调民政、计委、劳动等部门，给工业、企业、商业、供销、粮食等系统下达硬性分配指标，要求相关部门必须接收。1999年，县政府下发《无极县按比例安置退役士兵暂行办法》，对相关单位接受安置退役士兵提出明确要求，“不论机关、团体、企事业单位和经济组织，不论所有制性质和隶属，都必须承担接收安置退役士兵的安置任务”。当年，县政府下发《关于给予赴西藏义务及其家属特别优待的通知》，入伍前是农业户口的实行农转非，服役期满后安置工作。2001年，出台《无极县“十五”期间开发使用军地两用人才规划》以及《无极县支持军地两用人才发展的优惠政策》，鼓励企业响应上级号召，积极吸纳有一技之长的士兵。2003年，县政府制定出台《无极县城镇义务兵自谋职业暂行办法》，规定申请自谋职业的城镇义务兵、转业士官，除享受国家规定的优惠政策外，每人可一次性领取1万元的经济补助。至2005年底，安置全部当年退伍士兵，无申请自谋职业的城镇义务兵、转业士官。

二、军队离退休干部安置

1989年，全县共有军队离退休干部10人，其中离休干部5人，退休5人，均得到妥善安置。到2005年，全县共有军队离退休干部10人，其中退休7人、病退转业士官3人。

第三节　社会救济

一、救灾救济

1. 临时困难救济

每当有因灾、因病及其他原因导致群众生产生活发生困难时，都及时组织有关部门向灾民发放救灾物资，妥善安排他们的生活，使他们能够有房住、有衣穿、有粮吃，基本生活得到保障。

1989—2005年无极县困难救济情况统计表

表17–3

年度	临时救济		
	户数	人数	款数（元）
1989	256	534	20480

续表 17–3

年度	临时救济		
	户数	人数	款数（元）
1990	287	897	22950
1991	330	1201	26400
1992	334	1244	26750
1993	441	1237	35280
1994	533	1566	42650
1995	609	1837	42600
1996	986	39477	100200
1997	679	13011	54320
1998	604	1359	48350
1999	521	1586	41650
2000	420	1388	293504
2001	568	1979	46850
2002	611	2017	48850
2003	439	1861	35120
2004	615	2201	49000
2005	594	1960	43950

2. 救灾

1989—1996 年，共发生 6 次较大规模的风、雹等自然灾害，全县农作物受灾面积累计 139.53 万亩，累计发放救灾资金 680 万元。

1996 年 8 月 4 日起，无极县连降暴雨，三日内降雨量达 232 .5 毫米，占常年总降水量的二分之一，形成沥涝灾害。8 月 5 日，上游水库巨量泄洪，无极县相继受到滹沱河、木道沟洪水袭击，为 30 年来罕见。洪灾灾害涉及 10 个乡镇，115 个村，4.9 万平方米，20.2 万人。重灾 3.5 万户、13.8 万人，全县出现“三无”（无房住、无粮吃、无生产自救能力）4500 户，1.35 万人，受伤 17 人，溺水死亡 13 人；农作物受灾 28.6 万亩，成灾 24.3 万亩。全县直接经济损失 10.4 亿元。灾情发生后，县及时组织抗洪救灾，从速发放赈灾物品，对受灾严重的郝庄乡、张段固镇、无极镇、高头乡 4 个乡镇的赈济对象，无粮户每人面粉 25 千克，无房户每户补助 500 元，全县一次性发放款物共计 39.619 万元。

1997—2000 年，全县发生较大风雹、暴雨等自然灾害 27 次，受灾面积 61、9 万亩，共计拨付救灾资金 140 万元。

2001—2002 年，里城道乡、南流乡、大陈镇、北苏镇、东侯坊乡等乡镇遭受风雨、冰雹等自然灾害，受灾面积 49 万亩，受灾人口 12.8 万人，两年发放救灾资金 23.6 万元。

2003年3月，里城道乡、大陈镇、七汲镇、遭受大风天气，120余座大棚西瓜、大棚蔬菜遭受巨大损失，民政局及时组织党员群众开展生产自救，把损失降到最低限度。同年5月，无极县共有4人被诊断为“非典”疑似病例，其中大陈镇北侯村3例，县直属单位1例。北侯村、财政局家属院被隔离。民政部门拨付救助资金40万元，负责隔离区群众的粮油、蔬菜及生活用品的供应。

3. 社会救助

1989—2002年，对城市流浪乞讨人员延续1982年5月国务院发布的《城市流浪乞讨人员收容遣送办法》实行收容遣送，民政出资，公安派专人遣回原籍，累计实施遣送320人次。2003年6月20日，国务院颁布《城市生活无着的流浪乞讨人员救助管理办法》，7月，民政部发布《〈城市生活无着的流浪乞讨人员救助管理办法〉实施细则》，以往的先收容再遣送回原籍的方法改变为就地管理，临时救助。8月1日，无极县救助站建成，对受助人员实行“无偿、自愿、临时性救助”。截至2005年底，救助站累计共实施救助156人次。

4. 救灾捐赠

1990年7月15日至8月20日，县救灾捐赠办公室，共接收捐款57.2万元，全国通用粮票355斤4两，衣物561件，捐赠人次1.1万人次，所接收款物8月底全部汇往湖南、湖北、江西、四川等洪涝灾害地区。1991—1995年，中国部分地区发生水灾，全县共计捐款49.5万元，衣物800余件，所收款物如数上交上级民政部门。1996年，河北、河南、江西、湖南、四川等8省连降大到暴雨，人民群众生命财产遭受巨大损失。无极县降雨量为50年一遇，全县党员干部、人民群众在积极抗灾救灾生产自救的同时，纷纷伸出援助之手，向其他重灾区人民群众捐款捐物奉献爱心，8月中旬至9月下旬，全县共接收捐款13.9万元，同时出现自改革开放以来首例以个人名义向灾区捐款的民间慈善行为，大陈镇一四川渠县籍女士邓兰花向老家四川捐款500元。1997—2000年，全县接收捐款43.9万元，全部汇往灾区。2001年，按照省委办公厅下发《关于广泛开展经常性社会捐助活动的通知》，无极县下发《关于全面做好经常性社会捐助活动的通知》，4个城区局委会和11个乡镇相继成立经常性社会捐助点，具体负责经常性社会捐助接收工作，并通过媒体向社会公布各捐助点名称、地址、电话、银行账户，以方便人民群众捐助。到2002年，共接收捐款捐物3.2万元。2003年1月，下发《关于在全县开展“扶贫济困送温暖”活动的通知》，要求各单位迅速开展“扶贫济困送温暖”活动，当月接收捐款13.2万元、衣物1230件；“非典”期间，接收社会各界捐赠物品折合人民币100万元。到2005年，无极县经常性社会捐助接收办公室共接收社会捐助17.1万元、衣物3470件。

二、最低生活保障

1. 城镇低保

1997年6月，对城镇下岗失业人群、重点是“三无人员”（无职业、无固定收入、无法定赡养人）进行调查。通过调查，享受城镇低保对象共有6户14人，保障标准为每人每月80元。1999年，规定凡城镇居民人均收入低于130元的，均可享受最低生活保障。2001年，出台《关于进一步加强城镇低保工作的实施意见》。年底，共有城镇低保对象161户469人，保障比例达到1.3%，涉及9个单位或企业。其中一类1人，月保障金额每人为130元；二类183人，月保障金额每人80元；三类285人，月保障金额每人60元。2003年11月，根据有关文件扩大城镇低保范围，凡人均收入低于140元的城镇居民可享受最低生活保障待遇，同年10月，推行分类管理，享受低保的人员划分为三个类别，无职业、无固定收入、无法定赡养人的人员每人每月100元；家庭中有重病成员的每人每月80元；符合条件的低保家庭每人每月 70 元。到 2005 年 12 月底，全县享受低保的城镇居民达到 905 户 2058 人，其中一类 15 户 26 人，二类 170 户 334 人，三类 720 户 1658 人。

2. 农村低保

1998 年实行农村低保，全县共有低保对象 42 户 100 人。到 2004 年 5 月，《无极县农村居民最低生活保障实施办法》正式出台，对申请农村低保待遇的居民所具备的标准、申请条件、审批程序做明确规定，凡人均年收入低于 800 元（含 800 元）的农村家庭，经本人申请、村委会评议、乡镇政府审核、报民政局，民政局在进行入户调查合格后进行审批。至此，农村低保全面推开。2005 年底，全县 11 个乡镇 213 个行政村，享受低保的农村居民有 1853 户 2213 人，所需资金由县、乡、村三级负担，执行比例为 4∶4∶2。低保标准为每人每月 20 元，由于多种原因，乡、村应配套的资金不能到位，所需资金实际由县全部负担。

第四节　婚姻登记

1989 年，全县婚姻登记仍实行分散登记的方法。20 个乡镇均设有婚姻登记处，负责本辖区男、女双方当事人申请的结婚登记，城镇户口的居民结婚登记由城关镇代管。登记双方在办理登记时，在村委会或单位开具婚姻状况证明书及证明，不需要出具身份证和户口本。1991 年，城镇户口婚姻登记由原城关镇移交民政局办理。1995 年，依法实行婚前检查。1996 年，全县设县城区登记处、无极镇登记处、七汲镇登记处、郭庄镇登记处、北苏镇登记处、张段固镇登记处、里城道乡登记处、郝庄乡登记处、南流乡登记处、高头乡登记处等 12 个。1997 年，全面推行婚前检查登记，不进行婚前检查不予办理结婚登记。1999 年，全县推行婚姻集中登记与分散登记相结合的方法，撤销城关、张段固、七汲、东侯坊 4 个婚姻登记处，划归县婚姻登记处管理。保留边远乡镇郝庄乡、北苏镇、高头乡、郭庄镇、里城道乡、大陈镇、南流乡婚姻登记处，婚姻登记处改人工手写为电脑打印。2000 年，县婚姻登记处被省民政厅命名为标准化婚姻登记处。2003 年 10 月 1 日《婚姻登记条例》开始实施，废除原婚姻当事人需出具单位（村、居委会）婚姻状况证明的作法，同时，强制进行婚前检查的决定予以撤销，婚前健康检查坚持自愿原则，双方自愿持户口本、身份证可直接办理婚姻登记。2004 年 5 月 1 日，推行婚姻集中登记，分散在乡镇的婚姻登记业务自行终止。同年 7 月，启用新结婚证、离婚证。2005 年底，全县共登记结婚 4300 对，登记离婚 160 对。

1989—2005 年无极县婚姻登记情况一览表

表 17–4

项目 年度	登记结婚（对）	离婚（对）	再婚（对）	复婚（对）
1989	3550	15	321	7
1990	3600	17	356	9
1991	3400	21	372	11
1992	3500	19	334	10
1993	3700	22	443	6
1994	3800	28	419	5

续表 17–4

年度＼项目	登记结婚（对）	离婚（对）	再婚（对）	复婚（对）
1995	3150	24	387	14
1996	3450	27	329	4
1997	3500	31	458	5
1998	3300	37	554	12
1999	3200	41	583	22
2000	3500	56	446	17
2001	3400	83	601	19
2002	3350	94	771	4
2003	3890	105	803	11
2004	3950	120	861	3
2005	4300	160	875	5

说明：复婚、再婚包括法院判决离婚的再婚、离婚

第五节　殡葬管理

1989年，全年火化尸体2735具，火化率100%，被省政府评为“殡葬改革先进单位”。1990年，火化厂承包制废止。石家庄地区行署下发《关于进一步做好殡葬改革工作的通知》，要求各地充分利用冬闲期间做好殡葬改革工作。到1992年春，出动宣传车380车次，印发宣传材料3.3万份，共涉及20个乡镇196个行政村，全县共扩耕地1535亩，连续三年被地区行署评为“移风易俗先进单位”。1992—1996年，投资200万元，对原火化厂逐步实行改建扩建，拆除两座耗能高，污染严重的燃煤式锅炉，新增两座燃油火化炉，火化厂由原来的9.6亩扩建为21亩。新建两座集办公、住宿为一体的综合办公大楼，建筑面积2800平方米。服务项目由原来的7个增加到11个。1995年、1996年连续两年被石家庄市民政局评为“殡葬改革先进单位”。1997年，民政部授予无极县殡仪馆“国家三级殡仪馆”称号。2005年，投资500万元，再次对火化厂进行扩建，对使用30年的火化大烟囱实施爆破拆除，按照节能环保理念，火化尸体实现无烟除尘。

第六节　地名管理

1989年，无极县马桥村被石家庄地区行署列为4个农村地名标志试点村之一，开始村级地名标志设置。1990年，马桥村安装街路牌和门牌，设置规范，规格一致，设置齐全，共设置街路标志52块；巷牌147块；门牌1920块，受到地区行署表彰。1991年，全县各行政村在四周设置水泥制村名标志，设置率达到99%。1993年5月，地名管理由无极县地方志办公室析出，划归民政局管辖，民政局成立地名办公室。1997年，行政区划工作并入，改称无极县区划地名办公室。1995年，全面推行农村户口城市化管理，要求各村设置门牌编码，街路定名设标。全县213个行政村以家庭户为单位开始编码编号，对街路进行

命名和街路标志设置。受多种条件限制，除部分行政村设置街路牌和门牌，多数行政村只是进行了街路命名和门牌编码。2002年，城区街路开始命名、更名，科技街、贸易街、正义街、光明街、幸福街、人和街、智慧街以无极路为界，各自分出南街和北街；以光明街为界希望路、中昌路、无极路、建设路、花园路、南环路6条路，各自分出东路和西路。2003年，民政局对城区主要街路、175个居民住宅小区、198条街巷、胡同，进行命名更名和标志设置，街巷牌227块，大门牌96块，单位牌40块，楼牌3856块，平房牌3465块。原南环路更名为千山路，分为千山东路，千山西路。2004年，行政区、居民点、群众自治组织、街路、交通干线、大型建筑物、大中型企业、河流、文物古迹等48个小项纳入微机管理，录入地名信息490条。

第七节　勘界区划

1997年5月，石家庄市政府召开会议，安排部署县级行政区域界线勘定工作，同年11月，无极县成立勘界工作领导小组，勘界工作全面展开。由于历史原因，边界问题十分敏感，堪界工作人员先易后难，从纠纷较少的新乐、定州入手，协商，取证，现场勘察，而后确定边界数据及走向，双方政府签定协议书，报省，市备案。对于双方纠纷较大，取证困难地段，经双方协商采取，行政线，专设用线两权分离，双方鉴定会商纪要报市政府备案。无极—藁城，无极—深泽，无极—晋州，各有一处，采用“两权分离”方案。到2001年，全县涉及定州、深泽、晋州、藁城、新乐5县市的行政区域界线全部勘定，双方政府互签协议书，以法定形式确定了边界走向，勘定全县界线总长132.9公里。其中，无极—藁城56.3公里、无极—晋州16.4公里、无极—深泽16.0公里、无极—定州38.9公里，无极—新乐5.3公里。

2005年，依据《国务院行政区域界线管理条例》，无极县与相邻县市根据双方政府签订的边界协议书首次进行边界联查，确认无异议，相邻的5县（市）人民政府相互签定《行政界线联合检查报告书》。

第八节　社团和非企业单位管理

一、社团管理

1982年，全县书法爱好者成立河北省第一家书法家协会，到1989年先后成立无极县教育协会等14家协会，但多数协会没有到民政局注册登记，没有法律地位。1991年，对全县范围内的社会团体进行清理整顿，当年新增社会团体一个，撤销五个。1993年，成立“无极县社会团体登记管理领导小组”，为13个符合条件的社会团体进行了登记发证，确认其合法地位。1997年12月，根据省市精神，对17个社会团体进行清理整顿、注销社团8个，保留社团9个，换发新证书。1998年，新批社团2个。8月，无极县下发《关于党政机关领导干部不兼任社会团体领导职务有关问题的通知》，4名党政机关领导辞去有关社团会长、理事长等职务。2000年4月，民政部令第21号发布《取缔非法民间组织暂行办法》，规定未经批准开展社团筹备活动、以社团或民办非企业单位进行活动、被撤销登记后继续活动的均属非法民间组织。通过审查决定，对气功类社会团体进行了专项清理，登记注册的“无极县气功研究会”“中华神功”组织等予以注销。到2005年底，全县共有社会团体36个。

二、民办非企业单位管理

1989—1996年，民办教育事业、民办卫生事业、民办文化事业、民办科技事业、民办体育事业、民办劳动事业、以及民办中介事业、民办法律事业等民办非企业单位，没有相应的管理机构，1997年开始逐步划分民政部门管理范围。1998年，下发《关于开展对非企业单位进行调查摸底工作的通知》，并成立“民办非企业单位复查登记领导小组”，排查，教育、卫生、文化、体育等部门、行业467家，进行复查登记工作。同年，成立社团科，具体办理社团及民办非企业管理工作。2000年依据《民办非企业单位登记管理条例》，对首批10个符合条件的民办非企业单位颁发证书。2001—2004年，新批民办非企业98个。2005年6月，民政部下发《民办非企业单位年度检查办法》，同年10月完成年检工作，依法对6个不符合条件的民办非企业证书予以吊销。到2005年12月底，全县民办非企业132个。

1989—2005年无极县社团情况一览表

表17—5

团体名称	注册时间	宗旨
无极县珠算协会	1991年9月10日	弘扬中华文化，发挥珠算的实用计算功能及教育启智功能
无极县基督教爱国会	1991年9月10日	团结广大信教群众，爱国爱教，遵纪守法
无极县标准计量协会	1997年6月26日	规范计量程序，发布计量标准信息提供计量服务
无极县基督教协会	1999年9月10日	团结广大信教群众，爱国爱教，遵纪守法
无极县机动车驾驶员协会	2000年3月27日	“安全第一、防范事故”为方针，组织会员开展技术交流，提供相关信息
无极县书法协会	2000年3月27日	团结广大书法爱好者，书法艺术交流
无极县养牛协会	2000年5月11日	传播技术组织引导养殖户向规模化经营发展
无极县皮革协会	2000年6月6日	为会员单位和学员提供服务，推动皮革业健康发展
无极县消费者协会	2000年7月19日	对商品和服务进行监督，保护消费者利益
无极县个体劳动者协会	2000年7月19日	培育引导、支持促进个体经济快速健康有序发展
无极县民用品维修行业协会	2000年7月19日	团结广大会员遵守法律，诚实守信，文明经营
无极县民用品维修行业协会	2000年7月19日	团结广大会员遵守法律，诚实守信，文明经营
无极县摄影协会	2000年8月18日	团结广大摄影爱好者，通过摄影展观，无极县的发展历程，促进社会进步
无极县无公害蔬菜协会	2001年2月11日	团结会员推行规模经营，规范行业动作，提供供销信息
无极县饲料工业协会	2001年9月8日	维护合法权益，传达政府意图
无极县废旧回收行业协会	2002年4月17日	为会员单位和个人服务，促进经营户规范经营
无极县信鸽协会	2002年8月5日	提高翱翔水平，促进友好交往，培育优良品种
无极县农资经营行业协会	2002年11月12日	当好参谋助手，促进农资经营健康发展
无极县烟花爆竹流通协会	2002年11月12日	贯彻有关政策，维护市场管理，保障经营安全
无极县信用菌产销协会	2003年4月14日	协调市场营销，维护会员利益
无极县畜牧兽医协会	2003年8月4日	维护企事业的合法权益，贯彻有关政策，遵守社会道德风尚
无极县棉花经营协会	2003年8月5日	发展棉花经营，促进健康发展
无极县经纪人协会	2003年9月1日	提供，技术咨询，沟通媒体，依法中介，优质服务

综合政务管理

续表 17–5

团体名称	注册时间	宗旨
无极县优质粮产销协会	2003 年 12 月 16 日	遵守法律法规，发挥服务、协调、自律监督维护会员权益，规范企业行为
无极县美术协会	2003 年 11 月 26 日	团结全县美术工作者，进行美术创作、理论研究
无极县作家协会	2004 年 5 月 20 日	繁荣无极文学创作，培养文学人才
无极县家用电器经营行业协会	2004 年 6 月 10 日	提倡互助协作，公平竞争，搞好市场营销
无极县摩托车经营行业协会	2004 年 7 月 10 日	维护经营者利益，搞好市场营销，提倡公平竞争，满足销费要求
无极县奶业协会	2005 年 11 月 3 日	促进无极县奶业及相关产业规模发展
无极县果品经营行业协会	2005 年 11 月 3 日	搞好科技业务市场营销，相互协作，促进发展
无极县老年人象棋协会	2005 年 11 月 9 日	团结老年象棋爱好者和老年象棋事业，增进老年人身心健康
无极县老年书画、摄影协会	2005 年 11 月 9 日	组织老年爱好者开展书画摄影活动促进技术交流
无极县老年戏曲协会	2005 年 11 月 9 日	发挥老年爱好者作用，促进老年身心健康
无极县老年舞蹈协会	2005 年 11 月 9 日	团结老年爱好者，发展老年文体事业，促进身心健康
无极县老年太极拳协会	2005 年 11 月 9 日	维护会员合法权益，发展老年工作事业

第九节　烈士褒扬

一、烈士陵园建设

1989 年，无极县有 3 处烈士纪念塔（亭）。由于起初建造时建筑材料、建筑方法等因素，加之年代已久，需专人看护维修，效果不明显，有倒塌危险，1999 年，经县委、县政府研究决定并报请石家庄市政府批准，将原“藁无县革命殉难烈士纪念塔”“晋深极东汉烈士纪念亭”“晋深极南流烈士纪念亭”3 处纪念建筑物合为一体，修建“无极县革命烈士陵园”。同年 11 月建设工作着手进行，2000 年 9 月底建设工程全部完工，总投资 180 万元。同年 10 月 1 日对外开放。

新建的革命烈士陵园位于县城北 2 公里定魏线西侧，占地面积 19980 平方米，坐北朝南。大门迎面矗立着革命烈士纪念碑，纪念碑高 12 米，碑体正面刻有吕正操上将亲笔手书“革命烈士永垂不朽”8 个大字，碑体背面刻有无极县委，县政府为纪念 2000 多名烈士而镌刻的碑文。大门东侧建有革命烈士事迹陈列室，陈列着国内一二次革命战争、抗日战争、解放战争、社会主义建设时期无极革命斗争史及高克谦、解学海等烈士的生平及事迹简介。

纪念碑后侧为仿古式弧形碑林长廊，陈列收集全县各处的烈士纪念碑 18 块；陵园中央为新建的烈士塔，镶嵌着无极县 2221 名烈士英名，烈士塔东西两侧为高克谦、解学海烈士纪念碑。烈士塔北面为造型别致的九龙壁，陵园四周建有仿古式围墙，院内为园林式规划，以绿地、鲜花、苍松、翠柏与烈士纪念物相辉映，庄严肃穆。2000 年，无极县烈士陵园被县委县政府命名为爱国主义及革命传统教育基地，全县干部职工、青少年学生每逢清明节和其他活动都到陵园瞻仰烈士，为烈士扫墓，敬献花圈。截至 2005 年底，已接待干部职工、青年学生及社会各界祭扫观瞻人员13万人次。

二、烈士纪念塔（亭）

藁无县革命殉难烈士纪念塔位于无极县北苏村西口正（定）饶（阳）公路南侧。1940年8月，为适应抗日斗争需要，将无极、藁城、正定3县相连部分组成 藁无县，1945年10月9日恢复原建制。1945年8月，为纪念抗日救国英烈、由藁无县政府修建。陵园坐北朝南，四周青砖围墙，高2.5米，全园占地面积5198平方米。纪念塔位居陵园中央，建于高1.3米的八角形台基上，占地面积1200平方米。塔分四层（一层为底阶，上分三层），通高21米。塔顶建有三位持枪护旗英烈木制塑像。塔身成八角形状，八面均有碑文。塔正面（南面）写“藁无县革命殉难烈士纪念塔”，左面写“中国共产党第七次全国代表大会追悼中国革命烈士祭文”，右面书：“藁无县人民追悼革命殉难烈士献词”，其他5面写有19名英烈事迹简介。碑文上方画由花卉、松柏，象征英烈们精神长存，永垂不朽。塔身四周树木参天，显得庄严肃穆。1973年，由县民政局拨款进行维修。1979年，重新修建了四周围墙，把原来的木制门改为水泥铁门。现已迁至新建的“无极县革命烈士陵园”。

晋深极县南流烈士纪念亭位于无极县南流村。亭院占地面积1222平方米。抗日战争时期，为适应斗争形势需要，本着“骑河跨路”原则，1941年将无极、晋县、深泽3县相连部分组成晋深极县。1945年10月10日为纪念抗日救国英烈由晋深极县三区政府建立。纪念亭为古建筑风格的四角亭高7.5米上刻有162名革命烈士的英名。纪念亭后侧建有烈士公墓一座，占地面积1300平方米，现已迁新建的“无极县革命烈士陵园”。

晋深极县东汉烈士纪念亭位于无极县东汉村内，亭院占地面积5082平方米。1945年4月，为纪念抗日救国英烈，由晋深极县四区政府建立。纪念亭为双层四角亭，高11米，四面刻有94名烈士英名。亭旁竖有1952年5月1日东流村人民为本村在抗日战争中牺牲的16名烈士建造的纪念碑。纪念碑高14米，宽0.6米，厚0.2米。碑正面镌刻着“1953年5月1日，无极县全体人民，为纪念本村16名烈士的英名”。现已迁于新建的“无极县革命烈士陵园”。

高克谦烈士纪念碑位于无极县南池阳村西南。此碑建于1931年，由国民党河北省直属无极区党部立石，县长耿之光撰文，公安局长陈鼎芬书丹。纪念碑呈方形造型，下宽80厘米，上宽70厘米，由两部分组成。其中上半部高2米，正面镌刻着盈尺大字“高克谦烈士纪念碑”，右面写“本主义而奋斗志气昂昂坚铁壁”，左面书：“为民众作牺牲热血淋淋洒石门”，碑阴刻有“中国国民党河北省直属无极区党部民国二十年立”。下半部高1米，四面铭刻碑文，文字皆隶书，主要介绍高克谦烈士的生平事迹。

第十节　管理机构

1989年，民政局设有办公室、社会股、优抚股、安置股、民族宗教股。下属单位有烈属光荣院、殡葬管理所、休干所。并负责管理北苏、南流、东汉三处烈士塔（亭）。

1989年11月，成立“无极县残疾人联合会”，编制2人，由民政局代管。1991年，各乡镇成立民政所。1991年3月，地名办公室由地方志办公室析出，划归民政局管理。1992年12月，增设福利生产办公室。1993年3月设农村社会养老保险处。1995年9月，撤销社救股和社政股，改设优抚社救股，同时增加婚姻登记股和行政股。1996年，机构改革后，设办公室、优抚社救科、安置科、民族宗教科、社会事务科，事业科室有福利生产办公室、地名办公室、农村社会养老保险处、社会福利募捐办公室、残疾人联合会，下属光荣院、殡管所、休干所。行政编制20人。1998年8月，无极县残疾人联合会与民政局脱钩单列。1999 年 9 月，农村社会养老保险处移交县劳动人事局管理。2000 年，设“无极县城区居委会”，原优抚社救科析设为优抚科和救灾救济科，成立无极县革命烈士陵园管理处。2002 年，增设基层政权科和社区建设科。2004 年 8 月，增设救助管理站、老年公寓、福利院，同年成立财务科。2005 年底，设办公室、财务科、优抚安置科、救灾救济科、基层政权科、民间组织管理科、地名科、社会事务科、福利生产办公室、休干所、殡管所、老年公寓、福利院、救助站、孤儿院、民馨园招待所，烈士陵园管理处等下属及事业单位，全系统共有干部职工 134 人。

第四章　民族、宗教事务管理

第一节　民　族

一、民族状况

无极县历来为汉族聚居之地，是河北省民族工作重点县。居民主要为汉族，其次是回族，其他民族均因婚嫁、工作等原因迁入。2005 年全县有 20 个少数民族，全县总人口 485057，汉族 469221 人，占总人口的 96.74%，少数民族人口 15836 人，占总人口的 3.26%。其中，回族 15462 人，占全县总人口的 3.23%，满族 125 人，傈僳族 54 人，蒙古族 48 人，壮族 30 人，纳西族 21 人，土家族 20 人，白族 9 人，侗族 8 人，布依族 6 人，拉祜族 4 人，苗族 3 人，仫佬族 3 人，黎族 2 人，维吾尔族、朝鲜族、瑶族、哈尼族、羌族、撒拉族各 1 人。

回族主要分布在高头回族乡的高头一村、高头二村、高头三村、谈下北街、谈下中街、谈下南街 6 个村，少数分布在县城内。其他少数民族分布全县各村镇。

二、民族工作

1989 年以后，先后建立民族政策长期宣讲制度及民族矛盾应急反应机制，及时妥善地解决涉及民族关系方面突发事件和矛盾纠纷。1993 年重新开放在“文化大革命”中封闭的高头清真寺东寺。自 1999 年始，每年参加全市扶持民族乡现场办公会，争取市直部门对口扶持资金数十万元。高头民族经济得到长足发展。2003 年成功举办高头回族乡成立 20 周年庆祝活动，2004 年建设高头回族民族工业园区。2005 年底，高头回族乡乡镇企业 715 家，完成增加值 6430 万元，全乡工农业生产总值达到 87261 万元，高头回族乡人民生活水平和各项事业得到了长足发展。

1. 发展少数民族经济

1989 年以来，为全面加快民族经济发展步伐，各级党委、政府坚持“因势利导，重点突出”的工作方针，以富民强乡作为工作的着力点，积极引导，大力扶持，提升民族经济的发展水平。为促进回族乡的经济发展，县委、县政府出台多项优惠政策，从 2000 年开始，县财政每年拨给高头乡 10 万元民族发展补贴资金，支持民族经济的发展。2003 年投资 290 万元修建长 2.1 公里，宽 30 米的民族大道。

2005 年底，高头回族乡已经形成畜牧养殖、蛋白饲料加工、木器加工、纸箱格垫生产、皮块皮毛交易等五大行业，并规划建设蛋白饲料工业小区、马坊工业小区、谈下民族经济示范园区等三个工业小区。第三产业也迅速崛起，住宿、餐饮、商贸等工商户 1000 余户，从业人员近万人。有综合性集贸市场 9 个，年交易额 3000 多万元。肉牛养殖 18000 头、奶牛养殖 4100 头、羊存栏 35000 只；肉类总产量 8100 吨，比 1991 年的3515吨增长2.30倍；禽蛋总产量3400吨，比1991年的380吨增长8.95倍；奶类总产量5500吨，比1991年的37吨增长148.65倍。全乡完成工农业总产值34550万元，比1991年工农业总产值7152万元增长4.83倍，全乡农民人均纯收入4558元。

开斋节、古尔邦节、圣纪节是回族等信仰伊斯兰教民族的三大节日，每逢这些节日，县乡领导到各清真寺慰问祝贺。2003年2月，民宗局、工商局对县城内及高头一、二、三村，谈下北街、中街、南街的清真肉食、食品、饮食业、营业场所进行了检查，凡符合条件的发给清真食品准营证和清真标示牌，予以登记；不符合条件的，区分不同情况予以限期整改或取缔。2004年5月，在东丰庄村一名汉族群众开了一家清真小吃，民宗局及时进行调查核实，并依据《河北省清真食品管理条例》，禁止其经营清真小吃，切实保护有清真饮食习惯民族的合法权益。

2. 支持少数民族教育

2000年，争取上级资金10万元，建设高头回民高中，争取5万元建设高头初中。2001年，为高头回民高中争取10万元，为谈下南街回民小学争取5万元；2002年，为高头初中争取8万元支持教学楼建设；2003年，为谈下北街回民小学争取2.5万元，为高头初中争取4万元改善配套设施，为高头回民高中争取7万元支持危房改造和配套设施；2004年，为高头初中争取8万元支持教学楼翻建，为高头回民高中争取3万元支持土建；2005年，为高头初中争取5万元支持绿化等基础设施建设，为高头一村回民小学争取3万元支持道路硬化、微机室改造。

3. 培养提拔少数民族干部

1989年以来，无极县把培养、选拔和使用少数民族干部作为民族工作的一个重点。机关、企事业单位录用工作人员，不论什么民族一律平等对待，一大批德才兼备、年富力强的少数民族干部进入各级领导干部队伍。到2005年，少数民族干部有85人，其中回族81人，满族3人，蒙古族1人。按职务分，副处1人，正科5人，副科4人，一般干部75人。按学历分，本科12人，专科43人，大专以下30人。

4. 促进回汉同胞和睦相处

1989年来，各级党委、政府一直高度重视民族工作，认真落实党的民族政策，宣传党的民族政策和法律、法规，贯彻民族区域自治法，使回汉干部群众民族自治意识不断提高，民族团结不断加强。回汉同胞和睦相处，民族乡村社会稳定、政治安定，人民群众安居乐业，形成了回汉同胞共同促进、共同发展的良好氛围。县民族宗教局积极协助县内部门推荐回族干部，尊重回族同胞的风俗习惯，2003年10月争取省、市民族资金10万元创办县直幼儿园回民食堂，无极中学、无极二中、私立学校设回民食堂窗口。回汉同胞充分发挥高头回族乡畜牧养殖业的传统优势，带动了相关产业的良好发展。

附：

高头清真西寺。坐落于高头二村面东背西。始建于明嘉靖十九年（1540年），时有一节三间大殿，后经清乾隆年间和同治年间两次扩建，建成三节九间大殿，瓦房过厅三间，水房子三间，南讲堂三间。清光绪二十七年（1901年），慈禧太后赐宝瓶一尊和部分黄琉璃瓦小狮子。清光绪二十八年（1902年）再次扩建，建成大殿二十一间，南北讲堂各四间，水房子三间。自1959—1976年宗教活动停止，大殿成为大队仓库或牲口棚，围墙和其它房屋被拆掉。1980年后，在各级政府的帮助下，对清真寺进行落地重修，建成大殿二十一间，南北讲堂各四间，水房子六间，过厅房三间，门楼一座，占地面积4667平方米。现在清真寺成立了民主管理委员会，成员五名，宗教活动纳入正常轨道。

高头清真东寺。坐落于高头三村。1919年因新、旧教信仰不同，一部分穆斯林集资建东寺，历时一年多，建成大殿九间，北讲堂三间，水房子三间，水井一眼，占地1500平方米。1959—1976年宗教活动停止，大殿做了大队仓库，南北讲堂和水房子做了牲口棚，围墙和北讲堂被拆掉。1990年修缮，1992年经政府批准开放。现有大殿九间，北讲堂（两层楼）八间，水房子六间。清真寺成立民主管理委员会，成员三名，宗教活动纳入正轨。

谈下清真寺。坐落于谈下中街、面东背西。始建于明洪武三年（1370年），时有大殿三间，水房子三间，后扩建大殿十五间。民国二十九年（1940年）大殿被日军烧毁。1943年抗日民主县政府支援重建。1947年有大殿十五间，北过厅四间，北讲堂四间，邦克楼一座。“文化大革命”期间宗教活动停止，大殿及房屋遭破坏。1978年后陆续修建。2005年初，应当时清真寺管委会和信教群众的要求，经县、乡、村三级研究同意，清真寺大殿及房屋全部落架重修。建大殿二十一间，北讲堂四间，水房子六间，占地面积5000平方米。现在清真寺成立了民主管理委员会，成员五名，宗教活动纳入正轨。

第二节　宗　教

一、宗教状况

无极县有天主教、基督教、伊斯兰教、佛教，信教群众26400人，占全县总人口5.47%，宗教活动场所31处，宗教教职人员13人，涉及全县11个乡镇，147个村。其中，民族宗教重点乡镇5个、重点村24个，是全市乃至全省宗教大县和重点县之一。其中，伊斯兰教信教群众15600人，清真寺3座分别是谈下清真寺、高头清真寺西寺、高头清真寺东寺，阿訇3人；基督教信教群众4300人，教堂3座，分别在北苏村、东牛村、北店尚村；活动场所（点）19个；牧师2人，副牧师1人；天主教信教群众3400人，百人以上聚居村11个，天主教堂3处，分别在黄台、庄里、西东侯村；活动场所（点）11个；爱国神甫2人；地下神甫2人；佛教2000人，活动点4个，比丘尼1人，骨干4人。

二、宗教工作

1991年，建立无极县基督教协会和无极县基督教“三自”爱国会，并成功召开第一次代表会议。1995年召开第二次代表会议，补充多名年富力强、有文化知识、政治素质较高的教徒骨干进入基督教“两会”。建立了一支拥护党的领导，拥护社会主义制度，爱国爱教的教职人员队伍。2000年建立无极县天主教爱国会。2003年8月，县委、县政府下发《关于成立“无极县宗教工作领导小组”的通知》（无字〔2003〕4号），切实加强对宗教工作的领导。同时，建立健全县乡村三级宗教工作管理网络，加大宗教工作三支队伍培训力度，形成较为完善的宗教工作领导和工作机制。2004年县委、政府两办转发《关于制止乱建庙宇和露天佛像的意见》（无办字〔2004〕10号）。2005年7月，县委制定《关于进一步做好新形势下天主教工作的意见》，对新形势下天主教工作进行具体的部署。

按照保护合法，制止非法，打击犯罪方针。1991年落实了东侯天主教教堂教产；1993年重新开放在“文化大革命”中封闭的高头清真寺东寺，审批建设基督教东牛教堂；1998年审批建设佛教活动场所法云寺；1999年解决谈下清真寺教产纠纷，审批建设基督教店尚教堂；同时，加大对非法宗教活动打击力度。先后依法制止十多起非法传教活动，捣毁20多次地下势力非法宗教活动。

开展“两讲一建”“文明堂口评比”“文明生态村创建”等活动，引导信教群众积极投身精神文明、物质文明建设。1993年，北苏基督教堂、东牛基督教堂被市宗教部门评为文明堂口。1995年，全国基督教“两会”领导人苏德慈牧师到无极基督教“两会”考察调研。1996年省民族宗教厅在北苏教堂召开全省基督教精神文明座谈会。1997年江泽民总书记访美期间，无极县基督教活动情况曾作为中国农村基督教典型，被拍摄成纪录片带到美国。2002年，基督教“三自”爱国会会长侯改珍牧师被选为河北省人大代表。2003年基督教聚集村北苏被命名为石家庄市现代化示点村，2004年信教群众聚集村北苏、马孤庄、东牛等村成为全县文明生态示范村，当年北苏村还被市委、市政府命名为石家庄市创建文明生态先进村，12月无极县被省委、省政府列为宗教工作重点县。2005年天主教信教群众聚集村马孤庄村被省授予文明生态村先进单位。

三、宗教团体

1. 基督教“两会”

无极县基督教“三自”爱国运动委员会、基督教协会，1990年12月8日在北苏基督教堂召开成立大会，出席该次大会代表43人，特邀代表2人。本次会议通过《无极县基督教“三自”爱国运动委员会章程》和《无极县基督教协会章程》，选举出基督教“三自”爱国运动委员会主席、副主席、兼秘书长；选举出基督教协会会长、副会长、总干事。

基督教“两会”成立以来至2005年12月，发动基督教信教群众捐献粮票600余斤、被褥136床、衣物4400件、各种捐款49900余元、各种奉献128639余元。为社会公益事业作出贡献。

2. 天主教爱国会

无极县天主教爱国会，2000年4月27日在政府招待所召开成立大会，出席该次代表大会代表80人，特邀代表2人。该次会议通过“无极县天主教爱国会章程”，选举出天主教爱国会主任、副主任。

四、宗教人员及活动场所

佛教：活动场所1个，东侯坊法云寺。信教群众2000多人，占全县人口总数的0.41%，主要分布在东侯坊乡、北苏镇、无极镇、郝庄乡4个乡镇，涉及30个村，寺院1处，其他固定处所有东关、楼下、大名庄3个，比丘尼2人，骨干4人。

道教：信教群众182人，主要分布在无极镇、大陈镇。涉及7个乡镇，30个村。

伊斯兰教：活动场所3个，高头清真西寺、高头清真东寺、谈下清真寺。共有信教群众15462人，占全县总人口的3.19%，是河北省散居少数民族大县。主要集中在高头回族乡的高头一村、高头二村、高头三村和谈下北街、谈下中街、谈下南街6个村；清真寺3座，神职人员和骨干15人，其中驻寺阿訇3人。高头回族乡是河北省最大的少数民族散聚乡。

天主教：活动场所3个，庄里天主教堂、黄台天主教堂、西东侯天主教堂。信教群众3400人，占全县人口总数的0.70%，涉及全县11个乡镇，45个村，百人以上聚居村11个。天主教堂3处，分别在庄里、黄台、西东侯村；其他固定处所马孤庄、西王家庄，爱国神甫2人。

基督教：活动场所3个，北苏基督教堂、东牛基督教堂、店尚基督教堂。信教群众4300人，占全县人口总数的0.89%，涉及全县11个乡镇，124个村，百人以上聚居村4个。基督教堂3座，分别在北苏、东牛、北店尚村，其他固定处所大名庄、费家庄、西市庄、林中、楼下、后北焦、崔家庄、姚家营、张家庄、里贵子、东丈、东朱村、南侯坊、东北远、西郝庄、东两河16个，牧师2人，教师1人，长老3人，传道员11人。

五、宗教政策

“政治上团结合作，信仰上相互尊重”是县宗教工作一贯坚持的原则。广大干部对宗教人士政治上以诚相待，求团结、讲合作，生活上关心照顾，办实事、送温暖。每年初，县民宗局人员走访慰问全县宗教界人士和神职人员。2005年，宗教界人士被推荐为县政协常委4人、政协委员1名、省十届人大代表1名。这些宗教界人士行使着参政、议政权利。

现行的宗教法规主要有《宗教事务条例》《河北省宗教事务条例》《河北省清真食品管理条例》《中华人民共和国境内外国人宗教活动管理规定》《中华人民共和国境内外国人宗教活动管理规定实施细则》《宗教活动场所设立审批和登记办法》

《河北省民族宗教行政处罚程序规定（试行）》等。

六、宗教主要节日

1. 佛教节日

佛诞节：也称“浴佛节”。农历四月初八，为佛祖释迦牟尼诞生日。

佛成道日：也称“腊八节”，是纪念释迦牟尼开悟成道的节日，为农历十二月初八。

佛涅槃日：即释迦牟尼逝世的日子，在农历二月十五。

盂兰盆会：也称“盂兰盆节”。在农历七月十五日。“盂兰盆”是梵文的意译，意为“救倒悬”。

2. 道教节日

道教以神仙诞辰及祝厘和殿墓等为节日，节日期间举行隆重的斋醮（供斋祭神）活动。

玉皇圣诞：正月初九。

老君圣诞：农历二月十五日。

蟠桃会（西王母诞辰）：农历三月初三。

吕祖（吕洞宾）诞辰：农历四月十四日。

其他有正月十九燕九节，即邱长春真人圣诞；二月初六东华帝君圣诞；三月十五张天师圣诞；五月十三关圣帝君圣诞；九月十七财神圣诞；十一月冬至日元始天尊圣诞；十二月二十二王重阳祖师圣诞等。

3. 伊斯兰教节日

开斋节：是穆斯林最隆重的节日。在新疆，有些穆斯林称这一节日为“肉孜节”（波斯语音译）。开斋节在伊斯兰教教历10月1日。此前，9月全月封斋，最后一天寻见新月，见月的次日即举行开斋，是为开斋节。

宰牲节：在新疆，穆斯林称这一节日为“古尔邦节”。此节在伊斯兰教历12月10日。

圣纪：在伊斯兰教历3月12日。这一天是穆罕默德的诞辰，为纪念这位伟人而把此日规定为节日。

4. 天主教节日

圣诞节：公历12月25日，纪念耶稣诞生，是天主教最重要、隆重的节日。现已成为世界性的节日。

复活节：每年春分月圆后第一个星期日，是纪念耶稣死而复活的节日。

圣神降临节：耶稣复活后第四十天升天，第五十天遣圣神降临，使门徒开始领受圣神，坚定信心，开始传教。

圣母升天日：公历8月15日。也称“圣母安息节”，是纪念“圣母荣召升天”。

5. 基督教节日

圣诞节：基督教各教派共同遵守的第一大圣节，在每年公历12月25日举行。

复活节：基督教各教派共同遵守的第二大圣节，在每年春分月圆后第一个主日。

主日：即“礼拜日”，基督教为庆祝耶稣复活，把他复活的那一天定为聚会的日子，以掰饼为中心进行崇拜，称之为“主日”。

第三节　管理机构

1980年无极县设民族宗教科于民政局内，分管民族宗教事务。2002年5月县政府设立民族宗教局，下设2个科室，民族宗教科、办公室，编制5人。到2005年机关设置、人员数未变。

第五章　外事管理及港澳台事务管理

第一节　外事出访

1992年10月8—16日，以县委书记为团长，科技副县长为任副团长，带领农业、畜牧、林业有关人员赴日本进行农业考察，主要考察日本的红富士苹果、肉牛、设施蔬菜生产及农协组织的社会化服务。

第二节　来访接待

20世纪80年代末以来，来自国外、海外来无极访问者不断增多。从1989—2005年底，累计接待日本、美国、菲律宾、英国、津巴布韦、荷兰等国家及中国香港、台湾地区到无极进行考察40多人次。其中，重要到访有1989年1月13日，荷兰蔬菜专家卡梅宁一行由北京农业大学、北京农业技术推广站、北京蔬菜研究中心的专家、教授陪同，到无极县考察日光温室蔬菜生产；1992年8月21日，日本浪岗町友好访问团一行21人，在团长田中铁雄的率领下到无极进行友好访问，先后参观马桥村幼儿园、小学、农户，无极镇中、呋喃化工厂、石家庄第一制药厂、冀中化工总厂、小镇村果园等；8月25日，美国达西股份有限公司副董事长兼总裁、香港永业公司总经理汪秀萌先生一行3人到无极考察；9月29日，以托马斯·W·沃尔克为团长的美国土地规划专家组一行6人到无极县考察土地利用总体规划的编制及实施情况；1994年11月26—27日，美籍华人甄景棠、刘佩娟夫妇二人到无极寻根问祖，到位于东南流村的甄氏祖墓进行参拜；1996年9月25日，来自美国、菲律宾及中国香港的甄氏谒祖访亲团一行28人到无极北苏镇，拜谒省重点文物保护单位、汉代古墓甄氏墓群，参观“奋进中的无极”——无极经济建设成果展，并与部分企业的厂长经理进行座谈；1997年4月17日，中国—欧盟奶类项目评估团到无极考察奶类发展情况，并参观县畜牧兽医服务中心和北苏镇东庄村的奶牛养殖；1998年2月13—15日，日本青森县浪冈町组成以副町长田中铁雄为团长一行17人到无极县进行访问，并参观了七汲镇东流村千亩“中日友好示范园”；1999年1月30日，英国、津巴布韦客商一行2人，到无极县福利烟花厂考察，寻求合作伙伴，在观看该厂200多个品种的烟花燃放后，表示愿意合作，购买该厂产品；2003年5月11日，世界卫生组织专家马圭尔、渡边浩等一行4人来无极检查防治非典型肺炎工作，专家先到县医院、防疫站、北侯村、县医院大陈分院进行视察；7月2日，日本味研贸易株式会社经理林举明先生到无极县就白菜基地建设进行考察；2004年7月，以巴西华侨詹慧华为首的经贸考察团到无极，进行考察；10月，美籍华人曹秉钧先生之子曹英先伟生专程回到老家无极县南池阳村，遵其父曹秉钧先生的遗愿，出资设立“曹秉钧奖学金”，支持家乡教育事业；11月5日，香港马克波罗集团总裁汪裕祖先生到无极参观考察，汪先生在县领导陪同下，先后参观了甄氏墓群、野风美术中学、华龙药业等；2005年11月2日，瑞典商务代表团到无极县皮革企业进行考察。

第六章　档案管理

按照中央、省的有关法律法规，依法对全县档案进行管理和档案馆、室的建设，规范档案收集和接收，开发档案资源，拓宽档案工作领域及社会服务渠道；监督检查和业务指导，开展档案目标管理建档及上等升级活动。档案局先后荣获过“一九九一年档案工作综合考核先进县”“一九九一年档案工作上等升级先进县”“一九九二年档案工作目标考核先进单位”“一九九五年度目标考核先进单位”“一九九九年度档案工作综合考核先进单位”等荣誉称号。通过对全县各单位和部门的档案工作指导，截至2005年，全县达标升级单位65个，馆藏档案共计25736卷。

第一节　设备设施

1988年成立时，有文书档案库房两间面积约36平方米，有35套木质柜、16套铁皮柜等。物资库占用县委北院的大库房。1996年，县域遭到特大暴雨的袭击，平房档案库房受淹。经县政府批准档案库搬到2楼，面积90平方米，内设资料库1间，物资库1间。新购置铁皮柜，装具增加48套，初步改善了档案馆有资料无柜存放的状况。2002年，档案馆购置现代化办公设备。配备微机1台，扫描仪1台，光盘刻录机1台，温湿度自动记录仪5个。增加8个全硅化干粉灭火器，完善了消防设施。装具增加37套。2005年，配备计算机3台，数码照相机1部，壁挂式空调1台，硬件设施得到改善。建成“无极县现行文件利用中心”，开展已公开现行文件服务和档案寄存服务工作。

第二节　档案馆

一、馆藏档案

1989年，馆藏文书档案68个全宗、12115卷（建国前的档案45卷）；影音档案7盒，照片档案455张。1999年农民土地承包合同档案29987份接收入馆，馆藏126个全宗，文书卷21695卷，录音档案7盒，照片档案1387张，底图档案711张。2001年，为抢救珍贵文化遗产，档案馆集中力量在全县范围内广泛征集金石档案，共征集各类金石碑文拓片23幅，全部捐赠石家庄市档案馆。

2003年，在非典型性肺炎发生时期，配合“县抗击非典型性肺炎斗争领导小组办公室”整档立卷，征集防范文件35盒。同年，接收文书案卷2242卷。

2004年，无极县首次发生禽流感疫情后，全县各有关部门全力开展禽流感防治工作。为全县今后应对突发性公共卫生事件、防治疫情储存珍贵的第一手材料，档案局积极采取措施收集防治禽流感的相关材料文件，建立禽流感档案。禽流感档案主要反映县有关部门在防治禽流感疫情过程中所采取的措施和所做的工作。随后将有关禽流感文件1047份收集入馆。

到2005年，无极县馆藏档案共计25736卷，74938件。其中，包括中华人民共和国成立前的革命历史档案24卷，科技档案24卷（册），照片档案53卷（册），30年土地承包合同302盒（73591份）防“非典”档案35盒，防禽流感4盒（1047份），人口普查档案、地名档案等415卷。馆藏起止年代是1945—2005年，共126个全宗。档案馆保存着清光绪癸巳年（1893年）出版的《无极县续志》。馆藏内容由过去单一的文书档案发展为包括文书、科技、声像等多门类的较为齐全的综合性档案资源信息。

二、档案管理利用

1. 升级达标

2000年，县档案馆依据《河北省地、市、县（区）地方国家档案馆工作等级标准》，开展上等升级活动。对馆藏25736卷档案进行系统整理，理顺全部档号，做到目录、卷号、箱号相对应。健全各项规章制度，落实档案库房“七防”措施，档案装具充裕，档案开放应用率达到70%，利用效果明显，编研成果显著。经市考评组考评，晋升为省三级档案管理单位。

2. 开发利用

档案馆现存档案主要来源于中央、省、市下发的各种文件和县委、县政府、县直各部门和各乡镇贯彻执行上级指示、履行本部门职能所形成的计划、总结、通知、规定等以及下属单位报送的文件。内容有党建、组织、纪检、监察、人事、宣传、文教卫生、工业、交通、财贸、民政、劳动工资、工会、统计、青年、妇女、农业、商业等方面。为方便档案查阅，编制案卷目录、专题目录、全宗名册、全宗介绍、全宗卷、馆藏档案存放点索引一览表、开放目录、开放档案卡片、资料索引、档案利用指南多种检索工具等，方便利用者不同需求。

1997年7月，审计局对无极县定远信用社1996年的资产、负债、损益等情况审计过程中，通过查阅档案为审计局查到该社1995年损益情况的准确数据，使审计工作得以顺利进行。

组通字〔2006〕94号文件《关于做好建国前入党的老党员生活补贴问题》规定补贴标准为1937年7月6日前入党的年补贴2400元，1937年7月7日至1945年9月2日入党的年补贴1440元；1945年9月3日至1949年9月30日入党的年补贴960元。已享受优抚对象抚恤补助的老党员不执行上述标准，按每人每年600元标准发给补贴。根据以上精神，在馆库保存的档案中查到的档案符合标准的有裴里村齐乔敏、大陈村马春梅、南流村王计虎、史村赵秀荣、马村王荣钗、张段固村张平玉、张文奎等20个老党员，县组织部给他们发放补贴，解决这些体弱多病的老党员的燃眉之急。

无极县各单位相继编写本单位史志，在编写过程中，馆积极配合查阅有关资料数据提供大量详实的依据，使他们工作效率大大提高，保证了编志的准确性、可靠性。陆续出版的有《无极县邮电志》《无极县财政志》《无极县税务志》《无极县电力志》《无极县电信志》等。

到2005年底，档案馆利用档案29731卷，接待10673人次。为利用者解决接续工龄、编史修志、工作查考、农转非、落实政策等实际问题提供可靠依据。

1990—2005年无极县档案利用情况统计表

表17–6

年度	人次	卷数	年度	人次	卷数
1990	172	423	1998	475	869
1991	805	1510	1999	660	1268
1992	777	1260	2000	892	1320
1993	277	654	2001	660	1274
1994	473	1108	2002	980	3420

续表 17–6

年度	人次	卷数	年度	人次	卷数
1995	445	3400	2003	923	2859
1996	915	3210	2004	977	3476
1997	342	780	2005	900	2900

三、现行文件利用中心

2005年，县委、县政府下发《关于成立“无极县现行文件利用中心”的通知》，对现行文件利用工作进行具体安排部署，地点设在无极县国家档案馆阅览室。服务内容涉及县委、县政府、县直各部门向社会各界提供的未到进馆期限的各种现行、非现行、非涉密的政策性、法规性、服务性、与经济建设、社会发展、人民群众生产生活有密切联系的文件、法规等。档案部门作为系统收集保存党和政府文件信息的基地，能更好地发挥自身信息自愿的优势，为广大群众真正了解和掌握党和政府的政策，提供及时、便捷、有效的服务。馆内所有现行文件由县直各单位及时送交现行文件利用中心统一进行整理编制目录，当年征集各部门送交的现行政策性文件523件，接待79人次。

第三节　档案室建设

一、档案目标管理上等升级工作

1989年，在全县推行档案目标管理上等升级活动。按照上级规定，上等升级的范围包括各级机关、团体、事业单位的档案工作，分为省一、二、三级。各基层档案室建立健全《立卷归档制度》《档案保管期限》《档案利用制度》《档案保密制度》《档案鉴定销毁制度》《档案人员岗位职责》等档案管理制度和防火、防盗、防尘等“十防”措施。各升级单位编写《大事记》《组织沿革》《年鉴》《基础数字汇编》《重要文件汇编》《规章制度汇编》等多种编研成果。有些部门档案室配备档案录入软件，建立机读目录数据库，将永久、长期档案录入微机，并开展档案计算机检索，档案信息化建设起步。基层档案室的档案装具多换成铁皮柜，按规定配备温度计、湿度计、灭火器、窗帘等设施，部分档案室添置计算机。全县档案工作面貌得到改观。到2005年，全县达标升级单位65个。

省一级：公安局、检察院、法院、审计局、工商局、地税局、供电局、人行、工行、农行、交通局、公路站、财政局、联社、国税局。省二级：财险、建行、电信、土地管理局、农业局、纪检委。省三级：档案局、无极县国家档案馆、统计局、保密局、物价局、运管站、组织部、团县委、机关党委、老干部局、妇联、人大办、武装部、司法局、民政局、科技局、机电厂、纤维板厂、二轻局、甄村乡、化肥厂、稽查局、科协、技术监督局、环保局、畜牧局、水利局、开发办、粮局、中行、烟草局、石油公司、发展银行、无极中学

二、农业农村档案工作

从开展档案目标管理升级工作开始，对农村建档工作建设，要求全部按照“有领导、有机构、有人员、有档案室，能对基层档案工作监督指导”的“四有一能”标准建立规范的档案工作。到1999年，全县11个乡镇全部按照“四有一能”的标准开展了工作。同年，根据《石家庄市农民土地承包合同档案接收进馆管理办法》要求，无极县档案馆接收土地承包合同档案29987份。2004年5月，对全县农业科技成果进行拍照、编排，共收集整理无极县12项农村科研成果。

第四节　执法和培训

一、法制建设

1989年召开全县档案工作会议，继续宣传《中华人民共和国档案法》及其他法律法规。1990年对各单位法人代表进行宣传，分发宣传书刊970多册新修订的《档案实施办法》。每年的9月5日，利用电视媒体或上街立展牌、发传单等办法，向社会广泛宣传《中华人民共和国档案法》《河北省档案工作条例》等法律法规，增强社会各界的档案意识。

每年开展一次针对立档单位年度档案整理工作情况的执法检查。根据检查情况，能按时按标准完成各项工作的予以表扬或发放合格证，个别单位未能在规定时间内完成工作的，下发限期改正通知书。针对检查中发现的问题，县档案局会积极研究解决，以便更好地促进机关档案工作的发展。通过持续的执法检查，切实地保障档案法律法规的贯彻落实。

二、业务培训

1997年，以“文书立卷基本知识”为内容、结合当年立卷，对乡镇、县直机关的150名文档人员进行培训，并进行实际操作。2001年举办全县范围的档案培训讲解农村档案、文书档案、科技档案、会计档案等知识。2002年，新的文书档案整理方法开始实行。根据国家档案局《归档文件整理规则》的通知和省市档案局的要求，在全县范围内举办档案业务人员培训班，共计120人参加了培训，对《归档文件整理规则》实施细则和《会计档案整理》进行重点的解读，并就文件材料归档范围和文书档案保管期限的编制工作进行讲解。

第五节　管理机构

1988年1月10日经县编委研究将县委档案科撤销，成立无极县档案局，地点设在县委旧院平房。设办公室、档案馆、业务股3个职能科室，工作人员7名。1996年，人员增加到12人；2002年，机构改革，工作人员14名。2005年，设办公室、业务科、档案馆，工作人员16名。

第七章　地方志

无极县地方志办公室成立于1986年，为正科级单位，与县地名办公室合署办公，编制7～9人。1990年8月，地名办公室移交民政局。1996年，机构改革，地方志工作由政府办负责。2004年9月，《无极县志》第二轮编纂工作启动，编纂人员5人。2005年，编纂人员4人，仍属县政府办公室管辖。

第一节　民国及以前志书编修

无极县志始修年代不详。到目前为止，已查明无极县志共有10种，其中佚失5种，现存5种。

佚失的5种是《无极县图志》二册（见《文渊阁书目》卷十九旧志），《无极县志》（见《文渊阁书目》卷十九 新志），《无极县志》六卷（明 熊晔修），《无极县志》二册（明 安嘉士修），《无极县志》续（清 朱良修）。

现存5种是《重修无极志》二卷（清 高必大、穆贞元修）【清康熙元年（1662年）纂修康熙元年刻本、康熙十九年（1680年）张天绶增刻本，康熙四十九年（1710年）再增刻本】；《无极县志》十卷末一卷（清 黄可润修）【清乾隆十三年（1748 年）纂修、乾隆二十二年（1757 年）刻本、光绪十九年（1893 年）补刻本】；《无极县续志》十卷首一卷末一卷（清 曹凤来纂修）【清光绪十九年纂修、刻本】，《无极县志》二十卷（民国 耿之光、王桂照修，王重民等纂）【1936 年铅印本】；《无极县志》一卷，1993 年出版，是 1936 年《无极县志》之后所编的一部社会主义新志，为通述之体，纵贯古今，上限因事而异，适当追溯，下限止于 1988 年 12 月 31 日，主编刘宗诚。

第二节 中华人民共和国建立后志书编修

一、第一轮志书编纂

1985 年 11 月，无极县委、县政府研究决定开始编修无极县通志。由刘宗诚担任主编。该志共七编 59 章 225 节，118.6 万字，历时 6 年完成书稿。这是新中国成立后无极县第一部县志，志书体例采用大编体，全书结构为编首序言，次凡例，又次概述，再次大事记，而后是正编为地理、经济、政治、军事、文化、社会、人物编。该志记事上溯事物发端，下至 1988 年底。

二、第二轮县志编纂

《无极县志》上限于 1989 年 1 月 1 日，下限于 2005 年 12 月 31 日，为保持记事的连续性和完整性，对涉及改革开放、重要事件、人物等内容，适当上述和下延。志书全面记述无极县 17 年来的发展变化，以概述、大事记统领全志，图文并茂，分编、章、节、目等层次，共设 篇、章、节。按照政治区划与自然环境、经济、政治、社会生活、人物为序，采用记、志、传、图、表、录题材，共计 万字。二轮修志工作从 2004 年 9 月开始启动，到 2013 年 11 月完成专家评审，由无极县地方志编纂委员会办公室组织编修，主编靳根锁，副主编张志良。

第三节 专业志编纂

《无极县教育志》始修于 1986 年，后因诸多原因，工作处于半停止状态。1994 年，重新组织人员编写。上限没做统一规定，各类教育活动可追记其始，下限止于 1994 年底，设 12 编 41 章 63 节，共计 63 万字。2004 年 4 月出版。

《无极县税务志》始修于 2003 年，上限原则为 1949 年，部分章节因事适当向前追溯，下限止于 2003 年底。设 13 章 55 节，共计 36 万字。2004 年 5 月出版。

《无极县邮政志》始修于 2004 年，上限因事而异，溯至事物发端，下限止于 2004 年 6 月，设 12 章 52 节，共计 45.4 万字。2005 年 3 月出版。

《无极县财政志》始修于 2002 年，上限原则到 1953 年，下限止于 2004 年底。设 8 章 51 节，共计 35 万字。2005 年 5 月出版。

第四节 谱牒编修

无极县发现保存的谱系，最早的系编修于明代。明代“靖难之变”后，从山西大量移民于无极，不少移民难忘故里，便立谱铭记。如《黄台村张氏族谱》《东侯坊村李氏族谱》《古庄村刘氏族谱》均是明永乐年间所编创。至今保管、增注完善的《黄台村张氏族谱》宗牌上首大字书写“无极县黄台村张氏族谱，大明永乐年间从山西洪洞县老鸹窝迁来”。该族谱系五世祖所立，从永乐年间第一世夫妇二人，至今已历时 500 余年，该族谱 1951 年增注一次已发展到 700 余人，1986 年、1996 年各增注一次，至今已增注 4 次，发展到 2100 余人。

老族谱分“家簿”和“宗牌”两部分。家簿是现有家族成员名册，按照支脉分为若干分册，记载家族成员，原先只有男童可登录家簿。宗牌多系黄、白绸缎制账幔，记载故去的家族成员。

“文化大革命”中，许多族谱被当作“四旧”烧毁，只有少数族谱保存下来。改革开放后，随着社会经济的发展，人民文化水平的不断提高，族谱作为优秀传统文化的一个载体，普遍引起人们的重视。有些族谱开始整理、续修。如《东侯坊村李氏族谱》首创于明永乐十四年（1417 年），老族谱遗失后，便从清乾隆元年（1936 年）所编纂的族谱开始续修，但更多的是追宗溯源，创立新谱。

新修家谱从内容到形式，都有很大改进。一是新修家谱已从单录男童，改进为男女童同样登录。《黄台村张氏族谱》1986 年增注时，便改只录男童为“凡有高等学历或有成绩的女孩亦可登录家谱”。2004 年靳建刚所修《张段固靳氏族谱》，不分男女，全部登录于“世系图”或“名表”中。二是在《家簿》《宗牌》的基础上，改为《名谱》《世系》，增加《姓氏源流》《祖规》《名人传记》《照片》《附录》等；三是改《宗牌》为图表，集册成书，家家有谱可存。西郝庄村《无极思源堂谷氏族谱》为众多新修族谱中比较完美的一部。该谱作者谷建林现为河北新闻采编中心主任，2005 年，他利用业余时间，追踪山西洪洞县老鸹窝，走访各地谷姓人家，定堂《思源》。谱前两页为“照片”，卷首为“序”，全书分两卷，卷后“附录”。卷一《姓氏源流》，分“渊源”“分布”“郡望”“堂号”“典故”“名人”“家谱”；卷二《思源堂谷氏探源》，分“族规”“祠堂管理”“家谱管理”“寻根”“祖茔”“堂号”“字辈派语及对联”“世系表”“思源堂名人传记”，最后附“名人题字”。

1995 年 9 月，无极县地方志办公室主任、主编刘宗诚编著的《无极甄氏族谱简编》由中国档案出版社出版发行，印数 2000 册。该书 19 万字，分六章记述甄氏姓源与无极甄氏家族，职官与封爵、宅地和墓葬，著述辑存，文艺造录，历代名人。

2005 年，无极县地方志编纂委员会办公室编著的《无极文化名人录》出版，主编靳根锁，副主编张承文、张志良。迟浩田将军和作家二月河分别为该书提写书名和作序。全书内涵文学·新闻篇、书法·美术·摄影篇、音乐·戏曲篇、民间艺术篇和无极县文化大事记，共收录新中国成立后在文化、新闻、理论、书法、美术、摄影、戏曲、音乐等方面卓有成就人士 123 人。

第八章　其他工作

第一节　建议与提案办理工作

办理人大代表建议和政协提案，是各级政府组成部门必须履行的法定职责。1989—2005 年，承办工作的职能由县政府办公室承担。

1989 年以来，政府各部门认真办理人大代表建议和政协委员提案。针对提案性质与分类，属政府办理的建议与提案，由主管县长负责，属各部门办理的建议与提案主管县长主持召开由相关部门参加的办公会议，对办理方式、办理时间和复文规范提出明确要求。重要建议或提案经县长常务会议研究办理和答复。

到 2005 年，县政府及相关部门办理人大代表建议共 719 件，办理政协委员提案共 982 件，办结率 100%，解决问题比例平均为 71.2%。对于暂时不能办理解决的问题，均向人大代表和政协委员做出答复与说明，满意率平均为 97.5%。

1989—2006 年县政府承办县人大代表建议及政协委员提案一览表

表 17–7

类别	时间	建议或提案	按时办结率	满意率
县人大代表建议	1989—1992	158	100%	96%
	1993—1998.3	330	100%	97%
	1998.4—2003.4	98	100%	98%
	2003.5—2006	123	100%	97.1%
县政协委员提案	1989—1992	203	100%	98%
	1993—1998.3	323	100%	98.1%
	1998.4—2003.4	203	100%	98%
	2003.5—2006	253	100%	97.8%

第二节 法制工作

1990 年，落实国务院、省市政府关于加强政府法制机构建设的要求，县政府办公室设立法制科。2002 年机构改革时，成立县政府法制办公室，为实职正科级单位，挂靠县政府办公室。主要职责是在党委、政府的领导下，围绕县中心工作，负责政府制定的规范性文件审核把关、行政执法监督检查、行政复议应诉、推进行政执法责任制、加强行政执法人员队伍建设、推进政府依法行政进程以及法制理论研究等工作。

规范性文件审核。1990 年，县政府开始对制定的文件进行规范，凡政府制定出台的规范性文件在提交县政府常务会议审议时，必须经法制机构审核把关。1990—2005 年，审核规范性文件近百件。

推行行政执法责任制。县政府成立推行行政执法责任制工作领导小组，确立行政机关实行执法责任制工作目标任务及工作实施步骤，要求全县各级各部门认真实行执法责任制并列入重要议事日程。依照有关法律法规和规章，制定切实可行的实施计划，并认真组织实施；各部门要按照各自职责范围，分别确定所要执法的法律法规和规章，接受社会的监督；理顺内部执法关系，完善执法程序。完善执法责任和“两错”（错案和执法过错）责任追究制度，把落实执法责任制作为行政机关及工作人员目标管理内容，并列入考核范围。全县各级各部门明确专人负责。通过明确执法主体，分解执法责任，理顺执法关系和有关配套制度，促进全县各行政执法机关依法行政能力的提高，为全县改革开放和经济发展创造良好的法制环境。

行政复议。县政府法制办公室本着维护当事人合法权益，保障行政机关有效行使职权，促进社会稳定的目标，坚持以事实为依据，以法律为准绳，不办“人情案”“糊涂案”，维护法律的尊严和政府的威信。办理行政复议案件近 50 件。

学习培训。1990—2005 年，县政府法制办公室制定学习培训计划，组织全县行政执法人员学习《中华人民共和国行政处罚法》《中华人民共和国行政复议法》《中华人民共和国行政诉讼法》《中华人民共和国国家赔偿法》等公共法律法规，并统一进行考试，强化行政执法人员的法律意识和依法行政的能力。对接受法律法规知识学习培训考试合格的执法人员颁发行政执法证件和年检。到 2005 年底，全县有 1600 多名行政执法人员接受法律知识的学习培训。全县各行政执法机关的行政执法水平得到整体提高，并涌现出一批文明执法先进单位。

第三节　督查工作

1996年1月，机构改革，县政府督查室由政府办公室管理，下设督查科，主要负责查办县政府部署的各项主要工作。2001年，围绕县政府安全生产、招商引资、项目建设、农村土地矛盾纠纷排查处理等全县性中心工作和重点工作，以及群众关注的热点难点问题，开展专项督查30余次，办理各类查办件20件。2003年，对“非典”防治、环境卫生整治、项目建设、招商引资等中心工作和重点工作，开展专项督查活动30余次，承办各类事项近120件，编办《督查通报》40余期。2005年，围绕县委、县政府中心工作、重要决策开展督查，全年开展大型的督查活动27次，协助领导解决督办案件35件，办理各类领导批办事项31件，办结率100%，有效地发挥党委决策的参谋部、推动工作落实的左右手作用。

第四节　信　息

1998年，县政府办公室设信息科，配备专职信息员及专用办公设备，创办《信息》等刊物。主要刊发基层单位的典型做法及编发县领导的重要活动和深入基层调研提出的指导性意见，侧重介绍全县中心工作和阶段性重点工作的进展情况，搜编基层部门对县委、县政府重大部署的贯彻落实情况，宣传介绍基层部门工作的一些典型做法。到2005年，先后有多篇调研文章被省、市办公厅刊发，县政府信息、调研工作多次被省、市评为“信息工作先进单位”。

地方政治协商会议

1989—2005年，无极县政治协商会议共换届5次，即第六届政协至第十届政协。随着中国政治协商会议制度的逐步完善和提高，县级政协的机构建设、思想建设、工作条例和制度等也逐年健全、完善和提高；各届政协共收到政协委员提案1000多件，经审案立案829件，办案率达99%以上，个别提案作为信访案件处理；开展调研、视察活动共50多次，形成视察、调查报告材料、信息有46篇；征集县域内文史资料三期，出版了六、七、八、九共四辑，60多万字。出版政协内部资料50多期，4万多字，向上级有关部门及新闻单位发送并被采用稿件30多篇，协助县委、县政府接待港、澳、台同胞及海外侨胞30多次。

無極縣志

第一章　政协委员

第一节　委员产生

根据全国政治协商会议章程的规定，参加政协的县政协委员，在县域内协商产生。中共党员人选由中共无极县委组织部提名，非共产党人士由中共无极县委统战部提名与各党派界别协商，留任的政协委员由上一届政协常委会提名，全部名单由中共无极县委统战部统一汇总后交中共无极县委审定，然后再交无极县政协常委会协商决定，意见一致后由无极县政协发放委员证书并通知该党派或界别负责机构，参加无极县政协的活动。

第二节　政协委员构成

随着社会生活的变化和进步，组成各界政协的人员比例也略有差异。

六届政协于1987年产生，共设委员120人，中共党员50人，占42%，党外人士70人，占58%，其中妇女17人，占总数的14%。政协常委23人，其中中共党员8人，党外人士15人。设主席1人，副主席5人，共分为7个活动小组。

七届政协于1990年3月产生，共设委员115人，中共党员45人，占39%，党外人士70人，占61%。其中，妇女18人，占总数的16%。七届政协常委会有23人，中共党员有8人，党外人士15人。设主席1人，副主席9人，共分为8个委员活动组。

八届政协于1993年6月产生，共有委员182人，其中中共党员74人，占总数40%，非党人士108人，占委员总数的60%，委员总数比上届增加60多人，其中经济技术界委员人数增加最多，有54人，占委员总数30%，比上届增加5%以上。委员平均年龄45岁，大专以上学历有41人，占总数的23%。八届政协常委会由29人组成，其中中共委员12人，党外人士17人，设主席1人，副主席7人，共设8个活动组。

九届政协委员会于1998年2月产生，共设委员181人，其中中共党员72人，占39.77%，非中共人士109人，占60.33%。政协常委26人，中共党员9人，党外人士17人。该届委员平均年龄降到40.7岁，45岁以下的112人。文化结构上，大专以上学历的85人，比上届增加39人。非公有制委员44人，占总数24.3%。妇女委员31人，占17%。九届政协设主席1人，副主席6人。

十届政协于2003年2月产生，共设委员204人，其中中共党员82人，占40%，非党委员122人，占60%，大专以上学历的委员126人，占总数的61.8%，比上届提高19%。十届政协设常委42人，中共党员15人，党外人士27人，设主席1人，副主席4人。

从八届政协起，由过去的三年一届改为五年一届。

第二章　完善政治协商与监督制度

第一节　完善对口协商制度

随着中国政治文明建设的不断深入发展，县政协对一些重大课题及群众中的热点、难点问题，通过政协专门委员会这种载体，与县委、县政府有关职能部门进行联系协商；职能部门参加政协活动，认真听取委员建议，达到广集民智、科学决策的目的；通过这种形式，有效地提高了协商质量，在政治协商体系中发挥着日益重要的作用。1989 年以来，县委、县政府和县政协先后制定有关规范政治协商的一系列规定和条例，建立健全了县政协各专门委员会与县委、县政府各职能部门对口联系制度，对口协商可通过定期召开联席会议、组织调研视察、召开专题研讨会、举办论证会和意见听取会等进行协商；县委、县政府职能部门召开重要会议，应邀请政协有关专委会负责人参加；有关部门的文件、简报、资料应抄送县政协对口部门；职能部门制定重要计划和措施，应提前与县政协对口专委会协商并研讨论证。2003—2005 年，先后制定、修订《政治协商、民主监督、参政议政的有关规定》《委员工作条例》和《加强社情民意反馈工作的意见》，使政治协商有章可循，有的放矢，克服盲目性，增强自觉性，促进协商质量的进一步提高。

第二节　完善提案办理制度

1989—1993 年，政协先后修订完善《关于提案工作意见》《关于委员提案处理的暂行办法》《关于提案征集和处理办法》《提案工作试行条例》。1994 年以来，为充分发挥委员提案作用，审议通过《提案工作条例》、成立提案委员会，并建立健全各项制度，使提案工作进一步制度化、规范化和经常化。县政协以《条例》为依据，不断探索，创新思路，拓宽提案办理新方法。对一些县重点建设工程、重大经济建设案件，由县政协主席包案；组织承办单位和委员召开提案办理沟通协调会和公开答复会，对带有普遍性、群众性、社会性的提案，由承办单位领导面对面直接听取提案的意见和直接公开进行答复；分级视察督办提案。选择部分有代表性、典型性的提案由主席、常委、委员分别包案进行调查督办。

第三节　完善民主监督制度

1988 年 12 月，县政协制定《政协委员持证视察》的规定，1990 年 8 月县政协制定《关于政治协商、民主监督工作实施细则》。1993 年以来，委员们在做好日常民主监督工作的同时，积极参加纠正行业不正之风的监督工作，先后 5 次近百名委员参加对全县 20 个大系统的“四职一纠”活动和行风评议活动，有 30 名委员被聘为行风和执法执纪监督员，定期向有关部门反映各界群众意见。对有关部门送交政协的民主监督问卷，政协组织委员广泛征求意见，认真填写，很好履行民主监督的作用。

第三章　政协机构

第一节　领导机构

县政协无极县委员会设常务委员会主持会务。常务委员会有委员会主席、副主席、办公室和常务委员组成，其候选人由参加政协无极县委员会的各党派、团体、各民族和各界人士协商提名，经委员会全体会议选举产生。县政协常委会一般每季度召开一次。

无极县政协第六至十届主席、副主席任职情况一览表

表 18–1

职务	姓名	性别	民族	政治面目	文化程度	出生年月	籍贯	当选的会议届次	任职时间
六届									
主席	陈士章	男	汉	党员	初中	1929 年	西河流村	六届一次会议	1987.11—1989.2
副主席	安记皂	男	汉	党员	初中	1930 年	东河流村	六届一次会议	1987.11—1990.3
	连克明	男	汉	民革成员	大专	1914 年	河北栾城县	六届一次会议	1987.11—1990.3
	卢桂芝	女	汉	非党	大专	1934 年	湖北省	六届一次会议	1987.11—1990.3
	张　悦	男	汉	非党	大专	1932 年	天津蓟县	六届一次会议	1987.11—1990.3
	李秋莎	女	汉	非党	大专	1936 年	河北藁城市	六届一次会议	1987.11—1991.3
七届									
主席	郑培和	男	汉	党员	大专	1944 年	河北正定县	七届一次会议	1990.3—1991.2
	于彦德	男	汉	党员	高中	1935 年	周家庄村	七届一次会议	1991.2—1993.6
副主席	傅金亭	男	汉	党员	大学	1939 年	明秩寺村	七届一次会议	1990.3—1993.6
	朱九墩	男	汉	党员	大专	1939 年	河北武邑县	七届一次会议	1990.3—1993.6
	贾崇惠	男	汉	党员	大专	1932 年	西南汪村	七届一次会议	1990.3—1993.6
	袁改良	男	汉	党员	大专	1938 年	西南丰村	七届一次会议	1990.3—1993.6
	张　悦	男	汉	非党	大专	1932 年	天津蓟县	七届一次会议	1990.3—1993.6
	李秋莎	女	汉	非党	大专	1936 年	河北藁城市	七届一次会议	1990.3—1993.6
	赵　奇	男	汉	非党	大专	1941 年	辽宁省	七届一次会议	1990.3—1993.6
	王中联	女	汉	非党	大专	1954 年	泗水村	七届一次会议	1990.3—1991.3
	邱满囤	男	汉	非党	小学	1935 年	西陈村	七届一次会议	1990.3—1993.6
八届									

续表 18—1

职务	姓名	性别	民族	政治面目	文化程度	出生年月	籍贯	当选的会议届次	任职时间
主席	孟凡林	男	汉	党员	大学	1937 年	湖南省醴县	八届一次会议	1993.6—1997.3
	李成虎	男	汉	党员	大学	1950 年	河北深泽县	八届五次会议	1997.3—1998.2
副主席	傅金亭	男	汉	党员	大学	1939 年	明秩寺村	八届一次会议	1993.6—1998.2
	袁改良	男	汉	党员	大专	1938 年	西南丰村	八届一次会议	1993.6—1998.2
	刘胜月	女	汉	党员	中专	1949 年	郭庄村	八届一次会议	1993.6—1998.2
	石英民	男	汉	党员	中专	1939 年	石家庄村	八届一次会议	1993.6—1998.2
	赵　奇	男	汉	非党	大专	1941 年	辽宁省	八届一次会议	1993.6—1998.2
	李秋莎	女	汉	非党	大专	1936 年	河北藁城市	八届一次会议	1993.6—1998.2
	邱满囤	男	汉	非党	小学	1935 年	西陈村	八届一次会议	1993.6—1998.2
	刘金生	男	汉	党员	中专	1948 年	西郎村	八届五次会议	1997.3—1998.2
九届									
主席	李保忠	男	汉	党员	大学	1946 年	里城道村	九届一次会议	1998.2—2003.3
副主席	刘胜月	女	汉	党员	中专	1949 年	郭庄村	九届一次会议	1998.2—2003.4
	刘金生	男	汉	党员	中专	1948 年	西郎村	九届一次会议	1998.2—2003.4
	张民田	男	汉	党员	大专	1949 年	西中铺村	九届一次会议	1998.2—2003.4
	郭中敏	女	汉	非党	大专	1951 年	河北深县	九届一次会议	1998.2—2003.4
	张进民	男	汉	党员	大专	1948 年	王村	九届四次会议	2002.2—2003.4
十届									
主席	胡海江	男	汉	党员	大学	1954 年	河北省鹿泉市	十届一次会议	2003.4—2005.12
副主席	刘胜月	女	汉	党员	中专	1949 年	郭庄村	十届一次会议	2003.4—2005.12
	郭中敏	女	汉	非党	大专	1951 年	河北深县	十届一次会议	2003.4—2005.12
	张敏卿	男	回族	党员	大专	1955 年	河北定州市	十届一次会议	2003.4—2005012
	韩京虎	男	汉	党员	大学	1960 年	蔡庄村	十届一次会议	2003.4—2005.12

第二节　工作机构

1989 年，政协无极县委员会下设的机构有政协办公室、组织联络科、经济科、文教科等。1990 年，七届政协设政协办公室、组织联络科、宣教文卫科、经济科、一直到政协九届一次会议，办公室主任和各科科长均为正科级。1999 年起，政协内设办公室、提案委员会、科教文卫委员会、经济技术委员会和民族宗教委员会，“一室四委”，办公室主任和专门委员会主任都为正科级，这一工作机构延至 2005 年未变。

第四章　政协会议

第一节　全体会议

一、第六届委员会

无极县政协六届三次会议于1989年2月16—18日在无极县政府招待所举行。应到委员123人，实到81人。会议主要议题为听取六届党委会的工作报、提案办理情况的报告；通过1989年政协工作设想；接受陈士章辞去六届政协主席的申请；会议期间收到提案40件，经审查立案38件，并提交政府有关部门办理。

二、第七届委员会

1990年3月25—29日，无极县政协七届一次会议召开。会议的主要内容是一、听取审议政协无极县第六届常委会的工作报告及提案委员会关于提案办理情况的报告；二、讨论通过1990年政协工作设想及七届一次会议决议；选举政协第七届委员会常务委员会、副主席、主席等；四、会议期间、委员们着重就如何深入学习贯彻中共中央十三中全会精神，委员们如何搞好“建功立业”活动，促进海峡两岸关系朝着“一国两制”的方向发展等问题，展开深入的研讨。

三、第八届委员会

1993年6月27—29日，政协无极县委员会八届一次会议召开。会议的主要议题是一、认真听取七届常务委员会的工作报告和提案办理情况的报告；二、通过八届政协常委会1993年工作要点；三、委员们就如何推进无极县两个文明建设，发展无极经济等问题提出许多宝贵的建议。

四、第九届委员会

1998年2月24—27日，政协无极县委员会九届一次会议召开。会议听取政协八届常委会的工作报告和提案办理情况的报告，选举产生九届政协常务委员会主席、副主席，委员们围绕全县改革开放、经济发展、安定团结、精神文明建设等重大问题，提出了许多宝贵意见。还列席无极县十二届人代会。

五、第十届委员会

2003年4月25—28日，政协无极县十届一次会议召开。会议听取九届政协常委会的工作报告和提案委员会关于提案办理情况的报告，选举产生十届委员会常委、副主席、主席。会议期间还列席县人大十三届一次会议。讨论通过十届政协一次会议政治决议，决议明确指出根据上级指示，十届政协将任期五年，该期间政协工作要紧紧围绕中共无极县委制订的“一年打基础、二年上台阶、三年大发展、五年成强县”的规划，认真履行政协的各项职责。

第二节　常务会议

六届政协常务委员会从1987年换届以来，共召开11次常务委员会。1989年召开5次政协委员会，分别是1989年1月14日的第七次常务委员会，1989年2月16日第八次常务委员会、1989年4月14日第九次常务委员会，1989年6月30日第十次常务委员会和1989年11月2日第十一次常务委员会。六届第十一次政协常委会的主要任务是走访联络委员、讨论如何参与无极县两个文明建设，发动无极县的三胞眷属如何搞好海峡两岸的亲情联络活动等事宜。

七届政协常委会共召开15次。1991年7月第七届五次政协常委会在县政协大会议室召开，主要内容为学习江泽民“七一”讲话；县乡镇企业局汇报乡镇企业的发展情况；传达省委关于支援灾区的电报，政协常委和政协机关科长近20人每人当场捐款200元；传达省政协工作会议精神和“提案工作条件”、联络委员制度和增补政协委员人名单。1991年10月15日，七届政协第七次常委会，宣读中共无极县委加强政协工作的决定，补选政协常委会委员，对其他政协人事安排作了通报。1991年12月23日，召开政协第七届第九次常委会，政协机关各科室负责人列席会议，会议主要内容为一、宣读中共中央第十三届八中全会公报和中共与党外人士通报纪要。二、总结一九九一年的政协工作和提出的1992年的工作设想。三、主管副县长向常委会汇报无极县工业生产情况及明年工业生产改革方案及重点工业项目建设情况。政协第七届第十五次常委会于1993年6月25日在政协大会议室召开。主要内容为一、讨论审议七届政协常委会的工作报告。二、协商政协八届一次会议时间、议程。三、讨论审议七届政协提案委员会工作报告。四、听取、审议筹备八届政协一次会议情况、政协常委、委员变动情况的建议名单。五、讨论八届一次会议主席团、秘书长名单等。

政协第八届常委会共召开过14次。1993年6月30日，八届一次常委会主要内容为学习全国政协主席李瑞环在全国政协二次常委会上的讲话，对无极县八届政协的主席、副主席的工作作出分工安排。1993年11月16日八届二次政协常委会主要内容为一、传达关于学习《邓小平文选》第三卷的决定和江泽民总书记在学习邓小平文选报告会上的讲话。二、传达江泽民、李瑞环在全国统战工作会议上的讲话。三、传达晋州政协工作会议精神。四、就当前及今后政协搞好参政议政、办理好委员提案、搞好经济工作调研，经常走访民族、宗教界人士，引导他们爱国受教及做好年终工作总结等问题提出要求。1994年1月27日，八届三次政协常委会召开。主要内容为一、总结1993年政协工作并提出了1994年政协工作设想。二、县委常委、县委组织部部长讲话。1994年3月20日，第八届政协第四次常委会在政协机关大会议室召开。主要内容为一、讨论政协常委会1993年工作报告和1994年工作要点草稿。二、讨论1993年提案办理情况的报告。三、讨论八届二次会议主席团、秘书长建议名单和提案委员会建议名单。四、讨论决定八届二次政协会议议程、日程安排等事项。1994年4月8日，无极县政协第八届一次常委会的主要内容是一、宣布人事任免决定。二、县供销总社通报无极县的棉花生产情况。1994年9月6日，政协八届六次常委会的主要内容通报无极县的卫生工作、民族宗教工作。1994年12日27日，政协八届七次常委会的主要内容是宣读1994年工作总结，通报物价问题及无极县平抑物价的措施，政协常委们还视察了粮油供应情况。1995年8月23日，政协八届九次常委会的主要内容是汇报无极县小康县建设的工作情况，委员们还对上半年的政协工作进行了回顾总结。1996年3月21日召开的政协八届十一次常委会，主要是为召开政协八届四次全会作准备。1996年6月4日政协八届十二次常委会的主要内容是听取无极县医院关于县医院建设的汇报并到县医院作现场视察。1996年9月11日政协八届十三次常委会的主要内容是宣读政协委员积极参加无极县形象建设的意见，常委们还听取关于无极县抗洪救灾重建家园的情况通报。1996年12月24日政协八届十四次常委会的主要内容是一、1996年政协工作作简要总结。二、讨论通过政协委员在社会主义精神文明建设中如何发挥作用的意见。三、听取无极县小康建设、村容村貌建设的情况、常委们还到大陈镇进行了视察。

政协九届常委会，共召开九次政协常委会议。1998年6日3日政协九届二次常委会主要内容为一、通报上半年的工作情况。二、通过人事的任职决定，通过了乡镇特邀委员名单。三、听取县政府关于民办学校发展情况的通报。四、视察博林、文苑、育才三所民办中学。1998 年 12 日 4 日，政协九届三次常委会的主要内容是一、听取县政府关于政协九届一次政协全会以来提案办理情况的汇报。二、听取县政府关于无极县个体私营经济发展的通报。三、宣读政协经济技术科关于无极县个体私营经济发展情况的调查报告。1999 年 5 月 7 日的政协九届四次常委会，主要是为召开九届二次全会作准备。主要内容是讨论通过九届一次会议以来政协工作报告稿和提案委员会提案办理情况报告稿；讨论通过九届二次会议的议程、日程安排；讨论通过政协九届二次会议主席团、秘书长建议名单以及提案委员会的建议名单，讨论通过增补委员名单。1999 年 9 月 22 日的九届五次常委会会议的主要内容为分别传达县委书记、县长的讲话精神；白爱国委员和范翠同委员作为典型发言。2000 年 2 月 15 日九届七次常委会的主要内容为召开九届三次政协全会作准备。讨论通过九届常委会关于二次全会以来的工作报告和提案委员会的提案工作报告草稿；讨论通过九届三次全会的会议议程、日程安排及主席团、秘书长建议名单以及政协委员增补名单。2000 年 6 月 2 日召开的政协九届八次常委会的主要内容是讨论审定《政协无极县委员会关于政治协商民主监督、参政议政的规定》，会后，参观了高头乡的养殖业。2000 年 12 月 14 日政协九届九次常委会是为开好九届四次政协全会作准备。会议主要听取无极县政府对于九届三次政协会上的提案办理情况的汇报、常委们对九届政协常委会三次全会以来的工作报告稿提出修改意见。

政协第十届委员会在 2003—2005 年，共召开 10 次常委会。十届八次常委会于 2005 年 1 月 18 日召开，全县 11 个乡镇的常委副书记列席了该次会议，会议的主要内容是为召开十届三次全会作准备。会议决定十届三次全会的时间、主要议程、日程安排、常委们还讨论审议常委会的工作报告稿和提案委员会的提案办理情况报告以及 2005 年政协工作的要点，审议十届三次政协全会的主席团、秘书长名单和增补政协委员名单等事项。2005 年 7 月 5 日召开的政协十届九次常委会，是为深入学习中共中央十六大和十六届三中全会精神更好地履行地方政协的职能召开的。会上，常委们学习党的统一战线理论，讨论通过组织委员开展活动，发挥委员主体作用的 13 条意见。2005 年 10 月 28 日的政协十届十次常委会，主要内容是学习中共中央十六届五中全会文件，听取无极县政府系统办理政协十届三次全会提案的工作情况汇报，听取城建局、卫生局、文体局三个提案承办单位的典型发言。

第五章 主要工作

第一节 政治协商与民主监督

1989 年以来，县级政协行使政治协商的主要渠道、形式和方法，主要是通过政协例会，即政协全会、政协常委会、主席办公会、参加县政府的专题听证会以及视察、组织和撰写政协提案以及列席县委、人大、政府有关会议、专题协商会议、对口协商会议、各种谈心会、通报会、座谈会等渠道、做到先知情、后参政议政。县委、县人大、县政府，随着我国政治制度的健全和完善，为政协发挥职能作用所创造的环境越来越宽松和周到。因此，政协发挥作用越来越大，政协的工作越来越被广大群众所认识。2000 年全年召开的3次政协常委会、5次主席会和3次经济活动考察、视察，均把促进县域经济的发展列为重点议题，先后就引导农业结构调整、科教兴县、县办工业改制等议题进行调研和提出议案和建议。2001年，县政协撰写的《充分发挥政协委员创业致富的带头作用》的调查报告，受到中共无极县委和市政协领导的赞扬。2003年，无极县政协关于政协委员白爱国创办“奶牛养殖基地”和耿云峰的《广威畜禽发展公司》的调查报告，被新闻媒体采用，在无极县内外影响很大，到访的人很多。另外，近年来，政协还曾出版过“社情民意”简版，有几十条意见和信息都被市以上单位采用。九届政协的5年，写出有价值的视察考察报告20多篇，意见建议260多条。

在七届到九届政协的十年间，县政协曾多次参加县委纪检、监察部门发动的对无极县公、检、法、工商、税务、交通、环保、文教卫生等行业，部门纠正行业不正之风的测评活动，对于营造良好的勤政、廉政和秉公执法环境，起到有力的促进作用。

到2005年，凡是无极县的重大经济建设项目，重要经济和社会发展规划活动、重要部门的人事安排意见等等，县委、县政府、县人大在决策之前都要先倾听政协的意见，实施之中有政协参与，并随时自觉接受政协的监督。县办工作发展战略、县国有企业改制、县域经济中私营经济和发展问题、县域及乡镇规划和县主要交通框架设计、实施、工业污染治理，防洪工程、农业经济商业化生产和市场设置，都曾接受过政协的协商、监督意见并有政协委员的积极参与。

第二节　参政议政

政协无极县历届委员会，充分发挥政协人才荟萃优势，通过视察、考察、调查研究，咨询服务，参政议政，为发展无极县经济和社会各项公益事业、创建文明和谐社会环境献计出力。

一、视察、考察、调查研究

1989年1月至1993年6月，政协无极县六届、七届委员会，共收到文教卫生、社会治安、农业生产、交通、深化改革等方面的提案108件，立案99件。组织常委、委员对学校思想政治工作和《中华人民共和国义务教育法》的实施；落实“科技兴农”方针，进一步完善农村承包责任制，加强土地管理等方面进行调查、视察、参观23次，召开各种形式的座谈会31次，走访政协委员和有关人士270余人次，向县委、县政府写出有分量的报告10余份。

1993年6月至1998年3月，政协无极县八届委员会收到提案360件，立案280件。内容涉及两个文明建设的诸多方面，其中经济建设方面的占60%以上。其间，组织委员视察3次、考察5次，调查研究10次。写出视察、考察、调研报告16篇。其中，“关于发展无极经济、电力先行”“关于治理皮革污染，促进皮革业发展”的建议，被县委、县政府列为重点，到1997年，全县新建变电站3座，扩建1座，共计电力增容38150千伏安；全县建成5个在全省闻名的大型皮革生产企业。1996年水灾后，政协关于迅速修复和加强无极防洪工程建设的建议，受到县委、县政府高度重视，筹资150万元，全部完成了滹沱河北大堤等修复工程。

1998年3月至2003年4月，政协无极县九届委员会，成立提案委员会，建章立制，规范提案管理，提高提案质量。其间，共收到提案260件、立案180件，内容涉及三个文明建设的诸多方面，经济建设方面的占60%以上。其中，“把开发南环路作为无极经济新的增长点”“关于创新宽松环境，加快皮革业发展的意见”“在张段固镇齐洽村建立皮革市场”等提案，被县委、县政府列为重点，在“在张段固镇齐洽村建立皮革市场”被列为全省重点项目。另外，还组织有专长、有经验的委员开展考察和调研24次，写出调研报告18篇，为落实“改善贸易街北段路行车难”的报告，县政府在财力十分紧张的情况下，投资88万元，修建贸易街北段路及排水工程，彻底改变了行车难得状况。

2003年4月至2005年底，政协无极县十届委员会收到提案253件，审查立案119件。组织视察、考察20余次，形成报告27篇。对一些行政部门、司法机关的作风建设进行民主评议，就加快民营经济发展，促进文化产业发展、推进新农村建设、加强县城交通管理，创建平安小区、和谐乡镇等方面，组织16次专题调研，开展14次专题议政，形成30多篇专题调研报告，为县委、县政府及有关部门的决策提供了重要参考和依据。其中，《关于当前农村思想状况》《活水疏网养大鱼》等调研报告在《石家庄政协》转发；《关于治理皮革污染》《集体办医势在必行》的调查，受到县委、县政府高度重视。

二、咨询服务

1989—1993年，政协无极县六届、七届委员会，贯彻执行“科教兴县”方针，利用办培训班、定点咨询等方法，传播科学文化知识，开展咨询服务活动，培训骨干15700人次，先后帮助建立4个经济实体，上交利润20余万元。动员统战对象为县经济建设提供信息27条，提合理化建议27条，以富帮贫482户，创办规格不等的经济实体320多个。政协委员在“建功立业”活动中，带动10人创办私营企业。到1993年，政协委员中，有2人受到国家奖励、2人受到地区级奖励、13人受到县级表彰，9人被定为县级拔尖人才。

随着改革开放的深入发展，政协八届委员会，利用委员自身优势，服务群众，传播技术、大搞农业示范推广活动。政协主席、副主席，分别参加了无极县苯胺建设工程、发展乡镇企业、建设吨粮县、小康村建设等重大活动，参与制定“九五”计划、十年规划、整顿医药市场、治理皮革污染、发展养鸡业等重大建设项目。八届委员会先后与有关部门配合，举办爱国、爱教人士学习班。同宗教教职人员交流思想，宣传党的方针、政策和法规，帮助他们解决困难。1996年，宗教政协委员积极参加抗洪救灾、捐款捐物活动。

政协无极县九届、十届委员会，高度重视政协委员的咨询服务工作，把咨询服务工作作为政协委员经常性工作来抓。把有经验有专长的委员组织起来，利用集日、庙会，举办科技讲座、创办科技信息展览、开展农业科技示范活动，义务为群众传授技术，为无极经济发展作贡献。政协十届委员会创新咨询服务：一是为经济发展献计出力。提出“整合资源、创新形式、健全机制、搞好服务”的思路，并制定相应的措施，为委员发挥作用搭建更广阔的舞台。组织政协委员开展“五个一”活动（提一条好建议、引进一个新项目、找一条致富路、帮一个困难户、做一名好委员）。经济界的委员们与科研部门加大协作，引进新技术、招聘高新技术人才，积极研发新型项目，把创办的企业发展成为行业中知名企业，既创造财富，也为国家创造税收，有力地支持了县域经济的发展。2003年政协委员创办的企业在省内有名的就有齐盛皮革公司、新天昆皮革公司、正诚饲料机械厂、华泰和华龙药业、科利达化学品公司、无极县地毯厂等。到2005年，100多名政协委员在皮革、轻纺、化工、制药、建材、建筑、机械制造、商品生产、养殖等行业成为带头人。二是关注民生，维护社会和谐。2003年，抗击“非典”疫情期间，政协委员共捐款、捐物折合人民币17万元。另外，政协委员参与和支持“光彩事业”“希望工程”“春蕾计划”“下岗职工再就业”等公益事业。自办《咨询信息》，到2005年，出版6期，反馈信息21条。

第三节　提案工作

征集和办理好政协委员提案是政协委员参政议政、协商监督的重要渠道之一。

1989年六届三次政协全会，提案40件，立案27件，当年内全部办复完毕。1990—1993年间，七届政协共接受委员提案102件，立案83件。侯振铎、闫立涛等委员提出的清理整顿县医药市场上的假冒伪劣药品案，引起县委、县政府及上级主管部门的高度重视。解家林委员的提案南朱村学校建设工程工期太长，迟迟不能完工，影响学生上课，引起县政府重视，督促建设单位很快完工，学生们复课。

八届政协共办理政协提案380多件。关于城内污水排放、村村通硬面路案、发展无极经济电力先行增建3个变电站等提案，都得到很好的解决。

九届政协共收到委员提案320多件，立案220多件，办复率达98%以上。其中，张肖、杨中海、李双军、张月恒等委员提出的“把南环路以南作为县新的经济增长点”的提案，经县政府多个部门的直辖市跑办，建立起以张段固镇齐治村为中心的皮革生产基地和皮革销售市场。当年，县委、县政府作出加快发展无极县的私营经济的决定。

十届政协针对近年来婚丧事大操大办风，写出煞风建议案，县委、县政府高度重视，出台制止婚丧事铺张之风泛滥的管理办法。

治理滋河污水案，县财政一次就投资1861万元，结合县域污水治理，先后共投入5435万元，使这一老问题得到根治。高军台委员提出的“加强学校门前摊贩管理案”是个有普遍性的问题，经县政府出面，工商、治安、教育等多部门协作承办治理，县城内各学校、幼儿园门前的治安环境明显改善。截至2005年，共收到委员提案107件，经审查立案50件，其余叙谈建议反馈给各有关部门。

第四节 海外联谊工作及港澳台联谊工作

从1980年开始，无极县政协就汇同县有关部门调查了解无极县亲属赴港、澳、台地区及海外活动的信息，到1990年，全县人员在中华人民共和国成立前后赴港、澳、台居住以及海外定居的约有28户，114人，这些人多数在无极县仍有亲人。县政协就组织这些的亲属，经过多渠道、多方式的寻亲活动，促成港、澳、台同胞及海外侨胞23人次到无极省亲。县政协成立“三胞眷属无极联谊会”，写稿件、信件、启事录等80多篇。无极县八届政协以来，同县其他部门携手，接待海外甄氏宗族人员寻根访问观光团再次到无极寻根的活动。

附： 南池阳村曹氏家族助学基金会

南池阳村的曹秉文1928年曾任该村小学校长。后与弟弟曹秉华、曹秉钧漂泊海外，但始终难忘对故乡的眷念，不忘该村的教育事业。1999年，曹秉文之子曹英哲（现居台湾，曾任国民党军队少将，参加过腾冲对日战斗）带着父辈的遗愿回乡祭祖省亲，为村小学捐款10000美元。2005年，曹秉钧之子曹英伟（企业家，现居美国）以曹秉钧名义成立曹氏基金会，为升入高中、大学的优秀学子设立升学奖学金，为在读的大学生和研究生设立在读奖学金和贫困助学金。现已捐款60万元人民币，惠及200多名学子。

第五节 文史资料征集

无极县政协从1984年始编纂《无极文史资料选辑》。政协第六届委员会设立“文史资料征集委员会”，由一名副主席和几名委员专抓资料的调查、采写和编辑、审定工作。到2005年《无极文史资料选辑》共出版了六、七、八、九辑，共计60多万字，内容以革命人物为主，从政治、军事、经济、教育、文化、卫生及民风民俗等方面，从不同角度、不同侧面反映无极历史上的知名人士和重大事件，具有一定的史料价值。

群众团体

1989—2005年，无极县各人民团体，积极参与全县社会发展和经济建设，广泛开展摇篮工程、希望工程、送温暖工程、巾帼创业工程、青年科技兴农工程、光彩事业、扶贫助残、残疾人康复、科普培训、科研成果推广等一系列服务基层、服务群众、服务三农的活动，积极组织广大职工、妇女、青年、科技人员和人民群众投身无极的改革开放和现代化建设，致力于民主管理、社会化功能、文明家庭建设和文化建设，为推进无极的物质文明、政治文明和精神文明建设发挥重要作用，为“加快发展、富民强县”，全面建设小康社会建功立业。

無極縣志

第一章 工 会

第一节 机构与会议

一、组织机构

1989年，编制12人，主席1人，副主席1人。内设办公室、组宣部、生产生活部、女工部，机关干部职工9人。1996年1月机构改革，行政编制5人，主席1人，副主席1人，设经费审查委员会。2005年底，行政编制4人，主席1人，副主席2人，经费审查委员会主任1人，内设办公室。

1989年，全县有基层工会164个，工会会员12547人；设专职工会主席的系统工会组织4个。1993年，全县基层工会190个，工会会员16783人；设专职工会主席的系统工会14个。1998年，全县有基层工会175个，工会会员10618人，设专职工会主席的系统工会13个。2005年底，全县有基层工会599个，工会会员18709人；7月，各单位工会不再设专职工会主席职务。

二、代表大会

1989—2005年，无极县总工会经历了第九、十、十一届委员会，其间共召开全委会19次。

1987年10月22日至23日，召开第九次会员代表大会。与会代表119人，特邀代表10人，代表全县164个基层工会的12547名会员。会议通过了上届工会工作报告和工会经费审查报告；选举了第九届工会委员会主席1人，副主席1人和工会经费审查委员会主任1人，副主任1人。

1994年4月22日至23日，召开第十次会员代表大会。出席大会的正式代表152人，分别来自全县工业、工商、粮食、交通、文教、卫生、财贸、建筑、农业、物资以及党政机关等各条战线，代表全县职工和164个基层工会的13104名会员。会议通过上届工会工作报告和工会经费审查报告；选举第十届工会委员会主席1人，副主席2人和工会经费审查委员会主任1人，副主任1人。

2000年6月22日至23日，召开第十一次工会会员代表大会。出席大会的正式代表165名，代表全县240个基层工会15924名会员的意愿。县委、县人大、县政府、县政协和市总工会有关领导出席了大会；县武装部、团县委、县妇联、县科协、县工商联等群众团体也到会祝贺。会议通过了上届工会工作报告和工会经费审查报告，以及财务工作报告；选举第十一届工会委员会主席1人，副主席2人和工会经费审查委员会主任1人，副主任1人。

第二节 主要工作

1989年以来，县工会工作高举邓小平理论伟大旗帜，认真学习贯彻“三个代表”重要思想，坚持贯彻全心全意依靠工人阶级指导方针，切实履行维护职工合法权益的基本职责，健全完善符合无极特点的工会工作格局，整体工作取得了新的进展和突破，连续17年被市总工会评为先进单位。

一、职工经济技术创新

1989年以来，县工会组织全县广大职工广泛开展劳动竞赛、合理化建议、技术革新、技术协作、发明创造等经济技术创新活动。到1992年，参加技术练兵、技术比赛的职工累计达6万多人次，提出合理化建议14000多条。1993年，县工会在全县职工中开展了以“学邯钢，建功立业”“双增双节”（增产节约，增收节支）、提合理化建议为主要内容的劳动竞赛活动，到1998年，全县有11581名职工参加各种形式的竞赛活动，提合理化建议26545条，创经济效益987万元。1999—2002年，全县职工提合理化建议10735条，实现较大经济技术创新成果246项，创效益3050万元，全县职工有2400余人参加计算机知识普及。2003—2005年，全县职工共提合理化建议14736条，实现较大经济创新成果23项，创经济效益321.95万元。全县职工有3900余人次参加计算机知识普及。

二、民主管理与维权

1989年以来，围绕促进基层民主政治建设、职工民主管理、民主监督、民主决策深化，组织职工参与国家和社会事务管理，扩大基层民主、维护职工民主权利。通过培训职工代表，制定和完善职代会实施细则，开展职代会达标活动，提高企业民主管理水平和质量。到1993年6月，全县职代会制度基本普及，经过考核验收，96个建职代会制度的企业，有73个达标。1994年，县下发《无极县国有企业职工代表民主评议监督企业行政领导干部实施办法》，使职代会的民主监督和民主管理走上了制度化、经常化的轨道。1995年以后，在巩固完善公有制企业职代会制度的同时，积极探索非公有制企业职代会制度。到2003年，有39家非公有制企业建立了基层工会，57家公有制企业和20家非公有制企业实行了厂务公开。截至2005年底，全县有126家非公企业建立了职代会制度，58家非公有制企业实行了厂务公开；全县共有省级模范职工之家2个、市级模范职工之家6个、县级模范职工之家37个。

1989年以后，围绕建立和谐稳定的劳动关系，维护职工劳动权和合法收益权，建立推行集体合同制度。1997年，县国有、集体企业签订集体合同的有56个，其中外资企业和私营5个，乡镇企业4个。1998年，按照《中华人民共和国劳动法》《中华人民共和国工会法》赋予的职责，推进平等协商、集体合同制度，构建多层次的劳动关系协调机制，促进社会稳定、维护职工合法权益。到2002年底，县工会指导建立平等协商和集体合同制度的企业271家，覆盖职工10048人。在52家企业建立了工资集体协商制度，各级工会配合劳动部门帮助指导非公有制企事业职工签订劳动合同3200余份。各级工会接待职工来信来访121件（次），自办结案率达96%以上。2003年以后，先后建立健全《劳动合同制度》《职代会制度》《厂务公开制度》等各项工作制度，切实维护职工的合法权益。到2005年底，有535家企业与职工签订了劳动合同，559家企业与职工签订了工资协议，93家企业签订了女职工特殊权益保护、劳动安全卫生等专项合同。

三、再就业与送温暖

1993—1997年底，全县各级工会为下岗、破产企业人员找出路，联系各类实体17个，安置1370名下岗职工。1998年，县工会积极配合政府部门完善社会保障体系，实施“三个一工程”（建一个职业介绍所、一个培训中心、一个下岗职工再就业基地）。到2002年底，介绍安置下岗事业人员323人次，培训下岗职工764人次，再就业基地安置下岗职工246人次。2003—2005年，培训下岗职工69人次，为23名下岗失业人员提供了职业介绍服务，介绍安置下岗失业人员6人。

1989年以来，全县各级工会，积极为职工群众排忧解难。1996年，无极县遭受严重洪涝灾害，县工会拿出8600元，救济187名特困职工，并发出向受灾职工“献爱心募捐活动”的倡议，仅10天，全县干部职工共捐款80.37万元，棉被860套，棉衣1010条。县工会成立“送温暖工程”基金会，建立送温暖工作组织112个，筹措资金13.2万元，救助了324名特困职工。1998年，开展关注弱势群体，实施“送温暖工程”。工会切实承担“第一知情人、第一报告人、第一救助人”职责。做好下岗和困难职工生活保障工作，在职业介绍、技能培训、特困救助、信访接待等方面，为下岗和困难职工提供“全程一站式”服务。到2002年底，全县共走访慰问困难职工800户，发放救助款物5.7万元。2003—2005年，全县走访慰问困难职工95户，发放救助款物2.8万元。

2005年无极县工会组织情况一览表

表19–1

类别＼项目		单位数	其中：25人以下	其中：200人以上	职工数	建会单位数	其中：25人以下	其中：200人以上	建会职工数	会员数	其中：农民工	工会干部数	其中：专职干部
企业	国有	39	4	3	3730	39	4	3	3730	3730	2984	184	31
	集体	54	13		1880	54	13		1880	1807	1445	199	40
	私营	416			5679	416			5679	5679	5679	699	
	外资	6		1	403	6			403	403	403	20	2
机关		48	1		2892	48			2892	2892		173	32
事业		36	2	9	4183	36	1	9	4183	4183	237	205	25
	非公事业	6			237	6	2		237	237	237	18	
合计		599	20	13	18767	599	20	12	18767	18709	10748	1480	130

第二章　共产主义青年团

第一节　机构与会议

一、组织机构

1989年，机关编制7人，书记1人，副书记1人，常委委员7人，内设办公室 。1990年，副书记2人。1996年1月，机构改革，编制5人，书记1人，副书记1人，内设办公室。2003年，机关编制5人，书记1人，副书记1人，内设办公室。至2005年底未变。

1989年，全县有基层团委31个，其中乡镇团委20个，县直基层团委6个，中学团委4个，全县共有团员18500人。1996年1月撤乡并镇后，基层团委23个，其中乡镇团委11个，县直团委6个，中学团委6个，全县共有团员17216名。2003年4月，全县有基层团委21个（其中乡镇团委11个）、总支16个、支部268个，全县共有团员22187人。2005年，全县有基层团委21个，其中乡镇团委11个，县直基层团委5个，学校团委5个；基层团支部268个，共有团员25768人。

二、代表大会

1989—2005年，共青团无极县委召开2次代表大会

第十次代表大会

共青团无极县委第十届委员会于1987年7月选举产生，1987年11月有书记、副书记各1人，常务委员7人。

群众团体

第十一次代表大会

共青团无极县第十一次代表大会于1993年9月召开，出席代表160人。大会听取审议共青团无极县第十届委员会工作报告；选举产生共青团无极县第十一届委员会。共青团无极县第十一届委员会第一次会议选举书记1人，副书记1人。

第十二次代表大会

共青团无极县第十二次代表大会于1999年12月22日在县政府招待所召开，会期2天，出席大会代表160人，特邀代表20人，列席代表10人。会议听取审议共青团无极县第十一届委员会工作报告；选举产生共青团无极县第十二届委员会。共青团无极县第十二届委员会第一次会议，选举书记1人，副书记1人。

第二节　主要工作

一、青少年思想教育

1989年建立青年学马列小组和党课小组，对青年积极分子广泛进行党的基本知识教育和“三热爱”教育。1991—1992年，结合建党70周年，推出了“党在我心中”“社会主义好”教育活动。1993以后，实施《爱国主义实施纲要》，确立郭庄红旗民兵营、北苏烈士塔等四个爱国主义教育基地，并利用业余党校、青年之家等开展党史、团史、国情教育和革命传统教育，激发广大青年的历史使命感和社会责任感。2005年，全面贯彻落实《中共中央、国务院关于进一步加强和改进未成年人思想道德建设的若干意见》，积极组织开展爱国主义教育、普法教育等各种青少年思想教育活动，聘请12名“法律知识义务宣讲员”不定期深入学校进行法制教育对《中华人民共和国未成年人保护法》《中华人民共和国刑法》等法律知识进行义务宣讲。

二、实施希望工程

1994年，全县累计集资5.6万元，救助特困失学儿童300人次，帮助109名受助学生完成九年义务教育，有28名受助学生就读于大中专院校，有6名受助学生走上工作岗位。1995年，29位县级领导与29个特困家庭实施结对救助。争取省市希望救助金5万余元，救助失学学生124人，帮助完成九年义务教育学生229人。2003年，针对贫困大学新生入学难问题，开展资助贫困大学新生活动，到2005年受助贫困大学新生45名，“爱心助学1+1”结对资助贫困学生34名。

三、特色活动

1. 团证普及工程

1989年，无极县在全县范围内对团证的“社会化”功能做有益尝试，明确“推优入党、凭证参加技术培训给予优惠、寻求帮助”等三项具体功能，创造适宜团员成长发展的良好环境，团中央、团省委、团地委领导多次来无极县考察，对这一做法给予充分肯定，并确定无极县为“全国团员证管理与使用试点单位”。截至是年底，在全县18500名团员中颁发团员证，颁证率达97.4%，获省级“颁证工作先进单位”。

1990—1991年，作为全国试点县之一，重点抓团证的管理与使用，促进了团员权利与义务的统一，并为全省乃至全国提供团证管理与使用的经验。1991年后，团证的管理工作逐步完善，团员持证率达到100%，团徽、团章的佩发率也达到100%。

2. 青年科技工程

1994年，实施青年农民培训工程，在坚持“一优两高”农业示范活动和“青年科技兴农工程”建设的基础上，积极推进服务无极行动，全县成立“北苏青年养殖协会”等8个农村服务组织，举办种植、养殖技术培训206次，培训农村青年2万余人，全县7900多名农村青年在团组织的帮助下脱贫致富。围绕改革和发展的需要，大力开展和推进“青年岗位能手”活动，全县涌现出省级“青年岗位能手”5名，市级“青年岗位能手”32名，县级“青年岗位能手”108名。

1996年11月，在北苏镇创建全国首批、全省第一家青年科技图书站。团中央、团省委、团市委有关领导亲临北苏镇为青年科技图书站揭牌，并为北苏青年科技图书站捐赠图书1万余册，赠电视机1台。1997年1月，中国人民解放军总参谋部政治部为郝庄科技图书站捐赠图书2万余册，团中央书记处书记巴音朝鲁和省、市委领导出席捐赠活动。之后相继创建郝庄、张段固、七汲、郭庄等农村青年科技图书站，青年科技图书站创建活动走在全省乃至全国的前列。

2005年，创建“万和制药、广威农牧、泰龙皮革”等6个无极县青年创业示范基地，在服务团员青年科技创新、增收成才方面起到积极推进作用。

3. 青年志愿者活动

1993年成立无极县青年志愿者服务队。至1998年，青年志愿者服务队达到13支，并建立126个“一助一“志愿服务小组，504名青年志愿者活跃于城乡，开展志愿服务。1999年后，全县相继成立25个青年志愿者服务队，建立94个“一助一”志愿服务小组，共有1000余名志愿者，开展“义务医疗服务”等帮孤助残服务活动、“送温暖、献爱心”扶贫济困服务活动和“我是志愿者，每周奉献2小时”的志愿活动。

2003年先后树立“除陋习、树新风”“携手共建美好家园”等志愿者活动品牌，进一步弘扬正气、树立文明新风，成为无极县精神文明建设的一道亮丽风景线。截至2005年，志愿者服务累计达25万人次，服务累计近200万小时。

4. 创建“青年文明号”

1995年，在全县开展“青年文明号”创建活动，创建范围由最初的金融、税务等窗口行业不断拓展深化，并公开推出“青年文明号”文明承诺、青年文明服务卡，通过立足本职、服务社会、服务群众，整体推进文明号建设。1997年底，“青年文明号”创建活动在全县20多个行业开展，全县有176个青年集体，3128名青年参加创建活动，涌现出市级青年文明号13个，县级青年文明号58个。1998—2005年，“青年文明号”活动得到进一步拓展，全县窗口服务行业全面覆盖，相继涌现出市级青年文明号3个，县级26个，2324名青年参加创建活动。

5. 选树典型

1993—1998年，培养出全国星火带头人1名，省级青年星火带头人6名，市级青年星火带头人23名，省级青年岗位能手7名，市级41名，县级233名，市级“青年拔尖人才”11名。1998—2005年，选树省级青年岗位能手5名，市级32名，县级108名；市级青年拔尖人才9名，市级“十大杰出青年”1名，市级“十佳青年农民”1名，市级“优秀青年卫士”6名。

6.“1+1”双学双促求发展活动

2001年活动开展以来，至2005年先后有174名先进青年及先进集体与农村青年结对，全县举办科技文化下乡活动22次，建设活动阵地16个，举办实用技能培训3650余人次，为农村赠送科技图书6700余册，赠订报刊40份。北苏村广威公司耿云峰被团中央命名为“全国青年星火带头人”，高头村白爱国被团省委、省科委命名为“河北省星火带头人”。到2005年，累计培养省星火带头人6名、市级星火带头人23名，在团组织帮扶下3200多名农村青年脱贫致富。

7. 少年先锋队工作

1989年，全县拥有少先队员37523名，大、中、小队少先队组织4522个，少先队活动室配备率和专（兼）职辅导员配备率分别为36%和70%，全县少先队员教育活动主题为弘扬民族精神，树立远大理想。在教育内容上突出理想教育、革命传统、革命英雄主义和集体主义教育。1991年开展内容丰富、形式多样的“以集体为重向赖宁看齐“的主题教育活动，完善爱国主义教育模式，营造少先队员“爱集体、讲奉献”的浓厚氛围。1996年全县90%以上的学校做到了全童入队，并开展“少年雏鹰行动”和手拉手互助活动。少先队员手拉手结对率75%。1999—2003

年，为配合推行素质教育，广大少先队员利用业余时间参加各种形式的兴趣小组，组织举办朗诵、书法、绘画、作文赛等活动；开展“真情献父母”“做文明礼仪小标兵”“爱护环境卫生”“做道德实践好儿童”和“改陋习树新风”主题少先队活动，促进全县素质教育的全面推行。2005年全县拥有少先队员38642名，大、中、小队少先队组织6582个，少先队活动室配备率和转（兼）辅导员配备率分别为85%和96%。

1993—2005年无极县共青团基层组织、团员情况表

表19-2

年份	基层团组织（个）				团员（名）			
	基层团委	团总支	团支部	团员人数	农村团员	学生团员	机关团员	其他行业
1993	30	16	268	17216	5337	6026	4820	1033
1994	30	16	268	17216	5337	6026	4820	1033
1995	30	16	268	17216	5337	6026	4820	1033
1996	23	16	268	17216	5337	6026	4820	1033
1997	23	16	268	17216	5337	6026	4820	1033
1998	23	16	268	19967	6190	6988	5591	1198
1999	23	16	268	19967	6190	6988	5591	1198
2000	23	16	268	19967	6190	6988	5591	1198
2001	23	16	268	19967	6190	6988	5591	1198
2002	23	16	268	22187	6877	7765	6212	1333
2003	21	16	268	22187	6877	7765	6212	1333
2004	21	16	268	23120	6001	11144	4091	1884
2005	21	16	268	25768	7359	9376	5321	3712

第三章　妇女联合会

1989—2005年，县妇女联合会（简称妇联）组织带领全县广大妇女积极开展“双学双比”“巾帼建功”、家庭文明建设、“学做合格父母，培养合格人才”活动。先后获河北省妇联系统“信访工作”先进集体、家庭教育工作者先进集体，石家庄市“实施妇女儿童两个《规划》先进单位”连年被评为市级妇联系统先进集体、目标考核优秀单位。

第一节　机构与会议

一、组织机构

1989年，机关编制7人，主任1人，副主任2人，常务委员7人；下设办公室。1995年8月妇联主任改称主席。1996年11月9日因行政干部分流，妇联编制改为5人，下设办公室。到

2005年底，机关编制4人，主席1人，副主席1人，内设办公室。

1989年，县妇联辖20个乡镇妇联会。1993年，下辖20个乡镇妇联会，42个县直妇委会，213个村妇代会。1996年1月并乡扩镇，下辖11个乡镇妇联会。2003年，辖11个乡镇妇联会，县直妇委会36个，213个行政村妇代会。至2005年底未变。

二、代表大会

第六次妇女代表大会

1988年12月15日，第六次妇女代表大会在县社礼堂召开，出席会议代表245人。大会听取审议第五届执行委员会工作报告，选举产生第六届委员会委员29人、常务委员7人、主任1人、副主任2人。

第七次妇女代表大会

1999年10月21日，第七次妇女代表大会在县政府招待所召开。出席大会的代表160人，特邀代表30人。其中专职妇女工作者、基层妇女组织负责人87人，占54%；农业战线代表49人，占31%；工业、交通、财贸战线的代表25人，占16%；科技、文教、卫生等战线的代表9人，占6%；党政机关、群众团体代表2名，占1%；少数民族代表4人，占3%；非党代表40人，占30%左右。代表的平均年龄42岁。代表中高中以上文化的占60%。大会听取审议第六届执行委员会工作报告，选举产生无极县妇联第七届执行委员会委员22人，常委7人，主席1人，副主席1人。

1989—2000年妇联会历届代表大会和基层组织情况表

表19-3

历届代表大会简况			主要议题	组织状况	
届次	召开时间	代表人数		基层妇代会	妇女总数
七	1999年10月21日	190人	审议通过县妇联工作报告，选举产生妇联会第七届执行委员会	213	238018人

第二节　主要工作

一、“双学双比”

1989年，在全县开展了以吨粮杯、庭院经济巾帼杯、养殖女状元杯、三八银花赛、三业五项魁首赛为内容的“三杯两赛”活动。1992年庭院经济年收入达3000元的有1500户，全县以妇女为主的庭院经济专业户3200户。截至1995年，有10万妇女参与“三杯两赛”活动，涌现出各类女能手3200人。1996年，围绕“巾帼创业工程”开展“巾帼科技致富接力”行动。全县结对子2000对，利用多种形式帮助2500人脱贫致富。2000年，实施“女性素质工程”，强化思想政治工作。创办妇女夜校15所，接受培训的妇女达6000多人次。2002年组织开展“扶志帮困”竞赛活动，充分发挥致富女能手的传、帮、带作用，通过“富帮贫”“强帮弱”带动全县妇女共同发展，共同富裕。召开百名妇女“扶志帮困共发展”签字仪式，完善50名女能手与50名贫困妇女的帮扶协议，女能手为贫困妇女提供资金12万元，帮助项目32个，提供致富信息18条。2003年，随着农业现代化进程的加快，在带动农村妇女进行农业产业化调整的同时，积极转移农村富余妇女劳动力，引导农村妇女“走出家门创新业”。到2005年，帮1500名妇女在北京、天津、山东等地找到工作。对不能离家的妇女进行技术培训，就地转化，有400人从事竹编工艺，使全县增收1000万元。

二、“巾帼建功”活动

1994年组织职业女性积极参加以岗位创新、岗位建功、岗位成才为重点的“巾帼文明示范岗”创建活动。1996年，开展职业女性在不同行业、不同岗位开展了“十行、百岗、千颗星”系列评选活动。1998年，为下岗女工铺路搭桥，帮助她们树立新的择业观，寻求新的就业门路，依托省、市“双学双比”女能手张兰英的服装店创办“下岗女工再就业服装裁剪培训基地”，免费培训下岗女工近百人。通过举办各种培训班，使286人重新走上工作岗位。从2000—2005年，组织岗位技能培训班30期，建功技术比武100余场，2000名职业女工参加。

2005年底，全县有各类技术能手200多人，省级文明示范岗2个，市级6个，县级35个，巾帼建功明星1000人。

三、文明家庭建设

1989年以来，把“星级文明家庭”创建活动放在特色上，纳入精神文明建设中。在农村突出家庭道德建设、学习科学文化知识、多渠道实现家庭富裕，建沼气池改善农村生态环境、改变农民生活方式；在城镇把“以德育人，为国教子”争当好家长，提高家庭成员的道德素养和学习能力做为目标，推进“学习型家庭”创建活动。2003年，实施“万户沼气建设行动计划”，帮助广大农村妇女建沼气池，创建“巾帼生态庭院”。截至2005年，全县用沼气户有10021户，沼气普及率达10%。在星级文明家庭建设中，涌现出星级文明家庭2万个，星级文明家庭标兵户500个。其中，七汲镇东汉村兰习珍被评为全国孝亲敬老之星。

2005年组织全县妇女进行“绿色家庭”环保知识竞赛和“家庭助廉”教育活动，制定《“家庭助廉”教育活动实施方案》，签订“廉内助”承诺书300份，发放“家庭助廉”明白卡100张。

四、“学做合格父母，培养合格人才”

2005年把“双合格”活动做为家庭教育的主体活动，成立家庭教育培训指导站，制定无极县《2005年家庭教育工作计划》。实施“十个一”计划和“摇篮工程”，聘请外地专家和组织讲师团进行各类家教讲座36场，参训家长达5万人次。在“学做合格父母，培养合格人才”活动中，涌现出教子“好摇篮”100户。无极县实验学校被评为省级优秀家长学校。

五、维护妇女儿童合法权益

成立无极县妇女儿童工作委员会，制定《无极县妇女发展规划》和《无极县儿童发展规划》。2002年筹资3万元创办“无极县妇女儿童教育活动中心”，为妇女儿童提供活动场所。2003年，实施“春蕾计划”，为500名贫困女童和孤儿建立档案。到2005年共救助贫困女童和孤儿800多人次，救助款15万元。

关爱妇女健康，开设妇女保健流动课堂，普及妇女常见病预防和心理健康知识，从2003—2005年，组织全县3500名妇女进行身体检查。维护妇女儿童合法权益，查处侵害妇女儿童权益的大案要案35件，协助公安司法部门解救妇女儿童11人。

附：为瘫痪公公撑起一片天

——记孝敬儿媳 兰习珍

兰习珍是无极县七汲镇东汉村一位普通的农村妇女。1997年正月初三，兰习珍的丈夫因车祸身亡。噩耗传来，婆婆因悲伤过度去世，公公也于同年10月患上了脑血栓，瘫痪在床，失去知觉。她身边还有两个尚未成年的孩子。在这种情况下，有好心人劝她再嫁，她却坚定地摇了摇头：“不，老的老，小的小，不能再失去我！”为了便于照顾，她不顾世俗的偏见，毅然搬到公公的屋里去住。

公公大小便失禁，都由兰习珍侍侯，兰习珍怕公公得褥疮，便做了十几个小棉垫，替换着垫在公公身下。为了更好地护理公公，她学会了按摩、打针、量血压、测脉搏，简直像个专业护士。在她的不懈努力下，公公的腿有了知觉，但仍说不出一句完整的话。别人听了不知所云，她却能听懂，渐渐地她成了公公的翻译。

除了每天准时给公公喂药外，兰习珍还经常变着法给公公做可口的饭菜。为了给老人解闷，她经常用小车推着公公到人群中晒太阳、拉家常。渐渐地，公公能一步一步地挪动了。于是，无论严寒酷暑，她每天都扶着公公到村外走走。

后来，公公逐渐能自理了，却又患上了便秘。公公每次大便，都是兰习珍用手指抠出来的。为了减少老人的病痛，她到处寻医问药。老中医说槐豆能治便秘，她扛着梯子到处去摘槐豆；又听说夏枯草能治便秘，她又顶着炎炎烈日到几公里外的滹沱河去找；还听说醋泡鸡蛋能治便秘，她又做了醋泡蛋。最后，公公的病治好了，她却不知是哪一种药方起了作用。

兰习珍除了照顾公公之外，还要操持家务，下地干活，忙里忙外，几年来从未睡过一个囫囵觉，从未吃过一顿热乎饭。从来没添过一件新衣服，自己病了也舍不得吃药，平时靠给人家拆补浆洗做零活，挣些钱供孩子读书或买化肥农药。她的行动感动了街坊邻里，农忙时，经常有人帮助她做些力气活。她的公公眼含热泪地说："是习珍救了我的命，救了这个家，习珍付出得太多了！"习珍轻松地说："孝顺老人、抚养孩子是我应该做的！"

第四章　科学技术协会

第一节　机构与会议

一、组织机构

1989年，机关编制5人，主任1人，副主任1人，内设办公室。1990年，机关编制5人，主任1人，副主任2人，内设办公室。2002年机构改革，机关编制4人。2005年，机关编制4人，主席1人，副主席2人，内设办公室。

1993年，县科学技术协会（简称科协）辖会计学会、农学会、医学会、林学会、水利学会、农机学会、畜牧学会、教育学会、交通学会、电力学会、工业学会、乡镇企业学会、土地资源学会13个，乡镇科普协会20个，共有会员1200人。1996年并乡扩镇，辖11个乡镇科普协会，辖会计学会、农学会、医学会、林学会、水利学会、农机学会、畜牧学会、教育学会、计划生育学会、交通学会、电力学会、工业学会、乡镇企业学会、土地资源学会、文化体育学会和养鸡协会、养牛协会、养猪协会、食用菌协会、蔬菜协会、农经协会、科技学会；村街科普协会184个，会员13428人。2005年，科协下辖15个科学技术学会，11个乡镇科普协会，新建农村科技协会23个。

二、代表大会

1989—2005年县科协共召开3次代表大会

1. 第二次代表大会

县科协第二次代表大会于1990年10月30日召开，出席会议代表170人。大会听取并审议第一届委员会工作报告；选举产生县科协第二届委员会；选举委员25人，常务委员13人，主任1人，副主任2人。

2. 第三次代表大会

县科协第三次代表大会于1997年11月在县政府招待所召开，出席代表170人。大会听取并审议县科协第二届委员会工作报告；选举产生县科协第三届委员会。会议选举产生主任1人、副主任2人。

3. 第四次代表大会

县科协第四次代表大会于2005年12月23日

在县政府招待所召开。出席会议代表93人。大会听取并审议县科协第三届委员会工作报告；选举产生县科协第四届委员会。会议选举产生主席1人、副主席2人。

第二节 主要工作

一、科技培训

1989—1996年，举办农村科技大集21次，举办各种形式的农村实用技术培训班38次；组织大型科普活动7次，举办专题科普讲座720场，科普展览共计252次，发放科技教材、“明白纸”等宣传资料90万余份，组织科技竞赛63场次；举办专题研讨会270场，科技竞赛33场，累计办班1800多次，培养农函大学员392人。

1998—2003年，科协系统共举办专题科普讲座720场，组织科技竞赛63场，累计举办科技培训班310多次，培养农函大学员685人。

至2005年，共举办农村科技大集8次，举办各种形式的农村实用技术培训班18次；全县16个科普学会，举办“全国科普日无极县系列活动启动仪式暨无极县建设节约型社会”主题科普宣传活动，共展出科普展牌50块，科普图书1950多册，科普明白纸等科普资料18300多册，科技专家接受群众咨询2350人次，组织医疗专家义诊123人。

二、科技周活动

1996—1998年，利用广播、报纸、科技资料、“明白纸”、技术咨询、科技下乡、科普周、科普报告、展示牌、培训班等多种形式，广泛深入的宣传健康文明的科普知识。组织科普展览210多次，印发科技资料12多万份，累计办班1800多次，培养农函大学员392人。

1998—2003年，县科协组织基层科协利用《无极报》、无极电视台等窗口，举办技术咨询、科普周、科技下乡、科普报告、培训班及青少年科技竞赛及科普大集、庙会等活动，发放科普挂图、科技资料“明白纸”，多渠道宣传健康文明科普知识、传播科学技术。举办专题科普讲座720场，科普展览825次，发放科技教材、“明白纸”等宣传资料90万余份，组织科技竞赛63场，累计举办科技培训班310多次，培养农函大学员685人。

三、科技服务

1996年8月，无极县遭受水灾后，农业、林业、畜牧、水利、农机、卫生等学会迅速组织科技人员，深入受灾乡村进行具体指导、讲解受灾作物科学管理技术，为受灾户排忧解难，收到良好效果。在实施科技大篷车下乡活动中，每年利用一个月的时间，深入乡村进行科技咨询，发放科技资料，开阔农民的视野，增加致富门路，深受群众欢迎。

2003年初，以县直科技学会、乡镇科技人员组成无极县科普志愿者服务团；城区居委会建立“科普活动中心”。为无公害蔬菜、奶牛养殖、食用菌种植、皮革加工、化工等优势产业，引进人才、技术和资金。为企业、农村引进技术、引进人才、引进技改、增效创收架设金桥60座。2003年的抗击“非典”战斗中，县科协及时动员县直学会和乡村科技组织，大力开展科普宣传，先后印制“农村防治非典型肺炎科普知识”挂图1500多套，宣传手册2200多册，下发“预防农村非典型肺炎广播宣传材料”25册；针对全县果农存在的技术、销路等问题，组织林学会、农学会和全县基层林学会果农等20多人，举办林果技术学习观摩活动，使果农学习到新的种植技术。

2004年王村无公害协会为“全国百强协会”，并取得省科协“百强百项精品工程”项目的支持。

四、科研成果推广

1996—1998年，科协系统创收等架设金桥22座，县科协林学会与河北农大联系以提高苹果品质为目标，在果园常规管理的基础上应用一些高新技术提高果品质量，为果农架设致富金桥，全县推广16000多亩，投资216万元，年增利税600万元；郭庄镇的小麦专业研究会，1996年创亩产600千克的最高纪录；七汲镇西小镇林果研究会引进日本日光套袋技术提高果品质量，深受广大农民的欢迎。

1998—2003年，在巩固发展全县5个市级科普基地、16个县级科普基地的基础上，继续加大科普建设力度。建设县级科普基地11个，市级基地5个；2003年，王村无公害蔬菜基地、广威农牧科普基地、石家庄金鹿乳业基地顺利通过“河北省科普基地”检查验收，填补全县省级科普基地的空白。全县巩固发展种、养和特色农技协组织68个，协会会员6800多人。2002年县科协引进优质小麦“白硬冬2号”，使农民每亩增收120元；县畜牧学会上跑中国农业部，为全县养殖户引进400例高产奶牛冷冻胚胎移植技术项目，以当地黄母牛生产世界级高产优质奶牛，为养殖户带来效益500多万元。

2003—2005年，在县科协食用菌基地带领下，郭庄镇食用菌已由当初的不足10个大棚，拓延为10村千棚，同时以西红柿为主的大棚设施农业取得发展。

第五章　工商业联合会

第一节　机构与会议

一、组织机构

1988年7月，县委县政府研究恢复工商业联会（简称工商联），为正科级机构，机关编制3人，主任1人，副主任2人；下设办公室。1996年1月机构改革，机关编制5人，主任1人，副主任2人。2002年，机构改革，机关编制4人。2005年，机关编制4人，会长1人，副会长1人，秘书长1人。

1989年12月14日成立皮革协会，吸收会员25名，全县共有会员数59人。1995年会员个数达到189人。1999年，工商联在11个乡镇设立分会。2002年，会员数发展到399人；2005年，工商联下辖11个乡镇分会、6个行业商会，会员数发展到509人。

二、代表大会

1. 工商联第八次代表大会

工商联第八次代表大会于1988年7月5日召开，出席代表24人，县直有关部门派代表19人。大会听取审议筹委会工作报告；选举产生工商联第八届执行委员会委员7人、主任1人、副主任2人，执委会召开第八届工商业联合会第一次会议；通过无极县工商联暂行规则。

2. 工商联第九次代表大会

工商联第九届代表大会于1995年9月19日在政府招待所召开，出席代表37人。会议听取并审议县工商联第八届执委会工作报告；选举工商联第九届执行委员会。会议选举主任1人，副主任1人。

3. 工商联第十次代表大会

工商联第十次代表大会于2002年10月15日在县招待所召开，出席代表86人，特邀代表18名，列席代表33人。大会听取和审议第九届执行委员会作工作报告；选举第十届执行委员会。会议选举会长1人、副会长1人、秘书长1人。

第二节　主要工作

一、调查研究

1989年，工商联先后两次对无极县工商业和非公有经济进行调研，在调查基础上，吸收了一批具有一定规模、经营稳定、遵纪守法，有一定业绩和影响的非公有制企业及代表人士为工商联会员。到1993年，会员人数59人。1997年，工商联对全县的私营企业进行调查研究，通过调查，对个体私营经济发展中存在的问题、困难以及个体私营者的思想、意愿、要求摸清了底数，并及时向县委、政府提出发展私营经济的建议。1998—2003年，工商联组织力量对全县好、中、差三种类型企业作重点调查，对全县11个乡镇作普遍调查，从根本上摸清了影响企业发展的制约因素，在此基础上，撰写《无极县个体私营企业存在的几个问题》的调查报告，引起县主要领导的重视，乱收费、乱设卡等问题得到了解决，为经济发展创造了宽松环境。2004年和2005年，组织全县工商业代表进行深入调研，从根本上摸清影响非公有制企业发展的制约因素。在县“两会”上提出有一定影响的提案、议案、建议23条。

二、优化服务

1989年以来，工商联充分发挥其网络优势，先后帮助会员引进制革技术人才10人，办皮革技术培训班11期，培训人员270人，提供信息80条，帮助会员解决资金30万元；利用网络优势，和广东、黑龙江、辽宁、上海、内蒙、甘肃、新疆、宁夏建立了业务关系，拓宽无极县皮革加工业的购销渠道。1993年以来，帮助多家企业跑银行，找担保，保证企业正常运转；呈请县委、县政府解决乱收费、乱摊派现象，从根本上减轻了企业负担。1998年以来，针对一些企业财务管理不规范，财物状况不透明，银行不敢支持等情况。积极帮助企业健全账目，完善内部管理，提高企业信誉。还注重用产业化政策引导他们在政策法律允许范围内开展经营活动，在竞争有规、发展有序的轨道上拓展业务。随着社会主义市场经济的不断发展，企业的合作意识越来越强，根据行业特点，区域范围成立行业分会，有力地促进无极县非公有制经济的发展。到2002年底，全县工商业户发展到10990户，从业人员57000余人，私营企业发展到620多家，从业人员7800余人，全县个体私营经济从业人员占全县人口13.8%，个体工商户注册资金总额16000余万元，私营企业注册资金8400万元。2005年底，全县工商业户发展到11329户，从业人员78000余人，私营企业发展到696家，从业人员9400人，非公有制企业完成税收1.17亿元，占财政收入的73%。

三、光彩事业

1996年9月成立光彩事业促进会。以非公有制经济人士为参与主体，通过民间渠道，利用民间形式实施扶贫活动。1998年，工商联在全县个体私营企业中开展“思想红，促经营，信誉好，办事灵”宣传教育活动，教育私营企业主遵纪守法，文明经营，乐于助人，勇于奉献。工商联执委、会员中涌现出一批热心公益事业的爱心人士，徐香斗、刘同贵、刘登记等会员为无极县的教育事业捐款捐物达10万元，同时与赞皇县工商联联系，资助10名山区贫困失学儿童。到2003年，全县个体私营企业为群众服务2000多次，做好事300余件，无偿捐款30多万元。随着光彩事业的深入开展，爱心人士逐年增多，活动项目也逐渐增多，截至2005年，光彩事业所捐款物累计达110多万元，安排下岗职工3000多人。

第六章　文学艺术界联合会

第一节　机构与会议

一、组织机构

无极县文学艺术界联合会（简称县文联）是全县各文艺家协会的联合组织，成立于1990年7月，正科级单位，机关编制4人，主席、副主席各1人。至2005年12月未变。

1990年7月，县文联下辖文学、书法、美术、摄影、音舞戏和曲艺6个文艺协会，有会员124人。2003年，县文联下辖文学、书法、美术、摄影、音乐、舞蹈、影视、戏剧、民间文艺、曲艺（杂技）等协会，会员150人，其中国家级会员2人、省市级会员30人。2005年，县文联下辖文学、书法、美术、摄影、音乐、舞蹈、影视、戏剧、民间文艺、曲艺（杂技）等协会，会员850人。其中，国家级会员4人、省市级会员40人。

二、代表大会

1. 第一次代表大会

县文联第一次代表大会于1990年10月召开，出席代表100余人。会议选举县文联第一届委员会；选举出副主席1人。

2. 第二次代表大会

县文联第二次代表大会召开，出席代表128人。会议听取并审议县文联第一届委员会工作报告；选举县文联第二届委员会。选举主席1人，副主席1人。

第二节　主要工作

1990年7月县文联成立，9月至12月，举办第一期美术学习班，培训学员30余人。1991年2月组织举办河北省纪念建党七十周年“党魂”音乐创作研讨会；组织出版《无极回民故事》，并获全国三套集成优秀作品奖。1992年创办《无极文学》内部文艺刊物。1993—1997年，搜集整理地方民间文学105篇，培养文学青年82名，创作各类作品500余篇，在地市级以上报刊发表百余篇；结合有关部门、各协会，举办美术、书法培训班15期，参加学生420人。1999—2005年，县文联坚持“二为”方向和“双百”方针，大力开展多种形式的文艺活动。完善通联制度，健全协会组织，建立健全作家协会、美术家协会、书法家协会、摄影家协会、民间文艺协会、民间吹奏协会、收藏协会等组织。通过改选和补充领导成员，使各协会组织出现新的活力，建立月有座谈、季有活动的通联制度，保持活动和联系的经常性。发展各级会员，一批中青年作家奋力笔耕，在市级以上刊物上发表小说、散文、诗歌等文学作品千余篇，有6人次作品获国家级奖励、5人次获省市级奖励。书法、美术、摄影展活动日益活跃，举办《迎国庆节书、美摄影展》《迎新春书、美展》等展览活动25次，“学习十六大笔会”“消夏笔会”等各种笔会30次，摄影协会出版6期会刊《无极风采》，组织参加省、市正规展览12次，作品100余幅，共获得一等奖1个、二等奖6个、三等奖12个。

第七章　残疾人联合会

第一节　机构与会议

一、组织机构

1989 年，机构设在民政局，为一个科室，由一名副局长主管。1997 年 11 月 9 日经无极县机构编制委员会研究决定，将无极县残疾人联合会（简称县残联）单列分设。设会长 1 人，下设办公室，编制 4 人。2005 年，机关编制 4 人，主席 1 人，副主席 4 人，执行理事长 1 人，内设办公室，下辖 11 个乡镇残疾人联合会。

1998 年 9 月 22 日，经无极县机构编制委员会办公室研究决定，在全县各乡镇设立残疾人联合会，设专职理事长 1 人。1999 年，建立健全乡（镇）残疾人联合会，明确理事长，配备残联干部，并制定了相应的残联工作章程。后又相继建立了盲人协会、聋哑人协会、肢残人协会、智力残疾人亲友会和精神残疾人亲友会 5 个专门协会。2005 年，下辖 11 个乡镇残疾人联合会，5 个专门协会。全县共有残疾人口 15807 人，其中肢体残疾人 11759 人，视力残疾人 737 人，听力残疾人 2304 人，智力残疾人 390 人，精神残疾人 238 人，言语残疾人 379 人。

二、代表大会

1997 年 11 月至 2005 年共召开县残联代表大会 3 次。

1. 县残联第一次代表大会

县残联第一次代表大会于 1989 年 12 月 4 日召开，选举县残联第一届执行理事会。选举副主席 2 人、理事长 1 人。

2. 县残联第二次代表大会

县残联第二次代表大会于 1999 年 9 月 4 日在县人大会议室召开，出席大会的代表 39 人。大会听取并审议县残联第一届执行理事会工作报告；选举县残联第二届执行理事会主席团。选举产生主席团主席 1 人、副主席 4 人，聘请名誉主席 1 人，推举执行理事会理事长 1 人，各专门协会主席 1 人。

3. 县残联第三次代表大会

县残联第三次代表大会于 2003 年 10 月 23 日在县政府招待所会议室召开，出席代表 75 人。大会听取并审议县残联第二届执行理事会工作报告；选举县残联第三届执行理事会主席团。选举产生主席团主席 1 人、副主席 4 人，聘请名誉主席 1 人，推举执行理事会理事长 1 人，各专门协会主席 1 人。

第二节　主要工作

一、康复工作

1989 年，无极县把残疾人的康复作为解除残疾人痛苦，恢复有效功能，积极参与社会的大事来抓。1998 年，为使肢残患者得到有效治疗，早日康复，曾多次去省、市医院，多方联系，聘请专家来无极义诊。到 2002 年，省爱心医院共到无极 8 次，咨询 380 多人次，120 名患者通过治疗减轻了痛苦，达到基本生活自理；完成白内障手术 648 例，培训弱智儿童家长 18 人，肢体矫正手术 314 例，聋儿语训 11 人。2003 年，县确立省爱心医院、无极县医院、无极骨科医院、张段固眼科医院等定点医疗单位，在优惠 30% 手术费的基础上，为全县 21 个家庭困难的肢残患者进行手术治疗。2004 年，对全县 22 周岁以下的所有肢体残疾人进行摸底，为 47 名患者进行了矫正手术，为5个家庭困难的儿童全部减免了治疗费。2005年，协调资金2000元，为5名生活困难的白内障患者进行治疗，并向省市残联申请免费治疗名额40个。

二、残疾人优惠政策

1992年6月1日，制定《无极县人民政府关于切实保障残疾人合法权益的规定》。2002年9月1日无极县农村税费改革领导小组办公室、无极县财政局、无极县农税局、无极县残疾人联合会四部门联合出台《关于对农村残疾人减免农业税的试行意见》。两项优惠政策的出台有效地维护和保障了县广大残疾人的合法权益。

三、帮扶

根据国家出台的优惠政策，1999年县通过省、市残联及省、市、县农行，争取到国家康复扶贫贷款；到2002年，争取国家康复持贫贷款230万元，建立扶贫基地2个，扶持残疾人280名，1700多名残疾人通过“种、养、加”等形式，基本实现了脱贫。2003年，通过举办技能培训班、提供信息等方式，为残疾人提供就业渠道和就业信息；争取国家对残疾人福利企业的康复扶贫贷款50万元；到2005年，共培训残疾人550人次，有740名残疾人通过自某职业，实现了再就业。

石家庄市天时利化工有限责任公司（现企业名称），福利企业企业法人李敬俭，县人大代表，无极县户村人，县残联扶持该企业扶贫贷款30万元。通过几年的滚动发展，该企业已发展成为一个固定资产超千万元的优秀企业，也为残疾人就业、脱贫作出贡献。

无极县顺通化工厂，福利企业，企业法人李国平，里城道乡东池阳村人，县残联扶持该企业扶贫贷款20万元。通过几年的发展壮大，该企业固定资产已达500多万元，不仅发展企业自身，也为福利企业中残疾人的稳定就业提供可靠保障。

四、履行“代表、服务、管理”

在解决残疾人实际困难、维护残疾人合法权益方面，始终坚持为残疾人办事情，无论大小都认真去协调，使其满意。2003年上半年，了解到东池阳村盲人梁平军无依无靠、生活非常困难后，通过协商卫生、工商等有关部门，为该同志在县城西关村租了一间门脸房，办起盲人按摩所。两年下来，梁平军的盲人按摩所业务不断扩展，收入日渐增加，也为社会作出自身的贡献。

第八章　计划生育协会

第一节　机构与会议

一、组织机构

1991年1月，无极县计划生育协会（简称计生协）设名誉会长、会长、副会长、秘书长、副秘书长、理事等。为正科级机构，下设办公室，编制4人，到2005年底未变。

1989年以来，无极县计生协把基层组织建设当作重点，建立健全县、乡计生协网络，到1998年，建立乡计生协会11个，配备了专职会长、副会长或秘书长。213个行政村配齐了计生协会专职干部，全县共建会员小组1715个，发展会员46000人，会员联系户65393户，形成以“五老”（老党员、老干部、老长辈、老模范、老离退休人员）为骨干，以育龄群众为主体的计划生育工作网络。至2005年，全县有11个乡镇计生协会长和秘书长22人，202个村级计生协达到计划生育合格村标准，县计生协多次被石家庄市计生协评为基层组织建设先进单位。

二、代表大会

1989—2005年，计生协共召开4次代表大会。

1. 第二次代表大会

第二次代表大会于1991年1月在计划生育委员会召开，听取并审议第一届理事会工作报告，选举产生计生协第二届理事会。在第二届理事会第一次会议上推举名誉会长1人，选举产生会长1人，副会长3人，副秘书长1人。

2. 第三次代表大会

第三次代表大会于1994年11月8日在计划生育委员会召开，出席会议代表144人，听取并审议第二届理事会工作报告，选举产生计生协第三届理事会。在第三届理事会第一次会议上推举名誉会长1人，选举产生会长1人，副会长2人，秘书长、副秘书长各1人。

3. 第四次代表大会

第四次代表大会于2000年9月29日在计生局召开，出席会议代表136人，听取并审议第三届理事会工作报告，选举产生计生协第四届理事会。在第四届理事会第一次会议上选举产生会长1人，副会长1人。

4. 第五次代表大会

第五次代表大会于2005年9月5日在计生局召开，出席会议的代表126人。一次全会选举产生会长1人，常务副会长1人，聘任秘书长1人。

第二节 主要工作

1989年以来，计生协会配合全县计划生育工作，开展生产、生活、生育服务活动，鼓励和引导广大协会会员，带头实行计划生育，带头优生、优育。利用集日、庙会、重大节日、纪念日，组织理事、会员、文艺团体开展多种形式的宣传演出，宣传国家的计划生育政策、优生优育优教知识、人口科学知识、避孕节育知识，积极倡导晚婚晚育。发动广大理事、会员为计划生育受术家庭开展术前、术后慰问服务。

1995年制定《无极县乡村计划生育协会工作管理规范》，根据规范要求，开展协会“示范村”活动和基层协会升级达标活动。到1997年底，合格村有151个。

1998年，开展“百万会员学科技”活动，举办种植、养殖等实用技术培训班，为计划生育家庭、会员培训使用技术1～2项。县计生协、计生局投资4万多元，在南流乡承包土地30亩，建立万名会员学科技大棚蘑菇种植基地，免费为协会会员提供技术、资金、信息等方面的支持和帮助，引导会员参与大棚蘑菇种植。到2005年，南流乡蘑菇大棚达400多个，亩纯利2万多元。同时，县计生协在全县11个乡镇分别建立了蔬菜种植、奶牛养殖等多个会员学科技示范基地。

建立企业协会。2000年，出台《关于在民营企业中建立计划生育协会的通知》等文件，分别在北苏镇、张段固镇、东侯坊乡的3家企业中建立了协会，进行了试点。各企业协会充分发挥其在政府与企业之间的桥梁作用，通过多种形式，向企业员工广泛宣传计生政策和生殖健康知识，实现协会会员计划生育自我教育、自我管理、自我服务。华通线缆有限公司计生协会为已婚育龄妇女建立计生档案，免费为已婚女职工提供各种妇科检查。到2005年底，全县有66个民营企业建立计生协会。

无极县志

1989—2005

法治

1989—2005年，无极县公安局遵照中央“稳定压倒一切”和“服从、服务经济建设”的方针，组织广大公安干警，针对不同区域、不同季节、不同时期出现的不同治安问题和犯罪规律特点，深入开展集中治理与群防群治相结合、一般打击与组织严打攻势活动相结合、整体战役与专项治理相结合，严厉打击各种刑事犯罪活动，狠抓社会治安综合治理，全力维护社会稳定，户政管理、监所管理、交通管理、消防管理及重大节日、重要活动保卫等各项工作都取得了好成绩，为经济和社会事业的全面发展创造了良好环境。

无极县人民检察院认真履行检察监督职能，与公安、法院、司法等相关部门紧密配合，积极开展严厉打击刑事犯罪斗争，大力查办贪污贿赂、渎职侵权等职务犯罪案件，不断推动反腐斗争深入发展。1989—2005年间查办各类刑事犯罪案件1209件、2003人；经济案件222件、232人；法纪案件264件、241人。

无极县人民法院紧紧围绕经济建设中心，认真做好刑事审判、民事审判、行政审判、审判监督和执行工作。1989—2005年间共审理刑事案件1877件，结案1867件，结案率99.5%；经济案件1406件，结案率98.74%；审理民事案件10256件，结案率99.94%。

1989—2005年，无极县司法系统积极开展“一五”“二五”“三五”“四五”普法宣传教育活动，推进了法制化进程，加强基层法律服务所与司法所建设，加强法律服务人员的政治学习和业务培训，创建“十户调解员”制度；健全三级调解网络。完善发展公证事业，开展律师职业道德和执业纪律评查活动，为群众政治、经济、文化和社会生活提供法律支持和保障。

無極縣志

第一章　公　安

第一节　案件侦破

一、刑事案件侦查

1989年，针对全县刑事犯罪活动发案特点，继续开展一系列严打专项斗争。全年共破获各类刑事案件116件。

1990年，重点打击对社会危害性严重的杀人、抢劫、强奸等暴力犯罪和重大盗窃犯罪。3、4月，共抓获犯罪分子17人。全年共破获各类刑事案件140件。1991年，采取专项打击、小区域治理、季节性攻势等多种形式，集中力量开展严打斗争。全年共破案324起，其中重特大案件73起，挖出犯罪团伙17个，涉及犯罪嫌疑人65人，缴获赃款赃物共折合人民币24万余元。在打击拐卖妇女儿童专项斗争中，挖出拐卖妇女儿童犯罪团伙4个，涉及犯罪嫌疑人20多名，解救受害妇女儿童33名。在打击盗窃专项斗争中，挖出盗窃自行车团伙3个，缴获自行车58辆。针对县城内打架斗殴、流氓滋事、敲诈勒索等案件突出的特点，开展专项打击，挖出西中铺村、角头村犯罪嫌疑人20多名，并分三次进行公开处理。1992—1994年，坚持严打方针，全力维护社会治安稳定。开展围歼车匪路霸、打击“盗车”、打击“流窜”、除“害”扫“丑”、查处拐买人口案件等一系列专项打击和专项治理，治安秩序明显好转。几年内，相继侦破以王某、李某为首的15人的盗窃犯罪团伙、王某某为首的盗窃犯罪团伙、张某为首的盗窃、破坏水利设施犯罪团伙、东丈三村的贩卖毒品案。检查歌舞厅、发廊、美容厅、录像厅、旅馆、路边店、游戏厅等公共娱乐服务场所136处，查封、取缔录像厅1家。

1995年，在开展“春季严打攻势”斗争和“冬季行动”中，对全县36个重点区域清查重点人868人，破获各类刑事案件147起，其中重特大案件78起，抓获各类犯罪分子47人，其中逃犯11人，查获抢劫、盗窃团伙2个，涉案28人。1996年，开展以“破大案、挖团伙、追逃犯”为主要目标的严打斗争。共破获刑事案件182起，其中重特大案件72起，摧毁犯罪团伙13个，涉及成员59人，抓获犯罪分子120人，其中逃犯37人，挽回经济损失130余万元。

警营开放日

1997—1999年，按照上级公安机关的统一部署，相继开展春秋两季“严打整治”“暑前战役”“三打一整治”“冬季严打”“五月战役”“追逃专项斗争”和“九月会战”等集中统一活动。破获各类刑事案件694件，其中重特大刑事案件266件，摧毁犯罪团伙42个，抓获犯罪嫌疑人388人、追回逃犯111人，其中市级督捕的3人，缴获赃款赃物合计 376 万元。

2000 年，根据公安部关于“打击人贩子、解救被拐卖妇女儿童”专项斗争的指示，广泛发动，协同作战，并发挥网上优势，有计划、有步骤地深入开展活动。截至 11 月底，共破获拐卖妇女、儿童案件 61 起，抓获人贩子 69 人，其中网上 9 人，刑拘 14 人，提请批准逮捕 2 人，共解救妇女 43 人，儿童 43 人，取得了阶段性战果。2001 年，根据公安部、河北省公安厅、石家庄市公安局关于“集中时间、全警动员、全力以赴，迅速开展打黑除恶专项斗争”的指示，组织力量全方位向称霸一方、作恶多端、欺压群众、强买强卖、敲诈勒索、充当打手、强取豪夺的黑恶势力开战。成功破获“1·16”固汪村抢劫现金案。全年共破获各类刑事案件 590 件，打掉黑恶势力团伙 5 个，抓获黑恶势力成员 35 人。

2002 年，根据公安部的要求，结合全县实际情况，先后开展“严打整治阶段战役”（划分为四个阶段）、“打双抢”（打击现行抢劫、抢夺犯罪）等一系列专项斗争，共破获各类刑事案件 411 起，其中大案 288 起，抓获违法犯罪嫌疑人 305 人，挖破各类团伙 20 个，涉案人员 86 人，缴获赃款赃物折款 156.4 万元。破获无极县城北、城西几个乡镇盗割电力设施案。2003 年，按照石家庄市公安局“严打整治”斗争的总体部署和要求，组织开展“猎鼠行动”“暑期风暴”等一系列专项斗争，共破获各类刑事案件 329 起，其中重特大案件 219 起，抓获违法犯罪嫌疑人 181 人，逃犯 40 人，挖破各类犯罪团伙 17 个，涉及成员 55 人，缴获赃款赃物折款 112.7 万元。“2·9”劫持人质案。“2·26”特大入室盗窃案。2004 年，按照第二十次全国公安会议，先后开展“春雷行动”“追捕马加爵专项行动”“侦破命案专项行动”“打击撬盗保险柜专项行动”等，共破获各类刑事案件 268 起，其中重特大案件 78 起，挖破各类犯罪团伙 15 个，涉案人员 53 人，缴获赃款赃物共计 134.7 万元。

2005 年，开展“命案攻坚第一战役”“猎狐行动”“打击盗抢机动车专项行动”“命案攻坚第二战役”“五打两防暑期会战”等一系列专项行动。共破获各类刑事案件 316 起，抓获各类犯罪嫌疑人 115 名，挖破各类犯罪团伙 15 个，涉案成员 70 名，缴获赃款赃物累计折款 400 余万元。

1989—2005 年无极县公安局刑事案件情况统计表

表 20–1　　单位：起

项目 年份	总计		抢劫		盗窃		杀人		强奸		其他	
	立案数	破案数	立案数	破案数	立案数	破案数	立案数	破案数	立案数	破案数	立案数	破案数
1989	118	116	13	12	59	58	2	2	8	8	36	36
1990	231	140	7	3	174	103	7	7	14	12	29	15
1991	356	141	7	6	264	81	8	7	12	10	65	37
1992	410	291	6	5	223	124	2	1	20	19	159	142
1993	214	167	8	4	75	38	4	3	10	10	117	112
1994	230	171	80	76	93	42	6	6	12	10	39	37
1995	112	87	20	16	71	50	4	4	9	9	8	8
1996	105	93	7	6	70	66	6	6	9	3	13	12
1997	180	126	16	14	133	81	6	6	5	5	23	20

续表 20–1

项目 / 年份	总计		抢劫		盗窃		杀人		强奸		其他	
	立案数	破案数	立案数	破案数	立案数	破案数	立案数	破案数	立案数	破案数	立案数	破案数
1998	151	142	12	8	101	98	2	2	4	4	32	30
1999	423	396	20	18	350	332	3	2	3	3	47	41
2000	454	323	29	12	396	258	3	2	3	3	23	21
2001	768	590	56	121	513	247	8	9	8	7	183	206
2002	709	484	25	8	464	270	5	6	5	4	209	196
2003	479	371	30	50	278	193	9	9	37	34	125	85
2004	476	291	27	23	361	199	5	9	6	6	77	54
2005	405	352	17	14	311	293	9	7	3	3	65	35
合计	5821	4281	380	396	3936	2533	89	86	168	150	1250	1087

二、经济案件侦破

2000 年 8 月，经济侦查大队成立。设大队长、教导员、副大队长各 1 人，民警 3 人。办理《最高人民检察院、公安部管理经济犯罪案件追诉标准的规定》中的 77 种经济犯罪案件。到年底，办理各类经济案件 10 件，为国家、集体和个体户挽回经济损失达 70 万余元。2001 年，县公安局受理各种经济案件 30 件，结案 23 件，为国家、集体和个人挽回经济损失 130 万元。3 月，破获孙某出售伪造的增值税专用发票案；4 月，破获虚开增值税专用发票案。

2002—2004 年，县公安局共受理各种经济案件 55 件，破获 47 件，抓获犯罪嫌疑人 21 人，为企业和个人挽回经济损失 218 万元。

2005 年，各类经济犯罪案件立案 12 件，破获各类经济犯罪案件 8 件，抓获犯罪嫌疑人 10 人，其中提请批准逮捕 3 人，为企业和个人挽回经济损失 90.8 万元。

2000—2005 年无极县公安局经济案件统计表

表 20–2

项目 / 年度	立案	结案（起）					抓获犯罪嫌疑人数（人）				挽回（万元）
		总计	诈骗	挪用	职务侵犯	其他	总数	逮捕	取保	其他处理	
2000	10	10	5		1	4	13	6	5	2	70
2001	30	23	12		2	9	45	23	15	7	130
2002	35	31	10	2	3	16					100
2003	11	9	4		1	4	12	8	4		93
2004	9	7	4	1	2		9	7	2		25
2005	12	8	3		3	2	10	3	4	3	90.8
合计	107	88	38	3	12	35	89	47	30	12	508.8

第二节　治安管理

1989年以来，为加强治安管理，组建、加强治安联防队、巡逻队、保安公司等机构，举办特种行业从业人员训练班，建立长效防范机制。同时不断开展打击现行犯罪、打击卖淫嫖娼及吸毒、贩毒，打击车匪路霸；整治流动人口及暂住人口，整治社会丑恶现象；治爆缉枪的集中行动，深入打击社会各类丑恶现象，加强社会管理，以减少治安案件发生的“三打、三整治、两行动”活动。至2005年底，全县各行政村的治保组织健全，其中马桥村、西两河村、司家庄村、东朱村、里城道村、大陈村连续被评为河北省先进治保村；有治安联防队152支，公共场所专业巡逻队43支，保安队员344人。先后查处“三打、三整治、两行动”案件3124起，治安案件4436起，治理秩序混乱的村镇、单位、公共复杂场所130个，稳定了社会治安，社会秩序明显好转。

一、特种行业、公共复杂场所管理

1989—1990年，依照河北省政府的规定，对全县的公共复杂场所进行一次摸底、整顿。全县共有集贸市场、影剧院、汽车站、旅馆、招待所、印刷业、刻字业、歌舞厅、文艺演出单位、典当拍卖、废旧金属收购站、机动车拆解等315家。对符合条件的245家颁发特种行业许可证，并严格执行年审制度。

1991—1995年，先后取缔、停业5家非法废旧金属收购点，对20个重点村镇进行重点整治。对犯罪分子易于藏身、落脚、销赃的25个旅馆及废旧物品收购站进行集中清查，对10家录像厅、8家歌舞厅、39家旅馆、路边店、饭店进行检查整顿。

练　武

1996—2000年，对公共复杂场所、特种行业以及文化市场，先后进行集中整顿和重点治理，对存在问题的经营户分别给予治安处罚，停业整顿和吊销执照，依法取缔等处理。

2001—2005年，根据国务院有关规定，取消部分行业的特种行业许可证发放审核权，实行开业前备案登记制度。备案的旅馆、招待所53家、网吧31家、典当拍卖1家，歌舞厅5家，刻字业3家，废旧金属收购站31家，共计124家。

二、易燃易爆危险品和枪支弹药管理

1989—1991年，根据公安部统一下达的关于“收缴流散在社会上的枪支弹药、剧毒物品”的要求，在全县范围内开展“治爆缉枪”专项活动，收缴各类非法枪支3500支，子弹9251发。

1991年，加强易燃易爆危险品的管理，对其生产、运输、储存、销售各个环节实行严格检查，并登记造册，专人负责。

1992—1995年，对流散在社会上的枪支弹药和爆炸物品再次进行收缴。全县共收缴非法枪支937支，炸药34.5千克，雷管121枚。同时，对配枪单位和个人进行全面检查，做到人、证、枪三对照，完善枪支保管使用制度。

1997年，烟花爆竹实行归口管理，独家经营。同年，取缔东丈福利烟花生产厂和新城福利

烟花爆竹生产厂。

1998—2000年，加大对枪支弹药、易燃易爆危险品的管理力度，特别对民用爆炸物品尤为重视，收缴炸药2760千克，雷管3524枚，导火索3600米。

2001—2003年，成立烟花爆竹稽查队，查处非法生产烟花爆竹窝点4个，提请批准逮捕2人，劳动教养1人，查处非法销售烟花爆竹案件30起，治安处罚30人。

2004年，按照公安部、河北省公安厅有关规定，将烟花爆竹生产、经营审批权移交县安全生产监督局，公安部门负责烟花爆竹购买、运输审批权以及刑事案件的侦查工作。

2005年，全县33家生产、使用剧毒化学品单位，没有发生1例事故。

三、110报警服务管理

1999年，投资16万元，筹建“110”报警服务台，配备接警主机1台、备用机1台，接警台1座，接警电话3部，不间断电源1台及空调等辅助设备。“110”报警服务台有民警3人，协勤员2人，实行三班制轮流值班，坚持24小时值班制度，保证报警线路畅通，群众报警求助及投诉，固定电话直接拨打“110”，手机拨打“5571229”。“110”报警服务台接求助和投诉电话后，原则上按照案件性质、管辖区域和局领导的指示下达出警指令。开设“110”报警服务台后，做到了有警必接，1999年，共接群众报警求助和投诉电话4812次，按性质、区域和局领导的指示及时处理。

2000年，根据形势的发展和石家庄市公安局的要求，成立有9名民警组成的出警队伍，担负“110”报警服务台先期出警任务。出警队接指挥中心指令后，城区5分钟赶到现场。出警队成立后，共出警3565次，抓获各类违法犯罪嫌疑人4813人，救助受害当事人298次，打击各种违法犯罪活动，维护社会治安的稳定，保护人民群众的合法权益。

2005年，公安部支援县20万元“三台合一”设备，成立“110、119、122”三警合一报警服务台，实行三警合一，联署办公，方便基层，便捷服务，提高效率。全县78个重点单位（金融系统及要害部位）与指挥中心实行固定电联网报警。

第三节　户政管理

一、户籍户政

1989年5月，户籍管理工作由公安局户籍办公室负责。1990年3月，设立户政股，取代户籍室，负责户口管理，居民身份证的制发、管理，重点人口的管理和边防证管理。

1991年2月，各乡镇的户政工作由乡镇政府移交所在的派出所管理。随后，各派出所户口管理人员计20人进行为期5天的有关业务知识的培训，并把他们确定为乡镇户口管理的专职人员。

1996年，先后对暂住、流动、重点人口进行4次集中清理整顿，全年共登记暂住人口2645人，从中破获刑事案件46起，抓获违法犯罪分子57人。

1999年5月，对全县外来人口进行清查，抓获犯罪分子8人，其中在逃犯5人，对42名无业人员进行了重点教育，并登记造册。

二、居民身份证

1989年7月，开始颁发居民身份证，先城镇居民，后乡村农民。至年底，全县共办居民身份证172000多张，占应办证的80%。

1996年，各派出所设立身份证照相室，方便办证群众。

2002—2005年，共办理身份证80599张。

第四节　交通管理

1989年，无极县交通监理站改为无极县公安局交通警察大队，隶属于县公安局，下设1室、4组，即办公室、路查组、事故处理组、业务检考组、宣传组。其职责是负责全县的车辆管理、处理交通事故、对驾驶员的管理、开展路检、路查、纠正违章、查处交通事故、年审、司机培训等工作。

1990年，在无极路与光明街交叉路口安装第一套交通指挥信号灯。

1991年，针对驾驶员队伍增长较快，违章肇事较为严重的实际情况，分4批对1045名新驾驶员进行为期5天的业务培训与考核，未过关的146名驾驶员进行补课，再次考核，对仍未过关的32名吊销驾驶执照。同时，加强年度审核和违章处理，交通事故较上年有所下降，全年发生交通事故220起，死亡21人，伤204人。

1992年，加强路面控制，增加在道路流动值勤民警5人，对一些阻碍交通的事故进行及时处理，保证了要道的畅通。同时，针对马路市场、占道经营回潮，影响交通的实际情况，整顿跨路市场6个，拆除违章建筑1413处。是年，发生交通事故204起，死伤计163人。

1993年，以预防事故、缓解阻塞、保障畅通为重点，加强对重点路口、重点路段的管理，增设标志、标线，给机动车辆和非机动车辆及行人以明显的通行信息，各行其道。发生交通事故193起，死伤142人。

1994年，把交通秩序管理视为公安交管工作的重中之重来抓，重新部署警力，路面警力占全部警力的75%以上。

1995年，无极县购置第一台机动检测车，彻底改变了无极县机动车检验靠目测外观尾气排放、道路测试刹车痕迹的落后做法，大大提高了检验准确度。

1996年7月，中央电视台先后2次播出无极县交警大队建立交通事故子女失学资助基金，旨在帮助事故造成的家庭贫困而导致失学的子女重返校园的消息。当时，在全省、全国产生一定反响，成为全县一大亮点。交警大队的民警在交通事故回访中发现，有的事故导致了一些家庭的贫困，甚至使一些儿童变成了孤儿，丧失学业。全体干警在党支部的号召下，纷纷捐款，建立“交通事故子女失学资助基金”。

1997年4月，按照公安部的要求，成立了无极县公安局公路巡逻民警大队，与无极县公安局交通警察大队是一支队伍、两块牌子。其职责增加了公路治安巡逻、先期处置公路治安案件、公路刑事案件的内容。由此，道路交通管理由着重于点、段转为公路全程巡逻，由静态管理转为动态管理，道路交通秩序明显好转。同年10月，针对集贸市场占公路的问题进行了集中治理。县城内省道干线所有的占道集贸市场进行搬迁，消除了公路上的“血栓”，极大地提高了道路通行能力，实现了真正意义上的畅通。年底，各类机动车驾驶员10132人。

1998年，开通了“122”事故报警救助服务电话。全年，接受电话213次，受助群众220人次，提高了公路突出事故的处理速度。

1999年，全县开展创建“平安大道”活动，对全县境内公路容易发生交通事故的“黑点”“黑段”进行排查治理，提出对易发交通事故路段的治理意见。由县政府统一领导，公安交警、交通部门、城建部门对公路进行改造，以减少道路交通事故的发生。

2001年11月，建成汽车检测线和摩托车检测线各1条。这两条检测线由电脑控制检测数据显示机动车的尾气、轴重、侧滑、车速、灯光、喇叭等项目，准确反映出机动车的技术状况和安全性能，为安全行车提供可靠的保障。

2002年，新增幸福街与无极路交叉路口、贸易街与无极路交叉路口、贸易街与南环路交叉路口等交通信号灯，进一步完善了交通设施。

2003年，大批量设立交通标志，设路标85块，安装黄闪灯警示灯12处24个。

2004年，实施“畅通工程”活动，重点对城区的交通环境进行治理，对城区主道进行拓宽、改造，使城区交通更加便利。在无极路与光明街交叉路口更新一套数字计时信号灯。

2000—2004年，全县交通事故1901起，死亡159人，受伤1107人，直接经济损失727.85万元。各种情况分析：从路段来看，交通路口376起，三岔路口571起，沿村公路570起，乡间公路384起；从人员构成上看，司机565起，非司机1336起；从天气情况看，好天342起，恶劣天气1557起；从时间上看，夜间行车比白天多，下午行车比上午多，暑天、入冬后行车事故多。

2005年，全县拥有低速载货汽车（含柴油农用三轮、四轮）14383辆，大型汽车1489辆，小型汽车5894辆，挂车393辆，二、三轮摩托车56154辆。拥有机动车驾驶员（持驾驶证者）4.98万人。

1989—2005年无极县道路交通事故统计表

表20–3

指数 年份	起数	增减幅度（%）	死亡人数	增减幅度（%）	受伤人数	增减幅度（%）	直接经济损失（元）	增减幅度（%）
1989—1990	718		55		324		122310	
1991—1995	1771		163		962		458596	
1996—2000	1948	10	179	10	1058	10	509019.56	11
2001—2005	2113	8.5	194	8.5	1147	8.5	514109	10
合计	6550		591		3491		1604034.56	

第五节　消防工作

1989年，根据“预防为主，防消结合”的方针，建立健全防火机构，配备消防器材，加强对重点防火单位的管理，对广大群众进行防火知识的宣传教育，提高广大群众的防火意识。至年底，举办消防法、防火灭火业务知识和义务消防队员培训班4次，受训531人次，巡回展出火灾图片3场次，发放有关宣传资料3000份。

1990年，对消防工作进行摸底，确定消防工作的重点：化工易燃易爆的工厂、企业和机关事业单位以及液化气罐装站、加油站等发出《火险隐患通知书》。消防器材由原来的锨、桶、砂等发展为消防泵、泡沫、干粉、二氧化碳等多种化学灭火器具、灭火设备和技术都有明显改进。1991年，推行“谁主管、谁负责”的消防管理办法，使防火管理横向到边、纵向到底，纵横结合，形成一个整体性全方位的防火网络。1992年，农村夏收使用联合收割机收打小麦。对此，多次发出禁烧麦茬的通知，加强监督检查，保证三夏的顺利进行。1995—1999年，举办为期3天的企事业单位法人代表参加的消防安全知识培训班，有20个部门40多人参加；举办消防法、防火灭火业务知识和义务消防队员培训班4期，受训462人次；针对冬季是易发火灾高峰期的特点，利用集日举办3次火灾图片展，并发放有关宣传资料2000余份，受教育群众达5000人次以上；在防火的淡季，为消除人们对火灾的麻痹大意，组织相关人员10人，对15个企业进行了安全检查，查出火灾隐患20处，对火灾隐患均督促整改予以消除；深入到5所乡镇中学，对在校师生进行防火灭火的专场教育，受教育师生4000多人，提高学生们防火灭火的思想意识。2000—2005年底，全县共发生火灾213起，没有人员伤亡，直接经济损失235.44万元。县消防大队和企事业专职消防队接警出动280多次，出动消防车320多辆次，出动人员4600多人次，保护国家和个人财产近亿元。

第六节　看守关押

无极县看守所位于无极县城北2公里处，占地22亩，建筑面积5881平方米，有公安干警13人，其中所长1人。所关押犯罪嫌疑人和判处1年以下有期徒刑犯。

1989年以来，看守所配合“严打”斗争，加强在押人员法制教育，有的案犯交待余罪、提供案件线索，挖出重点打击对象。开展文明监所活动，完善管理制度，严禁打骂、体罚、侮辱在押人员，评选文明监室和文明个人；深入监号宣传法制，做好思想转化工作，避免事故发生；调整监室，解决拥挤现象，统一被褥，统一服装，统一卫生洁具，统一作息时间，改善生活环境；建立在押人员出入日清月结制度，系统教育案犯，实施人性化管理，逢年过节，改善伙食，开展文体活动。在押人员生活费用由县财政提供，定期理发、晾晒被褥。另外，在重大节日之前召开看守所和武警中队主要领导参加的安全工作会议；严格实行岗位责任制，各负其责，密切配合，加大督导检查力度；将安全工作当作一项大事常抓不懈，每季度召开一次安全检查工作会议，发现问题及时解决；及时了解掌握在押人员的思想状况，将问题解决在萌芽之中。2005年，无极县看守所被石家庄市公安局授予“石市公安监管部门队伍正规化建设示范单位”。

附：　　　　**犯罪嫌疑人员分析**

2002年抓获各种犯罪嫌疑人305人，其中男270人，女35人；18岁以下的未成年人65人，18岁至45岁的186人，46岁以上的54人；初中以下文化程度的263人，高中以上文化程度的42人；城镇居民40人，农民265人。

发案特点和规律：1. 犯罪活动由原来单一的盗窃，发展到结伙伤害、抢劫等。他们不守本分，抱团结伙，酗酒闹事，拉帮结伙打群架。2. 盗窃案件冬季大多发生在夜晚，夏季农忙时节多发生在白天；3. 农村偏远地区多发杀人、伤害致死案件。这些地区的人们生活条件较差，文化素质偏低，娱乐场所少，法制教育跟不上，加之青年人偏激的心态和易冲动性格造成该地区此类案件多发。4. 交通便利地区易发生流窜作案，交通便利，犯罪分子作案后易脱身。5、刑事犯罪日趋低龄化，青少年犯罪占相当比重。由于社会上不健康的书刊、杂志和反映色情暴力的录像的泛滥，极易诱发青少年犯罪。

第七节　管理机构

1989年，无极县公安局设办公室、刑侦队、治安股、内保股、政保股、消防科、看守所、预审股、交通警察大队、城关派出所、市场派出所和20个乡镇所。1991年增设政工股、户政股、法制股、通讯股、信访办公室、消防队。1994年，增设技术室，同时为稳定城西工业区和城北工业区的治安，成立城西工业区派出所和城北工业区派出所。1996年机构改革，撤乡并镇，原来的20个乡镇派出所合并为11个乡镇派出所，增设巡逻队。1997年，成立无极县国税治安室和无极县地税治安室、刑警大队。1998年，增设治安拘留所、流动人口管理办公室、警务督察队。2000年，成立经济犯罪侦察大队。2001年，撤销通讯科、巡逻队，成立“110指挥中心”。8月，撤销城关派出所、无极镇派出所，成立无极县公安局城关分局；撤销张段固派出所，成立无极县公安局张段固分局；撤销市场派出所、城西工业区派出所，成立县局驻电力治安室、驻烟草治安室、驻土地治安室、驻工商治安室。2002年，政工科更名为政治处，治安科更名为治安警察大队，政保科更名为国内安全保卫大队，内保科合并到城关分局。2003年无极县公安局的内设机构为办公室、政治处、110指挥中心、法制科、纪检信访科、警务督察队、治安警察大队、户政科、国内安全保卫大队、刑事警察大队、经济犯罪侦查大队、交通警察大队、看守所、治安拘留所、消防科、消防队、城关分局、张段固分局、城北工业区派出所、驻工商治安室、驻电力治安室、驻烟草治安室、驻土地治安室、驻地税治安室、驻国税治安室、流动人口管理办公室及七汲派出所、南流派出所、里城道派出所、郭庄派出所、东侯坊派出所、郝庄派出所、高头派出所、北苏派出所、大陈派出所。2005年机构设置未变，工作人员237人。

第二章　检　察

第一节　刑事检察

1989年以来，保持严厉打击刑事犯罪的高压态势，重、特大案件提前介入，主动加强与公安、法院的联系沟通，形成打击合力，增强打击刑事犯罪的针对性和时效性；加大对爆炸、杀人、抢劫、强奸、盗窃、故意伤害、黑恶势力犯罪等打击力度，并依法从快批捕，起诉了一批严重危害社会治安和人民群众生命财产安全的刑事犯罪案件。1990—1995年，批准逮捕犯罪嫌疑人496人，起诉381人，都做了有罪判决。

1996年以来，刑事案件的种类日趋多样化，刑事案件本身也呈现出许多新的情况、新的特点。一是奸杀案减少，图财害命案上升；二是故意杀人、蓄谋已久的少了，突发性的案件多了，犯罪动机简单化；三是青少年犯罪率居高不下；四是做案成员的主体明显；五是暴力犯罪多，结伙犯罪突出，未成年人犯罪中3人以上结伙犯罪占74%以上，尤其是抢劫案件几乎全部是团伙犯罪；六是侵财犯罪高居首位，金融诈骗、合同诈骗、职务侵占等比例增大；七是犯罪呈智能化、有组织化趋势。原因一是产业调整，贫富收入差距拉大；二是权力失去制约监督；三是社会不良影响、学校家庭教育脱节；四是人口流动失控。据此，县适时调整布局，主动出击，充分发挥检察职能的作用，严厉打击各类严重刑事犯罪活动。到2000年，批准逮捕犯罪嫌疑人561人，起诉375人。

2001年，按照上级部署，全面开展严厉打击严重刑事犯罪分子破坏活动和整治社会治安综合治理斗争（简称“严打”整治斗争）。在审理所办的刑事案件中，坚持“从重从快”方针和基本事实清楚、基本证据充分的“两个基本原则”，深入办案第一线，重拳打击各类严重刑事犯罪分子，震慑了罪犯，维护了社会稳定和法律的公正，无错诉、漏诉。所办刑事案件103件、146人，准确率达100%，提起公诉的案件都做出有罪判决。2003年在审查牛某某等7人抢劫一案中，提前介入，仅用几天时间就审阅完5本的刑事案卷，并依法移送上级院，做到了快审快诉，牛某某等人被依法处以死刑等刑罚。办理王某某等5人盗窃、抢劫、绑架一案中，通过阅卷和调查疑有余罪。遂建议公安机关补充侦查，经查证所漏余罪，并依法起诉。

2001—2003年，审查批准逮捕犯罪嫌疑人513人，涉嫌重大案件：2001年60人，其中抢劫42人，故意杀人7人；2002年30人，其中抢劫14人，故意杀人3人；2003年46人，其中抢劫19人，故意杀人7人。无极路城市信用社东市庄代办站原代办员贾某某为非法吸收公众存款伪造石家庄市农村信用社存单及公章，以石家庄市农村信用合作社高息存款、不扣利息税、存款一定数额有奖等为由，非法吸收公众存款共计169.08万元。检察院受理后以无检刑诉（2004）66号起诉书指控被告人贾某某犯非法吸收公众存款罪，于2004年12月1日向无极县人民法院提起公诉，并指派检察员出庭支持公诉，2004年12月30日，经县人民法院审理判处被告人贾某某有期徒刑6年，并处罚金50万元。

1989—2005年，检察机关共受理公安机关提请批准逮捕的杀人、放火、抢劫、投毒、强奸、盗窃、故意伤害等各种刑事犯罪案件1209件、犯罪嫌疑人2003人，审查案件1114件，批准逮捕1828人。经审查依法提起公诉801件、1265人，免于起诉或不起诉96件、139人。对公诉案件，除使用简易程序的轻微案件外都派人员出庭支持公诉、发表公诉词、公诉人认真负责，以事实为根据，以法律为准绳，不枉不纵，有效地防止冤、假、错、漏案件的发生。

第二节　经济检察

1989年，经济检察以查处贪污受贿为重点。8月25县最高人民法院、最高人民检察院联合发出《关于贪污、受贿、投机倒把等犯罪分子必须在限期内自首坦白的通告》(简称通告)。8月29日，无极召开落实《通告》、深入开展打击经济犯罪大会。对主动坦白交待罪行、积极退赃并检举他人的2名经济犯罪分子从宽处理。10月16日，再次发表电视讲话，敦促经济犯罪分子走自首坦白的道路，必须在通告规定的期限内投案自首。到年底立案15件、16人，批准逮捕8件、8人，起诉3件、3人。

1990年8月29日，县发布《关于敦促经济犯罪分子必须在期限内自首坦白的通告》。到年底受理贪污贿赂经济案件27件，立案13件，其中重特大案件5件，起诉4件4人，挽回经济损失79万余元。

1992年，贯彻邓小平南方谈话精神“在整个改革开放过程中都要反对腐败”，检察机关集中力量抓大案、要案，重点查处党政机关、执法单位和经济管理部门的贪污贿赂案件。到1997年，共立案166件，涉及135人，起诉59人。

1998年，坚持“一要坚决，二要慎重，务必搞准”的原则和“惩治预防”并重的方针，反贪工作构建内外结合互为一体的新格局，鼓励群众举报，拓宽案源渠道，积极与公安、司法、工商、审计等行政执法机关部门建立反贪情报网络和配合做好行政执法与刑事司法的衔接。到2004年，共立案侦查58人，批准逮捕23人，起诉27人。仅2004年就查办贪污贿赂案件10人，其中有罪判决6人，上网追逃3人，移送公安机关1人。

到2005年，共立案侦查222件，涉及232人。其中大案69件，涉及79人。按照法律程序，批准逮捕51件、56人，起诉90件、99人。

第三节　法纪检察

1989年开始，法纪检察工作由法纪检察科行使。查处国家工作人员玩忽职守、侵犯公民民主权利、人身权利、刑讯逼供等违法违纪渎职犯罪案件。1992年，在干扰多、阻力大、立案难、取证难的情况下，拓宽案源渠道，利用多种媒体强化宣传渎职侵权工作的性质、案件管辖范围、立案标准、办案程序，使群众知情、懂法、用法，调动人民群众举报的积极参与性。全年受理法纪案件25件、28人，立案10件、13人，起诉4件、7人。

1993年以后，建立奖励机制，凡是举报的线索经查证属实，构成犯罪的，及时给予奖励，举报大要案重奖。激励全县群众举报违法犯罪活动，法纪检察工作深入开展。到1997年，共受理120件、136人，立案40件、50人，起诉30件、44人。

1998—1999 年侦破行政违法案件 1 起。

2002 年以来，完善举报、受理、立案、侦查、逮捕、起诉等机制，有效打击渎职侵权犯罪。2003—2004 年，受理 29 件、36 人，立案 10 件、13 人，起诉 2 件、4 人。

到 2005 年底，共受理刑讯逼供、非法拘禁、玩忽职守、诬告陷害、非法侵入他人住宅、徇私舞弊、重大责任事故等类法纪案件 264 件、241 人，其中立案侦查 96 件、115 人，决定逮捕犯罪嫌疑人 16 人，起诉 45 件、63 人。

第四节　民事行政检察

1996 年 6 月，设民事行政检察科，监督法院民事审判和行政诉讼。以危害国家和人民利益，影响社会稳定，群众反映强烈的案件作为民事审判和行政诉讼监督重点，运用依法抗诉和检察建议等手段，依法保护案件当事人的合法权益。到 2005 年，共受理 143 件，提请抗诉 84 件。

第五节　监所检察

监所检察工作重点监督检察在押犯是否守法，管理人员是否违法，管理政策、措施是否得当。坚持以安全检察和防止重大事故为重点积极开展工作，通过行使对看守所的检察权，对保外就医人员进行复查，杜绝各种事故的发生，促进在押犯的改造，保障审判工作的顺利进行，同时认真开展清理、纠正超期羁押、判刑、假释、保外就医等专项活动。推行和完善监所检察网络化管理和动态监督并完善预防超期羁押的检查、提示、督促等预警制度，有效防止边纠边超。

1990 年，落实最高人民检察院《关于本年内实现监所规范化的要求》，协助监所整顿秩序，规范化管理，经过 230 次的检查，按要求完成监所规范化。

1994 年，检查 360 次，与在押人员谈话 50 次，疏通思想，接受改造，做好在押人员教育感化工作。

2002 年，监所检察人员到看守所驻守，实行岗位责任制，健全监所联席会议，在押人员教育和安全检查制度，严把收押、提审、释放在押人员“三道关口”，进一步加强了对看守所的管理。

到 2005 年，共纠正问题 40 个，提检察建议 94 份，实现无逃跑、无自杀、无行凶、无暴狱的“四无”看守所。

第六节　控告申诉

设检察长接待日制度，认真受理群众来信来访，解决了一批久拖未解决的问题。1990 年 6 月，按最高人民检察院发《人民检察院控告申诉检察工作细则》复查案件 45 件，直接答复 10 件，转有关单位 30 件，初查 5 件。

2004 年，创建“维权服务中心”，积极探索人性化接访方式，为上访群众着想，为行动不便的群众上门接访，为确有困难的群众提供食宿方便，做到接待、受理、答复、首次接待成功率、人民满意率 5 个 100%。当年，接待群众来信来访 196 件，受理群众举报 122 件，受理刑事申诉 20 件，件件有回落。

到 2005 年，共受理信访 1254 件，接待来访 692 人次。

第七节　预防职务犯罪

2002 年 8 月，在全县机构改革中，县检察院增设职务犯罪预防科，成立无极县预防职务犯罪指导委员会并建立例会制度、工作情况报告制度、职务犯罪通报情况制度、决策建议报告制度等项制度。全面开展个案预防、行业预防，专项预防、跟踪预防，形成党委统一领导下的预防职务犯罪工作机制。

2003 年以后，在税务、交通、电力、金融、教育、环保等30多个单位和部门等重点行业和系统建立预防职务犯罪工作机制，成为推进预防职务犯罪工作深入开展的主渠道，形成上下联动、点线结合、齐抓共管的预防大格局。在查处职务犯罪案件中，不是就案办案，而是加强个案预防，在发案的行业中把职务犯罪预防工作延伸到办案中去，采取个案预防与行业预防相结合的方法。2003年下半年，在查处金融系统贪污受贿案件时，结合办案，有针对性的做好个案预防和行业预防，并把个案预防与行业预防有机地结合起来，积极探索预防新途径，抓住金融系统职务犯罪的特点、原因以及职务犯罪高等，及时召开全系统职工大会，运用典型案例，依案释法，对全系统职工进行警示教育，广大职工说，县检察院的这一课上得及时，真是抓了案子，教育了干部职工。同时进一步加强防范农村职务犯罪工作，建立“预防农村干部职务犯罪法律服务站”，通过法律宣传、送法进村、座谈会、警示教育等形式开展预防工作，职务犯罪势头得到遏制。

1989—2005年无极县检察情况统计表

表20-4

年度/名称	刑事检察				经济检察				法纪检察				控告申诉	监所	民事行政
	批捕		起诉		立案		起诉		立案		起诉		受理信访（件）	看守检查（次）	抗诉（件）
	案	人	案	人	案	人	案	人	案	人	案	人			
1989	60	108	57	69	15	16	3	3	7	10	3	3	83	250	
1990	55	94	48	74	13	13	4	4	7	7	3	3	45	230	
1991	60	96	49	79	19	20	4	4	5	5	1	1	14	263	
1992	46	65	45	58	23	25	5	5	10	13	4	7	86	300	
1993	46	55	31	35	19	26	3	3	3	3	1	1	60	300	
1994	58	101	61	81	20	20	8	8	9	13	7	11	111	360	
1995	46	65	47	54	17	18	15	16	10	12	8	11	129	321	
1996	59	73	59	71	21	28	21	27	11	15	8	12	107	315	
1997	63	99	43	48	16	18	0	0	7	10	6	9	76	300	4
1998	60	97	58	84	8	8	6	7	2	2	2	2	29	320	5
1999	76	149	58	78	9	9	4	4	5	9	0	0	30	310	13
2000	80	143	56	94	8	8	3	3	5	5	0	0	32	300	0
2001	105	196	62	82	10	10	1	1	5	7	0	0	56	310	9
2002	96	155	61	101	4	4	1	1	4	6	1	3	50	240	8
2003	100	153	113	167	10	10	8	8	5	8	1	3	88	235	18
2004	103	179	61	90	9	12	4	6	5	5	1	1	162	230	14
2005															

第八节　管理机构

1989年，检察院设办公室、审查批捕检察科、审查起诉检察科、法纪检察科、经济检察科、监所检察科和控告申诉检察科，人员38名。1996年6月，设办公室、政工科、审查批捕检察科、审查起诉检察科、法纪检察科、经济检察一科、经济检察二科、监所检察科、控告申诉检察科、民事行政检察科。1997年11月，成立无极县反贪污贿赂工作局，为正科级行政机构。1998年3月，机构调整为办公室、政工科、综合科、侦查一科、侦查二科、法纪检察科、刑事检察一科、刑事检察二科、监所检察科，控告申诉检察科、民事行政检察科。2002年8月，在机构改革中撤销政工科，成立政治处，法纪检察科更名为渎职侵权检察科，刑事检察一科更名为公诉科、刑事检察二科更名为侦查监督科，增设职务犯罪预防科，其他科室不变。

2005年，设办公室、政治处、综合科、侦察一科、侦察二科、渎职侵权检察科、公诉科、侦察监督科、监所检察科、控告申诉科、民事行政检察科、职务犯罪预防科，干部职工41人。

第三章　法　院

1989—2005年，随着全县社会各项事业的发展，特别是民主法制建设进程的加速推进，无极的审判工作重心，逐步从以严厉打击各种刑事犯罪为主转移到维护社会安定与化解人民内部矛盾，保障经济建设与打击刑事犯罪并重的轨道上来，审判活动领域逐步拓展。无极审判工作紧紧围绕“公正与效率”这个主题，不断加强基础队伍建设，积极推进审判制度改革，使审判活动逐步趋于规范。1996、1997年，连续两年被石家庄市委、市政府授予“政法系统先进集体”称号，2000年，被石家庄市委、市政府授予“政法工作先进单位”“文明单位”。

第一节　审判制度改革

1989—2005年，基本审判制度两审终审制、公开审判制、人民陪审员制度、审判监督制度等沿袭前制。在法律允许的范围内，对立案、庭审、执行、审判监督等进行不断的探索和改革。

一、审判管理改革

1989—2005年，审判管理工作紧紧围绕“公正与效率”这个中心积极探索，改革传统的审判管理模式，逐步建立起符合审判活动规律和特点的管理模式。

1. 立审分离制度

1989—1992年，沿袭以前的诉讼案件由各审判庭自立自审。1993年起，开始试行“立审分离”制度，除刑事公诉案件外，所有刑事自诉案件、民事案件、经济案件、行政案件等，统一由告申庭负责审查立案，根据案件管辖范围，转送有关审判庭审理。授予告申庭审限审查权，督促催办权，建议纠正权。1995年9月，石家庄中级人民法院在无极召开现场会推广无极的工作经验，并在全国法院告申工作会议上作典型发言介绍经验。1997年，根据最高人民法院《关于人民法院立案工作的暂行规定》，所有案件必须先由立案庭审查立案，严禁自立自审，对不立自审视为办私案。该年度发现4起不立自审案件，均给予严肃处理。1999年，立案工作从告申庭分离出来，成立立案庭，专门管理立案工作。2001 年进一步完善“立审分离”制度，设立立案大厅，严格落实统一立案、统一收费制度，解决该立不立、不该立乱立案的乱办案、办私案问题。推行以审限为核心的审判流程管理，每个案件从立案开始，通过“一案两卡”“台账”“排期开庭”制度，对案件审理全程进行动态监控，对超审限案件及时发出督办卡，杜绝案件超审限现象。2003 年，正式制定出台《审判流程管理办法》，以审判流程管理为中心的“立审分离”制度确立。

2. 审务公开制度

凡依法应当公开审理的案件没有公开审理的，当事人提起上诉或检察院提起抗诉的，以及当事人申诉的，经审判委员会研究决定启动再审程序。1999 年，推行以庭前准备公开（包括开庭时间、地点、当事人名称及立审人员、收费数额等）、庭务活动公开（允许人民群众和社会各界人士旁听）、双方争议公开、双方举证、质证、认证公开、评判公开、宣判公开的审务公开制度。该年公开开庭审理的案件达 100%。

3. 审执分离制度

1996 年起，实行审判和执行分离制度，除基层人民法庭审理的一般案件外，各审判庭审理判决的案件一律交付执行庭执行。严禁自审自执，规避判而不决。

二、审判方式改革

1989—2005 年，以追求“公平、公正、效率”做为审判活动追求的目标，不断改革审判方式。1996 年 8 月始，庭审活动逐步由“纠问式”向“控辩式”转变，改变了以往审判人员和原告联合起来质问被告的倾向，使审判员真正处于裁判官的位置。“控辩式”庭审主要体现在讯问、举证、质证、辩论由举辩双方进行，实体审查由原来的庭前书面审查转到法庭上进行，当事人陈述、证人证言、双方辩论、证据出示等均在法庭进行。审判员的职责就是组织法庭调查，引导法庭辩论，对控辩双方提出的问题及诉讼参与人的各种诉讼行为根据有关法律法规的原则及时做出判断，提出处置意见。“控辩式”庭审方式 1997 年后逐步由刑事案件审判延展到民事审判、经济审判、行政审判。

自 2001 年始，各种案件实行繁简分流，扩大简易程序的适用范围，凡是法律没有禁止性规定的，当事人自愿要求适用的，均可适用简易程序。立案庭设立速裁处，当事人双方一同到庭要求解决纠纷或者较为简单的民事案件，即立、即审、即结。活化庭审程序，实行证据交换制度。在庭前及庭审中的任何环节，当事人要求调解的，不受进行程序阶段的限制。

从 2002 年起，部分刑事案件也适用简易程序；法官开庭穿法袍，用法槌制度，规范法官庭审活动中的形象、举止；根据最高人民法院关于建立现代民事审判制度的要求，调整原来民事、经济审判分立的格局，撤销经济审判庭，将经济审判纳入民事审判的工作范畴；依法扩大适用独任审判，对那些基本事实清楚、证据充分、争议不大的民事刑事自诉案件，依法由一名审判员独任审判，实行审判员和独任审判员选任制。

第二节　基层人民法庭

1989 年，设城关、郭庄、高头、大陈 4 个基层人民法庭。负责该片区域内各乡镇所属的行政村民事案件的审理和执行，简单经济纠纷案件的审理，指导基层民调组织开展工作，为辖区群众提供法律咨询和服务。1998 年，增设北苏人民法庭和张段固人民法庭。

附：　　基层人民法庭简介

1. 城关人民法庭

城关人民法庭始建于 1982 年，办公地点原来设在城关镇政府，借用镇政府平房 6 间。1997 年在县城人和街建成新法庭，占地面积 4.5 亩，总建设面积 1050 平方米，房屋 40 间，总投资 68 万元。是年法庭迁入新址办公。法庭审判庭、会议室、接待室、办公室、档案室配套锅炉房、茶炉房、车库、传达室俱全。法庭组建之初，主要负责城关、七汲、张段固、甄村、庄里5个乡镇所辖行政村的民事案件审理工作，指导民调组织开展工作。1996年乡镇建制调整后城关法庭管辖区域为城关镇、七汲镇、张段固镇。1998年城关法庭管辖区域确定为无极镇、七汲镇共36个行政村，辖区面积95平方公里，人口8.2万人。主要职责为民事案件和简单经济纠纷案件的审理和执行工作，指导基层民调组织开展工作，为辖区群众提供法律咨询和法律服务。年均审结各类案件180余件。

城关人民法庭编制5人，其中庭长1人，副庭长1人，审判员2人，书记员1人。城关法庭曾多次受到上级法院表彰。《石家庄日报》对该庭严格执法，热情服务的事迹曾做过专门报道。1994年荣记“集体三等功”，1995年被评为“社会治安综合治理先进单位”，1996年被评为“先进法庭”，1998年荣获河北省“五好法庭”称号。先后有4名干警荣记个人“三等功”。

2. 大陈人民法庭

大陈人民法庭始建于1976年，借用大陈医院4间平房办公，主要负责大陈、东侯、泗水、南流四个人民公社（1982年各人民公社改为乡或镇）所辖的行政村民事案件的审理和执行工作，指导基层民调组织工作。1996年在大陈村南建成新法庭，占地2.2亩，建筑面积280平方米，房屋15间，总投资16万元。审判庭、会议室、接待室、档案室、办公室“五室配套”。是年9月，竣工投入使用，法庭迁入新址。1996年各乡镇建制变更后，确定大陈人民法庭管辖大陈镇、南流乡共计34个行政村。辖区面积85平方公里，人口6.4万，主要职责为民事案件和简单经济纠纷案件的审理和执行工作，指导农村基层民调组织工作，为辖区群众提供法律咨询和服务。年均审结各类案件120余件。

大陈法庭编制4人，其中庭长1人，审判员2人，书记员1人，大陈法庭曾多次受到县委县政府和上级法院表彰，1992年荣立“集体三等功”，1994年、1995年连续被评为“先进法庭”。

3. 郭庄人民法庭

郭庄人民法庭始建于1979年，借用镇办企业4间平房办公。主要负责原郭庄、楼下、东侯坊、里城道、前北焦5个人民公社所辖行政村（1982年人民公社改为乡或镇）的民事案件审理和执行。1996年投资9.5万元在郭庄村北购置办公楼一座，占地面积6000平方米，建筑面积850平方米，房屋14间，经改造修葺，会议室、接待室、审判庭、档案室、办公室“五室”配套。同年郭庄人民法庭迁入新址办公。1997年乡镇区划变更后，确定郭庄人民法庭管辖郭庄镇、里城道乡，东侯坊乡正深路以北共计55个行政村，辖区面积120平方公里，人口10.6万人。主要职责为负责民事案件和简单经济纠纷案件的审理和执行工作，指导基层民调组织工作，为辖区群众提供法律咨询和服务。年均审理案件140余件。

郭庄法庭编制4人，其中庭长1人，审判员2人，书记员1人。郭庄人民法庭曾多次受到上级人民法院及县委、县政府表彰和奖励。1996年被评为市级“五好法庭”。

4. 高头人民法庭

高头人民法庭始建于1976年，办公地点设在乡政府。主要负责高头、南马、郝庄、西东门、北苏5个人民公社所辖村庄（1982年各人民公社改为乡或镇）民事案件的审理，指导基层民调组织工作。1996年新法庭建成，共投资13.6万元，占地2.3亩，建筑面积340平方米，房屋17间。审判庭、会议室、接待室、档案室、办公室“五室”齐备。1997年乡镇区划变更后，确定高头人民法庭管辖高头乡、郝庄乡部分村共34个行政村，辖区面积100平方公里，人口6.2万，主要职责为民事案件和简单经济纠纷案件的审理和执行工作，指导农村基层民调组织工作，为辖区群众提供法律咨询和服务。年均审结各类案件120余件。

高头法庭编制4人，其中庭长1人，审判员2人，书记员1人，高头法庭曾多次受到县委县政府和上级法院表彰，1995 年被县委、县政府评为“文明窗口单位”。

5. 北苏人民法庭

北苏人民法庭始建于 1998 年，占地 2.5 亩，建筑面积 350 平方米，房屋 11 间，总投资 25 万元，审理室、会议室、接待室、办公室、审判庭“五室”齐备，法庭主要职责：负责北苏镇 18 个行政村的民事案件和简单经济纠纷案件的审理和执行工作，指导基层民调组织工作，为辖区群众提供法律咨询和服务。辖区面积 55 平方公里，人口 5.5 万人，年均审理各种案件 120 余件。

北苏人民法庭编制 4 人，其中庭长 1 人，审判员 2 人，书记员 1 人。北苏人民法庭 1998 年被市中级人民法院荣记“集体三等功”。

6. 张段固人民法庭

张段固人民法庭始建于 1998 年，占地 2.5 亩，建筑面积 350 平方米，房屋 11 间，总投资 25 万元，审理室、会议室、接待室、办公室、审判庭“五室”齐备，法庭主要职责为负责张段固镇、东侯坊乡部分村庄、郝庄乡部分村庄共 36 个行政村的民事案件和简单经济纠纷案件的审理和执行工作，指导基层民调组织工作，为辖区群众提供法律咨询和服务。辖区面积 69 平方公里，人口 8.8 万人，年均审理各种案件 130 余件。

张段固人民法庭编制 4 人，其中庭长 1 人，审判员 2 人，书记员 1 人。张段固人民法庭为辖区经济的发展和社会稳定作出很大贡献，尤其对当地皮革业的发展起到了保驾护航的作用，受到当地政府和人民群众的普遍赞扬。

第三节　刑事审判

依照《中华人民共和国刑法》《中华人民共和国刑事诉讼法》的规定，1989—2005 年，坚持“严打”方针，积极开展刑事审判活动，依法惩处各类犯罪分子，17 年间共审结各类刑事犯罪案件 1860 件。

1989 年，审结各种刑事案件 86 件，其中公诉案件 49 件，自诉案件 37 件。这些案件以伤害和盗窃犯罪居多。1990—1996 年，县人民法院从维护社会治安稳定，保障改革和经济建设顺利进行的大局出发，坚持“一要坚决，二要慎重，务必搞准”和依法“从严惩处”的方针，7 年间共审结刑事犯罪案件 684 件 830 人。其中故意杀人、故意伤害、强奸、污辱、拐卖人口、非法入宅、非法拘禁、重婚、虐待等侵犯公民人身权利、民主权利案件 370 件 404 人；抢劫诈骗、盗窃等侵犯财产罪 144 件 224 人；贪污、受贿、挪用公款等职务犯罪 18 件、18 人；放火、爆炸、破坏电力设施、流氓、偷税、招谣撞骗、拒不执行判决等妨害公共秩序罪案 56 件、61 人；其他罪案 96 件、123 人。判处发生法律效力的 661 件、740 人，判处无罪 3 人，判处刑罚的 425 人，其中判处 10 年以上有期徒刑的 46 人，5 年以上不满 10 年有期徒刑的 117 人，5 年以下有期徒刑或拘役、缓刑等其他刑罚的 264 人。

1996 年修订的《中华人民共和国刑事诉讼法》和 1997 年修订的《中华人民共和国刑法》贯彻实施，“免于起诉”“收容审查”和“类推制度”随之取消，罪刑法定原则得到进一步确定，“疑罪从无”原则得到体现，人民法院在刑事诉讼中裁决作用的地位更加突出。全面推进刑事审判方式改革，各种犯罪活动得到更有效打击，被告人合法权益从制度上得到保障，合议庭职能得到更充分发挥，裁判文书制作也进行全面的改革，庭审方式从“纠问式”转变为“控辩式”。1997 年审结各种刑事案件 88 件，其中公诉案件 42 件，有 62 人被判处刑罚，其中 5 年以上 10 年以下有期徒刑的 16 人，10 年以上有期徒刑的 9 人。为配合新刑法和新刑事诉讼法的宣传贯彻，举办大型宣传活动 14 次；组织严打案件现场开庭 6 次；召开声势浩大的公判大会 3 次；配合市中级人民法院审理 6 起重大刑事案件。

1998—2002 年，把严打整治作为一项重要任务，始终保持对犯罪分子的高压态势。对有组织的犯罪、黑社会性质的团伙犯罪、流氓恶势力犯罪和扰乱无极专业市场经济秩序的犯罪的打击力度加大，严厉打击杀人、抢劫、强奸等暴力犯罪和盗窃等多发性犯罪，依法惩处在生产流通领域的犯罪活动。按照“寓教于审、惩教结合”的方针，审理一批少年犯罪。5 年间共审结刑事案件 619 件（其中公诉案件 339 件，自诉案件 280 件），判处刑罚 553 人，其中 5 年以上有期徒刑的 310 人。

2003 年以来，把“严打”整治作为审判工作的重中之重，始终保持对犯罪分子的高压态势。2004 年，开展“严打整治百日会战”活动，重点将严重危害社会治安和人民生活生产，且发案率居高不下的“两抢”（抢劫、抢夺）案件、盗窃案件列为打击重点对象。同时针对故意伤害案件、交通肇事案件和贪污贿赂犯罪案件上升的趋势，组织开展了对此类犯罪的专项审判活动。在刑事自诉案件的审理上，针对主观恶意和社会危害较小的实际，从有利于社会稳定的角度出发，多采取调解手段。当年在全市法院工作会议上，无极作为调解刑事自诉案件的典型，作大会发言。至 2005 年，审结刑事案件 354 件，其中公诉案件 249 件，判处刑罚 353 人，其中判处 5 年以上有期徒刑的 89 人；受理刑事自诉案件 105 件，调解结案 93 件，调解率 90%。

1989—2005 年无极县刑事审判统计表

表 20–5

项目 年度	收（立）案			结案			判刑人数			
	合计（件）	公诉（件）	自诉（件）	（件）	公诉（件）	自诉（件）	合计（件）	10 年以上有期徒刑	5—10 年以下有期徒刑	5 年以下及其他刑罚
1989	86	49	37	86	49	37				
1990	100	46	54	100	46	54	64	5	22	37
1991	95	46	49	95	46	49	78	7	19	52
1992	118	65	53	118	65	53	80	3	18	59
1993	82	37	45	82	37	45	37	2	10	25
1994	91	54	37	91	54	37	67	7	18	42
1995	94	46	48	94	98	46	35	14	14	7
1996	104	58	46	104	58	46	64	8	16	40
1997	88	42	46	88	42	46	62	9	16	
1998	126	64	62	126	64	62	91	16	75	
1999	167	68	99	167	68	99	99	12	87	
2000	99			99			143		56	
2001	133	76	57	133	76	57	114		41	
2002	130			123			106		23	
2003	144	106	38	144	106	38	160		23	
2004	112	72	40	112	72	40	103		21	
2005	98	71	27	98	71	27	96		18	

第四节　民事审判

1989—1995年，共审结各类民事案件4846件，其中离婚案件1859件，占38.3%；借贷、债务案件上升较快，2179件，占44.9%；损害赔偿案件262件，占5.4%；其他纠纷546件。在这一时期出现的新型案件是劳动报酬纠纷，39件。7年间共调解结案2871件，占民事案件审结总数的60%。1992年度民事审判工作被评为石家庄地区第一名。

1996—1997年，共审结各类民事案件1932件。民事案件发案仍处于上升趋势。婚姻家庭纠纷、债务、损害赔偿仍是民事案件主流，占全部民事案件的80%以上。在审判方式上，以公开审判为中心，注重案件的庭前准备，强化当事人的举证责任，强化庭审功能，强化合议庭的职责，真正做到当庭举证、当庭质证、当庭认证、当庭辩论、当庭调解、当庭判决。

1998—2002年，共审结民事案件5589件。债务纠纷、婚姻家庭纠纷、损害赔偿纠纷仍是民事审判的主要成分。民事审判把“化解矛盾，解决纠纷，促进团结，维护稳定”做为主线和基本要求，特别注重将可能影响社会稳定的热点问题和容易引起矛盾激化的案件，作为民事审判的重点。依法保护妇女、儿童、老人的合法权益，妥善处理婚姻家庭纠纷、劳动劳务纠纷和损害赔偿等案件。

民事审判庭通过案件评查、回头看等措施对基层法庭进行业务指导，提高办案效率和质量。1998年审结的794件民事案中，法庭结案572件，占72%；1999年审结的1177件民事案件中，法庭结案741件，占63%。

1998—2002年，围绕“审判质量年”活动，进一步深化审判方式改革，除重大、疑难案件由审判委员会讨论决定外，其余案件均由合议庭和独任审判员负责审判。同时全面实行审务公开、排期开庭、繁简分流和庭前证据交换制度，提高审判质量和效率，要求庭审必须做到公开举证、公开质证、公开认证、公开辩论、公开调解、公开宣判六公开。使当事人有话说在法庭，有理摆在法庭，有证举在法庭，是非曲直明辩在法庭，提高庭审的公信度。审理邱满囤诉《山西青年》等两家杂志侵害名誉权案等一批新类型案件。2002年起，将经济审判纳入民事审判范畴，建立大民事审判格局。是年受理的民商事案件中，除债务纠纷、婚姻家庭纠纷、赔偿纠纷外，还包括在建立现代企业制度过程中出现的联营、兼并、破产等案件；购销合同纠纷案件、涉农经济纠纷案件等。

2003—2005年，共审结各类民商事案件2508件。除债务纠纷、婚姻家庭纠纷、损害赔偿纠纷仍是此类案件的主要部分外，还包括涉及企业改制和破产的案件，涉及农村、农业、农民纠纷案件和交通肇事案件。在民商事案件的审理上，扩大简易程序的适用范围。对简单的案件，一律要求按简易程序审理，确需转入普通程序的必须由主管院长签字。同时突出当庭宣判，提高了当庭宣判率。其间，按照有利于社会稳定、和谐，为经济发展和改革开放提供司法保障和服务的指导原则，把涉及企业改制、破产案件、农村宅基地、承包地纠纷案件、交通事故和个体企业雇工人身损害赔偿案件、涉及婚姻家庭及侵害老人、儿童合法权益的案件、涉及金融部门案件5类案件列为重点，加强审判力度，依法审理了冀中化工有限公司、呋喃化工厂等一批县属大型企业的破产案件；确保受害人得到及时治疗和补偿和弱势群体得到法律保护；专门成立了金融、基金会、长城资产3个专门合议庭，保护公民、法人和其他组织的合法权益。

1989—2005 年无极县人民法院民事审判统计表

表 20–6

年份	收案（立案）	结案	结案率%	备注
1989	526	516	98.0	婚姻案件 252 件
1990	518	514	99.0	婚姻案件 226 件、债务 144 件
1991	535	525	98.0	婚姻案件 237 件、债务 214 件
1992	620	605	97.5	婚姻案件 284 件、债务 251 件
1993	519	498	94	
1994	994	886	89.1	
1995	1351	1302	96.3	婚姻案件 305 件
1996		907		
1997		1025		
1998		794		
1999		1177		
2000		1230		
2001	1071	1018	95.0	
2002	1372	1370	99.8	标的 1800 万元
2003	896	724	80.8	
2004	1184	1184	96.9	
2005	670	636	94.9	

第五节　经济审判

随着改革开放不断深入和经济建设快速发展，特别是社会主义市场经济秩序的逐步建立，经济纠纷案件逐年增多。

1990 年，配合县中心工作，抽调专门人员成立清欠小组，为银行和企业收回陈欠 180 万元。1991 年，组成专门合议庭进驻县农行，依法清收逾期贷款 750 万元；审判人员先后深入到 20 多个企业，协助完善 50 多份经济合同。1992 年，依法审结涉及国营企业案件 26 件，救活频临倒闭企业 5 个，为企业挽回经济损失 340 万元。依法审结岳阳制药厂诉无极企业局开发公司拖欠药款 286922 元的案件，厂方派专人送来“秉公执法办案神速”的锦旗。1993 年，建立交通、计划生育、金融 3 个巡回法庭，进驻大系统、大单位开展超前服务、延伸服务、专项服务。当年围绕市场经济提供诉前服务，涉及各类案件 592 件，诉讼标的额 682 万元，其中诉外结案 481 件，标的额 228 万元，帮助企业收欠 80 万元，为金融部门收陈贷 213 万元。1994 年，深入 20 多个企业，帮助完善制度，清收外欠，挽回经济损失 180 万元。1995 年，充分利用简易程序和督促程序，发挥“简、短、快”优势，面向社会开展诉前服务和专项审理。1989—1995 年，共审结各类经济合同纠纷案件 1106 件，诉讼标的总额 1812.9 万元。所审结案件中占比例较大的案件有购销合同纠纷案件148件，占13.3%；借款合同纠纷案件227件，占20.5%；农村土地承包案件68件，占5.8%。

1996—1997年，共审结经济合同纠纷案件1355件，诉讼标的额7100万元，这两年发案特点一是各种经济合同纠纷案件成倍增多，二是企业间纠纷和企业破产案件增多。鉴于此，法院在经济审判中坚持做到快立案、快审结、快执行。特别对涉及企业间纠纷和企业破产案件的审理，改变单纯办案、孤立办案的做法，想方设法超前服务和延伸服务，对生产季节性强的企业优先审理，不能因诉讼影响生产。审理机械厂、药胶厂等10余家企业破产案件中，依法保护债权人利益，依法保护职工利益，破产企业所涉4000余职工。

1998—2001年，共审结各类经济合同纠纷案件1345件，诉讼标的额1亿1千万元。4年间，认真贯彻落实最高人民法院《关于充分发挥审判职能作用为经济发展提供司法保障和法律服务的意见》，切实运用人民法院调节经济关系的职能，推进国有企业、农业的改革发展。对涉及国有企业改革的改组、联合、兼并、租赁、承包、转让及股份制改造中发生的各类纠纷案件，坚持法律准则与国家政策相结合的原则，依法保护企业的经营自主权，防止国有资产流失，促进国有企业改革不断深化。慎重处理涉及整顿金融秩序的案件，成立9个收贷庭，帮助基金会收回欠款4000余万元。依法审理农村土地承包合同纠纷案件，对随意提高土地承包费、撕毁承包合同、收回土地高价发包、缩短承包期等违法行为依法予以纠正，切实保障农民的土地承包权、生产自主权和经营收益权。注意保护非公有制企业和个人的合法权益，促进非公有制经济健康发展。通过经济审判活动保证无极经济的发展和社会稳定。

到2002年，共审结各类经济合同纠纷案件2700件，解决讼争标的额2亿多元；经济审判纳入民事审判范畴，建立大民事审判格局。

1989—2001年无极县人民法院经济审判统计表

表20-7

年份	收（立）案（件）	审结（件）	审结率%	诉讼标的（万元）
1989	123	118		450
1990	171	167	97.6	207.8
1991	220	214	99.0	187.3
1992	127	124	99.2	282.8
1993	113	111	98.8	300
1994	171	171	100	
1995	202	201	99.5	507
1996		632		3200
1997		723		3900
1998		380		9200
1999		327		1800
2000		367		
2001	279	271	97.1	

第六节　行政审判

行政审判坚持“服务与制约同步，支持与监督并行”的准则，对行政机关的行政行为合法的依法支持，违法的依法判败。1989—2005年，共审结行政诉讼案件124件，1996—2005年，灵活执行行政机关的非诉执行案件2205件。

1990年10月1日，《中华人民共和国行政诉讼法》开始施行。为配合该法的实施和推动行政审判工作的开展，积极开展行政诉讼法的宣传工作。1991年2—5月，先后举办3次法律培训班，对全县工商局干部、乡镇计划生育专职干部、土地、司法专职干部进行《中华人民共和国行政诉讼法》培训。对提高行政机关依法行政起到一定作用。在行政审判中，坚持当事人诉讼地位平等的原则，积极做好各类行政案件的审理。1996年审结的6件行政案件中，撤销行政机关决定的一件，维持行政机关决定的5件。行政机关申请非诉执行案件381件，执结352件，中止29件。对维护、监督行政机关依法行政、保护公民的合法权益发挥了积极作用。到1997年，执行行政非诉执行案件284件；行政诉讼案件37件，其中以土地行政案件和公安行政案件居多。

1998—2002年，受理行政一审案件60件，审结57件，涉及公安、土地、卫生、城建、交通、税务、乡镇等多个部门和领域。其间，依法灵活执行各类行政非诉执行案件1729件，支持行政机关依法做出的行政处罚决定。通过开展行政审判，依法解决行政争议，监督和支持政府的行政执法活动，保护行政管理相对人的合法权益。

2003—2005年，共审结各类行政案件30件，灵活执行各类行政机关申请的非诉执行案件429件。坚持依法审查、依法监督的原则，妥善解决各类行政诉讼，推进依法治县的法制进程。

1989—2005年无极县人民法院行政审判统计表

表20-8

年份	收案（立案）	审结（件）	行政机关申请非诉执行案件执结
1989	3	3	
1990	1	1	
1991	4	4	
1992	3	3	
1993	4	4	
1994	2	2	
1996		6	381
1997		14	284
1998		10	229
1999		5	475
2000			374
2001	27	22	523
2002	15	10	128

续表 20–8

年份	收案（立案）	审结（件）	行政机关申请非诉执行案件执结
2003	12	9	78
2004	7	6	183
2005		5	235

第七节　执行工作

1989—1995 年，受理各种执行案件 1588 件，执结 1250 件，执结率 78.7%，案件以婚姻家庭、债务等民事案件和合同纠纷案件占绝大多数。执行难度大是执行工作的突出特点。执行人员以说服教育、论理讲法，做耐心细致的思想工作，促使被执行人服从判决。1991 年执行庭由原来的 3 人增加到 7 人。配备摩托车等装备。在执行王家庄村 16 名被告抢占庄基一案中，与土地局、乡政府和派出所紧密配合，扩大执行声势，迫使被告返还了所抢庄基，使案件得以执行。同年 11—12 月，历时两个月的执行大会战，突击执行案件 56 起。对于具有执行能力而有意逃避履行义务的当事人依法强制执行，1993 年强制执行 19 件，依法拘留 9 人。1994 年强制执行 7 件，拘留 2 人。

1996—1998 年，共执结案件 1269 件。由于经济发展和经济关系调整，公民法律意识的增强和诉讼案件的增多，需要法院执行的案件成倍增加。1996 年，执行庭人员增加到 12 人，实行“审执分离”制度，涉及扣押、封存、拆除房屋等重大案件实行合议制度。是年 4 月和 11 月，以执行积案为主，集中执行 2 次，使 500 余起积案得以执行。翌年，再次组织集中执行大会战，使积案大大减少。

1999 年，根据《中共最高人民法院党组关于解决人民法院“执行难”问题的报告》，组织开展了“执行年”活动，思想疏导，论理讲法，思想工作做在前；将长期不履行生效法律文书的单位和个人，以法院公告形式向社会发布，舆论曝光，施加压力，迫使就范；对有履行能力而拒不履行判决的，依法采取罚款、拘留、查封、冻结、扣押、搜查、划拨、拍卖、变卖等强制措施。通过采取一系列措施，加大执行力度，拔掉一批“钉子户”“难缠户”，执行工作有了突破性进展。到 2002 年，共执结案件 1939 件，涉案标的 6000 余万元。

2003 年，坚持做到突击执行与平时执行相结合，说服教育与强制执行相结合，常规执行与重点执行相结合。9 月开始以清理积案为主的百日执行大会战，院长督导、舆论曝光，财产申报，财产搜查，集中执结一批积案。2004 年，实行新收案件和积存案件分组执行措施，实行了执行 110 机制。2005 年，开展集中执行小标的额案件行动，执结涉及群众生产生活急需的小标的额案件 128 件，维护弱势群体的合法权益。

1989—2005 年无极县执行案件统计表

表 20–9

年份	受理	执结	执结率%	执行金额（万元）	备注
1989	66	60	90.9	21	
1990	127	119	93.7		

续表 20–9

年份	受理	执结	执结率%	执行金额（万元）	备注
1991	240	228	95.0		
1992	192	152	79.1	27.3	
1993	256	222	80.0	87	强执 19 件，拘 9 人
1994	323	253	78.3	53	强执 7 件，拘 2 人
1995	384	216	56.3		
1996		602			
1997		667			
1998	361	307	85.0	1500	
1999	571	482	84.4	3100	
2000		338			
2001		352			
2002		460			
2003		341			
2004		442			
2005		422			

第八节　审判监督

1989 年 4 月，设立告申庭，除受理群众来信来访，告诉申诉案件外，还负有审判监督职责。对申请再审案件进行审查，符合再审条件的，启动审判监督程序，移交有关业务庭重组合议庭审理。1999 年成立审判监督庭，审判监督职责由审判监督庭承担，实现了审判监督工作的专门化。自 2003 年起，以审判监督庭为主体，建立以案件评查为中心的监督机制，各业务庭在将所审结的各类案件归档前交审判监督庭审查验收，逐案评查，从实体的认定、法律的适用、审理程序、文书质量等进行全面评查，对不合格的案卷限期整改，对发现的违法违纪问题移交纪检组查实后，依法依纪处理。截至 2005 年，依照审判监督程序审理案件 141 件，其中对 23 件确有错误的生效裁判依法进行改判。

第九节　管理机构

1989 年，无极县人民法院设办公室、刑事审判庭、民事审判庭、经济审判庭、行政审判庭、执行庭、告诉申诉审判庭，在职干警 62 人。1990 年 12 月，增设政工科。1994 年 10 月，增设法警队和金融审判庭。1996 年，机构改革，设刑事审判庭、民事审判庭、经济审判第一庭、经济审判第二庭、行政审判庭、告诉申诉审判庭、执行庭、法警队、政工科、办公室。1999 年，撤销告诉申诉审判庭，建立立案庭、审判监督庭，增设民事审判第二庭。2002 年增设刑事审判第二庭，专司刑事自诉案件的审理，增设民事审判第三庭，经济审判第一庭与经济审判第二庭合并为经济庭，政工科更名为政治处，执行庭扩建为执行局。2003 年，3 个民事审判庭整合为民事审判第一庭，撤销经济审判庭，建立民事审判第二庭。

2005 年，设办公室、纪检组、政治处、刑事审判第一庭、刑事审判第二庭、民事审判第一庭、民事审判第二庭、行政审判庭、立案庭、审判监督庭、执行局、司法警察大队，在职人员 74 人，其中审判员以上职务的法官 36 人，司法警察 4 人。

第四章 司法行政

第一节 人民调解

1989 年，全县 213 个行政村建立人民调解委员会，调解委员 639 人，调解纠纷 206 起。1991 年，按照省市统一布置，在全县人民调解员中开展“岗位大练兵”活动，到 1994 年，全县人民调解员 718 人。1997 年，全县 11 个乡镇全部建立了司法所，司法助理员 23 人，平均年龄 37 岁，实现了编制、人员、办公场所、交通工具四到位，并建立健全乡村调解委员会，建立“十户调解员”制度。调处各类矛盾纠纷 971 起，以赡养、邻里、婚姻家庭纠纷最为突出，纠纷调解率和成功率分别为 100％和 97％。1997 年 5 月 20 日，在市委、市政府召开的“石家庄市矛盾纠纷集中排查治理经验交流会”上，无极县作为发言代表介绍宅基地专项治理经验；10 月 30 日，无极县在郭庄镇召开“依法治理乡镇”现场会，省信访、市人大、市司法、市委依法治理办公室等有关部门领导参加了会议，郭庄、郝庄、大陈 3 个乡镇介绍经验。2002 年，全县 11 个乡镇司法所长全部落实副科待遇，到 2003 年底，全县共建有 11 个司法所，建立乡镇人民调解委员会 11 个，村级调解委员会 213 个，建立高标准人民调解庭 5 个。2005 年，按照省、市统一部署，对全县 1100 名调解员进行为期 1 个月的统一培训，并进行全面考试，合格者颁发“人民调解员等级证书”，实现持证上岗；全年共排查民间矛盾纠纷 1158 起。调处率 100％，调解成功 1155 件，调解成功率 98％。

第二节 法制教育

一、“一五普法”

按照中共中央和国务院在全国开展普及法律常识第一个五年规划的要求，成立了县普及法律常识领导小组，下设办公室，办公室设在司法局，具体负责全县普法工作的组织、协调、检查、督促工作。

二、“二五普法”

1991 年，总结“一五”普法工作经验，表彰“一五”普法工作先进集体和先进个人，在此基础上制定切实可行的“二五”普法规划。1992 年，在城内三条路一条街繁华地带建立了宪法宣传站、咨询站 34 个，巨幅标语 60 条，展牌 300 块。1993 年，举办无极县转换经营机制条例和股份制 4 期培训班，参加人员 420 人，发放教材 800 余份；在郭庄镇磁河店村开展法制教育和依法治理活动，解决该村群众偷盗问题。建立民主管理制度，使该村从后进村一跃成为先进村。这一做法在《河北日报》《法制日报》《建设日报》进行了报道，省司法厅、省电视台将此拍成专题片，在河北电视台进行播映，并参加全国法制宣传比赛。

三、“三五普法”

1996 年，成立“无极县法制教育中心领导小组”。从公、检、法、司单位中抽调专门人才，对各单位人员进行授课，讲解有关法律知识。1997年，对73名正、副科领导干部进行法律知识培训，学习《国家赔偿法》《行政处罚法》。1999年，从17个执法执纪部门抽调熟悉法律法规知识人员20人，组成“专家宣讲团”，以先乡镇后机关的顺序进行历时7个月的巡回宣讲。当年，集体上访比上年同期下降了50.5%，到县集体上访下降80%，个人上访下降77%，成为石家庄市唯一上访量下降的县。

四、“四五普法”

组建了“矛盾热点法律宣讲团”，进行法制宣传，解决领导干部、行政执法人员、企业经营管理人员在工作中的违法行为。2002年，全县中小学校配备法制副校长，购买法制教育光盘和教材，轮流在各学校播放。组织人员定期到各学校进行法制讲座，提高青少年的法律意识。2003年，非典时期，开展依法防止非典为内容的法制宣传教育活动，编写《防止非典法律知识问答》材料5000份，张贴宣传画1200张，出动宣传车20辆次，宣传《传染病防治法》，受教育群众达10万人次。2005年，顺利通过“四五”普法验收。

第三节　公证事务

1989年，办理公证198件。1990年，在华北五省市公证工作联席会上，无极县就赡养公证作大会发言；11月28日，河北省公证文书质量现场会在无极县召开，全省18个地、市公证管理机关的领导、高级公证员40多人参加会议，无极县介绍经验。1992年，受理各类公证事项186件，涉及金额3亿多元，为15家单位担任法律顾问。王月改作为河北先进单位和个人代表出席“全国公证质量表彰会”，会议转发无极县公证处提高公证质量的典型材料，无极县公证处被授予“全国公证质量先进单位”。1993年，与计生委合作，在郝庄乡试办计划生育合同公证，使单纯行政管理变为合同管理，使计划生育工作纳入法制轨道。1995年，在积极办理经济合同公证、民事权益公证的基础上，继续搞好计划生育、企业股份制改造等方面的公证事项，全年共办理各类公证201件。2003年，先后与农行、工行、人行、中行建立合作关系，并与工商行政管理局注册科建立合作关系，办理公证事项233件，其中经济105件，民事128件，建立法律顾问处8个，起草各类法律文书120份，业务收费人均10000元，扩大了公证量。2005年，办理各类公证262件。

1989—2005年无极县公证处办理公证情况统计表

表20–10

年份	经济证（件）	民事证（件）	合计（件）	年份	经济证（件）	民事证（件）	合计（件）
1989	120	78	198	1998	120	135	255
1990	135	90	225	1999	119	131	250
1991	121	85	206	2000	120	136	256
1992	86	100	186	2001	96	132	228
1993	110	90	200	2002	96	132	228
1994	94	115	209	2003	105	128	233
1995	89	112	201	2004	125	140	265

续表 20–10

年份	经济证（件）	民事证（件）	合计（件）	年份	经济证（件）	民事证（件）	合计（件）
1996	110	120	230	2005	116	146	262
1997	116	130	246				

第四节　法律援助与服务

一、法律援助

2002 年，建立“无极县法律援助中心”，设有专线电话“12348”。2003 年以来，在共青团、县残联、县妇联、县工商局及各乡镇、司法所建立了法律援助工作站。接受电话咨询 130 余人次，受理案件 21 起，受援人涉及未成年人、老年人、妇女、残疾人等多个层次，极大地维护了社会稳定。

二、法律服务

1989—1990 年，楼下乡、南马乡、东侯坊乡、七汲镇先后设立法律服务所。1995 年 6 月，无极县律师事务所更名为天龙律师事务所，根据市司法局关于整顿基层法律服务所和律师职业道德、执业纪律评查活动，对全县法律服务所进行整顿，撤销城北、城南两个局属法律服务所，对南马法律服务所和城区法律服务人员进行政治学习和业务培训。律师所建立和完善效益工资制，进一步提高律师的工作积极性，全年设法律顾问点 14 个，受理案件 178 件，收费总额比去年增长了 60%。从 2003 年开始，由于人员变动，执业律师减少，律师所办案数量有所减少。2005 年，共办理各类案件 105 件。

1989—2005 年无极县极强律师事务所办理案件情况统计表

表 20–11

时间	刑事	民事	经济	非法诉讼	代写文书	常年法律顾问
1989	28	41	40	39	107	10
1990	25	44	45	40	111	12
1991	26	48	47	88	110	12
1992	28	50	48	39	110	13
1993	30	58	50	35	120	13
1994	32	58	51	33	120	14
1995	31	60	57	30	122	14
1996	35	68	59	29	120	14
1997	36	70	62	30	101	12
1998	21	52	36	15	89	12
1999	24	61	52	26	123	12
2000	28	58	57	22	112	13
2001	34	57	48	29	127	13
2002	29	52	38	19	98	14

续表 20–11

时间	刑事	民事	经济	非法诉讼	代写文书	常年法律顾问
2003	25	38	35	24	92	12
2004	21	32	29	22	79	12
2005	20	48	37	30	102	12

第五节　司法鉴定

2004 年 6 月 30 日，无极县司法医学鉴定中心正式挂牌成立，地点设在县医院，改变了过去公、检、法内部鉴定的局面。为提高医学鉴定人员的素质，对新上岗的医学鉴定人员全部进行了培训，到 2005 年，共鉴定轻微伤 212 件、轻伤 109 件、重伤 13 件，未出现一例错鉴、假鉴，为司法机关办案提供了证据。

第六节　流浪儿童教育保护

2004 年，成立了“少年儿童保护教育中心”。通过大规模拉网式排查，全县共排查出父母双亡的孤儿 47 人，并对其逐人进行了登记造册，建立详细档案。47 名孤儿全部落实了保教责任人和保教联系人，制定了保教人员规章制度。经费来源采取“政府出一点，干部职工集一点，社会捐一点”的方式，对筹集的资金实行严格管理，做到专款专用。到 2005 年，共为 61 名孤儿建立少保档案，每年对其进行定期探访，送去现金和生活用品。

第七节　法学教育

1998 年，举办 98 级法律大专专业证书班，其中专科招生 5 人，本科 4 人，并继续开展自学考试，法律专业专科 29 人，本科 5 人，律师专业 6 人。到 2003 年共有 3 人取得了自学考试毕业证书。截至 2005 年，共有 12 人取得了法律本科毕业证书，6 人取得律师专业本科毕业证书，72 人取得法律专业大专毕业证书。

第八节　安置帮教

1989 年以来，对刑释解教人员实行动态管理，每三个月进行一次排查，分类指导，实行三级帮教制度。2002 年，共建立县、乡、村三级安置帮教组织 229 个，其中县安置帮教组织 1 个，城区居委会新建安置帮教组织 4 个，乡级 11 个，村级 123 个。安置帮教队伍以乡镇司法助理员、干警、村（民）委会干部、人民调解员为骨干，到 2003 年，共排查出刑释解教人员 201 人，其中刑满释放 173 人，解除劳教 28 人，一级帮教 20 人，二级帮教 25 人，三级帮教 156 人，帮教率与安置率为 100%。2005 年，刑释解教人员回归 17 人，安置帮教 7 人，其中 3 人参加了由市司法局组织的蓝天技术学校的学习，未发生一例重新犯罪。

第九节　管理机构

1989 年，司法局设办公室、公证处、法律顾问处、民调股、宣教股。1992 年，法律顾问处改称律师事务所，编制 26 人。1996 年，机构改革后，设办公室、政工科、基层科、宣教科、公证处、律师事务所，普法办公室设在司法局。2002 年，机构改革，设办公室、基层科、法制科、宣教科、安置帮教科、律师事务所、公证处、法援中心，行政编制 26 人。到 2005 年底，没有变化。

军 事

中国人民解放军河北省无极县人民武装部1986年4月前为军队编制序列。1986年4月24日，改为地方建制，实行地方、军队双重领导，为副县级单位。苌乱旗为部长，张建增为政委。1996年4月1日，无极县人民武装部收归军队编制，改称"中国人民解放军河北省无极县人民武装部"，由副县级晋升为正团级单位。受中共无极县委员会和中国人民解放军石家庄军分区双重领导，主要负责全县的民兵预备役工作。王胜军为部长、张计柱为政委。2005年12月，邢军忙为部长、张先进为政委。近20年来，无极县人民武装部在正规化建设、"双兴"基地建设、民兵建设、军事训练、征兵工作、国防教育、民兵参建等方面，都取得可喜成绩。13次被河北省委、省政府、省军区、石家庄市委、市政府、军分区评为先进人武部。先后有39人次立功受奖。1989年、2002年，郭庄红旗民兵营2次被解放军三总部评为全国民兵预备役工作先进单位。2001年9月，石家庄军分区在县民兵训练基地召开"双兴"(科技兴训、科技兴农)建设现场会，同年被河北省军区评为"双兴"基地达标单位。

無極縣志

第一章　军事机构

第一节　国防动员委员会

无极县国防动员委员会是主管全县国防动员工作的议事协调机构，隶属上级国防动员委员会和县委、县政府的领导。1989 年，根据上级指示精神，成立无极县国防动员委员会，机构设置和人员组成经过几次调整。2005 年，下设 7 个办公室，综合办公室、人民动员办公室、国民经济动员办公室、交通战备办公室、人民防空办公室、科技动员办公室、国防教育办公室。

第二节　人民武装委员会

人民武装委员会是在同级地方党委领导下，由党委、军事机关、政府有关部门以及工会、共青团、妇联会等群众团体的主要负责人组成的领导民兵工作的协调机构。1989—2005 年，无极县的人民武装委员会做到了组织健全，随缺随补；建立了学习、会议、汇报等各项工作制度；能够认真贯彻中共中央、国务院、中央军委有关人民武装建设的方针、政策和上级军事部门的指示，广泛宣传毛泽东人民战争思想，统一广大干部和人民群众对民兵战略地位的认识；在研究解决民兵建设、征兵、退伍战士安置、国防教育等方面重大问题，组织协调各部门抓好民兵和兵员动员工作等方面，发挥了重要作用。

第三节　武装部

1989 年，河北省无极县人民武装部（以后出现简称无极县人民武装部）为地方编制、副县级单位。设政工科、军事科、办公室。至 2005 年底，无极县人武部的组织机构设置、人员无变化。

一、乡（镇）、县直武装部

乡（镇）、县直武装部是同级党委的军事部门，受同级党委和上级军事部门的双重领导。武装部部长由县委组织部、县人武部共同审定，报县委批准，由县人武部部长、政委任命；教导员由各乡（镇）党委、县直工委书记兼任。副部长、干事由县委组织部、县人武部共同审定，县人武部部长、政委任命。1989 年 1 月，无极县下辖 20 个乡（镇）武装部、1 个县直武装部。1996 年，无极县撤乡并镇，乡（镇、县直）武装部缩减至 12 个，至 2005 年无变化。

二、工厂、企事业单位武装部

根据《民兵工作条例》和中共河北省委、河北省人民政府、河北省军区《关于城市企事业单位武装部设置和专职武装干部配备问题的通知》以及中共石家庄地委石发〔1989〕26 号文件精神，1989—1992 年，无极县先后在符合条件的化肥厂、机械厂、汽车配件厂、地毯厂、棉织厂、磷肥厂、邮电局、商业局、交通局、工业局、轻工业局、电力局、粮食局、农行等单位建立人民武装部。2005 年，由于企业倒闭、单位合并等原因，数量减少。

第二章　征兵工作

第一节　兵员登记

1989—2005年，实行以义务兵役制为主体的义务兵与志愿兵相结合、民兵与预备役相结合的兵役制度。

1989—1998年12月，兵役时间陆军3年、海空军4年。根据1998年12月29日第九届全国人民代表大会常务委员会第六次会议通过的《中华人民共和国兵役法》和1999年6月30日国务院、中央军委发布的新的《中国人民解放军现役士兵服役条例》，义务兵服现役的期限调整为2年。志愿兵（士官）实行分期服现役制度。

1984年，《中华人民共和国兵役法》实施后，正式建立兵役登记制度。1994年，《河北省征兵工作条例》发布实施后，无极县兵役登记工作逐步制度化、规范化。年满18岁的男性公民在当年9月30日前，按照法律法规和兵役机关的指示安排，到各乡（镇）、县直专设的兵役登记站进行兵役登记。兵役登记站负责对上站公民进行目测和政治初审。通过登记，县兵役登记机关根据兵役法关于应征、缓征、免服兵役或不得服兵役的规定，确定当年的征集对象。经过兵役登记和初步审查合格的当年应征对象，称应征公民。征兵工作开始后，应征公民按照县兵役机关的通知到指定的地点进行体格检查。无极县每年按时进行兵役登记工作，兵役登记率达到95%以上。

第二节　兵员征集

兵员征集工作，一般一年进行1次，为冬季征兵。少数年份征集2次，在春、冬季进行。1989年，全县曾春、冬2次征兵。1990—2005年全为冬季征兵。县、乡镇人民武装部负责本辖区的兵役工作。兵员征集的年龄、身体、政治条件以及文化程度等严格按照上级政策规定执行。征集程序一般按照建立领导小组、宣传教育、目测体检、政治审查、审批定兵和输送新兵几个步骤进行。

1989年前，一般由部队派人到县接兵。1989年后，试行由地方人民政府派人将新兵送到部队。2003年，由部队派人接兵为主，逐渐向部队派人接兵、县派人送兵和新兵自行到部队报到相结合的办法转变。交接新兵的手续办理，由交接兵双方按照县统一编造的《新兵花名册》当面点交清楚，并签名盖章。县征兵办公室协助接兵部队人员将新兵送到登车地点。

第三节　政治审查

应征公民体格检查合格后，按照公安部、总参谋部、总政治部《关于征集兵员政治条件的规定》，由公安部门和基层单位党组织负责进行政治审查。服现役的公民必须拥护中国共产党，忠于祖国，以保证部队政治纯洁。审查分为初审和复审。初审，由村党支部、机关、学校、企事业单位的保卫部门负责；复审，由乡镇人民政府和公安派出所负责实施。初审、复审的方式主要是查阅档案材料，走访家庭、本人、邻里和所在单位，核查现实表现、年龄、文化程度等。通过初审、复审合格拟被批准服现役的应征公民，最后由县征兵办公室逐个审查把关，以切实保证新兵政治可靠。无极县严格按照上级标准和工作程序办事，制定强有力措施，严格把关，没有发生违犯征兵纪律、放宽条件、把不合格人员送入部队和出现政治退兵现象。

第三章 民 兵

第一节 民兵组织

1989年，无极县对民兵整组和战、组、训、装、储协调配套改革，抓基干民兵、专业技术人员的组织建设。重点对地方专业技术人员进行预备役登统计。对身体健康，政治上符合新兵政审条件的，确定服预备役，进行专业复训和政治教育，准确掌握全县各类技术人员的数质量和分布情况，解决民兵组织与生产行政组织不相适应和组训不一致、训装不一致、需要与储备相脱节的状况，实现战、组、训、装、储的协调配套。

1992年，重点对厂矿、企事业单位的民兵组织调整改革。河北华瑞地毯有限公司、河北省冀中化工有限公司、齐盛皮革公司、郭庄针织厂等60多家三资企业、股份制企业建立了民兵组织；粮食局、商业局、工业局、二轻局等企业管理部门组建武装部；县医院建立医疗救护专业分队、交通局建立交通运输和道路抢修专业分队，电信公司建立通信保障专业分队。

1997年，再度压缩全县基干民兵规模，基干民兵数量缩编30%，增强民兵队伍的科技含量，提高执行任务的能力。

1999年，以民兵应急分队、专业技术分队为重点，对民兵组织进行调整。应急分队建设，实行"五个统一"（统一组织编制，统一组建范围，统一编组方法，统一教育训练，统一武器装备）。达到组织健全，政治可靠，训练有素，装备良好，遇有情况能够立即拉得出、用得上、起作用。民兵专业技术分队的编组，根据战时兵员和民兵就地作战的需要，进行培训和拉动演练。

2005年继续压缩规模，提高质量。

第二节 政治教育

1989—1997年，按照上级军事机关关于搞好民兵政治教育的指示，基干民兵政治教育按上级下发政治教育辅导提纲，每年教育不少于6次。普通民兵结合整组、军事训练、征兵和重大节日进行一两次教育活动。重点开展战备教育、民兵性质任务教育、形势教育、传统教育和《兵役法》教育。1989年，组织开展"遵守政治纪律和组织纪律""维护社会稳定，反对资产阶级自由化"等教育，激发广大民兵爱党、爱国、爱人民的热情，对促进社会稳定，起到了积极作用。

为郭庄民兵营授奖

1991年，组织民兵开展“坚定社会主义信念”教育，《石家庄日报》报道了无极县的做法。1992年，县人武部下发“关于组织发动民兵积极参加农村社会主义思想教育的意见”，组织发动广大民兵干部、民兵预备役人员投入到“社教”活动中。1995年，建立县、乡（镇、）、县直各大系统、大中型企业民兵政治教育流动学校分校。郭庄红旗民兵营学习《邓小平文选》的做法受到上级的肯定，石家庄军分区转发了经验，全县在郭庄红旗民兵营召开了经验交流会。1996年后，统一为基层民兵连队或班排订阅《中国民兵》《华北民兵》《国防报》等6种有关刊物。

1998年后，基干民兵政治教育调整为每年不少于4次。重点开展国防教育、爱国主义教育和形势教育。充分利用青年民兵之家、职工俱乐部、文化站等场所为阵地，采取请进来、走出去、参观访问、读书演讲、知识竞赛、歌咏比赛和文体活动等喜闻乐见、丰富多采的辅助教育形式和手段，寓教育于文化娱乐之中，使民兵政治教育不断得到深化。

第三节　民兵训练

无极县的民兵军事训练，落实不同时期的《民兵工作条例》《民兵军事训练大纲》以及《民兵训练基地轮训》中有关规定，严格训练、严格要求，涌现出了郭庄红旗民兵营和被誉为“民兵通信兵的摇篮”的无极县民兵训练基地等先进典型。

1989年，无极县民兵训练基地被总参动员部、通信部列为全国民兵通信兵训练基地，民兵训练以通信专业技术为主。1990年，针对民兵通信兵所训科目内容新、项目多、师资缺、经验少、难度大的实际情况，坚持规范化训练，历时82天，共训各类通信人员170名。1991年，在总参谋部组织的全国民兵通信专业技术兵训练基地考核验收中，无极县45名民兵参赛，10个专业项目总评成绩优秀。被誉为“基地建设好，训练质量高”的训练基地。《解放军报》盛赞其为“民兵通信兵的摇篮”。

1992—1997年，以专业技术分队和应急分队为重点，突出抓了科技兴训、科技练兵活动，“打赢”能力有了明显提高。1992年5月，组织民兵参加全区13个科目的军事比武，获得7项第一和总分第一的优异成绩。11月，被河北省人民政府、河北省军区评为“民兵预备役军事训练基地建设、管理、使用达标单位”。1997年8月，在总参通信部组织的民兵无线电教练网和单边带电台无线教练网实习中，严格按要求，高标准，一丝不苟进行实习训练，被评为“红旗台”，有3人受到奖励。

1999年，郭庄民兵营积极探索利用现有装备打击空中目标，在为上级会议和迎外军事汇报表演中，以优异的成绩，精湛的技艺完成了任务，受到了与会首长和外宾的高度赞扬，受到了河北省军区和石家庄军分区的通报表彰。2001年，全县抓百名基层民兵教练员的选拔培养，组织开展百名教练员比武活动，编写完成8个专业120个科目的教案，为开展科技兴训和科技练兵奠定了基础。2002年，组织力量研制的2项武器分别被河北省省军区评为科研二、三等奖。组织撰写的《战役军团跨区机动作战利用地方通信网络实施通信保障浅探》《着眼“打赢”练精兵》《加大民兵预备役部队科技练兵的力度》等学术文章，分别被《华北军事》《华北民兵》和《新世纪人武工作全书》刊用。

第四节　基地建设

1989—2005年，采取走出去、请进来等方法，聘请农业、畜牧、林业、水利和公安交警、司法等行业的专家、技术人员，在基地共举办法律、汽车驾驶维修、种植养殖等民兵科技、育才班98期。

1989年，无极县民兵训练基地被总部列为全国民兵通信兵训练基地。配有各类装备器材和教学设施35种315部（件），基地达到四通（水通、路通、电通、电话通）、五有（有精干的组织管理人员、有军政素质较高的教学队伍、有一批现代化的教学设备、有比较完善的规章制度、有一定规模的生产经营项目）、四能（能吃、能住、能训练、能生产）、三配套（教学设备配套、训练场地配套、生活设施配套）。

1992年，投资2万元建起100平方米的国防教育展室和图书阅览室。1999年，建起高标准高科技学习室，配备了微机、武器模型等设施和用品，每年接待和供参训民兵、学生参观学习。

2000年，按照河北省军区、石家庄军分区“科技兴训、科技兴农”的指示，重点抓“双兴”基地建设。2001年9月，石家庄军分区在县民兵训练基地召开“双兴”建设现场会，年底，被河北省军区评为“双兴”基地达标单位。

第五节　以劳养武

县人武部认真贯彻“以劳养武、富民强兵”的方针，因地制宜，发展种植、养殖业，开办小工厂，开展服务、运输等多种经营。1989年，县人武部号召广大民兵开展劳动竞赛，争当致富能手，做物质文明建设标兵。1990年，县人武部把以劳养武作为民兵参与经济建设的一项重要内容，成立了以劳养武领导小组和基地生产办公室，相继开办了招待所、饮食服务、军品门市部等。1992年，与汽车驾校联合创办汽车驾驶员培训、汽车维修学校，培养汽车驾驶员和维修人员。1995年，与司法部门联办博林法商学院、与劳动人事部门联办劳动技工学校，共同培养各类人才。

1998年，中共中央办公厅、国务院办公厅、中央军委办公厅，下发《军队、武警部队和政治机关不再从事经商活动的通知》，无极县以劳养武活动从此终止。

第六节　民兵参建

20世纪90年代，组织民兵参加小康建设，下发《组织发动民兵积极参加小康建设的通知》，制定具体措施，开展行之有效的工作。全县办宣传专栏123个，承担参建拓街修路221条共413公里，动土23万立方米，植树12万棵，投入劳动日8万个。捐助102万元，兴建公益事业70项。推广养殖、皮革、饲料加工、针织服装、木材木线等致富立村行业12项38个村，推广粮棉新品种、新技术3项8000多亩。成立民兵扶贫小组，与农户建立扶贫关系，帮助300户贫困户新上“短平快”项目，1210户贫困户劳力有了固定职业和收入。楼下乡楼下村青年民兵帮扶小组成员杨建青，致富不忘众乡亲，帮助全村1/3的贫困户劳力在省城经销起了摩托车配件，又自筹资金200万元，建起了无极正大塑料制品厂，安排村里贫困户劳力40多人。

1990年8月，郭庄村一带遭受一场百年一遇的特大风灾，280棵大树横倒公路，2900亩庄稼倒伏，郭庄粮库房瓦被掀掉，350吨公粮面临被雨水浸泡的危险。郭庄民兵营民兵分成三路投入灾区，奋战一昼夜，使灾害减到最低限度。

1990年春节期间，各基层民兵组织积极发动民兵为军烈属做好事。共做好事3150件，送对联15000多幅，年画2100张，花彩1200挂。

1991年1月，东东侯乡现役军人段某，在军事训练中身负重伤，其父在前往部队探望途中遇难身亡，其母重病卧床不起，生活十分困难。县人武部全体干部职工和该村民兵、退伍军人，纷纷伸出温暖之手，仅10天时间，为段某家捐款3000余元，小麦500千克。1991年，华东地区遭受特大洪涝灾害，人民生命财产造成重大损失。郭庄红旗民兵营干部民兵主动捐款捐物，仅3天时间就捐款10000元，通过中国国际减灾十年委员会转交南方灾区。

1992年，全县成立民兵学雷锋小组，为烈军属、五保户做好事。北苏村民兵连成立“十姐妹缝补组”，帮助缺少人手的烈军属、五保户拆洗被褥，缝补衣服。水泥厂民兵高保江、杜胜祥，利用业余时间，修理保温桶，生火烧水，设立一个饮水点，方便来厂办事的群众。前北焦乡李家庄民兵连基干民兵刘秋保、里城道村民兵连指导员李冒欣自己买理发工具，定点坚持为群众理发，被群众亲切称为“义务理发馆”。

1994年，制定《无极县民兵应急分队预防突发事件实施方案》，成立义务巡逻小分队，配合公安部门执勤巡逻，抓获犯罪嫌疑人47人，协助破案3起。

1995年7月13日，无极县城突降特大暴雨，降雨量400毫米，县城主要街道积水70厘米，部分居民受淹。为抢救受灾群众，县人武部机关干部当晚12时紧急赶赴受淹较重的老干部家属院，连续奋战4个多小时，抢救转移孤寡老人、妇女、儿童60余人，受到县委、县政府的通报表彰，《石家庄日报》进行报道。

1996年8月，河北地区普降大到暴雨，无极县滹沱河两岸几十个村庄遭受洪水威胁。组织民兵开展抢险救灾，转移群众5000余人，疏通道路38200米，抢救遇险群众40人。为被疏散出来的群众送衣、送被、送食品和饮水。为防止柴城变电站受到威胁，立即组织民兵筑起宽2米，高1米，长400米的围堰。郭庄红旗民兵营共向灾区送土1000多立方米。

1998年，建立县、乡（镇、县直）民兵应急队伍，进行执勤巡逻，协助维护社会秩序。至2005年，派出执勤民兵协助公安部门执行公判大会执勤、处决罪犯执勤和设卡围追、堵截各种犯罪嫌疑人12次，抓获犯罪嫌疑人51人，制止打架斗殴事件112起。1998年4月27日凌晨，南流乡固现村基干民兵、民兵治安小分队队员魏进龙，面对手持凶器，已经杀害2人致2人重伤的歹徒，为防止歹徒继续杀人作案，他光着脚，赤手空拳与歹徒殊死搏斗20多分钟，自己头部、胳膊等多处受伤，最终将歹徒擒获，送交公安机关，避免了重大杀人案件的再次发生，受到人民群众高度赞扬。县人武部为其记三等功一次。

2003年，配合地方政府完成抗击“非典”（非典型肺炎）任务。郭庄民兵营向全市民兵发出“抗击非典、夺取全胜”的倡议，组织民兵抗击非典宣传队，到各村进行科学防治宣传，中央一台、七台分别在新闻联播和军事报道中报道他们的事迹，被河北省军区评为“抗击非典先进单位”

第四章　人民防空

第一节　人防工程建设管理

县人民防空办公室（简称人防办）成立之前，全县人防工程建设管理未纳入正常轨道。2000年6月，县人防办成立，为正科级行政机构，挂靠县政府办公室，设人防科，编制3人，其职能，在国防动员委员会领导下，具体负责人防工程建设及管理等方面的工作。2000年11月，县政府、县人武部联合发文转发市政〔2000〕108号文件，明确人防工程建设管理“以建设为主，以收促建”的原则，及时向上级主管部门申领执法证件，办理“收费许可证”“罚没许可证”，制作人防行政执法相关法律文书，与财政局、地税局等部门协商，制定《无极县征收人民防空工程建设费管理办法》，并以政府办公室文件形式转发全县，将人防工程建设管理纳入法制化轨道。

2000年，无极县被石家庄市评为“全市人防基础工作先进单位”，2001年，被石家庄市授予“2001年度人防工作先进单位”。连续两年被河北省人民防空办公室评为县（市）级人防工作先进单位。

第二节　宣传教育工作

2000年前，人民防空宣传教育工作和国防教育同步进行，目的是增强市民国防观念和人防意识，掌握人民防空的基本知识和技能。1997年，《中华人民共和国防空法》颁布实施后，在机关干部、中小学生和城镇居民中广泛开展宣传教育活动。2000年6月，人民防空办公室成立后，利用召开座谈会，在电视台发表讲话、街头宣传、试鸣防空警报等多种形式向社会进行宣传；并在《无极报》上开办人防知识专版，悬挂过街条幅，发宣传材料3000余份，在两所城镇中学开展人防知识教育，受教育学生800多人。2001年6月8日，无极县召开第一次人民防空工作会议。县四大班子主要领导、各乡镇、县直各部门及下属企事业单位主要负责人及负责人武工作的同志计300余人参加会议，市人防办主任应邀出席大会。2002年起，对公民特别是在民兵、人民防空专业队伍和初级中学学生开展防核武器、化学武器、生物武器杀伤破坏作用及简易保护方法，防护器材的性能和使用方法以及自侦、自防、自救等方面进行教育。在高技术战争条件下，出现了新的“防侦察、监视、防电子干扰、防精确打击”为内容的新“三防”。要求各学校将“三防”知识教育纳入教学计划，并采取多种形式，进行直观教学。

第三节　防空警报

一、防空袭预案的制定

为充分做好人民防空应急准备，最大限度地减少空袭造成的危害，有效保护无极县人民群众生命财产安全。依据《中华人民共和国人民防空法》《河北省实施〈人民防空法〉办法》和《石家庄市人民防空应急行动预案》，以信息化战争条件下首都联合防空作战为背景，结合本县现状和未来防空袭斗争需要，2003年，制定《无极县防空预案》。主要任务：（1）及时传递和掌握敌情动态，修订防空应急行动预案；（2）开展人民防空应急宣传教育；（3）组织发放空袭警报；（4）组织城镇居民疏散掩蔽；（5）组织对重要目标防护；（6）组织实施城区管制；（7）组织人民防空专业队和城镇居民消除空袭后果；（8）搞好防空袭斗争的各种保障；（9）根据上级指示和战时需要遂行其他任务。

二、防空警报

为提高防空能力，加强防空警报网建设，2003年，无极县首次在城区安装防空警报器3台，并由人防办公室统一维护管理。2005年，增加十台电声警报器，11月12日上午10时，按照石家庄市防空警报试鸣统一部署，无极县县城警报器进行试鸣，达到了预定目的。

第五章 国防教育

第一节 教育活动

1989—1992 年，县国防教育工作由县人武部政工科兼管。1992 年，成立无极县国防教育领导小组，下设国防教育领导小组办公室，为正科级单位，编制 3 人，办公地点设在人武部，业务由县委宣传部和县人武部共同管理。2002 年，根据市委〔2002〕40 号文精神，将国防教育办公室归属到国防动员委员会，成为该委员会下设一个办事机构，并明确由国动委一名副主任主抓。至 2005 年未变。

一、领导干部国防教育

坚持每年对全县副科级以上领导干部集中进行一次形势报告，组织一次国防知识竞赛。依据《党校国防教育纲要》，在各级党校干部培训中落实对干部国防教育，将国防教育列入教学计划并做到有教案、有教员，每班次安排半天国防教育课。每年组织县、乡（镇）、局领导干部过“军事日”、召开“议军会”。

二、中小学生国防教育

将国防教育列入学校工作规划和教学计划，制定完善《国防教育领导职责》《国防教育工作制度》《学校国防教育常规》等规章制度，下发《关于学校国防教育工作考核细则》《关于做好军训工作的意见》等文件。采取课堂教学与课外活动相结合的方法进行教育，广泛开展征文比赛、国防知识竞赛、军歌比赛、演讲比赛等形式进行教育。搞好业余少年军校建设，至 2005 年，全县业余少年军校城内达到 90%，农村达到 40% 以上，并做到了有组织、有名称、有校旗、有活动。

三、学生军事训练活动

1992 年始，无极县中学以上学校普遍开展了学生军训工作，高中军训率达到 100%，参训人数达到 100%，初中军训率达到 80%，参训人数达到 95% 以上。组织进行革命传统教育，每学期，分批分期组织学生到国防教育基地参观，请老八路、老党员讲传统，从小接受国防教育熏陶。

四、专武干部和民兵预备役骨干国防教育

每年采取短期培训或以会代训形式，进行有计划、有组织的国防教育。结合整组、执行任务、民兵训练、“八一”、征兵等有利时机，对民兵预备役人员和县应急分队集中进行国防法律法规教育。2000—2003 年，举办各类培训班 40 多次。将国防教育纳入社会教育的总体系，每年“全民国防教育日”，县领导都带头上街搞宣传，人武、宣传、文教、广电、司法等部门密切配合，采取设立国防法规咨询站、出动宣传车、制作横幅、印发宣传材料等形式进行宣传。全县各单位通过组织公民和干部职工参观革命纪念地、烈士陵园，观看爱国主义影片，参加拥军优属等活动，采取“国防教育法宣传周”“全民国防教育日”、国防教育征文、国防知识竞赛等有效形式，使全县广大公民普遍受到教育。2002 年，郭庄镇政府被省委、省政府、省军区评为国防教育先进单位。

2005 年，在“全民国防教育日”，开展国防教育宣传一条街、国防知识竞赛、领导电视讲话等形式的国防教育宣传活动，推动全民国防教育向深层次发展。

第二节 阵地建设

1999 年以前，无极县主要利用藁无县革命殉难烈士纪念塔、晋深极县南流烈士纪念亭、晋深极县东汉烈士纪念亭、民兵训练基地国防教育展室、郭庄红旗民兵营民兵斗争史展室等，广泛开展国防教育活动。1992 年，无极县人民政府确定郭庄红旗民兵营民兵斗争史展室为“青少年爱国主义教育基地”。

1999 年，无极县将藁无县革命殉难烈士纪念塔、晋深极县南流烈士纪念亭、晋深极县东汉烈士纪念亭三处革命烈士建筑物合并为一体，新建无极县革命烈士陵园。2001 年 5 月，征地 20 余亩扩大烈士陵园建筑规模，新建烈士塔 1 座，镌刻 2219 名烈士英名，将高克谦、解学海烈士纪念碑分别移入其中。

2000 年，陆续规范乡（镇）、村两级国防教育活动室。七汲、张段固、郝庄等乡（镇）投资万余元，分别建立国防教育示范展室。2002 年，郭庄红旗民兵营斗争史展室被石家庄市政府命名为“石家庄市国防教育基地”。至 2005 年，90% 的乡（镇）、60% 的基层民兵连、营，建起了国防教育活动室，进一步拓展了民兵阵地的功能。

郭庄红旗民兵营教导员王俊生（前排站立者）讲述郭庄民兵斗争史

无极县志

1989—2005

教育与科技

無極縣志

第一章 教育

改革开放后，无极县教育步入蓬勃发展的黄金期。县委、县政府兴教育人，把发展教育放在发展经的战略重点，列入重要工作日程。1983年后，县委、县政府为教育局配备坚强的领导班子，组织教育工作大检查，加大教育投入，改善办学条件，建设小学新校舍，为教育办实事、办好事。1985年8月27日，召开全县教育工作大会，推行教育体制改革，提倡全党办教育。9月10日，召开全县庆祝第一个教师节大会暨教育工作大会，县领导为优秀园丁、模范先进工作者披红戴花，并奖励教师100辆自行车、100台缝纫机购贷券。筹资150万元分别为无极中学南校区、北校区新建三栋教学楼，在南校区新建园丁楼，改善办学条件，解决教师的住房困难。1983—1985年，全县掀起办学热，全县237所中小学近1/2的学校翻新了校舍。教育教学质量逐年提高，高考、中考取得好成绩。

1989—2005年，无极县认真贯彻落实《中共中央关于教育体制改革的决定》《中华人民共和国教育法》《中华人民共和国义务教育法》，坚持"科教兴县，人才强县"战略，将普及九年义务教育作为重中之重，不断加大教育投入，大力改善办学条件，幼教、普教、职教统筹协调发展，教育教学改革不断深化，"两基"达标工作取得突出成绩，教师队伍结构发生了根本变化，教师学历达标率超过省颁布标准，教师业务素质明显提高，深化教育教学改革，推进素质教育，教育质量全面提高。1990年无极县被河北省人民政府授予"改善办学条件先进单位"，获奖金15万元。

1992年以后，按照《中华人民共和国义务教育法》和《中华人民共和国义务教育法实施细则》，无极县把普及九年义务教育作为重中之重，制定《关于在1995年基本普及九年义务教育和基本扫除青壮年文盲的实施意见》和《全面推进分步实施的计划》，加大投入，加强管理，三年投资3700余万元，新建教学楼42座，新建、扩建校舍81所，整修操场56个，全县233所中小学按国家要求标准配齐了仪器室、实验室、图书阅览室、文体器材室。1995年，经省政府检查验收团检查验收，实现了"两基"达标县。1995年以后，继续加大投入，不断升级"两基"达标标准。全县233所学校都新建了多媒体教室、微机室、语音室，信息技术教育普及率中学达100%，小学达95%以上。1998年、2001年、2004年连续三次通过省政府复查验收。

无极县始终把尊师重教、多出人才、快出人才、出好人才作为发展经济的先决条件，狠抓教育质量，发展职业教育，加强教师队伍建设，教学质量不断提高，高考、中考均取得显著成绩。

第一节 幼儿教育

一、幼儿园（班）设置

1989年，幼儿教育实行地方负责，分级管理。县直幼儿园1所，大班招收5～6岁幼儿，中班招收4～5岁幼儿，小班招收3～4岁幼儿，幼儿班14个；农村幼儿园210个，幼儿班316个。全县入园幼儿9948人，教职工383人。当年7月，原县直幼儿园离休园长张玉辉在县妇联和教育局支持下，由教育局派师资，在西关村创办康乐幼儿园1所。1992年，县投资55万元，为县直幼儿园建设东、西两座教学楼，建筑面积1500余平方米，楼下乡马桥村投资建设了村办独立幼儿园1所。是时，县直幼儿园1所，农村幼儿园221所，幼儿班373个，入园（班）幼儿11879人。县城普及了学前三年教育，农村普及了学前二年教育。1993年，随着县城人口增加，适龄幼儿的增长，西关村合并了康乐幼儿园，投资在建设路与正义街交叉口西北，新建育红幼儿园，作为县直幼儿园分园，教育局派教师，县直幼儿园负责管理，保证了适龄幼儿全部入园。1994年，全县有县直幼儿园1所，幼儿班23个；农村幼儿园213个，幼儿班473个，全县在园幼儿14915人，3～6岁幼儿园（班）率达98.7%，全县基本普及学前三年教育。1996年，全县幼儿园（班），配齐幼儿活动室、音乐、美术室和卫生保健室。县直幼儿园被石家庄少年儿童工作委员会评为“儿童少年工作先进单位”。到2005年，县直幼儿园1所，农村幼儿园200所，全县共有幼儿班189个，入园幼儿5650人。

1989—2005年公办幼儿园教育基本情况统计表

表22-1

年度 \ 项目	幼儿园数（所）		班数（个）		在园幼儿（人）		幼儿教师（人）			
							县直	乡村		
	县直	乡村	县直	乡村	县直	乡村		公办	民办	代课
1989	1	210	14	316	440	9508	43	180	150	302
1990	1	210	15	394	462	11849	56	187	150	451
1991	1	211	18	339	540	10196	40	188	150	340
1992	1	211	22	373	680	11199	61	189	145	412
1993	1	213	23	423	691	12717	71	185	145	516
1994	1	213	23	473	701	14214	110	191	145	610
1995	1	213	23	458	753	13689	118	193	145	593
1996	1	213	29	443	884	13315	118	196	132	560
1997	1	212	21	391	654	11757	118	201	131	451
1998	1	212	18	308	553	9248	126	200	130	286
1999	1	212	23	270	710	8107	118	203	130	207
2000	1	212	27	280	830	8487	117	206	120	234
2001	1	233	21	197	621	5921	116	210		174
2002	1	233	20	171	600	5135	118	215		127
2003	1	221	23	162	690	4848	112	220		104
2004	1	199	25	163	765	4879	96	200		126
2005	1	200	26	163	770	4880	96	200		126

二、幼儿保教

1989年，按照国家教委制定的《幼儿园教学大纲》，全县幼儿园（班）采用全国幼儿统编教材，配合使用省市地方教材。教养科目有生活卫生习惯、体育活动、思想品德、语言、常识、计算、音乐、体育、美术。坚持向幼儿进行德、智、体、美的全面教育；教育方法不断改进，教养质量逐年提高。1990年，按照国家教委颁布的《幼儿园工作规程》试行，对全县幼儿园（班）进行督导检查。通过检查发现，县直幼儿园实行大、中、小班教育，坚持贯彻教育和保健并重的原则，对幼儿进行德、智、体、美的全面发展的教育，使幼儿身心和谐发展。出园幼儿在语言表达、计算、绘画、手工、歌舞等方面表现出较好的能力。受条件的限制，农村小学幼儿班，70%的只设大班和中班，30%的为大、中班混合班，一些幼儿班保教方法简单，存在超前学习一年级语文、数学现象。1991年，将县直幼儿园确定为全县示范性幼儿园，组织全县幼儿班教师到县直幼儿园参观学习，举办幼教学习班，开展幼儿保教讲座，有效的提高全县幼教水平。

1993年，贯彻落实新《幼儿园工作规程》和《幼儿管理条例》，遵循幼儿身心发展规律，坚持保育和教育相结合的原则，深入进行幼教改革，针对幼儿年龄特点，注重个性差异，以健康发展为主，以游戏活动为载体，开展日常生活教育和主题活动教育，寓教于形，寓教于乐，对幼儿实施体、智、德、美全面发展的教育，促进其身心和谐发展。纠正重上课，轻游戏、轻生活的保教思想，克服幼儿教育小学化倾向。1995年以后，全县进一步加强幼教管理，制定幼教奖惩责任制，将幼儿教育列入全年教育评估内容，作为年终考评的重要内容和职称评定的依据。2001年，贯彻落实《幼儿园教育指导纲要》，将幼儿教育内容分为健康、语言、社会、科学、艺术五个方面，独立幼儿园和多数幼儿班开设珠心算、电子琴、舞蹈、绘画、书法、幼儿听读、游戏识字等课程。2005年，县直幼儿园被评为“石家庄师范性幼儿园”“石家庄市保健示范性幼儿园”“石家庄市语言文学规范示范园”。

附：　　　　县直幼儿园简介

无极县幼儿园始建于1958年，1960年停办，1976年正式选址筹办，1977年10月正式开园，是无极县创办的第一所公办全日制幼儿园。

园址位于花园路南，占地面积3000平方米，建筑面积4800平方米，共有18个幼儿活动室，18个幼儿寝室，1个舞蹈教室，备有钢琴、电子琴、音响和多媒体电教室1个，电脑25台，1个卫生保健室和语音隔音室。室内配有桌面玩具和幼儿图书，室外配有大型玩具25套，伙房及更衣室各1个。配有和面机、切肉机、绞馅机、蒸饭车、冰柜、消毒柜。县园历来重视后勤管理，制定严格的伙食管理制度，注重食品营养搭配和安全。2003年5月，张业县长到幼儿园检查工作，考虑1元/日的伙食不能充分满足幼儿成长的需要，由县财政每年向幼儿园拨款1万元做为补充

无极县幼儿园庆“六一”儿童节表演

县幼儿园庆“六一”儿童节表演

资金。

2005年，在园幼儿970人，分大、中、小全日制班，招收3～5岁幼儿。全园有教职工120人，其中本科7人，大专50人，中师31人，幼师32人。教学能手3人，市六项全能二、三等奖8人，42篇论文获国家、省市论文一、二等奖。

为提高办园水平，以《幼儿园教育纲要》《幼儿园工作规程》为指南，以“一切为了孩子”为办园宗旨，积极推进幼教改革，坚持保育、教育相结合，保育、教育并重的原则，不断优化幼儿一日生活，强化艺术，探索主体特色教育，开设业余特色班，培养幼儿学习兴趣，发展幼儿特长，确保幼儿体、智、德、美全面发展，使幼儿身心和谐、健康成长。到2005年，先后两次被评委为“全国三八红旗集体”“两个文明建设先进单位”“少儿工作先进单位”“石家庄地区示范性幼儿园”“市卫生标兵先进单位”“石家庄市保健示范性幼儿园”“一类三级幼儿园”“石家庄市语言文字规范示范园”。

东丰庄幼儿园

东丰庄幼儿园是一所高标准村办幼儿园。2004年由村筹资兴建，占地面积10000平方米，建有高标准保教楼1座，建筑面积4899平方米，有大、中、小12个幼儿班，在园幼儿540人，教职工39人。

园内教育设施齐全，设12个幼儿活动室和12个幼儿寝室，1个舞蹈室，1个保健室，有钢琴、电子琴和1个多媒体教室。室内配有齐全的幼儿玩具和幼儿图书；室外绿地如茵，配有新型综合滑梯、旋转风车、卡通幼儿壁画及适合幼儿玩耍的玩具。

该园认真贯彻落实《幼儿园纲要》《幼儿园工作规程》，围绕让孩子开心、家长放心、教师舒心的办园目标，不断完善幼儿一日常规和保教常规，优化一日活动组织过程，让孩子们在自主有序地保教中主动获取教益，养成良好的生活、卫生、学习习惯，培养生活自理能力；立足“人文环境常规化、物质环境动态化、社会环境常态化”，充分利用优越的办园条件，让孩子们通过滑梯、风车及丰富多彩的娱乐活动，感受人与自然和谐统一，让环境动态化成为立体教科书，使孩子们在自身感官与外物的交互作用中，自

幼儿节目

主发展，快乐成长，逐步形成了“环境育人”的办园特色，受到家长、上级部门的肯定，被评为“河北省示范性幼儿园”“石家庄市一级幼儿园”。

第二节　九年义务教育

一、小学教育

1989年，全县有小学210所，1199个教学班，在校生47958人。小学教师1798人。执行教育部《全日制六年制小学教学计划》，使用全国统编教材，开设语文、数学、思想品德、体育、音乐、美术学科。3年级增设自然常识，5年级增设历史、地理，6年级增设农业常识。积极开展各种教学教研活动，不断发现典型、培养典型，在南苏小学，角头小学等学校推行小学珠算心算教学法，小学高年级数学五步教学法和小学低年级汉语注音识字教学方法。

1990年7月25日至8月6日，无极县人大常委会对全县《中华人民共和国义务教育法》实施情况进行了大检查。县人大常委会主任申庆西亲自主持制定检查提纲和实施细则，组织县人大、乡镇人大等相关人员，对全县229所乡村中小学进行拉网检查。通过检查，普遍提高了全县干部群众对《中华人民共和国义务教育法》的认识和遵法、执法的自觉性；摸清了全县实施义务教育的底数；进一步掌握了教师队伍的思想、政治和文化业务水平的状况；进一步掌握了全县改善办学条件的发展状况；发现重视智育、轻视德育、体育的现象依然存在。

通过检查，各乡镇普遍找到了落实《中华人民共和国义务教育法》的差距，并研究措施、改进了工作；互相交流了贯彻《中华人民共和国义务教育法》的情况，达到互相学习、采长补短，互相促进的目的；加快全县改善办学条件的步伐，促使13所学校开始动工修缮危漏校舍，9所学校建起了围墙，10个乡镇学区在大检查中认真分析和制定了全面贯彻党的教育方针，保证学生德、智、体全面发展的措施；进一步摸清了乡村中小学学生入学率、巩固率、毕业率、普及率的底数和教师学历达标率底数，同时发现了一大批热爱教育工作，忠于职守、教书育人、为人师表的优秀教师和模范教育工作者；摸清全县从1990—1994年分批普及九年义务教育的规划能否落实的底数，从而为按时完成普及九年义务教育奠定了基础。

1991年，落实国家教委《关于进一步加强中小学德育工作的几点意见》，坚持“五育并举，德育为首”，充分发挥思想品德课主渠道作用，向学生进行“五爱教育”（爱祖国、爱人民、爱劳动、爱科学、爱社会主义），在全县开展了“学雷锋、学赖宁 树新风”活动，全县210所小学，建立学雷锋、学赖宁小组844个，做好人好事16880余人次，受到干部群众的好评。同年，组织全县小学教师，开展观摩教学活动，邀请林中小学、杨坊小学、实验学校优秀语文教师和数学教师，分别在角头小学、杨坊小学、实验学校为全县小学教师上示范课，有效提升了小学教学水

齐洽学校

平。1992年，加强小学生的养成习惯，从小培养学生良好的行为习惯和生活习惯。在全县开展小学生守则和小学生日常行为规范教育活动，全县210所小学，1465个教学班，都配备了一套小学生守则和小学生一日行为规范挂图，借助图例、图解，化抽象为形象，化无形为有形，生动活泼地向学生进行热爱祖国、热爱集体、尊敬师长、关爱同学、遵守公共秩序，讲究卫生、懂文明、讲礼貌的教育。1993年，以全面贯彻党的教育方针，全面提高教育质量为宗旨，加强小学教育的基础地位，突出以教学为中心，以学生为主体，强化常规教学管理，实行校长兼课、听课、深入课堂教学制度。规定小学校长必须兼课，且兼语文或数学课，学区总校长每周必须听1～2课完整课，普教校长每周必听2～3课完整课。学区每学期对教师的备课，作业批改、教学辅导等教学情况进行1～2次检查，在深入教学实践中，发现典型、培养典型，推进教学方法改革，提升课堂教学水平。

1994年，全县小学213所，在校生68555人，教师1919人，小学适龄儿童入学率99.9%，巩固率99.9%。全县90%的小学建了新校舍，新建教学楼92座。11月，经省政府检查团检查验收，全县普及小学六年教育，并颁发证书，奖金5万元。

小小主持人

1996年，在全县开展“孝心献给父母，关心献给他人、爱心献给社会、忠心献给祖国、恒心用于学习、信心留给自己”的教育活动，县实验学校、牛辛庄小学被市教委命名为“六心”教育先进单位。1998年，使用义务教育九年制教材，三年级以上增设微机课，四、五、六年级的历史、地理课改为社会课。暑假后，根据冀教基〔1998〕24号文件通知精神，小学语文、数学适当删减教学内容，适当降低教学要求，小学开始实施素质教育，开展岗位练兵、观摩教学、优秀课评选等活动，积极探索和实践素质教育的方法和途径，努力加强学生能力的培养。2001年始，为全面了解和掌握小学教学情况，有的放矢地加强教育教学的管理，制定小学教学质量评价奖惩办法。坚持公平公正的原则，县、学区、学校实行分级管理、分层评价的策略，每年7月将小学六年级毕业考试作为全县统考，实行统一命题，统一考试，统一评卷，将其成绩分为优秀、合格、低分三个层次，进行综合评价，总结经验，分析问题，奖励先进，激励后进，促进小学教育质量升级。是年，全县小学208所，在校生56519人，25所小学实验室达到一类

马孤庄学校

标准，126所小学达到二类标准，50%小学校实现“两机一幕”（电视机、录放机、投影仪）进教室。2002年12月，按照上级教育部门的安排要求，全县开始着手新课程改革的准备工作。在经过组织全县小学教师进行培训，转变教学理念，学习新课标解读、新课标及教材教法的统一考试后，于2004年9月，正式启动新课程改革。实行标准课教材（简称新课标），将思想品德课低年级改为品德与生活，高年级改为品德与社会，自然课、科学课、劳动课改为社会综合实践课，微机课统称信息技术课。

1989—2005年公办小学教育基本情况统计表

表22-2

年度 / 项目	学校数（所）	班数（个）	在校生数（人）	教师数（人）		
				公办	民办	代课
1989	210	1199	47958	1485	235	234
1990	210	1316	52619	1310	232	256
1991	210	1441	57675	1461	230	258
1992	210	1465	58607	912	228	261
1993	213	1581	63246	1412	228	282
1994	213	1713	68555	1408	221	290
1995	213	1784	71380	1374	220	296
1996	212	1848	73750	1142	217	294
1997	212	1858	74320	1148	215	287
1998	213	1950	78008	1737	211	299
1999	213	1777	71091	1748	211	290
2000	213	1836	73441	1894	203	247
2001	208	1409	56519	2502		240
2002	197	1977	78911	2575		235
2003	185	1061	42446	2511		147
2004	173	946	37861	2386		120
2005	173	840	33612	2350		110

附：

角头小学

1985年搬迁新校址，投资20余万元，新建3层教学楼、5套外住教师家属宿舍和齐全的配套设施。学校的办学条件和管理成为全县的先进典型。1990年，河北省政府副省长王祖武到学校视察，给予很高的评价。

1993年，投资45万元，新建3层教学实验、图书阅览综合楼，配齐教学仪器、图书、文体器材等设施。1995年高标准通过省政府“普九”检查验收。

进入21世纪后，先后投资159万元，翻新建设三层高标准教学楼2943平方米，新增多媒体设备

角头小学

15套，微机41台，光纤宽带接入，实现了“班班通”教学，教师备课用电脑每人1台；校园进行高标准硬化、绿化、美化，新建校园文化墙、文化发展板、文化走廊、2640平方米的运动场。学校占地面积7920平方米，建筑面积4750平方米。18个教学班，在校生944人，教职工35人，全部大专以上学历，小学高级教师27人。配有省一级图书馆、仪器室、实验室、美术教室、音乐教室、微机室、多媒体教室、保健室、体育器材室、卫星接收室、语音室等功能室；藏书3600多册，并开设了阅读课，实现“开架式”阅览，教学仪器51种995件，科学仪器165种2311件，音乐器材30种109件，体育器材51种948件，美术器材25种160件，微机86台。

2005年学校改为县直属小学，除满足本村学龄生入学外，还招收县城干部职工子女、进城经商、务工等人员子女入学。

二、初中教育

1989年，按照国务院10万人1所高中，1万人1所初中的要求，无极县设初级中学21所，其中乡镇初中20所，县直实验学校1所。另有无极中学初中部6个重点初中班，学制3年，执行国家教委3年制初中教学计划，开设政治、语文、数学、英语、物理、化学、音乐、美术、体育等课程。在校生19152人，教师1592人，学历达标32%。加强学校德育工作，广泛开展《中学生日常行为规范》教育、《中学生守则》教育、爱国主义教育、正确人生观、价值观、世界观教育和法制教育。1990年，全县初级中学21所，其中乡镇初中20所，县实验学校，另有无极中学初中4个重点班，在校生14504人，按照“夯实小学教育，提升初中和高中教育”的宗旨，认真贯彻地教委《关于从严治校的几点意见》，规范教育教学管理，清退初中三年级复习生，建立健全各项规章制度，建立良好的教学秩序。1991年11月，贯彻省教委在全县教育工作会议上“改革教学方法，应注意提高教学效率，引进教学方法，要吃透、消化，不借教法改革实验乱编、乱印复习资料”的指示要求，坚持贯彻启发性原则、理论联系实际原则和直观性原

郭庄镇初级中学

里城道中学

的备课、上课、作业批改、学生辅导、教学质量测试全过程管理，组织教研员深入学校开展听课、说课、评课活动。严格校规、校纪、建设健康、生动的校园文化，树立良好的教风、学风和校风。当年中考成绩名列全市23个县市（区）第四名。1995年，围绕由应试教育向素质教育转规的总体目标，狠抓教育教学常规管理，全面贯彻党的教育方针，全面提高教育质量，改进教育教学方法，减轻学生课业负担，提高教学水平。是年，全县初中22所，在校生20514人，学生“四率”均达到“普九”要求的总体目标。中考成绩在全市23个县市（区）中位居第二名。1996年，为提高学生实验操作能力，初中毕业生升学考试增加理化实验操作测试。全县20个乡镇合并为11个，南马乡中由东丰庄初中取代；高头、南流各有一所乡中，其余9个乡镇各拥有2所初中。学生入学率98%，巩固率98%，完成率97.5%；初中教师学历达标76.6%，中考成绩仍处于全市前茅。

则，积极稳妥地推进教育教学方法改革，加强教育教学管理，规范教育教学秩序，使乱编、乱印复习资料现象得到控制。1993年，提出“狠抓初中，提高高中，带动小学”的教育思路，把提高初中教育质量作为提高全县中小学教育质量的关键，坚持以教学为中心，规范初中教育教学管理和校长、教师的岗位责任制目标管理，按照教育大纲、教育计划的要求，落实体育课时，保证体育课教学质量，保证学生每天不少于1个小时的体育锻炼时间，在省市教委的统一部署下，第一次组织了初中毕业生的体育测试，并把成绩纳入中考升学总分。全县3805名初中毕业生参加考试，及格率为88.2%。1994年，执行《九年义务教育“六三”学制全日制课程设置方案》，开设思想政治、语文、数学、英语、历史、地理（初二、初三年级开设）、化学（初三年级开设）、生物、体育、音乐、美术等学科。并将体育列入初中毕业生升学考试科目。坚持“公平、公正、团结、提高”的原则，坚持教育质量就是学校的生命线，加强教师

1997年，加大对初中生入学、流失、择校重

无极中学生物实验室

点环节的治理力度，实施对初中生入学率、巩固率的专项考核、健全流失生报告制度和控辍责任制，采取措施控制择校生，规范教育秩序。1998年，东池阳联中改为里城道乡东池阳初级中学，郭庄高中、泗水高中、高头回民高中招收公办民助初中班。年底，通过省政府第一次“普九”复查验收。被评为普及九年义务教育先进单位。1998年，增设计算机课。

2000—2001年，无极县人民政府制定《控制初中学生流失的实施意见》，由政府牵头，组成控辍领导小组，结合法院实施以法控辍。经过宣传义务教育法，深入辍学生家庭做工作，动员辍学生返校700余人。有效地控制学生的流失，受到省市的肯定与表扬，其经验在全省推广。2001年底顺利通过省政府第二次“普九”复查验收。2003年，初中21所，在校生22271人。投资250万元，新建校园网2个，多媒体教室57个，新购微机220台，信息技术开课率达到87%。到2005年，全县初中20所，在校生16430人，启动新建项目10个，校园网5所，教师1312人，学历达标95%，教学课程设置没变。是年顺利通过了省政府第三次“普九”复查验收。

1989—2005年公办初中教育基本情况统计表

表22-3

项目＼年度	学校数（所）	班数（个）	在校生数（人）	教师数（人）	
				公办	民办
1989	21	319	19152	1562	30
1990	21	311	14504	988	28
1991	21	297	14336	1070	27
1992	21	295	13486	1362	26
1993	22	319	17535	1097	24
1994	22	350	17535	1075	22
1995	22	410	20514	1133	21
1996	22	437	20456	1341	20
1997	22	431	23170	1666	19
1998	21	542	26124	1358	15
1999	22	543	22021	1711	13
2000	21	390	24354	2025	10
2001	21	662	23793	1409	
2002	21	695	22856	1434	
2003	21	690	22271	1442	
2004	22	610	20358	1328	
2005	20	537	16430	1312	

附：

实验学校

无极实验学校始建于1986年，原为干部职工子弟学校，只招收在县城居住的干部职工子女入学。因占用西关村小学校址，允许西关村学生上学。始建小学教学楼一座，师生千余人，1989年以后，县城人口逐年增多，学生择校热不断升温，学校规模不断扩大，1991年开始招收初中生，1996年投资188万元，建设初中教学楼、实验楼和取暖设备工程，1997年投资150余万元，新建教学楼、办公楼、高标准仪器室、实验室、图书阅览室、文体器材室，师生3200余人，46个教学班，其中小学34个教学班，小学生2040人，初中12个教学班，学生624人。1997年以后，投资100余万元，新建了多媒体教室、语音室、网络教室、理化教室，购置了钢琴等音乐器材，现代化教学手段进入课堂。到2005年，学校建筑面积10880平方米，在校学生3570人，教师162人，54个教学班，其中小学36个教学班，学生2340人，初中18个教学班，学生1230人。

安全教育活动

学校全面贯彻教育方针，树立新的教学理念，注重特色办学。以德育为重，做人为先，保证学生德、智、体、美和谐发展，教育成绩显著，曾被评为市级“教学工作示范学校”“德育工作先进单位”“红领巾示范学校”“素质教育先进学校”，从1992年到20世纪初期中考成绩连续名列全县前茅。

东侯坊初级中学

东侯坊中学占地面积32552平方米，建筑面积6063平方米；2004年有22个教学班，专职教师71人，其中本科学历58人，专科学历23人，达标率100%。该校办学条件优异，配有高标准图书馆、阅览室、语音室、多媒体教室、音乐教室、美术教室、理化生实验室、微机室和标准体育园地1块。为学校持续、稳步发展奠定了坚实基础。

学校坚持全面贯彻党的教育方针，全面提高教学质量，不断加强学校管理，创造和谐的教学环境和教学秩序，教师爱岗敬业，工作作风扎实，学生遵守纪律，形成了优良的教学传统和校风。多年来，教学成绩连续稳居全县前茅，被命名为“市级规范化教学”学校，受到社会各界一致好评。

无极县实验初级中学

南流乡初级中学

无极县南流乡中创办于1976年，学校占地面积50298平方米，建筑面积6840平方米，2005年20个教学班，1307名学生，67名专任教师，教师学历达标率100%。

1989年以来，乡党委、乡政府积极适应教育事业的发展要求，逐年加大资金投入，不断改善教学条件，更新校舍，配置教学配套设施，新建2745平方米高标准教学楼、4100平方米的宿舍楼、快乐体育园地两块、双面高标准新厕所。校园林木成荫，花草有序，实现了绿化、硬化、美化、净化，是一所园林式学校。现代教育技术装备不断加强，拥有多媒体教室6个，多媒体备课室1个，并接通了省远程教育网。图书室、阅览室、团体美器材室、理化生双套实验室、微机室，均达到省颁一类标准。

自1995年，经省检查团检查验收，高标准普及九年义务教育后，又连续多次通过省检查验收团升级达标检查验收，被评为"'两基'达标先进单位"。

学校以"实施一流管理，确保学生德、智、体全面发展"为目标，确立了与时俱进、以人为本、创新发展的理念，本着"一切为了学生，为了一切学生，为了学生的一切"的指导思想，狠抓教育教学管理，创新办学特色，培养良好校风、校纪，构建全方位德育网络，积极实施教育教学改革，教学成绩连年攀升，先后被县评为"教学工作先进单位""课堂优化研究实验学校"。被石家庄市教育局命名为"石家庄市规范化管理学校""石家庄市依法治校示范学校""教科研工作先进集体"。

第三节　特殊教育

1989年以前，无极县残疾儿童一直是随班就读，但因学习困难，多数不到小学毕业便停学。

1990—1997年，县直幼儿园开办聋哑班，每期班学生二十几人，填补了无极县特殊教育的空白。并分别于1993年、1994年举办盲童辅导教师、弱智儿童辅导教师培训班。到1995年，全县残疾儿童108人，随班就读96人，入学率88.4%。1996年，残疾儿童入学率95%。

2003年9月，"无极县特教学校"成立，招收6～18岁的盲、聋、哑、智力落后等各类残疾儿童。学校第一学期招生8人，到2005年，学生79人，8个教学班。有专任教师11人，其中7名是特殊教育师范学校毕业的专业教师，学校开设生活语文、生活数学和生活常识三门课程。是年，全县共有学龄残疾儿童181人，其中视力障碍11人、听力障碍13人、智力障碍157人。这些儿童中，79人就读于特教学校，75人随班就读，学龄残疾儿童入学率85.1%。被省教育厅认定为河北省普及特殊教育县，颁发"河北省普及特殊教育县（市、区）"牌匾。

第四节　"两基"达标

一、普及九年义务教育

1986年《中华人民共和国义务教育法》颁布，全县开始贯彻义务教育法，实施小学六年、初中三年的九年义务教育。

1989年，认真落实河北省教育厅《关于严格控制中小学流失的若干规定》，召开全县中小学校长会议，深入学校、社会进行摸底调查，召开全县教师大会、家长座谈会，实行目标管理，动员辍学学生回校复读，确保适龄儿童、少年受完九年义务教育。

1991年，全县小学210所，在校生57675人，入学率100%，巩固率100%；初中21所，在校生14336人，入学率99.5%，巩固率99%。

1992年以后，《中华人民共和国义务教育法实施细则》和国家教委《关于在九十年代基本普及九年义务教育和基本扫除青壮年文盲的实施意见》及《河北省义务教育评估项目指标要求》相继出台，进一步明确"两基"目标实施原则、步骤和具体标准要求。

无极县把普及九年义务教育作为重中之重，

制定《关于在1995年五步基本普及九年义务教育和基本扫除青壮年文盲的实施意见》和《全面推进，逐项落实的具体计划和安排》，规范学校管理。1993年通过省政府普及小学六年义务教育达标验收。1995年，全县共有小学阶段适龄儿童73292人，入学73292人，入学率100%，巩固率99%。初中阶段适龄少年21346人，入学21133人，入学率99%，巩固率98.6%。17周岁人口中受完初中教育6393人，完成率98.5%；全县残疾儿童108人，入学96人，入学率88.4%。小学教师学历达标率98.5%，初中教师学历达标76.6%。11月，经省政府检查团检查验收，全县普及九年义务教育，被省政府授予“普及九年义务教育达标县”，颁发了铜牌并奖励资金15万元。

1998年，小学入学率100%，巩固率99.9%，初中入学率99.5%，巩固率99%，残疾儿童入学率95%。12月，通过了省政府第一次普及九年义务教育复查验收。进修学校成为全省38所办学条件达标进修学校。

2000—2001年，制定《预防中小学生流失，加强学校管理的意见》《治理初中生辍学评估办法》进行舆论宣传，依法控辍等办法，加强学生管理，动员全县180名流失生返校复读，确保适龄学生受完九年义务教育。

2002年，全县小学适龄儿童37861人，入学率100%，初中适龄少年30902人，入学30593人，入学率99%，巩固率分别为100%、98.6%，年底通过省政府普及九年义务教育第三次复查验收。

二、改善办学条件

1983年，县委书记栗战书带领有关人员在深入基层调查研究中发现，乡村中小学办学条件简陋，校舍破旧、短缺，危漏校舍存在，配套设施不全，万余名学生自带课桌凳上学。“土台子、泥孩子”现象严重存在。庄里乡中合流小学校舍全部危漏，屋顶露天，夏不能遮阳避雨，冬不能挡风御寒。栗战书连夜和村支部书记座谈，规划、筹资，全部翻新校舍，成为全县改善办学条件的先进典型。东侯乡北侯村经济条件较差，校舍破旧，已经不能使用，学生自带小板凳在院落上课。栗战书带头捐款，全村党员干部不要补贴，很快建起二层教学楼，彻底改善了办学条件。1983年，县组织开展改善办学条件大检查，到校检查、座谈、拍照，在县城中心大街工人俱乐部门前举办“全县改善办学条件好、坏典型对比展览”，轰动了全县。不少村干部当场表态，决心兴学重教，改善办学条件。泗水乡王先村支部书记连夜召开支部会议，筹资6万元，拆除破旧校舍，建起崭新的小学校。1982—1983年，全县新建教学楼6座，新建校舍12000平方米，添置课桌凳1.2万套。1984年，新建县工商学校。1985年，投资670万元，新建教学楼5座，新建校舍8900平方米，添置课桌72100张，课凳105万套。全县消灭了危房，实现了班班有教室，学生人人有课桌凳。经河北省验收批准为普及小学教育合格县。1988年，全县232所乡村小学实现“八配套”(教室、课桌凳、围墙、校门、水源、照明、厕所、操场、旗杆、国旗)。1990年，投资614万元，改善办学条件，新建校舍30所，13600平方米，购置教学仪器120种40000多件，自制教具87种35000件、购置课桌凳1500套，购置图书45000册。年底经过省市检查验收全县实现“八配套”，被省政府授予“改善办学条件先进县”，奖锦旗一面，奖金15万元，并在1991年3月省委、省政府召开的全省教育工作会议上，介绍《上下动员、综合治理，努力改善办学条件》的经验。1995年，投资3700余万元，新建教学楼42座，新建、扩建校舍81所，整修操场56个，全县233所中小学的仪器室、实验室、图书阅览室、文体器材室及所有配套设施全部达标配套，小学图书39.1万册，生均5.3册；初中图书21.33万册，生均10.4册，教学仪器乡镇初中和中心小学达到国家规定的二类标准，小学达到国家规定的3类标准。1998年，全县中小学用于基础建设和配套设施建设投资660万元，购置图书50000册，仪器20800件。

2000—2001年，投资1800余万元，更新校舍，充实和升级配套设施建设，使全县初中和乡镇中心小学实验仪器达到国家一类标准，其他小学全部达到国家规定的二类标准；全县微机室达到68个，计算机1860台，有82所学校开设信息技术课，11所初中建语音室。年底，顺利通过省政府第二次“普九”复查验收。

2002年，新购微机2141台，新建微机室122个，多媒体教室62个，38所学校微机室接入互联网，实现了全县中小学“校校通”，共有147所学校开设了微机课。2004年全县新购微机580台，新建多媒体教室147个，全县中小学普及了微机课教学。38所学校建有远程卫星接受系统，10所中学与市教育网联通。

到2005年，全县投资1700万元，翻新校舍1万多平方米。全县微机有3350台，多媒体教室137个、微机教室78个、校园网3个，38所学校建成省远程卫星接收系统，实现义务教育阶段远程教育工程的涉及19所初中，163所小学。

三、扫盲教育

1990年，布置普通学校教师担负扫盲教学任务，同时发动中小学生做“小先生”，使全县15至40岁农村人口中98%的青少年成为文化人。是年，12月通过石家庄地区扫盲检查。

1992年，全县有县级成人教育学校5所、乡镇成人教育学校20所，成人教育专职干部65人，专兼职教师165人。全县“三后生”9632人，参加培训9501人，培训率达到98.6%。

1993年以后，加大扫盲教育力度，县财政调拨专款3万元，各乡镇成立以乡镇长为组长的领导小组，充实配备专职干部与兼职教师，坚持“一堵、二扫、三提高”方针，实行“扫盲与农业生产相结合，扫盲和堵盲相结合、学文化与学技术相结合、扫盲与提高相结合、自愿学习和强制学习相结合”。到1995年11月，全县青壮年

将军回母校

233051人，非文盲230316人，非文盲率98.8%，巩固率95%，顺利通过省政府检查验收团的检查验收，基本扫除青壮年文盲。

1998年，县财政调拨扫盲经费1.5万元，用于成人学校建设，配置专职干部26人，其中县4人、乡镇22人，实行专职教师和兼职教师相结合，采取包教目标责任制。到年底，全县青壮年239530人，非文盲239057人，非文盲率达到99.8%以上，巩固率100%，通过省政府检查团第一次复查验收。

2000年以后，为继续做好“扫盲”巩固提高工作，县成立成人教育委员会。利用农闲时间，采取长班、短班相结合的方式，开展农业产业化培训。2003年，实行实用技术培训，以训代学，使剩余的72名青壮年摘掉文盲帽子，巩固了扫盲成果。通过2001年、2004年省政府两次复查验收。

第五节　高中教育

1989年，全县高中有无极中学、郭庄高中、泗水高中、高头回民中学和农业技术中学5所。其中，无极中学北校区的初中部亦改招高中班，为无极中学北校。全县有高中在校生3866人，高中教师346人。开设政治、语文、数学、英语、物理、化学、历史、地理、动物、植物、生理卫生、体育课程。

1990年，坚持“五育并举，德育为先“的教育思想，各学校配备专职政工干部，加强和改进德育工作，把德育教学渗透到教育教学的全过程，培养有理想、有道德、有文化、有纪律的社会主义新人。1991年，无极中学在石家庄地区德育工作经验交流会上，介绍《怎样在各科教学中渗透近代史和国情教育》的经验。全县各学校增设“近代史”及“国情”教育课。1992年，改革教学方法和评估办法，实行目标化管理。投资4万元，加强无极中学实验室、仪器室建设。12月份，在省检查验收中获得三等奖。

1993年，根据国家教委颁发的《义务教育六三学制全日制中小学教学计划》规定，高中植物、动物和生理卫生三学科合并为生物课。是年，全县1680名高中毕业生参加高考，上线252人，上线率为15%。

1994年11月，无极中学北校改为无极县第二中学。全县高中6所，其中普通高中5所，职业技术高中1所。在校生2825人，教师401人。按照“狠抓初中，促进高中，带动小学”的思路，多次深入无极中学，组织师生召开座谈会，总结推广先进的教学经验，分析高中教育教学形势，制定量化目标，实行分类指导，加强高中教育教学工作的管理。积极为教育教学提供服务，调动广大教育工作者的教学积极性和热情。当年，全县1400名高中毕业生参加高考，在全国高考招生比例有所下降的形式下，全县上线建档率51.2%，本科至省专（不含师专上线生）以上上线280人。11月，市教委召开全市重点高中、普通高中教学工作会议，授予无极县教育局“高三毕业班教学质量先进单位”称号，颁发锦旗1面，奖金5000元。

1995年，根据国家教委《关于实行新工作时制对全日制初中、高中教学计划进行调整的意见》，将高中课程调整为语文、数学、英语、政治、物理、化学、生物、历史、地理、人口教育、体育、艺术、劳动技术。为全面贯彻党的教育方针，大面积提高教育质量，积极探索社会主义市场经济体制下德育工作的新路子，把思想教育工作放在首位，广泛开展《中学生守则》教育、人生观、价值观、世界观教育，组织学生观看“百部爱国影片”活动，“纪念抗战胜利五十周年”活动，组织学生写观后感、影评，激发师生的爱国热情和努力工作，报效祖国的积极性。当年，全县1196名高中毕业生参加高考，建档上线612人，上线率51.2%。1998年，无极中学为使学生践行“学会做人、学会学习、立志成才、报效祖国”的校训，从9月1日至9日，聘请石家庄陆军学院教官，对400余名高一新生进行系统军事训练，使学生从思想上、意志上、体质上、行动上受到军事化的锻炼，从此，拉开全县高中、初中新生入学后的军训第一节课的序幕。当年，无极中学被市命名为示范性学校。高头回民中学投资300万元的教学楼投入使用。1999

无极中学化学实验室

无极中学物理实验室

年，郭庄高中、泗水高中新建教学楼投入使用。2003 年，无极二中投资 2100 万元，新建教学楼 3858 平方米，科技楼 5789 平方米，办公楼 3955 平方米，餐厅 3200 平方米。400 米跑道标准运动场，被省命名为示范性学校。到 2005 年底，郭庄高中、泗水高中和高头回民中学停办，全县现有无极中学、无极县第二中学、职业技术中学，高中在校生 7108 人，高中教师 636 人，学历达标 95% 以上。学校开设语文、数学、政治、物理、化学、历史、地理、生物、体育等课程。

1989—2005 年公办高中教育基本情况统计表

表 22–4

项目 \ 年度	学校数（所）	班数（个）	在校生数（人）	教师数（人）	项目 \ 年度	学校数（所）	班数（个）	在校生数（人）	教师数（人）
1989	5	84	3866	346	1998	6	92	4576	495
1990	5	82	4098	433	1999	6	130	6500	509
1991	5	82	4101	406	2000	6	98	4880	624
1992	5	77	3825	427	2001	6	137	6868	905
1993	5	67	3366	422	2002	6	168	8386	733
1994	6	57	2825	401	2003	6	173	8668	728
1995	6	66	3305	383	2004	3	150	9030	1014
1996	6	82	4075	433	2005	3	145	7108	636
1997	6	95	4737	537					

1989—2005 年无极县高考情况统计表

表 22–5

年度	参考人数（人）	公助生录取（人）	委培自费生（人）	录取合计（人）	公助生上线率（%）	备注
1989	1685	196	15	211	12.52	
1990	1682	215	10	225	13.35	
1991	1781	208	78	286	16.58	
1992	1700	273	304	577	32.67	开始出现委培定向生
1993	1680	252	316	572	34.19	省内院校出现扩招
1994	1400	280	345	618	44.14	开始出现自费公助生区别
1995	1196	182	430	612	51.20	
1996	1168	165	260	425	36.38	
1997	1120	398		398	35.54	职教开始对口招生
1998	1498	437		437	29.17	
1999	1593	833		833	52.19	全国高校出现扩招自费生
2000	1772	1237		1237	69.81	
2001	1879	1439		1439	76.58	

续表 22-5

年度	参考人数（人）	公助生录取（人）	委培自费生（人）	录取合计（人）	公助生上线率（%）	备注
2002	1970	1731		1731	88.1	
2003	2113	1867		1867	86.2	
2004	2333	2220		2220	95.2	
2005	3435	2855		2855	89.3	

附：

河北无极中学简介

1951 年 7 月，朱友德受命创建无极中学，借占城内高小校舍（无极路北，县政府东邻），校址在县城东门路北，招收 2 个初中班，119 名学生。1952 年入驻新建校舍（无极路北东门里）。1953 年无极县初级师范停办（校址在县城无极路东文庙内），改招初中生，从此无极县初级中学分东、西两处校址。1955 年正式定名为无极县初级中学，共 15 个教学班，700 余名初中学生，教职员 45 人，专任教师 38 名。1958 年 7 月增设高中班 2 个，学生 98 人，经河北省教育厅批准，更名为河北无极中学。成为省办重点完全中学。同年 11 月，因无极并入藁城，遂改称藁城二中，校址归于文庙一处，垦植城北土地 200 余亩，作为农场和实验基地，实行教学、生产、科研三结合。“文化大革命”期间一度瘫痪。1969 年改名“专业学校”，开设师资、农林、医疗、电工、农机、通讯员培训等短训班。1973 年城关、庄里、甄村三社中部分高中班并入该校（后改称五七大学附中）。1976—1978 年，更名五七大学，仍以培训班为主。

1978 年，党的十一届三中全会后，恢复无极中学，普通中学建制。1980 年，被定为河北省首批办得好的省级重点中学之一。学校办学规模不断扩大，1989 年为 6 轨制，2002 年发展为 16 轨制，2005 年为 14 轨制，50 个教学班，在校生 3700 多人，教职工 210 人，其中专任教师 170 人，特级教师 2 人、高级教师 38 人，中级教师 89 人，国家级骨干教师 2 人、省级骨干教师 12 人。校园占地 42000 平方米，建有教学楼、实验楼、行政办公楼、教师办公楼、学生宿舍楼、家属宿舍楼。实验楼内配有语音室、物理化学实验室、生物实验室，有相应的仪器库和药品储藏室。实验仪器设备和药品齐全，演示实验和分组实验开出率达 100%；图书阅览室。电化教学发展迅速，建有微机室，多媒体教室，教学设备齐全。教师配有电子备课设备，校内建有校园网络系统，可进行多媒体教学。学校配有灯光篮球场 2 个和 300 米环形跑到的田径运动场。

学校自建校以来，全面贯彻党的教育方针，发扬勤奋、刻苦、求精、争先的优良教学传统，教学质量不断提高。1958 年，招收两个高中班，1961 年高考升学率达到 90%，名列全区第一。1983—1986 年高考成绩在全区名列前茅，1984 年高考上线率达到 90%；1985 年，被省体委命名为“河北省田径传统项目学校”。1987 年，获得国家体委颁发的“雏鹰起飞”田径通讯优胜奖；1992 年，在全省市县重点中学仪器室、实验室验收中获得三等奖。1995 年，学校新班子提出“把无极中学办成一流学校”的办学目标和办学思路，深化内部改革，狠抓班子建设、教师队伍建设、规章制度建设和硬件建设，创造优越的教学环境，教学质量逐年提升。高考上线人数每年以 100 人左右递增。2000 年大专上线率达 90.25%，比全省大专平均上线率高出 23.5%，2001 年，实现了历史性突破，全校 927 人考生，重点上线 149 人，本科上线 541 人，专科以上共上线 840 人，综合评价在全市排名第二。2000 年、2001 年高考成绩居全市第三，2002 年位居全市第二，600 分以上高分考生人数居全市第一；2002 年、2003 年全市综合评比名列第三，连续三年被评为“教学质量先进单位”。2005年被评为“石家庄德育工作师范学校”“教学工作示范学校”。

无极县第二中学

始建于1985年7月，校址在无极中学农场，占地面积65598平方米，建筑面积9678平方米，实为无极中学初中部，5个教学班，统一按无极中学初中编班序号，排为86～90班。学生290人，教师16人，曾用名无极实验中学。

无极二中扩建典礼

1988年更名为无极中学北校，初中停止招生，改招高中班，第一届招生两个班，学生100人，和南校统一录取、编班排序，为123、124班。招收高三复习班6个，学生300余人。全校共有13个教学班，学生700余人，教职工60余人。

1989年，第二届初中班300名毕业生，升入辛集中学、正定中学、中等专业学校94人，升入无集中学88人。同年，招高中生4个班，学生200人，全校共有14个教学班，学生600余人，教职工82人。

1994年，有15个教学班，805名学生，241名学生参加高考，升入高校100人，升学率为41%。是年11月18日，经县政府研究批准，与无极中学分离，命名为无极第二中学。

1996年无极二中发展到16轨，18个教学班。2002年，筹资2600万元，新建教学楼8158平方米，科技楼5789.6平方米，办公楼3855平方米，女生公寓7584.85平方米，教职工宿舍楼800平方米，餐厅3051平方米，新建400米跑道运动场。投资150万元新建36米宽300米长的中央大道及附属配套设施，总建筑面积38916平方米，分教学区、生活区、运动区、家属区、校园布局合理，功能齐全。新装备物理实验室4个，化学实验室4个，生物实验室2个，并配有仪器室和准备室。新建微机室4个，语音室4个，音乐室1个，舞蹈室1个，美术专用室2个，劳动技术室2个，多功能报告厅2个。理化生演示实验仪器二套，分组实验仪器4套，音体美器材103种，有微机200台。新建有校园网和48个多媒体教室、三层高标准图书馆，图书9万册，教参书365种。

学校坚持德、智、体、美全面发展，努力做到素质教育全面化、人才培养个性化。遵循教育规律，以学生为主体，因材施教，主动培养学生的参与意识、创新精神和实践能力，为学生未来成才奠定坚实基础。

2001年被河北省教育厅命名为“河北省示范性中学”，先后获“河北省安全防范先进单位”“河北省体育锻炼标准达标先进单位”“河北省招飞工作先进单位”“市‘三五’普法工作先进集体”“市卫生标兵单位”“市巾帼文明示范岗”和“县高考成绩突出贡献奖”等荣誉称号。

第六节　职业技术教育

1983年无极县本着压缩普通高中，发展职业技术教育的原则，将郭庄普通高中改为无极县农业中学，开设文化课和专业技术课，学制三年，为农村、农业培养初中级专业技术人才，为对口

职教中心建筑专业测量课

为教育部门和县文化馆合办，学制一年，开设音乐、美术专业，学生毕业后，大部分担任音乐、美术民办教师，一定程度上缓解了全县音、体、美师资短缺的矛盾。1986年，创办无极县农民中专学校，与郭庄农业技术中学合并，一个学校挂两块牌子，校址在城北5公里处县农二场，占地70亩，开设文化课、农业、种植、林果、畜牧等专业，学制三年，并从农林牧等专业部门选调专兼职专业教师。1991年6月，落实《河北省人民政府关于发展职业技术教育事业的通知》，县以职业技术中学为基础，将无极县职业技术中学、无极县农民中专和武术体校合并一体，成立无极县综合职业技术教育中心，承担全县人才培训、科学实验、科学示范、技术推广、技术普及、信息传递等任务，设林果、畜牧、医药、化工、财会、公关、保安等十几个专业，学制一、二、三年不等。县投资180多万元，建设教学楼，建筑面积5000平方米。学校占地200亩，有百亩果园实验基地，在校生463人，教职工98人。建校期间，省政府副省长顾二熊到学校视察，要求办成有无极特色的职教中心。1993年4月，省政府为发展

大专院校输送合格新生。

1984年，县委、县政府把多渠道、多形式、多规模办学作为战略任务，栗战书书记起草《关于多渠道办学的规划》，主持召开常委会，专题研究多渠道办学。9次召开乡党委书记、县长，县直单位主要领导参加的办学会议。全县学技术、学科学蔚然成风。无极县工商学校、卫生学校、甄村艺术学校相继建立。全县20个乡镇办起不同类型的农民技术学校。工商学校、卫生学校为工业部门、卫生部门办学，学制二年至三年，开设工业制造、商品经销、医疗、护理等专业，为无极工商业的发展培养急需人才，为乡镇卫生院、村卫生室培养医护人员。甄村艺术学校

职教中心建筑专业的学生在教师指导下练习使用水准仪、经纬仪

职教中心畜牧兽医专业考试

教育与科技

职教中心测量专业学生进行测量考试

职业教育，调整中等专业结构，县职教中心开始招收普通财会、医药、化工中专班各1个，学生100人。1994年，增加公关与安保和1个中师班50人，共招生200人，是年在校生共810人，教职工92人。

1996年落实省教委《关于在普通中小学开设职业指导课的通知》精神，分别在初中二年级、高中一年级开设职业指导课，采用省教委组织编写的《河北省初级中学职业指导教材（使用本）》和《河北省高级中学职业指导教材（使用本）》，系统讲授关于社会职业和个性特点的基本知识，帮助学生树立正确的职业观，传递职业和专业信息。

1998年，为适应本地经济发展需要，努力加强特色专业建设，开办驾驶、公关、保安专业。

2000年，职业技术教育招生开始出现滑坡。无极县职教中心积极推行改革，加大联合办学力度。2002年，实行普高、职高双重学籍注册，有效地解决学校招生问题，当年职教中心招收综合高中生600名。2004年，根据社会需求，结合县内实际，调整专业结构，确定农林、畜牧、建筑、计算机、汽车修理、服装设计、财会等专业为职教中心骨干专业，加大宣传力度，全年学校招生2290人。

附：无极县职教中心

1991年，以无极县职业技术中学为基础，将无极县职业技术中学、无极县农民中专、无极武术体校合并，成立无极县综合职业技术教育中心，承担全县人才培训、科学实验、科学示范、技术推广、技术服务、信息传递等培训任务。学校校长由无极县人民政府县长兼任，常务副校长主持学校日常工作。

学校占地200余亩，建筑面积3万平方米，位于无极县城北，是无极县唯一一所集中等职业教育、普通高中教育和短期培训为一体的综合性职业技术学校。1991年7月，投资180万元，动工建设综合教学楼。1993年，学校投资50万元建起微机室、语音室、电教室、化学实验室、图书室、标本室等，改善办学条件，完善实验设施。1994年，学校投资110万元建成2栋学生宿舍楼；2004年，投资500万元建成1栋高标准的学生公寓和2栋教学楼，建成专业教室，实验室、仪器室共20个。先后投入500多万元用于软件设施建设，购置实验实习设备，有效地改善了办学条件。

学校成立之初开设林果、农学和畜牧三个专业，教学班各1个共159人，另招师资班1个58人。1993年4月，增设普通财会、医药化工班，武术体校从职教中心析出。1994年，职教中心开始招收中师班。1996年增设计算机专业。1998年增设建筑、汽修和会计电算化3个专业，2000年增设普通高中班。2003年增设电子电工专业，2004年与天津市经济贸易学校联办了数控专业。2005年，学校形成了以建筑、汽修和牧医3个专业为主，多个专业并存的结构，有教学班29个，在校生1500余人，教职工145人（其中，本科116人、专科27人、中专2人，学历达标率80%）。学校成立15年来，共为社会培养合格毕业生6000多人。

学校全面贯彻党的教育方针、深入推进素质教育，依法治校、依法执教。认真学习和践行国家、省市中长期教育改革和发展纲要、秉承以服务为宗旨，以就业为导向，以能力为本位的办学思想。实施中等职业教育与短期培训并举的办学格局，以育人为本，以职业培训为核心，彰显办学优势，探索具有职业教育发展特色的办学模式，不断改革办学机制、加强教学内部管理，努力提高办学质量，提升职业办学层次与水平。到2005年对口升入大学本科76人，专科3492人，中专321人，就业2174人。

1999年，市教委命名无极职教中心为“市级重点职业学校”。1999—2004年连续5年被无极县人民政府授予“教学质量先进单位”称号，2003年被河北省教育厅评定为首批“省级重点职教中心”，2004年被评为“石家庄市职业教育与成人教育先进单位”，同年被定为“石家庄市农村劳动力转移阳光工程培训基地”。

农广校

无极县农广校成立于1981年，是省教委、省农业厅批准的全额拨款事业单位，编制12人，校部设在农业局，设校长1人，由主管农业的副县长兼任，副校长2人，办学方针始终坚持面向农村、面向农业，面向农民，为农业生产服务，为农村经济建设服务，教学设施齐全，开设了农学、高效农业、畜牧兽医、会计统计与审计，市场营销、法律、经济动物养殖等15个专业，培养大中专毕业生1100多人，其中100人被录用为国家干部。形成集中专学历教育、大专层次教育、农民科技教育培训为一体的多学科、多媒体、大规模、全方位的教育格局。

第七节　成人教育

1989年，实施“燎原计划”，以农民中专和东侯乡农民技校为试点，以点带面，全面提高，加快各级成人学校建设，构建以县成人学校为中心，乡镇成人学校为骨干，村成人学校为基地的成人教育网络，实施扫盲教育、文化补习，实用技术培训相结合的成教模式。

1990年以后，为迎接国际扫盲年，落实国务院《扫除文盲工作条例》和《河北省扫除文盲实施办法》，县教育局为20个乡镇学区配备了专职业教校长，乡镇建立由主要领导为组长，吸收共青团、妇联会、教育、民兵、农技服务站等部门参加的成人教育领导小组，进一步加强成人学校建设，全县为成人学校配建教室84间、课桌凳450套、教学仪器234件、图书45600册。坚持“以培带扫”的扫盲原则，举办编织、刺绣、地毯、化工、机械、无线电修理、种植、日光温室等十几种培训班，培训4600人次。

1994年，进一步完善成人教育管理机构，筹集资金13.72万元，改善成人教育条件。1996年，调整成人教育领导班子和教师队伍，县级4人，乡镇11人，专兼职教师79人，到1998年，累计投入8万余元改善成人学校办学条件。郝庄、南流建成市级示范性成人学校。各乡镇成人学校积极开展农业产业化培训，利用聘师授课、放录像、集日咨询等形式，开设温室蔬菜、养猪、食用菌、养鸡、养鸭、制革、大葱栽培等专业17个，培训农业、专业户、复员军人、乡镇职工、高、初中毕业生等人员4万余人次，扫盲1200余人。

2001年，全县成人学校利用农闲时间，广泛开展农业结构调整，农业产业化、农村劳动力转移培训，举办培训班，提高班125次，参训人员4300余人次，涌现出科技带头人300余人，科技致富户100多户。2004年落实县农村劳动转移培训“日光工程”精神，为农民工开展短期技术培训，二三产业致富技能培训，形成农村劳动力以企业为主体，中介组织为纽带，各类培训机构为基础的培训体系。到2005年，培训7.6万人次。

第八节 个人办学

20世纪90年代中期，县内一些有远见的企业家及退休的教育工作者，开始把资金和精力投入私人办学上。1996年，朱家庄村张育民在城西2公里正无路北侧，创办了全县第一所民办学校——博林中学。1997年9月，育才中学由苏村万景辉投资建成招生，文苑中学由东丈村郭造领投资建成招生。同年，国务院颁布《社会力量办学条例》，教育局按照“积极鼓励、大力支持、加强管理”的要求，逐步加强对民办学校的审批和管理，促使民办学校在办学条件、办学水平等方面不断完善和提高。1998年后，无极县民办学校的开办进入高峰期，先后建立精英学校、晨光中学、文昌小学、爱华小学、华茂小学、汇文小学、育人小学、明星学校、成园小学、树人学校、野风美术中学、怡文中学。2003年4月，育才中学停办，2004年6月精英小学停办，2005年4月博林中学停办。

到2005年底，全县共有民办学校17所，在校生13055人。其中小学12所、初中5所；民办学校共有教职工603人，其中初中教师441人，小学教师162人；小学专任教师学历合格率达到100%，初中教师学历合格率提高到95%。

1998—2005年无极县私立小学基本情况统计表

表22–6

年度	学校数（所）	班数（个）	在校生数（人）	教师数（人）	年度	学校数（所）	班数（个）	在校生数（人）	教师数（人）
1998	1	5	190	22	2002	8	70	2521	108
1999	2	11	300	42	2003	10	72	2725	251
2000	2	12	340	43	2004	12	76	2905	264
2001	6	70	2100	108	2005	12	76	3122	162

1996—2005年无极县私立初中统计表

表22–7

年度	学校数（所）	班数（个）	在校生数（人）	教师数（人）	年度	学校数（所）	班数（个）	在校生数（人）	教师数（人）
1996	1	4	147	21	2001	4	80	5246	337
1997	3	10	325	53	2002	5	97	6384	436
1998	4	42	2233	205	2003	5	111	7258	471
1999	4	58	3052	311	2004	5	130	9223	525
2000	4	70	4390	311	2005	5	140	9933	414

第九节　教师队伍

一、人数与结构

1989年，全县有教师4400人，其中公办教师2364人，民办教师1031人，代课教师1005人。1995年，全县有教师4548人，其中公办教师2371人，民办教师1050人，代课教师1127人；小学高级职称350人，中学一级职称180人，中学高级职称30人；小学教师学历达标率90%，初中教师学历达标率85%，高中教师学历达标率80%。2002年全县有教师4140人，其中幼儿教师126人，小学教师1995人，初中教师1352人；小学教师达标率100%，初中教师学历达标率90%，高中教师学历达标率89%；小学高级职称532人，中学一级职称300人，中学高级职称59人。2005年，全县有教师4235人，其中幼儿教师117人，小学教师2121人，学历达标率100%，小学高级教师1050人，小学一级教师834人；初中教师1341人，学历达标率92%，中学高级教师98人，中学一级教师（含讲师）633人；高中教师（含职教）656人，学历达标率92%，中学高级教师186人，中学一级教师954人。

二、队伍管理

1. 人事管理

1989年，全县有教师3445人，有中小学校长315人，其中高中校长13人，职教中心校长3人，进修学校校长2人，实验学校校长3人，幼儿园长2人，学区领导班子80人，小学校长213人。

1996年撤乡并镇后，学区班子由80人减少到53人。2005年郭庄、泗水、高头3所高中停办，高中校长减少到8人。

按照教育部《关于中、小学教师队伍调整整顿和加强管理的意见》，1989—2000年，除无极中学校长和职教中心常务副校长由县任命外，其余公立学校校长、学区班子均由教育局任命，小学校长由学区任命，报教育局备案。对于中小学教师和各种教育事业编制人员的管理、调配、公办教师自然减员补充和中师、师范院校毕业生的分配派遣以及民办教师的整顿、转工教师的工资福利、人事档案等都由教育局负责和管理。

2001年，落实国家大中专毕业生不再包分配的政策，到无极的中师毕业生不再包分配。2002年到无极的大专师范院校毕业生也不再包分配。从此，师范院校毕业生实行双向选择，自由择业。2004年，无极中学请示县委、县政府批准，在社会上招聘27名大学本科毕业生到学校任教。到2005年，无极县教师队伍基本没有充实新鲜血液，教师队伍呈现老龄化、知识化更新缓慢，交流面窄的状况。

民办代课教师出现于1958年。1982年以前，民办教师实行工分加补贴，生产队记工分，国家每人每月补贴3～5元。1982年，农村土地承包后，改为工资制。人均月工资50元，1985年人均69.8元，1991年提高民办教师待遇，人均工资增至120元左右；1993年人均增至200元左右。代课教师是乡镇自行负责招聘，其待遇也由乡镇解决。1991年，按上级指示精神，下发《关于停止招收代课教师的紧急通知》，1992年对民办代课教师进行定编整顿，辞退代课教师204人，2000年辞退1062人。到2005年，全县基本取消了代课教师。

改革开放以后，每年有一部分民办教师转为公办教师。1993年省、地教委再次指示停招民办教师，并对现有民办教师进行认证、造册，上报省、地教委，实行省、地、县三重管理。1995年以后，除补充自然减员外，上级逐年增加转工指标。到2000年，全县最后148名民办教师转为公办教师后，全县取消了民办教师。

2. 师德建设

1989年，执行《教职工责任制试行办法》，要求教师做到：第一，忠于人民的教育事业，具有强烈的责任感和忘我精神，以身作则，为人师表，全心全意地为社会主义建设培养人才。第二，坚持正确的政治方向，全面贯彻党的教育方针，教书育人，保证学生德智体全面发展。第三，热爱学生、关心学生生活与健康，不讽刺学生、不体罚学生。第四，要坚守岗位、遵守纪律、保质保量完成各项教学任务。第五，衣着整洁、举止端庄，语言文明、礼貌待人、以身作则、为人师表。第六，加强政治、文化、教育理论学习、钻研业务，提高素质，勇于创新。当年涌现出全国优秀教师、优秀教育工作者5人，省级优秀教师、优秀教育工作者5人。

1992年，国家教委关于颁布《中小学教师职业道德规范》的通知，县翻印成册，发放全县每位教师，要求教师做到：坚持正确政治方向，教书育人、为人师表，面向全体学生，培养学生德智体全面发展；遵守工作纪律、履行岗位规范，正确处理教学工作与家庭事业关系，全心全意做好教学工作；要刻苦钻研业务，精益求精，要以身作则、为人师表，做好学生的表率；要积极改革教学方法，提高教学水平。并把学习进修的情况作为教师评优晋级的前提条件，全县教师队伍的职业道德步入规范化轨道。1995年，贯彻实施《中华人民共和国教师法》，围绕建设一支素质优良、结构合理、相对稳定的教师队伍，组织全县教师学习《教师法》，开展“遵纪守法为本，教书育人光荣”的大讨论活动，增强教师爱岗敬业，为教育事业奋斗终生的思想。在全县开展“争创一流教学成绩，争做一流好教师”活动，引导教师铸师德、塑形象、练内功、强素质，上水平，在广大教师中形成讲理想，比奉献、讲纪律、比干劲、讲工作、比成绩的良好风气，推动全县教育教学工作的开展。1997年，县召开教师思想政治工作暨七项基本功训练会议。制定《无极县关于1999—2000年与年度教学质量评比办法》，县委、县政府要求教师，提高政治思想觉悟和职业道德水平，树立奉献精神，为“科教兴县”作贡献。无极中学为教师制定了48个职业道德规范，要求教师“忠于职守，诲人不倦，谈吐文雅，仪表端庄”。规定教师忌语50条，用完美的形象影响学生。开展“我们眼中的老师”——“无中学生看老师”和“老师眼中的学生”的演讲，干部、教师为特困学生捐款捐物活动，促进形象建设，密切师生关系，增强了教育效果。到2005年，全县涌现出全国优秀教师、优秀教育工作者46人，地（市）级十佳优秀园丁、优秀教育工作者、优秀教师、优秀班主任45人。

三、进修培训与职称评定

1989年，全县小学教师学历达标率为78%，初中教师学历达标率为37%。高中教师学历达标率为25%。按照国家教委要求，小学教师应具备中师以上学历，初中教师应具备大专以上学历，高中教师应具备大学本科以上学历要求，以县进修学校为阵地，开展办班培训，下乡辅导和函授进修多种形式的培训渠道。

1990年，建立县、学区、学校三级培训网，在城关、高头、郭庄、大陈4个学区建立培训辅导站，利用周日时间分片对全县小学教师进行培训辅导，并在中学教师中开展脱产、函授、业余面授等多种形式的进修培训。

由于学历对教师职称评定、工资升级越来越重要，教师竞相进修。为保持良好的教学秩序，有计划地做好进修培训工作，1991年，县教育局重新修订《关于教师进修学习的若干规定》，要求教师进修必须报师范院校，中小学校长进修除报师范院校外，还可报教育行政管理专业；在职进修的同时，要做好教学工作。

1992年，开展第一期教师“三沟通”（卫星电视教育、函授、自学考试相沟通）培训，到1995年，专科毕业生99人，另外电大辅导站毕业300人，中专生100余人。同年，以国家教委编印的《马克思主义教育思想》《马克思主义哲学基本原理》《中国教育思想史专题》《教育学专题》《心理学专题》《中学管理》《小学管理》《教育政策法规》为教材，对全县336名乡镇中小学校长进行为期2年的系统培训。

1998年，石家庄市提出“到20世纪初中教师本科化、小学教师大专化”的要求，全县有400多人参加小学教师大专培训班。同年，对全县中小学教师开始五年一轮的继续教育工作。2001年，全县有1000多名教师参加自考、函授、双沟通、电大等不同形式的学历进修。

2004年，暑假期间对全县300余名校长、1800名教师进行教育新理论、新理念、新方法的培训。经考核颁发了合格证书。

2005年，实施学科带头人培训工程，组织167名教师通过讲课、评课、演讲、答辩、特长展示等形式开展学习活动，辐射教师2300多人。是年，全县小学教师学历达标率100%；初中教师学历合格率100%；高中教师学历达标率95%以上。

附：　　　　　　优秀教育世家简介

1.**张建波**　赵户村人，中共党员，大学本科学历，1981年参加教育工作，先后在泗水学区，泗水高中任教。1985年被评为河北省优秀园丁，后任无极中学副书记、副校长。祖父张志远，1939年加入中国共产党，参加教育工作，先后在七汲学区、泗水学区、南流学区、大陈学区任教师、校长。张建波的叔父张玉生，中共党员，1962年从教，先后在南流学区、里城道学区任教师，在东侯学区任业教校长。曾被评为石家庄市优秀教师。张建波的爱人梁翠芬，中共党员，大学本科毕业，1981年参加教育工作，现在教师进修学校任教。

张建波一家于1992年被河北省教育委员会、河北省教育工会授予“河北省优秀教育世家”称号。

2.**靳根锁**　张段固村人，中共党员，大专学历。1958年参加教育工作，先后在东汉高小、张段固初中、社办高中、无极中学任教。1982年调教育局，1990年任教育局副局长。1991年被河北省人民政府授予“义务教育先进工作者”称号。父亲靳建勋1938年参加工作，1939年1月加入中国共产党，1940年任藁无县二区区委，1952年从事教育工作，先后在郭吕学区、张段固学区任教师、校长，1986年离休。夫人甄敏然，1958年参加教育工作，先后在张段固初中、无极县实验学校任教师，1997年退休。其子靳巍，中共党员，现任县职教中心常务副校长；儿媳刘玉卿，现在县直幼儿园工作；女儿靳颖霄，大学本科学历，1988年到无极中学任教，中学高级教师。

靳根锁一家于1999年被河北省教育委员会、河北省教育工会授予“河北省优秀教育世家”称号。

3.**李建贞**　张段固村人，中共党员，1976年从事教育工作，先后在张段固小学任教师、校长，1997年被评为石家庄市优秀教师。父亲李登明，中共党员，1942年在张段固小学任教，1952年在无极中学任化学教师，直到离休。女儿李娜，中共党员，1994年中师毕业后参加教育工作，1999年首获市评优课一等奖。

李建贞一家于1999年被河北省教委、河北省教育工会授予“河北省优秀教育世家”称号。

第十节　教学与研究

一、教研机构

全县的教学研究工作由县教育局教研室负责。学区由普教校长、骨干教师、学科带头人组成中心教研组，学校有学科教研组。县、学区、学校组成教研网络。

1989年，县教研室设幼教组、小教组、中教组、音乐组，有教研员13人。1996年合并为小教组、中教组，教研员11人。2003年，教研室增设信息技术组、小学英语组。到2005年，中教组设语文、数学、外语、物理、化学、生物、信息技术、政治、史地，小教组设语文、数学、思品常识、英语、幼教、音美，有教研员15人。

二、教学教研

1.小学

1989年，县教研室共有小学教研员5人，其中有语文、数学、思品三学科各1人，另有音乐、美术2名兼职教研员。教研员坚持每周2～3天下乡到学校组织教师开展教研活动与业务指导工作，发现教学能力强的教师、培养教学典型。坚持双周进行一次汇报交流，每月进行一次书面总结。

1990年，小学教研坚持“指导教学，服务教学”的原则，针对学科教材和学生年级特点，以开发智力，培养能力为宗旨，帮助教师明确教学思想，改进教学方法，实现教学目标；选拔业务能力较强的校长组成检查组，全县分两片深入学区，开展听课、备课、批改联查活动，交流整改意见。

1991年，推行教育部“一纲多本”的教材编排工程，在实施国家统一教育学大纲，统一教材基础上，地方自行编制实验课本，进行实验教改。小学语文采用了河北省《读写结合课本》，重点设置28个训练项目，构成读写训练的立体型结构，帮助教师理解和掌握教材，提高教师业务水平。

1993年，执行人教社出版的统编教材。小学语文学习北京石景山学校“从三年级起，以阅读为基础，以作文为中心”，构成“读写结合”的训练体系；推广“注音识字、提前读写教材，情景教学法”等，在无极县实验学校、南苏小学、张段固小学开办实验班，进行试点，推广“借助直呼，熟练提前读写，实现中低衔接”教学改革实验，加强小学语文教学中的阅读、思维、理解、表达能力的综合训练，培养学生理解语言文字和运用语言文字的能力。小学数学以实验学校和南苏小学为试点，实施小学数学“三算结合”教改实验，即口算、珠算、笔算三结合教学。从小学一年级开始，专用“三算结合”课本，进行教改实验，学生计算速度超前加快。

1994年以后，通过培养典型，组织林中小学语文教师张来军、县实验学校数学教师白雪上公开课，进行观摩教学活动，在全县范围内进行以自主教学法为代表的教学方法改革实验。遵循教育家叶圣陶的“由教到不教”的原则，把教与学有机结合，活跃课堂气氛，提高教学效果。

1997年以后，组织语文、数学、思想品德、科学等学科任课教师，在备好课的基础上，于课前或课后，阐述自己的教学设想及其理论依据、教学内容及其方法、教学形式及其特点等，提高教师的业务能力，广泛开展“说课”活动，营造研究教材、教法、学法的浓厚氛围。

2000年后，落实《自主学习自主发展教育教学改革实验》，开展小发明、小制作、小创作系列活动，全面推进素质教育。2003年，进行小学教学“读讲精练”教学法研究与实验。

2005年以后，按照“抓好一项课题研究、培养一批学科骨干、造就一批名校”的思路，出台《无极县教育局关于全面推进研训一体化的实施意见》，广泛开展教师培训及课题研究工作。组织小学学科带头人培养活动，共培养学科带头人156人。

2. 中学

1989年，县教研室中教组设语文、数学、外语、物理、化学、政治、地理、历史8名学科教研员，按照《教研员职责》《教研员下乡制度》的要求，坚持深入学校组织开展各学科教学研究活动，指导教学业务工作。开展语文情景教学法的实验、地理综合程序教学实验、理化的课内外演示实验。“初中英语听力测试”专项实验，获得省优秀教研成果奖。

1990年起，无极县被河北省列为推广英语教学改革试验基地。教研室副主任闫会学为主研人，县实验学校教师李伟、庄里乡初中教师魏勇军、无极中学高中教师乔军钗为研究教师，组成课题研究小组分别承担“农村中学英语整体教学改革实验”和“义务教育初中英语和高中英语新教材实验”。从教材、教法、测试三个方面入手，对学生进行听、说、读、写能力的整体培养，经过初中6年二轮、高中3年一轮的实验，分别于

1993年、1996年经专家、教授联合验收，获得河北省优秀教研成果一等奖。英语新教材实验经人教社主编刘道义教授率领的国家验收组考察验收成功，认为该实验为全国推行英语新教材探索出新方法、新模式、新路子，其经验三次在全国外语教研会上推广，受到中外专家的好评。李伟、魏勇军的“五步教学法”录像在全省公开发行。闫会学撰写的论文、实验报告有5篇获全国优秀论文一等奖，6篇获省优秀论文一等奖。

1993年，各学区坚持双周五下午开展教研活动。教研室各科教研员巡回指导，发现典型，培养骨干；解决教学中的实际问题，规范教学行为，加强质量监控和质量评价导向。1994年，加强常规教学管理，完善教师、校长和教研员的备课、授课、听课制度，组织中教组全科教研员在全县21所初中广泛开展听课、说课、评课、导课活动，强力提升初中教学水平。

1996年，推进以“目标教学”为核心的教学改革。1998年始，无极县承担国家基础教育研究中心资助金教科研项目“初中英语听说实验及其研究”课题试验研究工作，教研室副主任李伟主持，实验学校教师于巧丽、刘翠红、刘淑瑞参与实验项目。经三年研究，荣获2001年河北省中小学外语教学优秀科研成果一等奖。

2000年，重点抓英语听力实验、自主学习、高中化学“会课”制和初中语文“双轨”教改经验的推广。《探索“初中英语听力教学实验与研究”的新路子，全面提高学生听说运用能力》在省教科会上进行专题介绍，被列入国家级教研课题。

2001年，开展骨干教师培训活动，县教研室有关人员主讲解《如何备好一节课》《如何进行化学实验提高中考成绩》《数学课改中注意的几个问题》等10篇课题报告，培训教师450多人次。

2002年，充分利用三级教研网，定期对教学中存在的问题进行教研。教研室组织实施国家级课题“全国英语四位一体教学法”，由李伟主持，同时在实验学校、无极镇中，东侯坊乡中、大陈镇中、张段固镇中、七汲镇中进行试验。全年共申报国家、省、市科研课题43个，11所学校的240名教师参与课题研究 。其中，《英语听说实验研究》获优秀成果二等奖。

2004年，落实国务院《关于基础教育改革与发展的决定》和《基础教育课程改革纲要（实行）》，成立课改领导小组和教学研究指导小组，制定《无极县基础教育课程改革实验工作实施方案》《无极县课程改革师资培训方案》，暑假期间对全县中小学校长、课改年级教师2100人进行通识和学科培训。

2005年暑期，组织全县240余名高中青年教师培训会，石家庄教育学院教授高吉魁、县教研员、骨干教师举办40余次讲座。确立县级课题47个，申报市级以上课题17个，三个省级以上课题获奖。七汲镇中教师田士昌承担省、市级课题各1个，并取得显著成绩。

第十一节　考　试

一、小学考试

1989年，为克服片面追求升学率倾向，改变考试过多、学生课业负担过重现象，取消小学统考制度，不允许按考试分数排队。规定小学语文、数学每学期只进行其中、期末两次考试，其他学科只进行期末考试。保证小学逐学年跟班升学，确须留级的，不得超过5%。1986年，随着九年义务教育的实施，全县取消小学升初中的考试，小学毕业生直接升入初中学习。考试制度的改革，使教学由应试教育向素质教育的转变，培养学生德、智、体全面发展的意识，为学生创造轻松、愉快的学习环境。

二、初中升学考试

1989年，初中升学考试分两次进行，第一次是预选考试。由县统一组织实施，按省招生计划比例预选出参加重点高中、中专、中师、幼师的考生。第二次是全省统一招生考试。由河北省考试院统一命题，统一时间，由地、县教育招生部门负责组织实施。试场设置在县，分重点试场和普通试场。报考重点高中、中专、中师、幼师的考生参加重点试场考试，由地区考试院负责评卷、录取，语文100分、物理100分，化学100分，地理、历史、生物均为50分，报考师范的考生加考“写字”考试内容。

1993年，地市合并，初中升学考试仍由河北省考试院统一命题，由市、县教育部门负责组织实施考试和评卷，报考重点高中、中专、中师、幼师的考生参加重点试场考试，由市考试院负责评卷、录取。普通高中（县内）录取工作由县招生办公室负责录取。1994年，中考统一采用光标阅读器采集学生信息，中考考生报考共八类：师范、幼师、中专、重点高中、普通高中、职教中心中专部，其中师范、幼师、中专、重点高中互不兼报。中考体育首次计入中考成绩。考试科目为语文、数学满分均为120分，政治100分（含时事20），英语100分（含听力10分），物理100分，化学100分，体育60分。1995年，全县3710名初中毕业生参加中考，重点高中、中专、师范类上线建档679人，中考成绩在全市23个县市中排名第二名。1996年，参加重点高中、中专、师范类考生新增物理、化学实验操作考试，满分为30分，计入总考试成绩。中考科目及分值为语文140分、数学140分；幼师的考生，新增物理、化学实验操作考试，满分30分，计入总考试成绩，中考科目及分值语文140分、数学140分、政治120分、物理120分（含实验操作）、化学120分（含实验操作）、体育60分。全县3883名考生，无极中学录取分数比1995年提高40.5分，重点高中、中专、中师、幼师录取528人，升学率比1995年提高9.8个百分点，1429名参加物理、化学实验操作考试的学生，优秀率90.1%。1997年原来分值不变，农村独生子女在参加中考录取时加10分，是年取消中考预选。1998年，中考分值发生变化，语文、数学140分，政治、物理、化学、英语120分，体育45分，总分为805分。

2001年，中考科目调整为语文、数学、外语、理科综合、文科综合，各科均为120分，体育、理化操作考试不再计入中考总分，只作为升学的报考资格。报考重点中学和中师的学生，体育成绩必须达到良好以上。2002年中考招生除普通高中、重点高中、中师、幼师学校外，其他招生取消报考年龄限制。综合文科实行半开卷考试，开卷分值占60分。2003年，由于非典型肺炎，中考时间推迟到7月5日和6日，只考语文、数学、外语三科，总分360分。2004年，中考文科综合实行全部开卷。2005年考试科目为语文、数学、外语、理科综合、文科综合、计算机考试和理化实验操作和体育测试，满分为630分。

三、高中升学考试

1989年，高中升学考试由全国统一命题，统一在7月7、8、9日进行考试。考场设置在县，县负责组织实施考试，省、市派巡视员、主考，省考院负责组织评卷、录取工作。是年，首次英语学科试行标准化考试、机器评卷，招生自动投档系统。全县1685名考生参加高考，公助上线196人，委培生15人。

1991年，县加强招生工作的领导和管理，实施从严治考、依法治考。招生工作做到了“四公开、两监督”，即政策公开、指标公开、条件公开、结果公开，学生家长监督、各界人士监督。1992年，执行国家教委《关于在普通高中实行毕业会考制度的意见》和《河北省普通高中毕业会考实施方案》，全县1685名高中毕业生参加了会考。考试科目为语文、政治、物理、化学、生物、历史、地理。通过会考全部合格，取得高中毕业证书和高考报名资格。1994年，执行《关于河北省1994年度高考科目设置的通知》，普通高等学校招生考试科目按文、理两大类设置，参加国家教委命题的全国统一考试。文科考试科目为语文、数学、外语、政治、历史、地理；理科考试科目为语文、数学、外语、物理、化学、生物。报考的应届毕业生，会考成绩全部合格方能取得高考报名资格。

1995年起，普通高等学校招生考试科目按文、理两大类设置，参加国家教委命题的全国统一考试。文科考试科目为语文、数学、外语、政治、历史、地理；理科考试科目为：语文、数学、外语、物理、化学、生物。语文、数学、外语各为120分，其他各科为100分，满分660分，考试时间语文为150分钟，其余各科均为120分钟。报考的应届高中毕业生，会考成绩全部合格方能取得高校招生报名资格。报考的往届生须参加当年高三会考科目政治、语文、数学三科考试，全部合格才能有报名资格。是年，全县1400名考生参加考试，公助上线280人、自费上线370人，上线率46.43%。其中，郭庄、高头、泗水三所高中实现了输送大学生翻番的好成绩，无极中学北校上线90人，无极中学南校一个教学班66名考生，上线率98.5%。按省大专以上公助上线率与县人口计算，无极被市授予“高中毕业班教学质量先进单位”，获锦旗一面，奖金5000元，市委、市人大、市政府、市政协领导到会颁发奖金和授旗。1995年，全县1193名考生参加全国统一高考，上线建档612人，上线率51.2%。637名高二学生参加会考，合格率95%以上。1997年，落实河北省《关于农村独生子女升学照顾10分的通知》，农村独生子女参加省市县普通高校、中等专业学校、技工学校、职业高中、普通高中等招生考试在录取时给予加10分的照顾。

2000年，实行普通高校招生录取方式的改革，河北省文科考生实行网上录取。文、理科全部取消考生的政审和体检。2002年，执行河北省高考“3+X”科目设置方案，3为语文、数学、外语，X为文科综合和理科综合。语文、数学不分文理，音乐、美术、体育类考试科目为“3+数科”，外语增加听力，总分为750分，河北省统一考试时间缩短为7月7、8日两天。2003年始，全国高校招生统一考试时间由7月7、8日改为6月7、8日进行。“非典”期间，每个考点聘有专职医生，对考生进行体温检测。外语科考试不再进行听力测试。对应往届高中毕业生将含有听力测试的高中会考外语科成绩采集到考生基本信息，供高等院校录取时参考。

第十二节　教育经费

1989—2005年，无极县教育经费来源于县财政教育拨款，用于教育系统人员经费和改善办学条件。

1989年，县财政教育经费拨款545.1万元，1991年县财政拨款802万元。除教职工工资外，主要用于校舍的维修和学校教学用品的购置。1992年，开始征收教育费附加，当年共征收553.8万元，全年教育拨款884万元。国拨教育经费实现国家教委要求的教育拨款的增长高于财政经常性收入的增长，在校生人均教育事业费逐年增长。1993—1995年，无极县实施普及九年义务教育，政府逐年加大对教育的投入，县财政教育拨款分别1042万元、1558万元、2011万元。其中，教育附加分别是522万元、577万元、602万元。除教职工工资外，主要用于学校实验室、仪器室、图书馆、阅览室建设和教学仪器、图书、文体器材等教学设施的购置。随着教育事业的发展，计算机室、多媒体教室等现代化教学设施的建设，政府对教育的拨款逐年增加。2001—2003年，财政教育拨款分别为5738万元、5993万元、6549万元。2004年，执行省政府《关于完善全省农村教育管理体制的实施意见》，全面落实“以县为主”管理体制，明确政府办学责任，教育拨款实现“三个增长”，即财政对教育拨款、生均教育事业费、生均公用经费逐年增长，到2005年，财政拨款8888万元。

第十三节　捐资兴学

无极人民历来有尊师重教的优良传统。明太监闫鸾（无极西汉村人），施舍田房，创设义塾，奠定了故乡教育的基础，到清末改为初级小学。1914年，闫鸾后裔闫景星将闫鸾遗产20余亩耕地划归校田，每年可收地租大洋200余元，作为常年办学经费。1931年，闫鸾后裔闫景芳、闫恒新等9人，捐大洋950元，扩建校舍，更新设备，扩充高级班五次，将初级小学改为完全小学（含高级小学）。1921年3月，南池阳村曹谷民捐大洋200元，为该村小学建造宿舍6间。1929年，东中铺村孀妇魏张氏，为职业教员养成所拓展所址，捐宅基4分9厘。县为其立“魏张氏捐地兴学纪念碑”，以彰其义举。1926年，西南汪贾家会捐款1000余元，作为该村学校经费。1931年，县长耿之光为南池阳高级小学捐大洋20元，以资助学校建图书馆。

改革开放后，尤其是20世纪80—90年代，随着社会经济的发展，科教兴国战略的实施，加深无极人“百年大计，教育为本”的共识，激发党员干部和群众捐资兴学的义举，出现全党全民捐资兴学的热潮，使一批又一批教师和学生告别了“黑屋子、土台子、泥孩子”的历史，走进一座座宽敞明亮的标准化教室，“最漂亮的房子是学校”已成为现实。1984年3月，县委书记栗战书到北侯村下乡蹲点，发现村小学破漏不堪，随即和村干部李全显、李振平、李明显、李才保及数名村民捐款20000余元，为学校建起教学楼。1985年，南侯坊杨全发为村学校建教学楼捐款21000元；西中铺村民刘小脏为村教学楼捐款21000元，1987年又捐款16000元，为学校安装锅炉和暖气。1986年，无极镇里家庄村魏双才捐款80000元，为本村小学建教学楼。1987年，南流乡彭村党支部书记张洛川捐款10000元，为村小学建教学楼。在他的带领下，村里的党员、村干部、个体户共捐款126000元。1989年，呈现村民刘中田，为村建教学楼捐款20000元。同年，赵户营村建教学楼时，村民雷国民捐款3500元，雷锁群捐款3000元，雷狗刁、雷振五、王月谦各捐款1000元。五保户雷老怀，也把平时积攒的30元捐献给村委会。雷老怀的义举受到县委领导的表扬，乡党委和乡政府授予他“助教模范”。同年，高头村民底成彦为修路建学校捐款2500元。1985—1990年，张家庄村民白双录，3年为改善村办学条件捐款捐物合人民币14400元。1989年，高头村白偶仁为乡中建教学楼捐款1000元。1989—1991年，谈下村民白平山为高头乡中建教学楼捐款1000元，为谈一、谈二、谈三3所小学义务送煤24吨，修锅炉房献砖500块。1991年，南俱佑村民刘国军为本村建学捐款10000元。南流村民马分平、马占林、马玉杰、马长乱、马守信、马茂林、马拾珠、马振平为村教学楼每人捐款5000元。1992年8月，彭家庄村民刘春生、刘迎春、赵腊月、王兵合为村学校装修教学楼每人捐款2000元。1993年，小汉村小学翻新校舍时，421名村民捐款23000元，校内立碑纪念。同年10月，小西门范立冬为村学校捐款1000元。1994年9月，明秩寺村建幼儿园村民11人捐款2200元。同年9月，郝庄乡中建教学楼，学区校长、乡中校长、教师56人捐款6740元。

1999年，居住台湾的曹英哲回故乡南池阳时，以其已故父亲曹秉文（原南池阳村小学校长）的名义捐10000美元，用于改善学校办学条件。2005年，美华侨企业家曹英伟又以其父曹秉均的名义成立曹氏基金会，为村升入高中、大学、研究生的学生设立奖学金，当年出奖金50000元。

第十四节　教育督导

1996年，教育局副局长靳根锁牵头和教育局教育科研究制定《无极县中小学综合评估实施方案》，组织教育科、教研室、仪器站等科室深入学校逐项评估，评估结果，落实奖惩制度。对全县中小学进行全面综合评估，每年年终进行一次。

1998 年，完善评估机制，修订《无极县中小学评估实施方案》，评估标准突出素质教育导向，加大学生全面发展、后进生转化、特色学校建设及音、体、美、劳等指标的比重。1999 年，以教学常规管理过程及教学成绩为核心，以德育为重点，重点对学校常规管理工作，全面评估和考评学校管理。全县评出 10 所先进小学、5 所先进初中、3 个先进学区，2 所先进高中。对获奖前三名总校长，分别给予 2000 元、1500 元、1000 元奖励。并决定对年度评估总分连续两年处于后三名的总校长予以降职或免职。

2000 年，按照“巩固、规范、求实、提高”的思路，重新修订《教学工作督导评估方案》《教学质量评比奖惩办法》等指导性文件，强化学校教学工作的督导评估。到 2005 年，全县 11 学区 233 所中小学进行评估。

第十五节　管理机构

1989 年，无极县教育局设办公室、政工股、基财股、职教股、普教股、招生办、教研室、电教站、勤工俭学股，共有人员 50 人。1996 年，机构改革，教育局、文化局、体委合并，改名文教局，共有人员 45 人，设教育科、人事科、办公室、文体科、教研室、仪器站、招生办、督导室。2002 年，教育局、文化局、体育局分置，教育局恢复原建制，内设督导室、教育科、人事科、办公室、思政体卫科、教研室、仪器站、纪检科、财务科、招生办，共有人员 65 人。至 2005 年建制未变。

1989 年教育局设学区 20 个，每个学区设总校长 1 人，负责小学教育的视导员 1 人，乡中校长 1 人，职教校长 1 人。1996 年机构改革，20 个学区合并成 11 个。设总校长 1 人，普教校长 1 人，乡中校长 1 人，职教校长 1 人。至 2005 年 12 月底未变。

第二章　科　技

1989—2005 年，县委、县政府坚持“科教兴县，人才强县”战略，在实施科技发展计划中，逐年增加科技投入，完善科技服务体系，壮大科技队伍，提高科技人员综合素质，拓宽对外技术交流与合作领域。1998 年在全县广泛开展“创建全国科技进步县”活动，2000 年通过国家科技进步县考核，2002 年被石家庄市委、市政府评为科技工作明显进步县，2005 年获全国“科技进步考核先进县”荣誉称号。截至 2005 年底，共取得地市级以上科研成果及推广项目 146 个，科技贡献率达到 49%。

第一节　科技市场

一、无极县农业技术市场

1998 年经政府批准无极县农业技术市场成立，属县科技局主办的事业单位。技术市场有工作人员 8 人，其中大中专毕业生 4 人，办公场所面积 250 平方米，有面包车 2 辆、微机 1 台，有较好的办公条件。2004 年与农业部门合作，建成无极县农业科技综合服务大厅。到 2005 年，技术市场参与创建 3 个养殖场、2 个研究所，2 个工业企业，3 个商业企业。

二、无极县科技信息中心

1998年，无极县科技信息中心成立，隶属无极县科技局。信息中心以服务农村、服务农民、服务企业为宗旨，立足全县，积极开展信息发布与信息服务活动，同时为领导决策提供参考。信息中心有工作人员2人，均为大专学历，配备微机、打印机等设备。2005年，信息中心已搜集整理科技信息83期，提供信息900余条，多项信息被有关企业或个人采用，其中多彩花生、秸秆生物反应堆技术、线虫生防疫苗技术等都产生了良好的经济和社会效益，深受企业和农民欢迎。

三、无极县蔬菜协会

2000年4月，无极县蔬菜协会成立，属农业局管理。协会以服务“三农”为宗旨，努力搞好科技普及，积极引进推广新技术、新成果，向农民提供优质农资服务，增加农民经济收入，促进无极农村经济的发展。协会技术力量雄厚，共有16人组成，首席专家马平（河北省植保所副所长，博士），省植保所韩秀英研究员和市经作站刘文进高级农艺师为技术顾问。推广研究员4人，高级农艺师7人，办公场所面积500多平方米。设有三个服务中心：农产品质量检测中心，配备有两台蔬菜农药残留检测设备，能及时进行蔬菜的农药残留测定；技术培训中心，建筑面积150平方米，可容纳100名人员；农产品供求信息中心，配有上网微机2台，电子触摸屏1台，可及时浏览到全国各地市场行情信息。同时建有新型日光温室示范基地500亩，可为科研转化提供充足的场地。到2005年，协会已引进落实蔬菜简易工厂化育苗技术、无公害标准化生产技术推广、优良品种的引进与推广、优化日光温室结构和栽培模式、秸秆生物反应堆在温室蔬菜上的应用等五项新技术，收到较好的效益。

四、无极县农业科技综合服务大厅

2004年，县科技局和农业局联合建立无极县农业科技综合服务大厅，服务宗旨是依靠科技服务“三农”，提升农业科技整体水平，加快全面建设小康社会进程。服务大厅是为全县农民提供全方位服务的开放式、智能化、综合性服务场所，拥有完善的“三电”（电脑、电视、电话）一体农业信息服务系统、配套的农业科技培训系统和“一站式”农业行政审批系统，是集农业技术咨询、信息查询和发布、名优农产品展示、新型农资推广、电子显示屏信息播放、科技影像放映、农业书刊阅览、农民教育培训和农业行政审批为一体的多功能服务平台。农民在此可获得快捷、简易、通俗、全面、高效的服务。以服务大厅为纽带，在全县建成县、乡、村纵向相通、横向相联的新型农业科技服务体系，做到服务形式三结合，为农民产前、产中、产后提供技术、信息、物资三结合服务。服务网络四配套，农业快易通声讯服务网络、农技电波入户、农业信息网和农资产销衔接网络配套建设，使广大农民咨询技术信息不出户、购买农资不出村、农业行政审批不往返，方便广大群众。

第二节　科技队伍

一、人员分布

1989年有科学技术人员3164人，其中农业53人、教育2397人、卫生197人、工程技术244人、其他273人。1999年有科学技术人员7366人，其中农业140人、教育4412人、卫生443人、工程技术329人、其他2042人。2005年共有科学技术人员5390人，其中农业115人、教育4418人、卫生456人、工程技术236人、其他165人。

二、学历构成

1989年，全县3164名科技人员中，初中及以下学历411人，占总数的12.99%；高中、中专学历2540人，占总数的80.28%；大专以上学历213人，占总数的6.73%。1999年，全县7366名科技人员中，初中及以下学历227人，占总数的3.08%；高中、中专学历4717人，占总数的64.04%；大专以上学历2422人，占总数的

32.88%。2005 年，全县 5390 科学技术人员中，高中、中专学历 2156 人，占总人数的 40%；大专、大学学历 3234 人，占总人数的 60%。

三、职称构成

1989 年全县科学技术人员 3164 人，其中有 1951 人被授予初级职称、646 人被授予中级职称、44 人被授予高级职称。2005 年底，有科学技术人员 5390 人，其中被授予初级职称 2458 人、中级职称 2659 人、高级职称 273 人。

无极县部分年份科技人员一览表

表 22–8　　单位：人

项目 年度	科技人员	年龄			文化程度			职称			分布				
		30 岁以下	31—50 岁	51 岁以上	初中及以下	中专、高中	大专以上	初级	中级	高级	农业	教育	卫生	工程技术	其他
1989	3164				411	2540	213	1951	646	44	53	2397	197	244	273
1997	5774	2334	2657	783	152	3765	1857	2467	1050	82	112	4030	407	214	1011
1998	6963	2856	3157	950	256	4610	2097	2467	1050	82	139	4036	437	273	2078
1999	7366	2992	2475	1899	227	4717	2422	2804	221	92	140	4412	443	329	2042
2000	7935	4228	3610	97	147	5118	2670	2811	1124	92	239	4892	615	354	1835
2003	7783	1927	5039	817		3760	4023	3946	1218	91	240	4818	695	354	1676
2004	5852	2705	2784	363		2207	3645	3353	1745	195	123	4439	554	253	483
2005	5390	2193	2745	452		2156	3234	3156	2015	219	115	4418	456	236	165

第三节　科研项目与成果

1989—2005 年科技成果与推广项目情况一览表

表 22–9

项目名称	类别	科技三费（万元）	主要完成单位	年度
人工高技术养殖牛蛙	开发	0.4	无极县牛蛙养殖集团	1989
高效多能畜禽预混饲料技术研究	应用	2.5	县饲料公司、科委、畜牧局	1989
彩电变压器	新产品	25	无极县机电厂	1990
太行山前平原高产高效种养结构及系列配套技术研究	应用	5	无极县政府	1990
负压加中药浸泡治疗肢体血管病的临床观察	应用	2	无极县脉管炎医院	1991
冬小麦高产再高产栽培途径研究	应用	0.4	无极县农业局	1992
新型液化气研制	新产品	1	无极县科委	1994
热固性快固性网纹粉末涂料	新产品	15	石家庄鸿鹏化工有限公司	1996
农作物良种繁育试验示范基地建设	开发	2	无极县农业技术市场	2000
高效优质奶牛饲养管理技术示范	推广	6	无极县东丰奶牛场	2003

续表 22–9

项目名称	类别	科技三费（万元）	主要完成单位	年度
4LS　160 型稻麦捋穗联合收割机	开发	4	石家庄天同神农机械有限公司	2004
300 ～ 500 吨级组合钢板仓	新产品	3	三和农牧机械有限责任公司	2003
1000 吨长链二元酸	开发	18	石家庄千业化工有限公司	2004
秸秆生物反应堆技术示范与推广	推广	10	无极县农业技术市场	2004
甜蜜素食品添加剂	开发	8	石家庄民族成城实业有限公司	2004
糠醇、玻璃钢废料综合利用技术研发	应用	10	石家庄市亿源化工有限公司 河北冀衡集团有限公司安装分公司	2004
农业科技园区产业化技术开发与示范	其他	9	无极县农业技术推广中心	2004
香草系列产品的研制	新产品	5	石家庄东联南开香料开发有限公司	2004
生物工程技术生产稀土复混肥	开发	7	石家庄神农复合肥有限公司	2004
石家庄市重点耗水工业节水减污技术研究与示范	应用	8	石家庄中冀正元化工有限公司	2005
农业科技创新服务体系建设	应用	8	无极县无公害蔬菜协会	2005
常设农业技术市场建设与示范	推广	8	无极县农业技术市场	2005
植酸酶绿色环保饲料	开发	10	石家庄广威农牧有限公司	2005
石家庄市农业科技传播体系培育	推广	5	无极县无公害蔬菜协会	2005
新型香料乙基—薄荷基甲酰胺的开发	开发	10	东风化学品有限公司	2005
节约型加酶饲料的研发与推广	推广	10	石家庄广威农牧有限公司	2005
耐老化热塑性弹性体	开发	10	石家庄华通线缆有限公司	2005
含酶浸灰助剂及低灰碱脱毛法	开发	8	威迪皮革有限公司	2005
植物无性快繁技术	开发	6	河北北苏镇植物克隆实验园	2005
抗旱冬小麦新品种衡 7228 节水栽培技术	开发	5	河北极锋农业开发有限公司	2005

1989—2005 年无极县获奖成果项目统计表

表 22–10

项目名称	获奖时间	受奖等级	主要完成单位	主要完成人
YFC—44 型旧油石破碎机	1989.6	石家庄地区科委科技进步二等奖	无极县交通局	辛造谦、魏更勤、赵英顺、侯　智
夏玉米施钾技术开发研究	1989.8	石家庄地区科委科技进步二等奖	无极县土肥站	郝月皎、张占军、孙苏卿、李荣芬、朱贵省
动物脂肪油渣饲料开发研究	1989.8	石家庄地区科委科技进步二等奖	无极县动物脂肪油渣饲料开发研究课题组	李平信、陈国敏、郝社全、牛顺圈
农作物秸秆综合利用研究	1990	石家庄地区科委科技进步二等奖	无极县科委	张耀全、陈国敏、兰纯芝、梁占军、张勤学

续表 22–10

项目名称	获奖时间	受奖等级	主要完成单位	主要完成人
PC—1500 微机在粮仓测温中的开发应用	1990.7	石家庄地区科委科技进步二等奖	无极县粮食局	赵玉才、李　彬、张敬才、赵东生、何彦贵
农户庭院层叠式养鸡提高产蛋率研究	1990.7	石家庄地区科委科技进步二等奖	无极县畜牧局	石务本、梁占军、张　晶、马国俊、陈国敏、兰纯芝、刘淑娟
夏玉米田杂草粘虫综防研究	1990.7	石家庄地区科委科技进步二等奖	无极县植保站	白素娥、赵根堂、田改杰、李晓珍、张占军、兰庆军、乔恒申
太行山山前平原农业高产高效综合配套技术研究	1990.7	石家庄地区科委科技进步一等奖	无极县科委	靳玉环、胡克信、陈国敏、张耀泉
硝酸镁法生产浓硝酸	1991.7	石家庄地区科委科技进步二等奖	无极县化肥厂	张银栓、赫更民、苗秋来、姚建泽、赫同敏
小麦玉米两熟高产品种优化结构研究	1991.7	石家庄地区科委科技进步二等奖	无极县种子公司	张耀全、杨军中、邢琴荣、刘贵申
6000 吨／年糠醇项目	1993	省优秀新产品一等奖	呋喃化工厂	张彦臣
小麦夏玉米两熟土壤作物系统氮磷平衡运转规律及持续高效施肥技术	1994	省农科院科技进步一等奖、省科委科技进步三等奖	无极农业综合试验区	张文英
硝矾苯加氢还原制苯胺	1997	省科技进步二等奖	冀中化工总厂	赫更民、李永华、安学君、赫同敏、屠玉芬、严伟宾、姚建泽
30％辛功乳油	1997	市科技进步二等奖	甘露化工厂	刘军奇
木底凉鞋	1997	市科技进步二等奖	兴隆实业公司	李国志
CYCJ 型锅炉烟尘净化器	2002	市科技进步三等奖	三和工贸有限责任公司	王建国、赵振中
乾坤消痛汤	2002	市科技进步奖	世辉肿痛研究所	裴世辉
牧草种子收获机	2003	市科技进步三等奖	天同神农机械有限公司	胡建良
沸腾炉硫磺焙烧制酸新工艺	2003	市科技进步奖	华润精细化工公司	刘扩兵

第四节　科技普及

一、新技术引进

1989—2005 年，引进和推广 39 项新技术，搜集整理科技信息 83 期，提供信息 900 余条，多项信息被有关企业或个人采用，为推动无极经济发展起到了很大作用。

1995 年，从科研单位引进小麦高产优质新品种 6021 和 5093，并在西汉村搞繁种示范基地；和山东莱州农科院联合，引进玉米高产优质新品种掖单 22 和远征 808。2001 年从山东莱州市农科院引进了亩产 750 千克的高产优质新品种“登海 9 号”，印发 5000 余份技术资料，刻录了 20 张技术光盘进行宣传，让广大农民掌握其栽培技术。2002 年主要推广“登海 9 号、11 号”等玉米新品种 7.5 万千克，推广种植面积 3 万亩；抗旱、高产的“莱州 3279”小麦种子 10 万千克，推广种植面积1.5万亩。2003年引进北京地暖公司低温热水地板辐射采暖技术，建立新品种推广网点16个，建成肉兔种兔养殖基地、奶牛养殖科技示范园、植物克隆实验园、珍稀种苗培育研究所。引进山东秸秆生物工程技术研究中心发明的“秸秆生物反应堆”技术；与石家庄市农科院、山东省莱州市农科院等科研院所、德农种业石家庄分公司合作，引进抗旱、抗病、高产的德育一号、北育一号等7个玉米试验新品种，建立玉米新品种试验方20多亩，柳见、彭家庄优质玉米示范方800多亩；引进邯9587、北农66、95021、矮733新系小麦试验新品种4个，种植育种小麦新品种试验方700多亩，优质小麦示范方1500多亩。2004年，县科协引进优质小麦“白硬冬2号”，使农民每亩增收120元；县畜牧局从农业部为养殖户引进400例高产奶牛冷冻胚胎移植技术项目，以本地黄母牛生产世界级高产优质奶牛，为养殖户增效500多万元。2005年建立玉米新品种试验方20亩，引进新抗病高产玉米新品种8个共5万千克，小麦新品种4个共10万千克。引进多彩花生200斤、引进线虫生防疫苗技术都产生了良好的经济和社会效益，深受企业和农民欢迎。

二、技术培训

1989年以来，主要针对回乡中学生、复退军人、农村干部进行实用技术培训。由科协牵头，以县委党校、乡镇技校为阵地，聘请专业技术人员，并举办各种类型的培训班，培训的主要内容有小麦玉米“三省三高三配套”技术；棉麦一体化栽培技术；地膜棉栽培技术；林果栽培技术；日光温室、蔬菜栽培管理技术；家畜家禽饲养管理技术。至1991年共办班500期，培训4万余人。1992年以后，主要开展科普达标培训活动和专业技术人员继续教育活动。全县60个村达到省规定的五条标准，15人被评为县管拔尖人才，其中七汲镇周振永被评为高级农民技师。全县820名专业技术人员完成继续教育、7000人参加星火培训计划。其中，有发明创造者23人，在科技开发、科技推广普及方面做出突出成绩121人，在学术研究、撰写学术论文方面取得显著成绩的34人。1995年，县科协组织县、乡、村各学会和专业研究会的9000多位会员开展“一帮一”扶贫工程，培养500户科技示范户；通过“金桥工程”，推广和培育适合县情的养殖、种植、大棚菜、林果开发、皮革、医药、化工、造纸、加工等优势产业人才，累计办班300多次，培养农函大学学员654人。1996年8月，无极县遭受水灾后，农业、林业、畜牧、水利、农机、卫生等学会组织科技人员，深入受灾乡村进行指导，讲解受灾作物科学管理技术，为受灾户排忧解难，收到良好效果。在实施科技大篷车下乡活动中，每年利用一个月的时间，深入乡村进行科技咨询，发放科技资料，开阔农民的视野，增加致富门路，受到群众的欢迎。2003年，本着“实际、实用、实效”的原则，紧紧围绕无公害蔬菜种植、畜禽养殖、皮革加工及市场经济实用技术，开展科技培训活动，举办各种形式的农村使用技术培训班18次。针对全县果农存在的技术、销路等问题，及时组织林学会、农学会及全县基层林学会果农等20多人，举办林果技术观摩活动，使果农学到新技术。同年，参加山东省农业厅蔬菜种植技术培训等省、市级技术培训班2次，参加4人次；组织秸秆生物反应堆技术、等新技术的应用培训3次，参加310多人次。2005年，聘请北京农科院食用菌技术专家、石家庄蔬菜专家深入农村到郭庄镇、南流乡、七汲镇开展食用菌栽培技术、蔬菜种植与管理技术培训，培训人数达5000余人次。

三、科技下乡

1989年后，针对农民的实际需要，围绕农业、畜牧、蔬菜等方面组织科技下乡、科技大集为农民提供实用的科学技术，提高农民对先进实用技术的兴趣。利用科技大集散发先进实用技术资料10000余份，发放书籍10050册。1993年，实施“金桥工程”，推广和培育适合县情的养殖、大棚菜、林果开发、皮革、医药化工等优势产业，为企业、农民引进资金、引进人才、引进技术，为企业、农民增加收入、创收架设金桥56座。县科协林学会与河北农大联姻，引进新技术，改进果园管理，提高果品质量，为果农架设致富金桥，全县投资541.5万元，推广40000多亩，年增利税1500万元。1996年，郭庄小麦专业研究会，推广新技术，创亩产600千克的最高纪录。七汲镇西小镇果农引进日本日光套袋技术，提高了果品质量，增加了果农收入。“金桥工程”推动了无极的科技进步与经济发展，在科技与经济的结合上，走出一条适合县情的路子。2001年，组织4辆“科技大篷车”，为农民直接送去优良玉米种子3万余千克，小麦优种2万余千克；与市农科院合作，下乡传授农业科技知识，先后深入到30多个乡村，有上万人次参加了农业科技知识讲座，散发科技资料20000余份。2002年，出动大蓬车4辆次，推广“登海9号、11号”等玉米新品种7.5万千克，推广种植面积3万亩；推广抗旱、高产的“莱洲3279”小麦种子10万千克，推广种植面积1.5万亩；散发科技资料2万余份，举办科技知识讲座，听课人员上万人次。2005年，利用科技大集，普及科技知识，提高农民科技意识，现场举办科技知识讲座20余次，散发新技术资料10000余份，组织出动科技大蓬车下乡90多天，接受技术咨询5000余人次，将新品种、新技术直接送到农民手中。

四、科普宣传

1989年后，利用科技下乡、科技咨询、科普展览、科技讲座、广播电视、报纸、科技声象等形式，广泛深入地开展了科普宣传活动。

1990年，围绕“关注环境，关爱生命”“弘扬科学精神，创造美好生活”“科学与健康同行”等为主题的宣传活动，科协、科技局、环保局、卫生局、计生局共同组织开展了科普知识、政策咨询、卫生知识、环境保护等活动。1993年后，开展科普知识宣传月活动。组织科协、科技、工业、农牧业、林业等部门60余人的宣传队伍，利用县城、张段固、北苏、郭庄、大陈、里城道、郝庄等20个乡镇的集日，举办科技讲座200余场次，印发科普字；资料20余万份，开展科普讨论450场次。1995年5月在全县开展科普宣传周活动，县直30多个单位走上街头，摆摊设点进行技术服务，农业局、畜牧局、林业局的科技人员，在全县各大集市设咨询站，全年各种形式的科普活动达3000余次，接受科技知识的群众达30余万人。1998年以来，牢固树立“科学技术是第一生产力”的观念，紧紧围绕“科教兴国、富民强县”战略，利用《无极报》、无极电视台等窗口，通过举办技术咨询、科普周、科技下乡、科普报告、科普大集、科普庙会等活动，发放科普挂图、科普资料、“明白纸”等宣传资料90余份，科普展览825次，科普讲座720场。2002年科技局牵头组织了面向企业深入宣传相关法律、法规，发放专利宣传画、《专利保护条例》等宣传资料2万余份。2003年春，在抗击“非典”斗争中，县科协组织县学会和乡村科技组织，开展科普宣传，先后印发《农村防治非典型肺炎科普知识》挂图1500多套，宣传手册2200多册、“预防农村非典型肺炎宣传材料”25册，为夺取抗击非典型肺炎的全面胜利作出了贡献。同年，通过科普大集、巡回展览、电视广播和科普基地等宣传形式，广泛宣传科普知识，倡导科学方法，传播科学思想，宏扬科学精神。利用无极报、县电视台、科技明白纸等宣传形式，对先进实用新技术进行广泛、深入、全面的宣传。在无极报刊登科技实用技术信息10余条；在无极电视台《致富桥》栏目，连续播放秸秆生物反应堆应用技术、农作物种植、畜禽养殖实用新技术等55期；与县电视台联合录制专题片5次；定期编制、刊发《科技信息》月刊33期，发布科技实用技术信息300余条，增强农民依靠科学技术发家致富的意识。围绕提高公众的科学文化素质，促进人的全面发展，组织科技专家进行现场技术咨询服务，接受群众咨询500余人次。2004年开展崇尚科学、反对迷信，培养科学生活理念，提倡健康生活等宣传活动，发放科普宣传资料25万余份。2005年，举办“全国科普日无极县系列活动启动式暨无极县建设节约型社会”主题科普宣传活动，共展出科普牌50块，科普图书1950多册，科普明白纸等宣传资料1800多册，环保资料15000余份，接受群众咨询2350人次，提高了人们对实施可持续发展战略重大意义的认识和维护环境的意识。根据地方病、常规病及围绕提高人口出生质量，科协、科技局、卫生局卫生防疫站组织人员开展防病、治病及优生优育的科普知识宣传活动，组织医学专家义诊1230余人次。

五、科技信息服务

1989—2005年，组织各类、各层次的现代科技发展方面的讲座50次；组织系列科技发展成就展览10次；组织不同历史时期的科教影片汇映18次；聘请和组织专家开展科技咨询和技术服务20次；组织科技工作者在县电视台搞专题报告16次，在《无极报》上撰写科普实用科技和科普文章。

第五节　科技管理

一、计划管理

科学技术发展计划的编制围绕中央和地方经济发展的总体部署。采用先进的科学技术促进农业生产发展，提高企业的技术改造能力。科技项目安排以农业为主，把种植业、养殖业课题摆在突出地位。

1989年起，根据各单位、企业申报项目、水平及所需经费等情况，对项目进行综合评定，审查筛选，而后确定是否列入计划。对重大项目列入省级计划，具有一定水平的项目列入县级计划，具有一定意义的项目列入市级计划。最后确定列为不同级别的计划项目进行汇总，编制年度科技计划，提出具体安排，会同财政部门拟定文件下达。

二、科普协会管理

科协是党领导下的科技工作者的群团组织。1989年以来，共发展农民技术研究会114个，会员9410人，其中县3个、乡级38个、村级73个，按照专业分为种植业60个，养殖业28个，加工业26个。1995年，全县5个市级科普基地，16个县级科普基地。2003年，对全县农村科普网络进行调整，新建农村科技协会23个，调整乡镇科协干部8人，王村无公害蔬菜基地、广威农牧科普基地、石家庄金鹿乳业基地顺利通过“河北省科普基地”检查验收，填补全县省级科普基地的空白。县科协在石家庄市科协工作会议上介绍经验，并且在河北省委《情况反映》上发表。协助乡镇党委和县直党委，调配各县直协会和乡镇协会班子，新发展种、养和特色农技协会组织68个、协会成员6800多人。2005年，组建无极县科普志愿者服务团，在城区建立“科普活动中心”。全县形成遍布城乡、纵横交织的科普组织网络。

三、知识产权保护

2002年组织宣传知识产权保护的相关法律、法规，到2005年发放专利宣传画、《专利保护条例》等宣传资料2万余份，增强了保护知识产权的意识。

四、管理机构

1989年无极县科学技术委员会内设办公室、科干科、业务科、新能源科、技术市场管理办公室、人才技术开发服务中心、地震工作站。1996年3月更名为无极县科学技术局，内设办公室、科管科、管理科和地震办公室4个科室。1998年，成立农业技术市场。2002年，改革以后，设办公室、科技科、科管科3个科室，地震办归科管科管理，下辖技术市场，全局工作人员10人，到2005年未变。

无极县志

1989—2005

文化体育

無極縣志

第一章　文　化

1989—2005年，无极县文化基础建设的投资力度逐年加大，城乡文化基础设施建设不断加强，文化事业蓬勃发展。先后建成新华书店、文化馆、图书馆、美术馆、书画展览厅、电影院、街心花园、绿荫广场及乡镇、村文化站、图书阅览室。城乡人民文化生活与时俱进，越来越丰富多彩，优秀的民间艺术得到继承和发扬光大。文艺创作队伍不断壮大，文学、电影、电视剧创作成绩显著；书法、美术爱好作者众多，水平不断提高，一些优秀作品入选国家级、省级举办的大展，并不断获得奖励；戏曲、音乐、舞蹈普遍引起人民群众的喜爱与参与。花卉进城、彩色周末、吹奏节、书画展、群众性的演出等各类文化活动遍及城乡。2002年以后，连年被石家庄市人民政府评为“春节文化活动先进县”和“彩色周末活动先进县”。文物保护越来越为大众所关注；无极剪纸在传承中创新、在创新中发展，先后被石家庄市人民政府和河北省人民政府列为“非物质文化遗产名录”。

第一节　文化设施

一、文化馆

无极县文化馆创建于1949年10月，位于无极路中段路南，和人民礼堂南北相对，编制2人，设图书室和阅览室。1957年，编制5人，设阅览室、图书室、文化展览室和群众游艺室。1965年有工作人员10人，设文学创作组、美术创作组、音乐创作组等。1969年改名毛泽东思想宣传站。1972年12月5日恢复原名，有工作人员11人，增设文艺创作组、美术摄影组、群众艺术组。馆内人员除搞好自身创作之外，还负责组织、指导全县群众文艺创作，组织开展全县群众文化活动。1978年，在原址改建980平方米三层楼，设有展览室、写生创作室、排练厅，电视厅和文物室。1989年，无极路拓宽，旧楼拆除，省、地、县三级拨款38万元，在原址南新建面积11440平方米的3层大楼，设有展览厅、音乐厅、排练厅等6个大厅。文化馆设群众文艺组、美术组和办公室，工作人员9人。到2005年，文化馆有职工17人，内设办公室和业务组。

二、图书馆

1. 县图书馆

图书馆始建于1949年10月。1966年“文化大革命”开始后，县图书馆关闭。1978年无极县图书馆恢复建制，属文化馆。自1993年开始县内投资110万元在贸易街和花园路交叉口新建图书馆3层大楼1座，占地面积1400平方米，建筑面积1500平方米，共建4个书库，并附加阅览室、采编室、办公室等设施；1997年投入使用，馆藏图书3.2万册。县图书馆建成后，按照国家图书馆分类标准实行分类管理，积极开展“送书下乡”活动，每年“送书下乡”活动开展5次，为全县人民提供丰富的精神食粮。2005年有职工5人，其中中级职称2人，初级职称3人。

2. 农村、中小学、企事业单位图书室

1989年，全县农村图书室有75个，共藏书3.05万册。2000年，北苏、齐洽、郭庄等7个村图书室均达5000册以上。2004年，县建成文明生态村22个，每村建起藏书在2000册以上的图书阅览室。至2005年，全县农村图书室藏书量达15万册以上。

1989年，全县学校图书室共有25个，藏书量10万余册。2000年，小学和初中根据“普九”

达标要求，均建起图书室；小学藏书量按生均10册、中学生按生均20册配备图书，全县学校图书室249个，藏书量60万册；其中无极中学、无极二中图书室规模最大，藏书量都达3万册以上。2005年，全县中小学藏书量75万册。

1990年后，县级机关和企业单位图书资料室发展较快。县医院、中医院、党校、教育局、档案局等单位图书室，除一般政治读物外，还配备多种专业图书和期刊。2005年，全县机关、企事业单位图书室20个，共藏书5.7万册。

张段固农民书画笔会

三、美术馆（书画院）

1989—2001年，无极县书法、绘画工作由县文化馆负责。随着县域经济的发展，人民生活水平的提高，人民群众的文化品位也越来越高，爱好和研习书法绘画的人员日益增多。2001年2月，经县编制委员会研究同意，在县文化广电新闻出版局成立无极县书画院，编制3人，属文化广电新闻出版局下属公益性文化事业单位，内设展览室、创作室。负责组织群众开展书法、绘画活动，指导爱好者的书法、绘画创作。2002年11月，为适应新的形势，经领导研究批准，将书画院改名为美术馆，其编制和隶属关系未变。投资40万元，扩建800平方米，内设展览厅、学术报告厅、创作厅、收藏室、办公室等。中国美术馆馆长范迪安为该馆题写馆名。

2012年，为落实文化部、财政部关于全国美术馆、公共图书馆、文化馆（站）免费开放的文件精神，将馆内设施面向社会开放。馆内常设展厅、讲座、培训等活动场地，免费开放。

无极县美术馆是河北省唯一一家经文化部、财政部审批、备案的县（市）级公共美术馆。为丰富群众业余文化活动和推进社会主义精神文明建设发挥了积极的促进作用。

附：张段固镇农民书画院

张段固农民书画院成立于2001年1月，是河北省第一家农民书画机构。张段固村及其周围村落自古就有厚重的文化传统。2001年前后，该镇因皮革业发展使农民走上了富裕之路。富裕起来的农民喜爱书法艺术的越来越多，在镇党委、政府大力支持和县书法协会帮助下，成立了农民书法协会。协会有会员70余人，大部分为该镇农民。镇政府积极引导他们这种热情，创办了张段固农民书画院，作为展览、培训、学术交流的基地。2002年3月，石家庄市文联授予该镇“民间文化之乡”荣誉称号；8月该镇被河北省书协授予“书法之乡”荣誉称号。《文艺报》用整版的篇幅对该镇民间书画发展情况进行报道，并刊登部分民间书法作品。张段固农民书法协会不断发展壮大，2005年，该画院已吸收会员102人。

四、乡镇文化站

1989年，全县20个乡镇，每个乡镇都建有文化站，业务上接受县文化馆指导，每站工作人员1～2人，建有图书室、阅览室等，并负责组织所属农村的群众文化活动。1996年1月，进行撤乡并镇建制改革，全县文化站数量随着乡镇撤并减为11个，专职工作人员11人。2005年，全县乡镇文化站保留11个，专兼职工作人员11人。

2005年无极县乡镇文化站情况一览表

表23-1

乡镇	建立时间（年）	房舍间数（间）	人员（人）	活动经费（万元/年）
无极镇	1978	2	1	0.9
张段固镇	1978	1	1	1.0
七汲镇	1978	4	1	0.8
南流乡	1978	1	1	0.6
大陈镇	1978	1	1	0.6
里城道乡	1978	2	1	0.7
郭庄镇	1978	10	1	0.6
东侯坊乡	1978	5	1	0.8
北苏镇	1978	3	1	0.9
高头乡	1978	1	1	0.7
郝庄乡	1978	2	1	0.6

五、新华书店

新华书店始建于1949年10月，原址在无极路南，坐落在无极县城繁华商业中心无极路中段。20世纪50年代末搬迁到路北。1988年新建营业楼建筑面积1030平方米，1997年9月新建书库和教材门市部，建筑面积400平方米。书店设管理部、图书门市部、教材门市部、开发部4个部门，主要经营图书、文化用品、音像制品。

1987年全店销售总额51万元，1994年全店销售总额实现293万元，是1987年的5倍多。2003年全年销售图书总额达到700万元，比1994年翻了两倍半，为繁荣无极县出版物市场、科技兴农起到积极作用，受到各级政府部门的表彰。1999—2003年，连续5年获"石家庄市新华书店系统先进单位"称号，2001、2002年获"省新华书店系统先进单位"称号。2005年固定资产160余万元，职工48人，其中大专学历21人。

六、人民礼堂

1956年，在城隍庙前建人民礼堂。1998年人民礼堂拆除并改建为街心公园，临街建起3层楼房的老干部活动中心。院内建有反映无极县古代名人刘琨和甄洛史迹石雕艺术作品，东西两侧设有古代风格的亭廊，前后相通。有600多年历史的城隍庙大殿修缮一新。院内东侧建有"闻鸡起舞"书法碑苑。

七、乡村文化场所

1989—2005年，县委、县政府注重乡村文化场所建设。先后整修并扩建县电影院、郭庄镇礼堂、马村文化大院、北苏村文化活动中心等文化设施，新建电影院文化广场、东中铺村文化娱乐广场、高头回族乡民族广场等文化设施，郭庄镇1997年购进近10万元文化器材30余件套，马村2003年购进2万余元文化器材共50余件，东中铺2004年购进文化器材20余件，东中铺京剧协会2002年购进文化器材30余件。

县政府及文化部门分别出台相关农村文化的政策并付诸实施。2003年，县政府根据市委、市政府联合下发《关于进一步加强基层文化建设的

农村文化节目展演

实施意见》（石字〔2003〕3号）文件，制定《无极县关于进一步加强基层文化建设的实施意见》。县文化部门对口支援马村文化大院、大中郎村文化队文化器材40余件。

2000年前，文化资源分布极不平衡，相对集中于县城。2002年石家庄市基层文化工作会议召开后，县积极调整工作方向，把文化资源发展的重点从县城转向农村。2002—2005年，共新增文化大院6个，新增图书室2个，新增农民书画院1个，新增农村文艺团体9个。

文化资源分布县城多、农村少的格局已被打破，农村文化资源分布比重越来越大。随着农民生活的逐步改善而提高，农民求富、求乐、求美的精神文化需求意识越来越浓。全县农民热心办文化人员增加80余人，经常坚持参加文化活动的人员新增2000余人。全县各乡镇正按照省级先进文化乡镇标准搞好创建先进文化乡镇建设。

随着农民物质生活条件的提高，农民自办文化的热情越来越高涨。2005年，全县现有农民自办图书馆（藏书在5000册以上）22个，自办剧团43个，自办电影放映队54个，自办书画院1个，自办文化大院7个，自办鼓乐队11支。

八、电影院

无极县电影公司前身为县电影管理站，1981年改称电影发行放映公司，负责全县电影发行放映工作，20世纪90年代初期全县电影放映队119个。1982年县城兴建国家三级影院一座，占地面积2790平方米，4层楼房，设观看大厅、放映室、办公室、宿舍，有冷气设备，可容纳观众1028人。

附：“闻鸡起舞”书法碑苑建设纪略

无极县“闻鸡起舞”书法碑苑建于县城街心公园内。是根据田永清将军（1940年12月生，解放军总参谋部某部原政委）提供的党政军高层领导、书法名家和社会名流题写的“闻鸡起舞”墨宝复制镌刻修建的。先后收入228幅书法珍品，成为一处难得的书法宝库。

田永清将军于30余年繁忙军务之余，潜心研究传统文化，特别对刘琨及其“闻鸡起舞”情有独钟。经他考证，“闻鸡起舞”“枕戈待旦”“多难兴邦”“先吾着鞭”和“无出其右”五个成语故事均与无极历史有关。其中，除“无出其右”典故出自西汉大臣无极人田叔之故事外，其余“闻鸡起舞”四条，皆出于晋代著名爱国将领、诗人刘琨之故事。田将军把这几个成语作为自己的座右铭，并努力躬身实践之。他历访书法名家、党政高层领导及各界名流，求其“闻鸡起舞”墨宝，已收藏数百幅之多。

1996年10月2日，无极中学举办45周年校庆，田将军为庆祝母校华诞，著文介绍了“闻鸡起舞”五个成语，并在大会上作了热情洋溢的讲演，以此鼓励家乡学子及全县人民发扬“闻鸡起舞”的精神，培养“枕戈待旦”的意志，鼓舞“先吾着鞭”的劲头，牢记“多难兴邦”的责任，树立“无出其右”的标准。搞好无极的物质文明和精神文明建设，鼓励全县有志青年，奋发图强，大有作为。同时也表达了在家乡建设“闻鸡起舞”书法碑苑的意愿。

无极县委、县政府对田将军的建议非常重视，经过认真研究和规划，1998年在城隍庙处，请来能工巧匠和雕塑艺人，正式开工建设。这时，田将军已调任总参某部政委，他于百忙中挑选了151幅名家“闻鸡起舞”墨宝，精心整理复制成规格一致的复印件，还认真撰写了作者简介。时隔不久，田将军撰写了《“闻鸡起舞”碑苑记》，请北大教授张中行润色后，函寄县委、县政府，征求意见。县委、县政府领导在文中增加了“无极籍田永清将军久居北京，关心乡里，广交博览，有儒将之风，他将自己数十年收集的‘闻鸡起舞’书法墨宝，提供给家乡，以建设碑苑，作为奉献无极人民的一份厚礼”一段内容。此后，将文稿寄还田将军，由此请书法家张秀女士书写。

2000年春，“闻鸡起舞”书法碑苑第一期工程完成后，田将军再次精选127幅书法精品充实于碑苑之中。2002年6月，碑苑第二期工程竣工，至此，享誉当代、惠及后人的文化瑰宝——无极“闻鸡起舞”书法碑苑正式落成。

竣工后的书法碑苑坐落于城隍庙的东部，苑壁高3余米，南北长60余米，全部为同一尺寸的黑色大理石雕砌。壁内从左至右：首端“祖刘神韵”，为书法家启功题写；依次是《“闻鸡起舞”碑苑记》、五个成语渊源及释义。正文首条为周总理所书，紧接着是228位党政军领导、书法名家、学者教授题写的“闻鸡起舞”书法墨宝。苑壁上每块碑帖均镌刻镏金字。

和碑苑同时竣工的还有东西两条长廊、4个凉亭。园内红砖碧瓦，廊亭相衔，状若游龙；更有著名雕塑家中央美院教授郭宝寨为家乡创作的“闻鸡起舞”和“洛神”两尊石雕，栩栩如生，与碑苑交相呼应；还有青松翠柏点缀其间，加之巍峨的城隍古庙，成为无极有标志性的文化景观，被命名为街心公园。

碑苑落成之后，无极人民视若珍宝，流连忘返者无计其数，还引来不少外地客人。但凡观瞻者，无不叹为观止。

第二节　文艺团体

一、无极县河北梆子剧团

无极县河北梆子剧团是1977年由县文工团改建而成立的，为差额拨款事业单位。该团主要编演现代戏和有积极意义的传统戏，长期深入河北、山西、内蒙古等省区偏远农村和贫困山区演出，受到群众热情欢迎。共上演大中型剧目40多个，其中《公廉颂》获得省级奖励。历年来，向省市剧团输送优秀演员多名，其中张秋玲（女）是省河北梆子剧院著名演员，中国戏曲家协会会员。

1989年，该团主要活跃在无极县城乡，并长期深入河北、山西等地演出，深受群众欢迎。共上演古装戏28个，现代剧12个，保留剧目主要有《蝴蝶杯》《三看御妹》《杜十娘》《四杰村》等，改编剧目主要有《封神榜》《姣女英烈传》等。1998年该团办公场所被改建为县老干部活动中心。随着戏曲演出的市场逐渐萧条，该团演出场

战鼓迎春

次渐少。2005 年该团开始进行事改企转制工作，有职工 23 人。

二、群众艺术团队

随着改革开放的逐步深入，县群众文化发展迅速，群众文化管理工作走向正规。1989 年，无极县群众文化发展处于起步阶段，文化部门采取“一手抓繁荣，一手抓管理”的办法，鼓励群众自办文化事业。至 2005 年，群众自办文艺舞蹈队达到 110 支，群众演出团体 44 个，自办业余剧团 5 个，文化大院发展到 7 个，自办鼓乐队 11 支；全县社区文艺舞蹈队 21 支，业余戏剧票友剧团 3 个；学校乐队 4 个，合唱团 24 个。

第三节　文化活动

一、春节文化活动

1991 年开始举办，时间为每年正月十一。主要活动内容有民间艺术展演、戏曲汇演、民间花会进城表演、民间鼓乐艺术节鼓王争霸等，其中以“民间花会进城表演”最为壮观，每逢这一天，全县城乡百姓均集中到县城观看，每年观众人数近 5 万。2000 年后，春节系列文化活动又有增加，现代歌舞、汽车展、京剧清唱等新的文化活动成为亮点。演出时间也从正月十一延长到正

二狗摔跤

月十二、十三。2002—2005 年，连年被评为“石家庄市春节文化先进县”。

二、彩色周末

1993 年 5 月，开展首届彩色周末文化活动。1994—2005 年，每年 5 月的最后一个周末到 9 月的最后一个周末为彩色周末活动时间。每年都以“积极健康、勇于创新、服务于民”的乐民思想为总体要求，认真组织“彩色周末”文化活动。以无极县中学操场为主场地，向城镇、企业延伸，向居民小区和村落延伸。每年彩色周末举办文化活动 20 余次，观众达 10 万人次以上。2002—2005 年，连年被评为“石家庄市彩色周末先进县”。

三、业余文艺演出

春节民间艺术展演

1989—2005 年，共组织县内业余戏曲、歌舞爱好者，举办元旦、三八妇女节、五一劳动节、五四青年节、六一儿童节、七一建党纪念日、八一建军节、十一国庆节等节庆文艺演出 300 多场次，配合县中心工作，与机关、学校、企事业单位组织文化宣传活动 800 多场次，邀请北京剧团、省歌舞剧院、省武警文工团、省心连心艺术团、省小白花艺术团、市歌舞团等专业院团来无极县演出 20 余场次，配合县

中心工作，丰富人民的业余文化生活。

1989年1月，县人民礼堂举办“农林音乐之春演唱会”，全县60余名音乐爱好者登台高歌，倾情歌颂改革开放给无极人民带来的美好春天。1990年5月29日，县人民礼堂举办“迎‘六一’文艺演唱会”，县直幼儿园、县直实验学校、20个乡镇的文艺演出队伍和文艺爱好者，表演了歌舞、戏曲、相声、诗歌朗诵、独唱、合唱等文艺节目。1994年4月27日，邀请艺术家梅葆玖、马玉涛、杨立萍、李长春来县演出；河北省京剧院京剧演员梁维玲率团演出《赌海情仇》，使群众受到了深刻的教育。1997年，成立文化馆民间艺术团，结合农村特点，改进演出形式，发明文化大篷车，利用汽车车厢搭建简易舞台，下乡为群众演出河北梆子，受到人民群众的青睐。到2005年，全县文艺大篷车文艺演出团体发展到43个，演出形式与内容灵活多样，有京剧、河北梆子、老调、评剧等传统剧目，也有现代戏曲和歌舞，成为无极文化建设的一道靓丽风景，丰富人民群众的文化生活，弘扬了民族文化，挖掘了民间艺术。

跑驴

2001年春节期间，由文体局组织策划，文化馆赵陟、东中铺村刘立波、赵同法、刘保红发起，东中铺村农民筹资创办首届“北方吹奏艺术节”，于正月十五在东中铺村幸福大街搭台开幕。无极、藁城、晋州、定州4县市的代表队80名民间业余吹奏艺人参加表演比赛。市有关领导、县四大班子领导出席开幕式。数千名观众观看了比赛。比赛分唢呐独奏曲、笙独奏曲、管子独奏曲、笛子独奏曲，还有部分合奏曲。藁城代表队唢呐和笙合奏的《戏曲吹打乐》，配有笛子、二胡、板胡、大小锣鼓、大小镲、板鼓、饶钹、梆子、小铛铛、云锣诸乐器多变节奏烘托，获得了团体赛的一等奖。杨雪鹤唢呐独奏曲《我是一个兵》，摘取个人一等奖。无极队员牛栓国的笛子独奏曲获得优秀奖。

2002年第二届吹奏艺术节，改在正月十一、十二两天，在无极中学操场进行，参赛代表队增加了深泽、辛集、石家庄、保定、新乐、安国，共10个代表队，150余人。经过两天的角逐，评出个人一等奖1名，二等奖2名、三等奖3名，优秀奖4名，团体一、二、三等奖各1个。聂金彩的唢呐独奏曲《河北梆子唱腔》获得个人一等奖。同年9月29日，在无极中学操场举办“喜迎十六大，欢度国庆节，情系交通”大型晚会，晚会聘请相声艺术家李伯祥、杜国芝，国家钜琴协会常务理事、钜琴演奏家赵平，省级演员吴大刚、李如刚、张新华河北省歌舞院多名资深演员同台演出。县领导和各界群众共5万余人观看晚会演出。11月19日，在无极中学操场举办“国土情”大型文艺演出，歌唱家李丹阳、二炮文工团副团长刘建国、彭子义等演员及省电视台主持人于辉等参加演出。12月，无极县被石家庄市授予“文化工作先进县”“彩色周末文化活动先进县”。2004年第四届吹奏艺术节上，14岁少女赵丛丛将云南少数民族独有的吹奏乐器——巴乌带到无极，以巴乌演奏的《侗乡之夜》，曲调优美、婉转，获得一等奖。到2005年第五届吹奏艺术节，参赛的代表队和人员，不仅涵盖了石家庄市区的9个县区和保定的曲阳、定州、安国、子卫5个县市，还有邢台、邯郸、河南省的代表队或选手也到无极参加了比赛。慕名而至的有上海音乐学院、西安音乐学院、曲阳吹奏艺术学校、定州国华艺术学校和中央音乐学院的学生。河北省吹奏艺术家张涞洋、王文尧，河北省歌舞剧院青年唢呐独奏演员王海云等，分别在各届艺术节上做精彩演奏。演员们相互交流，共同提高，促进北方吹奏艺术的发展，为无极春节增添了新景观，丰富了无极人民的文化生活。无极县民间吹歌荣获石家庄市"十佳民间特色艺术"称号。

四、群众自发演出活动

改革开放以后，随着文化事业的发展，城乡人民自发组织起文艺团体，逢春节、集日、庙会、农活闲暇时节、重大庆祝活动、红白喜事时，进城、下乡为群众演出。全县较有名的有马村、王村、东侯、小汉、江仁、市庄、佛堂等村的河北梆子剧团，王先、西侯的秧歌剧团，苏村、崔村的老调剧团，甄家庄的坠子剧团等。开始以演出传统戏曲为主，配以打击乐、管弦乐。进入20世纪中期，随着人民群众欣赏水平的提高和对文化生活需求的多样化，有些老牌剧团改进演出形式，更新演出内容，提高演出质量；有的将剧团改为歌舞团；有的组建了军乐队、战鼓队或腰鼓队。1995年，高新发、高新改和马西琴等30余名京剧爱好者，成立了京剧演唱俱乐部，以清唱为主，利用业余时间，相互切磋技艺，自娱自乐。每到春节或遇喜庆活动，义务上街为群众演唱，深受群众欢迎。1996年，在京剧俱乐部的基础上成立了戏曲协会，选举退休老干部于彦德为主席，贾崇会、高新发为副主席，会员发展到60余人。2001年，退休干部100余人，组成"晚霞文艺演出队"，高荣洲任队长，队员中有"母女"队员、"夫妻"队员、"姐妹"队员，平均年龄65岁，年龄最大的83岁。该队下设编导、演唱、乐器和后勤4个小组，本着"发挥余热、服务中心、繁荣文化、愉悦身心、构建和谐"的原则，各小组有分有合，紧密配合。县老干部活动中心为排练地点，演出大合唱、独唱、腰鼓、舞蹈、秧歌、快板、戏曲、乐器合奏、春节、彩色周末、重阳节或配合县内中心工作，为群众演出，受到群众好评和县市的表扬和奖励。到2005年，全县民间各种类型的文艺演出团队248个。其中，有传统戏曲演出团队13个，歌舞演出团30个，战鼓队、腰鼓队65支，宣传队、声乐队110支，家庭俱乐部、戏迷俱乐部40个。基层民间文化形成一乡一品，一村一特。

第四节　文艺创作

一、文学创作

无极县的业余文学创作始于20世纪60年代，由县文化馆负责。当时业余创作队伍人员较少。1963年张段固村青年业余作者靳根锁的诗歌《熔炉里二年》，以晓风的笔名发表在石家庄日报上；1964年又在《滹沱河畔》创刊号头条位置发表诗歌《凿井工人赞》，是无极第一个被吸收为石家庄地区作家协会会员的业余作者；先后在《石家庄日报》《河北群众文艺》《河北文学》《当代人》《中国教育报》等报刊发表诗歌、散文、报告文学《农村纪事》《外语教学的一颗明珠》《美国人的环境意识》等作品，成为河北省作家协会会员。

20世纪80年代后，无极县文学艺术联合会成立，文学创作队伍不断发展壮大，涌现出以田运章、张新果、张国庆、赵斌等人为代表的50余名专业作者和业余作者，活跃在全县各个领域。创作出了很多优秀的电影、电影剧本、诗歌、散文、小说、报告文学等。

中国影视艺术家协会会员田运章，1985年创作的剧本《山林那边淡淡的晨雾》(上、下集)，被江西电视台采用播放；1987年调石家庄艺术研究院从事专业创作。1987—2002年，先后在《电视教学》、长春电影制片厂《电影文学》、北京电影制片《电影创作》发表电视剧本《寂寞的小楼》(上、下集)，电影剧本《黑玉》《同路人》等，其创作作品被拍为电视剧，在河北艺术中心、河北电视创作中心、河北电视台播放《洁白的玫瑰》(上、下集)、《旋涡中的舞女》(上、下集)等十数部。其中，《“四八一”指令》1999年获河北“奔马”一等奖，《同路人》在2001年河北省剧本创作评比中获二等奖，《金色的鲤鱼》获2003年全国“金鹰”一等奖、“飞天”二等奖。

河北省作家协会会员张新果，从20世纪80年代到90年代先后在《河北文学》《长城》《小荷》《滹沱河畔》《国风》《河北日报》《石家庄日报》等数十家报刊陆续发表诗歌50余首，曾获“河北新人新貌优秀作品奖”“石家庄地区文艺作品奖”，被誉为“诗坛新秀”“河北省泥土诗人”。1989年报告文学《好个刘连发》入选《太行新星》，被改编成同名电视片（上、下两集)，由河北电视台及石家庄、衡水、保定等电视台先后连播。发表在《散文》上的《红喜字》，获1990年石家庄地区首届文艺振兴奖，系石家庄地区最高文艺奖项。1998年，张新果和赵斌的报告文学《支书张贵东》，获得《共产党人》大型丛书二等奖。1999年，在《当代人》发表小说处女作《丑角儿》，被该刊封面作为重点作品推介；2002年离岗后，致力于散文创作，先后在《农民日报》《河北日报》《百姓》《乡音》《燕赵都市报》《燕赵晚报》发表散文100余篇，获多种奖项。他的作品以展现地方风俗文化见长，具有别致的语言特色。其《石家庄赋》，被评为河北省委举办的“城市赋征文”一等奖的第一名；创作的散文《滹沱河绿蛐子》，在《石家庄日报》文艺副刊发表后，国家和省市媒体转载，荣获河北省新闻奖文艺副刊类三等奖。新华出版社为其出版413000字的散文集《滹沱情调》。

河北省作家协会会员张国庆的散文、诗，在国家、省、市各级报刊上发表。《山那边风景》获2003年“首届中国西柏坡散文”奖三等奖；《又逢甲申》，获2004年“宏扬西柏坡精神”征文三等奖；诗《屈原》《毛泽东》分别获“首届中国西柏坡端阳诗歌节”三等奖和纪念毛泽东诞辰110周年“永明杯”征文二等奖。继1993年出版《朝华散文集》之后，到2005年，出版四部散文集。

河北省作家协会会员、石家庄市作家协会理事赵斌，主要从事小说创作。1990年起在《河北文学》先后发表《流失的云》《搬迁轶事》等作品，1994年中篇小说《凡人怀树》在《无极日报》连载后，引起反响，作品入选中国二十世纪留言代表作。1995年创作长篇小说《故里风水》于1998年由南海公司出版。2002年长篇小说《麦场之恋》由作家出版社出版，获石家庄市文艺繁荣奖，散文《丑八怪》入选中国文联出版社出版《中国散文精选300篇》并获奖，长篇小说《闻鸡起舞》由内蒙古人民出版社出版。范旭1989年开始在《河北日报》发表诗歌，1992年在《河北农民报》发表小说，此后一些作品发表在《青年作家》《太行文学》等杂志上。2001年诗集《心河》，由中国文联出版社出版。翟伟霞于1991年出版散文集。

刘国立搜集整理的《无极回族故事选》，计24万字，1990年由中国民间文艺出版社出版，此书1992年获首届中国北方十省市自治区民间文学一等奖。1991年，刘国立获全国艺术科学规划领导小组等三部门颁发的“先进工作者”称号，《革命烈士高克谦》等一些作品在国家级书刊上发表。业余作者李俊明，从20世纪60年代起就构思长篇小说《神道滩》，到1991年删减为报告文学《果园佳话》出版，2005年由花山文艺出版社以小说体裁面世。2005年，离休干部张宽震反映抗战体裁小说《平原烽火》出版。

进入21世纪，县内涌现出一批业余文学创作的新秀。中国作家协会会员刘济涛，是知名诗人舒婷、北岛等人创办的“他们”文学社成员，其诗歌《红豆》在美国加利福尼亚州的《世界文化选刊》上发表；《黄昏》《山中》等作品在《河北文学》《太行文学》《现代诗人》等刊物上发表或转载，并先后在“世界华人华文诗词大赛”“纪念毛泽东诞辰100周年诗词大赛”中获奖；诗集《捧起我的故乡》由《中国戏剧》出版社出版后，受到文学界的好评，中国作协主席铁凝为刘济涛诗集题词“济涛的诗歌作品个性鲜明，底蕴丰厚，很有鉴赏性和可读性”。杨长永的散文具有抒情格调，2000—2005年，先后在《散文》《人民日报·大地》《小说月报》等发表散文《秋月》《秋风》《秋雨》，小说《枣儿红了的时候》。农民诗人魏义钗创作的朗诵诗《我的中国梦》，在中华好诗词栏目举办的大型诗词《我的中国梦》征稿中获奖，并被中央电视台邀请录制成电视节目，由央视主持人王朗朗诵。

二、戏曲

20世纪50年代，县京剧团元字辈京剧表演艺术家杜元田主演的《徐策跑城》《蚂蚁滚钉》《四进士》《空城计》；京剧赵氏三姐妹旦角赵碧玉、小生赵晶玉、小丑赵奇玉主演的《红娘》《红楼二尤》《霸王别姬》《吕布与貂禅》；60年代，县丝弦剧团的李小楼、聂占元、王建堂主演的《赵云赶路》《野猪林》《潘杨颂》《空印盒》等剧目给观众留下美好的回忆和印象。民间的秧歌剧团、评剧团、坠子、西河大鼓等自编自演了让广大群众喜闻乐见的剧目和节目。

1968年，无极县赵户村张文虎的家庭文艺宣传队，在石家庄地区文艺汇演中被授予全家红称号；其女儿张秋玲为国家一级演员，其儿子张秋生为石家庄京剧团一级演员。张秋玲12岁被县河北梆子剧团录用，1978年调入河北省河北梆子剧院二团。她主演的《红色娘子军》《吴汉杀妻》《杜十娘》《蝶恋花》《窦娥冤》《李慧娘》等30余出大戏，多次在大赛中获奖。1984年获河北省河北梆子青年演员会演第一名；1985年，获河北省首届戏剧节表演一等奖；1986年获全国优秀现代戏唱腔比赛优秀演唱奖；1987年获河北省青年演员电视大赛十佳之首；1994年在全国歌、戏双栖明星大赛中获金奖，2001年、2002年获河北省、中宣部“五个一”工程奖，2003年获河北省第六届艺术节表演一等奖。1988年被文化部任命为国家级尖子演员，2001年参与创作主演的河北梆子音乐剧《江姐》，为河北梆子唱腔艺术改革提供了成功的范例。1998年，被评为河北省首届德艺双馨演员，2004年被评为省文化系统三八红旗手，并多次立功受奖。

1989年，县河北梆子剧团创作演出的《女儿泪》，被河北省电台和电视台录音、录象播出。1992年刘贵澄、宋金锋、孙全健创作的《公廉颂》获河北省第三届戏剧节二等奖。

大汉村杨氏戏曲家族，祖孙四代共有14人从事戏曲工作，10人在省、市、县级剧团工作。曾祖杨双才，自幼学唱老调、丝弦，8岁登台表演，戏路宽广，才艺全面，吹、拉、打、唱样样精通。在晋县、藁城、无极等县，先后教授学员200余人。杨老先生的言传身教，为儿孙们走向戏曲艺术道路奠定了良好的基础。其四孙子杨国超7岁跟爷爷学司鼓，1982年考入河北省戏曲学校评剧科，毕业后分配到石家庄青年评剧团工作；他的司鼓以清脆、快捷、稳、准、狠而得名，曾随著名评剧艺术家刘秀荣到香港地区及法国等国演出，几次进京中南海向中央首长汇报演出。指挥伴奏的评剧《胡风汉月》《心灵的呼唤》等剧目，在全国获大奖。2002年被任命为石家庄市青年评剧团副团长。杨双才的孙媳杨国起之妻徐金仙，1985年河北省艺术学校评剧科毕业后，被分配到石家庄评剧团工作。1985年拜著名评剧艺术家刘秀荣为师，为评剧新派（新凤霞派）再传弟子。她主演的剧目有《杨三姐告状》《花为媒》《刘巧儿》《胡风汉月》《心灵的呼唤》等十几出大戏，多次进京为中央首长演出，曾应邀到法国、意大利等国家和香港地区进行访问演出，曾荣获中国戏曲第二十届梅花奖，第二、三届石家庄市中青年演员会演优秀表演奖、特别荣誉奖；第五届、第六届河北省优秀表演奖；第六届中国“映山红”民间戏剧节表演一等奖；第二届中国评剧艺术表演一等奖；并获第六届石家庄市“优秀青年”称号，记市政府个人二等功。曾被石家庄电视台、河北省电视台、中央电视台戏曲频道多次录制专题节目。杨国宣，杨双才的孙女，自幼跟爷爷学唱老调、丝弦，10 岁登台演出，她表演的《潘杨颂》《辕门斩子》《临潼山》，唱腔优美高亢、表演惟妙惟肖。在保定一带有“小王贯英”之称。1982 年考入河北省艺术学校后，攻青衣行当，成为学校尖子生，毕业后，分配到衡水地区梆子剧团当主演。杨伟兰，杨双才的重孙女，河北省艺术学校京剧科毕业，河北省京剧院主演。1994 年代表河北省参加在天津举办的全国新苗杯京剧大赛，荣获二等奖。后受聘于上海京剧团任主演，其表演艺术轰动江、浙等地。

宋彦力、白小玲被称戏剧夫妇。宋彦力河北省二级鼓师，河北民间音乐研究学会会员，曾任石家庄河北梆子剧团团长。90 年代，先后应邀到河北梆子剧院、天津市河北梆子剧院、北京市河北梆了剧院为张惠云、王玉磬、李二娥等艺术家担任司鼓领奏，完成了《乌盆记》《坐宫》《白罗衫》《范进中举》《狸猫换太子》《魏征还乡》《新蝴蝶杯》《巧系凤》《赵南星》《盗御马》等十几出大剧的音乐唱腔设计工作。1997 年获河北省新唱腔比赛二等奖，中国第六届中国“映山红”民间戏剧节国家二级音乐唱腔设计二等奖。《魏征还乡》获音乐唱腔设计一等奖。

三、音乐

20 世纪 80—90 年代，无极县组织开展全民歌咏创作活动，创作群众歌曲、校歌、村歌、厂歌 200 余首。

1989 年，河北省音乐家协会会员、河北省音乐创作研究会会员、县文化馆音乐创作组的齐振海创作的《草棚记》《凤凰飞进光棍堂》等歌曲和小评剧《改婚期》《扒埝》、单弦《丹心朝阳》等作品，多次在省市获奖。

1990 年河北省音乐家协会会员、文化馆工作人员张月良，搜集整理歌唱无极的词曲 50 余首，编辑出版《无极之歌》。1991 年后，他又创作了《祖国听我唱支歌》《农民乐》《打开窗子说亮话》等 30 余首歌曲，分别发表在国家及省、市刊物上；其中《咱不为老百姓咱为谁》获河北省“五个一”工程奖，《人民和党不能分》获河北省优秀作品奖。《农家景色美》《农家春秋乐》《让世界走进中国》等分别获市一等奖。

1992—1996 年，县文化馆工作人员魏英群为无极县刘贵澄、宋金锋、孙全健合作编创的河北梆子现代戏《公廉颂》的唱腔设计，获河北省戏剧一等奖；《花灯招徕算命郎》《线中情》《送情》《个体户的自述》的谱曲，分别获得石家庄（地）

老年乐团

市第一、二、三届曲艺大赛金奖和银奖；为河北梆子《女儿泪》的唱腔设计被河北电台、电视台录音播放。

1991—1997年，中国音乐家协会会员王磊（又名王兰英），在第一届"河北省听众最喜爱的歌手"声乐比赛中，获美声组一等奖；在第一届"全国听众最喜爱的歌手"声乐比赛中和第二届"全国听众最喜爱的歌手"声乐比赛中，分别获得美声组第六名和第二名。先后在《中国音乐》《人民音乐》等国家级期刊及省级期刊发表论文20多篇。

1998—2002年，高村何氏音乐家族中的何振铎创作的《五声调线、调号的快速判定记写法》《首调唱名记忆法》《高师音乐教育应突出师范性》《谈二胡演奏的几个问题》等和其女儿何慧欣的《浅谈声音作品的表现和艺术思想修养》《让健康的流行音乐进入课堂》《浅谈儿童早期音乐教育》《音乐语言的培训及运用》等多篇论文在《中国音乐》《人民音乐》等国家级和省级刊物上发表。

2000年7月，在无极中学操场举办第一届"电信杯"全县青年歌手大奖赛，全县30余名歌手参加比赛，共评出10名获奖歌手，崔家庄的陈金保获得了第一名。2002年9月9日，在无极中学操场举办第二届"电信杯"青年歌手大奖赛，比赛分民族美声和通俗组两类，共有60余名歌手参加了角逐，王少敏获得美声组的第一名，冯伟农获得通俗组的第一名。2003年7月17日，由文体局主办、县网通公司协办"小灵通杯"无极、正定、新乐、晋州4县市歌手联赛，无极县16名选手参加比赛，取得好成绩。到2005年，全县共组织"电信杯"青年歌手大奖赛4次，参赛歌手200余人，观众5万余人次。

四、舞蹈

无极县民间传统的舞蹈为扭秧歌、霸王鞭、耍狮子、跑旱船、二鬼摔跤、大头舞。1991年县定立每年正月十一（县城大集日）(2002年后延长到十二、十三日）为花会进城日，全县20个乡镇的文艺代表队进城参加表演比赛，推动了全县舞蹈事业的蓬勃发展。张段固、齐洽、东中铺、西关的大鼓油漆一新，打鼓的是中青年壮汉，五、六十人组成的钹队多半是中、青年妇女，也有不少年逾花甲的老人。伴随着惊天动地的鼓曲，几十对金钹或拍、或分、或擦、或举，舞姿雄壮，金光闪闪，如春雷催人奋进。郭庄镇、七汲镇、东侯坊乡、高头乡的挎鼓、腰鼓焕发了新姿。大陈、东侯的秧歌舞吸收现代舞多变的节奏，和多种打击乐、管弦乐的伴奏，形式和内容都有改进。

1994年，县成立舞蹈协会，全县舞蹈队发展到30多个，交谊舞、街舞、广场舞走进人民群众的生活。是年，西牛村张贵晔在河北省舞蹈比赛中荣获一等奖；1995年4月，张贵晔参加海南省

吹歌

农民舞蹈队

鼓钹争鸣

1995年《童年》入选全国女画家作品展，并被中国美术馆收藏。1997年《春回大地》入选全国首届雕塑艺术展。1998年《欢乐》入选第四届全国体育美术作品展，获铜牌奖，并入选2002年中国北京国际城市雕塑艺术展，获优秀作品奖，被布放于北京国际雕塑公园。《步步高》，1999年入选全国第九届美术作品展，获美展铜牌奖。《门球乐》2001年入选第五届全国体育美术作品展。

舞蹈比赛，获一等奖；1997年获河北省文化厅的嘉奖。1999年城镇居民舞蹈队创编的柔力球舞，在参加石家庄市比赛中获得二等奖。

进入21世纪，人民群众的健康意识与日俱增，健康舞、太极拳、太极剑、扇子舞成了街头、巷尾、广场的新时尚，现代舞、歌伴舞、剧舞，鼓舞成为花会进城的主流节目。2002年，张段固镇农民组织的100辆一色新、一色黑高级轿车队，随着花会进城，在音乐舞蹈的伴随中，行进在无极路，成为花会进城的一道靓丽风景线。2004年正月十二，花会进城与北方艺术吹奏节相结合，全县11个乡镇，100多个村庄的大鼓队、挎鼓队、腰鼓队50多个，鼓类近500面，参加鼓乐表演1000多人。

五、美术、雕塑

无极县绘画人才辈出，改革开放后，县文化馆绘画创作组领军全县绘画创作，绘画队伍不断壮大，达到100多人。美术作品多次在国家、省、市级展览中获奖或由出版社出版。

中国美术家协会会员、中国雕塑家协会会员赵丛敏，郭庄村人。1991年在石家庄举办“赵丛敏乡土陶艺展”，展出作品170件。《铁蛋加油》入选1993年全国第二届体育美术作品展，并入选2001年新奥运体育雕塑展，获优秀作品奖。

河北省美术家协会会员、石家庄市博物馆副馆长邢庆刚，马村人。1989年为石家庄市博物馆创作大型铸铁壁画《凝固的旋律》。1990年后，为部队军史馆创作大型浮雕壁画稿《铁流雄师》，为河北省《纪念抗日战争胜利五十周年展览》，绘制了《回民支队》《梅花惨案》《正定岸下惨案》《城安三屠》等组画。为国家爱国主义教育基地冉庄《地道战遗址纪念馆》创作多幅彩墨画。中国画《共产党毛主席恩比天高》曾入选第四届美术作品展，并被中国美术馆收藏。

闻鸡起舞

石家庄师范学院讲师张子健，田庄村人。主攻山水画的研究与创作，作品多次参加国内外艺术大展并获奖。1997年《且将流年看云天》，入选文化部主办的“北京首届国际扇面书画艺术展”；《春光》入选“中国画佳作欧洲巡回展”，获佳作奖。1998年《林泉交响话秋山》入选“河北省中国山水画·油画风景展”，并获优秀奖。1999年，《春之韵》入选河北省美术作品精品展。2001年《心在林泉》入选“第四届当代中国山水画展”，获创作奖。2002年《闲心清流》入选“河北省旅游景点系列山水画精品展”。《山光树影弄清晖》入选“燕赵群星奖”，获二等奖。2003年，《早春图》入选“庆祝中华人民共和国成立55周年河北省美术作品展”。《溪山对弈图》，入选“河北省体育美展”，获二等奖。2005年，由河北美术出版社出版了美术论文集《素描肖像》。

卢根锁，东南丰村人。出身民间画师家庭，其祖父卢成兰、父亲卢得财、兄长卢根深，都是誉满乡间的画师。曾为正定兴隆寺、五台山绘制神像、壁画、山水、花鸟和古装人物。以《封神演义》《三国演义》等为内容，为民间绘制壁画、彩吊画和大鼓画。为天津水上公园的亭台、廊、榭设计绘制山水画、花鸟、人物画。卢根锁中央工艺美术院肄业后，又入天津美术学院进修，专攻中国画，写意花鸟，尤擅长画猫画虎，其作品曾多次在省、市美展获奖，求画者遍及县域内外。作品《农家小院》入选河北省庆祝建党60周年美展，获优秀奖。年画《猫戏图》，先后被河南美术出版社、河北美术出版社出版印刷40万张和30万张。1989年中国画《繁春》入选庆祝中华人民共和国成立40周年全国书画大联展，获佳作奖；同年，中国画《早春图》，晋察鲁豫文化协作区中堂画展，获优秀奖。进入21世纪其主攻画虎，其《睡虎》《立虎》双双入选中国天津美术出版社“百虎画展”。

《猫》

河北美术家协会会员、河北省摄影家协会会员张承文，黄台村人。天津美术学院雕塑系毕业。参加西柏坡革命纪念馆的展厅布置，创作了大型雕塑《支前》。20世纪80年代末期到90年代初，创作雕塑作品《丰收》和《骨肉》，分别获石家庄美展一等奖，河北省美展优秀奖。其摄影作品多次入选省、市展览，在省市报刊发表新闻照片300多幅，并多次获奖，为县保留了许多珍贵的照片资料。他撰写的摄影艺术论文《摄影、传统、绘画》入选1986年全国摄影理论年会《摄影艺术论文集》，并被编入《河北省摄影理论文章选编》(第一集)，论文《创新浅析》被编入《河北省摄影理论文选编》(第二集)。

河北美术家协会会员许孟同，齐洽村人。中国画作品《秋》参加1989年河北省画院、河北省美术家协会《绿龙》展，1990年《乡情》获石家庄群众美术书法大赛三等奖；1992年《俺老孙在此》获“槐泉杯”年俗摄影美术比赛优秀奖，1993年《家乡的乐章》在河北省群艺馆、文化馆美术作品展中获一等奖；1999年作品《葫芦》在河北省写生展中获一等奖。到2005年，在“共产党员”“青春万岁”杂志、“太行书画选”、河北日报等报刊杂志发表美术作品 32 幅，多幅作品销往美国、加拿大。

河北省美术家协会会员，河北省雕塑家协会会员、河北省书法家协会会员赵少伟，郭庄村人。1999 年去北京中央美院中国雕塑研究所杨淑卿工作室工作。曾参加设计制作、仿制雕塑作品几十件。《拼搏》，大型室外雕塑（立于省体育馆广场），被评为河北省第二届文艺振兴奖；《海港工人》大型锻铜雕塑（立于秦皇岛港务局）；“沧州火车站广场大型雕塑”、西柏坡群雕《战斗》，雕塑伟人像《五大书记》；《奔马》大型锻钢组雕（位于省会裕华东路开发区）。在首届河北省群文艺术节画展分获银、铜奖。2004 年被选为石家庄美术家协会理事。曾在《茶馆》《宝莲灯》《越王勾践》《魔幻手机》《特殊使命》《特殊战争》《江姐》《刘三姐》《大清盐商》《四十九日·祭》《幸福满满》《香山奇缘》《念水之莲》《眉公河大案》等二十多部大型影视剧中担任美术主创、道具组长职务。

河北省美术家协会会员、石家庄市美术协会油画艺术委员会主任冯建法，东流村人。业余潜心中国画和油画的创作，1989 年始绘画作品多次参展和获奖。其中，油画《厚土》入选全国第十一届美术作品展河北区优秀作品展；《母与子》入选中央党校“生命与自然”画展，并被收藏。粉画作品入选全国第二届粉画展。2003 年《众志成城》入选河北省抗非典书画展，获一等奖。《厚土》入选河北省改革开放三十周年美术展，获一等奖。

河北省美术家协会会员李增祥，南池阳村人。师承朱介夫、李玉春、韩建设。20 世纪 80 年代以来，其作品多次在全国及河北省、石家庄市美术展览中获奖。《虾》获得河北建工杯三等奖，在《建设日报》发表。《雄鸡图》获当代建设杯一等奖，在《河北工人报》发表。《荷风》获东方艺术团国际交流优秀奖。《黄梅·大虾》获中华两岸书画交流一等奖。其作品被印尼、澳大利亚、新西兰、日本等国家以及港澳台等地区等友人收藏。《梅》《兰》《竹》《菊》《荷花》《牡丹》分别收录在河北省出版社出版的《名人画集》《中国花鸟画图典》《花鸟画临摹与创作》《中国画牡丹画库丛书》中。

中国首篇烙画论文的作者、中华烙画网首席顾问、中国民间文艺家协会会员、北京民协会员、海淀文联理事、木火春烙画文化研究院院长郭增辉，郭庄村人。多年从事烙画艺术研究，著有《中国烙画简史》等艺术理论。研创烙画技法几十种，技法极端，注重意境的营造与质感的表现。风格追求静、美、平、逸，成为中国烙画界权威专家。曾在北京、上海、西安、天津、成都、青岛等地举办画展。《北京晚报》《北京纪事》四川电视台、成都电视台、北京电视台、河北电视台均对其做过报道及专访。作品在河北省美协、北京文联、青岛艺博会、成都艺博会、石家庄美协多次获奖，并被法国、加拿大、美国、英国、日本等国友人收藏。

六、书法、篆刻

1982 年 6 月 8 日，无极县第一个书法研究会成立。翟月蛟当选为理事长，为会员编写《楷书入门》《怎样写好毛笔字》等辅导教材。1989 年后，书法研究会改为县书法家协会，连克明、刘兆谦分别任二、三届书法协会主席，会员发展到百余名。连克明、刘兆谦、朱振泽等被吸收为河北省书法家协会会员，刘小平被吸收中国书法家协会会员。协会会员中上百件作品参加省、地级书画展览。1991 年，刘小平的篆刻作品获河北省书法艺术展览三等奖，1993 年获河北省医药系统纪念毛泽东诞辰 100 周年书法比赛篆刻一等奖，10 月篆刻作品在庆祝中华人民共和国成立四十五周年河北省书法作品展获二等奖。刘庆来，中国书法家协会会员、河北省书法家协会副秘书长、行书委员会副主任委员、河北省职工书法家协会副主席。作品入选首届中国书法“兰亭奖”作品展、第七届全国书法展（论文）、第五届全国书画名家邀请展、全军第四届书法作品展等全国、全军重要展览，并获“五台山杯”全国青少年书法大奖赛优秀奖，“梦圆世界杯”中国书画名家精品展银奖，全军第四届书法作品展三等奖，河北省首届公务员书画作品展特等奖，全国海关系统“我为党的生日献礼”最佳书法作品奖，河北省首届行书大展三等奖和河北省市机关纪念建党90周年书法美术摄影作品展一等奖；在书法专业报刊发表《关于书法创作定位问题的哲学思考》《“丑书”的界定及其流行的社会心理成因》《运用计算机进行书法艺术创作实验性研究》等多篇理论文章；编辑出版专著《刘庆来集王羲之行草千字文》。耿同奇，国家二级美术师、中国书法家协会会员、河北省书法家协会学术委员会委员、石家庄市书法家协会主席团委员兼学术委员会副主任。作品“黄庭坚诗抄”入展由中国书法家协会主办的《金山岭长城杯》书法展览，作品“颜真卿评散记”入选中国书法家协会主办的《祭侄文稿杯》全国书法大展。作品“杜甫·望岳”入展河北省书法家协会主办的《中国·日本·韩国三国友好城市书法交流展》，并荣获金奖。多幅作品先后入选河北省书法家邀请展、河北省中青年书法展并获二等奖。先后获石家庄市委、市政府颁发的文艺最高奖—繁荣奖、河北省文化厅颁发的“文化工作先进个人”、石家庄市文联授予其“德艺双馨”艺术家称号，入选河北省“首批燕赵文化之星”“书香家庭”、石家庄市“十百千人才工程”，连续三届被评为县管拔尖人才。多篇论文在《中国书画报》《书法导报》等专业报刊发表，其中《书法创作审美之我见》获第七届河北省文艺评论奖优秀奖，并收入《首届燕赵书法论坛论文集》一书；论文《对当代书法创作与发展现状的思考》入选《祭侄文稿杯》当代书法创作理论研讨会。著有《砚田随笔》《耿同奇书法作品集》两部。陈永立，中国书法家协会会员，作品曾获第二届全国书法篆刻大展“羊欣奖”、第三届中日议员书法展一等奖、河北首届篆书大展二等奖，并入展中国书协展。河北省书法家协会会员张月起，曾获石家庄市建党90周年书法一等奖、石家庄楷书书法展优秀奖、河北省首届楷书大展入选奖、河北省迎奥运书法大赛一等奖。被河北省书画院特聘书法家、河北省民俗文化协会会员。河北省书法家协会会员张涛，曾获中国书法家协会教育委员会举办的“龙乡墨韵·第二届全国教师书法作品展”二等奖，大幅作品《古诗选抄》获中国书画报“华夏之星”中国书画人才海选大赛草书组杰出人才奖、“中国梦翰墨朝阳”首届全国书法作品大赛优秀奖，“天砚山”杯全国书画大赛三等奖、“国粹杯”全国书法大奖赛优秀奖、“中华魂·中国梦”首届书法绘画展一等奖。另有9幅行书、草书作品入选河北书法家协会及省级以上协会举办的大赛并获奖。被《中国书画报》特聘为书画家。河北省书法家协会会员于立冬，其作品曾获河北省首届县域书画精品展一等奖、“黄河杯”全国书法大赛三等奖、入展河北省首届篆书、楷书、隶书、草书书法大展“高远杯”首届河北省书法大赛。河北省美术家协会会员、河北省书法家协会会员李宗凯，国画获1999年《远太杯》全国书画大赛三等奖、《山居图》入选《首届全国电视中国画大赛》，书法作品在《燕赵都市报》获优秀奖。河北省书法家协会会员耿强科，其作品曾在《当代人》《燕赵晚报》刊发。河北省书法家协会会员郭造岭。其作品多次在省市展出。

第五节　民间艺术

无极县流传下来的独具特色民间艺术有民间书法绘画、剪纸、绒纸画、棉花画、真皮工艺品、根雕、刺绣、布艺、面塑等。其中，剪纸、棉花画、真皮工艺品在省内外享有较高声誉，先后涌现出杨素苗等多位国家和省级“民间艺术家”。

一、剪纸

无极剪纸艺术起源于民间、应用于民间。汉

民间剪纸比赛

作作品千余幅，被认定为石家庄市非物质遗产传承人。1991年5月，石家庄地区民间剪纸艺术大赛在无极文化馆成功举办。参展作品1418幅；参赛作者涉及全区17个县市区，共112人，其中无极籍7人。杨素描的作品《欢天喜地》荣获大赛一等奖。无极县文化馆并获优秀组织奖。杨素描是传承无极剪纸艺术的代表性人物。多幅作品被国内外文化、文物部门收藏。代表作《太白醉酒》《龙凤呈祥》《凤戏牡丹》《和谐社会》获得各级文化部门授予的各项荣誉。《龙凤呈祥》获首届中国民间艺术最高论坛一等奖。

晋时，民间妇女中就流传着用金银箔和彩帛剪成鬓花，贴在鬓角为饰的风尚。唐诗中有关剪纸的吟咏很多，李达《剪采》诗云，“剪采赠相亲，银钗缀凤真”。随着历史的发展，剪纸艺术不断提高和发展。到了清代，剪纸艺术已在民间广为流行和应用。春节是剪纸艺术流行最为广泛的节日。全县城乡家家户户都有贴剪纸的习俗。花样翻新，内镶福、寿、财、喜、春字样的窗花，花花纸，贴于窗间、门眉、庭院，以表示新春的祝福和美好生活的向往。

20世纪80年代，无极县200多个村庄里，村村有剪纸艺人或能手。久负盛名的是杨素苗，6岁就跟其祖母李荣姐（东侯坊村人）学剪纸。李荣姐剪艺高超，是全县中华人民共和国成立前剪纸艺人中的翘楚。她的传承人至今已有6代40余人。杨素苗继承和发展了祖母的剪艺，形成了淳朴敦厚夸张奇妙之风格。剪纸语言丰富、物象传情传神。一生创作了上万件作品，其《丹凤朝阳》《龙凤呈祥》《八仙庆寿》等20多幅作品曾在省、国家级大展中获佳作奖。部分作品在日本展出并收藏，多幅作品被中国美术馆收藏。杨素苗孙女王分棉，自幼跟杨素苗学习剪纸，她的作品构图巧妙、线条优美流畅，如《洛神图》《老鼠娶亲》《凤戏牡丹》等，栩栩如生，惟妙惟肖。她创

无极剪纸艺术风格独特，魅力无限。既有粗犷豪放之情，又有洒脱淳朴之感；既体现了传承文明奇趣，又体现了现代意识与精神。它构思新奇、取材广泛，想象空间广阔，花树鱼虫、珍禽异兽、人物故事、神话传奇、喜庆图案，无所不剪。作品古朴、夸张，造型生动传神。无极剪纸主要以宣纸为原料，属单色剪纸。工具有剪刀和刻刀两种，制作工艺极其讲究。随着社会经济进步、人民生活环境的改善，无极剪纸也由传统单层单色剪纸，逐步发展到了多层多色、多元化剪纸。

进入21世纪，无极剪纸在继承传统的基础上，面向市场，不断创新发展。其题材和内容更加突出新时代、新生活。创作领域，作品内涵更加广泛和丰富。如《慈爱常思》《百善孝为先》《月是故乡明》《一家种瓜三家甜》等作品深刻地反映了新时代给人们带来的新风尚、新面貌。一些剪纸艺人吸收剪纸能手，改进剪纸设施。组建剪纸公司。有规模、有影响，集设计、研发、生产、销售于一体的3家独立法人公司，是无极县创意剪纸艺术公司、魏昌剪纸有限公司和牛世民

剪纸。创意剪纸刀工细腻流畅；构图鲜活、生动传神，将刀工、构图、技法巧妙结合，使作品在视觉上有很强的艺术感染力。先后被河北电视台誉为河北的“四宝”，被中央电视台誉为石家庄的“三支花”。作品打入了国内外市场，在一些大型展览会上赢得了很高的声誉。作品《百善孝为先》《常回家看看》，获“善行河北·河北省首届公益广告创意设计大赛”优秀奖。其法人代表赵陟为中国民间艺术家协会会员、河北省工艺美术大师。魏昌剪纸有限公司，集无极剪纸艺术之大成，经过继承传统、创新发展、不断的开发研究，已由以前的阳刻为主的单层单色，发展为阴阳各有侧重、互补兼用的多层多色创新型现代剪纸，丰富了无极地方民间剪纸风格，并将无极剪纸的发展引入到与时代同步发展的轨道，以自身的现代视觉理念和独有的手工技艺将文雅的无极剪纸艺术融会、装点不断进步的现代生活，使人领略到民间古朴文化源远流长的艺术价值。其作品远销省内外，备受社会青睐，作品《农民伙计》《民间百业》分别获中国第三、四届剪纸艺术节铜奖和银奖；《喜事临门》在第五届中国剪纸艺术节暨“剪纸冰雪、热盼冬奥”全国剪纸艺术精品评选中荣获优秀奖，并被中国剪纸文化博物馆永久收藏；《月是故乡圆》获中原6省（湖北、湖南、山东、山西、河南、河北）中秋文化全国大赛金奖；《金凤引贵》荣获京津冀民间艺术精品联展金奖；《慈爱常思》获“善行河北·河北省首届公益广告创意设计大赛”金奖、河北新闻一等奖；《一家种瓜三家甜》获“善行河北·河北省首届公益广告创意设计大赛”优秀奖；《红梅报春》获石家庄市政府银奖。《河北电视台》《河北日报》《河北经济日报》《石家庄日报》、新华网、长城网、人民网等国家、省内外多家媒体不断追踪宣传报道。其公司法人代表袁振永系河北省民间工艺美术大师、中国民间文艺家协会会员、河北省民间文艺家协会会员、河北省民俗文化协会会员、无极剪纸非物质文化遗产代表性传承人。牛世民剪纸以单色纸为主，艺术上继承传统，而不袭古，作品内涵丰富，技艺精湛、传神而富有新意。作品《我种菜，你尝鲜》《贤孙孝女》获“善行河北·河北省首届公益广告创意设计大赛”优秀奖。《赵州桥》被中华人民共和国驻加拿大大使馆收藏，开发的叶剪、布剪、羽剪有很高的观赏价值和收藏价值，2005年，经过整理、挖掘，先后被石家庄市政府和河北省人民政府列入“市级非物质文化遗产名录”。

二、棉花画

用棉花为原料，将染料把棉花涂染成各种颜色，通过撕、剪、搓、粘、压等手法，进行艺术创作。同时受国画技法影响和民间艺术的渗透，在一张由棉花铺成的“纸”（画的底衬）上，用各种颜色的棉花通过艺术加工，创作出一幅幅栩栩如生的艺术作品。棉花画的特点：一是材料轻便、廉价，工艺简单；二是表现力丰富，能充分利用棉花纤维的材质特点表现创作对象的质感，尤其在表现动物毛发上更加逼真；三是可塑性强。棉花在手，可以任意撕、捏，心随意动。

三、真皮画

无极县传统皮革业由来已久。改革开放后，随着皮革业的兴起，以皮毛为原料的副产品也应运而生。开始，人们用皮革“下脚料”拼接成各种图案的“荷包”、装饰品等。后来，民间能工巧匠受当地传统民间剪纸、刺绣、印花、壁画、布贴画等工艺影响，以皮毛为原料，用染料直接高温涂染成各种颜色，从生产、生活出发，借鉴外地工艺品制作方法，采用不同色彩、不同质地、不同形状的皮块、毛发，通过缝制、补花、粘贴等工艺，推陈出新，创造出画面具有浮雕感的真皮画、栩栩如生的皮毛小动物、各式各样的民俗工艺挂件和风格迥异的书法作品等工艺品。这些工艺品所表现的内容，有民间传说、戏曲人物、民俗人物、飞禽走兽、名人墨宝、花卉和各种吉祥图案、挂件。画面追求沉着和浓烈的色彩，在大胆夸张的画面之中开拓新意，富有浓郁的地方特色，充分反映了农民群众的共同心理感受和对美好生活的追求。

四、面塑

无极面塑造型简洁浑厚、朴实雅致，是自然崇拜、宗教思想、心理意识、造型语言的综合凝结物。造型一般是外型整洁、概括，内涵饱满丰富，既有几何直线形式，又有包含风俗民情的适合纹样，还有独具民间造型风格的人物、动物、植物形象。将各种不同造型融合一体构成独特的民俗节日内容，形成特殊的民间艺术形式。面塑动物如虎、马、牛、龙、蛇、猪等，着重夸大头部比例，增强尾部动感，刻画四肢灵活。飞禽、水生类如鸡、鸭、凤凰、喜鹊、鱼等，则夸张表现其尾部和翅的动感，夸大其嘴部、眼部，使其具有拟人的效果，与观者在感情上产生共鸣。所塑人物造型有戏曲人物、爬娃、抱鸡娃、莲花娃娃等，造型独特雅致而生动有神。植物类有各种瓜果、蔬菜、花卉以及各种吉祥纹样。无极民间面塑制作技巧多样，能充分体现面的质感，自然天成，朴实浑厚，令人爱不释手。

泥塑

附：无极籍作家著述存目

文学

张庆田

（1921—2009）

《大漠孤烟》（散文） 新世纪出版社

《鬼仙胡同儿》（散文） 新世纪出版社

《丰言篇》（散文） 新世纪出版社

《五花八门》（散文） 新世纪出版社

《万花筒》 新世纪出版社

《拖拉机带来了春天》（散文） 河北人民出版社

《春天的诗》（诗集） 上海文化生活出版社

《平原的诗》（诗集） 上海文艺出版社

《沧石路畔》（长篇小说第一部） 新文艺出版社

《小亮子》（与沈都尧短篇小说合集） 河北人民出版社

《秋山红叶》（短篇小说集） 上海文艺出版社

《葵花儿》（短篇小说集） 中国少年儿童出版社

《苍茫大地》（长篇小说） 河北人民出版社

《代表》（短篇小说集） 河北人民出版社

《“老坚决”集》（短篇小说集） 河北人民出版社

《战火纷飞的年代》（长篇小说上、中、下三部） 河北教育出版社

《沧石路畔》（长篇小说第二部） 河北人民出版社

《周家庄史》 河北人民出版社

《梦非梦》（散文集） 新世纪出版社

魏荒弩

（1918—2006）

《隔海的记忆》（散文） 花城出版社

《渭水集》（散文集） 银河出版社

《论涅克拉索夫》（专著） 人民文学出版社

《枥斋余墨》（散文集） 银河出版社

《府藏胡同纪事》 银河出版社

《爱 高歌》（译著）（德 · 带 · 容格） 上海译文出版社

《结婚》（译著）（俄 · 果戈里） 上海译文出版社

《捷克译文集》 上海译文出版社

《捷克小说集》 上海译文出版社

《捷克诗歌集》 上海译文出版社

《马卡尔 · 杜勃拉瓦》（苏 · 柯温楚克） 上海译文出版社

《涅克拉索夫文集》（三卷、曾获第二届全国优秀外国文学图书一等奖） 人民文学出版社

《俄国诗选》作家出版社

《普希金诗选》人民文学出版社

《普希金抒情诗选》(上下册) 人民文学出版社

《普希金抒情诗全集》人民文学出版社

《普希金文集》(七卷) 人民文学出版社

《普希金全集》人民文学出版社

田永清

(1940.12—)

《将军与士兵十日谈》解放军文艺出版社

《将军与大学生十日谈》解放军文艺出版社

《和领导干部漫谈做人、做事、做官》解放军文艺出版社

《和大学生漫谈成人、成材、成家、成功》解放军文艺出版社

于庆田

(1945—)

《谁送宇航员上天》解放军出版社

《飞天集》解放军文艺出版社

《行思录》解放军文艺出版社

杨殿珣

(1910—1997)

《石刻题跋索引》书目文献出版社

《中国家谱通论》商务印书馆

《谈谈中国古籍和古籍分类》书目文献出版社

《中国年谱概论》书目文献出版社

《中国目录述评》书目文献出版社

《中国历代年谱综录》书目文献出版社

《宋代金石书考》商务印书馆

《宋代金石佚著考》商务印书馆

《石经论著目录》书目文献出版社

《清代金石著述考略》书目文献出版社

《杨殿珣手稿》中华书局

刘炳英

(1931—2013)

《政治经济学新编》中共中央党校出版社

《邓小平社会主义市场经济研究》辽宁人民出版社

《现代市场经济基本理论研究》中共中央党校出版社

《社会主义市场经济论纲》中共中央党校出版社

《社会主义市场经济体制论说》首都师范大学出版社

《知识资本论》中共中央党校出版社

《〈资本论〉体系与实践意义研究》中国经济出版社

《刘炳英文集》中国经济出版社

《社会主义市场经济》经济科学出版社

《人力资源开发利用概论》中国财政经济出版社

《〈资本论〉选读与简论》华夏出版社

王范宇

(1922—2010)

《风雪卷过田家庄》(叙事诗) 诗垒出版社

《齐岳山风云》(叙事长诗) 诗垒出版社

《风暴的儿子》(长诗) 诗垒出版社

《在那遥远的地方》(抒情长诗) 诗垒出版社

《回来吧！土地的儿子》(抒情长诗) 诗垒出版社

朱宝柱

(1944.2—)

《灯下品评录》花山文艺出版社

《微关纪念》花山文艺出版社

《浪急情深》(编著报告文学集) 河北人民出版社

《新时期争鸣小说选〔女性文学卷〕》(编著) 河北人民出版社

《与时代同步：“河北文艺”—“河北文学”—“当代人”五十年》(编著) 河北人民出版社

杨忠义

(1946—)

《航迹》(散文诗) 国际文化出版社

《飞霞》(诗集) 国际文化出版社

《飞向海空5000问》海洋出版社

袁建斌

(1960.8—)

《“准市民”状态》(报告文学) 河北文学出版社

《善良风景线》(散文集) 花山文艺出版社

《众志诚成——河北人民抗非典纪实》大型电视系列片

《辉煌的重塑——西柏坡纪念馆改建纪实》大型电视系列片

《春雨随风原沃野》大型电视系列片

《风雨中的激扬》大型文艺晚会主题词

《岁月如虹》大型文艺晚会主题词

《今天是你的生日》大型文艺晚会主题词

李权法

(1956—)

《政策的制定与实施》河北人民出版社

《马列哲学原著教学疑难问题研讨集》河北教育出版社

《中国经济体制改革总揽》解放军出版社

《河北省情概览》冀出内准字 2003 第 A127 号

刘宗诚

(1934—2001)

《无极甄氏族谱简编》中国档案出版社

王耀生

(1944—2000)

《王耀生作品集》河北美术出版社

郭宝寨

(1942—)

《郭宝寨雕塑集·陶》河北美术出版社

《红军组雕》

《瞬间永恒》河北人民出版社 张新果合著

李永祥

(1950.7—)

《无极方言土语》团结出版社

杨成岱

《花寄心语》

闫振强

(1963—)

《闫振强山水画集》安徽美术出版社

付秀莹

(1976—)

中短篇小说集《爱情到处流传》(21 世纪文学之星丛书·2011 卷),作家出版社。

中篇小说集《朱颜记》二十一世纪出版社

长篇小说《陌上》北京十月文艺出版社

自然科学

李维祯

(1910—1998)

《药物学》人民卫生出版社

《调制剂学》人民卫生出版社

《防毒化学》人民卫生出版社

《司药法规》人民卫生出版社

《药事管理》沈阳药学院出版社

《中国近代医药学》沈阳药学院出版社

《药学企事业管理学》沈阳药学院出版社

李铁藩

(1925.3—)

《物理化学在冶金中的应用》化学出版社

《金属高温氧化和热腐蚀》化学出版社

《金属间化合物结构材料》化学出版社

《金属腐蚀实验指南》化学出版社

《非晶体物理学》化学出版社

《热力学在冶金中的应用》(译著) 化学出版社

李莹

(1938.7—)

《大豆遗传资源研究论文集》山西科学技术出版社

《黑豆种植和加工》金盾出版社

《小杂粮良种引种指导》金盾出版社

《中国野性大豆资源研究进展》农业出版社

《中国大豆品种志》农业出版社

《中国大豆品种资源目录》农业出版社

《中国大豆野生资源目录》农业出版社

刘学敏、刘俊平

(1942.10、1953.5)

《耕耘播雨气象哨》河北省少年儿童出版社

安光义

（1961—　　）

《人居环境学》机械工业出版社

《投资环境论》河北科学技术出版社

《河北绿色矿山》地质出版社

《承德绿色矿山》地质出版社

高庆升

（1937.7—　　）

《陈毅诗词选》文汇出版社

《周恩来诗选》文汇出版社

《叶剑英诗选》文汇出版社

《新中国伟人录》文汇出版社

《上海现代人物小传》文汇出版社

《神童传》文汇出版社

《上海全书》文汇出版社

刘坤起

（1966.12—　　）

《操作系统学习辅导与习题详解》电子工业出版社

《计算科学导论教学辅导》科学出版社

《数据结构：题型·题集·题解》科学出版社

《集合论基础》电子工业出版社

《高级语言程序设计》电子工业出版社

关于认知演化计算分支领域的研究简报（Ⅰ）计算机科学

关于认知演化计算分支领域的研究简报（Ⅱ）计算机科学

Liu Kunqi（第一作者），Differential Evolution Algorithm Based on Simulated Annealing，The Proceedings of ISICA ’2007，Springer

Liu Kunqi（第一作者），Solving SAT Problem Based on Hybrid Differential Evolution Algorithm，The Proceedings of ISICA ’2009，Springer

第六节　电　影

1989年，县电影发行与放映处于鼎盛时期，全县有电影发行放映队（组）119个。其中，城内建有国家三级影院一座，占地面积2790平方米，为4层楼房，内设放映室、观看厅、办公室、宿舍、冷气设备，可容纳观众1028人，发行与放映人员11人；乡镇、村放映队（组）116个。电影发行放映高峰期间，年发行放映影片200余部，600余场次，创利润25万元。每次新片发行放映前，县发行放映人员都要绘制大型电影宣传画和电影播放档期，张贴海报，在城乡进行广泛宣传。进入20世纪90年代后，在全国性电影发行放映业趋向滑坡形势下，无极县加大电影发行与放映工作的领导，加大宣传力度，积极发展农村电影市场，组织发行放映人员，送电影下乡、到户，全县电影发行与放映的胜势不衰。1997年，积极探索电影对中小学生的爱国主义教育作用，在县委宣传部、教育局的支持下，在全县中小学校开展了热爱祖国、热爱社会主义为主题的爱国主义教育巡回演出，收到了很好效果，也拓宽了电影发行与放映的渠道。先后多次被省、市评为“电影发行放映先进单位”。1999年，被国家广电总局授予“全国农村电影工作先进集体”称号。

进入21世纪后，随着电视、电脑及信息网络的普及，城乡群众文化娱乐活动的增多，城乡群众文化活动趋向多元化，全县电影发行与放映业逐年滑坡，县城电影院观众上座率下降，乡镇、村放映队（组）逐年减少。至2005年，县落实省委、省政府农村电影“2131工程”（国家广电总局、文化部和国家发改委共同实施的一项农村电影工程和基层文化建设项目，实施农村一村一月至少放映一场电影），改革电影发行与放映管理体制，放活电影发行与放映工作，维护农村电影发行与放映市场。

第七节　文物管理

一、馆藏文物

无极县文物管理所共有馆藏文物13件，其

中国家三级文物 2 件，一般文物 11 件。

1. 三级文物

天统四年立式菩萨像，年代齐，质地汉白玉，高 23cm，宽 13cm，底座 5*12.5cm，重 2060 克，背残缺，菩萨面部、手臂等多处有磕伤。

四系白釉瓶，年代金，质地陶，高 25.4cm，口径 2.5cm，底 7cm，重 965 克，口沿残缺一块，足部有磕伤。

2. 一般文物

大唐故杜商君墓志铭，年代唐，质地青石，保存完整。

居官座右铭，年代明，质地青石，保存完整。

包公祠重修碑，年代清，质地青石，保存完整。

汉砖，年代汉，质地陶，已断两半。

大灰陶罐，年代汉，质地灰陶，保存完整。

小灰陶罐，年代汉，质地灰陶，保存完整。

黑釉双系罐，年代不详，质地陶，残缺。

耿金钊甲胄上衣，年代清，质地布，破旧，腐蚀。

易经，年代清，质地纸，保存完整。

傅山石匾，年代明，质地青石，左下角有缺损。

弥勒佛，年代清，质地瓷，嘴角有残缺。

二、文物保护单位

2005 年，无极县有县级以上文物保护单位 4 处。分别是甄氏墓群、甄氏墓地石相生、城隍庙、无极县革命烈士墓

甄氏墓群：甄氏墓群位于无极县城西 12.5 公里的北苏镇史村西南田野里，东经 114°47′～北纬 115°08′，墓群区内有无极县至藁城公路南北穿过。甄氏为东汉至南北朝河北一带的名门望族，墓群占地面积约数百亩，中华人民共和国成立前有 70 多个封土丘，历经多年平坟造田现仅存 6 座。1957 年出土甄凯墓志（现保存在正定文保所），1958 年出土过陶俑、陶鸡、陶鸭等文物。1956 年公布为河北省省级文物保护单位，1982 年立省保标志，1991 年划定甄氏墓群保护范围及建设控制地带。

甄氏墓地—石相生：甄氏墓地石相生位于无极县城东北约 11.5 公里的南流村，东经 114°47′—115°08′ 北纬 38°03′—38°18′，南流甄氏墓地与史村甄氏墓群一脉相承，其墓地石相生始建于北朝，距今约有 1500 余年，明清时代该墓地松柏参天，墓前为神道，两侧立碑、树牌坊。“文化大革命”期间为防止文物遭到破坏，甄氏家族将石相生掩埋进行保护，数年后重新挖出。1990 年省文物专家孟繁峰教授到无极南流甄氏墓地考察，根据石雕风格造型等特征定位北朝石雕。

石相生

1976 年文物调查，南流甄氏墓地石相生始于北朝。1990 年 5 月 10 日无极县人民政府公布为县重点保护单位。1996 年省文物专家鉴定甄氏墓地石相生为国家二级文物。2001 年 2 月 7 日将甄氏墓地公布为河北省省级文物保护单位。

无极县城隍庙：无极县城隍庙始建于元代，坐落于无极县无极路北侧县文物保管所院内，（原有后殿、中殿、拜殿、走廊、钟楼。）大殿坐落在长 13.8m，宽 6.6m，高 0.65m 的月台之上，坐北朝南，砖木结构，面阔三间，进深三间，长 13.8m，宽 17.2m，勾连搭卷棚灰瓦顶，前出檐。垂脊、正脊饰脊兽，殿内梁架饰木雕，墙壁上尚存有元代壁画，主体结构保存完好。为县级文物保护单位。

无极县高头清真寺：高头清真寺位于无极县城西南 15 公里处高头村西南，北纬 38°03′～38°18′，

东经 114°47′ ～ 115°08′。高头清真寺始建于明嘉靖十九年（1540 年），清乾隆四十年（1775 年），同治十年（1871 年），光绪二十八年（1902 年）进行过三次维修。该寺院坐西朝东，占地约 4567 平方米，清真寺顶部饰有一琉璃宝瓶，此宝瓶为清朝慈禧太后和光绪皇帝所赐，其建筑为中国宫殿式和阿拉伯风格相结合的伊斯兰教清真寺，保存完好。1990 年 5 月 10 日公布为县级文物保护单位。

无极县西南丰村塔院寺：塔院寺坐落于西南丰村东北角，坐北朝南，占地百余亩，寺殿建筑高十数丈，站在上面能看到无极南城门，全部为青砖绿瓦，龙脊斗拱，巍峨肃穆，鳞次栉比。寺院三进，正殿三间，为大雄宝殿，东西厢房为罗汉殿，殿宇罗列，神像威仪，僧徒众多，香火旺盛，寺西北有一座镇寺塔，塔高 30 余米，故称塔院寺。

寺内有两奇，一井一钟。井水与地面基本持平，常用常新；钟高五尺，红铜铸造。该钟一敲，距七十余里的正定兴隆寺铜钟自鸣；兴隆寺钟声一敲，该寺钟声也自鸣，两寺钟声遥相呼应，故称子母钟。

据建寺石碑记载，塔院寺始建于唐朝初年。清朝末年，为壮其规模，以西南丰村为主办方，周围村西两河、东两河、东南丰、贾家庄、司家庄、北丰、东丰庄、东丰、齐恰、晋县塔上等村共同集资，对塔院寺进行了全面修缮。据老辈人口碑相传，当年的塔院寺非常壮观，与正定兴隆寺齐名。

清亡后军阀混战，塔院寺日渐萧条无僧人居住，变做了私学堂。1937 年“七七事变”，日军入侵华北，侵占无极县城，捣毁塔院寺，拉走砖瓦木料修建日本炮楼，从此塔院寺成为一片废墟，现仅存募款残碑和石旗夹杆。

新中国成立后，群众自动筹资在塔院寺的原址建起了三间正殿，供村民朝拜瞻仰，延续至今。

附一：　　傅山石匾—兴怀静远

河北省无极县文物保管所藏有一块青石石匾，长 137 厘米，阔 52 厘米，厚 10 厘米，阴刻“兴怀静远”四个盈尺大字，款书小字“傅山题”。

傅山 (1607—1684)，字青主。山西阳曲（今太原）人。明亡后被康熙以征举博学鸿词强迫舁至北京，他拒不应。后又被诏授中书舍人，他仍不愿为清人服务，托老病辞归，以布衣自乐。

傅山博通经史诸子和佛道之学，兼攻诗文、金石，尤熟谙医术。而书法之于他虽谓余事，然自大小篆以下无不精通。清郭尚光谓其“学问志节，为国朝第一流人物，世争重其分隶，然行草生气郁勃，更为殊观”。是傅山作于清顺治七年 (1650 年)。

“兴怀静远”，草书，气势雄浑苍茫，运笔提按有度，信手挥洒，超逸恢宏，无尘俗之气。

附二：　　黄台古槐

黄台古槐，位于无极县郝庄乡黄台村东部。据张氏家谱记载，该村张氏家族于明代永乐年间随移民潮自山西洪洞县迁来，第五代张子孝热心公益，主持立家谱、修大寺，并从洪洞县老鹳窝大槐树处移来树苗栽植于原大寺院内，距今已 500 多年，历经沧桑，大寺已毁，但此树仍铁杆虬枝，叶茂姿荣，勃勃生机。现已被村民妥善保护。

三、革命文物

高克谦烈士纪念碑：高克谦烈士纪念碑为汉白玉石质，碑身为梯形尖顶，通高 2.4m，厚 0.5m，碑座为四边字迹已无法辨认。

解学海烈士纪念碑：解学海烈士纪念碑为青石质地，通高1.8m，厚0.6m，“文化大革命”期间碑文遭到破坏，后其子为父重修碑刻篆。现存无极县城北烈士陵园内。

第八节　古代遗址

一、陉邑故城

陉邑故城，在今县城东北15公里邢邑（今属定州市）。本为中山国之苦陉邑，后属赵。汉置苦陉县，属中山国。东汉建武二年（26年）光武帝封大将军杜茂为苦陉候。章帝北巡，于章和元年（87年）改为汉昌；魏文帝改名魏昌，晋及北魏因之；隋开皇十六年（596年）改置隋昌县，属博陵郡；唐武德四年（621年）改名唐昌，天宝元年（742年）改称邑。宋初并入无极，后属定州，至今未变。

二、毋极故城

毋极故城，在今县城西12.5公里处，名新城，亦称资城，北魏太武帝拓跋焘南侵筑城于此，属中山都。隋开皇三年（583年）改属定州；唐万岁通天元年（696年）武则天改毋为無（今简化为无）。毋极故城即今县城西新城村，遗址犹存。

第九节　古代建筑

一、包公祠

位于位于西关村中央三叉路口处，占地面积约80平方米，正殿3间，约150平方米，相传建于宋朝，历经元、明、清、民国各时期，20世纪50年代被毁。

《重修包公祠记》碑原立祠前，祠毁后被运往田地里用以盖井使用，1986年春文物普查时在木刀沟沙丘里挖掘，现收藏于县文化馆内。

附：　　　　《重修包公祠记》碑文

我关旧有包公祠一座，溯其初创，始于宋，历元、明以及国朝，其祠旧而新之者，不啻一而再、再而三、三而四矣。数年以来，又就倾圮，意欲重修，有（志未）遂。然而无剥不复，理有固然；无废不兴，事有必至。忽于今岁，春王正月，父老子弟，群（集祠）前，顾兹像貌，慨然兴嗟。交相激励，踊跃争先，陶甓伐木，各司其职，转料输粟，分任其责，（鸠）工庀材，厘而新之。其栋宇之峻起，（画）桷之绚烂，金壁之辉煌，以及门楼垣墉之修整，虽（沿）旧贯，而精英焕发，殆又过之，所谓跂翼矢棘、为又过之请粮、（振）革翚飞者也，经始于孟春，落成于季（秋），查甫九月而大功告竣。同关邑生张学洙偕执事诸人，托余为文记岁时焉。余考公宋庐州人，姓包名拯，字希仁，号文正，孝肃其溢也。天禧（注：禧字疑系圣字之误）五年进士，以亲老侍养，不仕十年。起仕天长县知县，续升开封府尹，又升龙图阁学士，七十一为御史中丞，七十五卒于官。其生平大概，数言可（括）。至于事迹，载在《宋史》，学士文人，有目共见；又有《龙图公案》一书行世，德政流传，遍于里巷，童稚妇女有耳共闻。欲述其事，而事不必述，欲称其德，而德无庸称。及余入庙观光，见所遗失旧匾，有林自远题“聪明正直”四字，实属先得吾（心），（彼）曰聪明正直，吾亦曰聪明正直而已矣。故乐为之记云。

第十节　文化市场管理

一、娱乐、音像市场管理

1989年，县文化娱乐场所55家，其中歌舞娱乐场所40家，录像厅4家，电子游戏室11家。县文化局对文化娱乐场所实行严格办证审批制度，严厉打击无证经营行为。1998年，鉴于录象厅违规违法经营行为和电子游戏室接纳未成年人给社会带来的负面影响，对录像厅和电子游戏室全部取缔。2002年，对歌舞娱乐场所无证经营、异性陪侍等违规经营现象进行了严厉打击，规范了行业经营行为。至 2005 年，县歌舞娱乐场所仅存 6 家。

二、打黄扫非

1989 年后，县政府开展文化市场的“扫黄打非”活动。成立扫黄打非工作领导小组和专门的扫黄打非队伍——文化市场稽查队，按照省市“打黄扫非”工作的安排部署，严肃查处政治性非法出版物、违法经营的录象厅及色情表演活动等，不断净化文化市场和社会环境，维护文化市场的正常经营秩序。

三、演出市场管理

1989 年，县文化部门设演出公司对全县 44 支演出团体进行业务管理。2002 年，无极县演出市场进行规范，全县 44 支演出团体从演出剧目到演出方式都经过严格审查、整治，并全部办理演出证。外来演出团体，演出前必到文体部门报到备案，演出节目和演出方式经过审查方可演出。

四、管理机构

1990 年，成立“无极县文化市场管理委员会”，办公室设在文化局，该局行政编制 8 人。1995 年，文化局内设办公室、文化股、艺术股。下属文化馆、图书馆、电影公司、新华书店、文保所、礼堂、河北梆子剧团和 20 个乡镇文化站。1996 年 1 月，文化局与教育局合并成立文化教育局。2002 年 5 月机构改革，从原文化教育局分离成立文化体育局，新闻出版局挂靠在文化体育局。内设办公室、文化及新闻出版科、体育科，行政编制 6 人。下属单位文化馆、图书馆、美术馆、县新华书店、电影公司、文物保护管理所。至 2005 年底，没有变化。

无极县非物质文化遗产项目一览表

表 23-1

项目名称		批准时间	代表性传承人	备注
一、省级项目	无极剪纸	2006 年	王分棉　牛世民 赵　陟　袁振永	
	七汲全羊宴技艺	2007 年	李英改	
	饸饹制作技艺	2012 年	袁建房	
	刘琨传说	2012 年	石永刚	
	无极店尚对鼓	2017 年		
二、市级项目	无极泥模	2013 年		
	无极袁氏血病中医疗法	2013 年		
	无极东郎枣酒酿造技艺	2015 年	刘明欣	
	无极古法拓印技艺	2015 年	张平然	
	无极北方坠剧	2018 年		
	无极东阳糖瓜制作技艺	2018 年		
	无极回民鸡制作技艺	2018 年		
	无极蒸碗制作技艺	2018 年		

第十一节　传说故事

一、刘秀屯兵汉王城

王莽赶刘秀的传说，在无极县流传久远，妇孺皆能讲出一串“马抬后蹄爱刘秀”“刘秀断接蝼蛄腰”等故事。其实，追赶刘秀的并非王莽，而是在邯郸自立为天子的王郎。

公元8年，王莽代西汉称帝，天下大乱，英雄同起，军阀各霸方。这时，湖北枣阳出了一人，生得面目端庄，身材魁梧，原是汉景帝的七世孙，他便是刘秀。刘秀自幼熟读兵书，经纶满腹，怀有定国安邦之志。王莽篡位后。刘秀在南阳起兵，为了扩充实力，又加入了绿林军。地皇三年（22年），他们依靠绿林势力，在昆阳大战王莽一举歼灭其主力，更始元年（23年）。王莽被杀，淮南王刘玄在长安称帝封刘秀为大司马，派他带少数兵马到河北（指黄河以北）安抚郡县。

这时期，河北邯郸有一算命先生王郎（原名王昌）趁机作乱诈称汉成帝之子刘子舆，自立为天子。他结交赵国豪门大族，网罗党羽。扩充实力，很快控制了河北大部分县。此时，王郎深知形势严峻，想到要么把刘秀赶走，要么消灭之。于是四处发兵，捉拿刘秀。而刘秀初入河北，人地两生，势单力薄，便拟投奔蓟州刘接，待机而起。到了蓟州，方知刘接贪得王郎厚赏，正欲捉拿自已，于是星夜南驰，游击于滹沱河流域正定、无极、革城等郡县。

身为绿林军大将的刘秀来到无极（当时称汉昌），首先招兵买马，筹集粮草，屯兵于城北石家庄村，夜以继日地整饬军纪，操练武艺。这天，突然遭到王郎偷袭，刘秀突围，逃至高陵村。俗话说两军相逢勇者胜。王郎军穷追不舍，刘秀部疲于奔命，眼见大势已去，忽从东边奔来一位黑脸大汉，手持铁棍，直冲王郎杀去。王郎猝不及防，被扫落马下，护军急将王郎救起，慌不择路地狼逃走。但那黑脸大汉并不追杀，收起铁粗扭头就走，待刘秀知明情由赶来谢恩时，人已去远。于是连忙赶到高陵五道庙，命令兵士在庙里庙外查寻，全无踪迹。在庙里刘秀忽然抬头一看，发现殿上供奉的五道神君浑身上下大汗淋漓，方如梦初醒，明白事理，原来是五道神君救我不死。来日定当报效。

不久，在一次激战中刘秀又遭失败，率兵行至里尚村，正巧被王郎军队团团包围，刘秀走投无路，只见一位农民正在耕地，便上前求救。这位农民急中生智，刘秀躺在耕好的垄沟里，然后用犁把土翻过将人蒙上，刘秀被埋得合丝无缝，眼看就要窒息，忽觉有条小虫在鼻子上面的土里动，不一会儿就透出了空气，这才得救。追兵过去，刘秀爬起，向农民深表谢意，并表示感激那个开洞的小虫蝼蛄，谁知在寻找时，把蝼蛄的头揪了下来。与身子分成两家，在刘秀悔恨万分时，意外地发现身边有一棵蒺藜草，顺手摘下一籽，把蝼蛄的头和身插在一起，蝼蛄竟奇迹般地复活过来，如不信，请看蝼蛄的长相是否如此。

刘秀度过此难，马上集结兵士，且战且退，行到无极南门外稍事休整，准备再战。可是人困马乏无法忍受，四周连个水井也没有，刘秀万般焦虑，连声叹气，随手把枪往地下一插一拽，不料眨眼间水从枪眼里冒了出来，真是久旱逢时雨，饥渴遇甘泉。刘秀兴奋地喊道：“天助我也！”顿时全军沸腾，军威大振，一举击退了王郎军，赢得了胜利，后来人们到那个地方挖土，总挖总有水，才知道水和地面相平，为了纪念这次有意义的战斗，把枪眼垒成了砖井口，取名地平井，成了无极“三大景”之一。旧时每逢天干地旱时，还有不少人来此祈求下雨，据说还能显灵呢！

更始二年（24年），刘秀发展到十几万兵马，局势大变，转守为攻，加之又是刘室后代，人心向汉，很快占有了河北大部郡县，消灭了王郎，便于更始三年（25年）在部（今高邑县东南固城店）登基称帝，是为东汉王朝光武帝。

刘秀功成名就，念念不忘无极这块风水宝地，先封高陵村的五道为全国总五道，对五道神君奉为至高，至尊的神灵，把屯兵处所的石家庄称为“汉王城”。

二、包拯和包公故事

包拯（999—1062）字希仁，庐州合肥（今安徽合肥）人，出身于官僚家庭，民间称包公。天圣朝进士。累迁监察御史，建议练兵选将、充实边备。奉使契丹还，历任三司户部判官，京东、陕西、河北路转运使。入朝担任三司户部副使，请求朝廷准许解盐通商买卖。改知谏院。多次论劾权幸大臣。授龙图阁直学士、河北都转运使，移知瀛、扬诸州。再召入朝，历权知开封府、权御史中丞、三司使等职。嘉祐六年（1061年），任枢密副使。后卒于位，谥号“孝肃”。包拯做官以断狱英明刚直而著称于世。知庐州时，执法不避亲党。在开封时，开官府正门，使讼者得以直至堂前自诉曲直，杜绝奸吏。立朝刚毅，贵威、宦官为之敛手，京师有“关公不到，有阎罗包老”之语。后世则把他当作清官的化身一包青天。

包公故事

其一：赶考

人送外号“包黑子”的包拯，和他的书童包兴一路上辛辛苦苦进京赶考。

这一天中午，走到定远县（传说今无极县）西关。包拯觉得饿了，便对包兴说；“咱们找个饭铺吃点东西，歇一会儿再走吧！”包兴饿得肚子早就咕咕叫，听了老爷这话，满口答应：“是，老爷。”眼见离西城门不远的路边有一家饭铺，二人三步并作两步地走来。

二人坐定，包拯朝掌柜的要了几张烙饼、两碗汤，大口大口地吃了起来。坐在他们身边的一个小伙子名小拴，问包兴：“大兄弟，看样子，你们不是定远人吧？要到哪里去呀？”包拯未等包兴回话答道：“不是本地人，打你们这儿路过，要进京赶考哩！”说完又大口大口地喝起汤来。旁边的几个人听说进京赶考，纷纷议论起来。一个说：“瞧这人长得可真黑，赶考可不是件容易事儿。人常说‘白脸秀才’，看他这个长相也考不上！嘻嘻……”小拴用袖子擦了擦嘴上的菜渣，向大伙摆摆手，对包拯说：“冲你这个长相，还进京赶考？我敢当着大伙的面跟你打赌，你要是考上了，我情愿让你往我鼻孔里灌三大碗陈醋。”说完还冲包拯撇撇嘴。包兴大声反驳说：“话可别说过头，我家老爷学问深、品德高，我看这三大碗醋给你灌定了，你受得了吗？”包拯见小拴还要争辩，便不紧不慢地说：“人不可貌相，海水不可斗量，看一个人有没有学问，咱可不能光论长相看外表呀！”听了包拯的话，有几个人连声说：“人家这话在理，看人不能光看长相啊。”小拴还是冲包拯大声说：“咱庄稼人大字不识，理论不如你，要有胆量，咱就一言为定打个赌，敢不？”包拯心想，光用大道理说服不了人，便对大家说：“打赌就打赌，可有言在先；我要考上了，第一任知县非莅任你们定远不可，这三大碗陈醋嘛，你可得预备好啊！”接着，找下“保人”，包拯主仆才辞别大伙继续赶路。

不久，考场放榜，包拯果然金榜题名，经呈请获准做了定远知县。一天，他找到小拴和当时在场的诸位保人，不过，包拯对灌三碗陈醋的事只字不提，却和大家拜了干兄弟。

后来，包拯在定远县秉公断案，铁面无私，为人民群众做了很多很多好事。人们感其恩德，便在当年吃饭的饭铺边修了一座“老包庙”流传下来。

其二：断古盆

相传，老包到了定远县头一个案子就是断古盆。

这个县北丰村南靠磁河，有家烧盆的窑。一天，有个山西人在外地做买卖，年底回家路过这里，身上背着布袋，两头鼓囊囊地装满了钱。那年代，天一黑，截道的、绑票的就多了，山西人走到这里就不敢走了，他走进窑门对烧窑的说："天黑了，就让我在这里借个宿吧！"烧窑的看了看他就答应了。

到了黑夜，烧窑的起了歹心，害死了山西人，把尸首装在窑里烧了，把流的血和泥轮了个盆，也装到窑里了。

出窑后，这个盆卖给张段固一个光棍老汉张别古。夜里，张别古起来在这盆里小便，那盆就说话了："你别冲着我尿哇！"张别古觉着怪，就问它的来历，这盆就把自己被害的经过，一五一十地学说了一遍，最后让他替自己伸冤。

张别古是个正直人，第二天起个大早，提着盆子就到衙门里告状去了。堂上，他把昨夜解手的经过学说了一遍，老包也很奇怪，就问盆姓什么？叫什么？连问三句这盆就是不答话。老包以为老头是无理取闹，搅乱公堂，命人轰了出去。

张别古挺生气。黑夜里解手时盆又说话了，老头问它为什么在公堂上不说话？盆答道："我怎能在大庭广众下光着身子见青天大老爷呢？"第二天，张别古用一块包袱把盆裹上，又到了大堂，老包一问，盆果然把被害的经过说得明明白白。老包立刻派人把烧窑人捉拿归案，经审问与事实相符，就斩了这个杀人凶手。从此，老包的名声也就传开了。

其三：老包要走县无鸡

无极县早先有过"无鸡"县之称，说起来与包拯包大人有点关系。

以前，相传无极县叫定远县，包拯未受重用时曾在这里当过知县。他断案公正，为官廉洁，铁面无私，受到人们爱戴，老百姓都叫他"包青天"。那时，家家户户夜不闭户，路不拾遗，儿孙敬父母，媳妇孝公婆，老人乐享天伦，男耕女织，过着太平生活。

一天，皇帝降旨，调包拯到大理寺任职。消息像一阵风，很快传遍家家户户。男女老少都停下手中活计，心里难过极了，大家聚集在一起商量留下包拯的办法。有人说："包大人明天上路，要是天总不亮就好了。""要是鸡不叫就得了！""这是个好办法，咱们都把自家的鸡藏了，要不就干脆杀了！"这些法子虽然不能真把包拯留住，可是再也没有更好的办法了，于是各家真的把公鸡藏好或杀掉。

包拯打点好行装准备上路，奇怪地发现：今儿早晨怎么没有公鸡叫明儿呢？经问送行的人们，方知为了苦留他都把公鸡杀了，心里甚是难过。他望着满街泪光闪闪的人群，想到父老兄弟的一片情意，心里说："我怎么报答大家的深情厚意呢？就把县名改为'无鸡'来作纪念吧！"

从此，"无鸡"县名叫开了，以后才转音成为"无极"。

第二章　体　育

无极县素有民间传统体育活动，尤其是民间武术广为流传，师徒相承，历久不衰。改革开放后，随着生活水平的不断提高，人们投身体育锻炼、提高健康水平的意识不断增强。进入 20 世纪 90 年代，各种体育健身组织和团体应运而生，群众性体育活动蓬勃开展，体育工作开创新的局面，形成学校、职工、农民三大体育活动系统。城乡体育场地逐步普及，体育器材、健身器材日臻完善，多渠道、多形式的体育训练和比赛活动全面铺开，活动项目范围不断拓展，参加体育锻炼的人员有青少年发展到中老年。体育活动的广泛开展，培养造就了一大批青少年体育人才，有的已在国内、国际比赛中取得成绩，为国家、省专业队和体育院校输送大批专业后备人员。

1989年，无极县体委共6人，设办公室、群体科、竞训科和教育局下辖武术学校。1996年机构改革，教育局、文化局、体委合并为文化教育局，挂体育局牌子。下设体卫组。2002年，机构改革，撤销文化教育局，恢复教育局，成立文化体育局，群众体育工作归属文化体育局负责管理。2005年，文化体育局文体科管理全县体育工作。

第一节 体育设施

1990年贯彻执行国家教委、国家体委颁布的《学校体育工作条例》《小学体育器材设备配备目录》，全县小学体育面向全体学生，开展体育达标测试，经验收无极县小学体育器材配备均为二、三类标准。1994年，无极县各小学都建有操场和篮球场。1997年无极县中学操场改建，建设标准环行跑道和看台、标准篮球场，是全县举办各种运动会和比赛场所，并对群众开放，还安装了单杠、双杠、云梯、篮球架，后陆续安装了太空漫步器等健身器材。2003年，高头乡政府在高头村建向阳广场，安装健身器材。2004年，县城绿荫广场建成并投入使用，安装多套健身器材，方便群众的健身娱乐。2005年，全县11个乡镇安装体育健身路径11条，全县各类中小学都建有操场、篮球场；部分单位配套乒乓球台、篮球架等体育设施。东中铺村投资30万元，建成文体活动广场一个。每天清晨、傍晚城镇居民在广场参加各种体育活动。

2002—2005年，在全县农村铺建三类体育场地（农民健身工程一篮两乒）142个，健身路径55套，发放各种健身器材数百套，其中音箱200套，跨鼓40套（20个一套）、腰鼓200套（20个一套）、军鼓60套（两个大鼓四个小鼓）。

第二节 学校体育

1989—2005年，无极县中小学校体育贯彻《国家体育锻炼标准》《学校体育工作条例》，按标准和条例要求，开设体育课程，开展体育锻炼活动，进行体育达标测试，举办体育竞赛，配置体育场地和器材，体育教学质量和竞赛水平不断提高。在省、市历次体育测试中，均取得好成绩。1995年，在省普九达标检查验收中，无极县中小学体育设施配置均达到省颁二类标准。2005年，在省检查验收中，中小学体育设施配置达到了省颁一类标准。

一、幼儿体育

1989年后，学校体育注重从幼儿抓起。全县每村都建设幼儿园，幼儿园设置木马、跷跷板、滑梯、转椅等体育器械，有条件的幼儿园购置了联合游乐设施，幼儿园开展眼保健操课、幼儿体育课等。为幼儿创造了一个良好的活动环境。

二、中小学体育

1. 体育课教学

1989年，认真落实体育教学大纲和教学计划，全县中学体育和小学中、高年级体育，每周坚持两节体育课，每天坚持做课间操、眼保健操，每天保证学生1小时的课外体育锻炼活动。规定小学高年级和中学生，每学期“两课、两操、一活动”无故缺课或缺席达总课时的1/3者，按体育课不及格对待，学生不能评为“三好”生，任课老师、班主任和学校校长不能评为先进个人，学校不能评为先进集体。

1990年3月，全县中小学体育课教学，遵循学生身心发展规律，教学内容符合教学大纲要求，符合学生年级、年龄、性别特点，改进教学方法，保证体育课时，保证学生每天不少于1小时的体育活动时间。1991年，按照《中学生体育器材设施配备目录》要求，购置体育器材，扩建标准化操场，改善体育教学条件。1993年，国家教委和国家体委，在无极中学和东池阳初中，试点《国家体育锻炼标准》，增加武术项目。分年级对学生进行武术项目试点教学。是年，河北省第一次将体育成绩计入升学考试总分，全县1438

名初中毕业生参加重点试场，及格率88.2%、优秀率20.3%，名列全地区前茅。1994年，全县中小学体育器材、场地设施全部按河北省二类标准配置完备。是年，无极中学、东池阳学校分别被评为石家庄市完成“国家体育锻炼标准”增加武术项目试点工作优秀组织奖，无极县被国家教委指定为全国4个“体育达标加武术”试点县之一。1995年经省政府检查验收全部达标合格。1996年，县将体育教学工作列入学校评估督导内容，每年对学校体育教学工作进行定期评估督导和不定期检查，到2005年，对学校体育教学评估10次，不定期检查20次。

2. 体育达标测试

1989年，按照国家体育锻炼标准对全县170所学校40100名学生进行了达标测试，达标率82.3%。1990年，分层对各类学校、不同年级学生的达标测试作了安排布置。1991年，全县15937名中学生通过达标测试，其中优秀级1445人，良好级7643人，及格级6847人。被河北省命名为“推标”先进集体，无极县被评为十佳地区“推标”先进单位。1994年，全县小学生体育达标率96.8%，中学生体育达标率97%，无极县及无极中学分别荣获河北省推行国家体育锻炼标准先进集体称号。1998年，在全县中小学推广《中小学幼儿园系列广播体操》，各学校分别在早操、课间操时间，学、做广播体操，开展多种形式的比赛。2002年，国家教育部、国家体育总局颁布《学生体质健康标准〈试行方案〉》后，全县中小学每年测试及格率保持在95%以上。

3. 学生军训

1993年，全县将高中学生军训列入了教学计划，规定每年9月高中一年级新生入学第一周，由县武装部对学生实施军训。军训期间，按解放军战士标准严格要求，训练项目有队列、站军姿、军体操、格斗、紧急集合、整理内务等。1995年无极中学聘请石家庄装甲兵学院教官对新生进行军训。1997年后，全县24所初中借鉴高中军训经验，对学生进行队列、体操等适时项目的训练，加强学生组织纪律和良好心理素质的培养。到2005年，高中连续13年进行军训，参加军训学生4.5万余人。

4. 体育竞赛

1989—2005年，全县中小学体育运动竞赛贯彻小型多样、项目分散、基层为主、突出个性重在普及的方针。全县中小学每年举办一次田径运动会。各级学校也适时组队进行田径训练，不定期的举行田径、球类、拔河、跳绳等项目的比赛，促进体育锻炼的普及与提高。教育局每年3或4月份组织举办一次全县中学生田径运动会，选拔优秀运动员，参加省、市举办的中学生运动会。

1989年，在全县推行“雏鹰起飞”田径通讯竞赛，获得石家庄地区迎亚运“雏鹰起飞”田径通讯竞赛团体总分第四名，无极中学获得全国小学、中学学生“雏鹰起飞”田径通讯奖。1990年无极县获得石家庄地区迎亚运“雏鹰起飞”田径通讯竞赛团体总分第二名。20世纪80年代末，受应试教育的影响，体育教学和体育锻炼减

中学生运动会

弱，1991年在石家庄地区中小学、师范田径运动会上被挤出地区前六名。此后加大对体育教学工作的督导和学校田径项目的训练，发现苗子，重点培养，发展学生的体育特长。1993年，体育竞赛成绩呈回升趋势，在当年地区中学生田径运动会上又进入前六名行列，并获得“精神文明代表队”荣誉称号。1994年，县龙图醉酒厂赞助，在无极县第二中学操场召开全县中学生田径运动会。选拔出一批优秀田径运动员，到石家庄18中学，参加了全市中学生田径运动会。东侯坊乡中刘丽红、西东门乡中王军巧，在女子200米、400米竞赛中跑出了优异成绩。2004年，在石家庄市中学生运动会上，无极县代表队打破4项田径记录，以总分116分取得初中组团体总分第五名。至2005年，全县共组织举办17届中小学田径运动会，组织参加省市田径运动会17届。

5. 武术

1972年，郭庄镇北牛村小学选拔了十几名学生成立了业余武术队。体育教师冯呼中任教练，自制了木棍、木刀和木剑，利用课余时间，组织同学练习武术传统项目。1975年，武术队参加石家庄地区武术比赛，获得团体总分第二名。1978年1月，县教育局和县体委作为试点，将北牛小学改名为北牛业余武术体育学校，上午和晚上学习文化课，早晨和下午进行武术训练。1980年，被命名为“河北省武术传统项目学校”。

1990年，北牛业余武术体育学校搬迁到城北县职教中心，改名为无极县武术学校。学校占用职教中心教室、宿舍，实施小学一年级至初中三年教育，开设小学、初中全部文化课和武术常规套路教学。在职教中心新校制址建起燕赵武术馆，并购置地毯、充实了武术器械，改善了办学条件。1997年列为石家庄市对抗赛培训基地，新开设了跆拳道、拳击、散打三个竞技比赛项目。到2005年，学校占地50亩，建筑面积8840平方米，其中有新建的3000平方米的武术训练馆，1200平方米的散打拳击馆和跆拳道训练馆。经省评估达到省定标准的散打台、跆拳道和武术设施。学校设小学、初中共12个教学班，370名学生；教职工58人，其中武术教练6人，散打教练3人，跆拳道教练2人。

学校开设武术、散打、跆拳道3个竞技项目。1980—1989年，武术代表队在省武术比赛中，男队获“八连冠”，女队获“十连冠”，在全国武术比赛中，曾获第五和第八的好成绩。为国家和省市输送近百名优秀运动员，其中健将级运动员18名，为大中专体校输送学生400名。1996年，被评为首批“全国先进武术学校”，1997年被评为“全国先进武术馆”，1997年获河北省首届跆拳道比赛团体冠军。1998年承办“全国爱立信乒乓球擂台赛”，2000年获河北省第十届全运会跆拳道男女团体第一名，拳击少年组第一名。2001年，第二次被评为“全国先进武术馆校”。2002年，代表河北省参加在南昌举办的全国青少年拳击锦标赛，获得金牌2枚，银牌1枚。2005年，参加省市武术、散打、跆拳道3个项目的比赛，获得团体4个第一，在全国十运会上，队员付丽娜获得武术第二名，崔玉红获得跆拳道第二名。

第三节　群众体育

一、职工体育

1989年，县职工参加体育活动热潮兴起，职工体育呈现新局面。全县青年职工喜好太极拳、形神庄气功、跑步健身等，青年职工习武成风，有的到外地拜师学艺，北牛武术学校因武术成绩出众名声雀起，经常到县城进行表演，观者甚众。随着《全民健身计划纲要》的颁布和实施，县直职工参加篮球、象棋、乒乓球、羽毛球、越野跑等项目锻炼和比赛的热情高涨。每年春节期间，都要举办“全民健身月”，每年6月，都要举办“全民健身周”活动。每逢五一、春节等重大节日，都组织大型职工体育比赛，推动了职工体育的发展。2000年县乒乓球协会在劳动服务公司办公楼设乒乓球培训场地，安装乒乓球桌20余台。2002年加强县内体育设施建设，县直单位纷纷组建篮球队、羽毛球队、乒乓球队等；同年8月，在无极中学操场投资4万元建起高标准灯光球场一个。自2002年开始，每年都举办一次“供电杯”全县职工篮球比赛活动。2003年，东中铺村投资30余万元，建成文体活动广场一个。2000—2005年全县安装健身路径11条，便于群众参加健身活动。2003年，无极县组队参加了石家庄市第十二届运动会，无极县取得参加市运会历史最好成绩，共获得金牌10块，银牌12块，铜牌9块。同时获得第4名6个，第五名6个，第六名8个，第七名6个，第八名4个。代表团共获得团体奖杯12座，同时获得大会组委会颁发的“体育道德风尚奖”奖牌1个，5个单项获“体育道德风尚奖”锦旗5面，35人获“体育道德风尚奖”证书。

二、全民健身

随着生活的逐渐富裕，无极县城乡群众开展多项体育健身活动，散步、走步、跑步、做健身操、跳广场舞、打太极拳、太极剑、打台球、乒乓球、篮球、抖空竹等各种体育活动，遍布城乡大街小巷。清晨、晚上，自发锻炼的人群随处可见。1992年后，加强对群众体育健身活动的指导，群众体育健身活动渐趋制度化、常年化、规范化。1998年，落实《全民健身计划纲要》，推广第八套广播体操，老年代表、群众代表队，在无极中学操场进行表演赛，各行各业400余人参加。2002年，全民健身成为全民健身活动的主流，每年的双节期间组织长跑比赛、篮球表演赛（对抗赛）、象棋比赛、老年门球赛、健身展演、乒乓球擂台赛、拔河比赛、武术表演等。每年的6月的全民健身活动月中，都举办全民消夏健身展演、消夏全民篮球赛（县全民篮球赛）。消夏全民篮球赛自2002年举办，每年都吸引全县篮球爱好者参加比赛，一些职业队也代表某个单位参赛。如石家庄煤机厂厂队（该队经常参加全国的对抗赛）代表环保局参赛，县教育局代表队请到了前国手梁达、马明参加比赛，使比赛增加了很多的艺术性、观赏性。2003年，全县组织开展长跑赛、篮球赛、象棋赛等体育项目比赛20余场次。2004年，在平安公园开展抖空竹赛，30余人参加了比赛。2005年，县城区四铺30余个晨晚锻炼点，群众各自组队，天天坚持锻炼，健身运动蔚然成风。其中，绿荫广场的走步、柔韧球，无极中学操场和平安公园的健身操、太极拳、太极剑、扇子舞，光明街的交谊舞，东中铺广场的广场舞等，各领风骚，成为无极县城的亮丽景色。

三、老年人体育

改革开放以后，老年人体育活动日益活跃。1985年1月，无极县老年人体育协会成立，负责组织、指导、协调老年人体育活动。坚持安全第一、友谊第一的原则，增加活动的趣味性、知识性。办公地点在老干部局，内设台球、乒乓球、象棋、跳棋、麻将。有20余人常年坚持活动。户外有晨练点18个，每天有600余人在各点打太极拳、舞太极剑、抖空竹、做保健操，1986年4月，老干部门球队成立，老年体育又增加了一项有益活动项目。1989年9月，老干部局、体委、老年体协联合举办第二届老年人运动会。400多名老年人参加30米托乒乓球竞走、30米吊瓶竞走、踢球竞走、钓鱼、篮球投篮、门球、套圈等项目比赛。当年10月，县投资5000元，在花园路修建3个标准门球场。1991年10月，门球队参加石家庄地区第六届门球锦标赛，获得第四名。1995年9月，老干部局、体委、老年体协共同举办了全县第三届老年人运动会，参加人员来自全县700余人。此后，每年举办老年人运动会和象棋赛，健身舞赛和门球表演赛、技术全能赛、太极拳、太极剑、扇子舞表演赛。1996年，门球队参加了河北省“建管杯”赛，获得第三名。1998年获石家庄市赛第一名。2001年获石家庄市“三八杯”大赛第一名。2005年，建高标准门球场4个，队员达90余人。每天坚持活动，并适时组织开展友谊赛、夫妇赛、单项技术赛、轮环赛。当年，参加石家庄首届老年人体育健身大会，参加了太极拳、太极剑、抖空竹、老年健身球4个项目比赛，获得全能奖。门球队获石家庄市“精英赛”第三名，被省、市门球协会和石家庄市老干部局授予门球队活动先进队。

医药卫生

1989年后，无极县卫生改革不断深化，打破了多年来国家办医的医疗形式，以公有制为主体，拓宽了卫生事业经费来源。以县级医疗机构为技术指导中心、乡镇卫生院为枢纽、村卫生室为基础的县、乡、村三级医疗卫生网，构成一个完整的卫生服务体系，卫生事业取得了显著成绩。深入开展爱国卫生运动，改善城容城貌和村容村貌，1996年，被命名为“省级卫生县城”。1997年，无极县初级卫生保健全面达标。2003年，抗击非典型性肺炎工作得到世界卫生组织的高度赞赏和充分肯定。2005年，县有“二级甲等”综合性医院1所，综合性中医院1所。全县婴儿死亡率降至3‰以下，孕产妇死亡率降到0.4‰以下，孕产妇入保率达到85%，儿童入保率达到95%。

無極縣志

第一章 医 疗

第一节 医疗机构

1989年，全县有医疗机构17个，其中县医院1所，中医院1所，乡卫生院15所，卫生技术人员491人，开放床位432张。2005年，全县医疗卫生单位共262个，床位610张，工作人员1084人。全县有县医院1所、中医院1所、中心卫生院3所、乡镇卫生院8所，床位500张，有行政、卫生技术人员690人，其中副高职称47人，中级204人，初级318人，其他121人。医疗设备有600毫安国产X光机、彩超、动态心电图机、颈颅多普勒、高压氧舱、日产导津500毫安遥控胃肠X光机、心电工作站、日产日立牌W-1000型CT、TM-3全能呼吸麻醉机、颈颅多普勒、心电工作站、高倍双目显微镜、膀胱镜、X光机、B超、韩国中药煎药机、120急救站配备救护车4辆；乡村卫生室249个，乡村医生260人。基本形成“小病不出村、大病不出县”的诊疗格局。

一、县级医疗机构

1. 无极县医院

无极县医院是“二级甲等”综合性医院。位于无极县城无极路西段，占地面积30260平方米，建筑面积18400平方米，病床300张，固定资产3897万元。

1989年，全院工作人员241人，其中卫生技术人员191人。主要医疗设备有300毫安X光机、B超、心电图机、心电示波仪、裂隙灯、微循环显微镜、胎儿电子监护仪、病理切片机、远红外线真空治疗机等。1991年7月，成立骨外科。2005年，职工总人数366人，专业技术人员318人，其中副高职称39人，中级职称128人，初级职称151人。医疗科室有内一科、内二科、外科、妇产科、儿科、骨外科、五官科、中医科、皮肤科、口腔科、急诊科、麻醉科、病理科。医技科室有CT室、放射科、B超室、多谱勒室、胃镜室、激光室、血流变室、脑地形图室、心电工作站、检验科、细菌室、中西药房。行政后勤科室有院办室、政工科、感染科、医务科、护理部、保卫科、财务科、总务科。大型医疗设备有CT、彩超、500毫安遥控胃肠X光机、全自动生化分析仪、颈颅多谱勒、脑电地形图、600毫安X光机、心电工作站、高压氧舱、磁共振等。2005年，门诊64100人次，住院12037人次，业务总收入2403万元。1989—2005年，全院在核心期

无极县医院专家义诊

刊发表论文 23 篇。

2. 无极县中医院

无极县中医院是"二级甲等"中医院。位于无极县城东、无极路北，设河北省痔瘘中心、无极县 120 急救站、内科、外科、妇产科、口腔科、耳鼻喉科、针灸科、理疗科等 11 个临床科室。CT 室、放射科、检验科、B 超室、心电图室、颈颅多普勒 6 个医技科室。拥有大型 CT、300 毫安 X 光机、心电工作站、生化分析仪等各种医疗设备 50 多台（件）。全院职工 89 人，其中副主任医师 7 人，中级 16 人，初级 48 人，其他 18 人。

无极县中医院的前身是郭吕乡卫生院（郭吕痔瘘医院）。1987 年升格为无极县中医院（无极县痔瘘医院），1990 年 11 月迁入无极。1990 年 12 月 5 日开诊，时有职工 26 人，其中专业技术人员 20 人，开设病床 40 张。1994 年研制"831 消痔液"，鉴定为省级科研成果，获河北省卫生厅中西药科技进步二等奖，被卫生部收录科研成果库。1995 年设 120 急救站，购置救护车 3 辆，培训医务人员 8 名。1998 年 5 月，被省中医药管理局定为"河北省中西医结合痔瘘治疗中心"重点建设单位。2000 年 6 月，被国家中医药管理局授予"二级甲等"中医院。2000 年该院肛肠科被省卫生厅授予"河北省重点中医肛肠专科"，被石家庄市卫生局授予"著名痔瘘专科"。为方便患者，该科先后到延安、平山、北大荒农垦局、新疆石河子、天津农垦局进行义诊，并在北京、哈尔滨、包头、扬州、石家庄开设痔瘘专科。从 1987—2004 年，为来自 26 个省、市、自治区的 13 万名痔瘘患者解除疾苦。2005 年门诊 11600 人次，住院 1960 人次，业务总收入 196.8 万元。1989—2005 年在核心期刊发表论文 22 篇。

二、中心卫生院

中心卫生院开展农村常见病、多发病及心脑血管疾病的治疗，外科开展下腹部手术及对一些急症疾病如农药中毒的抢救等。2005 年，全县有中心卫生院 3 所。一级甲等综合性医院一所，即大陈中心卫生院，一级乙等医院 2 所，即高头回民医院（高头中心卫生院）、郭庄中心卫生院。3 所中心卫生院有职工 70 人，其中中级职称 8 人、初级职称 60 人，开放床位 80 张。

1. 大陈中心卫生院

大陈中心卫生院位于无极县大陈镇，占地面积 7000 平方米，建筑面积 3000 平方米，固定资产 170 万元

1989 年大陈中心卫生院建筑面积 500 平方米，主要医疗器械有 30 毫安 X 光机、心电图机。1994 年新建门诊楼一座，建筑面积 1200 平方米。1995 年 5 月，被卫生部授予"一级甲等"医院。1998 年购置颈颅多谱勒一台、200 毫安 X 光机 2 台。2000 年经省级专家评审合格，被定为"爱婴医院"。2001 年购置心脑监护仪 2 台。2002 年购置母婴监护仪、半自动生化分析仪。同年被省授予"文明窗口"单位。2003 年新建病房楼一座，建筑面积 1800 平方米。2004 年购置血球自动分析仪一台。2005 年设内科、外科、妇科、儿科、中医科、放射、牙科、心电室、B 超室、化验室等科室，有病床 40 张。该院内科、外科、妇科、中医科力量较强，在当地有一定影响，服务半径达 30 公里。现有工作人员 42 人，其中中级职称 5 人，初级职称 37 人。2005 年门诊 19625 人次，住院 1135 人次，业务收入 232 万元。

2. 高头回民医院

高头回民医院位于无极县高头村，占地面积 8 亩，建筑面积 1500 平方米，固定资产 49.5 万元。

1989—2005 年，高头中心卫生院的各项工作都有较大发展。1995 年 12 月，被卫生部授予"一级乙等"医院。2001 年新建门诊病房楼 700 平方米。同年高头乡卫生院与中心卫生院合并。2003 年开展了普外科手术及清创缝合手术，建立了疼痛门诊，家庭病床。2004 年新上乙肝五项、肿瘤诊断等项目。主要医疗器械有 100 毫安 X 光机、B 超、双目显微镜、心电图机、脑血流图机、气血循

环机等器械。能开展农村常见病、多发病的治疗及下腹部手术。病床 20 张。设内科、外科、儿科、疼痛科、妇产科、放射科、B 超室、心电图室、脑血流图室等。2005 年门诊 7100 人次，住院 858 人次，业务收入 25 元。现有职工 18 人，其中，技术人员 16 人，中级职称 2 人，初级职称 14 人。

3. 郭庄中心卫生院

郭庄中心卫生院位于无极县郭庄镇，建筑面积 1300 平方米。

1989—2005 年，郭庄中心卫生院不断发展。1993 年新建门诊病房楼 1337 平方米。1995 年 12 月被卫生部授予“一级乙等”医院。1997 年一度被个人承包。2001 年郭庄镇卫生院与中心卫生院合并。2002 年 5 月市第二医院到郭庄中心卫生院进行为期三年的下乡帮扶医疗。同年开展开胸贲门癌切除手术等中小手术。2005 年购置双屏 B 超 1 台。主要医疗器械有双屏 B 超、100 毫安 X 光机、心电图机、双目显微镜等。能开展农村常见病、多发病的治疗，农药中毒抢救，外科下腹部手术等，有病床 20 张。设内科、外科、妇产科、中医科、放射室、心电室、化验室等。2005 年门诊 4200 人次，住院 150 人次，业务收入 28.4 万元。工作人员 10 人，其中中级职称 1 人，初级职称 9 人。

三、乡（镇）卫生院

1989 年，全县 20 个乡镇共设有乡镇卫生院 15 所，其中中心卫生院 3 所，拥有职工 80 人，其中卫生技术人员 76 人。1995 年，乡镇卫生院 23 所，拥有职工 127 人，其中卫生技术人员 106 人。1996 年，全县并乡扩镇为 11 个乡（镇），11 个乡（镇）政府所在地卫生院更名为第一卫生院，撤销原甄村卫生院，其他 8 所非乡（镇）政府所在地卫生院更名为第二卫生院，主要负责原辖区的预防保健工作。1998 年对 8 所非乡（镇）政府所在地卫生院及郭庄、高头两所有中心卫生院的乡（镇）卫生院撤销。2004 年底，全县共有乡镇卫生院 11 所，共有职工 153 人，其中卫生技术人员 142 人。2005 年，全县共有乡镇卫生院 11 所，有职工 166 人，其中卫生技术人员 145 人，床位 120 张。

四、村卫生室、个体诊所

1989 年，全县农村个体行医点 850 个，有乡村医生、卫生人员 1365 人。1991 年，制定《乡镇卫生院和农村卫生所管理办法》，进行农村卫生体制改革，开始恢复一村一个集体卫生所，并逐步取缔不合格的个体行医户。全县 213 个行政村组建 127 个集体卫生室，其中 54 个行政村给予卫生室 5000 ~ 10000 元的资金投入。当时，多数村实行村委会提供房屋，公医联办、自负盈亏的经营模式。1996—1997 年，全国农村推行“初级卫生保健”达标活动，无极县村级卫生室承担村民的基本医疗、预防保健、爱国卫生、卫生咨询等基本服务。全县 213 个行政村全部建立卫生室，做到了村村有医有药，能防能治，顺利通过了省组织的“初级卫生达标保健”达标检查验收。1998—2004 年，制定《无极县农村合作医疗暂行办法》，实行乡村卫生组织一体化管理，规定村卫生所需持有医疗机构职业许可证方可开展诊疗活动。2000 年，对农村个体行医者进行注册登记工作。2001 年，共注册个体行医户 453 户，个体医生 500 余人。2004 年，全县有 610 名乡村医生取得了省卫生厅颁发的合格证、资格证。规范集体办医 200 个，占 213 个行政村村级卫生室的 94%，甲级卫生室 150 个，占 213 个行政村村级卫生室的 70%。2005 年，全县共有村卫生室（所）245 个，乡村医生 260 人；420 家个体诊所，行医人员 490 人。均能开展常见病和一般病的诊治。

五、民营医院

1. 无极县骨外科医院

无极县骨外科医院原是齐俊奎骨科门诊部，1988 年 6 月成立，当时有医务人员 2 人，建筑面积 100 平方米。2004 年 7 月 30 日，经市卫生局批准，升格为无极县骨外科医院，占地面积 1900

平方米，建筑面积2000平方米，主要医疗器械有500毫安X光机、200毫安X光机各1台，心电监护仪、心电图等。2005年，有工作人员12人。设骨科、内科、放射科、化验室、药房，床位20张。

2. 无极县光明医院

1989年12月26日成立，时名称是光明中医函授大学（河北省分校附属医院），有医务人员20人，建筑面积100平方米。1990年建房8间，160平方米。1992年改名无极镇卫生院，1998年改名无极镇第二卫生院，2001年改名光明医院。2004年9月，经市卫生局批准为无极县光明医院。建筑面积2300平方米。主要医疗器械有300毫安X光机、B超、心电图、微波治疗仪、血液净化机及化验设备。设内科、外科、五官科、中医科、妇科、肝胆科、胃肠失眠科、泌尿科等。有床位20张，工作人员15人。

3. 无极血康医院

无极血康医院是袁六妮中医诊所，1994年成立，地址在城北袁流村。1998年迁到袁流村村北，占地2亩，工作人员2人。2004年6月23日经市卫生局批准，升格为无极血康医院。2005年，工作人员13人，设内科、儿科、防保科及辅助检查科室，床位50张。

4. 石家庄智魁中医血液病医院

无极县智魁中医血液病研究所于2005年12月经市卫生局批准，升格为石家庄智魁中医血液病医院。建筑面积1000平方米。主要医疗器械有：彩超、心电监护仪、X光机、电子胃肠镜、脑彩超、自动生化分析仪等。设有血液科、中医科、内科、外科、功能理疗、健康体检咨询等。病床40张，工作人员30人。

第二节　医疗队伍

一、中医

1989年，卫生局直属单位有中医药人员68人。1992年，全县卫生系统有中医药人员119人。卫生局直属单位有中医药人员32人，其中主治中医师6人、中医师17人、中医士9人。乡（镇）卫生院有中医药人员15人，农村中医药人员72人。

1996年，全县卫生系统有中医药人员126人。卫生局直属单位有中医药人员29人，其中副主任中医师1人、主治中医师8人、中医师12人、中医士8人。乡（镇）卫生院有中医药人员17人，农村中医药人员80人。

2000年，全县卫生系统有中医药人员123人。卫生局直属单位有中医药人员26人，其中副主任中医师1人、主治中医师16人、中医师3人、中医士6人。乡（镇）卫生院有中医药人员15人，农村中医药人员82人。

2005年，全县卫生系统有中医药人员110人。卫生局直属单位有中医药人员35人，其中副主任中医师7人、主治中医师24人、中医师4人。乡（镇）卫生院有中医药人员15人，农村中医药人员60人。

二、西医

1992年，全县卫生系统有西医药人员1296人。卫生局直属单位有521人，干部身份的西医药人员296人。其中，副主任医师7人、主治医师47人、医师103人、其他医技人员139人。工人身份的医技人员及工勤人员225人。乡（镇）卫生院有西医药人员117人，农村西医药人员573人。

1996年，西医药人员1351人。卫生局直属单位有582人，干部身份的西医药人员379人。其中，副主任医师12人、主治医师59人、医师55人、其他医技人员232人、待分配大中专毕业生21人。工人身份的医技人员及工勤人员203人。乡（镇）卫生院有西医药人员139人，农村西医药人员630人。

2000年，西医药人员1518人。卫生局直属单位有641人，干部身份的西医药人员416人。其中副主任医师9人、主治医师83人、医师60

人、其他医技人员264人。工人身份的医技人员及工勤人员225人。乡（镇）卫生院有西医药人员99人，农村西医药人员778人。

2004年，西医药人员1117人。卫生局直属单位有537人，执业医师183人、执业助理医师76人、注册护士123人、药剂人员40人、检验人员35人、其他80人。乡（镇）卫生院有西医药人员54人，农村西医药人员500人。个体医院有西医药人员26人。

2005年，全县卫生系统有西医药人员1460人。卫生局直属单位有662人。其中副高职称36人、中级职称142人、初级职称304人、其他180人。执业医师229人、执业助理医师88人。乡（镇）卫生院有西医药人员91人，个体诊所17人，农村西医药人员620人。

三、护理人员

1992年，有护理人员88人，其中护师37人、护士51人。1996年有护理人员81人，其中主管护师6人、护师42人、护士33人。2000年有护理人员95人，其中主管护师13人、护师62人、护士20人。2004年有注册护士126人，其中副主任护师1人、主管护师66人、护师47人、护士12人。2005年有注册护士125人，其中副主任护师2人、主管护师69人、护师42人、护士12人。

第三节　医疗技术

一、西医

1.五官科

1989年，五官科组织全科人员利用动物眼球14只进行实验40次，能较顺利开展显微手术。1990年开展眼睑肿瘤切除术（良性、恶性）加眼睑成行术，眼睑外翻、面部肿瘤切除术游离植皮整形术、重睑、酒窝成行术，鼻腔泪囊吻合术、上颌窦口内根治术、下鼻甲部分切除术，鼻、咽、耳异物取出术，眼球摘除术、眼内容物剜出、人工骨植树术、眼眶成行术、鼻腔泪囊吻合术。1997年开展鼻内窥镜手术：上颌窦口扩大、钩突切除术、前筛开放术、后筛开放术、下鼻道开窗术并开展气管切开术、环甲膜切开术、耳廓假性囊肿切开引流术、耳前瘘管切除术、甲状舌骨囊肿切除术、鼻中隔偏曲矫正术。1998年开展显微眼科手术：抗青光眼手术、角巩膜裂伤修复术、前房异物取出术、白内障囊外摘除术、人工晶体植入术。2000年独立开展鼻窦炎、鼻息肉的鼻内窥镜手术，成功开展小梁切除术10例、泪小管吻合术3例，开展微波治疗鼻炎、咽炎、扁桃体炎、鼻出血，还开展电测听检查，脑干电反应、鼓膜按摩治疗分泌性中耳炎。2005年开展鼻中隔偏睑基底细胞癌切除术、同侧上下睑外翻矫正游离植皮术、超声乳化加人工晶体植入术、鼻腔镜下眼眶骨折整复修补术、眼眶肿瘤摘除术等。

2.口腔科

1992年7月，开展活动义齿的修复及简单颌面外科疾病的治疗。1998年12月购进隐型导齿机1台。2001年开展面神经解剖保留术、腮腺肿物切除术、颌下腺切除术、唇整形术、口内植皮术、上下颌骨骨折切开内固定术、鼻整形术、颈动脉表面肿物摘除。口内开展多根管填充术。2002年后，先后开展压列不齐、错颌畸形的矫治、颞颌关节疾病的治疗。

3.儿科

1990年，开展新生儿高胆红素血症、新生儿重度黄疸的治疗。1999年对重症肺炎、中毒的抢救及脑出血病、人脑脊液的置换有新的突破。开展新生儿缺氧缺血性脑病、新生儿硬肿症、新生儿破伤风、新生儿的灌肠、洗胃。首创协助放射科对新生儿消化道造影。对低体重（1000～1500克）早产儿抢救成功率达到98%。2000年开展新生儿高胆红素病的光疗及综合治疗，输液泵等合理应用，早产儿暖箱的管理，窒息儿颅内出血、消化道畸形等综合治疗。2004年开展哮喘儿童的激素雾化剂治疗，减少口服及静脉使用激素的副作用。

4. 内科

1990年开展血液病、传染病的治疗，心脑血管病的急性期、心肌梗塞、脑梗塞的溶拴治疗，颅内血肿抽取术、脑脊液置换术，开展了肿瘤内科的化疗。1991年开展脑囊虫病的治疗以及脑脊液置换，治疗蛛网膜下腔出血、脑室出血。1995年开展自血光量子疗法治疗心脑血管疾病。急性心肌梗塞及脑梗塞的溶栓治疗，应用B受体阻滞剂治疗老年性功能障碍的心衰，房颤症胺碘酮复率，综合治疗顽固性心衰，腹腔注射多巴胺速尿治疗肝硬化顽固性腹水，均取得良好疗效。1998年10月干部病房被省评为“为老干部服务的先进单位”。1999年相继开展颅内血肿微创清除术治疗脑出血，脑室引流+腰脊液置换，治疗脑室出血及大面积脑出血破入脑室，明显降低此类病人的死亡率与致残率，还购置重症监护仪、呼吸机对危重病人的抢救提供保证，对各种药物及农药中毒抢救积累了丰富的经验。2005年开展微创锥颅脑室穿刺引流加腰穿脑脊液置换，治疗重症脑室出血、肺脑合剂治疗肺性脑病等。

5. 妇产科

1986—1990年，妇产科开展常见病、多发病的诊治，新法接生技术的应用。开展手术有臀位内、外倒转术，无孔处女膜切开术，人工剥离胎盘术，子宫下段剖宫产术，子宫次切、全切术，卵巢良性肿物切除术，宫外孕输卵管切除术，从而大大减少中期引产术中羊水栓塞、子宫破裂、后穹隆破裂等并发症，还开展腹式输卵管结扎术。1988年，县医院妇产科被石家庄地区评为“三八红旗科室”。1991—1994年，严密观察产程，正确运用产程图，及时处理难产，使孕产妇死亡率及新生儿窒息率降到市级较低水平，开展不孕症的诊治、输卵管通液术、前庭大腺造口术及前庭大腺碘酊注射治疗前庭大腺囊肿，还开展卵巢肿物剥除术、卵巢癌根治术及化疗，药物流产及引产术、输卵管吻合术、宫颈荷包缝合治疗宫颈机能不全、宫颈肿瘤切除术。1995—1999年，宫外孕保守治疗及保守性手术，开展孕妇高危评分各种妊娠合并症的处理，性传播疾病的诊治，新式子宫下段剖宫产术、子宫内膜癌根治术、宫颈癌根治术、会阴修补术、阴道前后壁修补术、低位水囊引产术、产后出血行子宫动脉结扎术、宫腔纱布填塞术、黏膜下子宫肌瘤摘除术、小阴唇粘连分离术。2003年妇产科开展2例经阴道子宫切除术，成功抢救产后大出血2例，全年孕产妇死亡率为零。2005年开展了卵巢癌化疗、子宫广泛切除加盆腔淋巴结清除术。

6. 外科

1990年，开展肾、输尿管、膀胱、前列腺及尿路手术，食管、贲门、纵隔、肺及支气管手术，小儿幽门肥厚狭窄、肛门闭锁等手术。1996年，完成的大型手术有如食管癌、喷门癌根治、切除动脉后上吻合术、胃癌乳癌根治术、膀胱肿瘤切除术，食管癌切除后采用新技术“纵隔胸膜瓣包盖悬吊术”以预防术后口瘘，肺叶切除术在上级医师协助下完成，严重肝损伤应用纱布填塞压迫止血成功，慢性气胸采用“负压吸引胸腔闭式引流”已开展。1997年，开展食管癌切除术、肺切除术。1998年，开展大面积烧伤的救治、植皮、带蒂皮瓣移植，开展尿失禁膀胱悬吊术、肾盂输尿管狭窄行造瘘肾盂成行术。1999年，开展烧伤、挫伤、瘢痕切除植皮治疗，开展经腹粘膜外、食管肌层切开、胃底食管前臂固定术，食管憩室开胸切除术，填补医院的三项技术空白。2000年，外科在手术中运用电刀。2001年开展直肠癌的各种根治切除术、高位复杂性肛瘘的治疗。2002年，开展直肠癌经腹会阴联合切除术，胰腺体尾部肿瘤切除术、右肺上叶支气管袖状切除术、纵隔畸胎瘤摘除术。2003年，开展肝内胆管结石、肝左外叶切除术、肝总管空肠Y型吻合术、应用电刀切除复发性腹腔巨大囊肿、气管切开治疗胸部外伤、胸部损伤以及多发性损伤、下腔静脉损伤，修补、吻合术，开展针吸活检术、肝叶切除术、胆总管囊肿切除、胰腺体尾部切除、腹膜后巨大肿瘤切除术、胸骨后巨大甲状腺肿切除术等。2005年，开展无张力疝修补术、胃癌扩大根治切除术。同时，新购置的结肠镜促进肛肠外科的发展。

7. 骨外科

1996年，开展颈椎病手术、软脊膜病、股骨头坏死肌束血管植入术、脑膜瘤摘除术、脑溢血等手术。1998年在上级医师协助下开展脑实质肿瘤切除术，脑垂体瘤切除术，脊髓肿瘤切除术，后路减压术，颈椎间盘及断肢再植2例。2000年，开展脊柱手术、脑出血脑外伤手术。2002年，骨科开展手掌、背双侧皮肤广泛缺损腹部S皮瓣植皮成形术、足跟腱部巨大皮肤及跟腱缺损行对侧小腿带腓肠神经及其伴行血管逆行皮瓣转移术、复杂的肱骨髁间骨折尺骨鹰嘴截骨入路异型钢板内固定术、拇短展肌麻痹行环指指浅屈肌腱转长移替代术、应用记忆合金内固定物的治疗。2003年，开展手掌背侧同时皮肤广泛缺损行腹部S皮瓣转移成行术、股骨干粉碎骨折带锁、髓内钉内固定术、髋臼骨折切开复位内固定术。2005年，开展脑积水V-P分流术、髋臼骨折切开复位内固定术、骨盆肿瘤刮除术、骨囊肿刮出灭活植骨术、骨性关节炎合并膝内翻行胫骨高位截骨髁钢板内固定术、颞叶胶质瘤开颅清除术、腰椎脊髓外肿瘤切除术等。

二、中医与中西医结合

1986年，利用中医中药对胃病（急、慢性）、十二指肠溃疡、肿炎、感冒、妇科疾病、肝炎（急、慢性）等疾病的治疗应用中药可缓解症状，甚至可痊愈。1990年对结石（肝胆结石、肾结石）以疏肝理气、消石、化石、排石为主，用中药有独到的医疗效果。

中西医结合治疗痉挛性斜颈，患者入院后首先口服中药桂枝加附子汤，每日一剂（煎服），早晚服，30～45天，待患者痉挛的肌肉比较固定明显后，手术切断表现痉挛的肌肉组织，解除痉挛，达到治斜的目的。

肛肠痔瘘特效疗法

1994年，刘秉正根据中医药理论，研制治痔新药软化萎缩剂“831消痔注射液”，通过省级鉴定，并被卫生部收录科研成果库。采用治瘘新药，软化萎缩剂“831消痔注射液”，治疗各期内痔、静脉曲张型混合痔。使痔核发生萎缩的同时局部组织坏死，不产生硬结，只使痔核内的血管因收缩闭合，不留瘢痕，在不破坏人体正常生理组织的前提下使痔核萎缩消失，3～7天恢复正常，在整个治疗过程中病人无任何痛苦，不出血，无后遗症，治愈率高达98%，不影响正常工作和生活，被称为非创伤性无痛疗法。

采用无痛微创术，配合注射“831消痔注射液”，外剥内扎法治疗各种外痔、混合痔、肛裂，以轻巧快捷的方式，消除病变。

三、理疗

1993年，小针刀技术的应用，对腰腿疼痛、关节粘连的治疗开始发展。

1996年，添置多功能脊柱牵引术和悬吊式康复床，开展中国传统推拿手术。1999年，理疗科试开展癌症晚期的疼痛治疗、关节腔冲洗技术。

针灸、物理治疗、手法治疗为一体，对神经麻痹、附件炎、尿潴留、中风后遗症康复以及脊柱相关疾病的治疗都取得了很好的效果。

第四节　医疗下乡

1995年，县卫生局组织开展以《中华人民共和国食品卫生法》《中华人民共和国传染病防治法》《医疗机构管理条例》等法律法规知识、非典、禽流感、艾滋病、病毒性肝炎、流行性出血热等重大传染病的防治、农村常见病和多发病的防治、应急救护、预防保健及健康教育等为内容的培训活动。采取脱产进修、短期集中培训、分级培训、邀请上级专家授课等方式，达到全员培训。

1997 年，开展多种形式宣传活动，至 2000 年期间，在县电视台开辟《卫生与健康》栏目，播出节目 98 期；在《无极报》刊登系列文章 300 篇；举办卫生法律及卫生知识宣传咨询 80 次，展出宣传牌 480 块次，解答群众咨询 1200 条次；开展卫生科普知识赶集上庙 80 次，印发明白卡等各类宣传品 16 万份，播放录音 160 小时，制作悬挂大型横幅标语 100 幅。

2004 年，县卫生局与石家庄卫生学校合作，开展中专学历教育，246 名乡村医生参加了学习。截至 2004 年，共举办各级各类培训班及讲座 36 个（期），培训乡村医生 2880 人次，培训率达到 98%。

2005 年，对乡（镇）卫生院、村卫生室管理水平较低、技术相对薄弱的特点，从县级医疗机构抽调专家、业务骨干，采取一帮一的方式，深入乡（镇）卫生院对口帮扶，从医院管理、专科建设、专业技术等方面进行指导。县医院下乡人员在郭庄中心卫生院开展了心脑血管病的治疗；县中医院发挥专业优势，在高头中心卫生院建立了中医外科。以乡（镇）为单位，对所辖各村卫生室、个体诊所进行规范管理。卫生局全年组织医务人员下乡义诊 8 次，出动医务人员 56 人次，为农村老党员义诊 120 人次，为抗日老战士义诊 230 人次，为武警官兵义诊 80 人次。1997—2005 年，卫生系统组织下乡义诊 40 次，出动医务人员 480 人次，为农民义诊 22000 人次。

第五节　初级卫生保健

1991 年，无极县政府制定《关于全县农村实现 2000 年人人享有卫生保健的规划目标和实施办法》，成立了初级卫生保健领导小组和办事机构。1991—1993 年做好调查摸底，搞好宣传发动。1994 年 10 月，组织有关人员到兄弟县市参观学习初保达标工作情况。同时，印发初保达标有关文件 100 份，发到各医疗单位。1995 年成立初保办公室，抽调专人具体负责，制定了规划目标和工作计划。举办培训班，聘请石家庄市初保办人员对县、乡、村三级预防保健医生进行培训。

1996 年，开始初级卫生保健达标活动。到年底，食品合格率达到 85%，婴儿死亡率降至 5‰以下，孕产妇死亡率降到 4‰以下，儿童“四苗”全程接种率达到 98%，法定报告传染病无漏报、错报、迟报，行政村卫生室覆盖率 100%，甲级卫生室 121 个，其他各项指标都达到了要求。1997 年 4 月，初保工作顺利通过了省级评审团的评审验收。

1998—2000 年，组织县级医疗单位 24 名技术骨干帮助卫生院开展诊疗，对乡村医生进行专业培训，累计 610 名乡村医生取得了合格证、资格证。规范集体办医 200 个，甲级卫生室 150 个。四苗接种率达到 99%，乙肝疫苗接种率达 100%。儿童保健报偿入保率达 80%，孕产妇保健报偿入保率达 85%。1999 年配齐了乡村两级妇幼医生。2000 年 31 名大中专毕业生分配到乡（镇）卫生院工作。各乡（镇）卫生院筹措资金 25 万元，购买医疗器械，如大陈中心卫生院投资 10 万元购买了 X 光机、B 超等；南流乡卫生院购置眼科手术器械。各卫生院投资 8 万元，对危房进行整修。

2003 年后，县投入乡（镇）卫生院医疗服务费 82 万元。抗击非典期间，规定承担疫情监测报告任务的村医疗机构享受减免税费待遇。2004 年，将 11 所乡（镇）卫生院全部上划县政府，由卫生局按职责实行全行业管理。2005 年，全县 11 个乡（镇）卫生院有 8 个预防接种门诊达到了规范化标准，全县五苗接种率分别为：卡介苗 98.24%、乙肝疫苗 97.62、百白破疫苗 96.37%、脊灰疫苗 96.1%、麻疹疫苗 95.56%，县、乡、村三级预防保健网络日趋完善。

第二章　卫生防疫

第一节　计划免疫

1986年，儿童免疫接种品种有小儿麻痹糖丸、麻疹疫苗、卡介苗、百白破疫苗、流脑疫苗、乙脑疫苗、伤寒疫苗、炭疽病疫苗，前4种为计划免疫内疫苗。1992—1994年，每年的11—12月，4岁以下儿童普服糖丸。2003年开始实行以乡为单位集中接种，全县11个乡（镇）相继建起规范化接种门诊。12月1日，乙肝疫苗接种列入国家计划免疫范围。2004年，列为国家计划免疫内的有小儿麻痹糖丸、麻疹疫苗、卡介苗、百白破疫苗、乙肝疫苗。另外，还有流脑疫苗、乙脑疫苗、伤寒疫苗、甲肝疫苗、麻腮疫苗、流感疫苗、痢疾疫苗、水痘疫苗、出血热疫苗、风疹疫苗和安儿宝等11种生物制品。北苏、东侯坊、高头、里城道4个乡镇预防接种达到A级标准。

药品鉴理

1989—2005年无极县预防接种主要项目统计表

表24—1

年份＼项目		1990	1996	2000	2003	2005
百白破菌苗	应种数	34153	9145	3108	3300	3940
	实种数	33763	9007	3000	3290	3842
	接种率（%）	98.88	98.49	96.5	99.7	97.51
卡介苗	应种数	13869	3734	2848	3100	4585
	实种数	13753	3694	2848	3100	4487
	接种率（%）	99.16	98.93	100	100	97.88
小儿麻痹糖丸	应种数	35250	19732	2842	3216	4276
	实种数	34916	19621	2842	3200	4078
	接种率（%）	99.05	99.43	100	99.5	95.37
麻疹疫苗	应种数	11286	4314	2612	2976	9582
	实种数	11236	4290	2610	2950	9392
	接种率（%）	99.5	99.44	99.92	99.1	98.01

续表 24—1

年份 \ 项目		1990	1996	2000	2003	2005
乙肝疫苗	应种数		3734	2872	3100	4585
	实种数		2837	2872	3090	4521
	接种率（%）		75.97	100	99.7	98.6
乙脑疫苗	应种数	24003		8750	5507	2300
	实种数	23900		8435	5500	2202
	接种率（%）	99.5		96.4	99.8	95.74
流脑疫苗	应种数	3927	5128	13700	4375	5216
	实种数	3916	3876	12650	4370	4932
	接种率（%）	99.7	75.56	92.3	99.9	94.6

第二节　疾病防治

一、疫情报告制度

依据《中华人民共和国传染病防治法》，由防疫科、计免科、门诊部负责全县范围内的传染病管理监督工作。管理的传染病分甲、乙、丙三类。疫情报告实行逐级上报制度，由村、乡（镇）、县三级组成疫情报告网络。执行职务的医疗保健人员、卫生防疫人员为责任疫情报告人。发现甲类传染病和乙类传染病中的艾滋病、肺炭疽、传染性非典型肺炎按甲类传染病管理。城镇于6小时内，农村于12小时内以最快的通讯方式向卫生防疫站报告并同时报出传染病报告卡。发现乙类传染病，城镇于12小时内，农村于24小时内向卫生防疫站报出传染病报告卡。发现丙类传染病于24小时内向卫生防疫站报出传染病报告卡。接到传染病暴发、流行疫情时间，卫生防疫站以最快的通讯方式报告上级卫生防疫机构和县卫生局。2002年1月，启用《国家疾病报告管理信息系统》，逐级上报。2005年7月公开招聘全部11个乡（镇）卫生院的防保人员36人，加强了对疫情报告工作的监管。全县乡级以上医疗卫生保健单位都配备了疫情报告设备，实现了疫情网络直报；对全县742名县、乡、村三级医疗卫生单位的医务人员进行传染病知识培训，举办3期防保人员专业技术培训班，使防保人员不断进行知识更新。

二、传染病防治

1989年，以霍乱、大肠杆菌0517H7等为防治重点，成立应急处置队伍，贮备物资、药品，对食品、生活饮用水、外源性水源、公共场所和医疗卫生用品的消毒效果实行监测。对各类传染病实施监测，每季对疫情做出分析，为传染病的防治提供科学依据。1992年防疫部门共管理Ⅰ、Ⅱ级活动性肺结核病人223例，规范用药215例，规范服药率97.7%。

1996年，无极县发生洪涝灾害，卫生防疫重点转移到防疫灭病。成立6支预防小分队，深入灾区第一线。投入消杀药品漂白粉500千克、漂白精320千克、漂精片8万片、来苏水100瓶、敌敌畏300千克。预防性投药：痢特灵24万片、黄连素40万片。生活用水消毒78个村，水井386眼，对1687个厕所、圈舍进行消杀。处理蚊蝇孳生地40万平方米，创造大灾之年无大疫的奇迹。

1997年5月上旬，沿木道沟、磁河岸边乡镇，里城道、郝庄等乡发生二代变异型病毒引起的高烧、腹泻，造成1—4年级学生停课。疫情发生后，县卫生防疫站及时进行采样送检，卫生部门联合教育部门奔赴现场进行病例调查，安排部署预防和治疗方案，派卫生防疫专业人员进行投药预防技术指导，控制疾病流行。

2003年4月27日至5月11日，无极出现4例非典型肺炎疑似病例，后确诊，均为输入性病例。为防止疫情的传播，县及时成立非典型肺炎防控组织，对261人进行流行病学调查，对102人密切接触者采取了隔离观察。出动消杀人员373人次，消杀面积702635平方米，喷洒消毒药品26吨，疫情得到有效的控制。

2005年，建立了与国家统一的网络信息平台，按照上级对霍乱、大肠杆菌0157H7的监测要求，采集生活饮用水、海产品、水产品共计115份；对发生的2例出血热病人、5例伤寒病例、1例甲肝病例进行了流行病学调查，提出了防控措施；5月1日县、乡两级医院开设了肠道门诊。

1994—2005年无极县传染病疫情统计表

表24–2 **单位：人**

病种＼年度	1994	1995	1996	1997	1998	1999	2001	2002	2003	2004	2005
肝炎	120	324	66	82	103	111	84	70	29	181	203
痢疾	43	158	209	189	216	216	165	293	151	34	32
伤寒	13	14	0	4	16	13	7	2	1		5
麻疹	0	1	29	1	6	0	3	5	10	53	35
出血热	11	20	10	27	38	30	64	88	47	11	2
斑疹伤寒	15	31	10	34	173	256	421	369	136	9	13
新生儿破伤风								1	1		2
肺结核				112	160	153	180	116	202	168	249
性病			1			1		18	6	4	6
百日咳	1			1			3	1			
流脑	1			1	1			1			
乙脑	3	2		2	1						
布病						1					1
非典型肺炎									4		
艾滋病											1
其他											120

医药卫生

三、地方病防治

1. 地方性甲状腺肿病防治

20世纪90年代前，无极县境内碘缺乏病——地方性甲状腺肿病例时有发生，严重影响广大人民群众的身体健康。90年代后，人民政府加大对碘缺乏病的防治力度，逐渐增大碘盐供应量和覆盖范围。1992年12月，《河北省食盐加碘防治碘缺乏病监测管理条例》颁布后，将碘缺乏病的防治工作纳入法制轨道，县防疫站对县盐业公司每月进行监督监测一次，保证其生产加工的碘盐符合国家标准，对餐饮单位和用盐大户的食品生产加工单位实施定期监测，对碘盐市场和销售点随机抽样监测，确保广大人民群众食用合格的碘盐。2000年后，对县盐业公司盐库进行监测，质量合格率100%；监测居民户食盐9个乡镇36个行政村288户户盐，其中碘盐合格率97.8%，碘盐覆盖率96.5%，非碘盐率2.08，合格碘盐食用率94.4%；对小学生进行了甲状腺普查和尿碘、碘盐抽查，监测学生尿碘12份、碘盐12份，监测结果均为合格。1989—2005年，无极县控制了地方性甲状腺肿病的发生。

2. 地方性氟中毒

地方性氟中毒为县内主要地方病，临床症状以氟班牙、氟骨症为常见。主要因饮水中氟含量高所至，20世纪90年代前，时有发生。90年代后，县加大防治力度，通过改善饮用水质量，降低氟病的发生。对全县11个高氟行水质监测为经常性。21世纪初，县防疫站在全县选择了3个乡镇的3个村，进行了饮用水质量进行监测。监测结果显示，3个村的饮用水氟含量均未超过《生活饮用水水质卫生规范》(2001)标准。各监测村调查全部8～12岁儿童氟斑牙患病情况，共调查447人，其中检出可疑氟斑牙25例，检出率为5.6%；每个年龄段随机选择6人，检出尿氟含量，共计79份，全部合格。成人临床氟骨症及尿测定，对3个监测村全部16岁以上常住人口总计5700人进行了成人临床氟骨症检查及尿氟测定。未检出氟骨症。

附：专记

非典型肺炎防治

传染性非典型肺炎是由SARS冠状病毒引起的一种具有明显传染性，可累及多个脏器系统的特殊肺炎。世界卫生组织（WHO）将其命名为严重急性呼吸综合症。主要通过近距离空气飞沫和密切接触传播。其潜伏期2～14天，通常在4～5天发病。非典型肺炎的发病主要引起病急、发热（高于38℃），偶有畏寒，伴或不伴有头疼、关节酸痛、乏力、胸痛、腹泻；常无上呼吸道其他症状；有咳嗽、多为干咳、少痰，偶有血丝。严重者出现呼吸加速、气促或进展为急性呼吸窘迫综合症。目前，没有特效药物和治疗方法，也没有疫苗预防，但经及时的支持性治疗和对症治疗后，绝大多数病人可以痊愈康复。

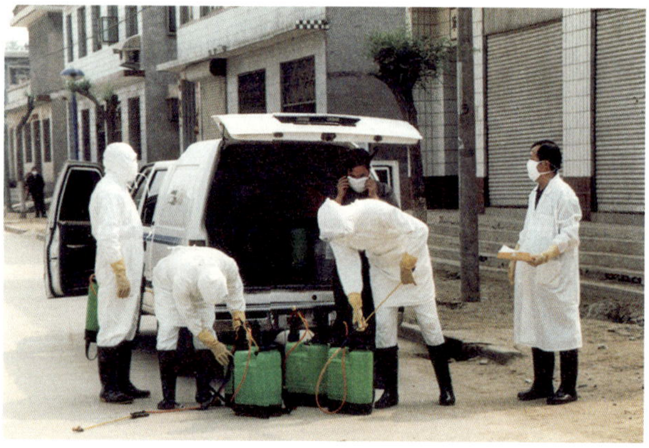

非典防疫

一、领导机构

2002年，广东佛山市出现首例非典型肺炎，经历了两个多月的始发期后，扩散到内地24个省、自治区、直辖市。在全球共波及亚洲、欧洲等32个国家和地区。截至2003年3月7日，全球累计发病例数为8422例，依据报告病例计算的平均死亡率达到了93%。面对严峻的疫情，在党中央、国务院的坚强领导下，全国掀起了抗击非典的人民战争。2003年4月18日，河北省召开防治非典型肺炎电视电话会议。4 月 23 日，无极县成立由县委书记郭领域任组长、县长张业为指挥长的非典防治领导小组和指挥部，下设办公室。办公室设置综合、突发疫情处置、医疗救治、控制疫情输入维护社会稳定、市场供应监管、农村、教育、后勤保障、宣传 9 个职能小组。县政府召开 8 次常务会议，县委召开 5 次常委会议及一系列专题会议，传达学习党中央、国务院关于防治非典型肺炎的决策和部署。全县进入防大疫、抗大疫的临战阶段。制定了《无极县防治非典型肺炎应急预案》《补充预案》及专门文件 30 个，县政府发病通告第一号、第二号及关于进一步加强对返乡人员管理的通告等三个《通告》。公示 24 小时值班、热线电话。完善了非典疫情监测报告网络。4 月 23 至 5 月 7 日，共对 15319 名在外地打工或上学返乡人员、2087 名外地来县人员进行了登记造册，特别对 3650 名来自疫区的人员进行了严密监控和排查，排查面达到 100%。

4 月 23 至 6 月 17 日，无极县发生非典型肺炎 4 例，全部治愈。医务人员无一人感染。夺取了抗击非典阶段性重大胜利。防治非典工作受到 WHO、卫生部和上级领导的高度评价。

9 月 1 日，防治非典工作进入专业防控应急状态，成立了防治非典日常领导机构和领导小组。领导小组办公室设在卫生局，配备专职工作人员 5 名。

二、宣传培训

利用报纸、电视、广播、宣传车、张贴标语等多种形式进行宣传。县政府发布 3 个《通告》，印发《防治非典型肺炎明白卡》10 万份，发放、张贴宣传画 5500 张，防治非典基本知识、科普读物折页小册子 3 万份，发放石家庄市非典通告及疫情搜索就医示意图 2300 张，刻录防疫知识光盘 104 套。卫生局对直属单位领导、乡（镇）卫生院院长集中培训 3 次。刻制《非典型肺炎临床诊疗省级师资培训班实录》《防治传染性非典型肺炎培训参考资料》光盘 50 套，400 张，发至乡以上卫生机构。对三级医务人员进行考核，合格后上岗，全县医护人员培训率 100%。广大干部群众和企事业单位主动为防治非典捐款捐物，价值 80 万元。

三、疫情报告和处置

建立以卫生防疫站为中心、乡（镇）卫生院设非典疫情筛查小分队、农村设 213 名监测员，形成县、乡、村三位一体的疫情监测系统。4 月 24 日县下发《关于严格传染性非典型肺炎疫情报告制度的紧急通知》，严格实行疫情日报和零报告制度。卫生局责成专人汇总情况，每天上午 9 时向县政府报告疫情。同时，每天上午 11 时和下午 5 时报告外来和外出人员变化情况。

2003 年 4 月 23 至 6 月 17 日，无极县的主要疫情：住县医院发热门诊留观室的北侯村一村民于 4 月 28 日和其妻于 5 月 1 日先后被石家庄市专家组会诊为非典疑似病例，立即专人专车转送至石家庄市第五医院观察治疗。5 月 7 日 3 名非典疑似病例被诊断为确诊病例，经治疗，6 月 10 日治愈出院。县直部门 1 名干部 2003 年 5 月 12 日在河北省胸科医院被诊断为非典疑似病例，后被诊断为确诊病例，经治疗，于 6 月 17 日治愈出院。

疫情出现后，县立即启动应急体系。卫生局向县政府报送了对北侯村、县财政局家属院实行封闭隔离的请示，同时迅速开展流调和消毒工作。5 月 1 日凌晨，县政府常务会议决定对北侯村实行封闭隔离。决定成立以县长张业为总指挥，副县长常志卷任现场指挥长，公安局副局长许书保、大陈镇党委书记、镇长为副指挥长的领导小组。5 月 1 日上午 11 时，县委书记郭领域、县长张业带领公安、卫生、防疫 50 名同志组成的消杀和稳定应急分队进入北侯村，经过半个月艰苦卓绝的工作，达到解除隔离的标准，5 月 15 日解除隔离。5 月 13 日对财政局家属楼、平房实施封闭隔离，6 月 1 日解除隔离。

四、消毒杀菌工作

预防性消毒。自 4 月 22 日起，对学校、幼儿园、党政机关、重点企事业单位和公交车辆定期消毒。寄宿学校实行封闭管理。各学校、幼儿园实行晨检测体温制度。对所有影剧院、文化宫、歌舞厅、桑拿洗浴、美容院等公共场所，一律暂停营业，并严格消毒。5月17日，出动消毒杀菌人员54人次，消毒杀菌车辆9台次，对一中、二中进行全方位消毒，消毒面积63900平方米，使用消毒液1750千克。出动消毒杀菌人员85人次，对县委、政府、人大、政协办公楼消毒22次，消毒面积87600平方米，使用消毒液5355千克。

对传输工具进行消毒。4个交通检疫站对所有入（过）境车辆进行消毒，共消毒车辆19177车次。

对封闭隔离区进行消毒。5月1—15日，对北侯村进行消毒。出动消毒杀菌人员138人次，消毒杀菌车31车次。进行疫点、疫区终末消毒12次，消毒面积438530平方米，使用消毒液23200千克。5月13至6月1日，对财政局家属楼、平房区、财政局办公楼等封闭隔离区进行消毒，出动消毒杀菌人员82人次，车辆24车次，消毒面积96600平方米，使用配置的二氧化氯消毒液8480千克。为密切接触者消毒77户次，出动消毒杀菌人员13人次，车辆8车次，消毒面积9487平方米，使用消毒液835千克。

消毒杀菌工作共出动消毒杀菌人员373人次，使用消毒原液26吨，消毒面积702630平方米。

五、流行病学调查

疫情出现后，流调人员在第一时间开展了流调工作。将流调关口前移至发热门诊。流调人员和发热病人保持“零”距离。在非典流行期间，出动车辆184车次，先后对261人进行流调，确定了密切接触者102人。

第一例病例的33名密切接触者在县医院隔离病房进行医学观察，对北侯村5人、西侯村1人、西关村1人留家观察；对县医院密切接触者21人下达单人单间隔离通知书，并且进行医学观察。

对第二病例的密切接触者69人，其中家属3人，财政局工作人员26人，县医院医务人员26人，其他14人。对这69名密切接触者采取隔离并进行医学观察，每日填写传染性非典型肺炎个案调查登记表，密切观察每个人的体温、症状、体征。

六、路口排查

卫生、公安、交通等部门在进入县境的东、西、南、北4个路口分别设立封堵非典型肺炎输入性病源检疫站，每个检疫站设人员24名，并配备车辆、体检设备和消毒设备。对外地入（过）境车辆一律进行严格消毒。对所有司乘人员全部进行健康检查（包括询问流行病学史、测量体温等），认真填写《健康登记表》，对发热人员进行留观，发现可疑症状者，由专人专车接诊到县医院发热门诊做进一步检查。交通检疫站共进行健康检查38953人次，对8名发热患者及时报告，经就近的卫生院排查门诊排查或县医院发热门诊检查，未发现非典临床症状和体征人员。

七、卫生资源整合

为最大限度地发挥医疗资源效能，提高防治非典能力和水平，对全县2家县级医院、3家中心卫生院、8家乡（镇）卫生院、623名卫生技术人员及所有的医疗设备、药品、器材进行整合。成立应急小分队（9人），消毒小分队（17人），流行病调查小分队（14人），信息反馈小分队（4人），连同2辆救护车、3辆消毒车、4辆流行病调查车、2辆应急车辆及所有消毒药品、防护用品，统一由县防非典指挥部管理、指挥和调度。

八、非典型肺炎的诊断与治疗

2003年4月22日，县医院组建发热门诊及医学留观室。发热门诊共排查4122人次，其中发热病人823人次，医学留观85人次，其中3例经市专家组会诊定为非典疑似病例，转市五院治疗并确诊为非典病例。经临床观察，3例非典病人有以下共同特点：1. 为同一家庭发病，有明确的非典接触史。2. 症状较轻，患者体温虽大于38℃，轻咳，咳少量白色痰，无明显头痛、肌肉酸痛及关节痛等症状，无明显呼吸急促及呼吸困难，一般状况良好。3. 反复查血常规白细胞总数不高，淋巴细胞计数有逐渐降低趋势。4.X线胸片示肺部病变进行性加重。5. 经抗生素及抗病毒药物治疗病情无减轻。6. 潜伏期及发病早期传染性低。

在诊断中，非典接触史、高热、血象不高，且淋巴细胞计数降低，胸片肺部病变逐渐加重以及抗生素治疗等都是诊断非典的关键，但有些患者无明显接触史，发热但体温低于38℃，血常规细胞偏高，一般状况良好，而胸片肺部阴影经治疗仍有进展者也不容忽视。

在非典的排查病例中，细菌性肺炎、上呼吸道感染占比例约为76%，因此应注意鉴别。对病情进行性加重者应及时请专家组会诊，避免非典的误诊和漏诊。

九、后勤保障

在非典防治工作中，无极县实施政策倾斜，共支出1100多万元。购置过氧乙酸等消毒液32吨、防护服700套、反穿衣150套、口罩3900只、乳胶手套790副、护目镜200只，并设置专用的供应、储备仓库。购置仪器设备，如便携式辐射测温仪等。购置消毒、疫情处置、应急救护车4部。防治非典工作进入常态时期后，县政府将防非资金列入财政预算，先后拨付专项预防非典资金200万元，其中拨付县医院100万元，用于发热门诊及基础设施建设；拨付卫生防疫站40万元，用于消毒防护、疫情直报设备的购置等。

十、世界卫生组检查

据新华社石家庄5月13日电（记者乔云华、常爱珍、廖雷），中国卫生部与世界卫生组织联合工作组12日结束了对河北省为期5天的考察，13日上午返回北京。

考察中，世卫专家深入到县、乡、村的卫生防疫站、医院、疫情报告点，对农村疾病监测和报告系统进行了详细了解。

11日，马圭尔到石家庄市无极县卫生防疫站考察，查看了非典病人接触者流调档案，并请工作人员介绍1例与非典病人接触者的排查过程。当听到1名工作人员在晚11点接到疫情报告后，连夜奔赴疫情发生地，至次日早7点排查出所有的接触者。

河北省有6700多万人，而且密度较高，公共卫生教育也是世卫专家关心的问题之一。马圭尔说，世卫专家在考察中发现，无论是在社区、乡村还是在火车站，人们对有关非典的知识都很清楚。结束考察时，世卫专家还就加强对基层医务人员的培训提出了一些建议。河北已经建立了一套组织良好的疾病监测网络，但是对基层医务人员的培训仍然需要加强，以确保整个疾病监测网络运行畅通。

这是世卫组织首次与中国卫生部联合考察中国非典防治工作，也是世卫组织首次实地考察中国农村的非典防治情况。

第三节　爱国卫生运动

一、农村改水改厕

1989年，县内继续开展以农村改水、改厕为重点的爱国卫生工作。20世纪90年代初期，全县乡村百姓喝上了干净、卫生的自来水，农村卫生用水普及率达100%。为减少人猪共患病的发生，农村改造连茅圈工作同步进行。但农村厕所受当时条件限制，加上传统习惯，改造效果并不明显。2003年后，随着文明生态村创建活动的开展，全县乡村进行以环境整治和农村改厕为重点的达标创建活动。在搞好环境卫生的基础上，改建一批三联沼气式卫生厕所。到2004年，建成三联沼气式卫生厕所4481个，县制定《文明生态村卫生标准》。2005年，建成自制水冲式三格化粪池厕所3座，三联沼气式厕所3200座，完成下水道水冲式厕所855座。

二、灭鼠、灭蚊蝇工作

无极县从1985年开展大规模的灭鼠活动。1989年鼠密度达到国家标准。1993年在全县开展有史以来规模最大的群众性灭鼠活动，1994年又进行重点乡（镇）和特殊性行业的常规灭鼠及常年巩固措施，鼠密度控制在国家标准以下。同年10月，经石家庄市灭鼠考核验收，被命名为“灭鼠先进县”。1995年3月，筹集资金10万元，投放鼠药3.2吨，使鼠密度由灭前的19%下降到灭鼠后的1.8%。2004年制定《2004年春季大规模灭鼠活动实施方案》，发放灭鼠宣传材料10000

份，出动宣传车16车次，广播电视专题节目播放2次，鼠密度监测18次，投药3吨，灭鼠数以万计，收到了较好的效果。

1992年始，在全县范围内开展灭蚊蝇活动。每年夏季组织一次全县范围灭蚊蝇活动，组织专业消杀队伍，负责公共场所、重点环境的消杀工作，蚊蝇密度逐年有所下降。2004年6月，利用3个月时间，开展以灭蚊蝇为重点的除“四害”活动，出动车辆986车次，清运垃圾23600吨，填平污水坑390处，投放消毒药3.6吨。参加卫生综合整治活动95个单位，涉及城乡4万户居民。2005年4月，利用1个月的时间，在全县开展了一次环境综合治理活动。从6月开始，利用3个月时间，在全县范围内开展了以灭蚊蝇为重点的除“四害”活动。

三、创建省级卫生县城

自1982年10月起，县城中心路拓宽工程启动，至1989年，以无极路为轴线的“八纵七横”工程亦相继建成竣工，无极县城彻底改变了“大乡村”的局面。

1994年，无极县进入市级卫生城行列。1995年，无极县提出争创省级卫生县城，10月18日召开创建省级卫生县城动员大会，成立创建指挥部。县政府与县直13个有关部门签订责任状。投资100万元配备洒水车、垃圾运输车，新建3座高标准水冲式厕所和垃圾、粪便无害化处理场，主要街道全天清洁，垃圾日产日清；对城区近千个门店实行门前三包责任制，做到有牌、有责任协议书。“门内达标”活动按行业卫生标准实行定期检查评比，对脏、乱、差现象由有关部门进行处罚；整顿交通秩序，解决交通混乱、车辆乱停、乱放问题；强化市场管理，清理主要街道店外店及摊点580家，拆除新旧违章亭、棚1805平方米，清理门店235间，整修柜台84米，清运垃圾137吨，平整地面1208平方米。1996年县城“八纵七横”的框架格局已经形成，一个洁、齐、美的现代化县城已初具规模，经省考核验收，被命名为省级卫生县城。2003年围绕抗击非典斗争，掀起全民爱国卫生运动高潮。投资80万元配备垃圾运输车2辆，洒水车2辆，吸粪车1辆。主要干道新增设果皮箱100个，新建垃圾池6个。5月、9月共出动车辆2.4万车次，清理卫生死角400余处，清运垃圾16吨，整治街道400公里，清理河道淤泥8300吨，清理乱搭乱建1300处，情理乱贴乱画1400处。投资200万元在主要街道和广场安装高杆射灯、霓虹灯和轮廓灯。9月17日，省级卫生县城复查验收一次性通过。

四、健康教育

1990年建成县城西大街科普一条街。1991年集资2400元完成无极路红绿灯以东至幸福街口科普入店工作。订阅《健康报》200份，发放至各基层单位，使卫生科普更广泛地进入门店、机关、病房。1995年卫生部开展“全国九亿农民健康教育行动”，县电视台开辟固定栏目，播放“全国九亿农民健康教育行动”电视系列片。1996年，重点指导各乡（镇）、村利用广播、街头宣传栏、黑板报等形式向广大农民进行卫生宣传和健康知识教育。公共场所如医院科普入病房，中小学开展卫生教育课等工作。2000—2003年在《无极报》刊登卫生科普文章100余篇。2005年在县电视台开辟《卫生与健康》专栏，定期播放卫生科普知识。

第四节　公共卫生

一、食品卫生

1989—1990年，每年食品从业人员体检人数800～1000人次。2000年体检人数达2600人次，查出职业禁忌人员占2.8%。食品卫生许可证发放率达到95%。2002年开展“整顿和规范市场经济秩序——食品专项打假”行动，到2004年7月，共出动监督执法人员580人次，车辆170台次，查处违法案件89起，取缔黑窝点32个，立案42起，没收销毁不合格食品15115千克，罚

食品安全知识宣传

款 23600 元。2005 年，制定《无极县餐饮卫生安全全年活动实施方案》，开展了“一校一府一院”食堂及周边餐馆卫生综合治理。全年共对 2454 名从事食品业人员进行体检，查处患肝炎等传染病 16 人，全部调离了工作岗位；办理从业人员健康体检证 2438 份，发放《卫生许可证》582 份；各类食品进行监测 413 份，监测合格 365 份；对食品生产经营企业进行监督 11190 户次，给予行政处罚 371 户次，警告 223 户次，责令改正 57 户次；取缔黑窝点 14 个，销毁各类不合格食品 1860 千克，罚款 9500 元。食品卫生合格率达 94.73%。

1994—2005 年无极县食品卫生监督监测统计表

表 24–3

类别 年度	户数	从业人员数	监督户次数	合格户次数	监测件数	合格件数	行政处罚				
							户次数	警告户次	责令改正户次	责令销毁（千克）	罚款（元）
1994	592	1184	2830	2526	198	183	142	40	82	3820	2800
1995	637	1200	3810	3601	201	184	153	66	69	4200	3000
1996	702	1608	3986	3831	300	266	155	50	57	11750	5000
1997	712	1626	3988	3768	410	369	220	91	47	12350	9500
1998	571	1162	3209	2829	382	340	220	104	56	5340	2120
1999	638	1260	3828	3619	403	365	183	127	20	4380	
2000	702	1680	3986	3831	202	185	220	91	47	12350	9500
2001	772	1826	4336	4250	673	636	406	123	99	13800	10800
2002	498	1202	2063	2030	558	544	118	73	48	5115	23600
2003	909	1841	3617	3592	791	769	100	28	72	1220	24500
2004	1040	2164	3652	3512	473	465	340	137	149	3630	20000
2005	1119	1454	4476	4181	413	365	371	223	57	1860	9500

二、职业卫生

职业病主要因企业作业排放粉尘、接触有毒有害物质和接受放射线照射及放射性污染造成。1989 年，无极县有毒有害作业单位陆续增加，监测力度随之加大。1989—2005 年，共对 18 家企业监测，监测 1982 次，毒物监测点监测 3024 次，同时，加大对《中华人民共和国职业病防治法》的宣传和执法力度，有效地预防和控制职业病的发生。

三、学校卫生

1989—2005 年，无极县全面落实《学校卫生工作条例》，加强学校卫生工作力度，提高学生的健康水平，坚持有病早治，无病早防的原则，加强卫生宣传，培养学生良好的卫生习惯，做到对近视、龋齿、蛔虫等突发病及常见传染病的防治，按照《学生体质健康监测》的规定，每年对学生进行全面体检。

第五节 卫生防疫机构

无极县卫生防疫站位于无极县城南环新城开发区，占地 7.47 亩，建筑面积 3115 平方米。1989 年防疫站设 8 科 1 室，1995 年 10 月 31 日，食品卫生监督执法主体变更为无极县卫生局（委托防疫站代管）。1996 年增设学校卫生科、地病科、慢病科。2002 年增设门诊部。2003 年，成立消杀队、流调队、疫情监测报告组等。2005 年，设办公室、财务科、计免科、防疫科、食品科、卫生科、学校卫生科、维权科、防痨科、检验科、地病科、慢病科、门诊部。工作人员 72 人，其中副高职称 2 人，中级 16 人，初级 36 人，其他 18 人。

第三章 妇幼保健

第一节 妇女保健

一、孕产妇保健

1989 年，由新法接生逐步转变为科学接生，全产程管理孕产妇，使住院分娩率达 100%，科学接生达 100%，基本上消灭新生儿破伤风、产褥热的发生。1996 年新生儿死亡率降至 5‰以下。孕产妇死亡率保持零水平。

二、妇女病普查普治

1989 年后，继续对已婚妇女免费进行全面普查，做到有病早治，无病早预防。与省四院结合，开展防癌为重点的普查工作。二至三级患者，每 3～6 个月复查一次。防癌普查由过去的 3 年一次改为每年一次，同时开展乳腺癌普查工作。1992 年，为县社、化肥厂女职工普查乳腺疾病 1320 人次，为县直机关、企事业单位女工普查乳腺疾病 1320 人次。对已婚至 64 岁妇女普查 3090 人次。1996 年，普查已婚至 64 岁妇女 4.8 万人次，查出患各种妇女病的 5574 人次，给予及时治疗。2000 年，妇女病普查 1120 人次。2004 年，妇女病普查 1713 人次，查出患妇女常见病 220 人，癌前排查 12 人。2005 年，妇女病普查 2006 人次，查出患者 202 人，并及时给予治疗和转诊。

三、母子保健保偿

1989 年，全面实施母子保健保偿制度，建立健全农村三级保健网，使农村入保率达到 60%，城镇居民入保率达到 85%，儿童入保率达到 95%。1992 年，全县 212 个村入保，新婚入保 1758 对，孕产妇入保 2113 人，农村早孕建卡率达 75% 以上。做好孕产妇 28 周 V—D 投药，减少和预防 V—D 缺乏症。1994 年，开展县直人员婚前健康检查。2000 年婚前检查 3000 人，查出异常 430 人，视不同情况给予医学处理，婚前检查率达到 95%。2004 年婚检 95 人，查出疾病及异常 7 人，婚检卫生指导率达到 100%。2005 年孕产妇入保率达到 91.88%。建立完善县级孕产妇抢救中心建设和技术培训，人员、药械、交通工具三到位，为孕产妇开通生命绿色通道。严格按照《助产技术管理办法》，完成 7 个医疗单位共 78 名业务人员的助产技术行政许可审批工作。

第二节　儿童保健

1989—2005 年，妇幼保健所举办 11 期乡（镇）妇幼医生培训班，印发《孕产妇保健常识》《怎样预防儿童传染病》《新法接生》等小册子和挂图。1992 年，开展以儿童保健为主，广泛宣传婴儿卫生、科学喂养、疾病防治等知识。1996 年，开展 0～6 岁儿童普查 38488 人，普查率 90.1%。2003 年，自婴儿出生后 42 天开始，6 周按时接受保健服务，确保健康成长。儿童入保率达到 95%。对全县 0～6 岁儿童进行大规模体检，查处儿童佝偻病 1202 人、贫血 1066 人，给予及时治疗。

1989 年起，每年结合“六一”儿童节，组织一次体检活动，对查出的问题、疾病进行矫治，年总受检率不低于 75%，杜绝有传染病的儿童在集体儿童中传播。2003 年对县直幼儿园儿童进行生长监测，其身长和体重基本符合世界卫生组织标准。2004 年对 1600 名儿童进行健康体检，对查出的 285 名龋齿、贫血等及时采取防治措施。2005 年儿童体检 1460 人，对查处的龋齿、贫血、铅中毒患儿及时采取治疗措施。0～6 岁儿童入保率达到 98.66%。

对小儿佝偻病、营养性贫血、肺炎、腹泻“四病”进行防治管理，重点是佝偻病和贫血。为摸索适合佝偻病防治的具体措施，分别采用不同的方法和药物剂量进行探索。如不同剂量的维生素 D 肌注法，从新生儿期开始服用维生素胶丸。防治措施：加强小儿科学喂养及户外活动，多晒太阳；孕后期给予维生素 D 肌注；新生儿 15 天开始服用维生素 D600 万单位 / 日，夏季可停服；每年秋末冬初对周岁儿童常规普查普治；对体检发现的佝偻病及时治疗，轻者一次肌注维生素 D360 万单位，中度每周一次维生素 D360 万单位肌注，连用两周，重度每周给予维生素 D360 万单位，连用 3 周。全县周岁内婴儿佝偻病患病率逐年下降。对贫血患者给予强化饮食和铁剂治疗，每年随查随治，患病率明显下降。

第三节　妇幼保健机构

县妇幼保健所位于无极县城人和街南段，占地面积 2.2 亩，建筑面积 1220 平方米。

1989 年，妇幼所位于县城东中铺村，占地 1.96 亩。1996 年 7 月，在县城人和街新建办公楼，建筑面积 1040 平方米。同年，妇幼所搬入现址。1999 年投资 7 万元购置微量元素分析仪。2003 年购买 B 超、母婴监护仪等设备。2005 年，科室有办公室、财务科、保健科、内科、儿科、妇科、妇保科、外科、皮肤科、放射科、检验科、心电室、B 超室、护办室、药房等。主要医疗仪器有 X 光机、心电图机、尿分析仪、红外乳腺检查仪、B 超、母婴监护仪、激光、微量元素分析仪等，工作人员 48 人，专业技术人员 35 人。

第四章　医药卫生管理

第一节　医政管理

一、队伍管理

1. 行医

1989年，县内各级医疗机构中的医务人员按已取得的相应技术职称资格行医。1992年，根据人事部《企事业单位评聘专业技术职务若干问题暂行规定》，全县卫生技术人员实行技术职称评、聘分开。1999年，根据《中华人民共和国执业医师法》有关规定，所有医疗机构的人员必须具有执业医师资格证书或执业助理医师资格证书并注册后，方可上岗从事相应的医疗服务工作。当年，根据河北省卫生厅、石家庄市卫生局的统一部署，对1998年6月26日前按照国家有关规定取得医学专业技术职称和医学专业技术职务人员，依法逐级向河北省卫生厅申报办理相应的执业医师资格证书。2003年，所有医务人员参加全国执业医师资格考试，不再进行职称评定，执业医师相当于医师职称，执业助理医师相当于医士职称。2004年，按照国务院《乡村医生从业管理条例》和河北省卫生厅、石家庄市卫生局统一部署，无极县卫生局对全县乡村医生进行注册，共注册260人。2005年，全县取得执业医师资格和执业助理医师资格证的医务人员635人。

2. 护理

1989年，全县医疗机构有护理人员77人。1994年，依照卫生部颁发的《护士管理办法》的规定，对全县护理人员进行任职资格审查、登记、注册，实行持证上岗。当年，全县95名护理人员依法取得中华人民共和国护士执业证书。2003年，执业护士资格考试与全国技术人员职称考试并轨。2005年，县内有125名护理人员取得护士执业证书。

3. 培训

县内卫生系统培训主要在无极县卫生学校进行。1989—1996年，县卫生局经常组织村卫生室医务人员培训学习，提高村医务人员的技术水平。1997年后，卫生局对村卫生室医务人员学习培训经常化，每年培训时间不少于12天，集中学习卫生法律法规及农村常见病的诊疗技术。到2005年，共举办各级各类培训班及讲座36个（期），培训乡村医生2.88万人次，培训率达到98%。当年，县卫生局与石家庄卫生学校合作，开展乡村医生中专学历教育，246名乡村医生完成病理、生理、药理等20门理论课程的学习，通过考试全部取得中专学历证书。

二、医德医风管理

建立健全各项规章制度，规范医务工作者行医行为，建立医院内部个人约束和外部监督机制。建立医务工作者个人医德档案，定期对医护人员进行医德考评。建立具保制度，制定《关于纠正行业不正之风举报制度》，对举报人实行严格保密并给予奖励，对当事人根据情节做出相应处理，并在全县卫生系统进行公开曝光。聘请院外监督员，实行院外监督。定期召开座谈会，征求监督员的意见，向他们介绍医院的近期工作情况，以便进一步改进工作。

实行院长接待日制度，听取广大群众的呼声，接待群众来访、来信，对群众的意见在院务会上进行专题研究，会后给予答复。

实行双处方制。1998年8月1日开始对住院病人全部实行双处方制，刹住了开患者“搭车药”等不正之风，给群众一个明白，让患者放心。既便于患者监督，也使医护人员得以约束，服务态度得到改善，服务质量得到提高。

三、医政监督执法

1994年，《医疗机构管理条例》颁布后，无极县依法聘任医政执法监督员，在全县定期和不定期开展医政监督执法工作，严格医疗机构准入条件，打击无证非法行医，净化全县医疗服务市场。1998年，《中华人民共和国执业医师法》颁布后，无极县进一步加大执法力度，对无证非法行医坚决取缔。2003年，《乡村医生从业管理条例》颁布后，医政执法人员加强医疗机构卫生技术人员的资格准入及注册上岗制度的监管，严厉打击非技术人员上岗行医。并制定完善《无极县卫生局行政执法责任制方案》，对岗位责任、执法主体责任、执法程序、承担法律责任及保障措施进行规范和公示，装订成册发放。到2005年底，对9起违反《医疗机构管理条例》的案件责任人进行处罚。

第二节　管理机构

一、卫生局

1989年，县卫生局内设办公室、医政股、财务组，人员18人。1990年7月，增设药政股、药检所。1991年2月，设财务股，同年5月设防疫保健股。1999年6月，药政股、药检所撤销。2002年6月，医政股改为医政科，防疫保健股改为社会卫生科。2003年非典流行期间，卫生局设非典防治办公室、非典应急救护组、非典疫情筛查组、非典信息反馈组、流行病学调查组、非典工作督查组、交通留验排查组等临时机构。2005年，卫生局内设办公室、医政科、社会卫生科、计财科、执法大队。工作人员15人。

二、爱国卫生运动委员会办公室

1989年，爱国卫生运动委员会办公室设在卫生局内，由卫生局负责管理。1990年12月，从卫生局分出，为正科级机构，编制7人。1996年1月，爱卫办与卫生局合并，设主任（兼职）1人，具体工作由卫生局社会卫生科负责。2003年6月，经县有关部门批准，重新确定编制3人，主任1人（兼），工作人员3人。2005年，有主任1人（兼），工作人员3人。

精神文明建设

1983年无极县成立“五讲四美三热爱”（讲文明、讲礼貌、讲卫生、讲秩序、讲道德、心灵美、语言美、行为美、环境美，热爱祖国、热爱社会主义、热爱中国共产党）活动委员会及办公室，以每年3月“文明礼貌月”为契机，以学雷锋、树新风，治理“脏、乱、差”为突破口，广泛深入地开展“五讲、四美、三热爱”教育，改陋习、树新风、反对封建迷信，倡导文明科学，美化环境、优化社会秩序，改变旧面貌，深化“三热爱”，树立社会主义新风尚。1987年5月，“五讲四美三热爱”活动委员会及办公室改为精神文明建设委员会及办公室（简称文明办），县委、政府将社会主义精神文明建设纳入县经济和社会发展的总体规划之中。组织开展社会主义精神文明建设由组织发动到自觉参与，从突击行动成为有计划的综合治理，促进活动向创建文明单位、文明县城、文明村镇、文明家庭、文明生态村活动全面发展。1989年以后，遵循中共中央十二届六中全会《中共中央关于社会主义精神文明建设指导方针的决议》所确立的指导思想和基本方针，以培养有理想、有道德、有文化、有纪律的社会主义“四有”公民为核心的教育活动。广泛开展党的基本路线、基本理论、基本纲领、基本经验和两个“务必”教育、民主法制教育，引导党员干部和群众，牢固树立社会主义理想信念。广泛深入开展公民道德教育、未成年人思想建设，开展创建文明县城、文明单位、文明村镇、文明家庭、文明生态村等一系列创建活动；开展以树社会公德、职业道德、家庭美德活动；开展“四职一纠”（职业理想、职业道德、职业纪律、职业技能和纠正行业不正之风）活动。1999年，贯彻落实中央颁发《公民道德建设实施纲要》，广泛深入开展以“爱国守法、明礼诚信、团结友善、勤俭自强、敬业奉献”二十字公民基本道德规范为核心的公民道德教育活动，促进了公民道德教育的深入发展，全县人民精神文明风貌、社会风尚、社会环境建设焕然一新，热爱公益事业、遵守职业道德，诚实守信、团结互助、艰苦创业、见义勇为、救死扶伤、帮困济贫、尊老爱幼、助人为乐，成为一代新风，有力地推进了社会进步和经济发展。

無極縣志

第一章　思想道德教育

第一节　理想信念教育

1989—2005年，无极县委、县政府坚持全县人民进行党的基本路线教育、党的基本纲领、基本经验、“两个务必”、马克思主义唯物论、无神论以及形势政策、民主法制教育，引导党员、干部和广大人民群众牢固树立中国特色社会主义的共同理想和共同信念。

1989年，组织全县党员、干部和群众学习中共十三届四中、五中全会文件，广泛开展坚持四项基本原则，反对资产阶级自由化教育，党的基本理论、基本知识教育、国情教育，党的纪律教育和反腐防变教育。1991年，广泛开展社会主义思想教育活动，用社会主义思想占领农村阵地，引导农民解放思想，更新观念，坚定社会主义信念，坚定走社会主义道路的决心，大力发展农村经济；帮助农村干部群众理清发展经济的路子，解决障碍改革和发展的热点难点问题。1992年，开展《学习邓小平重要谈话答题活动》，广泛深入开展了党的基本路线教育。1994年，印发《关于落实爱国主义教育实施纲领的安排意见》，组织开展“升国旗唱国歌”“讲党史讲革命史”“爱无极作贡献”等活动，全县掀起继承和发扬革命光荣传统、弘扬爱国主义精神的热潮；在全县青少年开展道德教育活动，着力培养有理想、有道德、有文化、有纪律的“四有”新人。1997年，进一步加强农村民主法制建设，建立适应社会主义市场经济所需要的村务民主管理体制，县委、政府提出《关于“落实四项权利、健全八项制度”，加强村务民主管理新体制建设的意见》，统一全县人民思想，解决农村诸多矛盾和问题，改善和密切干群关系，加强农村基层建设，促进农村稳定和各项事业的发展。

悼念烈士

2003年，开展民主集中制学习教育活动。2004年，开展以建设经济型、服务型干部队伍活动教育。2005年2月，制定出台《关于在全县开展以“三个代表”重要思想为主要内容的保持共产党员先进性教育活动的实施意见》，在全县开展保持共产党员先进性教育活动。

第二节　公民道德教育

一、五讲四美三热爱

1981年2月，中共中央接受全国总工会、共青团中央、全国妇联等9个部门的倡议，在全国人民特别是广大青少年当中开展“五讲四美”为主要内容的文明礼貌月活动，把每年3月定为“全国文明礼貌月”。当年，无极县便在中小学校组织开展“五讲四美三热爱”教育活动。1982年2月，无极县委、县政府为迎接全国第一个“五讲四美三热爱”活动月，利用电台、报纸举办讲座，大力宣传“五讲四美三热爱”。3月，组织发动机关干部、党员、团员、少先队员、中小学生及群众，开展“万人文明礼貌月活动”。走上街道、集市、深入社区、家户，开展义务服务、参与整治卫生、美化环境，整顿维护公共秩序等活动。1983年，县成立“五讲四美三热爱”活动委员会，制定“五讲四美三热爱”教育计划，教育广大干部、学生群众，从自我做起，从爱我无极、爱我家乡做起，组织发动群众，从美化城容村貌入手，重点治理“脏、乱、差”。县城重点治理城容城貌脏、交通秩序乱、公共卫生差；农村重点治理粪土乱堆、柴草乱放、污水乱倒、树木乱伐。全县人民从自家、本单位做起，自觉投入整洁行列。1987年，无极县成立精神文明建设委员会办公室，以培养“有理想、有道德、有文化、有纪律”社会主义公民为核心，在全县广泛开展“五讲四美三热爱”。1990年，继续深化“五讲四美三热爱”教育，以举办亚运会为契机，深入开展热爱共产党、热爱祖国、热爱社会主义教育活动，激发和振奋人民群众的爱国热情和民族精神。1991年，结合建党70周年，广泛开展“党在我心中”和“社会主义好”系列教育活动，密切党和人民群众的血肉联系，坚定人民群众建设有中国特色社会主义的信心和决心。至1992年，全县有17000名青年加入中国共青团，有580名团员加入中国共产党。1993年，继续贯彻落实中共十四大精神，以培养“四有”职工队伍为目标，在全县职工中开展“学邯钢，建功立业”“双增双节”（增产节约，增收节支）为主要内容的社会主义劳动竞赛活动；在全县干部群众中，深入开展全心全意为人民服务的宗旨教育；在青年中开展“理想和人生”为主题的大讨论。举办多种形式的中国特色社会主义知识、邓小平理论讲座。1996年，贯彻落实《中共中央关于加强社会主义精神文明建设实施纲要》，对社会主义文明建设的指导思想、奋斗目标、开展活动，做出具体规划。印发《关于在全县开展“社会公德、职业道德、家庭美德”教育活动的安排意见》。11月，落实省委关于在全省党员干部中开展“三学（学理论、学党章、学孔繁森）、三查（查世界观、人生观、价值观）、三克服（克服个人主义、拜金主义、享乐主义）、一坚持（坚持全心全意为人民服务）”活动。1998年，贯彻《爱国主义教育实施纲要》，确立郭庄红旗民兵营、北苏烈士塔等4个爱国主义教育基地，充分利用业余党校、青年之家、青年科技图书站等，以不同形式，广泛开展党史、团史、国情教育和革命传统教育，激发广大青年的自尊、自信、自强精神，鉴定青年走中国特色社会主义道路的信心和决心。1999年后，开展“两讲一建”“三下乡”和“致富信息入万家”等活动，举办“文艺汇演”“彩色周末”“音乐舞蹈会”比赛，不断丰富城乡居民的业余文化生活，提高群众的思想文化素质和文明程度。全县累计举行“三下乡”活动20余次，彩色周末20余次，为群众送书2万余册，文艺演出260多场次。2005年，深入开展了“热爱无极、建设无极、宣传无极”活动，全方位宣传报道全县经济建设的新成就和各个领域涌现出的先进典型，唱响干事创业的主旋律，形成人心思上、人心思进的浓厚氛围。

二、社会公德教育

1989年，县制定《关于切实加强公民道德建设的实施意见》《无极县公民道德规范》《无极公民文明公约》，在全县开展“讲公德、懂礼貌、遵纪守法”教育，印发小册子、明白纸1.2万张（册）。1993年，在职工、群众中广泛开展了党的路线、方针、政策和有关法律法规教育、主人翁教育以及职工道德和劳动纪律教育，提高了广大职工、群众的法律意识和政治素质。1995年，全县举办“成人节”，进一步加强和改进青年思想政治教育工作，加大培育社会主义现代化建设人才。1996年，开展以“讲究社会公德、提倡职业道德、建立家庭美德”为主要内容的教育活动。以县人行、电力局、张段固镇为试点，开展争创文明村、文明单位活动。组织全县20个系统进行了“四职一纠”（职业理想、职业道德、职业纪律、职业技能的教育和纠正行业不正之风）竞赛活动，国税局开展的“建立廉政第二道防线”、县人行“四讲一服务”、交通局“行业形象评议”、地税局“争当优秀税务干部”等活动。1998年，在广大青年中广泛开展党的基本教育、爱国主义教育、集体主义教育、社会主义教育，帮助青年掌握科学理论，不断提高政治素质，引导青年树立正确的人生观、价值观和道德观。1999年“五四”期间表彰310名“十佳”青年，10名优秀青年，重新命名10个青年文明号集体，举办“保护母亲河绿色工程”捐款仪式，全县团员青年共捐款5000元。2001年，利用电视台、无极报，广泛宣传“爱国守法、明礼诚信、团结友善、勤俭自强、敬业奉献”的先进典型，在全县形成崇尚先进、学习先进的氛围。2002年，县委制定《关于贯彻〈落实公民道德建设实施纲要〉的意见》，坚持以人为本，组织开展道德实践活动。组织30个小分队深入机关、企业、学校、村街，发放公民道德宣传卡10000余张。2003年，第一个“9·20”公民道德宣传日，全县学习宣传《公民道德建设实施纲要》，编写发放《文明公民手册》3000份，在城内主要街道悬挂公民道德主题横标20条，并在电视台、无极报社一系列新闻媒体开辟专栏等进行宣传，达到家喻户晓，深入人心。

2005年，在全县职工中开展“学知识、增才干、争当有理想、有文化、有技能、作贡献的新型职工”活动，涌现出一批“有知识、技术强”的优秀职工；在城镇妇女中开展“巾帼建功”竞赛活动。组织职业女性积极参加以岗位创新、岗位建功、岗位成才为重点的“巾帼文明示范岗”创建活动，全县涌现出省级文明示范岗2个、市级6个、县级35个，巾帼建功明星100个。加强青少年思想道德教育，确立郭庄红旗民兵营、烈士陵园等爱国主义教育基地，利用业余党校、青年中心、青年科技图书站，广泛开展党史、团史、国情教育和革命传统教育。

第三节　未成年人思想道德建设

1989—2005年，全县中小学执行德育大纲，坚持以德立校，开展多种形式的德育教育活动，加大德育力度。改进教育教学方法，将德育内容渗透于各科教学中；聘请战斗英雄、劳动模范、老干部作报告，向青少年进行热爱祖国、热爱人民、热爱社会主义、热爱劳动、热爱科学教育和革命理想教育、革命传统教育、组织纪律教育、民主法制教育和共产主义道德情操教育；聘请公安干警，以案说法，向青少年进行法制教育、交通安全教育。教育青少年文明礼貌、遵纪守法、勤奋学习，做社会主义事业的建设者和接班人。

1989年，在全体中小学生中宣传《中华人民共和国交通管理安全法》《治安管理处罚条例》《中华人民共和国刑法》《中华人民共和国食品卫生法》，各学校聘请公安干警作报告，结合交通事故案例，向学生进行交通安全教育；结合青少年犯罪案例，向学生进行法制教育；结合食品法规，向学生进行抵制非法食品、不健康食品的教育。并且，推广县实验学校开展“模拟法庭”，让学生自编自演的宣传法律知识，提高法律意识。

1990年12月，县聘请对越自卫反击战一等功臣陈瑞敏等4位无极籍从老山前线归来的军人，为全县中小学生作报告，并在无极中学举办老山前线战斗生活图片展。1991年1月，聘请离休老干部翟敏、卢育民等多名老同志为全县中小学生作报告。多数乡镇都建立自己的老党员、革命老干部报告团，经常组织学生观看传统教育片。通过这些教育活动，学生们知道幸福来之不易，树立艰苦朴素的好作风，懂得没有共产党就没有新中国的大道理。1993年，全县购买《中小学生守则》《中小学生日常行为规范》和《一日常规》2300余套，对学生进行养成教育、文明礼貌教育、组织纪律教育。全县中小学生建立“升国旗制度”，向学生进行国旗教育、爱国教育。1995年，县制定《关于加强和改进学校德育工作的意见》，促进青少年思想道德教育工作。是年，在进行反法西斯战争和中国抗日战争胜利50周年纪念日活动中，组织学生参观瞻仰藁无县革命殉难烈士纪念塔、晋深极县南流烈士纪念亭、晋深极县东汉烈士纪念亭，向学生进行革命教育、爱国主义教育。

1998年，全县实施“安宁工程”，对青少年进行道德教育及爱国主义教育，为全县中小学生放映一大批爱国主义影片。清明节期间，组织广大团员、青年学生到5个爱国主义教育基地开展“缅怀革命英烈、爱国、创业、奉献”为主题的爱国主义教育活动。3月，组织近千人在无极中学操场以“告别少年，步入成人”为主题的成人宣誓仪式，并植树3000多棵。在“六心”（忠心献给祖国、爱心献给社会、公心献给自然、关心献给他人、孝心献给父母、信心留给自己）教育和“手拉手赠书交友”活动中，选出5个先进单位，树立标兵50名，向全县在校学生赠书4万余册，书信交往3万余封。

1999年，县文明办下发《中小学生文明礼仪规范》。2001年8月，无极县宣传部、文化教育局、劳动人事局、广播电视局、武装部、语言文字工作委员会联合转发石家庄市《转发关于开展第四届全国推广普通话宣传周活动的通知》的通知，对第四届推广普通话宣传周活动进行安排部署。清明节期间，举办“以史为鉴，努力学习，立志成材，报效祖国”为主题的演讲比赛和征文活动。

2003年，针对未成年人思想道德建设的新情况、新问题，通过抓好家长、学校、开展实践活动和建立社会化工作机制着力构建未成年人道德教育体系加强和改进未成年人思想道德建设。实施“家长素质工程”，开办“家长学校”“母亲学校”，营造家庭教育的良好氛围。开展远离网吧、远离低俗口袋书、远离营业性娱乐场所、远离各种形式的赌博和封建迷信活动和继续开展以在家庭做父母的“小帮手”、在社会做帮人律己的“小标兵”、在学校做同学的“小伙伴”、在公共场所做环保的“小卫士”、独处时做自己的“小主人”的小公民道德建设实践活动。

2004年，中共中央国务院颁布《关于进一步加强和改进未成年人思想道德建设的若干意见》，将未成年人思想道德教育纳入精神文明建设的重要内容，在全县中小学开展了主题班会、文化墙、学雷锋、学赖宁、革除陋习、树立新风、远离网吧等教育活动。

瞻仰革命先烈

2005年，聘请“五老”（老干部、老战士、老专家、老教师、老模范）做校外辅导员，围绕民族精神教育、民主法制教育、理想信念教育、时事政治教育，开展一系列的报告、座谈等活动，优化校园育人环境，培养青少年做有理想、有道德、有文化、有纪律的“四有”新人。全年举办大型报告会座谈会20余场，受教育师生达12600余人。联合公安、工商、文体、教育等部门，对黑网吧等不良场所开展清理整顿。

第四节　学雷锋树新风

1987年，县委宣传部、文明办、总工会、县团委、妇联等8个单位，联合发出通知，号召全县人民群众广泛开展学雷锋树新风活动，从点滴做起，从小事做起，从身边做起，从自我做起，服务群众，建功立业。1989年，开展学习雷锋同志全心全意为人民服务的精神，在全县青年中进行“怎样做人”“为谁活着”的人生观、价值观教育活动。1990年，共青团中央、国家教委联合发出通知，号召在全国中小学生中广泛开展“向英雄少年赖宁学习”的活动，无极县把学赖宁和雷锋活动合为一体，建立学雷锋、学赖宁小组2153个，涌现学雷锋、学赖宁模范少年189人。1992年，开始以坚持四项基本原则，深入进行爱国主义、集体主义、社会主义教育为中心的学雷锋活动，参加活动的青少年5万余人次，印发学雷锋小册子近万张。1996年，县委、县政府号召把学雷锋同建设小康结合起来，组织全县人民改道修路、植树造林、改善生产、生活环境。2002年，为纪念毛泽东主席“向雷锋同志学习”题词40周年，全县开展“学雷锋见行动”活动，各行各业组织向雷锋学习小组103个，3000余名志愿者在县城主要路段和险要位置设置精神文明建设公益广告牌100多块，机关、学校、医院、公安干警学雷锋小组，到街道、社区、敬老院、五保户、烈军属打扫卫生，整洁环境，提供生活服务，整顿交通秩序，为病人诊治病情。2005年，在开展向雷锋学习活动中，重点进行职业道德教育，组织纪律教育和民主法制教育，鼓励全县各条战线，立足本职、爱岗敬业，为建设和谐无极，发展无极经济，开拓进取，无私奉献。

附：　　东西侯小学的精神文明建设

东西侯小学从“五讲四美三热爱”活动开展以来，一直是全县的先进典型。学校组织安排有序，师生争做“五讲四美三热爱”的典范。同学们讲文明，讲礼貌，讲卫生，讲道德，讲纪律，校园内树木葱翠，花草鲜美，院落、教室、厕所一天到晚干净整洁，偶尔有一片树叶或纸屑，很快有人拣走。同时，师生们自觉把村内三条大街也清扫得干净整洁。在开展学雷锋、学赖宁活动中，全校组成20多个小组，走上社会，深入农户做好事，为烈军属、五保护、孤寡老人干活，做家务。十几年如一日，受到社会、民众的赞扬，带动了全村文明新风的树立，被省教委、共青团省委授予“优秀少先队大队”称号。优良的校风，促使学生德智体全面发展，教学成绩一直居全县前茅，经常受到省、地（市）、县各级领导的表彰。校长兼大队辅导员李永祥屡次被评为模范校长、省优秀园丁一等奖。

第二章　讲文明树新风

第一节　改陋习树新风

随着物质生活水平的不断提高，封建迷信、赌博、婚丧事大操大办歪风也随之滋生，引起广大人民群众的强烈不满。1989年，开始组织农村红白理事会。1997年，建立农村红白理事会和道德评议会，抵制红白事大操大办、赌博和封建迷信活动。1998 年县文明办出台《关于移风易俗刹三风活动的安排意见》，印发宣传材料 2 万多份，收缴和销毁集市和街道出售的各类封建迷信用品，拆除私建、乱建的小庙神坛 6 座，清理活动在各地的巫婆、神汉、风水先生和算命先生 40 多名，抄剿了聚众赌博窝点 8 个，查处婚丧事大操大办的典型 2 个。2000 年，制定《无极县婚丧习俗改革实施办法》《关于严禁"两节"期间婚丧大操大办及赌博封建迷信活动的通知》，拆除非法土庙 246 座，取缔相面算卦摊点 25 个、封建迷信场所 5 个。并采取巡回检查、相互检查及重要节日控制到场等有力措施，防止封建迷信的死灰复燃。受到市委和省文明委的高度赞扬，并在全市推广，在石家庄电视台反复播放。

2002 年元月 9 日到 14 日，由无极县委宣传部牵头，县文明办、民政局、公安局、工商局和无极报社认真组织全县农村清理封建迷信活动集中行动，先后清理和拆除非法小庙 99 座。

2003 年，在抗击非典过程中，县发放《改陋习，树新风宣传手册》13 万册。在全县开展"改陋习，树新风，夺取抗击非典胜利"活动仪式和"告别陋习，走向光明、从我做起"万人签名活动，组织机关干部、工人、农民，打扫卫生、清除垃圾、喷洒消毒液、张贴抗击非典宣传画。

2005 年，在全县个体私营企业中开展"致富思源、富而思进"宣传教育活动，教育私营企业主遵纪守法、文明经商。通过开展活动，全县涌现出一大批自觉守法经营、依法纳税、为国分忧、乐于助人、勇于奉献的个体私营业主，为群众义务服务 2000 多次，做好事 300 余件，无偿捐款 30 多万元。

第二节　争做文明公民

1986 年，县文明委不断用社会主义新道德新风尚要求、规范人们的言行。1990 年，印制《无极县公民道德规范》。1998 年，在县城倡导文明言行，纠正不礼貌、不文明行为 1000 余人次。1999 年 3 月，组织千名志愿者和 100 多个县直机关干部职工清理正港线无极段、定魏线无极段白色垃圾。2003 年，开展"改陋习、树新风"实践活动，要求全体公民"不随地吐痰、不乱扔杂物、不乱涂乱画、不随地大小便、不乱穿公路、不损坏公物"。2005 年，县地税局赵全分被省文明委授予"石家庄市文明公民标兵"称号。11 月，拾金不昧的张立敏和雷朋强受到石家庄市长和人民群众的高度赞扬，并被授予"市文明公民标兵"的称号。

节日的夜晚

附：　　扶危救困暖人心

2003 年，无极县高头乡小西门学校六年级学生张丽身患骨髓炎和金葡菌肺炎等多种病症，生命垂危，为给张丽治疗，家里花掉了全部积蓄，还欠下巨额外债。张丽的同班同学张从皖听说同学张丽病危急需用大笔钱看病时，毫不犹豫地拿出自己的零花钱捐给张丽，并积极倡议全校师生捐款救助。13 岁的张从皖，1997 年父亲惨遭车祸身亡，留下母亲带着4个姐妹艰难度日。张从皖见义勇为、救危扶困的精神和行动感动了社会，师生、乡亲及机关干部纷纷捐款捐物，河北医科大学第二医院减为张丽免部分住院费用，使其得到及时治疗。

第三章　文明创建

第一节　文明单位创建

1983年，无极县委、县政府下发《文明单位（机关）标准》。1984年，正式开始文明单位创建活动。1985年，全县评选表彰文明单位30个。1989年以后，全县陆续开展文明机关（单位）、文明站（所）、文明工厂、文明车间（班组）、文明商店（柜组）等形式多样的创建活动。到1993年，全县涌现出文明单位219个。

1995年，开展“花园式文明大院”和“星级”文明窗口创建活动。创建“花园式文明大院”20个，创建星级文明窗口35个。县直幼儿园被命名市级“规范性幼儿园”、无极第二中学被市命名为“示范性学校”。

1997年，贯彻落实“讲学习、讲政治、讲正气”指示中，开展文明机关（单位）创建活动，创建文明机关、单位35个，促进了全县干部队伍、广大职工宗旨观念、思想作风和工作作风的转化。1998年，本着“统一领导、协调联动、讲究实效”的原则，在文明单位创建中深入开展恪守职业规范，“说文明话、办文明事、做文明人”等系列服务竞赛，进一步促进了文明单位创建活动的深入发展。全县评选文明单位20个，文明窗口210个。2000年，继续在执法执纪部门和服务行业开展文明单位、星际文明窗口创建活动。共创建星级文明窗口60个、市级文明窗口10个、省级文明窗口4个。2002年，以“服务人民、奉献社会”为宗旨，以提供优质服务、文明执法、搞好作风建设为内容，全县开展“光彩事业”“百家窗口创文明”活动。

2004—2005年，按照“拓展领域、充实内容、讲究实效、促发展”为主体的工作思路，全县各系统、各单位，都投入文明单位创建活动中。工企系统深入开展“建功立业”创建活动，广大职工广泛开展经济创新、技能示范岗等活动，取得较大经济技术创新成果23项，创造经济效益321.95万元；劳动人事、安全生产、工商贸等部门规范安全生产管理，排查纠正安全事故隐患11起；实施“送温暖工程”，在下岗职工和生活困难职工中开展技能培训、特困救助等；“全程一站式”服务，培训下岗职工69人次，为23名下岗失业人员提供职业介绍服务，为95户困难职工发放救助款2.8万元。青妇部门开展“四个十”（十大青年农民、十大农村经济带头人、十大青年卫士、十大青年文明号标）评选活动，巾帼创业工程“我为人民办实事、百家窗口创文明”活动；文明执法杯、便民利民杯、优质服务杯“三杯”竞赛活动。共创建省级文明单位9个，市级文明单位48个、星级窗口单位66个。

第二节　文明行业创建

1991年，工商、税务、公安、交通、卫生、电力、商业、供销、法院、检察院、司法、建委、银行13个系统开展“四职一纠”竞赛活动。1995年，在全县“四职一纠”活动中，县成立纠风评议委员会，聘请百名人大代表、政协委员、老干部代表但当行风和执法执纪监督员，深入城乡、机关、部门收集各界群众的意见，对全县20个大系统行业之风进行评议，推动无极县党风、政纪和社会风气的好转。

1997年，全县31个行业部门推行承诺制，以“服务人民，奉献社会，树立新风”为宗旨，规范行业服务。10月，按照省、市文明委的工作部署，在全县组织开展创建文明行业夺杯竞赛活动，设立“三杯”（文明执法杯、优质服务杯、便民利民杯），分别在全县执法部门、社会服务行业中开展。参与的行业和部门有30多个，涉及多个领域。县文明办每年向社会各界群众印发评议票1万余张，对参赛部门职业道德、职业技能、职业纪律和行风状况进行评议。1998年、2004年，国税局、地税局获得“文明执法杯”，交通局获得“优质服务杯”，电力局获得“便民利民杯”。

春节将临

第三节　文明县城创建

1986年，按照“硬化、绿化、美化、净化”的要求，大力开展文明县城的创建活动。在县区内建有永久性精神文明建设宣传设施，县出入口、广场、车站和其它重要公共场所设立高标准的公益广告牌。

1996年6月，对县城内大小街道的门店牌匾进行清理，先后更换“帝王大厦”等8家不健康或带有封建迷信色彩的牌匾，同时对不健康的广告等宣传品进行清理。

1997年8月，召开全县创建花园式文明单位现场会，命名县公路站为花园式文明单位。

1998年，围绕“环境卫生、城容城貌”存在的突出问题，开展县城环境综合治理，清理垃圾7200吨，拆除违章建筑240户，清理乱堆乱放68处，规范广告牌匾200多个，清理乱贴乱画300多处。规范“门前三包”（“一包”门前市容整洁，“二包”门前环境卫生整洁，“三包”门前责任区内的设施、设备和绿地整洁）制度，将“门前三包”列入各部门、各单位的年度目标管理，纳入“文明单位”“窗口示范单位”等评比考核的内容。

2004年4月，开展文体比赛进小区活动，全面推进科教、文体、法律、卫生“四进社区”活动，推动文明小区的创建。新闻稿《无极县小区间文体比赛忙》在石家庄日报刊登。9月30日，县城中心“绿荫广场”投入使用，城区公共绿化覆盖率达30%，道路铺设率达到95%以上。

第四节　文明家庭创建

1989年，在全县开展科学文化进家庭、法律知识进家庭、传统美德进家庭、文化娱乐进家庭、三优知识进家庭为主要内容的“五好家庭”创建活动，同时在家庭妇女中开展学文化、学技术、比成绩、比贡献“双学双比”竞赛活动，至1993年，共评选表彰“五好家庭”250个、“双学双比”致富能手250人，模范家长学校30个，促进了全县社会主义精神文明建设。

1995年，在“五好家庭”创建活动和“双学双比”活动的基础上，倡导文明、健康新风进家庭，开展“星级文明家庭”创建活动。并在创建活动中，实施优化家风、优化家教、优化家庭知识的“三优工程”，开展“摇篮创建”“年轻妈妈读书”活动，组织开展“爱心献春蕾”助学活动，普及家教知识，提高家教水平，促进全县家风、民风和社会风气的好转。至1998年，全县共评选出“星级文明家庭”5000个，募集资金5多万元，使200多名特困儿童得到帮助。

1999年，围绕“科技兴农”战略，深化“双学双比”，服务经济建设，全县开展“创建巾帼生态文明家庭院”活动和“巾帼致富带头人”活动。2003年，全县近11万名妇女参加竞赛，800名妇女荣获县级能手称号。全县80多个村庄普遍改造厕所、建起沼气池，实现庭院绿化、美化、净化。

2004年，为在社会主义精神文明建设中发挥妇女的特殊作用，在“星级文明家庭”创建中，组织农村妇女继续开展“双学双比”活动，引导妇女提高科学文化素质和致富本领，走出家庭创新业。全县1000名妇女在北京、天津、山东等地找到工作，组织城镇妇女、职业女性参加以岗位创新、岗位建功。岗位成才、“巾帼文明示范岗”创建活动，至2005年，全县涌现出星级文明家庭2万个，星级文明家庭标兵500个，省级文明示范岗2个、市级6个、县级35个，巾帼建功明星1000人。

第五节　文明村镇创建

县委六届八次全会审议通过《无极县1996—2000年社会主义精神文明建设实施纲要》。1997年下发《关于在全县农村开展“十好”评选活动的意见》，在全县农村广泛开展评“十好”活动，以身边看得见、摸得着的典型人和事教育广大群众，评出“勤政为民的好干部”70人、“和睦富裕好家庭”540户、“模范带头好党员”920人。同时，开展“星级”文明家庭、文明个体经营户和文明私营企业评比工作；城镇开展“五星级文明家庭”活动。石家庄市委副书记甄树生带队到无极对这项活动进行专题调研，并给予充分肯定和高度赞扬。

1998年，郭庄镇获石家庄市创建“十星级文明户”活动先进乡镇荣誉称号。谷胜棉、刘彦钗、李月英、张兰英获石家庄市“十星级文明户”标兵荣誉称号。7月，对农村的2100户“十星级”、县直的400户“五星级”文明家庭予以通报表彰。

2002年，开始“双百共建”活动。到2005年，有11个省、市级文明单位与4个文明示范村镇结成共建对子进行重点帮扶。

第六节　文明生态村创建

2003年，县委、县政府借鉴文明省城建设标准的要求，结合县情实际，制定《关于在全县农村广泛开展创建文明生态村活动的意见》，提出“经济发展快，社会和谐，物质文化生活丰富，民主法制健全，村容村貌整洁，环境良好”为主要内容的生态文明村标准。2004年，县委、县政府总结马孤庄、齐洽村创建文明生态村的经验，成立文明生态村创建活动领导小组，出台《无极县创建文明生态村活动长效管理办法》《关于对生态文明村进行奖励性补贴的办法》，按照“一批抓达标，二批抓过度，三批抓启动”的工作思路，“规划先行，试点带动，梯次推进，分类实施”措施，分期分批扎实有序推进创建活动。到2005年，全县文明生态村建设总投资达到2055万元，先后建成22个示范型文明生态村，86个普及型文明生态村，马孤庄村被省政府命名为“创建文明生态村先进单位”。

附：　　　　**省级文明生态村——马孤庄**

马孤庄村现有980户，3400口人，3709亩地。2003年在开展文明生态村创建过程中，村两委班子团结一致，发动群众，依靠群众，先后投资400多万元，将乡间公路该村路段拓宽返修，硬化村内大街小巷28条，总长2.6万米，在入村公路和村内主要街道栽植各种观赏树5000余棵，安装高标准路灯85盏。村中心建成了集娱乐休闲于一体的4000平方米花园1处，配有各种健身器材。有4名专职清扫员负责主要街道清扫，各户自备生活垃圾桶1个，有专职2名清运工负责垃圾清运。村委会有1辆洒水车，负责对街道冲洗和树木花草的浇灌。常年保持村容村貌整洁有序。马孤庄村连续几年被省市县评为先进基层党组织、村民自治模范村、民营企业先进村、小康建设示范村、省级卫生村、省级创建文明生态村先进村。

第二十五编

无极县志

1989—2005

民情风俗

无极县历史悠久，民风淳朴。改革开放后，随着社会经济的发展，人们物质生活和文化生活逐年提高，思想观念不断更新，无极的民情习俗亦在不断地发生变化，不健康陋俗日渐减少，社会主义新风尚逐渐形成。

1989—2005 年，随着国家的一系列富民政策、措施的实施，市场繁荣、物价稳定，城乡居民的生活、居民收入普遍提高。人们的衣、食、住、行等方面都得到较大改善，消费观念发生了新的变化，人民生活有温饱型向富裕型小康迈进。

無極縣志

第一章　居民生活

第一节　农村居民生活

一、农民收入

1978年，中共十一届三中全会后，农村实行家庭联产承包责任制为主体的农村经济体制改革，有力地推动农业生产的快速发展，促进了农民收入的提高。在农民收入中，家庭经营收入所占比重逐年减少，工资性收入所占比重逐年增加，主要是由于先进技术在农业生产中的广泛应用，农业生产实现机械化，大量农村劳动力从土地上“解放”出来，城市的发展，乡镇企业的二次腾飞，给农民创造更多的就业机会，使工资性收入增长成为农民收入持续增长的重要原因。

1990—2005年无极县农民人均纯收入情况表（百户抽样调查）

表26-1

年份	农民人均纯收入（元）				
		家庭经营纯收入（元）	比重（%）	工资性收入（元）	比重（%）
1990	670	524	78.20	30	4.48
1991	777	704	90.60	43	5.53
1992	810	744	91.85	43	5.31
1993	968	669	—	—	—
1994	1126	978	86.86	92	8.17
1995	1863	1346	72.25	423	22.71
1996	2672	1767	66.13	734	27.47
1997	3045	2032	66.73	866	28.44
1998	3070	2192	71.40	882	28.73
1999	3240	2238	69.07	885	27.31
2000	3310	2105	63.60	1082	32.69
2001	3429	2252	65.68	1133	33.04
2002	3497	2302	65.83	1154	33.0
2003	3619	2354	65.05	1159	32.03
2004	4107	2466	60.04	1495	36.40
2005	4476	2595	57.98	1728	38.61

无极县第一届文化节开幕

二、农民生活消费

改革开放后，特别是进入20世纪90年代，农村经济得到长足发展，农民收入逐年增长，人民的消费水平、消费观念、消费结构发生很大变化，实现了由量到质的转变。2005年，无极县农民人均生活消费支出为2296元，比1991年增加1732元。

1.食品消费

1989年后，人们生活逐渐以白面、大米细粮为主，粗粮渐渐退出主食地位，人们偶尔吃粗粮，是为合理搭配营养和调剂口味。20世纪90年代前，人们的副食很单调；20世纪90年代后，随着农村经济的发展，产业结构的调整，农产品的种类、数量增多，产量增加，人民生活水平、生活质量逐年提高，人们的副食开始丰富起来，一年四季各种新鲜蔬菜不断；以前，只有年、节才能吃到的菜肴，现已成为日常菜。同时蛋、奶、肉、海鲜制品已摆上千家万户的餐桌。1991年，食品支出人均268元；1996年，食品支出761.43元，其中主食消费365.78元，副食消费243.29元；2000年，食品支出747元，其中主食消费189元，副食消费175元；2005年食品消费950元。农民在食品消费支出增加的同时，副食支出比重在逐年提高，粮食支出比重在相应降低。

2.衣着消费

农村改革开放后，个体私营经济的发展，农户收入的增加，人们的穿着打扮也在改变，由“一衣多季”逐渐变成“一季多衣”的消费方式，衣服的面料也越来越高档，棉布衣服很少着身，代之以美观耐用的尼龙、丝绸、毛料、皮革等；服装款式方面，农村除一些老年人仍穿旧式衣服外，青年男女衣服款式新颖。20世纪90年代中后期，随着消费的增长，年轻人穿戴更加追求时装化、个性化，面料更加精致。人们穿衣戴帽已不再仅为保暖，而是一种生活方式的展示。2005年，农民人均衣着支出195元，比1991年增加增加2.1倍。

3.住房消费

1991年农民人均居住支出79元，人均住房面积17.7平方米。2005年农民人均居住支出665元，人均住房面积37.57平方米。2005年全县农村住房使用自来水的农户达90%；有取暖设备的农户占100%；生活做饭使用液化气和煤炭的农户占90%，有卫生设备的农户占100%。农民住房中，由砖木结构和钢筋混泥土结构占全部住房的100%；部分富裕的农户已向楼房庭院式、住宅别墅式方向发展。同时更加注重房屋内部装修、装饰，美化生活环境。

4.耐用品消费

1989年，农村居民主要耐用品消费是自行车、缝纫机、手表、大型家具。1990年后逐步发展到黑白电视机、电风扇、洗衣机。到2005年电冰箱、彩色电视机、固定电话、移动电话、摩托车等基本普及，空调、热水器、影碟机等已经开始进入百姓家。

5.医疗保健

1991年，医疗保健卫生服务消费支出15元。2005年全县农民用于医疗保健卫生服务的支出人均为68元。

1989—2005 年无极县农村居民耐用品百户拥有量情况表

表 26–2

项目＼年份	单位	1989	1990	1991	1992	1993	1994	1995	1996	1997	1998	1999	2000	2001	2002	2003	2004	2005
自行车	辆	190	189	209	204	203	189	168	169	171	188	186	196	204	205	191	193	194
摩托车	辆	4	3	4	4	10	9	17	23	28	29	29	56	64	65	52	57	58
大型家具	件	267	401	451	451	596	795	726	780	818	818	818	152	148	148	109	104	114
黑白电视	台	60	61	63	67	70	74	64	70	73	68	68	36	32	30	18	19	12
彩色电视	台	10	16	23	26	30	30	35	40	46	52	52	84	96	98	105	98	99
组合音响	台						1	1	2	5	9	12	14	17	18	13	15	12
照相机	台	1	1	1	1	1	1	1	2	5	7	8	9	11	10	4	1	2
洗衣机	台	46	46	57	51	56	63	64	65	67	68	68	99	99	98	98	100	103
电风扇	台	46	56	87	96	109	142	132	135	143	174	174	155	174	171	170	167	170
空调机	台									1	3	3	6	11	11	12	11	12
电冰箱	台	1	1	1	1	2	5	8	12	18	24	31	37	44	44	43	44	44
热水器	台							1	3	5	8	10	15	22	24	24	26	26
影碟机	台							1	3	5	7	7	7	9	10	16	5	5
电话机	部			1	2	2	4	7	10	17	21	36	51	59	60	73	76	71
移动电话	部								1	2	3	4	5	9	9	36	44	61
汽车生活用	辆											1	1	2	3	3	1	1

1989—2005 年无极县农民人均生活消费情况表

表 26–3　　　　单位：元

年份	人均纯收入	人均生活消费支出	其中						
			食品支出	衣着支出	居住支出	交通通信	医疗保健	文教娱乐	其他
1989	638	590	220						
1990	670	566	256						
1991	777	597	268	63	79		15	33	139
1992	810	527	236	67	80		11	19	114
1993	968	639	307	44	155	33	18	35	47
1994	1126	1000	540	83	116	4.5	42	56	238.5
1995	1863	1330	320	148	477	80	40	114	151
1996	2672	1576.49	761.43	190.88	225.23	46.79	57.18	138.68	156.3
1997	3045	1584.52	758.47	187.37	113.45	51.34	105.41	119.49	248.99

续表 26–3

年份	人均纯收入	人均生活消费支出	其中						
			食品支出	衣着支出	居住支出	交通通信	医疗保健	文教娱乐	其他
1998	3070	1595.54	760.96	183.30	241.58	25.33	100.27	109.96	174.14
1999	3240	1596.63	751.45	166.33	196.42	20.02	48	109.93	304.48
2000	3310	1611.00	747.00	143.00	310	51	37	84	239
2001	3429	1627	752	142	312	61	48	105	207
2002	3497	1637	753	142	316	69	49	104	204
2003	3619	1782	778	143	598	71	41	69	82
2004	4107	2239	950	182	718	86	40	76	187
2005	4476	2296	968	195	665	131	68	110	159

第二节 城镇居民生活

一、收入

改革开放以来，随着国民经济的迅速发展，人民生活水平不断高。国家先后进行工资体制、劳动用工制度改革，逐步建立职工工资的正常增长机制。为提高人民生活水平，多次增加干部和企业职工工资；制定企业最低工资标准；制定城镇居民最低生活费标准；逐步建立和完善各项社会保障制度。居民收入增长幅度明显提高。

1. 收入来源

1989年，职工工资是居民收入的主要来源。随着社会主义市场经济体制的逐步完善，居民非工资性收入增多，逐步形成了以工资收入为主，第二职业收入、个体收入和家庭财产性收入为辅的相互协调、共同发展的多元化收入格局。1996年，城镇居民人均可支配收入为4693.80元，其中来自职工工资及补贴收入为3551.76元，财产性收入120.60元，其他劳动收入194.40元，转移性收入为515.16元。1998年，城镇居民人均可支配收入为4987.80元，其中来自职工工资及补贴收入为3582.36元，财产性收入120.60元，其他劳动收入63.48元，转移性收入为785.88元。2000年，城镇居民人均可支配收入为5251.2元，其中来自职工工资及补贴收入为3837.12元，财产性收入39.12元，其他劳动收入134.52元，转移性收入为785.76元。2003年，城镇居民人均可支配收入为6026.16元，其中来自职工工资及补贴收入为4850.76元，财产性收入42.96元，其他劳动收入104.64元，转移性收入为758.76元。2005年，城镇居民人均可支配收入为8338.68元，其中职工工资及补贴收入为6593.76元，财产性收入为56.98元，其他劳动收入为201.81元，转移性收入为953.05元。

2. 工资收入

1989年全县职工年均工资1405.70元。到2000年职工年均收入6273元，是1989年的4.5倍。2005年职工年均工资9132元，是1989年的6.5倍。

二、消费

改革开放初期，城镇居民消费层次主要局限在温饱方面，消费重点放在吃、穿、用上。随着改革开放的进一步深入，居民收入的不断增加，消费由数量型向质量型转变，由生存型逐步向发展型和享受型转变。教育、住房、旅游、交通通讯、医疗保健、保险等成为城镇居民新的消化热点，消费比重不断增加。1996年，城镇居民人均生活费支出3823.44元；2000年，城镇居民人均消费支出3680.76元；2003年，城镇居民人均生活费支出4366.56元；2005年达4475.15元。

1. 食品消费

1989年前，食品消费以粮食为主，蔬菜种类少，水果、肉、蛋、奶消费少。食品消费支出占据生活费支出比重较大。随着经济的发展，市场的进一步开放，物资的日益丰富，统购统销政策的取消，粮本、粮票退出历史舞台。人民生活水平不断提高，居民对食品的消费从量的满足逐步向质的追求转化，由“温饱型”向“营养型”发展。

1996—2005年无极县城镇居民恩格尔系数情况表

表26–4

年度	%	年 度	%	年 度	%	年 度	%	年 度	%
1996	38.8	1998	37.65	2000	35.1	2002	25.1	2004	30.6
1997	37.93	1999	33	2001	33	2003	27.9	2005	30.6

2. 衣着消费

改革初期城镇居民衣着消费极为单一，衣着消费支出增长缓慢。1996年，城镇居民用于衣着消费的支出为61.53元。随着生活水平的提高，城镇居民越来越注重外在形象，居民的审美能力越来越高，追求美观舒适大方、个性与时尚。同时纯棉衣料衣装开始盛行，并进入高档服装行列。2000年，城镇居民用于衣着消费支出为352.06元。到2005年，城镇居民用于衣着消费的支出为678.8元。

3. 住房消费

1997年，开始实行住房制度改革，公有住房逐步向住户出售，给城镇居民住房消费带来重大转变。2000年，城镇居民人均住房面积为23平方米，到2005年镇居民居住人均支出673.58元，人均住房面积28.72平方米。住户独用的自来水、卫生设备和炊用管道煤气和液化气等基本普及。

4. 耐用品消费

城镇居民的生活变化较为显著的反映在家庭耐用品更新换代上，改革开放初期人们追求的是“三转一响”的“老四件”，即自行车、缝纫机、手表和收音机；20世纪90年代转向以彩电、洗衣机、电冰箱、录音机为主要代表的“新四件”。2005年，影碟机、抽油烟机、微波炉、空调、家用电脑、轿车等新的消费品逐渐进入城镇居民家庭。彩电、冰箱、洗衣机趋于饱和状态。城镇居民家庭设备进入新的更新换代期，微波炉、空调、电脑成为现代人的新宠。同时，电炊具、淋浴热水器、抽油烟机、饮水机的拥有量也相应增加。

1989—2005年无极县职工工资情况表

表26–5　单位：元／人

年度	职工平均工资	年度	职工平均工资	年度	职工平均工资	年度	职工平均工资
1989	1405.70	1994	2710	1999	5135	2004	8098
1990	1490.80	1995	3522.5	2000	6273	2005	9132
1991	1477.90	1996	4232	2001	6353		

续表 26–5

年度	职工平均工资	年度	职工平均工资	年度	职工平均工资	年度	职工平均工资
1992	1722.90	1997	4465	2002	6952		
1993	2176.20	1998	4683	2003	7346		

1996—2005年无极县城镇居民耐消费品拥有量情况表（百户）

表 26–6

项目＼年度	单位	1996	1997	1998	1999	2000	2001	2002	2003	2004	2005
成套家具	套	76	84	88	88	90	90	96	96	96	96
摩托车	辆	28	34	64	78	78	78	74	74	74	74
家用汽车	辆		3	3	3	3	3	4	4	4	4
电冰箱	台	38	41	42	43	45	43	76	77	78	82
洗衣机	台	49	48	48	50	60	60	100	100	100	102
彩色电视机	台	106	104	106	108	114	112	122	123	128	130
影碟机	台		4	29	29	29	29	38	41	48	48
家用电脑	台		3	3	3	8	16	30	33	42	42
排油烟机	台	10	12	14	17	21	23	38	39	42	44
照相机	架	30	24	24	26	26	42	52	52	52	54
中高档乐器	件	6	6	10	10	10	10	12	12	14	14
微波炉	台		4	4	4	7	8	14	16	24	36
空调器	台	10	14	22	38	60	60	60	61	68	78
取暖器	台							26	26	30	34
电炊具	台	8	12	20	20	27	27	32	32	36	38
淋浴热水器	台	6	5	10	11	16	28	26	29	38	38
饮水机	台							30	31	36	36
吸尘器	台	1	1	1	1	1	3	6	6	6	6
健身器	套		6	6	6	8	8	10	10	10	10
普通电话	部							102	103	102	102
移动电话	部			5	7	10	70	76	88	110	114

5. 医疗保健消费

随着生活水平的提高，人们的保健意识逐渐增强，各类医疗保健器材及医疗服务开始进入居民家庭，同时，随着医疗制度改革的深入，医疗费中个人负担的比重加大，城镇居民医疗保健支出持续高速增长。2005年，人均医疗保健支出为

401.13 元，比 1996 年的 136.44 元增长 1.9 倍。

6. 文化教育消费

随着市场经济深入发展，人们越来越认识到知识的重要性，学有一技之长，追求更高就业学历和职称，已成为人们普遍追求，“大学扩招”、在职培训、自学考试和函授等成人高等教育为居民提供了大量的高等教育机会。2005 年。城镇居民人均娱乐、教育、文化服务支出为 447.44 元，比 1996 年的 237.6 元增长了 0.9 倍。

7. 交通、通信消费

1996 年，城镇人均交通通讯支出为 306.72 元。经济的发展和科技进步，人们生活节奏加快，现代交通、通信迅速进入居民家庭，改变着居民生活。2000 年，城镇人均交通、通信支出为城镇居民生活消费正向现代化的信息网络时代发展。到 2005 年，城镇居民家庭人均交通、通信支出为 481.14 元。

三、城乡居民储蓄

1989 年来，随着城乡居民收入逐年增加，同时伴随着城镇居民住房制度的改革，及子女升学就业等远期消费问题，城乡居民的储蓄存款额逐年上升。2005 年，全县城乡居民储蓄 383987 万元。

1989—2005 年无极县城乡居民储蓄存款余额情况表

表 26–7

年份	总人口（万人）	城乡居民储蓄（万元）	人均（元）
1989	43.62	16227	
1990	45.09	21881.5	732
1991	45.75	44737	978
1992	46.10	55892	1212.4
1993	46.40	68983	1468.8
1994	46.60	93398	2004
1995	46.89	122669	2616
1996	47.19	197097	4177
1997	47.31	218800	4625
1998	47.49	221033	4654
1999	47.70	243197	5098
2000	48.50	266499	5494
2001	48.38	288318	5960
2002	48.33	311136	6437
2003	48.28	337044	6977
2004	48.40	366666	7576
2005	48.51	383987	7916

第二章　婚姻家庭

第一节　家庭规模

1990 年 7 月，第四次全国人口普查时，全县有家庭 114884 户，家庭户人口为 442832 人，平均每户家庭人口为 3.85 人，比 1982 年第三次全国人口普查时户均人口 4.07 人减少了 0.22 人。2000 年 11 月，第五次全国人口普查时全县共有家庭户数为 119175 户，家庭户均人口为 475443 人，平均每个家庭户人口为 3.99 人，比 1990 年第四次全国人口普查时户均增加了 0.04 人。

2000 年 11 月第五次全国人口普查时，全县 1 人户 5601 户，占总数的 4.7%；2 人户 12696 户，占总户数的 10.65%；3 人户 21445 户，占总户数的 18%；4 人户 39466 户，占总户数的 33.12%；5 人户 23736 户，占总户数的 19.92%；6 人户 11946 户，占总户数的 10.02%，7 人户 3243 户，占总户数的 2.72%；8 人户 728 户，占总户数的 0.61%；9 人户 206 户，占总户数的 0.17%；10 人及 10 人以上户 104 户，占总户数的 0.099%。

2000 年第五次全国人口普查时与 1990 年第四次全国人口普查时资料显示，10 年间 4 人户仍居第一，5 人户位居第二，3 人户位居第三，其他依次是 2 人户、6 人户、1 人户、7 人户、8 人户、9 人户、10 人及 10 人以上户。17 年间，全县家庭规模基本维持以 4 口之家为主。

第二节　家庭类别（结构）

2000 年 11 月，全县 119175 个家庭户，其中一代户 15488 户，占 13%；二代户 69639，占 58.44%；三代户 32580 户，占 27.34%；四代户 1461 户，占 1.23%；五代户及五代以上 3 户。第四次全国人口普查和第五次全国人口普查资料显示，全县家庭类别以二代为主。

第四次全国人口普查时男、女性别构成（女性为 100，男性对女性比例）101.41。第五次全国人口普查时男、女性别构成（女性为 100，男性对女性比例）为 101.39。

2000 年第五次全国人口普查数据显示，户均人口 0 ～ 14 岁的占 24.37%，15 ～ 64 岁的占 68.56%，65 以上占 7.06%。

第三节　婚　姻

境内婚姻状况以有配偶为主，2000 年有配偶人数占 15 岁以上人口的 7.1% 以上。从 1990 年、2000 年、2005 年全国人口普查和抽样资料看，初婚和再婚有配偶人数结构比重均呈上升趋势，未婚、离婚、丧偶均呈下降之势。

一、结婚

1980 年，国家修订和颁布的《中华人民共和国婚姻法》规定：结婚年龄，男不得早于 22 周岁，女不得早于 20 周岁。晚婚晚育应予以鼓励。1989 年后，无极县坚持宣传贯彻《中华人民共和国婚姻法》，以法规范婚姻管理，正确的婚姻观已在民众中形成共识，违法婚姻基本绝迹，晚婚晚育逐年增加。根据婚姻档案调查，1990—1995 年农村初婚青年，男性 22 ～ 24 岁的占抽查总数的 90%，其中 22 岁为最多，占 75%。女性初婚 20 ～ 22 岁比重较大，占 90%，其中以 22 岁为最多，占 70%；城镇初婚男性多在 23 ～ 25 岁，占 80%，以 24 岁为最多，占 65%。女性初婚 22 ～ 24 岁为最多，占 78%，以 24 岁为最多。2001—2005 年 21055 对农村初婚青年，男性 22—24 岁的占 90%，其中 22 岁为最多，占 78%，女性 20～22 岁比重较大，占 90%，其中以 22 岁为最多，占 72%；城镇男性多在 23～25 岁，占 85%，以 24 岁为最多，占 65%；城镇女性 22～24 岁为多，占 85%，以 24 岁最多。

无极县部分年份初婚年龄（农村 1500 对、城镇 300 对）调查情况表

表 26–8

初婚 / 年龄	2001 年				2003 年				2005 年			
	男		女		男		女		男		女	
	农村	城镇	农村	城镇	农村	城镇	农村	城镇	农村	城镇	农村	城镇
20 岁			631	57			679	31			514	19
21 岁			419	75			338	64			425	85
22 岁	719	121	255	115	599	109	115	132	643	86	288	103
23 岁	408	83	114	34	401	79	214	69	339	115	129	50
24 岁	225	40	37	15	319	91	29	1	341	93	43	28
25 岁	98	24	7	2	112	18	16	2	55	4	41	6
26 岁	41	8	5	1	48	3	9	1	114	2	7	9
27 岁	5	8	2	1	19				6		3	
28 岁	3	9			4				2			
29 岁	1	4										
30 岁以上	1	3										

二、离婚

20 世纪 80 年代，社会对离婚道德评价趋于公允，一些不良婚姻能够得到无干预的解除。全县离婚率逐年呈上升趋势。2002 年新的《婚姻登记条例》颁布，离婚手续简化，协议离婚数量增多。2001 年，全县离婚 36 对，导致离婚的因素多种多样，其中多为双方感情不和或家庭贫困；或因家庭矛盾造成夫妻感情破裂；其次是贪恋金钱或美色，也有少数为生理缺陷或因罪获刑等。据 2002—2005 年离婚档案调查，全县协议离婚的 345 对，婚龄 5 年以下者为最多，占 80%，其中再婚离婚占婚龄 5 年以下离婚总数的 65%。

1989—2005 年无极县协议离婚情况表

表 26–9 单位：对

年度	协议离婚	年度	协议离婚	年度	协议离婚
1989	7	1995	21	2001	36
1990	9	1996	19	2002	48
1991	8	1997	20	2003	44
1992	8	1998	29	2004	96
1993	11	1999	30	2005	157

续表 26-9

年度	协议离婚	年度	协议离婚	年度	协议离婚
1994	10	2000	35		

三、再婚

1989 年后，随着人们的生活观念和现代意识的增强，丧偶或离婚的单身男女为了个人的幸福生活，而寻觅可靠伴侣，组建完整的家庭。1989—2005 年，全县再婚人数 4655 人，再婚人数占结婚人数的 10%，复婚人数占再婚人数的 1%。1989—2005 年再婚率约为 10%，其中 1989 年最低，为 3%；2005 年最高，为 10%。

2001—2005 年无极县再婚情况调查表

表 26-10

年度	合计（对）	婚龄段					占离婚总数比重（%）				
		5 年以上	6—10 年	11—15 年	16—20 年	21 年以上	5 年以下	6—0 年	11—15 年	16—20 年	21 年以上
		再婚	再婚	再婚	再婚	再婚	再婚	再婚	再婚	再婚	再婚
2001	36	12	12	10	2	0	33	33	27	5	0
2002	48	18	13	10	7	1	37	27	21	15	0
2003	44	18	15	10	3	0	41	34	23	7	0
2004	96	36	20	20	10	10	38	21	21	21	0
2005	157	80	30	30	10	7	51	19	19	6	4

第三章　居民习俗

无极县地理位置和人文环境，决定其具有独特的民情习俗。这些带有地域性的民俗文化复杂多样，伴随着人类的生息繁衍和历史发展，民俗也在悄然地变化，良好习俗因不断地吸取营养丰富着自身内涵而传承下来，迷信、赌博等陋俗日渐减少。

第一节　经济习俗

一、种植习俗

无极是个农业县，农业生产的历史源远流长，形成了自己独特的生产习俗。无极地处平原地区，种植的农作物品种主要有小麦、玉米、高粱、谷子、大豆、花生、甘薯、棉花等。进入 20 世纪 90 年代，高粱、谷类、甘薯、棉花种植面积减少；花生种植面积增加。

20 世纪 80 年代，无极县的蔬菜种植种类有白菜、萝卜、大葱、马铃薯、茄子、辣椒、黄瓜、大蒜、韭菜、菠菜、胡萝卜、西红柿、芹菜、各类豆角和瓜类。到 90 年代初，错季节蔬菜开始大量种植，品种以韭菜、黄瓜荏口为主，彩椒、西红柿、芹菜、韭菜、卷心菜、茼蒿等品种蔬菜也有种植，90 年代中期，成为中国北方地区面积最大的日光温室韭菜—黄瓜荏口生产基地。

进入21世纪后，食用菌种植面积不断增加，主要种植鸡腿菇、平菇。县内一年四季新鲜蔬菜不断。春夏季节，人们还有采摘野菜食用的习惯。

西瓜种植。20世纪90年代前，西瓜以露天地栽培为主，1992年开始推广地膜加小拱棚双膜覆盖技术，可使西瓜提前一个月上市。

大葱种植。大陈镇高陵村一带有种植大葱的习惯，高陵大葱棵大味浓、香辣浓郁，适宜烹饪食用，在河北省内及山西等地享有盛誉，1995年后，种植规模不断扩大，产品远销省内外。

二、养殖习俗

饲养家禽在无极历史悠久，牛、马、羊、驴、骡、猪、鸡、鸭、鹅、兔等都是无极人饲养的对象。在广大农村，几乎家家有猪圈，户户有鸡舍，许多家庭建有养牛、马、驴、羊的牲畜棚。20世纪90年代后，特别是进入21世纪，传统的养殖习惯发生了变化，开始规模化养殖，出现很多猪、鸡、牛、鹿、鸵鸟、狐狸、貂、鸽子的养殖专业户和养殖小区。

生猪养殖。生猪养殖历来是无极县畜牧养殖的大宗产品，商品率较高。1989年前后，无极县养猪多以户养为主，自养自食。一般农户院内都有猪圈，养猪积肥并举。开春购进猪仔，岁末宰杀供春节食用。余则赶集出售换零花钱。也有少数农户一年养几茬肥猪赚钱发家。猪的品种较杂，以泔水糠麸喂养为主，辅以精料。进入20世纪90年代，分散养殖户开始向规模发展。改坑为棚圈，夏能消暑，冬能保温，配合饲料进入养猪户使用。少则几十头、几百头，多则上千头。从仔猪到出栏只须3到4个月，缩短了出栏时间，提高了经济效益。

20世纪90年代以前家禽的饲养，主要以散养为主，家禽生蛋主要为了卖钱贴补家用，很少有留着自用的。散养鸡蛋、鸭蛋营养价值高，但散养家禽容易传染各种疫病，故散养家禽也越来越少，散养鸡蛋成了紧俏商品。随着人民生活水平的提高，出售家养鸡蛋、鸭蛋和鹅蛋的越来越少，大多留自家食用。规模养殖实行圈养，定时防疫、及时消毒、对饲料进行科学配比，通过科学管理，蛋鸡产蛋量高，肉鸡出栏快，一般50天就可出栏，规模养鸡已成无极畜牧业中的支柱。

20世纪90年代前，饲养的牛、马、骡、驴大牲畜主要是役用。90年代后，随着科学技术的发展，农用机械的普及应用，役畜完成了历史使命，“耕畜”已成为历史名词。大牲畜饲养实现了三个转变，由役用向肉用的转变；由一家一户的零星饲养向规模化、集约化养殖转变；由农业经济的补充向农业经济的主导产业的转变。养殖业已经成为农民增收致富的主要途径。

肉牛养殖。无极县的肉牛养殖源于高头回族乡。这个乡的高头、谈下两村的回族群众素有养“占牛”（肉牛的俗称）的习俗，这一习俗起初只是家庭副业，“耕牛”淡出农业生产后，亦成为肉牛养殖业发展的基础。20世纪90年代后，高头乡一些农户从外地购进架子牛，舍饲育肥后屠宰、加工、销售。异地育肥从购进到出栏约3个月，可增值300～500元。异地育肥的可观效益，刺激周围乡村的养牛业的发展，进而向全县辐射。

奶牛养殖。无极县奶牛养殖起步较晚，1989年以前仅有零星饲养，1989年全县仅有奶牛7头。20世纪90年代后期，随着人们生活水平不断的提高和科学饲养技术的成熟，奶牛养殖的经济效益逐步提高，奶牛养殖数量不断增加，已成为农民发家致富的又一途径。

肉羊养殖。20世纪90年代初期，无极县肉羊养殖主要集中在郝庄、西东门、庄里、泗水、七汲等滹沱河、木道沟沿岸乡村，其他乡村也有少量养殖，品种较杂，放牧与圈养结合，夏秋放牧于道旁村边、冬春则囿于圈中，饲喂一些秸秆或青干草。20世纪90年代后期，秸秆饲料的开发，为舍饲养羊提供了条件，养羊数量和规模增大，出现了专业户、村，品种以适应性强、繁殖率高、生长快的小尾寒羊为主。

20世纪70年代，一些村庄利用村内天然池塘放养鱼种，产量低、效益底。到20世纪90年代，人们加大对池塘投入，养殖品种有鲶鱼、鲤鱼、草鱼、鲢鱼以及具有较高观赏价值的金鱼、锦鲤鱼等；进入新世纪后，人工养鳖悄然兴起，品种主要是中华鳖；另有养殖水蛭、林蛙、河蟹的，但数量较少。

养狗。过去养狗为看家护院，进入20世纪90年代后，有人养宠物狗或出售宠物狗。

第二节　生活习俗

随着人民物质生活的改善，消费观念不断改变，消费层次逐步提高。衣、食、住、行、用及娱乐等追求高标准，祈盼生活高质、高雅、舒适、方便成为大众的普遍社会心理。人们尤其年轻人追求时尚显个性，主要反映在服饰、饮食、居住、交通、通信工具等方面。

一、服饰习俗

1. 服装　20世纪90年代衣服花色品种日渐多样，西服、休闲服、筒裤、弹力裤、夹克、女高领衣、翻领衣、圆领衣、裙服、太空服，各种针织内衣、毛衣、呢子大衣、羽绒衣库、毛皮衣、皮革衣等等，服装的质地、颜色、式样都有了质的飞跃。布料品种繁多，如毛料、化纤、纯棉、毛涤、羊绒等。进入21世纪，人们穿衣不仅讲究质量、花色，还追求品牌、时尚，体现自我个性、修养和职业特点，服装可以说是色彩斑斓、万紫千红。尤其女性服装更是多姿多彩。上衣有仿古式、蝙蝠式、唐装式，衣袖有长、中、短之分，还有无袖衫；下装有老板裤、马裤、西裤、9分裤、7分裤、休闲裤、花裤、紧身裤、牛仔裤；还有连衣裙、裤裙、套裙、一步裙、超短裙、朝鲜裙等等。男子的服饰以各种西装、休闲服、牛仔服、夹克服为主，各种款式的毛衣和羊绒衫成为男子在春秋季节穿用的主要服装。夏季主要有各种衬衣、T恤衫等。冬天穿丝棉防寒服，羽绒服、羊绒大衣、皮衣等取代。同时人们选择服装强调“绿色环保”性能和“保健功能”，人们多是购买服装，少数人请服装店量体裁衣。90%的百姓喜欢购买棉麻毛丝等天然纤维面料的服装。老年人的服装美观大方，抛弃了过去穿对襟上衣和老式中山装及老式大棉袄的习惯，改穿休闲服、羽绒服、夹克服和运动装等，服装的颜色也转向艳丽。

随着服饰款式的变化，服饰面料也发生演变。20世纪90年代初期，服饰面料以涤卡、的确凉、花细尼为主，全毛、毛涤料比较昂贵。90年代中后期，麻、皮、真丝、精纺毛料开始进入百姓家，羊毛衫逐渐代替毛线衫。21世纪初，纯棉、亚麻、毛料、真丝已十分普遍，羊绒衫等各种化纤混合的服饰开始流行。

2. 鞋帽　20世纪80年代后，鞋的种类增多，有布鞋、皮鞋、凉鞋、胶鞋、拖鞋、运动鞋、旅游鞋等。皮鞋尤为盛行，有平跟、半高跟、高跟之分，有平头、尖头、三接头之别，样式繁多。颜色以黑为主，兼有紫、棕、黄、红等。90年代后，市场上鞋子的种类和样式丰富起来，质量和档次也普遍提高，各季节穿用的各种样式的时尚皮鞋、皮凉鞋、雪地鞋、登山鞋、旅游鞋、运动鞋、休闲鞋大量上市，增加了人们的挑选余地。皮鞋面料，既有纯皮，也有合成革类。鞋底多用橡塑、牛筋、聚氨脂等制成，结实耐磨，富有弹性，穿着轻便舒适。21世纪初，单、棉拖鞋已成家庭必备品。出行时以穿皮鞋为主。青年学生喜穿休闲鞋、球鞋，中青年女性以穿高筒皮鞋、发糕皮鞋、名牌旅游鞋、运动鞋等。村民务工务农多穿胶底布鞋和“解放鞋”。手工布鞋已少见。

穿袜方面，20世纪80年代后期，人们崇尚尼龙袜、锦纶丝袜。90年代，袜子种类增多款式新颖，颜色各异。面料有棉、纱、丝织、化纤等。样式有高筒袜，又有连裤袜，色彩丰富，穿用也很美观。21世纪初，袜子品种有长筒、短筒，环保、防臭，双层、多层，棉织、化纤、锦伦等袜，供人们选择。

20世纪90年代前后，人们戴帽子主要是为防寒、防晒、防雨，男性冬戴棉布帽、皮棉帽、绒帽、毡帽，女性及儿童多用毛线织的“一把抓”、脖套及兔耳帽、老虎帽。夏天戴尖顶草帽、圆顶草帽、蘑菇式草帽，还有用布做的折叠式太阳帽。随着生活水平的提高，人们戴帽子除了御寒、防晒、防雨，还做为一种装饰，四季皆有用者。帽子式样有蓓蕾帽、遮阳帽、滑冰帽、旅游帽、八角帽、军便帽、鸭舌帽、劳动帽、无檐罗宋帽等，还有佩戴各种饰品的装饰帽，如网眼帽、小辫帽，还有用毛线、秫秸、树条、花枝等编织的款式特殊的工艺帽，且帽子的式样越来越多。随着人们越来越注重衣装发型，戴帽子的越来越少，大多数年轻人不戴帽子。

3. 饰品、发型 1978年后，佩戴首饰之风渐盛，尤其是20纪80年代后期，人们日益富足，女性都有几个别致漂亮的有机玻璃发卡或头花。20世纪90年代后，女子佩戴耳环、戒指、项链、手镯等首饰已很普遍。开始人们戴的大多是银制、黄金制或铜制饰品。进入新世纪，人们多佩戴金、银、珠宝等饰物。戒指、耳环、项链已作为青年男女订婚的三大定情之物。除此之外，盛行佩戴胸针、发卡、领花、耳坠等饰物。

20世纪80年代起，无极县女性开始烫发，有大波浪、小波浪，有全烫、部分烫；主要发型有披肩发、荷叶式、青年式、小花型、大花型等等；男子发型一般为游泳式、西发、长鬓发等，大多仍留平头和分头，也有留大背头的，亦有极少数青少年蓄长发，女性多剪短发、扎“马尾”辫（在脑后把头发扎起，形如“马尾”）或在脑后把头发分开、左右各梳一个“刷子”、或留披肩长发。20世纪90年代后，人们发型有了转变，烫发、染发流行。染发分两种情况：年纪大的人们，为保持年轻，把白发染成黑色；追时髦的青年男女，把头发染成红、黄、灰等色；有的中青年女子将头发拉直，有的烫成爆炸型，离子烫、玉米烫、锡子烫、ABB、干洗等名目繁多的烫发形式相继出现。妇女发型多样化，自然披肩、烫发披肩、短发、盘头等广泛流行。

4. 化妆品 20世纪90年代前后，县城100%的女性使用美容美肤品，80%多的女性购买化妆品，口红、唇膏、眉笔等等。进入21世纪后，化妆品种类增多，还出现了一些专门为女性开办的美容美体机构。随着人民生活的富裕，农村女性使用化妆品的逐渐多了起来。

二、饮食习俗

1. 主食 改革开放后，人民的生活水平日益提高。20世纪90年代初，人们一日三餐逐渐以细粮为主，主食主要有馒头、花卷、面条、包子、饺子、烙饼、炒饼等。大米亦成为无极百姓的主食。人们偶吃粗粮，是为合理搭配营养和调剂口味。早餐有拉面、刀削面、肉合子、油条、烧饼、馄饨、豆浆、豆腐脑……特色小吃遍布城乡。由于工作生活节奏加快，城镇居民，尤其青年家庭以面包、蛋糕、牛奶或从超市采购方便面、速冻食品为早餐。

2. 副食 20世纪90年代前，人们的副食很单调，春、夏、秋三季主要有菠菜、茄子、豆角、土豆和各种瓜类，入冬后主要是白菜和萝卜。人们除把一部分萝卜腌成咸菜外，多把白菜和萝卜放入菜窖储备，随吃随取。肉和蛋类品种很少，只有猪肉、鱼和鸡等。食用方法也比较简单，只是熬、炒、炖。用餐以粮食为主。20世纪90年代开始种植大棚蔬菜，人们的副食开始丰富起来，一年四季，各种新鲜蔬菜不断，且品种类别也多样化，新增品种如苦瓜、蒜薹、蒜黄、莴笋、空心菜、茼蒿、西兰花等，可以任意选购。同时蛋、奶、肉、海鲜制品已摆上千家万户的餐桌。人们从过去单纯食用猪肉，偶尔食用牛羊肉的状况变成随时都能购买食用各种肉类，如猪肉、牛肉、羊肉、鸡、鸭、鹅、鱼等。以前，只有过年、节才能吃到的菜肴，现已成为日常菜。城里人家中来客或办红白喜事，大多已不在家中宴请，而是去饭店；农村待客或办喜事，多为12盘、16盘或20盘不等。

3. 烟酒 无极人好客，烟酒茶家庭常备。随着时代的发展，人们对身体健康的重视，高度烈性白酒正逐渐淡出。城乡居民多饮40度左右的中档白酒，且每年一个或多个白酒品种受到群众喜爱，全兴、金六福、炉州老窖、板城、衡水老白干、口子窖等曾在无极风光一时。不少酒宴茅台、五粮液、剑南春和洋酒等高档酒“唱主角”。啤酒、饮料成为大众饮品。90年代后，夏季街头夜市兴起，商家在街旁便道摆出夏凉桌椅，准备上凉菜、牛羊肉、冷饮、扎啤。居民全家、同学、同事或朋友三五成群围在一起，吃菜饮酒，乘凉聊天。

三、居住习俗

20世纪80—90年代，农村建民房，房子多为砖、木结构，也有空心楼板的。用灰渣水泥打顶。室内水泥地面，白灰抹墙，门窗也多为木质结构，玻璃窗户。房舍举架3.2～3.3米。跨度为5～6米，红砖水泥浆砌三七墙到顶。县城农户开始自建两三层的楼房，楼外墙贴白色、粉红色瓷砖或马赛克、水刷石的日渐增多，且普遍加防雨走廊，称“夏架”，还有少数盖虎头屋的，多是玻璃窗、玻璃连窗门，水泥、水磨石或地板砖地面；混凝土屋顶。20世纪90年代到21世纪，人们盖两、三层楼房带起脊，红瓦尖顶，建有卧室、客厅、书房、卫生间、厨房、阳台等；外墙贴白色、浅黄、粉红瓷砖；或抹水泥墙涂各色涂料，白色、米黄、天蓝、浅红色较多。楼内地面多贴地面瓷砖，少数富人贴花岗岩、大理石地面和台阶，都建有上下水管道和供电、供气、供暖设备，电话、有线电视线等均铺设墙内。室内美观雅静。21世纪后，楼房多为6加1式，即上面6层为住宅，下面1层是库房，住房设施大体相同，水、电、暖配套；县城有一座12层高层。面积也越来越大，由过去的五六十平方米发展到100多平方米。房间布局日趋合理、实用，格局2室1厅、2室2厅、3室2厅2卫，还有4室2厅2卫。

1. 结构 20世纪90年代后，农村的民房由砖木结构向钢筋水泥结构、现浇顶平房发展，过去的木质门窗逐步过渡为钢窗、铝合金或塑钢门窗，室内乳胶漆刷墙，铺地板砖，门窗及房顶、墙裙多进行装修，房外刷涂料或水刷石，新世纪后，富裕起来的农村居民户，建起了2或3层住宅楼，结构、布局与城镇楼房一样，农村家居向城市化迈进。

20世纪90年代初，城镇居民住宅楼，整体为砖混结构，木制或钢制窗框，木门；楼层之间相隔用空心楼板。20世纪90年代末，多为铝合金、塑钢门窗，楼层之间隔板为现浇结构。2000年后，钢筋混凝土结构向框架结构过渡。

2. 器具 随着社会经济发展，家庭器具品种不断丰富，室内装饰和用物随时代的变化而变化。20世纪90年代前，农村家居都不装修，白灰墙、土地、砖砌地或水泥地面，室内多摆设用于装粮食瓮、缸或衣物的木柜。20世纪90年代，随着人们的富裕，室内装修的人家也逐渐多了起来。20世纪80年代中后期，大、中、小衣柜渐渐进入农村家庭。姑娘出嫁，娘家陪对箱子或衣柜一个。做针线活用的手针，只有少数家庭有缝纫机。做饭用大锅大灶，夏天也有用煤油炉子的，因当时煤油不敞开供应，使用的并不多。洗衣用手搓，乘凉多用蒲扇、扇子。进入20世纪90年代后，随着人民生活水平的提高，人们开始追求干净、漂亮、舒适的家居环境，家中摆放组合柜、沙发，电视、电风扇、洗衣机等家用电器基本普及。多数家庭夏天使用液化汽做饭。一些经济条件好的家庭安装了空调和电脑，“楼上楼下、电灯电话”都变成了现实。

3. 迁居 迁入新居时，大多选择吉日。搬家当天，在日出前把锅灶搬入新居，并点火蒸一锅起面馒头，馒头起的越大，说明主人家越发家；中午请亲朋好友来认门，吃顿饭，称“支锅”，主人备酒饭款待，亲朋好友送礼物或人民币表示祝贺。

4. 庆典 庆典是指为重大活动举行的庆祝典礼。服务业的开业庆典多选在看好的吉日或对集市的日子举行，店门口摆上装饰花篮，悬挂彩绸，燃放鞭炮，有的还请来乐队，载歌载舞招揽行人，渲染喜庆气氛。企业开业多选择在风和日丽的天气，鞭炮齐鸣，以示祝贺。餐饮业开业，多大张旗鼓宴请亲朋和关系户，以求今后多关照。

四、交通习俗

20世纪80年代后，自行车仍是人们最普遍的交通工具，家家户户都有，其品牌、式样、颜色日益增多。90年代开始，轻便摩托车成为城乡青年人的时髦交通工具。农用“三轮车”（俗称三马子）、拖拉机成为农村的主要交通工具。21世纪初，自行车、摩托车、电动助力车（简称电动车）成为城乡居民出行的主要交通工具，尤其电动车，速度介于自行车与摩托车之间，不上牌照，不用油，以其轻便、安全、环保等优势受到青年人喜爱。随着经济的发展，富裕家庭中面包车、小轿车日渐增多。

五、通信习俗

20世纪90年代，固定电话先后在城乡居民家中普及。手机（时俗称“大哥大”）开始使用，但由于体积较大，价格昂贵，仅为少数人和有关部门拥有。而寻呼机则以价格低廉被大众接受。90年代末，手机价格降低，寻呼机逐渐被淘汰。进入21世纪，手机开始流行，且品种、样式、性能更新速度快，外观越来越时尚小巧，功能增多，除通信外还可随时随地获取娱乐、生活、新闻等各种信息，也可上网、拍照、摄相。

六、礼仪习俗

1. 称谓 20世纪80年代后，无极县农村称父亲，口头语叫“爹”，母亲叫“娘（nia）”。工职人家叫“爸”“妈”。到21世纪，非工职人家也叫“爸”“妈”的。祖父、祖母叫“爷爷”“奶奶”。对父亲的兄长和兄长的妻子，称“伯伯”“大伯”“娘”或“大娘”。对父亲的弟弟、弟媳称“叔”“叔叔”“婶子”或“婶”。对父亲的姐姐、妹妹叫“姑姑”，对母亲的姐妹叫“姨”，母亲的兄弟叫“舅”。其他亲属间称谓与北方地区相同。

现今社会交往中，出现了许多新的称谓。20世纪70年代，把商店售货员、售票员等称“同志”。过去把大家闺秀称“小姐”。现称售货员、售票员等服务行业的人为“师傅”，个体业主为“老板”，开出租车的司机为“的哥”“的姐”。

2. 礼节 无极历史悠久，民风淳朴，历来崇尚礼仪，境内的人民热情好客，和睦乡邻，尊老爱幼，礼貌待人。熟人相会，握手寒暄后谈及他事；骑自行车路遇熟人，先下车后说话；骑摩托车或开车路遇熟人按喇叭打招呼；请人让路，先说“借光”或“劳驾”。碰了别人或打扰别人首先道歉，说声“对不起”，邻里、亲友、同事见面，互打招呼以表亲切。宴席上尊客让座，先与客斟酒，主人起立，举杯同饮，幼者巡回敬酒、布菜，陪客用饭，递烟倒茶，嘘寒问暖。客来家中，笑脸相迎，引导客人进屋，让客先行。让座时请客人坐左边或里边，表示尊敬。落座后，主人主动递茶点烟，若客人带小孩，则主动热情给小孩食物，并问话、夸赞。待客吃饭，先酒后饭。主人斟酒要满，每干一杯，要让菜；等客人酒足后主动要饭才能上。吃饭时，主人主动给客人添饭；主人要等客人吃饱后才能放筷子。饭菜要有剩余。客人告辞，主人要挽留。走时要送客到街门外，握手言别，说声“慢走”“以后常来”等，待客人走远，主人才回家。

3. 走亲（亲戚间来往称走亲） 改革开放前，多用篮子提馒头走亲，主人酒饭招待，宾主拉家常，问候亲戚等。饭后，客给主人留馒头，谦让后主人留下。如今走亲，带点心、水果、肉、蛋、奶或其他礼品。探问病人，要择吉日上午探视，忌过中午。

七、生育习俗

妇女怀孕当地称“有了”或“有喜了”。

20世纪80年代后，请接生婆到家里接生孩子的现象没有了，都到医院生产。

从妇女怀孕始，其娘家和婆家即为孩子准备衣物、被褥等婴儿用品。婴儿降生的第三天，小孩姥姥、姥爷带小孩被褥等前来探望。过12天，并不确定在产后12天，择吉日在产假内即可。亲戚朋友多以女性和小孩为主，带挂面或面、鸡蛋和小孩衣服、锁钱（视亲疏关系，90年代初期10～100元，进入21世纪100～1000元或更多）等前来祝贺，中午宴宾朋，亲朋离去时不能空手而归，给玉米花或方便面。小孩满月后，邀请亲朋好友喝庆满月酒，多以男性为主；满月后小孩要回姥姥家住，天数有长有短。

八、生日与寿诞习俗

过生日与寿诞属于人生的礼仪习俗。20世纪90年代前，人们过生日，全家人聚在一起，吃面条，面条越长越好，取长寿之意。进入20世纪90年代后，城里人兴起吃生日蛋糕、点生日蜡烛、唱生日歌的习俗。

祝寿　主要是指给上了年纪的人举行的庆寿活动，无极境内老人60岁后开始祝寿，一般过60、66、70、80、88、90、99岁，寿数越大越隆重。20世纪80年代初，为老人祝寿的习俗开始恢复，但礼品简单，规模也较小，只有自己子女参加。到了90年代，特别是进入21世纪，此风渐盛，规模增大。老人生日，子女及亲朋携带寿桃或生日蛋糕为老人祝寿，家里备宴席，县城有的去酒店庆祝。73岁、84岁被认为是人生大坎，民间有“七十三、八十四，阎王不叫自己去”的俗语。到了这两个年龄，老人一般虚报岁数，或大或小一岁；还有就是穿红衣服或抽红腰带，免灾辟邪。

从20世纪90年代前，中青年过生日，一般吃肉卤面，称“长寿面”；吃烧饼和两个煮鸡蛋，说能长寿，圆合；有的吃长寿面、烧饼、馒头。90年代后，一般人家除吃长寿面外均购买生日蛋糕，一家人点生日蜡烛，青年人唱生日歌，生日者吹灭蜡烛后，全家分食。中小学生过生日，同学之间互送纪念品或到家中请客等。

儿童过生日，过去吃面条、烧饼。如今都吃生日蛋糕，点蜡烛，父母和孩子一起唱生日快乐歌，孩子吹蜡烛，一家人欢笑分食蛋糕。

九、婚嫁习俗

20世纪80年代前，无极人的婚姻观念和行为，始终延续着多年来一直继承下来的固有传统。讲究门当户对，讲究家庭成份，重学历的高低等。20世纪90年代后，原有的婚姻选择观被迅速打破。无极的婚嫁多为新旧结合式联姻，但其程序一般是提亲、自由恋爱、订婚、下聘礼、催妆、结婚、回门等。

提亲、自由恋爱　男女青年的婚恋，多是由亲朋牵线搭桥，双方相看相互满意后，进入谈恋爱阶段，两人通过一段时间的接触交往，相互了解后，介绍人带女方到男家串门，俗称“相亲”“相门户”或“相家（房）”。

订婚　男方备置酒席宴请亲友，介绍人带姑娘及姑娘家认亲戚等，男方要给姑娘订婚钱，备置彩礼。20世纪70年代，为布料一块，被面、床单、袜子等彩礼，80年代为三转一响（自行车、手表、缝纫机、收音机），90年代，为“三金一踹”（金戒指、金项链、金耳环、摩托车）。到了21世纪，除订婚戒指外，县城以北、以东一般都折合为人民币1万元左右，县城以南、以西为2～3万元，条件好的家庭给得更多，但要在结婚前给清。同时男方还要把婚房准备好。女方买一些纪念品或用人民币给男方回礼，讲究回双不回单。至此，双方确定了恋爱关系，常年来往，逢年过节、庙会时，男方请女方来家或赶庙会，还给女方100～1000元不等。

下聘礼、催妆　下聘礼就是在结婚前，一个月或更多的时间内，由介绍人把订婚时商订的礼金，全部送到女方家中，让女方置办结婚用品。男方择定结婚的日期，通知女方准备嫁妆为催妆，催妆时，男方还要用匣子装上婚娶单和四色礼。现在一般都折合成人民币，女方接到催妆后，即开始置办嫁妆，如衣饰、被褥、家用电器等候迎娶。另外还要通知亲友，备办“填箱”之礼，原来给被面、褥面、衣饰等，现已被人民币取代，100元至1000元不等。

婚检、拍结婚照 20世纪90年代，为了优生优育，国家规定结婚前男女双方要到卫生部门进行身体检查，持检查合格证明方能办理结婚登记手续。2003年，新《中华人民共和国婚姻法》出台实行后，不再实行强制婚检，但许多未婚青年男女，把婚检做为婚后优生优育的重要前提，主动自愿体检。婚前，拍结婚照已成为婚姻路上的靓丽风景。男方多穿西装革履，女方穿各色婚纱，大幅、小幅、不同造型的婚纱照，幅幅洋溢着年轻人新婚幸福、浪漫的情调。

结婚 婚礼是婚恋过程的最后一站。婚娶前先看好“吉日良辰”。婚礼的前一天，男方的族人和亲朋好友到达男方家中，族人们开始为筹备婚礼而忙碌，前往贺喜的人们连续不断；男方在大门及屋门贴对联、院内房内贴双“喜”字，新房内装饰拉花。20世纪70年代，由生产队马车扎制成婚车或用自行车迎亲。之后用拖拉机扎棚迎亲。到20世纪90年代后，流行起用轿车接新亲的风气，并且讲究用高档轿车。到新娘家后，女方家人为男方来客上茶，新娘由家中亲人收拾完毕，带着压车的（未婚男孩）、家中叔、婶、姐妹等送亲的一行人（为双数）及陪嫁。一般新娘父母不参加女儿的婚礼，现在也有参加的。姐夫也不许送小姨子，有俗语，“姐夫送小姨儿，一穷穷到底儿”之说。“新娘要脚下不踩地”，由新郎抱上车，花车抵达男家门口，鼓乐喧天，鞭炮齐鸣，由新郎把新娘抱下车。拜完天地，新人进入洞房，然后送亲的人们开始吃下轿饭。等亲朋好友到齐后，开始上拜，有新人双拜和新娘单拜之分，亲戚朋友要上拜钱，之后婚宴开始。开席期间，执宾（东家请来主持办婚事的，多为有威望的家族长者或村干部）率新郎新娘及新郎父亲，给客人拜席谓之“敬酒”，待娘家送亲客人走后，亲朋席散，结婚庆典告终。之后就是最热闹的闹洞房逗新娘场面。新婚三日不分大小，无论长辈，大小均可与新娘说笑打闹。但长辈和一些兄长多顾及自身尊严，很少参与闹洞房的活动。与新娘闹的大多是新郎的同事、同学、朋友及弟妹们。

十、丧葬习俗

旧时，人去世后入土埋葬是丧葬的主要形式。20世纪70年代后，国家大力推行殡葬改革，提倡人去世后火化，使丧葬习俗发生了变化。90年代后期，随着人们生活水平的提高，火葬后再用棺木土葬的习俗，在农村又开始出现。除此，丧葬各种习俗变化不大，基本上保持着原有的传统。

报丧 人去世后要报丧，这是传统习俗。丧主人把欲通知的亲属姓名住址开列清单，派人分头于上午去报，报丧者说明丧期及是否动客。无论远近亲属要给报丧人酒饭招待，现多以现金代替，视远近给30～200元不等。20世纪90年代末，随着电话特别是手机的普及使用，一般打电话或发短信报丧。亲朋好友接到报丧后，多立刻赶往丧家吊唁。

丧事备办。停尸后，请大执宾主管丧事，设帐房主管收礼（祭品、钱物）和执掌开支。买棺木、白布。做孝衣、孝帽。带孝帽的不许到各家走动，城里人则臂戴黑纱，胸佩白花。有的人家请吹鼓手，搭灵棚，以备停棺、开吊、上祭。大门口边上的墙上压灵灵幡，并把死者生前用过的被褥扔在房顶上。

打墓穴 由长子带领4～7人，到墓地挖墓坑，挖墓的多为年轻有力之人。看好方位后，摆上供品，长子挖第一锹。

要做纸扎。原来的纸扎多为金童玉女、纸人纸马、纸车纸牛、院落房屋等物。20世纪80年代后期，在传统纸扎的基础上，增加了现代生活用品，如电视机、洗衣机、电冰箱等。90年代后，有的扎汽车、飞机等。

出殡 俗称“出灵”。孝眷于灵前哭祭后，由人搀扶倒退至路心跪地等待。启棺时，长子扛“引魂幡”，摔“丧瓦”，跪地磕头。帮忙人放二起脚鞭炮，男随棺步行，女坐车，孕妇不能去坟地。抵墓地，下棺时跪坟前致哀，葬毕，返回。

守孝和忌日。在孝日，“百日”内禁办喜事。以烧“三七或五七”纸为主。在亡者死亡当天算起，每7天为1祭日，重要的祭日有一七、三七、五七、百日、周年、三周年。在祭日早晨太阳未出时，到坟前烧纸。“百日”必须上坟致祭。

第三节 节日习俗

无极节日习俗丰富多彩。传统节日中，新潮文化和怀旧情结同时并存，互为交融。社会节日越来越受到人们的重视，节庆气氛热烈隆重。

一、传统节日

随着时代的发展，无极过传统节日的习俗有改变和创新。春节“过年”仍是一年中最隆重的传统节日。进入腊月（农历12月），年味渐浓。清洗衣物，打扫房屋，置办年货。农村和城镇居民多采购现成食品备用。“腊八日”吃“腊八粥”，腌“腊八蒜”。腊月“三十”（小月二十九）清扫院落街道、贴春联、挂年画、吊灯笼，除夕吃饺子、喝辞岁酒、放鞭炮、供神位点蜡烛、烧香等，此俗在农村很普遍。20世纪80年代后，除夕夜，全家人一起观看中央电视台联欢晚会或其他文艺节目的增多。有些农村村委会在村内街道挂彩旗，慰问军烈属、给贫困户、村老干部、老党员送对联、米面、油成为当今春节过年的一大创新。大年初一早晨吃饺子、给长辈拜年、上坟祭奠（俗称上坟）。儿童穿新衣，戴新帽，长辈给“压岁钱”。初二至十四，走亲访友。正月初五为“五穷日”，放鞭炮“崩穷”。正月十五为元宵节。正月十七开始，过年气氛渐渐淡化。

20世纪90年代后，每年春节期间，县委、县政府均组织民间花会进城表演等活动，全县人民共度欢乐祥和春节。

农历二月初二为“龙抬头”之日，有“鲤鱼跳龙门”之说。当日吃“咸食”。“清明节”，上坟烧纸祭祖，学生到烈士陵园为烈士扫墓，进行革命传统教育。五月初五“端午节”，吃粽子。八月十五“中秋节”，吃月饼、水果，改善生活，全家团圆欢度节日。十月初一“寒衣节”，晚辈上坟给亡故的亲人烧纸、送寒衣等传统风俗仍在盛行。

此外，春节电话拜年，手机短信拜年，春节长假旅游，走亲访友礼品的升档，透露出新时代的气息。

战鼓争霸

二、节日

旧时节日习俗，虽多有来历传说，但多以吃食体现，而新的节日习俗，则以集会、娱乐、慰问、办实事等活动为主。

元旦 公历1月1日为元旦，俗称“阳历年”。城镇机关、团体、企业、学校、部队等均放假庆贺，悬灯结彩，张挂“欢度新年”“欢度元旦”等横幅，举办文化娱乐活动。随

春节文化舞狮

着生活水平的提高，农民也逐渐接受这一节日，元旦当天改善生活，亲朋好友相聚。

国际劳动妇女节　公历3月8日是国际劳动妇女节，又称“三八节”。一般各单位妇女放假半天，组织一些有意义的活动，如联欢会、报告会、座谈会、组织文体竞赛等。

植树节　1979年全国人大常委会确定公历3月12日为植树节。每年植树节期间，县组织干部、职工、学生、农民等开展义务植树活动，绿化、美化环境。

国际劳动节　公历5月1日是国际劳动节。许多城镇青年还选择此日结婚。1999年起假期改为3天，并将“五一”前后的两个双修日（星期六、日）连在一起成为7天长假，外出旅游者增多，有五一旅游黄金周之说。

青年节　公历5月4日为青年节，每年此日，各级共青团组织举行庆祝会、报告会、演讲会，举行入团仪式、表彰先进等，弘扬“五四”精神。

国际儿童节　公历6月1日为国际儿童节。每年此日，学校少先队组织多举办入队仪式，小学、幼儿园举办儿童联欢会、报告会。各级党政部门、团体到学校、幼儿园走访慰问，赠送节日纪念品。

中国共产党诞生纪念日　公历7月1日是中国共产党建立纪念日，各级党委举行纪念会，回顾党的历史，进行革命传统教育；举行新党员入党仪式，组织党员学习党的基本知识；召开优秀党员、先进基层党组织表彰会。

建军节　公历8月1日是中国人民解放军建军节，简称“八一”建军节。军队举行庆祝活动和拥政爱民活动，党政机关、民政部门开展拥军优属活动。

教师节　公历9月10日为教师节。学校举行庆祝活动，各级党委、政府表彰尊师重教先进单位和先进教育工作者；教育部门慰问离退休老教职员工，社会各界开展各种尊师重教活动。

老人节　农历“九月九”为重阳节，也是传统的敬老节日。据此风俗习惯，1988年，国家将此日定为“中国老人节”，社会各界开展各种尊老、敬老、爱老活动。

国庆节　公历10月1日为中华人民共和国国庆节。县内各机关、学校、厂矿等单位都要升国旗、插彩旗、悬挂横幅，举行隆重的欢庆活动。公职人员放假2天，城乡居民阖家团聚，改善生活。男女青年多趁此日订婚、结婚、外出旅游等。1999年起假期改为3天，并将“十一”前后的两个双休日（星期六、日）连在一起成为7天长假，外出旅游者增多，有十一旅游黄金周之说。

三、舶来节日

20世纪90年代后，情人节、母亲节、圣诞节、愚人节等属于西方的节日，随着外来文化的传入，在县内逐渐流行蔓延。

情人节　公历2月14日是“情人节”。青年恋人习惯在这天互赠礼品和鲜花，或到饭店用餐。手机普及后，多相互发短信表示祝贺和问候。

愚人节　公历4月1日为"愚人节"。20世纪90年代后期传入县内，很受年轻人的推崇。节日这天，互开玩笑以娱乐。

母亲节　公历5月的第二个星期日为"母亲节"。母亲节多为学生和青年人所喜爱。每逢节日，儿女们利用各种方式向自己的母亲表示爱心。有工作的青年人还专门在这天买服装和各种饰物或是宴请母亲表示敬意。

圣诞节　公历12月25日为"圣诞节"。20世纪90年代后期传入县内。由于人为炒作圣诞节几乎成为一种时尚，特别受青年人欢迎。24日晚为平安夜。每逢节日，人们互相问候，互寄贺卡，互赠礼物。有的商场店铺门前装饰圣诞树，并举行庆祝活动。

第四节　恶风陋习

赌博　改革开放后，随着生活条件的改善，赌博之风又日甚一日，打麻将、推牌九、押宝、执色子等，新世纪后，个别的借打扑克娱乐之名行赌博之实。有少数党员干部参与赌博。极个别的大赌棍以赌为生，开着轿车到僻静处，日输数万甚至几十万。还有在家或宾馆专门设赌局，从中抽钱。公安部门则实施抓赌查禁、罚款等。

吸毒　新中国成立后禁绝了毒品。20世纪90年代后，有个别精神空虚或心理不健康的年轻人吸食、注射毒品，吃摇头丸，但数量极少。

卖淫嫖娼　新中国成立后，政府打击取缔，卖淫嫖娼绝迹。20世纪80年代后，部分路边酒店、饭馆、私人旅馆有暗娼嫖客活动。90年代后有少数歌舞厅、旅馆、美容美发厅、出租屋有暗娼。21世纪后，经查封整治，已趋于绝迹。

迷信　新中国成立后破除迷信，宣传科学，普及文化，敬神迷信者减少。20世纪80年代后，敬神迷信之风有所抬头，有人集资建神庙；部分人算卦、相面、跳神者又重操旧业，有的还带了年轻徒弟，且生意兴旺。有少数领导干部和企业老板请所谓神汉神婆算卦，或自己在密室供神佛像，偷偷叩拜。

第五节　语言习俗

世世代代的无极人，在长期的劳动和社会交际中，形成了一套特色鲜明的地方语言，贴近标准语，但发音和语调又与标准语有明显差异，虽是方言土语，但鲜活形象、褒贬幽默、咀嚼有味、意味悠长，具有强烈地表现力和感染力。五里不同风，十里不同俗，在524平方公里的无极大地上，无极方言也有地域的差别。譬如，播种的耧，在县城南叫"耩子"，在县城东七汲一代叫"种使"。抹墙用的"抹子"，县城南叫"抹子"，县城东叫"弥面"。

一、无极方言选粹

日常生活类

A

挨（ŋai）摆：忍饥挨饿。

挨（ŋai）吸，挨训，挨说，挨吓唬，挨骂，挨呲儿，挨损，挨数话，挨齐[cyi]嗓，挨剋【kei】：被人教育、训斥。

挨（ŋai）宰，挨捉，挨涮，挨捉胡，挨唬捉，挨棒，挨鼓捻儿，挨电，挨晒，挨捏，挨烫，挨攥，挨要，挨懵，挨摆楞：被人算计，受捉弄。

挨（ŋai）整砖不挨半截砖：出少点儿不干，事情闹僵后多出了好几倍。比喻挨重不挨轻。

碍（ŋai）妨：【1】妨碍【2】招惹。【3】牵涉。

碍（ŋai）妨人儿：【1】伤害他人。【2】语言中伤别人。【3】妨碍别人。

爱（ŋai）（耐）答不理儿：态度傲慢或冷漠的样子，不理不睬。

爱（ŋai）好（háo）儿：【1】爱打扮。【2】干净细致。

安（ŋan）揣，安（eān）扯：强加于人，强安插在某人身上。

安（ŋan）生：【1】安静。【2】老实，不乱说乱动。【3】女性作风稳重。

安（ŋan）赃：栽赃。

安（ŋan）分：本分

俺（ŋán）家里，俺屋里：丈夫对妻子的说法。

按（ŋǎn）坎儿：尺度；标准。

熬（ŋao）黑：天黑了还走路或工作。

熬（ŋao）黑乱夜哩：披星戴月，天晚了还不休息。

熬（ŋao）食，嘴头子壮：不挑食，胃口、食欲好。

熬（ŋao）眼，熬眼儿：熬夜。

熬（ŋao）菜：炖菜，杂烩菜。

熬（ŋao）鹰：本意是不让鹰睡觉而进行驯化。比喻不让人休息。

B

八分下儿：装得或盛得不十分满。

八杆子邦不着，八竿子打不着：关系较远或不密切。

巴结：【1】奉承讨好别人。【2】生活困难，经济拮据。

巴巴结结：【1】稍微差一点点儿。【2】经济困难，日子不好过。

巴结命儿：命运不好，一生日子不好过。

巴不得：很希望。

扒拉两口儿：随便吃点儿。

扒（bǎ）钩儿：用铁丝做成钩状，固定在木棍的一头儿，用来采摘果实或扒东西。

拔不出眼来：看入了神，不想走了。

拔长轴儿：占上风。

拔凉，拔凉拔凉哩：特别凉。

拔气：霸气。

拔气米芯儿：原意是把自行车的气门芯拔了。喻指给别人泄气。

拔麦子：收小麦。

把（bá）划把划，把撒把撒：反复而认真地看。

把（bá）脚（jiào）：大人抱住小孩子的两腿，并把两脚撇开，让其撒尿、拉屎。

把老人打发俩：尽了孝心，把老人侍候的去世了。

把人看扁俩，把人看左俩：看着某人没水平，对他瞧不起，看得低。

把（bá）式：技术高的人。

把面担（dàn）担（dàn）：面粉磨得不细或生了虫子，用箩筛一下。

掰帮：搞分裂。指从一个家族中或团体中分出去。

掰不开胶儿：【1】过去经布时（织布前的一个必做的程序），线子绞在一起，分不开。喻指东西或事物纠缠在一起，理不出头绪。【2】腾不开手。

掰掐掰掐，分派分派：详细认真地说道说道。

白不咋儿，白咋儿不咋儿，白不走么干儿：【1】没造成后果，毫发无损。【2】一点问题也没有。

白长不短儿：不知道为什么。

白搭：【1】卖东西时，给够了顾客应得的东西，再白送一些。【2】不起作用。例：他太犟死礼儿，想要干什么，别人怎么劝也是白搭。

白大灰：生石灰粉，熟石灰的干块。

白东不西儿哩，白不东西儿哩：【1】不知道为什么。【2】无动于衷，一点反应也没有。

白地（di）：什么都没种的耕地。

白眼狼：忘恩负义。

百嘛儿不是，百儿不是，百摆儿不是：【1】什么都不是。【2】不成器，什么都干不成。

百茧儿不结，百茧儿不干：好吃懒做，什么都不干。

摆格式：事情办妥，达成协议后，立字据时摆酒席。

摆楞，摆弄【1】摆布。【2】制造事端。【3】反复拨动或移动。

摆稀粪：没事弄事儿，设置障碍。

摆谱儿：摆门面。

摆小席儿，换东西儿，换礼儿：【1】恋爱成熟后，通过媒人撮合、协调，男方摆几桌酒席请女方家人和媒人。席间，男女双方互换定亲礼品。【2】此项礼仪活动在旧时的"三书六礼"中叫"纳徵"，或叫"过大礼"。

摆划：乱说。

般儿般儿多，一般儿多：同样多。

搬墩儿：比喻在市场上组织货源，现趸现卖。

板筋：原指牛背连接全身运动肌肉的主大筋，形容某人脾气死板。

办尿炕的事儿：做不光彩的或坑人的事。

半不倒儿：不倒翁。喻指身体虚弱，一碰就倒。

半膘子：头脑简单，做事鲁莽。

半病子是痨哩：有慢性病，身体虚弱。

半逼子去（qì），半格子去：到一边去。

半骨桩子：身强力壮的年轻人。

半饥不饱：没吃饱。

半拉半：到一半的程度。

半瓶子醋：水平不高。

半傻二不俏（ciào）哩，半兴不道地（dī）：【1】不精明。【2】对关系不错的人做错了事善意批评的话。

半生不熟哩：【1】食物没蒸熟煮软。【2】指智力或智商不高，为人处事水平低。

半语子：【1】小孩子刚学说话，话说不完整。【2】语言障碍，话说不清。

半新不旧：不新鲜。

拌杠：【1】争辨。【2】两口子闹矛盾。

傍服：仿佛，相象，两个东西相差不多。

梆子头：后脑的枕骨比较大。

棒人：坑人，要的价格远远高出市场价。

饱汉子不知道饿汉子饥：得到了的不知道得不到的心情体会。

饱实：果实颗粒饱满。

薄（bǎo）气：出手不大方，小气。

褒贬是买主：想买这件东西，却故意说卖主的东西不好。

报销俩：【1】完了。【2】作废了。

保举：推荐。

备不住：有可能。

背固：不容易发现的地方；偏僻。

背黑锅：替别人担不好的名声。

背（bēi）哩坯俩，背哩伤俩：【1】被牵挂而受到损伤。【2】不情愿的替人担了责任。

背兴（xìng）：倒霉，不走运。

被窝里汉子，窝里横：【1】在家里横，到外边软。【2】背地里说大话、充好汉的人。

本儿里串，平不杆子：做小买卖没赔了也没赚了，正好够本钱。

崩箍散摊，崩套：不团结，各奔东西。

崩老，过老劲，搬过劲俩，搬过杠俩：态度强硬或架子太大超过了度，弄得别人不理会他了。

崩群：成群的动物跑散了。

崩坛子：用陶瓷坛子炖肉。

甭应哩：【1】稍等一下或等一段时间。【2】暂时不要。

甭应俩：不用了。

鼻子风发：由于感冒引起的鼻塞、流涕。

鼻子聋：嗅觉迟钝。

编派：诽谤，无中生有，说人坏话。

扁皮：【1】薄。【2】不饱满。

摽劲儿，对（dèi）摽着：对峙着，互不示弱，互不相让。

别（biè）劲儿：【1】找别扭。【2】不顺畅。

别（bié）楞：脾气暴躁，处事别扭，不随和。

憋堵：【1】个子长得矮，而且粗胖【2】说话不痛快。

憋屈，憋气，憋堵哩慌：受委屈，心里憋得慌，气不顺。

拨摆拨摆：【1】遇到麻烦事找人通融通融、协调协调。【2】宅基有问题找明眼人指点指点，【3】身体不舒服让人针针、把罐、推拿、理疗一番。

拨转开：协调运作，特指弄点流动资金，让生意、生产活起来。

补付：带有感谢的意思还帐。

不吃劝：不听别人劝告。

不成杏儿，不成事，没（mǔ）来头，没影戏，没影气：【1】不成器。【2】没准头，没能力。

不冲趟儿：不走正道儿，行为个别，不按规矩办事。

不打紧儿：不要紧。

不打拢儿：对别人的建议无动于衷。

不打账儿：没在计划之内。

不得（děi）劲儿，不得发：不舒服。

不对（dèi）缘（yan）法，不对眼：不对脾气，不投缘。

不够两儿，不够斤两儿：缺斤少两。

不合流儿，不搁流儿：脾气古怪，与多数人搞不到 块。

不活套：死板，不灵活。

不慌食儿：小孩儿、小动物食欲不强，见了食物不抢着去吃。

不济（zyī）：心术不正，办坏事。

不见起：不一定。

不见眼儿：东西不多，分量太少。

不聚（zǔ）兴：不尽兴，不满足。

不离（利）皮：【1】皮和果肉不好分开。【2】不顺利。

不落（lào）意，不落（lào）忍：心里过意不去。

不铆翘：【1】不合适。【2】不和谐，有矛盾。

不欺力儿：不吃力，很轻松地做一些事情。。

不欺生，不丑生：对生人不欺负，不小看。

不情理：不讲道理。

不全活：技术不全面。

不入饥肠：吃了很多东西还觉得饿。

不是白吃干饭哩：是有工作能力的，不是能吃不能干的。

不是差一推刨两推刨地（哩）：比喻差得太多。

不是驴不走就是磨不转：不出这样的问题，就出那样的问题。

不是善茬子：【1】不是好欺负的。【2】不随和，不善良。

不是省油的灯：【1】调皮，不安份。【2】不是好惹的人。

不图利不打早起：积极办事是为了得到好处。

不稳不当哩，不沉不稳哩：不安稳，不稳重。

不祥当：【1】不正常，不是好事。【2】预感不好，不祥之兆。

不须乎，不捋须：不记得，没印象。

不沾俩，不行俩：【1】失败了。【2】死了。

不沾弦，不沾气：不行。

不长成色（chǎi）：不长出息。

不长节（ziě）盖，不长节（ziě）带：不长出息，办嘎咕事儿。

不着调，不着边儿，不着靠：【1】飘浮，不稳重。【2】不可靠，没准头。

不知道省细：不注意节约。

不知死哩鬼：原指已经病入膏肓，快死了自己还不知道。喻指事业或事情快不行了，还盲目投入、瞎干、蛮干。

不值钱：【1】东西价值不高。【2】不讲道理，耍无赖。

不洋不睬：不理睬。

不冷不热：态度冷淡。

不索不利：不利落。

不济事：不顶事。

不稀罕（不待见）：不喜欢。

不支声：不吭声。

不当不正：不端正。

不荤不素：关系不好处。

不断头：连续不断。

不中吃：不好吃。

不打紧：不要紧。

抱大腿：巴结有势力的人。

布绝（zūē）线子：喻指乱七八糟的小事。

C

财白：钱财 。

菜和尚，菜虎子：【1】爱吃菜的人。【2】能吃能喝，就是不能干的人。

藏猴儿，藏偶儿：捉迷藏。儿童、少年玩的一种游戏。

藏着掖着：偷偷摸摸地做事。

糙巴：【1】表情憔悴，疲惫无神。【2】粗糙

草鸡，草鸡毛，草鸡蛋：【1】软弱，害怕。【2】认输了。

蹭度，蹭蹭度度：磨蹭，行动迟缓。

查可：调查，追问。

插话，插言：别人的话还没说完时，抢着说。

差八胡：错位，掉个儿，大错特错。

差不了大花：大花是指秤杆子上的斤和十斤的标记。比喻差不了太多。

差（chà）二逻三，差二落（là）三哩：错误太多。

岔（chǎ）漏儿俩：走错或想错了，没走到或没想到一块。

掺伙：【1】参与。【2】加入别的东西。

缠交：总共的费用。

缠磨头，缠麻头：指纠缠不休，使人着烦。

缠线蛋子：啰嗦，办事不痛快。

长（chǎng）巴子瓢：长得朴准的瓢，把儿长瓢大。喻指某人成才、成器。

超太：绰绰有余。

潮各粘粘哩，潮古拉啦哩：很潮湿。

抄地：扫地。

抄院子：扫院子。

朝见：看见，发现。

吵包子：吵架。

吵哩慌：吵嚷得厉害，让人心慌。

枊（chào）：让牲口往后退的口令。

车棚筒，上门筒；稍门筒：过去能放车的大门洞。

扯吧儿：大大咧咧，爱说爱讲。

扯不清拉不断：【1】没法断开。【2】没完没了。

扯啦：大气，豁达，仗义疏财，广交朋友。

扯布：买布。

撤地：为使地平整，把地势高的土拉走或弄到低处去。

抻爪儿：【1】伸爪子。【2】挑衅别人。

陈厚：富有，有经济基础。

成柴：成色，质量。

成年家，成年介：一年到头。

成天家，成天介：【1】从早到晚。【2】天天如此。

盛不住事儿：【1】心胸狭窄。【2】心里怎么想的都说出来。

吃饱俩忘老大铁勺：【1】吃饱了忘记谁给做的饭。【2】别人给了好处，很快忘记了。比喻没良心。

吃不开：【1】人缘不好，有事不好办。【2】，打不开局面。

吃打俩：没计划好，人多饭菜少，不够大家吃。

吃顶俩：某种食物一次吃的太多，以后再也不想吃了。

吃独食：【1】有东西不给别人吃，自己享

用。【2】有了好处独吞。

吃饭穿衣论（量）家当儿：吃穿标准要根据自己的家庭条件而定。

吃架不住：承受不了。

吃酱：爱听表扬的话，一受表扬干工作的劲头就大了。

吃老喝老不干茧儿：好吃懒做。

吃哩住哩不累：吃住都不错。

吃粮不管酸：【1】吃饱喝足后不管闲事。【2】不负责任。

吃两眼井里的水：特指结过两次婚。

吃伤俩，吃伤老哩：【1】某一种东西吃得太多或吃腻了，一看见这种东西就反胃。

吃大两：占便宜。

眵（chi）麻糊：眼屎。

翅膀拐儿硬了：原指小鸟能独立飞翔了。比喻孩子长大成人，不听大人的话了。

冲要，通要：【1】很明显的地方。【2】四通八达。

丑捏人儿，丑差人儿：难为或欺负、排挤别人。

抽堵：【1】萎缩。【2】畏畏缩缩，胆小怕事。【3】畏葸不前。

抽（chōu）风呼噜儿：抖空竹。

抽空儿：挤时间。

抽冷子：趁人不防备。

抽身：脱身离开。

抽坠坠，抽堵：【1】态度不积极。【2】畏缩不前。

臭白：说别人的坏话。

出出样，比划比划：不来真的，表示表示，装个样子。

出杈儿俩：中间出了问题。

出故纵，出粘拱，起事，下鼓：挑拨是非，怂恿别人办坏事。

出坏：出坏主意，办坏事。

出见识：婴儿有了可逗可乐的动作。

出头子：指有能力，水平比较高，出类拔萃的人。

出养老：孩子们按年或月给上岁数的父母一定数量的钱或物。

处锅：原意是把锅砸了。喻指拆散别人的好事。

戳膀：身强力壮。

戳个子：站着。

粗里不见细哩见：忽略大的，只抓小的。

长果：花生。

长虫：蛇。

刺挠：痒痒。

垂头丧气：失意，心情不好。

D

搭帮儿：帮腔儿。

搭对（dèi）功夫儿，搭对（dèi）空儿，搭对时候：适当安排时间。

搭上茬儿俩：前后接续上了。

搭置：帮助别人梳洗装扮。

耷拉脸子：不高兴，表情难看。

打兑（déi）：抵消。

打底脚：【1】盖房子前夯实地基。【2】从地基开始，砌砖到地面。

打发：【1】侍候人。【2】给老人送终。【3】为搞好关系，把东西无偿的送给别人。【4】消磨时光。

打胡混儿，打混混儿：【1】胡乱掺和。【2】滥竽充数。

打马虎眼儿，打混胡儿：想蒙混过去。

打跑水：没有固定的门市和摊点，不是专门的生意人，流动性经商，有机会就捞一把。

打坯：把土放进木槽里，用石锤砸实后去掉木槽，把土坯垛起来，晾干后即可使用。90年代以前，用来盖房、砌墙、垒炕。

打破锣，敲破锣：【1】指在一边帮腔。【2】拆散别人的好事。

打死交：认死理，思想不开窍，疙瘩解

民情风俗

不开。

打瞎蒙，打瞎鬼：【1】光线暗，用手乱摸。【2】摸黑干活。

打点：事先安排。

打发：送走。

打眼脚：打垫角脚。

打哇哇：逗乐。

打鸣：公鸡叫。

打听：调查了解。

大呛脸：被顶撞，太不给面子。

大坑小窝，大坑小洼：不平整。

大扇车，讲门儿，瞎歪歪：指胡吹乱侃的人。

大稍门：过去富裕人家大门筒里的大门。

大势派儿：小题大做，摆样儿。

大小年儿：一般指果树前一年结得果子多了，第二年就结得少了。人们把这种现象叫果树的大小年儿。

带手儿：自身有技能。

带眼儿哩：有技术，内行，能看得懂的人。

待见：喜欢，喜爱。

当不当正不正：人站的或东西放的位置不合理。

当（dàng）村儿哩：一个村的。

当家里：【1】家庭或单位主事的人。【2】女人对丈夫的称呼。【3】过去，土匪对土匪头子的称呼。

当（dàng）钱（cián）儿：赌博。

挡持不拉脚，挡事不拉脚哩，挡手不拉脚，碍（eài）事不拉脚哩：站的或放的不是地方，碍事。

当面锣对面鼓：当面对质。

点补：先吃点。

倒（dǎo）兑（dēi）：变换，替代。

倒（dǎo）嚼（ziào）：动物反刍。

倒桥：倒退。

捣蛋：【1】调皮。【2】捣乱。

捣腾，捣楞，底捣，倒包：【1】翻腾，移动，把东西从这儿弄到哪儿。【2】买进卖出，贩卖东西。【3】调整。

道道儿多，道道子多，花花儿肠子多：【1】心眼儿多，主意多。【2】歪门邪道的计谋多。

得（děi）老便宜卖乖：得到了好处还说风凉话。

兑（déi）光，兑光兑，兑故兑，打兑：相抵消，互不相欠。

蹬鼻子上脸：比喻得寸进尺。

蹬转老棒槌：发生了根本性的变化。

滴溜着脸，丢丢着脸，苦丧着脸：不高兴，表情难看。

抵抵哆哆，抵抵磨磨，抵抵捣捣：啰啰嗦嗦，不大气，不痛快。

地动：地震。

点补点补：先少吃点儿东西，顶一阵儿。

点脚儿：腿脚有毛病，走路不平衡。

调（diào）蛋，调度：调皮要懒，不好好干活。

丢人百怪，丢人显眼：出丑，丢人。

东三西二五，着南不着北，着三不着两，着三不着四：不稳重，说话做事不可靠。

东一驰子西一驰子哩，流哩：东一下子西一下子，不专心，不安稳。

动星儿：声音，动静。

抖劲：骄傲，摆架子。

逗馋不逗嘴哩，到馋不到嘴哩：东西少，没吃够或没吃饱。

逗咳嗽儿：【1】引逗。【2】逗劲儿。【3】找事儿。

对（dèi）付事儿：好事儿；便宜事儿。

对（dèi）俩：对了。

对（dèi）头主儿：对家主儿，对家板儿，对死主儿：【1】对手。【2】找到事情的根本。

墩实：身体健壮。

耷拉：垂下来。

豖（du）点：用手指点、指责。

E

鹅（ŋe）着脖子：【1】办事的态度强硬。【2】乱开天价。

讹（ŋe）人儿：讹诈。

恩（ŋen）悬：少说多做，实实在在，为人厚道。

恩（ŋen）情：恩惠情义。

耳道胎子软，耳根子软：立场不坚定，没一定主意。

二八杆儿：差不多了。

二返脚子：【1】返回，折回去。【2】办第二次。

二胡两当：【1】拿不定主意。【2】马马糊糊。

二五眼，二五眼子：【1】功夫不到家，技术不全面。【2】事儿办得不圆满。

二婷八蛋，半膘子：做事鲁莽，说话没谱。

二中八下儿：【1】技术水平一般。【2】工作快做完的时候。

饿得前心贴后心：非常饥饿。

F

发憷：胆怯，畏缩。

发性：发脾气。

发噪：大吵大叫的发泄不满。

发实：个大身壮。

发福：身体发胖。

翻不清扣儿，翻不清个儿：一时糊涂，把问题想反了，脑筋转不过弯儿。

翻套：【1】不听指挥，不干了。【2】牲口不进辕里。

犯怵：惧怕，畏缩不前。

泛青儿：原指枯老的植物又发出了新芽。喻指岁数大了还面色红润、白净，体态轻盈不显老。

纺车，落（lao）车，卧子，拐子，柱，缯，孔空儿，锭子：纺线、经线、织布用的工具。

分不清里外码儿：分不清远近。指认识模糊，思路不清。

粉连纸：有光纸。

粉米，粉麦子：为了磨的面卫生、细腻，米或麦子在磨以前先在水中捞洗一下。

分派，批派：讲说清楚，澄清事实。

风呼噜：【1】玩具风车。【2】空竹。

缝补人：和自己关系不错的人伤害了别人，自己出面向人家赔不是。

富态：长得丰满，有福气的样子。

匪类：不安分的人。

G

嘎咕：【1】心术不正。【2】东西质量差。【3】关系不好。

嘎杂子，杂碎：调皮捣蛋，出坏点子干坏事。

干巴垛儿：【1】吃食物时不喝水。【2】专吃干的不喝稀的。

干（gān）巴落利脆：干脆利索，爽快。

肝花，肝伙：肝脏。

赶脚儿哩：过去赶着牲口车搞运输的车夫。

敢劲哩家伙：威力大的工具或武器。

敢情好：如果那么做就正好。

敢下落倒锤，敢下家伙，下死手儿：下手狠。

杠头，老杠头：认死理，爱和别人争辩的人。

圪巴户：小家加入大家族。

圪崩：脾气古怪，和别人搞不到一块。

咯达：【1】水沸腾的样子。【2】母鸡下蛋后的叫声。

格挡：秫秸尖。

疙疙瘩瘩，疙瘩暴流哩，疙瘩噜苏哩：物体表面不光滑，凹凸不平。

疙瘩主儿：比较富裕的家庭。

隔（jiě）二片三：连续性不强。

隔（jié）山弟兄：同父异母或同母异父的兄弟姐妹。

隔（jiě）长不短：经常，隔三差五哩。

个生：食物不十分熟，有点硬。

给人小眼子：对人不尊重，弄难看。

跟头马爬：踉踉跄跄，倒了后起来继续跑。

跟头骨碌哩：跌跌撞撞，慌慌张张的样子。

哏气味儿：食物存放时间长了，稍微有点变质的味道儿。

工制：工整，整齐。

狗尿不臊：【1】食物、东西质量太差，不好吃、不能用。【2】事情办得太糟糕。【3】为人太差，水平太低，没人爱理。

够他喝一壶，够他一戗：问题或病情严重到一定程度，承受不住，对付不了。

够呛：【1】不好承受。【2】事情可能办不成。

孤乖脸：颧骨突出，脸型窄长。

股窜：身体猛地向上动。

股能股能，股扭股扭：动一动，挪动挪动。

咕嘬（zuó）：小孩子吃奶的动作。

骨酥俩：【1】吓坏了。【2】把骨头摔碎了。

骨抓：【1】小孩子在大人身上反复抓、摸。【2】心烦，心眼里不好受。

故纵：【1】怂恿，挑拨。【2】隆起。

顾个吹笛儿哩还顾个捏眼儿哩：帮忙的人能力差，干不了预计的活，还需另增他人。

顾脸不顾屁股：只管表面或局部，不顾大局。喻指不顾脸面。

谷蹴：蹲下。

呱打板儿：说数来宝用的道具，竹板。

呱唧眼儿：眼睛一睁一合。

拐线子：过去，把纺好的线子缠绕在木架子上。是织布前的一项程序。

光棍马梢哩：单身男人，很可怜。

光葫芦头，光葫芦秃儿：指光头。

广见鱼喝水不见两腮冒：只看到人家收入，看不见支出。

鬼故，鬼帐：【1】精明。【2】狡猾，有心计。

鬼头河蛤蟆眼儿哩：某人长得精干，眼珠子鼓着乱转动，给人一种鬼点子多的感觉。

割肉：买肉。

盖头：新娘子头上顶的红布。

H

哈（hā）气：【1】蒸汽。【2】张大嘴用力出一口气。

哈（hā）水：蒸汽凝成的水珠。

哈（hā）一壶：喝一次酒。

憨棒：结实，耐用。

寒碜，磕碜：【1】形象差，不好看。【2】不体面。

寒碜人儿，磕碜人儿：讥笑别人，揭人短处，使之丢脸。

耗油：通过加温，把油中的杂物去掉。

好饭头：做饭是把好手。

好货赶不上好行市：【1】东西很好，但市场价高的时候没赶上。【2】喻指能力水平很高，但赶不对机遇。

好家伙，好家伙山：【1】表示惊讶或赞叹。【2】厉害。

好锵（ciàng）家伙：特别厉害。

好揍手儿：干活是好样的。

好不：好吗？

喝西北风儿：指没有东西吃。

合不着（zhǎo），不和式：不合算，划不来。

合（huǒ）稀泥：调和，中庸。

合适（shì）：【1】正好。【2】两人关系好。

河里没鱼市上看：原意指在这条河里打不着鱼，但市场上的鱼很多。比喻某些东西平时见到的不多，但到特定地点却比比皆是。

黑草儿污烂哩：东西又脏又黑，质量很差。

黑格线儿，黑隔性儿：【1】和别人闹了矛盾，有了隔阂。【2】有污点。

黑影儿下来俩：太阳落山了，天慢慢黑下来了。

黑着影儿，黑哩影俩：晚上做事没有光线。

横不郎子：【1】放得或站得不正。【2】险些倒了。

横竖不俩：无论如何也不干了。

红赤个粘：颜色特别红，但红得不正常，不美观，使人厌烦。

红毛儿绿屁胡，红毛绿屁胡沟子：乱七八糟的人。一般指不干正事的人。

红头杠脸：【1】由于太热，脸色绛红。【2】紧张或激动而脸色发红。

后翻账儿，找后脖子账：后悔了，算以前的账，反悔了。

后房山：房顶上面的后半部分，也指后墙的上半部分。

后鞧儿，后鞧子，后臀尖：猪的臀部。

后晌：下午。

忽扇：【1】打，打一把掌。【2】瞎吹，胡聊。

忽下俩：由于疏忽而忘记了。

忽悠：【1】能吹，能侃。【2】说假话、大话、空话。【3】晃动 。【4】忽悠人，用巧语花言让人听从自己的意见。

忽忽悠悠儿：不牢固，存在危险。

囫囵半片：吃东西不细嚼慢咽。

囫囵着睡：睡觉不脱衣服。

胡扯八卦：胡说乱讲。

胡打咧，胡拉啦：说话不负责任，说远离主题的话。

胡器（琴）儿：二胡、板胡之类的乐器。

胡器（琴）儿也似哩：身体弱不经风的样子。

糊侵淋哩：烧得又黑又难看。

护热：对亲朋好友、乡亲邻里极力保护，热情帮助。

护秃：【1】护犊子，自私。【2】想方设法掩盖自己的缺点或短处。

户序（sù）：家族。

划白：暗示，想做什么又不明说，绕着弯儿说。

话儿不凉不酸哩，话儿凉不凉酸不酸哩：说风凉话。

坏枣儿：原指红枣坏了，喻指调皮捣蛋的孩子。

换亲：两家的女儿各自到对方家里做媳妇。

欢实：小动物或小孩儿欢蹦乱跳。

回性儿：岁数大了，坏脾气变得好些了。

会水势：会游泳。

浑和热闹，浑花热闹，红花热闹：场面热闹，欢快喜庆。

浑蛋，浑哩蛋俩，浑浑蛋蛋，浑球，浑汤儿，浑哩汤儿俩：头脑不清，水平低。

魂儿不全，缺魂儿：缺心眼或心眼少，没心计，办事能力差。

混打驴驹：【1】混杂在一起，分不清楚。【2】想蒙混过关。

混实，发实：年轻人长得高大、粗壮。

活头儿：离婚后改嫁的女人。

火号：【1】火候。【2】指事物的度。

火苗子脾气，火镰包子脾气：一点就着的急脾气。

火烧：烧饼。

火蝎子：比喻人利害。

火候：时候。

祸根苗：惹祸的根源。

祸害：【1】糟蹋，损害。【2】隐患。

还愿：兑现。

J

激撩：不平不直，多指板材不平整，某个边角翘起来。

急手下霜哩：急急忙忙，准备不足，仓促去做。

急歪：急性子，做事急急忙忙的。

夹巴道儿，过道儿：两高墙中间的窄道。

假稍，炫套：不实在，虚伪。

奸馋：挑食，只爱吃好的。

奸狡：奸猾计较。

尖（ziān）吧人儿：说话带刺儿，做事压人。

尖（ziān）毒，要尖儿：沾光取巧，占上风，欺负人。

拣破落（lào）儿，拣洋落儿：【1】捡便宜，不掏钱就得到了东西。【2】拣别人丢弃的东西。

犟巴犟儿：刚好，勉强可以了。

犟扭八捏：勉强。

娇乃：脆弱，娇气。

浇辘：用辘轳从井里向外提水。

绞缠不清：理顺不好，弄不清楚。

嚼（ziǎo）子，呲牙子：为防牲口咬人或不听话，在牲口嘴里放得一根铁链。铁链的两端连在一根绳子上，牲口不听话时，主人拉紧绳子猛拽，牲口感到疼痛而驯服。

脚手扑拉：实力相当，打平手。。

觉（jiǎo）捏：【1】自觉自律。【2】办了不好的事儿，觉得理亏而低调。

搅杆：瞎掺和的人。

搅和（huǒ）：【1】混合。【2】搅动。

饺子剂（zyì）儿：未擀成饺子皮的小面团。

叫阵：挑战。

教调（tiǎo）：教育，调教。

酵子，起头，皮头：起子。做食品时留下一些生的面团，下次做食品时当酵种。

结不了长把子瓢：说年轻人不长出息、不成器。

结茧儿：干活儿，做事。

结记：【1】惦记。【2】担心。【3】关心，给钱给物。

解乏：消除疲劳。

解气：【1】出了气。【2】痛快。

近老远不哩：对家族的人和近亲的人就是比对旁人关心。亲近的人从根本上讲不会疏远。

斤量着（zhē）：【1】适量用力。【2】量力而行。【3】掂量着。

紧着：赶紧，快点儿。

尽（zín）东头儿：最东头。

尽（zìn）明：知道，心里明白。

劲头子：力量。

妗子：舅母。

惊车：原意是牲口受惊吓后拉着车狂奔，不受控制。比喻某人干劲大，干起活来不知疲倦，不肯休息。

经布：过去织布以前，把经线理顺好的程序。

经（jīng）心儿：注意，小心。

就（ziù）伴儿：作伴。

就（ziù）着吃：为了增加食欲，吃主食时带着菜或副食，结合着吃。

撅嘛尾（yí）巴就知道他拉嘛粪，撅嘛尾巴拉嘛粪都知道：【1】对某人的脾气秉性了如指掌。【2】看问题尖锐，有预见性。

绝（zuě）捻儿：【1】点燃的引线自己熄灭了。【2】讲话时中断了。

倔骡子：不驯服的骡子。比喻脾气倔强不羁的人。

家伙：工具，也指人。

K

开眼：去了没去过的地方，看了没见过的东西，长了见识。

开家伙：开始。

看顾：看管，照顾，保护。

看青哩：看庄稼、蔬菜、树林的人，以防别人偷盗。

看人下菜碟儿：常指一些人势利眼，不一视同仁，根据不同的人给予不同的待遇。

看纹流儿：【1】劈木柴时看准木柴的纹理走向，按竖纹劈省力。【2】处理事情前先把事情搞清楚，看准事态的发展再做决定。

看风使舵：看火候办事。

看眼色：看情况。

扛亏：吃亏。

考比，考备一下，考备：【1】进一步的查问核实。【2】嘱咐。

磕（kě）磕绊绊哩：【1】路上有障碍物，容易绊倒。【2】事情办得不顺利。【3】一生的路坎坷。

嗑（kě）呀：【1】讨价还价【2】没事闲唠嗑。【3】求人办事，反复说。

可（kē）不，可不是，可不哩：表示赞同。

可（ké）对（dèi）：正合适。

可（ké）念，可可念念哩，可念是见儿哩：经济拮据，日子不好过，怪可怜的。

可（kè）齐儿可卯，可对可卯哩，可丁可卯：正合适。

可（kè）嗓子眼儿说话儿：说话毫无顾忌，不考虑别人的感受。一般指说话难听。

克朗：指半大猪。

抠嗦，抠抠嗦嗦：小气，处事不大方。

苦累：用青菜与面合在一块，蒸熟食用。

苦相：长得不阳光，愁眉苦脸。一副苦命相。

擓（kuái）篮子哩：陪伴客人走亲提着礼盒的人

擓（kuǎi）巴掌儿：拍巴掌．

宽超：【1】宽敞。【2】富裕。

框外：【1】出格儿。【2】不合理。

亏欠：欠人情。

睽兑：一点一点的争取。

坤角儿：对戏剧女演员的称呼。

L

拉不开栓：原意是枪不常用、不擦油，枪栓不好拉开。喻指技术不高或打不开局面。

拉扯：【1】拉拽。【2】抚养教育。

拉胡胡儿，拉胡琴儿：拉二胡、板胡、京胡一类乐器。

拉脚儿：搞运输的。

拉偏手儿：拉架时偏向一方。

拉着倒背圪针儿走：专横跋扈，故意找事。

蜡碗儿：【1】支撑点燃蜡烛的器皿。【2】小碗儿里放上棉籽油，用棉絮搓成捻，放在碗里，一头露在外边，点燃照明。

来头儿不大：【1】气势不大。【2】能力不大。

烂不济（zyì）哩，烂嗤嗤哩，烂歪外哩：东西变质，不干净，不整齐。

郎糠：【1】不干净不利索，破烂、窝囊。【2】粮食收打不干净。

浪二鼓荡哩，【1】浪荡，游手好闲。【2】轻飘，事业心太差。

老大长（zháng）儿，大老长（zháng）儿：对辈分高的人的尊称。

老好子：老好人儿。

老生子：大龄妇女生的最后一个孩子。

老实庄稼主儿：死吧庄稼主儿：实实在在的庄稼人。

老妖胡，没（mǔ）安儿，没（mǔ）安坎儿：没准。

涝铲：镳铲。

乐（luò）锅子，高锅子：很开心，高兴得很。

肋条，肋针儿：肋骨。

楞八杵子，二八杵子：【1】生手。【2】莽撞，行事鲁莽。

楞头青，楞头葱：不大成熟的年轻人。

楞势：个儿大，强壮。

冷里心俩，叫人淹心：特别伤心，令人失望。

冷收麦热收秋：麦熟以前的一段时间若气温低，麦子收成好。秋收以前若气温高，大秋作物收成好。

力巴：【1】厉害。【2】不知道，不懂。【3】不熟练。

力巴头：不熟练的人。

利落：利索，动作快。

利撒：干净利索。

沥沥拉拉，沥流儿拉拉，儿酿摔瓜：不细致，不利索。

俩吗，俩么：两个。

连锅儿端：一点不剩。

连着锅儿哩，连成锅俩，连哩锅俩：接连不断，连在一起。

脸红脖子粗哩：气得脸发红，脖子发粗。形容情绪激动，争吵不休。

脸子吸子哩：恼怒，给别人不好的脸色。

练貧，嘴呱呱哩：贫嘴，一套一套地说没用的话。

晾地：春天播种，秋季收割，一年种一季庄稼的地。

亮墙：抹墙。

量地，排地：丈量土地。

量粮食儿：买粮食。

凉粉：用绿豆粉做的食品。

料理：提前计划安排。

临年傍节：快过年了。

灵气：聪明伶俐。

零散儿俩：坏了，散了，不成整体了。

溜戏：没正行，说话办事随便。

流流嬉戏，二流子是样哩，流离：不安稳，轻浮。

留后手：【1】做事时不把办法全说出来。【2】传授技术时留一手。

留死手儿：绝招儿不教给徒弟。

六朱：碌碡。

搂满哩筐儿俩：原指拾柴禾、割草装满筐了。喻指酒足饭饱了。

搂一巴掌，敲一巴掌：打一巴掌。

漏兜：没注意，把不该说的话抖搂出来了。

漏粉：用淀粉制作成粉条的过程。

漏眼子精，漏面子精：【1】华而不实。【2】做了不实在的事，认为别人看不出来。【3】耍小聪明的人。

露（lòu）脸儿：【1】在公开场合露面。【2】成功了，很有面子。

缕须，须乎：隐约记得有那么回事。

轮沟：垄沟。

沦湿俩，挨沦俩：被雨淋了。

论事故儿：典故中的事显现了。

箩：用薄木板围一圆圈，底部固定纱网，用来筛磨过的面或糁子。

箩床：箩面时下面支撑的架子。

落（lào）不是：承担不对或不好的名声。

落（lào）色（shǎi）儿：指布匹、衣服等的颜色逐渐脱落、褪色（sè）。

落（lào）房土：拆房子的废土。

落（lào）挂儿枣：收枣时没被摘掉还挂在树上的枣。

落（lào）炕：病得不能起床。

落（lào）炕土：拆炕后的坯土。

落（lào）喷：棉花或瓜果最后一次采摘。

落（lao）枕儿脖子：睡觉时脖子受寒，或因枕枕头的姿势不合适，以致脖子疼痛，转动不便。

M

吗瞪：眼睛惺忪，眼皮无力而下垂。

麻缠，麻陈，缠磨头：麻烦，缠人。

麻糁：花生、大豆、棉籽等炸出油后的剩渣，可做饲料或肥料。

麻蹦子：手工做得一响的炮。

麻堂（油条）：油炸的一种面食。

马里马扎，马马扎扎：记不太清，但有点印象，好像有这么回事。

马勺：平板稍带凹陷盛饭用的木勺。

马尾（yí）箩：筛较粗面、糁的小型工具。

嘛时候儿：什么时间。

嘛事儿：什么事。

埋汰：【1】肮脏。【2】水平低。

埋月：满月。

买卖不成话不到：买卖（事儿）办不成是话没说到位。

买卖不成人情（义）在：虽然买卖没成，但人与人之间的关系还在。

卖当哩：以欺诈的手段卖假东西的人。

卖老鼠药哩：原意是卖鼠药的。喻指某人贫嘴，说话顺嘴儿押韵，一套一套儿的。

卖派人儿：为了讨好某人，把别人说某人不好的话告诉了某人。

漫过儿：水深，淹没。

猫脸狗屁股：比喻喜怒无常。

毛二鼓蹿哩，毛二固失哩：慌慌张张，冒冒失失，不安稳。

毛脚，毛脚子蒜：慌慌张张，毛手毛脚，做事不稳。

冒天云儿，漫天云儿：高空。

没（mǔ）边没沿：没有边际，比喻某人吹嘘起来漫无天际。

没（mǔ）成色（chāi）：【1】水平低，能力差。【2】无发展前途。

没（mǔ）冬立夏哩：不管冬天还是夏天，一直去做。

没（mǔ）风没（mǔ）火儿哩：天气很好。

没（mǔ）火没性：没有脾气。

没（mǔ）拘气：没限度。

没（mǔ）局啦叉哩，没局没局儿哩：【1】一点意思也没有。【2】尴尬。

没理儿拽三分，没理赖三分：强词夺理。

没（mǔ）料理：事前没准备，办事没计划。

没（mǔ）耐烦心儿：做事没耐心，嫌麻烦。

没（mǔ）耐，无聊，没来头。

没（mǔ）囔没气哩：不争气，能忍受窝囊气。

没（mǔ）囊囔儿：【1】没出息。【2】没有一点精神的样子。

没（mǔ）事儿：【1】没问题。【2】没关系【3】没事做，有时间。

没（mǔ）事儿俩：【1】结束了。【2】死了。【3】关系好了。

没（mǔ）头没脑儿：没完没了。

没（mǔ）言法：没有缘分，不喜欢。

没有三把刀子两把剪子哩敢吆喝劁猪吼，没有金刚钻就不敢揽这瓷器活儿：不是瞎吹，没有两下子，就不敢大包大揽这事儿。

门拉头，门楼，门楼头：前额宽大突出。

门楼头儿高，门拉头儿高：富豪人家，豪宅大院，一般人进不去，攀不上。

门里出身：手艺是跟父辈或祖辈学的。

闷葫芦儿，不透气儿：脑瓜笨，心眼不灵活。

眯瞪僧：整天眯眯瞪瞪，吃饱喝足不管事的人。

米糊面糊儿：你好我好，当和事老，不坚持原则。

棉[miǎng）活：棉花。

馍馍，卷子：馒头。

嬷嬷：【1】妈妈。【2】奶妈。

摸（mǎo）揣：慢慢腾腾，干活不利索。

摸（mǎo）球：抓阄。

磨扇子压着（zhe）手哩：【1】情况紧急，脱不开身【2】正着急用钱。

忙活：忙工作。

N

拿捏：【1】把握，掌握。【2】扭捏。【3】刁难，要挟。

拿磨：【1】考虑。【2】出点子，让别人听话。【3】推拿理疗。

哪壶不开提哪壶：专拣不成功或不光彩的事儿提。

耐答不理儿哩：不爱理睬。

耐实，皮实：【1】不娇气，坚强。【2】物品经久耐用。

难呛：【1】特别难受。【2】不好办。【3】承受不了，不好坚持。

攮（náng）子：旧时一种长柄带尖的武器。

脑袋难剃，脑袋不好磕，脑袋难磕：认死理，不好说服。

闹腾：【1】吵闹，扰乱。【2】说笑打闹。

嫩（nuèn）善，嫩色：细嫩，讨人喜欢。

内里：实际上是，实质上。

乜（niě）：他，他们，人家。

乜（niē）着：挨着。

能杆儿：心灵手巧，办事能力强。

能（néng）斯个，囊斯个，能些个：很多，许多。

泥皮，皮腾，脾气肉乎：慢慢腾腾，不机灵。

泥（nì）叉叉哩（地）：道路泥泞。

你给我个初一，我给你个十五：立刻兑现，马上报复。

你算哪架上的鸡：【1】这里没计划着你。【2】这里没你说话的份儿。

捏（ni）洗，捏（ni）嘛，捏（ni）摸：用手指反复揉搓较软的物体。

蔫巴儿，乜巴儿：老实巴交。

蔫都，蔫都不筛哩，蔫都哩脑袋儿俩：【1】植物缺水，不挺拔。【2】由于水分不足，蔬菜瓜果不新鲜。【3】精神不饱满，病态。

黏黏转儿：八成熟的小麦或大麦炒熟后去皮，碾成饼后磨成条状，上锅蒸后再食用。

念嘴：【1】争理儿。【2】对别人的做法不满而说三道四。

念闲杂儿，念闲篇：说三道四，评论是非。

捏白张，捏厥，一根筋，死根头，拧筋：认死理，不灵活。

捏煮饺儿：包饺子。

茶：呆，傻。【2】疲倦，精神不振。

茶些，茶吧：老实，安稳。

拧（níng）固：脾气古怪，不活套。

O

偶（ŋou儿俩：两个人想到一块去了。

熰（ŋou）炕：为取暖用柴草烧土炕。

欧（ŋou）人：小孩子啼哭着撒娇，反复哭闹。

P

排（pái）街，满街：整个街里。

排（pái）街腿儿：爱瞎串，全村哪儿都去。

排（pái）天世界：到处都是，弄得乱七八糟。

盘算着：【1】想着。【2】计划着。

炮燥，炮燥哩慌：浑身燥热，感觉不舒服。

跑跑颠颠儿，跑跑达达：跑腿儿的，做具体工作的。

皮筋：食物由于受潮变得不干不脆了。

皮实：身体壮，有耐力。

偏沉：一边轻一边沉，不平衡。

撇脚儿：走路时脚尖向外撇。

撇理儿：【1】评理。【2】向着某人说。

撇直理儿：性格正直，对双方不偏不向，讲真话。谁有理就为谁说话。

撇开：撕开。

聘闺（gūn）妮：嫁姑娘。

平摔跤儿：实力相当。

泼条帚（zhū）哩，佛条处哩，刨条处哩：加工笤帚的。

婆婆嘴：爱叨叨，爱发牢骚的人。

破裤子先抒腿（téi）：职务，地位，辈分不高，却抢着说话。

破漏散现：房子破烂不堪，或属危房。

Q

七（cyǐ）搭啦三八搭啦四，前搭拉三后奋搭拉四：穿着不整齐。

七（cyǐ）拧八捏：几个人很别扭，凑不到一块，不团结。

七松八紧：松紧不一。

歧叉，奇叉头：【1】木柴的纹理横竖交错，很难劈开。【2】固执，死板，不听别人劝说的人。

七岁口：牲口七年了，属于大龄牲口，体力明显下降。

齐（cyǏ）根儿末尾（yí）儿：从始到终。

齐（cyǏ）齐节（ziě）节：整整齐齐。

起翅：原意是鸟煽动翅膀要起飞。后指某人

座了一会儿站起来要走。

起哄：【1】煽动，带头把事儿弄大。【2】许多人在一起胡闹，瞎捣鼓。【3】许多人向一两人开玩笑。

气脉儿大：实力壮。

气脉儿小：【1】身体弱小。【2】根底不壮，经济力量不雄厚。

气性大：脾气不好，爱生气。

掐：两手拿东西。

掐麽掐麽：【1】调解、平衡一下。【2】掐算掐算。

钱（ciǎn）串子：特别爱财的人。

钱（ciǎn）头子紧：【1】有钱舍不得花，嗜钱如命。【2】经济紧张，缺钱花。

扦高粱，扦谷子：用镰刀把高粱或谷子的穗割下来。

浅（cián）子，排拍儿：用高粱秸上部的杆编制的盛食物的餐具。

戗（ciàng）不了：接受不了，支持不住。

戗（ciāng）风：逆风。

镪（ciàng）实：身体强壮，力气大。

敲锅帮儿，敲锅沿儿：关键时候帮腔，起哄。

敲猫打狗哩：做活不认真，支支应应。

乔米，乔面：过去用石碾把粮食反复碾压成细面。

撬（chào）买卖：【1】通过不正当手段，取代买方或卖方。【2】抢别人的好事儿。

郄短：提对方的缺点或错误。

亲戚六见哩：指所有的亲戚、关系。

吣（cìn）头：说话难听，使别人难接受。

噙（qǔn）着冻凌化不出水来：有想法说不出来，表达能力差。

轻快：【1】舒服。【2】没负担。

轻欠：轻松，不累，省力。

情理：善良，孝顺，通情达理。

曲流，曲流枴棒，曲流拐咕：弯曲，不直。

取（cü）和美：主动地消除矛盾，求团结。

黢（qū）黑：很黑，很暗。

全（cuǎn）伙：本意完整，指父母健在。

缺把火儿，八成火儿，缺碳，不熟：贬低人的话，不成熟，

缺肝花，缺魂儿，缺点儿：心眼儿少，不聪明，说话不着边际。

前晌：上午。

R

嚷子：弹过的棉花，棉絮。

攘场：扬场，把混在一起的粮食和糠皮扬到空中，让风把杂质吹跑，剩下粮食。

弱（rào）巴，弱（rào）巴儿：【1】不强势。【2】身体虚弱。

热脸子：心理素质差，一见生人或遇不同意见容易脸红。

人精：贬义词，指聪明绝顶的人。

人咪子是样儿哩，人模子是样哩：长得可以，像那么回事儿。

认卯儿：承认并接受。

认生：小孩子怕见生人。

肉膘子：肥肉。

肉丝丝儿，丝丝肉儿：瘦肉。

肉乎，皮腾：动作缓慢，不机灵。

儒和，揉和，鲁和：【1】态度温和。【2】酒水不烈性。口感正合适。

软股能：软弱，不坚硬。

软尖子：欺软怕硬的人。

挼（ruǎ）搓：用手反复地揉搓。

挼（ruǎ）磨，耍摸磨舌：【1】反复要求，纠缠不休。【2】反复吵闹，让某人不得安宁。

S

仨不仨俩不俩哩：无动于衷，满不在乎。

仨碌（lìu）碡（zhū）压不出个屁来，三杆子打不出个屁来：性格内向，口讷，不爱说话。

撒泼：小孩连哭带闹，甚至躺在地上不起。

撒欢儿：欢蹦乱跳。

撒（shá）粪：把堆在地里的粪堆均匀的撒开。

撒迷瞪：【1】假装看不见别人。【2】故意或漫不经心的做错事。

撒丫子：跑了。

三八九点儿：干净利索，动作快。

三九二不闲，三角四不闲，三巧二不闲：【1】不成才。【2】下脚料，做什么都不合适。【3】事情办得不规范、不合理、不得体。

三皮脸二皮赖：脸皮厚，耍无赖。

三片嘴儿：指能说会道的人。

三岁口：牲口才出生三年，正是身强力壮的时候。

搡（sàng）：【1】强壮，勇敢。【2】长势好。【3】水凶猛，流的快。

臊：害羞。

臊猫儿，臊猫子，臊猫（咪）子式样哩，臊咪达样哩：脸皮薄，见了生人就躲藏，羞羞答答的样子。

沙窝漏泡哩，沙薄漏土哩：【1】土质不强，沙性土壤。【2】指生产、生存和自然条件差。

杀做（zuǒ）：一项工作或一件事情结束。

杀鸡给猴看：借机警告。

刹住，打住：停止。

傻奸儿：智商不高，但善于沾光取巧 。

傻俏儿：【1】弱智的人知道占便宜。【2】自作聪明的人。

晒暖暖儿：晒太阳。

山炸野猫：胡吹，说大话空话，太夸张，炫耀。

闪战，闪忽：危险。

讪脸，嬉皮讪脸：小孩子在大人面前反复做讨厌的动作，厚着脸皮纠缠不休。

上蹍（chán）：【1】小孩撒娇 .【2】用哀求或煽情的方式反复向大人诉求或撒娇。

上大件儿：摆宴席时上鸡、鱼、肘子儿个大菜。

上赶着：主动地讨好。

上房子：房顶上放上花秸泥，然后用脚踩实着，以防漏雨。

上混，耍胡马：不办清楚事，想沾光取巧，不认账。

上炕：坐月子。

上算：合算。

绱鞋：用针线把鞋帮和鞋底缝在一起。

晌午：中午。

晌火：中午 12 点。

烧包儿哩：条件好的人说自己不行，或说傲气的话。

烧心：胃酸过多，胃里有烧灼感。

梢门，大稍门：宅院的大门。

梢门筒儿：宅院的大门洞。

少人没手哩：没儿没女的孤寡老人，缺乏劳动力。

少心没（mǔ）计哩，少心没兴哩：【1】缺心眼子，没心计，大大咧咧，

身法子：【1】体形。【2】怀孕后出怀的身体。

深沉：【1】有身份，有城府。【2】考虑问题细致。

慎着：躲在暗地里观察，有蹲坑的意思。

慎实哩：认真的。

生差，生生差差：【1】陌生，生分。【2】有隔阂，冷淡，疏远。

生收：生锈。

胜头儿：弟兄一个或最小的孩子，受父母宠爱。

胜瞎俩：由于娇生惯养，使孩子变坏了。

时气：运气，机遇

时兴：【1】流行。【2】时髦儿。

实着：【1】密度大。【2】质量好。【3】人实在。

拾掇：【1】把东西归顺整齐。【2】教训一顿。

拾翻：翻箱倒柜的找东西。

使绊儿，使别脚儿：设置障碍，暗地里整人，办坏事。

使黑：【1】算计人。【2】有东西舍不得给别人吃或用

使牲口：赶车，当车把式。

事儿不济（zyì）济（zyi）哩，事儿拉事儿拉哩，事儿不拉济哩，事儿乎乎哩，真事儿：骄傲自满，爱显摆。

事故点子：主意。有贬义的意思。

是样儿：【1】好看。【2】动作规范标准。

手稠：做同一种买卖的人多。

手脚子，手脚不干净：指小偷或小摸行为。

手脚子重：出手时用劲儿大。

手儿里松范：经济宽裕，有钱花。

手头儿紧：【1】钱不够花。【2】做生意时，资金周转不开。

手拙：手不灵巧。

熟（shōu）地：【1】耕耘后的地。【2】常年耕种的农田。

受丑：被人欺负。

受挂，受哩挂俩：受牵连。

受看：五官端正，长相漂亮，惹人眼目。

受屈：受委屈。

梳脑袋：梳头。

舒妥：舒服，痛快。

输水：输液。

输手：伸手。

输嘴：张嘴骂人。

熟（shǒu）娄俩：瓜熟的过度，坏了。

秫秸：高粱秸秆。

秫秸置儿：过去穷人盖房子用不起椽子，直接在房顶上搭秫秸。

耍不值钱，耍肉棍：耍无赖，不讲道理。

耍称杆子：【1】买卖中间商。【2】做买卖的在称杆子上做文章，坑害、算计别人

耍鬼闹盼哩：【1】装神弄鬼。【2】算计、欺骗别人

耍俏儿：自作聪明，爱沾光取巧。

刷下去俩：取消了，淘汰了。

爽进去：缩进去。

爽素：穿着干净利索。

爽套儿：【1】怕负责任、受牵连而设法脱身，提前退出。

顺杆儿爬：人云亦云，没有主见。

说欻（chuǎ）俩：谈的意见不一致，吵嚷或打起来了。

说不在行（hǎng）哩，不逮正儿，不逮正经哩：说不讲道理的话。

说不着（zhǎo）：【1】不对脾气。【2】两口子没感情。【3】没必要给别人对话。

说嘴跌嘴：说过头的话，结果落在自己头上。

丝央儿，丝丝洋洋：啰嗦，慢慢腾腾。

丝样儿俩：食物馊了，变质发霉。

撕绞不清，撕捋不清：【1】理不清头绪。【2】问题不好处理。

死刻（kěi）子：【1】固执。【2】小气，不大方。

死巴：【1】吝啬，不大方。【2】死板，不灵活。

死对（dèi）活对（dèi）哩：没有出入，特别正确。

死根头，死牛根儿，死鸡头，死皮：固执，捏死理儿。

死求白咧：纠缠个没完，不达目的不罢休。

四棱四角儿，四棱八瓣儿：物品做得很细致方正，边沿很整齐。

四面见锯儿：【1】特别优质的板材。【2】人优秀，无可挑剔。

四条腿儿哩房子：四个角上下都是用砖砌的土坯房。

松泛：【1】土质疏松。【2】经济宽裕。

松欠：【1】经济宽裕。【2】不拥挤。

耸（sóng）：推。

民情风俗

㞞包，㞞蛋包：指软弱无能的人。

酥碌：掉下来了。

素子：酒壶。

算俩：到此为止，不再提了。

随葫芦打堂堂儿，随葫芦打苍苍儿：人云亦云，随声附和。

随往，须往，穿换：礼尚往来。

碎手儿：手爱动，老是摸这儿捅（tōng）哪儿。

碎嘴儿，碎嘟嘟儿，有哩说说没哩道道哩：叨叨唠唠，嘴不闲着，说没用的话。

T

趿拉：走路时，鞋的后跟没蹬在脚上。

趿拉板儿：拖鞋。

塌哩篦子俩：【1】顶梁柱倒了，没有主心骨了。【2】遭遇天灾人祸，垮了。【3】事业不顺，买卖赔了。

溻湿：出汗太多，把衣服湿透了。

抬杠：争辩，辩论。

抬价儿，扛价儿：为争取一种东西，看谁出的价钱高。

谈崩俩：各执己见，意见无法统一，谈不下去了。

膛儿里清，门儿清：心中有数，头脑清楚。

塘坷：【1】被灰尘污染。【2】尘土飞扬。

塘土：尘土。

掏心窝子哩话：肺腑之言。

掏劲，朝劲：用力，使劲。

掏实心眼：真心相对。

桃不桃杏不杏哩：指不成器或整体素质低的人。

忒少：太少。

忒好：特别好。

忒大拉：花钱大手大脚，太不注意节约。

剃头挑子一头热：一厢情愿。

体另：另外，不在计划之内。

体己（qi）：私房钱。

啼呼天马糊地：弄得乱七八糟。

舔屁户：拍马屁，巴结别人，给别人献殷勤。

挑（tiāo）鼻子捏眼儿哩：特别挑剔。

挑（tiáo）担儿：姻娅，连襟。

挑理儿：礼节不周，让对方提出来了。

条杆儿，身杆儿：身材，一般指苗条的身材。

铁箍子：比喻不择手段拼命搂钱的人。

铁扫（sáo）：铁索。

铁实：实实在在，硬硬帮帮。

停当：【1】结束。【2】好了。

挺宝实：很饱满。

捅马蜂（pēng）窝：比喻惹祸或惹了不好惹的人。

捅咕：打小报告。

统共：全部，总计。

头伕：牲口。

头伕槽：喂牲口的料槽。

头生子：生的第一个孩子。

头旋（sǔan），头冼（siān）：头晕，想旋转。

头子六：第一。

秃噜：【1】东西一下子掉下来的声音。【2】掉下来了。

图贱买老牛：原指图便宜买个老牛。比喻为了便宜，买质量差的东西。

图拉：走路时脚后跟抬不起，鞋底磨地的声音。

土憋：【1】小气，吝啬。【2】没见过世面，不开眼的人。

土牛哩房子：房子的墙全部是土和坯的。

推饹饹（lào）床：【1】互相推诿。【1】一个接一个往下推。

推碾棍：推碾子用的棍子。

脱不了干欠儿：脱不了干系。

脱干壳（qiào）儿，脱干欠儿：摆脱，一点关系也没了。

拖泥带水：办事不利索。

挑眼儿：找毛病。

兔子尾巴：不长。

W

瓦口，滴水：瓦当，放在房檐上，往下排雨水的瓦制品。

瓦砖儿：瓷器破碎后的碎片。

挖（wǎ）苦，齐白：讽刺，说难听的。

歪膝马爬：【1】歪歪咧咧，站不稳，走不直。【2】连跪带爬。

弯喽：不直。

妄快：过分，出格。

围腰：围在腰间的方巾。

为网人儿：想方设法笼络人。

为嘴：小孩子专爱吃别人家的饭菜，见别人拿着的食物就要吃。

温乎儿：热乎。

稳稳食儿：吃完饭后坐一会儿再走。

文书：旧时指地契、协议书。

蚊罩：蚊帐。

窝囊，窝二囊三哩，窝囊死俩，邋邋遢遢哩：不干净，不整洁，太脏。

窝铺：临时搭建的看庄稼、瓜果或看工地的窝棚。

卧觉：牲口干活太累躺倒不起来了。

卧砖哩：房子的墙全部是砖砌的。

乌度子憋气哩：由于事情不顺或和别人闹了矛盾，心里不舒坦。

唔唔能能：说话不干脆，不响快。

五吹六啦：吹牛皮，说话不着边际。

五大三粗，粗腿大膀：身体粗壮、高大。

五马长枪：咋咋呼呼，虚张声势。

捂哩慌：空气不畅通，憋得难受。

捂眼：怕牲畜不好好干活，把牲畜的眼睛蒙住用的布。

焐山（shāi）药（yòu），熰（eóu）山药：烤红薯。

物件子：【1】指某一种东西。【2】对小孩儿的爱称。

X

稀拉蹦拉哩：【1】人或东西不多，稀稀拉拉的。【2】植物种的不稠密。

吸哈：入口时食物太烫或太凉，为了调节温度而用嘴吸气、呼气，自然发出的声音。

吸敛：吸气时下腹收缩。

吸溜：把面条或液体吸到嘴里。

吸人：教育人、训斥人。

稀松：【1】不堪一击。【2】没意思，差劲。

稀念糊涂：不认真。

稀稀拉拉：不紧密。

洗（syí）白不清：自己受了冤枉，怎么向别人解释也说不清。

喜酿哈打，喜酿哈蹋，喜念哈答：好脾气，不较真，与谁都和的来。

细车子：旧时指车身不重，构造细致，车上扣棚，有钱大户专门拉贵妇人阔小姐的木制车。

细（syì）发：【1】细致，不粗糙。【2】皮肤细嫩。

瞎安踹，瞎安插：胡乱安排，强加于人。

瞎白坏，瞎白话，瞎白摆，瞎咧咧，瞎上，瞎胡上：胡说乱讲。

瞎话篓子：爱说谎的人。

瞎眯胡眼：瞎眼。贬义，说某人做事不长眼睛。

瞎排排，胡排排，瞎扇乎，瞎榜：慢无天际的胡说乱讲。

下不了架俩：事情闹僵了，下不了台。

下多，下多子：占有的比需要的多。

下搂：由于关系密切，说话管用，办事不用客气。

下三烂：【1】卑鄙。【2】下等或水平低下的人。【3】破烂的东西。

下坠：得了急性肠炎或痢疾后，多次腹泻，

民情风俗

蹲厕所不想起来。

鲜气：【1】新鲜。【2】好看。

闲哩慌：【1】没事情做。【2】管不该管的事。

闲暇（下）：不忙的时候。

咸食，菜饼子：白面和萝卜丝做的面皮。有“二月二哩咸食——多摊”的说法。

显儿，显会儿，显儿不济（zyì）济哩，显儿不拉叽（zyī）哩，显儿不拉辣哩：显摆，爱表现。

现打不赊：当时兑现。

相（siang）板子油：动物肋板儿上的油。

相中，看上：看中了。

香三臭四：今天和这个近，明天和那个远，反复无常，关系不固定，爱闹不团结。

响快：痛快。

降（xiǎng）街：蛮横的人在街里胡骂。

向着（zhē）他：偏袒他。

削（siǎo）里，削溜：【1】小偷。【2】偷拿别人的东西。

小（siáo）姑（gū）儿，小姑（gū）子：【1】丈夫的妹妹。

小（siáo）姑（gù）儿：排行最小的姑姑。

小（siáo）娘们儿：结婚后的年轻妇女。

小（siáo）叔（shōu）子：丈夫的弟弟。

小（siáo）卧车：小轿车。

小（siǎo）月俩：流产了。

小名：乳名。

小心眼：心胸狭窄。

晓哩：知道，明白

歇盼儿，放歇儿：干活时中间休息一会儿。

邪（siě），邪（siě）呼：【1】勇敢，敢作敢当。【2】猛，激动或嚣张【3】厉害，劲儿大。

邪（siě）哩不行，赶劲：强势，厉害。

邪（siě）门儿：【1】不正常；反常。【2】歪门邪道。

斜（siě）马：歪，偏，不直。

斜（siě）马吊脚：不规整，不方正。

懈黄儿，懈黄儿俩：本意是天暖和后，蛋类长期存放而变质。喻指某人头脑不清。

心细：过分追求干净。

心（sīn）眼子强：心眼儿好。

心（sīn）眼子朽（qióu）：心术不正。

信（sìn）着（zhē）意儿，随着意儿：宠惯孩子，对孩子放任。

星（sīng）星点点：稍微有点。

腥（sīng）气，腥股啦啦哩：动物油放得太多，味道儿不好。

行（hǎng）乎，堂乎：没准，担心。

行（hang）来行不来：有时来有时不来。

袖（sìu）里摆席：有东西自已偷着吃，形容处事小气。

须（xù）乎：有印象。

须气，须气不赖哩：使人厌烦，讨嫌。

须烦：麻烦。

续（sù）娶（cú）儿，填房：姐姐去世后，妹妹嫁给姐夫。

暄乎儿：松软。

暄脚：【1】土质松软，走路时脚沉入松土里。【2】隐蔽的不易被发现的坑。

踅（sǘe）摸：【1】寻找。【2】顺手牵羊的把东西拿走。

薛（sǘe）体：【1】有失身份。【2】羞臊。

血（xiě）脖儿：去掉猪头后，整块猪肉的前四分之一部分。

寻（sǐn）不上人儿：娶不上媳妇。

Y

哑巴驴子嗓子：嗓音沙哑。

压风被子：为了保暖，在被窝上面再盖的被子。

压座：说话做事水平高，能震住别人。

牙碜：【1】咀嚼的食物中有泥沙。【2】说话难听。

牙应：牙发酸。

芽子炕：为红薯生芽、繁殖做的土坯温床。

眼儿气：羡慕。

眼昏，眼发昏：【1】老花眼。【2】看东西模糊

眼尖：视力好，最先发现目标。

眼皮儿活：眼皮儿灵活，见风使舵。

眼窝子浅：遇到伤心动人的事，眼泪马上流出。

眼生：不认识。

眼熟：有点认识。

严行儿：正好，正合适。

央告儿，央人儿：反复地哄逗，道歉，说好听的让别人高兴。

扬（rǎng）地：为使地平整，用铁锹把高处的土扔到低处去。

羊群里出骆（lǎo）驼：【1】显摆，闹特殊。【2】鹤立鸡群的意思。

样法儿：【1】标准，漂亮。

幺蛾子事儿：稀奇古怪不正常的事。

摇桥：不稳固。

咬群：【1】某个家禽跟同类争斗。【2】不随大流儿，闹特殊。

要不（bū）哩：【1】人品质不好，不可交。【2】东西不好，不能要。【3】价格太高，不能买。

要短儿：知道东西没有，还索要。

要样：小孩子娇生惯养，要求出格。

夜猫子：指猫头鹰，比喻能熬夜，夜间不睡觉的人。

一把连儿，一按齐儿，一打刮子：全部。

一槽儿烂：新衣服从穿到烂中间没洗过。

一辰子：时间很长了。

一杵儿地：一个来回的二分之一的地。

一大老片：面积很大。

一大扑拉：人或物体很多。

一拱劲儿：一个劲儿：【1】一鼓作气。【2】一直。

一发子：【1】年龄差不多的人。【2】同一个时期得同一种流行病的人们。

一分奈何哩：不到万不得已。例：老李说：“一分奈何哩不惹他，忍无可忍了，才和他吵了一架。”

一忽儿哩没有：能力太差，干什么都不行。

一窖儿地：一道墒地的二分之一，一条垅沟左边或右边的地。

一掬（jìu）：量词。两手对住捧的东西叫一掬（jū）。

一老固实：实实在在。

一漏沟儿，一漏儿，一漏子：表示数量的词，大概三分之一。

一麦顶三秋：指麦季自然灾害少，且收成的粮食质量高，而秋季自然灾害多，所以三个秋季相当一个麦季的收成。

一么么签（cián）儿：孩子多，且间隔短，个头从大到小差不多。

一拧拧儿，一丁丁儿，一星星儿：很少一点，一丁点。

一扇子地：相当于一窖地的宽度。

一杀冷子：秋末初冬，刚开始冷。表示时间、季节的词。

一抬搂儿：全都去。

一庹（tǒo）：成人两臂平伸时两手之间的距离，约合五尺。

一星子半点儿哩：极少一点儿。

一拃：大母指和中指张开中间的距离，约合六寸。

一指：一手指节，大约一寸。

一肘（zhòu），一搱：从手腕到腋窝的距离。通常说某人的饭量大，能吃一肘或一搱的饼子或馒头。

意意思思：拿不定主意

洇砖：在砌墙前用水把砖浇湿，以利砖与水泥或白灰沾得牢固。

赢人：吸引人。

影碑：家庭或单位在大门后建一画有山水画的影壁。

硬克，硬棒：【1】实实在在，经得住考证。【2】坚硬，结实。【3】有后台、靠山，态度强硬。

硬扛山儿：【1】过去盖房子时，界墙上不放土梁，直接架檩。【2】没虚假，实实在在。

硬掐脖儿：强制别人服从。

悠赤：晃来晃去。

由不哩：不由自主。

悠着（zhē）劲儿：慢慢地、适当地用力，控制着点儿不使过度。

油瓶倒了都不扶：懒得什么事都不管。

蚰子安儿：蝈蝈背部上面的发声器。

有材料：【1】珍惜财物，勤俭持家。【2】计划周密。

有根儿，有根把儿，有仗势：有仰仗，有靠山。

有落（lào）头：有收获。

有料理：提前计划安排好了。

有搂钱的筢子也有盛钱的匣子：多指丈夫能挣钱，老婆省吃俭用会过日子。

有拿手：【1】有威信，有权力，处理事情有把握。【2】有技术或有能力把事情办好。

有其限：【1】东西不多，有限的意思。【2】事不大，小事一宗。

有心没（mǔ）记哩，少心没（mǔ）记哩：【1】记性不好，丢三落四。【2】不计前嫌。

有眼色：勤快，能及时看出问题来。

又吃油又撇腥儿：好处全得了，还说风凉话儿。

榆木脑袋，榆木疙瘩：脑筋不灵活，捏死理。

雨犟，扯犟，斜犟：四个边不正直，应是正方形或长方形，但成了平行四边形。

怨报，怨畅：抱怨。

曰曰：【1】胡说。【2】说话不清楚。

运腾：【1】运作。【2】吃了质量高的食物，在胃里慢慢消化。

咽气：断气、要死了。

丫头：小姑娘。

Z

杂花：零花钱。

杂子：动物内脏。

杂碎：【1】五脏六腑。【2】坏点子。

砸锅：【1】专坏别人的好事。【2】事情办砸了。

砸实，砸斥人儿，凿斥，凿实，跐垫：压制人，贬低人。

载货儿，载荷儿：负荷，负担。

攒（zuǎn）家：勤俭持家，积攒财物。

攒（cuǎn）忙：不要报酬的帮忙。

枣木杠儿，枣木杠子：喻指度数高，劲儿大的枣酒。

糟汰年景，糟蹋年景：大手大脚，不知节约，极度浪费，破坏好光景。

灶火坑（qing）：屋子里烧柴做饭的地方。

扎斥：在众人面前话多，努力表现自己。

扎猛子，扎毛毛筒儿：【1】憋着气，在水下潜游。【2】猛地扎入水中的游泳动作。

扎挣：忍耐，顽强坚持。

炸庙：【1】人多的地方突然出现意外，人们乱吵乱跑。【2】带有挑衅性的表现自己。

炸窝儿：母鸡歇窝。

炸窝草鸡：形容某人蓬头垢面，衣着不整。

侧楞：歪，倾斜。

沾：行，可以的意思。

沾光，沾哩光俩：【1】沾便宜。【2】得到了别人的帮助。

沾亲带故：有亲属关系。

占不住脚：占不住理。指想说别人不对，但自己事先没做好。

占科台儿：占位置。

占里怀俩，有俩：怀孕了。

占夹眼儿：【1】做农活儿时在两人中间。【2】指定田间哪几垄、哪块庄稼的农活自己要做。

占上岗儿：占上风，压住别人。

张介：【1】找人借钱借物。【2】张罗。【3】做准备工作。

张精：【1】娇气，不坚强。【2】大惊小怪。

长（zháng）的发实：青少年长得高大、粗壮。

长（zháng）心：吸取教训。

仗势：【1】凭仗权势。【2】靠山。

招搁：保存起来。

招乎：【1】两人对打。【2】猛劲去做。

找茬儿：【1】找买主儿。【1】带有挑衅性的找事。

找茧儿：找工作。

找么：【1】弥补上，把损失的找回来。【2】把第一次没做好的活儿完善一次。

找斜子，回斜子：【1】把不规整的再做一遍。【2】找重点。

找烧：没事找事，挑衅。

找衅（sìn）人儿，找茬儿，找斜叉子，找斜串子：故意找别人的毛病，带有挑衅性的没事找事。

蛰饼：粘米面做的团糕或煎饼。

折对，操典：豁出一切来去干。

折腾：【1】没事找事，无事生非。【2】翻来倒去。

真恣：自由自在，日子好过。

争理儿：礼节不周或事情办的不好，让对方提出来了。

蒸不熟煮不烂：【1】像滚刀肉。【2】软硬不吃，好歹不听，不开窍。

蒸馍：蒸馒头。

整在：稳重，正派。

正经东西儿：是质量较好、货真价实的东西。

正经劲儿，正经来派儿：言行得体，正派。

枝杈八挠：不整齐，乱七八糟。

知不道，不晓哩：不知道。

直巴：直爽。

直棱：精神，坚挺。

值实：【1】合算，值得。【2】物有所值。

汁汤：豆浆。

纸厚连张儿哩，纸糊连张儿哩：特别薄。

吱吱蔫蔫：啰嗦，慢腾。

制蔫，制制蔫蔫：动作缓慢。

轴子，二杆子，鳖楞，生性：处事别扭，性格倔犟，脾气执拗。

耿劲，抖劲，抬（tái）可俩：骄傲，拿架子。

皱巴：【1】不随和，倔犟。【2】衣服不平整。【3】物体活动的地方缺润滑剂。【4】身体某部位拘紧、不灵活，感觉难受。

柱脚：过去盖房的顶梁柱。

拽文，说字儿话：本来土生土长，文化不高，却爱用词儿、说文言话。

抓起灰来比土热：比喻家人毕竟比外人近，是老乡就比没关系的人近。

抓瞎：事前工作没做好而着急慌乱。

砖表房：房子的墙外面都是砖的，里面是坯的。

砖根脚房儿：过去的房子地面以上一米是砖的，再上边的墙是坯的。

转影碑：原指围着影壁转。喻指回避，躲闪别人。

庄伙：庄基。

庄稼话：生硬，土气的农民话。

庄稼主儿：以种庄稼为生的农民。

壮实：身体强壮结实。

捉虎，捉人儿，捉虎人儿：骗人，捉弄人。

着（zhǎo）靠：可靠。

着（zhǎo）老固实，一老固实：实实在在。

自病不觉（jiǎo）：自己有缺点觉察不到。

恣：很舒服。

猔头子：【1】公猪。【2】喻指身强力壮，敢说敢做，强势的男人。

走干巴道儿，专拣干巴道儿走：遇事躲躲闪闪，明哲保身。

走那（能）一经儿：【1】爱做某一件事。【2】某些方面是强项。

走水：为了雨水流的快，房顶的后面比前面高，有一定的坡度。

搂买卖：经商。

搂饭：做饭。

搂活儿：工作，劳动。

搂亲：联姻。

搂是：就是。

嘴驽（nù）：【1】不善言谈。【2】有话说不出来。

嘴勤屁户懒：光说不干。

嘴儿甜：甜言蜜语，专拣别人爱听的话说。

嘴头儿：新生儿吃的奶水。

嘬瘪子，遭难：比喻受窘为难。

村名类

北合（huǒ）庄：北合庄。

北牛（liú）：北牛。

北丰（péng）：北丰。

崔（cùn）村：崔村。

大（dài）陈：大（dà）陈。

大（dài）陈营：赵户营。

大（dài）召：大（dà）召。

大（dà）中郎：中郎。

当（dāng）合流：中合流。

东两（lián）河：东两河。

东牛（lìu）：东牛。

东北牛（lìu）：小北牛。

东南丰（pèng）：东南丰。

东验（niǎn）村：东验村。

江仁（yìn）：江仁。

里城（chǎng）道：里城道。

寇家庄：东丰庄。

里尚（chāng）：里尚。

拧丝，拧人丝：明秩寺。

泊（piǎo）头：泊头。

齐洽（xià）：齐洽。

泗水（chuī）：泗水。

王先（suān）：王先。

西两（lián）河：西两河。

西南丰（pèng）：西南丰。

西验（niǎn）村：西验村。

西牛（lìu）：西牛

小东郎：东郎。

张段（dà）固：张段固。

赵正（zhàng.zhàng）寺（sī）：赵正寺。

赵户（hòu）：赵户。

日用品类

耙，耖，擦子：平整土地的农具。

板藤：板凳。

板凳床儿：小凳子。

篦可叉儿：蒸食物时在锅里水的上边放的人字型木棍。

臭油：沥青。

大海碗，大钵碗：特别大的碗。

担杖：扁担。

电棒儿，电棒子：手电筒。

垫肩：拉车时，在肩上垫的厚布。

砘子，混子：形状象碌碡，但比碌碡小，种谷物后，为了保墒用其压实。还用来轧平房顶，碾轧较少的谷物。

炊杵：炊帚。

风匣；风械：风箱。

擀杖：擀面杖。

谷茬儿：把谷子的秸秆割掉后，剩下的根部。

谷挠儿：谷穗被碾压后，除去谷粒，剩下的部分。

刮板：刮畦，刮粮食用的工具。

郭头：镐头。

合叉：两个铁齿的工具，用于挑麦个子。

耠子，戗子：犁地用的农具。

老鸹铗：拔棉花秸用的工具。

龙黄：硫磺。

落（lào）铲：镌铲。

煤火：火炉。

门插管：门栓。

门划拉吊儿：几个铁环套在一起的板吊。

曲须：板吊。

扫助：扫帚。

筲桶：水桶。

生煤火：生炉子。

手巴掌：手套。

梳脑袋匣儿：化妆盒。

四齿郭：四个铁齿的工具。

条盘：上饭菜用的长方形的托盘。

推（tēi）碾棍：推碾子用的木棍。

杌子，杌礅儿：凳子。

戏匣子：收音机。

洋粪：化肥。

洋灰：水泥。

胰子：香皂，肥皂。

胰子蛋儿：用猪的胰脏和碱面再加香油混合后制成，圆形洗手、脸的卫生用品。

油打拉：在扎好的硬布上放油，润滑织布机用。

扎（zǎ）衣裳机子：缝纫机。

砟子：无烟煤。

炸（zhá）麻糖，炸馃子：炸油条。

找镰儿：收谷子穗、高粱穗用的刀具。

自来火儿：打火机。

种使，耧，耩子：播种小麦、谷物、棉花的农具。

箸子：筷子。

植物类

棒子：玉米。

笨槐树：国槐。

苍苍子：苍耳子。

长果，五香果：花生。

长王，错麦，茬子：大麦。

臭蒿子：青蒿。

楮树，曲树：臭椿树。

杆草：谷子成熟后去掉谷穗的秸秆。

革当儿：高粱杆长穗的一节。

根大：菜苔。

谷谷友，谷谷扭儿：与谷子一块生长，形体和谷子一样，是一种草。

黑单：玉米秸上长的一种菌包。

槐啦丹，花啦丹：国槐的种子。

黄瓜丝：兔丝子。

荤香：茴香。

葫子：葫瓜。

胡罗贝：胡罗卜。

架山（shǎi）药（yòu），线山药，白山药，麻山药：山药，可食用，也可入药。

芥麻：芥末。

芥头，黄菜：芥菜。

荆条：紫穗槐。

罗贝：萝卜。

麻绳菜：马齿苋。

蜜蜜根：菅草根。

蜜蜜罐：牛地，可以入药。

曲曲菜：苣荬菜。

山药（shǎi.yòu）蛋：土豆。

山药（shǎi.yòu）：红薯。

山药（shǎi.yòu）干儿：红薯片。

山药（shǎi.yòu）花儿：西房莲。

勺瓜：沙果。

甜疙瘩：蔓菁。

条子晒又，蔓子筛又：夏天收割小麦以后栽的红薯。

汪汪狗儿：杨树开的花。

望芝莲：向日葵。

言荽：芫荽；香菜。

动物类

锛查木：啄木鸟。

簸萁虫，锅牌虫：土元。

不浪掉：孑孓。

巴蟹虎：壁虎。

长虫：蛇。

臭大姐，花大姐：蝽象。

臭咕咕：布谷鸟。

大蛋吃古妞：没长羽毛的小鸟。

大疆马，疆马：身体高大强壮的种马。

蛋猫：公猫。

蛋羊，种羊：公羊。

刀楞：螳螂。

鹅琅儿，鹅兰儿：鹌鹑。

狗蚤：跳蚤。

呱呱友，夜猫子：猫头鹰。

河蟆各大儿：蝌蚪。

黄鼬鼬：黄鼠狼。

花媳妇儿：瓢虫。

虮子：虱子的卵。

疥河蟆：蟾蜍。

积（zí）了（liáo）：蝉，知了。

克（ké）郎，克娄：已经长大但还没有养肥的猪。也叫架子猪。

拉咕，拉拉咕：蝼蛄。

老鸹，老过：乌鸦。

老牛，老猴，积了猴儿，积了牛，肉牛：蝉的幼虫。

落（lào）驼：骆驼。

驴居：雌性的蝈蝈。

蚂鳖：水蛭。

吗楞：蜻蜓。

马鹏：黄蜂。

马鹏仁：黄蜂的虫卵。有时指小孩的鼻涕。

蚂蚱：蝗虫。

米米蛘，米蛘蛘：蚂蚁。

奶光子：小猪。有时笑称小男孩。

蛐晒（蛇），蛐蟮：蚯蚓。

水牛牛：黑白花色的硬壳昆虫，多在水边的柳树上，小孩当宠物玩儿。

素珠儿，素素儿，蛐蛐儿：蟋蟀。

屎壳郎，屎蛒螂：蜣螂

瞎虻：牛虻。

蟹虎链儿：蜥蜴。

盐白虎，绵绵虎：蝙蝠。

夜俏，马乙俏，麻傻子：喜鹊。

油棱（垄）：蚜虫。

猔儿：小公猪。

时令类

半晌活：【1】半天。【2】上午 10 点左右。

半后晌：下午 3、4 点左右。

半晌不下哩：不到整点下班的时候，指上午 10 点左右或下午 4 点左右。

半宿（xǐu）里：深夜。

半宿合夜：深更半夜。

成宿（介）家，整宿（介）家：整个晚上。

打春：立春。

打早起，大早起身儿：黎明；清晨。

大前日儿：大前天。

改日：改天。

赶明儿，明个：明天。

合夜儿哩：晚上十点到十二点。

黑介，黑家：晚上。

后晌：下午。

后晌黑老，后晌黑家（介）：天快黑的时候。

见天：天天，每一天。

今儿个：今天。

老年家：很多年以前。

早身，早起身儿，起身儿，起俩身儿：早晨。

起晌：生产队时期，到了上班的时间敲钟，农民便上班干活。

前日，前日儿：前天。

日头地儿：阳光下。

三天两后晌：时间不长。

头黑：傍晚。

头明儿：黎明。

头年儿哩：年前。

头晌活：12 点前。

晌活俩：中午 12 点了。

外后儿：后天。

往法儿，往法儿家，往法儿介：过去，以前。

五月当午，五月单五：端午节。

下晌：农民到点儿下班。

歇晌：中午。

夜里，夜里个儿：昨天。

夜里黑介，夜老黑家：昨天晚上。

一擦黑儿：傍晚。

一晃儿：时间很短。

一扑明儿：天刚亮。

一晌：半天。

一宿（xiǔ）：一夜。

月亮地儿：月光下。

早先儿：过去，从前。

二、无极方言与普通话的对应关系

无极方言与普通话之间在语音方面的差异具有明显的对应规律。研究并运用这些规律，对于开展中小学语文教学和推广普通话都是有实际意义的。

1. 尖音与团音

无极县一带地区普遍存在着尖音。所谓尖音，就是舌尖抵住下齿龈，上下牙叩近所发出的音节。具体地说，舌尖前音声母 z、c、s 与齐齿呼韵母 i 及撮口呼呼韵母 u 相拼，或者与以 i 和 U 为韵头的复韵母（如 ie、üe、ing、ün 等）相拼即成尖音。如“积”读作 zi，“七”读作 ci，“西”读作 si，“需”读作 su，“接”读作 zie，“绝”读作 zue，“青”读作 cing，“全”读作 cuan，“小”读作 siao，“宣”读作 suan 等等，均为尖音。普通话里没有尖音，只有与之相对的团音。在普通话里，舌尖前音声母 z、c、s 不能同齐齿呼韵母 i 或撮口呼韵母 ü 相拼，也不能同以 i 或 ü 为韵头的复韵母相拼；而只是相对应地用舌面音的三个声母 j、q、x 与上述韵母相拼——这就是团音。按照团音的发音，上述各例字依次应分别拼为 ji、qi、xi、xu、jie、jue、qing、quan、xiao、xuan。这就是说，变尖音为团音，只需要将韵母 i 和 ü 及以其为韵头的复韵母前面的声母 z、c、s 分别改为 j、q、x 即可。我们可以运用尖音与团音这条对应规律列一张正音表，把尖音与团音加以对照，这对于纠正方音学好普通话是会有好处的。

2. 声母 ng 与零声母

无极县一带有这样一种方音：就是把辅音 ng 作为一个声母来使用，让它和开口呼的韵母 ai、an、ang、ao、e、en、ou 相拼、拼出类似吴方言的 7 个音节；ngai、ngan、ngang、ngao、nge、ngen、ngou，其代表例字依次分别是“爱”“安”“昂”“傲”“俄”“恩”“欧”。普通话里没有这些音节。在普通话里，辅音 ng 并不做声母使用。上述 7 个开口呼韵母并不需要同声母相拼面各自独立成为一个音节，即所谓零声母音节。按照普通话拼读上面 7 个例字，那就是与之相应的 7 个韵母的发音，即 ai、an、ang、ao、e、en、ou。因此，无极一带的人纠正这类方音时，就是要把开口呼韵母前的声母 ng 去掉。

3. 阳平声与去声

无极方音里存在着一种变调现象，就是在一定语言环境里常把去声字变读为阳平声。变调大遵循着以下规律：

（1）读去声的名词带有后缀时，无极方言音则把这个名词变调改读为阳平声。例如：（院）子、（凳）子、（麦）子、（豆）子、（棒）子、（柜）子、（镜）子等等，括号的名词在普通话里都变调读成了阳平声。

（2）一个读去声的名词和它前面的动词构成支配关系时，无极方言则把这个名词变调读为阳平声。例如吃饭、发电、革命、领队、开会等等。

（3）读去声的两个名词连用时，无极方言则将其中前一个名词变调改读为阳平声，而后一个名词却不变调，仍读去声。例如（月）亮、（电）话、（座）位、（被）褥、（戏）剧等，其中各字在普通话里都读去声，而在无极方言里却将括弧的字读作了阳平声，而另一个字仍读去声。

（4）读去声的动词重叠时，无极方言则将其中前一个动词变调读为阳平声，而后一个动词却不变调，例如（问）问、（看）看、（涮）涮、（动）动、（醒）醒等等，同一个动词括弧的变成了阳平声，而另一个却不变调。

无极一带的人学习普通话时，要根据以上变调的规律注意纠正不规范的方音。

人物

无极县历史悠久，文化底蕴深厚，天华物宝，人杰地灵，人才辈出。本志续修承接前志，前志已录人物无重大变化者，本志一般不再重录，但对刘琨、刘禹锡、李狄三另有补录；对长期工作在本县，且有突出贡献的客籍人物，亦有记录。本志录入传记65人，人物简介50人，其中中国工程院院士2人，全国劳模2人，省级劳模21人，市级劳模72人。人民解放军副师级以上军职人员190人，其中，中央军委授衔的中将1人，少将12人。另有正军职5人，副军职9人，正师级80人，副师级83人。传记人物以卒年先后序列；简介人物以出生先后序列。尚有可入志人物，因无法采集其信息，故未能录入。

無極縣志

第一章　人物传记

刘　琨

刘琨（271—318），西晋著名将领、诗人、文学家、音乐家。字越石，西晋中山魏昌县（今河北无极县）人。汉中山靖王刘胜后裔。祖父名迈，有经国之才，官拜相国参军散骑常侍。父名蕃，清高崇俭，位至光禄大夫。刘琨少有雄心大志，善辞令、喜清谈、广交朋友，崇尚老庄之道，友人贯以“俊郎”称之，以雄豪著名。26岁为司隶从事。因能文善诗，与陆机、陆云兄弟、欧阳建、潘岳、左思以及石崇等24人，经常聚集在石崇的别墅洛阳金谷园中，谈论文学，吟诗作赋，时人称之为“金谷二十四友”。

赵王伦执政时，以琨为记室督，转从事中郎，频迁著作郎、太学博士、尚书郎。及齐王冏辅政，拜琨为尚书左丞，转司徒左长史之职。范阳王虓镇许昌，引为司马。齐王冏辅政，刘琨任司徒左长史；刘乔攻许昌，为琨所败。时永兴二年（305年），晋惠帝司马衷被张方劫长安。刘琨说服冀州刺史温羡让位于司马虓，并向王浚求得精兵，司马虓遂与刘琨引兵渡河，破石超于荥阳，收降荥阳守将吕朗。306年，刘琨统领诸军奉迎惠帝于长安，以功封为广武侯，邑二千户。

永嘉元年（307年），怀帝起用刘琨为并州刺史，加振威将军，兼领匈奴中郎将，率兵平息北方战乱。时并州常为匈奴贵族首领刘渊及其子刘聪骚扰，民众流离失所，死难者尸横遍野。及至并州司马腾逃离，并州余人不满两万。刘琨就任后，招募兵士，抚慰散勇，一面与刘渊、刘聪对抗，一面组织恢复生产，民皆叹服。由于他善于怀抚，而短于控御，不久，刘聪攻破晋阳（并州以南），太原太守高乔投降，琨父母遇害。他志死复仇，而屈于力弱，泣血尸立，抚慰伤痍，移居阳邑城，以招集亡散。

建元三年（315年），愍帝即位，加封刘琨为大将军，都督并州诸军事，加散骑常侍。后进位司空，都督并、冀、幽三州诸军事。复为羯人石勒所败，刘琨投奔幽州刺史鲜卑人段匹磾。段见之，甚为尊崇，结婚约，以兴戴晋室。时晋朝西部、北部疆土已大都沦亡，刘曜攻破长安，晋愍帝被俘，西晋灭亡。刘琨在《劝进表》中以“多难兴邦”来激励琅邪王司马睿复兴晋室。东晋建武元年（317年），司马睿在江左称帝，是为元帝，升刘琨为侍中太尉，和段誓师共讨石勒。不料，段匹磾从弟末波与段匹磾有隙，末波俘虏了刘琨子刘群，令其给刘琨写信，共图匹磾，结果被匹磾劫获。在其弟段叔军的劝说下拘押了刘琨。刘琨素有名望，拘押期间，远近之人尽皆愤叹。代郡太守辟闾嵩与刘琨部下将领企图反叛段匹磾救出刘琨，因泄密而失败。东晋权臣王敦派人密告段匹磾，让他杀掉刘琨，在王敦唆使下，磾托称有诏，将刘琨缢死。刘琨享年48岁。三年后，琨故从事中郎卢谌、崔悦等人上表，为刘琨鸣怨，晋元帝下令赠刘琨为侍中、太尉，谥曰愍。

刘琨不仅是一位爱国将领，还是一位卓有成就的诗人和文学家。他的诗同他的经历结合得十分密切，具有诗外有事，诗中有人的特征。早年，其诗自然，其文淳雅，不求雕饰、风韵独特。永嘉之乱（“八王之乱”）后，刘琨以并州为根据地，力图收复失地，但英雄失路，万绪悲凉，故其诗随笔倾吐，清拔、磅礴、悲壮。今存《扶风歌》《答卢谌》《重赠卢谌》三首，抒发抗敌御侮的英雄气概和国破家亡、壮志未酬的悲愤情绪，表现了诗人的爱国主义精神。刘琨诗虽存不多，但内容丰富，感情深厚，清刚悲壮，自成一格。钟嵘《诗品》说："善为清戾之词，自有清拔之气，琨既体良才，又罹厄运，故善取丧乱，多感慨之词。"刘琨又善音律，《晋书》道：琨在晋阳，尝为胡骑所围困数重，城中窘迫无计，琨乃乘月登清啸，贼闻之，皆凄然长叹。中夜奏胡笳，贼又流涕嘘欷，有怀土之切。向晓，复吹之，贼并弃围而走。

《世说新语》说：琨生性旷达，与祖逖邂逅成莫逆之交，常共被而寝，夜半"闻鸡起舞"，互相激励。313 年，祖逖被起用，以豫州刺史，率军北伐。刘琨闻之与亲故书曰："吾枕戈待旦，志枭逆虏，常恐祖生先吾着鞭"。"闻鸡起舞""枕戈待旦"和"先吾着鞭"等成语即源于此。

刘琨著述颇丰，有《刘琨集》10 卷、《刘琨别集》12 卷，惜已散佚。明人集有《刘越石集》。

刘禹锡

刘禹锡（772—842），字梦得，唐代中山无极人。自称汉中山靖王后裔，是唐代中期著名的诗人、文学家、哲学家和政治家。贞元九年（793 年）擢进士第，登博学宏辞科第，授监察御史，永贞元年（805 年）唐顺宗即位，王叔文执政，同柳宗元等参加"永贞革新"集团，辅佐王叔文执政，任屯田员外郎。806 年宪宗即位，革新失败，叔文被赐死，禹锡被贬连州（今广东连县）刺史，赴任途中，改郎州（今湖南常德县）司马。十年后召还京都长安，因游玄都观，题作《元和十年自郎州奉召至京，戏赠看花诸君子》，"语涉讥刺，执政不悦"，再遭贬，出播州（今贵州遵义地区）刺史，后行连州（今广东连县）、夔州（今四川奉节县）、和州（今安徽和县）等地刺史。前后在边远地区谪居二十余年。大和元年（827 年）回洛阳任东都尚书省主客郎中，次年至长安，为集贤殿学士，出为苏州刺史，后徙汝州、同州刺史。开成元年（836 年）迁太子宾客（人称刘宾客），官终检校礼部尚书，年 71，其诗文后人辑为一集，一刻本称《刘宾客文集》，一刻本称《刘梦得文集》。

刘禹锡，工诗文，与柳宗元交往甚密，人称"刘柳"，后与白居易相唱和，又并称"刘白"。其文《天论》三篇，提出"天与人交相胜，还相用"之说，具有朴素的唯物主义思想和鲜明的进步倾向。其诗通俗清新，善用比兴手法寄托政治内容。今存诗 800 余首，佳作俯拾皆是，有表达反对藩镇割据，维护国家统一的《平蔡州》《城西行》《平西行》等。有结合个人身世遭遇，抒发愤懑和痛苦心情，表达对当政者的蔑视和自己坚贞不屈的《玄都观桃花》《再游玄都观》等。在咏物诗里，则通过咏物表达对时政的不满。《飞鹰集》讽刺那些身居高官而贪得无厌、妒害贤能的人物；《秋萤引》和《聚蚊谣》等把"天生有光非自炫"的秋萤和蚊虫妖鸟的丑恶阴暗形象对比，表达了对权奸的鄙夷。"我躯七尺尔如芒，我孤尔众能我伤。天生有时不可遏，为尔设幄潜匡床。清商一来秋日晓，羞尔微型饲丹鸟。"更在嘲骂中表现了胜利的信心。《西塞山前怀古》《金陵五题》等怀古作品表达了托古喻今，借古鉴今的思想，充满了对兴亡变化的无限深思，深寓着历史的教训，笔调沉郁而苍凉。《酬乐天扬州初逢席上见赠》是刘禹锡贬官回乡后的感叹。沉舟侧畔，千帆竞发；病树前头，万木争荣，自然界的平凡现象中，暗示着人事新陈代谢的哲理。白居易称这句诗"神妙"，"在在处处应有灵物护之"刘白唱和集词。《刘梦得文集》现存的两卷乐府诗，是他学习民歌、继承发扬民歌现实主义传统，真实地反映人民生活的成果。代表作有《竹枝词》九首。他在流放巴楚期间，学习屈原《九歌》的精神，吸收当地民歌俚调创作特点，描写农村妇女健康的爱情，记录劳动人民生活和地方风物，笔触细腻，音调和美，"开朗流畅，含思婉转"，"运用似无甚过人，却都惬人意，语语可歌"，是唐代别开生面之作。同时诗人白居易称他为"诗豪"，宋代苏轼、黄庭坚（号黄山谷）对他很推崇。其文以《陋室铭》最著。世传有《刘梦得文集》《刘宾客文集》40卷，另有医学著作《传信方》二卷。

张　璇

张璇（1477—1542），字仲齐，号恒山，无极县辛庄村人。少有大志，14岁入州学。他聪明好学，文才出众，当时李梦阳看到张璇的文章，大加赞赏。明正德三年（1508年）戊戌科进士，官拜监察御史，为官清廉，刚正不阿，不惧权贵。他去陕西督察茶马司时，宦官刘瑾正横行不法，凡去陕甘一带的官吏都要讨好他的亲朋，但张璇拒绝跟刘瑾亲友交往。刘瑾怀恨在心，派人侦查三年，想找借口陷害他。他清白如洗，刘瑾找不到借口，只好作罢。正德六年（1511年）张璇巡视山东，弹劾山东巡抚张凤肆意虐待属下。宰相庇护张凤，张璇义正辞严，再次弹劾，张凤遂被罢免。正德九年（1514年），张璇任南京提学使，当时学政松弛，他厉行整顿，制定严明条款，使学风为之整肃，门下弟子亦有很多跻身名流。嘉靖八年（1529年）张璇巡视长江防务，整顿江防秩序，威名大著。南京礼部侍郎黄绾自恃得到皇帝恩宠，大肆贪污，被张璇弹劾，黄绾上奏章辩白，张璇再次弹劾黄绾欺君罔上。刑科给事中徐俊民是黄绾的同乡，捏造罪名，弹劾张璇不捕捉盗贼，任意鞭打军官。宰相李时也贪赃枉法，深恨张璇刚正不阿。李时见到徐弹劾张璇的奏章，心中暗喜，便让张璇解职回乡。张璇回乡后，甘心过清贫的生活，不趋炎附势，不进官衙。嘉靖二十一年（1542年）病逝。著有《家藏集》等。

雷　霆

雷霆（生卒年不详），清乾隆十六年（1751年）武进士，无极县赵户营村人。从小喜爱练功习武，十来岁就练就了一身好刀法。据史书记载，雷霆："少有勇力，引强弓十余石"。他使用一把七八十斤重的大刀，挥舞起来风呼树摇，林鸟皆惊。一天他姐姐回家来，见他正在磨刀，要求他当众练一练让大家看看，并唤来爹娘，还有不少乡民。雷霆扎了扎腰带，说声"闪开了"，大刀便在他手中飞舞起来，围观的人个个叫好称绝。这时雷霆喊道："快扔一只活鸡来，"有人提只大公鸡猛向雷霆扔去，正好碰到刀上，立刻刀落鸡死。从此，人们就传说开来，雷霆的大刀是不沾血不落地。

圣旨

清乾隆十六年（1751年），雷霆进京应试，考中武进士。参加殿试时，乾隆皇帝观看了雷霆的刀术抚掌叫绝，当即赐名"雷大刀"，封授为侍卫、副将，数月之后，又封为镇殿将军。很快又升为福建抚标右营游击，福建总兵，镇守台湾府，负责东南沿海门户之安全。

台湾自古为海匪、外患所垂涎。明代曾遭倭寇进犯，后又被荷兰侵略者侵占，顺治十八年（1661年），郑成功驱逐了荷兰侵略者，收复了台湾。雷霆赴任台湾后，整肃军纪，加固边防，巡视海洋，每遇盗匪侵犯骚扰，他便率军舞刀，尽行消灭，海匪闻风敛迹，再不敢侵犯台湾。后在一次反侵略激战中，雷壮烈殉国。

薛成华

薛成华（1884—1912），名友棠，以字行，无极县北苏村人。为人敦厚，胆识过人。自幼爱憎分明，疾恶如仇。

1910年，成华县立师范学堂（亦说保定师范学堂）毕业，到保定盲哑学堂教书。辛亥革命后，薛成华积极参加共和会，与许润民、尹渔村、周稀文、张在田等人在京南各县从事革命活动。武昌起义后，为配合南方革命举动，推翻清政府，共和党在滦州组织起义，遭到张怀芝的血腥镇压，革命党人王熙普被害后，敌军于停战时，又攻山西。成华遂与尹渔村、周稀文、张在田等人组成暗杀张怀芝团。1912年1月26日，张怀芝由北京回天津，成华、渔村等人到天津河北新站，伺机暗杀张怀芝。上午11时许，张怀芝刚下火车，薛成华先后连掷两枚炸弹，炸伤了戈什哈1人，张怀芝倒地，薛成华恐其未死，又用手枪射击。尹渔村等人也连续开枪射击，但都没有置张怀芝于死地。军警赶到，包围了薛成华，薛成华与敌人对射，后打伤了1名军警，1名敌人。但终因寡不敌众，被逮捕。成华被捕后，当晚即被凌迟处死，时年28岁。著有《盲哑教程》1卷，《盲哑教授心得》1卷。

田炳勋

田炳勋(1875—1954)，又名田林壮，字文卿，无极县户村人。幼年入私塾读书，17岁考中秀才。1909年，经直隶学政严格挑选，保送入京，得中乙酉科拔贡，授予顶戴、帽靴、蓝衫。按当时习俗惯例，将此荣耀用正楷书成通结分送亲友，以示光耀门庭，称为报捷。他不满既得成绩，继续发奋，又经苦读，赴会试，所试内容顺利完成，但不慎卷面滴一墨汁，按例污卷不取，名落孙山。

1919年考入直隶（保定）优级师范学堂，毕业后于1923年任无极县立女子高等小学校长近十年。其间，以良好的学校管理、渊博的知识，诲人不倦的敬业精神，与任教同仁共同努力，培养了一批女知识青年，为无极县教育事业的发展作出了贡献。后又到赞皇任职，“七七”事变后离任返乡。

日军占领无极县城，时任伪县长张立庚到他家，请其任无极县副县长（一说维持会副会长），他婉言拒绝。

田炳勋离职回乡期间，以农为业，曾亲手养蜂20箱，酿出的蜂蜜从不出售。村民治病凡需者，来着不拒，满足需要，分文不收。

1942年，束鹿（今辛集市）一带旱情严重，土地荒芜，人们生活极度困难，外出逃荒者甚众。田炳勋曾救助3个女孩，让其住在自己家中。一年之后，灾情缓解，才将她们送走。

田炳勋写得一手正楷颜书，经常为村及周边乡里撰写碑文、匾额、中堂条幅、各种帖式，有求必应，概不计报酬。

田炳勋一生颇重家教，教育儿孙宜勤宜俭，亦耕亦读，他常说“无知识焉能为国出力”。其后辈秉承家训，不忘读书求知。数代人中，师范、大学毕业者多人。中华人民共和国成立后，其直系后代中从事教育工作者有16人，为无极教育事业发展作出了积极贡献。

卢秀生

卢秀生（1904—1983），又名卢林中，无极县古庄村人。1930年参加中国共产党。1937—1938年，晋察冀边区党委党校学员。1938—1943年，任晋察冀军区政治部锄奸部科员、科长。1943—1945年，延安党校第四部学习。1945—1946年，冀中区河间市公安局局长。1946—1948年，冀中支前后勤处俘部部长。1948—1949年，任河北省公安厅治安处副处长。1949年11月至

1952年8月，任广西公安处处长。1952—1955年，任广西省人民检察署副检察长。1956—1969年，任广西省人民检察院检察长、广西壮族自治区人民检察院检察长、党组书记。1956年，任广西省委候补委员。1961年10月，任广西壮族自治区党委监委常委委员。1964年，任广西壮族自治区政法委办公室副主任。1972年3月离休。1983年病逝。

刘承诰

刘承诰（1904—1989），字善述，又名一民，无极县古庄村人，1919年8月考入保定育德中学，受"五四"运动的影响，启迪了他的爱国思想。育德中学是全国著名的赴法勤工俭学预备班所在地。当时刘少奇、李富春、李维汉、张昆弟等在留法预备班学习。他们的爱国精神和行动，深深地感动了刘承诰，课余时间，他如饥似渴地搜集、阅读进步书刊，并与王锡疆、安志诚、王斐然等进步同学组织了"文学研究会"，共同探讨新文化、新思想。

1921年3月，北京共产主义小组成员邓中夏应聘担任直隶高师教授，去保定开展党的工作，讲授李大钊的文章，介绍马克思主义文献，受到进步青年的热烈欢迎，踵门求教者络绎不绝，刘承诰是其中的活跃分子。为扩大革命书刊的传播与流通，刘承诰与王锡疆、安志诚等人以"文学研究会"的名义，在育德中学建立了书报贩卖部，暗中出售《新青年》《新潮》《少年中国》《共产党宣言》《社会主义从空想到科学的发展》等革命书刊。书刊贩卖部成了团结、教育广大青年，传播马克思主义的阵地。在刘承诰等人的影响下，保定女二师、第六中学等成立了"读书会""努力读书会"，组织会员阅读进步书刊。

1921年6月，刘承诰等以"文学研究会"的名义请邓中夏到育德中学讲演，邓中夏以《文学与社会》为题，用马克思主义观点阐述了文学革命与社会革命的关系，提出"研究文学，莫忘社会，更莫忘社会改造"。这次讲演，使刘承诰萌发了组织起来的要求。在邓中夏的指导下，刘承诰、王锡疆、安志诚、杨其刚等人在育德中学成立社会主义青年团，组建"社会问题研究会"，组织会员读书，团结进步青年，传播马列主义，推动新文化运动。

1922年12月，刘承诰加入中国共产党，并与王锡疆等人在育德中学建立党支部，这是中国共产党在保定地区的第一个党组织。1923年1月刘承诰任中国社会主义青年团保定地方执行委员会委员，分管经济工作。

1923年6月，刘承诰在育德中学毕业，考入直隶保定第二师范，俗称保定二师。1923年底，刘承诰在保定二师成立团支部，并任书记。1924年经刘承诰介绍，丁正礼、刘宪曾等九名团员转为中共党员，同时建立中共保定二师党支部，刘承诰任党支部书记。1925年5月，刘承诰尚未毕业，就到内蒙古任多伦察游击总队二队参谋，同年被派往苏联莫斯科东方共产主义大学学习（同期的有聂荣臻、李富春、张浩等）。留苏期间，刘承诰认真学习探索救国真理，与李富春、蔡畅、张浩等交流心得，探讨国家未来及回国后的工作。1928年8月至1937年7月，刘承诰到驻苏联伯力总领事馆工作；1938年6月至1946年2月驻伊朗大使馆工作；1946年3月至1948年8月在国防部二厅三组工作（文职上校研究员）；1948年10月至1952年1月香港南方学院任俄语教授；1952年3月随《香港周末报》回到广州，4月至1958年在武汉河运学院水运工程学院任俄语教授；1958年定为"右派"；1980年4月在水运工程学院平反；1989年8月5日因病去世。

范树德

范树德(1907—1986),无极县东朱村人,中国人民解放军后勤工作的创始人之一。1922年,范树德考入直隶第二师范学校,1925年加入中国共产党,因号召声援上海"五卅惨案"运动和各种革命活动，被反动当局开除。后考入黄埔军校，1926年10月毕业后到叶挺独立团任连指导员，辎重队会计、队副，曾参加北伐战争。1927年9月，随国民革命军第二方面军第四集团军总指挥部警卫团（俗称武汉国民政府警卫团）等部，参加了毛泽东领导的秋收起义。9月29日，毛泽东在江西永新县三湾村对起义部队进行“三湾改编”，范树德所在团改编为“中国工农革命军第一军第一师步兵第一团，范任团副兼辎重队队长及供给主任，由毛泽东率领上了井岗山。1928年4月下旬，朱德、陈毅率南昌起义部队来井冈山与毛泽东会合，两部合编为中国工农红军第四军（朱德任军长、毛泽东任党代表王尔琢任参谋长），范树德任军需处处长，成为红军的最高后勤领导。军需处下设财政科、会计科、粮食科、被服厂、粮库、运输队、造币厂等机构，在物资极端困难情况下，千方百计保障了红军战士的生活和作战需要。

为了解决井冈山上的吃粮问题，1928年10月，军队开展了挑粮上山活动，广大指导员争先恐后地报名参加，朱德军长也要亲自下山挑粮。他找到范树德说：“你给我准备一根扁担吧。”范树德便到驻地村庄用一个铜元向老乡买了一根毛竹，削成两根扁担，一根自用，一根送给朱德，并在送给朱德的扁担上，他用毛笔写了八个字：“朱德扁担 不准乱拿。”从此，朱德用这根扁担和大家一起往返60里山路，去山下的宁冈县佰露村一带挑粮，留下了朱德扁担的故事。

1929年1月范树德随毛泽东、朱德离开井冈山先后开赴赣南闽西建立中央苏区，1930年春，范树德任红三军（军长黄公略）军需处长，6月任红三军参谋长，参加了自1930年12月27日至1931年1月1日第一次反“围剿”战役，消灭了国民党18师、50师、13师等，活捉了敌师长张辉瓒。毛泽东在《渔家傲反第一次大“围剿”》词中写到“齐声唤，前头捉住了张辉瓒。”反“围剿”胜利后，1931年5月，范调任中央革命军事委员会（主席毛泽东、副主席朱德、总参谋长刘伯承）任经理部部长兼总兵站部总站长。1931年11月，中央苏维埃共和国中央临时政府在瑞金成立。随之，新的中央革命军事委员会组成（简称“中革军委”），下设总参谋部、总政治部、总经理部、总军医处。范树德任总经理部部长，在筹集军粮、保障供给等后勤建设多有建树。1932年9月，总经理部改称军委总供给部，范树德仍任部长，组织了中央红军第三、第四次反“围剿”战斗的后勤保障。

1934年8月，范树德到宁化、清流县一带，负责筹集军粮约五万担，到江西石城县一带，充实军队主食。10月初完成任务回瑞金时，参加长征的红军队伍已由长汀、瑞金陆续出发，10月中旬任中央军区供给部长，11月在瑞金中华苏维埃共和国中央政府红色总医院治疗严重沙眼病。中央红军长征后，范树德留在中央苏区，担任湘粤赣游击支队参谋长等职。1935年4月下旬，带领第二中队长李汉兴等40余人，在汝城一带打游击，拂晓和敌人遭遇，因受伤和医生赵新民、战士赵得奎3人同时被敌俘。

1935年11月，范树德被国民党关押数月后，被任命为军委会武昌行营总务处少校服务员等职。日本投降后任日军俘管理所上校所长，1946年12月底，调任郑州绥靖公署第二处少将副处长。1948年8弃职，1949年5月到桂林，从事小商小贩和一些体力劳动。1954年4月15日被桂林市公安局逮捕，先后在开封、西安监狱关押改造。

1975年3月19日，在西安战犯管理所获特赦释放。1980年任桂林市政协委员，1986年3月病逝。

张耀武

张耀武（张耀五）（1907—1992），无极县朱家庄村人。1917年就读户村小学。1922年小学毕业，在家乡自费办起朱家庄第一国民小学。半年后弃学考入无极城内高小。1924年考入直隶省第四师范学校。1928 年毕业，经城高教师张益谦、张其余推荐到西南汪高小任教。此时，共产党员刘毅之、赵卓云等也到该校任教，并筹划组建中共无极县委，他十分赞同共产党的革命活动。

1932 年 3 月，在无极城高小任教时，共产党员刘洪涛因发动学生运动，被反动当局通缉，情况异常危机，张耀武将刘洪涛藏在自己的宿舍内，后又出资连夜护送脱险。1936 年城高派系斗争激烈，教学工作受到干扰，他辞职到西汉第八高小任教。

1937 年抗日战争爆发后，学校停办，他回家务农，投入家乡的抗日斗争。是年，受中共无极县委派遣，任圣泉小学教师，以合法身份做党的地下工作。12 月刘洪涛率抗日第五支队攻克了无极县城，他积极加入刘洪涛的县政推进委员会，带头筹集抗日军粮。12 月 18 日，翟二狗从新乐引诱日军强占无极县城，刘洪涛部队转入南流一带开展游击活动。张耀武侦知翟二狗欲去南流偷袭刘洪涛部，便连夜传送情报，挫败了敌人的阴谋。1939 年冬，刘洪涛部驻小镇村，翟二狗又欲偷袭，他又传出情报，使刘洪涛率部安全转移，再挫敌酋。

1942 年“五一”扫荡，环境恶劣，张耀武仍在圣泉小学负责抗日情报工作。1943 年 4 月 16 日黎明，日军把伪职人员集中到县政府大堂内，以重兵包围，按照黑名单，逐一点名逮捕敌工人员。张耀武随机应变，未暴露身份。

1944 年，张耀武奉命到大中郎抗日完小任教。为预防敌人偷袭，他与赵国才、甄亚三等 5 名教师游击住宿小汉村刘洛集家，借用老乡的闲屋、磨棚、碾棚做教室办抗日小学，或到群众聚集的地方办游击学校，编选抗日歌谣油印成册，或剪辑《冀中导报》上的文章作教材，宣传抗日斗争故事，教授对敌斗争方法，宣讲革命理论，告诉学生和群众，学好文化、学好科学、团结在共产党周围，就一定能把日本侵略者赶出中国去。教学中他还随时动员高年级学生和当地青年参加抗日军队。曾在南流、泗水等村，动员了上百名青年参加了八路军，受到当地政府的表彰。

1944 年初冬的一个黎明，他和赵国才等 5 名教师被敌人包围在小汉刘洛集家。为掩护其他人撤离，他从后墙跳出去，暴露目标牵制日军，其他人安全脱险，敌人追上来，他一口咬定自己是本村农民。敌人见他身强力壮，就轮番与他摔跤，并用刺刀把他的棉衣刺得支离破碎，几处鲜血直淌，他始终没有暴露身份，敌人把他关进一家门洞，他借着敌人烤火的烟幕，爬上房顶，借老乡的掩护逃离了险境。

抗日战争胜利后，他调任无极高小任教。1946 年办无极师范短训班，速训一批高小毕业生，充实军政工作。

1955 年，无极师范并为无极中学，他任中学历史教师，以讲述生动、重点突出倍受欢迎。是年被选为无极县第一届人民代表大会代表，无极县人民委员会委员。县人民政协成立后，任历届政协委员。他从不脱离教学工作，并在教学实战中，总结出一套历史家学的先进方法和经验，教学效果明显，成绩突出。1961 年，他教的第一届高中毕业生参加高考，获专区第一，其中历史学科成绩名列前茅。“文化大革命”后期，他精心整理学校藏书，保护了大批历史文献和各种教学参考资料，对古本刻板图书，逐本整理、装订，妥善保护。

张耀武 1974 年离休，1992 年病逝。

杨素苗

杨素苗（1908—2000），女，无极县正村人。出身书香门第，其祖父是著名的喉科医生，且擅长书法，父、兄都是私塾先生，对书法绘画很有造诣，祖母和母亲善于刺绣。幼年的杨素苗聪明好学，在家庭环境薰陶下，7 岁即随父兄学习绘画，8 岁跟母亲学刺绣，12 岁开始学剪纸。她心灵手巧，潜心钻研，极具创造性。平时注意观察家禽家畜以及花鸟鱼虫的形态，她的作品形象生动，造型优美，富有浓郁的乡土气息。每逢过节或男婚女嫁，邻里乡亲都喜欢请她剪裁“福禄祯祥”之类的吉祥花样装饰门庭、房间。她的作品遍及四乡，广受乡邻喜爱并收藏。

她的剪纸技艺别出心裁，自成一家，只用一把剪刀剪制，作品线条细而不乱，粗而不拙，独具风格。

随着社会的发展，思想的开放，年龄的增长使杨素苗对艺术的追求向“新、活”发展。她的剪纸作品，除花鸟虫鱼人物之外，还有表现工农业生产方面的内容。20 世纪 50 年代她剪的《五谷丰登》《大白菜》《大南瓜》等艺术作品，曾被选送省展览馆展出，深受省美术界的好评；她的代表作品《龙凤呈祥》《丹凤朝阳》及《窗花》等十几幅剪纸作品构图新颖，线条清晰，栩栩如生。1981 年在省会石家庄参加展览时，其作品被省美协评为佳作，其中有 12 幅被选送日本展出，受到日本美术界人士的广泛赞誉。

在她的亲手传授下，孙女王芬棉的剪纸技艺已达到相当水平。栾城县文化馆长李玉多次登门求教，赞皇县的李爱菊多次住在她家，潜心学习。对此，她毫无保留地传授技艺，说“我为剪纸艺术后继有人感到欣慰”。2000 年逝世，享年 92 岁。

李维祯

李维祯（1910—1998），字禄泉。中共党员，楼下村人。药学专家。曾任红军卫生部药政科长、中央军委卫生部药政处长、中央军委药政局长，沈阳药学院院长兼党委书记、中国药学会会长、全国抗衰老协会会长等，副部长级待遇。

16 岁入直隶省立正定第七中学，1926 年加入共产主义青团。1929 年 8 月，考入北平陆军军医学校（后改为国防医学院）四年制大学部药科专业学习。1931 年“九一八”事变后，在共产党的领导下，参加反日爱国斗争，在北京街头贴标语，组织群众集会，进行抗日宣传，联系无极籍在京学生 80 余人成立“北平无极籍学友会”，为无极党组织做了大量工作。1934 年毕业后被派往东北军 67 军王以哲部 110 师任上尉司药科长。当年冬天，经刘毅之介绍，李维祯收留并安排共产党员赵卓云，在 110 师任文牍，后又收留安排高双进等 2 名进步青年。

1935 年，110 师在陕北赴甘泉县途中，被红军击溃与洛山，李维祯趁机率师部野战医院参加了红军徐海东部。1936 年，李维祯在陕北吴起镇加入中国共产党。不久，被派往瓦窑堡，协助著名医学家王斌创办红军卫生学校，培养护士 500 余人。1937 年初调入中国共产党所在地保安，继续创办红军卫生学校。抗日战争爆发后，李维祯率领卫生学校学员参加平型关战役，负责山西耿镇至洪洞县一线伤员的紧急救护和转运工作。当时，药品匮乏，便带领学员挖草药，制成消炎药品，救护伤员平安顺利到达野战医院。战后，他总结实战经验，充实军队红军“战场救护”教学内容。1938 年，李维祯先后任军委前方总卫生部药政科长和军委卫生部药政科长，并在延安继续创办药政学校。编写了《药物学》《调制剂学》《防毒化学》等书，适用于教学需要，满足了当时战争中救死扶伤的要求。1939 年，李维祯接受财政经济部长李富春 5000 元经费，创办八路军制药厂。他冒着生命危险，乔装打扮到西安采购设备和原料，同时接受宋庆龄抗日福利基金募集捐献的卡车和器材，招收 10 名制药技工，克服资金、技术、设备、材料等严重缺乏的困难，在赤水县清水源李家村创建了八路军制药厂（现西安制药厂）。李维祯任药厂厂长。编写了《司药法规》《药事管理》等系统地介绍了制药管理、制剂、配剂、配方等理论与实践。领导全厂工人以土产中药为原料，加工精制成丸、片、注射液等，解决了抗日军民极端缺药的问题。由于功勋卓著，1940 年李维祯荣获劳动模范称号。毛泽东主席为药厂题词赞誉，“制药疗伤，不怕封锁，是战胜敌人的条件之一”。

1949年，李维祯出任中央军委卫生部军药处处长。到天津接管伪满制药厂和仓库，新建天津卫生材料厂和华北药厂。抗美援朝期间负责志愿军的卫生材料和药品器械的保障供应工作。1952年，中国药学协会成立，李维祯被选为第一任会长。1955年被授予大校军衔，获二级解放勋章二枚、红军时代三级勋章一枚、三级八一勋章一枚。同年出任军委药政局长，统管全军的医药卫生器材工作。1956年，受中央军委派遣留苏主攻军事医学，回国后，改革部队医药供应体制及紧急救护办法，首创团、营、连三级药箱制，保证了战时使用方便，行军运输快捷，救护反映迅速。

1958年10月，李维祯转业任沈阳药学院院长兼党委书记。制定教学大纲，改革充实科系专业，重新配置与社会需要相适应的专业课程，并编写出版了30万字的《药事组织学》，成为一个新兴学科，被高校列为专用教材。

"文化大革命"中他坚持原则，实事求是，保守党的机密，保护老干部和老知识分子。著书立说，到1977年，编写《抗日战争药学发展史》《中国近代医药学》《中国现代药学史》《药学企事业管理学》等著作，编审了《毒物分析化学》等，填补了中国医学界的许多空白。1978年，李维祯恢复了沈阳药学院院长和院党委书记职务。他规范管理与教学，恢复药厂生产与各学科科研，制订了5年、10年发展规划。为扩大技术进步，1981年组织东北三省专家进行学术交流，组建东北三省中药整理编辑委员会，主编中药期刊。1984年退居二线，任沈阳市委顾问会委员，沈阳药学院学术委员会评审委员会主任。享受副部长级待遇。

他组织全国60多位专家、学者，成立了中国抗衰老协会，1986年，组织了全国老年药协研究会，并任主任。同年秋天，应日本药剂学会邀请，赴日本考察访问，后组建中日药剂学会。1991年7月，他在沈阳组织召开有英、美、日等十余个国家参加的国际学术会议。

1978年李维祯回乡探亲期间，听说县于1969年建立了一个制药厂，只有阿胶一个产品撑门面，就主动担任了该药厂技术顾问。直到20世纪90年代，坚持每年到药厂一次，每月给药厂一封咨询指导的信函。为药厂提供信息和科研成果；帮助解决技术问题，提高产品质量，与技术人员一起研制药品，解决工艺技术问题；帮助药厂进行改造和扩建，并对扩建后的品种选型提供有价值的信息。先后为药厂提供"益寿宁""益肝冲剂""139抗癌素""利咽解毒冲剂""血速升冲剂""止喘消痰片""康宁口服液"等诸多科技精品。帮助药厂创出自己的品牌，渡过了一个个难关。其中，益肝宁获河北科技进步一等奖，139抗癌多相质体获国际金奖，利咽解毒冲剂冠名全国。

1998年农历12月19日病逝，享年88岁。

焦山川

焦山川（1910—1978），原名焦振山，又名焦赤光，无极县王家庄村人。出身农民家庭，自幼聪明好学，胆识过人。1919年在王家庄村小学读书，1923年在南池阳高小读书。1931年7月加入中国共产党，在刘毅之、曹子馥、翟晋阶领导下，从事革命工作。1932年在赵户营小学任教，秘密在王家庄发展党员，建立支部，焦山川任支部书记。1933年10月任无极县委北区区委书记，1934年10月至1936年任无极县委组织部部长。

1937年10月参加冀中军区抗日义勇军五支队，任党支部书记。1938年2月任晋察冀军区五团一营一连政治指导员。1943年8月任晋察冀军区冀中军区七分区藁城县一区小队政治委员，1944年10月任藁城县大队总支部书记。参加深泽县赵八庄战斗、藁城南子贡战斗，藁城张家庄包围战，"五一"反扫荡等战役战斗。

在全国解放战争中，任独立七旅20团2营教导员，参加了大清河战役，保北阻击战、石家庄攻坚战。1951年参加抗美援朝战争，任68军204师610团政治部主任，1953年2月任团副政委兼政治部主任。1954年5月任华北军区训练四团党委会书记。1955年被授予中校军衔。获冀中军区二等五一奖章、三级独立自由勋章、三级解放勋章、朝鲜民主主义人民共和国二级国旗勋章。

1978年7月3日病逝于山西省军区干休所，安葬于华北烈士陵园。

杨殿珣

杨殿珣（1910—1997），无极县林中村人。中国国家图书馆资深研究员、学者、图书版本学专家、目录学专家、金石专家。1917年入村塾小学。1924年考入直隶省立第七中学（设在正定县城内）。毕业后，在友人的资助鼓励下，于1929年8月初考入北京师范大学预科班。1931年升入该校中文系本科，得到乡谊王重民先生推荐，杨殿珣到北平图书馆（今国家图书馆）索引组半工半读。1935年毕业后到北平图书馆工作。他阅览了大量清人文集和各类业务参考书书籍，掌握了当时较为先进的分类和编制索引的方法，先后编辑了《清代文集篇目分类索引》和《石刻题跋索引》，得到学术界的普遍好评，为学术界开展学术研究创造了有利条件，曾不断再版。

1937年5月，杨殿珣由北图索引组调到中文采访组任组长。“七七”卢沟桥事变，日本占领北平。在抗日救国的思想感召下，杨殿珣利用图书馆的工作岗位，为中共地下工作者多次传递情报积极支持抗日，并陆续发表了《跋四部丛刊本〈南雷学案〉》《石经论著录》《佛教石经目》《宋代金石书目考》《宋代金石佚书考》《中国家谱通论》《馆藏方志待访目》《馆藏川滇黔桂所著诗文集》《清代文集篇目分类索引续编拟收目录》《历代名人年谱目录述译》等论著。

1945年抗战胜利后，北平图书馆恢复正常工作。12月杨殿珣被聘为《图书馆》季刊编辑兼中文采访股股长，负责接收、清点篇目造册图书几十万册。发表论文《中国年谱目录述评》《记〈知足斋丛书〉》《〈爨桐集〉跋尾》《跋〈嘉庆嘉定县志〉》《〈唐折冲府考〉读后记》《〈国榷〉跋》等。

1949年2月北平和平解放，北平图书馆由人民政府接管。杨殿珣作为留用人员，被任命为主任采访员。1950年被派到华北人民革命大学学习，1951年冬回馆后被任命采访部主任。1959年经文化部批准，杨殿珣代表图书馆到民主德国参加莱比锡城举办的世界书籍装帧艺术展览会，圆满完成了任务。

1962年党中央提出“向科学进军”的号召，图书馆的工作重点由普及教育转向为中央党、政、军机关服务，为重点科研和生产建设服务。杨殿珣由采访部调到参考书目部任主任。并先后兼任《中国当代社会科学家》（传记丛书）的责任编辑，《中国地方志联合目录》编审，《中国地震历史资料》《中国古桥技术史》编委《文献丛刊》编委、副主编。后并被聘为中华图书馆学会学术委员，北京图书馆研究馆员。“文化大革命”开始后，受到冲击，回无极老家居住。1972年回到北京图书馆参考部工作。1980年，杨殿珣编的《中国历代年谱总录》《续录》由书目文献出版社出版之后，在各种刊物上陆续发表《谈谈中国古籍和古籍分类》《中国年谱概说》《略论王重民同志对于版本学的贡献》《王重民编著〈中国善本书提要〉后记》《军机处分次奏进应毁书籍单跋尾》《国立北平图书馆刊之回顾》《一部反映全国方志收藏情况的联合目录》《回忆在北图索引组工作的岁月里》和《对袁同礼馆长的回忆》等文章。

1984年杨殿珣从北京图书馆离休。1987年被聘为北京市文史研究馆馆员。1997年9月1日，在北京逝世。

1931—1935年，编辑出版《石刻题跋索引》共收入138万金石书籍，包括各省通志、金石志和重要的府县志。金石志中的条目4万余条，18371种，并将其分为墓碑、刻经（包括石经、释道经幢）、造像（附面象）、诗词、杂刻（附砖法帖）共七大类编排。从出版至现在成为整理、研究和利用中国石刻资料的不可或缺的必备工具书，已再版5次。编写《中国历代年谱综录》（书目文献出版社出版），该书收入年谱3000余种，反映谱主1800余人并附录了参考书及文章篇目近300条，另外，发表了《略论王重民同志对版本学的研究》《中国年谱概论》《中国历代年谱综录续录》《谈谈古籍和古籍分类》《回忆在索引组工作的岁月里》等。离休后，还编制了《杨殿珣手稿》包括《宋代金石书考》共15册3600页90万字，被中央电视台2006年12月5日，在《鉴宝》栏目内以《“十年情结”的杨殿珣手稿》播出。

靳炳勋

靳炳勋（1910—1994）又名靳立元。无极县张段固村人，中共党员。1910年2月22日生于无极县张段固村一农民家庭。自幼聪慧机敏，9岁上小学，14岁读高小，成绩优秀。1929年考入省立正定第八师范学校，毕业后于1932年到张段固高小任庶务兼教员。“七七”事变后，学校停办。在家务农。1938年2月在村当抗日政权干部做除奸工作。1939年8月参加抗日小学教师训练班，学习15天。期满后到东丰庄任小学教员，3个月后又到陈村任教。由于抗日工作需要又调到晋深极县第四区文建会和区政府工作。1940年12月加入中国共产党。1941年1月任晋深极县第四区教育助理员、负责全区抗日小学的领导工作。1942年因精兵简政，各区不再设教育助理员，于是调任杨村完小校长。不久日军“五一扫荡”，环境日渐残酷，学校停办。村、区、县干部转入地下，实行分散活动，个别领导、单线联系。他一时与区县干部联系不上，便潜回家躲避。此时，曾在靳炳勋手下当过小学教员的叛徒甄茂林给他捎来一封信，劝他进城自首。靳炳勋坚决不肯，毅然离家到石家庄躲避3个月之久。

回村后，靳炳勋受晋深极县第四区区委赫英及藁无县第八区区长魏伦的派遣，经刘同轩和伪大乡乡长邓老实介绍，到张段固伪大乡第三系任事务员，表面是为日伪管理小学教育，实际是掌握各小学教师的思想政治表现以及通过内线收集日伪情报，及时与抗日政权联系。不久，奉命任藁无第八区不脱产财政助理员。他一个人既受晋深极四区领导，又为藁无第八区做财务工作，还要支应日伪的差事。在残酷的环境中，他以坚定的抗日决心及良好的应变能力，和深厚的群众基础，不断与日伪势力周旋。张段固伪副乡长李洛太，效忠日伪，靳炳勋就用盖有抗日政府公章的信笺以抗日区政府的名义写信教育他，使他不敢妄动。北丰小学伪教员张小群（日伪情报室主任张书祥之堂弟已被镇压）忠心效敌，经写信教育仍不改悔，靳炳勋设计将其撤职。是年秋，贾家庄党支书贾大秋被日伪逮捕。靳炳勋利用合法身份千方百计将他营救出来。藁无县在城内的联络站（公开是药铺）被日伪敲诈破坏，被迫关闭。他又利用合法身份，通过多层关系使药铺重开，联络站得以恢复。其间，日伪经常到伪大乡要钱、要粮。抗日政权对日伪斗争的政策是要多给少，要少不给。靳炳勋根据这一政策支应日伪，节余了不少粮食，经组织批准，把节余的粮食救济了逃荒的难民，此举得到当地群众的拥护，受到了区委的表扬。

为进行抗日教育，靳炳勋与王定宇、解兆祥等进步教师翻印了抗日小学课本，分发给各小学，创办两面小学10余所。1943年冬，靳炳勋所在乡有很多贫苦农民缺少棉衣无法过冬，他主动找到抗日教师王定宇、司林雨、张喜生共商对策，动员30亩地以上的富户募捐棉花，分给穷人做棉衣过冬。此举深得民心。

靳炳勋为抗日军民作出的贡献，也引起了日伪的怀疑。1944年3月汉奸王小印与日伪特务4人，到伪大乡缉捕，扑空后，便到张段固小学去找。此时他在小学正和王定宇等人研究工作，他

人物

见来了可疑人，便带领同事迅速溜进厕所逃去，幸免羁难，但身份已经暴露，从此流落他乡。

抗日政府十分关心靳炳勋的处境。1944 年 4 月晋深极县四区区委书记绳文顺为了他的安全派他到滹沱河南边的张家庄任高小教员，环境略有好转，又调东合流任教。1945 年初，无极城内敌人出动包围了东合流村，搜捕抗日教师。当时他正在学校，见情况危急，敌特将入，便机警地离开学校，迅速躲进堡垒户内而免遭一难。

1945 年 3 月至 7 月间，靳炳勋奉调城工部，赴石市开展工作。主要是深入工厂，发展组织。为了安全，靳炳勋与同伴在石家庄游击住宿，工作异常艰苦，至是年 7 月回县，9 月，日军投降，恢复原无极县建制，他出任第一区总校长。1947 年后历任二区总校长、任张段固完小校长、小陈完小校长、固汪完小校长等职。

在固汪任完小校长时，他团结全校教师，齐心合力，认真抓教学质量。1951 和 1952 年，全县举行毕业生大会考，固汪完小连续两年均获全县第一。教学之余他积极领导全校师生以多种形式、多种方法宣传党的方针政策，多次受到县人委的表彰。

1954 年 9 月，任县教研室负责人。当时各小学规模小，教师少，多复式教学，教师的备课、上课很不规范。靳炳勋上任后，严明了备课和课堂教学的要求，使教师备课和上课有章可循，教学方法明显改进。

1956 年后，靳炳勋历任县干部业校职员、七汲完小校长、藁无栾合县后大公区文教部干部、张段固完小校长等职，1963 年 4 月因病退休，后改为离休。1994 年病逝。

彭绍年

彭绍年（1911—1976），无极县中合流村人。1937 年 5 月参加革命，经尚勇介绍，秘密加入中国共产党，所在部为无极县最早一批人民武装力量。历任指导员、教导员等职。在三十余年的革命生涯中，军事上他作战英勇顽强，工作勤奋敬业，在长期的部队、地方工作中主要从事党务工作，具有坚定的理想信念和较高的政治觉悟，对党和人民无比忠诚；生活上，作风正派，艰苦朴素，清正廉洁，平易近人，关心群众，始终保持中共党和军队的政治本色和优良传统。1955 年被授予三级八一勋章、三级独立自由勋章、三级解放勋章。

1976 年，因病逝世。行政 13 级。

邢荣杰

邢荣杰（1911—1997），无极县马村人。1933 年，任国民党政府无极县保卫团大队长。1936 年底，参加河北省保安司令高树勋在保定开办的训练班，受训结束后于 1937 年 4 月升任内丘县保安队副队长。1937 年 10 月，内丘城遭日机轰炸后县长等人南逃，遂率内丘县保安队进入西部山区，随后加入冀西民训处抗日行列，被编为冀西游击队第 5 大队，任队长。1938 年 3 月，冀西游击区司令部成立，任参谋长兼 3 支队支队长。同年加入中国共产党。1940 年以后，任冀豫抗日义勇军参谋长、太行军区第五军分区三十四团参谋长、第八军分区参谋长。

解放战争时期，任太行军区第五军分区 34 团参谋长，晋冀鲁豫野战军第六纵队 16 旅参谋长，18 旅副旅长兼参谋长，中原军区军政大学总队长，第二野战军 12 军 36 师师长。先后参加白晋铁路破袭战和邯郸战役、襄樊战役、渡江战役与西南战役等。

中华人民共和国成立后，任中国人民解放军某兵团某师师长兼川东军区涪陵军分区司令员。1952 年毕业于南京军事学院，后历任南京军事学院训练部战术教授会教员、副主任，驻越南社会主义共和国大使馆武官、重庆步兵学校校长、陕西省军区副司令员。1955 年被授予大校军衔，1964 年晋升为少将军衔。获二级独立自由勋章、二级解放勋章和独立功勋荣誉章。1997 年 11 月

20 日，逝世于西安。

仝俊杰

仝俊杰（1912—1985），字豪杰，曾用名金佩儒，无极县前北焦村人。1927—1929 年在西南汪高小一班读书，曾任学生会主席。高小毕业后考入县乡村师范，1932 年毕业后，到县滋河店、杨坊、西南汪等小学任教师。1933 年 8 月加入中国共产党。抗日战争爆发后，投笔从戎，到无极县抗日政府推进会任宣传员，后任县“青年救国会”主任。1939 年参加八路军，先后在无极县大队、冀中三十二区队任宣传干事、指导员等职，出生入死，转战正藁无晋深极等地，荣获一等五一奖章。

1946 年春，因负伤后转业回家乡，先后任明秩寺、郭庄完全小学校长，1948 年任无极师范校长，1955 年任无极中学校长。

1956 年 9 月，仝俊杰奉地区调令到河北藁城中学先后任党支部书记、校长。期间，他知人善任，团结学校其他领导班子成员，组成了一个团结协作、勤奋工作、扎实能干的领导集体，并且精心选招和培养了一支爱岗敬业、业务精湛的教师队伍。他认真执行党的知识分子政策，对教师从政治上关心、生活上照顾。坚持原则，讲实事求是，保持了藁城中学教师队伍的相对稳定；在工作和业务上，要求严格认真，经常深入教研组、课堂检查教学；深入班级、学生宿舍，了解学生的学习和生活。同时他重视对学生会、校团委干部培养和使用，发挥他们管理职能，培养了一批又一批优秀的学生干部。

1966 年 7 月，仝俊杰忧劳成疾一病不起，后经河北省委组织部批准，按老红军离休，在家修养。1985 年 6 月逝世。

王德仁

王德仁（1912—1987），无极县西中铺村人。1938 年参加革命队伍，1943 年加入中国共产党。在抗日战争中，他英勇杀敌，浴血奋战，先后参加了五一反“扫荡”、北苏阻击战、庞村阻击战、东侯防御战、杨村防御战、束鹿北包围战、杨木包围战、百团大战等。在抗日斗争最艰苦的日子里，积极投身于路西的大生产运动，被大队授予“劳动模范”称号。

解放战争中，王德仁参加了清风店、解放石家庄、元氏县城、保北定兴、京西新保安、太原等战役战斗，多次担任主攻营营长，智勇双全，战斗作风顽强，多次出色完成战斗任务。

1950 年，抗美援朝战争爆发后，王德仁曾任中国人民志愿军某部副大队长，参加抗美援朝战争。

1954 年，从朝鲜回国后，先后任工程兵司令部直属工区后勤处任主任、工程兵学院军需处任处长等职务。1956 年，被授予上校军衔，正师级。曾获中华人民共和国三级“独立自由勋章”和“三级解放勋章”、朝鲜民主主义人民共和国三级“国旗勋章”。

1963 年离休。1987 年 9 月 5 日因病去世。

贾克彬

贾克彬 (1912—1991)，原名王先斋，字济之，中共党员，生于北虎村一个开明地主家庭。民国初年，家道中兴，嗣后几代仍不辍耕作，贾克彬弟兄 6 人排行第一，自幼刻苦自励，精于写算，能遵父命课勉兄弟、妹妹勤学上进，立志报国。

1931 年，中共无极县委在西南汪诞生后，随其舅父贾老静（西南汪村人）赞助革命工作遂化名贾克彬，曾以乡村教师、县财政科员身份，从事地下工作。1938 年加入中国共产党。

1937 年 12 月，参加县委书记刘洪涛组织的“县政推进会”，任秘书职务。积极推进发动群众，筹建抗日武装工作。在北苏布店征集青年参军时，突遭翟二狗率部袭击，他镇定掩护新兵利用地形地物，趁敌机枪换梭时间冲出包围。

入党后，凭借家庭社会关系多的便利条件，

在城西、城南一带发动群众，建立统一战线，恢复和发展党建工作，先在北虎村发展王洛罗、王洛占、王银明等8名党员，建起北虎村第一个党支部，并亲自在自家后院挖地道、建茅屋供各级干部联系工作和食宿，继而扩建堡垒户10数家，无极县委印刷室常在北虎秘密工作。县委书记李斌、敌工部长刘学、区委书记金建、张志田等同志经常驻北虎指导抗日工作。地委书记齐永存也多次来此进行党员教育。1938年5月，加入成勋为主任的抗战动员会，在筹措抗日物资方面成绩显著，随即奉命在城西南一带开展粗线条建党工作，经6个多月的秘密串联，终于在北苏、明秩寺、武家庄、张段固等恢复了党的组织，改建了基层政权，确定了20多处联络点和近百个堡垒户，在贾克彬的带动下，三弟、四弟先后参加了抗日军政工作，三弟王先锋在冀中抗日17团作战英勇，后壮烈牺牲。

1939年12月，无极县委派贾克彬担任社长和总编，创办《建国报》，社址经常游动在藁城无极边缘村镇，他带领编辑人员每到一处首先做好隐蔽工作，随即深入有危险有战斗的地方调查访录，准确揭露敌伪阴谋与暴行，宣传抗日胜利消息，常是夜以继日地工作，虽然编辑只有三五人，却能做到每日一期，有力地指导着本县的抗日工作。1941年，精选了20多篇抗战通讯辑成《战斗的藁无》油印几百册，发至全县，1959年和1985年，该书曾两次再版发行全国。

1942年，敌伪发动“五·一”扫荡，环境非常残酷，他按照化整为零的指示回乡，继续工作。他以有病为掩护，在家乡护救抗日军民，侦察敌情，曾与县除奸科长彭文珍单线联系，为抗日队伍提供了许多重要情报。

1945年，奉调正定等地工作，其家仍是可靠的堡垒户。是年2月某晚，区委两位同志来家投宿，被敌特盯梢，次日黎明，日伪军将他家大院包围，其父惨遭毒打，扁担打折了，老人仍矢口否认有干部来家。危难之时，后院区委干部与敌人交了火，其父趁机逃脱。事后，敌特将其家作为监视重点，经常到家以要人要钱威逼勒索，其父变卖田产以钱疏通。家属经常四处流浪或避居外村。

1945年日军投降后，他奉命在北京、保定等地从事地下工作。1947年在定县中学工作，家乡土地改革时支持家属献出土地财产。全国解放后，调定县专署农业科，后任河北省农业厅《农业杂志》出版社副总编、省农机管理厅办公室秘书，长期在河北省机械厅、省船办任职。

李觉民

李觉民（1913—1992），曾用名李学先，无极县东侯坊村人。1935年5月加入中国共产党。1937年10月参加八路军。土地革命战争时期，任中共定县杨家庄村支部书记。先后以定县中华平民教育促进会畜牧诊所技工、医助、无极县马村小学教员等为掩护，从事党的地下工作。抗日战争时期，任八路军卫生部医政科科员，抗日军政大学第三分校学员，政治指导员，政治教导员，八路军军事学院政治部保卫干事，抗日军政大学总校政治部保卫干事。解放战争时期，任东北民主联军军政大学政治部保卫科科长，东北人民解放军暨东北军区军政大学政治部保卫部部长，第四野战军兼华中军区军政大学政治部保卫部部长。中华人民共和国成立后，先后任中国人民解放军第四高级步兵学校政治部保卫部部长，中南军区军法处副处长，中南军区政治部副秘书长，广州军区政治部干部部部长，政治学院学员，第22基地政治委员，信阳步兵学校政治委员，湖北省军区副政治委员，湖北省军区顾问。1955年9月被授予上校军衔。获三级独立自由勋章、二级解放勋章。1964年晋升为大校军衔。1988年7月获二级红星功勋荣誉章。1992年1月6日于湖北省武汉市病逝。

赵卓云

赵卓云（1913—2002），又名赵进田，无极县马桥村人，出身农民家庭。1931年被崔家庄小学聘为教师。因时常去邻村西南汪高小请教，受到该校教师、共产党人刘毅之、翟晋阶等影响，思想进步，向往革命。1932年加入共青团，1933年加入中国共产党。同年，被西南汪高小聘为教师。

1934年，赵卓云积极投身革命运动洪流，组织小学教员联合会，向县政府控告教育局迫害进步教员的丑恶行经，和广大教员一起张贴标语、散发传单。这时部分农民也起来向地主作斗争，国民党当局对此进行了血腥镇压，先后逮捕了刘毅之、翟晋阶，又传讯赵卓云，由于证据不足，经过审讯取保释放。不久西南汪高小被国民党接管改组，赵卓云失业，经刘毅之介绍，去滹沱河南找东北军67军军医处上尉李维祯，李维祯把他安置在该军110师军械处当文牍，不久又接到国民党追捕赵卓云的通缉令，赵卓云又到北平扶轮小学去找刘洪涛（无极县共产党创始人之一，后任河北省常委统战部长）。1936年夏，经刘洪涛介绍，赵卓云到河北邢台32军通讯处工作。“双十二”事变后，蒋介石撕毁抗日协议，关押了张学良，32军不抗日，赵卓云感到团结抗日无望，1937年春夏之交，报考了山西省民族革命大学。

“七·七”事变后，河北沦陷，太原危急，闫锡山不抗日，赵卓云便与杨宪吾教授串联了民族革命大学30余人，组成抗日宣传队，翻山越岭渡过黄河，于1938年春抵达革命圣地延安。先后在抗日军政大学、政治工作训练班学习，多次聆听毛泽东、朱德等中央首长报告。学习期满后，赵卓云先后被分配到抗大总校、抗大二分校、抗大附中、抗大七分校工作，分别担任总支书记、政治工作训练班主任、政治处副主任等职。

抗日战争进入相持阶段，为了战略反攻积蓄力量，培训人才，聂荣臻司令员命令抗大二分校在冀中设立附属中学。1941年春，赵卓云奉命到冀中无极、深泽、安国、博野、定县一带招收学员800余人，在极度困难的环境中学习文化、科学与军事技术。1941年冬，日寇在冀中实行“纵横合击”“铁壁合围”“清乡拉网”式大“扫荡”，赵卓云率领附中师生，先是在第三团的掩护下与敌人周旋，在坟地里、树林里坚持上课学习。后又在冀中17团掩护下，向冀西转移，途中上有敌机轰炸，下有敌兵追击，队伍行进中随时有伤亡，但同志们情绪高涨，经过五次往返，穿越平汉铁路封锁线，到达灵寿西陈庄一带。在陈庄稍事休整，于1942年1月1日正式开学。当时瘟疫流行，缺医少药，加之敌人经常骚扰，学习不能正常进行，上级决定将附中迁至陕甘宁边区。

1943年2月16日，赵卓云率领抗大二分校附中全体师生，分南北中三路，在部队掩护下，通过道道封锁线，渡黄河、爬雪山，翻越常年积雪寒冷异常的黄草梁和摩天岭，历时5个多月，于8月到达延安。党中央在八路军礼堂召开了盛大欢迎会，朱德司令代表党中央和毛主席作了重要讲话。经中央决定，将附中改为抗大七分校二大队，校址设在华池县豹子川。豹子川森林茂密、人烟稀少、野兽出没。赵卓云带领师生到了那里就放下书包搭窝棚、挖窑洞，搞生产，齐心协力建校园，最后建起了大礼堂，一直坚持到日本投降才出川。

1945年8月，日寇宣布无条件投降，赵卓云奉命到东北开展工作。先后任东北野战军政治部组织科长、合江军区组织部副部长、勃列军区政治部主任、副政委，第四野战军教导团团长，领导军民开展剿匪锄奸、减租减息、土地改革等运动，组建了党的组织和人民政权。

1949年10月1日，赵卓云率四野政治教导团，进北京参加军队入城仪式和开国大典。之后，又接谭震林政委通知，将政治教导团改为南下工作总团第一分团，赵卓云任团长，带领工作团同张运逸、陈漫远南下广西，经河南，过汉口，于1950年10月到达广西桂林，继而进驻广西省会南宁，先后任广西省民政厅副厅长、中共广西省委统战部长、省民委主任、省政法委副主任、中共广西省委秘书长、省委组织部长、宣传部长、广西省第一届政协副主席，参与和领导了广西的剿匪、反霸、土地改革、三反五反、对资改造；发动群众捐款，支援抗美援朝；发展民族文化、科技和农业生产，为广西的社会稳定、经济建设做了大量工作。

1955年冬，赵卓云从广西省调到中共中央工作，先后任中央财政部政策研究室主任、中央统战部民族工作处长、国家民委委员。

1961年3月，赵卓云调到中共中央中南局工作，驻广州。先后任中南局副秘书长兼办公厅主任、广东省委统战部部长、机关党委书记等职，参与指导中南局所辖广东、广西、湖南、湖北、河南五省区开展工作。

1964年秋，赵卓云调到广东省，先后任省委常委、副省长、省委统战部长、省政协副主席等职，并当选为第三届全国人大代表。曾率领省代表团去拉萨参加庆祝西藏自治区成立大会；去乌鲁木齐参加庆祝新疆维吾尔自治区成立10周年。1983年4月至1985年6月，赵卓云任河北省第六届人大常委会副主任、党组成员。2002年2月7日在石家庄病逝。

李振宇

李振宇（1913—2010），又名李尽美，无极县张段固村人，出身农民家庭。1924年李振宇11岁时上村小学。他聪明好学，学习进步很快，数学成绩尤其突出。1926年只读了二年小学，便考上了张段固高小。1928年高小毕业，因无钱读中学，随辍学在家务农。1931年考入县乡村师范学校，读书期间开始接受革命思想熏陶。1933年参加革命，当时他公开身份是小学教员，在共产党员卢勤学的领导下，不断完成党交给的革命任务。1935年夏天，接受上级组织命令，和赵振亚，曹秉华三人考入南京中央陆军军官学校教导总队。1937年11月和赵振亚一块参加无极县委领导的抗日义勇军，1938年3月改编为正规军，与吕正操部合并，赵振亚任一团一营营长，李振宇任一团一营一连连长。1938年5月加入中国共产党，10月任冀中军区三分区供给部科长。1939年5月调晋察冀供给学校学习，同年11月调北方分局学校学习，由彭真、姚依林、刘澜涛等首长授课。1940年7月任冀中军区，三分区三十团供给主任。1942年改任分区供给股长。1943年7月任冀东分区十三团供给主任。1944年秋任冀热辽军区十四分区供给处长，1945年9月调任热河军队供给部副部长。1947年春调任冀热察军区供给部副部长。1949年7月任华北军区特种兵供给部部长，1951年1月任华北军区后勤部军需部副部长，1953年任华北区工程指挥部物资处长。1954年5月任华北军区司令部行政经济管理处处长（后改为局）。1955年授上校军衔，同时授予二级独立自由勋章，二级解放勋章。1959年12月任中国人民解放军高级步兵学校校务部部长。1962年1月任十院院务部部长。1965年任四机部副司长。1967年任十院领导小组成员兼任后勤部部长。1975年任十院副院长。1983年离任，享受副部长级待遇，2010年病逝。

刘汉文

刘汉文（1914.—1990），河北省无极县西关村人，1937年10月入伍参加革命，1938年2月加入中国共产党。抗日战争时期，任指导员、教导员，冀中警备旅政治部民达科科长，青绥八分区二支队政治处主任。解放战争时期，任东北总后延吉办事处政委，东北总兵站部二大站政委，第四野战军后勤部运输部政治部副主任、干部处处长、中南军区车管部办公室主任，广州军区后勤部油料部副部长。1955年授上校军衔，授三级八一勋章、三级独立勋章、三级解放勋章各一枚，1988年授二级红星功勋荣誉章。1965年7月离休，1990年1月病故。现安葬于湖南长沙革命公墓。

连克明

连克明（1914—1992），笔名松涛，栾城县连代枚村人，民革河北省第五届委员会委员。1928年，考入省立第八师范。

“九一八”事变后，任“第八师范抗日救国会”宣传部长。1934年毕业到栾城第二高小任教。组织宣传队分赴城乡，外出邻县宣传抗日救国。“七七”事变后，当选栾城“各界抗敌后援会”宣传部长。9月栾城沦陷，到河南开封参加“平津流亡同学会。”1940年任国民革命军12军政治部政治队上尉队长，1942年任第四旅二团指导员，因不满该军的腐败堕落，就职三个月即借病离职。1943年离开国民党军政界并脱离国民党组织，任财经部花纱布管制局河南办事处总务科长。1944年，从河南赴陕西凤翔县从教，任国际救济会难童学校高中部国文教师兼小学部主任。日军投降后，到郑州孤儿实业学校任教师兼校长。1948年被聘任为开封圣书院国文讲师。4月随校南迁重庆。

1951年，考入河北建设学院，毕业后到河北省银行学校任教。1955年，学校党委书记孟宪祺介绍他加入民革组织。

1959年，调无极中学任高中语文教师。1961年被选为无极县政协委员。1961—1963年连续被评为模范教师。1978年重回学校，在学校师资短缺的情况下，他主动担任4个高中班语文课程。他经常加班加点，节假日也坚持工作；对照教学大纲对每篇课文都深入钻研，抓住重点、难点，推出独到见解，经常对一些参考书的注释提出质疑，并求得恰当解决；积极带领教师进行教学改革，总结出了翻译古文联系全文，字斟句酌的方法；言传身教，帮助青年教师解决教学中遇到的疑难。1988年11月9日《建设日报》刊发了他的照片和事迹，题为《一心扎在教育事业上的好教师》。

1981年后，连续当选为政协无极县委员会第四、五、六届副主席，人大第八、九届代表，期间主持编辑出版了4辑《无极县文史资料》，并任台湾联谊会理事长，撰写了20多万字广播稿。在政协工作6年，连续6年荣获地、县“先进工作者”“模范工作者”等荣誉称号和奖励。

他精通书法，善写隶书，为河北省书法家协会会员，曾任无极县书法家协会第三届主席，其书法作品多次在省市级报刊上发表。1992年因车祸辞世。

刘先经

刘先经（1914—1993），无极县古庄村人，后改名为刘致中。西南汪高小一班毕业，读书时加入中国共产党，高小毕业后考入保定第二师范，师范毕业后回高小任教，后回村任党支部书记。1945年脱产参加工作。曾任峰峰煤矿干部科股长、矿区工会副部长，华北煤矿公会科长，煤炭部工会科科长、安徽省交通学院图书馆副主任、淮北市总工会生活部部长等职，1981年离休，1993年2月在合肥病逝。

李瑞林

李瑞林（1914—1971），又名李斌，无极县赵正寺村人。西南汪高小毕业。1933年加入中国共产党，并参加革命工作。1934年，在村、北牛、郭庄、里贵子等村镇组织领导农民武装500余人。这支农民武装通过发动群众，收缴了一批国民党军队流落民间的武器。1937年10月，被派到阜平参加冀中军区举办的农民训练班。1938年回县参与筹划了冀中人民自卫团五支队的组建工作。5月，任中共无极县委书记。12月，调任冀中二地委巡视员。1941年12月，调任11分区副司令员。继任晋察冀边区冀中第8专区专员，冀中军区第6纵队16旅政治委员等职。中华人民共和国成立后，历任某军某师政委、某军政治部主任、中国人民解放军工程兵学院政委等职。1965年转业到地方工作。历任国家地质部测绘局党委书记、陕西省地质局党委书记、中共陕西省委委员。

安廷玉

安廷玉（1915—2004），原名安宝善，无极县中合流村人。1938年10月参加八路军。1939年9月加入中国共产党。抗日战争时期，任八路军第三纵队兼冀中军区第八支队兼第二军分区22团副连长、连长，第七军分区第36区队连长，第七军分区司令部连长，藁无县大队第二大队大队长。参加了百团大战和冀中抗日根据地反“扫荡”战役战斗。全国解放战争时期，任晋察冀军区野战军冀中纵队第11旅32团营长，第16团参谋长，华北军区第20兵团67军200师五九八团副团长，第599团团长。参加了绥远、张家口、正太、清风店、石家庄、平津、太原、沧县、徐水等战役战斗。中华人民共和国成立后，任中国人民解放军某兵团某军某师某团团长，中国人民解放军某军某师副师长，中国人民解放军南京军事学院高级速成系学员，中国人民解放军某军某师第一副师长，某守备区司令员，守备某师师长，济南军区山东生产建设兵团副司令员，司令员，山东省军区顾问。参加了抗美援朝战争，获朝鲜民主主义共和国三级国旗勋章、二级自由独立勋章。1955年9月被授予上校军衔。获中华人民共和国三级独立自由勋章、三级解放勋章。1988年7月获独立功勋荣誉章。

2004年1月5日因病逝世于山东济南。

甄秉信

甄秉信（1916—1986），原名甄振庄，1916年6月5日生于无极县苏村。幼读私塾，勤奋好学，1934年毕业于河北省正定省立第七中学。1939年6月，自携家中步枪，投身冀中军区司令员吕正操率领的革命队伍，走上了革命道路。参加了抗日战争、解放战争、抗美援朝战争。先后任排长，炮兵学校六队副队长，某师参谋长、副师长，军区炮兵司令部副司令员、司令员等职。

1939年8月，甄秉信所在冀中战区23大队改编为22团。在连续行军战斗中，他吃苦耐劳，英勇善战。1939年12月，在博野县张庄由胡子文同志介绍，加入中国共产党。1940年12月，调任17团3营8连副政治指导员。1941年7月，随部队在无极、定县、深泽一带往返活动与作战。1941年7月，调入晋察冀军区炮兵第3连学习，并兼任第4排副排长，后任炮兵1连排长。1943年参加了中央整风学习。1944年3月，随晋察冀炮兵营出发，5月到达延安南泥湾桃宝峪，归属八路军延安炮兵团建制。1944年秋，中央军委将炮兵团扩建为炮兵学校。1945年1月，甄秉信任炮兵学校分队副队长。

抗战胜利后任东北炮兵2团2营营长，东北炮兵司令部第2团参谋长，参加了解放四平、辽沈战役。1948年，任炮26团副团长。1949年参加了平津战役。1949年，随炮兵1师参加了解放太原战斗。4月28日，参加了衡保战役。1950年1月，甄秉信任某师某团团长。

1950年10月19日甄秉信随中国人民志愿军炮1师跨过鸭绿江，开赴朝鲜。10月26日参加了第一战役，配合39军歼灭美军骑兵第1师第8团大部和伪第1师第12团1部，受到支援军司令部司令嘉奖。11月25日参加了第二战役争夺三所里战斗。1951年5月奉命回国更换苏式装备，进行整训。1952年4月，第二次赴朝作战，参加了夺取老秃山阵地战斗。1952年10月，甄秉信升任炮1师参谋长。1954年4月任炮10师第一副参谋长。1955年5月任炮10师师长，时年39岁。1955年9月，中央军委授予甄秉信上校军衔。1957年6月，从南京军事学院毕业，调任某师师长。

1966年3月，甄秉信任沈阳军区炮兵司令部副司令兼参谋长、机关党委书记。

1981年6月离职休养，享受正军级待遇。

1986年12月31日，甄秉信在沈阳病逝。

丁冠英

丁冠英（1916—2004），原名穆兆泽，无极县中合流村人，1931年师范毕业后当小学教员。1937年，在村公所从事抗日救亡运动，成立抗日自卫队，建立农救会，送抗日救国粮，1938年7月加入中国共产党，同年9月经彭绍年介绍参加革命。后来县政府通知小学教师受训，受训后留任教育科，先后曾任专署、行署教育科科员，1946年建立“五一”学院，任学院教育队主任兼党支部书记，学院总支部委员，1947年调正定任教育科副科长，同年又调回行署教育厅，任国民教育科科长，1948年在河间县搞土地改革，后到雄县、霸县新解放区培训教师，1949年春奉调南下，随部队在枞阳渡江至贵池，经青阳后到达屯溪，皖南行署正式成立后，先后任文教处秘书主任、芜湖地区文教局局长。1955年调安徽省教育厅任中师处处长、中教处处长、师范处处长、教材编审室主任，教育厅党组成员。教育学院恢复后调入教育学院任党委委员兼教务处处长，后任院长。被录入《中国高等教育专家名典》大型国际交流系列史册。1983年离休，长期担任安徽教育学会副会长、安徽陶行知研讨会副会长，并负责两会学术刊物《教育学刊》《陶行知研究》总编。发表《研究生活教育理论，促进当前教育改革》《以陶为师，立志改革，献身教育，振兴中华》等学术文章。1983年加入安徽省书法家协会、省美术家学会、中国书画家联谊会。并长期担任安徽省直机关老年书画联谊会会长、常务理事、高级书画师。主编过大型书画册三集，发表诗词30余首，抗日战争“三字经”、公民道德四言诗、老年诗词选集一册、书画作品多次在省外展出，多次获奖，并编入书画集数部。

2004年8月15日在安徽合肥逝世。

翟曾平

翟曾平（1916—1993），又名翟栋仁，无极县大户村人。高小毕业后，考入无极乡村师范。1933年7月参加革命工作。同年加入共产主义青年团，1935年转为中国共产党党员。

1935年在党的领导下，投身于北京“一二九”学生运动。1936—1937年9月在无极县工作期间，为开辟建立革命根据地而积极工作。

抗日战争爆发后，1937年10月他参与组建无极县地下党领导的抗日武装“人民自卫军”，并历任排长、连长、八路军冀中军区分区教导大队长。1942年在冀中反“五一”大扫荡残酷斗争中，在暂时与党组织失去联系的情况下，他发动群众，独立作战，英勇顽强地与敌人周旋，保存了自己，打击了敌人，受到了党组织通令表扬。1942年12月，受党组织派遣赴陕北抗大总校学习。其间，参加了南泥湾大生产运动、延安保卫战。

抗日战争胜利后，1945年10月，被党组织派往东北，任嫩江三分区警备二旅参谋处处长。1947年4月，负责组建嫩江军区教导队。1947年10月至1950年10月，历任嫩江军区骑兵团政委、某师某团政委。1955年被授予三级解放勋章，并被授予上校军衔。

1950—1954年，他任某军某师某团政委，东北空军工程部副政委期间，参与组建了抗美援朝参战空军的装备维修和技术保障工作。1955—1965年，任某军某师政治部主任，空军第一研究所政委、国防部六院一所政委，经常带病坚持工作，深入基层调查研究，开拓了工作局面。

1965年转业到中华人民共和国物资管理部工作，担任政治部直工部部长。1975—1982年担任国家物资总局负责人，组织制定了国防军工物资管理制度、办法，做好国防军工供配物资平衡分配工作，为国防现代化建设作出了积极贡献。1993年10月11日因病在北京去世，其骨灰被安放在北京八宝山革命公墓。

王根亮

王根亮（1916—1942），无极县泗水村人。1937年参加革命工作。1942年为革命捐躯。

1937年，王根亮积极投身革命，后任村工会主任。

1942年，王根亮调到晋深极四区任工会主任，当时，形势非常严峻，为了击败敌人的进攻，王根亮组织区小队，配合晋深极县大队和活动在冀中平原的二十二团，与驻扎在小陈据点的敌人展开地道战、游击战多种形式的武装斗争。在一次大的战斗中，王根亮指挥战斗，鏖战一天一夜，打退了敌人的多次反扑，消灭了大批日伪军，缴获了敌人大量枪支弹药。

“五一”大扫荡开始后，抗日战争处于相持阶段，运动战的战略战术要求大部分指战员转移，以保存革命实力，伺机消灭敌人，与敌人开展长期的斗争。组织决定让王根亮留下来，与三区队保持联系，任党的秘密联络员，坚持地下斗争。在县大队张凤山领导下，由于叛徒告密。在一次执行任务时，走到大陈至崔村途中，不幸被捕。

1942年冬王根亮牺牲。

牛　蓁

牛蓁（1916—1997），原名金贵，校名聪慧，曾用名牛臻，无极县南牛村人，西南汪高小毕业，学校读书时就经常参加革命活动，1937年10月参加八路军。1938年1月加入中国共产党，抗日战争时期任晋察冀军区军政干部学校学员，冀中军区二分区无极县基干自卫队政治指导员，冀中军区教导团参训队学员，冀中二分区手枪队队长，第二分区游击总队司令部侦察参谋、股长，第七分区司令部侦察股副股长、情报总站站长、侦察股股长，新乐县大队副大队长，第七十九团参谋长。参加了百团大战和冀中抗日根据地反“扫荡”等战役战斗，获一等“五一”奖章。解放战争时期，任晋察冀军区冀中军区司令部侦察科副科长，兼第七纵队司令部侦察科科长，华北军区河北省军区司令部情报处处长。参加了保北、大清河、平津等战役战斗。中华人民共和国成立后，任中国人民解放军华北军区河北军区司令部情报处处长，参加抗美援朝战争，曾任中国人民志愿军第二十兵团六十七军司令部侦察处处长，中国人民志愿军开城谈判代表团第七观察小组首席参谋。曾获朝鲜民主主义共和国三级国旗勋章，二级独立自由勋章。回国后曾任中国人民解放军第十五速成中学学员，中国人民解放军某师副师长兼参谋长，中国人民解放军守备某旅副旅长兼参谋长，济南军区工程兵司令部副参谋长（副军职待遇）。此间曾兼任莱芜钢铁厂筹建指挥部副总指挥。1955年9月被授予中校军衔。曾获二级独立自由勋章，三级解放勋章。1960年晋升为上校军衔，1978年7月离休，1988年7月获独立功勋荣誉章。

安国华

安国华（1917—1974）原名安记山，无极县庄里村人。安国华出身于佃农。积极靠近党组织，自觉投身筹建部队的活动中。

“七七”事变抗日战争爆发后，安国华走上冀中战场。至1937年10月经过平汉路西到曲阳灵山进行了整训，被任命为抗日义勇军八支队中队长。1938年，部队又经过2个月整编，正式编入冀中八路军三纵队、第二军分区建制下的二十三大队。安国华所在部队参加了进攻无极县城的战斗，并在无极县南流村击毙汉奸土匪头子甄丑子等。1939年9月参加了加速正规化、八路军化第二期整军。1939年10月加入中国共产党。此时，日寇加紧对敌后根据地扫荡，部队加强整训创建主力兵团，枪支按口径进行了统一调配，安国华被任命为手枪队队长。之后安国华任晋察冀边区120师独立一旅715团三营十连任连长，十月底参加了晋察冀边区根据地冬季反扫荡的战斗。此役，毙敌阿部中将以下1400余人，给进犯之敌以歼灭性打击。他在战斗中表现英勇，左手两小手指在和鬼子拼刺刀格斗中被砍掉，带伤参加战斗直至最后胜利。

自1937年2月至1939年12月，安国华经历了冀中部队创建巩固的斗争，参加了五次反围攻、晋察冀边区的冬季反扫荡，两次保定战役，北苏、安国、定县战斗并参加了消灭反动联庄保卫团、保安团，反击河北民军张荫梧反共摩擦等斗争的锻炼与考验。1940年1月中旬离开晋察冀军区，赴晋西北。至2月底，到达山西临县、离石地区，所部兼晋绥军区四分区并驻防。

1940年夏季反“扫荡”斗争中，八路军两个旅的先头营首先向日军开火，安国华所在715团是一支红军老部队，其先头营付出很大伤亡，阻止了日军的突围。下午，兄弟部队赶到，从日军侧后进行攻击，激战至黄昏，八路军两个旅合力发起总攻。安国华右臂被子弹贯穿，夏季反扫荡战役结束。此次反扫荡共消灭日伪军4500余人，收复兴县在内的五座县城。

安国华在医疗环境极端困难的情况下，一条胳膊没有被锯掉，但功能却失掉了大部分，一桶水的重量都不能提起来。伤愈后调到旅供给部分管粮秣工作。随后，安国华被选调至晋绥军区四分区带队到敌占区任平遥、汾阳、介休三县武装工作团长。

1945年日军投降后安国华在吕梁军区七分区供给处任副主任。1948年7月31日，中央军委命令吕梁军区改编为第七纵队，并由三个军分区机关及三个分区独立团组成独立十旅。后随解放军正规化统编部队的要求。1949年初，第七纵队改称七军，独十旅改称七军十九师。安国华先后任独十旅三十团供给处长，十九师炮兵供给处长。先后参加吕梁战役、三打中阳城、汾孝战役、临汾战役、晋中战役、血战牛驼寨、解放太原等。

1949年5月为了粉碎“胡马”联合反扑西安的阴谋，毛泽东指示，华北十八、十九兵团及七军由华北野战军改隶西北野战军建制。于1949年5月24日开始，第七军向陕西咸阳、礼泉出发，每日行程在70公里以上。经黄河禹门过渡口，告别了三晋大地，经过数日长途急行军八百余公里，1949年6月12日，第七军准时到达彭德怀司令命令的集结位置。安国华随七军十九师挺进秦岭，参加了扶眉、天水、兰州、陇南等各次战役战斗。新中国成立后，他主动放弃在西北军区机关及总部机关工作的机会，从祖国的大西北来到东北边陲小镇，举家投身军队兵器装备试验靶场的建设之中。1949年12月1日毛泽东主席发出向全国进军打好解放大西南最后一仗的号令，第七军按照西南指挥部的作战命令，尾击敌人，查明情况控制战略要点。十九师先后攻克了徽县、略阳、阳平关等地。12月27日成都战役宣告结束，十九师奉命进驻四川金堂地区，留川执行剿匪任务，参加战后建设，接收和改造起义部队。十九师接管了原国民党二十军及其起义投诚部队。安国华被任命为国民党起义部队133师后勤部长（后改编为四川警卫旅），十九师在金堂剿匪、征粮、地方政权建设和整编起义部队等一系列工作，牺牲干部战士47人，歼灭匪首欧华光、蒋炳楠、贺松等多股土匪。1950年8月结束预定任务，奉命北返甘肃天水。安国华被任命为西北军区后勤部军需部监察处长。

1953年12月，安国华调任兵器靶场建设处长。后又被任命为总后工程建筑总队长。1971年安国华被任命为院务部长，在三线选址、施工过程中，坚持工作在一线，带病检查指导现场工作，终因积劳成疾牺牲在工作岗位。

1950年西北军政委员会授予他人民功臣功勋章一枚，1955年安国华被授予中华人民共和国解放勋章和独立自由勋章各一枚，八一奖章一枚。安国华牺牲时年仅57岁，后被中国人民解放军总政治部授予革命烈士。

王　亮

王亮（1917—2002），无极县东庄村人。1930年在家务农，1939年加入中国共产党，先后任农会秘书，村党支部委员。

1941年，参加革命工作，任藁无县三区区委组织委员，1943年任藁无县三区无极区区委书记，参加了“五一”反扫荡斗争，减租减息、锄奸反霸等斗争。1947年到冀中党校学习，参加了冀中交河县的土地改革。1948年参加冀中八分区大车运输队，支援解放战争。

新中国成立后，王亮先后任河北省八分区法院自新所所长、河北省劳改二大队队长、河北省公安厅四处政工科科员、省公安学校队长、省政法干校公安教研室副主任。1950年，参加潮白河修建，提前完成了任务，被评为甲等模范，获河北省人民法院模范奖章。1951年参加抢修河道又被评为甲等模范，获奖品一部分。1962年10月，先后任无极县南流公社副书记、无极县供销主任。1971—1977年任晋县计委副主任。1981年任无极县人大常委会副主任，1983年12月离休。2002年6月26日病逝。

张宽林

张宽林（1917—1978），曾用名郁芬、以曦，无极县南侯坊村人，西南汪高小毕业，1933年学校读书时加入中国共产党。1937年3月在无极县棉产改进会任协理员；1937年12月任山西省黎城牺盟游击队政工员；1938年6月任无极县区动员会主任；1938年8月任中共无极县委组织部长；1938年10月任县大队政治主任；1939年2月任冀中二分区十七大队政委；1940年1月任冀中二分区独立一营政委；1945年10月任冀中三纵队三十三团政治部主任；1946年12月任冀中二纵队十六团政委；1947年11月任冀中二纵队随营学校主任；1948年2月任随营学校一大队政委；1948年3月任二纵队随营学校政治部主任；1948年5月任华北步兵学校一大队政治部主任；1948年11月任华北步兵学校三大队政治部主任；1950年1月任北京市纠察总队政治部主任；1950年11月任公安第二师政治部主任；1951年3月任北京市公安部队军政干部学校政治部主任、副校长；1956年6月任公安部第二师副政委；1959年3月任河南省公安总队总队长；1963年2月任河北省公安总队副政委；1970年任邯郸军分区政委等职，1978年1月病逝。

刘　毅

刘毅（1917—1969），原名刘承栋，无极县古庄村人。1930年考入西南汪高小，读书期间深受爱国思想的教育。1932年考入无极县乡村师范，入学后参加学潮。1933年考入河北省立第二师范学校。1934年加入学生自治会。

1936年加入中国共产党，在学校曾任支部宣传委员，积极宣传抗日救国思想。1937年“七七”事变后，刘毅到开封遇到了葛玉海、房定辰，三人从河南开封到山西临汾找八路军办事处，参加了彭玉峰的学兵队。1937年12月到辽县找到了晋冀豫区党委，后被分配到涉县任县委书记，1938年5月调到邢台县任县委书记。1940年任冀豫地区组织部长。1942年3月任太行区党委办公室副主任。1945年6月任太行区党委副书记。1946年6月任太行区党委书记兼分区政委。1947年4月任河南省潢川地委书记、潢川军分区司令员；8月任鄂豫地区党委书记兼分区政委。1952年5月任中央人民政府地质部办公厅副主任、主任、部党组成员。1958年被错划为“右派”，在地质博物馆劳动。1961年，摘掉“右派”帽子，调地质部石油局任副处长、处长等职。“文化大革命”期间，在黑龙江桃山“五七”干部学校劳动，1969年5月因病去世，终年52岁。

1979年，中华人民共和国地质部为刘毅平反，召开了追悼大会。

李狄三

李狄三（1917—1951），又名彦勇，无极县里城道村人。1937年10月，参加晋察冀抗日义勇军第五支队。1938年6月，加入中国共产党。1939年夏，贺龙领导一二〇师路过无极，李狄三转入贺龙领导的队伍，在太行山一带，开展游击战争。年底，被派去延安军政大学学习。1940年10月，被分配到正在南泥湾开展大生产运动的三五九旅，先后任排长、指导员，是著名的南泥湾大生产运动的“纺织能手”“劳动模范”。在保卫延安的战斗中先后担任团民运股长、联络股长，数次负伤，屡立战功。1946年，解放战争开始后，随西北野战军一兵团西征，打通河西走廊、翻越祁连山，进军新疆。1949年9月25日，新疆和平解放。

1950年8月1日，李狄三从新疆于阗出发，踏上了进驻西藏阿里的征途。

从于阗到阿里，千里迢迢，中途横亘着绵延不断的昆仑山，海拔6420米的昆仑山，被称为“万山之祖、百冰之源”。山上终年积雪，高寒缺氧，没有道路，李狄三与全连官兵仅凭一张自绘的地图和一块指南针，边侦察、边前进。经过几天的艰苦跋涉，到达赛虎拦姆石峡，峡中时而乱石在头顶呼啸，时而山洪突发，最窄处勉强挤过一人一骑，不少战士的腿被锋利的山石划破，挤烂的皮肉和棉裤粘连在一起，全连战士整整用了三天时间才穿过这个石峡。此后越往前走，地势越高，气候越恶劣，尽管时至盛夏，穿上棉衣仍冻得打颤，当行至5500米的库克阿达板（维吾尔语，冰峰的意思）时，胸闷心慌、头痛欲裂，吃不下饭，喝不下水，许多人患了高山雪盲症，眼睛红肿、刺痛，视觉模糊，行走十分困难。李狄三组织全连战士用雪球擦眼睛来减少疼痛，用马尾编眼罩遮挡雪光。由于他跑前跑后体力消耗大，高山反应严重，多次休克。8月15日，终于翻过新疆和西藏交界的界山冰达板，进入藏北阿里高原的两水泉和扎麻芒保地区。为了了解这里的敌情和地形、道路等情况，李狄三一边派出几个侦察小分队，分头去侦察，一边联系藏民开展政治宣传工作。但派去的人，翻雪山、涉冰河，在冰天雪地里奔波半个多月，连一个藏民也未找到，直到10月中旬才见到一户藏民，但藏民见到带枪人，就跑到了山上。既不敢离近，又舍不得离开，李狄三认为不敢靠近是对解放军不了解，不肯离开是舍不得羊群，于是就带着翻译，手捧哈达，赶着羊群向藏民走去，藏民见状，收起叉子枪，拉着李狄三双手，把大家让进帐蓬。李狄三拿出花布、糖、茶，送给这户藏民，并向藏民宣传解放军是穷人的队伍，是为解放西藏受压迫的人民而来的，从而打消了藏民的疑虑。

阿里地区的头人听到先遣连进入西藏后，十分恐慌，给牧民下了三条禁令：“不准与解放军接触、不准卖给解放军东西、不准给解放军带路”，同时还千方百计地侦察解放军的实力，企图用武力阻扰解放军向阿里腹地推进，还扬言要把解放军困死在山上。李狄三及时召开党支部会议，研究对策，在做好应付突然袭击准备的同时，通过宣传党的政策，帮助藏民放牧、砍柴，给藏民送盐巴，团结了更多的藏族群众。阿里地区噶本政府专员赤门色，无奈之下派出秘书才旦彭加和管家扎西才让带着全副武装的藏兵与李狄三谈判，李狄三义正辞严地向噶本方面介绍了全国形势，表明了人民解放军全面进驻和接管的决心，指明了噶本政府应持的态度。噶本政府理屈词穷，只好认同解放军进驻扎麻芒保，订立和平相处4条协议，几天后又派藏兵以比枪法为由，打算刺探军情，以图反抗，李狄三将计就计，通过步枪、机枪、大炮的精准射击和轰炸，彻底征服了噶本，消除了与解放军抗衡的念头。

藏北高原号称“世界屋脊的屋脊”，刚到10月份就寒风劲吹，大雪纷纷。漫长的冬季，给先遣连物资供应带来了极大困难。新疆军区和各族人民时刻关心先遣连安危，组织了九个毛驴运输队，给先遣连运送粮食和军用物资。十一月份，大雪封山，运输队无法进入藏北，物资供应中断，先遣连处于风雪交加、土匪骚扰、断粮、缺穿、无房住的困境。面对生死关头，李狄三一方面组织骆驼队，从150公里外的两水泉往扎麻芒保拉运。途中要翻越几座大山，涉过几条冰河，还要经过九死一生的十里达板；一方面，组织打猎小分队进入深山打猎，为全连储备了几万斤猎肉。为了防寒，他们把破麻袋片当布用，用羊毛捻成线，用羊角加工后做针，做衣服、补衣服，许多战士衣服越补越厚，有的一件达十几斤重；没有鞋穿，就把破毡片和野牛皮包在脚上，再用毛线绳扎起来，还美其名曰“毛皮鞋”；为解决住房问题，李狄三想到自己家纺线织布的地窖子，但在藏北的严冬，气温下降到摄氏零下四十多度，冻地一米多厚，十字镐挖下去，只能砸出一个白点。他们就用火边烤边挖，把干牛粪和柴禾堆在地上点燃，烤化一点挖一点，经过十多天的奋斗，硬是在冰天雪地挖了十多个地窖子。

就是在这样残酷恶劣的自然条件下，李狄三仍坚持带领先遣连的官兵们在冰天雪地里苦练杀敌本领。没有训练的手榴弹，就用牛羊皮包上沙子代替；没有靶子，就用石头、骨头充当。全连每个哨位上，分分秒秒都圆睁着警惕的双眼。要是遇上暴风雪，为了确保五个哨位晚上换岗，李狄三就带领全连官兵，手挽手，肩并肩，顶着寒风大雪把哨兵一个个送到哨位上。

但受恶劣环境和营养不良的严重影响，再加上药品缺乏，到1951年初，先遣连不少人患上了高原病，病魔相继夺去了一个又一个战士的生命，最多一天曾牺牲11名战士。李狄三也患上了可怕的高原病。他怕别人发现，就在浮肿的腿上缠了一条很长的裹腿带，仍旧一心扑在工作上。他动员病号到外面晒太阳，做游戏，还亲自编写了《光荣小唱》《战胜困难》《顽强歌》，教战士唱歌：“进军藏北先遣连，不怕苦来不怕难，赤胆忠心为人民，越是艰苦越光荣，红旗一杆插藏北，春风万里度昆仑”。激励战士们战胜病魔，夺取最后胜利。一天，他在组织病号活动时，栽倒了。大家忙解开他的绑腿，发现他的腿肿得发亮，裹腿带已深深地勒进了肉里，连队党支部当即做出强制他休息的决定。但他一刻也闲不住。他让通讯员抱来一堆羊毛，捻成一根根长绳，拴到各班。起初大家都很纳闷，后来才发现他因身体极度虚弱，每天都要吃力地扶着这根毛绳去各班上课。

1951年3月，李狄三的病情加重，已不能扶着毛绳走路了，但他仍不分白天黑夜地忙着整理日记，有收集来的珍贵资料，有先遣连经历的艰险和战斗经过，有高原生存的宝贵经验，有战士们对党的赤胆忠心等等。直到1951年5月28日牺牲，李狄三共撰写了厚厚4本，洋洋数十万字的日记，字里行间，无不洋溢着他对革命事业的热爱和对工作的高度负责。

在李狄三病情最为严重的时刻，先遣连收到了四支救命的盘尼西林，但是李狄三谢绝了注射，他说：“还是留着吧，以后的日子还长着呢，会用得着的”。政治干事陈信之见状就建议开党委会，举手表决。李狄三望着举手的五名支委，艰难地说：“同志们的心意我领了，就别浪费药了，求同志们把手放下吧！”

1951年5月23日，和平解放西藏的协议在北京签字，5月28日，李狄三以身殉职，含笑逝世。5月29日，军区领导王震、郭朋、王恩茂、左齐等将军先后发来唁电。6月1日王震将军再次致电吊唁，并命令安子明及先遣连“为李狄三同志举行隆重追悼会，厚葬烈士，竖碑永志。”军区副政委独臂将军左齐当即写诗悼念李狄三：“勇士肝胆涂高原，天殉地殇亦平淡。神山黯然，河川呜咽”。全体指战员参加追悼会。当地藏族群众也纷纷赶来为他送行。遗体安葬于阿里地区首府噶尔狮泉河烈士陵园，墓前矗立有“李狄三烈士之墓”石碑。

毛泽东主席听到李狄三和先遣连英勇悲壮

的事迹后，连说了三个“盖世英雄”，来赞扬李狄三和他的战友们，还说：“先遣连的先期进入，像一把钢刀扎进了西藏，震憾了西藏上层人士，有力地促进了西藏的和平解放。”周恩来总理说：“新疆进藏那个连很英勇、很悲壮”。李狄三和先遣连的事迹使王震几次落泪。并称赞他们“历尽我军长征以来最大之辛苦、最大之悲惨！”

李狄三牺牲后的第三天，先遣连奉命继续侦察通往阿里首府噶大克的道路。6 月 18 日，进抵冈底斯山主峰康仁皮清峰脚下，面对千古无人迹的东君拉达板，全连官兵以李狄三等烈士为榜样，用生命挑战极限，硬是在被称为“生命禁区”的冰山雪峰上，踏出了一条“生”路，沿着以烈士生命为代价铺就的路，继续前进，终于于 6 月 29 日胜利进驻藏北重镇普兰宗。于 8 月 3 日，胜利挺进阿里首府噶大克，把五星红旗插上了藏北高原。在挺进和驻守藏北一年多的时间里，先遣连先后有 63 名官兵光荣牺牲，1951 年 9 月，原西北军区授予先遣连“进藏先遣英雄连”荣誉称号，给全连官兵每人荣记一等功，同时授予李狄三“人民功臣”荣誉称号。西藏解放后，中央军委追授李狄三为“人民英雄”。时至今日，西藏人民仍念念不忘李狄三烈士，经常为其扫墓祭奠。

2009 年，中国人民解放军总政治部评选“新中国成立后为国防和军队建设作出重大贡献，具有重大影响的先进模范人物”，李狄三获高票入选，排在雷锋、邱少云、罗盛教、欧阳海等人后，排第 16 名。

附：先遣连的诗

李狄三烈士牺牲在《和平解放西藏十七条协议》签订后的第 5 天，在生命弥留之际听到的最后一个消息，就是首长在他耳边说的：“李狄三同志，你已经光荣地完成了党交给的任务！和平解放西藏的协议已经在北京签订了。”

战友们回忆，李狄三当时吃力地拿起枕头边的笔记本，送到首长手里。他嘴唇动了动，脸上挂着微笑，想说什么还没有说出来，就安详地闭上了眼睛。在他的笔记本里，留下了他自己作词和谱曲用来鼓励战友们的英雄诗篇——《顽强歌》：

进军藏北先遣连，
不怕艰辛不怕难。
严冬将逝阳春到，
定能会师边防线。

多出主意想办法，
补鞋可用兽皮扎。
军衣破烂也可补，
麻袋补上赛鲜花。
人民战士为人民，
烈火严冰铸心中。
艳艳红旗飘藏北，
春风万里度昆仑。

七月里来天气暖，
藏北推进先遣连。
风云变幻无足惧，
凯歌伴我永向前。

脚踏冰封头顶天，
藏北兄弟心相连。
齐心齐力铺锦绣，
装点祖国好河山。
开路远征我先遣，
英雄向前无困难。
大军指日必先到，
世界屋脊赏月圆。

民族政策光灿灿，
铁的军记严又严。
军民日亲更相敬，
固若金汤国防坚。

苗金宝

苗金宝（1917—1994），中共党员，郭庄镇南牛村人。出身贫苦农民家庭。少年时代半耕半读于县西南王村高小，接受先进思想教育。1932年5月参加革命工作，并加入中国共产党。1983年离休，享受老红军待遇。1994年病逝。

1937年，苗金宝参加八路军晋察冀第三军分区十一大队，投入抗日斗争。曾任通讯班长、侦察连侦察员、武工队小队长、排长、指导员等，参加过冀中反扫荡、反蚕食、春季攻势等战役战斗20余次。1938年3月，苗金宝任通讯班长，参加晋察冀第三军分区政委王平率部袭击由河北省阜平县撤退的日军，在曲阳县南庄毙伤日军200余人。1940—1942年，苗金宝先后任晋察冀第三军分区侦察连侦察员，晋察冀军分区二团武工队支部书记、小队长，经常深入敌后侦察敌情、收集情报、除奸反特，袭击日伪军炮楼，狠狠打击日军的嚣张气焰，受到上级领导的高度赞扬和评价。1943—1945年，苗金宝先后任晋察冀第三军分区云彪支队一排排长、云彪支队一连武工队指导员，望都县大队指导员。在冀中军区开展春季攻势战役战斗中，苗金宝指挥有力、作战英勇，不断取得对日作战的胜利，被委派到抗大第二分校学习。

解放战争时期，苗金宝参与了智村战役、清风店战役、平汉战役、解放石家庄战役、绥远战役等战役战斗。在1946年平汉战役中，苗金宝任晋察冀第三军分区警备七团一连指导员，他身先士卒、英勇善战，立三等功。1947年智村战斗中，苗金宝时任第三军分区警备七团四连连长，因作战英勇，再次立三等功。在1947年7月，在解放石家庄战役战斗中，苗金宝时任冀晋二旅五团一营副营长，战斗中光荣负伤，获嘉奖与物质奖励。1947—1949年，苗金宝任察哈尔省荣军学校教导员、校长。

新中国成立后，苗金宝历任河北省荣军学校副校长、河北省民政厅优抚局局长、河北省民政厅副厅长、衡水县委副书记、石家庄卫生局长，1982年8月起任石家庄市政协副主席。

1983年离休后，仍保持一个共产党员的本色，对政协工作建言献策，对劳动人民嘘寒问暖。1994年4月，苗金宝于石家庄去世。

朱友德

朱友德(1917—2005)，无极县七汲村人，共产党员。1933年毕业于束鹿培德教会中学。1939年参加县师资训练班，后分配到东汉小学任教师、校长。1942年受中共敌工部赫英部长派遣到七汲敌伪小学任校长并进行地下工作。1943年加入中国共产党并任七汲村党支部委员。

1951年7月，受县教育科委托借驻城内高小校舍创办无极中学，当年即招本籍学生两个初中班119人。1952年在县城东门里路北(现医药公司处)旧粮库处正式建校。朱友德以校为家，艰苦创业，学校设备不断完善。1958年7月，增设2个高中班，至此，无极中学成为一所完全中学。1961年，第一届高中毕业生高考成绩在全石家庄地区名列前茅。

1958年，朱友德响应国家勤工俭学号召，带领全校广大师生劳动建校，积累资金扩大生产。垦置城北土地200余亩，辟为农场，实行读书、生产、科研三结合。生产的粮食除贴助师生生活外，余粮全部无偿上交国库，每年交粮10万余斤，富余的蔬菜廉价供应生产队。在勤工俭学活动中发挥各教研室的作用创办的化工厂、菌肥厂、电机厂，取得了良好的经济效益和社会效益，其经验在全省推广，多次受到上级嘉奖。

1964年组建了一支素质较高的教师队伍，无极中学的办学经验曾多次在省、地、县教育工作会议上交流，其政治课教学经验曾在1964年5月24日《光明日报》上发表。中共十一届三中全会后，后任无极中学副校长、校长。

1983年调入县教育局任副局长兼工会主席，在组织全县教育工会会员参加学习进修方面做出突出成绩。

朱友德是无极县第三至第七届人大代表。离休后仍积极参政议政，余热生辉。2005年5月病逝。

靳建勋

靳建勋（1917—2000），又名春元，1917年生于张段固村。1933年河北定州九中毕业，1938年参加革命工作，1939年1月加入中国共产党，任识字班教师，文建主任。1940—1944年，任藁无县二区区委，负责领导张段固、吕吕、王吕等村的革命工作。当时正处于抗日战争异常艰苦时期，在县委、区委的领导下，靳建勋积极组织党员、干部和群众实行减租减息、合理负担。在反掠夺反“蚕食”、反“扫荡”武装斗争中，带领党员、干部和民兵挖地道、修道沟、刷写革命标语、侦察炮楼攻据点，袭敌、扰敌等。1944年4月20日，由于叛徒出卖，被日军和特务逮捕。被严刑拷问，坚贞不屈。后来，靳建勋被押到石家庄南兵营，不久被押到北京平谷县城的监狱。后靳建勋趁看守的敌人睡熟，带领难友董大嘴（无极小镇人）、赵玉从（饶阳人）、张阁楼三人，偷出敌人大枪4支，子弹100余发（其中机枪子弹40发），手榴弹10枚，溜下城墙，逃出平谷县城。他们跑到平谷县田家峪村后，将枪支、弹药交给当地政府。第二天，平谷县抗日政府给开了介绍信，赠路费和粮票，并派民兵沿途送回到家里。不久，靳建勋找到县委领导恢复了党组织关系和工作。

1952年，靳建勋从事教育工作，历任主任、教师、学校校长。1986年12月离休，享受正处级待遇。2000年5月病逝。

高建民

高建民（1919—1948），乳名保庚，无极县南池阳村人。1924年在本家堂侄、中共党员高克谦组织平民学校时，被推荐进入村铁佛寺学校读书，开始接受中共地下党组织的革命教育。

高克谦在石家庄的壮烈牺牲，使他年幼的心灵受到了极大的影响（其父高老串曾陪伴高克谦的父亲高老同冒着生命危险，赶往石家庄，将高克谦烈士的遗体运回本村安葬）。因此，他在少年时代便积极投入到革命斗争中，组织、领导学生运动和农民运动。

1935年，高建民加入中国共产党。1936年担任中共南池阳村党支部书记，1937年任中共无极县二区区委组织部长、区委副书记等职。参与组织邻县农民联合武装在新乐县平汉（今京广）铁路线阻击日本运兵火车战斗。1938年任中共无极县四区区委书记后，在无极县城西、城北和城东等地区积极发展中共农村党组织，开辟敌后根据地，建立地方武装，并带领区武装小队，与日本鬼子进行游击战、地雷战，数次伏击正（定）无（极）公路上的日本汽车运输队。1940—1943年，先后调冀中军区七分区政治部、冀中军区第十八大队、无极县县大队。1943年任无极县大队政委期间，先后组织领导八路军地方武装开展了清除无极县城周围的甄村、祁村等日伪炮楼和据点，围攻日军大本营无极县城的斗争。1945年任藁（城）无（极）联县（分区）政治处组织部长。1946年调中共冀中七地委党校工作。之后参加组织实行土地改革的试点工作，曾担任中共赵县、滦县等县委组织部长、县委副书记、县委书记、地委负责人等职，并组织参与了解放正定县城的战斗。1947年11月解放石家庄战役时，任后勤指挥部副总指挥。1948年初，29岁高建民因伤病住进石家庄铁路医院，遭到潜伏国民党特务的毒害，遗体安葬于南池阳村东高家祖坟。

谷守信

谷守信（1919—1988），中共党员，无极县西两河村人。出身贫农家庭，幼时丧母，自小就打短工，养家糊口。

1937年参加中国共产党领导的抗日武装藁城县大队、冀南抗日军区；1939年7月起任八路军一二九师的班长；1940年8月加入中国共产党；

1940 年起历任排长、连长、营长、团长、炮兵十二师副师长、师参谋长（正师）；1950 年，参加抗美援朝；1961 年任内长山要塞北长山守备区副司令员；1965 年任蓬莱守备区副司令员、某师副师长（正师）；1971 年 4 月离休。

谷守信曾参加过官汤、平汉战役、安阳、汤阴、林南（林县）、辉县、武涉、攻克焦作、邯郸战役、陇海战役、定陶、巨野、章逢集战斗、陇凤战役、解放成都、兴隆场、强渡黄河、羊山集、张家店、虎渡溪、强渡岷江、高桥、老君山、挺进大别山、进军大西南及川南剿匪等战役。三次立战功授军功章，多次受到嘉奖，曾获三级独立自由功勋荣誉章、二级解放功勋荣誉章，解放奖章和所参加战役胜利纪念章，1955 年被授予上校军衔，1988 年被授予中国人民解放军独立功勋荣誉章。

1988 年 12 月病逝于山东德州。

李　升

李升（1919—2002），无极县南池阳村人。1937 年参加革命工作，历任警卫员、武工队员、区委书记、县委书记、地区副专员。

1937 年“七七”事变后，李升由本村曹子夫介绍，参加了人民自卫军第五营，跟随翟司升当警卫员。1939 年，被保送到抗大二分校学习。1940 年回到冀中三分区青县武工队工作。为了打开局面，团结人民群众，共同抗日，李升和武工队战友分头深入群众，走访贫苦农民，宣传党的政策。

1942 年 5 月，日寇在冀中大“扫荡”。河间县四区区委书记被捕，李升被上级调往该区任区委书记。李升带领区委和武工队，在人民群众的掩护下，除汉奸、袭炮楼，开展反“扫荡”，反“围剿”。1943 年以后，李升任冀中五分区安次县县委书记，领导全县人民和武工队开展对敌斗争，直到抗战胜利。

中华人民共和国成立后，李升调保定地区，先后任县委书记、地区副专员。1983 年离休，2002 年初病逝。

张济世

张济世（1920—1972），字老佐，无极县大陈村人。1938 年，大陈村建立中共党支部，张济世担任支部委员，做抗日工作。

1942 年，日军发动“五一”大扫荡，环境残酷，百姓陷于水深火热之中。张济世召开党支部扩大会议，研究抗日对策。与会者有蒲老希、蒲小偏、蒲助祥等 10 人，另外还有赵户营村的几位乡亲，研究决定，合并两村 200 多民兵武装，成立民兵大队，张济世以小区区委委员、村党支部书记的身份兼政治委员，蒲小偏负责组织党员侦查、监视敌人动静。配合主力作战，组织群众破坏敌人交通，挖地道，挖防空洞与敌周旋，并袭扰驻扎之敌，镇压效忠敌人的汉奸。在乡亲们多方面的掩护帮助下，张济世巧妙坚强地坚持开展对敌斗争。

1945 年春，抗日政府推选张济世为坚持“五一”的抗日英雄，并选派他参加晋察冀边区召开的群英会。会上，边区领导授予他银质奖章一枚。

1945 年冬，张济世被推选任命为中共无极县委委员、组织部长，兼一区区委书记，后又兼二区区委书记。1949 年调定县专区任农林局长。定县专区撤销，旋调保定专区木材公司任人事科长、副经理等职。1958 年，调唐山专区任中共迁安县委委员兼副县长，后调任迁安县总工会任主席。1970 年，张济世退休，回大陈村安度晚年，1972 年因病去世。

刘正中

刘正中（1921—1945），抗日战争时期化名赫英。无极县七汲村人。1936 年高小毕业，1937 年就任村小学教员，同年加入中国共产党。刘正中任教期间，和其他进步教师一起，积极宣传抗日主张，同时发展了一批进步青年入党。

1938 年春，七汲村建立了中国共产共党的支部组织，刘正中担任第一任支部书记，除了白天教书，还在村里成立了夜校，义务帮助青年群众读书认字，以此向群众宣传抗日主张，动员青年参军参战，动员群众支援抗战。1939 年春，刘正中调到四区工作，后调敌工部工作。

1940 年后，敌人加紧对抗日根据地的“扫荡”。刘正中组织广大干部、群众及地方武装，埋地雷、掐电线、挖地道、破坏公路交通，阻击敌人向根据地的进攻。

1943 年春，刘正中被叛徒出卖，在庄里村被捕，受尽了敌人的严刑拷打和威逼利诱，但刘正中坚贞不屈，后带人拿枪越狱出来。

1945 年，他牢牢掌握并充分利用对敌伪政策，在七汲、小陈两个据点内安插自己的人员，分化瓦解敌军，使七汲、小陈两个据点被拔掉。是年在解放深泽县城、无极县城、藁城县城过程中，由于工作繁忙又缺吃少喝，刘正中胃病突发，于农历九月初去世，终年 24 岁。

闫增祥

闫增祥（1921—1977），人民英雄，无极县武家庄村人。出身于贫苦农民家庭，从小受到本村共产党员刘洪涛、刘毅之的教育和影响，立志跟着共产党干革命。1937 年 2 月，参加县刘毅之等共产党人领导的地方武装，跟随县除奸科科长张安治当通讯员，参加除奸惩霸斗争。“七七”事变后，转入刘毅之、刘洪涛、翟司升组织的晋察冀抗日义勇军第五支队。后编入 22 团，先后任班长、排长，在冀西、冀中与日军开展游击战。1938 年，加入中国共产党。曾参加百团大战和冀中抗日根据地反“扫荡”等战役战斗。他多次立功受奖，是全团有名的战斗英雄。1942 年，在冀中一次激烈的“反扫荡”战斗中，英勇对敌作战。上级领导为他记大功一次。

在解放战争中，闫增祥曾参加大同、集宁、张家口保卫战以及大清河战役、青沧战役、清风店战役。攻涞水、克易县、拿满城、打徐水，战斗足迹踏遍冀中平原。1947 年清风店战役时，闫增祥任 2 纵独立 8 旅 16 团第二连连长。清风店战役胜利后，闫增祥立一等功，被授予“人民英雄”荣誉称号。在庆功会上，聂荣臻司令员为他戴上光荣花，授“人民英雄”奖章。

抗日战争、解放战争闫增祥参加战斗上百次，负伤 15 次，立大功三次，后被评为“二等甲级残废军人”。1950 年，复员回家，曾任武家庄党支部书记、公安员等职。1957 年无极县人民政府在他家大门上挂了“人民功臣”匾。1958 年闫增祥任藁城县烈军属养老院院长。曾多次出席县、专区和省级荣军积极分子代表大会。1977 年 4 月，闫增祥因留在体内的弹片刺伤肝脏而病逝于解放军 260 医院，享年 56 岁。

李 民

李民（1921—1984），无极县东侯坊村人，1929 年就读于私塾。1936 年考入河北省实用工科学校学习。1939 年 3 月参加革命，同年加入中国共产党，在八路军冀中军区七分区任战士、宣传干事、宣传科副科长。参加过百团大战及“五一”反扫荡。解放战争中参加了著名的平津战役，石家庄攻坚战，曾在 63 军任科长，成立 65 军后调入 65 军 193 炮兵团任副政委。参加过进军西北解放兰州等战斗，获三级解放奖章。1950 年参加抗美援朝战争，并参加了上甘岭战役及解放开城战斗，获朝鲜民主主义人民共和国三级国旗勋章、三级自由独立勋章。抗日战争及解放战争中，曾拍摄了较多具有历史意义的战地照片。他所在的七分区宣传科，受到曾任冀中军区司令员吕正操的表彰。

1952 年被选送至中央马列主义学院学习。1954 年毕业后赴南京高级步兵学校任政经系教官、1955 年任南京军事学院政经系教官。同年被授予少校军衔。1956 年授中校军衔。1958 年被聘为解放军报特约记者。1960 年调入解放军政治学院，任哲学系教官。

1966 年调入第二机械工业部政治部宣传处任处长、部长联络员。1968 年调任第二机械部

827厂副书记。1970年赴甘肃省秦安县任工业局局长。1972年调任甘肃省天水地区文化局局长。1976年任甘肃省天水师范学校党委书记兼副校长。1978年回调第二机械工业部干校任教务长（副地、师级）行政12级。1982年离休。

1984年4月5日病逝于北京。骨灰安放于北京八宝山革命烈士公墓。

穆文卿

穆文卿（1923—1995），女，无极县中合流村人，1939年上了当时的抗日高小。1941年抗大二分校在冀中一带招生，考入抗大二分校附属中学（校长孙毅）。1942年冀中地区由于日军的大“扫荡”，环境残酷，学校奉命由军队保护过平汉路到达完县、灵寿一带。日军对冀西反复进行扫荡，无法坚持学习，根据上级指示，从陈庄分南、中、北三路，历时三个月，行程三千里，到达陕北延安继续学习。遵照党中央指示改名为抗大七分校，校址设在陇东豹子川（校长彭绍辉）。

1945年毕业后，先后担任中央军委卫生部中央托儿所护士、护士长。

1948年，中央机关离开陕北，经山西向河北平山县西柏坡转移，组织上派她给年已70岁吴玉章老人当特别护理。在行军路上，毛主席的女儿李讷患重病，卫生部长傅连璋派她去特别护理，一路行军到达河北西柏坡。

北平解放后，穆文卿在第二军医大学学习四年毕业，分配到东北制药总厂，先后担任研究所副主任、统战部部长、党支部书记、厂监委副书记。1959年当选沈阳市先进工作者，出席沈阳市先进单位、先进工作者代表大会。1960年作为化学工业部化学系统代表，出席全国文教群英大会。

1956年，穆文卿和爱人回到石家庄，参与组建华北制药厂工作，先后任组织部长、纪检委书记，享受副厅级待遇，1984年4月离休。

离休后，她执笔撰写《在毛主席身边的日子里》等十多万字的革命回忆录，并先后获得河北医学院函授毕业证、石家庄老年画院毕业证、河北老年大学毕业证，并担任省书画研究会会员、市书画研究会理事，其书画作品曾多次参加省、市展览。

1995年3月病逝。

崔殿英

崔殿英（1923—2003），曾用名崔大彪，无极县崔村人。1938年6月参加八路军。1939年10月加入中国共产党。抗日战争时期，任第120师三支队通信员，第120师独立第一旅二团战士，警卫员，第120师司令部无线电训练班学员，第120师兼晋西北军区政治部新闻台报务员，晋西北军区第五军分区司令部电台报务员，第120师干部训练队学员，第120师司令部报务员，参加百团大战和冀中、晋西北抗日根据地反“扫荡”战役战斗。荣获“劳动英雄”称号。解放战争时期，任晋察冀军区冀察热辽军区司令部报务主任，电台队长，冀察热辽日报社电务科副科长，冀察热辽军区报务训练大队教导主任，东北野战军第11纵队31师司令部通信科科长，东北野战军第48军142师司令部通信科科长，第四野战军第15兵团48军142师司令部通信科科长。参加辽沈、平津、湘赣、广东、广西、海南岛等战役战斗。中华人民共和国成立后，任中国人民解放军某兵团某军司令部通信处处长，中国人民解放军武汉军区司令部通信兵部部长，武汉军区司令部副参谋长，武汉军区司令部顾问。1955年9月被授予中校军衔。获三级独立自由勋章、三级解放勋章。1959年晋升为上校军衔。1988年7月获独立功勋荣誉章。著有《虎穴情报战》《樱桃行动》《战地黄花》等。2003年病逝。

姚新铭

姚新铭（1924—1992），无极县南朱村人。抗日战争爆发后，大哥姚新法担任抗日村长，二哥、三哥先后参加了八路军，姚新铭从小受到革命的熏陶。1938年，大哥姚新法因病去世，14岁的姚新铭接任村抗日村长职务，带领村民和民兵投入抗日斗争，掩护八路军，破坏日伪公路、电线等。在此期间两个哥哥先后为抗日牺牲。

1946年，姚新铭加入中国共产党，先后任二区优抚办助员、三、四区教导员，带领民兵支援前线，在解放太原、东北等战役中作出贡献。

新中国成立后，姚新铭先后任无极县武装部后勤股长、郭庄公社主任、县委组织部干事、四区区委副书记、书记，石家庄专区农林局办公室副主任、主任、林业科长等职。1959年任西藏仁布德吉林区委书记。1976年，奉命调回无极县，先后任县革委会副主任、人大常委会常务副主任。

1992年2月29日，因病去世，享年69岁。

刘庆和

刘庆和（1924—2004），无极县郭吕村人。1931—1937年在村读小学，1939年7月13日参加八路军120师独立旅教导营当通讯员，1940年编入120师358旅715团二连战士。1941年加入中国共产党，历任班长、排长、副连长。

1946年在大同市任武工队同西队长。1946年在解放大同战斗中负伤（二等乙残废）后回无极工作。

1948年任无极县人民政府民政科科员，1951年任民政科副科长，1952年任科长。1954年10月任县计划委员会任常务副主任，1956年兼任工业局局长。1958年任郭庄公社第一书记。1962年任无极县供销社主任。1964年任财贸政治部部长。1973年任计划委员会副主任，1979年任无极县革命委员会副主任兼计划委员会主任。1981年当选无极县人民政府副县长，1983年退居二线，1988年离休，2004年病逝。

1952年任民政科长时组织重修了北苏烈士塔、东汉、南流烈士亭。1954—1958年任计划委员会副主任期间，主持编报了无极县第一个五年计划和十年规划、修建了人民礼堂和澡堂。1958—1961年任郭庄公社第一书记期间建立了里城道百果园。1962—1964年任供销社主任期间完善了“五好企业”和“六好职工”制度。1973—1980年任计划委员会主任兼任化肥厂总支书记，修建和扩建无极县化肥厂，制定和完善劳动制度和操作规范。1981—1983年任副县长分管公、检、法期间，刑事案件明显下降。

刘贵枝

刘贵枝（1925—2005），无极县王家庄村人。1941年参加革命工作，任高陵抗日小学教员。1942年任冀中抗日根据地游击队文书，1943年参加中国共产党，被组织派往小镇日伪据点做地下工作。当年秋天他同战友赵某，处决2名敌伪汉奸后，携4支大枪参加区小队，参加了反围剿等战斗。解放战争中，参加解放华北战役战斗，获华北解放勋章。

1948年，随部队解放天津后，作为接管干部，转业到地方。曾任天津市商检局人事科长、天津市外贸局人事科长、天津市人民检察院人事处长、办公室主任、党组副书记、天津市高级法院刑事审判厅长、天津市人民检察院检查委员会委员、政治部主任等职，1986年离休。2005年逝世。

陈青峰

陈青峰（1925—2001），无极县郭庄村人，1940年8月参加革命。1945年4月加入中国共产党。历任冀中九分区司令部参谋，冀中独立九旅参谋，华北步兵306师参谋。中华人民共和国成立后，任某军某师科长、军法处副处长，某军军事法院二级审判员，某部某库主任、书记。抚顺市委组织部荣休处副处长，市政府机关党委副书记等职。1984年6月离休，享受地专级待遇。

他曾获独立自由奖章和解放奖章各1枚。1964年5月10被授予少校军衔。

2001年3月14日病逝。

张顺山

张顺山（1926—1991），无极县朱家庄村人。

1945年2月参加八路军，9月编入晋察冀3分区81团机炮连。1946年2月加入中国共产党。

1946年8月，参加山西大同攻坚战。拂晓，遇敌机枪封锁，他奋勇向前，穿过枪林弹雨，冲上敌阵，夺过重机枪向敌人开火，使部队顺利通过封锁线。10月，任三纵七旅19团一营机炮连班长，先后参加张家口阻击战、红树营阻击战、山西草帽山攻击战，因作战勇敢，屡立战功。

1947年6月，转战河北青县，参加马厂攻坚战。11月，在石家庄攻坚战中，他率全班战士出击，机智勇敢地突破敌火力网，接近前沿阵地。为攻克石家庄立下战功，并提升为排长。

1948年8月，在冀东牵制战中，出色安完成战斗任务，再获记功奖励。10月，被选调7旅教导团；12月，进军大同。1949年10月，调到某军，先后在某师司令部警卫班、军政治部警卫班任班长。1950年10月，赴朝参战，先后任志愿军汽车连班长、排长，多次出色完成任务，屡受嘉奖。

抗美援朝胜利后，历任某师某团汽车连副连长；1955年4月，任连长，9月授予上尉军衔，后晋升为大尉，任某团车管股长、团党委委员。曾获西北军政委员会授予的“人民功臣”勋章；中华人民共和国国防部授予的“解放奖章”；朝鲜民主主义人民共和国授予的“三级国旗勋章”。

1982年离休，1991年4月5日，因病去世。

张栋修

张栋修（1926—1998），无极县东合流村人。1941年4月在中国人民抗日军政大学第二分校附设中学学习，一边学习一边随校进行武装斗争。1943年加入中国共产党，5月进驻甘肃陇东地区，所在学校改名抗日军政大学第七分校，任第二大队排长，参加冀中抗日根据地反“扫荡”战役战斗。

解放战争时期，张栋修被调往延安王家坪中央军委作战一局任参谋，负责陕甘宁边区、晋冀鲁豫地区、黄海南地区战况分析研究。1947年6月，任陕甘宁晋绥联防军陇东军分区骑兵团司令部参谋，提升为营职，后参加西府、扶眉、兰州等战役。

中华人民共和国成立后，张栋修调任甘肃军区定西军分区作战科科长，负责剿匪工作，并帮助地方政府组建民兵部队。1954年2月，进中国人民解放军南京总高级步兵学校学习，1956年后调至沈阳军区某军作训处副处长，被授予“五好干部”称号。1964年，张栋修与师有关领导组织侦察连队，开赴黑龙江虎林、饶河地区加强边疆防务，参加了珍宝岛战斗。后调任军副参谋长，军党委委员。1975年底赴北京军事学院学习，提升为某军副军长。1982年，调任烟威警备区司令员（正军级）。曾获三级独立自由勋章、三级解放勋章。1987年6月4日，离职休养。1988年获独立功勋荣誉勋章。1998年4月23日，于山东烟台病逝。

刘英杰

刘英杰（1927—1982），无极县呈现村人。1940年在冀中晋深极县三区呈现村负责宣传工作，1943年任村青救会组织委员，1944年5月加入中国共产党，任村青救会主任。1945年任晋深极县三区青救会主任。1946年任冀中十一分区工作队小组长。1947年任冀中正定县三区大队教导员。是年夏天，正定新政权遭到石家庄国民党军的偷袭，他和他的战友们在正定外围坚持战斗三昼夜。1949年任正定县武装部组织干事、副股长，1950年任正定县武装部秘书，1955年任束鹿县（今辛集市）兵役局副局长，1961年任束鹿县武装部部长，1964年任无极县武装部部长，1968年任新乐县武装部部长，1972年任赵县武装部部长，1955年授大尉军衔，并授解放奖章一枚，1962年授少校军衔，获三级解放勋章一枚。1982年因病逝世。

李敏珍

李敏珍（1928–2007年），无极县里城道村人。1944年加入中国共产党，任本村青会主任；1945年担任小学教员，1950年起先后任里尚、张段固高小校长，期间经保送到定县后师进修一年；1950年调任无极县政府教育科员、扫盲办公室主任；1955年调任县委办公室，历任干事、副主任、主任；1970年任郭庄公社党委书记、主任；1972年任县委常委；1978年任无极县委副书记、革委会副主任。1979年调任束鹿县(今辛集市)县委副书记、县长，1983年任县委书记。任职期间对该县的城镇建设和皮革业发展做出了重大贡献。

1986年调任无极县委顾问，1988年离休。2007年12月因病逝世，享年77岁。

陈士章

陈士章（1928—2001），固汪村。乳名兆年，学名士章，曾用名陈虎。1936年举家迁居到外祖父居住的无极县西合流村。陈士章外祖父家乃书香门第，抗日战争时期坚强的抗日堡垒户，晋深极、藁无两县上百名县区干部多次在他家隐蔽。其母岳瑞英1938年加入共产党，曾任村妇救会主任、区委委员，在抗日战争和解放战争中立下不朽功劳。1950年被河北省人民政府委员会授予“子弟兵母亲”荣誉称号。

1939年8月，陈士章在高小读书期间就加入中国共产党，任高小学生会副主任，站岗放哨，贴标语，积极宣传抗日救国，协助母亲组织群众埋地雷、割电线、送情报、征粮支前……1942年4月，陈士章全家失散，单独在外打工、讨饭，度过了五、六个月的流浪生活。其间公开身份为雇工，秘密做党的地下工作。1943年5月，任西合流村武委会主任，这年西合流村屡遭日军烧杀抢劫，陈士章积极带领民兵，开展对敌斗争。1944—1945年陈士章先后任西合流村党支部副书记兼武委会指导员，周边7个村党的小区支委。

抗日战争胜利后，任无极县一区区委组织干事。1951—1958年先后任中共无极县组织部组织委员、干事、兼县委机关党支部组织委员。1958年1月，藁、无、栾合县先后任中共藁城县直属机关党委副书记、县委组织部副部长，兼县直机关党委副书记。1962年1月无极县恢复原县制，先后任中共无极县委组织部副部长、部长，兼县直属机关党委书记。石家庄地委“四清”工作团工作队组长、指导员。1969年9月至1981年，先后任张段固公社革委会主任、党委书记、县供销社主任、书记，兼县革委财贸办公室副主任。1981年任县革委副主任，兼财贸办主任。1982年1月任无极县委常委，常务副县长。1987年7月任无极县政协主席，党组书记。1989年10月离休，2001年病逝。

李芸生

李芸生（1928—2019），男，中共党员，宁夏石嘴山军分区原政治委员、宁夏军区银川第一离职干部休养所正师职离职干部，于2019年9月8日10分在中国人民解放军942医院病故，享年91岁。

李芸生1928年1月出生于河北省无极县户村一个农民家庭。其父亲1938年参加共产党，任村第一任党支部书记，其兄长也是共产党员。在父兄影响下，李芸生1944年2月加入共产党，主持村党委会工作，开展抗日斗争，带领村民兵参加了支援八路军攻克七汲日伪据点的战斗。1945年2月到军区里主抓五个村的青年工作。

1946年李芸生带领10余名青年参加了河北无极县农民翻身团。后该团被编为华北野军第三纵队，李芸生随部队长期战斗在长城内外，参加了解放石家庄战斗、冀东战斗、新保安战斗、解放太原战斗、解放兰州战斗、解放宁夏战斗等。

1949年1月31日，北平和平解放，李芸生以机炮连指导员身份，参与并完成了改编傅作义部队的任务；1949年9月23日，解放宁夏后，李芸生参与并完成了改编国民党81军的任务。

全国解放后，李芸生被分配到宁夏军区工作。期间在解放军第二政治学校学习毕业后，又回到宁夏军区工作。

民兵工作是军区工作的重点之一。1963年，为了指导农村民兵工作，军区开展了围绕生产抓民兵工作，以民兵工作促生产活动。并由李芸生负责在平罗县搞试点。通过实践，李芸生总结了四条经验：一是党支部领导展开民兵工作三落实的经验；二是以排为单位进行军事训练的经验；三是以排为单位整顿组织的经验；四是以排为单位进行政治教育的经验。

李芸生戎马一生，为民族和人民解放、为部队和民兵预备役建设呕心沥血，为新中国的建立作出了应有贡献。历任河北省无极县农民翻身团五连文书，华北野战军第三纵队一团五连指导员，西北军区独立二军通讯连政治指导员，宁夏银川军分区政治部组织科长、助理员、政治部青年处副处长、组织处副处长、处长、干部处处长、宁夏银川市人民武装部副政治委员，宁夏银川警备区副政治委员兼政治主任，宁夏银川军分区副政治委员，宁夏石嘴山军分区政治委员等职。1955 年 10 月授予大尉军衔，1960 年 4 月晋升少校军衔，1964 年 4 月晋升中校军衔。1983 年 7 月批准离休。

1948 年，荣获东北解放纪念章，西北军政委员会颁发的“人民功臣”章和华北解放纪念章。1950 年获西北军政委员会颁发的解放西北纪念章。1955 年获中华人民共和国颁发的解放奖章。1988 年获中央军委颁发的独立功勋荣誉章。1998 年获中共宁夏自治区委员会、人民政府赠的纪念章。1988 年宁夏回族自治区成立 40 周年荣誉纪念章及证书。2005 年获纪念中国人民抗日战争 60 年纪念章。2015 年获中共中央、国务院、中央军委颁发的中国人民抗日战争胜利 70 周年纪念章。共计 20 枚。

刘宗诚

刘宗诚（1934—2001），无极县郭庄村人，中国共产党党员，副编审，曾任县政协办公室主任和县地方志办公室主任，河北省劳动模范。

1948 年在正定中学读书时，担任校刊《正定中学生》主编，开始发表作品。1955 年在中央民族学院读书时，在中科院主办的《中国科学通报》上，发表《对少数民族工作的三点建议》；1956 年 8 月 19 日《人民日报》开始连载他搜集整理的《阿凡提的故事》，之后由人民文学出版社结集出版，成为阿凡提故事最早的收集翻译人之一。1957 年在《延河》杂志发表《淘金的老汉》。同年大学毕业，被划为“右派”，1959 年摘帽后任新疆石油管理局秘书。1962 年底回原籍务农，受郭庄民兵营之托，整理郭庄民兵革命斗争史资料，编著成民兵革命斗争教材，绘制展览，并在《解放军报》《战友报》《河北日报》刊发有关郭庄民兵斗争事迹的报导，引起中共中央华北局和北京军区领导的关注。1964 年 2 月，郭庄民兵营被中共中央华北局授予“红旗民兵营”称号。

1978 年恢复工作后，先后担任县商业局、县经济委员会和县政协办公室主任等职。1987 年任县地方志办公室主任、《无极县志》主编。不久他身患双侧股骨头坏死和肺心病，双腿不能正常行走。他以坚强的毅力，强忍病痛与其他修志工作人员整理浩如烟海的资料。四改县志初稿，经过 6 年多的艰辛努力，120 万字《无极县志》出版，并获得河北省地方志优秀成果一等奖。受到河北省人民政府表彰奖励，并作为全省修志工作先进个人代表，在全省大会上作了典型经验介绍。

退休后，潜心考证和研究无极甄姓同胞的故乡，编撰 20 万字的《无极甄氏族谱简编》，由中国档案出版社 1995 年 9 月出版发行海内外。由此引发了旅居美、加、澳等近 20 个国家和地区甄姓同胞 200 多位代表前往寻根谒祖，为无极面向全国，走向世界，促进对外交流产生了深远影响。刘宗诚在病重期间，鼻插氧气管仍秉笔疾书，每年都在省内外发表多篇文章，并在《光明日报》等报刊多次获奖，最后一次获得一等奖是在他病逝 5 个月之后。实现了他“热血化墨记魏昌古今，洁心作纸写无极风云”的夙愿，为无极县的文化事业作出了重大贡献。

郭小四

郭小四（1937—1993），无极县郭庄村人，1949年在郭庄小学读书，1956年郭庄中学毕业，1958年参加中国人民解放军。1959年，随军进入青海玉树，平息藏匪叛乱。在冰天雪地、天气恶劣、地形复杂、战斗环境异常艰苦的形势下，郭小四作为一名机枪手，战斗中勇敢顽强，荣立一等功。1960年加入中国共产党，先后被提升为副排长、党小组组长、任排长、副连长。1966年10月1日，在首都庆祝中华人民共和国成立十七周年大会上，同党和国家领导人一起登上天安门城楼，作为中国人民解放军代表发言，受到毛泽东主席、朱德委员长、周恩来总理、叶剑英元帅等接见并合影。1966年后，历任连长、营长、团参谋长、团直党委书记。1978年转业，任无极县棉麻公司副书记、工会主席。1993年因病去世。

贾义卿

贾义卿（1942—1996），无极县西罗尚村人。幼年就读村小学、庄里高小。1956年考入无极中学。1962年考入河北师范大学中文系。1968年8月到河北省宽城县峪耳崖中学任教师。1969年7月起先后到宽城县委宣传部、县委办公室工作，1978年8月加入中国共产党。1978年11月先后调河北省公安厅、石家庄市委宣传部工作。1981年10月任省委常委、副省长兼公安厅长王东宁专职秘书。1983年后调任省政府办公厅，先后任文教办副主任、综合二处副处长、省长办公室科教组组长、文教处处长、综合六处处长、科教处处长等职；1995年任河北省教育考试院副院长。兼任河北省法学理事会委员、河北省计划生育协会常务理事、《河北省自学考试》主编等社会职务。

贾义卿对为协助主管省长做好文化、教育、卫生、体育、计划生育等方面的工作，他坚持认真学习相关知识和国家的方针政策，结合河北省实际，提出好的工作建议，充分发挥了参谋助手作用。其中，他撰写的《对我省普通高校招生录取工作的几点看法和建议》，曾经叶连松省长批示，批转省考试院、教科所研究改进。由于工作出色，多次受到省领导的表彰。

1989年，无极县文化馆重建时，他多方筹资30多万元支持文化馆的建设。还为无极县中医院的建设和无极县体校发展，多方呼吁，引起省领导的关注。1989—1994年，贾义卿多次呈请并陪同省主管教育工作的副省长王祖武、顾二熊到无极视察教育工作，听取无极县委、县政府有关职教中心建设情况汇报，视察职教中心的选址、建设规划图纸。他不仅为学校建设献计献策，还积极帮助申请基建资金，终使无极县职教中心成为全省第一批投建的学校。

1968—1978年，他在宽城工作期间，经常下乡，吃住在农民家中。当时山区人民生活贫穷，一日三餐喝稀粥、吃咸菜，房东大娘专为他做三块干饼。他总把这些干粮分给孩子们，自己喝稀粥。他同情关心山区人民，特别对山区孩子们的健康成长忧心忡忡。朴实的山区人民把整个冬天都舍不得的纯粮做成窝头，款待下乡干部，他们都分给儿童吃。为群众办事，废寝忘食，对群众所求，有求必应。染病之后，还出主意，想办法，尽最大努力给人以圆满的回答。

贾义卿写作诗歌、散文数百篇，许多佳作曾在《天津文学》《河北文艺》《长城》等刊物发表；他还写有通讯、特写多篇，在《河北日报》《承德日报》《河北经济日报》发表。其作品集有《旅游吟》《心灵的阳光》。

1996年6月，贾义卿因病逝世。

王耀生

王耀生（1944—2000），无极县东中铺人，中共党员，长期工作在邢台市，是20世纪80年代前后邢台一位重要的书画家、艺术教育家。

王耀生自幼家境贫寒，父母早逝，很早便承担起生活的重担。他聪明好学，爱好广泛，很有音体美天赋。在无极中学读书时，就是学校绘画书法学习小组的骨干，并在县文化馆、剧团协助美术、音乐等工作。其间，他代表无极县青少年参加河北省体育比赛，取得好名次。他学习勤奋刻苦，1945年以优异成绩考入天津美术学院，师从中国著名画家孙其峰、溥佐等人，专功书画。1969年毕业后，分配到天津市教育局，负责中小学美术教材编写工作。其间，创作的连环画《肖文海》连载于《天津日报》。1973年，调邢台市群艺馆工作。这一时期，他积极深入生活，以饱满的激情创作了一批以《朱庄春浓》为代表的大型中国画，热情歌颂冀南人民根治海河的英雄事迹和丰功伟绩，先后由河北美术出版社出版。创作的鲁迅、朱熹诗词书法作品，有的入选首届河北书法展，编入《河北书法选》；有的选送日本和其他省市展出；并积极参与全市群众文化活动。1983年当选为邢台市书法家协会主席。1984年任群艺馆副馆长，同年任邢台市文化局党委副书记、副局长，1993年任党委委员、副局长、邢台市群文学会会长。

在长期主持业务工作中，注重人才，力倡躬行，使邢台的美术、书法、戏剧和电影发行放映、图书馆等文化艺术事业实现了跨越式的发展。尤其是美术、书法，在全省处于领先地位，出现了连续多年的“邢台现象”，引起省和国家书画界的瞩目。

科班出身的他承沿了老师们的书法、绘画技能知识，掌握了深厚的绘画与书法功底，并长期潜心研究书画表现手法，探索文人画更深的意境与趣味。形成了充满跌宏之气，奇崛纵横，狂而不野怪，草而不荒率，气象雄伟的艺术风格。20世纪70年代中期以后，王耀生的各种事物性工作越加繁忙，但他对艺术的执著追求和高深的艺术造诣，一丝不苟的治学精神和诲人不倦的教育态度，始终如一。他的画遵唐、宋、元以来的文人画的美学观，将个人思想感情寄托书画翰墨之中，强调以书入画，追求“简、雅、拙、淡、偶然”等文人写意画的审美范畴。他创作的中国画《鹭鸶》《菊花》《英雄树》和书法作品《香江颂》《人间词调摘录》《新三字经》《岳阳楼记》等作品，被国内外名企业家、商界领袖和展览馆、博物馆收藏展出。其事迹被列入《世界华人艺术家名录》《中国美术家大辞典》《中国书法家大辞典》。

刘月明

刘月明（1958—1998），无极县西关村人，个体运输经营者。1979年高中毕业后参军，在部队练就一身硬功夫，因成绩突出，两次被营、连受予嘉奖。复员后他从事个体运输，经过奋斗，成为全县闻名的勤劳致富典型。他乐于助人，在运输途中，多次将遭遇车祸的人送到医院，并赠送医疗费。村民李平柱家极其贫困，刘月明就教他开车，跟自己一起搞运输，当年分红利10万元。西中铺一村民慕名找刘月明拉盖房材料，刘月明得知他家庭负担沉重，分文未收运输费。

1998年8月13日，在协助民警捉拿通缉犯顾某某时，被歹徒杀害。

8月13日上午，无极县委、人大、县政府、政协的领导赶到刘月明家慰问，并送去1万元见义勇为奖金。15日，县委、县政府为刘月明同志召开追悼会。8月29日，省会精神文明建设委员会授予刘月明“见义勇为好公民”称号。9月11日，石家庄市委、市政府在无极县召开表彰大会，号召全市人民向刘月明同志学习。河北省人民政府追认刘月明为烈士。

杨　建

杨建，原籍河北省无极县东侯坊乡东朱村人，自幼务农。1939年1月参军，历任班长、排长、连长等职。

1943年，县（无极）敌工部根据当时的敌战情况，将杨建派入敌人在东阳设的据点里工作，主要目的是监视敌人的行动，为县大队歼灭该据点之敌创造条件。在东阳工作期间，为县敌工部提供大量重要情报，并为县大队搞到了不少的枪支弹药。同年8月，县敌工部指示杨建准备配合县大队打掉东阳据点，此情况不慎被敌人发觉，在十分危险的情况下，杨建和另外一名敌工队员王镇理跳城墙逃出了虎口。当晚在马孤庄村找到了县委。第二天敌人焚烧了杨建家里的几间房屋，东西被洗劫一空。

1944年4月，县大队配合45区队攻打无极城时，当时杨建是侦察员，对无极周围地形以及敌人在无极城内的分布情况比较熟悉，战斗开始时是在晚上，由安四岭和其他几名同志在杨建的带领下从南门上城墙，扮成对方查岗人员，一枪未发，直接摸到西门，然后闯入城内活捉了伪军大队长王化男和伪军小队长李孟奇，还有罪恶累累的特务队长蒋白。

抗日战争时期，敌人在小陈村设有一个据点，驻伪军大约有一个中队，还有一些日军，伪军队长叫康德胜，杨建就在他手下当勤务兵，明着干的是勤务工作，暗中不断进行宣传教育瓦解敌军的活动，并且及时为县敌工部提供重要情况。某天晚上，杨建在据点内通知自己的同志，左臂缠白毛巾，配合县大队除掉了敌人在小陈设的据点。

1957年杨建转业到邯郸运输公司，1958年调岳城水库机电兵团交运大队任副大队长，1971年病故。

第二章　人物简介

殷　征

殷征，又名殷文明，1920年7月生，无极县南俱佑村人。1937年11月参加八路军。1938年1月2日，到延安抗日军政大学学习，同年6月加入中国共产党。

1938年9月，抗大毕业后分配到冀中军区工作。先后任青年干事、政治教导员、步兵团组织股长、总支书记、教导大队政委、县大队副政委等职。参加冀中革命根据地反“扫荡”战役战斗。曾获冀中军区颁发的“五.一”荣誉奖章。

解放战争中，在冀中军分区和第七纵队任政委，参加了保卫冀中解放区和解放正定、石家庄、保定、天津等战役。

新中国成立后，先后任华北军区防空军某团政委，中国人民解放军南京军事学院学员、教员、研究员。中国人民解放军石家庄军政干部学校政治部副主任。1955年被授予上校军衔，后晋升为大校。同年被授予二级独立自由勋章和三级解放勋章各一枚。

1982年离休。离休前为10级，副军级。1989年中华人民共和国中央军委授予他中国人民解放军二级红星功勋荣誉奖章。

刘先壁

刘先壁，1920年生，曾用名坚壁，无极县古庄村人，西南汪高小毕业，1936年4月加入中国共产党并参加革命工作。1939年4月到陕北延安工学院学习；1940—1949年8月在八路军一二〇师历任政治干事、特务团教育干事、连指导员、组织干事、宣传股长、教导员等职。青海省解放后转地方工作，1949年历任青海省化隆县县长，1950年秋任青海省委宣传部理论教育处处长，1955—1977年历任青海省民族学院副院长，青海省石油勘探局党委书记，青海省黄南藏族自治州副州长兼政法委书记，青海省地质局党委副书记、革命委员会副主任等职。1977年12月调天津市地质矿产研究所党委书记，1983年11月离休，享受副部级生活待遇。

卢国章

卢国章，1921年2月生，无极县牛辛庄村人，1936年7月考入河北保定第二工业学校。

1939年7月，到冀中二分区独立营参加人民军队。同年10月加入中国共产党。1940年初，到八路军三纵队教导团学习。1942年初，随中央战地考察团到延安，在毛主席的警卫排当文书。1943年到抗大学习。1945年春，毕业后分配到七分校政治处当组织干事。

解放战争中任西北野战军第6军18师54团组织股长。西北解放后留守在西安市工作。

中华人民共和国成立后，调西北公安部队。先后任干部处宣传科长，政治部副部长。1955年被授予中校军衔。1956年，获中华人民共和国三级独立自由勋章和三级解放勋章各1枚。1962年调公安部队医科学校任副政委。1978年，分配到二炮后勤部任政治处主任，正师级。同年获中国人民解放军独立功勋奖章一枚，1983年离休。

刘文波

刘文波，1921年生，无极县西郎村人，中共党员。1938年参加抗日游击队。1940年到延安通信学校学习，毕业后在军委电台、社会部电台任报务员。皖南事变后，为保卫延安、保卫边区，奉命开赴边区前线三边分区，任警三旅旅部电台报务主任、队长等职。1944年，随队伍到达豫西敌占区，开辟豫西抗日根据地豫西分区。曾任豫西分区电台队长。

1945年日本投降后，转到太岳军区，曾任太岳军区晋冀鲁豫第八纵队（后编为六十军）电台区队长兼协理员，参加了运成、晋中、临汾、太原、扶眉战役，和部队进军西北、挺进西南、解放成都等战役。

中华人民共和国成立后，奉命组织和改造起义投诚部队，任川西军区军官教导团政委、川西军区通信科政委。1951年3月参加抗美援朝，任志愿军第60军通信科长、通信处长。1953年停战后回国。1960年调南京军区，历任军区通信部副部长、江苏省军区副参谋长，副军职顾问。1983年5月离职休养。曾记二等功1次、三等功2次，获练兵模范奖章1枚，中华人民共和国三级自由独立勋章、三级解放勋章、朝鲜民主主义人民共和国三级国旗勋章和二级自由独立勋章各1枚。

武　斌

武斌，1921年11月出生，原名纪秉羲，无极县东流村人。1939年6月参加八路军，同年8月加入中国共产党，曾在冀中军区三纵队第八支队23大队（后整编为冀中军区第22团）任政治处技术书记。1940年1月调冀中七分区司令部任秘书、参谋、队务股长。1945年7月调冀中军区政治部任秘书、副科长、组织部部员。1949年8月人任河北省军区政治部组织科长。1950年12月任华北军区党委秘书、政治部组织部党务科副科长、干部档案科科长、军衔科科长。1954年5月任北京军区党委秘书、政治部政工研究室副主任、主任。1960年晋升为北京军区政治部副秘书长。1978年调任北京军区工程兵政治部副主任。1982年12月离职休养，行政十级，副军职待遇。

李钟民

李钟民，原名李序春。1923年3月生，无极县齐洽村人。1938年9月参加革命，1939年1月参加八路军，同年11月加入中国共产党。抗日战争时期，任晋察冀边区无极县一区抗日政府粮秣员，八路军第三纵队兼冀中军区骑兵营班长，排长，骑兵团司令部书记，参谋，冀中军区路西指挥部参谋，中国人民抗日军政大学第二分校陆军学员，抗日军政大学总校第二大队学员。参加百团大战和冀中抗日根据地反“扫荡”战役战斗。解放战争时期，任晋察冀军区冀察军区第十九军分区一团司令部副参谋长，东北民主联军冀察热辽军区冀热察军区军区骑兵师第一团参谋长，第三团副团长，冀热察军区司令部侦察科科长，第三野战军暨华东军区皖南军区宣城军分区司令部参谋处处长，第四团团长。参加大同集宁、崇礼、康保、沽源、东北1947年春季攻势、多伦、辽沈、平津、渡江等战役战斗。中华人民共和国成立后，任中国人民解放军第三野战军暨华东军区司令部军训处副处长、办公厅副主任，中国人民解放军福州军区司令部军训部部长，福州军区某师师长，江西省军区司令部副参谋长，福建省军区副司令员，南昌陆军学校副校长，福州军区学术委员会常务副主任。参加皖浙苏边界剿匪作战。1955年9月被授予上校军衔。获三级独立自由勋章、三级解放勋章。1964年1月晋升为大校军衔。1988年7月获独立功勋荣誉章。

李铁藩

李铁藩，1925年3月生，无极县东侯坊村人，中共党员。1951年北京师范大学毕业，1953年哈尔滨工业大学研究生，师从莫斯科门德烈夫化工学院物理化学专业教授B.B米哈依托夫。中国科学院金属研究员、材料科学家，中国金属高温腐蚀与防护学科的主要奠基人之一。曾任中科院金属研究所研究室主任、学术委员会及学位委员，中国科学院金属腐蚀与防护研究所及金属腐蚀与防护国家重点实验室学术委员会主任，现为中国高温腐蚀与防护委员会名誉主任，兼任多种学术刊物编委及北京航空航天大学、北京科技大学、东北大学教授。

20世纪50年代初，他从事“钢中气体与钢质量”的研究，发展多种测试新技术，在鞍山钢铁公司等全国钢厂推广应用，为中国钢铁冶炼和钢质量提高作出了重大贡献，获全国科学大会奖，授予“冶金部先进工作者”称号。60年代以后，从事国防军工科研工作，“大型液体火箭尾喷管燃气舵的抗高温的腐蚀防护”等8项科研成果被收录于当代中国科学院卷。其中，“金属中气体分析技术的建立和改进”获国家科学技术奖；“尖兵一号返回地面卫星”获国家科学技术进步特等奖；“中速率遥测热天线”获国家科学技术进步三等奖；“涡喷七发动机压气机叶片防腐蚀涂层研究”获中国科学进步二等奖。70年代以后，从事金属材料腐蚀的基础理论研究，承担国家基金重大项目重点课题，对“稀土效应”提出新的理论模型。在氧化膜应力的测量方法有创新和新的发现，被国内外同行多次引用，发表论文200余篇，先后到德国、法国、美国、加拿大、日本、印度进行学术交流、讲学。培养研究生30余名。1990年获“中国科学院优秀研究生导师”称号。自1991年起，终身享受国务院特殊津贴。主要著作有《物理化学在冶金中应用》《金属高温氧化和热腐蚀》《金属间化合物结构材料》《金属腐蚀实验指南》《非晶体物理学》5部，翻译《热力学在冶金中的应用》及道伯洛豪托夫著作。

张双春

张双春，1925年10月生，无极县辛庄村人。1939年5月参加八路军，1943年8月加入中国共产党。抗日战争时期，任第129师385旅新兵大队战士，第385旅769团司令部司号员，太行军区第三军分区第769团司令部司号员。参加百团大战和太行抗日根据地反“扫荡”战役战斗。全国解放战争时期，任晋冀鲁豫军区第3纵队7旅19团司令部号长，晋冀鲁豫野战军第3纵队7旅19团副连长、连长、副营长，第二野战军第三兵团11军31师91团副营长。参加了上党、邯郸、定陶、淮海、渡江、进军西南等战役战斗。中华人民共和国成立后，任中国人民解放军第二野战军第三兵团某军某师某团营长，中国人民志愿军第三兵团某军某师某团营长，第93团司令部副参谋长、参谋长，中国人民解放军某军某师某团参谋长，中国人民解放军南京步兵学校大队大队长，中国人民解放军某军某师某团团长，某军某师副师长、师长，某军副军长。参加抗美援朝战争，获朝鲜民主主义人民共和国三级国旗勋章、二级自由独立勋章。1955年9月被授予少校军衔。获三级独立自由勋章、三级解放勋章。1962年晋升为中校军衔。1988年7月获独立功勋荣誉章。

丁　宁

丁宁，女，原名穆文华，1925年生，无极县中合流村人。1939年考入深极县第八抗日高级学校，1940年6月任村妇女抗日救国会副主任，后经过培训任县南流小学教师。

1941年6月在兄丁冠英影响指导下，与其姐穆文卿同时考入抗大二分校附属中学，后随学校反复转战，历时三个月，行程三千里到达陕北延安。校址设在陇东豹子川，根据中央指示，学校改名为抗大七分校，丁宁分在高中班，先后任排长、分队长。

1945年毕业，丁宁被分配到延安党中央机要处任机要员，1946年国共谈判，调中央代表团机要科，到重庆红岩村周恩来办公室做机要工作。1947年国民党迁回南京，中共代表团也随着到南京。谈判决裂后，代表团撤回延安，中央根据形势发展的需要，把丁宁夫妇留下做地下工作，他们秘密到上海、台湾做党的地下工作，把获得的重要信息及时稳妥地报告中央。1949年解放军过江前夕，丁宁夫妇奉命回到南京，继续做党的地下工作，为党中央指挥大军过长江提供重要情报。

1949年北平解放，奉命调回北京，在中南海中央统战部机要科任股长。1951年遵照领导指示，考入中国人民大学档案系研究生班，重点攻档案学，1954年毕业，分配到中央办公厅国家档案局任业务科长、处长。起草《档案室管理办法》《中央机关档案实用教材》，并负责培训中央各部档案管理干部。1970年调新疆自治区办公厅档案处任处长，1980年其爱人程浩调任全国政协副秘书长，丁宁也回到中央统战部作人事工作。1982年离休，享受厅局级待遇。

离休后，遵照中央指示，组织写革命回忆录，她担任编写组组长，先后编辑出版了《青春战歌》一、二、三、四集，《战地摇篮曲》。

杨晓明

杨晓明，曾用名杨学文，1925年12月生，无极县中合流村人。1939年5月参加八路军，1942年12月加入中国共产党。抗日战争时期，任第120师独立第一旅一团战士，第120师教导团政治宣传员，中国人民抗日军政大学第七分校学员；参加百团大战和冀中、晋西北抗日根据地反“扫荡”战役。解放战争时期，任东北民主联军辽北军区开通县区长助理、县大队政治指导员，辽北军区独立第一团指导员，作训参谋，东北野战军第45军炮兵团作训股长；参加了土改、剿匪，参加辽沈、平津等战役。中华人民共和国成立后，任中国人民解放军炮兵第某师某团军务股长，中国人民志愿军第40军炮兵团军务股长、营长，第120师炮兵参谋长，参加了一至五次战役和相持阶段作战，1953年回国。回国后任中国人民解放军某军某炮兵司令部参谋长，某军炮兵团团长、军高炮主任，中国人民解放军炮兵学院高级速成班学员，中国人民解放军炮兵司令部副处长、处长，中国人民解放军炮兵指挥学院副院长、院长。1982年11离休，进住总参谋部炮兵部北京第三干休所，1955年9月被授予少校军衔，1960年晋升中校、1964年晋升大校。曾获朝鲜民主主义人民共和国国旗勋章、二级自由独立勋章、三级解放勋章和独立自由勋章、独立功勋荣誉章。级别为正军级。

赵焕奎

赵焕奎，1927年3月出生，无极县马桥村人。1941年考入抗大二分校附属中学。1945年赵焕奎分配到延安联防军司令部学习专业技术。

1946年3月从事技术保障工作，一直到中华人民共和国成立。此间，毛泽东、周恩来、任弼时、贺龙等同志接见过他，并对其工作进行鼓励和嘉奖。

1949年10月，调到军委总参谋部某部某局工作，从事技术保障工作，配合党和国家开展政治斗争，保卫国家安全和社会主义建设。他先后任科长、处长、参谋长、局长等职。多次受到党和国家领导人的接见。周恩来总理曾亲自给他交付过任务。他多次受到表彰和奖励，曾获西北军区颁发的“人民功臣”勋章1枚，中华人民共和国颁发的三级“解放勋章”1枚，中国人民解放军授予独立功勋章。

1983年离休，行政13级。

刘兆谦

刘兆谦，字益之，1927年生于南汪村一个书香家庭。自幼读书刻苦，课业成绩屡捧桂冠，多获品学兼优奖励。“七七”事变后，任南汪抗日儿童团长，经常承担站岗放哨、到农民夜校教唱抗日歌曲的任务，深受好评。

1941年毕业于冀中军区抗大附中，旋奉调南汪小学任教。1942年“五一”扫荡后，抗日工作转入地下，兆谦回家隐蔽，1943年当选为南汪村青抗会主任兼先锋队队长，带动青年支援前线、救护伤员、送情报、贴标语、优军优属。1945年调东验村小学任教，1946年加人中国共产党，6月任南汪学区中心校长，后又调到高头、谈下任完小校长。执教10年中，善于处理各方关系，以顽强干练、实事求是的作风著称，所辖学校，成绩日上，曾一度成为全县模范。

1956年8月，在高头回民初中任教导主任并主持全面工作。其间认真贯彻执行中共民族政策，团结回汉师生，努力兴建回民中学。1960年该校由创建时的两个班100人发展到3个年级10个班，回汉学生500余名。德、智、体各项工作全面推进，深受回汉群众欢迎。

1961年3月，调任河北藁城中学教导主任，该校是石家庄地区重点中学之一，有初、高中24个班，学生1100余名。为提高教学质量，他努力钻研教育理论，提高自身的文化素质和管理水平，经5年的艰苦努力，藁城中学的教育质量终于登上新台阶，1965年，高考升学率达85%以上，在石家庄地区名列前茅。

1979年，奉命筹建石家庄地区无极师范，后任该校教导主任，他以“学高人之师、身正人之范”的名言激励学生，为这所新时期的师范学校的发展奠定了思想基础。1981年，调到无极县教育局任教研室主任，深入指导全县的教学研究，使全县中小学教学活动很快步入正轨。

1982年7月调任无极中学校长、党支部书记。依靠全校教职工集思广益、抓紧教学管理，充分发挥教研室的作用，民主制定了三个环节同步前进的治校计划，调动了广大教师的积极性，教学质量随之提高。考试成绩位居石家庄地区上游，部分学科单科成绩位居榜首。他多次被评为优秀知识分子，受到县委、县政府的记功表彰，并被吸收为河北省学校管理协会首批会员。

1984年，退居二线后，仍积极撰写文章，总结教学及学校管理经验，被评为模范干部。1988年离休后，担任县老年书法研究会常务理事和老干部学院副院长，他和20余名老干部的书画作品100余件在各级展出并登报发表。1991年县委授予他“模范离休教师”光荣称号。

贾　维

贾维，原名贾宝维，1929年9月生，无极县西南汪村人。1937年5月村高小毕业后考入正定县第七中学。1938年8月参加冀中二分区宣传队，1939年5月加入中国共产党，调冀中军区17团政治处任组织干事，后任指导员。1940年参加百团大战。1942年6月，冀中反“扫荡”后，随部队调往冀西参加整训。1943年8月随部队调往晋绥军区，1945年部队改编为西北野战军，任三纵三旅七团政治处主任。1948年参加平津战役，在解放张家口战斗中负伤。1949年4月参加渡江战役，任野战军七纵一团政治委员。1951年任江西省军区政治部青年部部长。1952年任湖南省军区政治部青年部部长，年底由部队选调组建和加强人民空军。1953年1月任广州军区空军政治部青年部长。1954—1959年任空军某师政治部主任，1955年被授予上校军衔，并荣获三级独立自由勋章和三级解放勋章。1960—1964年任空军某师政治委员。

1964年7月转业到北京电影洗印厂任党委书记、厂长。1980年2月调任中国电影科学技术研究所任党委书记。1984年6月离休。

李尽谦

李尽谦，中共党员，革命军人。1931年出生于张段固村。自幼读书，1947年6月，到张段固小学任教。9月，保送到晋察冀边区第四中学边学习边参加土地革命运动。1951年1月参军，被分配到中央公安干部学校学习马列主义理论和特种技术业务。1952年8月毕业后，先后在第七局、中国人民解放军第四野战军司令部二局、中央军委中南军事委员会中南技术局、总参第三部第六局、北京军区、总参干部五局。曾任团支书、党支部书记、党委委员、研译员、研究院、组长、科长、团级科长、师级科长、总参三部纪律检查委员、巡视员等职。曾荣立个人三等功1次，集体三等功3次，个人嘉奖5次，先进工作者、五好工作者5次，四好小组2次，1997年获中国人民解放军胜利功勋荣誉章1枚、总参三部荣誉证章1枚。1988年离职休养。

万成林

万成林，1937年1月生，无极县苏村人。1959年考入南开大学经济系，毕业后，留校任助教、讲师、副教授、教授。先后任经济研究会干事、全国物价研究协会、天津价格研究协会、财政协会、消费者协会理事。

主要著作有《简明价格辞典》(1981年天津人民出版社出版)，1984年在南开大学出版社出版《价格原理》，1987年1月获天津市社会科学优秀成果三等奖，1988年1月获国家教委高等学校优秀教材奖；《物价大辞典》(1988年河北省人民出版社)，1991年获天津市社会科技成果三等奖；《价格学概论》(1990年天津科技出版社出版)，《中国农产品价格战略研究》(1993年中国物价出版社出版)。在国家、省市报刊上发表《试析苏联稳定物价的措施问题》《我国价格体系中的批发价格》《对外贸易中的价格、盈利和经济效益》《谈谈商品差价的政策》等10多篇学术论文。他编写的《价格学专业课程建设》，1989年11月获国家教委优秀教学成果奖，已载入《天津市当代专家名人录丛书》。

李志英

李志英，压力机械设计师。1937年12月生，无极县东侯坊村人，1965年清华大学毕业分配到第一机械工程部第一设计研究院工作，历任设计院组长、科长、室主任等职。

1971—1991年，先后完成第一重型机器厂8000吨和4000吨水压车间、福建三明重型机器厂、长沙矿山机器厂1600吨水压机配套设置、推土机总厂400吨电热模锻压生产线车间、本溪高压阀门厂“五七”技术改造、唐山冶金矿山机械厂“八五”技术等设计工作。先后援助阿尔巴尼亚工矿修配厂、罗马尼亚3000吨抗压多向模锻水压机车间、伊朗重型机器厂6000吨水压机及12500吨热模锻压力机、400吨电炉的设计方案和意见书。为机械电子工业部完成八大重机厂热加工程系统技术改造和十年规划。1984年为山东推土机总厂500吨热模锻压生产线车间完成设计方案；1987年获机械部科学技术进步三等奖。论文在中国工程学锻压学术会上发表，多次被评为优秀知识分子、先进工作者，受到院、部的表扬。

张素华

张素华，制毯高级工程师，1938年生，无极县马孤庄人。1963年河北轻工业学院毕业后，一直从事技术研究工作，先后完成科研项目10多个，其中4项填补国家空白，开发研制新产品10余种，2种达到国际标准，发表学术论文10多篇。

1964年，在天津砖厂时，研制成功内燃烧毯工艺。1965年10月，参与用陶土锅拉铺毡的研究，在中国制毡史上首次获得成功。1972年，研究用立吹法制成玻璃纤维薄毡，填补了中国油毡生产的一项空白。1978年，经过250多个配方的研究和上千次试验，研制成功拉丝气态浸润剂，获天津市科研成果二等奖；为解决玻璃纤维制毡的平整和脆弱性，他对沥青改性进行研究，经过200多次配方试验，终于获得成功，并使废物无规聚丙烯在中国首次得到利用，1986年，通过反复试验，成功研究防水冷合剂；写出上万字的调研报告。他参与国家修订油毡标准的考核，研究试验几千个数据，写出几万字的验证报告。先后在《玻璃纤维》《中国建筑防水材料》《工艺管理》等杂志发表学术论文10多篇，多次被评为部、市级先进工作者、优秀知识分子。

白荫岱

白荫岱，采煤工程师，回族，1938年6月生，无极县谈下村人。1957年山西大同煤矿学校采煤专业毕业后，到山西矿务局工作，历任技术员、井区主任、矿副总工程师、生产副矿长、矿长等职。

1963年，他在官地矿一队当技术员，为改变劳动强度大、坑木消耗多、安全没保证的落后采煤方式，赴阳泉市学习，回厂后，进行技术革新，使先进的生产技术在全矿推广，实现了重大技术改革；1965年，改革“两刀一炮”的采煤作业方式为“半炮一刀”的作业采煤，节省了材料、人力，提高采煤作业安全系数，采煤功效提高一倍。被评为该矿十大青年标兵之一；他采用“刀柱”“分层”开采方法，加大空顶宽度，保证了安全，使坑口原煤生产由920吨提高到2000吨；1985年，他将台棚木垛改为垂直工作面，架设大梁支护顶板，排除事故隐患，荣获山西矿务局三等功；1988年10月出任镇城底矿矿长，采取一系列改革措施，使1989年比1988年采煤量提高三倍，三年填补亏损700多万元，月产原煤由原来的4万吨提高到10万吨；他坚持以煤为主，发展多种经营，安排800余人就业；使该矿多次被中煤总公司、省煤管理局、太原市命名为质量标准化矿井、生活福利双达标矿井、环境优美矿、园林化工厂、模范企业现代化矿井。

1990年晋升为采煤高级工程师，出席中共太原市第六次代表大会。1991—1992年连续被评为太原市劳动模范，1992年山西省劳动竞赛委员会授予他“省级劳动模范”荣誉称号。

李　莹

李莹，女，1938年7月生，无极县前北焦村人，研究员。1961年毕业于山西农学院农学系，1974年调山西省农业科学院工作。现任中国作物学会大豆专业委员会理事。

她一直从事大豆品种资源、育种及遗传等方面的研究。二十世纪六七十年代，曾参与吉林10号、11号及晋豆4号等新品种的育成，发现大豆病毒是引起褐斑粒的重要原因之一，不同病毒株系和侵染时期引起褐斑粒的斑纹不同，因此可以用褐斑粒的不同斑纹鉴别不同的病毒株系，但不是所有病毒株系都能产生褐斑粒，这些结论受到国内病毒研究权威人士的认可，被载入《中国病毒研究三十年》一书。

1979—1980年，主持山西省野生大豆研究，1982年获山西省科技进步二等奖，并作为全国野生大豆考察的一部分获农牧渔业部技术改进一等奖。

1986—2000 年，先后承担国家栽培大豆和野生大豆繁种和农艺性状鉴定、编目等工作，该项研究是中国农业科学院主持的《中国农作物种质资源收集、评价与利用》课题的一部分。2003 年获国家科技进步一等奖，其中《中国大豆品种资源目录》(她主持山西部分)获农牧渔业部技术改进二等奖。“七五”到“九五”期间，承担国家《大豆品种资源抗病性鉴定》的任务，1985 年获国家科技进步三等奖。

1984 年参加第二次中美大豆学术讨论会，宣读论文《野生大豆和生态环境的关系》，1994 年和 1999 年分别参加在泰国、美国召开的世界第五次、第六次世界大豆学术讨论会，宣读《大豆雄性不育系和轮回选择》等论文，1990、2002 年参加了国际大豆加工利用会议。

撰写大豆科研专题论文 40 余篇，分别在《中国农业科学》《大豆科学》《中国油料》《华北农学报》《山西农业科学》等学术期刊发表，不少论文被收入学术会议论文文集出版，或被《Agrlnden》《CAB》《Soyben cyst Nematode》《Field Crop Abstracts》等国外书刊文摘选用。主要著作有《大豆遗传资源研究论文集》《黑豆种植和加工》《小杂粮良种引种指导》(金盾出版社)。参与编著《大豆品种资源：多样性、保存鉴定和利用研究》《中国野生大豆资源研究进展》《中国大豆品种志》《中国大豆品种资源目录》《中国大豆野生资源目录》等。

刘贵云

刘贵云，男，1938 年出生于无极县南焦村。1965 年毕业于北京外交学院并留校任英语教师。现任河北师大外事办公室主任、河北师大国际教育交流中心副主任。

1970—1973 年，在江西省外交部“五七”干校接受再教育，1973 年调入河北师范大学外语系任教。1980—1984 年任外语系副主任，1986 年晋升副教授；1992 年调任河北师大外事办公室主任；不久，晋升为正译审兼任河北省翻译工作者协会理事。执教 30 年来，根据人才培养的需要，先后教授英语精读、泛读、口语听说、报刊选读、科技英语、翻译、小说、演讲、教学法通论和应用语言学等 11 门课程。每教一门课，均给学生以坚实的基本功训练并把学生引导到该领域的前沿，曾两次获得教学优秀奖。在教书和做好行政工作的同时，围绕教学进行广泛的科学研究，发表《范读在中国外语教学中的重要性》《夜大学英语专业课程设置》《青年教师培养》等 11 篇论文。专著有《英语教学参考资料》(14 万字)；《中国河北》(110 万字)；《汉英新词语词典》(250 万字)3 部。1988—1989 年，以国家教委派出的高级访问学者身份赴美国新墨西哥州立大学教授中国文化课，深受校方及学生的欢迎与好评。该大学所在的拉斯克鲁斯市市长于 1989 年亲颁证书，赠其荣誉市民称号。

刘先林

刘先林，1939 年 4 月 19 日生，无极县古庄村人，中共党员，摄影测量与遥感专家，中国工程院院士，研究员。1962 年武汉测绘学院摄影测量专业毕业后分配到中国测绘科学研究院，先后任技术员、高级工程师、教授级工程师、研究员。1983 年当选为全国人民代表大会代表，1986 年被评为全国测绘系统劳动模范，1986 年被国家科委授予有特殊贡献的中青年专家，1989 年当选全国先进工作者，1990 年被评为中央国家机关优秀党员，1990 年被国务院批准享受政府特殊津贴，1992 年当选中共第十四次代表大会代表，1994 年当选中国工程院院士，1995 年任中国测绘科学研究院院长。1996 年 12 月后任中国测绘科学研究院名誉院长。

1963 年研究成功坐标法解析辐射三角测量，解决了由测制中小比例尺地形图转入测制大比例尺地形图时，航测内业辐射三角测量平面加密精度低的问题，为 1∶10000 航测内业平面加密开创了新的途径，成为中国航空测量规范中第一个中国人创立的方法，被编入当时国家测绘总局1 : 10000航测业内的规范。

1965年研究成功微分法空中三角测量，使得三维加密坐标可以一次获得，大大提高了工作效率。1968年编制出DJS-5空中三角测量航测内业加密程序，使新兴的计算技术第一次被引进我国航测生产领域。1984年研制成功数控测图仪2S-1正射投影仪及与三相配套的80个程序的软件包，填补了国家大型航空测量仪器的空白，在数据压缩等高级软件等方面达到了国际先进水平，获得国家测绘局科技成果一等奖，1985年获得国家科技进步三等奖。1987年以后，相继研究成功集光机电计算机技术于一体的JX-1解析测图仪和JX-3解析测图仪，填补了国内该类仪器的空白，占领了国际市场，获1992年国家科技进步一等奖。解析测图仪就是把卫星和飞机拍摄的照片数字化，通过计算机软件进行处理，转化成可以使用的数据。1988年5月研究制成JX-4数字测量工作站及其配套软件，获国家测绘局1999年度科技进步一等奖。1999年领导科研小组研制成功数字化测绘技术集成及产业化，于2001年再次获国家科技进步一等奖。这套设备包括JX-4CDPW全数字摄影测量系统、影像扫描仪、3DVR系统，在我国测绘行业从模拟到数字的转变中起到决定性作用，并且实现批量出口发达国家。2002年承担国家“十五”攻关项目数字航测仪，经过4年拼搏，到2005年底，超世界先进水平的SWDC数字航空摄影仪通过产品鉴定。填补了国内空白，整体技术指标达到国际先进水平。此成果可以广泛应用于国土、测绘、水利、公路、铁路、城建、环保、旅游等部门，具有广阔的应用前景。1985年数控测图仪获国家科技进步三等奖，排名第一。1992年解析测图仪获国家科技进步一等奖，排名第一。2001年数字测绘体系关键集成获国家科技进步一等奖。

范殿英

范殿英，1939年生，无极县东朱村人。1963年天津医学院医疗系毕业后，分配到天津从事病毒研究工作。曾任天津市防病研究中心肝炎研究室主任、主任医师、兼南开大学物理系教授。长年从事病毒性肝炎研究工作，曾获卫生部及天津市科技成果奖9项，10次参加国际肝炎学术交流会，用英语发表学术论文18篇。在国家级报刊发表论文44篇。

为研究疾病的防控，他经常深入大中院校和医院参加临床，指导肝炎防疫工作，研制成预防肝炎TD洗消剂和87-9洗消剂，有效地防止了甲肝的传染。为控制病毒性肝炎，堵住输血和注射中两大传播途径，他发明了输血员必须用敏感的放射免疫和酶联免疫法，排除了输血后乙型肝炎的发生。他发明并在全国首先使用“乙肝表面抗原免疫放射电泳显影法”，填补了中国放射免疫诊断技术的一项空白。在此基础上，建立“固相放射法”，检测乙肝表面抗原，收到很好的社会效果。多次受到天津市政府升级奖励，1991年被国务院授予享受有突出贡献专家特殊津贴。

贾耀民

贾耀民，1939年生，无极县东侯坊村人。军旅画家，中共党员。

自幼喜爱书画，从读书到参军入伍期间，一直自学不辍。1975年经刘继卣先生指点，专攻山水。他初学李文斌先生，后师从何镜涵先生，又得到姚治华等名家指导，技艺精进。注重师法自然，早年曾到过太行山、武夷山等地写生。1985年后，专程到太行山、黄山、峨眉山、泰山、黄河壶口、长江三峡、九寨沟等名山大川写生。以大自然为范本，从中汲取营养，逐步形成气势博大、水墨淋漓的独特风格。尤其是所画黄河之水多次获奖，使他盛名远扬。

1986年《深山小站》在中国美术馆展出，获一等奖；1990年《倒海翻江卷巨澜》入选全国新秀书画展，获二等奖；《百丈飞泉》入选全国铁流书画大展，获一等奖；1991年《黄山秋意》入选在台湾举办的中国当代百家书画展；1992年《秋山夕照》入选日本神户中国百家书画展；《盘空千仞》入选在台湾举办的中国大陆名家书画展。1993年《东方红》入选纪念毛主席诞辰100周年书画大展。1995年《大河雨急》入选纪念抗战胜利50周年中华书画大展，获金奖，《太行秋意》入选中国劳动者书画大展，获二等奖；1996年《黄河之水天上来》入选巴黎中国书画名家作品义展。1997年《欢腾的母亲河》入选喜迎香港回归全国书画邀请展；1998年《黄河之水天上来》入选日本北里，王森然美术创作展，获一等奖，并应邀赴日出席“王森然纪念馆”开幕式；《黄河壶口瀑布》入选“98联合国世界和平艺术大展”获“世界和平教育者奖”；《浩气千秋》入选周恩来诞辰100周年全国书画名家邀请展；《发昆仑之峻极》入选7省市书画联合巡展；《黄河落水走东海》入选建国50周年华人画家、书法家、诗人书画作品联展，获优秀奖；2000年《幽谷泉声》入选鲁迅文学院50周年全国著名作家、诗人、画家、书法家作品联展。2001年《黄河之水天上来》参加第四届全国山水画展，获“新世纪中国山水画200家”称号。

田汝琪

田汝琪，1939年出生于藁城县东慈邑村，1949—1960年先后在藁城、正定、石家庄读小学、初中、高中，1964年毕业于河北师范大学数学系，此后一直在无极中学从事教育教学工作。先后任过班主任、教研组长、学校中心教研室组长、教导处干事、副校长、副书记等职。现为中国数学会会员。执教中，在改进教学方法，培养学生推理论证能力，开发学生智力等方面做了大量的探讨和经验积累，收到了良好的教育教学效果。曾在报刊杂志发表数学论文4篇，新学科知识介绍1篇，写过多篇教学研究总结，推动了学校教研活动的开展。

曾先后6次被评为县先进工作者，受到县政府表彰。1994年5月，被河北省人民政府授予“特级教师”称号。

关好节

关好节，中共党员，副主任医师，中国毒理学会军事毒理学专业委员会会员，中华医学会石家庄分会会员，河北省急救医学研究会会员。

1940年12月生，藁城东姚村人。1965年天津医科大学本科毕业，分配到无极县大陈分院，任医师兼“半农半医”培训班教师。1969年调无极县专业学校医生班教师，1975年调无极县革委会医务室任医师。1982年任无极县医院业务副院长、党支部委员、副书记。2000年退休后被无极县医院返聘至今。

关好节从医50年来，履行治病救人，发扬革命的人道主义精神，在医学临床诊治实践中积累了丰富的经验，尤其在内科领域，可谓理论知识前沿，实践技术精湛，常年病人“回头”者多；慕名而往者多。特别在心血管病、肺心病等病症的治疗中有独到的研究和治疗方案。1967—1968年流脑流行时，曾代表无极县参加石家庄地区在石家庄市召开的“流脑工作会议”，在会上作题为《大剂量阿托品在抢救流脑中的应用》的经验介绍，对当时流脑的抢救作出了贡献。1984年在河北省急救医学学术大会上宣读论文《高血压危象的治疗》；1990年以后，先后在《中国毒理学通讯》《中国急救医学》杂志发表论文《急性心肌梗塞早期的止痛治疗》《急性心肌梗塞治疗中镁剂的应用》《急性有机磷农药中毒抢救中的几个问题》《生理盐水在“脑卒中”治疗中的价值》等论文。

关好节不仅医术精湛，医学理论深邃，而且医德高尚，关爱病人。在医疗中，他认症准、疗效佳，并能针对患者病情，准确、耐心地分析病理、病因，及时解除患者的心里压力，教给患者抵御病疫的方法和能力。深受患者及其家属的爱戴，在社会上享有很高的声望。1973年被县授予“诲人不倦”奖励；1986年后，先后被无极县人民政府授予“记功”奖励2次，“先进工作者”5次。1994年，被石家庄市委、市政府授予“廉洁行医文明服务”先进工作者，1998年石家庄市委、市政府授予“卫生下乡先进个人”，晋升一级工资奖励。

李　剑

李剑，1940年2月生，无极县东侯坊村人，国家有突出贡献的专家、总参工程兵研究所所长。3岁时，父亲接他到北京居住，幼年在京城读书。1964年毕业于哈尔滨军事工程学院，毕业后即从事国防现代化军事技术科研工作。历任地雷组组长、总参工程兵师办公室主任、工程兵科研所第一所所长等职。大校军衔，高级工程师，爆破专家。

20世纪70年代初，他和同志们日夜攻关，用几个月的时间研制成功中国第一代某型号反坦克地雷。之后，又和战友们开始研制第二代某型号地雷。使这一新型号地雷达到国际先进水平，被全国科学大会评为优秀成果，本人被评为全国科学大会先进个人。

1974—1984年，李剑参加某型号火箭布雷系统的研制工作，承担关键技术的设计，负责全系统的协调工作。经过十余年的艰苦奋战，这一火箭布雷系统的研制获得成功，中国军队有了世界一流的火箭布雷车，使中国军队地雷器材达到了世界先进水平，获国家科技进步一等奖，本人立二等功。

1989年，李剑担任总参工程兵科研一所所长。1991年2月，无锡地区连降暴雨，水位猛涨，水位达中华人民共和国成立以来的最高纪录，李剑带病挺身而出，带领30余人的爆破突击队，火速奔到五里湖节制闸，执行市政府下达的炸坝泄洪任务。李剑指挥爆破突击队，连续奋战36个多小时，在十分险恶的条件下，安装两吨炸药，及时把30余米宽的围堰拦腰炸断，节制闸完好无损，胜利地完成泄洪任务。

1991年，李剑出席党的第十三次代表大会。他所领导的科研所，自1990年以来连续4年被评为“无锡市优秀科研单位”，李剑被评为“江苏省优秀青年专家”，首批荣获“国家有突出贡献的专家”称号，享受国家特殊津贴。

贾苏伟

贾苏伟，1941年10月生，无极县西南汪村人，高级讲师、大校军衔，曾任中国人民解放军装甲兵技术学院副院长。

1960年河北师大附中毕业后，被保送到中国人民解放军军事工程学院装甲兵工程系学习。1965年毕业后，留校任教。先后在西安装甲兵工程学院、北京装甲兵技术学院、长春装甲兵技术学校等军事院校从事教学、研究和管理工作。多次受到上级机关和首长的表彰和奖励。1984年因教学工作成绩显著，荣立三等功。1985—1989年，在装甲兵技术学校任训练部长期间，对学校的教学管理进行大胆改革和创新，被授予全军优秀成果二等奖。1987年总参检查评比中，在教学管理、教学改革、教学保障、教学工作总分获4个第一名，受到总参的嘉奖。

贾振文

贾振文，磁性材料专家。1942年3月生，无极县西南汪村人，1966年天津大学毕业，分配到电子工业部第七五四厂，从事技术研究工作，任技术副厂长、高级工程师。

1970年贾振文开始全面负责磁性材料生产线的技术工作。经过几年的探索，他成功试制氧气隧道窑，使磁芯生产能力实现突破性进展，产品质量达到国内先进水平。80年代后，他致力于碳酸共沉法制备锰锌铁氧体项目的研究，1985年通过国家鉴定，获电子工业部科技成果一等奖，编入《中国实用科技成果大辞典》。用此法生产的RZKW铁氧体罐形磁芯，达到国际同类产品的先进水平，1993年获国家经委颁发的优秀新产品"金龙奖"。

1986年，他开始彩电配套磁芯的开发研究，通过探索改革年年有新产品问世，连续获天津市科技成果二等奖；1987年2项科技成果被评为市级优秀成果奖；1989年，再获国家科委颁发的"火炬奖"。

20世纪90年代，他曾赴德国和美国等国考察，率先引进瑞士线磨床公司和美国CH公司的新技术，比原来引进的厂家节省外汇30%。他曾多次在国内专家学术会上作报告，到许多厂家作技术指导。在《磁性材料与器件》《信息—自动化与仪表》等刊物上发表论文多篇。多次被评为局、市级科技能手、科技先进工作者、优秀知识分子，多次荣获市、部级科技成果证书。

郭宝寨

郭宝寨，1942年生，无极县郭庄村人。中共党员，中央美术学院雕塑系教授，中国美术家协会会员、曾任中国雕塑学会副秘书长。

1956年考入中央美术学院附中学习，1962年入中央美术学院雕塑系学习。1967年毕业后到北京美术公司雕塑创作室任组长，作品《铁姑娘胸像》和《解放军胸像》曾作为绘画石膏像教具。1976年调河北省话剧院从事舞美工作，改革开放后，调入新成立的河北省美术工作室（后改为河北画院）从事专职雕塑创作。1996年6月赴法国、意大利等国考察，年底回国后调中央美院雕塑创作研究所副所长。

在河北省工作期间雕塑作品多次入选国家级、省级美展并多次获奖及收藏，先后主持并参与设计河北省抗震展救灾大型雕塑、西柏坡革命纪念馆雕塑群、石家庄西郊动物园雕塑群、河北省体育馆广场雕塑群、石家庄沉绿湖英雄纪念碑、沧州市解放纪念碑及广场多组大型雕塑的创作。组织成立河北省雕塑研究会，先后创作《徐向前同志》像，石家庄水上公园《出水芙蓉》不锈钢雕塑，秦皇岛南戴河大型雕塑《雄师观海》《海螺仙子》《荷花仙子》，长春市《抗洪胜利纪念碑》，北京市雕塑《凤》《生命之绿》和《花之约》等。

1999年为纪念澳门回归大型铸铜贴金雕塑《盛世莲花》，经过多次投票选拔最后由中央人民政府作为礼品赠送澳门特区政府，并获国家城市雕塑最高奖项——新中国城市雕塑建设成就奖。

2002年为庆祝中日建交30周年，受国家旅游局委托设计《中日友好万人林纪念碑》(由江泽民题词），坐落于北京八达岭长城脚下。

到2005年，先后受中共中央文献研究室委托，创作《纪念邓小平诞辰100周年珍藏纪念章》，纪念章共3枚，采用合金镀铜工艺制作，生动地刻画了伟人在法留学、抗日战争和改革开放三个时期的风采；两幅赛马水墨画作为国礼赠予国际马术联合会主席、约旦公主哈雅，并在香港展出；为北京地铁新宫站设计花岗岩壁画《远古回声》和《南·秋风》；铸铜作品《老汉 驴和狗》被中国国家博物馆收藏；为兰州军区设计制作大型花岗岩浮雕《诸葛亮六出祁山》和《霍去病千里出击开疆拓土》；为朝鲜国家博物馆制作的金日成、金正淑蜡像作出了贡献，被朝鲜授予国家和平友谊奖。

刘秉正

刘秉正，男，1945年8月生，无极县郭吕村人。共产党员，主任医师。1969年，任郭吕乡卫生院长，以500元资金、3间平房，带领3名医务人员，创建了郭吕乡卫生院。之后，卫生院的扩建、医务人员薪酬等费用全靠自收自支、自谋发展。1976年，他带领8名医生到北京、天津、上海、广州、沈阳、哈尔滨肛肠医院进修学习。1978年，在卫生院创设肛肠科，曾名郭吕乡痔瘘医院。改进传统医疗技术，采取中西医结合，治疗痔瘘，治愈率85%以上。1983年，他主持开发研制成治痔新药—软化萎缩剂“831”消痔液，经2000余例临床试验，疗程短、不出血、患者无痛苦、不留后遗症，治愈率96%以上。入院高峰时，每月仅外地患者达100余人，郭吕乡痔瘘医院开设病床60张，成为全县最大、效益最好的乡级卫生院。1987年，他被任命为无极县卫生局副局长、中医院院长。县拨款10万元、自筹58万元，创建无极县中医院和无极县痔瘘医院，一个单位两块牌子。1993年他再次优化“831”消痔液，1994年获省级科研成果和省卫生厅中西医药科技进步二等奖，被卫生部收录科研成果库。痔瘘专科1996年被省中医药局授予“河北省中西医结合痔瘘治疗中心”。2000年被省卫生厅授予省首批重点中医肛肠专科。到2005年，为全国26个省市自治区13万余名痔瘘患者解除了疾苦。

他在核心期刊发表论文22篇，获67个奖项。并先后被评为河北省先进卫生工作者、全国卫生文明建设先进工作者、河北省劳动模范、河北省优秀共产党员、河北省先进科技工作者、石家庄卫生系统知名专家、河北省知名肛肠科专家、河北省重点肛肠科学带头人，被选为河北省中医药学会肛肠学会副会长、中华全国中医药学会肛肠学会常务理事。被载入《中华劳模大典》。

成兆民

成兆民，男，1946年1月生，无极县东验村人，中共党员，河北省劳动模范、高级工艺美术师，中国工艺美术协会会员、理事，河北省工艺美术协会副会长、常务理事，市专业技术拔尖人才。

自幼酷爱美术，曾跟随画家卢稹学习绘画多年，1974年2月参加工作，任无极县地毯厂图案设计师，1984年任该厂技术副厂长兼地毯设计师；1990年9月至1994年6月，任该厂党支部书记、厂长兼图案设计师；1994年7月，河北华瑞地毯有限公司党支部书记、总经理兼地毯图案总设计师。

从事地毯图案设计和企业管理38年，志在创新发展。其独立设计的创新图案60余幅，畅销国际市场；研制成功4个地毯新品种，并先后通过省级新品种鉴定。获得部、省级科技进步奖、新品种奖6项。1984年，经纬编织地毯荣获轻工业部中国工艺美术品百花奖优秀创作设计二等奖，并在全省地毯质量评比中荣获图案设计第一名；1992年，卡扎克地毯荣获轻工业部科技进步奖三等奖的第一名，获河北省新产品一等奖；1994年同谱混色地毯荣获轻工业部科技进步二等奖的第一名，获河北省科技进步奖三等奖。由于产品新、质量好、市场销路广，公司生产规模和经济效益迅速扩大。1996年，年产量达130000平方米，完成工业总产值3181万元，上缴税金291万元，利润60万元。公司内工人曾达1500余人。并带动农民致富，在厂外50多个村庄设立加工点，厂外从业人员达2600余人，年社会效益700余万元。

成兆民先后受到轻工业部、河北省委、省政府奖励多项。1986年被省政府授予河北省劳动模范称号；1987年被评为河北省委、河北省人民政府科技战线“树比学”先进个人；1988年在北京参加第三届工艺美术艺人专业技术人员代表大会，被大会评为优秀工艺美术专业技术人员，获得银奖，受到李鹏总理、姚依林副总理、田纪云副总理等党和国家领导人的接见，并合影留念。1989年获河北省委、省政府颁发的“河北省优秀知识分子奖”。2005年当选中国工艺美术协会理事和首届河北省工艺美术大师。曾先后被石家庄地委、石家庄地区行署评为十大科技先锋、特授专员特别奖；被石家庄市委、市政府评为劳动模范等奖18项。

齐瑞锁

齐瑞锁，男，1946年出生于无极张家庄村人，大学文化，教授、高级经济师。

1984—1986年，在河北经济干部学院从事干部培训工作；1986年以后十数年在石家市政府主持经济研究工作；后出任石家庄市委党校校长，重点培训县级在职和后备干部。此间，兼石家庄市经济学会会长，河北经济学会理事，石家庄邓小平理论研究会会长等职。

1992年以后出版《关贸总协定与石家庄》《今日中国河北》《城乡一体化问题研究》3部专著；在《人民日报》《光明日报》《求是》杂志、《河北日报》等报刊发表论文25篇，获政府特殊贡献津贴。

田运章

田运章（笔名章云天），男，1947年12月生，中共党员，无极县户村人。当代著名作家、高级编剧。农民出身，当过工人，曾任无极县委办公室资料员、机要科长、县文化局副局长等。后一直从事专业文学创作。

主要编剧作品有电视剧《山林，那淡淡的晨雾》《洁白的玫瑰》《拳拳女儿心》《本案刚起诉》《金鲤鱼》《在桃花盛开的地方》等十余部，电影《周恩来的四个昼夜》《古田军号》《那时风华》等，并参与《海棠依旧》等影视片的创作工作。已发表长篇小说《故乡的泥土》等。

电影《周恩来的四个昼夜》秉承“大事不虚，小事不拘”的创作原则，以朴实的真情和积极的现实意义，艺术化再现了20世纪60年代初“三年困难”时期，周总理深入河北武安伯延公社体察民情，经过充分调查研究和深入思考，实事求是地提出调整国家大政方针改善人民群众生活的历史画面。该片获第32届大众电影“百花”奖优秀故事片奖，田运章获“最佳编剧”提名奖。2014年党的群众路线教育实践活动期间，中组部、中宣部和国家广电总局联合发文，号召全国广大党员干部观看学习该影片。

庆祝中华人民共和国成立70周年献礼影片《古田军号》，用真诚的历史表达和崭新的艺术手法，以一个红军小号手的视角，讲述工农红军从井冈山突围至闽西，一直到古田会议召开之前，年轻的革命领袖带领年轻的红军，在绝境中探索真理，通过总结南昌起义以来建军建党的经验，确立人民军队建设的基本原则，重申党对军队的绝对领导，明确红军的性质、宗旨和任务等事关党的事业兴衰成败的根本性问题，开辟一条中国革命成功道路的非凡历程。古田会议的胜利召开，纠正了党内的错误思想，使毛泽东的正确思想成为我党我军的灵魂。此影片获中宣部第十五届全国精神文明建设“五个一工程”奖，被国家电影局列为庆祝新中国成立70周年重点展映影片。在2019年10月第28届中国金鸡百花电影节暨第32届中国电影金鸡奖新闻发布会上，获得最佳男配角、最佳音乐2项大奖和最佳故事片、最佳录音2项提名大奖。

电影《那时风华》以三代塞罕坝人的真实经历为创作源头，讲述了20世纪60年代初，一批青年知识分子和林业工人一起，怀揣绿化荒山的理想来到冰雪寒天的不毛之地，展开爱与恨、生与死、离开与坚守的较量与搏击，把荒芜的塞罕坝变成绿色的林海，用实际行动铸就牢记使命、艰苦创业、绿色发展的塞罕坝精神。影片情感炽烈、震撼人心，成功塑造了郑百团、唐学燕、苏铁等一组鲜活的人物形象。塞罕坝人“献了青春献终身、献了终身献子孙”的感人壮举，得到习近平总书记的肯定和赞赏。影片被国家电影局列为庆祝新中国成立70周年重点展映影片。

电视剧《山林，那淡淡的晨雾》批判了农村换亲的旧风俗和旧观念，在广西、河北等多家电视台播出，受到观众好评。电视剧《金鲤鱼》讲述农村妇女通过与命运抗争最终获得成功和社会认可的故事，在央视一套和河北电视台播出，并于2003年8月在北京获得第23届中国电视剧飞天奖二等奖。41集电视剧《海棠依旧》获得第31届电视剧飞天奖优秀剧奖。

30集革命历史题材电视连续剧《在桃花盛

开的地方》以河北无极木刀沟河畔的果园渡口和风土人情为背景，讲述经历过革命战争一代人的光荣与梦想，再现冀中平原解放初期的历史进程。通过描写基层干部群众对党和部队的忠贞热爱，最大程度还原了当年的年代质感。由导演陈力执导，国家级演员刘之冰、丁勇岱、孙维民、丁柳元、王姬、岳红等参演。影片2019年央视首播创下高收视率，各省市电视台相继跟播，全国反响热烈。

70余万字的长篇小说《故乡的泥土》2020年1月由作家出版社出版。该书用无极一带所特有的语言文字，再现当年基层干部的形象、千百万革命老兵的身影和一批社会底层人物的努力和拼搏，是一部从解放初期到改革开放40多年波澜壮阔的冀中平原社会发展史。

闫会学

闫会学，女，1949年生于无极县西汉村，自幼读书，1963年无极中学高中班毕业后任民办教师，1979年转为公办教师。后调无极县教研室任副主任兼中学英语教研室教研员，主管教研室全面工作，兼管中教教研工作。中学高级教师职称。兼任全国外语学习科学研究会理事、河北省教育学会外语专业委员会会员、石家庄市教育学会理事、无极教育学会理事长、无极县专家团理事会副理事长、无极县第5、6届党代会代表。

获奖情况：

1987—1989年间，获国家、省、地(市)、县多级奖励23次。其中，1989年被评为全国优秀教育工作者，1992年获中国改革功勋奖章一枚，1993年获全国巾帼建功标兵。

1984年以来，在教学、教研工作中坚持改革创新，积极组织指导全县外语教师抓教学、搞教研、抓教改、搞实验，成功地进行了“初中英语听力测试实验”“农村中学英语整体改实验”以及“中英合编义务教育初中英语新教材Junior English for China和高中英语新教材Senior English for China试教实验”，探索教改新路。三次获省优秀教育科研成果一等奖；县被选为省、地、市外语教改实验级教研任务；和全国中英合编义务教育初中英语新教材和高中英语新教材JEFC、SEFC试教实验点县。为国家改编和推广使用初、高中新教材提供实验数据和教育经验。

1982—1984年，举办多种形式的培训班，分批分期培训外语教师千余人。又亲自授课一年多，办长班集中培训非民办教师百余名，缓解了外语教师的紧缺，提高了教学水平。

1985—1989年，在培训教师的基础上，组织全县提前进行“初中英语听力测试实验”，倡导用英语上课，强调听说领先，注重电教手段，调动各方积极性，为英语教师配备人手一台录音机，保障了听力测试的实验。在教课中增加听力训练，在考试中加试听力内容。在全区、全省率先打破了笔试一张卷的传统考试，并探索出大班和农村中学在经常停电情况下进行听力测试的方案。

1987年，在石家庄地区外语教研会介绍了《进行听力测试，促进听说训练》《抓紧教学研究，促进教学改革》的经验。

1988年，在保定省外语教研会上介绍经验，得到省教研部充分肯定。

1989—1991年，分别出席在长沙、成都召开的全国英语研究会第5次、第6次学术会，其论文《英语教学中的练习与归纳》《三位一体+熟读巧记实验》《听力实验报告》获全国优秀论文一等奖。获河北省优秀成果二等奖。并刊登于《河北教研》和《石油教育学院院刊》。

1993年，听力测试实验与实施总结论文，刊登《中国教育学刊》(1993.3期)。

1990—1999年，进行“农村中学英语整体教改实验”，包括初、高中新教材JEFC、SEFC实验，从教材、教法、测试三个方面入手，三位一体，同时改革，从初中到高中连续实验，整体进行，省两次组专家评审团，对对验进行评价验

人物

收，认为实验成功。

1992 年，北师大外语系教授帮春闹、河北教育学院外语系主任梁仪、上海特级教师张思中、北师大研究生数人来我县考察外语教改实验，给予好评。

1993 年，撰写的实验报告《整体改革全面提高(一)》，在沈阳召开的全国教育学会外语教学研究会第 7 次学术会交流。在正定、河北省教育学会外语学术委员会第 4 次学术会交流，被评为优秀论文一等奖。后刊登于《中小学外语教学》(93.8 期)，并被转载于人民大学报刊转载中心《中学其他各科教学》(1993.5 期)。

1994 年，中国教育学会外语教学研究会理事长、人教社副总编刘道义等人来无极考察实验，认为实验成功，有推广价值。

1994 年，所撰写的论文《JEFC RPDPC 教法实验与研究》发表于人教版《中国小学英语》2～3 期。所设计的教案 U23～U24，刊登于此刊 4 期。实验报告(二)，刊登于《河北教研》94.2 期。

1988—1994 年，在教改实验的基础上，坚持撰写，晚上加班，整理成章，在省级以上报刊发表论文二十多篇，其中三篇获全国优秀论文一等奖，三篇获省优秀论文一等奖，编入《论文集》。

1994 年，所撰写的论文《农村外语教改实验与研究》，在 1994 年北京二十一世纪基础英语教育国际学术会交流，受到中外专家好评，论文获省第 5 届教育科研优秀成果一等奖。

1990—994 年，编写出版著作《初中英语词汇手册》《高中英语整体化教学训练》《MET 短文改错》《初中英语教案》上下册等六套。

翟双喜

翟双喜，1950 年 3 月生，无极县大户村人。1969 年 12 月入伍，1971 年 5 月入党，1973 年毕业于空军医校军医班，学历大专，医学函授大学本科。空军北京小南庄离休干部休养所、副主任医师、技术 5 级、文职干部三级。

历任空军某部队医院医师、主治医师、防疫所所长、门诊所所长、医院院长；空军北京小南庄干休所卫生所所长、副主任医师等职务。长期从事医疗及老干部预防保健工作，擅长老年病的理论研究与防治。撰写医学论文十余篇，分别在《航空军医》《人民军医》《中华医学理论研究与实践》《中国老年保健医学》等杂志上发表，并在空军急救、老年病、解放军保健医学、中国老年保健医学学术上交流。先后被评为空军先进老干部工作者、空军先进医疗保健工作者、优秀共产党员；荣立集体三等功一次、个人三等功两次。

李永祥

李永祥，男，1950 年生，无极县东西候村人，中共党员，省首批优秀园丁，市首批“新乡贤”。改革开放初期任村小学校长，学校管理规范、校风优良，教育质量居全县前茅。学生德智体全面发展，人人争当“五讲、四美、三热爱”的模范，常年为烈军属做活做事，为村清扫街道，植树护林，是地县先进典型单位。李永祥多次被评为省、地、县先进模范个人。1984 年被河北省政府评为河北省第一届优秀园丁，授予一等奖，记一等功，奖金 700 元。1985 年调入县教育局作招生工作，先后任招生办副主任、主任。1996 年任教育局副局长兼纪检书记。2002 年离岗后，搜集整理无极方言土语 6000 条，2014 年出版《无极方言土语》2500 册，后增补 2500 条，详加注音标调、本义、释义、例句，并与普通话对照。同时，又在《无极方言土语》中附录无极民俗“红白喜事”一章，囊括了无极各地红白喜事习俗及各种柬帖的写法，堪称无极红白喜事礼仪大全，修订出版《无极方言土语词典》。印刷 4000 册，免费送给各级学校及社会各界人士。受到县内外各界好评，获河北省“民俗文学著作奖”、无极县“奉献社会道德奖”。

李永祥以诚信为本，行德积善。常年坚持为

乡里、同事、县城住户主持婚礼，不辞辛苦，倡导移风易俗；和睦相邻，调解家庭矛盾，在群众和同志中享有很高威信，被群众称为“金牌总管”。2001年，帮助县乡说服乡亲，妥善解决了无繁公路走向问题，保证了工程按计划顺利竣工，受到县委书记郭领域的大会表彰。被市委宣传部评为首批“新乡贤”。

王平均

王平均，无极县泗水村人。1969年2月入伍，历任63军后勤部参谋，后勤指挥学院后勤指挥教研室教员、副主任、主任、一系主任等职。现为后勤指挥学院战术后勤教研室教授，后勤指挥学院学科带头人，博士研究生导师，专业技术三级（享受副军职待遇），大校军衔。兼职中国军事科学学会会员，全军军事硕士专业学位研究生教育指导委员会会员，后勤信息化建设专家咨询委员会副主任。

在教学和科研领域，取得丰硕成果，并多次获奖。主编有《军事后勤战备概论》《战术后勤学》《应急作战战术后勤指挥员训练教材》《夺控近岸岛屿战役后勤保障》《后勤保障方法概论》等专著和教材。主责完成第一代《中国人民解放军合同战斗后勤保障条令》；任《中国军事后勤百科全书·指挥卷》编委会副主任。负责的“战术后勤学科建设”“后勤指挥网上教学”分获军队优秀教学成果二等奖；主研的“作战部队后勤指挥训练模拟系统”获军队科技进步二等奖；主笔的“登陆作战后勤保障指导”获全军保障法研究成果一等奖、《潮汐与登陆战斗后勤保障》获全军电教教材一等奖。先后获全军教书育人金奖、总后优秀教师、政府特殊津贴等奖励。

李白娃

李白娃，男，中共党员，全国“五一”劳动奖章获得者。1951年出生于无极县齐洽村，1968年4月参加中国人民解放军，1971年转业到6411工厂，1976年调到石家庄拖拉机制造厂，1982年回原籍从事皮革销售业务，1996年5月任齐洽村党支部书记，期间，修建了街巷、村道，新建了文化广场，整饬了村容村貌，为村民创造了一个宜居、宜业、宜乐、宜行，整洁、繁荣的生态环境。同年8月，国务院下发《关于环境保护若干问题的决定》，明令取缔“十五”小。李白娃积极响应，带领全村党员干部和人民群众进行皮革改制，关停小制革，取缔污染企业，投资建设环保设施，创建了河北省农林皮革业第一家股份合作有限公司，李白娃任董事长。1997年通过省环保部门验收，批准正式投入生产，成为第一家污染治理达标企业。随着公司的发展壮大，不仅拓展了本村人的致富路，还解决了周围20多个村剩余劳动力的就业问题，并带动起运输、饮食、机械等相关行业，使公司成为省、市发展集体经济的排头兵。2000年，齐盛工业区又新上企业10家，投资2950万元，齐盛公司投资7000余万元兴建了齐盛皮革市场。并及时按照县委、县政府及环保部门的要求，按时完成了整改。

1998年5月齐盛公司被省委政府确定为“农业产业化经营十强龙头企业”。2000年10月又被农业部命名为“国家级工贸示范区”，李白娃本人自1998年连续三年先后被评为市、省和全国劳动模范。1999年被石家庄市乡镇企业局誉为“优秀经营管理者”称号。李白娃还连年被县委、县政府评为优秀党支部书记、先进工作者。

赵春荣

赵春荣，男，中共党员，无极县大陈中心医院中医医师，石家庄市劳动模范，1952年7月出生于无极县小陈村一个中医世家。父亲是德艺双馨的老中医，经常为患者送医舍药。儿子河北医科大学毕业，受聘于石家庄第二医院副主任医师。

赵春荣，自幼跟父亲学医，受父亲熏陶和教导，立志做一名好医生，为患者解除痛苦。8岁时，熟读熟背“汤头歌”；15岁时，通读了《内经》、《金匮要略》、《伤寒论》等多部中医经典著作。并跟随父亲出诊多年，为从医打下了坚实的基础。

1969年，赵春荣考入无极县卫生学校进行学习。1973年由村卫生室调任大陈中心医院医生。1987年任副院长。他认为“世上无有不治之症，唯有不精之术”，终生以白求恩大夫为楷模，对技术精益求精。在临床实践中，认真钻研医学理论知识，时刻践行“望闻问切”辨病诊疗方法，灵活调整药物配任，淋漓尽致的发挥“效、验、廉”的治疗特色，亲尝、亲试药物，发掘验方新功效。从多年实践中摸索出了以“为用，舒肝为主”，治疗胃肠道疾病；以“补肾为主，活血为辅”治疗心脑血管疾病；用“中药灌肠”治疗肠梗阻、盆腔炎、阑尾炎等多种诊疗方法，取得了良好效果。在中医杂志和地市医刊发表了《农药中毒抢救》、《糖尿病肢坏疽中医治疗》等多篇论文。在临床实践中，组织实施了各种手术近万例，没有发生一起医疗事故。以其高尚的医德，精湛的医术，赢得了人民群众的信赖和爱戴，吸引定州、新乐、深泽、晋州等周边县市的大批患者慕名来就诊。在他的诊断室里，随时都有络绎不绝的患者。

赵春荣把“救死扶伤”作为神圣职责，视病人为亲人，视病人疾苦为自己疾苦，急病人之所急，全心全意为病人服务，多次拯救患者于危险之中。在人民群众中深深植根了亲民爱民的情怀。西郎村一名产妇羊水拴塞，生命垂危，深夜请他出诊，他不顾自己正患重感冒，立即赶到病人家中，经过6个小时的全力抢救，母婴终于脱险，他却晕倒在地。王先村一名患脑炎的病儿，呼吸衰竭，他立即口对口的对病儿做人工呼吸，使患儿转危为安。县粮食局某干部的儿子患萎缩性肝坏死，几家大医院都不接诊，他查阅大量医学专著和资料，大胆采用中西疗法，竟奇迹般地把患者治愈。生动的事例不胜枚举。

赵春荣很少歇节假日，业余时间仍有患者找到家里就医。一年四季，无论寒暑、阴晴；白天、晚上；本村、外地；登门就医、还是外出就诊，赵春荣都是有求必应，并且坚持只开处方，不卖药，义务为患者服务。被人民群众誉为“信得过的好医生”。2000年被石家庄市评为劳动模范。直到办了退休手续，医院仍不愿他离岗，他欣然接受，一如既往地工作在治病救人的第一线。

马国力

马国力，高级记者，无极县西宋村人，1953年生于北京。1969—1977年在中国民航第二飞行总队从事航空摄影工作。1978年1月至1982年1月在北京广播学院电视系就读，并以北京市优秀毕业生身份被分配到中央电视台体育部。1984年在联邦德国电视台体育部进修一年。1988年任中央电视台体育新闻组组长。1989年任中央电视台体育部副主任。1993年任中央电视台体育部主任。1998年任中央电视台体育中心副主任。2000年1月起任中央电视台体育中心主任。

同时担任了国际田径联合会电视委员会委员，亚洲广播电视联盟2000年奥运会报道委员会主席，中国体育电视记者联合会主席，中国广播电视学会体育研究会会长。2000年3月，入选英国《卫报》评选的“对世界体育影响最大的50人”之一。

俱孟军

俱孟军，高级记者，1956年生，无极县西陈村人，中共党员。1979年毕业于北京大学俄语系，1983—1984年在莫斯科普希金俄语学院进修。毕业后到新华社工作，历任新华社国际部翻译、编辑、欧亚编辑室主任、国际部编委，新华社莫斯科分社记者，阿拉木图分社首席记者。1988年任新华社总编辑助理，2000年10月起任新华社副总编辑。现任新华社香港分社社长、新华社亚太总分社社长。曾被评为中直机关先进工作者，新华社首届国际报道十佳记者，新华社优秀归国留学人员，全国百佳新闻工作者。

长期从事国际新闻报道，曾两次在莫斯科新华分社工作，采访过苏美首脑会晤、苏共代表大会、苏联解体等重大国际事件。采写《苏联解体纪实》《1991年岁末的莫斯科》等数百篇产生影响的报道。其中，通讯《1991年岁末的莫斯科》被评为新华社一等好稿，并在全国现场新闻评奖中获奖。1991年9月28日，在莫斯科红场抓拍的一组照片《莫斯科群众抗议迁葬列宁遗体和关闭列宁博物馆》，被评为新华社一等好稿。1992年初，奉命创建阿拉木图分社，并任该社首席记者，其间多次作为随团记者参加党和国家领导人出访报道。

注重国际形势研究，撰写了大量有深度的稿件。1995年9月俄总统解散议会时，写出的报道《俄双重危机再度加剧》，被评为新华社一等好稿。1999年初，撰写的国际评论《北约不要玩火》刊于《瞭望》杂志，被海外多家媒体转载，荣获中国国际新闻评论类一等奖。1999年，参与组织、修改和审定的《践踏国际法的危险行动》《且看美国如何扩军备战》等新华社系列评论，在国际舆论斗争中发挥了较重要作用。

他撰写的《试论国际报道与国内报导的接轨》《世界性通讯社发展思考》《从思维创新到管理创新——新世纪新华社业务管理探讨》等，荣获新华社优秀新闻论文。撰写的《重大突发事件报道的认识与创新》，获第十三届中国新闻论文一等奖。

现为中国东欧中亚学会常务理事，中国人权研究会常务理事，中国人民对外友好协会全国理事会理事，中国俄罗斯友好协会理事，中国记协理事。

王彦坤

王彦坤，1957年生，无极县北虎庄村人，中共党员，研究员。1983年7月北京大学毕业后，分配中共河北省委党校任教。1986年6月调河北省社会科学院从事科学社会主义理论研究，2001年8月任河北省社会科学院邓小平理论研究中心主任、河北省精神文明建设研究所所长，2004年9月任河北省社会科学院邓小平理论和“三个代表”重要思想研究中心主任，2004年11月被聘任为河北省社会科学院邓小平理论和“三个代表”重要思想研究首席专家。兼任燕山大学马克思主义理论与思想教育兼职教授、硕士研究生导师、河北省委组织部党建研究所特聘研究员、中国科学社会主义学会理事、河北省科学社会主义学会副秘书长等职。

自1986年以来，在科学社会主义理论研究领域辛勤耕耘，奋力探索，在《人民日报》《求是》《光明日报》《新华文摘》等省级以上报刊发表论文和研究报告170多篇。《弘扬西柏坡精神的时代意义》《周恩来公仆思想的时代意义》和《中国农村民主政治建设的新发展——关于河北省实行村务公开，推进村民自治的研究报告》和《牢记“两个务必”，提高执政能力》获全国精神文明建设“五个一工程”奖；《论社会主义建设的战略步骤》和《国情丛书＊南皮卷》获河北省社科优秀成果一等奖；《走向共同富裕：现实观察和未来的思考》和《中国县级行政管理学》获河北省社科优秀成果三等奖；《消除小农意识：中国走向现代化的跨世纪思想工程》和《建设社会主义法治国家的重要制度保障》获河北省精神文明建设“五个一工程”奖。2004年8月，携论文出席全国“邓小平思想和生平理论研讨会”，参加了中共中央在人民大会堂举行的纪念邓小平同志诞辰100周年大会。1997年7月获“河北省社会科学优秀青年专家”荣誉称号；1998年获“河北省有突出贡献的中青年专家”荣誉称号；1999年度和2003年两次荣记三等功；2002年获“国务院政府特殊津贴专家”荣誉称号，成为省社科中青年专家50人工程第一批人选和省宣传文化系统

“四个一批”人才。

米增强

米增强，男，中共党员，1960年出生于无极北马村。现任华北电力大学副教授，硕士生导师。

1976—1978年，曾任北马村民办教师，后在无极中学学习。1979年考入原华北电力学院电力工程系专攻继电保护与自动远动技术专业，连续4年被评为三好学生，曾任班团支部书记、校学生会副主席兼学习部长。1983年以优异成绩毕业并留校任教，不久又考取中国电力专家南志远教授的研究生。1993年被学校任命为华北电力学院科研处副处长，后被聘为华北电力大学（保定）教务处长，并从事教学和科研工作。先后为研究生开课3门，完成横向科研项目5项。发表学术论文20余篇，主研完成自制教学设备，加强电力系统自动化实验教学建设项目，获部级一等奖；研制的全教学式发电机组微和调速器获得国家实用新型专利证书；WQPY-10型微机欠频低压减负荷装置，被评为河北省优秀新产品一等奖，并投入批量生产，年创利税100多万元；还有多项科研成果通过鉴定应用于生产生活实际。此间，作为副主编编纂出版电力大学教材《电力高等教育》。

李　伟

李伟，男，中共党员，1961年出生于庄里乡中合流村。1980—1982年在地区无极师范读书。后进修英语，1987年毕业于河北师范大学英语系。

1982—1986年，在七汲乡中任英语课时即认真钻研教材，精设计教案，针对农村中学的特点积极进行教学改革，探索“图片情景教学法”及“农村中学英语教学提高听力的途径”。他自画自卡片350多张，自己整理日常教学用语120多条，他的英语教学成绩在乡镇中学统考连获第一名。有70多人升入高中。听力竞赛名列前茅。

1986年调入无极县实验学校后，他更加认真总结教学经验，一心扑在教学及教学方法的研究上，积极探索教育教学规律，针对不同的班级实际情况，结合传统的教学方法，推广了“语音、音标、音素三位一体教学法”和“英语整体教学法”并完成了农村中学听力试验”项目。多次举办公开课，推广经验。所任班级听力考试连续七年在全地区取得优秀，荣获集体优秀奖。

1989年石家庄地区初中教学评优中，李伟荣获英语学科一等奖之后，在全地区巡回讲课一周，他的教学方法深受赞誉。

1990—1993年间，承担了推广省级新教材的实验即“农村中学整体教学教改实验”等教改项目。实验计划、措施、目标由省市（地）县教改学校实施人参与制定，学生以新招初一为对象，不得选拔。实验教师深入钻研新教材的重点内容和目的要求，制定教学方法。从听、说入手，激发实验班学生的学习兴趣，实验班比对照班的学生从整体水平上有明显提高。毕业班学生能以英语与外国教师准确对话，较流畅地表达自己的思想，并能以英文进行记叙文及常用应用文的写作。

是年中考（120分为满分），获100分以上的学生达40多名，及格率达100%，实验班学生成红玲获得118分的全县最佳成绩。在实验过程中自制图片1200张，幻灯片200多张，教具300多套，阅读卡500多篇，为省、地（市）培训英语教师2000多名。该项实验经省教委、省教育学会、省教科所、河北师大、河北大学、河北师院、省教育学院组织的专家学者综合考评，认定为实验成功，其效果已达到并超过教学大纲的要求。所任班级英语成绩位居全县榜首，升学率达100%，学生获各级奖励者多达12人次。

1994年在本县以公开课的形式，培训全市教师1200余名。同年，在秦皇岛省级培训会上公开教学，并录制《五步教学法》教学录相一部，向全省发行。写出《培养学生学习英语的兴趣之我见》《从今年中考看今后的例题方向》《课堂提问的艺术》《JEFC 实践与研究》(与人合作)、《评河北省初中英语课堂大奖赛》等论文，分别发表在《河北教研》《中国中小学英语》《河北省优秀论文集》上。

1994 年河北省初中课堂大奖赛获一等奖。

曾编辑出版《JFEC 单元测试卷》《JEFC 单元 AB 卷》《初中英语教案》(人民教育出版社)等七本著述。

1988—1994 年间，获得省、地、市(市)县各级表彰 10 数次，1991 年获全国优秀教师奖，1993 年被收入《中国当代教育名人辞典》。

李同双

李同双，1963 年出生于无极县高头村。自幼在高头村读小学、初中。1976 年在无极中学读高中。1979 年考入兰州大学化学系，1983 年大学毕业，获理学学士学位。1983 年 9 月至 1986 年 6 月在兰州大学化学系读硕士，获理学硕士学位；1986 年 9 月至 1988 年 12 月，在兰州大学读博士，获理学博士学位；1989 年 1 月至 1992 年 12 月在兰州大学有机化学研究所任助理研究员。1993 年 1 月至 1994 年 2 月，在英国布里斯托大学化学院做博士后。1994 年 2 月回国，之后在兰州大学有机化学研究所任副研究员，1994 年 12 月调河北大学化学系任教授。主要从事生物标志化合物的合成研究。具有生物活性的天然产物的合成研究及有机合成反应与方法学研究。先后完成国家自然科学基金 3 项、省部基金 5 项。现主持国家自然科学基金及省部基金研究项目 6 项。曾获第五届中国青年科技奖、第三届河北省十大杰出青年奖、庆祝中国化学会成立 60 周年优秀青年化学奖、甘肃省科技进步三等奖、王宽诚皇家学会奖学金等十余次国家级和省部级奖励。在《四面体快报》《化学通报》《四面体》《化学研究报告》《色谱学杂志》《化学学报》《中国化学快报》等国际国内核心学术刊物上发表论文 60 余篇，其中被 SCI 收录 30 多篇；另有国际国内会议论文 50 篇。

孙世芳

孙世芳，1964 年生，无极县北合庄人。管理学博士。曾任河北省社会科学院党组副书记、副院长、研究员，河北农业大学兼职教授、博士生导师。2011 年初，中央和地方交流干部时调经济日报社，现任农村新闻部主任。

1981 年无极中学毕业。1986—1989 年在西北农林科技大学读硕士研究生。之后，在中国农业大学完成了在职博士研究生教育。1996—1997 年赴加拿大农业食品部列桥农业研究中心进修，2000 年赴以色列本古里安大学作访问学者，2004 年赴荷兰瓦格宁根大学进修。

1998 年发表《论海洋经济在河北“两环开放带动战略”中的地位和作用》一文，较早地提出在河北省建立由港口带动的产业带的观点和加快曹妃甸大港立项建设的建议，为曹妃甸大港的规划立项提供了前期研究成果。

2003 年执笔完成《河北与浙江相比：缺什么、学什么》《产业集群：锻造区域竞争力》在全省产生了较大的影响，有的在“十一五”规划中采用。

2004 年参与完成《河北省海洋经济发展规划》《论“一线两厢”经济战略布局的现实意义及政策建议》。《统筹城乡社会经济，加快我省农村小康建设步伐》在河北日报发表。

2005 年参与完成《循环经济在我省的探索与实践》《河北省统筹区域土地利用研究》。

2006 年先后主持完成《曹妃甸港区经济与我省“一线两厢”区域经济发展战略研究》《河北省扩权县改革中的县、乡（镇）公共服务部门改革研究》。《加快推进社会主义新农村建设》一文在河北日报发表。

2007 年主持完成“新世纪、新河北、新成就”大型展览的大纲撰写工作。并在此基础上主编出版了《走向沿海强省》一书。主持完成《河北省与沿海先进省份在体制机制等方面差异及比较研究》课题，并在此基础上形成了系列体改文件。《制度变迁与农业组织》一文在中国改革论坛作大会发言并发表。在河北日报发表的《解放思想、更新观念、推动我省经济社会又好又快发展》。

主要研究领域为区域经济、海洋经济、农村发展政策。科研成果获省部级优秀成果一等奖 1 项、二等奖 2 项、三等奖 5 项，中国社科院系统优秀论文奖 1 项。出版专著 5 部，在国家级刊物发表十多篇论文、调研报告，在国际专业核心刊物用英文发表论文两篇，被 SSCI 收录，先后 4 次出席国际学术研讨会。

先后获享受国务院特殊津贴专家、河北省有突出贡献的中青年专家、河北省社科优秀青年专家、河北省首届 50 人工程专家、河北省科技十大杰出青年等荣誉称号。

曾　林

曾林，1965 年 12 月生，无极县高头回民乡谈下南街人，研究员，教授，博士，博士研究生导师，正师职，大校军衔。毕业于吉林大学营养生理专业。主要研究方向为实验动物病理学及生物安全试验。先后担任济南军区总医院实验动物中心主任、军事医学科学院实验动物中心副主任。现任军事医学科学院实验动物中心主任、国家实验灵长类种质资源中心常务副主任、全军实验动物管理办公室常务副主任，兼任全军实验动物专业委员会主任委员、中国实验动物学会副理事长。《中国实验动物学报》和《实验动物与比较医学杂志》编委。承担多项国家、全军医学科学技术课题，在国内外发表学术论文 40 余篇，获军队科技进步奖 5 项。曾林研究员是中国实验动物病理学著名专家，是中国动物生物安全试验著名管理专家，是中国人民解放军实验动物学学科带头人。

卢翠彦

卢翠彦，女，中共党员，本科学历，河北省特级教师，石家庄市管专业技术拔尖人才。1965 年 9 月生于无极县西两河村。曾任无极中学英语教师兼班主任，教务处干事、副主任、主任，教学副校长兼教务处主任。现任无极中学副书记。

连续 30 余年从事高中英语教学和教育管理工作，历届所带班级的各项考核均列全校前茅。1991 年在石家庄地区高中教师优秀课评选中荣获一等奖，1993 年，被评为“石家庄市模范班主任”“石家庄市优秀共产党员”。多次受县委、县政府表彰。2002 年，通过石家庄市“名师工程”资格审查、听课、答辩和综合评价等环节的考核，被评为“石家庄市高中英语学科教学能手”。

1995 年以来，在《中国教育报》《教学实践与研究》等省级以上报刊发表论文十余篇。多篇论文获河北省科研论文一、二等奖；编辑出版了《高中英语阅读与欣赏》《三味组合讲与练》等四部学术专著。目前承担市级课题 1 个、省级课题 2 个。

付秀莹

付秀莹，女，原名付小从，1976 年生，无极县南汪村人，毕业于北京语言大学，文学硕士。中国作家协会会员，北京作家协会签约作家。现任中国作家协会主办《小说选刊》杂志社编辑部主任，入选首都优秀中青年文艺人才库。

多部小说发表于《人民文学》《十月》《中国作家》等刊物。作品被《新华文摘》《小说选刊》《小说月报》等多种选刊选载，收入多种选本、年鉴及排行榜。著有长篇小说《陌上》，小说集《爱情到处流传》《朱颜记》《花好月圆》《锦绣》《无衣令》等。长篇小说《陌上》入选北京市文学精品项目。小说集《爱情到处流传》入选国务院新闻办公室与国家新闻出版总署联合推出的“中国图书对外推广”计划并获翻译资助。小说集《花好月圆》入选经典中国国际出版工程。曾获首届中国作家出版集团优秀作品奖，第四届中国作家出版集团优秀编辑奖，首届小说选刊年度大奖，第九届十月文学奖，第五届中国作家鄂尔多斯文学奖，第三届蒲松龄短篇小说奖，首届广州文艺都市小说双年奖，首届好作品奖等。部分作品被译介到海外。出版中短篇小说集《爱情到处流传》，中篇小说集《朱颜记》；散文随笔《彩中国风·品人间味》《父亲与酒》发表于《文艺报》；《她内心的风声你听到了吗》发表于《青年文学》；《秋的济南》发表于《人民日报》，《遇见了大明湖》发表于《人民文学》。

第三章　名人录

第一节　先进人物

无极县籍获省部级以上先进称号人物情况统计表

表 27–1

姓名	性别	出生年月	籍贯	工作单位	职务	授奖名称	授奖单位	授奖时间
刘贵祥	男	1918	东中铺	安平县南郝庄		抗日烈士	民政部	1983.1
刘义中	男	1917	东中铺	晋绥野战旅二团	排　长	烈士	民政部	
田增儒	男	1937	户　村	河北无极中学	副　高	全国传统体育项目学校先进工作者	国家教委、体委	1987
李白娃	男	1951.3	齐　洽	齐洽村	村书记	全国“五一”劳动奖章获得者		
窦春山	男	1955.9	齐　洽	齐洽	村主任	河北省“五一”劳动模范	省委、省政府	
成兆民	男	1946	东验村	河北华瑞地毯有限公司	经　理	省优秀知识分子	省委、省政府	1989
乔兵海	男			组织部		优秀党务工作者	省委	1989
何宝林	男		北苏村			优秀共产党员	省委	1989
魏拴锁	男	1952	里家庄	无极县公安局	所　长	河北省劳动模范	省政府	1993
魏大彪	男	1947	甄　村	张段固中学		河北省抗洪救灾恢复生产先进个人	省政府	1996
刘宗诚	男	1935	郭　庄	无极县地方志办公室	主　任	河北省劳动模范	省政府	1992
闫会学	女	1949	西　汉	教育局	教研员	全国优秀教育工作者	国家教委、人事部	1989.9
刘瑛国	男		古　庄	无极中学		全国优秀教师	国家教委、人事部	1989.9
李玉江	男		西　牛	无极县农业中学		全国优秀教师	国家教委、人事部	1989.9
冯呼中	男	1945	北　牛	无极体校	校　长	全国优秀教师	国家教委、人事部	1989.9
孟玉花	女		东市庄	西市庄小学		全国优秀教师	国家教委、人事部	1989.9

人物

续表 27-1

姓名	性别	出生年月	籍贯	工作单位	职务	授奖名称	授奖单位	授奖时间
李　伟	男	1961	中合流	实验学校		全国优秀教师	国家教委、人事部	1991.9
魏东魁	男		甄　村	甄村学校		国家优秀教育工作者	国家教委、人事部	1993
翟志杰	男	1956	东大户	无极中学		国家优秀教育工作者	国家教委、人事部	1993
金社强	男		北合庄	无极中学		全国优秀教师	国家教委、人事部	1995.9
袁叫唤	男		袁流村	里城道中学		全国优秀教育工作者	教育部	1995.9
赫运奇	男		杨　村	教育局	副局长	全国优秀教育工作者	教育部	2004.9
靳根锁	男	1940	张段固	教育局	副局长	省义务教育先进工作者	省政府	1991
靳建刚	男	1955.6	张段固	县人大	副主任	先进工作者	国务院税收财政物价办公室	1991
刘增国	男		七　汲	庄里学区	总校长	省义务教育先进工作者	省政府	1991
于进忠	男		周家庄			省建设社会主义精神文明先进分子	省委、省政府	1983.2
于清虎	男		周家庄	里城道中学		省劳动模范	省政府	1995.4
于保善	男		周家庄	周家庄团书		河北省青年社会主义建设积极分子	省政府	1955.9
李永祥	男	1950.7	东西侯	东西侯村小学	校长	河北省第一届‘优秀园丁’一等奖	省政府	1985.3
李永贵	男			县造纸厂		河北省劳动模范	省政府	1989
刘秉正	男	1945.8	郭吕村	县中医院	院长	省劳动模范	省政府	1990
马计分	男	1961.11	马　村	县医院		省政府先进工作者	省政府	2003
张成明	男	1953.11	赵户村	石家庄内陆港有限公司	董事长	全国物流行业劳动模范	人事部	
高月琴	女	1950	郭庄村	石家庄外协办	主任	全国第四届人大代表		

第二节　无极县籍专业技术拔尖人才

1989—2005 年无极县市管专业技术拔尖人才统计表

表 27-2

姓名	性别	出生年月	职称	籍贯	工作单位	管理期限	备注
刘连法	男		工程师		北苏镇供销社	1989.4—1993.3	第二批
成兆民	男	1946.1	工艺美术师	东验村	华瑞地毯有限公司	1989.4—1993.3	第二批
冯呼忠	男	1944.12	中教高级	北　牛	体　校	1990.1—1993.12 1996.1—1994.12 2000.4—2004.3	第三、四、七批

第二十七编

续表 27–2

姓名	性别	出生年月	职称	籍贯	工作单位	管理期限	备注
闫会学	女	1949	中教高级	西　汉	教育局	1996.1—1999.12	第四批
成兆民	男	1946.1	工艺美术师	东验村	华瑞地毯有限公司	1997.1—2000.12	第五批
李永华	男	1956.8	工程师	牛辛庄	冀中化工有限公司	1998.2—2001.12	第六批
卢翠燕	女	1965.9	中教高级教师	西两河	无极中学	2004.2—2007.12	第八批

无极县市管跨世纪青年拔尖人才统计表

表 27–3

姓名	性别	出生年月	职称	籍贯	工作单位	批次（命名时间）	备注
陈玉茹	男	1963.3	中级编辑	大名庄	广电局	1995 年	
杨增军	男	1963.12	工程师	南侯坊	开发办	1995 年	
冯俊生	男				广电局	1996 年	
李英栓	男				畜牧局	1996 年	
耿东明	男	1964.11	主任医师	北　丰	县医院	第三批	
马国清	女		高级农艺师	衡水市	农业技术中心	第三批	
刘建良	男					第三批	
陶　静	女					第三批	
刘占波	男					第四批	
孟　浩	男					第四批	
安学军	男	1967.1	工程师	东　关	冀中化工	第五批	
耿玉军	男	1970.9	小教一级	辛　庄	县武术学校	第六批	

无极县籍党政副厅级以上干部统计表

表 27–4

姓名	性别	出生年月	籍贯	工作单位	曾任或现任职务
付光民	男	1921.8	明秩寺	天津出入境检验检疫局	副局长
刘殿辉	男	1925	赵正寺	原河北省农林局	党组书记、局长、省人大常委
李士茂	男	1927	东丰庄	原石家庄地委党校	书记、校长
丁祥志	男	1929	西验村	原石家庄地委宣传部	部　长
翟志席	男		大　户	中国农业大学	副书记
姚　宏	男		南朱村	国土资源部评估中心	主　任
任增平	男		高　陵	水利部规划设计院	高　工
张占刚	男			国务院研发中心	研究员

续表 27–4

姓名	性别	出生年月	籍贯	工作单位	曾任或现任职务
张同须	男		房家庄	北京邮电研究院	院　长
崔敬章	男	1922.6	崔　村	北京市邮局办公室	党支部书记
杨占科	男		南侯坊	供销总社办公厅	副主任
张彦斌	男	1942	黄　台	省政协	省政协农业委员会副主任
赵宝玉	男		南　苏	省政协港、澳、台侨外事委	原主任
王中联	女		泗　水	市人大	副主任
李景辉	男	1962.12	杨　村	贵州省委巡视工作领导小组	办公室主任、正厅
张君海	男		马孤庄	市政协	副主席
彭造岭	男		中合流	市委、市人大	副书记、副主任
陈启明	男		崔家庄	市政府	副市长
李胜斌	男		西南丰	省纪委常委	正厅级巡视员
安广仁	男			省纪委	主　任
陈同文	男		大　汉	省粮食局	副局长
王占忠	男	1952.6	东南丰	河北公安警察职业学院	党委书记
兰英山	男		东　汉	省社科联	副主席
刘礼锁	男			省社会主义学院	副院长
兰保良	男		东　汉	保定市委组织部	部　长
田颖真	男	1929	户　村	省旅游局	旅游服务公司总经理
张建欣	女	1955.10	东汉村	山西省政府	副省长
陈　平	男	1966	崔家庄	邯郸市委组织部	部　长
魏士强	男		甄　村	教育部人事司	司　长
刘铜锤	男		刘家庄	国务院事务管理局	副局长
马新民	男		南　流	全国棉花交易市场	书　记
殷　宁	男			北京海关	副关长
解进勇	男		蔡　庄	海关总署采购中心	主　任
高建设	男		南池阳	北京政法职业学院机关党委	书　记
司欣波	男		司家庄	国家开发银行青海分行	副行长
兰卿良	男	1960	东　汉	省水利科学院研究院	副院长
曹彦茂	男	1927	南池阳	河北政法管理干部学院	副院长、正厅级
李保中	男	1947.11	东验村	天津市老干部局	助理巡视员（副厅级）
袁月纲	男	1936.3	西南丰村	河北省环境保护厅	副厅长
闫保国	男	1953.11	西　汉	北京首都公路发展有限公司	副经理（副厅级）

续表 27–4

姓名	性别	出生年月	籍贯	工作单位	曾任或现任职务
安光辉	男	1975.10	王家庄	中国驻西班牙大使馆	武　官
张秋阳	男	1954.9	前北焦	黑龙江省哈大齐工业走廊建设领导小组	副组长（副省级）
王中位	男	1959.10	东南丰	黑龙江省人大研究室	主　任
李士茂	男	1927.8	东丰庄	石家庄市委党校	书记、地厅级待遇
曹彦茂	男	1927.2	南池阳村	河北政法管理干部学院	副院长、行政 13 级
张彦斌	男	1942	黄　台	河北省畜牧兽医局	原局长、书记
崔敬章	男	1922.6	崔　村	北京市邮局办公室	原党支部书记
张彦斌	男	1942	黄　台	省政协	省政协农业委员会副主任
白顺江	男		无　极	省林业局	局长、党组副书记

无极县籍各行业副高以上人才统计表

表 27–5

姓名	性别	出生年月	籍贯	工作单位	职称
靳通收	男	1945.11	张段固村	河北大学	教　授
刘聪慧	男	1977.8	东　丈	中国人民大学	博　士
徐同谦	男	1974.9			博　士
贾立涛	男	1979	户太营	浙江大学	博　士
牛红凯	男	1974.7	东两河	石家庄铁道学院	副教授
牛振辉	男	1963	东两河	广州旅游招商局	经理、博士
甘守仁	男	1930.3		西安市第五医院放射科	主任医师
张翠琴	女	1966.3	黄　台	瞬联软件科技（北京）有限公司	高级软件工程师、项目经理
兰卿良	男	1960	东汉村	河北省水利科学研究院	副院长、教授、高级工程师、硕士研究生导师
王可玉	男	1957.12	流村西队	美国	生物、物理博士
刘月田	男	1965.5	东门营	中国石油大学	教授、博士生导师
兰贞才	男		东　汉	河北师范大学	副教授
刘坤起	男	1966.12	郭吕村	石家庄经济信息学院	院长、教授、博士、硕士研究生导师
刘秀奇	男		东　汉	省交通勘察设计院	教授、高级工程师
张成明	男	1953.11	赵户村	石家庄内陆港有限公司	董事长、高级政工师、高级经济师
张苏明	男	1953.8		石家庄市运输管理处	高级统计师
安光义	男	1961.11	王家庄	河北农业大学	教　授
牛燕雄	男	1967.3	西两河	解放军军械工程学院光学工程教研室	主任、副教授、硕士生导师

续表 27–5

姓名	性别	出生年月	籍贯	工作单位	职称
李振亚	男	1953.10	东丰庄	河北化工学院	教　授
甄建国	男	1954.5	甄　村	三六零四工厂	厂长、高级经济师
刘国强	男	1960.1	郭　吕	河北科技大学教务处	教　授
刘美亚	女	1964.3	郭　吕	河北省痔瘘治疗中心	副主任医师
于敏志	男	1945.8	周家庄	河北医科大学第二医院	党委副书记、纪委书记、副主任医师、副教授
邢月朋	男	1940	马　村	石家庄中医院	原院长、主任中医师
李　哲	男			美国新州工学院	高级工程师、工学博士
靳颖坤	女	1967	张段固	美国 UC 大学	化学硕士、高级工程师
张青卯	男		张段固	美国 UC 大学	化学博士、高级工程师
贾耀民	男	1939	东侯坊	中国书画函授大学	教　授
闫振强	男		西　汉	中国美术馆	副研究员
兰卿良	男	1960	东　汉	省水利科学院研究院	高级工程师、硕士研究生导师
刘振娟	女		郭　吕	北京化工大学	教　授
何聪芬	女	1967	杨　坊	北京工商大学	教　授
张秋玲	女	1959	赵　户	河北省小百灵艺术团	团长、一级演员
张秋生	男	1962	赵　户	石家庄京剧团	一级演员
赵贞海	男	1965	泊　头		一级演员
王　磊	女	1955.12	东中铺	河北师范大学	教　授
范建会	男	1968.2	西东门	河北电视艺术中心	主任、导演
赵丛敏	女	1946	郭　庄		二级美术师
刘宗正	男	1948	郭　庄	省地方志办公室	编　审
张殿奎	男	1947	西大户	中国铁路工程总公司党校	教　授
田运章	男	1947	户　村	石家庄市艺术研究所	专业编剧
贾志杰	男	1937.10	西罗尚	中央电视台	高级编辑
王炳国	男	1952	前北焦	河北电视台	高级工程师
冯立恒	男	1955	北　牛	石家庄日报社	副社长、高级编辑
王彦坤	男	1957.8	北虎庄	河北省社会科学院	研究员
李占波	男	1965	东　侯	燕赵晚报	主任编辑
靳国栋	男	1965	张段固	河北电影电视剧制作中心	副主任
耿建扩	男	1968	耿家庄	石家庄日报社	总编室副主任

续表 27–5

姓名	性别	出生年月	籍贯	工作单位	职称
李树景	男	1950	杨　村	河北电视台	高级编辑
戈海涛	男	1975	小　吕	河北电视台	一级播音员
张燕伟	男	1959	东　汉	河北人民广播电台	主任编辑
刘宗诚	男	1934	郭　庄	县地方志办公室	主任、副编审
郭宝寨	男	1942	郭　庄	中央美术学院	教　授
袁月纲	男	1936.3	西南丰	河北省环境保护厅	高级工程师
刘炳瑛	男	1931	东中铺	中共中央党校	教授、博士生导师、 中国管理科学院终身院士
高庆升	男	1937.7	南池阳	上海文汇报社	主任编辑、原编辑部党支部书记
寇贞苏	女	1943	东丰庄	河北广播电视台	高级编辑
马国立	男	1953	西　宋	中央电视台体育部	主任、高级记者、享受国务院特别津贴
俱孟军	男		西陈村	新华社亚太总社	社长、高级记者
张兵虎	男		黄　台	保定惠阳航空螺旋桨制造厂	副厂长、总工程师
张胜群	男		西郝庄	北京大学	教　授
甘守仁	男	1930.3		西安市第五医院放射科	主任医师
刘聪慧	男	1977.8	东　丈	中国人民大学	博　士
靳通收	男	1945.11	张段固村	河北大学	教　授
齐瑞玉	男	1933	店　尚	河北省计生委	研究员
余荣双	女	1942	店　尚	航天工业部	高级工程师
齐荣英	女	1944	店　尚	石家庄市八十一中	高　工
齐花蕊	女	1943	店　尚	石家庄信息工程学院	高级讲师、副教授
齐彦锁	男	1964	店　尚	河北省高速公路建设处	总工程师、硕士研究生
贾项同	男	1975	店　尚	南开大学	教　授
刘巧辉	女	1979	店　尚	南京信息工程学院	博士后
靳同林	男	1963	店　尚	河北省卫生监督局	副主任医师
陈　浩	男	1972	店　尚	石家庄第一医院	副主任医师
齐建寨	男	1976	店　尚	中国船舶重工集团公司	高级政工师
傅占勇	男	1964	店　尚	石家庄建筑设计院	高　工
杨占磊	男	1985	店　尚	中国科学院	研究员、博士研究生
尹春霞	女	1982	店　尚	燕山大学	博士研究生
王　玉	女	1982.9	石家庄村	中央民族大学民族学与社会学院	博士研究生

人物

续表 27–5

姓名	性别	出生年月	籍贯	工作单位	职称
齐　静	女	1983.	店　尚	河北钢铁集团	博士后
张世民	男	1961.3	大　户		高级工程师
张立根	男	1957	张段固	北铁车辆段	高级工程师
王分良	男	1963.5	里贵子	华北制药厂	高级工程师
王锁民	男	1963.5	里贵子	石家庄市二院	高级工程师
王明吉	男	1965.4	里贵子	河北师大	教授、硕士生导师
孙彩平	女	1971.5	里贵子	南京师范大学	教授、博士生导师
贾雨辰	女	1971.8	里贵子	天津水泥设计院	高级工程师
孙翠香	女	1975.5	里贵子	美国 Tetraphase 生物科技公司	
孙翠茹	女	1979.5	里贵子		研究员
张庆哲	女	1961.6	东池阳	石家庄市十八中学	副研究员
张文钧	男	1968.2	祁　村	陕西省宝鸡市长岭电器集团	高级工程师
贾立涛	男	1979	户太营	浙江大学	医学博士
李会芳	女	1963.12	费家庄	电视台	副编审
马玉红	女	1970.1	东关村	电视台	副编审
高淑鸾	女	1950.7	西中铺	电视台	副编审
杨翠肖	女	1971.10	张　村	电视台	二级摄像师
司方颖	女	1973.12	角　头	电视台	二级摄像师
刘全会	男	1968.9	市庄村	林业局	高级农艺师
陈彦同	男	1966.9	郭　庄	林业局	高级工程师
何香林	男	1972.8	杨坊村	林业局	高级农艺师
王同月	女	1971.2	新城村	林业局	高级农艺师
陈彦同	男	1966.9	牛家庄	林业局	高级工程师
吕孟鱼	男	1943.2	吕吕村	县社	高级工程师
闫克胜	男	1944.10	西　汉	棉油厂	高级工程师
于立江	男	1933.9	衡水市	审计局	高级注册会计师
陈秀英	女	1977.10	大　汉	审计局	高级注册会计师
李芙秋	女			计生局	副主任医师
闫贵欣	男	1965.2		计生局	副主任医师
靳占军	男	1966.1	张段固	建设局	高级工程师
乔建祥	男	1966.1	明秩寺	建设局	高级工程师
刘建奎	男	1970.6	北　虎	建设局	高级工程师

续表 27–5

姓名	性别	出生年月	籍贯	工作单位	职称
王根虎	男	1971.7	东合流	财政局	高级会计师
赵香月	女	1956.12	马桥村	县党校	高级讲师
王彦芬	女	1950.11	东中铺	县党校	高级讲师
王善卯	男	1963.5	东庄村	县党校	高级讲师
周月奇	男	1963.9	小　镇	县党校	高级讲师
齐荣卿	女	1963.8	店尚村	县党校	高级讲师
马计分	男	1961.11	马　村	县医院	副主任医师
白同林	男	1955.11	高　头	益民医院	副主任医师
陈智虎	男	1960.6	崔家庄	县医院	高级政工师
刘胜军	男	1952.10	滋河店	县医院	副主任医师
韩林山	男	1956.12	小　汉	县医院	副主任医师
马　德	男	1958.1	东罗尚	县医院	副主任医师
何　森	男	1966.8	西　关	县医院	副主任医师
杜秀敏	女	1964.3	定州市	县医院	副主任医师
李香社	男	1956.3	里城道	县医院	高级政工师
郭彦雪	男	1964.2	东　丈	县医院	副主任医师
彭彩桥	女	1963.7	中合流	县医院	副主任医师
吕彦双	女	1966.5	吕吕村	县医院	副主任医师
朱菁华	女	1963.11	朱家庄	县医院	副主任医师
杨运学	男	1964.6	西　关	县医院	副主任医师
刘义珍	女	1966.2	七汲西	县医院	副主任医师
张素芬	女	1966.12	朱家庄	县医院	副主任医师
王月肖	女	1964.9	牛辛庄	县医院	副主任医师
穆军生	男	1966.6	穆家庄	县医院	副主任医师
李素娟	女	1969.7	东侯坊	县医院	副主任医师
牛国联	女	1957.1	王　村	县医院	副主任医师
李彦周	男	1962.9	东　阳	县医院	副主任医师
张力勋	男	1970.5	大　陈	县医院	副主任医师
裴美珍	女	1955.2	裴里村	县医院	副主任医师
王义勇	男	1968.3	安　城	县医院	副主任医师
刘改棉	女	1964.12	七汲西	县医院	副主任医师
李江力	女	1971.2	东丰庄	县医院	副主任医师

续表 27—5

姓名	性别	出生年月	籍贯	工作单位	职称
司翠权	男	1972.7	司家庄	县医院	副主任医师
靳翠肖	女	1970.11	北　远	县医院	副主管护师
苏增罗	女	1971.8	店　上	县医院	副主管护师
甄玉珍	女	1968.2	固　现	县医院	副主任医师
甄占龙	男	1954.7		县医院	副主任医师
张栓平	男	1965.3	东流村	县医院	副主任医师
朱同奎	男	1957.7	朱家庄	县医院	副主任医师
苌　江	男	1973.6	高　村	县医院	副主任医师
韩惠然	女	1953.7	大　召	县中院	副主任医师
李翠杰	女	1954.11	前北焦	县中院	副主任医师
周春雪	女	1955.3	小镇村	县中院	副主任医师
杜庆文	男	1955.6	安城村	县中院	副主任医师
刘美亚	女	1964.3	郭　吕	县中院	副主任医师
翟改分	女	1952.12	郭　吕	县中院	副主任医师
赵鹏飞	男	1958.11	马　桥	县中院	副主任医师
韩中华	男	1963.7	大城县	妇幼保健所	副主任检验师
陈同谦	男	1953.8	藁城市	卫生学校	副主任医师
周贞肖	女	1955.6	小　镇	卫生学校	副主任医师
翟卷平	男	1963.3	东大户	县医院	副主任医师
孙彦丛	女	1964.11		县医院	副主任医师
金彩卿	女	1964.5		县医院	副主任医师
韩义强	男	1964		县医院	副主任医师
耿东明	男	1964.11		县医院	副主任医师
赵建设	男	1963.7	史　村	县交通局	高级工程师
李永华	男	1956.8	牛辛庄	河北冀中化工有限公司	高级工程师
徐献国	男	1969.2	临城县	石家庄市和合化肥有限公司	高级工程师
周国军	男	1962.1	宁晋县	石家庄市和合化肥有限公司	高级工程师
王军成	男	1970.1	栾城县	石家庄市和合化肥有限公司	高级工程师
倪汝伟	男	1953.5	大城县	石家庄市和合化肥有限公司	高级会计师
李少英	女	1954.6	深　县	石家庄市和合化肥有限公司	高级会计师
张守义	男	1940.9	唐山市	河北冀中化工有限公司	高级工程师
宋增瑞	男	1963.2	晋州市	河北冀中化工有限公司	高级工程师

续表 27–5

姓名	性别	出生年月	籍贯	工作单位	职称
张　晶	女		天津市	农牧局	兽医师（副高）
石务本	男		石家庄	农牧局	兽医师（副高）
于振山	男		周家庄	农牧局	畜牧师（副高）
苏玉芬	男		西牛村	农牧局	畜牧师（副高）
刘志良	男	1963.7	东东丈	农牧局 农业技术推广中心	推广研究员
张书云	女	1956.6	郝　庄	农牧局 农业技术推广中心	高级农艺师
绳苏欣	女	1958.1	东辛庄	农牧局 农业技术推广中心	高级农艺师
孙苏卿	女	1963.2	前北焦	农牧局 农业技术推广中心	推广研究员
李惠群	男	1949.11	东　宋	农牧局 农业技术推广中心	高级农艺师
闫金堂	男	1961.12	资河店	农牧局	高级畜牧师
程翠联	女	1968.9	南　马	农牧局 农业技术推广中心	高级农艺师
陈英钗	女	1955.10	东罗尚	农牧局 农业技术推广中心	高级农艺师
田月花	女	1956.9	大名庄	农牧局 农业技术推广中心	高级农艺师
秦　燕	女	1967.12	辛集市	农牧局 农业技术推广中心	高级农艺师
史德华	男	1962.2	井陉县	农牧局 农业技术推广中心	高级农艺师
邸彦珍	女	1968.10	深责县	农牧局 农业技术推广中心	高级农艺师
王翠卿	女	1962.9	南　虎	农牧局 农业技术推广中心	推广研究员
苗立军	男	1964.5	东　关	农牧局 农业技术推广中心	高级农艺师
郄敏茹	女	1967.3	市　庄	农牧局 农业技术推广中心	高级农艺师
徐宝星	女	1969.6	郭　庄	农牧局 农业技术推广中心	高级农艺师
张军波	男	1966.3	甲　尚	农牧局 农业技术推广中心	高级农艺师
李翠改	女	1955.6	张　村	农牧局 农业技术推广中心	高级农艺师
崔玉敏	女	1963.12	崔　村	农牧局 农业技术推广中心	高级农艺师
仝增儒	女	1969.3	前北焦	农牧局 农业技术推广中心	高级农艺师
李玉平	女	1969.10	李家庄	农牧局 农业技术推广中心	高级农艺师
马国清	女	1964.4	深　县	农牧局 农业技术推广中心	推广研究员
田胜烟	女	1967.2	朱家庄	农牧局	副研究馆员
王同跃	男	1941.9	新　城	农牧局 农业技术推广中心	高级农艺师
张建峰	男	1956.9	东池阳	无极县原种场	高级农艺师
张占奇	男	1974.2	罗　庄	无极县原种场	高级农艺师
李荣芬	女	1956.10	东丈一	农牧局 农业技术推广中心	推广研究员
田改杰	女	1953.5	西　汉	农牧局 农业技术推广中心	高级农艺师

续表 27–5

姓名	性别	出生年月	籍贯	工作单位	职称
袁立峰	女	1963.8	北　苏	农广校	高级讲师
张素菊	女	1968.7	鹿泉市	农广校	高级农艺师
李英栓	男	1964.1	西　宋	农牧局	高级兽医师
梁占军	男	1963.9	东池阳	农牧局	高级兽医师
杨建立	男	1968.11	张　村	农牧局	高级兽医师
牛雅丽	女	1974.4	元　氏	农牧局	高级兽医师
张玉珍	女	1968.9	大　陈	农牧局	高级工程师
杨玉强	男	1967.3	南侯坊	无极中学	中学高级教师
李欣英	女	1968.9	东　侯	无极中学	中学高级教师
金社强	男	1965.7	北合庄	教育局	中学高级教师
李　伟	男	1960.10	中合流	教育局	中学高级教师
卢翠燕	女	1965.9	西两河	无极中学	中学特级教师
曹占顺	男	1967.3	泊　头	南流学区	中学高级教师
韩俊哲	女	1958.7	小　汉	七汲小学	中学高级教师
安俊棉	女	1964.3	王家庄	实验学校	中学高级教师
安冠军	男	1956.12	王家庄村	大陈中学	中学高级教师
安建启	男	1973.5	庄　里	郭吕中学	中学高级教师
安军恒	男	1969.9	大中郎村	南流中学	中学高级教师
安拴位	男	1962.5	东合流	七汲中学	中学高级教师
安云超	男	1961.3	东合流	无极中学	中学高级教师
安真理	男	1960.2	东合流	郝庄中学	中学高级教师
白彬勋	男	1961.5	谈　下	无极中学南	中学高级教师
白进社	男	1970.8	张家庄	里城道中学	中学高级教师
白梦仓	男	1951.8	张家庄	教育局	中学高级教师
白三顺	男	1972.5	张家庄	大陈学区	中学高级教师
白顺海	男	1967.2	张家庄	无极中学	中学高级教师
白亚军	女	1961.5	郭　庄	无极中学	中学高级教师
白彦民	男	1961.6	高　头	无极中学	中学高级教师
白中山	男	1961.9	高　头	无极中学	中学高级教师
白中彦	男	1965.2	谈二村	高头学区	中学高级教师
曹建国	男	1965.5	泊　头	职业技术教育中心	中学高级教师
苌义平	男	1960.7	苌家庄	郝庄中学	中学高级教师

续表 27—5

姓名	性别	出生年月	籍贯	工作单位	职称
陈会巧	女	1965.5	郝　庄	职业技术教育中心	中学高级教师
陈荣欣	女	1967.3	固　汪	实验学校	中学高级教师
陈同学	男	1964.9	固　汪	教育局	中学高级教师
陈香龙	女	1961.10		无极中学	中学高级教师
陈晓斌	男	1972.10	大汉村	东侯坊中学	中学高级教师
陈月明	男	1961.3	固汪村	西东门中学	中学高级教师
崔立祥	男	1974.6	安城村	北苏镇中学	中学高级教师
丁根锁	男	1961.10	西验村	无极中学	中学高级教师
丁俊芬	女	1954.3	西合流	无极镇中学	中学高级教师
丁同肖	女	1969.2	西验村	进修学校	中学高级教师
董亚丽	女	1955.3	小　镇	无极镇中学	中学高级教师
杜连虎	男	1965.3	马　坊	高头乡中学	中学高级教师
冯呼中	男	1968.11	北牛村	武校	中学高级教师
冯香习	女	1966.7	北牛村	武校	中学高级教师
付振海	男	1965.6	明秩寺村	职业技术教育中心	中学高级教师
高彩欣	女	1967.3	南池阳村	实验学校	中学高级教师
高吉发	男	1970.7	大中郎村	无极镇中学	中学高级教师
高金月	女	1958.12	费家庄	实验学校	中学高级教师
高路平	男	1962.1	大中郎	无极中学	中学高级教师
耿全友	男	1972.6	耿家庄	郭吕中学	中学高级教师
耿玉军	男	1968.10	辛庄村	武校	中学高级教师
耿玉罗	女	1944.12	东辛庄	实验学校	中学高级教师
耿振拴	男	1972.5	耿家庄	郭吕中学	中学高级教师
谷换来	男	1967.7	西两河	无极中学	中学高级教师
郭丁华	男	1955.7	马　桥	无极镇中学	中学高级教师
郭　辉	男	1962.1	双城县	无极中学	中学高级教师
韩平反	男	1970.8	菜　庄	郭庄镇中	中学高级教师
何海强	男	1966.6	杨　坊	无极中学	中学高级教师
何胜联	女	1962.2	北　苏	无极中学	中学高级教师
何苏然	女	1950.11	杨　坊	实验学校	中学高级教师
何志强	男	1965.7	西　关	职业技术教育中心	中学高级教师
贾国强	男	1970.07	户台营	郭庄镇中	中学高级教师

人物

续表 27–5

姓名	性别	出生年月	籍贯	工作单位	职称
贾会良	男	1967.9	贾庄村	无极中学北校区	中学高级教师
贾建锁	男	1955.1	西罗尚	里城道中学	中学高级教师
贾伟欣	女	1967.10	西罗尚	无极中学北校区	中学高级教师
贾志民	男	1962.8	西罗尚	泗水乡中	中学高级教师
贾中强	男	1967.6	北朱村	无极中学	中学高级教师
解敏远	男	1966.10	南朱村	无极中学	中学高级教师
金法平	男	1954.3	北合庄	大陈镇初级中学	中学高级教师
金国玺	女	1966.6	北合庄	里城道中学	中学高级教师
金静君	女	1955.10	北合庄	无极镇中学	中学高级教师
靳　巍	男	1965.8	张段固	职业技术教育中心	中学高级教师
靳颖霄	女	1972.2	张段固	无极中学	中学高级教师
兰运欣	女	1953.10	东　汉	实验学校	中学高级教师
兰增印	男	1966.5	东　汉	无极中学	中学高级教师
兰振国	男	1968.12	东　汉	无极中学	中学高级教师
兰志军	男	1972.2	东　汉	张段固中学	中学高级教师
李彩轩	女	1967.11	甄家庄	无极中学	中学高级教师
李东良	男	1967.2	西东阳	无极中学	中学高级教师
李会欣	女	1956.12	里城道	实验学校	中学高级教师
李建法	男	1966.11	房家庄	无极中学	中学高级教师
李建良	男	1958.4	东阳村	教育局	中学高级教师
李建敏	女	1961.3	东丰庄	西东门中学	中学高级教师
李立新	男	1970.10	南　苏	北苏镇中	中学高级教师
李庆雪	男	1969.9	赵正寺	武校	中学高级教师
李全军	男	1962.5	东　侯	无极中学	中学高级教师
李荣罗	女	1957.3	楼　下	实验学校	中学高级教师
李少华	女	1969.4	西　宋	南流乡初级中学	中学高级教师
李社青	男	1960.1	里城道	郝庄中学	中学高级教师
李双棉	女	1962.6	大汗营	无极中学	中学高级教师
李素岩	女	1958.2	东侯坊	联合小学	中学高级教师
李同芬	女	1956.4	东西侯	无极镇中学	中学高级教师
李　伟	男	1961.10	中合流	教育局	中学高级教师
李喜珠	男	1965.10	杨家庄	武校	中学高级教师

续表 27–5

姓名	性别	出生年月	籍贯	工作单位	职称
李晓丽	女	1957.10	东　侯	朱家庄学校	中学高级教师
李新民	男	1966.6	东　牛	无极中学	中学高级教师
李义民	男	1966.8	杨　村	无极中学	中学高级教师
李月英	女	1957.11	东验村	实验学校	中学高级教师
李振永	男	1965.8	杨家庄	职业技术教育中心	中学高级教师
李志刚	男	1963.3	寺　下	楼下中学	中学高级教师
梁翠芬	女	1966.8	东池阳	进修学校	中学高级教师
梁立亚	男	1962.6	东池阳	无极中学	中学高级教师
刘保恒	男	1970.9	北　苏	无极镇中学	中学高级教师
刘从欣	女	1968.4	七　汲	无极中学北校区	中学高级教师
刘翠红	女	1958.7	磁河店	实验学校	中学高级教师
刘翠英	女	1961.6	王家庄	实验学校	中学高级教师
刘东林	男	1962.7	磁河店	无极中学	中学高级教师
刘分良	男	1958.5		东侯坊小学	中学高级教师
刘分月	女	1963.4	七　汲	七汲镇中学	中学高级教师
刘红振	男	1965.9	北　苏	职业技术教育中心	中学高级教师
刘建辉	男	1968.6	北　苏	进修学校	中学高级教师
刘建良	男	1962.7	东　汉	无极中学	中学高级教师
刘建良	男	1970.5	小东郎	教育局	中学高级教师
刘建良	男	1962.8	小东郎	实验学校	中学高级教师
刘建双	男	1962.8	慈河店	无极中学	中学高级教师
刘江报	男	1963.9	小汉村	教育局	中学高级教师
刘进京	男	1962.8	东验村	无极中学	中学高级教师
刘军国	男	1962.9		无极中学	中学高级教师
刘军祥	男	1964.2	连　台	实验学校	中学高级教师
刘军战	男	1970.12	王家庄	张段固中学	中学高级教师
刘曼丽	女	1967.9	彭　村	无极镇中学	中学高级教师
刘敏然	女	1968.1	郭　吕	无极中学	中学高级教师
刘　攀	女	1966.3		教育局	中学高级教师
刘青芳	女	1967.12	七　汲	无极中学北校区	中学高级教师
刘庆辰	男	1970.10	磁河店	郭庄镇中	中学高级教师
刘书瑞	女	1964.10	彭家庄	实验学校	中学高级教师

续表 27—5

姓名	性别	出生年月	籍贯	工作单位	职称
刘淑超	女	1956.9	深泽县	无极镇中学	中学高级教师
刘小友	男	1952.4	楼　下	无极镇中学	中学高级教师
刘新民	男	1953.7	古　庄	无极镇中学	中学高级教师
刘秀芬	女	1962.09	滦　县	无极中学	中学高级教师
刘亚平	女	1962.10	西　关	无极中学	中学高级教师
刘彦奇	男	1972.12	郭　吕	郭吕中学	中学高级教师
刘瑛国	男	1956.6	古庄村	教育局	中学高级教师
刘英辉	男	1965.1	刘家庄	教育局	中学高级教师
刘玉才	男	1958.10	小东郎	东侯坊中学	中学高级教师
刘云甫	男	1959.12	彭家庄	东侯坊中学	中学高级教师
刘韫林	女	1962.10	榆树市	无极中学	中学高级教师
刘增田	男	1970.5	彭家庄	郭庄镇中	中学高级教师
刘占洋	男	1963.5	东　汉	七汲镇中学	中学高级教师
卢翠彦	女	1962.10	西两河	无极中学	中学高级教师
吕会平	男	1963.1	吕吕村	无极中学	中学高级教师
罗欣红	女	1967.8	东侯坊	无极中学	中学高级教师
罗玉芬	女	1969.12	东侯坊	后北焦小学	中学高级教师
马根会	男	1965.9	验　村	职业技术教育中心	中学高级教师
马建兴	男	1963.1	西　郎	高陵小学	中学高级教师
马嗣军	男	1967.11	西郎村	教育局	中学高级教师
马苏敏	女	1968.12	马　村	无极中学	中学高级教师
马子玉	男	1973.9	南　流	郭吕中学	中学高级教师
孟翠珍	女	1968.9	东市庄	无极中学	中学高级教师
孟建强	男	1965.5	后北焦	王家庄小学	中学高级教师
孟祥对	男	1965.9	后北焦	教育局	中学高级教师
孟祥华	女	1963.1	廊坊市	无极中学	中学高级教师
穆勤生	男	1958.7	穆家庄	东侯坊中学	中学高级教师
牛国昌	男	1963.1	南　牛	无极中学	中学高级教师
牛国旗	男	1963.3	王　村	无极中学	中学高级教师
牛亚伟	男	1970.6	南　牛	郭庄镇中	中学高级教师
牛运卿	女	1963.9	王　村	七汲镇中学	中学高级教师
强俊波	男	1953.5	西牛村	无极镇中学	中学高级教师

续表 27–5

姓名	性别	出生年月	籍贯	工作单位	职称
强志军	男	1965.1	姚家营	高头学区	中学高级教师
乔建芬	男	1961.9	明秩寺	教育局	中学高级教师
任栓印	男	1965.10	高　陵	职业技术教育中心	中学高级教师
任双敏	男	1976.11	高　陵	里城道学区	中学高级教师
司贵拴	男	1966.3	司家庄	实验学校	中学高级教师
司军明	男	1963.4	角　头	无极中学	中学高级教师
宋改欣	女	1963.5	王　村	无极中学	中学高级教师
宋坦然	女	1964.2	定州市	大陈学区	中学高级教师
宋雁超	女	1963.9	王　村	无极中学	中学高级教师
陶　静	女	1963.9	冯家庄	无极中学	中学高级教师
田士昌	男	1964.10	户　村	七汲镇中学	中学高级教师
田玉顺	男	1970.4	户　村	郭庄镇中	中学高级教师
仝进路	男	1970.11	前北焦	郭庄镇中	中学高级教师
屠玉芳	女	1971.9	西中铺	张段固中学	中学高级教师
王彩燕	女	1963.9	北　虎	无极中学南	中学高级教师
王翠英	女	1966.9	小西门	实验学校	中学高级教师
王国祥	男	1960.7	南　虎	郝庄中学	中学高级教师
王宏伟	女	1963.10	楼　下	楼下中学	中学高级教师
王会敏	女	1966.12	王家庄	进修学校	中学高级教师
王建友	男	1965.2	东　庄	北苏镇中	中学高级教师
王靖华	男	1964.11	里贵子	教育局	中学高级教师
王军民	男	1964.12	南　虎	泗水乡中	中学高级教师
王俊乔	女	1969.4	泗　水	无极镇中学	中学高级教师
王黎分	女	1970.2	小西门	后北焦小学	中学高级教师
王丽玮	女	1963.10	西　关	无极中学南	中学高级教师
王敏生	男	1966.7	石家庄	无极中学	中学高级教师
王士民	男	1970.7	里贵子	郭庄镇中	中学高级教师
王晓英	女	1967.9	小　陈	无极中学北校区	中学高级教师
王雪敏	女	1967.3	北虎庄	实验学校	中学高级教师
王彦民	男	1961.9	冯家庄	祁村学校	中学高级教师
王彦香	女	1970.3	后北焦	后北焦小学	中学高级教师
王英法	男	1969.9	江　仁	南流乡初级中学	中学高级教师

人物

续表 27–5

姓名	性别	出生年月	籍贯	工作单位	职称
王月英	女	1967.8	南 虎	实验学校	中学高级教师
王占合	男	1965.7	泗 水	大陈学区	中学高级教师
王贞左	男	1971.8	王 吕	张段固中学	中学高级教师
王志科	男	1951.2	王 吕	无极镇中学	中学高级教师
王中罗	女	1968.12	张段固	无极中学	中学高级教师
位志民	男	1964.12	中合流	七汲镇中学	中学高级教师
魏建国	男	1964.8	北 牛	里城道第一联合小学	中学高级教师
魏进泽	男	1971.6	中合流	张段固中学	中学高级教师
魏俊京	女	1956.10	北 牛	无极镇中学	中学高级教师
魏来庄	男	1967.12	甄 村	进修学校	中学高级教师
魏灵江	男	1970.5	牛家庄	郭庄镇中	中学高级教师
魏玉兰	女	1957.6	固 县	大陈镇初级中学	中学高级教师
郄敏肖	女	1969.10	市 庄	实验学校	中学高级教师
辛锁才	男	1963.10	东合流	无极中学	中学高级教师
邢军国	男	1963.11	马 村	无极中学	中学高级教师
邢志生	男	1963.11	马 村	无极中学	中学高级教师
徐会军	男	1963.12	南 苏	无极中学	中学高级教师
闫建礼	男	1963.3	大明庄	教育局	中学高级教师
闫建平	男	1966.10	西 汉	无极中学	中学高级教师
闫立军	女	1963.12	西 汉	无极中学	中学高级教师
严永刚	男	1967.2	南东丈	北苏镇中	中学高级教师
杨花改	男	1965.4	西 高	西高小学	中学高级教师
杨建设	男	1958.3	东合流	无极镇第一联合小学	中学高级教师
杨江海	男	1967.2	林 中	无极中学	中学高级教师
杨景芬	女	1964.1	南侯坊	无极中学	中学高级教师
杨军亚	男	1959.4	郭 庄	东侯坊中学	中学高级教师
杨丽娟	女	1965.10	郭 庄	职业技术教育中心	中学高级教师
杨庆合	男	1966.12	楼 下	楼下中学	中学高级教师
杨树辉	男	1967.9	杨家庄	无极中学	中学高级教师
杨同亮	男	1967.9	柴 城	无极中学	中学高级教师
杨彦青	男	1957.4	杨家庄	大陈镇初级中学	中学高级教师
杨月乔	男	1958.4	东合流	无极镇第一联合小学	中学高级教师

续表 27—5

姓名	性别	出生年月	籍贯	工作单位	职称
杨增芬	男	1960.7	东合流	教育局	中学高级教师
杨　昭	男	1964.2	南侯坊	无极中学	中学高级教师
杨志强	男	1964.5	南侯坊	无极中学	中学高级教师
姚贵卿	男	1964.6	东侯坊	无极中学	中学高级教师
姚建怀	男	1964.6	东侯坊	无极中学	中学高级教师
姚军朋	男	1973.10	南朱村	郭吕中学	中学高级教师
姚同振	男	1965.10	姚家营	职业技术教育中心	中学高级教师
殷英宣	女	1964.7	南俱佑	无极中学南	中学高级教师
殷跃平	男	1965.12	南俱佑	职业技术教育中心	中学高级教师
尹晓红	女	1967.10	北牛	武校	中学高级教师
于巧丽	女	1956.11	角　头	实验学校	中学高级教师
袁建芬	男	1967.3	北　苏	北苏镇中	中学高级教师
袁秀敏	女	1964.8	北　苏	无极中学	中学高级教师
岳印乔	女	1968.11	西合流	无极中学	中学高级教师
翟志明	男	1967.10	大　户	进修学校	中学高级教师
张彬社	男	1960.9	黄　台	西东门中学	中学高级教师
张改棉	女	1968.1	安　城	无极中学	中学高级教师
张国辰	男	1954.5	郭　庄	大陈镇初级中学	中学高级教师
张国芬	女	1963.3	大　陈	实验学校	中学高级教师
张国庆	男	1956.10	朱家庄	教育局	中学高级教师
张国友	男	1964.8	罗　庄	无极中学	中学高级教师
张果冰	男	1958.3	田庄村	教育局	中学高级教师
张建波	男	1966.5	赵　户	无极中学	中学高级教师
张建明	男	1965.3	小西门	东七汲小学	中学高级教师
张　健	男	1964.8		无极中学	中学高级教师
张景霞	女	1972.10	西市庄	实验学校	中学高级教师
张敬芝	女	1964.10	彭　村	无极中学	中学高级教师
张军明	男	1966.9	崔家庄	无极中学	中学高级教师
张军学	男	1965.3	赵　户	高头乡中	中学高级教师
张俊田	男	1966.1	西　关	职业技术教育中心	中学高级教师
张立江	男	1969.6	西合流	南流乡初级中学	中学高级教师
张立英	女	1964.11	崔家庄	无极中学	中学高级教师

续表 27–5

姓名	性别	出生年月	籍贯	工作单位	职称
张龙贵	男	1966.11	北　汪	无极中学北校区	中学高级教师
张庆奎	男	1969.11	佛堂营村	南流乡初级中学	中学高级教师
张同茂	女	1964.11	马　坊	无极中学	中学高级教师
张雪荣	女	1957.1	郝　庄	无极镇中学	中学高级教师
张彦欣	女	1964.11	大汉营	无极中学	中学高级教师
张　义	男	1969.5	赵　户	南流乡初级中学	中学高级教师
张银祥	男	1959.5	固汪村	教育局	中学高级教师
张英然	女	1965.10	王　村	进修学校	中学高级教师
张永平	男	1971.6	田　庄	张段固中学	中学高级教师
张运祥	男	1958.6		东丰庄中学	中学高级教师
张振奎	男	1965.2	王家庄	高头学区	中学高级教师
赵保生	男	1969.9	东　庄	北苏镇中	中学高级教师
赵采芹	女	1968.8	泊　头	无极中学	中学高级教师
赵翠玉	男	1966.9	东丰庄	无极中学	中学高级教师
赵　华	男	1965.6	小　陈	泗水乡中	中学高级教师
赵久婉	女	1968.5	深泽县	无极中学	中学高级教师
赵军平	女	1965.2	史　村	高头学区	中学高级教师
赵兰社	男	1950.4	东庄村	北苏镇中	中学高级教师
赵敏卿	女	1957.1	小　陈	无极镇中学	中学高级教师
甄伟宾	男	1967.1	柳　见	无极中学北校区	中学高级教师
甄新兴	男	1969.1	固　现	南流乡初级中学	中学高级教师
甄秀娟	女	1977.1	彭家庄	进修学校	中学高级教师
甄志海	男	1966.3	甄　村	职业技术教育中心	中学高级教师
周保贵	男	1964.12	南苏村	无极县教育局	中学高级教师
朱分建	男	1959.5	东朱村	东侯坊中学	中学高级教师
朱焕良	男	1971.6	角　头	张段固中学	中学高级教师
朱俊改	女	1966.5	驿　头	职业技术教育中心	中学高级教师
朱全收	男	1973.10	朱家庄	张段固中学	中学高级教师
组玉联	女	1957.3	西验村	无极镇中学	中学高级教师
李运川	男	1934.12	户　村	水电部工程局	高级程师
许高升	男		齐洽村	河北科技师范学院	教　授
王收军	男		张段固村	天津理工大学机械工程学院	院长、教授

无极县志

1989—2005

附录

無極縣志

艺　文

秋宿湘江遇雨

（五代）谭用之

江上阴云锁梦魂，江边深夜舞刘琨。
秋风万里芙蓉国，暮雨千家薜荔村。
乡思不堪悲橘柚，旅游谁肯重王孙。
渔人相见不相问，长笛一声归岛门。

避地司空原言怀

（唐）李白

南风昔不竞，豪圣思经纶。
刘琨与祖逖，起舞鸡鸣晨。
虽有匡济心，终为乐祸人。
我则异于是，潜光皖水滨。
卜筑司空原，北将天柱邻。
雪霁万里月，云开九江春。
俟乎泰阶平，然后托微身。
倾家事金鼎，年貌可长新。
所愿得此道，终然保清真。
弄景奔日驭，攀星戏河津。
一随王乔去，长年玉天宾。

塞外月夜寄荆南熊侍御

（唐）武元衡

南依刘表北刘琨，征战年年萧鼓喧。
云雨一乖千万里，长城秋月洞庭猿。

睹军回戈

（唐）韦庄

关中群盗已心离，关外犹闻羽檄飞。
御苑绿莎嘶战马，禁城寒月捣征衣。
漫教韩信兵涂地，不及刘琨啸解围。
昨日屯军还夜遁，满车空载洛神归。

八十一吟
外二首

（宋）陆游

八十古云耄，吾今不啻过。
山程雨芒屩，水宿一渔蓑。
鸡唱刘琨舞，牛疲宁戚歌。
春寒欺短褐，将奈此翁何！

夜归偶怀故人孤独景略

（宋）陆游

买醉村场半夜归，西山落月照柴扉。
刘琨死后无奇士，独听荒鸡泪满衣！

蜀洲大阅

（宋）陆游

晓束戎衣一怅然，五年奔走遍穷边。
平生亭障休兵日，惨澹风云阅武天。
成陇旧游真一梦，渡辽奇事付他年。
刘琨晚抱闻鸡恨，安得英雄共著鞭！

经刘琨墓
外一首

（宋）文天祥

中原荡分崩，壮哉刘越石。
连踪起幽并，只手扶晋室。
福华天意乘，匹磾生鬼蜮。
公死百世名，天下分南北。

无题

（宋）文天祥

大宋江山与日西，泪洒楼桑哭太尉。
神游旧梦舞晨鸡，眼前已是阎罗殿。

心底犹飘帅字旗，荒冢而今何处觅。

己卯十月一日至燕越五日罹狴犴有感而赋

寥阳殿上步黄金，一落颠崖地狱深。
苏武窖中偏喜卧，刘琨囚里不妨吟。
生前已见夜叉面，死去只因菩萨心。
万里风沙知已尽，谁人会得广陵音。

无题

（宋）李清照

南渡衣冠少王导，北来消息欠刘琨。

论诗三十首

（金）元好问

曹刘坐啸虎生风，四海无人角两雄。
可怜并州刘越石，不教横槊建安中。

滋水桃红

（明）黄照

濆川抵得武陵溪，夹岸桃花锦浪低。
照水无言千叶丽，临春欲笑一禽啼。
城边错绣风徐剪，村外寻源舟自迷。
寄语浅深开有主，刘郎去后属谁题？①

注：①唐刘禹锡有“玄都观里桃千树，尽是刘郎去后栽”句

官廨雨后杂兴

（清）寿颐

其一

风送丝丝细雨斜，讼庭无事静喧哗。
小斋莫漫嫌岑寂，鼓吹新添两部蛙。

其二

泽深下尺上滋肥，手自移花露湿衣。
要使庭前无隙地，尽教红紫畅生机。

其三

芳菲含润水盈科，赏鱼诗成醉后哦。
料得我农阡陌上，亦在欢喜唱秧歌。

其四

林鸠呼鱼又呼晴，草木欣欣尽向荣。
近日荒斋翻寂寞，灌园初断辘轳声。

其五

连朝甘澍降天池，恰值农忙停讼时。
静坐雨窗无个事，摊笺检点旧时诗。

艾青锁记

魏荒弩

一

从三十年代末，我就是艾青的读者。

当时引起我注意的诗人有两位：一位是“雨岗诗人”戴望舒；另一位就是以《大堰河——我的保姆》鸣世的艾青。艾青比戴望舒更贴近现实，更富于激情，更容易为人所接受。因此，他的诗我几乎篇篇都看，对那本六十四开边的小诗集《北方》更情有独钟，一直带在身边，伴随着我——一个刚过二十岁的青年，在抗日的烽火中到处流浪。

四十年代初，与友人邱晓崧成立“诗文学社”，除编辑出版大型诗刊《诗文学》外，还计划出一套《诗文学丛书》，计十二本。其中书稿大多是由我们自己组约。惟有何其芳的《夜歌》和艾青的《献给乡村的诗》，则是由重庆党组叶以群代为提供的。后因抗战胜利，重庆各印刷厂纷纷复员东下，以致丛书只出了曾卓的《门》、力杨的《我底竖琴》、汪铭竹的《纪德与蝶》、袁水拍的《诗与诗论译丛》和何其芳的《夜歌》五种，艾青的诗集未及出版，“诗文学社”便也宣告结束。对这部诗集未能在四十年代中期出版，至今仍不胜憾然，因为当时只要抓紧一点，书也就出来了。

二

1949年初，艾青和田间进城以后，几乎成了北平各大学文学青年崇拜的偶像，各文学社团纷纷邀请他们去讲演。两位诗人到处奔波，累得狼狈不堪。记得他们曾在北大孑民堂演讲过一次，

只见人山人海风雨不透。所谓讲演，也不过是庆祝一下解放、强调今后文艺要为工农兵服务，喊几声“万岁”而已。不久，我到东总布胡同二十五号访友，正好艾青在场，经人介绍这才认识了这位心仪已久的著名诗人。当时他正坐在一张两屉桌后看书。一身臃肿的干部服，平易而随和。只见桌上书夹子内戳立着十几本书，引起了我的注意，因为其中就有我新出版的《捷克艺文选》。诗人发现了我的目光所向，便笑着说：“你的大作，我只翻了翻诗歌部分……”我只是微微颔首，说译得不好，请指教。初次见面，这里又是办室，因此也就未能再谈。

三

1957年，艾青被划为“右派”。不过“他得到了王震的保护，躲到到北大荒保住了一条命”(吴祖光)。艰苦的日子难以捱过而又疾驰如飞，不觉到了1975年夏天。有一天我行走在太平桥大街上，不期与常任侠先生相遇于政协礼堂前。寒暄过后，他邀我同去锦十坊街王府仓四号，去看望来京医治眼疾的艾青。

那是艾青临时借来的下榻处，记得是一间只有七八平方米的小屋。室内除了简单的桌椅外，占面积最大的就是那张上下铺的木床了。此外室内别无长物。然而墙上切挂着一张未经装裱的林风眠的水鸟画，透着房主人非同寻常的雅趣。我们还注意到，床的上铺一角放着一据高达盈尺的书稿，经主人指出方知是诗人在新疆写的全部散文，十多年不见了，诗人还是那么体健神旺，仍是那么机智幽默，常任侠与艾青是重庆结识的老朋友，谈笑风生，话题自然也就更多一些。但当时“四凶”未除，气焰未戢，彼此谈话不免存有戒心。但艾青胸怀坦荡，只是一再说道：“活着就是胜利”在那些苦难的年月，我们得知他从东北又被流放到西北；我们还知道，诗人在北大荒一连创作了两部长诗《踏破荒原千里雪》和《蛤蟆通河上的黎明》。但令人遗憾的是，这两部长诗还未面世，便都在动乱中丢失了，这无疑是诗人同时也是中国诗坛的一大损失。时到今日，仍不免为诗人感到惋惜。不过我们当时对诗人的绝处逢生，终将复出还是感到由衷的高兴。

四

家有祖遗莲花笺纸十二张，经沈从文先生鉴定后，函告：“莲花笺纸相当好；虽近于十九世纪后二十世纪早期制作，目下来说，已成稀见难见珍品……”因此，决定请十二位作家题字，艾青便是其中之一。这时他已住在东城丰收胡同二十一号，地近火车站，有一次到车站送人，顺便拜访了他，在他得知我的来意后，便坦率地说：“写什么呢？我真怕糟了你这张纸！谁都知道，我不会写旧诗，前两年荒芜到王府仓去，每次都带来一首七律念给我听，我又不懂，当然更不能和他，弄得很尴尬。”

我说：“你随便写点什么都可以！写你的新诗名句也好。”

结果他写了《向太阳》中的一句诗：

若火轮飞旋于
沙丘之上
太阳向我滚来

我以为这是他的得意之笔，因此也很得意。

然后，他又问起我孩子的情况。我告诉他，儿子正在维也纳学习。他立刻很热情地说：“我在奥地利有好朋友，可以得到照顾。”遂立刻请夫人高瑛写了一封热情的信给奥中友协燕珊夫妇，请他们在生活住宿等方面随时予以关照，使我非常感动。

他还跟我谈起奥地利的瓷器工业，备极赞赏。还特意将奥国朋友送他的一套茶具找出来给我看，表现了诗人少有的闲情逸致。此外，他还赠我《艾青诗选》《诗论》等，并请高瑛为我们拍了多张影留念。临别，还拥挽着把我送出大门很远很远。这次访问，深深使我感到诗人洋溢的热情和美好的心境，同时也使人感到艾青夫妇待人的真诚。

五

1978年5月的一天，诗人禾波请艾青夫妇吃饭，地点在光明胡同二十一号禾波的寓所。陪客有一位早已搁笔的老诗人、禾波所在单位北京曲艺团的领导和我。禾波曾在中国作协文学讲习所学习过，尊艾青为老师，执弟子礼甚恭。不多的几个人，加以禾波夫人封世英拿手的几道四川菜，气氛原本是融洽而欢快的。但不久就在筵席上听到一种不谐和音，长辈似的盘问："艾青，你是什么时候开始写诗的？"……"艾青，你……"频数太多了，便觉生硬刺耳，欢乐的气氛仿佛也变得凝重起来，凭空给了在座的人一种压力，并增添了几分尴尬。当事人起先还有问必答，后来便只顾吃饭，不大爱接话碴儿了。我几次想把话岔开，但终告失败。最后艾青夫妇匆匆吃完饭，道谢过主人，便先自离席而去了。

尊重别人，也就是尊重自己。充老卖老，只会招致无趣。何况又都是同辈同龄人(艾青还长他一岁)呢?

六

苏联的"天才的农民诗人"叶赛宁，早在三十年代就介绍到了中国，如黎央译的《叶赛宁集》等建国后也介绍过来一些。到了八十年代，人们为叶赛宁诗中的艺术魅力所吸引，逐渐引起了广泛的注意，继而形成了一个研究译介叶赛宁诗的小小热潮。先是北京大学俄语系出版了岳凤、顾蕴璞等篇译的《叶赛宁评介及诗选》，为了扩大影响，又由北京大学俄语系牵头，于1985年10月8日至11日在北京的香山别墅召开了叶赛宁学术研讨会，以纪念他九十华诞和六十忌辰，邀请全国俄苏文学界有关人士参加。

大会委托我邀请艾青光临大会。他在电话里开起来玩笑："到香山看红叶正当其时嘛！我去，可以。

但有个条件，只吃饭不发言！"当时只好依他。

开会时间原定八点，由于人为的故障，直到九时半才得开会。在开幕式上，我们信守诺言，真的没有勉强诗人去发言。他对此也感到满意。考虑到开幕式后有些人不参加讨论，便集合在院子里先照相然后大家欢聚午餐。用完饭，艾青夫妇便提出要回城，他一面拥挽着，一面对我说："承你邀我，我既到了香山，又看到了红叶，谢谢！"于是在众人的目送之下，诗人夫妇下山去了。大家对诗人是谅解的。

七

从此以后，衰敝余生，不事交游，与诗人很少见面了。有时在作协春节联谊会上偶然一晤，也只是握手问好而已。但当我读到他的晚年杰作《光的礼赞》时，不禁暗暗为他叫好，衷心为之祝贺。

仿佛在九十年代初，艾青就坐上了轮椅。记得在作协的一次春节联谊会上，夫人高瑛把他推进了会场，朋友们纷纷向他问候致意，高瑛则大声地自我解嘲："我是艾青家的保姆！"时气氛活跃，不时地引起阵阵笑声。

1996年，诗人艾青不幸离开了我们。当时我正在闹心脏不适，未能赶去八宝山为我们敬爱的诗人送行，但我一直为中国失去一位为人率真、胸怀坦荡，并为我国开创了一代诗风的大诗人而感到异常的痛惜。

作者魏荒弩，原名魏真。此文2000年10月31日载于香港《大公报》。

"老坚决"外传（节选）

张庆田

为什么叫"老坚决"

"老坚决"姓甄单名一个仁字。太行山下，界河河旁，界南村人。提起老坚决这个名字来，倒有大家所熟悉的一段故事：一九四一年，鬼子包围了界南村，把群众赶到观音庙门口，威逼大家交出八路军的区长来。眼瞅着，杀死了刘小娃的爷爷刘老汉，挑死了赵寡妇的独生子赵志强，又扯出了孕妇李二嫂……甄仁蓦地窜出了人群，大喊一声："我是区长！"

"我是区长！"

"我是区长！"

群众象是爆发了的的山洪向日本鬼子冲去。

哒！哒！鬼子的机枪响了，又一批人倒下去。

"留得青山在，不怕没柴烧啊！"甄仁大声喊着，挺着胸脯，随敌人走去。

初春的天气，刚发了一场桃花水，看看来到界河桥上，只听轰的一声地雷，大桥飞上了天空。在硝烟中，甄仁踢翻了一个鬼子，纵身跳下河去，被真区长张亮领游击队员救上了太行山。从此，沿着界河又出现了一支撼太行、震平原的"抗日救国，保家复仇大队"，大队长就是这位虎口余生的甄仁。

一九四二年，日本鬼子为了割断山区和平原的联系，一直把炮楼修上界南村的西山老虎崖。界南村的人民，在甄仁的领导下，拔锅卷席，牵驴抱鸡躲进了西沟，与敌人对峙，鬼子拆平了他们的房子，他们在南坡上挖起了窑洞；鬼子挖起了封锁沟，不让一粒盐进山，他们一夜填平了村里水井，不让鬼子吃水。春天，甄仁领人马封锁了炮楼，播下了金黄的种子；秋天，他们一手拿枪，一手拿镰，收回沉甸甸的谷子，一年三百六十天，三年如一日，终于困走了鬼子，重整家园。

界南村改名新村，拆了炮楼盖新房，挖出旧井灌园地，抗日民主政府奖给他们一面红旗，并选派甄仁出席了边区召开的群英大会。在会上，边区政府的首长拉着甄仁的手说"你们真坚决！"

一九四五年，日本鬼子投降了，万民欢腾。甄仁却因为几年来的风宿雨露，饥饱劳累，得了一个古怪的病儿，能坐不能立，手能动，腿不听话，西医说是关节炎，中医说是半身瘫痪。吃药、打针，中西医结合，就是不顶事。甄仁一怒，自言自语道："难道你比日本鬼子的炮楼还难摆治！"他闭门谢客，从一个老中医那里借了一本《本草》，凭着他那些一知半解的文墨，豁着他那两条腿，搞开了试验，这味药不行，另换一味，他想，神农氏尝百草治民疾病，我就不信我这腿就这么顽固。说起来也奇怪，一连几年，他不声不响地把腿治好了，正好赶上参加一九四九年天安门的开国大典。人们拿这件事当成了奇闻，一说起来便是："人家那人，真坚决！"

甄仁从北京回来，头一件事便是搞互助组。打拳头三脚难踢，闹互助也不那么容易。别人搞互助是兵对兵，将对将，有骡子的找有马的。甄仁呢，单找了这么两户，一个是被日本鬼子杀死的刘老汉的孙子刘小娃，另一个是被日本鬼子用刺刀挑死了独生子的赵寡妇。一个是孤儿，一个是寡妇，再加上他这个单身汉，就这么互助起来。当时，人们还给他们编了段快板，说是表扬他们，还不如说是嘲笑他们：

老坚决，真能干。
互助组，一对半。
孤儿拉着梢，
老坚决扛着袢，
寡妇扶犁闹了一身汗。

真金不怕火炼，树大不怕风摇。那些兵对兵将对将的互助组，真是春合、夏吵，秋散伙。一发生纠纷，还得请老坚决去给他们调解。到了秋后，全村的互助组就剩下他们这一根根了，人们又说："还是老坚决，坚决！"

甄仁问刘小娃道："娃啊！你说，咱们的互助组怎么散不了哇？"小娃这时已经十五六岁了，长得细马单筋的，看上去也不过十二三岁，他眨了眨两只小眼说："你待我比亲爹还亲，她疼我比亲娘还疼，你们要不收留我，别说种地，连吃饭穿衣还得靠政府救济……"说者无心，听者有意，赵寡妇的脸腾的一下子红了。甄仁连忙把话岔开道："你也没吃闲饭哪！咱们是人心换人心，八两换半斤。那几年，我这腿有病还是靠你俩照顾！"赵寡妇说："鱼帮水，水帮鱼，穷人帮得是穷人。人家那大骡子大马的，独车自牛的，使儿唤妇的人家，恨不得冒个大尖尖，还互什么助？”甄仁欢喜地一拍大腿说：“上级叫总结经验，我看这经验让你俩说着了！其实，上级早就说得挺明白：一要自愿，二要互利。谁最自愿？还不是咱这缺胳膊少腿的贫农！”

收完了秋，三个人倒发了愁。小娃说：“这么多的粮食，我放在炕上怕喂老鼠，干脆，你给我管着吧！”赵寡妇说：“仨灶费柴，俩锅费米，咱们一股脑儿三口人，一个烟筒冒烟还不行！”甄仁想了想说：“别叫人家说咱是吃大锅饭哪！”赵寡妇说：“洋鬼子把刀搁在你脖子里，你都没怕过，这会倒三心二意了，你愿意，我愿意，他愿意，谁能来砸咱们的锅？”小娃把舌头一吐，调皮地说：“再说咱们的锅也不大呀！”甄仁把腿一拍说：“好，咱实行民主！”

谁知这样一来，果然招了一场风波，一些好事的人，又给他们编了一段快板：

互助组，真不离（儿）。
仨人拧成一孤堆（儿）；
一块儿干，一块儿吃（儿），
就差没有一块儿住（儿）！

这一下，甄仁可真的要发脾气，赵寡妇却接过来说：“身正不怕影儿斜，别说咱们没一块儿住，咱就是明铺夜盖地在一块儿滚，也不过只差一张结婚证。”小娃说：“这话不该出在我嘴里，你俩早就该去登记！”赵寡妇噗地一口笑了：“那有当儿子的给爹妈当介绍人！”小娃把舌头一吐：“新事新办嘛！”赵寡妇把眼一瞭说：“人家还不知怎么打算呢？”

“我实行民主！”

第二天，他俩就领了结婚证。人们又说：“人家那人，就是坚决！”

结了婚，三户并成一户，互助组自然拆了台。重打锣鼓吧，一插招军旗，就进来五户贫农。一九五二年他们就办起来一个二十多户的初级社。这一下象骏马生翅来了个大飞跃。要把这些都写上，也要来一部《创业史》。我只能告诉大家，这初级社一九五四年发展成一个四百多户的独村社，到了一九五六年又转成一个一千五百多户的联村高级社，一九五八年又生成了人民公社。甄仁成了办社的旗帜，被选做人民代表，只要一提甄仁，人们便说：“人家那人，真行，老坚决！”

从此，“老坚决”的名字越来越响亮。可是近几年来，老坚决这个代号却有了不同的含义，有些人把它和老保守、老顽固、老……联在一起了，为了辨明是非，作传记的人，只好做一番调查研究。下面便是一篇调查记录。

献给母校的一点礼物

田永清

今年无极中学举行建校45周年庆典。作为学生，献给母校一些什么礼物呢？为此，我特意拜访了杨成武和孙毅两位老将军及著名教育家、演讲家李燕杰教授。请杨老为无极中学题写了校名，请孙老和李教授各为无极中学写了两帧条幅。但我仍觉过意不去，“借花献佛”固无不可，自己拿不出一点东西总是说不过去。想来想去，想起“赠人以物，不如赠人以言”的古语。

平时，在工作之余，我喜欢杂揽，也爱看点古书。在阅读过程中，我先后惊奇地发现我一直作为座右铭的几个成语，原来和无极历史上的人和事有关，这使我感到兴奋和自豪。对这几个成语的出处和历史渊源，母校的师生有的可能知道，有的不一定知道。考虑到这些，我决定把这几个成语作为“礼物”，转赠给母校，愿与母校师生共勉，并努力躬行实践之。

一、“闻鸡起舞”

《晋书·祖逖传》载：西晋时，祖逖“与司空刘琨俱为司州主薄，情好绸缪，共被同寝。中夜闻荒鸡，蹴琨觉曰：‘此非恶声也。’因起舞。祖、琨并有英气，每语世事，或中宵起坐，相谓曰：‘若四海鼎沸，豪杰并起，吾与足下当相避于中原耳。’”这段话，即成语“闻鸡起舞”的典源。大意是，祖逖与刘琨都是有志青年，两人非常要好，而且有着共同的理想和抱负，经常在一起议论天下大事，随时准备勇赴困难。有一天夜里，听到鸡叫，祖逖就把刘琨踢醒说：“这个声音不坏呀！”于是就共同起床，刻苦练武。后人比喻有志之士及时奋励，有所作为，常用到“闻鸡起舞”这个成语。

“闻鸡起舞”中的祖逖是晋代范阳（今河北涞水）人，刘琨是中山魏昌（今河北无极）人，由于少怀大志，勤学苦练，后来都成了著名的爱国将领，于国危夕之时，分别率领军队，讨阀匈奴，南征北战，屡建战功，深受人民群众的敬仰和拥护。

“闻鸡起舞”这个成语鼓舞了世世代代的有志青年，革命领袖也经常讲到这两个成语，用以自励和励人。毛泽东于1925年所作《沁园春·长沙》一词中，就巧妙地运用了“闻鸡起舞”“中流击楫”的典故，又于1958年中央召开的一次会议上，把“大禹惜寸阴，我辈惜分阳”，诸葛亮“不靖中原，誓不回师”，祖逖、刘琨“闻鸡起舞”三者相提并论，号召人们向这些著名的历史人物学习，周恩来在南开中学读书时，写过一篇立志的的文章《尚志论》，特别提到“闻鸡起舞之刘琨，击楫中流之祖逖”，盛赞他们“其所成之丰功伟业，实不外乎其志”。在延安时，又为叶挺的二儿子叶正明题词留念：“闻鸡其舞”做一个革命将军的好儿子。

二、“枕戈待旦”和“先吾着鞭”

两个成语出自《晋书·刘琨传》：“琨少负志气，有纵横之才，善交胜己，而颇浮夸。与范阳祖逖为友，闻逖被用，与亲故书曰：‘吾枕戈待旦，志枭逆虏，常恐祖生先吾着鞭’。”意为刘琨少有大志，有纵横捭阖经世治国之才，好结交比自己高明的朋友。刘琨与祖逖结为莫逆之交，经常互为激励。后来祖逖被朝廷重用领兵北伐后，刘琨闻讯便给朋友写信说：“我每天都是枕着兵器躺在床上，一直等到天亮，满心要报效朝廷，杀退敌兵，恐怕落在好友祖逖的后面。现在祖逖已经先被起用，为国建功立业了。我也要奋发图强，急起直追呀！”“枕戈待旦”表示警惕性极高，杀敌立功心切，已做好一切准备。“先吾着鞭”表示先走一步，争先恐后。这就是“枕戈待旦”“先吾着鞭”两个成语的来历。两个成语，栩栩如生地描写两个风华正茂的青年，胸怀大志，互为激励，你追我赶，一心杀敌报国，不甘落后的英雄气概和爱国行动。

其实刘琨和祖逖一样，也是大有作为，名垂史册。他26岁为官，从司隶从事，并被加封为大将军，领兵讨伐匈奴，屡建战功，政绩显著，且著术颇丰，是西晋著名的爱国将领和诗人。宋代，女诗人李清照曾有诗云：“南渡衣冠少王导，北来消息欠刘琨”；陆游也在诗中惋叹：“刘琨死后无奇士，独听荒鸡泪满衣”；民族英雄文学家文天祥在《经刘琨墓》中，慷慨高赞：“中原经分崩，壮哉刘越石。孤迹起幽州，双手扶晋室。福华天意乖，匹磾生鬼域。公死百世芳，天下分南北。”

三、“多难兴邦”

“多难兴邦”是说国家多灾多难，可以激发民众发奋图强、战胜困难，使国家兴盛起来。语出《左传·昭公四年》：“邻国之难，不可虞也。或多难以固其国，启其疆土；或无难以丧其国，失其守宇。”刘琨在《劝进表》中以“或多难以固邦国，或殷忧以启圣明”劝告晋元帝发奋图强。后来便演化出“多难兴邦”这句成语。1988年9月5日《人民日报》曾发表题为《忧患兴邦》的评论文章，文中就引用了刘琨这句话，倡导“在今天，我们也应该唤起整个民族奋发图强，唤起广大人民的危机感，紧迫感和振兴中华民族的责任。”

对国家来说“多难兴邦”，对个人来说“吃苦是福”。“艰难困苦，玉汝于成”。苦难是人生的最好学校，苦难可以激发人们奋发图强、大

附录

有作为。欧美国家也有类似的谚语："老年人吃苦是不幸，青少年不吃苦也是不幸。"此话很有道理。

四、"无出其右"

语出《汉书·高帝纪下》："贤赵臣田叔、孟叔等十人，召见语，汉廷臣无能出其右者"。在古代有时以右为上，即没有能超过他的，形容才智超群。

田叔，字少卿，西汉时中山陉城（即现在河北无极）人。其祖先系齐国豪杰名家田氏后裔。田叔自幼喜武，为人清廉自持，直爽好侠，善交朋友，被人举荐到赵王张敖处供职，官至郎中。因其刚直不阿、公正无私而著称一时，颇受赵王器重。

汉高祖6年（公元前201年），刘邦率大军赴赵地讨伐韩信，张敖（刘邦女儿鲁元公主的丈夫）执子婿礼，接待极为恭顺，整日侍立左右，饭菜都是亲自捧着送上，但作为皇帝和岳父双重身份的刘邦，对张敖却十分轻慢。动不动就大声斥骂。张敖的宰相贯高等人，见状气愤不过，提出要谋杀刘邦，被张敖坚决制止。就是这样还是有人上书告发，刘邦下令逮捕张敖以及贯高等文官旧臣，押赴长安受审，同时宣布："谁跟张敖前来，诛连三族，格杀勿论"，在这种情况下，本来与此案没有什么关系的田叔，却挺身而出，自己换上囚衣，并以铁圈束颈，和其他十人一起，自称是赵王家奴，随张敖被押送长安。

案情大白，赵王张敖出狱后，被封为宣平侯，刘邦将其召去，除对贯高的品德表示赞赏外，还向他询问赵国其他臣子的情况。张敖就把田叔等十数人推荐给刘邦，长谈中，刘邦发现赵国这批官员智勇双全，老谋深算，特别是田叔更是才华过人，功德出众，可谓鹤立鸡群，"无出其右"，汉朝的文武大臣在才识和德行方面还没有超过他们的。刘邦非常高兴，随即一一安排要职。此后，田叔就在汉朝就职，前后长达数十年，直到汉景帝时，被任命鲁相，卒于任上。

可能还有的成语与无极有关。人云"燕赵自古多慷慨悲歌之士"，其中也包括无极历史上曾经产生过的一代又一代英雄豪杰。我们千万不要小看这五个成语，所有这些就足以使我校师生和故乡人民引为骄傲和自豪！这五个成语极好极妙，极富教育意义，为世代人民所传颂。无极是我们的故乡，也是这五个成语的故乡。我相信，只要我们发扬"闻鸡起舞"的精神，培养"枕戈待旦"的意志，鼓足"先吾着鞭"的劲头，牢记"多难兴邦"的责任，树立"无出其右"的标准，那么无极的物质文明建设和精神文明建设，就一定能够搞得更好；我们全校师生和全县有志青年，就一定会发奋图强，大有作为！

此文选自1996年10月8日《无极报》作者田永清，时任中国人民解放军装甲兵指挥学院政委，少将军衔。

寻访两个牧羊人

于庆田

在中国的文明史上，许多文物、考古方面的重大发现，往往来自一些无意识的偶然事件。陕西农民打井，无意中发现了秦兵马俑坑；安阳农民求医找"龙骨"，无意中发现了甲骨文；长沙人平整土地，无意中发现了汉马王堆墓……

20世纪70年代初嘉峪关魏晋墓葬700幅砖壁画的发现，曾经震动了整个中国文物考古界和历史界，在国内外引起强烈反响。于是，发掘保护，参观考察，发布新闻，发表文章，著书立说，甚至把展览办到了日本、香港，其轰动效应犹如阵阵"旋风"，可谓中国考古史和文明史上的一件盛事。那么，谁是嘉峪关魏晋墓的最早发现者呢？

当地文物局的魏晋墓讲解员先红小姐告诉我，据说是"两个牧羊人"；70年代的报刊上，也有"两个牧羊人"偶然发现之说。1999年出版的《古冢丹青》一书（甘肃教育出版社，林少雄著）这样记载：

70年代初的一天，正在戈壁滩上放羊的嘉峪关市新城公社的两个牧羊人，坐在一个隆起的沙石堆上，一边看着羊悠闲地吃草，一边有咸没淡地聊天，同时手中牧羊鞭的子不停地向地面上一个老鼠洞似的窟窿乱捣着。……正是这随意的一棍子，不仅揭开了一个全新的地下画廊，同时也意味着中国文化史和文明史上一个重大发现的到来。然而此时，我们的注定要引起世界惊人发现的两位主人公，还丝毫意识不到这一棍子的意义，只是继续没有任何目的地捣着……洞窟越来越大，不久露出了一块清砖，沿这块青砖揭下去，是一堵砖墙……他们顺着砖墙不停地挖呀挖，终于在距离地面十几米深的地方挖到了墓门。原来一直顺着挖掘的砖墙，是这座墓的墓门墙……随着专业考古组织和人员的介入，沉睡地下1000多年的古墓葬及其彩绘砖画开始撂起了其神秘的面纱，向世人展示了其无尽的风采与魅力。

可以肯定，嘉峪关魏晋墓的最早发现者是“两个牧羊人”。但令人困惑的是，翻阅了众多的有关文章、书籍、报道，包括甘肃省文物队、博物馆和嘉峪关市文管所正式出版的《嘉峪关魏晋墓壁画发掘报》(文物出版社，北京，1985年)，都没有关于这两位牧羊人的记载。他们到底是谁?

那年5月1日，我恰巧在酒泉市度过。抱着试试看的心情，我们一行5人驱车去嘉峪关市新城乡寻访当年的两位牧养人。

新城乡位于嘉峪关市东北16公里处。已发掘的13座魏晋墓就坐落在新城乡政府所在地西南3公里的地方。我们先来到一个叫“野麻湾”的村子。村口有一座漂亮的“逸夫小学”，一眼便能看出，这是香港爱国人士邵逸夫先生援建的。在小学校门口，我们碰上几位农家妇女，从她们口中得知：听商店的老板讲，发现魏晋墓的人在附近的“六队”，但不知其姓名。于是我们找到了商店的女老板。她热情地告诉我们，发现古墓的人叫祁茂林，现年60多岁，住在北边不远的七队，还和她有亲戚关系。我们驱车北上，几分钟后便找到了这位牧羊人祁茂林的家，他家正在盖新房。但是，祁茂林并不在家，他的儿子、儿媳热情地接待了我们。可惜，经过交谈得知，祁老汉并不是1972年前发现古墓的牧羊人。前几年他在放牧骆驼时，发现一座古墓被盗，便立即报告了政府，盗墓者很快被抓获。因此，人们误认为他就是当年魏晋墓的发现者。

我们环绕这个墓群继续寻访。开车几公里之后又来到一个村庄，我们停车向三个农民询问当年发现魏晋墓的情况。他们马上毫不犹豫地回答：你们找对了，就是对面路边的张家。他们热情地将我们带到了这位名叫张树信的老汉家。张老汉正在自己的小院内修理手扶拖拉机。当我们说明来意后，这位头发斑白、满脸皱纹的老农，放下了手中的工具，开始讲述当年的情景。

他刚刚用小木棍在院子的空地上画了一个草图，老伴便走过来很不客气地说：“这件事我们什么也不说，你们快走吧!”“他们不是说我们早死了嘛，还找我们干什么!”这突如其来的不满使我们有些诧异和不知所措。于是，我们又耐心地向两位老人解释：我们并不是当地人，也不是省、市文物管理部门的干部；只是出于好奇，才来打听一下事情的真相。大概是看到我们一行中有位穿军装的军官赵俊红，他们才逐步打消顾虑，产生了信任感，因而话题得以继续。

张树信，新城乡三组农民，现年77岁，其妻子杨兰英，现年68岁。他们生有3男3女，均已婚配，家庭生活尚好。张树信夫妇自称，他们是最早发掘魏晋墓的牧羊人。

那是在1962年夏天，杨兰英带着孩子去放羊，在一个凸起的沙包前发现了一个小洞。她用木棍子戳了几下，发现里面有一块砖。她感到很奇怪，心想为什么会有砖呢，便把情况告诉了丈夫张树信。张树信以这块砖为中心画了一个十字，开始进行挖掘。挖了几天，没有任何结果。

但他发现地下有一个宽一米多的狭长夹道，虽然用土填得很严实，但显然是有人挖后又填上的新土。后来，他又找来三个农民一起进行挖掘。他们继续挖了一两个月，终于在12米深处发现了一道砖墙。这实际上就是魏晋墓的第一道门。他们打开墓门，发现里面黑洞洞的。大家都害怕，谁也不敢进去。又过了一两天，他们决定打着火把和煤油保险灯进去探险。结果一无所获。这就是一座被盗过的墓葬。惟一剩下的就是一些“没有用处的陶器”。张树信说，他把这件事告诉了公社和村干部，村干部们还进去看过，但谁也没有在意它的存在和用处。对墓墙上的砖壁画，更感觉到不值得观赏和重视。张树信只是把墓内的24个陶罐收回自己家里放了起来。当时他心理想，这也是些没有什么用处的东西。

后来，公社干部把这件事报告了上级领导。也记不清又过了多长时间，文物局的人来找他询问情况，并收走他家的24个陶罐，张树信老人说：“他们一分钱也没有给我。就算是国家的文物要收走，也应当问一问我们农民有什么辛苦和要求。”后来，省市文物局的同志又邀请他参加魏晋墓的挖掘工作。同时作为“第一位挖掘者”，请他对文物队作些挖掘工作的咨询和指导。就这样，在1972年13座魏晋古墓挖掘整理完毕后，张树信又回到了生产队务农。在他的记忆中，找他了解情况和挖掘工作的有文物局的专家高凤山，省里的宋子化和当地地震台的林海。我们不知道这些同志能否证明张老汉所述情况的真实性。

魏晋墓砖壁画的出土，是70年代我国考古史、文化史上的重大发现。作为第一发现人，“两个牧羊人”到底是谁，应当在历史上写有一笔。不论这两个牧羊人出自什么动机和目的，是自觉的挖掘行为还是盲目的挖掘行为，或是非法的挖掘活动（当时尚无文物保护法），都应当如实地予以记载。因为毕竟是他们而不是别人，偶然“一棍子”，揭开了一幅历史的画卷，发现了一座地下画廊，成为中国文明史上的一项重大发现。

两位普通的牧羊人，功不可没！他们是探明1000多年前魏晋墓葬最早的历史见证人！

此文2000年10月发表在《人民日报·大地副刊》获二等奖。作者于庆田，曾任中国人民解放军军械工程学院政委，少将军衔。

石家庄赋

张新果

几多妙笔，争作《石家庄赋》；多绘形质之美，舍却一点传神。我谓老石门之故地，妙有新都市之城姿，秀丽壮美，唯在一变：土虫蜕为金蝉，河鲤越跳龙门，灰鸭换形金凤，百年一瞬，沧桑焉不叹奇！

获鹿邑边，几小农耕远村，犁耧无踪，唯存休门街名；东亚之壤，崛起省会名城，繁荣壮丽，庄称天下第一。域名之雅俗共赏，兴业则志士可为。庄乃装乎，容华夏百业精华，纳燕赵千般繁盛；一则首也，跻身名城而脱颖，昂头阔步正浩然。野村初变，地利天时，铁轨经纬，街巷车马若织，大石桥立巍峨，乃市集开埠见证；老镇新变，夺城首战，石门染霞，红旗先飘城头，成新中国之骄子；小城大变，铁牛钢马，金梭纺织，汇聚工商辐辏，为世人刮目相看；省城巨变，改革开放，春笋沐雨，光阴移寸换景，疾速若箭离满弓。幸哉，百城舆图，自此处换新稿；福哉，这里走来，我红色大中华；壮哉，长足迅跑，新时期石家庄。

思变图强，前贤递传召唤，易旧更新，后来接力呼应。隆兴寺经诵，意愿之响，无非变生民苦痛为喜幸；柏林寺禅悟，悲悯情怀，终归变大众困境为乐园。刘琨闻鸡起舞，剑法千变敢护国；赵云百翻枪技，长矛一抖气若虹。赵佗政开南粤，变蛮荒之野，为客家福地；李春始造拱桥，变水阻河横，成车马坦途。井陉关秦代之栈道，变羊肠崎岖为辎重高速；白佛村出土之陶器，变茹毛饮血为耕稼部落。呈世代之梦寐，毗鲈寺壁画，盼锦绣愿景人间；为故国除尘面，西柏坡灯火，使神州凤凰涅槃。翠柏绿荫下，吴禄贞英魂不死，待听时新佳音；汉白玉桥旁，高克谦铜像巍然，企盼故地胜景。戎冠秀大爱，变儿女娘亲，为子弟兵之母；白求恩博爱，变小康医生，为我抗日英雄。敢教家国变富，烈士陵园墓草青青，待有每岁清明，捷报相告；志在城市变强，一代工农热汗汤汤，喜看事业有继，更上层楼。

石家庄之俏变，在形在象在新韵味；老石门有不变，曰本曰质曰精气神。仰望太行，千仞阳刚，人之风骨象征；身边滹沱，一派坦荡，民之豪放表意。大平原绿野辽阔，生百谷千蔬，胸怀如此广博；民心河清流潺湲，映楼宇柳影，情调何其柔曼。岁月变，苍岩古檀年轮环叠，太行大枣红甜依旧，平川小麦珠亮仍然；水土旧，无极剪纸刀法老辣，赵州金梨新满枝头，新乐花生古香妙味。枝叶新发，灵寿纸皮核桃，一如智者大脑；宿根滋孽，行唐红芽香椿，还同贵妃酡颜。辛集制革，新师傅巧手变法；藁城宫灯，高把式妙艺无敌。井陉煤称黑金，变电火而亮暖；石药岐黄神效，变病容为健美。百万金梭匆匆，地产银棉花，变作锦绣千疋；尖端制造频频，时代新器物，每成天下一奇。复有山歌俚曲，瓜棚柳伞，父老咿呀古韵；乐在丝弦土戏，田头井沿，妇姑哼喝新词。井陉拉花，歌舞以村容换新貌；深泽坠子，老调唱生活变鲜甜。

六十余载嬗变，规模具形：归燕徘徊楼群，每不相识旧居；三年有期巨变，初创有象：访客徜徉湖边，总是误走新街。楼宇争奇伟，媲美春山叠翠，十万人家，灯火温馨；街衢比阔远，秀木奇卉缤纷，千车川流，彩浪潮涌。夜来珠链串串，霓虹璀璨，横披竖挂，作火龙彩凤之舞；晨起清风悠悠，柳暗花明，遛早健身，伴莺啼燕啭之歌。高架长桥落成多少，卧若蟠龙复长虹；入地铁路指日可待，遁地缩地皆有术。午登舷梯去港粤，可见南海落日；夜搭城铁至京津，不误赏月长城；朝发轻车达齐鲁，好看日出岱顶。三年再将巨变，宜居省城秀美；美之画龙点睛，最是精神变新。变通变高变美，在路在楼在景；变勤变巧变慧，在身在手在智。奇变快变，石家庄速度，已为他乡百城艳羡；千变万变，新精神风貌，不离慷慨一脉承传。拙以作赋，为石门之变喝彩；待将放歌，变韵为铁板铜琶。

作者张新果，此作品曾获“河北省新人新貌奖”——振兴奖前身，系河北最高文艺奖项；以及石家庄市“首届文艺振兴奖”等。

附录

索引

一、本索引分为目索引、表索引。

二、目索引以目为主，收录信息量大的关键词，按标引词首字音序排列。

三、表索引按编排列，均省略时间范围。

四、标引词一般采用中心词和简称，标引词后的数字表示记述内容所在页码。

無極縣志

目 索 引

A

B

C

D

E

F

G

H

J

K

L

M

N

P

Q

R

S

Y

Z

表 索 引

第一编

第二编

第三编

第四编

第五编

第六编

第七编

第八编

第十编

第十一编

第十二编

第十三编

第十四编

第十五编

第十六编

第十七编

索引

第十八编

第十九编

第二十编

第二十二编

第二十三编

第二十四编

第二十六编

修志始末

一

《无极县志（1989—2005）》的编修，经历了安排部署、征集资料、撰写初稿、编辑总纂、评审修改、终审修订。历时10载、数易其稿，终于成纂。掩卷沉思，领导的重视与关怀、专家学者的指导、各部门的合作和社会各界的支持、编修人员的奔走求索、伏案劳作的种种情景，齐聚心头。

2004年9月，无极县成立了地方志编纂委员会，开始谋划二轮修志工作。由于2002年机构改革，原地方志办公室撤销，工作人员全部离岗。二轮修志工作归县政府办公室负责，从全县范围内选调了5名编修人员。其中，1名主编、1名副主编、3名编辑。后来2名编辑先后调离，编修人员还剩3名。2005年4月，完成篇目设计。5月，县长张业主持召开政府常务会议，听取修志准备工作汇报，安排部署全县二轮修志工作。7月，县政府组织召开全县二轮修志工作动员会，县四套班子领导出席，各乡镇、县直"一把手"参加，常务副县长岳苓水主持会议，县长张业安排部署，要求各乡镇、县直各单位，加强领导，列入工作日程，"一把手"负责任，选好撰稿人，保证质量，按时完成承编任务。大会印发了《无极县第二轮修志工作实施方案》《〈无极县志〉(1989—2005）篇目及撰写提要》《关于乡镇概况的撰写》。2005年9月，县召开全县修志工作培训会，各乡镇、县直各单位100余名撰稿人参加培训。《无极县志》编修工作全面展开。

动员培训会后，县志办全体人员开始搜集、查阅、整理资料，督导承编单位志稿撰写工作。

2012年3月，完成续志初稿。打印成册后，按照省、市地方志办公室"四审"要求，报送县四套班子领导、离退休老干部代表审阅，发送各乡镇、县直各部门征求意见。9月完成一审。汇总一审意见，对志稿进行增补、修改完善。11月完成二审稿。2013年3月，石家庄地方志办公室评审团来县召开《无极县志》二审会议。市志办领导及各位专家对志稿给予了肯定，刘建州副主任代表评审团出具了修改意见。按照二审要求，志办人员深入部门、社会，搜集缺档资料，集中精力和时间对志稿进行修改。为保证事物的完整性，对改革志及个别事例适当上溯或下延，人物志下延到截稿。2013年7月，完成《无极县志》三审稿。2013年11月8日，石家庄市地方志办公室主持召开《无极县志》三审会议，省、市领导和专家学者对志稿进行了认真评审。县志办综合三审意见，认真分析、梳理，择善而从，集中时间和精力，对志稿进行修订。2015年7月，报送省地方志终审委员会进行终审。2016年2月，通过省地方志终审委员会终审。9月，经县委、县政府批准，送出版社进入出版流程。

二

志书编修是一项艰巨浩繁的社会主义文化建设工程。是承上启下、继往开来、服务当代、惠及子孙的千秋大业。完成这一神圣任务，靠的是县四套班子领导的重视与关怀，靠的是县委、县政府的英明决策、正确领导和支持。

《无极县志》的编修，坚持党委领导、政府主持、地方志编纂委员会组织实施的修志体制。历届县委、县政府秉持盛世修志大义，均将编修《无极县志》作为社会主义物质文明、精神文明建设重要组成部分，列入全县经济和社会发展规划和政府议事日程，做到了领导到位、机构到位、经费到位、队伍到位、条件到位。将修志经费列入县财政预算，保证到位。办公用品、文印、购买资料等所用经费，由政府办公室负责安排，经常性开支随申请，随批拨，保证二轮修志的需要。县长张业经常调研修志工作，听取汇报，解决工作中的困难和问题。2009 年 3 月，时任县长韩清榕调研《无极县志》编修情况后，做出批示："各单位要高度重视此项工作，对因工作拖拉造成全县编修工作不能按时完成的责任单位，要追究单位主要领导责任。"历任县政府办公室领导经常帮助协调部门间修志工作，及时解决修志经费和办公用品。

《无极县志》的编修，得益于省、市地方志办领导和各位专家学者的关心、支持和指导。《无极县志》编修启动后，省方志办副主任王广才、市方志办主任王孟新、副主任马福香多次到无极县进行指导。王广才副主任还多次提供参考资料，传授经验，解难释疑，帮助编者提高素质。市方志办主任王孟新、李藏柱及市方志办副主任刘建州多次调研编修情况，提出建设性意见。在篇目改进、资料运用、内容归属等方面，都给予具体指导，助力志书的编修和质量的提升。在二审、三审、终审中，省、市地方志办公室领导、专家学者，都提出了宝贵的修改意见，给予具体的指导，从而，保证志书的编修与出版印刷。在《无极县志》付梓之际，特向省、市方志办领导和专家学者表示衷心的谢意！

三

篇目是志书的纲领和骨架。设计科学、合理，结构才能完整、层次才能分明，统辖才能得当。《无极县志》篇目的设置，坚持科学、规范、彰显要义，便于操作的原则，经过了 5 次大的修改，多次小的调整。

2004 年 3 月，通过学习和借鉴外地志书，设置《无极县志（1989—2005）》篇目草稿。属大编体，共计 7 编 79 章 587 节。以县政府文件印发各乡镇、县直各部门及离退休老干部代表、社会各界人士代表，征求意见。月余时间，收到有关信息、建议 60 余条。据此。对篇目进行了认真修改，于 2004 年 7 月，完成《无极县志（1989—2005）》篇目及《篇目撰写提要》《乡镇概况的编写》。并在市方志办主任王孟新建议下，将大编体改为小编体。

随着修志工作的进展，对修志理论的学习和对县情认知的深入，按照以事命题和彰显个性、求全、求实、求新的原则，根据县情需要，不断规范篇目归属、丰富篇目内涵，突出篇目个性。为更好反映县情，体现时代精神和地方特色，认真研究县域经济、深挖乡镇间、行业间的特点和亮点，在篇目中加以体现，增加"经济编"的章、节、目；突出县域经济建设的记述。为突出新生事物的记述，全面彰显改革开放主旋律，将"专编"记述改革开放，改设在"经济体制改革编"，集中记述 17 年来改革开放的历程。将"社会事业体制改革""社会保障体制改革"等项改革，置于编章之首，分散记述，以彰显改革开放推动该项事业发展之要。为突出"人本"理念，增加人文内容记述比重，除单设居民、家庭、人口控制、人物传记、人物表录外。增加"人物简介"，在精神文明建设、文化编中，加大以事系人的记述力度。内容力求见人见物，翔实生动。2013 年 3 月，采纳市方志办主任李藏柱、副主任刘建州的建议，将"工企改革"调整为"工业体制改革"，在"商贸服务业"编中，充实"生活服务业"，新增"家政服务业"。同时，还着力加大章节下"目"的设置和记述，丰富志书的内容和深度。到志书付印，全书共计 31 编 136 章 513 节，使统帅资料的篇目达到了结构清晰、归类合理、特色鲜明、易于操作。

四

修志人员是修志之本。修志人员的综合素质和整体水平，决定着志书的质量。无极县二轮修志人员都是新手，虽然有一定文字功底，但缺乏修志知识与经历。为保证志书编修和质量，二轮修志启动后，始终把综合提高修志人员素质和业务水平作为一项重要任务，贯穿于修志工作的始终，着力熟悉县情、了解断限内县域各行各业的发展脉络和特点，掌握系统的方志理论和修志技能。一是加强志办人员自身的业务学习。积极参加省、市培训班、评稿会，认真学习省、市编发的参考书籍和相关资料；订阅《河北地方志》期刊，用于志办人员的日常学习。坚持集中学习与自学相结合，不定期组织志办人员学习所订方志期刊或相关外地修志经验，汲取方志新知识、新经验。在采编过程中，组织志办人员对承编志稿，开展自评与互评，提高实际操作能力。同时，还要求志办人员注意学习党的方针政策，了解县域各条战线新成就与新变化，综合提高理论素养和业务水平。二是集中培训与个别引导相结合，对全体修志人员进行有针对性的培训。二轮修志启动后，先后两次组织全县 100 余名撰稿人进行集中培训。第一次是采编前，聘请省、市方志专家，王广才副主任、马福香副主任，进行《续志分志有关问题综述》《续志基础知识及其操作》的培训。第二次是针对志稿采写中出现的问题，县组织 100 余名撰稿人，重点进行有关资料搜集、志稿编写的培训。印发《方志知识 20 问》，包括“怎样搜集资料”“哪些是重点资料”“怎样科学地整理资料”“地方志如何体现时代特点和地方特征”等。在日常采编过程中，主编、副主编针对采编过程中出现的实际问题，将志稿撰写人请到县志办，或深入承编部门和撰稿人交换意见，进行面对面指导。三是学习外地先进经验。多次组织志办人员到先进县市学习。采人之长，补己所短，增加自己阅历与知识。先后学习 10 个县市的志书，从体例、篇目设置，内容编排等方面，得到了不少启示。

正是由于多种形式和渠道的培训学习，修志人员的政治素质和业务水平的综合提高，从而保证了《无极县志》的编修与出版。

五

资料是志书的基础和保证，决定着志书的质量与价值。是修志过程中最主要、最费时、费力的工作。县编修人员不仅要梳理、分析、提炼、补充承编单位提供的资料，还要深入采访收集大量社会性资料、补充收集缺失资料。

为确保资料搜集齐全、内容翔实无误，编者要求承编单位提供的资料必须观点正确、内容齐全、真实、体例完备，符合国家保密规定。但是，历次机构改革，部门机构精简、工作人员变换频繁，档案资料散失，报送的资料内容缺失不全、限内断档严重。为此，县编修人员通过多渠道、多形式、广采博集，不断加大搜集力度。一是深入承编单位，咨询上、下级档案，千方百计地寻找资料线索，或通过离退休老干部、离岗领导、当事人、知情者座谈了解。二是以政府办公室文件印发《关于征集〈无极县志〉资料的通知》500 余份，发至全县 11 个乡镇和县直各部门及有关无极籍在外地工作人士；

利用县电视广播，在《无极之声》刊发，在政府网站上发布等，得到了广大干部群众的关注和支持。总参谋部兵种部政委田永清将军，不仅寄来宝贵的档案资料，还对志书如何突出资政、存史、教化的价值、人物入志的原则、界限，提出了指导性意见。原县人大常委会主任刘双牛、甄申国，在机构改革、乡镇合并、县市场建设等方面提供了宝贵的资料和建设性意见。年近八旬的农民魏耀民，从县边40余里的固现，托人带信，提供了人物资料线索。三是主编、副主编、编辑深入县档案局、部门档案室查找。几年来，跑遍了全县11个乡镇、80多个县直单位，查阅各类档案1000余卷。主编、副主编还查阅了县委组织部编写的历届《中国共产党河北省无极县组织史资料》、县政协历年编写的《无极县文史资料》、县党史办编辑的《中国共产党无极县党史资料》、县统计局历年编辑的《国民经济统计资料汇编》、历次的《人口普查资料》以及1989—2003年的《无极报》等。

众人拾柴火焰高。修志人的克坚攻难，广征博集，各级领导、社会人士的悉心支持，使《无极县志》得以客观、真实地记述全县17年来改革开放的辉煌历程，各行各业取得的丰功伟绩，展现全县人民物质生活、精神生活和政治生活的新貌，彰显了浓郁的时代特点和地方特色，再现了无极地灵人杰、俊才辈出、优秀文化源远流长。

六

质量是志书的生命。二轮修志启动后，编者始终把提升志书质量，保证志书资政、存史、教化的利用价值贯穿于修志工作的全过程。一是强化修志人员的责任感，质量意识，时刻铭记编修志书是社会主义文化建设的重要组成部分，功在当代、利在千秋，使命神圣、责任千钧。时刻保持高度的工作热情，坚韧的毅力、审慎负责的工作态度，一丝不苟地做好修志工作，努力做到资料翔实、志稿体例完备、志体规范。二是二轮修志启动后，县志办人员按篇目部类划分，分包全县县直部门和乡镇。从搜集资料，到志稿撰写，一包到底，任务到人、责任到人。以便志办人员熟悉掌握所编部类内容，提高实际操作能力，保证志稿质量。三是强调承编单位“一把手”负责任，对报送志稿审阅把关，保证准确无误。四是把好出版印刷前的校对关。在出版印刷过程中，根据省、市志书编纂的要求，对志稿进行反复、交叉校对，系统修订，保证志体严谨、行文规范、语言简练、记述准确。

《无极县志》的出版面世，是县四大班子领导重视与关怀、省市专家学者悉心指导的结果，是承编单位及社会各界人士通力合作、鼎力相助的结果，是编修人员心血汗水的结晶和攻坚克难、无私奉献的成果。

作为二轮修志主编，虑己才疏学浅，力有未逮，又无修志经历，深悟个中艰辛与责任重大，故而惴惴终编、未敢丝毫懈怠。唯恐疏略了全县人民所创史绩，辜负了县委、县政府重托与厚望。幸赖副主编张志良与志办同仁，和衷共济，扛鼎戮力，殚精竭虑、矢志不渝，方使志书成纂、付印。付梓之际，谨向所有参与、关心支持二轮修志工作的领导、同仁及社会人士表示衷心的感谢！

因水平有限，虽为之倾注了全部心血，但难免有疏漏和错误之处，敬请读者指正与谅解。

靳根锁

2016年10月

编后记

《无极县志（1989—2005）》经过组建机构、选配编修人员、设计篇目、组织发动、学习培训、收集资料、撰写分稿、总纂合成、完成一审、市二审、省市专家联合评审、省终审等环节，反复修改、数易其稿，终于付梓。掩卷沉思，感慨良多。

志书的付梓面世，靠得是县委、县人大、县政府、县政协领导的高度重视和大力支持，靠得是县委、县政府的英明决策、正确领导和持之以恒抓落实。2003 年 9 月，石家庄市第二轮修志工作动员大会后，无极县委、县政府立即召开专题会议，研究落实市会议精神，部署县二轮修志工作。明确坚持“党委领导、政府主持、地方志委员会实施”的领导体制，把修志工作纳入县经济社会发展规划和政府工作议事日程。按照领导到位、机构到位、经费到位、队伍到位、条件到位的要求，成立以县委书记为名誉主任、县长为主任、常务副县长为常务副主任的无极县地方志编纂委员会，下设办公室。从全县选配了 4 名编修人员、配齐了办公设施，将经费列入了县财政预算，由县政府办公室负责安排，随用随批拨。2004 年 8 月 11 日，县长主持召开政府常务会议，听取修志工作汇报。8 月 31 日，召开乡镇、县直“一把手”参加的高规格二轮修志启动动员会，下发《无极县志（1989—2005）》编修篇目及《撰写提要》。县四套班子领导出席会议，常务副县长主持会议，县长讲话布置。县长在讲话中指出，编修社会主义新方志是三个文明建设的重要组成部分，是社会主义现代化建设的一项宏大系统工程，是乘上启下、继往开来、服务当代、惠及子孙的千秋大事，必须认真贯彻执行《中国地方志指导小组关于第二轮地方志编纂的若干意见》和省市有关规定要求，全面系统记述限内推行改革开放、进行社会主义现代化建设的伟大历程、主要举措，客观地反映无极的优势、成绩、经验、劣势、不足及教训；做到观点正确、资料翔实、中心突出、彰显特色；要求编修人员树立精品意识，保持对历史、对人民高度负责的精神，依法修志、严守政策、保证质量；要求乡镇、县直单位，必须加强领导、列入工作日程，“一把手”负责任，组织人员，按时完成任务。会后，各单位都召开了专题会议，成立了领导小组，明确一名副职专职抓，选派 1～2 名有能力、负责任的撰稿人，全县组成了 120 人的修志队伍。

平时，县四套班子领导也一贯地重视和支持修志工作，听取汇报，帮助解决在修志中遇到的困难和问题。并对机构改革、乡镇合并、经济体制改革、社会市场建设等方面提出建设性意见，并提供不少有价值的资料。

资料是志书的基础和保证，资料翔实与否，决定着志书的质量与价值，没有资料就修不成志书。收集资料是修志工作中最难最费功夫的工作。在资料收集阶段，县编修人员按部类分包单位，深入督导，主编、副主编跑遍了全县 11 个乡镇和所有县直部门。一些档案资料保管好的单位，提供的资料齐全、内容、数据完备，且有特色，修志工作进展快、质量有保证。如财政局、卫生局、畜牧局、教育局、公安局、检察院、法院、交通局、建设局等。一些单位因机构撤并、变动，档案散失，有的单位分志稿件迟迟报送不上来，有的报送的分志稿资料缺的太多，严重影响修志工作的进行。修志工作一时陷于被动局面。2009 年 3 月，县委、县政府主要领导听取汇报，立即作出批示："请各单位"一把手"过问一下这件事情，明确专人负责，明确任务要求和完成时限，对因工作拖拉，造成全县修志工作不能按时完成的责任单位，要追究领导者责任。"并指示县政府办公室下文件传达批示、督办。从而保证了修志工作进度。

二轮志书的编修和付梓，得到了省、市地方志领导、专家的倾力相助和悉心指导。2004 年 3 月，我们编写了《无极县志（1989—2005）》篇目草稿。为做到横不缺项，纵不断线，全面客观地反映限内全县改革开放，社会经济发展的成就和经验，体现地方特色和时代精神，在向全县征求意见的同时，市地方志领导从志书的编体上给予指导，同我们一起研究县情，推敲篇目的统辖和分类，研究如何统揽全局、突出特色、突出时代精神。为准确地反映区域特点，写出地方特性，在反映全局基础上，我们深入挖掘乡镇间、行业间特点和亮点，对这些特点和亮点，在篇目中加以突出。鉴于我县是农业大县，在经济体制改革中，以市场为导向，形成了皮革、医药、化工、畜牧、蔬菜 5 大支柱产业。同时，工业园区、生态文明村、专业村相继出现，作为志书的重点和亮点，设了专章，并且分编、章编写了《撰写提要》。随着修志的发展，本着便于操作彰显个性，求全、求实、求新的原则，在采编中，不断对篇目加以修改和完善。

我县从事二轮修志的人员都是新手。2004 年 9 月，省、市地方志办专家来无极，从修志的指导思想、坚持的原则到志书的体例、志书的写法，及资料的类型、收集，到编排、运用，对全县 120 名撰稿人进行了培训。省、市地方志还不断给我们寄发学习资料，介绍外地经验。我们以样板引路，在采编中，不断组织编修人员，针对操作中的实际问题，系统地进行学习和培训，不断适应修志形势的发展和要求。

在编修中，省、市地方志领导专家，多次来无极进行指导。帮助议定充实材料内容，规范体例及写法。2012 年完成二审稿后，2013 年 3 月，市地方志二审评审团，对志稿进行了全面评议。评审团出具了评审意见，给予肯定，并提出了进一步修改的意见。时至今日，专家们中肯、准确地分析，具体、细腻地指导，仍使人记忆犹新。综合评审团的意见，我们对志稿进行了认真修改。如将"政治制度改革"改为"政治制度建设"，并增加了"政治制度完善"章；在"经济体制改革"中，调整了"县企改革"，充实了"工业体制改革"的内容；在经济编中，对"商贸服务业"的篇目设置进行了调整，充实了"生活服务业"，新增了"家政服务业"；调整充实了"信息传媒"编的内容；规范、充实了无题序、无题小序等。2013 年 11 月后，按照省、市专家评审团专家的评审意见和修志的新发展，充实内容、规范体例，对志稿进行了全面、系统地修改。

编修志书是一项宏大的文化工程，社会各界人士的支持是志书付梓的基础。总参某部原政委田永清将军，对志书如何突出资政、存史、教化的价值，人物入志的原则和界限，提出了指导性的意见，还寄来了中国人民解放军后勤工作创始人之一范树德的档案材料；年近八旬的农民魏耀民，从县边 40 余里的固现，托人带信，为修志提供资料线索；还有很多有识之士给予我们很大帮助。值此志书付梓之际，谨向所有为修志工作付出心血、作出贡献的单位和个人、各界人士致以诚挚的谢意！

《无极县志（1989—2005）》的付梓，是全体编修人员团结协作、竭力聚智的结晶，是攻艰克难、矢志不渝的结果。全体编修人员，在采编过程中，不畏艰苦，不计得失，每一章节的形成，都付出了艰辛的劳动，每言每字都不敢稍事以怠，唯愿志书能为无极的发展有所裨益，能为后世留下史料。

由于志书时限处于无极改革开放深入发展、经济社会发展取得辉煌成就和社会生活发生深刻变化的时期，时空跨越大、涉及面广、内容浩繁、编修人员少、学识浅、水平低，加之部分资料难觅，不免为本志留下缺憾，疏漏与错误在所难免，诚请读者赐教与指正。

靳根锁

2016 年 10 月